SİNAN MEYDAN
•
ATATÜRK İLE ALLAH ARASINDA

Atatürk ile Allah Arasında / *Sinan Meydan*

© 2009, İnkılâp Kitabevi
Yayın Sanayi ve Ticaret A.Ş.

Sertifika No: 10614

Bu kitabın her türlü yayın hakları Fikir ve Sanat Eserleri Yasası gereğince İnkılâp Kitabevi Yayın Sanayi ve Ticaret A.Ş.'ye aittir.

Sayfa tasarım Derya Balcı
Kapak tasarım Okan Koç
Redaksiyon Ayşegül Oral
Yayıma hazırlayan Tansel Mumcu

ISBN: 978-975-10-2814-3

12 13 14 15 16   11 10 9 8 7 6 5

Baskı
İNKILÂP KİTABEVİ BASKI TESİSLERİ

İNKILÂP
Çobançeşme Mah. Sanayi Cad. Altay Sk. No. 8
34196 Yenibosna - İstanbul
Tel   : (0212) 496 11 11 (Pbx)
Faks : (0212) 496 11 12
posta@inkilap.com
www.inkilap.com

"Bir Ömrün Öteki Hikâyesi"

Sinan MEYDAN

Atatürk ile Allah arasında

Sinan Meydan

1975 yılında Artvin'de doğdu. İlk ve ortaöğrenimini Artvin Şavşat'ta, yükseköğrenimini İstanbul Üniversitesi Edebiyat Fakültesi Tarih Bölümü'nde tamamladı. "Atatürk, Ön-Türk Tarihi ve Yakın Tarih" üzerine çalışmalarına devam etmekte ve *Bütün Dünya* dergisinde yazmaktadır.

Yayımlanmış eserleri şunlardır:
1. *Atatürk ve Kayıp Kıta Mu*, İstanbul, 2005; 2. *Son Truvalılar, "Truvalılar, Türkler ve Atatürk"*, İstanbul, 2005; 3. *"Atatürk'ü Doğru Anlamak İçin" Nutuk'un Deşifresi*, İstanbul, 2006; 4. *Sarı Lacivert Kurtuluş, "Kurtuluş Savaşı'nda Fenerbahçe ve Atatürk"*, İstanbul, 2006; 5. *"Atatürk ve Kayıp Kıta Mu-2", Köken*, İstanbul, 2008; 6. *Atatürk'ün Gizli Kurtuluş Planları, "Parola Nuh"*, İstanbul, 2009; 7. *Sarı Paşam, "Mustafa Kemal, İttihatçılar ve II. Abdülhamit"*, İstanbul, 2010; 8. *Atatürk ve Türklerin Saklı Tarihi, "Türk Tarih Tezinden Türk-İslam Sentezine"*, İstanbul, 2010; 9. *Cumhuriyet Tarihi Yalanları 1*, İstanbul, 2010; 10. *Cumhuriyet Tarihi Yalanları 2*, İstanbul, 2011; 11. *Akl-ı Kemal "Atatürk'ün Akıllı Projeleri" 1*, İstanbul, 2012; 12. *Akl-ı Kemal "Atatürk'ün Akıllı Projeleri" 2*, İstanbul, 2012.

Önsöz

Türkiye Cumhuriyeti'nin kurucusu Mustafa Kemal Atatürk çok yönlü bir liderdir. O, hem bir asker hem bir devlet adamı hem de bir düşünce adamıdır. Hep söylendiği gibi Atatürk sadece bir aksiyoner (eylem adamı) değildir, o aynı zamanda çok iyi bir teorisyendir. Atatürk'ün teorisyenliğini besleyen kaynak zengin **düşünce dünyasıdır.** Ancak nedense Atatürk'ün bu göz kamaştıran düşünce dünyası hep ihmal edilmiştir. İşte bu çalışmanın temel amaçlarından biri Atatürk'ün "düşünce zenginliklerinin" ne kadar çeşitlilik gösterdiğini, onun **"din" konusundaki düşüncelerini** ortaya koyarak anlatmaktır.

Atatürk, 20. yüzyılın başlarında bir İslam İmparatorluğu'ndan daha önce benzerine rastlanmadık biçimde "çağdaş" ve "laik" bir "ulus devlet" yaratmayı başarmıştır. Kuşkusuz ki Atatürk'ün en büyük başarısı kendinden önceki Osmanlı reformistlerinin bir türlü tam anlamıyla düşünceden uygulamaya geçiremedikleri ulusal ve laik "modernleşme" projesini çok kritik bir dönemde ve çok büyük bir ustalıkla uygulamaya geçirmesidir.

Türkiye'nin modernleşme (çağdaşlaşma) tarihi 18. yüzyıla kadar uzanmaktadır. Osmanlı tarihi gözden geçirildiğinde Osmanlı Devleti'nin son iki yüzyılının "modernizm" tartışmalarıyla geçtiği ve bu dönemde Osmanlı Devleti'nde hemen her alanda bir değişim sürecinin yaşandığı görülmektedir. Önceleri bazı yenilikçi Osmanlı padişahları sonraları da bazı Osmanlı aydınlarının yönlendirdiği "Osmanlı modernleşmesi"nin karşılaştığı sorunların başında "din" olgusu gelmektedir. Hemen her dönemde Osmanlı reformistlerini en çok düşündüren yapılacak yeniliklere karşı "din eksenli" bir karşı hareketin gerçekleşip gerçekleşmeyeceği endişesiydi. Bu kadim endişe, özellikle 19. yüzyılda eğitimden hukuka, ekonomiden siyasete, toplumsal ilişkilerden kadın haklarına kadar çok geniş bir yelpazede yenilik yapılması gerektiğini düşünen ve bu doğrultuda somut projeler geliştiren pek çok Osmanlı aydınını ve devlet adamını kararsızlığa itmiştir. Batı'dan çok yoğun bir biçimde etkilenen Osmanlı modernleşmeci eliti için Türk modernleşmesinin önündeki en büyük engel "din" olarak görülmeye başlanmıştır. Pek çok Osmanlı aydınına göre din olgusu toplum üzerindeki etkisini korumaya devam ettiği sürece Türkiye'de modernleşmenin başarıya ulaşması imkânsızdı. Türkiye'nin modernleşmesi (çağdaşlaşması) "modernizm" ile "din" arasındaki çok ince bir çizgiye bağlıydı.

Türk modernleşme tarihi boyunca Müslüman Türklerin toplumsal, siyasal ve kültürel özellikler bakımından Batı'ya en fazla yakınlaştıkları dönem 1923'te Cumhuriyet'le birlikte başlamıştır. Bu yakınlaşmanın mimarı Mustafa Kemal Atatürk'tür. Atatürk devrimleri, tıpkı Batılı örnekleri gibi ilerlemeye ve değişime açık çağdaş ve dinamik bir devlet ve toplum yaratmayı amaçlamıştır. Atatürk devriminin üç önemli özelliği vardır: Bunlardan birincisi, emperyalist Batı'ya karşı verilen bir **ulusal bağımsızlık savaşı**; ikincisi, Batı'dan alınan **çağdaş değerler** ve kurumlar; üçüncüsü de **İslam'la birlikte (İslam kimliğini koruyarak) modernleşmedir**. İşte Atatürk devriminin bu üç özelliği klasik devrim teorilerini de alt üst etmiştir. Batı'ya karşı verilen ulusal bağımsızlık savaşından sonra Batı'dan yararlanmak ve Hıristiyan Batı'yla özdeşleşmiş "çağdaş değerleri" bir İslam toplumuna yerleştirmek "klasik devrimci ezberini" yerle bir etmiştir. Dolayısıyla Atatürk'ü ve Atatürk devrimini doğru anlamak için klasik devrim ve devrimci tanımlamalarının dışına çıkmak gerekmektedir. Ancak üzülerek ifade etmek gerekir ki ülkemizde bugüne kadar bu gerçeği çok az insan görebilmiştir.

Atatürk devrimi, iki yüzyıldır başarılamayanı başarmış, Türkiye yüzyıllardır Batı ile arasındaki en önemli "kırılma noktası" olan "dinini" koruyarak, modernleştirmiştir.

Bu imkânsız gibi görülen "radikal değişimin" mimarı Atatürk'ü başarılı kılan neydi? Kendisinden önceki modernleşmecilerin bir türlü aşamadıkları din engelini o nasıl aşmıştı? Başarısının sırrı Türklerle özdeşleşen İslam dinini çok iyi tanıması mıydı? Batı'dan yararlanarak, çağdaş ve laik değerlerle yüklediği Türk toplumuna "din" konusundaki telkinleri nelerdi? Genelde din, özelde İslam dini hakkındaki düşünceleri nelerdi? Bu ve benzeri sorulara verilecek yanıtlar Atatürk'ün ve Türk modernleşmesinin doğru anlaşılması bakımından çok önemlidir.

Cumhuriyetin kuruluşundan bugüne kadar devam eden "rejim muhalifliğinin" ve "Atatürk düşmanlığının" nedenleri araştırıldığında hep "din" ön plana çıkmaktadır. Bilinçli ya da bilinçsiz olarak Atatürk ve Cumhuriyet'e saldıranlar, Atatürk'ün "İslami Osmanlı Devleti'ni" yıkarak onun yerine "laik Türkiye Cumhuriyeti'ni" kurduğunu, bu şekilde İslami hükümlere aykırı hareket ettiğini iddia ederek saldırılarını temellendirmeye çalışmaktadırlar. Oysaki bu çevrelerin gözden kaçırdıkları çok önemli bazı noktalar vardır.

Bunlardan birincisi; Osmanlı Devleti'nin –bu çevrelerin zannettiği gibi– hiçbir zaman bir "din devleti" olmadığı gerçeğidir. Osmanlı Devleti'nde kuruluştan yıkılışa kadar hep "ikili hukuk sistemi" var olmuştur. Dine dayanan "şer'i hukuk" yanında "din dışı" gelenek ve göreneklere dayanan "örfi hukuk" Osmanlının -örneğin bugünkü İran gibi- bir "din (şeriat) devleti" olmasını engellemiştir. Ayrıca Osmanlı Devleti'nde İslam dini her zaman "devletin âli menfaatleri için" kullanılmıştır. Şeyhülislam fetvaları incelenecek olursa dinsel gerekçelere dayandırılan birçok hükmün aslında Kur'an'a ve İslam'a tamamen aykırı olduğu görülecektir. Örneğin, taht kavgalarının devlete verdiği zararı önlemek isteyen Fatih Sultan Mehmet'in "kardeş katli kanununa" (Kanunname-i Ali Osman) cevaz veren fetvanın İslam dinine tamamen aykırı olduğu çok açıktır. Fatih de bu gerçeğin farkında olmasına karşın zeki padişah devletin geleceği için "dinin kullanılmasına" ses çıkarmamış, kardeş katli gibi "din dışı" bir uygulamayı dinsel gerekçelerle meşrulaştırmıştır.

İkincisi; Osmanlı Devleti'nin son iki yüz yılındaki "Osmanlı modernleşmesi" gerçeğidir. Bazı çevrelerin düşündüğü gibi Türkiye'nin "çağdaş" bir ülke olması kararını ilk veren kişi Atatürk değildir. Bu karar, daha 18. yüzyılın sonlarında bizzat bazı Osmanlı padişahları ve sonraki dönemde de Osmanlı aydınlarınca çoktan verilmiş bir karardır. Yani Türkiye'de değişim daha Atatürk'ten önce başlamıştır. Ancak Osmanlı modernleşmesi "çekingen" ve "kararsız" bir modernleşmedir. Atatürk, yenilikçi Osmanlı padişahları ve Osmanlı aydınlarının açtığı yoldan çok daha "cesur", çok daha "kararlı" ve "kendine özgü" yöntemlerle ilerleyerek Türk tarihinin "en büyük dönüşümünü" gerçekleştirmiştir. Yani Atatürk, durup dururken *"katıksız dindar, tıkır tıkır işleyen bir din devletini"* yıkıp yerine *"ulusal"* ve *"laik"* bir Türk devleti kurmuş değildir. Atatürk, "dini kullanan, dini bahane ederek çağdaşlaşmaya engel olan, iç ve dış nedenlerle dağılıp parçalanmanın eşiğine gelmiş ve son iki yüz yılında yüzünü Batı'ya yani çağdaş uygarlığa çevirmiş, ancak bir türlü çağdaşlaşamayan dışa bağımlı bir devlet" yerine "tam bağımsız" ve "çağdaş" bir devlet kurmuştur. Bunu yaptığı için Atatürk'ü "suçlamak" değil "kutlamak" gerekir. Üstelik Atatürk'ün kurduğu yeni devletin İslam dinine yaptığı hizmetler (İslam dininin doğru anlaşılması ve din istismarını önlemeye yönelik çalışmalar), Osmanlı Devleti'nin altı yüzyıllık hizmetlerinden çok daha fazladır (Örneğin Osmanlı'da altı yüzyıl boyunca Kur'an ve hadis kaynaklarının Türkçe tefsir ve tercümesine yönelik dişe dokunur hiçbir çalışma yapılmamışken, genç Cumhuriyet daha ilk yıllarında bu konuda çok önemli çalışmalara imza atmıştır). Ayrıca Atatürk'ün modernleşme projesinde İslam dininin çok önemli bir yeri vardır. Atatürk devrimleri arasında İslam dinini "hurafelerden" arındırmayı amaçlayan *"Dinde Öze Dönüş Projesi"* olarak adlandırılabilecek çalışmalar bulunur. Din dilinin Türkçeleştirilmesi konusunda yapılanlar bu çalışmalara örnektir.

Atatürk ve Türkiye düşmanları, Atatürk'e, laik ve demokratik, çağdaş Türkiye Cumhuriyeti'ne saldıracakları zaman hep "dini" bahane etmişler, saldırılarını hep "dini" gerekçelere dayandırmaya çalışmışlardır. Bu çevreler tezlerini daha iyi savunabilmek için de Atatürk'ü *"din düşmanı"* olarak göstermişlerdir. Prof. İsmet Görgülü bu gerçeği şöyle ifade etmektedir:

"Kişileri demokrasi karşıtı, laiklik düşmanı yapabilmek için önce İslamiyet'i saptırmak, dini söylemlerle demokrasi ve laikliğin Allah'a karşı gelmek olduğunu ve Müslüman'ın laik olamayacağını aşılıyorlar. Sonra Türkiye'deki Müslümanları dinsiz, laik düzene sokanın Atatürk olduğunu, Atatürk'ün ise hain, namussuz ve İslamiyet düşmanı bir dinsiz olduğuna inandırıyorlar. Bu iki aşılamanın tuttuğu kişi, şeriatçı oluyor çıkıyor. Hem de kemikleşmiş şekilde şeriatın kendisini kul haline getireceğini göremeyecek kadar fanatikleşiyor. İnsan olarak hayatını, bağımsızlığını Atatürk'e borçlu olduğunu; Atatürk sayesinde bir vatana, bir devlete sahip olduğunu artık göremiyor, düşünemiyor. Doğruyu görebilse, Atatürk büstüne, heykellerine saldırabilir mi? Heykellerine put gözüyle bakabilir mi?" (İ. Görgülü, *Atatürk'ün Özel Yaşamı*, Bilgi Yayınevi, Ankara 2003, s.10)

Üzülerek söylemek gerekir ki yakın zamanlara kadar sadece Atatürk düşmanı yobazlar değil, bazı aydınlarımız ve hatta bazı Atatürkçüler bile Atatürk'ü topluma "din düşmanı" olarak tanıtmışlar, bu konuda toplumu yanlış yönlendirmişlerdir. Türk Einstein'ı olarak bilinen Prof. Dr. Oktay Sinanoğlu Atatürk düşmanlığı ve din konusunda şu çarpıcı değerlendirmeyi yapmaktadır:

"Türkiye'de halkın dilinde 'Müslüman' demek 'Türk' demek, 'Türk' 'Müslüman' demek iken (dünyanın pek çok yerinde hâlâ öyledir) son yirmi yılda halkımız kandırılıp 'Müslüman' 'Türk'e düşman edildi. Tabii aydınlarımız da ters yönde kandırılmıştı. Nasıl mı? Atatürk'ün 'bağımsızlık', 'her türlü kapitülasyona hayır', 'eğitimin milli olması, onun için de her dalda Türkçe yapılması', 'Türk kalarak çağdaşlaşma' (kesinlikle 'Batılılaşma' yani Batı taklitçiliği değil), 'muasır medeniyetin de önüne geçme', 'Türk tarihine, Türk harsına önem', 'Türk dünyası ile ilgilenme' temel ilkeleri sahte Atatürkçülerce rafa kaldırılıp 'Atatürkçülük' şu yalana indirgendi: 'Atatürkçülük' eşittir 'laiklik', eşittir 'Müslüman düşmanlığı'. Sonunda halk aydınlara ve devlete husumetle bakar oldu. Olmadı mı? Ayrıca sıkı iktisadi, ticari ilişkiler içinde olmamız gereken İslam dünyasından ve de sonra da önü biraz açılan Türk dünyasından tecrit edildik..." (O. Sinanoğlu, *Ne Yapmalı?* Otopsi Yayınları, İstanbul 2003, s.53)

Peki ama Atatürk din konusunda gerçekten neler düşünüyordu? İşte bu çalışmada bu soruya belgelere dayanarak yanıt verilmiştir. **Atatürk ve din konusunda** şimdiye kadar söylenenler dikkate alındığında bu yanıt pek çoklarını şaşırtacaktır.

Atatürk'ün yaşamı incelendiğinde onun pek çok konuyla olduğu gibi din konusuyla da ilgilendiği görülmektedir. Din nedir, İslam dininin Türk toplumu üzerindeki etkileri nelerdir, diğer dinlerde olduğu gibi zaman içinde İslam dininde de bir bozulma meydana gelmiş midir, din akıl ve bilimle sorgulanabilir mi, İslam diniyle akıl ve bilim arasında nasıl bir ilişki vardır, insan nasıl ortaya çıkmıştır, Hz. Muhammed nasıl bir insandır, İslam tarihinin özellikleri nelerdir, dinler insanlığı nasıl etkilemiştir, din ve dil arasında nasıl bir ilişki vardır biçimindeki pek çok soruya okuduğu kitaplardan, yaşadığı olaylardan ve edindiği tecrübelerden hareketle yanıtlar bulmaya çalışmıştır. Bizim bu çalışmadaki amaçlarımızdan biri Atatürk'ün din konusundaki bu ve benzeri sorulara verdiği yanıtları gözler önüne sermektir. Böylece Atatürk'ün din olgusuna bakışından hareketle onun hayatı, insanı, doğayı, kısaca "evreni" nasıl algıladığına ilişkin ipuçları elde etmeye çalışılmıştır. Bu ipuçları toplanırken Atatürk, doğumundan ölümüne kadar adeta adım adım izlenmiştir.

Atatürk'ün yaşamında din olgusu bir şekilde hep var olmuştur. Ancak zaman içinde Atatürk'ün bu olguya bakışında bazı değişiklikler meydana gelmiştir. Çok duyarlı ve zeki bir insan olan Atatürk'ün doğup büyüdüğü toplumdaki sorunlar ve çelişkilerden etkilendiği, çok önemli bir bağımsızlık savaşının lideri olduğu, bu zor süreçte yaşadıkları, Kurtuluş Savaşı sonrasında Müslüman bir toplumu hiç alışık olmadığı değer ve kurumlarla tanıştırırken karşılaştığı sorunlar, onun din konusundaki düşüncelerinin "değişmesinde", daha doğrusu "yeniden biçimlenip" "olgunlaşmasında" etkili olmuştur. Yaşadığı zaman dilimi ve kişisel özellikleri onu sürekli düşünmeye ve sürekli yenileşmeye zorlamıştır. Bu nedenle Atatürk, tek boyutlu ve kalıplaşmış değil, çok boyutlu ve değişken bir düşünce yapısına sahiptir. Atatürk'ü doğru anlamak, ancak onu bu "çok boyutluluk" ve "değişkenlik" (Atatürk'teki değişkenlik ilkesel bir değişkenlik değildir, onun değişkenliği zamana ayak uydurmak "yenilenmek" biçimindeki bir değişkenliktir) içinde değerlendirmekle mümkündür. Atatürk birçok konuda olduğu gibi din konusunda da zaman içinde değişimler yaşamış ve bu değişimler sonunda bir olgunluk noktasına ulaşmıştır. Bu bakımdan "Atatürk ve din" konusunda gözden kaçırılmaması gereken temel nokta bu "değişim" ve "gelişim" konusudur. Eğer bu "değişim" konusu gözden kaçırılacak olursa Atatürk'ün hayatının herhangi bir döneminde söylediği din konusundaki olumlu veya olumsuz sözleri anlamlandırmak imkânsızlaşacaktır. Nitekim çocukluk ve ilk gençlik yıllarındaki Mustafa Kemal, olgunluk dönemindeki Atatürk'ten çok farklıdır.

Çok okuyan ve kendini sürekli yenileyebilen Atatürk'ün din konusundaki düşüncelerinde zaman içinde "değişimler" görülmesi doğal karşılanmalıdır.

Bir Ömrün Öteki Hikâyesi

Atatürk'le ilgili araştırmalarımı derinleştirdikçe adeta "yepyeni" bir Atatürk'le karşılaştım. Bize pek anlatılmayan, hiç de tanımadığımız bir Atatürk'tü bu. Okul yıllarında anlatılan o cesur, kararlı ve heybetli adamın aynı zamanda çok sıcak, duygu dolu ve cana yakın, en önemlisi de "bizden biri" olduğunu gördüm.

Cephelerde hayatını hiçe sayarak askerlerinin önünde mücadele edecek kadar cesur, Çanakkale Savaşı'nın en zorlu günlerinde cepheden yakın dostlarına mektuplar yazacak kadar duygulu, dünyanın dört bir yanında Türklerin kökenlerini araştıracak kadar meraklı, işlerden bunaldığı zamanlarda saraydan kaçarak sahil meyhanelerinde horon tepecek kadar hayat dolu ve yalnız, kazanılan bir savaştan sonra savaş meydanında ellerini göğe kaldırarak dua edecek ve not defterine *Allah büyük bir kuvvettir* yazacak kadar inançlı, gördüğü rüyaları yakın dostlarına anlatıp yorum getirmelerini isteyecek kadar geleneksel kültürden beslenmiş ve alaturka, ölüm döşeğinde bile Türkiye'nin sorunlarıyla ilgilenecek kadar vatansever, bir keresinde sabah ezanını dinlerken ve son günlerinde çok sevdiği başkent Ankara'ya gidemeyince ağlayacak kadar insandı. Kısacası, yedi düveli dize getiren o heybetli adam aslında bizim gibi ve bizden biriydi.

Araştırmalarım ilerledikçe Atatürk'e ilişkin pek çok şeyin üstünün örtüldüğünü gördüm. Atatürk'le ilgili eserlerin çoğu hamasi söylemlerle doluydu. Özellikle Atatürk ve din konusundaki eserler subjektif ve ideolojik kaygılarla kaleme alınmış ve bu konudaki bazı gerçekler ya hiç gün ışığına çıkarılmamış ya da unutulmaya terk edilmişti. Onun din konusundaki görüş ve düşüncelerini ortaya koyacak bilgiler adeta yok olmuş, genç kuşaklara sadece –bazı kaygılarla olsa gerek– bir kısım bulanık rivayetler kalmıştı. Hayatımıza damgasını vuran adamın, bu ülkede yaşayan insanlarca çok merak edilen din konusundaki düşüncelerini hiç öğrenememiş gibiydik.

Kütüphaneleri dolaştıkça Atatürk ve din konusundaki bilinmeyenler, ilginç ayrıntılar ve çarpıcı gerçekler yavaş yavaş tozlu ciltlerin satır aralarından dökülmeye başladılar.

Daha çocukken annesinin yönlendirmesiyle aldığı din eğitiminden, küçük yaşta namaz kılmayı ve Kur'an okumayı öğrenmesine; o yıllarda Selanik'teki akrabalarının tekkelerine giderek katıldığı dini ayinlerden, askeri okulda namaz kılması gerektiği zamanlara su bulamadığında yaşadığı sıkıntılara; gençlik yıllarında Batı düşüncesiyle tanıştığında etkilendiği pozitivizm, materyalizm ve Darvinizm gibi yeni düşüncelerin etkisiyle dinden uzaklaşmasından, Çanakkale'den kan ve barut kokuları arasında yakın dostlarına yazdığı mektupların satır aralarına sıkıştırılmış dinsel ifadelere; Kurtuluş Savaşı sırasındaki İslami söylemlerinden, İslam dini ve İslam tarihi hakkında okuduğu çok sayıda kitaba; Dolmabahçe Sarayı'nda özel hafızına okuttuğu Kur'an'dan, her yıldönümünde Çanakkale şehitlerine okuttuğu mevlitlere; annesinin mezarı başında Allah'a yemin etmesinden, annesinin ölüm yıldönümlerinde okuttuğu mevlitlere; İslam tarihi merakından Kur'an kültürüne; dinde Türkçeleştirme çalışmalarından İslam diniyle ilgili çarpıcı görüşlerine kadar Atatürk ve din konusundaki birçok bilinmeyen döküldü satır aralarından. Belgeler ve bilgiler çoğaldıkça adeta **BİR ÖMRÜN ÖTEKİ HİKÂYESİ** ile karşılaştım.

Araştırdıkça Atatürk'e ait bilgilerin yeniden ete ve kemiğe büründüğünü gördüm. Böylece ortaya biraz tanıdık, biraz da alışık olmadığımız bir Atatürk çıktı. Ortaya çıkan bu "yeni Atatürk'ün" bazılarını sevindirirken bazılarını da kızdıracağını söylemeliyim.

Türkiye artık Atatürk'ü özgür düşüncenin ışığında yeniden değerlendirmek ve onun geleceğe ışık tutan düşünce dünyasından yararlanmanın yollarını aramak zorundadır. Biz bu çalışmada Atatürk'ün din konusundaki görüş ve düşüncelerini bu bakış açısıyla anlamaya ve değerlendirmeye çalıştık.

Türkiye'nin AB'ye üye olmaya çalıştığı 2000'li yıllarda, Türkiye'yi daha 1920'li yıllarda Batı'ya yakınlaştıran; bunu Türkiye gerçeklerinden hareket ederek kendi koyduğu kurallarla, başı dik ve çok kritik bir zamanda gerçekleştiren Atatürk'ün düşünce yapısını anlamak yaşamsal bir zorunluluktur.

Bu çalışmada Atatürk'ün din konusunda söylediklerinden ve yazdıklarından, Atatürk'ü tanıyanların aktardığı anılardan ve bu konudaki araştırma eserlerden yararlanılmıştır.

Atatürk devrimini *"Batılılaşma"* veya *"Burjuva devrimi"* olarak gören, **Said-i Nursi'yi, Dr. Rıza Nur'u** ve **Kâzım Karabekir'i** kaynak olarak kullanıp Atatürk'ün *"din düşmanı"* olduğunu iddia eden, laikliği *"dinsizlik"* zanneden sözde bilim insanlarımıza, özellikle de İstanbul Üniversite'sinde öğrenciyken *"Atatürksüz bir Türkiye Cumhuriyeti Tarihi"* kurgulamaya çalıştıklarını düşündüğüm hocalarım Prof. Dr. Cezmi Eraslan ve Prof. Dr. Ali Arslan'a duyduğum "vatandaşlık tepkisi" bu eserin yazılmasında etkili olmuştur. Eğer onlar olmasaydı belki de bu eser ortaya çıkmazdı!

Ayrıca bu eserin ortaya çıkmasında özverili çalışmalarda bulunan İnkılâp Yayınevi'ne, özellikle de Ayşegül Oral ve Tansel Mumcu'ya; yönlendirici katkıları ve sonsuz sabrı için de sevgili eşim Özlem Akkoç Meydan'a teşekkürü bir borç bilirim.

Sinan MEYDAN
Başakşehir / İstanbul 2008

*Türkiye Cumhuriyeti'nin kurucusu
Gazi Mustafa Kemal ATATÜRK'e, Kurtuluş Savaşı şehitlerine
ve Atatürk'ün izinde nesiller yetiştiren Türk Dili Edebiyatı
öğretmeni eşim Özlem Akkoç MEYDAN'a...*

İçindekiler

Önsöz 5
Kısaltmalar 28

BİRİNCİ BÖLÜM
ATATÜRK'Ü HAZIRLAYAN ÇEVRESEL ETKENLER

KÖKLER VE SELANİK YILLARI 33
SELANİK'İN SOSYAL VE KÜLTÜREL YAPISI 33
    Tarihi ve Mimari Doku 33
    Etnik ve Dini Yapı 36
    Kültürel Doku 38
    Bir Tedirginlik Çağı ve Selanik 41
AİLENİN VE KENTİN ETKİLERİ 43
    Doğum ve Gelenek 43
ALİ RIZA EFENDİ 44
    Kökleri 45
    Alevi-Bektaşi İzleri 48
    Zor Hayat 48
ZÜBEYDE HANIM 51
    Kökleri 51
    Güçlü Karakter, Sağlam İrade 54
    Ana Oğul İlişkisinin Boyutları 55
    Dindar Bir Ana 58
    Vasiyet ve Ölüm 59
ELİT DEĞİL HALK ÇOCUĞU 64
İLK EĞİTİM 68
SELANİK'TEKİ DİNSEL KURUMLARIN ETKİSİ 69
    Kiliseler, Havralar 69
    Camiler, Mescitler, Dergâhlar 69
    Atatürk Tekkede 70
ALEVİ-BEKTAŞİ ETKİSİ 71

Atatürk ve Mevlevilik 74
ATATÜRK VE NAMAZ 77
Atatürk'ün Namaz Yorumları 80
DİN ADAMLARINA İLK TEPKİ 90
ATATÜRK'ÜN HAYATINDAKİ KIRILMA NOKTASI 91
Zübeyde Hanım'ın Rüyası 93

İKİNCİ BÖLÜM
ATATÜRK'ÜN FELSEFİ TEMELLERİ VE DİN

BİR SUBAYIN FİKİR DÜNYASI 97
Manastır Yılları 98
İhtilalciliğe Doğru 103
Suriye'den İstanbul'a 107
İSMAİL FAZIL PAŞA KONAĞI'NIN ETKİLERİ 109
BATI DÜŞÜNCESİNİN ETKİLERİ 116
Batıda Din ve Tanrı Tartışmaları 118
Osmanlı'da Pozitivizm ve Materyalizm 122
Osmanlı'da Evrim Tartışmaları 129
Osmanlı'da Ateizm 132
Mac Farlan'ı Şaşırtan Tablo 132
Bir Subay Adayının Aykırı Düşünceleri 134
Bir Osmanlı Materyalisti: Abdullah Cevdet 136
POZİTİVİZMİN VE MATERYALİZMİN ETKİLERİ 139
Pozitivizm ve Tanrı 146
Atatürk ve Abdullah Cevdet 147
SOSYALİZMİN ETKİLERİ 154
ATATÜRK'ÜN AKILCI DİN ANLAYIŞINA YÖNELMESİ ... 161
DOĞAL DİN ANLAYIŞI VE ATATÜRK 163
Suriye Etkisi 166
Osmanlı Aydınlarının Etkisi 173
Namık Kemal Etkisi 174
Namık Kemal ve Din 174
Namık Kemal, Batı Düşüncesi ve İslam 176
Renan Eleştirisi 177
Namık Kemal ve Romantizm 178
İslamileştirme Yöntemi 179
Yeni Osmanlılar, Jön Türkler ve İslam 180

Yeni Osmanlılar 181
İslamla Birlikte Batılılaşma 183
Selefi Tavır 184
Jön Türkler............................... 185
Jön Türkler ve İslami Meşruiyet 187
Vahiy Yerine Akıl 188
Nasıl Batılılaşmalı......................... 190
Taktik ve Din 190
Osmanlı Aydınlarından Atatürk'e 193
Ziya Gökalp Etkisi............................. 195
Gökalp, Durkheim ve Atatürk................ 197
Gökalp, İslam Dini ve Atatürk 198
SICAK SAVAŞ YILLARI VE ATATÜRK'ÜN DÜŞÜNCE
DÜNYASI 201
ÇANAKKALE SAVAŞI'NIN ETKİLERİ 202
Atatürk ve Çanakkale Savaşları................... 203
Komutanın İnancı 209
Gizli Bir Güç 212
Çanakkale'deki Yüksek Ruh 217
Atatürk'ü Değiştiren Savaş: Çanakkale 221
ATATÜRK'ÜN ÖZEL MEKTUPLARINA YANSIYAN
DİN GÖRÜŞÜ 223
Yüce Saadet Madam Corinne 225
Allahımızın Cennetine Gitmeye Razı Olmak 226
Cennetteki Köşk 226
Cenabıhakk'ın Azametine Sığınmak................ 227
Allah'ın Adıyla Başlayan ve Biten Cümleler.......... 228
Kaderde Varsa Olur........................... 229
Bakalım Allah Ne Gösterecek 231
Allah Bilir 231
Muvaffakiyet Allah'tan 231
Allah Nasip Ederse Mücadele Sahasında Birleşiriz..... 231
Dünya İnsanlar İçin Bir İmtihan Yeridir.............. 233
ATATÜRK'ÜN DİN KONUSUNDA OKUDUKLARI VE
YAZDIKLARI...................................... 237
Savaş, Kitap ve Din 237
Okudukları 237
Düşünen Adam Atatürk........................ 242
Yazdıkları 242

    Din İstismarına Tepki. 246
KURTULUŞ VE KURULUŞ YILLARININ ETKİLERİ 247
KURTULUŞ SAVAŞI'NIN ETKİLERİ 247
    Atatürk, Rüya, Kehanet ve İslam Tarihi. 248
    Atatürk'ün Cephedeki Duaları. 250
    Çocuklarım Her Gece Dua Edin 253
    Tanrı'nın Yaratıcı Gücünün Değişmeyen Yasası. 253
    Atatürk'ten Zübeyde Hanım'a: *"Elhamdülillah Başarılı Oluyorum"* 254
    Atatürk ve Hafız Hüseyin 255
    Tanrı'ya Şükürler Olsun. 257
    İnşallah 260
    19 Numaralı Not Defteri. 261
    Fevzi Paşa'nın Kur'an'ı 262
    Tanrı Bana Yardım Edecektir. 263
    Şehitlere Okunan Fatihalar 266
DEVRİMLER SÜRECİNİN ETKİLERİ. 267
    Allah'ın Huzurunda Ahid ve Peyam Ediyorum 269
    Devrimlerim İslama Aykırı Değildir. 270
ATATÜRK'ÜN DİN ELEŞTİRİLERİ. 271
    Altı Çizili Satırlardaki Din Eleştirileri 274
    Lise Tarih Kitabındaki İslam Eleştirileri. 282
    Medeni Bilgiler Kitabındaki Din Eleştirileri 284
    Türk Tarihi'nin Ana Hatları Kitabındaki
    Din Eleştirileri 288
ATATÜRK'ÜN EVRİMCİ YAKLAŞIMLARI. 292
KUŞKULU ANILAR 302
AMERİKAN BÜYÜKELÇİSİ'NİN GİZLİ RAPORU. 303
    Atatürk Şamanist Yalanı 305
ULUS DEVLETİ GÜÇLENDİRME KAYGISI 306
ATATÜRK'ÜN DÜŞÜNCE YAPISININ OLUŞUMU
VE DİN. 307

ÜÇÜNCÜ BÖLÜM
KURTULUŞ SAVAŞI'NDA ATATÜRK VE DİN

TOPLUMSAL MOTİVASYON VE DİN. 319
MEŞRUİYET KAYNAĞI OLARAK DİN 325
    Genelgeler ve Kongreler Sürecinde Din 327

İstanbul Kaynaklı Dinsel Destek 339
    Özbek Tekkesi'nin Çalışmaları 339
    Kuvvacı Bir Din Adamı: Cemal Hoca 341
    Vahdettin ve Vehbi Hoca 342
ALEVİ-BEKTAŞİ ETKİSİ 346
KURTULUŞ SAVAŞI KARŞITLIĞI VE DİN 351
    Papaz ve Molla 352
    Yalancı Peygamber.............................. 353
    Amaç Gerçekten Din midir?..................... 354
    Mütareke Basınının Atatürk Düşmanlığı 355
    Bizim Yüzümüz Her Zaman Temiz ve Aktı 357
KURTULUŞ SAVAŞI'NDA FETVA MÜCADELESİ......... 357
    İstanbul Hükümeti'nin Fetvası.................... 358
    Atatürk'ün Karşı Fetvası 361
TBMM'NİN AÇILIŞINDA DİNSEL MEŞRUİYET
KAYGISI.. 363
ATATÜRK'ÜN İSLAMİ SÖYLEMLERİ 370
ATATÜRK'ÜN İSLAM DÜNYASINI HAREKETE
GEÇİRME PLANI 374
    Halifelikten Yararlanmak........................ 377
    İslam Dünyasına Yönelik Beyannameler 377
    Hint Hilafet Komitesi 384
    Afganistan'la Yakınlaşma........................ 390
    Fahreddin Paşa'nın Afganistan Misyonu 391
ATATÜRK'ÜN İSLAM KONGRELERİ 395
    Sivas İttihad-ı İslam Kongresi..................... 396
    Ankara İslam Kongresi 397
İNGİLİZLERİN ENDİŞESİ.............................. 399
ARAPLARI HAREKETE GEÇİRMEK 400
    İslam Birleşmiş Milletleri 406
    Muvahhidin Cemiyeti 408
    Araplar Ayaklanmak Üzere 411
    Atatürk: İslam Dünyası Bizimledir................ 412
ATATÜRK'ÜN AKIL OYUNLARI 415
İSLAMIN SON SAVAŞÇISI: MUSTAFA KEMAL 418
ETNİK UNSURLARI BİRLEŞTİRME ARACI
OLARAK DİN 424
    Türklerle Kürtlerin Ortak Noktaları 427

İNGİLİZLERİN KÜRT MİLLİYETÇİLİĞİNİ UYANDIRMA
ÇABALARI 431
    İki Sait: Sait Molla Said-i Kürdi 432
    İngiliz Ajanı Noel'in Kürdistan Misyonu 433
    Bir Bölücü: Damat Ferit 440
    Ali Kemal ve Ziya Gökalp 441
ATATÜRK'ÜN KÜRT POLİTİKASI VE İSLAM 443
    Aşiret Reisleriyle Yazışmalar 445
    Anadolu Halkı Anasır-ı İslam'dır 449
    Diyap Ağa'nın Sözleri 452
ATATÜRK, ŞEYH AHMET SUNUSİ VE KÜRTLER 452
GENERAL HARBORD'LA GÖRÜŞME 457
ABD AJANLARININ KÜRT RAPORLARI 460
AYAKLANAN KÜRTLER 465
İNGİLİZLERİN KÜRT SİYASETİNİN SÜREKLİLİĞİ VE
KÜRT SORUNU 466
BİR TOPLUM MÜHENDİSLİĞİ ÖRNEĞİ 473
    Bir Elimde Silahım Bir Elimde Mukaddes
    Türk Bayrağı 480

DÖRDÜNCÜ BÖLÜM
TÜRK MODERNLEŞMESİ, ATATÜRK
DEVRİMLERİ VE İSLAM DİNİ

ATATÜRK MODERNLEŞMESİNİN TEMELİNDEKİ
OSMANLI MİRASI 485
TÜRKİYE'DE LAİKLİĞİN TARİHSEL VE SOSYAL
KÖKLERİ 491
    Hukukta Laikleşme 493
    Kamusal Alanda Laikleşme 495
    Eğitimde Laikleşme 496
        Mekteb-i Mülkiye 498
        Mekteb-i Harbiye 499
        Mekteb-i Tıbbiye 500
        Mekteb-i Hukuk 502
        Osmanlıda Üniversite: Darülfünun 502
    Osmanlı'da Basının Laikleşmedeki Rolü 504
    İttihat ve Terakki'nin Laiklik Çabaları 509

OSMANLI MODERNLEŞMESİNDEN ATATÜRK
MODERNLEŞMESİNE 511
ATATÜRK MODERNLEŞMESİNİN BAZI ÖZELLİKLERİ .. 523
ATATÜRK MODERNLEŞMESİNE MUHALEFET VE
İSLAM DİNİ.. 537
1930 BUNALIMLARI VE ATATÜRK DEVRİMİ 543
ATATÜRK MODERNLEŞMESİNDE İSLAM
DİNİNİN YERİ...................................... 547
ATATÜRK'ÜN DİNDE YENİDEN YAPILANMA
PROJESİ 552
    Modernleşmek Dinsizlik Değildir................. 554
    Peyami Safa'nın Yanıtı.......................... 559
ATATÜRK LAİKLİĞİ 561
ATATÜRK'ÜN İSLAM DİNİYLE İLGİLENME
NEDENLERİ 569
ŞAPKA DEVRİMİ VE DİN............................ 571
    Osmanlı'da Kılık Kıyafetin Modernizasyonu........ 571
        II. Mahmut'un Düzenlemeleri................. 571
        II. Abdülhamit ve Enver Paşa'nın Düzenlemeleri.. 573
    Fes Yerine Ulusal Bir Sembol: Kalpak 574
    Osmanlı'da Şapka Tartışmaları 575
    Atatürk Fese Tepki Duymuştur 578
ATATÜRK VE ŞAPKA DEVRİMİ....................... 578
    Şapkaya "Dinsel" Muhalefet 585
    İskilipli Atıf Hoca Efsanesi....................... 588
    Kılık Kıyafet Devrimine Üç Farklı Bakış: Atatürk, Andre
    Gide ve Orhan Pamuk........................... 591

ATATÜRK, TÜRK KADINI VE İSLAM DİNİ............. 594
OSMANLI MODERNLEŞMESİNDE KADIN 596
    Osmanlı Basınında Kadın 597
    Osmanlı Kadınının İş Hayatına Girişi 603
    Osmanlı Kadınının Değişim Kronolojisi............ 604
ATATÜRK, KADIN KONUSUNU DİNLE BİRLİKTE ELE
ALMIŞTIR 606
    Falih Rıfkı Atay: Atatürk Kadın Konusunda
    Muhafazakârdı 609
    Atatürk'ün Kızları 612
ATATÜRK, KADIN GİYİM KUŞAMI VE DİN............ 613

Örtünmenin Mahrem Tarihi 613
Atatürk ve Başörtüsü 618
ATATÜRK'ÜN DİNDE ÖZE DÖNÜŞ PROJESİ 630
Din ile Barışık Bir Devrimci 630
İSLAMI KUŞATMIŞ HURAFELER VE ATATÜRK 634
Hurafelere Bulanmış Bir Toplum 634
OSMANLI'DA DİNDE ÖZE DÖNÜŞ ÇALIŞMALARI 639
ATATÜRK VE DİN EĞİTİMİ 647
ATATÜRK VE İBADETHANELER 654
Atatürk'ün Cami Araştırmaları 657
ATATÜRK'ÜN BÜYÜK İDEALİ: DİNDE
TÜRKÇELEŞTİRME 661
Dinde Türkçeleştirme Çalışmalarının
Tarihsel Altyapısı 662
KUR'AN'IN VE HADİS KAYNAKLARININ
TÜRKÇELEŞTİRİLMESİ 670
Atatürk'ün Mehmed Akif'e Verdiği Görev 674
DİN DİLİNİN TÜRKÇELEŞTİRİLMESİ 680
İlk Arayışlar 680
1932 Yılı Ramazan Ayı: Atatürk İstanbul'un Ünlü
Hafızlarını Dolmabahçe Sarayı'nda Toplamıştır 688
Atatürk Yerebatan Camii'nde Türkçe Yasin
Okutmuştur 690
Atatürk Sultanahmet Camii'nde Türkçe Kur'an
Okutmuştur 694
Atatürk Ayasofya Camii'nde Düzenlettiği Dini Töreni;
Bu Törende Okunan Türkçe Kur'an'ı ve Mevlidi
Türkiye'de İlk Kez Radyo'dan Yayınlatmıştır 696
70 Bin Kişilik Dini Tören 696
Atatürk Arapça Kur'an'ı Yasaklamamıştır 703
HUTBELERİN TÜRKÇELEŞTİRİLMESİ 705
Atatürk'ün Cuma Hutbeleri 711
Bir Zamanlar Hutbelerde Atatürk'ün Adı Geçerdi 713
EZANIN TÜRKÇELEŞTİRİLMESİ 715
Osmanlı'da Türkçe Ezan 719
Türkçe Ezana Direniş 720
Arapça Ezana Dönüş ve Karşı Devrim 722
Yaprak Gazetesi, Orhan Veli ve Ezan 727
Atatürk Devrimine İhanet 728

OSMANLI'DAN CUMHURİYET'E DİN KÜLTÜRÜ İÇİN
YAPILANLAR 732
DİNDE TÜRKÇELEŞTİRMENİN DÜNYADAKİ
YANKILARI 737
ATATÜRK İSLAMIN ÖZÜNE AYKIRI REFORM
TEKLİFLERİNİ REDDETMİŞTİR 741
DİNDE TÜRKÇELEŞTİRME HAREKETİNİN
NEDENLERİ 742

BEŞİNCİ BÖLÜM
ATATÜRK'ÜN MANEVİ DÜNYASI

ATATÜRK VE İSLAM DİNİ 745
   Atatürk'e Göre İslam Bir Akıl Dinidir 748
   Atatürk, Din ve Toplum......................... 755
   Şüpheci Yaklaşım.............................. 757
ATATÜRK VE DİN KONUSUNDAKİ GİZLİ
GERÇEKLER 758
   Allah Büyük Bir Kuvvettir 759
   Allah Razı Olsun, Allah'a Şükürler Olsun 759
ATATÜRK'ÜN ALLAH SORULARI................... 761
   Atatürk'ün Not Defterinden: Tanrı Birdir ve
   Büyüktür 763
ATATÜRK, YARATICI VE YARATILIŞ 763
   Allah'ın Renkleri 764
   Atatürk Sabah Ezanını Dinlerken................. 766
ATATÜRK'ÜN KUR'AN KÜLTÜRÜ 767
   Atatürk'ün Sureleri 774
   Atatürk Ordu İçin Kur'an Okutmuştur 779
   Atatürk Her Yıl Çanakkale Şehitlerine
   Mevlit Okutmuştur 781
   Atatürk'ün Kur'an'a Saygısı...................... 783
   Atatürk'ün Derin Kur'an Bilgisi................... 785
ATATÜRK VE RAMAZAN AYLARI 787
   Atatürk ve Dini Bayramlar....................... 790
   Atatürk Türklerin İslam Yorumundan
   Gurur Duymuştur 794
   Atatürk'ün Duası: Gök Kubbe Başıma Yıkılsın 795

ATATÜRK, DİN ÖZGÜRLÜĞÜ VE NAMAZ 796
   Namaz Kıl, Ama Resim de Yap Heykel de 797
      Resim, Heykel ve İslam 798
   Atatürk Döneminde Namaz Kılan Memurlar 800
   Atatürk'ün Namaz Sureleriyle İlgili Çalışması 800
ATATÜRK'ÜN RÜYALARI 802
ATATÜRK, ALKOL VE DİN 804
ATATÜRK'ÜN SON GÜNLERİ 811
   Bir İddia: Atatürk'ün Son Mesajı 812
   Atatürk'ün Son Sözü: Aleykümselam 815
NE DEDİLER 816
   Ahmet Fuat Bulca: Atatürk Gerçek Bir Dindardı 816
   Kız Kardeşi Makbule'ye Göre Atatürk'ün
   Din Anlayışı 817
   Hasan Rıza Soyak'a Göre Atatürk ve Din 817
   Mete Tunçay: Atatürk'ün 'Din Bilim' ve 'Doğal Din'
   İnancı Vardı 818
   Yabancı Gözüyle Atatürk ve Din 818

ATATÜRK'ÜN DİN ANLAYIŞI VE EINSTEIN 820
ATATÜRK DÜŞÜNCESİNDE DİN 825
ATATÜRK'E GÖRE MÜSLÜMANLARIN GERİ KALMA
NEDENLERİ 826
   Müslümanların İslamın Özünden Uzaklaşmaları 827
   Müslümanlarla Hıristiyanların Uzun Süren
   Çatışmaları 828
   Dinin İstismar Edilmesi 829
   İslamda Ruhban Sınıfı Yoktur 831
   İslamın Siyasallaştırılması 833
FİLİSTİN'E EL SÜRÜLEMEZ 834
   İslamın Çok Çalışma Emrine Uyulmaması 836
ATATÜRK VE DİN ADAMLARI 837
   Atatürk'ün Din Adamlarıyla İlgili İlk İzlenimleri 838
   Atatürk ve Hıristiyan Din Adamları 838
   Kurtuluş Savaşı ve Din Adamları 839
   Bir Anı 841
   Falih Rıfkı Atay'ın Gözlemleri 844
   Atatürk'e Göre Ulema 844
   Atatürk ve Din Oyunu Aktörleri 847
   Atatürk'ün Saygı Duyduğu Din Adamları 850

ALTINCI BÖLÜM
ATATÜRK, TARİH, DİL VE DİN

ATATÜRK, TARİH VE DİN 856
   Atatürk'ün Dini Bilgilerinin Kaynakları ve İslam
   Tarihine Bakışı................................. 859
   Atatürk Dinler Tarihiyle İlgilenmiştir............... 861
   Atatürk ve İlk Din 861
ATATÜRK'ÜN İSLAM TARİHİNE BAKIŞI 869
   Atatürk'e Göre İslam Öncesi Arap Toplumu 869
   Atatürk'e Göre Peygamberler..................... 869
ATATÜRK'E GÖRE HZ. MUHAMMED................ 871
   Hz. Muhammed'i Anlamak ve Atatürk 876
   Atatürk Devrimi ve Hz. Muhammed 882
   Atatürk'e Göre Hz. Muhammed Bir Aydınlanmacıdır .. 886
   Atatürk Hz. Muhammed'den İlham Almıştır 888
   Atatürk'ün Hz. Muhammed'le İlgili Araştırması 890
   Hz. Muhammed'den Atatürk'e 895
ATATÜRK'E GÖRE DÖRT HALİFE 903
   Hz. Ebubekir 903
   Hz. Ömer...................................... 906
   Hz. Osman 909
   Hz. Ali ve Muaviye Mücadelesi 909
ATATÜRK'ÜN HALİFELİK KURUMUNA BAKIŞI 911
   Atatürk'ün İslam Tarihi Değerlendirmeleri........... 916
DEVRİMLERİ YERLEŞTİRME SÜRECİNDE TARİH 919
ATATÜRK'ÜN OSMANLI TARİHİNE BAKIŞI 921
   Atatürk'ün Osmanlı Tarihi Eleştirileri Devrim
   Mantığının Gereğidir............................ 925
   Atatürk'ün Osmanlı Tarihinden Övgüyle Söz Ettiği
   Dönemler...................................... 934
   Atatürk Osmanlı Büyüklerinin Heykellerini Yaptırmak
   İstemiştir 940
   Atatürk'ün Osmanlı Tarihi Araştırmaları............ 941
TÜRK TARİH KURUMU VE ULUS DEVLETİ
GÜÇLENDİRMEK.................................. 944
   Atatürk'ün Tarih Tezi 945
   İmparatorluk Mantığı ve Ulus Bilinci............... 948
   Atatürk'ün Ulus Anlayışı......................... 949

TÜRK TOPLUMUNUN EŞİTLİK İDDİASI OLARAK
TARİH 953
    Atatürk'ün İsteği İle Başlatılan Antropoloji
    Çalışmaları 954
    Avrupa'nın Türk Tarih Tezi: Evrimini Tamamlamamış
    Geri Bir Irk 955
    Atatürk'ün Tarih Tezi: Türkler En Az Avrupalılar Kadar
    Medenidir 959
    Atatürk'ün Amacı Anadolu'ya Sahip Çıkmaktır 960
ATATÜRK VE TÜRKLERİN KAYIP KÖKLERİ 963
    Atatürk'ün Mayalarla İlgili Araştırmaları 963
    Atatürk ve Kayıp Kıta Mu 964
ATATÜRK'ÜN TARİH ÇALIŞMALARININ GENEL
NEDENLERİ 967
ATATÜRK VE BİLİMSEL AÇIDAN TARİH 969
EN BÜYÜK TÜRKÇÜ 972
ATATÜRK, DİL VE DİN 975
    Atatürk ve Türk Dili 975
HARF DEVRİMİNİN NEDENLERİ 977
    Arap Harfleri ve Türkçe 978
    Modernleşme ve Latin Harfleri 980
    Arap Harflerinin Yarattığı Toplumsal Sınıflaşma 981
    Radikal Bir Bağ Koparma Girişimi 982
ALFABE DEĞİŞİKLİĞİ VE DIŞ TÜRKLER 983
    Okuryazarlık Oranını Arttırmak 986
OSMANLI'DA LATİN ALFABESİ TARTIŞMALARI 987
TÜRK DİL KURUMU VE ÇALIŞMALARI 990
    Atatürk "Halk Dilini" Açığa Çıkarmak İstemiştir 991
GÜNEŞ DİL TEORİSİ 992
DİL VE DİN 997

YEDİNCİ BÖLÜM
ACIMASIZ İFTİRALAR VE İFTİRACILAR

ACIMASIZ İFTİRALAR 1001
RIZA NUR 1002
SAİD-İ NURSİ 1007
    Kürdi'den Nursi'ye 1011

    Kurtuluş Savaşı ve Said-i Nursi 1012
    Nursi: "Atatürk Deccal ve Süfyandır" 1018
    Nursi: "Kur'an Benden Söz Ediyor" 1021
    Akıl ve Hurafe 1026
KÂZIM KARABEKİR 1027
    İlk Soğuk Rüzgârlar 1028
    Karabekir'in Çelişkiler Yumağı 1030
    Karabekir Dindar mı? 1037
    Karabekir'in Büyük Günahı 1040
    "Kâzım, Allah Bizimle Beraberdir" 1049

SEKİZİNCİ BÖLÜM
CUMHURİYET AYDINININ ARAYIŞLARI, DİN VE ATATÜRK

BİR LİDERİN DOĞUŞU 1055
ATATÜRK'ÜN AŞIRI YÜCELTİLMESİ VE DİN 1058
    Bir Kör Dövüşü 1068
ATATÜRK'ÜN AŞIRI YÜCELTMELER KARŞISINDAKİ
TAVRI 1070
ATATÜRK'Ü DOĞRU ANLAMAK ÜZERİNE 1077

SONUÇ 1081

EKLER

EK: 1 ATATÜRK'ÜN KURDUĞU KOMÜNİST PARTİ 1099
EK: 2 ATATÜRK'ÜN İFADELERİYLE DİN VE ALLAH .. 1114

KAYNAKLAR 1121
FOTOĞRAFLAR VE BELGELER 1154

Kısaltmalar

age.	: Adı geçen eser
AKDTYK	: Atatürk Kültür Dil ve Tarih Yüksek Kurumu
ASD	: Atatürk'ün Söylev ve Demeçleri
ATTB	: Atatürk'ün Tamim Telgraf ve Beyannameleri
AÜ	: Ankara Üniversitesi
AÜSBF	: Ankara Üniversitesi Siyasal Bilgiler Fakültesi
b.s.	: Baskı
bkz.	: Bakınız
BOA	: Başbakanlık Osmanlı Arşivleri
CHP	: Cumhuriyet Halk Partisi
Çev.	: Çeviren
Der.	: Derleyen
IRCICA	: İslam Tarihi Sanat ve Kültür Araştırma Merkezi
İA	: İslam Ansiklopedisi
İTF	: İttihat ve Terakki Fırkası
İÜ	: İstanbul Üniversitesi
S.	: Sayı
s.	: Sayfa
SCF	: Serbest Cumhuriyet Fırkası
TPCF	: Terakkiperver Cumhuriyet Fırkası
ty.	: Tarih yok
TTK	: Türk Tarih Kurumu
TDK	: Türk Dil Kurumu
vd.	: Ve devamı
YÖK	: Yükseköğretim Kurulu

"Her şey bizim üzerinde denetim kuramadığımız güçler tarafından belirlenmiştir. Bir sinek için olduğu kadar, bir yıldız için de her şey belirlenmiştir. İnsanoğlu, sebzeler, ya da kozmik toz... Biz hepimiz çok uzaklarda çalınan görülmeyen bir kavaldan gelen gizemli ezgiyle dans etmekteyiz."

Albert Einstein
Saturday Evening Post,
26 Ekim 1929

"Atatürk, agnostik olduğuna dair genellikle kabul görmüş inancı kesinlikle reddediyor; ancak dininin, kâinatın mucidi ve hâkimi tek Tanrı'ya inanmak olduğunu söylüyor.

Ayrıca beşeriyetin böyle bir Tanrı'ya inanmaya ihtiyacı olduğuna inanıyor. Buna ilaveten dualarla bu Tanrı'ya seslenmenin beşeriyet için iyi olduğunu belirtiyor."

Charles H. Sherrill'in
Amerikan Dışişleri arşivindeki
gizli raporundan

BİRİNCİ BÖLÜM

ATATÜRK'Ü HAZIRLAYAN ÇEVRESEL ETKENLER

KÖKLER VE SELANİK YILLARI

> *"Ah Selanik!... Şaheser şehir... Sokakları, parlayan taşlı caddeleri, o cumbalı Türk evlerinin birer pırlanta gibi süslediği sokaklarında pırıltılı çizmeleri ve vücuda yapışan üniformaları, üniformalarının bellerine asılmış altın renkli kılıçları ile dolaşan zabitlerin başka türlü duygu verdiği koca Selanik..."*[1]

SELANİK'İN SOSYAL VE KÜLTÜREL YAPISI

Selanik; dağların ve ırmakların masmavi deniz ile bütünleştiği, değişen iklimin disipliniyle sertleşmiş sağlam ve dayanıklı insanların tüm farklılıklarına ve sert mizaçlarına rağmen bir arada yaşadıkları kozmopolit bir Makedonya kentiydi.

Tarihi ve Mimari Doku

Kent, deniz kıyısında uzanan bir düzlük ile bunun kuzeyinde yükselen bir tepenin yamacında kurulmuştu. Bu tepenin üzerinde Romalılarca yapılan ve Türk devrinde güçlendirilmiş bir kale, zamanın tüm yıpratıcılığına başkaldırırcasına, olanca haşmetiyle dimdik ayakta durmaktaydı. Buradan güneye doğru inen surlar, kıyıya kadar uzanarak bütün kenti kuşatmıştı. Te-

---

[1] Taylan Sorgun, **Devlet Kavgası**, *"İttihad ve Terakki"*, İstanbul, 2003, s. 131.

penin üst kesiminde bir iç kaleden başka, bunun en yüksek kısmında "Yedikule" adlı çok güçlü bir hisar bulunmaktaydı. Kenti çepeçevre kuşatan surlarda, limana ve kıyıya açılan iki kapıdan başka, batıda aşağıdan yukarıya doğru; Vardar kapısı, Yenikapı, Yeni delik, Eski delik, doğuda ise, yine aşağıdan yukarıya doğru; Kalamaria kapısı ve Telli kapı dışarı ile bağlantıyı sağlamaktaydı. Kentin batı tarafındaki surların denize ulaştığı köşede etrafı duvarla çevrili "Tophane" denilen bir bölüm vardı. Bunun önünde de gümrük bulunmaktaydı.

Selanik'te en dikkati çeken noktalardan biri kentin güneydoğu köşesinde yükselen "Beyaz Kule" idi. Önceleri bir süre hapishane olarak kullanıldığından "kanlı kule" olarak adlandırılan bu burç, kötü şöhretinden arındırılmak için II. Abdülhamit'in emriyle beyaza boyanarak "Beyaz Kule" diye adlandırılmıştı. Kıyıda, sahil boyunca uzanan kordonboyunun en doğudaki ucu bu kuleydi. Her Akdeniz liman kentinde olduğu gibi güzel günlerde yapılan akşam gezmeleri bu kule önünde sona ererdi. Sonraları genç Mustafa Kemal'in arkadaşlarıyla birlikte yapacağı akşam gezmeleri de çoğu kez bu kule önünde noktalanacaktı. Beyaz Kule'nin hemen yanında Askeri kulüp ve bir tiyatro vardı.[2]

Kordon, kıyıya paralel surların yıkılmasıyla açılmıştı. 1866 yılında kordonda iki kilometre kadar uzunlukta bir rıhtım yapılmıştı. Kordonun bir kenarında modern binalar ve gazinolar sıralanmıştı. Bunlar Batı'daki benzerlerini aratmayacak kadar iyiydi. Eski Vardar caddesi, kordona paralel olarak şehri ikiye bölmüştü. Şehrin doğu tarafı modern yapılar ile süslenmişti. Vardar caddesinden kaleye doğru uzanan mahalleler ise eski karakterlerini koruyarak Türk sivil mimarisinin güzel örneklerinden şalnişinli evlerle kaplanmıştı. Bu evlerin saçakları ve cepheleri renk cümbüşü gibi nakışlarla ve hat resimlerle süslenmişti.

Mustafa Kemal de bu tür bir evde doğacaktı.

Kentin aşağısında, doğudaki mahallelerde modern Hamidiye bulvarının kenarında, tamamen Batı üslubunda binalar sı-

---

[2] Semavi Eyice, "Atatürk'ün Doğduğu Yıllarda Selanik", **Doğumunun Yüzüncü Yılında Atatürk'e Armağan**, İstanbul, 1981, s. 468-470.

ralanırken, kentin yukarısı her şeyiyle Türk kalmayı başarmıştı. Dar ve yokuşlu sokaklar, Anadolu kasabalarının tüm özelliklerini yansıtıyordu. Bu sokaklar, yaşlı ağaçların gölgelediği, bir kenarlarında demli çaylarını yudumlayan insanların bazen Makedonya'yı saran çeteleri, bazen Padişah II. Abdülhamit'i, bazen de Batı'da yeni ortaya çıkan bir icadı konu alan sohbetlerin yapıldığı çardaklı kahvehanelerin bulunduğu meydancıklara açılırdı. Bir köşede bir çeşme akar, her tarafa adeta rastgele serpiştirilmiş gibi duran irili ufaklı beyaz minareler yükselirdi. Bu yukarı Türk mahallelerinin en belirli özelliği huzur ve sessizlikti. Buna karşılık aşağıda ve kordonboyunda başka bir âlem ve başka bir yaşam vardı.[3]

Bizans sanatı uzmanı **Ch. Diehl**, o günlerin Selanik'ini şöyle anlatmaktadır:

"Korkunç 18 Ağustos 1917 yangını tahrip edinceye kadar pek az şehir Selanik kadar pitoresk ve sevimli idi. Burası gerçek bir Doğu şehri idi. Kıyı boyunca ona Batılı ve modern dış cephe sağlayan limanın geniş rıhtımı boyunca sıralanan Avrupa üslubundaki güzel evlerin arkasında minareler ve kubbeler ile taçlanmış, yüksek surlar ile çevrilmiş şehir, Hortaç dağının son yamacında kademeli bir şekilde yükseliyordu. Kıyıya paralel olarak uzanan ve Selanik'i batıdan doğuya boydan boya geçen büyük Vardar caddesine, yamaca tırmanan dar sokaklar açılıyordu. Bunlar çarşının renkli tezgâhlı dükkânları veya İslam'ın uzak hatıralarını ve geçmiş zaferlerini yaşatan kafesli cumbalı, ahşap cepheli eski Türk evleri ile süslenmişti.(...)Şiir ve sessizlik kaplı Müslüman mezarlıkları narin koyu servilerin gölgelerinde, renkleri solmuş, yaldızları kararmış, unutulmuş mezar taşlarına sahipti... Ve her tarafta karışık sokakların aralarında tatlı sürprizlerle karşılaşılırdı; kâh yeşilliklerin arasından birdenbire şehir ve denize açılan manzaralar, kâh çocuk sesleri ile okunan Kur'an nağmelerinin taştığı sıbyan mektepleri, kâh muntazam vuruşlarla bakır veya demir döven çekiç seslerinin duyulduğu karanlık atölyeler, kâh kırlangıç

---

[3] age. s. 483, 484.

yuvası gibi geçmişin birçok faciasını yaşamış, Akropol'ün sağlam duvarlarına asılmış yüksek evler, kâh insanı öğle sonrası tembelliğine davet eden ve nargile dumanı ile düşüncelerin yavaşça bir rüya âlemine havalandığı asmalar ile gölgelenmiş kahvehanelerdi. Aşağının alışveriş ve kalabalık sokakları ile tam bir tezat ortaya koyan bu yukarı mahallenin her tarafında tatlı bir sakinlik ve doğunun sıcak güneşi altında sanki hayat bile akışını ağırlaştırmış gibi cansızlar ve canlılara hâkim bir huzur görülürdü."[4]

Etnik ve Dini Yapı

Selanik, etnik ve dini bakımdan Osmanlı Devleti'nin en kozmopolit, en hareketli ve en renkli kentiydi. Bu kozmopolit kent, Mustafa Kemal'in çocukluğu ve gençliği üzerinde yönlendirici bir etkiye sahip olmuştur. Mustafa Kemal bu kentte ezan seslerine karışan çan seslerini dinleyerek büyümüştür. **Lord Kinross**, 1880'li yıllardaki Selanik kentini ve bu kentin Mustafa Kemal üzerindeki etkilerini şöyle anlatmaktadır:

"...Dağ eteklerinden yukarıya doğru tırmanan büyük durgun körfezinin sularına yayılan Selanik, çevresindeki Roma, Bizans ve Türk surlarının sınırlarını çoktan aşmış, çağdaş Batı ülkelerindeki rıhtım ve bulvarları boyunca gelişmeye başlamıştı. Coğrafi durumu ve bundan doğan tarihi ona kozmopolit bir şehir niteliği vermişti. Yıkık istihkâmların üzerindeki karmakarışık çatıların arasından minareler ve çan kuleleri yükselirdi. Halkı kat kat yaşar gibiydi. Müslüman mahallesi en yukarıdan tepeyi çevreleyen ortaçağ surlarından başlar, Arnavut kaldırımlı dik dolambaçlı sokaklardan meydana gelen bir labirent halinde aşağıya doğru inerdi. Bunun altında ve limanın çevresinde nüfusun aşağı yukarı yarısını oluşturan Museviler otururlardı. Bunlardan, 'dönme' denilen bir kısmı Müslümanlığı kabul etmişlerdi. Rum mahallesi, ikisi arasında şehrin merkezini kaplar, çevresinde de denizle dağ arasında çeşitli yönlere doğru Bulgar, Ermeni, Ulah ya da çingenelerin ve en önemlisi her milletten Frenklerin mahal-

---

4 Ch. Diehl, **Salonique** (Les villes d'art- Memoranda) Paris tz. 1820'den Eyice, **age.** s. 486.

leleri uzanırdı. Frenkler; İngiltere, Fransa, Avusturya, İtalya ve Portekiz'in zengin tüccarlarıyla güçlü konsoloslarıydı.

Tepenin eteklerinde Rum kiliselerinin çan seslerini duyabilecek kadar yakında oturan Mustafa, böylece yabancıların yaşama tarzına alışarak onları uyanık ve ihtiyatlı bir şekilde değerlendirmesini öğrenerek büyüdü."[5]

Selanik'te, Bizans döneminden kalan Rumlardan başka, Bulgarlar ve çeşitli Balkan milletlerine mensup insanlar, çok sayıda yabancı asıllı Levantenler ve Türkler yaşamaktaydı. Selanik'e 18 Ağustos 1875'te gelen ve birkaç gün kalan Fransız mimarlık tarihçisi A. Choisy buradaki halkı şu cümlelerle anlatmaktadır:

"Buradaki kadar değişik, birbiri ile bağdaşmayan ve asla kaynaşmayan, üstelik birbirlerinden nefret eden, fakat aynı toprak üstünde yaşamak zorunda olduklarından, birbirlerine zoraki yakınlaşan, ancak kendilerine has özellikleri de bu kadar kuvvetle belli eden bir insan topluluğuna başka hiçbir yerde rastlanmaz."[6]

J. Hütz ise, 1828 yılında Selanik'te 18.000 ev bulunduğunu ve 70.000 nüfusun yaşadığını belirtmektedir. Bunun yarısı Türk, 15.000 kadarı Rum, 12.000'i Yahudi ve 3000'i Latin idi. Geri kalanlar ise "dönme" olarak adlandırılıyordu.[7] 1837'de Selanik'te büyük bir veba salgını geniş çaplı ölümlere neden olmuş ve nüfus 40.000'e düşmüştür.[8] Aynı yıllarda J. Ph. Fallmerayer buraya bir Yunan şehri denilemeyeceğini belirterek 70.000 olarak tahmin ettiği Selanik nüfusunun yarıya yakınını Yahudilerin oluşturduğunu bildirmektedir. Bunlar; sarraflık, uşaklık ve hizmetkârlık, kayıkçılık ve hamallık gibi işler yapmaktadır. Rumların sayısı ise 3000 kadardır.[9] Bazı kayıtlara göre 1880'li yıllarda Selanik nü-

---

5 Lord Kinross, **Atatürk**, *"Bir Milletin Yeniden Doğuşu"*, İstanbul, 1994 s. 23, 24.
6 A. Choisy, **L'Asie Mineure et les Turcs en 1875, Souvenirs de Voyage**, Paris, 1876, s. 14'den Eyice, **age.** s. 465.
7 J. Hütz, **Beschreibung der Europaeischen Türkei, nebst einer allgemeinen Uebersicht des ganzen Türkischen Reichs**, Munchen, 1828, s. 252-255'den Eyice, **age.** s. 466.
8 Tayyib Gökbilgin, "Selanik Maddesi", İ A, X/ 1966, s. 346.
9 J. Ph. Fallmerayer, **Fragmente aus dem Orient**, Stuttgart-Tübingen, 1845, II, s. 180 - 181 ve 183'den Eyice, **age.** s. 467.

fusu 80.000 civarındadır. 1889 yılı salnamesine göre Selanik'te 46 Türk mahallesinde 30.000, 16 Yahudi mahallesinde 45.000, 12 Rum ve 1 Frenk mahallesinde 13.000 olmak üzere toplam 88.000 insan yaşamaktadır. 1895'te yapılan sayımda ise nüfusun 24.528'inin Müslüman, 11.706'sının Rum, 1111'inin Bulgar ve 34.495'inin Yahudi olduğu saptanmıştır. Selanik'te az sayıda Katolik ve Ermeni vardır.[10]

Kültürel Doku

Makedonya, Osmanlı Devleti'nin batı kapısıydı. Makedonya'nın ve Makedonyalıların sertliğini, Batı uygarlığının ılık esintileri biraz olsun yumuşatmıştı. Batı'da yerinden oynayan taşlar önce bu topraklara düşerken, Batı'da ortaya çıkan her yeni fikir önce bu toprakların insanlarını etkilemişti. Bu bakımdan Batı'nın kültürel dokusu önce bu toprakların insanları üzerinde kendini hissettirmiştir.

Selanik, Osmanlı Devleti'nde kültürel hayatın en canlı olduğu kentlerden biri, belki de birincisiydi. Osmanlı Devleti'ndeki ilk basımevlerinden biri 1510'da Yahudiler tarafından burada kurulmuştu. 19. yüzyılın sonlarından Balkan Savaşlarına kadar geçen zamanda, Selanik'te canlı bir Türk basın hayatı vardı. Selanik'te yayınlanan gazete ve dergilerde siyasi, sosyal ve toplumsal sorunlar özgürce tartışılmıştır.[11]

Kültürel hayatın canlı olduğu bu Osmanlı kentinde az sayıdaki eski usul mahalle mektebine karşılık, çok sayıda modern Türk okulu ve azınlıklarla yabancıların okulları bulunmaktaydı. Selanik'te sadece bir medrese (Sultan II. Murat Medresesi) vardı.

---

10 Gökbilgin, age. s. 347.
11 Selanik'te 1869'da çıkmaya başlayan haftalık "Selanik" ve 1872'de çıkmaya başlayan haftalık "Rumeli gazetesi" vardı. Ayrıca, "Kadın", "Çocuk Bahçesi" (Bağçe) ve Ali Canip (Yöntem)'in başyazarlığında "yeni lisan" bayraktarlığının yapıldığı "Genç Kalemler" gibi edebiyat tarihinde çok önemli bir yeri olan bazı dergiler de burada çıkıyordu. Bunların dışında "Yeni Felsefe", "Gonce-i Edep", "Yeni Asır" dergileriyle, Fransızca olarak yayınlanan günlük "Progres de Salonique" ve haftada iki defa "Jurnal de Salonique" gazetesi de çıkıyordu. Eyice age. s. 457.

Ayrıca pek çok Rum ilkokulu yanında, 1850'de bir kız lisesi, 1875'e doğru da Yunan öğretmen okulu açılmıştı. Bu sırada Yahudilerin açtıkları okullara, İngiliz, Fransız, Alman, Amerikan okulları da eklenmişti. Türklere ait modern okulların sayısı ise oldukça fazlaydı. Bunlar arasında bir Askeri Rüştiye (ortaokul), oldukça güzel bir lise ve 14.000 altın harcanarak yapılan İttihat ve Terakki Okulu; daha önce Mithat Paşa tarafından yaptırılan bir sanat okulu, bir Hamidiye Ziraat Okulu ve 365 öğrencisinden sadece 15'i Hıristiyan olan bir hukuk okulu bulunmaktaydı. 1879'da kurulan idadinin (lise) ise son dönemlerde 530 öğrencisinden sadece 93'ü Hıristiyan'dı. Selanik'te bir de Fevziye Okulu vardı. Şemsi Efendi tarafından kurulan bu okulda Mustafa Kemal de kısa bir süre okuyacaktı.[12]

Selanik, liberal görünümü her geçen gün artan bir yerdi. Kentte tiyatro, gazino ve eğlence yerleri o döneme göre bir hayli fazlaydı. Kentin güney kesiminde Splandid Park'ta, **Yeni Eden Tiyatrosu**, Beyaz Kule yakınında **Polyteame Tiyatrosu** ve Grand Hotel, ilk gençlik yıllarında genç Mustafa Kemal'in de arkadaşlarıyla zaman zaman uğradığı **Olympia ve Alhambra varyetelerinden** başka, halkın hava alma ve mesire yeri ihtiyacını karşılayan ve özellikle İttihat Terakkicilerden Cavit Bey'in ateşli nutuklar verdiği Beyazkule Parkı ve şehrin dışında, batı tarafında Beşçınar Bahçesi bulunmaktaydı.[13] İttihat Terakki'nin ilk üyelerinden, o yıllarda genç bir subay olan yazar **Kâzım Nami Duru**, kentin Batılılaşmış bu bölümünü şöyle tasvir etmektedir:

"Selanik, Balkanlar'ın en güzel, en büyük, en geniş, en işlek bir limanıdır... Ticaret merkezi olan limandan Beyaz Kule'ye doğru uzanan rıhtımın, Hükümet konağından inen Sabri Paşa Caddesi'ne tesadüf eden kısmı güzel bir iskeledir. Yukarıdan gelen cadde rıhtıma yüz metre kalınca birdenbire genişler, buraya Olimpos Meydanı derler. Meydanın iki yanında gazinolar vardır. Bunların en büyükleri rıhtım üzerine düşen Olimpos, karşısında Kristal, bunun üst tarafında da Yonyo gazinoları vardır. Hele

---
12 Eyice, age. s. 487, 488.
13 age. s. 490.

Yonyo hemen hemen İttihatçıların toplandıkları, konuştukları yerdi... Kristal Gazinosu'nun üstü Cerele de Salonique (Selanik Kulübü) idi. Buraya Selanik'in, çoğu Musevi olan tacirleri, bankerleri, şehrin ileri gelenleri toplanır, içer eğlenir, kumar oynarlardı... Bu gazinolara kadınlar da gelirdi. Aileler birer masaya oturup biralarını içerler, isteyenler yemeklerini yerlerdi. Yazın her gazino meydana masalar, iskemleler dizerdi... Rıhtım üzerinde kafeşantanlar vardı. Zabitlerin buralara gelmeleri, eğlenmeleri yasak değildi... O vakit memleketin hemen hiçbir yerinde bu kadar geniş bir hürriyet yoktu."[14]

Genç subay Mustafa Kemal de arkadaşlarıyla bu gazinolarda buluşmuştur.

Mustafa Kemal, bir keresinde Olimpos Gazinosu'nda **Fethi, Ali Fuat** gibi arkadaşlarıyla memleketin nasıl kurtarılacağını konuşurken şaşırtıcı bir öngörüyle, *"Evet... neden bir Mustafa Kemal çıkmasın?"* diyerek düşüncesini açığa vurmuştu.[15] Genç Mustafa Kemal bu renkli ve hareketli kentte, *"Bir kurmay dans etmesini de bilmelidir"* diyerek, o yıllarda moda olan "valsi" öğrenmişti.

Selanik'in coğrafi konumu buranın ekonomik açıdan da canlı bir kent olmasına yol açmıştır. Selanik, daha 1871'de demiryolu ile Üsküp'e bağlanmıştır. Bu demiryolu 1888'de Belgrad demiryolu ile birleşmiş, 1890'da Selanik-Manastır ve 1896'da Selanik-İstanbul hatları işletmeye açılmıştır. Böylece, liman kenti Selanik, Güneydoğu Asya'nın en önemli ticaret merkezi haline gelmiş, ekonomik gücü 1885'ten itibaren inanılmaz bir hızla ilerlemiş ve Osmanlı Devleti'nin en önde gelen ihracat ve ithalat merkezi durumuna yükselmiştir.[16] Selanik, modern ulaşım olanaklarına sahip Osmanlı kentlerinin başında gelmektedir. Kentin düz kesiminde 1863'te atlı olarak işletilen **tramvay**, 1907'de elektrikliye çevrilmiştir. O dönemde henüz İstanbul'da bile elektrikli tramvay hattı yoktur. Kentin dışında ve batı bölümündeki

---

14 Kâzım Nami Duru, İttihat Terakki Hatıralarım, İstanbul, 1957, s. 18, 19.
15 Falih Rıfkı Atay, Çankaya, C I, 1999, s. 63.
16 Eyice, age. s. 467, 468.

istasyondan kordonboyuna, doğuya Kalamariya semtinin içinden bir hat uzanmış, ikinci bir hat ise istasyondan başlayıp Vardar caddesinden geçerek Kalamariya kapısından dışarı çıkmış, Hamidiye bulvarından kıyıya doğru aşağıya inerek kordondaki hatla birleşmiştir. Ayrıca kente, batıdaki Başçınar Bahçesi yakınındaki gazhaneden **gaz** verilmiştir.[17]

Selanik, Osmanlı modernleşmesinin merkezi konumundadır. Batı'nın kültürel ve toplumsal değerleri gibi siyasi değerleri de en çabuk bu kentte taraftar bulmuştur. Selanik, özellikle II. Abdülhamit (1876-1909) döneminde merkezin baskısından uzak kaldığından, liberal (özgürlükçü) fikirlerin gelişip kök saldığı bir yer haline gelmiştir. Avrupa kültürüyle kolay bağlantı kurulabilmesinden dolayı Selanik'teki Osmanlı aydınları Tanzimat'tan beri sızmakta olan Batı etkisiyle çok daha erken ve çok daha kolay tanışmışlardır. Osmanlı Devleti'nin son dönemlerine damgasını vuran İttihat ve Terakki Cemiyeti de bu kentte örgütlenmiştir. İttihat ve Terakki taraftarları buraya "Kâbe-i Hürriyet", "Mehti Hürriyet" gibi adlar vermişlerdir. II. Meşrutiyet'ten sonra tahttan uzaklaştırılan II. Abdülhamit'e sürgün yeri olarak da bu kent seçilecektir.

Osmanlı Devleti'nde **sosyalist** hareketlerin ilk ortaya çıktığı kent de yine Selanik'tir. Burada sosyalist fikirler özellikle Bulgarlar ve Yahudiler arasında yayılmıştır. Ayrıca sosyalist görüşlerin seslendirildiği *"Amele"* adlı bir gazete yayınlanmaya başlamış, ilk **işçi sendikası** da yine Selanik'te kurulmuştur.[18]

Bir Tedirginlik Çağı ve Selanik

Mustafa Kemal'in doğduğu dönem Makedonya ve Selanik'in içten içe kaynadığı bir dönemdir. Hıristiyanların, Müslümanlara ve Yunanlılara; Slavların, Türklere ve birbirlerine karşı ayaklandıkları, Rumeli'nin tümünü oluşturan unsurların birbirlerinden

---

17 **age.** s. 489.
18 Osmanlı'da sosyalist hareketler için bkz. Mete Tunçay, **Türkiye'de Sol Akımlar-1908-1925**, AÜ SBF Yayınları, Ankara, 1967.

kopup dağıldıkları bir tedirginlik çağı... Fransız Devrimi'nin yaydığı milliyetçilik rüzgârını alır almaz milli duyguları kabaran topluluklar, imparatorluktan silkinip kurtulmaya ve Osmanlı ülkesini Yunanistan, Bulgaristan ve Sırbistan yararına parçalamaya çalışmıştır.[19] Osmanlı'nın en hassas bölgesi olan bu topraklardaki kargaşayı körükleyen büyük emperyalist devletlerdi. Birbirlerinin can düşmanı, Rusya ve Avusturya-Macaristan İmparatorlukları gizli ve açık propagandalarla uyruklarını Osmanlıya karşı ayaklandırmaya çalışmışlardır. İngiltere, Sanayi Devrimi'nden sonra adeta bir sanayi devi haline gelmişti ve bu sömürgeci imparatorluğun özellikle doğuda önemli sömürgeleri vardı. İngiltere, doğudaki sömürgelerini güvence altına almak istemiştir. Rusya, Panslavist emellerle 1878'de Osmanlı Devleti'ni ağır bir yenilgiye uğratıp hem doğudan hem de batıdan Anadolu içlerine kadar girmiştir. Rus orduları İstanbul'a kadar gelerek Osmanlı Devleti'ni kendi başkentinde adeta esir almışlar ve Osmanlı ile çok ağır şartlar içeren Ayastefanos (Yeşilköy) Antlaşması'nı imzalamışlardır. Rusya'nın bu kadar yayılmasını kendi çıkarları açısından zararlı gören İngiltere ve Avusturya çok geçmeden bu duruma tepki göstermişlerdir. Çünkü Rusya'nın Osmanlı topraklarını parçalaması, Balkan uluslarının yararına görünse de büyük emperyalist devletleri endişelendirmiştir. 1878 Berlin Kongresi ile Rusya'nın batıdaki yayılması durdurularak Rusya'ya doğuda bazı haklar verilmekle yetinilmiştir. Berlin Kongresi, bir bakıma büyük devletlerle Rusya arasında bir iç hesaplaşmadır. Böylece Osmanlı Devleti'nin parçalanması biraz daha geciktirilirken, Rumeli'deki bağımsızlık çığlıkları bir süre daha susturulmuştur. Bu barışın kalıcı bir barış olmayacağı belliydi; çünkü her an patlamaya hazır bir bomba gibi bekleyen Makedonya gerçeği vardı.

İşte **Mustafa Kemal**, 1881'de Selanik'te, içeride bağımsızlık taleplerinden doğan karışıklıklar, dışarıda ise emperyalist tehditlerle kuşatılmış bir dünyaya gözlerini açmıştır. Lord Kinross'un

---

19 Kinross, **age.** s. 19.

deyişiyle, *"Mustafa Kemal'in doğduğu sıralarda bir zamanlar Batı nasıl Doğunun önünde dize gelmişse, Doğu da Batının önünde dize geliyor ve Osmanlı imparatorluğu gerileyiş ve çöküşüne doğru büyük bir hızla kayıyordu."*[20]

Osmanlı Devleti'nin büyük bir hızla yıkılışa doğru sürüklendiğinin en iyi görülebildiği kentlerden biri Selanik'tir. Mustafa Kemal, burada bir imparatorluğun günden güne nasıl eridiğini ve küçüldüğünü bizzat görerek, yaşayarak ve içten içe bu duruma büyük bir tepki duyarak büyümüştür. O, yüzlerce yıllık koca bir çınarın gözlerinin önünde nasıl korkunç bir gürültüyle yıkıldığını asla unutmayacaktır.

AİLENİN VE KENTİN ETKİLERİ

Doğum ve Gelenek

Mustafa Kemal, 1881 yılında, Yahudi ve Hıristiyanlarla dolu, Balkanlar'ın dış ticaretini yönlendiren liman kenti Selanik'e tepeden bakan Türk mahallesi Kasımiye Mahallesi'nin Islahhane Caddesi'ndeki çifte şahnişinli üç katlı pembe bir ahşap evde, Türk soyundan küçük bir orta sınıf ailenin, Müslüman evladı olarak doğmuştur[21].

Doğduğunda babası Ali Rıza Efendi, o dönemde yaygın bir geleneğe bağlı kalarak Mustafa'nın doğum tarihini bir Kur'an-ı Kerim'in sayfaları arasına kaydetmiştir; ancak, Mustafa'nın doğduğu günün ve ayın kayıtlı olduğu **bu Kur'an**, bir süre sonra kaybolmuştur.[22] Mustafa doğduğunda, babası Ali Rıza Efendi

---

20 age. s. 20.
21 age. s. 20.
22 A. Fuat Cebesoy bu bilgiyi Zübeyde Hanım'dan öğrendiğini belirtirken (Ali Fuat Cebesoy, **Sınıf Arkadaşım Atatürk**, İstanbul, ty, s. 12.), Şevket Süreyya Aydemir ise, o dönemde yaygın olan bir geleneğe göre çocukların doğum tarihinin Kur'an-ı Kerim'in arkasında boş bir yere yazıldığını belirtmektedir. Aydemir, bu gelenek gereğince İsmet İnönü doğduğunda da dayısı Hakkı Bey'in doğum gününü ve ayını Kur'an'ın bir köşesine not düştüğünü ifade ederek *"Mustafa Kemal'in babası Ali Rıza Efendi böyle bir kayıt düşmüşse bu kayıt sonraları belki de kaybolmuştur"* demektedir. Şevket Süreyya Aydemir, **İkinci Adam**, C.I, İstanbul, 1999, s. 17.

geleneğe uyarak Mustafa'nın adını kulağına fısıldamıştır. Bu ad, daha önce Ali Rıza Efendi'nin kazayla beşiğinden düşürerek ölümüne yol açtığı kardeşinin adıdır. Fakat Atatürk sonraları, kendisine verilen "Mustafa" adını pek sevmediğini ifade edecektir.[23] Ali Rıza Efendi, Mustafa'nın doğumu anısına ona bir kılıç armağan etmiş ve bu kılıcı başucuna, duvara asmıştır. Oğlunun asker olacağı babanın içine doğmuş gibidir.

Küçük Mustafa'ya bir Arap dadı bakmıştır. Arap dadı Mustafa'nın beşiğini sallarken bir taraftan da kulağına Bizans, Slav ve Türk melodilerini fısıldamıştır.[24] Bu melodiler ömrü boyunca Mustafa'nın hafızasından silinmeyecektir.

ALİ RIZA EFENDİ

15. yüzyılın sonlarında Osmanlı İmparatorluğu Balkanlar'a doğru yayılmıştır. Önce korkusuz yeniçeriler, arkasından da Asya'nın hırçın rüzgârlarıyla yıkanmış Türkmenler gitmiştir sarp Makedonya dağlarının eteklerine...[25]

---

23 **Hüsrev Gerede** anılarında bu konuda şu satırlara yer vermiştir: *"Gazi'nin sofrada eşime yönelttiği başka bir soru da çocuklarımızın adlarıyla ilgilidir. 'Çocuklarımızın adları nedir? Lamia, büyüğünün Ali Faruk, küçüğünün Mehmet Selçuk' karşılığını verince Atatürk, 'Neden Ömer Faruk koymadınız, Ali Faruk koydunuz?' diye Şehzade Faruk'a bir telmih yapmak istedi. Eşim, 'Ailemizde Ömer adı yoktur. Hüsrev'in babası Mehmet Ali Paşa, büyük babası Ali Kemali Paşa... Ali'yi bunun için, Faruk'u da doğruluğu ile ün salmış bir halife adı olduğundan, hem de çok sevdiğim bir isim olmasından dolayı koyduk. Aslında çocuğuna isim koymak bir ananın hakkı değil midir?' diye canımın sıkıldığını belli edecek biçimde karşılık verdi. Bunun üzerine Atatürk 'Canım ben böyle demek istemedim. İsim koymak elbette bir ananın hakkıdır. Ben kendi adımdan hiç memnun değilim. Böyle koymuşlar. Bir gün erkek çocuk doğuran bir hanım çocuğuna Mustafa Kemal adını koymak istemiş. Bu konuda benim onay vermemi istediler. Kendilerine, benim bu adı hiç sevmediğimi, fakat ana hakkına karışamayacağımı, diledikleri adı koymakta özgür oldukları cevabını gönderdim' diye konuyu kapattı"* (Sefa Kaplan, "Mustafa Kemal İsmini Hiç Sevmedim", **Hürriyet**, 3 Kasım 2002, s 7). Atatürk'ün soyadı kanunu çıktığında yakın dostlarına verdiği soyadları dikkate alınacak olursa onun 'Mustafa' adını neden sevmediği kolayca anlaşılacaktır. Bilindiği gibi Atatürk, yakın dostlarına hep "öz Türkçe" soyadları vermiştir. Bence, bir "Türkçe âşığı" olan Atatürk'ün "Mustafa" adını sevmemesinin nedeni bu adın Arapça olmasıdır.

24 Kinross, **age.** s. 22.

25 Makedonya'da Türk varlığı hakkında bkz. J. İvanof, **Le Question Macedonienne**, Paris, 1920, s. 148-151.

Kökleri

15. yüzyılda Anadolu'dan Makedonya'ya göç ettirilen Türkmenlerin bir kolu **Kızıloğuz (Kocacık)** Türkmenleridir.[26]

Araştırmalar, **Kocacık Türkmenlerinin** Oğuzların **Kızıloğuz** boyundan olduğunu göstermektedir.[27]

1041 yılı civarında Hazar Denizi'nin güneyinde ve güneybatısında Tahran, Kazvin, Reşt, Zencan ve Tebriz bölgelerinde oturan "**Kızıl Özen**" veya "**Kızıl Ören**" ırmağı bölgesinde yaşayan ve İldeniz hükümdarlarından Arslan Şah'ın oğlu Kızıl Bey'in oymakları olduklarından bu Türkmenlere "Kızıloğuz" Türkmenleri adı verilmiştir.[28]

Selçuklu Devleti döneminde Anadolu'ya yerleşen Kızıloğuzlar, Osmanlının Balkanlar'ı Türkleştirme politikası (iskân) gereği Anadolu'dan Balkanlar'a göçürülerek Makedonya, Teselya ve Selanik'e yerleştirilmişlerdir.[29] Bu Türkmen topluluğunun en yoğun olarak yaşadığı yer Teselya'nın Larisa (Yenişehir)kentidir.[30]

Osmanlı Devleti'nin Balkan Yarımadası'ndaki ilerleme ve yayılmasına paralel olarak sayıları ve önemleri artan **Yörük gruplarını** organize etme ihtiyacı ortaya çıkmıştır. Rumeli'ye değişik aralıklarla çeşitli yerlerden getirilen bu Yörük grupları, 15. yüzyılın ortalarından itibaren askeri ve stratejik görevlerde belli roller üstlenmeye başlamışlardır. İşte **Mustafa Kemal Atatürk'ün baba soyu** da bu Yörük gruplarından biri olan Kocacık (Kızıloğuz) Türkmenlerine dayanmaktadır.[31]

Mustafa Kemal'in babası Ali Rıza Efendi'nin dedeleri **Konya Karaman** –ya da daha büyük bir olasılıkla– **Aydın Söke'den** göçü-

---

26 Ali Güler, **Bir Dâhi'nin Hayatı**, "*Atatürk'ün Soyu, Sopu, Ailesi, Öğrenimi*", İstanbul, 2000, s. 19-26.
27 Hüseyin Şekercioğlu, "Atatürk'ün Soy ve Sülalesi Hakkında Anadolu'da Yapılan Araştırmalar", **Türk Kültürü Dergisi**, C. XIII. S. 145, Kasım 1974, s. 7.
28 age. s. 7.
29 Güler, age. s. 11.
30 M.Tayyip Gökbilgin, **Rumeli'de Türkler ve Yörükler Tatarlar ve Evlad-ı Fatihan**, I, İstanbul, 1957, s. 90,Vd. Güler, age. s. 9-19. 1543 tarihli tahrir defterine göre Kızıloğuz Yörüklerinin en yoğun olarak yaşadıkları yer 117 ocak ile Yenişehir'dir. Güler, age. s. 17.
31 Ayrıntılı bilgi için bkz. M.Tayyip Gökbilgin, **Rumeli'de Türkler ve Yörükler Tatarlar ve Evlad-ı Fatihan**, İÜ Edebiyat Fakültesi Yayınları, C. I, İstanbul, 1957.

rülerek önce Vidin, daha sonra da Serez'e gelmişler, III. Selim'in Nizam-ı Cedid düzenlemeleri döneminde, 1827 Osmanlı-Rus Savaşının yenilgisiyle meydana gelen otorite boşluğundan yararlanarak ortaya çıkan Bulgar, Yunan, Sırp eşkıya ve çetelerinin taşkınlıkları döneminde Selanik'e yerleşmişlerdir.[32] Manastır Vilayeti'nin Debre-i Bala Sancağı'nın Kocacık Nahiyesi'ne gelen aile, tahminen 1830'larda Selanik'e yerleşmiştir. Atatürk'ün babası Ali Rıza Efendi, burada büyük bir ihtimalle 1839'da dünyaya gelmiştir.[33]

Ali Rıza Efendi'nin babası, yani Mustafa Kemal'in dedesi **Kırmızı Hafız Ahmet**'tir.[34] Kırmızı Hafız Ahmet'in, **Kızıl Hafız Mehmet Emin Efendi** ve **Nimeti Hanım** adlı iki kardeşi vardır. Ali Rıza Efendi'nin ayrıca **Rukiye Hanım** adında bir kız kardeşi ve **Salih Efendi** adında bir erkek kardeşi vardır.[35] Yani Atatürk'ün halasının adı **Rukiye**, amcasının adı ise **Salih**'tir.

Ali Rıza Efendi Selanik nüfus kayıtlarına, *"Karakocalı Yörük taifesinden"* diye kayıtlıdır.

Mustafa Kemal'in Selanik'ten mahalle ve okul arkadaşı, eski milletvekillerinden **Hacı Mehmet Somer Bey**, Atatürk'ün atalarının **Yörük olduğunu** şöyle ifade etmektedir:

"Atatürk'ün ataları Anadolu'dan gelerek Manastır Vilayeti'nin Debre-i Bala Sancağı'na bağlı Kocacık Nahiyesi'ne yerleşmişlerdir. Bunları ben Selanik'in ihtiyarlarından duymuştum. Kocacıklıların hepsi öz Türkçe konuşurlar. İri yapılı adamlardır. Bunların hepsi Yörüktür. Hayvancılıkla geçinirler, sürüleri vardır. Bir kısmı da kerestecilik ederler. Bunların kıyafetleri, Anadolu Türklerine benzer. Yaşayışları hatta lehçeleri de aynıdır."[36]

---

32 Cemal Kutay, **Atatürk Olmasaydı**, İstanbul, 1993, s. 3-4.
33 Güler, **age**. s. 9.
34 Bu konuda bkz, Hüseyin Şekercioğlu, "Atatürk'ün Soy ve Sülalesi Hakkında Anadolu'da Yaptığım Çalışmalar", **Türk Kültürü Dergisi**, S. 145, s. 7; Burhan Göksel, **Atatürk'ün Soy Kütüğü Üzerine Bir Çalışma**, Ankara, 1987, s. 19; Baki Öz, **Kurtuluş Savaşında Alevi Bektaşiler**, 1997, s. 10.
35 Hulusi Turgut, **Atatürk'ün Sırdaşı Kılıç Ali'nin Anıları**, İstanbul, 2005, s. 501.
36 E. Behnan Şapolyo, **Kemal Atatürk ve Milli Mücadele Tarihi**, 3. bs, İstanbul, 1958, s. 21.

Atatürk'ün dedesi Kızıl Hafız Ahmet Bey'i ve babası Ali Rıza Efendi'yi tanıyan eski Aydın Milletvekili **Tahsin San Bey** ve yine eski milletvekili **Tahsin Uzer**'den nakledilen bilgiler de Atatürk'ün baba soyunun *"Anadolu'dan Rumeli'ye geçmiş olan Yörüklerden"* olduğunu göstermektedir.[37]

1993 yılında gazeteci **Altan Araslı**, Atatürk'ün dedesinin köyü olan Kocacık köyüne giderek burada Atatürk'ün dedesinin evini bulmuştur. *"Atatürk'ün Büyükbabasının Evini Bulduk. Atatürk Yörük Türkmeni"* başlığıyla verilen haberde, yaşayan Kocacıklılarla röportajlar yapılmıştır.

Araslı'nın Üsküp'te görüştüğü **Numan Kartal**, Atatürk'ün baba soyu hakkında şunları anlatmıştır:

"Ali Rıza Efendi, Manastır Vilayeti'nin Debre-i Bala Sancağı'na bağlı Kocacık'ta dünyaya geldi. Kocacık'ın nüfusu tamamen Türk. Hepsi de Yörük Türkmenleri. Anadolu'dan geldiler. Bizler Müslüman Oğuzların Türkmen boyundanız. Atatürk'ün büyükbabası İşkodyalılar ailesinden, babaannesi ise Golalar ailesinden gelmektedir. Golalar ise 'hudut gazileri' anlamını taşımaktadır. Dedesi, Kocacık'ın Taşlı mahallesinden, babaannesi ise Yukarı mahallesindendir. Ayşe Hanım Taşlı mahallesine gelin gelmiştir. Kırmızı Hafız Mehmet Efendi, Çınarlı mahallesinde ilkokul öğretmenliği yapmış. Kocacık'ın Taşlı mahallesinin üst tarafında bir yokuş vardır. Önünde küçücük bir derecik akar, Bu nedenle oraya Dere mahallesi de denir. İşte Ata'nın büyükbabasının evi oradaydı. Kocacık'tan temelli göç ettikleri zaman evlerini Etem Maliklere satmışlar. Malik'in oğlu Hayrettin İzmit'te oturmaktaydı."[38]

Atatürk'ün kız kardeşi **Makbule Hanım** da soylarının Yörük olduğunu şöyle ifade etmiştir:

"Babam Ali Rıza Efendi yerli olarak Selaniklidir. Kendileri Yörük sülalesindendir. Annem her zaman Yörük olmakla iftihar ederdi."

---

37 Bu bilgileri nakleden Kılıç Ali ve E. B. Şapolyo'dur. Bkz. Kılıç Ali, **Atatürk'ün Hususiyetleri**, İstanbul, 1955, s. 7; E. B. Şapolyo, **age.** s. 22; Güler, **age.** s. 20
38 A. Araslı, "Ata'nın Soy Kütüğü", **Milliyet**, 10 Kasım 1993, s. 9; Ali Öz- Sayra Öz, "Atatürk'ün Köyü", **Star, Pazar Eki**, 5 Eylül 1999; Güler, **age.** s. 23-25.

Alevi-Bektaşi İzleri

Osmanlının iskân (yerleştirme) siyaseti gereği Rumeli'ye göçürülen ve Mustafa Kemal Atatürk'ün baba soyunu oluşturan "**Karakocalı**"(Kızıloğuz) Türkmenlerinin Anadolu kolu bilindiği kadarıyla Alevidir. Rumeli'ye geçtikten sonra da **Bektaşiliğin** etkin olduğu bir bölgede, Aleviliklerini korumaları ve sürdürmeleri olası görülmektedir.[39] Mustafa Kemal'in baba soyundaki Alevi-Bektaşi etkisine karşın, Mustafa Kemal'in anne soyu Sünnidir ve akrabaları arasında da Sünni İslam anlayışını benimseyenler vardır.

Örneğin, Mustafa Kemal'in amcası **Salih Bey'in eşi Müberra Hanım,** Selanik eşrafından Mevlevi-Şeyhizade ailesindendir. Bir ara Cumhurbaşkanlığı Köşküne konuk olarak gelen amcasının kızı **Vüsat Hanım'ın** Ramazan orucunu tuttuğu ve Atatürk'ün bu akrabasına iftar ve sahur yemeklerinin verilmesini istediği bilinmektedir.[40] Gerçi Ramazan orucu tutma geleneği daha çok Sünni Müslümanlara özgü bir ibadet olmakla birlikte Balkanlardaki Alevi-Bektaşi Müslümanlar arasında da görülmüştür.

Anlaşıldığı kadarıyla Mustafa Kemal'in baba soyunun din anlayışı, Alevi-Bektaşi ve Sünni İslam anlayışlarının, Balkanlar'da yaşamanın vermiş olduğu açık fikirlilikle yoğrulmasından oluşmuştur.

Zor Hayat

Ali Rıza Efendi, Zübeyde Hanım'dan yirmi yaş büyüktür. Sert bakışlı, kızıl bıyıklı, oldukça uzun boylu, kendi halinde dürüst biridir; fakat Zübeyde Hanım'a oranla oldukça silik bir kişiliğe sahiptir. Ancak küçük bir devlet memuru olacak kadar eğitim görmüştür.

Gümrük işinde ve Evkaf İdaresinde çalışan Ali Rıza Efendi bu işlerde çok fazla yükselmeyi başaramamıştır. Bir ara, teğmen

---

39 Öz, **age.** s. 10-12.
40 Göksel, **age.** s. 8, 10, 13, 40.

rütbesiyle Askeri Milliye Taburu'nda gönüllü askerlik hizmetinde de bulunmuştur.

Ali Rıza Efendi, Zübeyde Hanım'la evlendikten sonra, geçim sıkıntısı çekmeye başlayınca birçok kişinin uğraştığı kereste tüccarlığı işine el atmıştır. Elinde avucunda bulunan bütün parayı bu yeni işte kullanmıştır. Başlangıçta işler yolunda gitmiştir. Hatta kazandığı paralarla iki katlı, cumbalı, bahçeli bir ev bile yaptırmıştır.

Osmanlı merkezi otoritesinin gittikçe zayıflaması ve Rumeli'nin içten içe kaynayan yapısı, Ali Rıza Efendi'nin işlerinin çok geçmeden bozulmasına yol açmıştır. Selanik, kendisine Hıristiyanların koruyucusu süsü veren Rum çeteleriyle dolmuştur. Ali Rıza Efendi de bu Rum çetelerinin saldırılarından çok fazla zarar görmeye başlamıştır. Bu yüzden kereste tüccarlığı işinden vazgeçmiştir.[41] Aile geçim sıkıntısı çekmeye başlayınca kereste ticareti işinden elinde kalan sermaye ile tuz ticareti işine başlamış ama bu işte de başarılı olamayınca, yeniden devlet memuru olmak için başvurmuş; fakat yaşı geçkin olduğu için başvurusu dikkate alınmamıştır. Ekonomik sıkıntılara sağlık sorunlarının eklenmesiyle iyice yıpranan Ali Rıza Efendi bir süre sonra hastalanarak ölmüştür.[42]

Ali Rıza Efendi'nin **Mustafa'dan** başka **Ahmet** ve **Ömer** adlı iki oğlu ve **Naciye, Fatma, Makbule** adlı üç kızı olmuş; fakat Mustafa ve Makbule dışındaki çocukları küçük yaşta ölmüştür.

Ali Rıza Efendi, Osmanlı-Yunanistan sınırındaki Olimpos Dağı'nın ormanlarla kaplı eteklerindeki gümrük kontrol noktasında (Paşaköprüsü) gümrük muhafaza memurluğu yaptığı yıllarda çok sıkıntı çekmiştir. Burası, karayolu bile olmayan çok kötü bir yerdir. Ali Rıza Efendi ailesini buradaki derme çatma bir eve yerleştirmiştir. Üstelik burası herkesi haraca kesen Rum eşkıyanın da uğrak yeridir. Zübeyde Hanım, bu ıssız ve kasvetli yerde olmaktan hiç de mutlu değildir. Nitekim çok geçmeden

---

41 Kinross, **age.** s. 21.
42 **age.** s. 24.

aile büyük bir acıyla daha sarsılmıştır. Ali Rıza Efendi ve Zübeyde Hanım ikinci çocukları Ömer'i, ilaçsızlık ve bakımsızlık nedeniyle burada kaybetmiştir. Fatma'dan sonra Ömer'i de kaybeden gözü yaşlı annenin son umudu Ahmet'e bir şey olmamasıdır. Ancak kader ağlarını örmüştür bir kere... Zübeyde Hanım'ın korktuğu başına gelmiş ve Ahmet de ölmüştür. Ali Rıza Efendi küçük oğlunu sahilde açtığı bir mezara gömmüştür.[43]

Ali Rıza Efendi, alt tabakadan gelen, temel uğraşı ailesinin geçimini sağlamak olan sıradan bir Osmanlı Türk'üdür. Ne zengin bir babası ne de zengin ve nüfuzlu tanıdıkları vardır. Osmanlının son dönem buhranlarından yararlanarak "köşeyi dönenlerden" de değildir. O başkaları gibi orduya, cemaatlere, bürokrasiye ya da saraya sırtını dayayarak bir yerlere gelmeyi aklının ucundan bile geçirmemiştir.

Ali Rıza Efendi, **Bektaşi kültürünün etkisiyle** yetişmiş olmasından dolayı, katı olmayan bir din anlayışına sahiptir. Softalığa karşıdır. Batı'dan sızan yeni düşüncelere karşı saygılıdır. Nitekim oğlunun Selanik'te yeni açılan ve çağdaş eğitim veren Şemsi Efendi İlkokulu'na gitmesini istemiştir.

Ali Rıza Efendi'nin Mustafa Kemal Atatürk üzerindeki en önemli etkisi, **açık görüşlülük ve akılcılık** konusunda olmuştur.

***

Atatürk'ün baba soyu, dedesinin kardeşi **Kızıl Hafız Mehmet Emin Efendi** tarafından devam ettirilerek günümüze kadar ulaşmıştır. Onun oğlu **Salih Efendi** ve ikinci eşi **Müberra Hanım'dan** olan çocuklarla aile yedinci kuşağa ulaşmıştır. Bel-

---

[43] Bazı kaynaklara göre o gece çıkan fırtına denizde dev dalgalara neden olmuş ve kıyıları döven dalgalar Ahmet'in mezarını aşındırmıştır. Ahmet'in küçük bedeni dağlardan inen aç çakallara yem olmuştur. Sabah bu korkunç manzarayı gören Zübeyde Hanım oracıkta bayılmıştır. Bu acı olay gözü yaşlı anneyi ruhsal olarak çökertmiştir. Ancak, bu olayın doğru olup olmadığı belli değildir. Soner Yalçın, "Ali Rıza Efendi İle Zübeyde Hanım Evliliğinin Trajik Hikâyesi", **Hürriyet**, 18 Mayıs 2008, s. 34.

gelerden Atatürk'ün Müberra Hanım'a *"yenge"* diye hitap ettiği görülmektedir. Bunların beş çocuğundan biri olan **Necati Erbatur** 28 Eylül 1927'de Dolmabahçe Sarayı'nda nişanlanmış; diğer çocukları **Vüsat Erbatur**'un kızı **Nesrin Hanım** ile **Feridun Söğütlügil**'in nikâhları 2 Ekim 1937'de Park Otel'de yapılmış ve bu nikâh törenine Atatürk de katılmıştır.[44] Atatürk ayrıca bazı özel mektuplarında *"Lütfi eniște"* diye birinden söz etmektedir, ancak Selanik'te yaşadığı anlaşılan bu *"Lütfi eniște"*nin kim olduğu şimdiye kadar anlaşılamamıştır.

ZÜBEYDE HANIM

Mustafa Kemal Atatürk'ün annesi Zübeyde Hanım 1857 yılında Selanik yakınlarındaki Lagaza'da dünyaya gelmişir. Çocukluk ve gençlik yıllarını burada babasının çiftliğinde geçirmiştir.

Genç kızken, zekâ ve cesaretle yoğrulmuş bir güzelliği vardır.

Kökleri

Zübeyde Hanım **Öz-Türktür**. L. **Kinross'un** deyişiyle, *"Zübeyde Hanım, damarlarında ilk göçebe Türk kabilelerinin torunları olan ve hâlâ Toros dağlarında özgür yaşamlarını sürdüren sarışın Yörüklerin kanını taşıdığını düşünmekten hoşlanırdı."*[45] Zübeyde Hanım çok haklıdır; çünkü o gerçekten bir **Yörük** kızıdır.

Zübeyde Hanım'ın ataları **Konya Yörüklerindendir**. Baba soyu olarak **Evlad-ı Fatihan'**dır.[46]

Mustafa Kemal Atatürk'ün anne soyu, Konya Karaman'dan Rumeli'ye gelen ve bundan dolayı da Rumeli'deki diğer Yörük gruplarından farklı olarak **"Konyarlar"** diye anılan Yörüklerdendir.

---

44 Göksel, **age.** s. 29, 30. Göksel'in bu çalışması Atatürk'ün soyu üzerine hazırlanmış en kapsamlı ve belgeli çalışmalardan biridir.
Güler, **age.** s. 26.
45 Kinross, **age.** s. 21.
46 **Evlad-ı Fatihan:** Osmanlının yayılma, genişleme dönemlerinde vatan haline getirilen topraklara yerleştirilen yedi göbek Türklere verilen ad. Cemal Kutay, **Türkçe İbadet**, İstanbul, 1998, s. 31.

Konyarlar, **Konya Karaman'**dan Fatih Sultan Mehmet döneminde, 1466'da Karamanoğulları yıkıldıktan sonra Rumeli'ye göçürülerek iskân edilmişlerdir.[47]

Zübeyde Hanımlar, önce Konya Karaman'dan alınarak Batı Makedonya'daki Vodin İlçesi'nin batısındaki Sarıgöl Bucağı'na yerleştirilmişler, daha sonra da Selanik dolaylarına gelmişlerdir.[48]

Zübeyde Hanım'ın babası, yani Mustafa Kemal'in anne soyundan dedesi **Sofuzade Feyzullah Efendi'**dir. Ali Rıza Efendi'nin babası Kızıl Hafız Ahmet Bey'i de tanıyan Aydın Milletvekili **Tahsin San,** Zübeyde Hanım'ın baba soyu hakkında şu bilgileri vermektedir:

"Atatürk'ün validesi Zübeyde Hanım, Sofuzade ailesinden Feyzullah Ağa'nın kızıdır. Bunlar Selanik'te doğmuşlardır. Bu aile bundan 130 sene evvel Sarıgöl'den Selanik'e gelmişlerdir. Vodina Kazası'nın batısında Sarıgöl Nahiyesi'nde 16 köyden ibaret olan bu nahiye ailesi Makedonya ve Teselya'nın fethinden sonra Konya civarı ahalisinden Osmanlı hükümetinin sevk ve iskân ettirdiği Türkmenlerdendir."[49]

Mustafa Kemal'in kız kardeşi **Makbule Hanım**, annesi Zübeyde Hanım'ın sık sık, *"Soyumuz Yörüktür. Konya Karaman yöresinden buraya gelmişiz. Babam Feyzullah Efendi'nin büyük amcası Konya'da kalmış, Mevlevi Dergâhı'na girmiş, orada Yörüklüğü tutmuş"* dediğine tanık olmuştur.

Türk olmaktan derin bir haz duyan Zübeyde Hanım, Türklük bilincini çocuklarına da aşılamaya çalışmıştır. Mustafa Kemal daha çok küçükken **"Türk ile Yörük"** arasındaki ilişkiyi kavramış gibidir.

Makbule bir gün ağabeyi Mustafa'ya *"Yörük ne demektir?"* diye sorduğunda,

Mustafa kendinden emin:

"Yürüyen Türk demektir," yanıtını vermiştir.[50]

---

47 Göksel, **age.** s. 6.
48 Güler, **age.** s. 32.
49 Şapolyo, **age.** s. 22, 23.
50 Kutay, **Türkçe İbadet,** s. 131.

E. Behnan Şapolyo'nun, Ruşen Eşref Ünaydın'dan naklettiğine göre, Atatürk birçok kere *"Benim atalarım Anadolu'dan Rumeli'ye gelmiş Yörük Türkmenleridir"* demiştir.[51]

Dahası Mustafa Kemal, ileriki yıllarda *"Yörüklerle"* ilgili kişisel bazı araştırmalar yapmış, kitaplar okumuştur. Örneğin Dr. M. Çakıroğlu'nun *"Yörükler Üzerine"* adlı çalışmasını okurken önemli bulduğu bazı yerlerin altını çizmiştir.

"Anadolu göçmeni (...) damarlarında Türkmen kanı taşıdığını pek de hatırlamaz.

Yalnızca Rumeli ve Konya'daki Türkmenler, bu akrabalığı unutmamıştır.

Türkmen göçebelerinin Anadolu'da ilk ortaya çıkışlarından bu yana on yüzyıl geçmiştir." Atatürk, bu paragrafların başını dikey çizgilerle işaretlemiştir.[52]

"Yörükler İslamiyeti kendine göre yorumlar ve özel bir ulusal karakteri muhafaza eder."[53]

"Hammer, Yörük kadınları gibi Kula'daki Türk kadınlarının da yüzlerini kapamadıklarını ifade eder. (...) Bu aykırı davranış onların Türkmen kökenlerini kolayca kanıtlamaktadır."[54]

"Türkmen kadınlar, Türkmenlerin yerleştikleri dönemde Amasis'inki gibi Anadolu'da daima güzellikleriyle ün salmıştır."[55]

Önemli bularak, yukarıdaki paragrafların başlarını da dikey kalın çizgilerle işaretleyen Atatürk, *"Orta Asyalı Türklere ve Türkmenlere Aydın vilayetinde rastlanmaktadır"* cümlesindeki *"Türklere ve Türkmenlere"* ifadesinin de altını çizmiştir.[56]

Atatürk'ün, *"Yörükler Üzerine"* adlı kitapta altını çizdiği bu satırlardan, onun **Yörük kökenleriyle** gurur duyduğu sonucuna ulaşmak pek de abartılı bir değerlendirme olmasa gerek.

---

51 Şapolyo, age. s. 20.
52 **Atatürk'ün Okuduğu Kitaplar**, C. 20, Ankara, 2001, s. 415.
53 age. s. 414.
54 age. s. 420.
55 age. s. 421.
56 age. s. 424.

Atatürk "Öz-Türk" olmasına ve bu durumdan büyük gurur duymasına karşın, zaman zaman bazı "Atatürk düşmanları" onun etnik kökeniyle ilgili asılsız iddialar ortaya atmışlardır. Örneğin, İstanbul'un işgalini *"Tanrı'nın bir lütfu"* olarak değerlendiren **İbrahim Hakkı Konyalı**, Atatürk'ün **Yahudi** olduğunu iddia etmiştir."[57]

Güçlü Karakter, Sağlam İrade

Zübeyde Hanım, güçlü bir karaktere ve sağlam bir iradeye sahiptir. Doğru bildiği şeyler uğruna sonuna kadar mücadele eden doğuştan akıllı bir kadındır. Yalnız yeteri kadar eğitim görmemiştir. Okuma yazmayı ailesinden öğrenmiştir. Az çok okuma yazma bildiği için kendisine **"Zübeyde Molla"** denilmiştir.

Belli ki Mustafa Kemal, hem görünüşüyle (sarı saçlı, renkli gözlü) hem de içsel özellikleriyle (güçlü karakter, sağlam irade) annesine çekmiştir. Nitekim babasına oranla, annesinden daha çok etkilenmiştir.

Ali Rıza Efendi'nin ölümü üzerine genç yaşta dul kalan Zübeyde Hanım, Mora eşrafından **Ragıp Bey** adlı bir memurla evlenmiştir. Ragıp Bey'in **Süreyya** ve **Hakkı** adlarında iki oğlu ile **Fıtnat** ve **Ruhiye** adlı iki kızı vardır.[58] Mustafa Kemal o günlerde bu evliliğe büyük tepki duymuş, hatta evi terk ederek bir süreliğine halasının yanında kalmıştır.[59] Ancak zaman içinde üvey babası Ragıp Bey ile son derece iyi bir iletişim kurmuştur.[60] **Ali Fuat Cebesoy'un** aktardığına göre Mustafa Kemal, üvey babası Ragıp Bey'den şöyle bahsedermiş: *"Bana karşı çok saygılı dav-*

---

57 Şerafettin Pektaş, **Milli Şef Döneminde (1938-1950) Cumhuriyet**, İstanbul, 2003. s. 46.
58 Turgut, age. s. 508.
59 age. s. 508.
60 Zübeyde Hanım'ın bu ikinci evliliğinden sonra Atatürk'ün Zübeyde Hanım'a kırıldığı, hatta öfkelendiği doğrudur; ancak bazı araştırmacıların iddia ettiği gibi Atatürk'ün annesine yönelik bu kırgınlığının ve kızgınlığının ömrünün sonuna kadar devam ettiği doğru değildir. Bu geçici bir durumdur ve Atatürk zaman içinde Ragıp Bey'e alışarak onunla dost olmuştur. Dolayısıyla annesine duyduğu kırgınlık da sona ermiştir. Bunu bizzat Atatürk ifade etmiştir.

ranmış, büyük adam muamelesi etmiştir. Nazik ve kibar bir insandı."[61]

Ana-Oğul İlişkisinin Boyutları

Mustafa Kemal Atatürk'ün "vatanından" sonra en çok sevdiği "annesi" Zübeyde Hanım'dır. Atatürk'ün, annesi Zübeyde Hanım'a duyduğu **derin sevgi** tüm ömrü boyunca devam etmiştir. Bu sevginin en önemli nedenlerinden biri, Mustafa Kemal'in çok küçük yaşta babasız kalması ve bu süreçte Zübeyde Hanım'ın büyük fedakârlıklar göstermesidir. Annesine minnet duyan oğul, o yüce anaya hiçbir zaman saygıda kusur etmemiştir. **Kılıç Ali'nin** ifadeleriyle, *"Annesi Atatürk'ü, Atatürk de annesini, ikisi birbirlerini adeta büyük bir aşkla severlerdi. Tuhaf değil mi? Zübeyde Hanım oğluna karşı adeta derin bir saygı beslerdi. Elini tuttuğunda sanki onu öpmek isterdi. Atatürk de annesine karşı olağanüstü saygılıydı."*[62]

Ana oğul arasındaki saygı ve sevginin boyutlarını Mustafa Kemal'in yaverlerinden **Cevat Abbas (Gürer)** şöyle gözlemlemiştir:

"Ana ve oğul hazırlanmadan birbirlerini görmezlerdi. Ebedi Şef sabahları uyanır uyanmaz, eğer o gün annesini görecekse, birisi vasıtasıyla annesinden izin alırdı. Sonra büyük bir merasimde bulunacakmış gibi Atatürk hazırlanırdı. Bayan Zübeyde de hasta yatağında olsa dahi büyük bir ihtimamla Atatürk'ü kabule hazırlanırdı. Saçlarını taratır, işlemeli başörtüsünü örter, Makedonyalı gelinlik kızın zengin çeyizinden kalmış oyalı bürümcük gömleğinin üzerine ipekli entarisini giyerdi. Ve İstanbulkari renkli maşlahı ile resmi kıyafetini tamamladıktan sonra oğlunu beklediği haberini gönderirdi."[63]

Cevat Abbas'a göre Zübeyde Hanım'la Mustafa Kemal, ana-oğul adeta birbirine aşıktırlar. Yine **Cevat Abbas'a** kulak verelim:

"Bu ziyaretlerin her birinde Atatürk anasının mübarek elini saygıyla öperdi. Sonra anasının karşısında o büyük adam kü-

---

61 Cebesoy, **age.** s. 16.
62 Turgut, **age.** s. 508.
63 Turgut Gürer, **Atatürk'ün Yaveri Cevat Abbas Gürer**, İstanbul, 2006, s. 94.

çülür, Mustafa hatta Mustafacık olurdu. Konuşmaları, latifeleri pek içten kaynayan taşkın sevgilerin yansımaları idi. Çankaya'da bu ana oğul görüşmelerinin birinde (...)Atatürk annesinin elini öptü. Bayan Zübeyde oğluna elini uzatırken coşkun sevgisinin gözlerinde toplanan bütün ifadesiyle Atatürk'ü bağrına basmak istiyordu. Onu kucakladıktan sonra aziz Türk milletine eşsiz bir halaskâr kahraman veren ana olmak itibariyle gururlanmalı idi. Fakat öyle olmadı. Bahtiyarlığı, gülen ve şirin yüzünden okunurken o büyük Türk anası kolları arasından uzaklaşan ciğerparesinin ellerine sarıldı. Atatürk: 'Ne yapıyorsun anne?' dedi, elini çekmek istedi. Bayan Zübeyde sükünetle ve kati bir ciddiyetle, 'Ben senin ananım, sen benim elimi öpmekle bana karşı olan vazifeni yapıyorsun, fakat sen vatanı ve milleti kurtaran bir devlet reisisin. Ben de bu aziz milletin bir ferdiyim ve onun tebasıyım. Elini öpebilirim,' cevabını verdi."[64]

Düşünebiliyor musunuz, bir ana ki oğlunun elini öpmek ister ve bir oğul ki yapıp ettikleriyle anasını bu kadar mutlu eder...

Atatürk-Zübeyde Hanım ilişkisini kronolojik olarak şöyle özetlemek mümkündür:

1. Ali Rıza Efendi'nin zamansız ölümüyle çok genç yaşta dul kalan Zübeyde Hanım iki çocuğunu alarak ailesinin Langaza'daki çiftliğine dönmüştür.
2. Zübeyde Hanım, 1905'te Harp Akademisi'ni bitiren ve kurmay yüzbaşı olan, ancak bu sırada kısa süre hapse atılan Mustafa Kemal'i görmek için üç beş günlüğüne İstanbul'a gelmiş ve oğlunu buradan ilk görev yeri Şam'a bizzat uğurlamıştır.
3. Balkan Savaşları sonunda Selanik'in kaybedilmesi üzerine burada yaşayan diğer Türkler gibi Zübeyde Hanım da kızı Makbule'yi yanına alarak İstanbul'a gelmiş ve Beşiktaş Akaretler'deki 76.numaralı eve yerleşmiştir.
4. Çanakkale'de destan yazan Mustafa Kemal Paşa daha sonra Yedinci Ordu komutanı olarak Filistin'in güneyindeki Sina

---

64 age. s. 95.

cephesinde İngilizlerle çarpışırken Müttefik Alman Orduları Komutanı Fakenhayn'la arasındaki bir anlaşmazlık sonunda istifa ederek Halep'e gitmiştir. Burada ciddi şekilde sarılık hastalığına yakalanan oğlunu merak eden Zübeyde Hanım, Halep'e giderek oğlunu ziyaret etmiş, İstanbul'a dönmüştür.

5. Mustafa Kemal, Mondros Ateşkes Antlaşması'nın imzalanmasından birkaç gün sonra 13 Kasım 1918'de Suriye Cephesi'nden ayrılarak İstanbul'a gelmiştir. Doğru annesinin evine giden Mustafa Kemal, Zübeyde Hanım'ın elini öpüp boynuna sarılarak hasret gidermiştir. İstanbul'da bir süre Pera Palas Oteli, Fansa'ların Beyoğlu'ndaki evinde kalan Mustafa Kemal, daha sonra Şişli'de Madam Kasabyan'ın üç katlı evini kiralamış ve Beşiktaş Akaretler'de oturan annesi ve kız kardeşini de yanına almıştır.

Mustafa Kemal, vatanın işgal edildiği o kara günlerde Anadolu'ya geçerek bir bağımsızlık savaşı başlatmak için gerekli hazırlıkları Şişli'deki o üç katlı evde yapmıştır. 16 Mayıs 1919'da Samsun'a hareket edinceye kadar annesi ve kız kardeşiyle bu evde oturmuştur. Ve 16 Mayıs sabahı annesinin dualarıyla Samsun'a hareket etmiştir.

6. Mustafa Kemal, Samsun'a hareket etmeden önce İstanbul'daki dostu Sezai Ömer (Madra) Bey'e, senet ile bir miktar para bırakmıştır. 17 Kasım 1919'da Bandırma Vapuru'ndan Sezai Ömer Bey'e yazdığı mektupta senetteki bu parayı annesine bıraktığını belirtmiştir. Yaklaşık iki yıl sonra, 19 Haziran 1922'de yazdığı başka bir mektupta da annesine yaptığı yardımlardan dolayı Sezai Ömer Bey'e teşekkür etmiştir.[65]

7. Mustafa Kemal'in Samsun'a çıkışıyla birlikte Zübeyde Hanım ve Makbule, işgal İstanbul'unda yalnız kalmışlardır. Zübeyde Hanım, oğlunun, "idama mahkûm edildiği" ve hatta "öldüğü" biçimindeki haberlerden etkilenerek hastalanmış, kısmen felç olmuştur.

---

65 Murat Bardakçı, "Mustafa Kemal'in Mektuplarında Sözünü Ettiği Meçhul Akrabalar", **Hürriyet**, 7 Ağustos 2005, s. 27.

8. Bu sırada kızı Makbule'nin Mustafa Mecdi Bey adlı bir tüccarla evlenmesi Zübeyde Hanım'ı biraz olsun mutlu etmiştir. Gözü yaşlı anne, kızı ve damadıyla birlikte yeniden Akaretler'deki evde yaşamaya başlamıştır.
9. Mustafa Kemal ise hasta annesinden daha fazla ayrı kalmaya dayanamayarak Zübeyde Hanım'ı yanına, Ankara'ya getirmeye karar vermiştir. TBMM Başkanı ve Başkomutan Mustafa Kemal Paşa, annesini almak için Adapazarı'na gelmiştir (14 Haziran 1922). Burada, kendisinden bir gün önce gelen ve Askerlik Şubesi Başkanı Binbaşı Vehip Bey'in evinde kalan annesiyle buluşan Mustafa Kemal, geceyi annesiyle birlikte o evde geçirmiştir. Daha sonra da ana oğul bir otomobille 24 Haziran 1922'de Ankara'ya dönmüşlerdir.
10. Ankara'da, Mustafa Kemal ve akrabaları Fikriye ile birlikte kalan Zübeyde Hanım'ın sağlığı gitgide bozulmaya başlamıştır. Gözü yaşlı ana, kendi derdinden çok oğlunu düşünmekte, oğlunun artık bir an önce "dünya evine girmesini" istemektedir. Gelin adayı da hazırdır: Fikriye... Ancak çok geçmeden oğlu Mustafa Kemal'in başka biriyle evlenmek istediğini öğrenecektir. Bu yeni gelin adayının adı Latife'dir. İzmir'in köklü ve zengin ailelerinden birinin okumuş kızı Latife...
11. Zübeyde Hanım, son günlerini müstakbel gelin adayı Latife Hanım'ın İzmir Karşıyaka'daki köşklerinde geçirecek; ancak yüce ana, oğlunun mürüvvetini göremeden hayata gözlerini kapayacaktır. Öldüğünde 66 yaşındadır (15 Ocak 1923).

Dindar Bir Ana

Zübeyde Hanım çok dindardır. Atalarının geleneksel inançlarına sonuna kadar bağlıdır. Beş vakit namazını kılan, tabiri caizse "sofu" bir kadındır.

Zübeyde Hanım'ın dindarlığını anlamak bakımından, onun, 1996 yılında açılan Abdürrahim Tunçok Müzesi'ndeki özel eşyalarına göz atmak yeterlidir.[66] Zübeyde Hanım'a ait özel eşyalar

---

66 **Abdürrahim Tunçok:** Atatürk'ün manevi oğlu.

arasında zemzem kabı, değişik tespihler, seccadeler ve Kur'an-ı Kerim gibi dinsel amaçlı eşyalar dikkat çekmektedir. Zübeyde Hanım'ı tanıyanlar, Zübeyde Hanım'ın evinde iki adet Kur'an'ı Kerim bulunduğunu, bu Kur'an'lardan birinin duvarda özel koruması içinde asılı, diğerinin ise evin başköşesinde bir rahle içinde açık durduğunu belirtmektedirler. Zübeyde Hanım'ın son nefesini verinceye kadar her fırsatta sıkça Kur'an okuduğu bilinmektedir.

Mustafa Kemal annesinin dindarlığına büyük saygı duymuş, ona hediye alacağı zamanlarda, seccade, tespih ya da başörtüsü gibi dinsel işlevi olan şeyleri tercih etmiştir. Örneğin, Şam'da kurmaylık stajını yaparken sevgili annesine hediye olarak Suriye yapımı dört tarafı gümüş sırmalarla işlemeli bir **başörtüsü** almış ve arkadaşı Ali Fuat'la Selanik'e, annesine göndermiştir.[67]

Zübeyde Hanım, kendi ailesi içinde ve kocasının ailesi içinde hacılar bulunmasından gurur duymuştur. Mustafa'nın da onların yolunu izlemesini, iyi bir din eğitimi almasını, hatta iyi bir din adamı olmasını istemiştir. Bunun için Mustafa Kemal mutlaka mahalle mektebine gitmeli, dini bütün Müslüman çocukları gibi, Kur'an ilkelerine uygun yetişmeliydi.[68]

Mustafa Kemal'in anne soyundan yakın akrabaları arasında **tekke şeyhleri** de vardır. Hatta anlatılanlara bakılacak olursa, Mustafa Kemal'in annesi Zübeyde Hanım ve halası Emine Hanım, Selanik'te sık sık tarikat toplantılarına katılıp, şeyh ve derviş aileleriyle sıkı ilişkiler kurmuşlardır.[69]

Vasiyet ve Ölüm

Zübeyde Hanım, İslam dininin ilkelerine sıkı sıkıya bağlıdır. Ömrü boyunca dininin tüm gereklerini yerine getirmekle kalmamış, son günlerinde, öldükten sonra **ruhuna hatim okutulmasını** vasiyet etmiştir.

---

67 A. Fuat Cebesoy, **Sınıf Arkadaşım Atatürk**, İstanbul, 1999, s. 122.
68 Kinross, **age.** s. 22.
69 Falih Rıfkı Atay, **Çankaya**, C. I, İstanbul, 1958, s. 269.

Kurtuluş Savaşı yıllarında annesinden bir süre uzak kalan Mustafa Kemal, Ankara'dan Cemal Bey'i (Bolayır) sık sık İstanbul'da Akaretler'de oturan annesine göndererek hatırını sordurmuş ve bu şekilde bir şeye ihtiyacı olup olmadığını öğrenmiştir.

Cemal Bey'in, Zübeyde Hanım'ı son ziyaretlerinden birinde artık iyice hastalanmış olan Zübeyde Hanım ona vasiyetnamesini hazırlatmış ve Cemal Bey'den bir istekte bulunmuştur:

"Evladım, ben öldükten sonra ruhuma her sene hatim okutmak üzere bir yere bir miktar para bırakmak isterim. Bunu nereye verelim?"

Cemal Bey biraz düşündükten sonra:

"Peki, size çok iyi bir müessese göstereceğim. Arzu ederseniz sizinle oraya gidip görüşelim" demiş ve Zübeyde Hanım'a yardımcı olmuştur.

Ertesi gün Cemal Bey, o zaman Darüşşafaka müdürü olan Ali Kami Bey'i görerek Zübeyde Hanım'ın arzusunu ona iletmiştir. Ali Kami Bey *"memnuniyet ile teberrularını (bağışlarını) kabul ederiz"* demiş. *"Mektep esas defterine kaydını yaparak her sene arzusu veçhile hatim ettirip duasını yaparız"* diye de eklemiştir.

Daha sonra, Cemal Bey ile Zübeyde Hanım Dürüşşafaka'ya gitmişler. Müdür Ali Kami Bey bütün öğrencileri büyük salona toplamış ve kendilerine Paşa'nın annesini tanıtmıştır. Bundan sonra ilahiler ve **dualar okunmuş,** Zübeyde Hanım bu güzel karşılamadan çok memnun kalmıştır.

Zübeyde Hanım vasiyetnamesinde Dürüşşafaka'ya da bir miktar para bırakmıştır.[70]

Daha sonra annesinin vasiyetini öğrenen Mustafa Kemal, her ölüm yıldönümünde annesine **hatim okutup** hatim okuyan hafıza zarf içinde bir miktar para vermeyi âdet haline getirmiştir. Bu, bir oğlun annesine duyduğu sevgi ve bağlılığın manevi bir işaretiydi.

---

70 Altan Deliorman, **Atatürk'ün Hayatındaki Kadınlar,** İstanbul, 1999, s. 29, 30.

Zübeyde Hanım, babasının dindarlığından fazlaca etkilenmişti. Zübeyde Hanım'ın babası, yani Mustafa Kemal'in anne soyundan dedesi –daha önce de belirtildiği gibi– "**Sofuzade**" olarak bilinen Feyzullah Efendi'dir. **Sofuzade Feyzullah Efendi**, Atatürk'ün çocukluk anılarında okul tatillerinde tarlalarda kargaları kovaladığından bahsederken söz ettiği Selanik'e bir saat uzaklıkta Langaza'daki çiftliğin sahibidir. Zübeyde Hanım, Feyzullah Efendi'nin üçüncü eşi **Ayşe Hanım'ın** tek kızıdır.[71]

Mustafa Kemal'in dedesi Sofuzade Feyzullah Efendi'nin ağabeyi, **Mevlana Dergâhı'nın dervişlerinden** biridir. Mustafa Kemal'e göre annesinin dindarlığı Sofuzade Feyzullah Efendi'nin mirasıdır.

"*Atatürk annesinin ilahilerle, mahalle mektebine başlaması yolundaki ısrarının sebebini bu mirasa bağlıyordu.*"[72]

Mustafa Kemal'in soyağacı incelendiğinde, anne soyunun **çok dindar olduğu** görülecektir. Mustafa Kemal'in, hayatı boyunca yanında bulunan anne soyundan tek akrabası **Ahmet Fuat Bulca,** Mustafa Kemal'in, annesinin dindarlığından çok etkilendiğini ve bu dindarlığın nedenlerini araştırdığını belirtmektedir.

Mustafa Kemal çocukluk ve ilk gençlik yılları dışında sıklıkla annesinden ayrı kalmıştır. Annesini çok seven bir oğul olarak annesinden uzak kaldığı dönemlerde anne hasretini derinden hissetmiş, tüm güçlüklere rağmen fırsat bulduğunda annesini ziyaret etmeyi de ihmal etmemiştir.

Mustafa Kemal son olarak Kurtuluş Savaşı yıllarında annesinden ayrı kalmıştır; fakat hasretine dayanamayarak annesini Ankara'ya yanına aldırmıştır.

Mustafa Kemal, TBMM Başkanı ve Başkomutandır. Yıllardan 1922, aylardan Hazirandır. Anne ve oğul üç yıl ayrılıktan sonra nihayet kavuşmuşlardır. Bir süre Çankaya Köşkü'nde kalan Zübeyde Hanım'ın İstanbul'dan beri devam eden hastalığı iyice ağırlaşmıştır. Mustafa Kemal, hasta annesine İzmir havasının iyi geleceğini düşünmüştür. Zübeyde Hanım, uzun uğraşlardan son-

---

71 Kutay, **Türkçe İbadet**, s. 131.
72 Ahmet Fuat Bulca'dan naklen, Kutay, **age.** s. 136.

ra, İzmir'e gidip bir süre kalması için ikna edilebilmiştir. Zübeyde Hanım, İzmir'de Mustafa Kemal'in evliliği düşündüğü Latife Hanım'ın Karşıyaka'daki yazlık evlerinde kalmaya başlamıştır.

Burada bulunduğu sırada hastalığı iyice ağırlaşan Zübeyde Hanım 15 Ocak 1923'te vefat etmiştir.

Mustafa Kemal ise bu sırada özel treniyle Ankara'dan başlayan ve Batı Anadolu'yu kapsayan bir yurt gezisine çıkmış ve 15 Ocak'ta Eskişehir'e gelmiştir.

Gün ağarmak üzeredir. Mustafa Kemal emir eri Ali Çavuş'u çağırıp, *"Bir haber var mı?"* diye sormuştur. Ali Çavuş, *"Şifre geldi ama çözülmedi"* diye yanıt verince, mavi gözleri çakmak çakmak olan Mustafa Kemal hafifçe başını kaldırıp Ali Çavuş'a hüzünle bakarak, *"Annemin öldüğünü biliyorum. Bir rüya gördüm. Yeşil tarlalarda annemle dolaşıyordum. Birdenbire bir fırtına çıktı, anamı alıp götürdü"* demiştir. Deşifre edilmiş telgraf kendine verildiği zaman gözlerini kapamış, derin bir nefes almış, başını hafifçe öne eğmiş, bir an düşündükten sonra *"İzmir'e gidiyoruz. Treni İzmit'e çevirsinler"* talimatını vermiştir.

Mustafa Kemal, aynı gün, İzmir'de bulunan başyaver Salih Bozok'a şu telgrafı çekmiştir:

"...Verdiğiniz elim haber beni çok müteessir etti. Merhumenin münasip bir tarzda merasim-i tedfiniyesini (İslami kurallara uygun bir şekilde cenaze törenini) ifa ettiriniz. Cenab-ı Hak milletimize hayat ve selamet versin."[73]

Mustafa Kemal, kısa bir süre sonra İzmir'e gelerek annesine olan son görevini yerine getirecek; annesinin mezarı başında ve Allah'ın huzurunda **ellerini açıp dua** edecektir.

Zübeyde Hanım'ın ölümü sırasında İzmir'de bulunan **Asım Gündüz**, Zübeyde Hanım'ın **cenaze töreni** hakkında şu bilgileri vermektedir:

"Zübeyde Hanım son saatlerinde yanında bulunan Latife Hanım'a ayrıca bir vasiyet yazdırmıştır. Latife Hanım, ölüm haberini ilk önce İzmir valisi Mustafa Abdülhak (Renda)ya bil-

---

[73] Güler, age. s. 43.

dirmiş, vali de büyük bir cenaze töreni hazırlatmıştı. Latife Hanım ilk gece İzmir'in tanınmış hafızlarından tam otuz üç kişi çağırarak sabaha kadar hatim yaptırmış ve hatim duası üç gün sürmüştür.
Cenaze alayına adeta bütün İzmir katılmıştı. *Vali, memurlar, komutanlar, hocalar olduğu halde cenaze alayının uzunluğu bir kilometreyi buluyordu. Okulların getirdiği çelenkler kabrin üstünde bir örtü teşkil etmişti. Batı Cephesi Kurmay Başkanı Asım, Kâzım (Özalp), Fahrettin (Altay), Mürsel (Bakü), İzzettin (Çalışlar), Abdurrahman Nafiz (Gürman) paşalar cenaze alayının önünde yürümekte idiler.*

Latife Hanım, siyah bir manto giymiş, siyah peçe örtmüş, cenaze alayına katılmak istemişti; fakat ailesinin ve din adamlarının, 'İslam'da kadın cenazeye katılmaz' diye engel olmaları üzerine bir faytona binerek cenazeyi arkadan takip etmiştir.

Latife Hanım, kabirde yüzlerce gümüş mecidiye sadaka dağıtmış, kırkında mevlit okutmuş, 52. gecesinde de aşure yaparak fakir fukaraya dağıttığı gibi, hatimler indirerek bu mübarek kadına karşı duyduğu sevgi ve şükran borcunu ödemişti" [74]

***

Mustafa Kemal'in anne ve baba soyu **dini duyarlılıkları** çok yüksek insanlardan oluşmuştur. Dolayısıyla, Mustafa Kemal'in, köklerinden gelen bu dinsel alt yapıdan etkilenmemesi imkânsızdır. Nitekim çocuk ve genç Mustafa Kemal, dedeleri Sofuzade Feyzullah Efendi ve Kızıl Hafız Ahmet Efendi'nin torunu olduğunu gösterecek kadar dinle ilgilenmiştir.

Belli ki Atatürk'ün yıllar sonra dile getireceği şu sözlerin temelinde onun ailesinden aldığı dini eğitimin büyük etkisi vardır:

"Hâlbuki elhamdülillah hepimiz Müslümanız, hepimiz dindarız. Artık bizim dinin gereklerini öğrenmek için şundan bundan derse ve akıl hocalığına ihtiyacımız yoktur. Anaları-

---

[74] age. s. 43, 44.

mızın, babalarımızın kucaklarında verdikleri dersler bile, bize dinimizin esaslarını anlatmaya yeterlidir."[75]

"Biz dini eğitimi aileye bıraktık... Çocuk dini eğitimini ailesinden alacaktır."

ELİT DEĞİL HALK ÇOCUĞU

"Atatürk düşmanları," öteden beri Atatürk'ü ve kurduğu çağdaş Cumhuriyet'i karalamak istediklerinde veya Atatürk'ü ve Türkiye Cumhuriyeti'nin kuruluş felsefesini eleştirmek istediklerinde hep söze *"Cumhuriyeti kuran elitler"* veya *"Kemalist elitler"* diye başlamaktadırlar. Bu karanlık çevreler sözüm ona "halktan yana", "demokratik" görünerek Atatürk'ün "halk karşıtı" ve "antidemokratik" bir "jakoben" (baskıcı-tepeden inmeci) olduğunu iddia etmektedirler. Bu karanlık çevreler, **1950'den beri** kendilerine, iç ve dış Türkiye düşmanlarınca ezberlettirilen yalan ve uydurma bilgilerle Türk halkını Atatürk'e ve kurduğu çağdaş Cumhuriyet'e "tepkili" hale getirmeye çalışmaktadırlar.

Onlara göre Cumhuriyet, halkın değerlerini hiçe sayan "elitlerce" kurulmuştur. Elit derken kastettikleri "halktan kopuk", hatta "halka karşı", "üst tabakalara mensup", "zengin ve soylu" kesimlerdir. Onlara göre Cumhuriyet'i kuran Atatürk bir elittir, dolayısıyla onun kurduğu Cumhuriyet de "elitist bir Cumhuriyettir." Bu çarpık tarih görüşünden hareket eden "karşı devrimciler" böylece kendilerine "meşruiyet" kazandırmakta ve sözüm ona bu "elitist Cumhuriyet"i gerçek bir "halk Cumhuriyeti"ne dönüştürmek için mücadele ettikleri izlenimi yaratmaktadırlar.

Ancak Atatürk ve Cumhuriyet düşmanı bu karanlık güçler, *"Elit Mustafa Kemal"* ve *"Kemalist elitler"* teorisinin hiçbir tarihsel dayanağının olmadığını göremeyecek kadar da "kördür."

Öncelikle Atatürk, onların düşünmek istedikleri gibi "halktan kopuk", "halkın değerlerine karşı", ya da "halkın değerlerini ve gerçeklerini bilmeyen" bir "elit" değildir. Atatürk, *"üst ta-*

---
[75] **ASD**, C. II, s. 131.

bakaya mensup", "zengin ve soylu" ya da *"para babası, toprak ağası"* bir "elit" hiç değildir.

Yukarıda da görüldüğü gibi Atatürk'ün anne ve baba soyu alt veya orta tabakaya mensuptur. Anne tarafından dedesi Sofuzade Feyzullah Efendi ve baba tarafından dedesi Kırmızı Hafız Ahmet Efendi *"alt tabakadan"* gelen, halkın içinden çıkan Osmanlı Türkleridir. Hayatlarını kazanmak için sürekli mücadele etmişlerdir. Onların çocukları Ali Rıza Efendi ve Zübeyde Hanım da aynı şekilde doğuştan gelen hiçbir imtiyaza sahip olmadan yaşam mücadelesi vermişlerdir. Genç yaşta dul kalan Zübeyde Hanım çok geçmeden ikinci eşini de kaybedince oğlu Mustafa'yı ve kızı Makbule'yi Osmanlı Devleti'nin en buhranlı günlerinde tek başına besleyip büyütmüştür.

Atatürk, yoksul Müslüman Türk halkının yaşadığı tüm sıkıntıları en derinden yaşamıştır. Bir taraftan vatan mücadelesi verirken diğer taraftan uzak yakın akrabalarının maddi sorunlarıyla uğraşmıştır. Örneğin Birinci Dünya Savaşı'nın hemen öncesinde Sofya'da askeri ataşeyken 17 Ocak 1914'te İttihat Terakki'nin önde gelen isimlerinden Cemal Paşa'ya yazdığı mektupta, aylığının zamanında gelmediğini, Fethi Bey sayesinde karnını doyurduğunu, annesi ve kız kardeşinin Selanik'te parasızlıktan dolayı *"çırpındıklarını"*, *"terzinin parasını bile ödemeyediğini"* ve *"Lütfi eniştenin de İstanbul'da sefil bir halde süründüğünü"* yazmıştır.[76] Büyük Taarruz hazırlıkları öncesinde 19

---

76 İşte Mustafa Kemal'in Sofya'dan Cemal Paşa'ya yazdığı o mektubun bazı bölümleri: "*Bizim burada kim bilir ne kadar zevkli bir hayat geçirmekte olduğumuzu –Fethi Bey'e gönderdiğiniz mektubunuzda– tahmin buyuruyorsunuz. Hakkınız var, zaten böyle bir hayatı yaşayabileceğimizi tahmin ederek değil mi idi ki buraya gelmemizi uygun görmüştünüz? Gerçi buraya geleli iki ay olduğu halde henüz Kasım maaşından başka beş para alamamış olmaktan ve ilk günü kapandığımız Splandid Oteli'nin dördüncü kat odasında her on beş günde bir takdim olunan hesap pusulalarını birbiri üzerine yığmaktan az zevk mi olur? Öteki hükümetlerin askeri ataşelerinin ve diğerlerinin davetlerine karşılık verme sırası gelince ortadan kaybolmak lazım geldiği için, dâhil olunan kulüplere usulen ödenmesi gereken paraların yatırılması hakkındaki mektupları cevapsız bırakmak, cidden bir Türk ataşemiliterinden beklenen hususlardandır! İstanbul'da iken memleketin bin türlü sıkıntı ve felaket içinde koşuşturduğu bu devirde, mesaimizi hangi işlere harcadığımızı düşünmeyerek, aileme yegâne sığınak olabileceği fikriyle, önce eniştem Lütfi Efendi hakkında, sonra da Sofya'da içine düştüğüm maddi ve*

Haziran 1922 tarihinde yazdığı bir mektupta da *"aradan geçen üç sene boyunca annesi Zübeyde Hanım'a yaptığı yardımlardan dolayı Sezai Ömer Bey'e teşekkür ederek"* ondan, o sırada İstanbul'da bulunan *"halası ve bazı akrabalarının geçimlerini sağlayabilmeleri için"* kızkardeşi Makbule Hanım'a her ay 100 lira vermesini rica etmiştir. Sezai Ömer Bey, bu parayı, Mustafa Kemal'in bıraktığı 2000 liradan ödeyecektir.[77]

Babası geçimini sağlamakta zorlanan, annesi geçim sıkıntısı çektiği için tek oğlunun yatılı askeri okulda okumasına izin veren ve ikinci kez evlenen bir ailenin çocuğu olan Mustafa Kemal, dişiyle tırnağıyla, aklıyla, iradesiyle mücadele ederek, deyim yerindeyse söke söke bir yerlere gelmiştir. Rüşvetin, adam kayırmanın, yalakalığın, din bezirgânlığının pirim yaptığı bir çağda namuslu bir şekilde çalışarak ve aklını kullanarak ilerlemiş ve Çanakkale'de, Kurtuluş Savaşı'nda asker olarak önce vatanı kurtarmış, sonra da bir devlet adamı olarak çağdaş bir ulus devlet yaratmıştır.

Atatürk, Türk ulusunu dünyadaki en uygar uluslar düzeyine çıkarmak için çok önemli bir devrim yapmıştır. Bu devrimde temel amaç, asırlar içinde geri bırakılan Türk ulusunu yaşayışıyla, davranışıyla, görünüşüyle ve düşünüşüyle çağdaş bir ulus haline getirmektir. Atatürk, devrimlerini yurt gezileriyle bizzat halka anlatmıştır. Hiçbir zaman elitist bir tavırla halka tepe-

---

manevi ıstırapların hafifletilmesine yardımcı olmanız konusunda istirhamlarda bulunmaktan hakikaten utanmıştım. Son iltifat mektubunuz gelmeseydi ve "Senin aylıklar konusunda bir şeyler yapmak isterim" vaadinde bulunmamış olsaydınız, sizi artık kesinlikle rahatsız etmemeye karar vermiştim. Bendeniz şimdilik hakiki bir Osmanlı ataşesine layık olabilecek vaziyeti almak için ihtiyaç bulunan hususları değil, burada aç ve sefil kalmamanın çaresini düşünmek mecburiyetinde olduğum için vaat buyurduğunuz işi Kasım ve Aralık tahsisatının bir an evvel gönderilmesine ve bundan sonra da muntazaman tesviyesini sağlamaya ayırırsanız pek ziyade minnetdarınız olurum; çünkü şimdiye kadar karnımızı doyuran Fethi Bey (Okyar) gidiyor. Boter (İstanbul'un en meşhur terzilerinden) alacağını istemekte amansız davranıyor, Selanik'te valide ve hemşire çırpınıyor, İstanbul'da enişte sefil sürünüyor. (...) Her ne hal ise, adam olanlar maddi olarak küçük kalarak da vatana borçlu oldukları büyük fedakârlıkları yapmanın yolunu bulurlar. Hürmetle ellerinizden öperim efendim. Mustafa Kemal." Bardakçı, **Hürriyet**, 7 Ağustos 2005, s. 27.

77 Bardakçı, **age.** s. 27.

den bakmamış, her zaman halkla iç içe olmuştur. Bu nedenle Kemalist devrim elitist değil, **halkçıdır**. Bu devrimi yapan adam halkın bağrından çıkarak soylulara, zenginlere, işbirlikçilere, din bezirgânlarına ve saray yalakalarına karşı mücadele ederek çağdaş, laik ve sosyal bir hukuk devletinin temellerini atmıştır. Halkın desteğini arkasına alan Mustafa Kemal Atatürk, halkla birlikte, doğuştan gelen ayrıcalıklara sahip "Osmanlı saray elitine" ve kişisel çıkarlarını korumaya çalışan, köhne düzenden beslenen, işbirlikçi "Osmanlı bürokrat elitine" karşı savaş açmıştır. Babadan oğula geçen saltanat ve ondan nemalananlar mı elittir, yoksa kelle koltukta özgürlük ve bağımsızlık mücadelesi verenler mi? Atatürk'ün çağdaş, laik bir ulus devlet kurmak için gerçekleştirdiği "devrim kanunlarını" "elitist" olarak yorumlamak safsatadan başka bir şey değildir.

Araştırmacı **Soner Yalçın** da bu gerçeğin farkında olarak bir yazısında asıl elitin "**karşı devrimciler**" olduğunu şöyle ifade etmiştir:

"Bugünlerde bazı siyasetçiler, Cumhuriyet ideolojisini eleştirmek için sürekli küfür gibi 'seçkinci', 'elitist zümre' lafını kullanıyorlar. İsim vermeseler de sözleri hep Atatürk'ü hedef alıyor.

Oysa:

Atatürk'ün birlikte yola çıkıp sonra ayrıldığı ve Atatürk'e seçkinler yapıştırması yapanların pek sevdiği Rauf Orbaylar, Kâzım Karabekirler, saltanatçı seçkinlerdi.

Atatürk halk çocuğuydu. Bu nedenle CHP'nin altı okundan biri halkçılıktı. Ne günlere kaldık.

*Toprak reformuna karşı çıktığı için CHP'den kovulan toprak ağası, zengin aile çocuğu **Adnan Menderes** halk çocuğu oluyor, yoksul ailenin çocuğu **Atatürk** ise seçkinci öyle mi?*

Kimin hangi sınıf için çalıştığı ortadayken, tarih bu kadar tersyüz edilebilir mi?"[78]

Eğer, namus, ahlak, insanlık, Allah korkusu gibi değerlerin yerini, din bezirgânlığıyla oy toplamak, kişisel çıkar için her yola

---

78 Yalçın, **age**. s. 34.

başvurmak ve iktidara yaranmak gibi değerler aldıysa tarih de başka şeyler de tersyüz edilebilir Sayın Yalçın...

İLK EĞİTİM

Küçük Mustafa okul çağına geldiğinde aile içinde ilginç bir tartışma baş göstermiştir. Ali Rıza Efendi, Makedonya'ya Avrupa'dan sızan fikirlerden etkilenmeye başlamıştır. Açık fikirli olduğundan oğlunun Selanik'te çağdaş eğitim veren **Şemsi Efendi İlkokulu'na** gitmesi için ısrar etmiştir; fakat Zübeyde Hanım bu konuda çok katıdır ve ısrarla Mustafa'nın **Mahalle Mektebi'ne** giderek öncelikle din eğitimini alması gerektiğini savunmuştur. Sonunda Zübeyde Hanım galip gelmiş ve küçük Mustafa annesinin yönlendirmesiyle, daha çok dinsel eğitim veren Fatma Molla Kadın Okulu'na gönderilmiştir.[79]

Mustafa Kemal Atatürk, bu okula başladığı günü sonradan şöyle anlatmıştır:

"Okula gideceğim sabah annem bana beyaz bir entari giydirmiş, başıma da sırma işlemeli bir sarık sararak süslemişti. Elimde, yıldızlı bir dal vardı. Sonra hoca efendi, yanında bütün okul çocuklarıyla evimizin yeşilliklerle bezenmiş kapısına geldi. Duadan sonra anneme, babama ve hocaya temenna ederek, ellerini öptüm, ardından yeni arkadaşlarımın alkışları arasında sevinçli bir alay halinde şehrin sokaklarından geçerek caminin yanındaki okula gittik. Oraya varışımızda hep bir ağızdan yeniden dualar okundu, sonra hoca beni elimden tutarak, çıplak ve kemerli bir odaya götürdü. Kur'an'ın kutsal kelamını orada bana açıklamaya başladı."[80]

Mustafa Kemal'in eğitim-öğrenim hayatı, öğrencilerin **dizlerinin üzerine çömelerek oturdukları**, eski, loş ve soğuk taş duvarlarla çevrili bu Mahalle Mektebi'nde başlamıştır.

---

79 Bu okul, bazı kaynaklarda "Hafız Mehmet Efendi'nin Mahalle Mektebi" olarak da geçmektedir. Utkan Kocatürk, **Doğumundan Ölümüne Kadar Kaynakçalı Atatürk Günlüğü**, Ankara, 1999, s. l.
80 Kinross, age. s. 22.

SELANİK'TEKİ DİNSEL KURUMLARIN ETKİSİ

Selanik, Osmanlı Devleti'nin dinsel açıdan da en renkli kentlerinden biriydi. Tüm Osmanlı klasik düzeninde olduğu gibi, Selanik halkı da kendisini dinsel aidiyeti ile tanımlamaktaydı. Selanik'in dört bir yanı **havra, sinagog, kilise** ve **camilerle** doluydu. Ayrıca Müslümanlara ait çok sayıda **tekke, yatır** ve **Mevlevihane** vardı. Mustafa Kemal, Kasımiye Mahallesi'ndeki o ahşap evde, çan seslerine karışan ezan seslerini dinleyerek büyümüştü.

Kiliseler, Havralar

Kent içindeki Hıristiyan mahallelerinde pek çok kilise vardı. Örneğin, **Rum kiliselerinden** biri, kaleye yükselen yamacın hâkim bir yerinde kurulmuş, Moni Vlatadon veya Çavuş Manastırı'ydı. Bu manastır ve kiliselerin bazıları Bizans döneminden kalmış olmakla beraber, Türk hâkimiyeti döneminde yapılanlar da vardı. Ayrıca kentte Katoliklerin 19. yüzyılda inşa edilmiş kiliseleri, okulları ve Tophane'ye yakın **bir İtalyan tiyatrosu** ile 30'u aşkın havra vardı.[81]

Mustafa Kemal'in çocukluk ve gençlik arkadaşı **Ahmet Fuat Bulca**, Selanik'te Mustafa Kemal'le birlikte **bu kiliseleri gezdiklerini** ve Hıristiyanlık inancı hakkında da bilgi sahibi olmaya çalıştıklarını belirtmiştir.

Camiler, Mescitler, Dergâhlar

Geniş bir koyun kenarında ve bir tepenin yamacında kurulan kentte halk kozmopolit bir kitle oluşturmasına rağmen, denizden bakıldığında hemen her tarafta göğü yırtarcasına uzanan Balkan tarzı ince uzun ve beyaz minareleriyle Selanik tam bir Türk ve Müslüman kenti özelliği göstermekteydi.[82] 1882'de çizilen bir kent planına ve bazı yabacı seyyahların ifadelerine göre Selanik'te ortalama olarak irili ufaklı 50 kadar cami ve mescit bulunmaktadır. Bu camilerden 10 tanesi Fatih döneminden itibaren

---

81 Eyice, **age.** s. 481.
82 **age.** s. 470.

eski Bizans kiliselerinin camiye dönüştürülmesiyle oluşmuştur.[83] **Genç Mustafa Kemal, Selanik'te bulunduğu dönemlerde Cuma ve teravih namazlarını kendi mahallesinde bulunan Kasımiye Camii'nde kılmıştır.**

Selanik'te Müslümanlara ait çok sayıda **tekke, yatır** ve **Mevlevihane** vardır. Bu dinsel kurumlar Selanik'e Müslüman bir Türk kenti görünümü vermiştir.

"Şehrin batı tarafında surların dışında Yenikapı'nın karşısında geniş bir ağaçlı bahçe içinde Büyük Mevlevihane bulunuyordu. Aynı kapının iç tarafında ise Salı Tekkesi ile bir Rufai Tekkesi vardı. İç kaleye yükselen yamacın en üst ucunda Kadir Baba Tekkesi, Kasımiye Camii, güneyinde Fethiye Tekkesi, onun doğusunda İki Luleli Tekkesi bulunuyordu. Şehrin doğu tarafında surlara bitişik ve Kalamaria (Kelemeriye) kapısı yanında da Kapı Tekkesi vardı. Ayrıca şehrin içinde pek çok yatır, türbe ile camilerin etrafında küçük şehir mezarlıkları görülüyordu. Şehrin yukarı bölümünde iç kalenin eteğinde Kadir Baba Tekkesi yanında Şeyh Kadir Baha'nın Türk klasik devri mimari üslubunda Kubbeli türbesi bulunuyordu. Vardar caddesinin kenarında da dikkate değer mimarileri olmayan hatta bazısı ahşap, birkaç yatır türbesi sıralanıyordu."[84]

Atatürk Tekkede

Selanik'teki tekke ve dergâhlar önceleri genç Mustafa Kemal'in de ilgisini çekmiştir. O yıllarda Mustafa Kemal'in tatillerde Selanik'teki **akrabalarının tekkelerine giderek ayin günlerinde dervişlere katılıp zikir getirdiği,** *"hu, hu"* **çekerek kan ter içinde kalıncaya kadar dönüp durduğu bilinmektedir.** Mustafa Kemal'in çocukluğunu ve gençliğini yakından bilen **Kılıçoğlu Hakkı, Falih Rıfkı Atay'a gönderdiği bir mektupta,** genç Mustafa Kemal'in tekke ayinlerine katıldığını şöyle ifade etmiştir:

"Ailece pek yakındık. Zübeyde Molla'yı ikinci defa kocaya veren benim büyük kaynatam Şeyh Rıfat Efendi'dir. Mustafa

---

83 age. s. 475 - 477.
84 age. s. 470 - 480.

Kemal, tatillerde Selanik'te sılaya geldiği vakit büyük kaynatamın tekkesine gelir, ayin günlerinde dervişler halkasına katılarak huuu huu diye kan ter içinde kalıncaya kadar döner dururmuş."[85]

Mustafa Kemal'in doğduğu yıllardaki Selanik hakkında bir araştırma yapan Sanat tarihçisi **Semavi Eyice**, Mustafa Kemal'in gittiği tekkeler konusunda, *"Ne yazık ki bu tekkelerin hangileri olduğunu bilmiyoruz"* demektedir.[86]

ALEVİ-BEKTAŞİ ETKİSİ

Selanik'teki tekke ve dergâhların önemli bir bölümü **Bektaşilere** aitti. Mustafa Kemal'in bir ara bu tekke ve dergâh ayinlerine katıldığı ve babası Ali Rıza Efendi'nin Bektaşi olduğu, ya da en azından bu düşünceden etkilendiği dikkate alınacak olursa, Mustafa Kemal'in de özellikle ilk gençlik yıllarında Bektaşi düşüncesiyle tanışmış olması mümkündür.[87]

Mustafa Kemal üzerindeki Alevi-Bektaşi etkisinin bir diğer kökeni, **Jöntürkler ve İttihat Terakki**'dir. Özgürlükçü ve liberal düşüncelerin yatağı olan Selanik, Jöntürkler ve İttihat Terakki'nin en etkin oldukları yerlerden biriydi. Mustafa Kemal de bir dönem İttihat ve Terakki içinde aktif rol almıştır. Bu örgüt içinde Alevi-Bektaşi kökenliler yoğun ve etkindirler. **Talat Paşa, Enver Paşa ve Şeyhülislam Musa Kâzım Efendi**, İttihat ve Terakki içindeki önemli ve etkin Bektaşilerdendi. Bu kişiler Bektaşiliğin Türkçü-milliyetçi, inanç ve ilkeleri bakımından daha "liberal" olmasından dolayı Bektaşi İslam anlayışını benimsemiş görünmektedirler[88]. Bu bakımdan bir dönem İttihatçılarla birlikte olan Mustafa Kemal'in de Alevi-Bektaşi düşüncesinden etkilenmiş olması olasıdır.

Mustafa Kemal üzerindeki Alevi-Bektaşi etkisinin kaynaklarından biri de vatan şairi **Namık Kemal**'dir. Mustafa Kemal'in

---

85 Atay, age. C. I s. 269.
86 Eyice, age. s. 479.
87 Cemal Şener, **Alevilik Olayı-Toplumsal Bir Başkaldırının Kısa Tarihçesi**, İstanbul, 1989, s. 140.
88 Öz, age. s, 13, 14.

gençlik yıllarında etkisinde kaldığı aydınlardan Namık Kemal, Bektaşi İslam anlayışının entelektüellerindendir. Namık Kemal'in dedesi **Abdüllatif Paşa** Bektaşi'dir. Namık Kemal'i eğiten ve büyüten odur. Namık Kemal'in Alevi-Bektaşi İslam anlayışının etkisi altında kaldığının en açık kanıtları arasında *"Kerbela Mersiyesi"*, şiir defterine yazdığı *"Şahımdır Ali"* şiiri, Eşref Paşa'nın *"Aleviyim"* diye başlayan bir şiirine nazire olarak yazdığı *"Aleviyim"* redifli şiirleri gösterilebilir.[89]

Namık Kemal'den düşünsel bakımdan fazlaca etkilenen Mustafa Kemal'in, onun Bektaşi İslam anlayışından da etkilenmiş olması; en azından Namık Kemal'i etkileyen Alevi-Bektaşi İslam anlayışı üzerinde düşünmüş olması mümkündür.

Atatürk ve Alevi-Bektaşilik konusunda çalışmalar yapan **Araştırmacı Baki Öz**, Mustafa Kemal üzerindeki Alevi-Bektaşi etkisini şöyle anlatmaktadır:

"Mustafa Kemal'in en azından çocukluk ve gençlik döneminde babasının etkisinde kalması, Bektaşiliği benimsemesi doğal... İlk düşünsel ve siyasi olgunluğa erişinceye, kendi yolunu ve yörüngesini çizinceye dek Bektaşi olması, Bektaşilikten beslenmesi doğaldır. Zaten onun laik düşünceye ermesinde, din olayı karşısındaki olgucu (pozitivist) tutumunda, olgucu (pozitivist), bilim-felsefe din anlayışını benimseyişinde Bektaşi çevrede yetişmesinin, Bektaşi düşün öğeleriyle beslenmesinin büyük rolü olmalı. En azından Bektaşi bir babanın oğlunun da Bektaşi olması, öyle yetişmesi doğal ve mantıksal; ama ileriki aşamalarda siyasi düşüncede bir olgunluğa vardıktan sonra Bektaşi olarak kalmayabilir, bu düşünceyi aşabilir. Atatürk için bu normal ve usa uygun... Bunun ötesinde böyle bir aşama gösterdiyse bile bu gelişmesinde, yaşama laik, hoşgörülü, ulusal bir açıdan bakan Bektaşi anlayışının büyük payı olsa gerek. Evrensel çağdaş kültürü ve dünya anlayışını benimsemiş Atatürk gibi bir insanın bir tarikat çizgisinde kalması doğallıkla düşünülemez. Düşünce

---

[89] İrene Melikof, "Namık Kemal'in Bektaşiliği ve Masonluğu" **Tarih ve Toplum Dergisi**, Aralık 1998, s. 60. S.17 v.d, Ö. Faruk Akgün, "Namık Kemal", **İ. A, IX/55** v.d.

ve yaşamına evrensel ve çağdaş boyutlar kazandırmıştır; ama bu ulaştığı aşama, önceki duygu, düşünce ve yaşamından doğallıkla izler taşıyacaktır... Laiklik, evrensellik, ulusçuluk, demokrasi, katı ve dogmatik olmayış, bağnazlık ve yobazlığın olmayışı, skolastik düşünce karşıtlığı, mantıksal ve ussal bakış... Bunlar Bektaşilikten Atatürkçülüğe ulaşan çizgilerdir."[90]

Atatürk'ün okuduğu bazı kitaplara koyduğu bazı özel işaretlerden onun Alevi-Bektaşi İslam anlayışını besleyen **Tasavvufla** da ilgilendiği anlaşılmaktadır.

Örneğin R. Rozy'in *"İslam Tarihi Üzerine Deneme"* adlı eserini okurken, **sufilikten** söz eden şu satırlarla ilgilenmiştir:

"Üçüncü aşama inanç aşamasıdır. Sufi tam anlamıyla bilime ulaşmıştır. Eskiden çok yüce görünen şey, şimdi ona subjektif bir inancı vermiştir. Tanrısallığın bir parçası olduğunu biliyor; kendi benliğiyle Tanrısallık benzer düşüncelerdir. Allah'ı benliğinde bulmuştur" (s. 338).[91]

Atatürk, önemli bulduğu bu paragrafın başını **dikey bir çizgiyle** işaretlemiştir.[92]

Atatürk'ün işaretlediği bu satırlarda, Alevi-Bektaşiliğin temel kavramlarından, Hallacı Mansur'un *"Enel Hak"* diye ifade ettiği *"Varlığın birliği"*ne vurgu yapılmaktadır.

Sufi-Tasavvuf geleneğinde *"Enel Hak"* kavramı, **varlığın tekliğini**, her şeyi yaratan **bir büyük kaynağın var olduğunu** ve yaratılmışların bir gün yine o tek büyük kaynağa döneceğini belirtmek için kullanılmıştır.

Atatürk, R. Rozy'in *"İslam Tarihi Üzerine Deneme"* adlı eserini okurken "**Ehli Hak**" sözcüğünün altını çizmiştir:

"Araplar ile Türkler tarafından Noçairis ve Farslar tarafından Aliilahiya olarak çağrılan, kendilerini nitelendirdikleri gibi gerçeğin insanlarının (Ehli hak) doktrininden bahsetmek istiyorum."[93]

---

90 Öz, age. s. 12, 13.
91 **Atatürk'ün Okuduğu Kitaplar**, C.19, s. 138.
92 age. s. 138.
93 age. s. 148.

Atatürk'ün Bektaşilikle ilgilendiğinin en açık kanıtlarından biri, Rozy'in "*İslam Tarihi Üzerine Deneme*" adlı kitabının 495. sayfasındaki şu cümleyi işaretlemiş olmasıdır:

"*Yalnızca Bektaşiler istisnadır; yalnızca sadakayla yaşamak için şereflerini bile ortaya koyarlar. Dervişleri hiçbir tarikat bağlayıcı kılamaz.*"

Atatürk, önemli bulduğu bu satırların altını çizmiştir.[94]

Alevilik'te, insan ruhunun, kaynağı olan **Hak'tan** ayrılıp yine ona dönünceye kadar geçirdiği evreler "**Devriye**" olarak adlandırılmıştır. Bu inanca göre bir süre konuk olduğu bedenden ayrılan "**ruh**" "**Kâmil insan**" oluncaya kadar yeniden vücut bulacaktır.

Atatürk, okuduğu bazı kitaplarda karşılaştığı bu "**Devriye**" kavramıyla da ilgilenmiştir. Örneğin J. Churchward'ın "**Kayıp Kıta Mu**" adlı kitabını okurken ilgilendiği şu satırlar bunun kanıtıdır:

"*Eğer yaşayacaksak ebediyen devam etmeliyiz. Daire ve ebediyet gibi ebediyen devam edeceksek insanın başlangıcı yoktur. 'İnsan müteaddid defalar (birçok kereler) vücuda gelir. Bununla beraber evvelki hayatından külliyen bihaberdir (tamamen habersizdir)*"[95] (s. 171).

Bu satırların üzerinde duran Atatürk, paragraftaki "*Bununla beraber evvelki hayatından külliyen bihaberdir*" cümlesinin altını çizmiştir.[96]

Atatürk ve Mevlevilik

Atatürk'ün özel hayatına ait ayrıntılar, onun Alevi-Bektaşi İslam anlayışı yanında özellikle Mevlevilikle ilgilendiğini göstermektedir.

Arkadaşlıkları Trablusgarp Savaşı yıllarına dayanan Mustafa Kemal ile **Abdülkerim Paşa** arasındaki görüşmeler ve yazışmalarda kullanılan dil, Mevleviliğe özgü izler taşımaktadır.

---

94 age. s. 149.
95 age. C. 10, s. 308.
96 age. s. 308.

Mustafa Kemal Paşa'nın, arkadaşı Abdülkerim Paşa'ya Gelibolu'dan 18/19 Mayıs 1913, saat 10'da yazdığı bir mektupta kullandığı üslup ve dil, tamamen Mevleviliğe özgüdür.

İşte o mektup:

"Ya Hazreti Kutbul-Aktab,

Hazreti salis unvanı taraf-ı Kutbul Aktab'ından verilmiş olmakla tarih-i mütakim saliklerinden olduğuna şüphe kalmayan Fethi kardeş, bir emri risalet penahi zımnında ol canib-i kudsiye revan oldu. Sen ki mahbub-u kulüb ve erkân-ı kadie-i mağlumsun. Lazımdır ki buna garani ilahisinden mevsul Peygamber uhuvveti layetezel-zül Fethi'yi daraguş edesiz. Bu emri risalet penahi çeşmani anik-i uluvvetinden buseçin olasız. Ey deryayı amik bi payan uhuvvetin kahraman nadir-ül emsali! Seni seven, senin mucizat-ı meveddetini müşahede eden erkân-ı meşhureden Selanik meydan dedesi bu fakir Kemal yeni tiz rütbe-i içtihadın tayini hususunda zatı kerimullahtan niyaz eder, Ali can kardeş ise orada bulunduğu takdirde gözlerinden tarafı fakiraneden öpmek vecibe ola. Kerimciğim, seni çok göreceğim geldi. Hasbıhal etmeye ihtiyacım var. Fethi can ile görüş, bana behemahal mektup yaz. Ali can orada ise cidden onu da çok sevdiğim için onun da mektubu beklerim."

Görüldüğü gibi Mustafa Kemal'in 1913 yılında kaleme aldığı bu mektup, başından sonuna kadar **"dergâh adabıyla"** yazılmıştır. Sözcüklerin seçiminden tümcelerin kurulmasına ve üslup özelliklerine kadar her şey Mevleviliğe özgüdür.

Mustafa Kemal Paşa ile Abdülkerim Paşa arasında yıllar sonra yine bu tür bir iletişim gerçekleşmiştir.

Mustafa Kemal, Kurtuluş Savaşı sırasında, Abdülkerim Paşa'yı İstanbul Hükümeti'ni etkilemek için devreye sokmuştur (Nutuk vesikalar, s. 99). 22 Eylül 1919'da, Ankara'dan Ali Fuat Paşa İstanbul'daki Abdülkerim Paşa'nın Sivas'taki Mustafa Kemal Paşa'yla makine başında görüşmek istediğini bildirmiştir. Mustafa Kemal, Sivas postanesine gelerek makine başında arkadaşı Abdülkerim Paşa'yla görüşmeye başlamıştır. Görüşmede Abdülkerim Paşa'nın kullandığı dil yine Mevlevi izleri taşımaktadır.

Abdülkerim Paşa Mustafa Kemal Paşa'ya, *"Zatı Samileri, Mustafa Kemal Paşa Hazretleri misiniz ruhum?"* diye seslenmiş: *"Evet, Kerim Paşa Hazretleri,"* yanıtını aldıktan sonra da şöyle devam etmiştir: *"Sivas'ta Mustafa Kemal Paşa Hazretleri'ne: Paşa'ya söyleyiniz anlar, **Hazreti evvel** karşınızda."*[97]

Görüldüğü gibi burada geçen, **"Zatı Samileri"**, **"Ruhum"** ve **"Hazreti Evvel"** tabirleri dergâh tabirleridir. Abdülkerim Paşa ile Mustafa Kemal Paşa adeta şifreli bir şekilde uzunca konuşmuşlardır.

Mustafa Kemal'in **Mevlana**'ya gösterdiği saygı ve sevgi, Kurtuluş Savaşı yıllarında Mevlevilerle çok yakın ilişki kurması ve bu dönemde **Mevlevi Şeyhi Abdülhalim Çelebi'yi** hiç yanından ayırmaması, en çok ziyaret ettiği kentlerden birinin Konya olması (12 kez), Konya'ya her gelişinde mutlaka **Mevlana'nın Türbesi'ni ziyaret etmesi**, onun Mevlevilikten etkilendiğini hatta Mevlevi olabileceğini akla getirmektedir.

Mustafa Kemal'in 22 Mart 1922'de yaptığı **Mevlana Türbesi** ziyaretinin ayrıntıları, onun Mevlana'ya ve Mevleviliğe verdiği değeri gözler önüne sermesi bakımından çok önemlidir:

*"Atatürk, dergâhta yapılan Mevlevi ayinini izlemiş, Mevlana için övücü sözler söylemiştir. Atatürk'ü dergâh şeyhi ve Konya Milletvekili Abdülhalim Çelebi bütün dervişleriyle birlikte saygı ile karşılamıştır. Atatürk ile birlikte onlar da huzur kapısından Mevlana Türbesi'ne girdi. Atatürk, bir müzeden farksız binlerce sanat eseriyle donanmış türbeyi ilgi ve hayranlıkla gezdi. **Mevlana'nın merkatı önünde saygı duruşunda bulunarak Fatiha okudu** ve daha sonra dergâh semahanesine geçti. Bu sırada Çelebi'nin işareti ile musiki başlamış, semaya girecek dervişler yerlerini almışlardı. Atatürk, bu müzik, şiir ve sema ziyaretinde kendinden geçmiş, derin bir vecd ile yanındakilere '**Mevlana, büyük, çok büyük...**' diye seslenmiştir."*[98]

* * *

[97] Ayrıntılar için bkz. Mim Kemal Öke, "Mustafa Kemal Mevlevi miydi?", **Türk Dünyası Tarih Dergisi**, Kasım 1992, S. 71.
[98] İhsan Kayseri, **Atatürk ve Konya**, Konya, 1981, s. 74, 75.

Selanik'in bir mozaiği andıran dinsel yapısı Mustafa Kemal'in İslam dinini, bu dinin değişik yorumlarını ve ekollerini tanıması yanında, Hıristiyanlık ve Yahudilik gibi dinleri de tanımasını sağlamıştır. Bir Müslüman olarak doğan Mustafa Kemal, doğduğu kentin zengin dini dokusundan etkilenmiş ve İslam dini ile diğer dinleri kıyaslama fırsatı bulmuştur. Bu durum ileriki yaşamında ona çok önemli yararlar sağlamıştır.

ATATÜRK VE NAMAZ

Özellikle annesinin etkisiyle çocukluk yıllarında din eğitimini aksatmayan Mustafa Kemal, yüksek algılayış ve öğrenme gücü sayesinde kısa sürede neredeyse tüm duaları ezbere okuyacak hale gelmiştir.

Mustafa Kemal, yıllar sonra **C. H. Sherrıll'in** kendisiyle yaptığı röportajda, çok küçükken bir ay boyunca Sıbyan Mektebi'ndeki **din hocasının** eve gelip ona annesinin arzu ettiği **Kur'an eğitimini** verdiğini söylemiştir.[99]

Dini konulardaki bilgi ve birikimi arttıkça daha çok ilgi çekmeye ve sevilmeye başlamıştır. Bu durumu fark eden küçük Mustafa, her fırsatta çevresindekilere dini bilgilerini göstermenin yollarını aramıştır. Örneğin o günlerde zaman zaman **evde hocalara mevlit okumuştur.**

Bu arada **Kur'an okumayı öğrenmiş** ve namaz kılmaya başlamıştır. Daha sonra biraz da okul kuralları gereği, ilk gençlik yıllarında namaz kıldığı bilinmektedir. **Ali Fuat Cebesoy'un anılarından,** Harp Okulu yıllarında diğer arkadaşlarıyla birlikte Mustafa Kemal'in de **namaz kıldığı** anlaşılmaktadır. Ali Fuat Cebesoy, Harp Okulu yıllarına ait anılarının satır aralarında namaz konusuna şöyle değinmiştir:

"...Bir gün öğle namazından çıkarken Mustafa Kemal elimden tuttu, yanımızdan geçmekte olan Ali Fethi'ye: 'Sana söz etmiş olduğum arkadaşım, Salacaklı Ali' diye tanıttı..."[100]

---

99 Rıfat N. Bali, "Amerikan Büyükelçisi Charles H.Sherrıll'in Raporu, Atatürk'ün Dine Bakışı",**Toplumsal Tarih,** Eylül 2006, S. 153, s. 18.
100 Cebesoy, **Sınıf Arkadaşım Atatürk-Okul ve Gençlik Subaylık Hatıraları,** İstanbul, 1967, s. 30, 31.

Mustafa Kemal'in yine öğrencilik yıllarında, özellikle **Ramazan aylarında** bazı yakın arkadaşları ile birlikte Selanik'te **Kasımiye Camii'nde teravih namazlarını kıldığı** anlaşılmaktadır. Bir keresinde Ramazan ayı okulların tatil olduğu zamana rastlamıştır. Bütün öğrenciler Selanik'te toplanmışlardır. Harp Okulu öğrencisi Mustafa Kemal, candan arkadaşları Eczacılık Okulu öğrencisi **Ahmet Numan** ve Mühendislik Okulu öğrencisi **Asaf** ile birlikte Ramazan ayı boyunca hemen her gece Mithat Paşa Caddesi'nden **Kasımiye Camii'ne** kadar olan yolda gezmişler ve **namaz vaktini** beklemişlerdir.

Kasımiye Camii'nde teravih namazı büyük bir ayin havası içinde kılınırdı. O yıl üç arkadaş **teravih namazlarını bu camide kılmışlardır.**[101]

Atatürk, Edirne'de fırka kumandanı olarak görev yaptığı sırada **cuma namazlarını Selimiye Camii'nde kılmıştır.**[102] Burada yine bir cuma namazında tanıştığı bir hafızla arasında şöyle bir konuşma geçmiştir:

"Oğlum, terbiye görmüş güzel bir sesin var. Okuduğun ezanı çok beğendim ve duygulandım. Seni tebrik ederim. (...) Oğlum Edirne'de kaldığımız süre içinde ben cuma namazına hangi camiye gidersem, sen de o camiye gelecek iç ezanı okuyacaksın. (...)"

Şimdi o hafıza kulak verelim:

"Hafta içinde yaveri Ali Rıza Bey, beni arayarak Mustafa Kemal'in cuma namazı için Selimiye Camii'ne gideceğini ve benim de orada hazır bulunmamı Kur'an ve ezan okumamı,

---

101 Deliorman, **age.** s. 51, 52.
102 Mustafa Kemal bir cuma günü Selimiye Camii'nde cuma namazındadır. Namaz çıkışı yaverinden ezan okuyan hafızı bulup yanına getirmesini ister. Neden çağrıldığını bilmeyen hafız endişeyle M. Kemal'in yanına gelir: "Beni emretmişsiniz Paşam," deyince, Mustafa Kemal: "O ne güzel sesti, seni kutlarım. Gelecek cuma günü yine senin okuyacağın ezanı dinlemek istiyorum," der. Hafız, kendisinin Mustafa Kemal'in fırkasında bir sivil memur olduğunu, cami görevlisi olmadığını söyler. Bu duruma daha da çok sevinen Mustafa Kemal, Şam'a tayin olduğunda beraberinde bu hafızı da götürür. Süreyya Sofuoğlu, "Atatürk'ün Edirne ve Trakya İle İlgili Anıları", **XI. Milli Egemenlik Sempozyumu**, Edirne, 2000, s. 105.

ayrıca durumun cami görevlilerine de bildirildiğini söyledi. (...) Namaz çıkışı yine maiyeti ile beni bekleyen Mustafa Kemal'e selam verdim. Elini uzattı hemen elini öptüm. Bana: 'Oğlum! Bugün yine bizi yaktın. Gelecek haftaya hangi camiye gidersem sen de oraya geleceksin,' dedi."[103]

Mustafa Kemal, Birinci Dünya Savaşı yıllarına ait anılarında satır aralarında zaman zaman **namaz kıldığını** bizzat ifade etmiştir.

Mustafa Kemal, İstanbul'da **Padişah Vahdettin'le yaptığı görüşmeleri** anlatırken de yine satır aralarında namaz kıldığından söz etmiştir:

*"...Birkaç gün daha geçti, vakitsiz kimseyi ürkütmek istemediğimden **cumaları selamlık resminde Yıldız'ın Sultanahmet yapısı camiinde bende ordu komutanları sıfatıyla hazır beklemekteydim.***

***Bir gün namazdan evveldi.** Bir sabah başkumandan vekili Enver Paşa, İzzet Paşa, Vehip Paşa, Balkan muharebesini idare etmiş büyük **kumandanlarla namaz vaktini bekliyorduk.** Namazdan sonra Naci Paşa, zatı şahanenin özel salonunda beni görmek istediğini bildirdi."*[104]

Falih Rıfkı Atay da "**Çankaya**" adlı eserinde Mustafa Kemal'in Birinci Dünya Savaşı sonrasında İstanbul'daki günlerini anlatırken, o günlerde Mustafa Kemal'in ordu komutanı olduğundan, **her cuma günü selamlık töreninde hazır bulunduğunu,** dolayısıyla **cuma namazlarını kıldığını** ifade etmiştir.[105]

Mustafa Kemal, daha sonra Kurtuluş Savaşı yıllarında da **namaz kılacaktır.** Örneğin, TBMM'nin açıldığı 23 Nisan 1920'de Ankara **Hacı Bayram Camii'nde** öğle ve cuma namazlarını kılmış, 7 Şubat 1923'te de **Balıkesir Paşa Camii'nde** minbere çıkıp, *"Allah birdir. Şanı büyüktür. Hz. Muhammed onun kulu ve elçisidir"* diye söze başlayarak hutbe vermiş ve **cemaatle birlikte namaz kılmıştır.**

---

103 Nakleden Kemal Batanay. Muhittin Serin, **Türk Hat Üstatları 3, Kemal Batanay,** İstanbul, 2006, s. 28 - 32.
104 Atatürk'ün Bütün Eserleri, C. III, İstanbul, 2000, s. 48.
105 Falih Rıfkı Atay, **Çankaya** C. I, 1999, s. 143.

Yine Kurtuluş Savaşı yıllarında Mustafa Kemal'in **cuma namazlarını kıldığı** anlaşılmaktadır. Örneğin, Mustafa Kemal 24 Mart 1922 Cuma gününe ait notlarında, "*Cuma namazında hafız Ulucami'de mevlit okudu*" ifadesini kullanmıştır.[106]

Mustafa Kemal, 13 Haziran 1919 günü **cuma namazını** Amasyalılarla birlikte **Sultan Beyazid Camii'nde kılmıştır**.[107] Müftü Tevfik Efendi, Mustafa Kemal Paşa'nın kendisinden önce camiye girmesi için ona yol göstermiştir.[108]

Mustafa Kemal'in daha çok cemaatle birlikte namaz kıldığı görülmesine karşılık, özel hayatında bireysel olarak namaz kıldığına ilişkin herhangi bir belgeye rastlanmamıştır.

Atatürk'ün Namaz Yorumları

Atatürk, hiç bilinmemesine karşın, İslam dininin en önemli ibadetlerinden **"namaz"** üzerine kafa yormuş, bu konudaki bazı bilgi, yorum ve değerlendirmelerle ilgilenmiştir.

Leon Caetani'nin, "*İslam Tarihi*" adlı kitabının 2. cildini okurken, Caetani'nin namazla ilgili yorumlarının Atatürk'ün dikkatini çektiği anlaşılmaktadır. Ayrıca **Buhari'nin**, 1926-1928 yılları arasında basılan "*Sahih-i Buhari*" adlı ünlü hadis kitabının 2. cildini okurken ve R. Rozey'in 1879 basımlı, "*İslam Tarihi Üzerine Deneme*" adlı eserini okurken de **namazla ilgili** bilgi ve değerlendirmelerle ilgilenmiştir.

Atatürk'ün bu eserlerde namaz konusunda dikkatini çeken, önemli bulduğu ve katıldığı yerlerin altını çizdiği veya *"X" "XX"*, *"D"*, *"Müh."* gibi özel işaretler koyduğu görülmektedir.

Atatürk okuduğu bu kitaplarda "namazla" ilgili şu yorum ve değerlendirmelerle ilgilenmiştir:

---

106 Ali Mithat İnan, **Atatürk'ün Not Defterleri**, Ankara, 1998, s. 211.
107 Hüseyin Menç, **Milli Mücadelenin İlk Kıvılcımı**, Amasya, 1983, s. 7. Mustafa Kemal Paşa o gün namazdan önce vatanın içinde bulunduğu durumu halka anlatması için **Vaiz Abdurrahman Kâmil Efendi'ye** haber göndermiştir. Haberi alan Hoca Efendi, "*Başım gözüm üstüne*" yanıtını vererek hemen hazırlanıp camiye koşmuştur. Avluda bekleyen Kâmil Efendi'ye Mustafa Kemal, "*Baba hazırlandın mı?*" diye sormuş. Kâmil Efendi de "*Tamamdır oğul, tamamdır,*" diye yanıt vermiştir.
108 Celal Bayar, **Ben de Yazdım**, C. 8, s. 2595.

1. Leon Caetani'nin "*İslam Tarihi*" adlı eserinden:

"*Bu ise Mekke surelerinin en sonuncularından biridir. Ancak bunda bile namazın nelerden oluştuğu anlatılmadığı gibi, yalnız akşam ve sabah namazları önerilmekteydi*" (s. 135). Atatürk bu bölümün başına bir "*X*" işareti koyarak bu satırların altını çizmiştir.[109]

"*Tarihi zamanlarda görülmüş olduğu biçimiyle, İslamiyet'in en birinci ilkesi günde beş vakit kılınan namazın sağladığı demir gibi bir düzendir*" (s. 135). Atatürk, bu satırların altını da boydan boya çizmiş ve bu cümlenin başına "çok önemli" anlamında "*XXX*" işareti koymuştur.[110]

"*Gerçek şu ki İslamiyet'in ibadete ilişkin biçim ve hükümleri, Muhammed hayattayken açık bir biçimde saptanılmamıştır*" (s. 135). Atatürk, altını çizdiği bu cümlenin başına da bir adet "*X*" işareti koymuştur.[111]

"*İkinci halife Ömer zamanında bile beş vakit namazın vakitleri kesin değildi. (...) Muhammed namaza gittiği vakit diğerleri de arkasından giderlerdi. Bütün yaptıklarını taklit ederek onlar da namaz kılarlardı. Bu kuralın nedenini, hikmetini ve kökenini merak etmezlerdi. (...) Hicri, birinci ve ikinci asrın hadisçileri ve kelamcıları, Muhammed hayatta iken geçerli olan usul ve uygulamaların örneklerini topladılar. Bugün, İslamiyet adı altında tanıdığımız katı, mutlak ve karışık kurallı kelam ve ibadet hükümleri usulünün düzenlenmişini ortaya koydular. Oysaki bu İslamiyet, Muhammed'in Mekke'de kurduğu kolay, özgür ve babacan yaşamdan oldukça farklıdır. Medine'den önce İslamiyet'te gerçek bir ayin yoktu. İbadet usulü de bulunmamaktaydı. Sadece bir kurala dayanmayan alışkanlıklardan oluşmuş sürekli olmayan bir yönetici topluluğu vardı*" (s. 136). Atatürk öncelikle bu paragrafın başını üç dikey çizgiyle işaretlemiştir. Ayrıca, "*Halife Ömer zamanında bile beş vakit namazın vakitleri kesin değildi*" cümlesinin altını çizerek, başına bir "*X*"

---

109 **Atatürk'ün Okuduğu Kitaplar**, C. 3, Ankara, 2001, s. 232.
110 **age.** s. 232.
111 **age.** s. 232.

işareti koymuş; *"Oysaki bu İslamiyet, Muhammed'in Mekke'de kurduğu kolay, özgür ve babacan yaşamdan oldukça farklıdır. Medine'den önce İslam'da gerçek bir ayin yoktu. İbadet usulü de bulunmamaktaydı. Sadece bir kurala dayanmayan alışkanlıklardan oluşmuş sürekli olmayan bir yönetici topluluğu vardı,"* cümlelerinin altını çizerek bu bölümün başına da *"X"* işareti koymuştur.[112]

"İlk namaz, güneş doğmadan önce sabahleyin, birisi de gün batımında, üçüncüsü de geceleyin kılınırdı" (s. 136). Atatürk, önemli bulduğu bu cümlenin de altını çizmiştir.[113]

"Mekke devrinde Müslümanlar istisnai durumların dışındaki durumlarda namazdan önce abdest almazlardı" (s. 137). Atatürk bu cümlenin altını boydan boya çizmiştir.[114]

"Kelamcılar ve hadisçiler, namaz kılmak mecburiyetinin, ehemmiyetçe ikinci sırayı işgal ettiğini iddia etmişler, namazın her gün, belli vakitlerde beş vakit tekrar etmesi, (s. 246) lüzumunda müttefik bulunmuşlar, haftada bir kere, yani cuma günü öğle namazında Müslümanların diğer müminler ile birleşerek büyük genel merasimde hazır bulunmaları lüzumunu ortaya koymuşlardır (Kramer'in zannettiği gibi her gün beş defa değil). Hep birlikte eda edilecek bu cuma namazı mecburiyeti, peygamberin her hafta öğle namazlarında bütün Müslümanların toplanmalarını emretmiş olduğu hakkında şifahi bir hadise dayanır. Peygamber, bu namazdan sonra ahlaki ve dini büyük bir vaazda bulunurdu. İşte bu geleneğe uygun olarak İslamiyet'in klasik zamanlarında vaaz, başkentlerinde halifeler tarafından, diğer yerlerde hükümdarın ve peygamberin, halifenin resmi temsilcisi tarafından gerçekleştirilirdi. (...) Her şeyden önce Kur'an'a müracaat edelim, ona bakalım. İhtiva ettiği bol nasihatler ve teşvikler arasında namaz kılınmasına dair olan emirler o kadar az, o kadar belirsizdir ki bunu kitabın diğer kısımlarıyla mukayese edersek gayet ehemmiyetsiz bir yer işgal ettiğini görürüz. 6217 ayetin hemen

---

112 age. s. 233.
113 age. s. 233.
114 age. s. 234.

tamamı Allah'tan bahsetmektedir. Fakat bunların içinde yalnız (s. 247) on ikisi ibadet mecburiyetine aittir" (s. 248).

Öncelikle Atatürk bu uzun paragrafın her iki tarafını boydan boya **iki uzun çizgiyle** işaretlemiştir. Çok daha önemlisi, bu paragrafın hemen başına *"Müh."* yani *"Mühim"* notunu düşmüştür. Ayrıca paragrafın sonundaki *"6217 ayet"* ve *"on ikisi"* ifadelerinin de altını çizmiştir.[115]

"Mekke sürelerinde ibadet hükümleri gayet belirsizdir. Kesin bir emir şeklinde değildir"(s. 248). cümlesinin altını çizen Atatürk, bu cümlenin başına da bir adet *"X"* işareti koymuştur.[116]

"Kaç kere ibadet edileceği de belirtilmemiştir. Bir fırkada iki kere ibadetten, diğer birinde de üç kereden bahs olunuyor. En çoğu ise dörttür. Beş vakit namazdan hiç bahis yoktur" (s. 248). Atatürk, burada geçen *"Beş vakit namazdan hiç bahis yoktur,"* cümlesinin altını kalın bir çizgiyle çizmiştir.[117]

Atatürk, *"Medeni surelerde ibadet emri daha kesin ve şiddetlidir. Fakat ne adedi ne de tarzı hakkında bir açıklık yoktur"* (s. 248). cümlesinin altını da boydan boya çizmiştir.[118]

"İslam ibadetin hususi manzaralarından birini teşkil eden diğer mecburiyetten, yani cuma toplanmalarından yalnız bir defa bahs olunur"(s. 248). Atatürk, bu cümledeki *"ibadetin hususi"* ve *"yani cuma toplanmalarından yalnız bir defa bahs olunur"* ifadelerinin altını çizmiştir.[119]

"Çünkü günde beş vakit namazı ve her hafta cuma günleri toplanmayı açık surette emreden gerçek bir hadise hiç tesadüf etmiyoruz" (s. 250). Atatürk, bu cümlelerin altını boydan boya çizerek, bölümün başına *"Dikkat"* anlamına gelen bir adet *"D"* işareti koymuştur.[120]

---

115 age. s. 358, 359.
116 age. s. 359.
117 age. s. 360.
118 age. s. 360.
119 age. s. 360.
120 age. s. 361.

"*Hicri 9. ve 10. seneler olaylarına bakınız. Orada bütün bu vesikalardan ayrıntılı olarak bahsedilmiştir. İçeren vesikaların tetkikine geçersek her gün kılınacak namazların sabit miktarı, her hafta bir toplanma mecburiyeti, her namazın vakti hakkında hiçbir bahis geçmediğini görürüz*" (s. 250). Atatürk, bu paragrafın başını dikey bir çizgiyle işaretlemiştir.[121]

"***Bunların (namaz vakitleri ve sayılarının) büyük bir kısmı hicri birinci ve ikinci asır kelam ve fıkıh âlimlerinin ilaveleri ve eklemeleri olması lazım gelir***" (s. 250). Atatürk, bu bölümün başına, çok önemli bularak "***Dikkat***" anlamında bir "***D***" koymuş, ayrıca bu cümlelerin altını boydan boya çizmiştir.[122]

Atatürk, "***Zikrullah (Allah'ın zikri) tabiri namaz manasına alınamaz***" (s. 252). cümlesini çok önemli bularak altını ve üstünü **iki kalın çizgiyle** çizmiştir.[123]

"*Müslümanlık, müessesesinin bütün boyutlarını Muhammed'e atfetmekte ihtiyatlı davranılmalıdır. Bazıları için zerre kadar şüphe yoktur. Ramazanda oruç, zekât, hac, abdest, böyledir. Çünkü bu mecburiyetler hakkında Kur'an'da öyle açık emirler vardır ki (s. 254) zerre kadar tereddüde yer bırakmazlar. Muhammed, her gün sürekli beş vakit namaz kılınmasını ve cuma günleri toplanılmasını (Kramer'in haksız yere o kadar önem verdiği bu iki müesseseyi) istemiş olsa idi, şüphesiz Kur'an'da diğer emirlerde olduğu gibi bunları da açık ve kesin surette beyan ederdi. Bundan dolayı biz, Peygamber'in namaza büyük önem verdiğine, fakat lüzumunu emirlerden ziyade kendisinin teşkil ettiği örnek ile taraftarlarına anlatmayı tercih ettiğine, namazların gerek sayısı, gerek tarzı hakkında serbestlik bırakmak istediğine (...) hükmediyoruz*"(s. 254).

Atatürk, bu paragraftaki; "***Bazıları için zerre kadar şüphe yoktur. Ramazanda oruç, zekât, haç, abdest, böyledir. Çünkü bu mecburiyetler hakkında Kur'an'da öyle açık emirler vardır ki***",

---

121 age. s. 362.
122 age. s. 263.
123 age. s. 363.

"(Hz. Muhammed) önem verdiği bu iki müessesi istemiş olsa idi hiç şüphesiz Kur'an'da diğer emirlerde olduğu gibi bunları da açık ve kesin surette beyan ederdi." ve *"serbestlik bırakmak istediğine"*, cümlelerinin altını önemi dolayısıyla çizmiştir.[124]

"Benim fikrimce, Muhammed (...) her namaz kıldıkça arkasında muntazam saflar halinde bir miktar Müslüman bulunmasından hoşlanıyordu (...)" (s. 254). Atatürk, bu cümlelerin de altını çizmiştir.[125]

"Muhammed'in kendisi bile namazı her zaman düzenli olarak kılmazdı. Nasıl kolayına gelirse öyle hareket ederdi. (...) Bugün Müslümanların her namazdan önce aldıkları abdestin de bir zamanlar yalnız cuma toplantılarından önce yapıldığı görülüyor (Buhari I. Cilt, 224, satır 8, 16). Muhammed tarafından abdest alınmaksızın kılınmış namaz hatıraları da mevcuttur (Buhari I. Cilt, 64, satır 8 ve takip eden satırlar; 87, 18. ve takip eden satırlar)" (s. 255).

Bu satırların önemi dolayısıyla altını çizen Atatürk, *"Muhammed'in abdest almadıkları ve namaz kılmadıkları için müminleri uyarmış olduğuna dair hiç rivayet yoktur. Hâlbuki Muhammed'in ayin ve ibadete ait vazifelerin yapılmasında pek şiddetli ve kılı kırk yararcasına davrandığına dair uygulamalara rastlanır"*(s. 255). satırlarının da altını çizmiş ve bu bölümün başına çok önemli olduğunu belirtmek için *"Dikkat"* anlamında bir *"D"* koymuştur.[126]

"(Hz. Muhammed) olması lazım gelen, ayin kaidelerine uyma gereğinin pek ağır bir şey olmamasını arzu etmiştir" (s. 256). Atatürk, önemli bularak bu cümlenin de altını çizmiş ve hemen satır başına yine *"Dikkat"* anlamında bir *"D"* koymuştur.[127]

---

124 age. s. 369.
125 age. s. 369.
126 age. s. 370.
127 age. s. 370.

"Muhammed'in vefatından sonra İslam dinini düzgün bir usul altında düzenlemek isteyenler, Muhammed'in alışkanlıklarını müminler için mecburi birer kanun haline dönüştürdüler. Bu düzenleme işlerini kelam ve fıkıh âlimleri, İslamiyet'in başlangıçtaki şartlarını gözden uzak tutarak müminlere pek manasız birtakım görüşlerin telkin edildiği birçok ayin vazifeleri yürürlüğe koyma hatasına düştüler. Yani müşriklikteki anarşinin tamamıyla tersi bir aşırılığa vardılar. Müslümanları bir çeşit makine, güç, şekilci ve despot bir ibadetin kurbanı haline getirdiler" (s. 256).

Atatürk, bu paragrafın başını bir dikey çizgiyle işaretledikten sonra bu satırların altını çizmiş ve paragrafın başına da çok önemli anlamında *"Müh."* yani *"Mühim"* diye not düşmüştür.[128]

Atatürk, *"Buhari bunların hepsini kabule mecbur olmuştur; çünkü hepsi gayet usta uydurukçuların fabrikasından çıkmış oldukları için, tabiri caizse icap eden belgelere sahip idiler"* (s. 257). cümlesindeki *"uydurukçuların fabrikasından"* ifadesinin altını çizmiştir.[129]

"Muhammed, müminlere her şeyin kolaylaştırılmasını, kendilerine hoşa gidecek şeyler haber verilmesini, Samilerin nefret ettikleri öğütler ile çok abartılı vazifeler ile korkutulmamalarını tavsiye ederdi (Buhari Birinci cilt, 29, satır 9, sayfa 29, satır 12) (...). Diğer bir fıkrada Muhammed taraftarlarına çok fazla namaz kılmamalarını, yalnız kudretlerinin yeterli olduğu derecede namaz kılmalarını söylemiş, çok yorgunluğa düşülürse zorunlu olarak ara vermek gerekli olur (yani can sıkıntısı ve bıkkınlık ortaya çıkar) bu durumda Allah'a ibadetten vazgeçilir. Düzenli, aralıksız ibadet Allah'ın en hoşuna giden bir ibadettir (Buhari, birinci cilt, 18, son satır.) (s. 257). Atatürk, bu paragrafın başını dikey bir çizgiyle işaretlemiştir.[130]

---

128 age. s. 370.
129 age. s. 371.
130 age. s. 371, 372.

"Muhammed'in yaşadığı muhitin ve dinin esasının ve ruhunun nefret ettirecek eğilimleri olduğu ve ayin hususunda abartıya ve aşırılıklara maruz olduğu bunlardan anlaşılıyor" (s. 258). Atatürk, bu paragrafın başına *"Dikkat"* anlamında bir *"D"* koyarak bu satırların da altını çizmiştir.[131]

"Ayin vazifelerinin yerine getirilmesi konusunda Muhammed'in büyük bir serbestlik vermiş olduğunu iddia etmek mümkündür. Muhammed, namazı, ayinleri vaktinden önce veya vaktinden sonra yerine getirmeye müsaade ediyordu. Mümkün olmayan birtakım usul, şartları ve ayin vazifelerini zor bir hale soktuğu zaman, bunları tamamen ortadan kaldırıyordu" (s. 261). Atatürk, bu paragrafı da önemli bularak her iki yanından boydan boya iki kalın çizgiyle işaretlemiştir.[132]

"Bugünkü şekliyle Müslüman ayini son derece belirsiz ve despotçadır. Sırf şekle ait bir vazife haline getirilmiştir. Hâlbuki Muhammed'in gayesi hakiki ve halis bir dini duygu uyandırmaktan ibaretti" (s. 262).

Atatürk, sadece bu satırların altını çizmekle yetinmemiş, ayrıca bu bölümün her iki yanına (sağına ve soluna) iki kalın *"XX"* işareti koymuş ve hemen paragrafın başına da *"Müh."* yani *"Mühim"* diye not düşmüştür[133].

2. Buhari'nin *"Sahih-i Buhari"* adlı eserinden:

"Yine Aişe Radiyallahü Anhâ'dan:

Şöyle demişti: Bir defa beni Ekrem SAV, üstünde damlalar bulunan bir hamisa içinde namaz kılıp (namaz sırasında) üstündeki damlalara bir bakmışlardı. Namazdan çıkınca, 'Benim şu hamisamı Ebu Cehm'e geri götürün de Ebu Cehm'in encicaniyesini bana getirin, zira demin namazdaki huzurdan az kalsın beni alıkoyacaktı,' **buyurdu"** (s. 260).

Atatürk, bu paragrafın başını yukarıdan aşağıya **iki paralel çizgiyle** işaretlemiştir.[134]

---

131 age. s. 372.
132 age. s. 377.
133 age. s. 381.
134 **Atatürk'ün Okuduğu Kitaplar**, C. 8, Ankara, 2001, s. 471.

"Yine Enes Ra'dan: Hz. Muhammed SAV, nalını (ayakkabısı) ayağında namaz kılar mıydı? diye sorulup, evet cevabını verdiği güçlü bir senet ile rivayet olunuyor" (s. 275). Atatürk, bu paragrafın başını **dikey bir çizgiyle** işaretlemiştir.[135]

"Allah'ın elçisi bir sabah namazında farz için kamet getirildiği sırada birinin iki rekât sünnet kıldığını gördü. Allah'ın elçisi, namazdan çıkınca oradakiler etrafını sardılar. Allah'ın elçisi azarlayarak ona 'Sabah da mı dört kılıyorsun, sabah da mı dört kılıyorsun' buyurdu" (s. 509). Atatürk bu paragrafın sonundaki, *"Sabah da mı dört kılıyorsun, sabah da mı dört kılıyorsun' buyurdu"* cümlesinin altını kalın bir çizgiyle çizerek cümle sonuna bir **"X"** işareti koymuştur.[136]

"Ebu Mes'ud ve Bedri-i Ensari'den:
Şöyle demiştir: Allah'ın elçisine bir defa biri gelip, 'Ey Allah'ın elçisi, filanca bize namaz kıldırırken o kadar uzatıyor ki vallahi sabah namazına gitmekten adeta geri kaldım' dedi. Allah'ın elçisini hiçbir konuda o günkü kadar kızgın görmedim. Sonra buyurdu ki: 'Ey insanlar, içinizden bazı kimselerde cemaati kendinden nefret ettirme eğilimi vardır. Herhangi biriniz namaz kıldıracak olursa hafif tutsun. Çünkü cemaatin içinde zayıf olanı var, yaşlı olanı var, iş güç sahibi olanı var" (s. 552). Atatürk, bu paragrafın başını da boydan boya dikey bir çizgiyle işaretleyerek son cümlenin altını çizmiştir.[137]

3. R. Rozy'in *"İslam Tarihi Üzerine Deneme"* adlı kitabından:
"Günlük namazlar camide kılınmayacaktı; çünkü evde kılmaya da izin verilmişti. Ancak her cuma günü öğle vaktinde camide topluca kılınan bir namaz vardı" (s. 61).[138]

"Bunlar, namaz kılmak, oruç tutmak, zekât vermek ve Mekke haccını yerine getirmektir. İslam'ın şartları dedikleri bunlardır" (s. 138). Atatürk, bu ifadelerin altını kalın bir çizgiy-

---

135 age. s. 472.
136 age. s. 483.
137 age. s. 489.
138 **Atatürk'ün Okuduğu Kitaplar**, C. 19, Ankara, 2001, s. 90.

le çizmiş ve bu satırların hemen sonuna parantez içinde *"Savm, salât, hac ve zekât"* diye bir not düşmüştür.[139]

"Muhammed, namazın içeriğinden çok kılınması ile ilgilendi; çünkü okunanlar Kur'an'da belirlenmiş geçitler ile özel dualardı"(s. 138). Atatürk, bu bölümü de işaretlemiştir.[140]

Atatürk'ün, Caetani'nin *"İslam Tarihi"*, Buhari'nin *"Sahih-i Buhari"* ve R. Rozy'in *"İslam Tarihi Üzerine Deneme"* adlı kitaplarını okurken, **altını çizdiği ve özel işaretler koyduğu** yerlerden hareketle **"namaz"** konusundaki görüşlerini şöyle özetlemek mümkündür:

1. İslamın en temel ibadetlerinden biri namazdır.
2. Kur'an'da günde beş vakit namaz kılınması gerektiğine ilişkin açık bir ifade yoktur. Üç veya en fazla dört vakit kılınması gerekir.
3. Hz. Muhammed Müslümanların namaz kılmalarını öğütlemiş olmasına karşın bu konuda hiçbir baskı yapmamış, hatta çok kolaylıklar sağlamıştır.
4. İslamın ilk devirlerinde zaman zaman abdestsiz namaz kılındığı da olmuştur.
5. Hz. Muhammed'den sonraki kelam ve hadisçiler, Hz. Muhammed'in ibadetleri kolaylaştırdığını unutarak diğer ibadetler gibi namaz ibadetini de zorlaştırmışlardır.

Atatürk'ün İslam dininin temel ibadetlerinden namazla ilgilenmesi öncelikle onun İslam diniyle, bizim düşündüğümüzden çok daha fazla ilgilendiğini gözler önüne sermektedir. Dahası, konuya bilimsel bir gözle yaklaşarak genel kabulleri sorgulaması da (namazın beş vakit olmadığı, Hz. Muhammed'in bu konuda Müslümanlara serbestlik tanıdığı gibi yorumlar) çok dikkat çekicidir.

Atatürk'ün namaza bakışını gösteren çok sayıda anı vardır. İşte o anılardan biri:

Bir akşam **Makbule Hanım** Atatürk'ü *"Zekeriya Sofrası"*na davet etmiştir. Fakat Atatürk beraberinde Salih Bozok, Cevat

---

139 age. s. 101.
140 age. s. 101.

Abbas, Nuri Conker, Fuat Bulca, Neşet Ömer İrdelp ve Şemsettin Günaltay'ı da götürmüştür. Makbule Hanım misafirlerine Zekeriya Sofrası'nın önemini anlatmaya çalışır. Bunun dini bir gelenek olduğunu hatırlatarak: *"Bu sofraya oturmak için iki rekât namaz kılmak, niyet tutmak gerekir"* der. Atatürk, kız kardeşinin bu sözlerine, hafif tebessüm ederek şu karşılığı verir:

"Namazıma sen karışamazsın. O, Allah ile kulları arasındaki mevzu. Niyete gelince, merak etme hepimizin ülkesi ve şahsı için dilekleri vardır."[141]

DİN ADAMLARINA İLK TEPKİ

Doğduğu ve büyüdüğü toplumsal dokunun Mustafa Kemal üzerindeki etkileri kısa sürede kendini göstermiştir. Mustafa Kemal, zaman içinde gerek Mahalle Mektebi'nde, gerek tekke ve tarikatlarda, gerekse çeşitli dini toplantı ve törenlerde gördüğü olumsuzluklardan etkilenmeye başlamıştır. Yavaş yavaş geleneksel İslam inancına ve İslam adı altındaki bazı uygulamalara karşı içinde bir tepki doğmuştur. Tekkelerde, tarikat toplantılarında ve taş mektepteki değnekli hocaların baskıcı din eğitimi sırasında karşılaştığı kimi olaylar, genç Mustafa Kemal'in kafasında ilk önemli soru işaretlerini uyandırmıştır. Artık yazılması ve okunması çok zor olan Arapçadan, Arapça güzel yazı derslerinden, sınıfta çocukların bağdaş kurup yere oturmalarına kadar birçok konudaki geleneksel uygulamaya itiraz etmeye başlamıştır.

Mahalle Mektebi'nde okuduğu dönemde, günün birinde **kalkıp ayakta durmuştur.** Hoca oturmasını emredince dizlerinin tutulduğunu söyleyerek sözünü dinlememiştir.

"Ne!" dedi hoca, *"bana karşı mı geliyorsun?"*

"Evet, karşı geliyorum" diye yanıt verdi Mustafa."

Bunun üzerine öteki çocuklar da ayağa kalkarak;

"Biz de hepimiz size karşı geliyoruz" dediler. Hoca çocuklarla anlaşmak zorunda kaldı."[142]

---

141 Anılarla Atatürk, s. 46.
142 Kinross, age. s. 23.

Mustafa Kemal kendisine ters gelen tüm uygulamalara itiraz edip başkaldırmış, fakat her seferinde anlayışla karşılanmamıştır. Özellikle **Arapça güzel yazı dersleri** sırasındaki itirazları ve başkaldırıları çoğu kez dayakla noktalanmıştır.

Bir süre sonra Mustafa Kemal bu Mahalle Mektebi'nden alınarak başından beri Ali Rıza Efendi'nin tercihi olan Şemsi Efendi İlkokulu'na gönderilmiştir. Zübeyde Hanım da bu duruma ses çıkarmamış ve Mustafa Kemal yeni okulunda oldukça başarılı bir öğrenci olarak eğitim ve öğrenimini sürdürmüştür. Mustafa Kemal'in, babası Ali Rıza Efendi'nin isteğiyle geleneksel eğitim veren Mahalle Mektebi'nden alınarak yeni bilgilerin öğretildiği Şemsi Efendi İlkokulu'na gönderilmesi, bu büyük insanın yaşamındaki belirleyici dönüm noktalarından biri olmuştur."[143]

ATATÜRK'ÜN HAYATINDAKİ KIRILMA NOKTASI

Bu arada Ali Rıza Efendi'nin beklenmedik ölümü, küçük Mustafa'yı ve Zübeyde Hanım'ı güç durumda bırakmıştır. Bu durum Atatürk'ün hayatındaki en önemli kırılma noktalarından birini oluşturmuştur. Küçük yaşta babasını yitirmiş olması, hem sorumluluk duygusunun erken gelişmesinde, hem de parasız yatılı askeri okula giderek Osmanlı siyasal yapısında en etkili kurum olan orduya katılmasında etkili olmuştur.[144]

Ali Rıza Efendi'nin ölümü üzerine Mustafa'yı okuldan alan Zübeyde Hanım, çocuklarını yanına alarak Selanik yakınlarındaki Langaza'da bir çiftliği olan ağabeyinin yanına taşınmıştır. Mustafa Kemal bu çiftlikte bir köy hayatı yaşamaya başlamıştır. Belki de ilk kez doğanın tüm renkleriyle tanışmış, toprak ve çiçek kokusunu bu kadar özgürce ve derinden soluma fırsatı bulmuştur. *"Dayısının çiftliğinde geçirdiği yıllar ona hem doğayı gözlemleme ve tanıma, hem de vücutça sağlıklı, güçlü ve dirençli olma olanağını vermiştir."*[145] Ancak Mustafa Kemal, çok geçmeden bu köy hayatından sıkılmıştır. Yaşı büyüdükçe zekâsı

---

143 Özer Ozankaya, **Cumhuriyet Çınarı**, Ankara, 1994, s. 26.
144 **age.** s. 26.
145 **age.** s. 26.

olgunlaşmaya başlamış, yeni şeyler öğrenme isteği duymuştur. Okula gitmesi gerekmektedir. Köyde öğretmen olarak sadece bir Müslüman hoca ile bir Rum papazı vardı. Zübeyde Hanım, Mustafa'yı sırasıyla ikisine de göndermişti. Fakat Mustafa kendisine yabancı olan Rumca'yı sevmemiş, Hıristiyan çocuklarla bir türlü anlaşamamış, onlarla hep kavga etmiştir. Bunun üzerine hocaya gönderilmiştir. Fakat hocayı da beğenmemiştir ve *"Ben medresede okumam!"* diye diretmiştir. Öğretmensiz kalan Mustafa'ya bir komşu kadın ders vermek istemişse de o, *"Ben kadından ders almam!"* diyerek ona da tepki göstermiştir.[146]

Zübeyde Hanım, bu köyde Mustafa'nın eğitiminin aksadığını görünce onu yeniden Selanik'e halasının yanına göndermiştir. Mustafa Kemal, **Selanik'te Mülkiye Rüştiyesi'ne** devam etmeye başlamış, fakat burada da fazla kalamamıştır. Yine başı bir hocasıyla derde girmiştir. Bu okuldaki öğrencilik yılları, **Arapça hocası Kaymak Hafız'dan** yediği dayaklarla noktalanmıştır. Bir gün okulda bir arkadaşıyla yüksek sesle konuşup gürültü yapınca Kaymak Hafız adlı hoca tarafından vücudundan kan gelinceye kadar dövülmüştür. Mustafa Kemal, Mülkiye Rüştiyesi'ndeyken Arapça hocasından yediği dayakları anılarında sonradan şöyle anlatmıştır:

"Mektepte Kaymak Hafız isminde bir hoca vardı. Bir gün sınıfımızda ders verirken diğer bir çocukla kavga ettim. Çok gürültü oldu. Hoca beni yakaladı. Çok dövdü. Bütün vücudum kan içinde kaldı. Büyük validem zaten bu mektepte okumama aleyhtardı. Beni derhal mektepten çıkardı."[147] Yıllar sonra bu olay anlatıldığında Mustafa Kemal; *"Nasıl oldu da o dayağı yedim?"* diye söylenirdi.[148]

Mustafa Kemal'in dinsel ağırlıklı eğitim veren okullardan, **din hocalarından** ve din perdesi arkasına saklanarak kişisel çıkarları peşinde koşanlardan kaçışı, kafasında dini konularda biriken sorulara da kaçamak yanıtlar bulmasına yol açmıştır.

---

146 Kinross, **age.** s. 25.
147 Ergün Sarı, **Atatürk'le Konuşmalar**, İstanbul, 1991, s. 74, 75.
148 Turgut, **age.** s. 503.

Tarikatları, tekkeleri, otoriter ve baskıcı zihniyetleri, ilerlemeye kapalı, yozlaşmış, çıkar amaçlı davranan insanları ve değnekli hocaları **dinle özdeşleştiren** genç Mustafa Kemal'in bu kurumlardan ve kişilerden kaçışı, zaman içinde (pek de derinlemesine düşünmeden) din, inanç ve İslamiyet gibi kavramlardan da yavaş yavaş uzaklaşmasına yol açmıştır. Bir de buna gençliğin dinamizmi, heyecanı ve Selanik'in baştan çıkartan hareketli ve coşkulu ortamı eklenince, tarikat, tekke ve camilerden kaçış Selanik kordonboyundaki gazinolarda noktalanmıştır.

Zübeyde Hanım'ın Rüyası

Mustafa Kemal artık mesleğini belirleme yaşına gelmiştir. Öteden beri Selanik'te onun en çok dikkatini çeken Askeri Rüştiye'ye giden üniformalı öğrencilerdir; onlara imrenmektedir. Normal öğrencilerin giydikleri şalvarlı, kuşaklı geleneksel giysiyi bir türlü benimseyememiştir.[149] *"Oysa sokaklarda bıyık burup caka satarak, azametli bir tavırla kılıçlarını kaldırım taşlarına vurup şakırdatarak geçerlerken kendilerini saygıyla izlediği askerlerin üniforması buna hiç benzemiyordu. Mustafa, onların sorguçlarına, güvenlerine, üstün durumlarına özenerek bakıyordu."*[150]

Oğlunun asker olma isteğine **Zübeyde Hanım** başlangıçta hiç de sıcak bakmamıştır; fakat Mustafa'nın gizlice girdiği Askeri Rüştiye sınavlarını kazanması ve tam bu sırada, **Kılıç Ali**'nin ve **Lord Kinross**'un ifadelerine göre Zübeyde Hanım'ın gördüğü **bir rüya**, Mustafa Kemal'in asker olmasının yolunu açmıştır.

Zübeyde Hanım, rüyasında oğlunun **bir minarenin tepesinde altın bir tepsi içinde oturduğunu** görmüştür. Bu sırada kulağına bir ses gelmiştir. Ses, *"Oğlunun asker okuluna gitmesine izin verirsen hep böyle yüksekte kalacak, vermezsen yere atılacak"* demektedir. Zübeyde Hanım bu rüyayı, oğlunu askerlikte parlak bir geleceğin beklediği biçiminde yorumlamıştır.[151] Oğlunun askerlikteki başarıları sanki anneye "malum" olmuştur. Hem gördüğü bu

---

149 age. s. 503, 504.
150 Kinross. age. s. 25.
151 Turgut, age. s. 504; Kinross, age. s. 26.

rüyanın etkisiyle, hem de yalnız başına, ekonomik sıkıntılar içinde, biricik oğluna iyi bir gelecek hazırlayamayacağını düşünerek Mustafa Kemal'in askeri okula gitmesine izin vermiştir.[152] Böylece Mustafa Kemal, Selanik Askeri Rüştiyesi'ne kaydolmuştur.

***

Selanik'in çağdaş dokusu kadar, din ve gelenek ağırlıklı dokusu da Mustafa Kemal'i derinden etkilemiştir. Öyle ki Selanik, onun tüm hayatı boyunca üzerinde düşüneceği **din olgusuyla** tanışmasını sağlamıştır.

"Türk toplumunun ve Müslüman bir çevrenin üyesi olarak yetiştiği çağın din ve gelenek ağırlıklı ortamında Atatürk de bu kutsal bağlanıştan uzak kalmamıştır."[153]

Selanik gibi özgür düşüncelerin, teknoloji, bilim, felsefe ve sanat ürünlerinin oldukça kolay ulaşabildiği, hareketli bir liman kentinde büyümesi, burada erken yaşlarda Fransızca öğrenmeye başlaması onun daha sonra bilimsel düşünce yapısı geliştirmesinde etkili olurken; *"Hanedan, kapıkulu, âyan ya da eşraf gibi kurulu düzene çıkarla, önyargıyla, duygusal bağlarla bağlı bir aileden değil, gerçek anlamıyla halktan; ancak eğitim ve öğretimin değerini bilen ve çocuğunun öğrenimine önem veren halktan bir aileden gelmesi de Mustafa Kemal'in bilimsel bir kafa yapısı geliştirmesini kolaylaştırmıştır."*[154]

Mustafa Kemal, Selanik yıllarında sadece mensup olduğu kültürü ve dini tanımakla kalmamış, Selanik'in yapısı dolayısıyla başka kültürleri ve başka dinleri de tanıma fırsatı bulmuştur. Bir taraftan atalarının geleneksel dini özellikleriyle, diğer taraftan da Batı kültürünün ilk etkileriyle tanışmış ve geleneksel ile moderni, ya da başka bir ifadeyle ulusal ile evrenseli bir arada yoğurmuştur.

---

152 Atatürk anılarında, Askeri Rüştiye sınavlarına annesinden habersiz girdiğini ve bu şekilde biraz da annesine emrivakide bulunduğunu belirtmektedir. Sarı, **age.** s. 75.
153 Reşat Kaynar-Necdet Sakaoğlu, **Atatürk Düşüncesi**, İstanbul, 1995, s. 56.
154 Ozankaya, **age.** s. 26.

İKİNCİ BÖLÜM

ATATÜRK'ÜN FELSEFİ TEMELLERİ VE DİN

BİR SUBAYIN FİKİR DÜNYASI

Mustafa Kemal'in **Askeri Rüştiye'ye** kabul edilmesi, hayatındaki dönüm noktalarından biridir. Çünkü aradığı bilgiye ve tecrübeye ancak bu tür bir askeri okulda ulaşabilirdi. Bu okullar öğrencilerine sadece **askeri** konularda değil; **tarih, ekonomi, felsefe** gibi konularda da bilgi veriyordu. Askeri Rüştiye birinci sınıfta okutulan dersler şunlardı: **Mantık, Hesap, Usul-i Defteri, Hendese, Coğrafya, Tarih-i İslam, Kavaid-i Osmaniyye, Fransızca, İmla-yı Türki, Hatt-ı Fransevi, Resim.**[155] Özetle, bu okullar o dönemin koşulları itibarıyla "çağdaş" ve "demokratik" kuruluşların başında geliyordu.

Mustafa Kemal, Askeri Rüştiye'ye kısa sürede uyum sağlamıştır. Özellikle **matematik dersine** ayrı bir önem vermiştir. Matematiği çok sevmiş ve bu derste çok başarılı olmuştur. Matematiğe duyduğu bu ilgi zamanla onun daha **analitik düşünmesini** sağlamıştır. Artık **pozitif bilimlerle tanışmış,** bilimin büyüsünden etkilenmeye başlamıştır. Ancak **Fransızcası biraz kötüdür.** Fransızca hocasından aldığı uyarılardan sonra tatillerde Selanik'e döndüğünde herkesten habersiz, Halil Efendi adlı birinden Fransızca dersler almıştır. Ayrıca Halil Efendi'nin Selanik Tahtakale'de bir dans salonu vardır. Orada zamanın moda dansları olan vals ve polka dersleri verilmektedir. Salon müşterileri

---

155 Güler, age. s. 93. Ayrıca Harp Okulu'nda okutulan dersler için bkz. Sadi Borak, **Atatürk'ün İstanbul'daki Çalışmaları (1899-16 Mayıs 1919),** İstanbul, 1983, s. 20.

arasında Fransızca konuşanlar da vardır. Genç Mustafa Kemal ve Fuat Bulca teorik dersleri pratik olarak da güçlendirmek için akşamları bu salona gitmişlerdir.[156]

Mustafa Kemal Askeri Rüştiye'yi bitirdiğinde 14 yaşındadır. Vakit kaybetmeden Manastır Askeri İdadisi'ne yazılmıştır.

Manastır Yılları

Manastır, tarih boyu Makedonya'nın en önemli merkezlerinden biri olmuştur. Kentin coğrafi konumu jeopolitik önemini artırmıştır.

Manastır, Adriyatik'i Makedonya'ya ve Balkanlar'a bağlayan yollar üzerinde stratejik bir konumda bulunmaktadır. Mustafa Kemal, idadi öğrenimi için geldiği Manastır'da (1896-1898) çocukluğunu geçirdiği Selanik'ten farklı bir sosyal çevreyle karşılaşmıştır. Pelister Dağı'nın eteklerinde kurulmuş olan kentin nüfusu bu dönemde 31.000 civarındadır. Bunun üçte ikisi Türk ve Arnavut Müslüman; geri kalan kısmı Sırp, Bulgar, Ulah, Rum ve Musevi'dir. Manastır'ın gayrimüslim nüfusu içinde Slavlar çoğunluktadır. Mustafa Kemal'in idadi öğrenimi için geldiği yıllarda şehir siyasi bakımdan çok karışıktır.

Sırbistan ve Bulgaristan Manastır'daki Slavları kendilerine bağlamak için kiliseleri vasıtasıyla amansız bir mücadeleye girişmişlerdi. Bu mücadelede Bulgarlar daha aktiftiler ve komiteleri aracılığıyla tehditlerle, cinayetlerle daha geniş ölçüde Slavları kendi yanlarına çekmeyi başarmışlardı. Manastır üzerinde hak iddia eden bir başka devlet de Yunanistan'dır. Yunanistan, Ortodoksları kendi yanına çekme planlarını yapmaktadır. Fener-Rum Patrikhanesi, Makedonya Ortodokslarının, Bulgar ve Sırp kiliselerine doğru akışını durdurabilmek için mücadele etmektedir. Manastır'daki mücadeleyi değişik cemaatler açtıkları okullar aracılığıyla yürütmemektedirler. Kentte, bu dönemde Sırp, Bulgar, Yunan ve Romenler tarafından açılmış okullar ve Amerikan misyonerlerince kurulmuş iki kolej vardı.

---

156 Turgut, age. s. 505.

Manastır'ın sokakları çoğu zaman karanlıktı. Yer yer kurulmuş petrol lambaları fazla ışık vermezdi. Selanik'te görülen gazla ışıklandırma yöntemi burada yoktu. Manastır'da, Selanik'teki eğlence yerlerine ve Selanik'in aşırı coşkulu yapısına da rastlamak mümkün değildi. Manastır'da zaman zaman Türk sanatçıların da temsiller verdiği bir de tiyatro vardı. Manastır'ın en canlı sokağı aşevlerinin de bulunduğu Lokanta caddesiydi. Manastır'ın iklimi de Selanik'in ikliminden çok farklıydı. Isının genelde düşük olduğu kentteki nehirler sık sık taşıp kentin doğusundaki ovada geniş bataklıkların oluşmasına neden olmuştur.[157]

Manastır'da bulunduğu yıllar Mustafa Kemal'in dış dünyadaki gerçeklerle yüz yüze gelmesini sağlamıştır. M. Kemal burada **Osmanlı azınlıklarının bağımsızlık arayışlarına bizzat tanık olmuştur.** "Osmanlıcılık" düşüncesi artık iflas etmiştir. Batılı sömürgeci devletlerin desteğini alan **Osmanlı azınlıkları** bir taraftan bağımsızlık hesapları yaparken, diğer taraftan tüm güçleriyle Osmanlı Devleti'ni parçalamaya ve Türk varlığına son vermeye çalışmaktadır. Ayrılıkçı hareketler öylesine büyümüştü ki Müslüman Araplar bile imparatorluktan kopmanın yollarını aramaya başlamıştır. Örneğin, o dönemde Mustafa Kemal'in arkadaşlarından biri olan Mısırlı Aziz bile bu bağımsızlık rüzgârlarından etkilenmiştir. Aziz, Birinci Dünya Savaşı yıllarında Arap birliğini kurmaya çalışacak ve daha sonra Nasır'ın akıl hocalığını yapacaktır.[158] Türkler çeteler kurarak bu ayrılıkçı hareketlere karşı direnmeye çalışmışlardır. Bu sırada **Türk-Yunan savaşı** başlamıştır.

İşte tam da o günlerde genç **Mustafa Kemal** kendisinin de bir şeyler yapması gerektiğini düşünerek **bir gece bir arkadaşıyla okuldan kaçıp, gönüllü olarak askere yazılmaya gitmiştir;** fakat öğrenci olduğu anlaşılınca okula geri gönderilmiştir.

Manastır'da bulunduğu yıllar Mustafa Kemal'in **Türklük duygularını kamçılamış,** gönlünde vatanseverlik ateşinin yanmasına yol açmıştır.

---

157 **Moniteur Oriental,** 3 Mayıs 1896 ve 15 Şubat 1899'dan Ö. S. Coşar, **Atatürk Ansiklopedisi,** C I (1881-23 Temmuz 1908), İstanbul, 1973, s. 193, 194.
158 Cebesoy, **age.** s. 15, 16.

Askeri öğrencilik yılları, bir taraftan da **geleneksel değerlerden** kopmasına yol açmıştır. Yaşadığı olaylar, bu süreci daha da hızlandırmıştır. Örneğin, bir keresinde *"Manastır'da tanıştığı arkadaşı Ömer Naci ile Selanik tren istasyonuna giderek askerlerin cepheye hareketlerini izliyorlardı. Bir akşam istasyondaki kalabalığın arasında uzun bol cübbeleri ve sivri külahları ile bir derviş grubu gördüler. Dervişler, çaldıkları davul zurna ve neylerin tiz sesleri arasında kendilerinden geçmiş gibi görünüyorlardı. Çevresindekiler de onların bu coşkusuna uyarak isteri nöbetine tutulmuşçasına bağırıp çağırıyor, düşüp bayılıyorlardı. Mustafa bu sahneyi soğuk bir tiksintiyle seyretti. Ömer Naci'ye utancından yüzünün kızardığını açıkladı. İçinde bu çeşit yobazlıklara büyük bir tepki duymuştu."*[159]

Mustafa Kemal, bu sırada Manastır'da tanıştığı ve sıkı arkadaşlık kurduğu **Ali Fethi'nin** tesiriyle, siyasetle daha yakından ilgilenmeye ve Fransızcasını daha da ilerletmeye başlamıştır. Bu amaçla iki üç ay gizlice **Frerler Okulu'nun özel sınıfına** devam etmişti. Böylece okul dersleri dışında özel gayretiyle Fransızcasını ilerletmiştir.[160] Mustafa Kemal Fransızca sevdasından hiç vazgeçmeyecektir. Daha sonra Harp Okulu'nda öğrenciyken de sınıfta Fransızcası en iyi ikinci kişi olmasına rağmen (birinci Ali Fuat'tı), Batı kaynaklarından daha bilinçli yararlanmak için Fransızcasını biraz daha geliştirmesi gerektiğini düşünerek o günlerde **Beyoğlu'nda bir Fransız madamına pansiyoner olmuştur.** Mustafa Kemal bir taraftan bu Fransız madamdan Fransızca dersler almış, diğer taraftan bu madam aracılığıyla **Fransız sefaretinden, İttihatçıların Paris'te yayınladıkları gazeteleri elde etmiştir.**[161] Mustafa Kemal'in Fransızcası ilerledikçe yeni fikirlerin kaynağına daha da yakınlaşmış, Batı kültürünü çok daha iyi tanımıştır. Artık **Rousseau, Voltaire, Auguste Comte, Desmoulins, Montesquieu** gibi Fransız aydınlarının eserlerini kolayca okuyabilmektedir.

---

159 Kinross, **age.** s. 28, 29.
160 Sarı, **age.** s. 76.
161 Asım Gündüz, **Hatıralarım,** der. İhsan Ilgar, İstanbul, 1973, s. 12 - 14.

Prof. Şerif Mardin, o yıllarda Mustafa Kemal'in neler okuduğu ve kendisini nasıl yetiştirdiği sorusuna şöyle yanıt vermiştir:

"*Mustafa Kemal olarak Türkiye'yi yönetecek kişi neler okumuştu? Görüşlerini nereden almıştı? Bir Paşa, karmaşık siyasi spekülasyonları böyle berrak bir şekilde kavrayacak duruma nasıl ulaşmıştı? Bu sorulara cevap olarak* **onun Montesquieu ve Rousseau'yu okuduğu** *–ki o da doğrudur– veya iyi bilgi aktaran Türk ve yabancı basını okuma fırsatı bulduğu yahut bir Osmanlının alabileceği en iyi eğitimi aldığı –ki o da doğrudur– söylenebilir.*"[162]

Çok geçmeden **Mustafa Kemal, Ali Fethi** ve birkaç arkadaşı "Fransız tecrübesinden" yararlanarak "Osmanlıyı kurtarmanın" mümkün olup olmadığını tartışmaya başlamışlardır.

Mustafa Kemal, askeri okulları birbiri ardına başarıyla bitirmiştir. 13 Mart 1899'da Harbiye'nin piyade sınıfına girmeye hak kazandığında iyice olgunlaşmıştır. Artık ülke sorunlarıyla uğraşmak neredeyse tüm zamanını almaktadır. **Harp Okulu'na** girişiyle birlikte herkesin merak ettiği **İstanbul'la tanışma fırsatı** bulmuştur.

İstanbul, imparatorluğun adeta kalbi gibiydi. Genç Mustafa, geleceğini bu kentte hazırlayacaktı. Yaşamının yeni bir aşamasının, yüksek öğrenim döneminin eşiğindeydi. Yıllardır bu günü düşlemişti. Artık amacına ulaşmıştı; fakat karmakarışık duyguların etkisi altındaydı; sevinç, hüzün, hayranlık, şaşkınlık ve özlem gibi duygular, üzerinde belli belirsiz bir tedirginlik yaratmıştı. Selanik'ten bindiği vapur, İstanbul limanına yaklaştığı zaman Piyer Loti'nin tasviriyle, "*alevler içindeki gökyüzüne doğru yükselen minareler ve pembe bir ışık deryasında yıkanan İstanbul'un müthiş güzelliği*" onu büyülemişti.

Okula yazıldıktan beş gün sonra kılıcını kuşanarak ilk kez İstanbul sokaklarına çıkmıştır. Kendini bir anda Beyoğlu caddelerinin göz kamaştıran güzelliğine kaptırmıştır. Gençlik hayallerinin buğusuyla adeta sarhoş olmuş gibidir. "*Pembe bir ışık*

---

162 Şerif Mardin, **Türk Modernleşmesi,** İstanbul, 1995, s. 121.

deryasında yıkanan İstanbul'un büyüsü" tüm benliğini sarmıştır adeta.

Bu "yeni dünya" Mustafa Kemal'i öylesine derinden etkilemiştir ki Manastır Askeri İdadisi'nin başarılı öğrencisi İstanbul'daki Harp Okulu'nun birinci sınıfında belki de **hiç kitap yüzü açmadan** sınıfı **27. olarak** bitirmiştir. Harbiye'nin birinci sınıfında İstanbul'un büyüsüne kapılarak arkadaşlarıyla gezip dolaşmaktan, ders çalışmaya pek vakit bulamamıştır.

Mustafa Kemal İstanbul'da bulunduğu dönemde Beyoğlu'nda Zeuve Birahanesi, Con Paşa'nın lokantası, Tepebaşı Bahçesi, Kristal Gazinosu gibi yerlere gitmiştir.[163] Oysa Harbiye'ye gelirken çok büyük hayalleri vardı. Bu büyük şehirde kafasındaki sorulara yanıtlar arayacak, askerliğin inceliklerini öğrenecek ve Batı kültürünü daha derinden tanıyacaktı. İradesini toplayan Mustafa Kemal, hayallerini Harp Okulu'nun ikinci ve üçüncü sınıflarında gerçekleştirmenin yollarını aramaya başlamıştır.

Mustafa Kemal, 1905'te Kurmay Okulu'nu bitirip yüzbaşı olduğunda 24 yaşındadır. Geçen zaman içinde idealist duygularla başladığı askeri eğitimini tamamlayıp yavaş yavaş çocukluk ve ilk gençlik yıllarının bunalımlarından kurtulmuştur.

Onun askeri okullardaki öğrencilik yılları Osmanlı Devleti'nin en çalkantılı ve en zor yıllarıdır, imparatorluk parçalanmanın eşiğindedir. İmparatorluğu kurtarmak için üretilen fikirlerden, istenilen sonuçların alınamaması ülke içindeki huzursuzlukların her geçen gün daha da artmasına yol açmıştır. İngiltere, Fransa ve Rusya'nın askeri, politik ve ekonomik baskısıyla köşeye sıkışan imparatorluk, milliyetçilik talepleriyle isyan eden ulusların bağımsızlık çığlıklarıyla sarsılmaktadır. **Osmanlı padişahı II. Abdülhamit** ise otoriter yöntemlerle düzeni sağlayıp arapsaçına dönen işleri rayına oturtmaya çalışırken takındığı sert, baskıcı ve özgürlükleri kısıtlayıcı tavırlarıyla büyük tepki çekmektedir.

---

163 Borak, **age.** s. 42 - 47.

İhtilalciliğe Doğru

Bütün bu karmaşa içinde, ülkenin kurtuluşunun bir **ihtilalle** mümkün olacağını düşünen ve daha çok tıbbiye, harbiye ve mülkiye gibi okulların öğrencilerinden oluşan devrimci cemiyetler kurulmaya başlanmıştır.

Osmanlı Devleti'nde bu amaçla ilk cemiyet, Askeri Tıbbiye-i Şahane öğrencileri tarafından Fransız İhtilali'nin yüzüncü yıldönümünde, 1889'da kurulmuştur. Cemiyete özel bir törenle ve yeminle üye alınmıştır. Sonraları adından çok söz ettirecek olan bu gizli cemiyete, **İttihat ve Terakki** adı verilmiştir.

Cemiyetin ilk kurucuları, Askeri Tıbbiye öğrencilerinden **İbrahim Temo, Abdullah Cevdet, İshak Sükûti, Mehmet Reşit ve Hüseyinzade Ali**'dir.

Cemiyet kısa sürede gerek yurt içinde, gerekse yurt dışında örgütlenerek Jön Türklerin mirası üzerinde yükselmiştir. Öncelikle Paris'te bir şube açan cemiyet, orada Osmanlıca *"Meşveret"* ve Fransızca eki *"Mecheveret Suplement Français"* gazeteleriyle, dönemin öğrenci kitlesi üzerinde büyük etkiler uyandırmıştır. Bu sırada cemiyetin Cenevre şubesi de *"Mizan"* ve *"Osmanlı"* gazetelerini çıkarmıştır. Cemiyetin kolları Afrika'ya kadar uzanmış, Kahire şubesi tarafından *"Hak"* ve *"Kanun-i Esasi"* adlı gazeteler yayınlanmaya başlanmıştır.[164]

Mustafa Kemal'in henüz Manastır'da olduğu yıllarda kurulan bu gizli cemiyetin **darbe girişimi** başarısız olmuştur.[165]

Bir süre sonra **Mustafa Kemal de** bu cemiyete katılacaktır.

O günlerde gece geç saatlerde bir araya gelen genç subaylar, hummalı bir çalışma içindedirler. Sabahlara kadar süren tartışmalar, gürültüler arasında *"vatan"*, *"bağımsızlık"*, *"yaşasın Türk ulusu"*, *"istibdada hayır"* gibi sloganlar duyulmaktadır. Bu toplantılara katılıp, benzer sloganları atanlar arasında genç subay Mustafa Kemal de vardır.

Mustafa Kemal, Harp Okulu'nda öğrenciyken siyasetle ilgilenmeye başlamıştır. Genç subay adayı, sadece Osmanlı

---

164 Mustafa Yalçın, **Jöntürklerin Serüveni**, İstanbul, 1994, s. 219, 220.
165 Kinross, **age.** s. 55.

Devleti'nin içinde bulunduğu durumu tahlil edip çözüm önerileri sıralamakla kalmamış, şaşırtıcı bir öngörü ile Osmanlı Devleti'nin geleceği hakkında isabetli değerlendirmeler de yapmıştır.

Kararlı ve girişkendir. Harp Okulu'ndaki arkadaşlarını gece geç saatlerde bir araya toplayarak kürsüye çıkmayı ve ateşli konuşmalar yapmayı alışkanlık haline getirmiştir. O günleri Mustafa Kemal ile birlikte yaşamış olan **Asım Gündüz** anılarında Mustafa Kemal'in Harp Okulu'nda kürsüden konferans niteliğinde konuşmalar yaptığını belirterek bu konuşmaların metinlerini yayınlamıştır. **Gündüz,** Harp Okulu'nda her cuma akşamı kapılar kapandıktan sonra Mustafa Kemal'in kürsüye çıkarak Paris'ten gelen Türkçe ve Fransızca gazetelerden öğrendiklerini sınıfta toplanan öğrencilere aktardığını belirtmektedir. Bu toplantılar okul yönetiminden gizli yapılmıştır.

Asım Gündüz: *"O zamana kadar padişahım çok yaşa demekten başka bir şey bilmeyen bizler için Mustafa Kemal'in anlattıkları çok dikkat çekiciydi"* demektedir.

Bu konuşmaların birinde Mustafa Kemal genç subay adayı arkadaşlarına şunları söylemiştir:

"Altı yüz yıl kadar önce Anadolu'da doğan Osmanlı İmparatorluğu, 350 yılda Viyana kapılarına kadar ilerledi, imparatorluğu güçlendiren manevi faktörler zayıfladığı için yavaş yavaş, Viyana, Budapeşte, Belgrad elden çıktı. Artık bir avuç Rumeli toprağına sığındık. Şimdi de elimizde kalan küçük toprak parçasını Ruslar ve Avusturyalılar almak istemekteler. Rusların bütün emelleri kendi ırklarından saydıkları Bulgarlar ve Sırplara Balkanlar'ı peşkeş çekmektir..."

"Tarihte inkılâplar, önce aydın kişilerin kafasında fikir halinde doğmuş, zamanla toplumu sarmıştır. Bakınız, dünkü vilayetimiz Bulgaristan'ın bir milli şairi vardır. Bu şair, şiirleriyle Bulgarları mütemadiyen kurtuluş haraketine, meskenetten (miskinlikten) silkinmeye çağırmıştır. Milletine, tarihine âşık olan bu sanatkar kısa zamanda kitleye hâkim olmuş, şiirleri halk arasında dilden dile dolaşmaya başlamış, yüzyıllardır biz-

lerin çobanı olduğumuz Bulgarlar, onun gösterdiği yolda istiklallerine kavuşmuşlardır. Belki de bir süre sonra bizden, başka yurt topraklarını isteyecekler ve alacaklardır."

"Sırpların da iki gözü görmeyen bir milli şairi vardır. O da aynı yoldan yürüyerek milletine milli duyguları, istiklal fikrini aşılamıştır. Şiirlerinde Miloş Kaploviç'lerden, Sultan Murat'tan bahsederek, toplumun hafızasına milliyet fikrini aşılamıştır."

"Yunanlıların da böyle milli bir şairleri vardır. O da yıllar boyu eski Yunan medeniyetini şiirleriyle anlatırken ulusuna güç kazandırmak, hürriyet için birlik ve beraberlik şartını telkin etmek istemiştir..."

"Başka milletlerin şairleri, münevverleri, böyle çalışıp milletlerini uyarırlarken, nerede bizim mütefekkirlerimiz? Bizim bir Namık Kemal'imiz var. O, Türk milletinin yüzyıllardan beri beklediği sesi verdi."[166]

Bu ifadeler, Mustafa Kemal'in Harp Okulu yıllarında Fransız Devrimi fikirlerinden, özellikle de "milliyetçilik"ten etkilendiğini ve Türk ulusçuluğunu benimsemeye başladığını göstermektedir. Halka ulusal bilinç kazandırmak gerektiğini düşünen Mustafa Kemal bu görevi aydınların ve çağdaş düşünceli vatansever gençlerin yerine getirmesi gerektiğine inanmaktadır.

Mustafa Kemal, Harp Okulu'nda yaptığı ateşli konuşmalarda, devrimci bir yaklaşımla genç arkadaşlarını vatan ve özgürlük için mücadeleye çağırmıştır. Bu konuşmalarından birinde arkadaşlarına şöyle seslenmiştir:

"Arkadaşlar, bize büyük görevler düşüyor. Yarın görev alıp gittiğimiz her yerde milletimizi yetiştirmek için zabitlerimizin muallimi olacağız. Gittiğimiz yerlerde münevver gençlerle arkadaşlık ederek onları bu istikamete sevk edeceğiz. Vatanımızı ve İmparatorluğu büyük tehlikelerin beklediğini akıldan çıkarmamak durumundayız."[167]

Mustafa Kemal'in o yıllarda yaptığı bu konuşmalarda hâkim temalar; milliyetçilik, bağımsızlık ve hürriyet (özgürlük)

---

166 Gündüz, **age.** s. 34, 35.
167 **age.** s. 35.

mücadelesidir. Özellikle, daha o yıllarda istibdat yönetimine karşı "ulusal iradeden" söz etmesi çok anlamlıdır.

Yine bir konuşmasında arkadaşlarına şöyle seslenmiştir:

"Arkadaşlar, bu gece burada sizleri toplamaktan maksadım şudur: Memleketin yaşadığı vahim anları size söylemeye lüzum görmüyorum. Buna cümleniz müdriksiniz. Bu bedbaht memlekete karşı mühim vazifemiz vardır. Onu kurtarmak biricik hedefimizdir. Bu gün Makedonya'yı ve tekmil Rumeli kıtasını vatan bütünlüğünden ayırmak istiyorlar. Memlekete yabancı nüfuz ve hâkimiyeti fiilen girmiştir. Padişah, zevk ve saltanata düşkün, her zilleti yapacak, menfur bir şahsiyettir. Millet zulüm ve istibdat altında mahvoluyor.

Hürriyet olmayan bir memlekette ölüm ve çöküntü vardır. Her terakkinin (ilerlemenin) ve kurtuluşun anası hürriyettir. Tarih, bugün biz evlatlarına bazı büyük vazifeler yüklüyor. Şimdilik gizli çalışmak ve teşkilatı yaymak zaruridir. Sizlerden fedakârlık bekliyorum. Kahredici bir istibdada karşı ancak ihtilalle cevap vermek ve köhneleşmiş olan çürük idareyi yıkmak, milleti hâkim kılmak, hülasa vatanı kurtarmak için sizi vazifeye davet ediyorum."[168]

Mustafa Kemal'in 1906'da Selanik'te arkadaşlarına yaptığı bu konuşma, onun artık tam bir *"hürriyet savaşçısı"* haline geldiğini göstermektedir. Ülkenin içinde bulunduğu sorunların farkındadır ve zaman kaybetmeden mücadeleye başlamak gerektiğine inanmaktadır. Mevcut yönetimden memnun değildir. Padişahı, **"menfur bir şahsiyet"** olarak adlandırmakta ve devrimci bir lider rolü üstlenmek istemektedir.

Mustafa Kemal'in hürriyetçi fikirleri tanıması ve devrimci bir görünüm kazanması, askeri öğrencilik yıllarında başlamıştır. Özellikle, 1889'da girdiği İstanbul'daki Harp Okulu yıllarında Fransız Devrimi düşünceleriyle tanışmıştır. Okuduğu kitaplar, bir taraftan onun bağımsızlık, milli irade gibi kavramlarla tanışmasını sağlarken, diğer taraftan da pozitivizm, materyalizm

---

[168] Sadi Borak, **Atatürk Gençlik ve Hürriyet**, İstanbul, 1998, s. 16.

gibi akımları tanımasını sağlamıştır. Genç subay adayı Mustafa Kemal, edindiği bilgileri yavaş yavaş kullanma zamanı geldiğini düşünmeye başlamıştır. Bu yüzden Ali Fuat, İsmail Hakkı, Ömer Naci gibi arkadaşlarının da içinde bulunduğu bir gizli örgüt kurmuştur. Örgütün liderliğini üstlenen Mustafa Kemal, hürriyetçi fikirleri harp okulundaki diğer öğrencilere de aktarabilmek amacıyla bir de gazete çıkarmaya başlamıştır. Ancak bir süre sonra Mustafa Kemal'in hürriyetçi fikirleri yaydığı gazete sarayın tepkisini çekecek ve yasaklanacaktır. Mustafa Kemal, anılarında bu gazetecilik deneyiminden şöyle söz etmiştir:

"...*Kurmay sınıflarına geçtik. Her zamanki derslere çok iyi çalışıyordum. Bunların üstünde olarak bende ve bazı arkadaşlarda yeni fikirler belirdi. Memleketin siyasetinde ve idaresinde fenalıklar olduğunu keşfetmeye başladık. Binlerce kişiden oluşan Harbiye talebesine bu keşfimizi anlatmak hevesine düştük. Okul öğrencileri arasında okunmak üzere okulda el yazısı ile gazete tesis ettik. Sınıf dâhilinde ufak teşkilatımız vardı. Ben idare heyetine dâhildim. Gazete yazılarını ekseriyetle ben yazıyordum... Bir gün gazetenin icap eden yazılarından birini yazmakla meşguldük. Baytar dershanelerinden birisine girmiş, kapıyı kapamıştık. Kapı arkasında birkaç nöbetçi duruyordu. Rıza Paşa'ya haber vermişler, sınıfı bastı. Yazılar masa üzerinde ve ön tarafta duruyordu...*"[169]

Suriye'den İstanbul'a

1905 yılında Harp Okulu'ndan mezun olan Mustafa Kemal, hürriyet mücadelesini sürdürmeye kararlıdır. Ülke gittikçe uçuruma yuvarlanmakta, bu durum Mustafa Kemal'i endişelendirmekte ve daha çok çalışmasına neden olmaktadır.

Okul bittikten sonra Sirkeci'de kiraladığı bir evde gizli toplantılar yapmaya devam etmiştir; fakat onun bu çalışmaları, Saray'ın gözünden kaçmayacaktır. Okulda gazete çıkarmak, hürriyetçi fikirlerini yaymak, rejimi değiştirmek, hatta padişa-

---

169 Vakit, 10 Ocak 1922, s, l.

hın hayatına kastetmek gibi suçlardan yargılanan Mustafa Kemal, üç ay kadar tutuklu kalmıştır.[170] Ordudan atılmamış; fakat Suriye'ye gönderilmiştir. Mustafa Kemal için bu sürgün bir son değil, yeni bir başlangıçtır. Suriye'ye giderken arkadaşlarına şöyle seslenmiştir:

"*Pekâlâ, biz de bu çöle gider ve yeni bir devlet kurarız.*"[171]

Mustafa Kemal Suriye'de "*Vatan ve Hürriyet Cemiyeti*"ni kurmuştur. Genç subay, artık daha örgütlü hareket etmek gerektiğinin farkına varmıştır.

"*Arkadaşlar, gerçi bizden evvel birçok teşebbüsler yapılmıştır; fakat onlar muvaffak olamadılar. Çünkü teşkilatsız işe başladılar. Biz kuracağımız teşkilat ile bir gün mutlaka ve behemehâl başarılı olacağız. Vatanı, milleti kurtaracağız.*"[172]

Vatan ve Hürriyet Cemiyeti, daha sonra İttihat ve Terakki'ye katılmıştır. Mustafa Kemal bir dönem mücadelesini İttihat ve Terakki içinde sürdürmüştür; fakat zaman içinde İttihatçılarla görüş ayrılığına düşmüş ve İttihat ve Terakki'den ayrılmıştır. Ayrılığın nedeni, Mustafa Kemal'in ordunun siyasetten ayrılmasını istemesidir. Selanik'te toplanan bir İttihat ve Terakki Kongresi'nde Trablusgarp delegesi olarak bu görüşünü dile getirmiş, ancak görüşü dikkate alınmamış, hatta bu görüşünden dolayı İttihatçılarca ortadan kaldırılmak istenmiştir.[173] İttihat ve Terakki'den ayrılan Mustafa Kemal, artık tek başına, kendi bildiği yöntemlerle mücadele edecektir.

Bu sırada İttihat ve Terakki'nin baskısı sonucunda, Sultan II. Abdülhamit, 20 Temmuz 1908'de II. Meşrutiyeti ilan ederek Kanuniesasi'yi yeniden yürürlüğe koymak zorunda kalmıştır. Böylece, Osmanlı halkı kısmen de olsa yönetime katılma olanağı bulmuştur; ancak çok geçmeden Meşrutiyet karşıtları İstanbul'da büyük bir isyan çıkarıp kentin altını üstüne getirmişlerdir (31 Mart İsyanı).

---

170 Turgut, **age.** s. 512.
171 Kinross, **age.** s. 37.
172 Borak, **Atatürk Gençlik ve Hürriyet**, s. 17.
173 **Turgut, age.** s. 516.

"Allah'ın kitabı dururken Anayasa da ne oluyor!" diye sokakları dolduran ve tekbir getirerek *"Padişahım çok yaşa!"* sloganları atan yobazlar, içki satan dükkânlardan peçesiz gezen kadınlara kadar, her şeye ve her yere saldırıp, yakıp yıkarak Meclis'e yürümüşlerdir.

Mustafa Kemal, İstanbul'da meydana gelen 31 Mart İsyanı'nı bastırmak için 15 Nisan'da Selanik'ten yola çıkan Mahmut Şevket Paşa komutasındaki Hareket Ordusu'nun kurmay başkanlığına getirilmiştir. Çok geçmeden Hareket Ordusu İstanbul'a gelerek *"şeriat isteriz!"* diye bağıran isyancıları (mürteciler ve Avcı taburları) etkisiz hale getirmiştir. İsyanda rolü olduğu düşünülen Sultan II. Abdülhamit Meclis kararıyla görevinden alınmış ve Selanik'e sürgün edilmiştir (1909).

İSMAİL FAZIL PAŞA KONAĞI'NIN ETKİLERİ

Osmanlı Devleti'nde 19. yüzyılda bazı büyük konaklar ve salonlarda toplumsal, kültürel ve siyasi tartışmalar yapılmıştır. Bu tür konakların ve salonların en yoğun olduğu yer İstanbul'dur. Bu konaklar özellikle **Sultan Abdülaziz'in** hükümdarlığı döneminde eğitici kurumlar haline gelmişlerdir. Buralar yoğun kültürel faaliyetlerin gerçekleştiği tartışma merkezleridir. Yeni Osmanlı hareketinin başlangıç yıllarında bu konakları, birer "kültür evi" durumuna gelmiştir. Öyle ki *"her büyük konağın sahibi 'hane'sinde en az bir ilim adamı bulundurmaya çalışmaktaydı."*[174]

Bu konaklara seçkin misafirler çağrılmıştır. Misafirlerin görevi bir bakıma hane sakinlerinin eğitimi için öğretmenlik yapmaktır. Bu konaklarda bir araya gelip tartışanlar arasında değişik cemiyetlerin üyeleri de vardır. Örneğin o günlerde Beşiktaş Cemiyyet-i İlmiyyesi üyeleri, Beşiktaş ile Ortaköy arasındaki Ferruh Efendi Yalısı'nda buluşurlardı. Yalının sahibi Ferruh Efendi, İslami konularda oldukça fazla bilgi sahibi bir İstanbul

---

174 Şerif Mardin, **Yeni Osmanlı Düşüncesinin Doğuşu**, İstanbul, 1996, s. 260, 261.

beyefendisiydi.[175] Yeni Osmanlı hareketinin neredeyse bütün üyeleri bu tür konakların müdavimleri arasındaydı. Bazı konak sahipleri tıpkı Rönesans öncesinde İtalya'da olduğu gibi sanatçıları ve bilim adamlarını himaye altına alan "**mesenlere**" benzemekteydi. Örneğin, kendi halinde bir tarihçi olan Subhi Paşa, evinde Doğulu ve Batılı ilim, edebiyat ve sanat adamlarını himaye eden kelimenin tam anlamıyla bir "mesen"di. Yine Edinburg'da matematik eğitimi aldığı için İngiliz lakabıyla anılan Sait Paşa da ünlü Yeni Osmanlı aydını Ali Suavi'yi himayesine almıştı. Aynı şey Yusuf Kâmil Paşa Konağı için de geçerliydi. Yusuf Kâmil Paşa da dönemin ünlü aydınlarından Namık Kemal'i himayesi altına almıştı.

"*Bu konaklarda yapılan tartışmalar, Batının kültürel mirasının parçası olan fikirleri Türkiye'ye getirme teşebbüsleriyle eş zamanlı olarak yürütülmüştü.*"[176]

Bu tür konaklardan biri de Kuzguncuk'taki İsmail Fazıl Paşa'nın konağıdır. İsmail Fazıl Paşa Konağı'nın 1899-1904 yılları arasındaki misafirlerinden biri de genç subay adayı Mustafa Kemal'dir.

Mustafa Kemal'i bu konakla Harp Okulu'ndaki sınıf arkadaşı Ali Fuat (Cebesoy) tanıştırmıştır. Konağın sahibi olan İsmail Fazıl Paşa, Ali Fuat'ın babasıdır. Bu konağın, Mustafa Kemal'in fikir dünyası üzerinde yönlendirici etkileri olmuştur.

Ali Fuat, Batı kültürünün en yoğun hissedildiği eğitim kurumlardan biri olan Saint Joseph'de lise öğrenimini tamamlamış ve Harp Okulu sınavlarını kazanarak Harbiye'ye girmişti. Dolayısıyla Mustafa Kemal ile Ali Fuat'ın arkadaşlıkları Harp Okulu yıllarına dayanmaktadır. 1899 yılında Mustafa Kemal'i Ali Fuat'la tanıştıran ders nazırı Binbaşı Refik Bey'di. Ali Fuat anılarında Mustafa Kemal'le tanışmasını şöyle anlatmaktadır:

"*...Kısa bir süre sonra odaya on yedi on sekiz yaşlarında, sarı saçlı, parlak mavi gözlü, sarı bıyıklı, pembe yanaklı, zayıfça bir genç girdi. Giydiği şık harbiye elbisesi mevzun vücuduna pek*

---
175 age. s. 257, 258.
176 age. s.261, 262.

yakışmıştı. O anda kendisini sevmiştim. Her haliyle samimi ve yürekliydi."[177]

Ali Fuat kısa sürede Mustafa Kemal'in en yakın arkadaşlarından biri olmuştu. İki arkadaş Harp Okulu'nda aynı sırayı paylaşmıştı.[178] Kaderin yollarını birleştirdiği bu iki idealist genç, bundan sonra yola birlikte devam edecekler, en önemlisi yıllar sonra Kurtuluş Savaşı'nda yan yana, omuz omuza mücadele ederek bir ulusun kaderini değiştireceklerdi. Yıllar sonra Mustafa Kemal, soyadı kanunu çıktığında ünlü Türk komutanı Cebenoyan'ın anısına, yakın arkadaşı Ali Fuat'a *"Cebesoy"* soyadını verecekti.[179]

Mustafa Kemal'in Ali Fuat'la tanışması, onun hayatını derinden etkilemiştir. Mustafa Kemal, Harp Okulu ve Harp Akademisi'nde öğrenciyken 1899-1904 yılları arasındaki beş öğretim yılının birçok tatil gününü Ali Fuat'la birlikte İsmail Fazıl Paşa Konağı'nda geçirmiştir.

Ali Fuat'ın babası İsmail Fazıl Paşa, Nizam-ı Cedit sonrasında Batı'da öğrenim görmüş iyi bir askerdi. Miriliva (Tuğgeneral) rütbesine kadar yükselmişti, istibdat döneminde doğruluğuna inandığı düşünceleri sonuna kadar savunma cesareti gösterdiğinden, 16 yıl sürgünle cezalandırılmıştı. Yıllar sonra aynı İsmail Fazıl Paşa, Kurtuluş Savaşı yıllarında, ilerlemiş yaşına ve hastalığına rağmen Sivas'a gelerek Sivas Kongresi'ne katılacak, kongreye ikinci başkan seçilecek, daha sonra da Birinci TBMM'de Bayındırlık Bakanı olarak görev yapacaktı.[180] İsmail Fazıl Paşa, bağımsızlıktan yana, çağdaş değerlere sahip çıkan, vatansever ve açık fikirli bir askerdi.

İsmail Fazıl Paşa'nın Kuzguncuk'taki konağı, toplumsal ve siyasi tartışmaların yapıldığı konaklardan biriydi. Mustafa

---

177 Ali Fuat Cebesoy, **Sınıf Arkadaşım Atatürk**, İstanbul, 1967, s. 1, 2, 13, 14.
178 Borak, **Atatürk'ün İstanbul'daki Çalışmaları**, s. 28.
179 Kutay, **Atatürk Olmasaydı**, s. 14. Ancak Cumhuriyetin ilanından sonra bu iki arkadaşın yolları ayrılacak Mustafa Kemal'in gençlik arkadaşı Ali Fuat, CHP'ye karşı kurulan Terakkiperver Cumhuriyet Fırkası'nda yer alacaktı.
180 **age.** s. 10, 11.

Kemal'in de hafta sonu ve sömestr tatillerini geçirdiği bu konağın sürekli sakinleri, Ali Fuat ve ağabeyi Mehmet Ali, konağın sahibi İsmail Fazıl Paşa ve eşi Zekiye Hanımefendilerdi.[181] Cemal Kutay'ın deyişiyle: *"Ailenin şahsiyetleri olarak Avrupa'dan Kafkaslar'a kadar uzanmış bir dünya parçasının kişileriydi onlar... Yani tam anlamıyla Osmanlı mozaiği..."*[182]

Mustafa Kemal, o günlerin asker, sivil ve bürokrat kadrosunu bu konakta tanımıştır. Ali Fuat, Mustafa Kemal'in bu konakta geçirdiği günleri anılarında şöyle anlatmaktadır:

"...Tatil günlerimiz için yastığımızın altında rahatça eğlenmeye yetecek harçlığımızı bulurduk. Çoğu zaman Mustafa Kemal, belli misafirlerin kimler olacağını sorar, fikir ve kanaatlerine değer verdiklerinin sohbetinde bulunabilmek için beni de ikna eder ve evde kalırdık. Sofra ve sonrası saatlerde her konuyu dilediğimiz gibi konuşurduk. Ağabeyim, ben ve zaman zaman davet ettiğimiz sınıf arkadaşlarımız arasında en çok Mustafa Kemal kendilerine soru sorar, düşüncelerini açıkça anlatır, hatta bazen tartışmaya girerdi.

Bizden yaşlı ve mesleklerinde ileri mevkilerde olan bu zevattan milli mücadele yıllarında fikir ve faaliyetlerinden istifade ettiklerimiz çok oldu. Mesela Abdülkerim Paşa'yı böyle tanımıştık. Milli Mücadele'nin en buhranlı günlerinde Damat Ferit Paşa Hükümetlerinden kurtulabilmek için delaletini istediklerimiz arasında bize en çok onun hizmeti dokunmuştu. Samsun'a çıkabilmesinde en esaslı yardımı da gördüğü Damat Ferit Hükümeti'nin içişleri Bakanı Mehmet Ali (Gerede) Bey'i de Mustafa Kemal böyle tanımıştı..."[183]

Cemal Kutay, İsmail Fazıl Paşa Konağı'nın Mustafa Kemal'in fikir dünyası üzerinde *"sihirli tesiri"* olduğunu belirtmektedir. Mustafa Kemal'in Ali Fuat'la tanışıp İsmail Fazıl Paşa Konağı'nda geçirdiği günlerin bir **"Tanrısal tecellinin sonucu"** olduğunu ileri süren Kutay, *"...Onun Harbiye'de ve Kurmay sı-*

---

181 age. s. 14, 15.
182 age. s. 14.
183 age. s. 18.

nıflarındaki öğrenim yıllarında böylesine bir tecelli vardır. Ali Fuat Cebesoy ile arkadaşlığı ve de bu yakınlığın, çatısı altında geçtiği İsmail Fazlı Paşa'nın Kuzguncuk'taki Konağı. (Bu tanrısal tecellinin bir sonucudur)..."[184] demektedir.

Mustafa Kemal, burada Osmanlı toplumsal yapısının gizli dinamiklerini daha yakından görmüş ve "Osmanlı mozaiğinin enginliğini, derinliğini ve evrensel yapısını tanımıştır."[185]

Bu konakta günlük hayat, Doğu-Batı sentezidir. Gelenekler ve manevi değerlerle çağın şartları uyum içindedir. Kutay'ın deyişiyle, *"...Görgü ile kurallaşmış bir servet varlığı, asla israfa varmayan fakat zamanın getirdiği kültür, teknoloji ve yeni buluşları benimseyen hayatı bu konakta buldu. Lüksü olmayan bir yeterlilik armonisi içinde..."*[186]

Diğer taraftan Mustafa Kemal, Osmanlı'nın akıl almaz çelişkilerine de bu konakta tanık olmuştur. Örneğin, Osmanlı sosyal yaşantısında Türk olmayan unsurların ne kadar etkin ve ayrıcalıklı olduklarını bu konakta görmüştür.

"Konak doktorlarından eczacısına, hatta avukatına kadar her konu bunlara emanetti. Her tarafa el kol atmışlardı. Kapitülasyonların sultası altındaki ordu ve bürokrasi ne ölçüde tam anlamıyla müstakil olabilirdi. Üstelik bu konak fertleri, baskı rejiminin bunca kahrına rağmen, yine yollarında pervasız, umursamaz idiler. Konağın çevresini sarmış hafiyelere rağmen, İsmail Fazıl Paşa'nın asker, sivil misafirleri, günleri hatta geceleri dolduruyordu. Mustafa Kemal, asker sivil, o günlerin Osmanlı kadrosunu bu konakta tanıdı."[187]

Konak misafirlerinin neredeyse tamamına yakını iyi eğitim almış, Batı kültürü yanında, Türk-İslam kültürünü de tüm incelikleriyle bilen kişilerdir. Örneğin, İsmail Fazıl Paşa Konağı'ndaki toplantılara katılanlardan Osman Nizami Paşa böyle biridir. Osman Nizami Paşa, kurmay öğreniminden sonra Almanya ve

---

184 age. s. 10.
185 age. s. 10.
186 age. s. 17.
187 age. s. 17, 18.

Fransa'da ihtisas yapmıştı. Almanca ve Fransızca dışında çeviri yapacak kadar da İngilizce öğrenmişti.[188]

Konaktaki sohbetler, genellikle Osmanlı Devleti'nin içinde bulunduğu durum, Osmanlı Devleti'ni bekleyen tehlikeler, Batı medeniyeti, milliyetçilik ve din gibi konularda yoğunlaşıyordu.

Genç harbiyeli Mustafa Kemal, İsmail Fazlı Paşa Konağı'nda bulunduğu günlerde, bir toplumun değişim sancılarına tanık olmuş; geleneksel değerlerini korumaya çalışan insanların çağın gelişim ve değişim hareketlerinden nasıl etkilendiklerini görmüş ve bu etkileşimden çok önemli dersler çıkarmıştı. Bir taraftan manevi değerlerin, geleneğin, köklü bir kültürün gücünü yakından görürken, diğer taraftan Osmanlı siyasal ve toplumsal yapısının son dönem çelişkilerine, azınlıkların ayrıcalıklarına, Türklerin itilmişliklerine tanık olmuş; pervasız ve umursamaz insanlarla bilgili, görgülü ve sağduyulu insanları yan yana bir arada tanıma fırsatı bulmuştu.

Mustafa Kemal'in, İsmail Fazıl Paşa Konağı'nda geçirdiği günler onun pozitivist düşüncelerini yeniden gözden geçirmesine, teorik düşüncelerini, pratiğe aktarırken karşılaşacağı güçlükleri önceden görebilmesine, dahası toplumsal sorunlara çok daha geniş, çok daha derinlemesine ve çok daha bilinçli yaklaşmasına neden olmuştu. Bu konak ona bir toplumun gizli dinamiklerinin (manevi ve geleneksel), modern çağla uyum içinde olup olamayacağını adeta bir laboratuvar ortamında test etme olanağı sağlamıştı. Bu konağın düşünsel atmosferi, genç Mustafa Kemal'e düşüncelerini kendisinden çok daha tecrübeli insanlarla paylaşma imkânı vermişti.

Mustafa Kemal'in gelecekte önemli işler yapacağını ilk fark edenler de yine bu konağın bazı dikkatli misafirleriydi. O günlerde İsmail Fazıl Paşa Konağı'nda bulunan Osman Nizami Paşa, Mustafa Kemal'i gözlemiş ve onunla ilgili kehanet derecesindeki şu değerlendirmeyi yapmıştır:

---

188 age. s. 18.

"Mustafa Kemal Efendi oğlum, görüyorum ki İsmail Fazıl Paşa seni takdir etmek hususunda yanılmamış. Şimdi ben de onunla aynı fikirdeyim. Sen bizler gibi yalnız kurmay subay olarak normal bir hayata atılmayacaksın, keskin zekân ve yüksek kabiliyetin memleketin istikbalinde müessir olacaktır.

Bu sözlerimi bir iltifat olarak alma. Sende memleketin başına gelen adamların daha gençliklerinde gösterdikleri müstesna kabiliyet ve zekâ emareleri görmekteyim. İnşallah yanılmamış olurum."

Esasen mahcup olan Mustafa Kemal, bu övgü dolu sözler karşısında başını öne eğerek; *"Paşa hazretleri asla layık olmadığım iltifatı esirgemediniz"* demiş ve Osman Nizami Paşa'nın elini hürmetle öpmüştür.[189]

Mustafa Kemal'in Harp Okulu yıllarında yaz tatillerinde İsmail Fazıl Paşa Konağı'nda bulunması, birçok konuda olduğu gibi **din konusundaki** tartışmalara da kulak kabartmasına neden olmuştur.

İsmail Fazıl Paşa Konağı'nın genç Mustafa Kemal üzerindeki etkilerini şöyle özetlemek mümkündür:

1. **Osmanlı burjuvazisini yakından tanıma:** Bir halk çocuğu olarak ülkenin bu en bunalımlı günlerinde bile bazı kesimlerin nasıl zevküsefa ve bolluk içinde olduğunu görme: Atatürk'ün bu duruma duyduğu tepki ileride "halkçılık" ilkesi olarak kendisini göstermiştir.
2. **İç ve dış politik konularındaki farklı fikirleri tanıma ve bu konulardaki tartışmalara tanık olma:** Bu durum Atatürk'ün iyi bir siyasetçi olmasında etkilidir.
3. **Bilim, sanat, edebiyat ve toplumsal alanlarda Batı'da meydana gelen gelişmelerden haberdar olma:** Bu durum onun ilerde "akıl ve bilimi" temel alan bir "kültür devrimi" yapmasında etkili olmuştur.
4. **Osmanlı'daki azınlıkların ayrıcalıklarına ve üstün durumlarına tanık olma:** Bu duruma duyduğu tepki, ileride Türk unsuruna dayalı bir "ulus devlet" kurmasında etkili olmuştur.

---

189 age. s. 20.

5. Geleneksel (dinsel) değerlerle Batı'dan sızan çağdaş değerlerin bir arada yaşayıp yaşayamayacağını görme: Bu durum, İslam dini ve çağdaşlaşma konusuna kafa yormasına neden olmuştur.
6. Başta Ali Fuat ve İsmail Fazıl Paşa olmak üzere, burada tanıdığı ve sıkı dostluk kurduğu bazı kişilerden Kurtuluş Savaşı sırasında yararlanma: Atatürk, Kurtuluş Savaşı'nın çekirdek kadrosundaki birçok kişiyi burada tanımıştır.

BATI DÜŞÜNCESİNİN ETKİLERİ

Mustafa Kemal, askeri öğrencilik yıllarında belki de hayatındaki en önemli değişimlerden birini yaşamıştır. Batmakta olan bir imparatorluğun nasıl kurtarılacağı sorusuna yanıt ararken yaptığı incelemeler, okuduğu kitaplar; yaşadığı siyasal ve toplumsal olaylardan edindiği tecrübeler, ondaki değişimi kaçınılmaz kılan nedenlerden sadece birkaçıdır.

Mustafa Kemal, o yıllarda Avrupa'yı derinden etkileyen fikirleri solumaya başlamıştır. **Namık Kemal'i ve Ziya Gökalp'i** okuyup **Fransız Devrimi**'ni tanıdıkça ulusçuluğu, ulusal isteklerin dayandığı temelleri, imparatorluk felsefesinin sonunu, bağımsızlık idealini, otoriter anlayışın sorgulanması gerektiğini, milli iradenin önemini, yükselen değerlerin cumhuriyet ve demokrasi olacağını, akıl ve bilimin gücünü kavramaya başlamıştır. Çok geçmeden de kendisini bu düşünceleri savunan insanların lider kadroları arasında bulmuştur.

İttihat ve Terakki Cemiyeti'nin üyesi olduğu dönemlerde kendisi gibi düşünen insanlarla birlikte olmak, onu cesaretlendirmiştir.

Gün geçtikçe daha çok okumuş, daha çok düşünmüş ve daha çok sorgulamıştır. Balkan coğrafyasında doğması ve Batı'ya açılan pencere konumundaki bu topraklarda büyümesi en büyük şansıdır. Bu şekilde Batı'dan gelen fikirlere kolayca ulaşabilmiştir.

"Mustafa Kemal'in yaptığı askeri öğrenim de bir yandan Osmanlı'nın Abdülhamit sansürü ve ortaçağ yobazlığı kısıtla-

maları ortamında da olsa, bilimsel düşünceye açtığı ilk kuruluşlar olması; öte yandan matematik, fizik, askeri strateji ve taktikler, uluslararası ilişkiler, yabancı dil ve tarih gibi konulara ister istemez değinmesi bakımlarından bu kurumlar onun düşüncesini biçimlemede etkili olmuştur. Bu konularda Türkçe kitap, sansürcü yönetimin etkisiyle yok denecek kadar az olduğundan, bir yandan yabancı dilini güçlendirmiş, yabancı bilim ve felsefe yayınlarını izlemiş, öte yandan özgürlük tutkusu bilenmiştir."[190]

Mustafa Kemal ve onun gibi düşünenler Aydınlanma dönemi ve Fransız Devrimi gibi siyasal ve toplumsal gelişmeler yanında, pozitivizm ve materyalizm gibi yeni gelişen akımları da öğrenip Avrupa'yı geliştirdiğine, modernleştirdiğine inandıkları bu süreci bütün ayrıntılarıyla tahlil etmeye karar vermişlerdir. Bunu yaparken aynı zamanda toplumu bu konularda aydınlatmayı da kendilerine görev edinmişlerdir. Toplantılar düzenleyip gazete ve dergiler çıkarmışlar, merkezi otoriteye ters düşecek yazılar yazmışlar, zaman zaman bu düşüncelerinden dolayı tutuklanıp hapis yatmışlardır.

Bütün bu gelişmelerin olduğu yıllarda Mustafa Kemal'in değer yargıları ve hayata bakışı da değişmeye başlamıştır; iki bin kişilik Harp Okulu'nda yeterli derecede su bulunmamasına rağmen, padişah buyruğu gereği öğrencilerin namaz kılmaları gerekiyordu. Mustafa Kemal, '*abdestsiz namaza durdum bağışla Tanrım!*' diyen çok sayıda Harbiyeli arkadaşını görmüş; **dinin gösteriş haline getirilmesinin,** zorlamanın, utanç veren, kişiliği yıkan sonuçlarıyla tanışmıştır.[191]

Çocukluk ve ilk gençlik yıllarında dine merak salan, ancak daha sonra yaşadığı olayların etkisiyle yavaş yavaş dinden uzaklaşmaya başlayan Mustafa Kemal, askeri öğrenciliğinin son döneminde -büyük oranda okuduklarının ve yaşadıklarının etkisiyle- klasik anlamda **din öğretisinden iyice soğumuştur.** Kendisini, materyalizm ve pozitivizm gibi akımların rüzgârına kaptırdığı

---

190 Ozankaya, **age.** s. 26, 27.
191 Cebesoy, **Sınıf Arkadaşım Atatürk, Okul ve Gençlik Subaylık Hatıraları,** s. 8, 11, 12; Özer Ozankaya, **Türkiye'de Laiklik,** İstanbul, 1995, s. 154, 155.

açıktır. O dönemde birçok arkadaşının da pozitivist olduğu düşünülecek olursa, Mustafa Kemal'in bu etkilere kapalı olmasının zorluğu daha iyi anlaşılacaktır.

O yıllarda yeminler bile artık klasik kutsal semboller üzerine edilmemektedir. Örneğin bir keresinde, Hüsrev tabancasını çıkartarak masanın üstüne koymuş ve hepsi **ellerini tabancanın üstünde birleştirerek** ölünceye kadar bu kutsal dava uğrunda çalışacaklarına **yemin etmişlerdir.**[192] Yeminlerde Kur'an ve dua gibi dinsel sembollerin yerini artık kılıç ve tabanca gibi "maddi" semboller almıştır.[193]

19. yüzyılda Batı düşüncesi denilince akla pozitivizm gelir. Mustafa Kemal, **pozitivizmle** askeri öğrencilik yıllarında tanışmıştır. Pozitivizmin modern anlamda kültür şekillendiricisi olarak Osmanlı'ya girişi 19. yüzyılın sonlarına rastlamaktadır. Bu düşünce Osmanlı Devleti'nde özellikle Jön Türkler ve İttihat Terakki mensupları arasında canlılık bulmuştur. Pozitivizmin dışta olduğu gibi içteki temsilcilerinden birçoğu bilim, akıl ve mantığın her şeyin çözümü için yeterli olduğunu düşünmüştür. Dolayısıyla din, inanç gibi değerleri ikinci plana itmişlerdir. Hatta bazı pozitivistlerin bilimi din haline getirmeye çalıştığı görülmüştür. Ancak dinin sosyal bir olgu olduğunu kabul ederek, toplumu bir arada tutması bakımından gerekli olduğunu savunanlar da olmuştur. Mustafa Kemal daha çok bu ikinci görüşten etkilenmiştir.

Batıda Din ve Tanrı Tartışmaları

Din ve Tanrı konusundaki tartışmaların kökeni antik çağlara kadar uzanmaktadır. Bu tartışmalarda öteden beri en çok yanıt aranan **evrenin nasıl oluştuğu** sorusudur.

---

192 Kinross, age. s. 46
193 Ancak sonraki yıllarda Mustafa Kemal yeniden "kutsal semboller" üzerine yemin etmeye başlayacaktır. Örneğin 1909'da Trablusgarp'ta bulunduğu sırada halkı çevresinde toplamak ve kendisine yönelik kuşkuları gidermek için **Kur'an üzerine yemin etmiştir** (Afet İnan, **Atatürk Hakkında Hatıralar ve Belgeler,** Ankara, 1984, s. 21). Mustafa Kemal, Kurtuluş Savaşı sırasında da Müdafaa-i Hukuk Teşkilat Nizamnamesi'ne şöyle bir madde koydurmuştur: *"Milli müfrezeleri teşkil edecek her ferde Kur'an'ı azimüşan üzerine el bastırılarak yemin ettirilir"* (**Atatürk'ün Bütün Eserleri,** C. 5, s. 21).

Antik dönem filozoflarından **Aristo**, evrenin öteden beri var olduğunu düşünmektedir. Fakat Aristo doğa düzeninin yaratıcısı sorunuyla uğraşmamıştır. Bu sorun, Hıristiyanlığın ve daha sonra İslamiyet'in doğuşuyla "itikat" tarafından otomatik olarak çözülmüştür.

İlahi dinlere göre doğa düzenini yaratmış olan Tanrı'dır. Ancak bu yüzeysel bir çözümdür. Tanrı'nın kendi kendine işleyen bir doğa düzeni yaratmış olup olmadığı veya doğanın düzeninde oluşan tüm olaylarda Tanrı'nın iradesini gösterip göstermediği önemli bir sorun olarak hâlâ ortadadır. Evrenin her parçacığının hareketi her defasında Tanrı'nın iradesiyle mi ilham edilmiştir, yoksa Tanrı'nın evreni harekete geçirmesiyle her şey otomatik olarak kendiliğinden mi işlemeye başlamıştır? Avrupa'da **St. Thomas'a** kadar olan süreçte doğa düzeni kavramının en belirgin özelliği Tanrı'nın iradesine boyun eğen, fakat kendisine has iç mantığı bulunan ezeli ve ebedi maddenin kendi kendine oluşumu olarak gösterilebilir.[194]

Ortaçağ'a gelindiğinde Avrupa'da din ve Tanrı konularını tartışmak neredeyse imkânsız hale gelmiş, skolastik düşünce tüm Avrupa'yı zifiri bir karanlık içinde bırakmıştır. Ortaçağ'da Avrupa'da bilim ile din arasına kalın bir çizgi çizilmiştir; fakat değişen zaman din ve Tanrı konusundaki tartışmalara da yeni bir boyut kazandırmıştır.

Avrupa'da 16. ve 17. yüzyıllarda **Rönesans ve Reform** hareketleriyle Ortaçağ'ın dogmatik ve bilimi dışlayan skolastik düşüncesi yıkılmıştır. Kilise ve Papa eski saygınlığını yitirmiştir. Ruhbanlarla laikler arasındaki mücadelenin laikler lehine sonuçlanması ve pozitif bilim alanında her geçen gün meydana gelen yeni gelişmeler din ve Tanrı'nın eski önemini yitirmesine neden olmuştur.

Batı'da din ve Tanrı konusundaki tartışmalar 17. yüzyıldan itibaren çok ciddi bir hal almıştır. Pozitivizm gibi akımlar bu tartışmaların 19. yüzyıldaki sosyokültürel yansımaları olarak ortaya çıkmıştır.

---

194 Mardin, age. s. 101, 102.

Leibniz'in, "*içinde yaşadığımız dünyanın mümkün dünyaların en mükemmeli olduğu ve Tanrı'nın bu dünyadaki kötülüklerden sorumlu olmadığı*" şeklindeki ünlü tezine ve bu tezini desteklemek için yazdığı "*Tanrı Savunması*"na (Theodicee), **Voltaire** alaycı bir şekilde yaklaşmış ve binlerce insanın ölümüne yol açan Lizbon depreminden sonra daha kötümser bir bakış açısı edinerek, dünyada nesnel bir kötülük olmadığı veya Tanrı'nın bu konudaki kötülüklerden sorumlu olmadığı şeklindeki Leibnizci iyimserliği güçlendirmek amacıyla, "*Candide*" adlı romanı başta olmak üzere yergiler yazmıştır. Yine din ve Tanrı tartışmalarında İngiliz şüpheci düşünür **David Hume**'un, "*...ya Tanrı evrendeki kötülüğü ortadan kaldırma gücüne sahiptir, ancak onu ortadan kaldırmak istememiştir. O halde kötü niyetlidir veya ahlaki olarak kötüdür ya da onu ortadan kaldırmak istemekte, ancak buna gücü yetmemektedir; o halde güçsüzdür*" dediği bilinmektedir. 18. yüzyılın ünlü Alman filozofu **Kant**'a göre de bu dünyada Tanrı iradesinden bağımsız evrensel ve nesnel bir iyi ve kötü vardır ve bir şey Tanrı iyi dediği için iyi veya Tanrı kötü dediği için kötü değildir; tersine bir şey yapısı gereği iyi olduğu için Tanrı onu emretmek zorundadır. [195]

Voltaire, David Hume, Kant gibi 17 ve 18. yüzyılın ünlü düşünürleri din olgusunun ve Tanrı'nın tamamen reddinden ziyade, dinin ve Tanrı'nın egemenlik alanını tartışmışlardır. Ancak zamanla daha radikal düşünürler ortaya çıkmıştır. Örneğin, 18. yüzyıl boyunca ünlü Fransız aydınlanmacılarından özellikle **De la Mettrie** ve **d'Holbach** gibi düşünürler başta olmak üzere, **ansiklopedistler** ve **materyalistler**, din ve Tanrı konusunda çok daha sert ve acımasız eleştirilerle ortaya çıkmışlardır. Bu filozofların Voltaire'in esas olarak Tanrı'ya değil de kiliseye karşı yöneltiği, ünlü "alçağı ezin" (ecrasez L'infame) sloganını doğrudan doğruya Hıristiyanlığa ve onun temel kavramı olan Tanrı'ya yöneltmekten çekinmemişlerdir.

---

195 Ahmet Arslan, "Tevfik Fikret ve Din", **Toplumsal Tarih**, Mart 2001, s. 7.

19. yüzyıl Avrupası'nda **Büchner, Moleschott** ve **Haeckel** gibi Alman biyolojik materyalistleri ve başta **Comte** olmak üzere Fransız pozitivistleri kendi anlayışları doğrultusunda bu eleştirileri sürdürmüşlerdir.

Fransız materyalist düşünürlerden olan ve materyalizmi sistemleştiren **Paul Henri Baron d'Holbach** (1723-1789), *"Doğa Sistemi"* adlı eserinde Tanrı kavramını eleştirerek, Tanrı kavramının, bazı tabiat olayları karşısında duyulan korku ve bilgisizlikten kaynaklandığını iddia etmiştir. Holbach'a göre gerçek olan tek şey maddedir. Maddenin ötesinde kalan her şey bir kuruntudan ibarettir. Ona göre Tanrı ve ruh gibi kavramlar doğal nedenlerin bulunamadığı yerlerde işin içine girmektedir. Holbach, Tanrı tanımazlığın insanı aptalca korkularından kurtararak, yersiz vicdan azaplarından koruyacağını ve insanı hiçbir değeri olmayan öbür dünya hayalinin beklentisinden kurtararak, bu dünyanın güzelliklerini fark etmesine yardımcı olacağını ileri sürmüştür.

Materyalist ve pozitivist düşünürlerden **David Hume** (1711-1776), *"Dinin Doğal Tarihi"* adlı eserinde insanın tabiat olayları karşısında yaşadığı gerilim, korku, umut ve sarsıntıların, insanı yüce varlıklara inanmaya zorladığını ve doğal bir süreç içinde insanlığın çok tanrılı dini yapıdan tek tanrılı dini yapıya ulaştığını ileri sürmüştür.

"Biyolojik materyalistler, bilimde özellikle doğa bilimlerinde gösterilen ilerlemeler karşısında doğanın dışında ve üstünde bir Tanrı kavramının gereksizliğini telaffuz etmeye çalışırken; **Comte** ve onun başını çektiği **pozitivistler**, benzeri bir zihniyet içinde insanlığın teolojik ve metafizik düşünme aşamalarını artık geride bıraktığı ve içinde yaşanan pozitif zihniyet çağında, insanlığın eski zihniyet biçimlerinin ürünü olan doğaüstü bir Tanrı ve dine değil, yeni bir dine ihtiyaç duyduğunu, bu dinin pozitif bir din, bir insanlık ve bilim dini olacağı görüşünü ileri sürecekledi."[196] Pozitivistlerin bu ve benzeri düşünceleri, bilimi

---

[196] age. s. 7, 8.

geleneksel anlamdaki din olgusunun yerine koyma gayretlerinin açık belirtileriydi.

19. yüzyılda ayrıca **Darwin'in** *"Evrim Teorisi"*ni toplumsal hayata uyarlayan **Nietzsche'nin**, geleneksel Hıristiyanlık inancına en şiddetli eleştirileri yönelterek, *"Tanrı'nın ölümünün insanlığa verilecek en büyük müjde olduğunu"* ileri sürdüğü bilinmektedir.

Din ve Tanrı kavramına karşı açılan mücadelenin 19. yüzyıldaki bir başka güçlü temsilcisi de **Marx**'tır. Marx, dini toplumun afyonu olarak adlandırarak gelecekte ortaya çıkacak **Komünist toplumda** ne Tanrı'ya ne de dinlere ihtiyaç göstermeyecek yeni bir mutluluk çağının insanlığa yeni seçenekler sunacağını iddia etmiştir.[197]

19. yüzyılda çok sayıdaki düşünür, geleneksel dinlerin ve Tanrı'nın artık öldüğünü, bunun yerine bilime, ilerlemeye, evrime dayanan yeni dinler ya da **"insanlık dini"** diye tanımlanabilecek yeni değerler bütününden oluşan "yapay" dinlerin yaratılması gerektiği görüşünü ortaya atmıştır.

Özetle Mustafa Kemal'in doğduğu yüzyılda Batı'da din, Tanrı ve bilim konusundaki tartışmalar üst düzeydedir. Bu tartışmalarda pozitif bilimi savunanlar din ve Tanrı kavramlarına ağır eleştiriler yöneltmektedirler. Avrupa'da bu tartışmaların tezahürü olarak ortaya çıkan **pozitivizm** ve **materyalizm** gibi akımlar kısa sürede tüm dünyayı; özellikle de 19. yüzyılda Batı'dan sızan fikir cereyanlarına açık hale gelen Osmanlıyı etkilemeye başlamıştır.

Mustafa Kemal, daha ilk gençlik yıllarından itibaren, din ve Tanrı konusundaki görüşlerine yer verilen yukarıdaki Batılı aydınların ve bilim insanlarının çok sayıda eserini okumuş ve bu yeni düşüncelerden etkilenmiştir.

Osmanlı'da Pozitivizm ve Materyalizm

19. yüzyılın ikinci yarısından itibaren Osmanlı aydınlarının Batı'yla ilişkileri artmıştır. Osmanlı aydınları, Batılı düşünürlerin

---

[197] age. s. 8.

eserlerini okudukça materyalist ve pozitivist fikirlerden etkilenmeye başlamışlardır.

Ayrıntıya girmeden önce kavramları netleştirelim:

Pozitivizm (olguculuk): *"Cansızları düzenleyen tabiat kanunlarının insanları ve insan topluluklarını da düzenlediğini ileri süren doktrindir."*[198]

Pozitivizmin en belirgin özelliklerinden biri toplumu şekillendirmede "bilim"e çok büyük bir değer ve anlam yüklemesidir.

Materyalizm: Maddeden başka bir cevherin varlığını kabul etmeyen, genel olarak ruhun, öteki dünyanın ve Tanrı'nın varlığını reddeden bir akımdır.[199]

Osmanlı aydınları 1890'lı yıllarda pozitivizmden etkilenmeye başlamıştır. Osmanlı aydınları üzerindeki pozitivist ve materyalist etkinin izlerini görebilmek için **Harbiye, Mülkiye** ve **Tıbbiye** gibi okullara ve o dönemde yayınlanan bazı Osmanlı dergilerine bakmak gerekir; çünkü Osmanlı pozitivistleri daha çok Harbiye ve Tıbbiye gibi Batı etkisine açık okullardan beslenmiş ve görüşlerini değişik **dergiler aracılığıyla** topluma aktarmışlardır.

1894'te çıkmaya başlayan **Servet-i Fünun** dergisi, ilk kez, "pozitivizm fikrinin sistematiğini Osmanlı aydınlarına sunmaya başlamıştır."[200]

Başlangıçta yazılarıyla Osmanlı'da pozitivist fikirleri yayan **Hüseyin Cahit Yalçın** (1874-1957) ve **Ahmet Şuayıp**'tır (1876-1910).

Siyasi pozitivizmin Osmanlı'ya girişini sağlayan ise ünlü Jön Türk aydını **Ahmet Rıza**'dır.

Osmanlı aydınları II. Meşrutiyet'in ilanından sonra pozitivizm konusunu daha etraflı olarak ele almışlardır. O günlerde *"Ulum-i İktisadiye ve İçtimaiye"* dergisinde pozitivizmin yeni bir şeklinden bahsedilmeye başlanmıştır. Dergi daha ilk sayısında

---

198 W. M, Simon, **European Positivism in the Nineteenth Century**; An Essay in Intellectuel History İthaca, NewYork, Cornel University Press. 1963, s. 4'den Şerif Mardin, **Türkiye'de Toplum ve Siyaset**, İstanbul, 1995, s. 190.
199 "Maddecilik", **Meydan Larousse**, C. XII, s. 554, 555.
200 Mardin, **Türkiye'de Toplum ve Siyaset**, s. 197.

pozitivizmin ekonomik hayata değinen yönlerini incelemiştir.[201] Dergide çıkan bazı yazılara bakıldığında, **biyoloji gibi tabii bilimlerin** sosyal hayata uygulanmasından bahsedildiği görülmektedir. Örneğin **Ahmet Şuayıp,** Ulum-i İktisadiye dergisindeki bir yazısında bu konuya şöyle değinmiştir:

"Toplum ilmiyle insan ilmi birbirinden ayrılmaz hale geliyor. Bütün felsefi problemler sosyal problemlerden sayılıyor. Bir kimsenin yetkileri, kendi cinsinin mirasıdır ki bu da toplumdan başka bir şey değildir. Toplumun şartları hayatın kanunlarına bağlıdır. Hayat ilmi ile toplum ilminin yakınlığı pek büyüktür..."[202]

Osmanlı aydınlarının pozitivizm ve materyalizm gibi din dışı Batı kaynaklı akımlardan haberdar olmaları, her şeyden önce 1890'larda Osmanlı Devleti'nde Batı'yı anlayan, Batı kaynaklarını okuyabilen bir okuryazar aydın kesimin varlığına işarettir.

1890'larda Osmanlı aydınlarının pozitivizm ve materyalizm ile ilişkileri iki kaynaktan beslenmiştir. Birincisi, o dönemde siyasal konularla uğraşmanın tehlikeli olmasından dolayı aydınların pozitif bilimlerle ilgilenmeleri; ikincisi ise 19. yüzyılda Osmanlı Devleti'nde Tıbbiye, Mülkiye gibi okullarda pozitif bilimlerin okutulmasıdır.

"O sıralarda siyasal konulara dokunmak tehlikeli olduğundan, Batı eserlerinden yapılan tercümeler arasında fiziki bilimler üzerinde duranlar önemli bir yüzde tutmaya başlamıştı. Buna paralel bazı dergilerde pozitivizmi anlatan yazılar çıkmaya başlamıştı. Hatta 1880'lerde bile genç yaşta intihar eden bir Türk aydını Beşir Fuad, Beşer adında bir kitapta, fizik ve kimya gibi maddeyi inceleyen bilimlerin hayat ilimlerinde de geçerli olduğunu ileri sürmüştü."[203]

19. yüzyılın önde gelen Osmanlı aydınlarının yazıları incelendiğinde, bu yazılardaki pozitivist ve materyalist düşünce

---

201 Hilmi Ziya Ülken, **Türkiye'de Çağdaş Düşünce Tarihi,** C. I, İstanbul, 1966, s. 237, 238.
202 age. s. 239.
203 Mardin, age. s. 195.

örgüsüyle bezenmiş Batı etkisi açıkça görülmektedir. Örneğin, 1887'de intihar eden **Beşir Fuad**, pozitivist ve materyalist fikirlerden oldukça fazla etkilenmiş bir Osmanlı aydınıdır. Bu etkileşim onun **Voltaire hakkında bir biyografi yazmasını** sağlayacak kadar güçlüdür.[204] Beşir Fuad ayrıca **materyalist dünya görüşünü** halk kitlelerine aktaran L. Büchner'in *"Kuvvet ve Madde"* adlı eserini tercüme etmiş; fakat eser yayımlanmamıştır.[205] Beşir Fuad'ın çeşitli makaleleri incelendiğinde **Comte, Mill, Spencer, Diderot, De'la Mettrie, D'Alembert** gibi filozoflardan fazlaca etkilendiği görülmektedir.[206]

Beşir Fuad dışında sayabileceğimiz Osmanlı materyalist ve pozitivistlerinin başında **Baha Tevfik** gelmektedir. Baha Tevfik, Büchner'in *"Kuvvet ve Maddesi"*, Haeckel'in *"Kâinatın Muammaları"* adlı eserlerini Türkçeye çevirip yayınlamıştır. O, 19. yüzyılda "biyolojik" ve "evrimci" materyalizmin Osmanlı'daki en güçlü temsilcisidir.[207]

Ayrıca **Abdullah Cevdet**'in Gustave le Bon hayranlığı; **Ahmet Hilmi, Ahmet Şuayıp** gibi son dönem Osmanlı aydınlarının pozitivizm hayranlıkları ve bu akımları Osmanlı toplumunda yaymak için harcadıkları çaba dikkat çekicidir.[208]

Osmanlı aydınları özellikle Fransız aydınlanmasını örnek almışlardır. Bu nedenle, Fransız aydınlanmasının başyapıtlarını Türkçeye tercüme etmişlerdir. Daha 1850'de bir Osmanlı Ermenisi, **Yunan Felsefe Tarihini** Fransızca'dan Türkçeye çevirmiştir. O dönemde Osmanlı'da felsefenin "dinden ayrı bir sapkınlık" olarak görüldüğü düşünülürse bu çeviri oldukça cesur bir adımdır.

1859'da **Münif Paşa**'nın gayretleri ile Tercüme Odası, aydınlanma fikirlerini Osmanlı'ya kazandırmak için **ilk Türkçe çeviriyi** gerçekleştirmiştir. Münif Paşa'nın, Voltaire, Fontenelle ve

---

204 M. Orhan Okay, **İlk Türk Pozitivist ve Materyalisti Beşir Fuad**, İstanbul, ty s. 181 v.d.
205 age. s. 185.
206 age. s. 186, 187.
207 Ülken, age. s. 228 - 235; Arslan, age. s. 8.
208 Ülken, age. s. 155 v.d.

Fenolon'un diyaloglarından oluşan bu broşüründe şu diyaloglar yer almaktadır:
1. Yunan filozofu Democritus ile Heraclitus arasındaki diyalog,
2. Keşmir Şehri hakkında bir filozof ve bir bahçıvan arasındaki diyalog,
3. Atina Kralı Demetrius ve Erostratus arasındaki diyalog,
4. Kişinin ülkesine karşı güçlerin tavrı üzerine Bayard ve Baş Muhafız arasındaki diyalog,
5. İlahi takdirin ispatı üzerine Posidonus ve Lucretius adlı filozoflar arasındaki diyalog,
6. XV. Louis'in eşi Madame de Maintenon ve onun eski arkadaşı Mille de L'Enclos arasındaki diyalog,
7. Halk iradesi hakkında maliye bakanı ve bir filozof arasındaki diyalog.[209]

Münif Paşa'nın yayınladığı bu diyaloglar, geleneksel Osmanlı kültürünün tamamen dışında, Batı'nın Rönesans aydınlanmasına kaynaklık eden antik Yunan düşüncesine vurgu yapmaktadır. Bu diyaloglar yeni yeni biçimlenmeye başlayan Osmanlı entelektüel tavrını göstermesine rağmen, *"insanı tamamen biyolojik evrime göre değerlendirmeye başlamış olan 19. yüzyıl Avrupa düşüncesiyle mukayese edildiğinde, oldukça ılımlı idi."*[210] Fakat bu diyaloglar yayınlandıktan sonra bir kısım ulema Münif Paşa'nın "ateist" olduğunu düşünerek onu ağır şekilde eleştirmiştir.[211]

Osmanlı'da klasik materyalizmin en önemli temsilcileri şunlardır:

1. Hoca Tahsin Efendi: (1811-1881)

Hoca Tahsin Efendi, Ludwig Buchner'in (1824-1899) *"Madde ve Kuvvet"* adlı eserini okuduktan sonra materyalizm üzerine düşünmeye başlamıştır. Ancak onun katıksız bir materyalist olduğunu söylemek de zordur; çünkü bazı fikirleri henüz

---

209 Mardin, **Yeni Osmanlı Düşüncesinin Doğuşu**, s. 262, 263.
210 age. s. 266.
211 age. s. 266.

dinsel çerçevenin dışına çıkmamıştır; fakat bilimsel yönden onun pozitivist bir bilim anlayışına sahip olduğu söylenebilir.

2. Ahmet Mithat Efendi: (1844-1912)

Klasik materyalizm konusunda onun da kafası karışıktır. Ancak yayınladığı *"Dağarcık"* dergisindeki bazı makaleleri materyalist dünya görüşünü yansıttığından ciddi eleştirilerle karşılaşmıştır. Dağarcık dergisindeki materyalist içerikli makaleleri derin analizlerden uzak, Batı'daki bilgilerin aktarılmasından ibarettir.

3. Beşir Fuad: (1852-1887)

O da Büchner'in *"Madde ve Kuvvet"* adlı eserinden fazlaca etkilenerek, *"madde dışında bir yaratıcı olmadığı ve dolayısıyla Allah kavramına gerek kalmadığını"* düşünmeye başlamıştır. Yazılarında adı geçen Batılı filozof ve bilginlerin neredeyse tamamının pozitivist ve materyalist olduğu görülmektedir.

4. Dr. Abdullah Cevdet: (1869-1932)

İleride ayrıntılandırılacağı gibi Osmanlı'da gerçek anlamda materyalizm mücadelesi veren en önemli aydın Abdullah Cevdet'tir.

Dr. Cevdet, 1904'te başlayıp Cumhuriyet'in ilanından sonra da yayınına devam eden *"İçtihat"* dergisinde (358 sayı) çok sayıda materyalist içerikli yazıya imza atmış, Batılı materyalist bilim insanları ve filozofların en önemli eserlerini çevirerek adeta Osmanlıda bir materyalist kütüphane kurulmasına öncülük etmiştir.

5. Baha Tevfik: (1884-1914)

Osmanlı aydınlarını derinden etkileyen Buchner'in *"Madde ve Kuvvet"* adlı eserinin üç cildini birden 1910'larda çevirerek Osmanlı'da materyalizmin gelişmesine çok önemli katkılar sağlamıştır. Ayrıca, E. Haeckel'in *"Tabiat Âliminin Dini"* ve yine aynı düşünürün *"Kâinatın Muammaları"* adlı materyalist eserlerini çevirip yayınlamıştır.

Baha Tevfik, *Piyano* (Düşünüyorum), *Yirminci Asırda Zekâ ve Felsefe Mecmuası* adlı dergilerdeki yazılarında ve *"Biraz Felsefe"*, *"Teceddüd-i İlmi ve Edebi"*, *"Hassasiyet Bahçesi ve Yeni Ahlak"*, *"Psikoloji İlm-i Ahvali Ruh"*, *"Muhtasar Felsefe"* ve *"Felsefe-i Ferd"* adlı kitaplarında materyalist fikir ve görüşlerini geniş bir okuyucu kitlesiyle paylaşmıştır.

6. Subhi Ethem: (1880-1923)

"Tabiat", *"Beşer ve Tabiat"* adlı dergiler çıkaran Subhi Ethem, *"Darvinizm"* (1911), *"Lamarkizm"* (1914), *"Hayat ve Mevt"* (1913), *"Bergson"* adlı eserlerinde materyalist ve evrimci görüşlerini toplumla paylaşmıştır.

7. Memduh Süleyman

Baha Tevfik'in yayınladığı dergilerde materyalist içerikli yazılar yazan Memdüh Süleyman, *"Felsefe Mecmuası"*nda yayınlanan *"Felsefe-i Edyan"* adlı makalesinde Batılı ateist filozofların görüşlerine dayanarak dinleri tanımlamıştır.

8. Dr. Ethem Necdet

"Kolera Tabibi"(1910) ve *"Tekâmül ve Kanunlar"*(1913) adlı eserlerinde evrimci ve materyalist görüşlere yer vermiştir.

9. Celal Nuri İleri: (1877-1939)

Genel olarak maddeci görüşlerini **Buchner**'den alan Osmanlı'nın son, Cumhuriyet'in ilk materyalistlerindendir. O da maddenin ezeli ve ebedi olduğunu düşünmekte ve dinleri sorgulamaktadır. Ancak **Allah kavramına** da tamamen karşı çıkmamaktadır. Ona göre **Allah tarif edilemez**. O evreni kuşatan yüce Bir'dir. Bu yönüyle onu agnostik (bilinmezci) olarak da tanımlamak mümkündür. Ona göre Allah *"mükemmel Remz"*dir.

O ayrıca **Dr. Dozy, Volteire** ve **Ernest Renan**'ın İslam hakkındaki olumsuz görüşlerine de katılmamaktadır.

***

Materyalizmin Osmanlı'daki etkileri daha çok siyasal alanda olmuştur. Türkiye'de **diyalektik materyalizmle** ilgili faaliyetler 1919'dan sonra başlamıştır. Zaman içinde Baha Tevfik, Subhi Ethem, Memduh Süleyman, Dr. Ethem Necdet, Celal Nuri ve Dr. Abdullah Cevdet'in **klasik materyalizmle** ilgili çalışmalarının yerini, İştirakçi (komünist) Hüseyin Hilmi, Dr. Tevfik Nevzat, Komünist Mustafa Suphi ve Dr. Şefik Hüsnü'lerin **diyalektik materyalizmle** ilgili çalışmaları almıştır. Nitekim İçtihat, Piyano, Yirminci Asırda Zekâ gibi klasik materyalist dergilerin yerini de İnsaniyet, İştirak, Sosyalist, İdrak gazeteleri ve Kurtuluş Mecmuası almıştır.[212]

Osmanlı'da Evrim Tartışmaları

Osmanlı aydınları, 19. yüzyılda materyalizm ve pozitivizm dışında **Darvinizm** ve **Evrim Teorisi'nden** de etkilenmeye başlamışlardır.

19. yüzyılın başlarında Osmanlı'da bazı gazete ve dergilerde evrim konusunda yazılar çıkmaya başlamıştır. Örneğin, **Ahmet Mithat** tarafından periyodik olarak yayınlanan *"Dağarcık"* dergisinde **Darwin ve Evrim Teorisi** hakkında bir makale yayınlanmıştır.[213]

Yine Abdullah Cevdet'in *"İçtihat"* dergisinde zaman zaman Evrim Teorisi hakkında yazılar çıkmıştır.

Osmanlı'da evrimden ilk söz edenlerden biri **Hoca Tahsin Efendi**'dir. O, Darvin'in (1809-1882) varlıkların oluşumuyla ilgili fikirlerinin **kutsal kitaba uygun** olarak yorumlanma-

---

212 Mehmet Akgün, "Türkiye'de Klasik Materyalizmin Yansımaları", **Bilim ve Ütopya**, Eylül 2007, S. 158, s. 4 - 11.
213 Mardin, age. s. 79.

sıyla, yaratılma olayının bilimsel olarak da açıklanabileceğini düşünmektedir.[214]

Evrim Teorisi'ni inceleyerek bu konuda eserler yazan **Subhi Ethem** de bu konuya kafa yoranlara önemli katkılar sağlamıştır.

Ethem, *"Darvinizm"* (1911), *"Lamarkizm"* (1914), *"Hayat ve Mevt"* (1913) adlı eserleriyle, pozitivizm ve materyalizmle haşır neşir olan Osmanlı mektepli kuşakları üzerinde çok önemli izler bırakmıştır.

Subhi Ethem, canlıların en ilkel unsurlardan başlayarak en gelişmiş şekillerine kadar "evrim" geçirdiklerini, bu değişimde çevrenin de etkisi bulunduğunu, doğada bir seçilim olduğunu, bu seçilim dolayısıyla canlılar arasında bir mücadele yaşandığını, mücadeleyi kazananların hayatlarını devam ettirebilmelerine karşılık, kazanamayanların hayatta kalamadıklarını; yaşamın temelinde madde ve kuvvetin bulunduğunu ve bunların birbirlerinden ayrılamadıklarını belirtmiştir. Ayrıca dünyada her hareketin temelinde **bir sebep** bulunduğunu, bu sebeplerin bilinmesinden sonra artık mucizelerin bir hurafe haline geleceğini, fizik yasalarının hüküm sürdüğü yerde metafizik düşüncelerin biteceğini, madde ve kuvvetin birbirinden ayrılamayacağını ve onların ölümsüz ve bitmez olduğunu ileri sürmüştür.[215]

Bir başka Osmanlı Darvinisti de **Memduh Süleyman**'dır. Süleyman, E. Hartmann'dan (1842-1906)*"Darvinizm"*i çevirmiştir. Ona göre bütün canlılar evrimin en önemli unsuru olan değişime uğramak ve çevreye uyum sağlayacak araçlarla kendini savunabilecek nedenleri yaratmak ve yaşamak için savaşmak ve bu savaşı kazanmak zorundadır. Savaşı kazanamayanlar yok olmaya mahkûmdur. Ona göre toplum hayatı da böyledir. İnsan bugünkü gelişmiş durumuna gelmeden önce aynen hayvanlarda olduğu gibi çevresindeki eşyalarla kendisini kıyaslamıştır. Ruhlara ve tabulara inanmanın temelinde yersiz vehimler vardır. Ona göre ruhsal olayların tümü genel madde yasalarına bağlıdır.

---

214 Akgün, age. s. 8.
215 age. s. 10.

Bilgi, deney ve gözlem yoluyla elde edilebilir. Din ise ilkel bir dürtüden başka bir şey değildir.[216]

Dr. Ethem Necdet ise *"Tekâmül (değişim) ve Kanunlar"* (1913) adlı eserinde, her şeyin; dağların, denizlerin, bitkilerin ve hayvanların evrim geçirdiğini; değişimin, var oluşun devamı, durmanın ise var oluşun sona ermesi anlamına geldiğini; hayatın sonsuz bir savaş olduğunu, kuvvetli olan her varlığın savaşı kazanacak silahlarla donatıldığını, zayıflarınsa kuvvetlilere karşı koyacak silahlarının olmadığını, dolayısıyla doğa sahnesinden çok çabuk çekilmek zorunda kaldıklarını ileri sürmüştür. Beynin de evrim geçirdiğini kabul ederek önceki fikirlerin, hislerin ve inançların bırakılarak asrın şartlarına uygun fikir ve hislerin kabul edilmesi gerektiğini belirtmiştir. O da bilgiye ulaşmanın yolu olarak deney ve gözleme başvurmayı gerekli görmüştür.

Tanrı'nın varlığına ve birliğine inanmakla birlikte **Celal Nuri İleri** de bir **Darvinist** olarak adlandırılabilir. Çünkü ona göre de madde mutlak boşlukta şekil değiştire değiştire yuvarlanır. **Evrim yasası,** doğanın yaratılışı görüşünün yerine geçecektir. Evrende en ilkel canlıdan en ileri canlıya kadar evrim vardır. Mükemmel bir evrim eseri olan insan, aslen uzak çağın evrim geçirmiş bir protoplazmasıdır.

Osmanlı aydınlarının 19. yüzyılın sonlarında **Darvinizmle** ilgilenmeye başlamaları Osmanlı'da **biyoloji** bilimine olan ilgiyi de arttırmıştır. Bu kapsamda bazı eserlerin yazıldığı görülmektedir. Örneğin, Baha Tevfik'in önsözünü yazdığı, **Fikri Tevfik'in** *"Hücre, Hayatın Esası"* adlı eseri bu türden bir eserdir.[217]

Osmanlı aydınları **Evrim Teorisi** ile ilgili görüşlerinin toplumda tepkiyle karşılanma ihtimalini düşünerek bu teorinin İslama aykırı olmadığını belirtmeye özen göstermişlerdir. Hatta **Abdullah Cevdet** gibi bazı materyalistler daha da ileri giderek **Evrim Teorisi'nin kanıtlarının Kur'an'da bulunduğunu** ileri sürmüşlerdir.[218] Fakat gerçekte materyalist Osmanlı aydınlarına

---
216 age. s. 10.
217 Fikri Tevfik, **Hücre, Hayatın Esası**, Necm-i İstikbal Matbaası, S. 3, İstanbul 1327.
218 Abdullah Cevdet, "Kastamonu'da Kurun-u Vusta, **İçtihat**, no. 58, 14 Mart 1329, s. 1273.

göre Evrim Teorisi, din ve Tanrı kavramına en büyük darbelerden birini vurmaktadır.

Osmanlı'da Ateizm

Görüldüğü kadarıyla Osmanlı aydınları daha çok 19. yüzyılın ikinci yarısından itibaren Batı'nın "din dışı" olarak adlandırılabilecek akımlarından fazlaca etkilenmişlerdir. Pozitivizm ve materyalizmin temel kaynaklarını çok iyi tanımış ve topluma tanıtmaya çalışmışlardır. Onların bu çabaları Osmanlı toplumunun okuyan kesiminde karşılık bulacaktır; özellikle **Tıbbiye, Harbiye, Mülkiye, Robert Kolej** ve **Galatasaray Lisesi** gibi okullarda öğrenim görenler arasında "pozitivizm" ve "materyalizmden" etkilenenlerin sayısı gün geçtikçe artmıştır.

Bu etkileşim sonunda o günlerde bazı aydınlar arasında "ateizm" yayılmaya başlamıştır. Örneğin, aynı zamanda büyük bir Ali Suavi hayranı olan **Baki Bey**, seküler inançlarını dile getiren makaleler yazmaktan çekinmeyen bir "**dinsiz**"dir.[219] Yine bir Tıbbiyeli olan **Abdullah Cevdet** de bir materyalist ve "**dinsiz**"dir.

Atezmin kaynağı, Batı'dan sızan **materyalist** görüşlerdir. Birçok Osmanlı aydını bu görüşlerle tanıştıktan sonra ateizme meyletmiştir. **Rıza Nur** da Askeri Tıbbiye'nin ilk yıllarında Lamarck, Darvin, Buchner, Hegel, Schopenhauer, Spencer gibi filozofların eserleriyle tanıştığını ve ateizm rüzgârından etkilendiğini ifade etmektedir.[220]

Mac Farlan'ı Şaşırtan Tablo

1847 yılında Türkiye'ye gelen Mac Farlane, **Tıbbiye Kütüphanesi'ni** ziyaret ettiğinde oldukça şaşırmıştır; çünkü Farlane, kütüphanede çoğunluğu Fransızca olan kitaplar arasında Fran-

---

219 Mardin, **age.** s. 261.
220 Rıza Nur, **Hayat ve Hatıralarım**, C. I, İstanbul, 1968 s. 94, 95; Ayrıca bkz. A. Süheyl Ünver, "Mekteb-i Tıbbiye Talebesi Arasında Hürriyet ve Serbest Düşünüş Cereyanları", **İstanbul Klinik Dersleri**, C. VII, S. 40, Mart, 1953, s. 55, 56.

sız Devrimi'ni hazırlayan **ünlü materyalist filozofların eserlerinin bulunduğunu** görmüştür. Farlane, uzun süredir materyalist filozofların kitaplarını bir araya toplayan böyle bir koleksiyon görmediğini belirtip şahit olduğu bu olayı şöyle anlatmaktadır:

"*Genç bir Türk oturmuş dinsizliğin el kitabı olan Systeme de la Nature'u (Doğa Sistemi) okuyordu.*"[221]

Farlane, Üsküdar'da **Askeri Hastaneyi** ziyaretinde doktorlara ve Türk asistanlara ayrılmış mükemmel döşenmiş bir salona davet edildiğinde kanepe üzerinde bir kitap dikkatini çekmiş, onu eline alıp baktığında **Baron Holbach'ın** "dinsizlik kitabı", "*Systeme de la Nature'un*" en son Paris baskısı olduğunu görmüştür. Farlane, bu kitabın çok okunmuş olduğunu, sayfalarının işaretlenmiş olmasından anladığını belirtmektedir.

Farlane, işaretlenen parçaların özellikle **Tanrı'nın varlığına inanmanın saçmalığını, ruhun ölmezliği inancının imkânsızlığını** matematikle gösteren parçalar olduğunu belirtmektedir.[222]

Mac Farlane, Askeri Cerrahhane öğrencilerine Fransız öğretmenler tarafından aşılanan **materyalist bir ruh** görmüştür.

Farlane, Harbiye'deki Fransızca hocasının "hayatının on yılını Paris'te geçirmiş şık bir genç Türk" olduğunu öğrenmiştir. Burada kullanılan ders kitabı **Fenelon**'un **Fables**'idir.

Mac Farlane, ayrıca **Voltaire'in** "*Life Of Charles II*" (II. Charles'ın Hayatı)nı öğrenmek için iki öğrencinin birbirlerine yardım ettiklerini görmüştür.

Tophane Askeri Hastanesi'nde ise **Voltaire**'in "*Dictionnaire Philosophique*", (Felsefe Sözlüğü)'nin en önemli pasajlarını tercüme etmiş olan bir Türk'le karşılaşmıştır.[223]

Farlane'ın bu gözlemleri, daha 19. yüzyılın ortaları gibi erken bir dönemde Osmanlı aydınlarının **Holbach'ın materyalist fikirleri savunan ünlü eseri** başta olmak üzere pek çok materyalist ve pozitivist içerikli eseri tanıdıklarını ortaya koymaktadır.

---

221 F.A: Lange, **Materyalizmin Tarihi ve Günümüzdeki Anlamının Eleştirisi**, C I, Ankara, 1990, s. 209'dan Arslan, **age.** s. 9, 10.
222 Arslan **age.** s. 10.
223 Mardin, **age.** s. 240.

Osmanlı'da pozitivizm ve materyalizm düşüncesi, "eskiye" karşı "yeniyi", "dinin" toplumdaki rolüne karşı "bilimi" savunan ve "yeni ilişkiler sistemi" oluşturmak isteyen **Jön Türk** aydınlarında daha belirgindir. Onlar "tek yol gösterici" olarak **"maddeci"** düşünceyi görmüşler ve başlangıçta geleneksel Osmanlı camiasından gelen eleştirilerin fazla önemli olmadığını düşünmüşlerdir.

Onların kütüphanelerinde, **Schopenhauer, Adam Smith, Isnard, Buchner, Dropher, Helvetius, Montesquieou, Bacon**'un kitapları vardır.

Bir Subay Adayının Aykırı Düşünceleri

O dönemde askeri okullardan birinde öğrenim gören genç bir subay adayının **günlüğüne kaydettiği** bazı satırlar, Avrupa'dan sızan yeni düşüncelerin "mektepli Osmanlı gençlerini" nasıl derinden etkilediğini göstermesi bakımından çok ilginçtir.

İşte o satırlar:

"Harp Okulu'nda moral terbiye düşünülmemişti. Yalnız askeri liselerde ve rüştiyelerde ve bir de ramazan günleri camilerde verilen vaazlarda İslam dininin cihat için koyduğu düsturlarla kulaklarımız doldurulmuştu.'Cennet kılıçların gölgesi altındadır. Nöbet beklerken ölen şehit olarak gider. Allah yolunda kavga ediniz' gibi dövizler hepimizin ezberinde idi. Öteki dünyadaki azaplardan, cehennemden kendimizi kurtarmak için kavga meydanlarında can vermekten başka çare yok idi. Bu sayede günahlı analarımızı, babalarımızı ve sevdiklerimizden yetmiş kişiyi de cennete sokma fırsatı kazanacaktık. İşte bizi fedakârlığa hazırlayan ilk amil! Biz ikinci moral gıdamızı da moral şairi Namık Kemal'den aldık. Karakterimizi yaratmak hususunda onun şiirleri ve yazıları Muhammed'in dövizlerinden daha tesirli oldu. Ve subaylık hayatımızda onun bütün eserlerini gizli gizli ve yutarcasına okuduk. Ezberledik. Diyebilirim ki Namık Kemal yeni bir nesil yaratmıştır. Sonra Namık Kemal'in yaydığı Osmanlılık ve hürriyet aşkını İttihatçılar ve

Ziya Gökalp Türkçülük sevgisine çevirtti. Üçüncü ve önemli moral gıdayı da yaşadığımız bölgelerden aldık."²²⁴

Yine aynı subayın notları arasında yer alan aşağıdaki satırlar, o günlerde askeri okul öğrencilerinin nasıl bir **fikirsel değişime** uğradıklarını göstermektedir:

"*Ben yine kıtasız kaldığım için iaşe komisyonumuzu teşkil eden üç arkadaş ile birlikte Misyoner Hanlarına doğru iniyoruz. Koniçe'nin ileri gelenlerinden Hüseyin Bey, sarışın, zayıf ince bir adam. Benim yaşımda, kendisi semerli bir beygirin üstüne bir yatak koymuş, üstüne oturmuş, birlikte gitmeye başladık. Kendisini evvelceden tanıyorduk. Hüseyin Bey birdenbire:*

Eh işte Peygamber'in sünnetini icra ediyoruz' dedi. Hayretle baktığımı görünce: 'Canım Peygamberimiz Mekke'den Medine'ye hicret etmedi mi yahu! O halde hicret bir sünnettir. Şimdi biz de göçmen olarak sevap kazanıyoruz. Hüseyin Bey'in bu soğuk şakası hoşumuza gitmedi. Sustuk, fakat, o susmadı ve şunları ekledi:

Ey Müslüman arkadaşlar, biz ne vakit adam oluruz, biliyor musunuz? Ne vakit ki okullarda ders ve paydos zamanlarını bildirmek için kampana çalarız, ne vakit ki aptesbanede taharetlenmek için kıçımızı kâğıt ile sileriz, işte o zaman adam oluruz."²²⁵

Batı'dan sızan pozitivizm ve materyalizm gibi akımlar, okuyan Osmanlı genci ve düşünen Osmanlı aydınınca çağdaşlaşlaşmanın, Batılılaşmanın bir gereği olarak görülmüştür. Yukarıdaki örnekte de görüldüğü gibi **Hz. Muhammed'in Hicret'iyle dalga geçenlerin,** "*paydos zamanlarında kampana çalınması*" ve "*kıçın kâğıtla silinmesi*"ni arzulamaları, onların ancak **dinden uzaklaşılarak** çağdaşlaşılabileceğini düşündüklerini göstermektedir.

Batılılaşmak isteyen Osmanlı aydını ve okumuş kesimi, **dinin baskısından kurtulmadan** Batılılaşılamayacağını düşündüğü için pozitivizm ve materyalizme sarılmıştır.

---

224 Rahmi Apak, **Yetmişlik Bir Subayın Hatıraları**, Ankara, 1988, s. 13.
225 age. s. 79.

Bir Osmanlı Materyalisti: Abdullah Cevdet

Osmanlı aydınlarının pozitivizm ve materyalizmle kurdukları ilişkiyi anlamak için bir Jön Türk aydını olan Dr. Abdullah Cevdet'in fikirlerine biraz daha ayrıntılı biçimde göz atmak gerekir.

Dr. Abdullah Cevdet, Arapgirlidir. Babası Diyarbakır'da tabur kâtipliği ya da kâtip muavinliği yapmıştır. Cevdet, Tıbbiye'de okumaya başlayınca değişmiştir; Tıbbiye'deki ortam, onun taşradan getirdiği geleneksel, bölgesel ve dinsel düşünüş yapısından zaman içinde modern materyalist ve pozitivist düşünüş yapısına kaymasına neden olmuştur.

Tıbbiye, hürriyet fikirlerinin dal budak saldığı okulların başında gelmektedir. Dini toplumsal gelişmeye engel olarak gören, kendisini "ilerici" olarak tanımlayıp toplumun geleneksel özelliklerine karşı çıkan ve toplumu değiştirmeye çalışan bir aydın tipi yaratmada bu okulun çok önemli katkıları olmuştur. **Beşir Fuad, Rıza Tevfik** ve **Abdullah Cevdet** gibi **materyalist** aydınların bu okuldan yetişmeleri tesadüf olmasa gerekir.[226]

Abdullah Cevdet, Mekteb-i Tıbbiye-i Askeriye'nin ilk yıllarında aşırı dindar biridir. Tıbbiye'nin birinci sınıfında beş vakit namaz dışında nafile namazlarını da kaçırmadığı için arkadaşları arasında "hoca" lakabıyla tanınmıştır. Arkadaşlarından **İbrahim Temo**, ona bazı felsefe makaleleri, Çerkez Mehmet de Felix İsnard'ın yazdığı "*Spiritualisme et Materialisme*" adlı din karşıtı kitapla, **Şia mezhebine** ait bazı kitaplar verince Abdullah Cevdet materyalist düşünceye doğru kaymıştır.[227]

Tıbbiye'nin materyalist fikir ortamından çok çabuk etkilenen Abdullah Cevdet, daha öğrencilik yıllarından itibaren "**biyolojik materyalizm**"in Osmanlı toplumuna anlatılması gerektiğine inanmış ve bu amaçla bazı çalışmalara başlamıştır.

---

226 Mekteb-i Tıbbiye'nin fikri yapısı ve Abdullah Cevdet üzerindeki etkileri hakkında bkz. Şükrü Hanioğlu, **Bir Sosyal Düşünür Olarak Doktor Abdullah Cevdet ve Dönemi**, İstanbul, 1981, s. 5 - 28.
227 Şükrü Hanioğlu, "Karl Sürsheim-İbrahim Temo Mektuplaşması ve Jön Türk Hareketi", **Dünü ve Bugünüyle Toplum ve Ekonomi**, Eylül, 1981, S. 2, s. 137 - 163.

Abdullah Cevdet'in ve onun gibi düşünen diğer Osmanlı aydınlarının materyalist fikirleri daha çok **Buchner'in** ve **Gustave Le Bon'un** tezlerine dayanmaktadır. Abdullah Cevdet, toplumda biyolojik materyalizmin sürükleyici bir güç olması için başta Buchner olmak üzere ileri gelen materyalistlerin eserlerini tercüme etmiştir. Cevdet, toplumun Batılılaşması için biyolojik materyalizmin toplumda taraftar bulması gerektiğine inanmaktadır. Bunun için "hafif vuruşlarla" dinin toplum üzerindeki etkisini ortadan kaldırmaya çalışmıştır. Yaptığı çeviriler arasında doğrudan dini hedef alan çalışmalar bile vardır. Reinhardt Dozy'nin İslamiyet ve İslam Peygamberini ağır bir şekilde eleştiren *"Tarih-i İslamiyet"* adlı çevirisi bu türdendir. Abdullah Cevdet'in bu kitabı çevirmesinin temel nedeni, doğrudan "dinin gereksiz ve bilim dışı olduğunu" ispatlamak ve onun yerine biyolojik materyalizmi yerleştirmektir. Dolayısıyla, Abdullah Cevdet, Dozy'nin, İslamiyeti Katoliklik derecesinde katı gören düşüncelerine katılmaktadır.[228] Bu çeviri çok büyük bir tepki çekmekle birlikte Abdullah Cevdet'in biyolojik materyalist ve pozitivist çevrelerde çok popüler hale gelmesini sağlamıştır.

Abdullah Cevdet, Meşrutiyet yıllarında İslam dinini açıkça eleştiren tek dergi görünümündeki *"İçtihat dergisi"*nin de sahibidir. Meşrutiyet'in ilanından sonra bu derginin yazı kadrosuna önemli biyolojik materyalistleri dâhil etmiştir.[229]

Abdullah Cevdet, başlangıçta tezlerini topluma benimsetmede **İslamdan araç olarak yararlanmasına** rağmen, Meşrutiyet'in getirdiği özgürlük ortamından sonra bu hareket tarzından vazgeçerek, doğrudan biyolojik materyalizmin dinin yerini alması gerektiğini ileri sürmeye başlamıştır. Cevdet, bir yazısında şöyle demiştir:

"...Din halkın ilmidir. İlim üst tabakadan olanların, aydınların dinidir. Aydınların dini olan ilim durmadan genişliyor;

---

228 Reinhardt Dozy, **Tarihi İslamiyet**, C. I, Çev. Abdullah Cevdet, Mısır, 1908, s. 681, 682.
229 Bkz. Muhterem Simalar, "Doktor Abdullah Cevdet", **Piyano**, No. 7, 20 Eylül 1326, s. 75.

yükseliyor iken, halkın ilmi olan dinin genişlememesi, yükselmemesi, ilme paralel ve karşı olarak ilerlememesi ve genişlememesi İslam âleminin asıl hastalığıdır..."[230]

Abdullah Cevdet zamanla dinin yerini biyolojik materyalizmin alacağını düşünmüş ve özellikle Meşrutiyet yıllarında **doğrudan İslam dinine eleştiriler yöneltmiştir.** Bazen, oruç tutmayanlara yapılan muameleleri eleştirmiş,[231] bazen **tesettürün gereksizliğini savunmuş**,[232] bazen de toplumun aydınlanması için Luther, Jan Meslier gibi düşünürlerin fikirlerinin benimsenmesi gerektiğinden söz etmiştir.

Abdullah Cevdet, dine yönelik eleştirilerini daha çok Batılı materyalistlerin görüşleriyle delillendirmiştir. Bir keresinde **d'Holbach'ın ağzından** dine karşı şu sert eleştirileri yöneltmiştir:

"*Din bir hayal-ı ham tesmiye olunuyor (din bir ham hayaldir). Teolociya, ilahiyat, bir zanlar (sanmalar), vehimler (yersiz korkular), tenakuzlar (çelişme ve karşıtlıklar), tar-u pudla (enlemesine atılan atkı gibi) dokunmuş bir mensucdur (örgüdür). Yahud, esbab-ı tabiiyye (tabiat bilgisi) hakkındaki cehalettir. Bu cehalet sistem halinde tesis etmiştir. Diğer tarafta bu sistemin kahramanları mevzu'u (konusu) din olan Allah, ...itikadları (inançları) muhal (mümkün olmayan) sıfatlarla müzeyyen (süslenmiş) cahillik ve esirlik insaniyetin hakiki düşmanlarıdır, insaniyeti bedbaht eden bunlardır. Hâlbuki insaniyete salah (iyileşme) ve saadet vermeye yegâne salih (uygun) olan akıl, ilim ve hürriyettir. Ancak batıl fikirlerden tahlis edilmek (kurtarılmak) sayesindedir ki insanlık siyat-ı ahlakiyelerinden (ahlaki baskılardan) ve dertlerinden kurtulabilir...*"[233]

Abdullah Cevdet'in, 19. yüzyılın sonlarında Osmanlı toplumunda İslam dinini olabildiğince ağır bir dille eleştirebilmesi, materyalist ve pozitivist görüşleri savunan aydınları materyalist

---

230 Abdullah Cevdet, "Şehzade Mecit Efendi Hazretleriyle Mülakat", **İçtihat**, no. 57, 7 Mart 1329, s. 125.
231 Abdullah Cevdet, "Ramazan ve Dayak", **Mehtab**, no. 11, 20 Eylül 1327, 25 Ramazan 1329, s. 134.
232 Abdullah Cevdet, "Tesettür Meselesi", **Mehtab**, no. 4, 1 Ağustos 1327, s. 29 - 31.
233 Abdullah Cevdet, "Rahip Jan Meslier", **İçtihat**, no. 127, 30 Kanun-i Sani 330, s. 471.

içerikli *"İçtihat dergisi"*nde toplaması, 19. yüzyılın sonlarında Osmanlı aydınlarının materyalizm ve pozitivizmden ne denli fazla etkilendiklerini göstermektedir.

POZİTİVİZMİN VE MATERYALİZMİN ETKİLERİ

Mustafa Kemal Atatürk, tüm değişim eylemlerini "akıl" ve "mantık" çizgisinde, ortamın en uygun olduğu zamanda uygulamaya koymuştur. *"Dünyada her şey için, uygarlık için, hayat için, başarı için, en hakiki mürşit bilimdir, fendir"* diyerek de toplumun siyasi ve sosyal hayatında, düşünsel gelişiminde ve eğitim hayatında "aklı", "bilimi" ve "fenni" rehber olarak göstermiştir.

Mustafa Kemal Atatürk'ün fikirlerini uygulamaya koyarken **uygun ortamı** beklemesi, **zamanlamaya** fazlaca dikkat etmesi, **akla** ve **bilime** aşırı derecede vurgu yapması, onun pozitivizmden etkilendiğini göstermektedir.

"Atatürk'ün düşünceleri, inanışları ve olaylara yaklaşımı onun pozitivist bir görüşe de sahip olduğunu göstermektedir. Aslında, aklı ve bilimi ilke olarak kabul eden bir kişinin pozitivist olmaması mümkün değildir. Laik olmak pozitivist olmanın bir gereğidir."[234]

Pozitivizm –olguculuk ya da uygulayıcılık– araştırmalara, olgulara, gerçeklere dayanan, fizik ötesi açıklamaları kuramsal olarak olanaksız, pratik olarak yararsız gören, deneyle denetlenemeyen soruları sözde soru olarak niteleyen felsefi akım olarak tanımlanmaktadır.[235] Kısaca metafiziği reddeden ve bilimin ancak, deney ve gözlemle elde edilebileceğini savunan görüştür.[236] Bu nedenle, pozitivizm akımı geleneksel anlamda "din olgusuna" fazla bir önem vermez. Özellikle Batı'da pozitivistlerin önemli bir bölümü dinin, akıl ve bilim dışı olduğunu ileri sürmüşlerdir. Bu anlayış Osmanlı pozitivistleri arasında da yaygındır. Fakat

---

234 Şerafettin Yamaner, **Değişimin Felsefesi ve Toplumsal Özü**, İstanbul, 1999, s. 157.
235 "Olguculuk" **Görsel Ansiklopedi**, C. XI.
236 Yamaner, **age.** s. 157.

her pozitivistin de Tanrıtanımaz (ateist-materyalist) olmadığı bilinmelidir. Başka bir ifadeyle her materyalist aynı zamanda bir pozitivisttir; fakat her pozitivist bir materyalist değildir.

Pozitivist düşüncenin siyasi boyutu, **Aguste Comte**'un düşünceleriyle şekillenmiştir. Pozitivist akımı biçimlendiren **Comte (1789-1857)**'a göre devletin görevi, toplumdaki maddi ve manevi birliği sağlamaktır. Comte, insanda otoriteye baş eğme eğiliminin her zaman daha ağır bastığına inanmaktadır. Comte göre kişi, pozitif bilimi uygulayan devlete uyarak kendisini sorumluluktan kurtarmak ister. Devlet, fikir ve inanç birliği sağlayarak sosyal düzeni kurmakla görevlidir. Ama bunu başarabilmesi için kendiliğinden gelişen sosyal eğilimleri iyice gözlemlemesi ve değerlendirmesi gerekir. Böyle olunca devletin ekonomik ve sosyal alanlarda da düzenleyici rolü kabul ediliyor demektir. Bu, bireyciliğe ve liberalizme karşı çıkan görüşlerin bütünüdür.[237]

"*Atatürk'ün değişim eyleminin devlet, toplum ve kişiye yönelik uygulamalarında pozitivist düşüncenin yukarıda açıklanan tezlerini görmek mümkündür. Atatürk, genel tutum ve eylemlerini pozitivist düşünce biçimi içine en yararlı bir şekilde oturtabilmiştir. Atatürk değişim eyleminin felsefesini, onun düşüncesindeki pozitivist içeriğin temel öğeleri olan akılcılık, bilimsellik ve bunların doğal sonucu olan laiklik biçimlendirir.*"[238]

19. yüzyılda Osmanlı aydınlarını çepeçevre saran materyalist ve pozitivist fikirlerin **Mustafa Kemal**'i etkilememesi imkânsızdır; çünkü Mustafa Kemal'in soluduğu atmosfer bu fikirlerle doludur. Bu nedenle "*Atatürk nesli Batı'nın Büchner gibi materyalist düşünürlerinin, müspet bilimlerle toplum problemlerinin çözülebileceğine inanan pozitivistlerin ve Darvin'in Evrim Teorisi'nin sosyal bilimlere yansımasının etkisi altında yetişmiştir.*"[239]

Atatürk, büyük bir ihtimalle pozitivist fikirlerle ilk kez askeri öğrencilik yıllarında tanışmıştır. Fransızca bildiği de dikka-

---

237 age,, s. 157, 158.
238 age. s. 158.
239 Mardin, **Türkiye'de Toplum ve Siyaset**, s. 186.

te alınacak olursa, Fransız kaynaklı pozitivist fikirlere ilk elden ulaşma ihtimali yüksektir; fakat onun pozitivizm, materyalizm gibi akımları daha çok bu akımlardan etkilenen Türk aydınları aracılığıyla tanıdığı söylenebilir.

Örneğin, bazı şiirlerinde "pozitivist ve maddeci" bir içerik sezilen **Tevfik Fikret**, Atatürk'ün pozitivist düşünceyle tanışmasını sağlayan Türk aydınlarından biridir. Mustafa Kemal *"Tarih-i Kadim"*, *"Haluk'un Amentüsü"* ve *"Tarih-i Kadime Zeyl"* adlı materyalist ve Pozitivist çağrışımlı şiirlerin yazarı Tevfik Fikret'ten bir dönemler oldukça fazla etkilenmiştir.[240] Tevfik Fikret'in birçok şiiri incelendiğinde, **"Tanrı'ya inanmadığı"** ortaya çıkmaktadır.

"...Fikret'in İslam dinine ve onun Tanrı'sına inanmadığı açıktır. Bu manada onu bir Tanrıtanımazcı olarak adlandırmak doğrudur. Ancak öte yandan cümlelerinde deist unsurlara da rastlanmaktadır... Son derece güçlü ahlaki kaygıları olan moralist bir şairdir... O... insan aklına, bilimin gelişmesine, insan düşüncesinin evrimine ve müesses dinlerin, bu dinlere dayanan kurumların, insanlığın fikri ve ahlaki gelişmesine en büyük engeli oluşturduğuna inanmaktadır."[241]

Ancak Tevfik Fikret'in önceleri inançlı, İslami hassasiyetleri yüksek bir Osmanlı şairi olduğu da unutulmamalıdır. Genç Fikret, uzun süre "Müslüman Osmanlı" kimliğini korumuştur. Fikret'in ilk şiirlerinde adeta Müslüman bir mutasavvıfın "cezbe" veya "istiğrak" haline benzer bir heyecan göze çarpmaktadır:

İlahi kalpler vardır ki aşkınla münevverdir,
İlahi ruhlar vardır ki vaslınla müyesserdir.

....

Değildir kulluğundan başka lezzetten gönül agâh
Senin lütfundur ümidim, meczubunum... Allah"

"'İnanmak', Fikret için bir ihtiyaçtır. 'İnanmak ihtiyacı' adlı nefis şiirinde bunu bütün samimiyetiyle, coşkusuyla haykırmıştır; inanmayınca hiçlik oluyor, boşluk oluyor, bir kabir karanlığı

---

240 Arslan, age. s. 4 - 10.
241 age. s. 10.

*teşekkül ediyor. Hâlbuki inanmak bu karanlık içinde 'nurani bir şahrah' yani "ışıklı bir ana yol"dur."*²⁴²

Tevfik Fikret, yaşadığı çağın hızlı değişiminden en fazla etkilenen Osmanlı aydınlarından biridir. Fikret'in değişimi, *"meczub"* olduğunu söyleyecek kadar katı İslami anlayıştan, *"Tanrıtanımazcı"* bir çizgiye kadar uzanan, oldukça radikal bir değişimdir. Fikret'in eşi Nazım Hanım'la görüşen **Ruşen Eşref Ünaydın**, Tevfik Fikret' teki değişimi şöyle anlatmaktadır:

*"Gençliğinde gayet neşeli imiş, taklitler yaparmış. Sesi son derece tatlı imiş, şarkılar söylemiş. Mevlidi pek sever ve ezberindeki parçalarını pek etkili bir şekilde okurmuş. Gayet sofu imiş, her cuma gecesi Yasin'i yakıcı bir sesle ölülerine ithaf eder, namaz kılarmış. Sonra neşesi de azalmış, sofuluğu da."*²⁴³

Mustafa Kemal, Tevfik Fikret'in İslami düşüncelerinden çok, pozitivist ve materyalist olarak adlandırılabilecek dünya görüşünden etkilenmiştir.

Mustafa Kemal'in Aşiyan'ı arkadaşları ile ziyaretinde anma defterine yazdığı, *"Tavaf-ı tahatturunda bulunmakla mübahi Perestişkâran-ı Fikret"* (**Anma Ziyaretinde Bulunan Fikret Dostları**) cümlesi, onun Tevfik Fikret'i çok sevdiğinin göstergelerinden biridir.²⁴⁴ Tevfik Fikret'in kitabının önsözüne koyduğu, *"Fikri hür, irfanı hür, vicdanı hür bir şairim"* dizesini, Atatürk'ün öğretmenlere seslenirken,*"Hiçbir zaman hatırınızdan çıkmasın ki Cumhuriyet sizden, fikri hür, vicdanı hür, irfanı hür nesiller ister,"* şeklinde ifade etmesi de onun Tevfik Fikret'ten ne denli çok etkilendiğini göstermektedir.²⁴⁵

Mustafa Kemal Atatürk, Tevfik Fikret'e olan beğenisini her fırsatta dile getirmiştir. Atatürk'le ilgili anılar bu gerçeği kanıtlamaktadır:

---

242 Taha Akyol, "Tevfik Fikret", **Nesin Vakfı Edebiyat Yıllığı 1985**, İstanbul, 1985, s. 794, 795.
243 **age.** s. 795.
244 Şerafettin Turan, **Atatürk'ün Düşünce Yapısını Etkileyen Olaylar, Düşünceler, Kitaplar**, Ankara, 1989, s. 8.
245 Behzat Ay, "Ölümünün 67. Yılında Unutulmayan Tevfik Fikret", **Nesin Vakfı Edebiyat Yıllığı 1983**, İstanbul, 1983, s. 648.

"*Çankaya'da bir gece yarısı Atatürk'ün etrafında otuz kişi kadar toplanmıştır. Söz döner dolaşır edebiyata gelir ve bazı ozanların üzerinde durulur. Bu arada Fikret de söz konusu olur. Bu anıyı o gece Atatürk'ün sofrasında bulunan* **İsmail Hikmet Ertaylan** *şöyle anlatmaktadır:*

Kimdi bilmiyorum, bir yüksek ruhlu (!) zat Fikret'in iyi şair olmadığını söyleyecek oldu. Atatürk, o her şeyi hakkiyle gören, her hakikatin üzerinde duran o büyük insan, büyük bir iğbirarla kaşlarını çattı.

Efendi! Efendim, anlamadım ne dedin? Fikret, büyük şair değil miydi? dedi ve gür, o vakur sesiyle şu beyti okudu:

Milyonla barındırdığın ecsad arasından
Kaç nasiye vardır çıkacak pak ü dırahşan

Atatürk, sözlerine şöyle devam etti:

O karanlıklar içinde bir nur gören ve halkı o nura götürmeye çalışan Fikret, bu feryadı koparırken, sizler neredeydiniz? Niçin, içinizden kimse onun gibi feryat etmedi. Ben Fikret'e yetişemedim. Onun sohbetinden istifade edemedim. Kendimi bedbaht sayarım. Fakat onun bütün eserlerini okudum, birçoğu da ezberimdedir. O, hem büyük şair, hem de büyük insandır.

Efendiler! Zaten parmakla gösterilecek kadar az olan büyük adamlarımızı küçültmeye kalkışmayalım."[246]

Harp Okulu arkadaşları da Mustafa Kemal'in en çok etkilendiği edebiyatçıların başında Tevfik Fikret'in geldiğini söylemektedirler. Arkadaşlarına göre Mustafa Kemal, Tevfik Fikret'in en çok "*Sis*" manzumesini beğenirdi.[247]

Mustafa Kemal, Batılı düşünürleri ve Batı'da ortaya çıkan yeni ekolleri daha çok Harp Okulu yıllarında tanıdığından; pozitivizm, materyalizm hatta Darvinizm hakkındaki ilk önemli bilgileri de bu dönemde edinmiştir. Sınıf arkadaşlarından **Hayri (Paşa)** bu gerçeği şöyle ifade etmektedir:

---

246 Mustafa Baydar, "Anılarla Fikret ve Atatürk", **Nesin Vakfı Edebiyat Yıllığı 1985**, İstanbul, 1985, s. 789.
247 Borak, **Atatürk'ün İstanbul'daki Çalışmaları**, s. 21.

"*...En fazla meşgul oldukları şeylerden biri de zamanın felsefesi ve fikri cereyanları idi. Toplumun henüz halledilmemiş davalarıyla dimağlarını meşgul ederlerdi. Darwin nazariyesiyle de çok meşgul olurlar, papazlar dini neşriyatını takip ederlerdi.*"[248]

Mustafa Kemal'in, rasyonalizm, pozitivizm ve materyalizmden etkilendiğinin en açık kanıtları arasında onun, **Descartes**'ın *"Discours sur la Mathode"* unu Türkçe'ye tercüme ettirerek Milli Eğitim Bakanlığı'na bastırması, **Kant** hakkında *"Kant ve Felsefe"* adlı bir inceleme yaptırması gibi girişimleri gösterilebilir.[249] Ayrıca Mustafa Kemal'in özel kitaplığında, **Goldschimid**'in *"Kant and Haeckel"* (**Gotha, 1906**) adlı kitabı da bulunmaktadır.[250]

Mustafa Kemal, ayrıca **Rousseau**'dan da çok fazla etkilenmiştir. Rousseau, pozitivist olmasına karşın bir tanrıtanımaz değildir. Gençliğinde, dinin kafa işi değil gönül işi olduğunu düşünen Rousseau, kendini geliştirdikçe ve olgunlaştıkça akılla din arasında bir ilişki olduğunu görmüştür. Rousseau, dini inancının nasıl bir evrim geçirdiğini şöyle ifade etmektedir: *"Allah'a inanmak zarurettir. Çocukluğumda, gençliğinde, hissime uyarak, olgun yaşamımda aklım ile dine inandım"*[251]

Rousseau'nun kişi için özgürlükçü, siyasal rejim olarak da cumhuriyetçi olması Mustafa Kemal'i etkilemiştir. Ayrıca Namık Kemal'in, **Rousseau**'nun *"Toplum Sözleşmesi"* nin İslam devleti anlayışına aykırı düşmediğini savunması Mustafa Kemal'in dikkatini çekmiş ve onu Rousseau'nun fikirleri üzerinde düşünmeye itmiştir. Mustafa Kemal'e göre Rousseau'nun *"Toplum Sözleşmesi"* kuramının İslam ve Türk toplum geleneği ile bağdaşması, Yeni Türkiye'de cumhuriyete geçişi kolaylaştırıcı bir işlev görebilirdi.

Mustafa Kemal Atatürk, 1 Aralık 1921'de TBMM kürsüsünden Rousseau'nun tüm eserlerini okuduğunu açıklamıştır.

---

248 **Yeni Gün Dergisi**, 5 Eylül 1934, s. 78.
249 Mehmet Emin (Erişirgil), **Kant ve Felsefesi**, İstanbul 1339'dan Turan, age. s. 11.
250 Turan, **age.** s. 8.
251 Niyazi Köymen, **Dinsel Bunalımdan Gerçek Hak Yoluna**, İstanbul, s. 7.

Rousseau'nun tüm eserlerini okuyan Atatürk'ün onun din konusundaki görüşleriyle de ilgilendiği söylenebilir.

Mustafa Kemal, Fransız aydınlanmacı **Montesquieu**'dan da etkilenmiştir. Onun *"L'esprit des Lois"* (**Kanunların Ruhu**) adlı yapıtını incelemiş ve bu kitapta "cumhuriyetle" ilgili bölümlerin altını çizmiştir.[252]

Mustafa Kemal üzerindeki materyalist ve pozitivist etkinin izlerini, özel hayatında da görmek mümkündür. Örneğin, **Sofya'dan 31 Ekim 1914'te arkadaşı Salih Bozok'a gönderdiği bir mektupta,** hayatı materyalist bir bakışla değerlendiren bir şiire yer vermiştir. Mustafa Kemal bu şiiri bir Fransız şairden almıştır.

İşte o şiir:
"La vie est breve / Hayat kısadır
Un peu de reve / Biraz hayal
Un peu d' amour / Biraz aşk
Et puis bonjour / Ve sonra günaydın

La vie est vaine / Hayat boştur
Un peu de haine / Biraz kin
Un peu d'espoir / Biraz ümit
Et puis bonsoir / Ve sonra iyi akşamlar.

Mustafa Kemal, mektubunu şu cümlelerle bitirmiştir: *"Salih bunları ezberle ve sen hayatı nasıl anladınsa ona göre bunlardan birini benimse."*[253]

Ayrıca gençlik yıllarına ait not defterlerinden birine, "**Önce sosyalist olmalı maddeyi anlamalı**" diye not düşmüştür.

Atatürk'ün okuduğu bazı kitaplarda, önemli bulup altını çizdiği yerler arasında, hayatın pozitivist, materyalist ve evrimci bakış açılarıyla değerlendirildiği yerlerin sayısı oldukça fazladır.

---

252 Turan, age. s. 14.
253 **Atatürk'ün Bütün Eserleri**, C. 1, İstanbul, 1998, s. 202.

Pozitivizm ve Tanrı

19. yüzyılda Batı'dan Osmanlı'ya sızan tüm fikirler pozitivist ve materyalist değildir. Ayrıca pozitivist düşünceye sahip olanların tamamı da "tanrıtanımaz" değildir. Bu bakımdan, değişik fikirlere açık olan Mustafa Kemal'in **Tanrı kavramının varlığını kanıtlamaya çalışan** düşünürlerin fikirlerinden de etkilendiği göz ardı edilmemelidir. Örneğin, **J.J. Rousseau** ve **Diderot** bu düşünürlerdendir.

Diderot, *"Felsefi Düşünceler"* adlı eserinde, doğa biliminde yapılan araştırmaların tanrıtanımazlık ve materyalizme en büyük darbeleri indirdiğini belirtmektedir. Ona göre mikroskobun ortaya koyduğu harikalar, Tanrı'nın gerçek mucizeleridir. Bir kelebeğin kanadı, bir sineğin gözü bir tanrıtanımazı ezmek için yeterlidir.[254]

Mustafa Kemal'in esin kaynaklarından **Montesquieu**, İslam medeniyetine de yansımış olan "antik metafizik anlayışından" etkilenmiş bir düşünürdür. İsaiah Berlin'in vurguladığı gibi, *"Montesquieu'nun tipler kavramı, deneysel değildir, doğal türlere ilişkin antik doktrinlerden kaynaklanır; tamamıyla metafizik ve Aristocudur. Ona göre her bir toplum tipi bir içyapıya, işleyişini sağlayan güçle ilgili dinamik bir iç ilkeye sahiptir."*[255]

Yine Mustafa Kemal'in esin kaynaklarından Fransız aydınlanmasının gerçek önderi **François Marie Voltaire (1694-1778)**, zaman içinde tanrıtanımazlık fikri dolayısıyla materyalizme karşı çıkmaya başlamıştır. Kendisi de Hıristiyanlığa çok ağır eleştiriler yöneltmesine rağmen, teorik bakımdan Tanrı'nın varlığına inanmak gerektiğini düşünmektedir. Özellikle ahlak için tek dayanak noktasının din ve Tanrı olduğuna inanmıştır. *"Tanrı olmasaydı bile biz onu icat etmek zorunda kalırdık. Ama bütün doğa onun var olduğunu bize haykırmaktadır"* diyen Voltaire, Tanrı'nın varlığına ve ruhun ölümsüzlüğüne ilahi dinler açısın-

---

254 F. A. Lange, **age.** s. 209'dan Arslan, **age.** s. 10.
255 İsaiah Berlin, **Montesquieu**, Yeniden baskı, Proceedings of the British Academy, (London Oxford University Press, 1956), Vol, 41, s. 227'den Mardin, **Türkiye'de Toplum ve Siyaset**, s. 341.

dan değil, sırf **aklından dolayı** inanmaktadır; çünkü ona göre inanma ihtiyacı insanın doğasında vardır.[256]

Kanımca, Mustafa Kemal'in akılcı din anlayışının oluşmasında, Voltaire'in bu tarz görüşlerinin önemli etkileri olmuştur.

Yine Mustafa Kemal'in etkilendiği isimlerden olan ve pozitivist, materyalist yönü ağır basan **Tevfik Fikret** *"Tarih-i Kadime Zeyl"* adlı şiirinde, Diderot'dan etkilenerek *"bir örümceğin kendisini hakka götürdüğünü"* ifade etmiştir.[257]

Dolayısıyla, Mustafa Kemal bir taraftan pozitivist ve materyalist fikirleri tanırken, diğer taraftan bu tür "Yaradancı", Tanrı'nın varlığından ve birliğinden söz eden fikirleri de tanıma fırsatı bulmuştur.

Atatürk ve Abdullah Cevdet

Askeri okul yıllarından itibaren yerli ve yabancı bilim insanlarının ve filozofların eserlerini okuyan Mustafa Kemal, daha önce de vurgulandığı gibi, gençliğinde pozitivizm ve materyalizmden etkilenmiştir.

Mustafa Kemal'in, yerli materyalistlerden özellikle **Dr. Abdullah Cevdet**'in siyasi, felsefi ve toplumsal fikirlerinden fazlaca etkilendiği görülmektedir. Mustafa Kemal'in siyasi ve toplumsal fikirlerinin Dr. Abdullah Cevdet'in fikirlerine fazlaca benzemesi, Mustafa Kemal'le Abdullah Cevdet arasında bir **düşünsel etkileşim** olduğunu kanıtlamaktadır.

Osmanlı toplumunun geleneksel yapısı gereği Osmanlı pozitivistleri –Jöntürkler ve İttihatçıların önemli bir bölümü– toplumsal planlarını hayata geçirirken kendilerine hareket serbestliği sağlamak amacıyla dini bir "meşruiyet aracı" olarak görmüşler ve geçici bir süre dinden yararlanmışlardır. Bu aydınlar gerçekte "deist" ya da "ateist" olmalarına rağmen toplumsal ve siyasi planlarını gerçekleştirebilmek için dinden yararlanmanın zorunlu olduğunu düşünmüşlerdir. Mustafa Kemal'i derinden etkileyen Dr. Abdullah Cevdet'in birçok yazısında dinden meşru-

---

256 Abdullah Manaz, **Atatürk Reformları ve İslam**, İzmir, 1995, s. 32.
257 F. A. Lange, **age.** s. 209'dan Arslan, **age.** s. 10.

iyet alan bu "pozitivist" hareket tarzının izlerini görmek mümkündür. Örneğin, Abdullah Cevdet Osmanlı Devleti'nde meclisin kurulmasını istemiştir; fakat meclisi Avrupa'daki örneklerine bakarak oluşturmak yerine, İslam tarihindeki örneklere bakarak oluşturmayı önermiştir:

"...demek oluyor ki bizim dahi yapmak istediğimiz Meclis-i Mebusan bundan bin üç yüz sene önce Medine-i Münevvere'de Hazret-i Faruk tarafından açılmış bir şeydir ki..hadis-i şerifte belirtilmiş olan doğru yol aynı şeriatımızdır.."[258]

Fakat gerçekte Abdullah Cevdet ve onun gibi düşünen pozitivistler açısından İslam, Osmanlı Devleti'nde Batı düşüncesinin etkinlik kazanması ve Batı modelinde kurumların oluşturulması için bir araçtan başka bir anlam ifade etmemektedir.

Dr. Abdullah Cevdet, **İslamdan araç olarak yararlanma** konusunda en ileri giden pozitivist Osmanlı aydınlarının başında gelmektedir. Cevdet, sadece İslamı bir araç olarak kullanıp topluma Batılı kurum ve değerleri getirmeyi amaçlamamış, ayrıca İslam ulemasıyla biyolojik materyalist düşünürlerin görüşlerini karşılaştırarak bu görüşlerin aynı anlama geldiğini, dolayısıyla İslamın aslında biyolojik materyalizm olduğunu ispatlamaya çalışmıştır! Dahası zaman zaman Kur'an'daki ayetleri materyalist düşünürlerin görüşleriyle karşılaştırmıştır.[259] Bazen de Hz. Muhammed'i ruhani yönlerinden arındırarak biyolojik materyalizme karşı olmayan bir kişi olarak değerlendirmiştir.[260] Hatta daha ileri giderek Darwin'in "Evrim Teorisi'nin" kanıtlarının Kur'an'da bulunduğunu ileri sürmüştür. Evrim Teorisi'ni reddeden din adamlarını ise ağır bir dille eleştirmiştir:

"...Evrim kanunlarından bahsetmek, Darwin Teorisi'ni anlatmak, bir yerde ayıp sayılacak şekilde açık saçık konuşmak anlamına gelir. Orası orta çağdan henüz çıkmamıştır. Orta çağın ise yirminci yüzyılda yaşama hakkı yoktur. Bunu sarıklı,

---

258 İmamaet ve Hilafet Risalesinden", **Kanun-u Esasi**, no. 22, ikinci sene, 27, Rebiyülevvel 1316.
259 Abdullah Cevdet, **Fünun ve Felsefe**, Taş Basma, Tarih-i Tesvid, 1309, s. 24, 25.
260 R (einhardt) Dozy, age. s. 175.

sarıksız her nevi kafalarımız, ezilmek istemeyen her kafa anlamak zorundadır... Eğer Gaybenci hocada biraz nur olsaydı evrim kanunlarının Kur'an'ı azimüşşanda da kısaca ve kapalı bir şekilde pek ala mevcud olduğunu görürdü..."[261]

Abdullah Cevdet, aslında dinin ilerlemenin önünde bir engel olduğunu düşünmesine rağmen, dinin toplumsal önemini kabul etmektedir. Abdullah Cevdet'in amacı, toplumsal yapıda İslam dininden kaynaklandığını düşündüğü sorunları yine İslamın toplumsal içeriği ve gücüyle çözmek ve sonuçta materyalizmin, dinin toplumda oynadığı rolü oynamasını sağlamaktır. Bu nedenle Cevdet, İslamın tümüyle olumsuz olduğu görüşüne itiraz ederek ondan *"amacını gerçekleştirinceye kadar"* yararlanmak gerektiğini düşünmektedir.

Mustafa Kemal'in, pozitivist düşünceyi ve pozitivist hareket tarzını tanımasında Abdullah Cevdet'in önemli katkıları olduğu anlaşılmaktadır.

Abdullah Cevdet'in, **Latin harflerine geçiş, kadın hakları, kılık kıyafetin modernizasyonu** ile **akıl** ve **bilim** konusundaki görüşleri, Mustafa Kemal'in görüşlerine şaşırtıcı derecede benzemektedir.

Örneğin, Abdullah Cevdet, *"Bir ikinci medeniyet yoktur. Medeniyet Avrupa medeniyetidir. Bunu gülüyle, dikeniyle istiknas etmeye mecburuz..."*[262] derken, Mustafa Kemal aynı konuda, *"Memleketler muhteliftir, fakat medeniyet birdir ve bir milletin terakkisi için de bu yegâne medeniyete iştirak etmesi lazımdır,"* demiştir.

Abdullah Cevdet bir yazısında "akıl ve bilim" konusundaki düşüncelerini, *"Halbuki insaniyete salah ve saadet vermeye yegâne salih olan akıl, ilim ve hürriyettir. Ancak batıl fikirlerden tahlis edilmek sayesindedir ki, insanlık siyat-ı ahlakiyelerinden ve derdlerinden kurtulabilir"* şeklinde ifade ederken,

---

[261] Cevdet, "Kastamonu'da Kurunu Vusta", **İçtihat**, no. 58, 14 Mart 1329, s. 1273.
[262] Abdullah Cevdet, "Sime-i Muhabbet: Celal Nuri Bey'in Geçen Nüshadaki 'Sine-i Husumet' Makalesine Cevab", **İçtihat**, no. 89,16 Kanunisani 1329, s. 1984.

birkaç yıl sonra Mustafa Kemal aynı konuda, "*Gerçek yol gösterici akıl ve ilimdir. Akıl ve ilim dışında yol gösterici aramak, gaflettir, cehalettir.*" ve "*İnsanlık batıl fikirlerden tamamen kurtuluncaya kadar din oyunu aktörlerine her yerde rastlanacaktır*" demiştir.

Yine Abdullah Cevdet, birçok yazısında **Osmanlı hanedanının gereksizliğini** ileri sürerken, Mustafa Kemal de birçok kere, "***Osmanoğullarının Türk milletinin haklarını gasp ettiğini ve bunu altı yüz yıldır sürdürdüklerini***" belirtmiştir.

Abdullah Cevdet'in "İçtihat dergisindeki" yazıları, Mustafa Kemal'in "Söylev ve Demeçlerindeki" sözleriyle karşılaştırıldığında Abdullah Cevdet'le Mustafa Kemal arasındaki "**düşünsel benzerlik**" çok daha iyi anlaşılacaktır.

Mustafa Kemal'in (diğer sebepler bir yana bırakılacak olursa) Kurtuluş Savaşı sırasında ve devrimleri gerçekleştirirken "dinden yararlanması" da pozitivist aydınların, özellikle de Abdullah Cevdet'in hareket tarzını çağrıştırmaktadır.[263]

Mustafa Kemal'in, Abdullah Cevdet'in ileri sürdüğü fikirlerin bir bölümünü benimsediği ya da kanımca Cumhuriyet ideolojisi açısından bu fikirleri yararlı bulduğu anlaşılmaktadır. Bunun en açık kanıtlarından biri, Abdullah Cevdet'in Cumhuriyet döneminde aklı ve bilimi merkeze yerleştiren materyalist içerikli "İçtihat" dergisini yayınlarken herhangi bir engelle karşılaşma-

---

[263] Atatürk ve pozitivist düşünce konusunda bkz. Şerif Mardin, **Türkiye'de Toplum ve Siyaset,** İstanbul 1995, s. 189 vd. Jön Türkler ve İttihat Terakki hakkında bkz. Şerif Mardin, **Jön Türklerin Siyasi Fikirleri,** İstanbul 1994. Not: Prof. Mardin'in bu kitaplarında Osmanlı modernleşmesi ve Osmanlı'dan Cumhuriyete geçiş süreciyle ilgili çok önemli bilgiler vardır; ancak Mardin'in bu kitaplarında Atatürk devrimlerinin gerçek değerini ortaya koyduğu da söylenemez. Yazdığı "**Bediüzzaman Said-i Nursi**" adlı kitabında (Şerif Mardin, **Bediüzzaman Said-i Nursi Olayı,** 4. bs, İletişim Yayınları, İstanbul 1994) adeta Said-i Nursi'yi aklama yoluna giden ve onu neredeyse hiçbir konuda eleştirmeyen Mardin'in, Atatürk'ü her fırsatta alabildiğince eleştirmesi düşündürücüdür! Ayrıca aynı Prof. **Mardin,** 2007 yılında "*Türkiye'de mahalle baskısı vardır*" diyerek dikkatleri üzerine çekmiş ve 2008'in ortalarında da "*Kemalizm'in eksiklerinin olduğunu ve Türk toplumunun sorunlarını çözemediğini*" söylemiştir. Prof Mardin'i doğru anlamak için bu ayrıntıların gözden kaçırılmaması gerekir.

masıdır. Bu durum Abdullah Cevdet'in düşünce alanında Cumhuriyet ideologlarıyla ve de özellikle Mustafa Kemal'le büyük çelişkilere düşmediği biçiminde değerlendirilebilir. Ancak Kurtuluş Savaşı sırasında Anadolu hareketi aleyhinde bulunduğundan devlet hizmetinde çalışması yasaklanmıştır.[264] Bir dönem siyasete girmesi gündeme gelmiş, hatta bu konuyu görüşmek için bizzat Atatürk tarafından kabul edilmiştir.[265]

Kurtuluş Savaşı sırasındaki kötü sicili siyasete girmesini imkânsız hale getirince kendini tamamen yayıncılığa vermiştir. Abdullah Cevdet'in Cumhuriyet dönemindeki yayın faaliyetlerinde en çok dikkati çeken nokta, **din kurumuna yönelttiği cesur eleştirilerdir**. Din kurumuna yönelttiği eleştirilere karşılık, yeni rejimin hoşgörüsü Abdullah Cevdet'e bazı biyolojik materyalist klasikleri yayınlama imkânı da vermiştir.

Mustafa Kemal, Abdullah Cevdet'in pozitivist ve materyalist görüşlerinden etkilenmiş olmasına rağmen, yine de onun din konusundaki "kişisel" tutumu Abdullah Cevdet'ten oldukça farklıdır. Abdullah Cevdet'i "ateist" ya da "deist" olarak tanımlamak mümkün görünmesine karşılık, aynı tanımlamayı –ömrünün değişik dönemlerinde din ve Tanrı kavramlarına eleştiriler yöneltmiş olsa da– Mustafa Kemal için yapmak imkânsız görünmektedir.

Abdullah Cevdet, Cumhuriyet'in ideolojik altyapısının oluşumunda büyük rol oynamıştır: Meşrutiyet sonrasındaki düşünce ortamının etkisiyle Abdullah Cevdet ve arkadaşlarınca geliştirilen "akıl" ve "bilim" eksenli pozitivist Batılılaşma modelinin Türkiye Cumhuriyeti'nin resmi ideolojisinin önemli bir parçasını oluşturduğu kesindir.

Mustafa Kemal, materyalizmden çok pozitivizmden etkilenmiştir. Mustafa Kemal üzerindeki pozitivizm etkisinin en açık

---

264 Mete Tuncay, "Heyet-i Mahsusalar (1923-1938) Cumhuriyete Geçişte Osmanlı Asker ve Sivil Bürokrasisinin Ayıklanması", **Armağan, Kanun-u Esasi'nin Yüzüncü Yılı**, Ankara 1978, s. 315.
265 Görüşme için bkz. Abdullah Cevdet, "Gazi Paşa'nın Köşkünde", **İçtihat**, no. 194, 15 Kanunuevvel 1925, s. 3813 - 3816.

kanıtlarından biri, onun bilim konusundaki görüşleridir. Mustafa Kemal Atatürk, "bilimi", Türkiye'de kurduğu çağdaş ve laik sistemin temeline yerleştirmek istemiştir; çünkü ona göre her şey gibi uygarlık da bilimin rehberliğinde gelişmektedir. Bir keresinde bu gerçeği şöyle dile getirmiştir:

"Efendiler, dünyada her şey için, medeniyet için, hayat için, başarı için en gerçek yol gösterici ilimdir; fendir. İlmin ve fennin dışında rehber aramak gaflettir, cehalettir, delalettir. Yalnız ilim ve fennin yaşadığımız her dakikadaki safhalarını, ilerlemesini, idrak etmek ve gelişimini zamanla takip eylemek şarttır."

Pozitivistlerde görülen, "bilimi topluma şekil vermede araç olarak kullanma" biçimindeki hareket tarzı, Atatürk'te de görülmektedir.

"Atatürk'ün bilim anlayışının ayırıcı özelliği, bilimi toplumu şekillendirmek için kullanmak istemiş olması, bu açıdan pozitivizmin getirdiği anlamda hareket etmiş olmasıdır."[266]

Şerif Mardin'e göre Atatürk pozitivizmden "dolaylı" olarak etkilenmiştir. Pozitivizmin Atatürk üzerindeki "dolaylı" etkisini Mardin şöyle açıklamaktadır:

"Dolaylı etkiden kastettiğim, Atatürk'ün pozitivizmin kurucularından doğrudan etkilenmeyip (Auguste Comte gibi) ilk kurucularının etkilendiği yüzyıl sonu düşünürler tarafından etkilendiğidir. 'Dolaylı' kelimesiyle anlatmak istediğim bir diğer husus, pozitivist görüşün bir fikir akımı sonucu olduğu kadar, Atatürk neslinin içinde yetiştiği kurumların etkisiyle şekillendiğidir. Yine dolaylılığın bir üçüncü ekseni, geleneksel Osmanlı devlet kültüründe 'müspet' (pozitif) görüşlerin gelişmesine müsait bazı unsurların bulunmuş olduğudur. Atatürk'ün şahsi başarısı, başkalarının bölük pörçük ve sistemsiz olarak etkisinde kaldıkları bu unsurları bir noktada toplayabilmiş olması, hepsinden birden faydalanma yolunu bulmuş olmasıdır. Zekâ ve anlayışı bu noktada apaçık ortaya çıkar"[267] Mardin'e göre Atatürk'ün

---

266 Mardin, **Türkiye'de Toplum ve Siyaset**, s. 190.
267 age. s. 191.

pozitivizmden etkilendiğinin en açık kanıtlarından biri de onun **laiklik** konusundaki tutumudur.[268] Mardin, Atatürk'ün bilimi toplumu şekillendirmede bir araç olarak kullanmayı Batılılığın en başta gelen özelliği saymakla birlikte, dini bir araç olarak kullanmayı kabul etmeyerek (dini kullanmayı) reddettiğini belirtmektedir. Mardin, *"Atatürk'ün, İslam tarihi içinde en çok eleştirdiği nokta Müslümanlığın en başından itibaren politik bir araç olarak kullanılmış olmasıdır"* diyerek, Atatürk'ün şu değerlendirmesini aktarmaktadır:

"Müslümanlık nerede böyle bir nitelik kazanmışsa bir *"aldatmaca"* olmuştur. *Asıl mesele dini bu gibi konulara bulaştırmamaktır."*[269]

Mustafa Kemal Atatürk'ün 20. yüzyılın başlarında dinin istismar edilmesine ve değişik kesimler tarafından politik araç olarak kullanılmasına karşı ortaya koymuş olduğu bu tepki "laik" bir tepkidir ve bu "laik" tepkinin temelinde pozitivizm akımının izleri vardır.

Bu aşamada gözden kaçırılmaması gereken temel nokta, Atatürk'ün de diğer Osmanlı pozitivistleri gibi amaçlarına ulaşıncaya kadar dini geçici bir süre "meşruiyet" aracı olarak kullanma yolunu tercih etmesine karşın, uzun vadede dinin istismar edilmesine ve her ne amaçla olursa olsun kullanılmasına karşı olduğu gerçeğidir. Atatürk, bu bakımdan birçok Osmanlı pozitivistinden de ayrılır; çünkü gerçekte Osmanlı pozitivistleri için din, "meşruiyet aracı" olma dışında fazla bir anlam ifade etmemektedir; Osmanlı pozitivistleri, samimi olarak dinin meşruiyet aracı olarak kullanılmasını engellemek, bunun için mücadele etmek gibi bir "laik" arayış içinde değillerdir. Oysaki Mustafa Kemal Atatürk'e göre dinin her ne şekilde olursa olsun araç olarak kullanılmasına karşı mücadele edilmelidir. Bu şekilde hem dinden menfaat sağlayanlar etkisiz hale getirilmiş olacak hem de dinin zarar görmesi engellenecek ve din ancak o zaman hak ettiği yeri bulacaktır. Dolayısıyla Atatürk'ün pozitivizm anlayışı dini meş-

---

268 age. s. 191.
269 age. s. 191.

ruiyet aracı olarak kullanıp bir kenara bırakan değil, tam aksine dinin toplumsal ve sosyal bir olgu olduğunu kabul ederek, dini hak ettiği yere koymak için mücadeleyi öngören bir anlayıştır.

SOSYALİZMİN ETKİLERİ

Mustafa Kemal, askeri öğrencilik yıllarında sadece materyalizm ve pozitivizmle değil, bu akımların beslediği sosyalist düşünceyle de tanışmıştır. Aslında Mustafa Kemal'in sosyalist fikirleri tanıması Selanik yıllarına kadar uzanmaktadır.

20. yüzyılın başlarında Balkanlar'ın içten içe kaynadığı günlerde Makedonya'daki Sırp ve Bulgar komitacıları, Rusya norodniklerinin ve nihilistlerinin etkisi altındadır. Ayrıca, Osmanlı Hınçaksutyan Ermeni Komitesi sosyalisttir. Meşrutiyet'in ilanından sonra Osmanlı Mebusan Meclisi'nde sosyalist milletvekilleri vardır. Örneğin, o günlerde Tuna mebusu Vilasof Efendi sosyalist etiketini vakurla taşımaktadır. Osmanlı Devleti'ndeki ilk sosyalist örgütü olarak adlandırılabilecek *"Sosyalist Amele Örgütü"* Selanik'te Musevi işçiler tarafından kurulmuştur. Brüksel II. Enternasyonel'i ile sıkı temas halindeki bu örgüte Musevilerin yanı sıra Bulgarlar, Rumlar ve az sayıda Türk üye olmuştur.[270]

Selanik'te ayrıca **işçi haklarını** savunmak için **Selanik Sosyalist İşçi Federasyonu** kurulmuştur. 1908 Jön Türk Devrimi'nden kısa bir süre sonra bir grup Yahudi matbaacı, tütün işçisi ve terzi tarafından kurulan bu federasyona **1909 1 Mayıs gösterilerine katılan** birkaç Türk ve Bulgar da katılmıştır. Selanik İşçi Federasyonu öncelikle her geçen gün daha da artan etnik ayrılıkların federasyona zarar vermesini engellemek ve Müslüman Hıristiyan tüm Osmanlı işçilerini etnik köken farkı gözetmeden çatısı altında toplamak istemiştir. Ancak yükselen milliyetçilik ve bağımsızlık talepleri Selanik İşçi Federasyonu'nun bu isteğini engellemiştir.[271]

---

270 Atilla İlhan, "Evvela Sosyalist Olmalı Maddeyi Anlamalı", **Cumhuriyet**, 20 Haziran 2001.
271 Anastasia İleana Moroni, "Osmanlı İmparatorluğu'nda Sosyalizm ve Ulusal Sorun", **Tarih ve Toplum**, Kasım 2003, S. 239, s. 28 - 37.

Özellikle Selanik ve İstanbul gibi kentlerde yoğunlaşan Osmanlı sosyalistleri, Osmanlı'da bir işçi sınıfının oluşması için çaba sarf edip işçi hakları için mücadele etmişlerdir.

Bazı sosyalist milletvekilleri Meşrutiyet'ten sonra Osmanlı Meclisi'nde seslerini yükseltmeye başlamışlardır. Örneğin sosyalist milletvekillerinden **Vilasof Efendi** işçi haklarından bahsettiği bir Meclis konuşmasında şunları söylemiştir:

"...Biz işçiler için hiçbir şey düşündük mü? İşçiler için bir şey yaptık mı? Geçen yıl Halep milletvekili Artin Efendi tarafından Meclise bir tasarı sunulmuştu. O tasarıda işçilerin hallerini iyileştirmek için bazı teklifler yer almıştı. O tasarı bir komisyona verildi. Komisyon o tasarıyı kabul etti. Meclise tekrar gönderdi. Meclis o tasarıyı görüşeceği zaman Kabine başkanı bu kürsüye çıkarak şunları söyledi: 'Bizde işçi meselesi yoktur. Böyle kanunlar hazırlamak gerekirse o vakit tabii hükümet bunu düşünecek ve böyle bir kanun tasarısını Meclise getirecektir.'

Evet, işçi meselesi yoktur. Fakat biz odalarımızda oturup hiç kitap okumuyor, inceleme yapmıyoruz. Efendiler, yalnız İstanbul'da büyük üretimde çalışan kırk binden çok işçi vardır. 341 fabrika var. Daha öteye beride yirmişer, otuzar kişi çalıştığı gibi ticarethanelerde, limanda da 4-5 bin işçi vardır. Bunların toplamı 120.000 kadardır. Aileleri ile birlikte onlar İstanbul halkının yarısını teşkil ederler. Biz 'işçi meselesi yoktur' diyoruz; fakat bu adamların ihtiyacı nedir? Halleri nicedir? Günde kaç saat çalışıyorlar? Bunu incelemedik, öğle tatili yapmadan, arada bir dinlenmeden gündeliği üç kuruşa, beş kuruşa çalışıyorlar, İstanbul terzilerinin hallerini isterseniz görürsünüz ki, 14 saat çalışıyorlar ve ona karşılık haftada 24 kuruş alıyorlar. Bu işçiler için kanun hazırlamalıyız."

Osmanlı Devleti'nde artık bir işçi sınıfı olduğunu ve bu sınıfın sorunlarına kayıtsız kalınmaması gerektiğini belirten Vilasof Efendi, konuşmasını şöyle sürdürmüştür:

"...Selanik'te 4 ay önce Federasyon Sosyete Uvriyer adında (İşçi Cemiyetleri Federasyonu) bir cemiyet kurulur ve hükümete Cemiyetler Kanunu'nun 6. Maddesi gereğince bir beyanname ile

ana tüzüğünden iki nüsha verilir. Aradan 4 ay geçer, Selanik'te ve Rumeli'de Divan-ı Harp kaldırıldığı gün işçilerin kulübü kapanır. Sebebi de şimdiye kadar kurulmasına izin verilmemiş olmasıdır... Selanik'te bir tütüncü sendikası vardı, işte o sendika üç ay önce hükümete aynı yolda bir ana tüzük sunmuş, ona karşılık 'alındı belgesi' verilmiş, iki ay sonra hükümet tarafından bir ruhsatname veriliyor ve o ruhsatnamede politika ile uğraşmamak üzere izin verildiği bildiriliyor."

Vilasof Efendi konuşmasına bir grevi anlatarak devam etmiştir:

"Bir mesele daha var:

Geçenlerde grev ilan olunmuştu. Limanda çalışan hamallardan iki bin kadarı grev yapmışlardı. Onlardan 1000 kişi Kürt, 500'ü Türk, 150'si Rum, Ermeni, Arap vesair unsurlara mensup, sonra o işçilerin arasına birkaç İstanbul sosyalisti girerler; 'siz niçin grev yaptınız' diye sorarlar. 'Bilmiyoruz, ırgatbaşılar bizi lostromolar aleyhine teşvik ettiler' diye cevap alınca, sosyalistler de 'siz kimseye alet olmayınız. Eğer grev ilan ederseniz menfaatiniz için grev ilan ediniz. Bunun için de bir cemiyet kurmak lazımdır,' demişler, işçiler bunu uygun bulmuşlar, bir defter almışlar, o deftere 290 kişi kadar ad yazmışlar, O vakit polis işe karışıyor. Ad yazılan defter henüz polis idaresinde bulunuyor. O sosyalisti 7 saat hapiste tutmuşlar, sonra kefaletle bırakmışlar. Hangi kanuna dayanılarak böyle hareket edildi?

Bu işçiler aleyhinde hareket etmek için kanuni bir sebep olmadığını görüyoruz..."[272]

Vilasof Efendi'nin de belirttiği gibi o günlerde Osmanlı'da sosyalist örgütler kurulmaya başlanmıştır. Osmanlı İşçileri 1850'den önce dernekler kurmuş ve grevler yapmışlardır. Bilinen ilk işçi cemiyeti 1871'de kurulan **Ameleperver Cemiyeti**'dir. 1908 ve öncesinde birçok sendikalar ve sayısız grevlerle yabancı kapitalistlere karşı direnmeler ve milli kurtuluş hazırlıkları yapılmıştır. İşçiler aydınlarla işbirliği yaparak mutlakiyet idaresine

---

272 **Takvim-i Vakayi**, 24 Teşrinisani, 1326 (1910) s. 271 (Meclis-i Mebusanın Birinci Devre, Üçüncü Yıl, 12. Toplantısı).

karşı gelmişler ve 1908 Anayasası'nda cemiyet kurma hakkının yer almasını sağlamışlardır. 1909 yılında **Osmanlı Terakki Sanayi Cemiyeti** kurulmuştur. Matbaalarda çalışan "mürettipler" de **Mürettibin-i Osmaniye Cemiyeti**'ni kurmuşlardır.

31 Mart İsyanı'ndan sonra Abdülhamit tahttan indirilmiş ve sıkıyönetim ilan edilmiştir. Ancak sıkıyönetim, fikri hürriyeti kısıtlayıcı bir yönde gelişmiştir. Bu süreçte önce grevler durdurulmuş, daha sonra da **Osmanlı Sosyalist Fırkası** ile işçilerin kurdukları **sosyalist kulüpler** kapatılmıştır.

O dönemde işçilerin yaşama ve çalışma şartları da son derece kötüdür. Sendikalar, birlikler ve federasyonlar kurmaktan başka yapacak bir şey yoktur. Özellikle Selanik, İzmir ve İstanbul gibi iş gücünün yoğun olduğu kentlerde sosyalist fikirleri savunanlar gittikçe artmıştır. Bu arada işçiler de uyanmaya başlamıştır. İşçiler haklarını korumak için sendikalar kurmak zorunda olduklarının farkına varmışlardır.

Bu akım, valilerin dikkatini çekmiş ve hükümet devreye girerek sosyalist hareketlere karşı dikkatli olunmasını istemiştir. Hükümetin bu konudaki açıklaması dikkat çekicidir:

"Selanik'te bütün işçilerin sendikalar kurması gittikçe genişliyor, yavaş yavaş sosyalizm fikir ve hayatının gelişmesi ile yerli ticaretin mahvolacağı anlaşılıyor. Bu bakımdan işçiler sendika kurmak için müracaat ettikleri vakit kendilerine 'alındı belgesinin' verilmesinde tereddüt ediliyor. Daha önce kurulmuş olan sendikaların çalışmaktan alıkonmaları için Bakanlar Kurulu kararı alınması doğru olacak."[273]

20. yüzyılın başlarında Osmanlı'da öğrenciler arasında da sosyalist görüşlerin yayıldığı anlaşılmaktadır. Örneğin, **İstanbul Hınçakyan Sosyal Demokrat Öğrenciler Birliği** 9-22 Aralık 1911 tarihinde *"Gaidiz"* dergisi yazı kurulu aracılığıyla Sosyalist öğrencilere hitaben, İtalya'nın Osmanlı'ya yönelik "emperyalist" saldırısını kınayan, *"Sosyalist Öğrencilere Çağrı"* başlıklı bir bildiri yayınlamışlardır. Bildiride şu açıklamaya yer verilmiştir:

---

[273] Kemal Sülker, **Dünyada ve Türkiye'de İşçi Sınıfının Doğuşu**, 1998, s. 73.

"Sosyalist Öğrencilere Çağrı"
Arkadaşlar!
İtalyan-Türk savaşı hâlâ devam ediyor. Tek sebebi İtalyan kapitalizminin saldırı siyasetidir. Savaş, insanlığın vahşi içgüdülerini yeniden ortaya çıkardı, ekonomik hayatı ve ülkemizin sükûnetini sarsıntıya uğrattı. Toplumun bütün sınıfları gibi biz öğrencilerin arasında da bir kargaşalık yarattı.

Biz sosyalist öğrenciler, insanlığın gelişmesi ve ilerlemesi açısından son derece zararlı olan bu savaşın bugünkü toplumun kapitalist düzeninin bir sonucu olduğu ve bu düzen ortadan kalkıp sosyalizm gerçekleşmedikçe yok olmayacağı inancındayız. İşte Hınçakyan Sosyal Demokrat Öğrencilerinin yıllık kongresi bu çağrıyı bütün ülkelerin ve özellikle İtalya'nın sosyalist öğrencilerine yollamayı oy birliği ile kabul etti. Amacımız savaşa ve İtalyan saldırısına karşı derin öfkemizi dile getirmek ve hep birlikte haykırmak!

Kahrolsun savaş!
Kahrolsun İtalya'nın kapitalist saldırısı! Yaşasın sosyalizm!"[274]

Mektepli Osmanlı gençleri arasında 1914 gibi erken bir tarihte sosyalizmin, "antiemperyalist" ve "antikapitalist" özelliklerine vurgu yapılması dikkat çekicidir. Trablusgarp Savaşı'nda Osmanlı'ya saldıran İtalya'yı "emperyalist" olarak adlandıran sosyalist Osmanlı gençlerinin, yıllar sonra *"6. filo go home!"* diye bağırarak Türkiye'yi Amerikan askerlerine dar eden sosyalist gençlerin öncüleri olduğu çok açıktır.[275]

Mustafa Kemal, doğal olarak bu faaliyetlerden haberdardır ve sosyalist düşünceden de etkilenmeye başlamıştır. Nitekim daha

---

274 George Haput-Paul Dumont, **Osmanlı İmparatorluğu'nda Sosyalist Hareketler**, Çev. Tuğrul Artunkal, İstanbul, 1997, s. 142.

275 Osmanlı'da sosyalizmin "antiemperyalist" niteliğinin gelişmesi, belirginleşmesi çok da kolay değildir. Çünkü eninde sonunda Osmanlı da bir "emperyal"dir. (Ottoman Empaire). Fetihlerle üç kıtaya yayılan Osmanlı zaman içinde birçok ulusu kontrol altına almış ve yüzyıllarca onlara bir şekilde hükmetmiş bir "emperyal" yani "imparatorluk"dur. Bu nedenle bir Osmanlı gencinin –üzerindeki emperyal baskının boyutu ne olursa olsun– "antiemperyalist" olması çok da kolay değildir. Bu şartlarda Osmanlı'da antiemperyalizmin rolünü Türkçülük üstlenmiştir. Türkçülük de sosyalizmden değil milliyetçilikten beslenmiştir.

1904 yılında 2 numaralı not defterine *"Evvela sosyalist (socialiste) olmalı, maddeyi anlamalı!"* diye bir not düşmüştür.[276]

Sosyalizm Osmanlı Devleti'nin Meşrutiyet yıllarında bazı Osmanlı aydınlarınca da tartışılmaya başlanmıştır. Eylül 1910'da "**Osmanlı Sosyalist Fırkası**" kurulmuştur. Daha önce çıkmaya başlayan *"İştirak dergisi"* de sosyalist fikirleri savunmaktadır. **Sosyalist Hüseyin Hilmi**'nin yönlendiriciliğinde gelişen bu hareket çok güçlü değildir.

Osmanlı Devleti'nde sosyalizmin fazla gelişmemesinin temelde iki nedeni vardır. Bunlardan biri sanayinin yetersizliği dolayısıyla işçi sınıfının az olması, diğeri ise toplumsal ve kültürel yapının fazla gelişmemesi dolayısıyla yeni düşüncelerin iyi tanınmamasıdır. O dönemde işçi sayısı Selanik'te İstanbul'dan daha az olmasına rağmen, Selanik toplumsal ve kültürel bakımdan daha gelişmiş olduğundan oradaki işçi hareketleri ve sosyalist yapı daha canlıdır.[277]

Dolayısıyla, Mustafa Kemal'in sosyalizmi en azından fikirsel temelde tanıdığı ve bir dönem bu düşünce üzerine kafa yorduğu söylenebilir. Bu konuda kitaplar okuduğu bilinmektedir. Örneğin bu kitaplardan biri, yazarı belli olmayan *"Sosyalizm ve Kapitalizm Konusu"* adlı yazma eserdir. Atatürk, daha çok Osmanlı'daki sosyalist hareketlerden söz eden bu kitabı okurken önemli bulduğu yerlerin altını çizmiştir.[278] Ancak Mustafa Kemal Atatürk, sosyalizmi genç yaşında tanımış olmasına karşın, bu düşüncenin o zamanın Türkiye'sinin gerçekleriyle bağdaşmadığını düşünmüş olacak ki ömrünün sonraki dönemlerinde ideolojik anlamda sosyalizmle olan bağını kesmiş, hatta ömrünün önemli bir bölümünde "antisosyalist" bir görünüm sergilemiştir.

Kurtuluş Savaşı yıllarında Sovyet Rusya ile kurduğu ilişki, dönemin koşullarına özgü, tamamen "stratejik" bir hareket tarzının ürünüdür. Bazı araştırmacılar, Mustafa Kemal'in

---

276 Atatürk'ün Bütün Eserleri, C. 1, s. 15.
277 Sina Akşin, **Ana Çizgileriyle Türkiye'nin Yakın Tarihi**, C. I, 1997 s. 102.
278 Atatürk'ün altını çizdiği yerler için bkz, **Atatürk'ün Okuduğu Kitaplar**, C. 8, Ankara, 2001, 145 - 192.

Havza'da bir Bolşevik heyeti ile görüştüğünü, hatta bu heyetin başındaki Rus albayı Budiyeni ya da **Budu Medivani** ile ahbap olduğunu iddia etmektedirler.[279] Bazı araştırmacılar da Mustafa Kemal'in Moskova'ya bağlı Türkiye Komünist Partisi lideri Mustafa Suphi'nin adamları ile Havza'da görüştüğünü ileri sürmektedirler.[280] Mustafa Kemal'in Kurtuluş Savaşı'nın başlarında gizli açık bazı Sovyet temsilcileriyle temas kurduğu, görüşmeler yaptığı doğrudur. Örneğin Anadolu'ya gelen ilk Sovyet temsilcilerinden **Upmal Angarski**'yle çok sık görüşen Mustafa Kemal, tamamen siyasal taktik gereği (Rusya'dan yardım alabilmek için), *"Ben ve arkadaşlarım komünistiz, ama şartlar uygun olmadığı için bunu açıklayamıyoruz,"* demiştir. Mustafa Kemal, yine aynı siyasal taktik gereği, daha sonra da **Lenin**'le ve **Çiçerin**'le yazışmaya başlamış, mektuplarında Lenin'e *"Yoldaş Lenin"* diye hitap etmiştir. Ayrıca Türk-Sovyet ilişkilerinin güçlenmesinden sonra Anadolu'ya gelen Sovyet elçisi **Aralof**'la çok sıkı bir diyalog kurmuştur.

Dahası, Kurtuluş Savaşı sırasında Ankara'da yayımladığı *Hâkimiyet-i Milliye* gazetesinde *"Devlet Sosyalizmi"* terimini kullanmıştır. Birinci Meclis'te sol muhalefetin *"Halk Zümresi"* etrafında birleşerek güçlenmesine karşı Mustafa Kemal, 18 Eylül 1920'de Meclis'e *"Halkçılık Programı"* diye bir "sol" program sunmuştur. **Atilla İlhan**, buradan hareketle Atatürk'ün "sosyalist" olduğunu iddia etmiştir. Ancak Mustafa Kemal'in Kurtuluş Savaşı sırasındaki bu faaliyeleri –Taha Akyol'un da haklı olarak belirttiği gibi– tamamen dönemin koşullarına özgü "taktiksel" hareketlerdir.[281] Mustafa Kemal'in amacı, bir taraftan Meclis içindeki "sol muhalefeti" etkisizleştirmek, diğer taraftan da Sovyet Rusya'dan askeri, ekonomik ve diplomatik yardım almaktır. Nitekim Mustafa Kemal bu amaçlarına ulaştıktan sonra

---

279 Hüsamettin Ertürk, **İki Devrin Perde Arkası**, İstanbul 1957, s. 339; Fethi Tevetoğlu, **Türkiye'de Sosyalist ve Komünist Hareketler**, Ankara, 1967, s. 124.
280 Stefanos Yerasimos, **Kurtuluş Savaşı'nda Türk Sovyet İlişkileri**, İstanbul, 2002, s. 104, 105.
281 Taha Akyol, **Ama Hangi Atatürk**, İstanbul, 2008, s. 285, 274 vd.

Türkiye'de solu ve komünizmi tasfiye etmiştir.[282] Dönemin ateşli komünistleri Mustafa Kemal'in isteği ile İstiklal Mahkemeleri'nde yargılanarak çeşitli cezalara çarptırılmışlardır.[283] Bu nedenle Mustafa Kemal'in savaş yıllarında Rus temsilcileriyle kurduğu ilişkiler, Devlet Sosyalizmi, Halkçılık Programı ve sol söylemleri, onun sosyalist olduğuna kanıt olarak gösterilemez. Kendisi de Kurtuluş Savaşı sırasında Mazhar Müfit Kansu'ya *"Sosyalist filan bizim anlayamayacağımız, karışık bir zihniyetin ifadesidir. Sosyalist bilmem, (...) vatan, millet, milliyetçilik biliyoruz"* demiştir.[284]

Mustafa Kemal'in, akıl ve bilimi temel alan, "halkçı" ve "antiemperyalist" bir önder olmasından yola çıkarak ve bazı konuşmalarını kaynak göstererek, onun bir sosyalist olduğunu iddia etmek kanımca "zorlama" bir yorumdur.

Ancak Mustafa Kemal Atatürk, bir sosyalist olmamasına karşın onun fikirsel zenginlikleri arasında sosyalist düşünceye ait öğelere de rastlamak mümkündür.

ATATÜRK'ÜN AKILCI DİN ANLAYIŞINA YÖNELMESİ

Mustafa Kemal'in pozitivizmle haşır neşir olduğu askeri öğrencilik yıllarının onun tüm inancını yok ettiği söylenemez. Mustafa Kemal o yıllarda zaman zaman materyalizme de meyletmiş olsa bile daha çok pozitivizmden etkilenmiştir. Katı materyalistler gibi "dini inancı" yok olmuş değildir. Hatta dini inancının yok olması bir yana, o yıllarda bir ara din ve maneviyat konularıyla daha derinden ilgilenmeye başlamıştır. Örneğin, Manastır Askeri İdadisi'ndeyken bir ara dinsel içerikli şiirler yazmayı denemiştir.[285] Hatta Harp Okulu'nda öğrenciyken değişik

---

282 Mustafa Kemal'in solu ve komünizmi tasfiyesi için bkz. Akyol, **age.** s. 280-298.
283 **age.** s. 281, 287.
284 Mazhar Müfit Kansu, **Erzurum'dan Ölümüne Kadar Atatürk'le Beraber**, C. II, Ankara, 1968, s. 426.
285 Bu gerçek, daha sonra şu şekilde ortaya çıkmıştır: "Bir akşam sofrasında bulunan bir genci tahtaya kaldırmıştı. Bir şiir dikte etmişti. Bu şiir tuhaf bir karamsarlık ifade ediyordu. Felekten sızlanıyor, bu hayatın manasız olduğunu söylüyor ve ölüme özeniyordu. Yanındakilere 'bu şiir kimindir' dedi. Olanca

nedenlerden dolayı zor durumda kalan arkadaşlarına telkinlerde bulunurken, *"Allah'ın en zor anlarında insanlara yardım edeceğini"* söyleyerek, dinsel bir yaklaşımla onları "metin olmaya" çağırmıştır. Mustafa Kemal'in Harp Okulu'ndan sınıf arkadaşı **Ali Fuat Cebesoy'a** kulak verelim:

"...*Bu sırada Mustafa Kemal'de uyanmış, tedirgin bakışlarla bana bakıyordu. Başıma bir kaza gelmesi ihtimalinden endişe ediyor, bununla beraber renk vermemeye çalışıyordu. Koğuştan çıkarken yavaşça: 'Merak etme kardeşim, Allah büyüktür,' dedi ve metin olmamı tavsiye etti...*"[286]

Yine Harbiye'de öğrenciyken bazı hafta tatillerinde Beykoz'da **Yuşa Efendi Dergâhı'nın** şeyhine konuk gitmiş. Şeyh de ona ve beraber gelen diğer gençlere okulu bırakmamalarını, okuyup büyük adam olmalarını öğütlemiştir. **Cemal Granda**'nın anlatımıyla: "Mustafa Kemal, o günleri hiç unutmamış olacak ki Boğaz'dan her geçtiğimizde başını Beykoz'un üstündeki dergâha doğru çevirerek eski anılarını tazeler ve bize: '*Eğer bize Şeyh Hazretleri okuma aşkı vermeseydi, halimiz nice olur?*' der, durur."[287]

Mustafa Kemal'in askeri öğrencilik yıllarına ait ders notlarına bakılacak olursa, **din derslerinde aldığı notların** oldukça yüksek olduğu görülecektir. Örneğin, Selanik Askeri Rüştiyesi dördüncü sınıfında okutulan *"Tarih-i İslam"* dersinden 45 üzerinden 43,[288] Harp Okulu birinci sınıfında okutulan *"Akaid-i Diniyye"* dersinden 45 üzerinden 42, Harp Okulu ikinci sınıfta okutulan *"Akaid-i Diniyye"* dersinden ise 45 üzerinden 45 aldığı görülmektedir.[289] Fakat şurası da muhakkaktır ki Mustafa

---

hafızamızı kullandığımız halde böyle bir şiir hatırlamıyorduk. Nihayet kendisi 'bu şiir benimdir' dedi. Manastır Askeri İdadisi'nde geçirdiği günlerin yadigârıydı, ilave etti, 'tabii böyle yazılacaktı. Sağıma bakardım medrese, soluma bakardım tekke, ağalar, pirler, dervişler, insan bunalmaz da ne yapar." Sadi Irmak, **Atatürk, Bir Çağın Açılışı**, İstanbul, 1984. s. 19.

286 Cebesoy, age. s. 33.
287 Cemal Granda, **Atatürk'ün Uşağı İdim**, İstanbul, 1973, s. 255.
288 Kara Harp Okulu Arşivi, **Numara Defteri**, No: 13, Güler, age. s. 93.
289 Mekatib-i Askeriye Şakirdanının Umumi İmtihanlarının Neticelerini Bildiren Cetveller, İstanbul, 1317, İstanbul Üniversitesi Kütüphanesi Osmanlıca Eserler

Kemal bir taraftan bu derslerde "klasik dini bilgileri" öğrenirken, diğer taraftan "materyalist" ve "pozitivist" içerikli kitaplar okuduğu için olsa gerek, geleneksel din anlayışına yönelttiği eleştiriler de her geçen gün artmıştır.

Mustafa Kemal, askeri okullarda bulunduğu dönemde, klasik anlamda geleneksel din anlayışından yavaş yavaş soğumakla birlikte, aslında din anlayışına farklı bir şekil verip inancının sınırlarını "**akıl ve bilimin**" çizgileriyle belirginleştirmeye başlamıştır.

Mustafa Kemal'de akılcı din anlayışının ortaya çıkışında çok değişik etkenler rol oynamıştır. Örneğin Harp Okulu yıllarında etkisi altında kaldığı **Voltaire, J. J. Rousseau** gibi bazı aydınların din ve Tanrı konusundaki kısmen "müspet" görüşleri, Mustafa Kemal'de "akılcı din" anlayışının ortaya çıkışında rol oynayan etkenler arasında ilk sırada gösterilebilir.

DOĞAL DİN ANLAYIŞI VE ATATÜRK

Mustafa Kemal askeri öğrencilik döneminden itibaren bir tür "**doğal din**" anlayışına yönelmiştir.

"Akılcı" ya da "doğal din" anlayışı Avrupa'da din ve Tanrı konusundaki tartışmaların yoğunlaştığı 16. yüzyılda ortaya çıkmış, 17. ve 18. yüzyıllarda ise iyice belirginleşmeye başlamıştır.

Doğal din anlayışını ortaya koyan, Fransız **Jean Bodin (1530-1597)**'dir. **Bodin'e göre** dinlerin her biri prensip olarak doğru olabilirdi; fakat gerçek mutluluğu yakalamak için gereken ilkeler daha çok akıldan doğuyordu. Aslında bütün dinler doğal olan ve her insanda baştan beri bulunan tek bir dinin türevleridir. Bu nedenle ne pagan ne de ilahi dinlerin bir sürü ve karmaşık yasalarına gerek yoktur. Bodin'e göre her insanda ve her toplulukta doğal olarak bulunan "akıl dini" "*Tanrı'nın bir olduğuna, ahlak bilincine, özgürlüğe, ölümsüzlüğe ve öbür dünyada bir misillemeye inanma,*" temeline dayanmaktadır.

Bölümü, Tasnif No: 89925 - 89926'dan Güler, **age.** s. 139, Kara Harp Okulu Arşivi, Numara Defteri, No: 13, s. 24; Güler, **age.** s. 140.

İngiliz **Herbert of Cherbury** (1581-1648), dinsel düşüncenin özünü, "doğal din" anlayışında bulanlardandır. Ona göre de her dinin temelinde, her yerde ve her zaman geçerli olan 5 temel esas vardır.

Bunları şöyle sıralamıştır:
1. En yüce bir varlığa inanma,
2. Buna tapınma,
3. Bu tapınmayı insanı güzel ahlaka götüren bir yol olarak değerlendirme,
4. Günah ve suçun cezasını pişmanlıkla ödeme,
5. Öbür dünyada bir ödül ve cezanın olacağını bekleme.

Cherbury, ayrıca tarihsel dinlerin zaman içinde akla aykırı birçok **batıl inanca** saplandığı kanısındadır.

Din ve akıl birlikteliğine değinen düşünürlerden biri de Leibniz'dir. **Leibniz, Tanrı'nın akılla kavranmasından** yanadır. Akılla uyumlu dini öğretilerden oluşan "akıl dini" ile tarihi dinlerden oluşan "pozitif dini" uzlaştırmaya çalışmıştır.

Akıl dini anlayışının 18. yüzyıldaki en önemli temsilcisi ise **John Toland (1670-1722)**'dır. Toland, ilk kez Hıristiyanlığı her türlü mantık dışı inançlardan arıtarak bir akıl dini haline getirme denemesini yapan kişidir. Doğal din ya da akıl dini anlayışını *"Pantheistikon"* adlı eserinde ortaya koymuştur. Toland'a göre akıl dininin rahibi "bilim" olacaktır. Bu yeni dinin mensupları ise, tarihteki büyük öğreti sahiplerinin görüşlerine körü körüne bağlanmayan, onları objektif bir şekilde eleştiren insanlardan meydana gelecektir. Toland'a göre *"vahiy akla uygun olmalıdır."* Toland, mantık dışı unsurlardan arındırılan bir Hıristiyanlığın akla uygun olacağını ileri sürmüştür.

Toland'ın, *"dini hurafelerden arındırmak"* olarak adlandırılabilecek bu yaklaşımı, Mustafa Kemal'in *"dinde öze dönüş"* olarak adlandırılabilecek çalışmalarının altyapısını oluşturmuş olabilir.

Ünlü aydınlanmacı düşünürlerden **Voltaire**, "tanrıtanımazlık" düşüncesine karşıdır. Voltaire, akıl dışı unsurlardan dolayı Hıristiyanlığa yoğun eleştiriler yöneltmesine rağmen, Tanrı'nın varlığına ve ruhun ölümsüzlüğüne olan inancını akla bağlamaktadır. Voltaire, inancın temelinde aklı görmektedir. Nitekim Mustafa Kemal'in, *"Bir dinin tabii olması için akla, fenne ve mantığa uygun olması lazımdır"*[290] biçimindeki değerlendirmelerinin kaynağı, büyük oranda, askeri öğrencilik yıllarında okuyup etkisinde kaldığı Voltaire'in görüşlerine dayanmaktadır.

Özellikle, Harp Okulu yıllarında Batılı düşünürleri ve fikirlerini yakından tanıyan Mustafa Kemal, onların din ve akıl konusundaki görüşlerinden yoğun şekilde etkilenmiştir. Batılı düşünürler, din ve akıl tartışmalarında doğal olarak Hıristiyanlık dinini temel alarak değerlendirmeler yapmışlardır. Örneğin, Tanrı'nın varlığına inanan Voltaire, Hıristiyanlığı akıl dışı unsurlardan dolayı ağır bir şekilde eleştirerek *"Hıristiyanlık üstü bir akıl dini"* görüşünü savunmuştur.

Bu konulara kafa yoran Batılı düşünürlerden, özellikle de Voltaire'den etkilenen Mustafa Kemal, doğal olarak "akıl ve din" konusuna Hıristiyanlık açısından değil, İslam açısından yaklaşmıştır. İslam dininin inanç ve ibadet ilkelerini çocuk yaştan itibaren çok iyi öğrenmiş olan Mustafa Kemal, Batılı aydınların akıl ve din konusundaki teorik görüşlerini İslam dinine uyarlamakta zorluk çekmemiştir. Tanrı'nın varlığına inanan Batılı düşünürler bile akıl dışı unsurların fazlalığından dolayı Hristiyanlık dinini ortadan kaldırmayı amaçlarcasına bu dine eleştiriler yöneltirlerken; Mustafa Kemal, birçok defa İslam dininin büyük oranda akla ve mantığa uygun bir din olduğunu ifade etmiştir. Bir bakıma Mustafa Kemal, bazı Batılı aydınların geleneksel Hıristiyanlıktan tamamen soyutlayarak "akıl dini" ya da "doğal din" olarak adlandırdıkları şey ile İslamiyetin "öz" itibariyle aynı anlama geldiğini ileri sürmüştür. Buna karşın, Batılı aydınların Hristiyanlığa yönelttikleri eleştirilerin benzerlerini zaman zaman Mustafa Kemal de İslama yöneltmekten çekinmemiştir. Ancak ileride detaylandırılacağı gibi, Mustafa Kemal'in İslam eleştirilerinin temelinde, her şeyini dine endekslemiş bir toplumu bir

---

290 (31.1.1923 - İzmir'de Halk İle Konuşma), ASD, C. II, Ankara, 1989, s, 90.

an önce akıl ve bilimle tanıştırma isteğinin büyük etkisi vardır. Özellikle devrimler sürecinde, toplumu akıl ve bilim çerçevesinde yeniden biçimlendirirken genelde din kavramına, özelde de İslama eleştirel yaklaşmıştır.

Ayrıca Mustafa Kemal, "öz" itibariyle akla ve mantığa uygun bir din olan İslamın, sonradan bu dine dâhil olan akıl dışı unsurlardan arındırılması gerektiğine inanmaya başlamış ve 1930'larda uygulamaya koyduğu **Dinde Öze Dönüş Projesi** çerçevesinde bu doğrultuda adımlar atmıştır.

Mustafa Kemal'de akılcı din anlayışının ortaya çıkışında rol oynayan diğer önemli etkenleri de şu şekilde sıralamak mümkündür:

Suriye Etkisi

Mustafa Kemal'de, akılcı din anlayışının gelişmesinde etkili olan faktörlerin başında, Türklerin, İslam dinini kendi bakış açılarıyla, özgün bir yaklaşımla yorumladıklarını fark etmesi gelmektedir.

Mustafa Kemal, askeri öğrencilik yıllarının hemen ardından kendini askerlik mesleğinin içinde bulmuştur. Harp Akademisi'ni bitirince Kurmay Yüzbaşı olarak Şam'daki Dördüncü Orduya tayin edilmiştir (1905).

Mustafa Kemal'in Arap coğrafyasındaki bu yılları, onun yaşamındaki dönüm noktalarından birini oluşturacaktır.

"Şam, bu yarının insanı üzerinde derin bir etki bırakacaktı. Mustafa Kemal ömründe ilk olarak, hâlâ Ortaçağ karanlığında yaşamakta olan bir şehir görüyordu. Şimdiye kadar tanıdığı Selanik, İstanbul ve son olarak Beyrut hep kozmopolit yerlerdi; çağdaş bir uygarlığın çeşitli konfor ve eğlenceleriyle canlı şehirler... Oysa kutsal bir Arap kenti olan Şam, bir ahret şehriydi. Karanlık bastıktan sonra dolaştığı sokaklar, bomboş ve sessizdi. Evlerin yüksek duvarlarından ve kafesli pencerelerinden dışarı ne ses ne soluk sızardı. Sonra bir gece Mustafa Kemal, bir kahveden çalgı sesleri taştığını duyarak şaştı. Kapıdan bakınca içe-

risinin Hicaz demiryolunda çalışan İtalyanlarla dolu olduğunu gördü. Mandolin çalıp şarkı söyleyerek karıları ve kız arkadaşlarıyla dans ediyorlardı..."[291]

Şam, Mustafa Kemal'in, içinde yaşadığı yorgun imparatorluğun başka bir yüzüyle tanışmasını sağlamıştır. Burada yaşayan insanlar, ne Selanik'te ne de İstanbul'da yaşayanlara benzememektedir. Burada zaman ters akıyor gibidir. Katı gelenekler, yozlaşmış dini inançlar ve tüm şehri çepeçevre kuşatan derin bir karanlıktan başka hiçbir şey yoktur.

"Her şey karanlık içinde ve hava, gericilik, baskı ve derinden derine ikiyüzlülükle doluydu. Mustafa Kemal, milletinin gerçek düşmanının sadece yabancılar olmadığını artık anlıyordu. Türklerin yabancılardan öğrenecekleri bir şeyler vardı. Gerçek düşman kendi aralarındaydı. Onları başka milletlerin yürüdüğü yoldan alıkoyan, gelişmeleri önleyen, baskı altında tutan softalık ve yobazlık... Mustafa Kemal'in görüşüne göre Osmanlı imparatorluğu, Müslüman olmayanların cennetin bütün nimetlerinden yararlandıkları, Müslümanların ise cehennem azabı çekmeye zorlandıkları bir yerdi."[292]

Mustafa Kemal, Şam'da bir taraftan kendini zindanda gibi görürken, diğer taraftan önüne set çeken parmaklıkları yıkıp bu ölü topluluğa hayat vermek için mücadele etmeyi düşünmüştür. Bunun tek yolu siyasal eyleme geçmektir. Mustafa Kemal, çok geçmeden bu düşüncelerin etkisiyle Şam'da, **Vatan ve Hürriyet Cemiyeti'ni** kurmuştur (1905).

Bu eski ve kutsal Arap kenti, Mustafa Kemal'i sadece siyasal eyleme yöneltmekle kalmamış, onun toplumsal ve sosyal sorunlara çözüm arama isteğini de kamçılamıştır.

Mustafa Kemal'in Şam'daki izlenimleri buradaki din anlayışı üzerinde yoğunlaşmıştır; çünkü bu şehirde her şey "katı" ve "dogmatik" bir din anlayışıyla kuşatılmış gibidir. Mustafa Kemal'in Şam'da tanık olduğu İslam anlayışı, Selanik ve İstanbul

---

291 Kinross, age. s. 40.
292 age. s. 41.

gibi Osmanlı kentlerinde görülen İslam anlayışından çok farklıdır. En önemlisi, buradaki İslam anlayışı, Mustafa Kemal'in alışık olduğu **Mevlevi** ve **Bektaşi** yorumlarıyla renklenen tasavvufi unsurlar taşıyan Türk-İslam anlayışından çok uzaktır.

Mustafa Kemal, Suriye'de bulunduğu yıllarda "**Arap-İslamı**"nı tanımış, İslamın Arap yorumunu, Türk yorumuyla karşılaştırma fırsatı bulmuştur. Daha önce de vurgulandığı gibi Mustafa Kemal öğrencilik yıllarında, tatillerde Selanik'e döndüğünde **Mevlevi Tekkesi'ni ziyaret edip** orada Mevlevi ayinlerine katılıp semahlar seyretmişti. O ayinlerde gördüklerinden ve dinlediklerinden oldukça etkilenmişti. Yine daha önce belirtildiği gibi **Mevlana**'yı takdir eden Mustafa Kemal, bu büyük Türk mutasavvıfını incelemiş, onun *"Mesnevi"* ve *"Divan-ı Kebir"* tercümelerini okumuştu.[293] Mustafa Kemal, Suriye'de bulunduğu yıllarda gördüğü İslamın Arap yorumunun, Selanik'te tatillerde gördüğü Mevlevi ayinleriyle, dolayısıyla Türk-İslam anlayışıyla, uzaktan yakından hiçbir ilgisinin olmadığını farketmişti. Bu görüşünü yıllar sonra şöyle ifade etmiştir:

"Müslümanlık aslında müsamahalı ve modern bir dindir. Araplar onu kendi bünyelerine göre anlamışlar ve tatbik etmişlerdir.

Sıcak bir iklimde oturan, suyu nadiren bulan ve kullanan umumi bir hareketsizlik içinde ömür süren Badiye Arapları için günde beş defa abdest alıp, beş defa namaz kılmak, çok ileri bir hareket adımıdır. Hz. Muhammed'in dini, insanları harekete sevk etmek esasına dayanır. Hâlbuki Badiyedeki (Bedevilerdeki) tatbik şekliyle Müslüman ibadeti Türkler için çok hareketsiz sayılabilir. Sarp dağlarda at oynatan, erimiş kar sularıyla yıkanan Türk için abdest ve namazdan ibaret olan ibadet tarzı çok hareketsiz kalmıştır. Şamanî dininde iken dans eden, şarkılar söyleyen, kopuzlar çalan, şiirler okuyan Türk, namazı az ve hareketsiz bir ibadet saymıştı."[294]

---

293 Sadi Borak, **Atatürk ve Din**, İstanbul, 1962, s. 56.
294 **age.** s. 58.

Mustafa Kemal, İslamın Arap yorumunun Türklere fazla bir şey kazandırmadığını ifade ederken, sözü dönüp dolaştırıp İslamın Türk yorumunu yapan Mevlana'ya ve **Mevleviliğe** getirmiştir:

"*...Mevleviliğe gelince, o tamamıyla Türk ananesinin Müslümanlığa nüfuz örneğidir. Mevlana büyük bir reformatördür. Ayakta dönerek ve hareket halinde Allah'a yaklaşma fikri Türk dehasının en tabii ifadesidir. Bir tarafta müzik çalıyor, diğer tarafta insanlar ilahiler söylüyor ve ayağa kalkmış, diğerleri hayali bir dönüş ile ellerini göklere kaldırıyor. Bunun estetiği fevkaladedir.*"[295]

Mevlana'yı "*Büyük bir reformcu*" olarak tanımlayan Mustafa Kemal, İslamın Türk yorumu olarak gördüğü Mevleviliği överken, **Mevlana'nın**, Türklere uygun olmayan Arap İslam anlayışını reforme ederek Türklere uygun hale getirdiğinin altını çizmiştir. Ona göre Mevlana, hareketsiz Arap İslamını, saz, söz ve semah figürleriyle hareketlendirerek Türk karakterine uygun hale getirmiştir.

Mustafa Kemal ileriki yıllarda da bu konuya kafa yormaya devam etmiştir. İslam üzerine okuduğu kitaplarda en çok üzerinde durduğu konularan biri Türk ve Arap Müslümanlığı arasındaki farklardır.

Atatürk, **L. Caetani**'nin "*İslam Tarihi*" adlı eserini okurken Arap İslamına ağır eleştiriler getiren aşağıdaki satırların altını "önemli" bularak çizmiş ve paragrafın hemen başına "*Dikkat*" diye yazmıştır:

"*Arabistan'ı Müslüman yapan şey, tek bir Allah'a samimi bir iman değil böyle maddi çıkarlar ümidi olmuştur. (Dikkat) İslamiyet ancak Arap Yarımadası'nın sınırlarını aştığı ve Arap olmayan kavimleri egemenliği altına aldığı gün hakiki bir din, itikad edilmiş bir iman haline geldi.*

Araplar İslamiyeti, dönüşü olmaksızın kabul ettiler. Bunu bir silah, inanmadıkları ahiret hayatı için değil, bu dünyada

---

295 age. s. 58.

büyük servet kazanmak için bir araç yaptılar. İslam dinini Muhammed'den aldıkları şekilde Arabistan dışındaki kavimlere verdiler, kendileri değişmemiş ve dönüşmemiş bir halde kaldılar. (...)Araplar Muhammed'in hayatında ve hatta Muhammed'den sonra yeni dinin yalnız siyasi tarafları ve maddi faydalarını gördüler.(...) Arap tarihinin bir devresi geldi ki (Emevi halifeleri zamanında) Arap olmayan kavimler İslamiyet'e samimi surette inanmış oldukları halde gerçek Araplardan oluşmuş olan idareci sınıf hemen hiç inanmıyordu. İslamiyeti bir araç ve hükümet sebebi olarak kullanıyorlardı."[296]

Şam'da bulunduğu dönemde bazı gerçeklerle yüz yüze gelen Mustafa Kemal, Araplar ve İslamın bu bölgedeki algılanış biçimi, Arap ve Türk Müslümanlığı arasındaki farklar gibi birçok dinsel başlıklı konu üzerinde düşünme fırsatı bulmuştur. Bizzat tanık olduğu olaylar, İslam dinini ve bu dinin bölgesel farklılıklarını da tanımasına yardımcı olmuştur.

Mustafa Kemal, burada yaptığı gözlemler sonucunda Arapların, Yavuz Sultan Selim'in halifeliğini asla kabul etmediklerine tanık olmuş ve Araplardaki yaygın kanaatin, Türklerin halifeliği Araplardan gasp ederek aldıkları biçiminde olduğunu görmüştür.

Mustafa Kemal, ayrıca Kur'an'ın metni içindeki *"Sizi ıslah ve doğru yola sevk için Kur'an'ı diliniz Arapçayla indirdik."* açıklamasına karşın, Arapların Arapçayı dinde bir üstünlük aracı olarak kullandıklarını görmüştür.[297]

Bu topraklarda sadece Müslüman olmak yeterli değildi. Bu topraklarda Arap Müslümanlar kendilerini diğer ırklara mensup Müslümanlardan üstün görmekteydiler. Öyle ki bu coğrafyada Türk olmak bile hakarete uğramak ve aşağılanmak için yeterliydi.

Mustafa Kemal'in Şam'da karşılaştığı bir olay, Arapların İslam dinini nasıl bir "üstünlük aracı" haline getirdiklerini gözler önüne sermektedir:

---

296 **Atatürk'ün Okuduğu Kitaplar**, C. 3, Ankara, 2001, S. 294.
297 Kutay, **Türkçe İbadet**, s. 135.

"Şam'daki garnizonda basit bir nedenle kavga eden biri Türk, diğeri Arap kökenli iki eri karşısına alan nöbetçi subayın, kimin haksız olduğunu bile araştırmadan, *'sen kim oluyorsun da Kavm-i Necib'ten birine hakaret ediyorsun?'* diye Türk erini suçlaması ve aşağılaması, Mustafa Kemal'de imparatorluk içindeki üstün kavim anlayışına karşı büyük bir tepki doğurmuş, Türklük duygularını kamçılamıştır."[298]

Şam'da karşılaştığı bu Arap fanatikliği Mustafa Kemal'i derinden etkilemiştir. Bu olayın, daha sonraki yıllarda onun, *"dinde Türkçeleştirme"* ve *"dini Arap etkisinden ve baskısından kurtarma"* çalışmalarına kaynaklık etmiş olması olasıdır.

Mustafa Kemal, Suriye'de bulunduğu dönemde, Arapların İslam dinini nasıl istismar ettiklerini ve çıkarlarına uygun olarak bilerek yanlış yorumladıklarını fark etmiş, İslam dininin bu topraklarda sömürü aracı olarak kullanıldığını görmüştür. İşte tam da o günlerde, genç subay Mustafa Kemal'in kafasında İslam dininin sömürü aracı olarak kullanılmaktan kurtarılması gerektiği yönünde ilk fikirler belirmeye başlamıştır. Mustafa Kemal'e göre bu konuda atılacak ilk adım Müslümanlığı, Arap etkisinden ve baskısından kurtarmak olmalıdır.

Şurası muhakkaktır ki Mustafa Kemal'in sonraları ele alacağı dinde Türkçeleştirme (Türkçe ezan, Türkçe hutbe, Türkçe Kur'an) hareketinin fikirsel alt yapısı Şam'daki Kurmay Yüzbaşılık yıllarına dayanmaktadır.

Mustafa Kemal üzerindeki Şam etkisini aktaran Ahmet Fuat Bulca, Mustafa Kemal'in Kurmay Yüzbaşı olarak iki yıla yakın hizmet verdiği Şam'dan Selanik'e döndüğünde, din ve maneviyat konularında adeta *"başka bir insan"* olduğunu belirtmektedir.[299]

Mustafa Kemal Şam'da, din konusunda uzman denilebilecek kişilerle birlikte olmuştu. Bunlar arasında en önemlileri,

---

298 Arap fanatikliğinin Atatürk üzerindeki etkileri için bkz. Ali Fuat Cebesoy, **Sınıf Arkadaşım Atatürk- Okul ve Gençlik, Subaylık Hatıraları**- İstanbul, 1967, s. 99, 100.
299 Kutay, age. s. 136.

Selanik Hukuk Mahkemesi Müdürü ve daha sonra Şeyhülislam ve Evkaf Nazırı olan Mustafa Hamdi Efendi ile "Osmanlı Müellifleri" adlı eserin yazarı Bursalı Tahir Bey'dir.

Ahmet Fuat Bulca, Mustafa Kemal'in Suriye'den Selanik'e döndüğünde din ve maneviyat konularındaki değişimini şöyle gözlemlemiştir:

"...Bizlerle sohbetlerinde sık sık Arapların din yapıları ve bize karşı bu faktörü kasıtlı kullandıklarına ait dinledikleri ve gördükleri vardı. Hususiyetle Suriyelilerin İslamiyeti telakki ve tatbik tarzlarının bize hiç benzemediği yolunda misaller veriyordu. İngilizlerin Vehabiliği bir mezhepten farklı olarak, adeta bir din yapısına sahip düşüncelerin esas İslamiyetle alakasını münakaşaya değer bulurdu. Bu arada Hıristiyanlık ve Musevilikle ilgili kendi gözlemlerini değerlendirmeye çalışıyordu. Selanik, Askeri Rüştiye ve Manastır İdadisi'nde talebeyken yaz tatillerinde Fransızcasını ilerletmek için Cizvit Frerler Okulu'na devam etmişti. Bu arada Katolik ve Ortodoks mektepleriyle de alakalanmıştı. Birkaç defa beni de zorlayarak iki mezhebin kiliselerine, ayrıca Musevi Havrasına (Sinagog) gitmiştik. Bunları hiç yadırgamamıştım. Bugün de aynı duyguları koruyorum. O, milletini alakadar eden her mevzuya bizden çok farklı karar verir, onları kendi kıstasları içinde inceler, hükümlendirirdi.

İyi hatırlıyorum, bir defa Arap İslamiyet anlayışıyla Musevilik ve Hıristiyanlığı kıyaslarken, 'Bunların inançları Müslüman ismi taşıyan Lübnanlı Katoliklerden daha çok bize benziyor, hiç olmazsa bir Allah'a bağlı kalmada daha samimiler. Anlaşılıyor ki, dünyada en samimi Müslüman biziz. Milletimizi şu Arapçadan (Arapçanın baskısından) kurtardığımız zaman daha kalbi Müslüman olacağız' demişti."[300]

Mustafa Kemal'in bu ve benzer görüşleri, onun pozitivist aydınlardan farklı bir yapıya sahip olduğunu göstermektedir. Pozitivist aydınlar, genelde İslam konusunda daha önyargılı bir tutum içindeyken; İslamiyetin bölgesel farklılıklarına, uygulanış

---

300 Ahmet Fuat Bulca'dan naklen, Kutay, **age.** s. 136, 137.

biçimine kafa yorma ihtiyacı duymazlarken; Mustafa Kemal, İslamiyetin bölgesel farklılıkları üzerinde durmakta, Arap-İslam anlayışıyla Türk-İslam anlayışı arasındaki farklılıklar üzerinde düşünmekte ve hatta İslam dininin uygulama biçimleriyle, Musevi ve Hristiyanlığın uygulama biçimlerini kıyaslama ihtiyacı hissetmektedir.

Mustafa Kemal'in İslam dini konusunda farklı düşüncelere sahip olmasında, sezgi, algılayış ve değerlendirme gücü kadar bulunduğu ortamların da büyük etkisi olmuştur. Örneğin bir süre Şam'da bulunması Mustafa Kemal için büyük bir şanstır. Bu sayede İslamın Arap yorumunu yerinde bizzat görebilmiştir.

Osmanlı Aydınlarının Etkisi

Mustafa Kemal'in dünya görüşünün, hayata bakışının, din ve Tanrı konusundaki düşüncelerinin olgunlaşmasında **Yeni Osmanlı** ve **Jön Türk** aydınlarının önemli etkileri vardır.

Yeni Osmanlı aydınları Batı düşüncesiyle İslam dini arasında bir sentez yapmaya çalışırken, **Jön Türkler** Batı'nın seküler-laik, pozitivist ve materyalist özelliklerini Osmanlı toplumuna aktarmanın yollarını aramışlardır. Yeni Osmanlı ve Jön Türk aydınları, bir taraftan Batı düşüncesi üzerine analizler yaparken, diğer taraftan da İslamın orijinal kaynaklarına dönerek belki de Osmanlı Devleti'nde ilk kez İslam dini konusunda entelektüel düzeyde tartışmalar başlatmışlardı.

Pozitivist ve materyalist fikirlerin kol gezdiği bir ortamda Mustafa Kemal'in etkilendiği bazı Yeni Osmanlı ve Jön Türk aydınları, onun kafasında din ve Tanrı konusunda yeni pencereler açılmasına vesile olacak ve genç subay, bu sayede İslam dini üzerinde ciddi bir şekilde düşünmeye başlayacaktır. Nitekim Mustafa Kemal'de tanrıtanımazlık düşüncesi yerine, akılcı din anlayışının ortaya çıkmasında, **Namık Kemal** ve **Ziya Gökalp** gibi "din olgusunu içselleştirmiş" aydınların büyük etkisi olmuştur. Genç Mustafa Kemal, bu gibi aydınları okudukça, dinin bir toplumsal gerçeklik olduğu yönündeki kanaati güçlenmiş ve dini toptan reddetmek yerine, dindeki bozulmayı düzeltme fikri gün geçtikçe daha ağır basmıştır.

Namık Kemal Etkisi

Mustafa Kemal daha öğrencilik yıllarında vatan şairi Namık Kemal'den etkilenmeye başlamıştır.

Mustafa Kemal'in Harp Okulu'ndan sınıf arkadaşı Ali Fuad Cebesoy ve Asım Gündüz, Mustafa Kemal ile birlikte Namık Kemal'in eserlerini gizlice okuduklarını ve Mustafa Kemal'in, Namık Kemal'i *"Türk ulusunun yüzyıllardan beri beklediği ses,"* olarak gördüğünü ifade etmektedirler.[301]

Mustafa Kemal, Namık Kemal'in *"Şark Meselesi"*, *"Hürriyet-i Efkâr"*, *"Usul-i Meşveret Hakkında Mektuplar"* ve *"Makalat-ı Siyasiye ve Ebediyye"* adlı eserlerini yanında taşımaya değer bulmuştur. Silvan'da anı defterine yazdıkları, Mustafa Kemal'in, Namık Kemal'in bu eserlerini sık sık okuduğunu göstermektedir.[302]

Mustafa Kemal, Namık Kemal'in "ulusalcı" yönünden etkilenmiştir. Mustafa Kemal, ulusalcı fikirlerinin berraklaşmasında en büyük etkiye sahip olan Namık Kemal'in düşünce ve şiirlerini Kurtuluş Savaşı yıllarında TBMM kürsüsünden dile getirecek kadar değerli buluyordu.

Yaygın anlayışın aksine Mustafa Kemal, Namık Kemal'in siyasal ve toplumsal konulardaki görüşleri yanında, onun dünya görüşünden, din ve inanç konularındaki fikirlerinden de oldukça fazla etkilenmiştir. Bu etkileşimi doğru anlamak bakımından Namık Kemal'in dünya görüşünü ve din olgusuna bakışını bilmek gerekir.

Namık Kemal ve Din

Namık Kemal, 18 yaşından itibaren tasavvufla ilgilenmeye başlamıştır. **Afyon Mevlevi Dergâhı**'na devam eden Namık Kemal'in aile fertleri arasında, Mevlevi kültürüne ve tasavvufa

---
301 Gündüz, **Hatıralarım**, s. 15 vd.; Cebesoy, **Sınıf Arkadaşım Atatürk**, s. 30 vd.
302 Turan, **age**. s. 7.

yakın olanların sayısı oldukça fazladır. Namık Kemal, Afyon'da bulunduğu dönemde Afyon Müftüsü Buharalı Abdülvahit Efendi'den dersler almıştır. Rusya ve Mısır'ı gezen, Arapça, Farsça, Rusça, Yunanca ve Latince bilen Abdülvahit Efendi'nin, Namık Kemal'in ruhi gelişiminde önemli bir etkisi olmuştur.[303] Namık Kemal'in din, inanç ve İslam konularındaki fikirlerinin iskeleti Afyon'da bulunduğu dönemde şekillenmeye başlamıştır.

Namık Kemal'in İslami fikirlerinin belirginleşmesinde **Leskofçalı Galib**'in çok önemli yeri vardır. Galib, klasik İslami fikirlerle yoğrulmuş biridir.[304]

Mustafa Kemal Atatürk'ün esin kaynaklarından Namık Kemal'in Mevlevilik ve tasavvufla haşır neşir olduğu yıllar ve aile çevresi, onun **Bektaşilikle** tanışmasını sağlamıştır. Namık Kemal, Bektaşilikten oldukça fazla etkilenmiştir.

"*Kerbela Mersiyesi*", şiir defterinde "Ali aşkı" ile yazılan "*Şahımdır Ali*", Eşref Paşa'nın "*Aleviyiz*" diye başlayan bir gazeline nazire olarak "*Aleviyim*" redifli şiiri, Namık Kemal'in Alevi-Bektaşi İslam anlayışından fazlaca etkilendiğini göstermektedir.[305] Şerif Mardin, Namık Kemal, İslam dini ve tasavvuf ilişkisini şöyle açıklamaktadır:

"*...Onun güçlü klasik kültürü ve üstadının Leskofçalı Galib oluşu kadar, 'Meclis' şairleriyle kurduğu ilişkiler de Kemal'in İslami inancını çok erken güçlendirmiş olması gereken diğer faktörlerdir. Kemal'in tanıdığı şairler arasında muhtemelen kendisine, birçok Türkün dinin daha incelmiş yönü addettiği tasavvuf veya İslam mistizmi ile iç içe geçmiş bir üniversalizm ve yarı panteizm anlayışını veren mistikler de vardı. Bu tür eğilimler herhalde 'Bektaşi bir aile' denilen kendi ailesinde de mevcuttu. Diğer taraftan Bektaşi tarikatı dervişlerinin Osmanlı İmparatorluğu'nun entelektüel hayatına yaptıkları katkılar ve 'sıradan insanların' dertlerini benimsemiş oldukları çok iyi bilinmektedir.*"[306]

---

303 Hikmet Dizdaroğlu, **Namık Kemal**, İstanbul, 1995, s. 6.
304 Mardin, **Yeni Osmanlı Düşüncesinin Doğuşu**, s. 230.
305 Akgün, "Namık Kemal", **İA, IX** / 55 vd 65; Öz, **age.** s. 15.
306 Mardin, **age.** s. 320.

Namık Kemal'in İslam diniyle ilişkisi dikkate alındığında, onun "halka" karşı duyduğu ilginin dini ve mistik temellerinin olduğu görülecektir. Bu dini ve mistik temel, onun daha sonra *"halkın siyasi sürece katılma"* yani cumhuriyet fikrini benimsemesini kolaylaştırmıştır.

Namık Kemal, Batı Düşüncesi ve İslam

Namık Kemal'in İslam anlayışı, onun Batılı değer ve kurumları benimsemesinde kolaylaştırıcı bir etki yapmıştır. Namık Kemal, çağdaş Batı düşüncesini benimserken geleneksel İslami teorilerle, aydınlanma dönemi düşüncelerini karşılaştırmış ve bir senteze varmıştır. Aynı yaklaşım Atatürk'te de vardır.

Namık Kemal, daha İstanbul'da bulunduğu ilk yıllarda devlet yönetimiyle ilgili aydınlanma dönemi fikirleriyle, İslamın geleneksel siyasal görüşünü kıyaslamayı denemiştir. O yıllarda manevi hocası Leskofçalı Galib'e yazdığı bir mektuptan, Namık Kemal'in Voltaire'in fikirlerini değerlendirdiğini anlamaktayız.[307]

"Namık Kemal, kendi İslami kültürünün temelleri üzerinde, ondokuzuncu yüzyıl ortalarında Avrupa'da geçerli olan liberalizm tipinin ön-gereklerine oldukça uygun olma üstünlüğüne sahip bir sistem geliştirdi. Ancak bu, İslami siyaset düşüncesindeki bazı faktörleri vurgulamak ve diğerlerine arka planda uygun bir şekilde atıfta bulunmak suretiyle yapıldı..."[308]

Namık Kemal, Batılı düşünürlerin ileri sürdükleri görüşleri yaşadığı topluma uyarlamaya çalışırken, bu fikirleri önce İslami

---

[307] age. s. 321. Namık Kemal bu mektupta şu düşüncelere yer vermiştir: "*Bu zat (Voltaire) akayidi mevcudenin tahribine vakf-ı nefs eylemiş ve fakat Ahmet Vefik Efendi'nin Bursa'yı yıktığı yolda hareket ederek tahribatının birçoğundan müstakim tarikler açılmış ise de, bir takımı dahi zulmü teşvişten başka bir şeyi mucib olmamıştır. Hele İslamiyet hakkında olan dela'ili bütün mev'ıza kitaplarından hikayet ve falan festeğizden rivayet olduğundan, onların sakamet-i neticelerini dahi bi't-tabi' sakim etmiş ise de, buna garazkârlıktan ziyade cehli sebeb olmuştur. Bu kitabın ekser mahallerindeki istidlat bayağı iktidar-ı beşerin haricinde görünecek kadar kuvvetli iken, bazı yerler vardır ki, Senih Efendi'nin sözleri kadar suhuletle cerh olunur. Sun'-i kudret karşısında nazar-ı istidlalin kemal-i aczü hayretine Voltaire'i pek büyük delil addediyorum.*"

[308] age. s. 321.

bir süzgeçten geçiriyordu; çünkü ona göre İslam, özü itibariyle ilerlemeye engel olan bir din değildi.

Namık Kemal, Batı düşüncesine damgasını vuran birçok düşünürden etkilenmiştir. Bu düşünürler arasında, Plato, Aristotales, Zeno, Çiçero, Descartes, Bacon, Rousseau, Voltaire, Codorcet, Turgot, Robespierre, Danton, Garibaldi, Silvio, Pellico gösterilebilir.[309] Fakat Namık Kemal için bu düşünürlerden bazıları çok büyük önem taşımaktadır. "*Siyaset ilminde 'yüce' hoca statüsüne ulaşan kişi*" olarak nitelendirdiği **Montesquieu**'yu takdir eden Namık Kemal, onun "***Kanunların Ruhu***" adlı eserinden övgüyle söz etmiştir.[310]

Namık Kemal'in vurgu yaptığı siyasi düşünürler ve eserler arasında **Rousseau** ve onun "***Toplum Sözleşmesi***" adlı çalışmasının özel bir yeri vardır.[311] Namık Kemal, Fransız romantik yazarlarının neredeyse tamamından etkilenmiştir. Halk egemenliği teorisini Rousseau'dan, ikili mukavele hakkındaki görüşlerini Locke'den, kuvvetler ayrılığı prensibini Montesquieu'dan, Osmanlı İmparatorluğu'nun gerilemesi ile ilgili fikirlerini Volney'den almışa benzemektedir.[312]

Renan Eleştirisi

Namık Kemal, İslami duyarlılığı çok yüksek bir Yeni Osmanlı aydınıdır. Bu bakımdan Tanrı'nın varlığını inkâr eden, dini hükümleri reddeden ve en önemlisi İslamın ilerlemeye engel olduğunu ileri süren düşünürleri tenkit etmiştir. Örneğin, İslam dinini eleştiren E. Renan, Namık Kemal'in eleştiri oklarından nasibini almıştır.

Namık Kemal, aydınlanma felsefesine ilgi duymakla birlikte Renan'ın materyalist değerlendirmelerine şiddetle karşı çıkmıştır.

---

309 Fevziye Abdullah Tansel, "Namık Kemal'in Hukuki Fikirleri", **Türk Hukuk Tarihi Dergisi,** I 1949, 57 - 58'den Mardin, **age.** s. 368.
310 Namık Kemal, "Sadaret", **Hürriyet,** 1 Mart 1869, s. 1'den Mardin, **age.** s. 368.
311 Namık Kemal, "Usul-i Meşveret", s. 5. Ebuziya'ya göre Namık Kemal basılmamış olmasına rağmen "Conrat"ı tercüme etmişti. Mardin, **age.** s. 369.
312 Mardin, **age.** s. 369.

Namık Kemal'in Renan'a yönelik hücumlarının temelinde bu Fransız düşünürün İslamda gerçek anlamda felsefenin mevcut olmadığını iddia etmesi yatmaktadır. Renan, İslamda dinden bağımsız büyük bir seküler düşünce geleneği olmadığı için İslamın ilim sahasında Avrupa gibi büyük başarılar elde edemeyeceğini düşünüyordu.[313] Namık Kemal, Renan'ın görüşlerini çürütmek için yazdığı müdafaanamede, bir taraftan İslam dininde hiçbir şeyin pozitif bilimleri ve matematiği yasaklamadığını savunurken, diğer taraftan ilmin sadece *"tabiata hâkim olmak ve servet kazanmak için bir alet"* olmadığını ifade etmek suretiyle konu hakkındaki kendi yaklaşımını ortaya koymuştur. Kemal, Renan'ın İslama ve İslam dünyasına yönelttiği eleştirileri, Avrupa tarihinden örneklerle etkisizleştirmeye çalışmıştır. Kemal, Renan'a karşı müdafaasında Sokrates'in ölümü, engizisyonun Galileo karşısındaki tavrı, Rousseau'nun, Emile'in kopyalarının yakılması gibi bilgileri kullanarak kimsenin Batı'da felsefi hürriyet olduğu hakkında söz söyleyemeyeceğini belirtmiştir.[314]

Namık Kemal ve Romantizm

Namık Kemal'in Batı düşüncesine yönelik temel eleştirileri bu düşüncenin çok mekanik ve maddi olduğuna ilişkindir. Oysaki o, akıl ve bilim kadar sezgi ve duygu üzerinde de önemle durulmasına taraftardır. Rasyonalizmden fazlaca etkilenmiş olmasına rağmen, romantizmden de vazgeçmemiştir. Kemal, siyasal sistem konusunda rasyonel, kültürel konularda ise romantiktir. Namık Kemal'in romantizmini besleyen ana kaynak, onun vatanseverlik duygusudur.[315]

"Ayrıca Namık Kemal'in yazılarındaki romantik kaynak onun kahraman anlayışıdır. Kemal'in, İslam tarihinin büyük

---

313 Renan'ın bu konuşmasının metni için bkz. Ernest Renan, **Oeuvres Completes**, (Psichari ed, Paris, Calman levy) (1947), I, 945, 959'dan Mardin, **age.** s. 359.
314 Namık Kemal, **Renan Müdafaanamesi**, haz. Ali Ekrem Bolayır, Külliyat-ı Kemal, Birinci Tertip, İstanbul Selanik matbaası, 1326/ 1910-1911'den Mardin, **age.** s. 359.
315 Mardin, **age.** s. 361.

şahsiyetleri ile ilgili biyografileri, oyunlarının birçoğu gibi kendisinin halkı harekete geçiren karizmatik şahsiyetlere tutkunluğunu gösterir. Ferdin bu şekilde yüceltilmesi, klasik zamanların Osmanlı halk destanlarında bulunan övgülerden farklıdır. Çünkü Kemal bunu, okuyucusunun vatanseverlik duygularını ayağa kaldırmak için kullanır. Bu, yiğitlik ve cesaretin yeniden hikâye edilmesinden ziyade, harekete bir çağrıdır.

Hiç şüphe yoktur ki Kemal'in üslubunun ateşli oluşu kadar, bazen aklın üstüne çıkacak kadar duygu üzerinde ısrar etmesi, romantik kaynaklı idi."[316]

Namık Kemal'in romantizmi, yürekten bağlı olduğu İslam dininden kaynaklanan manevi ve sezgisel hislerin, yoğun vatanseverlik duygusuyla birleşiminden ortaya çıkmıştır.

İslamileştirme Yöntemi

Mustafa Kemal'in vatan aşkının en önemli düşünsel kaynağı olan Namık Kemal, Fransız Devrimi ideolojisini İslami bakışla yorumlamıştır. Örneğin, J. J. Rousseau'nun *"Toplum Sözleşmesi"*ni alıp, bunun İslamdaki **"biat"**la aynı şey olduğunu söylemiştir. Siyasal hakları ve parlamenter sistemi ise **Kur'an**'daki danışma (meşveret) emrine bağlamıştır.[317] Namık Kemal, İslam devletinin başlangıçta **"bir tür cumhuriyet"** olduğunu ifade etmiştir.[318]

Aslında bu İslamileştirme yöntemi sadece Namık Kemal'e has bir hareket tarzı değildir. Bu yöntem Namık Kemal'in de mensubu olduğu Yeni Osmanlı aydınları arasında yaygın bir yaklaşımdır. Örneğin, Yeni Osmanlı aydınlarından **Ziya Paşa** ve özellikle **Şinasi,** bütün yazılarında ısrarla İslamın ilerlemeye engel olmadığını vurgulayarak sık sık **"Asr-ı saadet"** dönemine göndermeler yapıp İslamın modern bir din olduğunu belirtmişlerdir. Özellikle Namık Kemal'in, bu *"İslamileştirme metodu"*nun Mustafa Kemal'i derinden etkilediği açıkça görülmektedir; çünkü sonraki dönemlerde Mustafa Kemal de aynı yöntemi izlemiş

---

316 age. s. 371.
317 Akşin age. C. I, s. 43.
318 Namık Kemal, "Usul-i Meşveret", **Hürriyet,** 14 Eylül 1868, s. 5.

ve özellikle çağdaş siyaset kavramlarının aslında İslamda var olduğu noktasından hareket etmiştir. Namık Kemal'in, Sina Akşin'in deyimiyle,"*çağdaşçı-İslamcı yazıları*"[319] İslamın çağdaşlaşmaya engel bir din olmadığı, hatta çağdaşlığı önerdiğini vurgulamaktadır.[320] Benzer vurguların daha sonra Mustafa Kemal tarafından da yapılması, Mustafa Kemal üzerindeki Namık Kemal etkisini göstermesi bakımından önemlidir.

Mustafa Kemal'in Namık Kemal'in bazı düşüncelerine katılmadığı da görülmektedir. Örneğin, Mustafa Kemal, Namık Kemal'in aşırı romantizmine ve İslam Birliği (İttihad-ı İslam) düşüncesine sıcak bakmamıştır.

Baki Öz, Mustafa Kemal Atatürk, Namık Kemal ve İslam ilişkisini şöyle değerlendirmektedir:

"Atatürk bir kaynaktan beslenmişti. Atatürk üzerindeki Namık Kemal etkisi bilinenler arasında. Bektaşilikten Namık Kemal'e; Namık Kemal'den Mustafa Kemal'e uzayan bir düşünce, inanç ve gönül etkileşimiydi bu. Namık Kemal'den beslenen Mustafa Kemal'in, onun kaynağı olan Bektaşilikten beslenmesi ve etkilenmesi doğal. Namık Kemal'e ilgi duymasında ikisi arasındaki düşünce ve inanç birliği de etkili olmuş olabilir." [321]

Mustafa Kemal'in düşünsel kaynaklarından Namık Kemal, İslamın ilerlemeye engel olmadığını, Müslüman kalınarak ve inanarak da çağdaş olunabileceğini savunmuştur. Atatürk düşüncesinin detaylarına inildiğinde, aslında Atatürk'ün de benzer bir anlayışın savunucusu olduğu görülecektir.

Yeni Osmanlılar, Jön Türkler ve İslam

Tanzimat'tan beri devam eden Osmanlı modernleşmesi, oldukça değişik bir aydın tipi yaratmıştır. Samimi, tecrübesiz ve hırslı diye nitelendirilebilecek Osmanlı aydınları, Tanzimat'tan beri devletin kurtuluşunun **Batılılaşmayla** mümkün olacağını savunmuşlardır. Sosyal, kültürel ve toplumsal normlar açısından

---
319 Akşin, age. s. 101.
320 age. s. 96.
321 Öz, age. s. 15.

Batılılaşmayı benimseyen bu aydınlar, toplumun kalkınması için Batılılaşmak; Batılılaşmak için ise toplumun eğitilmesi gerektiğine inanmışlardı. Toplum cehalet içindedir ve bu topluma birilerinin yol gösterici olması gerekmektedir. Başka bir ifadeyle, topluma yol gösterecek, onu çekip çevirecek ve şekillendirecek bir "elit" tabakaya ihtiyaç vardır. İşte Yeni Osmanlı ve Jön Türk aydınları kendilerini, toplumu çekip çevirecek "elitistler" olarak görmüşlerdir. Toplum belirli bir siyasal olgunluğa ulaşıncaya kadar topluma doğruları göstermek ve toplumu yönlendirmek... Kısacası topluma yukarıdan aşağıya doğru bir şekil vermek... Yani "toplum mühendisliği" yapmak...

Yeni Osmanlılar

Tanzimat'tan itibaren yetişen Osmanlı aydınları, aslında hep bir muhalefet içindedirler. Yeni Osmanlı aydınları, Tanzimat'ın getirdiği düzene ve bu düzenden yararlandıklarını düşündükleri Tanzimat bürokratlarına, özellikle de **Ali** ve **Fuat paşalara** karşı bir muhalefet içindedirler. Ancak onların muhalefeti gerçekte yöneticilerden çok, mevcut siyasi rejime ve ülkenin içinde bulunduğu duruma karşıdır.

"*Yeni Osmanlılar kendilerini Osmanlı'nın çöküş sürecini durdurmakla görevli reformcular olarak gördüler.*"[322]

Yeni Osmanlı aydınları, toplumsal bir bilinç sahibi olan, geçmişe ve geleceğe özgürce bakmayı deneyen çağdaş düşünceli aydınlarıdır. Yeni Osmanlılar Avrupa'yı belki tam olarak tanımıyorlardı; fakat her konuda hırslı ve iddialıydılar. En önemlisi, Batıya müthiş bir ilgi duyuyorlardı. Yeni Osmanlı aydınlarının anayasal liberalizmden modernist İslamcılığa ve gelişmiş bir Türkçülüğe, hatta sosyalizme kadar çok geniş bir yelpaze oluşturan fikirleri vardı. En ilginci, bütün bu farklı görüşlere zaman zaman aynı kişide rastlanabilmekteydi. Yeni Osmanlı aydınlarının fikirsel bakımdan gösterdikleri çeşitliliği Şerif Mardin "*Yeni

---

[322] Mardin, **Yeni Osmanlı Düşüncesinin Doğuşu**, s. 151.

Osmanlı siyasi düşüncesini bir perspektif içine yerleştirmek neredeyse imkânsızdır."[323] diye ifade etmiştir.

Yeni Osmanlı aydınlarını önemli kılan, sonraki siyasal ve fikirsel örgütlenmelerin onların mirası üzerinde yükselmesidir.

Prof. İlber Ortaylı'nın yerinde tespitiyle:

"Bu aydın kuşağı, edebiyattan, gazeteciliğe; orta eğitimden çocuk terbiyesine; tarihten ekonomiye kadar her alana el atmış, en azından 19. yüzyıl toplumunun dikkatini bu konulara çekmişlerdir. Yanlış veya doğru, belki eksik bilgi ve yorumlarla Osmanlı toplumundaki kurumların değişmesi gerektiğini, bunların Avrupa uygarlığı karşısındaki konumunu tartışmışlardır. Muhafazakâr düşünceliler bile Osmanlı toplumsal kurumlarını tümüyle gözden geçirmiş, eleştirmiştir. Yaklaşımlarında ister Batıcı, ister Batı'ya karşı olsunlar, Osmanlı düşün hayatına Batı'yı getiren ve tartışan öncüler olduklarına kuşku yoktur. Bu tutum ve tartışmalarıyla birlikte Yeni Osmanlılar, toplumlarında yeni bir arayışı başlatan aydınlardır."[324]

Bir bakıma Yeni Osmanlılar, bugünkü çağdaş Türkiye'nin ilk habercileridir. Atatürk'ün yirminci yüzyılın başlarında hayata geçirdiği, değerleriyle ve kurumlarıyla çağdaş Türkiye projesinin ilk taslaklarını hazırlayanlar onlardır. Bu bakımdan, Yeni Osmanlıların Türkiye Cumhuriyeti'nin doğrudan entelektüel ataları olduğu yönündeki izlenim doğru temellere dayanmaktadır.[325]

"Bugün Türkiye'de yazı dilinin sadeleştirilmesinden, köklü sivil hürriyetlere kadar, kökleri Yeni Osmanlıların öncü çalışmalarında yer almayan tek bir modernleşme alanı olduğunu söylemek zordur. Paradoksal olarak, Türk devletinin temellerine İslamı yeniden enjekte etmeye yönelik bugün görülen her ciddi teşebbüs, geriye onların zamanına da bakmak zorundadır. Çünkü Yeni Osmanlılar aynı zamanda hem Türkçe okuyan halkın entelektüel donatımının aydınlanmacı kısmının fikirlerini hazır-

---

323 age. s. 95.
324 İlber Ortaylı, **İmparatorluğun En Uzun Yüzyılı**, İstanbul 1995, s. 242 - 244.
325 Mardin age. s. 450.

layan ilk insanlardı ve hem de bu fikirlerle İslam arasında bir sentez meydana getirmeye çalışan ilk düşünürlerdi."[326]

Yeni Osmanlı aydınları, Osmanlı Devleti'nin Batı düşüncesinden mutlaka yararlanması gerektiğini samimi olarak hisseden ve bu konuda ciddi ciddi fikir üreten insanların bir araya gelmesiyle oluşmuştur. En çok zorlandıkları konu, daha çok seküler normlar taşıyan Batı düşüncesinin İslami değerlerle yüklü Osmanlı toplumuna nasıl aktarılacağıdır. Çünkü Yeni Osmanlılar, toplumu köklerinden koparıp yozlaştırmakla suçladıkları Tanzimatçılara benzemek istemiyorlardı. Bu bakımdan Batı düşüncesini almadan önce kendi köklerini araştırmanın ve özellikle de mensubu oldukları İslam dinini incelemenin daha doğru olacağını düşünüyorlardı. Kafalarındaki Batılılaşma modelinde dini tamamen devre dışı bırakmak gibi "seküler" ve "radikal" bir yaklaşım yoktu. Bunun yerine İslamın "özünü" açığa çıkarıp Batı düşüncesini bu "özün" içine yerleştirmeyi planlıyorlardı.

İslamla Birlikte Batılılaşma

Yeni Osmanlılar, Osmanlı Devleti'nin içine düştüğü sıkıntıların temelde iki nedeni olduğunu düşünüyorlardı: Birincisi, uzun yıllar boyunca devam eden Batı karşısındaki kayıtsızlık; ikincisi, Tanzimatçıların başlatmış oldukları "köksüz" Batılılaşma... Yani onlar hem Osmanlı Devleti'nin Batı düşüncesine kapalı kaldığını, hem de yanlış Batılılaşma politikalarıyla İslamdan uzaklaşıldığını iddia ediyorlardı. **Bu nedenle Yeni Osmanlılar, Batılılaşma ile yeniden İslama dönüşü birlikte ele alacaklardı.** Onların en büyük hayali, Batı tarzı modern değerlere ve kurumlara sahip bir İslam devletiydi. Prof. Şerif Mardin, Yeni Osmanlıların bu durumunu "çelişki" olarak görmektedir:

"Bir taraftan Avrupa'nın soyut ilerlemesini ve maddi gelişmesini överken, diğer taraftan hayali, ideal bir İslam devletinin uyumluluğunu özlemle hatırlayan birbirleriyle çelişkili tavırları (vardı)..."[327]

---

[326] age. s. 10
[327] age. s. 448.

Yeni Osmanlıların hem Batılılaşma hem de yeniden İslama dönüş projesi, çok geçmeden onları Batı'dan aldıkları kavram, değer ve kurumlara İslami bir görünüm verme zorunluluğuyla karşı karşıya bırakmıştır. Bu durumun en açık göstergesi Yeni Osmanlıların siyasi fikirlerini açıkladıkları yazılarda İslam siyaset teorisinin terminolojisini kullanmalarıdır. Örneğin, adalete karşılık olarak "biat", umumi konsensüse (uzlaşmaya) karşılık olarak "icma-i ümmet", danışma ve istişareye karşılık olarak "meşveret" gibi İslami kavramları kullanmışlardır. Ayrıca, birçok İslami siyaset teorisinden ilham almışlardır. Onlar, Kur'an yorumcularının siyaset teolojisinden, İslam siyasi filozoflarının siyasi felsefelerinden ve İslami siyasetnamelerin pratik öğütlerinden yararlanmışlardır.[328]

Selefi Tavır

Yeni Osmanlı aydınları, Batılı değer, kurum ve kavramların İslamda da bulunduğunu iddia ederlerken, hep İslamın orijinal kaynaklarına atıf yapmışlardır. **Namık Kemal,** cumhuriyet, parlamenter sistem ve meclis gibi kavram ve kurumların içerik olarak Hz. Muhammed ve dört halife dönemlerinde görüldüğünü ileri sürerken; **Ali Suavi,** Kur'an'da bulunan temel hükümlerden ilham almaktadır. O, bu anlamda "selefiyeci" yani mümkün olduğu kadar İslamın orijinal kaynaklarına dönülmesini savunan kişilerden biridir. Fakat Suavi'nin argümanlarını İslami bir arka planla birleştirme teşebbüsü o kadar ileri gitmiştir ki bazen gerçek mesajın etkisi zayıflamıştır.[329]

***

Mustafa Kemal'in fikri olgunluğa ulaşmasında Yeni Osmanlı aydınlarının oldukça büyük bir etkisi vardır. Abdülhamit'in tek elden yönetimi 1908'de bir askeri darbe ile sona erdirilmiştir.

---

328 age. s. 95.
329 age. s. 414.

Darbeyi yapan askerler 1876'dan beri okul sıralarında Yeni Osmanlı edebiyatını okuyarak yetişmişlerdi. Bir Harp Okulu öğrencisi anılarında, Yeni Osmanlı aydını Namık Kemal'den nasıl derinden etkilendiklerini şu cümlelerle anlatmaktadır:

"...*Biz ikinci moral gıdamızı da vatan şairi Namık Kemal'den aldık. Karakterimizi yaratmak hususunda onun şiirleri ve yazıları etkili oldu. Ve subaylık hayatımızda onun bütün eserlerini gizli gizli ve yutarcasına okuduk. Ezberledik. Diyebilirim ki Namık Kemal yeni bir nesil yaratmıştır...*"[330]

Osmanlı'nın mektepli gençleri Yeni Osmanlı aydınlarından **Namık Kemal'i okuyarak** dünyadaki siyasal değişimin farkına varmışlardı. Harp Okulu yıllarında gizli gizli Namık Kemal'i okuyan ve Yeni Osmanlı düşüncesinden etkilenenlerden biri de genç subay adayı Mustafa Kemal'di.

Yeni Osmanlı aydınlarının açtığı yoldan Jön Türkler ve İttihat Terakki yürümüştür. Onlar da toplumsal değişimin zorunluluğuna inanmışlardır. Bu değişimi ise ancak Batılılaşmanın sağlayacağını düşünmüşlerdir. Üstelik daha radikal hareket etmeye de kararlıdırlar.

Jön Türkler

Jön Türkler, Yeni Osmanlı aydınlarının *"hem Batı hem İslam"* teorisinin istenilen sonucu vermemesinden dolayı, *"sadece Batı"* düşüncesini ve bu düşüncenin maddi unsurlarını Osmanlıya aktarmayı denemişlerdir. Aslında onlar da başlangıçta, Yeni Osmanlıların *"hem İslam hem Batı"* teorisini benimsemiş görünseler de gerçekte tamamen Batı tarzı, yani seküler, laik, hatta dini ikinci plana iten, pozitivist ve materyalist bir aydınlanma teorisinin ateşli savunucularıdır.

Yeni Osmanlı aydınları gibi Jön Türklerin de temel hedefi, Osmanlı Devleti'ni içine düştüğü bunalımlardan kurtarmaktır. Fakat kendilerinden önceki aydınlanmacılardan farkları, çok daha kararlı ve radikal hareket etmiş olmalarıdır. Onlar, bir ta-

---
[330] Apak, age. s. 13.

raftan kendi kültürlerini geri bulurken, diğer taraftan şiddetle yeni ve modern bir toplumsal düzeni arzuluyorlardı. Ancak onlar da başlangıçta, şiddetle arzuladıkları bu yeni düzeni, eski düzenin kültürel ve manevi değerleriyle donatmayı denemişlerdir. Fakat hiçbir zaman Yeni Osmanlıların aşırı romantik yaklaşımlarını benimsememişlerdir. *"Namık Kemal kendi toplumunun mazisinin şanlı devirleri üzerinde durmuştu, fakat Jön Türklerde bu romantizm ancak zaman zaman ortaya çıkıyor. Türklerin Maveraünnehir'den Avrupa'ya kadar gelmelerinin, cengâverlik hikâyelerinin Jön Türk fikirlerinde yeri vardır; fakat bu fikirler daha çok askeri erkân arasında görülmektedir ve sonradan bu özlemin yerini soğukkanlı bir 'komitecilik' almaktadır..."* [331]

Jön Türklerin Yeni Osmanlılardan bir diğer farkı, **muhalefet** düşüncesinde ortaya çıkmaktadır. Yeni Osmanlılar Tanzimat'a, Tanzimat'ın getirdiği düzene ve Ali ve Fuat Paşa gibi Tanzimat bürokratlarına karşı bir muhalefet içindeyken; Jön Türkler doğrudan padişaha karşı muhalefet içindedirler. Yeni Osmanlılar daima saltanata karşı saygılıdırlar. Öyle ki Yeni Osmanlı aydınlarından Namık Kemal bile *"Bugüne kadar sultan kendisinden istenilen ve halk için faydalı olan herhangi bir şeyi yapmayı asla reddetmedi"* demektedir.[332] Oysaki Jön Türklerin hedefi doğrudan saltanat makamıdır. Doğrudan saltanat makamını hedef almanın sakıncalarını ise önceden tahmin etmişlerdir.

"Büyük kütlelerin padişaha kolay zedelenmeyen bir saygıyla bağlandıkları bir imparatorlukta bu gibi bir davranışın çabuk sonuç vermesi beklenemezdi. Zamanla Jön Türkler de bunu kavradılar ve halka hitap edeceklerine, Osmanlı İmparatorluğu içinde istenen hareketi meydan getirebileceklerine inandıkları bir unsura, subaylara propagandalarını yöneltmeye başladılar."[333]

Dolayısıyla o yıllarda genç bir Osmanlı subayı olan Mustafa Kemal de bu Jön Türk propagandalarından etkilenecektir.

---

331 Şerif Mardin, **Jön Türklerin Siyasi Fikirleri, 1895-1908**, İstanbul, 1994, s. 305.
332 Namık Kemal, Hürriyet, 19 Ekim 1868, s. 7'den Mardin, **Yeni Osmanlı Düşüncesinin Doğuşu**, s. 124.
333 Mardin, **Jön Türklerin Siyasi Fikirleri**, s. 302.

Jön Türkler ve İslami Meşruiyet

Jön Türkler, sultana yönelik eleştirilerine meşruluk kazandırmak için İslam dininden yararlanmayı denemişlerdir. Osmanlı padişahlarını eleştirirken, sürekli padişahların **dini yönden** eksik olduklarını, İslam hükümlerine uygun davranmadıklarını ileri sürmüşlerdir. Örneğin, dönemin padişahı Abdülhamit'i eleştirirken, *"Abdülhamit sırf müstebit bir hükümdar değil, fakat İslami kaideler gereğince hilafetini icra edemeyecek durumdadır..."* şeklinde değerlendirmeler yapmışlardır.[334] Jön Türklerin eleştiri oklarından en fazla etkilenen dönemin Padişahı II. Abdülhamit'tir.

Jön Türkler, halk arasında Abdülhamit'in "dinsiz" olduğu yönünde bir dedikodu yaymaya çalışmışlardır. Bu yöndeki en güçlü tezlerin sahibi, aynı zamanda İslamdan muhalefet aracı olarak en çok yararlanan Dr. Abdullah Cevdet'tir. Cevdet bir yazısında şöyle demiştir:

"Sultan Hamit dinsizdir; çünkü İslam dinini açıklayan hükümlerin büyüklerinden olan 'veşavirhüm fi'l emf ferman-ı ilahiyesiyle kuvvetlendirilmiş bulunan Kur'an'ı Kerim'in yüksek hükmünü hedefledi. Danışma meclisini dağıttı. Sultan Hamit kâfirdir. Zira fetevayı şerife ile kuvvetlendirilmiş olduğu üzere asrımız padişahlarına adil demek küfür iken (ilm-ü hal), Abdülhamit kendisine adil sıfatını verdiriyor. 'Velinimeti-i alemiyanım' diyerek kutsal ve yüce sıfata iştirak etmek gibi küfr-ü şiddetle bekliyor... Buhara-yı şerifi şerh-i muvafık-ı ihkak ve küt-ü diniyeyi tahrif ettiriyor..."[335]

Abdullah Cevdet ve Ahmet Rıza gibi Jön Türkler daha da ileri giderek Abdülhamit'in Kur'an'dan bazı ayetleri sildirdiğini iddia etmişlerdir.[336] Bu şekilde Abdülhamit'in tahttan indirilme-

---

334 Tarık Zafer Tunaya, "Türkiye'nin Siyasi Gelişme Seyri içinde ikinci Jön Türk Hareketi'nin Fikri Esasları", **Prof. Tahir Taner'e Armağan**, İstanbul, 1956, s. 170.
335 Abdullah Cevdet, "Redd-ül-Mardud", **Osmanlı**, no, 12, 15 Mayıs 1898, (26 Zilhicce 1315), s. 3.
336 Abdullah Cevdet, "Abdülhamid'in Peygamber'e İsyanı", **Osmanlı**, no, 16, 15 Temmuz 1898, (15 Safer 1316), s. 6.

sinin **İslami bakımdan** da bir zorunluluk olduğunu anlatmak istemişlerdir.

Abdülhamit'e yönelik "dinsiz" suçlaması İttihat ve Terakki Cemiyeti'nin marşında bile yer almıştır.[337]

Jön Türkler açısından en azından belirli bir süre İslami meşruiyetten yararlanmak zorunluluk gibi görünüyordu; çünkü ülkede yüksek eğitim görenlerin sayısı oldukça azdı ve Osmanlı toplumunda meşruiyet doğrudan dine dayalıydı. Dolayısıyla Jön Türk aydınları görüşlerini geniş halk kitlelerine kabul ettirmek için İslamdan yararlanmak zorunda kalmışlardı. Bu bakımdan Jön Türklerin İslam ile kurdukları bağ -bazı istisnalar hariç- gerçek düşüncelerini topluma aktarırken kolaylaştırıcı bir etken olmak dışında başka bir anlam ifade etmemektedir; çünkü başta Abdullah Cevdet olmak üzere Jön Türk aydınları pozitivist ya da materyalisttirler ve dinin ilerlemenin önünde bir engel olduğunu düşünmektedirler.

Jön Türkler kendilerini toplumun tamamen dışında bir yerlerde görüp toplumsal sorunlara yukarıdan bakarak çözümler üretmeye çalışmışlardır.

Vahiy Yerine Akıl

Jön Türkler pozitivizmden fazlaca etkilendiklerinden **akıl** ve **bilime** çok büyük bir önem vermişlerdir. Öyle ki onlar **aşk gibi** duygusal bir olayı bile tıbbi ve kimyevi bilgilerle açıklama yoluna gitmişlerdir.[338] Jön Türk aydınlarının önde gelenlerinden Ahmet Rıza, pozitivist ve materyalist fikirlerindeki radikallikten dolayı arkadaşları arasında *"Allahsız..."* gibi sıfatlarla anılmıştır.

Ahmet Rıza, İslam dininin hurafelerle kaplandığını; akıl ve bilimle uyuşmayan yönlerinin olduğunu düşünüyordu. Onun bu yöndeki düşüncelerini, kız kardeşi Fahire'ye yazdığı bir mektupta tüm çıplaklığıyla görmek mümkündür:

---

337 **Yazma**, Hakkı Tarık Us Kütüphanesi, no, 0.50-Dosya, 38 - 1.
338 Şerafeddin Mağmumi, **Başlangıç**, İstepan Matbaası, 1307, s. 20 - 23'den naklen, Muammer Göçmen, **İsviçre'de Jön Türk Basını ve Türk Siyasal Hayatına Etkileri** İstanbul, 1995, s. 30.

"...Benim Nazik Karındaşım Fahire'm,

Hazreti Muhammed'in güzel sözlerinden biri de: 'Beşikten mezara kadar ilmi takip ediniz' kelam-ı hikmetidir. Hâlbuki bu büyük nasihati o bizim kahrolacak cahil imamlar, softalar: 'İlimden murat, Kur'an, ilmihal okumaktır' diye tağyir ettiklerinden, vaktiyle, yani Hazreti Muhammed zamanında ve biraz sonra Araplar beyninde (arasında) hendese, cebir, hey'et, coğrafya, tıp gibi fünunda (fen bilimlerinde) mahir birçok meşhur âlimler yetişmişken, bin sene sonra Ümmet-i Muhammed üç buçuk kuruşluk alışverişin hesabını bakkal Yorgi'nin çırağına yaptırma derecelerine tenezzül etti. Çünkü o garp âlimlerinin fenne dair yazdıklarını, birçok kitapları kimse eline almadı. İlim –yukarıda dediğim gibi– mızraklı ilmihaldir denildi. Lanet olsun. İlmihallerin mızrağı....girsin. Alçak herifler, koca ümmetin mahv'ü perişan olmasına sebep oldular...

İslamlar bugün Yahudiler derecesine indiler. Bana sorarsan: Maarif ve malumat derecesinde elbette Yahudilerden aşağıdadırlar. Ümmet dağıldı, zayıfladı. Bundan sonra toplanması, kesb-i kuvvet etmesi mümkün değildir. Bir başta hurileri, soğuk şerbetleri, akarsuları olan cennetin yolcuları gittikçe azalmaktadır. Ben kadın olsaydım dinsizliği ihtiyar eder de (seçer), İslam olmayı istemezdim. Üzerime üç karı ve istediği kadar odalıklar almasına cevaz veren, kocama cennette huriler hazırlayan, başımı yüzümü dolap beygiri gibi örttürdükten maada, beni her bir eğlenceden men eden, kocamı boşayamamak, sesimi çıkaramamak gibi, daima erkeklere hayırlı, kadınlara muzır kanunlar vaz eden (koyan) bir din benden uzak olsun derdim.

Tuhaf. Bu da bir nevi (tür) sinir hastalığı olmalı, dine dair bahis açıldı mı kendimi zapta muktedir olamıyorum... Zaman böyle kalmayacak Fahireciğim, ne faide ki biz erken veyahut bahtsız bir memlekette doğmuşuz."[339]

---

339 "Ahmed Rıza Bey'den Kardeşi Fahire Hanım'a", 27 Kanunuevvel, 1885, Pazar, **Ahmed Rıza Bey Evrakı/ özel Arşiv**, Bkz, M. Şükrü Hanioğlu, **Bir Siyasal Örgüt Olarak Osmanlı İttihat ve Terakki Cemiyeti ve Jön Türklük (1889-1902)**, C. I, İstanbul, 1985, s. 47, 48.

Görüldüğü gibi Jön Türk Ahmet Rıza, Müslümanların akıl ve bilime kayıtsızlıklarını eleştirirken bu kayıtsızlığın nedenini dine bağlamakta ve kız kardeşine *"Ben kadın olsaydım. Dinsizliği ihtiyar eder de (seçer), İslam olmayı istemezdim"* diyerek açıkça "dinsizliği" tavsiye etmiştir.

Nasıl Batılılaşmalı

Jön Türk aydınlarının önde gelenleri, Batılılaşmayı Avrupa tekniğinin uygulanması kadar basit bir taklit olarak görmekten öte, kültürel olarak da Batılılaşmak gerektiğine inanmışlardır. Onlara göre Osmanlı toplumuna özgü geleneksel özellikler artık değişkenliğini yitirmişti. Bu eski değerler artık ömrünü tamamlamıştı. Bunlar kaldırılmalı ve yerine çağın gereklerine uyan Avrupalı değerler alınmalıdır. Bu düşünce, daha çok **Balkan Savaşları sonrasında** uğranan büyük yenilgi ve bu yenilginin Jön Türk aydınları üzerinde bıraktığı bir radikalleşmenin sonucunda iyice belirginleşmiştir.

Batılılaşma konusunda Jön Türk aydınları arasında görüş farklılıkları da vardır. Başını **Abdullah Cevdet**'in çektiği grup, toptan bir Batılılaşmayı önerirken, **Celal Nuri**'nin önderliğini yaptığı başka bir grup, Batı'nın sadece maddi ve teknik üstünlüklerinin alınmasına taraftardır. Celal Nuri, medeniyeti, teknik ve teknik olmayan diye ikiye ayırmakta ve yalnızca birincisinin Osmanlı toplumsal yapısına uygulanmasını istemektedir.[340]

Taktik ve Din

Jön Türk aydınları, toplum üzerinde fikri bir değişiklik meydana getirmeyi amaçlamıştır. Onlara göre bunu başarmanın bir tek yolu vardır: Batı düşüncesini Osmanlı fertlerine aktarmak... Bu amaçla, başta Abdullah Cevdet olmak üzere birçok Jön Türk aydını, Batı'da aydınlanma dönemine damga vuran düşünürlerin eserlerini tercüme etmeye başlamışlardır. Özellikle II. Meşrutiyet'in ardından, daha çok pozitivist ve materyalist Jön

---

340 Celal Nuri, İttihad-ı İslam, İstanbul, 1331, s. 25, 26.

Türk aydınları dini meşruiyeti de bir kenara bırakarak çeviri çalışmalarını sürdürdürmüşlerdir. Bu çeviriler arasında doğrudan dini hedef alanlara rastlanabilmektedir. Örneğin, Meşrutiyet sonrasında Abdullah Cevdet, İslamiyet ve Hz. Muhammed'i çok sert bir şekilde eleştiren Reinhardt Dozy'nin *"Tarih-i İslamiyet"* adlı kitabını çevirmiştir.[341] Abdullah Cevdet'in bu çeviriyi yapmasındaki amaç, doğrudan dinin gereksiz ve bilim dışı olduğunu ispatlamak ve onun yerini biyolojik-materyalizmin almasını sağlamaktır. Abdullah Cevdet'in İslam dinine doğrudan cephe alan böyle bir eseri çevirmesi, onun artık İslamın biyolojik-materyalizmle aynı şey olduğu yolundaki, gerçekte taktikten öteye bir anlam ifade etmeyen tezden de vazgeçtiğini göstermektedir. Bu çeviri, II. Abdülhamit'in tahtan indirilmesinden sonra, Abdullah Cevdet özelinde Jön Türk aydınları için İslamın artık "muhalefet aracı" olarak da önemini yitirdiğinin en açık kanıtlarından biridir.

Meşrutiyet sonrasında jön Türklerin İslami meşruiyet politikasından vazgeçtiklerini gösteren bir diğer kanıt da Abdullah Cevdet'in *"İçtihat dergisi"* ve bu dergideki materyalist içerikli yazılardır. Bu derginin 1908'den sonraki sayılarına bakıldığında bilimsel gelişmelere ayak uyduramadığı gerekçesiyle artık İslamdan bir araç olarak dahi, sınırlı da olsa yararlanılmayacağı, buna karşılık biyolojik-materyalizmin, dinin toplumdaki yerini alması gerektiği yönünde yazıların yer aldığı görülecektir. Fakat yine de Abdullah Cevdet ve pek çok Jön Türk, dine yönelik bu aşırı hücumların tepkiyle karşılanması endişesiyle Meşrutiyet sonrasında da zaman zaman İslami meşruiyet taktiğine başvurmuşlardır.

Jön Türkler ve İttihat Terakki mensupları arasında, İslamı bir sosyal olgu olarak kabul etme ya da en azından taktik gereği kabul ediyor gibi görünme alışkanlığı, uzun süre yaygın bir anlayış olarak varlığını korumuştur. İttihat Terakki'nin çekirdek kadroları 1902'ye kadar din konusunda daha radikal bir görü-

---

341 Bu çeviri için bkz. Reinhardt Dozy, **Tarih-i İslamiyet**, Çev. Abdullah Cevdet, C. I, Matbaa-i İçtihat, Mısır, 1908.

nümdeyken, 1905'ten sonra daha liberal hareket etmeye başlamışlardır. 1908'den sonra İttihat Terakki Ulema Cemiyeti, Sultanahmet Kulübü gibi kurumlar çağdaş değerlerin İslamda var olduğunu ileri sürmüşlerdir. Ancak diğer taraftan da gerçekte dinin toplumsal ilerlemenin önünde bir engel olduğunu düşünen bazı aydınlar (Abdullah Cevdet ve Ahmet Rıza vb. gibi) II. Meşrutiyet'in getirdiği serbestlik ortamından yararlanarak din konusundaki eleştirel görüşlerini daha özgürce ifade etmeye başlamışlardır.

Jön Türk aydınlarının önemli bir bölümü pozitivisttir. Jön Türklere pozitivist felsefenin cazip gelmesinin nedeni, bu felsefenin son derece pratik olması yanı sıra, "bilim dini" kurma iddiası taşımasıdır. Jön Türk aydınları gelecek yüzyılda her şeyin bilime dayanacağını düşünmüşlerdir. Auguste Comte'nin bireyi dışlayan, bireyi geri itip toplumu ön plana çıkaran ve toplumu mühendislikle şekillendirmeyi amaçlayan düşünceleri, Jön Türklerin ve onların uzantısı durumundaki İttihat Terakki'nin pozitivizmi tercih etmesine yol açmıştır.

İttihatçılar daha sonraki dönemlerde de görüldüğü gibi halk ile ilişkilerini aydınlatma-aydınlanma ilişkisi olarak anlıyorlardı. Ancak bir süre sonra kitlelerin onların gösterdiği yolda aydınlanmaya fazla niyetleri olmadığını, pozitivist-materyalist fikirlerin altını biraz çizdikleri zaman çok tepki aldıklarını gördüler... Durum böyle olunca onlar da **İslamın aslında bir çeşit materyalizm olduğunu ispatlamaya** çalıştılar. Örneğin, Abdullah Cevdet İslamın aslında biyolojik-materyalizm olduğunu ileri sürerek Kur'an hükümlerini materyalist düşünürlerin görüşleriyle karşılaştırmıştır. Hatta daha da ileri giderek Hz. Muhammed'in tam bir biyolojik-materyalist olduğunu iddia etmiştir.[342] Materyalist düşünce ile bir dini bağdaştırmak tabii çok zor bir iştir; fakat Jön Türkler ve İttihatçılar bu konuda belli ölçüde başarılı da oldular. Örneğin, Batılı yayın organları o günlerde İttihat ve

---

342 Bkz Dozy, **age.** s. 176.

Terakki Cemiyeti'ni eleştirirken, bunların çok fazla İslamcı olduğunu söylemiştir.[343]

Osmanlı Aydınlarından Atatürk'e

Mustafa Kemal'in zaman zaman başvurduğu "İslami meşruiyet politikası" ve onun bir "toplum mühendisi" gibi hareket etmesi bir pozitivist yaklaşım, ya da başka bir ifadeyle bir Jön Türk alışkanlığıdır.

Abdullah Cevdet'in, İslam dininin biyolojik materyalizm ile aynı şey olduğunu ileri sürmesinin altında yatan mantık ile Mustafa Kemal'in Kurtuluş Savaşı sırasında din adamlarından aldığı fetvalardan yararlanmasının altında yatan mantık aşağı yukarı aynıdır.

Ancak Jön Türk aydınlarının pozitivist hareket tarzından yoğun olarak etkilenen Mustafa Kemal'in, onların genelde din, özelde İslam dini konusundaki kişisel inançlarından çok fazla etkilenmediği görülmektedir. Mustafa Kemal'in değişik zamanlarda yaptığı konuşmalarda İslami meşruiyetten yararlandığı açıkça hissedilmesine karşın, onun hiçbir konuşmasında İslam dini ile biyolojik-materyalizmin aynı şey olduğu ya da İslam dininin yerine biyolojik-materyalizmi geçirmek gerekir şeklindeki değerlendirmelerine rastlamak mümkün değildir. Dolayısıyla, Jön Türk aydınlarının materyalist ve ateist çağrışımlar yapan dünya görüşlerinin, kişisel bakımdan Mustafa Kemal üzerinde büyük bir etki bıraktığını söylemek doğru değildir. Mustafa Kemal "öz" itibariyle İslam dininin akılcı bir din olduğunu düşünmekte ve pek çok defa açıkça ifade ettiği gibi bu dine inanmaktadır. Ki onun bu yaklaşımı daha çok bir Yeni Osmanlı yaklaşımıdır.

Mustafa Kemal'in, Kurtuluş Savaşı yıllarındaki İslamla birlikte hareket etme düşüncesi ve cumhuriyetin ilanından sonra siyasi ve toplumsal alanlardaki laik-pozitivist yaklaşımları, Dr. Abdullah Cevdet özelinde Jön Türk ve İttihat ve Terakki eko-

---

343 Şahin Alpay- Nilüfer Kuyaş, "Prof. Dr. Şükrü Hanioğlu ile Jön Türkler Üzerine Söyleşi", Entelektüel Bakış, **Milliyet**, 31 Temmuz 1995.

lünün; din konusundaki teorik görüşleri ve kişisel yaklaşımı ise Namık Kemal özelinde, Yeni Osmanlı ekolünün izlerini taşımaktadır.

Şerif Mardin, Yeni Osmanlıların İslami teorilerinin Atatürk üzerindeki etkisi konusunda şu değerlendirmeyi yapmaktadır:

"Namık Kemal'i Atatürk'ün entelektüel kılavuzu olarak zikretmek, bütünüyle yanlış olmayan bir görüştür. Ancak Yeni Osmanlıların teorilerinin kısmen İslami kaynaklı oldukları çoğunlukla unutulur. Genç Türklerin fikirlerindeki bu kaynak Atatürk'te daha zayıf ve tamamıyla görünmez durumdadır. Şu halde, Yeni Osmanlılar, Jöntürkler ve Atatürk arasındaki bağı kurmada takip edilecek önemli çizgi, İslami muhtevanın zayıflığıdır."[344] Bu zayıflığın ana nedeni, Yeni Osmanlı ve Jön Türk aydınlarının aydınlanma ve Batılılaşma projelerinin istenilen sonuca ulaşamamasıdır. Özellikle, Yeni Osmanlıların Batı düşüncesiyle İslam düşüncesini sentezleme noktasındaki yoğun, samimi ve onları kararsızlığa iten kaygıları, Batılılaşmadan istenilen verimin alınmasını engellemiştir. Dolayısıyla, başta Namık Kemal olmak üzere Yeni Osmanlı aydınlarının entelektüel mirasından yararlanan Atatürk, toplumsal ve siyasal anlamda onların yanılgılarını ve hatalarını tekrarlamaktan kaçınmıştır. Bu bağlamda, Yeni Osmanlıların yanılgıları arasında gördüğü, tüm Batılı değer ve kurumlara İslami bir içerik kazandırma anlayışını bir kenara bırakmıştır; fakat bunu birdenbire değil bir süreç içinde gerçekleştirmiştir. Başlangıçta yapılan yeniliklere karşı toplumsal muhalefeti önlemek amacıyla o da tıpkı Yeni Osmanlı aydınları ve daha çok Jön Türkler gibi, "İslami meşrulaştırma" yöntemine başvurmuştur.

Kanımca Atatürk, kişisel ve teorik bakımdan Yeni Osmanlı aydınlarından Namık Kemal'i Jön Türk aydınlarından Abdullah Cevdet'e oranla kendisine daha yakın hissetmesine rağmen; toplumsal ve pratik bakımdan Namık Kemal'in Batı düşüncesi

---

344 Mardin, **Yeni Osmanlı Düşüncesinin Doğuşu**, s. 450.

ile İslam sentezi yerine, Abdullah Cevdet'in hedefe ulaşıncaya kadar Batı düşüncesi ve İslam sentezi; hedefe ulaştıktan sonra sadece Batı düşüncesi anlayışını benimsemiş görünmektedir.

Ziya Gökalp Etkisi

Mustafa Kemal'i fazlaca etkileyen aydınlardan biri de Ziya Gökalp'tir. Ziya Gökalp'in düşünceleri ile Mustafa Kemal'in düşünce ve uygulamaları arasında genelde bir benzeyiş ve uyumun olması, Mustafa Kemal'in Gökalp'ten oldukça fazla etkilendiğini göstermektedir.

Ancak Cavit Orhan Tütengil'in de belirttiği gibi, *"Gökalp'i Kemalizm'in biricik 'ideoloğu', 'mimarı' kabul etmeye de olanak yoktur."*[345]

Hayatı

Ziya Gökalp, 23 Mart 1876'da Diyarbakır'da Memedin Mahallesi'nde doğmuştur. İlköğrenimine Mercimekörtmesi Mahalle Mektebi'nde başlamıştır. Daha sonra Diyarbakır İdadisi'ni bitirmiştir. 1895-1896 öğretim yılında İstanbul Baytar Mektebi'nde yatılı yüksek öğrenime başlamıştır. Bu okulda daha birinci sınıftayken, tıbbiyelilerin kurduğu gizli bir cemiyete katılmıştır. 1898 yazında son sınıfta iken Diyarbakır'a döndüğünde İstanbul'daki gizli cemiyetin bir şubesini de burada açmıştır. Ayrıca, "Bahar" adlı bir gazete çıkarmaya başlamıştır. Öğretim yılı başında okula döndüğünde, aleyhinde düzenlenen "jurnal" ondan önce yerine ulaştığından, okula alınmamış ve 1899 Mart'ında tutuklanmıştır.[346]

Gökalp, hem yükseköğreniminin, hem de aile çevresinin etkisiyle değişik kültürlerle ilgilenmeye başlamıştır. Özellikle, amcası **Hacı Hasip Efendi**'nin etkisiyle Doğu kültürüne, Belediye

---

[345] Cavit Orhan Tütengil, "Atatürk ve Ziya Gökalp Bağlantıları", **Türk Dili**, S. 302, 1976, s. 579 - 584.
[346] Cavit Orhan Tütengil, "Gökalp 100 Yaşında", **Nesin Vakfı Edebiyat Yıllığı 1977**, İstanbul, 1977, s. 648, 649.

hekimi **Yorgi Efendi'nin** etkisiyle de Batı kültürüne ilgi duymaya başlamıştır. Küçük yaşlarda başlayan bu ilgi, sonraki yıllarda yapacağı İslam ve modernizm sentezinin ilk adımları sayılabilir.

Düşünceleri

Gökalp, çok sayıda dil öğrenmiştir. Fransızca, Farsça ve Arapça bunlardan sadece birkaçıdır. Gökalp, sürekli okuyarak kendini geliştiren, toplumsal sorunlara gerçekçi gözlemlerle yaklaşan biridir.[347]

Gökalp'in düşünce yapısının oluşmaya başladığı dönemlerde, saltanat makamına yönelik eleştirileri ve millet kavramına yaptığı vurgular dikkat çekmektedir. 1891 yılında yazdığı bir manzumede, *"Ey sultan sen çekil, hükümran biziz"*, diyen Ziya Gökalp, 1894 yılında da *"Padişahım çok yaşa"* yerine, *"Millet çok yaşa"* diye bağıranlar arasında bulunduğundan ahlak notu 10'dan 7'ye düşürülmüştür.

Ziya Gökalp'in düşünce dünyasının oluşumunda, kişisel özellikleri kadar, içinde bulunduğu Diyarbakır, İstanbul ve Selanik kentlerinin sosyal ve kültürel yapıları da etkili olmuştur.

"Batı kültürünü ve yayınlarını, öğrenimini Avrupa'da yapanlardan iyi tanımış ve izlemiş, doğup büyüdüğü Diyarbakır kentinin Doğu kültürüyle bağlantıları ve etnik yapısı onu gerçekçi çözümlere yöneltmiştir."

Ziya Gökalp, **İttihat Terakki Fırkası** içinde de yer almasına rağmen, çok fazla ön plana çıkmamıştır. Bu sırada kendisini yayıncılık faaliyetlerine vermiş, aynı zamanda 1913 yılında İstanbul Darulfünunu'nda dersler vermeye başlamıştır. 30 Ocak 1919'da tutuklanıp Malta'ya sürgün edilinceye kadar, hem üniversitedeki görevine devam etmiş, hem de Türk Yurdu, Halka Doğru, İslam Mecmuası, İktisadiyat Mecmuası, Yeni Mecmua gibi dergilerle ve Tanin gibi gazetelerde yüzlerce makalesi yayınlanmıştır.[348]

---

[347] age. s. 649.
[348] age. s. 650.

Gökalp, Durkheim ve Atatürk

Gökalp'le Mustafa Kemal arasında düşünsel bir benzerlik ya da düşünsel bir bağ olduğunu gösteren en önemli delillerden biri, hem Gökalp'in hem de Mustafa Kemal'in ünlü Fransız düşünürü E. **Durkheim**'den yoğun bir şekilde etkilenmiş olmalarıdır. Gökalp, adeta Durkheim'in Türkiye'deki sözcüsüdür.

"Diyarbakır'dan gelen Gökalp, duygusal biçimde gelişen bilgileriyle kendisini birdenbire pozitivizmin egemen olduğu bir ortamda bulacaktır. Bu okul öğrencileri, Batı'dan gelen materyalist tabiat görüşünün heyecanı içinde, bulundukları dinsel dünyanın çatışmalarına düşmüşlerdir. Bu ikilem sorunu Ziya Gökalp'te acil olarak çözüm isteyen bir sorun sayılacaktır. Bu amaçla, Batı'dan aynı çatışmaları dile getiren yazarlar okumaya başlayacak ve Batı düşünürleri içinde bu çözüme en yakın fikirleri açıklayan Emile Durkheim'i seçecektir.

Durkheim, 19. yüzyılda pozitivizme karşı uyanan şüphenin sosyolojik düzeyde bir sözcüsüdür.

Durkheim'i değil, metotlarını benimseyip geliştiren Ziya Gökalp'in oluşturduğu fikir: dinin asıl öneminin nasıl anlaşılacağıdır. Mutabık oldukları husus, dinin teolojik yönleriyle değil, sosyal fonksiyonlarıyla mütalaası gerektiği, dinsel inançların toplumları birleştirici oluşları, Ziya Gökalp'in görüşlerine tamamen uygun bir çözümdür. Onun fikir yapısı artık bu düzeyde gelişecektir."[349]

Mustafa Kemal, Durkheim'i hem Gökalp aracılığıyla tanımış hem de doğrudan doğruya Durkheim'in kitaplarından yararlanmıştır. Mustafa Kemal, bu ünlü Fransız düşünürünün toplumsal iş bölümü ve ahlak konularını içeren iki temel yapıtını cumhuriyet'in ilk yıllarında Türkçeye tercüme ettirerek Milli Eğitim Bakanlığı'na yayınlatmıştır.[350] Mustafa Kemal, Durkheim'in bazı yapıtlarının Fransızca asıllarını da incelemiş-

---

349 Hikmet Altuğ, "Ziya Gökalp ve Türk Düşüncesi", **Nesin Vakfı Edebiyat Yıllığı 1985**, İstanbul, 1985, s. 744.
350 Turan, **age.** s. 21.

tir. 1932 Ağustosu'nda, Dolmabahçe Sarayı'nda, İstanbul Üniversitesi Kitaplığı'ndan Durkheim'in, *"De la division du travail social"* ve *"Le sucide, etüde de sociologie"* adlı kitaplarını, daha sonraki yıllarda da, *"L' Education morale"* ve *"L'Allemagne audessus de toul la mentalite allemande et la guerre"* adlı iki kitabını getirtip incelemiştir.[351]

Gökalp, İslam Dini ve Atatürk

Mustafa Kemal, birçok konuda olduğu gibi din konusunda da Ziya Gökalp'ten etkilenmiştir. Gökalp'in **İslam dinini ümmetçi çizgiden ulusal çizgiye oturtma fikri** Mustafa Kemal'in dikkatini çekmiştir; fakat Gökalp, ulus tanımına "din birliği"ni de dâhil etmesine karşılık; Mustafa Kemal ulus tanımında "din birliği"ne yer vermemiştir.

Gökalp, *"Türkçülüğün Esasları"* adlı kitabında *"Dini Türkçülük"* başlığı altında şunları yazmıştır:

"...Dini Türkçülük, din kitaplarının ve hutbelerle vaazların Türkçe olması demektir. Bir millet dini kitaplarını okuyup anlayamazsa tabiidir ki dinin hakiki mahiyetini öğrenemez. Hatiplerin, vaizlerin ne söylediklerini anlamayan sünnetten de ibadetten de hiçbir zevk alamaz... Halkımızın dini hayatını tetkik edersek görürüz ki ayinler arasında en ziyade vecd duyulanlar namazlardan sonra ana diliyle yapılan deruni ve samimi münacaatlardır... Dini hayatımıza daha büyük bir vecd ve inşirah (ferahlık) vermek için gerek –ibadetler müstesna olmak üzere– Kur'an-ı Kerim'in ve gerek ibadetlerde ayinlerden sonra okunan bütün dualarla, münacatların ve hutbelerin Türkçe okunması lazım gelir."[352]

Ziya Gökalp'in bu ve benzer fikirlerinden etkilenen Mustafa Kemal, materyalistlerin yaptığı gibi dini toptan reddetmek yerine, din üzerine kafa yormaya başlamıştır. Nitekim Mustafa Kemal, Ziya Gökalp'in *"Dini Türkçülük"* olarak formüle ettiği fikirleri 1930'lu yıllarda uygulamaya koymuştur.

---

351 Leman Şenalp,"Atatürk Kitap ve Kütüphane", **Türk Kütüphaneciler Derneği Bülteni**, XXX, S. I, 1981, s. 3 - 23.
352 Ziya Gökalp, **Türkçülüğün Esasları**, İstanbul, 1976, s. 164, 165.

Gökalp'in milliyetçiliğinde dinle kurulan ilişki, laik düzenle bir uyuşmazlık oluşturmamaktadır. Kendisi, İslamiyetin devletin resmi dini olmasına açık bir biçimde karşıdır. İslam dinini toplumda birlik ve dayanışmayı sağlamaya yardımcı bir faktör olarak görmektedir. İmparatorlukların parçalanmasıyla birlikte, ümmet anlayışının yerini dinde millileşme anlayışına bıraktığını, bu açıdan dinlerin bir bakıma reforma uğradıklarını ileri sürmüştür. Millet ile ümmet kavramlarının birbirinden ayrı kavramlar olduğunu vurgulamaya özen göstermiştir. Gökalp, dini, toplumsal koşullara bağımlı tarihsel bir olgu olarak görmüştür. Din konusunda Gökalp'i asıl ilgilendiren, tasavvufun toplumu oluşturan bireyler arasında dayanışma kurabilecek anlamı ve paylaşılan ortak ahlaki değerleridir.[353]

Gökalp, siyasetin teokrasi kalıntılarından tamamen temizlenmesini istemiştir. Devletin laikleşmesinden yanadır. Ona göre siyasal ve dinsel otoriteleri birbirinden tamamen ayırmak ve bağımsızlaştırmak gerekmektedir. Bu bakımdan, **Şeyhülislamlık** kurumuna, devlet kurumları içerisinde yer verilmemelidir. Şeyhülislamın yetkileri sadece inanç ve dinsel tören işleriyle sınırlandırılmalıdır.[354]

Ziya Gökalp, Birinci Dünya Savaşı'nın devam ettiği günlerde, açıkça laiklikten söz etmiştir. **Gökalp'e göre Araplarla Türklerin Allah anlayışları birbirinden farklıdır.** Araplar Allah'ı korku kaynağı, Türkler ise şefkat ve sevgi kaynağı olarak kabul etmektedirler. Gökalp, İslam dininde ikrah (zorlama) ve baskı olmadığını ve ferdin doğrudan doğruya Allah'a karşı sorumluluk taşıması gerektiğine değinerek bu konuda şu görüşleri ileri sürmüştür:

"Fiili olarak ortalıkta dini yalnız zühd ve ibadetten ibaret diye kabul eden zahidler (aşırı sofu olanlar) vardır. Bir taraftan da imanları kuvvetli olmakla beraber, Allah'a layık olmanın yo-

---
353 Taha Parla, **Ziya Gökalp, Kemalizm ve Türkiye'de Korporatizm**, İstanbul, 1999, s. 79 - 85.
354 Tankut Soykan, "Ziya Gökalp ve Hilafet", **Toplumsal Tarih**, Mart 2001, s. 13.

lunu bizzat aramak isteyen müminler... Biz, zahitlerin mescitlerine giderek vakitlerini züht ve ibadetle geçirmelerini sevgi ve saygıyla karşılarız. Fakat onlar da bizi baskı altında tutmaya kalkışmamalı, camilerde toplanarak ruh ve vicdanlarımızı yükseltecek yolda münakaşalara girişmemizi ve fiili surette hayır işlemeyi ve serden kaçmayı ön plana almamızı hoş görmelidirler."[355]

Gökalp bu sözleriyle insanlara din ve inanç konusunda baskı yapılmaması gerektiğini belirterek din ve vicdan özgürlüğüne vurgu yapmaktadır. Gökalp'in bu sözleri laiklik talebidir.

Gökalp'in din anlayışında **laikliğin** önemli bir yeri vardır. Daha 1908 yılında yayımladığı ilk kitabında "laik" vurgulara rastlanmaktadır:

"Din farkını aramamak hepimizin emeli", *"Bir Allah'tır insanlara İncil ve Kur'an veren"*, *"Din başkadır, vatan başka, bunu ayırt etmeli"* ve *"Bir vatanın evladıyız, mezhep bizi ayırmaz / Acem bizi esirgemez, Frenk sizi kayırmaz"* dizelerini de içeren *"Uhuvvet Şarkısı"* Gökalp'in laikliği savunduğunun en açık kanıtlarından biridir.[356]

Mustafa Kemal'in, Gökalp'in, akılcı, siyasal yapıdan uzak, laik anlayışla çatışmayan din yorumlarından etkilendiği açıktır.

Gökalp, pozitivist rüzgârların estiği, "din var mıdır?" "Tanrı'nın insanlar üzerindeki etkisi nedir?" gibi soruların sorulduğu bir ortamda farklı bir aydın tipi olarak ortaya çıkmış ve Türk toplumunun Müslüman kimliğiyle, laik, çağdaş, aydınlık bir görünüm kazanabileceğini ileri sürmüştür. Üstelik İslamın ümmetçi çizgiden ulusal çizgiye çekilebileceğini örnekleriyle ortaya koymuştur. Bütün bunlar dikkate alındığında Ziya Gökalp'in, Mustafa Kemal'in kafasında genelde din, özelde de İslam dini konularında yeni fikirlerin belirmesinde önemli roller üstlendiği söylenebilir.

---

355 Ahmet Emin Yalman, **Tarihte Gördüklerim Geçirdiklerim**, C.I, İstanbul, ty, s. 279.
356 Tütengil, "Gökalp 100 Yaşında", s. 650.

SICAK SAVAŞ YILLARI VE ATATÜRK'ÜN DÜŞÜNCE DÜNYASI

Değişen zaman, Mustafa Kemal'i de değiştirmiştir. 1910'lu yıllarda o artık bir Osmanlı subayıdır ve yavaş yavaş olgunluk dönemini yaşamaya başlamıştır.

Bir taraftan, tüm dünyada siyasal ve toplumsal koşullar hızla değişmeye devam ederken, diğer taraftan, imparatorluğun içinde bulunduğu koşullar da gittikçe zorlaşmaktadır. Osmanlı orduları cepheden cepheye koşarken, alınan mağlubiyetlerin acısı her geçen gün daha da artmaktadır.

Mustafa Kemal, artık askeri öğrencilik yıllarındaki teorik planlarını uygulama fırsatı bulmuştur. O, artık bir askerdir, hem de olabilecek en kötü koşullar altında; parçalanmanın eşiğindeki bir imparatorlukta... Suriye'den Trablusgarp'a, Edirne'den Muş'a, Bitlis'ten Erzurum'a, Çanakkale'den Samsun'a, Sakarya'dan Dumlupınar'a kadar vatan topraklarını korumak için koşturup duracaktır. İşte bu süreçte yaşadığı olaylar onun iç dünyasında yeni bir değişimin başlamasına neden olacaktır.

Bu kanlı savaş meydanlarında ve impartorluğun uzak kentlerinde, yaşadığı toplumun gerçeklerini her geçen gün daha yakından tanımıştır: Yokluk, yoksulluk, ezilmişlik, acı, kan ve gözyaşı... Bütün bunlara rağmen, umut, azim, kararlılık ve inanç gibi değerlerin bu toplum tarafından nasıl sahiplenildiğini görmüştür.

İnsanların **ağızlarında dualarla** ölüme nasıl koşa koşa gidebildiklerini anladığında, bir kez daha kendisiyle yüzleşme zamanının geldiğine karar vermiştir.

Bu uzun sıcak savaş yılları (1911-1922), Mustafa Kemal üzerinde çok derin izler bırakmıştır. Savaşın korkunç yüzü özellikle onun ruh dünyası üzerinde etkisini göstermiş ve Mustafa Kemal'in bir kez daha manevi değerler üzerinde düşünmesine neden olmuştur. O yıllarda yaşadığı olaylardan öylesine çok etkilenmiştir ki bu genç subayın değişimi artık kaçınılmaz olmuştur.

ÇANAKKALE SAVAŞI'NIN ETKİLERİ

Osmanlı Devleti açısından Birinci Dünya Savaşı'nın en çetin mücadelesi, Çanakkale'de yaşanmıştır.

İtilaf Devletleri, müttefikleri Rusya'ya yardım ulaştırmak, İstanbul'u ele geçirip Osmanlı Devleti'ni savaş dışına iterek Almanya'yı yalnız bırakmak ve bu sayede Birinci Dünya Savaşı'nın daha fazla uzamasını engellemek gibi amaçlarla 1915'te Çanakkale'ye saldırmışlardır.

İtilaf Devletleri'nin Çanakkale çıkarması binlerce insanın ölümüyle noktalanacak olan, dünya tarihinin en kanlı çatışmalarından birini başlatmıştır.

Osmanlı Devleti, Birinci Dünya Savaşı'nı kaybetmesine rağmen, büyük bir başarı göstererek Çanakkale Savaşlarını kazanmıştır. Ancak Osmanlı Devleti'nin bu zaferi hiç de kolay olmamıştır. Bu savaşlar sırasında yüzlerce Türk genci şehit olmuştur. Ölenlerin çoğunun okuryazar, eğitimli gençler olduğu düşünülecek olursa, Çanakkale'nin önemi ve nelere mal olduğu daha iyi anlaşılacaktır.

İngiltere, Çanakkale Savaşı öncesinde sömürgelerinden yardımcı kuvvetler istemiştir. Bu istek doğrultusunda 20 bin Avustralyalı, 8 bin de Yeni Zelandalı askerden oluşan 'Anzak' kuvveti Kasım 1914'te yola çıkmıştır.

İngilizler, Çanakkale Boğazı'nı önce denizden geçmeyi denemişler, fakat 18 Mart mağlubiyetinden sonra müttefik kuvvetlere karadan yardım ve destek olmaksızın Çanakkale Boğazı'nın geçilemeyeceğini anlamışlardır.

Bir aydan fazla bir süre hazırlık yapılmıştır. 75 bin kişilik bir çıkarma kuvveti hazırlanmış ve bu devasa kuvvetin başına **General Sir Hamilton** getirilmiştir. Bu hazırlıkların ardından 25 Nisan günü Gelibolu Yarımadası'nda Arıburnu ve Seddülbahir'e, Anadolu yakasında da Kumkale'ye çıkarma yapılmıştır. Bu çıkarmayı tüm sıcaklığıyla yaşayan tek sivil ve gazeteci **Charles Bean**, anılarında o tarihi günü şöyle anlatmaktadır:

"25 Nisan Pazar günü gece yarısı gemiler Limni'den geldiler. Güvertede uykulu bir ses, esnemelerle kesilen bir şarkı söylüyor.

Derken ilk kez 04.38'de dikkatle kulak verdiğimde, ta uzaklarda bir tıkırtı duyuyorum; küçük bir kutunun içinde kurşun kalemle hafifçe vuruluyormuşçasına... Bu tıkırtı sürekli gidip geliyor. İlk defa işitmeme rağmen bunun ne sesi olduğundan şüphem yok. Ateşlenen tüfeklerin yankılanan sesi, ilerdeki tepelerde yoğun çarpışma oluyor...

Sandal 50-60 cm derinlikte bir suda karaya çekildi. Dışarı fırladık. Limanda sırt çantalarının ağırlığından yıkılanlar olduğunu gördüğümden dikkatle çıktım, kumsala kadar suları yara yara yürüdüm ve sonunda Türk topraklarına ayak bastım..."

Çanakkale Savaşı İngilizler için çok önemlidir. İngilizler müttefikleri Rusya'ya yardım götürmenin ötesinde bu savaşı kazanarak Osmanlı başkenti İstanbul'u ele geçirmek istemektedirler. Akdeniz Seferi Kuvvetler Başkomutanı **Ian Hamilton**'un şu sözleri, İngilizlerin amaçlarını, arzularını ve kinlerini gözler önüne sermektedir:

"Yardımına sığındığımız Tanrım. Senden pek ender bir dilekte bulunuyorum. Ümit ediyor ve inanıyorum ki geleceğin Harp Okulu öğrencileri, büyük bir imparatorluğu harakiri yapmaya mecbur bırakmak için neden bu kıraç, değersiz kayalıklar üzerinde sıkıştığımızı değerlendirebileceklerdir. Biz bu kayalıklarda hançerimizi Osmanlı sultanının kara kalbine sapladık. Yalnız hançer eti henüz deldi ve yarasından yeni yeni kan akmaya başladı. Her gün ölümden kurtulmak için debeleniyor. Şimdi çok uzun zamandır beklediğimiz günün kenarındayız. 6 Ağustos günü kuzey ve güneyden saldırıya geçeceğiz ve Türklere bir baskın taarruzu yapacağız."

Hamilton'un bu planlarını, hiç hesapta olmayan genç bir Osmanlı subayı bozacaktır.

Bu genç subayın adı **Yarbay Mustafa Kemal**'dir.

Atatürk ve Çanakkale Savaşları

Mustafa Kemal, Çanakkale Savaşlarına bir bakıma gönüllü olarak katılmıştır.

Şimdi Mustafa Kemal'e kulak verelim:

"Sofya'da ateşemiliterken başkomutanlığa yazıyla başvurarak savaş cephesinde bir göreve atanmamı istemiştim. Nihayet bir süre sonra Harbiye Nezareti'nden gelen bir telgrafla 19. Tümen Komutanlığı'na atandığım bildirildi, İstanbul'a gelince atamamı yapanın Başkomutan vekili Enver Paşa olduğunu öğrendim. Kendisine teşekküre gidip bu tümenin nerede olduğunu sordum. Genelkurmay'a sormamı istedi. Ama Genelkurmay'da da bilen çıkmadı. Şu hale bakın, ne garip durumdayım. Herkese 19. Tümen Komutanı olduğumu söylüyorum, hâlbuki böyle bir tümenin varlığından bile kimsenin haberi yok. Adeta sahtekâr vaziyetinde idim. Nihayet anlaşıldı ki tümen Gelibolu'dadır. 24 Ocak 1915 günü Gelibolu'ya gidip, tümenimi teslim aldım."

Mustafa Kemal **19. Tümeni** yirmi gün gibi kısa bir zamanda kurup teşkilatlandırmış ve seçkin bir birlik haline getirmiştir. Daha sonra da aldığı bir emir üzerine birliğini Eceabat'a taşımıştır.

Osmanlı ordusunun en tepesindeki Alman komutanlar, düşman çıkarmasının Bolayır'dan yapılacağını iddia ederken, Yedek Tümen Komutanı **Yarbay Mustafa Kemal** şaşırtıcı bir öngörüyle düşmanın Alçıtepe ve Kocaçimen'e çıkarma yapacağını söylemiştir:

"Düşman donanmasının Boğaz'dan geçmesine engel olan kıyı bataryalarımız, denizden susturulamamıştır. Düşman bunları karadan ele geçirmek isteyecektir. Yarımadaya yapılacak çıkarmanın hedefleri Alçıtepe ve Kocaçimen olacaktır. Buraları ele geçiren düşman bataryalarımızı kolayca susturabilir. Bu iki tepenin en önemlisi ve tehlike yaratabilecek olanı kıyı bataryalarımıza en yakın olan Kocaçimen'dir. Zaman kaybetmeden tümenimle oraya koşmalıyım..."

Gelişmeler, bu küçük rütbeli Türk subayını haklı çıkarmıştır. Çanakkale Savaşları, Mustafa Kemal'in hayatındaki dönüm noktalarından biridir. Çanakkale, Mustafa Kemal'in kariyerindeki ilk büyük askeri başarıdır. Bu küçük rütbeli Osmanlı subayı,

Çanakkale Savaşı'nda gösterdiği cesaretle ve aldığı sorumlulukla tüm dünyanın dikkatini çekecek derecede önemli bir zaferin kilit adamlarından biri olmayı başarmıştır.

19. Tümen Komutanı Yarbay Mustafa Kemal, Çanakkale'de verdiği kritik kararlarla savaşın kazanılmasında önemli roller üstlenmiştir.

Mustafa Kemal'in Çanakkale Savaşlarındaki o kritik kararlardan birini nasıl verdiğini kendi ağzından dinleyelim:

"*Kaçmakta olan askerlere, niçin kaçıyorsunuz dedim. 'Efendim düşman!' dediler ve karşı tepeyi gösterdiler. Gerçekten de düşmanın bir avcı hattı karşı tepeye doğru serbestçe yürüyordu. Ben kuvvetlerimi dinlensinler diye geride bırakmıştım. Düşman bana, benim askerlerimden daha yakın durumdaydı ve bulunduğum yere gelirse kuvvetlerim çok kötü duruma düşecekti. O zaman artık mantık yürütmeyle mi, içgüdüyle mi bilmiyorum kaçak askerlere:*

- Düşmandan kaçılmaz dedim.

- Cephanemiz kalmadı dediler,

- Cephaneniz yoksa süngünüz var dedim ve bağırarak bunlara süngü taktırdım, yere yatırdım. Bunlar süngü takıp yere yatınca düşman askerleri de yere yattı ve arkadaki bölük yetişerek ateş açtı. Kazandığımız an bu andı."[357]

Yarbay Mustafa Kemal'in o an orada olması ve verdiği o kritik karar sonunda düşman püskürtülmüştür. Böylece Mehmetçik, Gelibolu topraklarının Batı kıyısındaki ilk mevziini oluşturmuştur.

Mustafa Kemal'in 261 rakımlı o tepeden kaçan erlere süngü taktırıp yere yatırmasından sonra başlayan çatışma sırasında **57. Alay** yetişmiştir. Karaya çıkan Anzaklar 8 taburdan fazladır. Mustafa Kemal, **Conkbayırı'ndan** harekâtı yönetmektedir. Bu sırada bir taraftan da sağ ve soldaki birliklerle bağlantı kurmaya çalışmaktadır.

---

[357] Sarı, age. s. 35, 36.

Mustafa Kemal o süreçte yaşananları:

"*Herkes ölmek ve öldürmek için düşmana atılmıştı*" sözleriyle ifade etmektedir. Aslında bu emri bizzat o vermiştir. Saldırı öncesinde çevresine topladığı alayın subaylarına:

"*Size ben saldırıyı emretmiyorum; Ölmeyi emrediyorum. Biz ölünceye kadar geçecek zaman içinde yerimizi başka kuvvetler ve başka komutanlar alabilir*" demiştir.

Düşmandan kaçan erata derhal süngü taktırıp mevzi aldırarak kazandığı zamanda yetişen 57. Alay'ın 1. Tabur Komutanı Yüzbaşı Zeki'ye derhal askerleriyle sırtın önündeki düşmana hücüm etme emri vermiş, öncü taburunun peşi sıra yetişen Teğmen Fethi komutasındaki bataryayı da Suyatağı sırtında mevzilendirmiştir. Bataryanın ateş desteği altında taburun saldırısı çok etkili olmuş ve Avustralyalılar süngüden geçirilmiştir. Bu sırada aşağıdan tırmanan yeni Anzak birliklerinin Düztepe'yi ele geçirmeye çalıştıklarını fark eden Mustafa Kemal, Yüzbaşı Ata komutasındaki 2.Taburu da bunların üzerine sürmüştür.

Biraz sonra 2500 mevcutlu 57. Alay, kendisinin üç katı bir düşmanla boğaz boğaza mücadeleye tutuşmuştur.

Çanakkale Savaşları üzerine yıllarca çalışan "*Gelibolu*" kitabının yazarı Erol Mütercimler, Mustafa Kemal'in Çanakkale Savaşlarındaki rolünü şöyle ifade etmektedir:

"*Mustafa Kemal insiyatif kullanarak muharebenin gidişini değiştirmiştir. Savaş tarihine baktığımızda muharebe alanlarında deha olarak adlandırabileceğimiz komutan sayısı çok azdır. İngilizlerin şanssızlığı, yarımadada böyle birisine rastlanmış olmasıdır. Bu olayın ardından iki kez daha 'yarbay' gibi küçük bir askeri rütbeye sahip bir subayın generaller savaşının yönünü değiştirmesine tanık olacağız. Çünkü tepeden çevreyi seyretmek olanağını bulduğu kısacık aralıkta Liman von Sanders başta olmak üzere öteki yüksek rütbeli komutanların göremedikleri gerçeği Yarbay Mustafa Kemal bir anda kavramıştı.*

Conkbayırı ve Sarıbayır tepeleri, yarımadanın güney savunmasının kilit noktalarıydı. Eğer müttefikler bu tepelere yerleşir-

lerse 20 km'lik bir doğrultu dâhilindeki tüm hedefleri isabetli bir topçu ateşi altına almayı başararak yarımadanın iki ucu arasında irtibatı kesebilirdi. Buradan hareketle Türk savunmasının temeli, bu tepeleri ne pahasına olursa olsun tutarak, düşmanı daima aşağıdan yukarıya doğru hücum etmek zorunda bırakmak olmalıydı. Tepelerin en önemlileri de 19. Tümen Komutanı Yarbay Mustafa Kemal'in üstünde durduğu bölgeydi. Mustafa Kemal'i, taktik ve strateji ustası olarak ortaya çıkaran unsur, gördüğünü kavrama farkıydı. Bu subayın ötekilerden farkı, ilk kez burada, bu tepelerde ortaya çıktı. Gelibolu Yarımadası'nda muharebelerin kazanılmasına etki edecek en büyük etken, hızlı hücumla kazanılacak mesafe idi.(...)Bu gerçeği anlamış bulunan Mustafa Kemal, Arıburunu'na çıkmakta olan düşmanın ilerleyişinin öyle bir tek taburla önlenemeyeceğinin de farkındaydı. Emrindeki tümenin en seçme birliği olan 57. Piyade Alayı'nın gecikmeden cepheye gitmesini emrettiği gibi, sonradan cereyan eden muharebeler bu kuvvetin de yetmeyeceğini ortaya koyunca Araplardan oluşturulan 77. Alayı da ileri sürmekte tereddüt etmedi."[358]

Evet, Mustafa Kemal'in emriyle başlayan o imkânsız hücumlarda başta 57. Alay olmak üzere birçok birlik tamamen yok olacak; ama vatan kurtulacaktır.

Yazar Alan Moorhead, Mustafa Kemal'in Çanakkale Savaşı'ndaki rolü ve verdiği o kritik kararla ilgili şunları yazmıştır.

"İttifak Devletleri adına hareketin en kötü rastlantılarından biri bu deha sahibi küçük rütbeli Türk komutanının tam o anda, o noktada bulunmasıydı. Çünkü aksi takdirde, Anzaklar pekâlâ o sabah Conkbayırı'nı ele geçirebilirler ve savaşın kaderi orada o anda belli olurdu. Oysa Mustafa Kemal, o gün tam bir çılgınlıkla savaştı. Bir önsezi, talihinin doğmakta olduğunu ona hissettirmiş olmalıdır. Ya burada ölüp gidecek, ya da kendisini gösterecekti. Devamlı olarak en ön siperlerde çarpışmaktaydı. Topları mevzie sokarken erlerine yardım ediyor, mermiler arasından kalkıp düş-

---

358 Erol Mütercimler, **Gelibolu,** İstanbul, 2005, s. 298, 299.

manı kolluyor, askerlerini en ufak bir kurtuluş umudu olmayan hücumlara kaldırıyordu."[359]

Çanakkale sırtlarında dünya tarihinin en kanlı savaşlarından biri yaşanmıştır. Gelibolu sırtlarında binlerce insan boğaz boğaza gelmiş, tepelerden aşağıya doğru "kan olukları" oluşmuştur. Askerler geceleri siperlerde gözleri önünde can veren arkadaşlarının çürüyen bedenlerine sarılarak yatmak zorunda kalmışlardır. Bu korkunç manzaranın tanıklarından biri de daha 21 yaşındaki Anzak taburu marangozu Er. R. E. Antill'dir.

"Hala hayattayım ve buna şaşırıyorum. Doğrusunu söylemek gerekirse bu savaş bittiğinde çok sevineceğim. Çünkü yanınızdaki arkadaşınızın vurulup ölmesini görmek bir insanı çıldırtabilir. Dün gece yattığım yer öylesine rahatsızdı ki bir ölünün sağ bacağını yastık olarak kullanmak zorunda kaldım."

Çanakkale'de ölüm ve yaşam kardeş gibidir. Ölüm ve yaşam arasındaki çizgi, tarihin hiçbir döneminde bu kadar incelmemiştir. Havada keskin bir ölüm kokusu vardır. Siperlerin içinde, tepelerin altında ve uçurumlarda, deniz kıyısında, her yerde parçalanmış ve kanlı insan bedenleri yatmaktadır.

Alman tercüman Anbrey Herbert, Çanakkale'de gördüklerini şöyle anlatmaktadır:

"Havada korkunç bir ölüm kokusu vardı. Bir yaylaya çıktık. Burada 4 bin kadar Türk ölüsü yatmaktaydı. Manzara tarif edilecek gibi değildi. Yağmura şükrediyordum. Yanımdaki Türk yüzbaşısı, 'Bu manzara karşısında en merhametliler bile vahşileşir, gözyaşı döker' dedi. Ölüler dönümlerle yer kaplıyorlardı. Başları, koşmalarının hızıyla altlarında kalmıştı, iki elleri süngülerindeydi. Türklerden biri mezarları işaret etti ve 'işte siyaset' dedi. Sonra da cesetleri gösterdi ve ekledi,'işte diplomasi' ...Allah bütün biz zavallı askerlerine acısın."

Çanakkale'nin bu korkunç atmosferini yaşayanlardan biri de Yarbay Mustafa Kemal'dir. Anafartalar Cephe Komutanı **Mustafa Kemal**, kan, ateş ve ceset kokuları arasında bunalmış,

---
359 Can Dündar, **Gölgedekiler**, Ankara, 1995, s. 126, 127.

yıpranmış ve yorgun düşmüştür. Mustafa Kemal anılarında o zor günleri şöyle anlatmaktadır:

"Yola çıkarken yanıma başhekimimi de aldım. Böbreklerimden hastaydım. Yaverim o gün şehit olmuştu. 4 aydır Arıburnu karargâhında, yani ateş hattından 300 metre geride, cesetlerin kokması yüzünden bozulmuş bir hava teneffüs etmekteyim. O gece saat 11.00'de zindan gibi zifiri karanlıklar içinde oradan çıkınca ilk defa temiz bir hava soludum; fakat bu güzel havayı solumak, karanlık ve belirsizlik içinde kısmet oluyordu."

Komutanın İnancı

Mustafa Kemal, **Allah adına** savaşan, **şehit** ya da **gazi** olacağını düşünen askerlerden oluşan bir ordunun komutanıdır. **Okunan Kur'an'lar, edilen dualar,** düşman üzerine *"Allah, Allah"* sesleriyle yürüyen askerler, kurşun vızıltıları, barut ve kan kokusu dışında hiçbir dış uyarıcının bulunmadığı savaş meydanları, Mustafa Kemal'in din, inanç gibi manevi değerlere gittikçe yakınlaşmasına yol açacaktır. Çanakkale Savaşlarının mucizevî sahnelerini bizzat yaşayan Mustafa Kemal, orada adeta inancın zaferine tanık olmuştur. Genç komutan o günlerde başarı için **yeminlerini, Allah ve Kur'an üzerine ederken,** ordusunu **dini uyarıcılarla** motive etmeye başlamıştır.

Mustafa Kemal'in o günlere ait anılarından, nasıl bir manevi atmosfer içinde olduğu anlaşılmaktadır. Mustafa Kemal, 10 Ağustos 1915 tarihinde gerçekleşen Conkbayırı taarruzunu şöyle anlatmaktadır:

"Yüksek sesle askerlere selam verdim. 'Askerler! Karşınızdaki düşmanı mağlup edeceğinize hiç şüphe yoktur. Fakat siz acele etmeyin. Evvela ben ileri gideceğim. Siz, ben kırbacımla işaret verdiğim zaman hep birden atılırsınız.' Kumandanlar ve subaylara da işaretime askerlerin dikkatini çekmelerini emrettim. Ondan sonra hücum safının önünde bir yere kadar gidildi ve orada kırbacımı havaya kaldırarak hücum işaretini verdim.

Bütün askerler, subaylar her şeyi unutmuşlar, bakışlarını, kalplerini verilecek işarete yöneltmiş bulunuyorlardı. Süngüle-

ri ve bir ayakları ileri uzatılmış olan askerlerimiz ve onların önünde tabancaları kılıçları ellerinde subaylarımız, kırbacımın aşağı inmesiyle demirden bir kitle halinde aslanca bir saldırıyla ileri atıldılar. Bir saniye sonra düşman siperleri içinde gökyüzüne yükselen bir sesten başka bir şey işitilmiyordu. Allah, Allah, Allah..."

"Düşman silah kullanmaya vakit bulamadı. Boğaz boğaza kahramanca mücadele sonucunda iki hatta bulunan düşman tümüyle imha edildi."[360]

Mustafa Kemal, yine Conkbayırı muharebesine ilişkin gözlemlerini başka bir yerde şöyle ifade etmiştir:

"Binlerce askerin bulunduğu Conkbayırı'nda çıt çıkmıyordu. Dudaklar sessizce bu sıcak gecede dua ediyordu. Saat 04.30'da kıyametler kopmuştu. Allah Allah sesleri bütün cephelerde, karanlıkta gökleri yırtıyordu."[361]

Bu sahneleri, Müttefik Devletler Kara Kuvvetleri Başkomutanı General Hamilton şöyle gözlemlemiştir:

"Her taarruzdan evvel başlayan genel bombardıman sırasında imamlar ya da taburdaki din adamları, erleri çevrelerinde topluyor, onlara dini telkinlerde bulunuyor, ölürseniz şehit, kalırsanız gazi olursunuz, Allah, Muhammed aşkına dövüşün, diyorlardı. Erlerin cevabı, bir koro halinde, ama gözleri şevk ile dolu olarak 'inşallah efendim' oluyordu."[362]

Mustafa Kemal, *"Ben size taarruzu emretmiyorum, ölmeyi emrediyorum"* diyerek askerlerini düşman üzerine gönderirken, *"Allah'ın onlarla birlikte olduğunu,"* söyleyerek askerlerini motive etmiştir: *"...Allah bizimle beraberdir ve bizi görmektedir. Haydi hücum! Allah! Allah!"*[363]

Mustafa Kemal, Arıburnu muharebeleri sırasında yayınladığı bir tebliğde Allah'ın yardımına dayanarak düşmanı yene-

---

360 Atatürk'ün Bütün Eserleri, C. I, s. 447.
361 Alaaddin Hızıroğlu, **Konuşan Tarih: Dorukta Görülen Yer Uşak**, İzmir, ty, s. 8.
362 General İan Hamilton, **Gelibolu Günlüğü**, Çev, Osman Öndeş, İstanbul, 1972, s. 299.
363 Recep Şükrü Apuhan, **Çanakkale Geçilmez**, İstanbul, 2005, s. 58.

ceklerini belirtmiştir: *"Karşımızdaki düşmanı mutlaka denize dökmek için avn-ı Hak'la ve kıtaatımızın kahramanlığına güvenerek, kariben son ve kat'i bir taarruz icra edeceğim."*[364]

Mustafa Kemal, Çanakkale Savaşlarıyla ilgili anlatımlarında sık sık **Allah'tan** söz etmiştir:

"Saldırının sürdürülmesini emrettim... Düşmanla Aradaki mesafe 700-800 metre idi. Bu sırada birinci taburdan Allah Allah sesleri işitildi."[365]

"... Ve elli metre kadar düşmana yaklaşarak ani Allah Allah sesleriyle bir süngü hücumu yaptılar. Bu süngü hücumunda düşmanın bir hattı tamamen kırıldı."[366]

"...Hemen şiddetle ilerlemeyi emrettim. Birinci taburdan yine bu sırada Allah Allah sesleri yükseliyordu."[367]

Mustafa Kemal, Çanakkale Savaşları sırasında vermiş olduğu bir tümen emrinde, öncelikle uyulması gereken emirleri, önlemleri ve taktikleri açıklarken **Allah'tan yardım dileyerek** düşman üzerine saldırılmasını istemiştir. İşte o tümen emri:

"Her birlik kesin kararlılıkla yürüyecek, hücum mesafesine yaklaşınca süngü takacak. Süngü tak işareti üzerine dayanak ve yedekler de koşulsuz olarak kayıplara bakmayarak yanaşacaktır. Genel borazan ve trampetlerin hücum işaretleriyle Yüce Tanrı'dan yardım dileyerek, herkes düşman mevziine atılacaktır."[368]

Bu tümen emri, Mustafa Kemal'in başarı için önce maddi gereklerin yerine getirilmesinin daha sonra Allah'tan yardım istenmesinin doğru olacağına inandığını göstermektedir.

Mustafa Kemal, kan, barut, ateş ve ceset kokuları arasında bunalıyordu. Savaş atmosferinden biran olsun uzaklaşmak için olsa gerek Maydos'taki karargâhından, Balkan Savaşlarında ölen arkadaşı Yüzbaşı Ömer Lütfi Bey'in Fransız dul eşi **Madam**

---

[364] Uluğ İğdemir, **Arıburnu Muharebeleri Raporu**, Ankara, 1990, S. 120, 121; Yalın İstenç Kökütürk, **Atatürk'ü Anlamak**, İstanbul, 1999, s. 225, 226.
[365] **Atatürk'ün Bütün Eserleri**, C. 1, s. 308.
[366] age. s. 301.
[367] age. s. 308.
[368] **Gazi Mustafa Kemal Atatürk'ten Bize**, C. I, İstanbul, 1987, s. 58.

Corinne'e yazdığı Fransızca mektuplardan birinde, ondan değişik konular içeren romanlar istemiştir.

İşte Mustafa Kemal'in o mektubu:

"*Aziz dostum,*

İki aydır buradayım ve Çanakkale Boğazı'nı, müttefiklerin donanmalarına ve kuvvetlerine karşı savunuyorum. Bu ana kadar, Aziz Corinne, hep başardım ve aynı yerde kalırsam, kuvvetle ümit ediyorum ki daima da başaracağım. Burada benim adım fazla duyulmazsa hayret etmeyiniz. Çünkü bu önemli savaşın onurunu Mehmetçiğe kazandırmayı tercih ettim. Kuşkusuz biliyorsunuz ki savaşı yöneten sizin dostunuzdur.

Burada hayat pek sakin değil, Gece gündüz top sesleri, şarapneller, mermiler başlarımızın üstünde patlayıp gidiyor. Kurşun vızıltıları ve bomba gürültüleri içinde adeta bir cehennem hayatı yaşıyoruz. Olayların etkisiyle sertleşen karakterimi mantıklı öğütlerinize dayanarak yumuşatabilmek için roman okumaya kararlıyım. Herkesin büyülendiği tatlı ve esprili konuşmalarınızdan zevk alabilmek imkânından mahrumum. Bu nedenle aşk duygularından ve pek az fikrine katıldığım bir insanın hayat felsefesinden başka bir şey ilham etmeyen bir romanın tefrikalarını okuma ihtiyacı duydum. Hulki Efendi'ye birkaç roman ismi verin, gidip satın alsın. Çünkü bu olayların ardı arkası kesilmez...

Mazi ve mazinin hatıraları ölümsüzdür. Beni unutmayınız Corinne... Hatta bu savaşta ölsem bile...

Mustafa Kemal" [369]

Gizli Bir Güç

Mustafa Kemal, Çanakkale'de olağanüstü bir cesaret ve inançla mücadele etmiştir. Askerlerini imkânsız hücumlara kaldırmış, kendisi en ön saflarda yer almış, bizzat sıcak çatışmaya girmiştir. Ancak ölümün kol gezdiği Gelibolu sırtlarında, sanki "gizli bir güç" onu korumuş gibidir.

---

[369] Atatürk'ün Madam Corinne'e yazdığı diğer mektuplar için bkz. Sadi Borak, **Atatürk'ün Özel Mektupları**, Kaynak Yayınları, İstanbul, 1998.

H. C. Armstrong, bir dönemler yasaklanan "Bozkurt" adlı eserinde, Çanakkale Savaşlarını anlatırken uzun uzun Mustafa Kemal'in kahramanlığından söz etmiş ve satır aralarında ölümün adeta ondan uzak durduğunu ifade etmiştir.[370] İşte Amstrong'un yasaklı kitabındaki o satırlar:

"*Bir keresinde, yeni kazılmış bir siperin dışında oturuyordu. Bir İngiliz bataryası sipere ateş açtı. Toplar menzili buldukça, şarapneller gitgide daha yakına düşmeye başladı; vurulması matematiksel olarak kesindi. Kurmayları sipere girmesi için yalvarmaya başladılar.*

'Hayır', dedi.'Saklanmak, adamlarım için kötü bir örnek olacaktı.' İlgisiz ve soğukkanlı bir tavırla kurmaylarıyla konuşurken bir sigara yakıp, gayet sakin onu içti. Bu arada aşağıda siperin güvenliği altında duran adamları, büyülenmiş gibi onu seyrediyorlardı. Düşman topları bir başka hedefe yöneldiler. Patlayan şarapnellerin tozlarına bulanmış olsa da Mustafa Kemal'e yine bir şey olmamıştı.

Bir başka olay da Gelibolu'ya dönerken bir İngiliz uçağı, bindiği otomobili baştan aşağı taradı. Bombalar arabanın önünde ve arkasındaki yolda patladı, bir tanesi de ön cama çarpıp şoförü öldürdü. Fakat Mustafa Kemal'e hiçbir şey olmadı.

Zaman zaman eline bir tüfek alıp siperden dışarıya uzanıyor, Avustralya siperlerindeki belirli bir hedefe dikkatli ve telaşsız birkaç atış yapıyordu. Açık alanlarda adamlarına cesaret vermek için yavaş yavaş hareket ediyor, kısa menzilde bile, düşman avcıları onu vurmayı başaramıyorlardı.

Kesinlikle ve tümüyle hiçbir kurşunun ona rastlamayacağına inanmıştı. Bu inanç, ona olağanüstü bir korkusuzluk aşılamaktaydı."[371]

---

370 Bu kitap, Atatürk'e yönelik hakaretler içerdiği gerekçesiyle bir dönem yasaklanmıştır. İlginç olan, kitabın yazarı Armstrong, Atatürk'ü alabildiğince eleştirdiği, hatta zaman zaman kötülediği ve hakaret ettiği kitabında, Atatürk'ün "Çanakkale Savaşlarındaki kahramanlığını" anlatmadan geçememiştir. Bir Atatürk muhalifinin kaleminden bu övgü dolu sözleri duymak anlamlı olsa gerekir.
371 H. C. Armstrong, **Bozkurt**, Çev. Gül Çağalı Güven, İstanbul, 1997, s. 47.

"Tekrar tekrar ateş altına girmekten geri durmuyordu. Kendini hiç sakınmıyor; adamlarının karşı karşıya kaldığı tehlikeleri onlarla paylaşıyor, ama çevresindeki tüm adamlar öldüğü halde ona hiçbir şey olmuyordu."[372]

Ancak bir seferinde az kalsın ölüyordu!

"...Sabaha karşı 03.00'de Mustafa Kemal siperlerden çıktı, yürüyerek ilerledi. İngilizler ateş açtı. Bir kurşun saatini parçaladı; fakat kendisine gene bir şey olmadı. Yaralanmış olsaydı, hücum asla gerçekleşmeyecekti... Türklere zaferi kazandıran ve yarımada ile İstanbul'u kurtaran, eldeki bu bir avuç asker ile Mustafa Kemal'in olağanüstü kişiliği oldu."[373]

Çanakkale'de Mustafa Kemal'in yanında olanlar da Armstrong'u doğrularcasına Mustafa Kemal'in "korkusuzluğunu" ve "korunmuşluğunu" vurgulamaktadırlar.

Cevat Abbas Gürer anılarında Mustafa Kemal'in korkusuzca ve fütursuzca ateş hattının içine kadar girip askerlerini idare ettiğini şöyle ifade etmektedir:

"...Conkbayırı'na akşam karanlıkta ulaşan Mustafa Kemal Sekizinci Fırka Kumandanı Bay Ali Rıza'yı ve yorulmak bilmeyen fırka arkadaşlarını gayrete getirmiş, sabaha kadar uyku uyumadan ve istirahat edilmeden, en küçük rütbeden en büyük kumandana kadar hummalı bir faaliyet neticesinde cüz'ü tamlarımız yeniden seher vaktine kadar hazırlanmıştı.

Mustafa Kemal, tam bir gece olmayan zamana sığdırdığı bu baş döndürücü faaliyeti esnasında en ince, en ufak ayrıntıyla ilgilenmiş, düşman siperlerine kadar bizzat yanaşmıştı. O kadar ki geceyi ekseriyetle hasım avcı hatlarının yanı başında geçirmişti. Tarafların avcı hatları arasında yalnız 11 metrelik bir mesafe vardı."[374]

Yine Cevat Abbas'ın anılarından:

"Kumandanımız evvelce oturmamı kayt ve işaret ettiği yerde, bir metre kadar akasında oturuyordum. Tepemizde dönüp

---

372 age. s. 46.
373 age. s. 53.
374 Turgut Gürer, **Atatürk'ün Yaveri Cevat Abbas Gürer**, *"Cepheden Meclise Büyük Önder ile 24 Yıl"*, İstanbul, 2006, s. 79.

dolaşan 11 teyyarenin ara sıra üzerimize bıraktığı bombaların gadrine uğramayışımızın sebeplerini zihnen araştırmakla meşgulüm. Ölüm yağdıran bu hava kartallarının zulmünden kurtulmak için kumandanım hiçbir tedbir almaya lüzum görmüyordu."[375]

Cevat Abbas, Mustafa Kemal'in Çanakkale'deki cesaretini, çalışkanlığını ve kahramanlığını şöyle gözlemlemiştir:

"Kumandanım, büyük dehası nispetinde ölçülemeyecek derecede fedakâr ve cesurdu. Ateş sahası dışındaki durumu ne ise, şiddetli ateşlerin ölüm yağdıran dehşetli sağanakları altında da onun vaziyeti aynı idi.

Gözle sayılamayacak ve akılları durduracak kadar insanların kat kat birbiri üzerine yığıldığı ateş hatlarında, siperler üzerinde ekseriyetle onu görürdük. En katı yürekleri bile zaafa uğratan kanlı manzaraları veya taarruz ya da muvaffak olan yakın düşmanın ilerlemesini devamlı olarak görmemek için kumandanım durduğu veya oturduğu yerde arkasını düşmana çevirirdi. Fakat sık sık değiştirdiği vaziyeti ile bu hareketini tamamıyle örter, etrafındakilere katiyen hissettirmezdi.

Kurmay heyetinin ateş haricindeki mesaisini, lüzum gördükçe ön siperlerde, avcı hatlarında, mitralyöz yuvalarında, şiddetli ateş hattında da isterdi."[376]

Ali Canip Yöntem de anılarında, Cesaret Tepesi'nde Mustafa Kemal'in askerlerine kurşun yağmuru altında bando mızıka eşliğinde öğle yemeği yedirdiğini yazmaktadır:

"Biz Çanakkale'ye gittiğimiz zaman henüz Anafartalar Muharebeleri olmamıştı. Mustafa Kemal yarbaydı. Fakat ilk kahramanlığını göstermiş, Seddülbahir'in kuzeyinde ve Anafartaların güneyinde İngilizlere ilk zapartayı atmış ve onları Arıburnu'nda dar bir yere mıhlamıştı.

Arıburnu'na geldik. Orayı gezerken birdenbire İngilizlerin bir yaylım ateşi, yani bombardımanı ve aynı zamanda kulağımıza bir de mızıka sesi geldi.

---

375 age. s. 126, 127.
376 age. s. 143.

Esat Paşa'ya sordum: 'Paşam bu ne? Mızıka başladı. İngilizlerde de yaylım ateş!'
Cevap verdi: 'Dikkat edin bütün mermiler, şu üst tarafımızdaki Cesaret Tepesi'ne yöneliktir. Her gün öğle zamanı oldu mu, oranın Tümen Komutanı Mustafa Kemal, askerlerine bando ile yemek yedirir. Ve İngilizleri kıyıda dar bir yere mıhladığı için mızıka sesini duyan gemileri, Mustafa Kemal'e ateşle cevap verirler. Yemek bitince bando kesilir. İngilizler de sırf hiddetlerinden açtıkları ateşe son verirler."[377]

Mustafa Kemal 1913'te kaleme aldığı "*Zabit ile Kumandan Arasında Hasbıhal*" adlı eserinde, "**Muharebede yağan kurşun yağmuru, o yağmurdan ürkmeyenlere, ürkenden daha az zarar verir**" demiştir. İki yıl sonra da 1915'te Çanakkale'de bu düşünce doğrultusunda, İngilizlerin gemilerinden karaya yağdırılan ve insanın ruh halini allak bullak eden top mermilerinin gürültüsüne askerlerini alıştırmak için onlara bando mızıka eşliğinde yemek yedirmiştir.[378]

Çanakkale Savaşı'nda Mustafa Kemal'in yanında bulunanlar onun **Allah'la yakın ilişkisine** tanık olmuşlardır. Çanakkale Savaşı'nda Mustafa Kemal'in emrinde çarpışan, Mustafa Kemal Anafartalar Grup Komutanı olunca onun yerine 19. Tümen Komutanı olan **Albay Şefik Aker** bu tanıklardan biridir.

Şefik Aker, Çanakkale'de tanık olduğu bir olayı şöyle anlatmaktadır:

"8/9 Ağustos 1915 gecesi bana 19. Fırka Komutanlığını teslim edip Anafartalar Grubu Komutanlığı'nı idareye giderken, Atatürk benim sol yanımda idi. Ağzından çıkan bir fısıltı dikkatimi çekti. Onun, selamet ve başarı için Allah'a fısıltı ile niyazda bulunduğunu görmüş ve anlamıştım..."[379]

Mustafa Kemal, Çanakkale Savaşları sırasında İslam dinince kutsal kabul edilen günleri ve geceleri de unutmamış, bu gün ve

---

377 Ali Canip Yöntem, **Yakın Tarihimiz**, C. I, s. 5.
378 Mütercimler, age. s. 51.
379 İsmet Görgülü, "Sesli Belgelerden Mustafa Kemal Atatürk" **Atatürk Araştırma Merkezi Dergisi**, S. II, 1988'den naklen Görgülü, **Atatürk'ün Özel Yaşamı**, s. 102.

geceleri yayınladığı tebriklerle kutlamıştır. İşte Mustafa Kemal'in 1915 yılında yaptığı **Mevlid Kandili** kutlamalarından ikisi:

"İdrak şerefi ile övündüğümüz Mevlüdü Nebeviyi, Hz. Risaletpenahinin vatan ve millet hakkında mütemeyyin ve mübarek olmasını Cenab-ı Hakk'tan tazarru eyler, yüce heyete tebrikler arzederim." [380]

"Makamı akdesi hilafetpenahilerine can ve kalpten bağlı bütün İslam âleminin ve sadık tebaları bütün Allah'ın birliğine inananların idrak şerefi ile mesut olduğu ve övündüğü Mevlüdü Nebeviyi Hazreti Risaletpenahinin başta zatı şevketi simat hazreti tacidarileri ve yüce şanlı handanları olduğu halde vatan ve millet hakkında mesut ve mübarek olmasını Cenabı Rahimürrahmandan tazarru ederim. Tebrikatı ubudiyet-karanenizi büyük bir tazim ve hürmetle süddeyi saniyelerine arz eyleriz." [381]

Evet, ilk bakışta kısmen de olsa şeriat kurallarının geçerli olduğu bir devletin subayı olan Mustafa Kemal'in Mevlit Kandili nedeniyle böyle bir tebrik yayınlaması doğal kabul edilebilirse de -yukarıdaki tebrikler incelendiğinde- Mustafa Kemal'in kuru kuruya hamaset yapmadığı, bu anlamlı günün vatana ve millete bolluk ve bereket getirmesi için içtenlikle Allah'tan dilekte bulunduğu görülmektedir.

Çanakkale'deki Yüksek Ruh

Çanakkale Savaşı yılları, Mustafa Kemal'in iç dünyasında din ve inanç kavramlarıyla en fazla barışık olduğu dönemler arasında gösterilebilir. Bu savaş sırasında yaşadıkları onu derinden etkilemiştir. Çanakkale Savaşlarının Mustafa Kemal'i manevi bakımdan ne kadar derinden etkilediğini, onun, Çanakkale Savaşlarına ait bazı anılarından anlamak mümkündür.

İşte, Mustafa Kemal'in ağzından, "Çanakkale Savaşları ve din" ilişkisini tüm çıplaklığıyla ortaya koyan bir Çanakkale manzarası, Bombasırtı Vakası:

---

380 Atatürk'ün Bütün Eserleri, C. 5, s. 332.
381 age. s. 331.

"...Biz, ferdi kahramanlık sahneleriyle meşgul olmuyoruz. Yalnız size Bombasırtı Vakası'nı anlatmadan geçemeyeceğim. Mütekabil siperler arasındaki mesafemiz 8 metre, yani ölüm muhakkak muhakkak... Birinci siperdekilerin hiçbiri kurtulamamacasına kâmilen düşüyor, ikincidekiler onların yerine gidiyor. Fakat ne kadar şayan-ı gıpta bir itidal ve tevekkülle biliyor musunuz? Öleni görüyor, üç dakikaya kadar öleceğini biliyor, hiç ufak bir fütur bile göstermiyor; sarsılmak yok! Okuma bilenler ellerinde Kur'an-ı Kerim, cennete girmeye hazırlanıyor. Bilmeyenler, Kelime-i Şahadet çekerek yürüyorlar. Bu, Türk askerindeki ruh kuvvetini gösteren şayan-ı hayret ve tebrik bir misaldir. Emin olmalısınız ki Çanakkale Muharebesini kazandıran bu yüksek ruhtur."[382]

Görüldüğü gibi Mustafa Kemal burada Çanakkale Savaşlarının kazanılmasında *"ellerinde Kur'an'ı Kerim cennete girmeye hazırlanan ve Kelime-i Şahadet çekerek düşman üzerine yürüyen imanlı ordunun"* çok büyük bir rolü olduğunu belirtmekte ve *"Türk askerindeki bu ruh kuvvetinin hayret verici ve tebrik edilesi bir durum olduğunu ve dahası Çanakkale Savaşlarını bu yüksek ruhun kazandırdığını"* söylemektedir.

Mustafa Kemal, başka bir açıklamasında da Türk ordusunun Çanakkale Savaşlarındaki başarılarında dini ve milli duyguların büyük etkisi olduğunu şöyle ifade etmiştir:

"Fakat düşünün ki, bütün muharebe vasıtalarıyla mükemmel şekilde donanmış olarak büyük bir inat ve azimle Arıburnu sahillerine ayak basan düşmanımız, gene o sahil kenarında kalmaya mecbur olmuştur. Dolayısıyla subaylarımız, askerlerimiz vatanperverlik ve DİNDARLIK HİSLERİYLE, *milli özelliklerinden gelen yiğitlikleriyle o derece kuvvetli bir düşmana karşı payitaht kapılarını korumakla cidden iftihar edici bir mevki kazanmıştır."*[383]

Ancak Mustafa Kemal'in bu sözlerinin, günümüzde bazı dincilerin, "Çanakkale Savaşlarını kazandıran YEŞİL SARIK-

---

382 Mustafa Kemal Atatürk, **Anafartalar Hatıraları**, 1998, s. 24.
383 **Atatürk'ün Bütün Eserleri**, C. 11, s. 158.

LILARDIR!" biçimindeki "**yobaz yalanıyla**" hiçbir alakasının olmadığı da bilinmelidir.

Bilindiği gibi son yıllarda bazı "din bezirgânları" tarihi ters yüz ederek orada gözünü kırpmadan canını verip şehit olan 250 bine yakın Mehmetçiğin anısına hakaret edercesine bu savaşın onurunu adeta Mehmetçikten alıp neidüğü belirsiz **Yeşil Sarıklılara** vermektedirler. Aynı din bezirgânları hiç utanıp sıkılmadan Mustafa Kemal'in bu savaşta hiçbir rolü olmadığı yalanını da söylemektedirler.

Din bezirgânları, başta Yarbay Mustafa Kemal olmak üzere çok sayıda Osmanlı komutanının aklını, bilgi ve tecrübesini kullanarak hazırladıkları ve üstün cesaretle uyguladıkları savaş planlarını hiçe sayarak, "*Ne Mustafa Kemal, ne de Mehmetçik! Allah yardım etti de kazandık!*" diyerek hem yüce dinimiz İslamı hem de Türk tarihinin en önemli zaferlerinden birini çarpıtmaktadırlar.

Bu din bezirgânları ayrıca Çanakkale Savaşlarıyla ilgili bazı anekdotları kendilerince çarpıtarak aslında akıl ve mantıkla açıklanabilecek bazı olayları "mucize" diye yutturmaya çalışmaktadırlar. Örneğin, bu hurafeciler, Çanakkale Savaşları sırasında bir ara görülen "**beyaz elbiseli askerler**"in Allah tarafından ordumuza yardımcı olmak için görevlendirilen "melekler" olduğunu iddia etmişlerdir. Oysaki bunun da bir "yobaz yalanı" olduğu çok açıktır. Çanakkale'de Mustafa Kemal'in yanı başında savaşı bizzat yaşayan **Cevat Abbas Gürer** anılarında bu "**beyaz elbiseli askerler**" olayının içyüzünü ortaya koymuştur:

"*...Sorulan beyaz elbiseli askerler için de günün bunaltıcı sıcağının tesirini azaltmak vesilesiyle alay efradı (erler) ceketlerini çıkarıp istirahat etmekteymişler. Düşmanın ani taarruzunda ceket vesair teçhizatını giymek için sarf edecekleri birkaç dakika düşmanın muvaffakiyetine hizmet edebileceği kaygısıyla silah ve süngüsünü kavrayan erlerimizin misli görülmeyen bir hücumla düşman üzerine atılmış oldukları anlaşılmıştı. Gördüğümüz beyaz elbiseli askerler meğer sevgili ve kahraman*

Mehmetlerimizmiş. Biraz evvel düşman zannettiğimiz beyaz gömleklilerden ne derece heyecana düşmüş isek, bu defa o derece heyecan duyarak sevinmiş, göğsümüz kabarmıştı.
Atatürk (bu olaya) büyük kumandanlara has bir vakarla gülmüş ve onlara bütün takdirlerini yollamıştı."[384]

Evet, Çanakkale Savaşlarının kazanılmasında manevi etkenlerin rolu büyüktür. Bu gerçeği Mustafa Kemal de –daha önce yer verdiğimiz– "Bombasırtı Vakası"nı anlatırken ifade etmiştir. Ancak yüce dinimiz İslama göre hiçbir başarı "tesadüf" ya da "lütuf" değilir. Allah Kur'an'da birçok yerde Müslümanların çalışmalarına, aklını çalıştırmalarına vurgu yapmıştır. Nitekim Hz. Muhammed'in hayatına şöyle bir göz atacak olursak, onun İslamiyet'i yayarken sürekli çalıştığı, sürekli düşündüğü ve sürekli planlar yapıp bunları uyguladığını görürüz. Eğer İslam dini "mucizeler" ve "hurafeler" dini olsaydı ve bugünkü din bezirgânlarının söylediği gibi çalışıp çabalamadan "yeşil sarıklıların beklendiği" bir "miskinlik" dini olsaydı önce Hz. Muhammed'in bir hurma ağacına sırtını dayayarak sadece "dua edip" yeşil sarıklıları beklemesi gerekmez miydi? Fakat o, Allah'ın ancak çalışana, düşünene, doğru planlar yapıp doğru kararlar verene yardım ettiğini bildiği için sürekli mücadele etmiştir.

Çanakkale Savaşı'nda zaferi getiren, duaları boşa çıkarmayan Mustafa Kemal gibi komutanların planları, emirleri ve Mehmetçiğin de bu emirleri eksiksiz uygulamasıdır.

Çanakkale mahşerini yaşayanların anılarına göz atıldığında Mustafa Kemal'in her konuda ne kadar titiz davrandığı çok açık bir şekilde görülmektedir. Cevat Abbas'a kulak verelim:

"Kurmay heyetinde çalışan subaylar 24 saat müddetle muhabere nöbetine girerlerdi. Bu nöbetçi subayları bilhassa gece patlayan top, atılan bomba, fitillenen lağım sedaları ile ara sıra işitilen sürekli piyade ateşleri hakkında an kaybetmeden kumandanıma (Mustafa Kemal) haber vermekle mükelleftiler.

---

384 Gürer, age. s. 138 - 140.

Geceleyin karargâh telefon santralinin başında yalnız, top, bomba, lağım patlamalarıyla, sürekli piyade ateşlerini değil; sesleri cepheden gelen seyrek, hafif piyade ateşlerini bile her dakika tetkik ve takip edenler ancak Anafartalar grubu kurmay heyetinde kalabilmişlerdi. Çünkü ufak bir ihmal ve işitilen ateşlere gereken önemi vermeyenler karargâhımızda hiçbir suretle barınamıyordu."[385]

Mustafa Kemal ve diğer komutanların dikkatleri, önlemleri, kılı kırk yaran planları ve taktikleri olmasaydı hangi *"yeşil sarıklı, beyaz gömlekli"* bu savaşı kazandırabilirdi?

Özetle Çanakkale, aklını, gönlünü ve cesaretini ortaya koyan Mustafa Kemal gibi komutanların ve onların yetiştirdiği gözü pek, inançlı Mehmetçiklerin fedakârlığının zaferidir.

Din bezirgânlarına sormak isterim: Çanakkale Savaşlarını kazandıran yeşil sarıklılar aynı dönemde Sarıkamış dağlarında donarak ölen 90 bin Mehmetçiğimizi neden kurtarmadılar? Neden Sarıkamış faciasını zafere dönüştürmediler?

Yeşil Sarıklılar neredeydiler?

* * *

Çanakkale Savaşı'ndan sonra çıkan bazı gazetelerde, Çanakkale Savaşı'nın kaderini değiştiren Yarbay Mustafa Kemal'in üç önemli özelliğine vurgu yapılmıştır. Bu özellikler, **Allah'ın yardımıyla zaferler elde etmiş komutan, İslam kahramanı ve İslamın yiğit temsilcisidir.**[386]

Atatürk'ü Değiştiren Savaş: Çanakkale

Çanakkale Savaşları, Mustafa Kemal'i yıpratmış, yormuş ve olgunlaştırmıştır. Çanakkale Savaşları, belki Osmanlı Devleti'nin kötü kaderini değiştirememiş; fakat genç Yarbay Mustafa Kemal'i ve onun kaderini değiştirmiştir.

---

385 age. s. 141.
386 Sadi Borak, **Atatürk'ün İstanbul'daki Çalışmaları**, s. 92.

Şevket Süreyya Aydemir, *"Tek Adam"* adlı ünlü eserinde Çanakkale Savaşlarının Mustafa Kemal üzerinde bıraktığı "derin etkiyi" şu çarpıcı cümlelerle dile getirmektedir:

"*Çanakkale'de görevini tamamlayıp oradan ayrılan M. Kemal, o kanlı sırtlar üzerinden kopup İstanbul'a yönelirken, artık eski Mustafa Kemal değildir. Hele Gelibolu karasından ayağını alıp kendisini İstanbul'a ulaştıracak gemiye bindiği gece, en unutulmaz gecelerinden biridir. Marmara tekin değildir. O ayların kanlı yorgunluğunu silecek derin bir uykunun tatlı hasreti içindedir. Fakat kaygısız bir uyku yerine azgın sınırsız bir selin yıktığı setlerden suların birden boşanması gibi o güne kadar birikmiş, şuur altına itilmiş bütün düşünce selleri içinde bunalmaya başlar. Muharebeler, kanlar, toplar, süngü sesleri 'Allah Allah' haykırışları on binlerce insanın boğaz boğaza, kucak kucağa kaynaşması, kafasında uğuldar. Bütün bu mahşerin üstüne çöreklenen ve hiçbir rüzgârın temizleyemediği kan, barut, çürüyen ceset kokuları, gene onu sarar, bunaltır. Anlar ki beklediği kaygısız gece bir hayaldir. O zaman kalkar, güverteye çıkar ve saatlerce bir aşağı bir yukarı dolaşır. Gecenin sessizliği içinde, geminin vurduğu suların çıkarttığı hışırtıları dinleyerek ve denizi saran karanlıkta, kendini gökte ışıldayan yıldızlara vererek zamanı eritmeye çalışır.*"[387]

Çanakkale Savaşları, Mustafa Kemal'in iç dünyasında fırtınalar koparmış, onun genel kabullerini bile alt üst etmiştir. Çanakkale Savaşları Mustafa Kemal'in hayata, insana, dünyaya, madde ve ruha bakışında yeni ufuklar açmıştır.

Bütün veriler, özellikle Çanakkale Savaşı yıllarında, genel olarak da 1910'dan sonraki sıcak savaş döneminde, Mustafa Kemal'in din, inanç, Allah, İslamiyet gibi konulardaki düşünce yapısını yeniden gözden geçirdiğini ve yaşadığı olayların da etkisiyle yeniden biçimlendirdiğini göstermektedir.

Türk ordusu için maneviyatın çok önemli olduğunu gören Mustafa Kemal, o günlerde 10 numaralı not defterinde, **asker-**

---

387 Şevket Süreyya Aydemir, **Tek Adam**, C. I, İstanbul, 2001, s. 148, 149.

lerinin ibadetlerini rahat yapmaları için namaz yeri ve zamanı ayırdığını belirtmiştir.[388]

Mustafa Kemal'in din ve inanç konularındaki değişim yılları, 1911-1912 Trablusgarp, 1912-1913 Balkan, 1914-1918 Birinci Dünya savaşlarının gerçekleştiği yıllardır.[389] Mustafa Kemal, bütün bu savaşlarda önemli başarılara imza atmıştır. Özellikle 1915 Çanakkale Savaşları sırasında tanık olduğu etkileyici sahneler, onu bir anda farklı dünyalara taşımıştır. Zaman zaman bu hızlı ve ani değişimin sancılarını hissetmiş; fakat yaşadığı fikirsel evrimi engellemeyi de başaramamıştır.

ATATÜRK'ÜN ÖZEL MEKTUPLARINA YANSIYAN DİN GÖRÜŞÜ

Tarihe damgasını vurmuş liderlerin gerçek duygu ve düşüncelerini anlamak son derece zor bir iştir; çünkü büyük liderler stratejik hareket ettiklerinden çoğu kez gerçek duygu ve düşüncelerini dışarıya yansıtmaktan kaçınırlar. Bu bakımdan tarihin akışına yön vermiş liderlerin iç dünyasını anlama kaygısı taşıyanların resmi belge ve bilgilerden çok, adı geçen liderlerin özel dünyalarına ait verilerden yararlanmaları gerekir. Liderlerin iç dünyalarını, gerçek duygu ve düşüncelerini anlamak bakımından başvurulması gereken bu tür veriler arasında mektupların ayrı bir yeri vardır. Hele de söz konusu lider, yaşamı boyunca kalemi elinden bırakmamış ve kaleminden çıkmış olanlar, hayatını kalemiyle kazanmış olan nice yazarın ürettiklerinden çok daha fazlaysa, liderin iç dünyasıyla ilgili ulaşılan sonuçlar gerçeğe daha yakın olacaktır. İşte Mustafa Kemal böyle bir lider özelliği göstermektedir.

"O, kalemiyle Rüştiye Okulu'ndan başlayarak gazetelerin ve dergilerin düzenlediği yarışmalara katıldı. Mustafa Kemal imzası, sık sık yayın araçlarında görüldü. Subaylık döneminde

---

388 A. Mithat İnan, age. s. 157.
389 Mustafa Kemal, 1911'de Trablusgarp'tayken Libyalı Senusiye tarikatının şeyhi Ahmet Sunusi'yle tanışmış, onunla sıkı dostluk kurmuş ve Şeyh Ahmet Sunusi'nin İslam dini konusundaki düşüncelerinden yararlanmıştır.

de yapıtlar verdi, çeviriler yaptı. Bir yandan da Osmanlı bozuk düzenini eleştiren raporlar yazdı. Savaş alanlarında kurşun ve şarapnel yağmuru altında bile, kalemi elinden bırakmadı. Kurtuluş Savaşı döneminde de emperyalizme karşı savaşımını kılıç ve kalemle birlikte yürüttü..."[390]

Mustafa Kemal, arzularını, isteklerini, umutlarını ve inançlarını, günün birinde yayınlanacağını belki aklının ucundan bile geçirmeden içtenlikle yazdığı mektuplara yansıtmıştır. Sadi Borak, Mustafa Kemal'in değişik tarihlerde yazılmış tam **157 mektubunu** tespit etmiştir.[391] Mustafa Kemal'in bu mektupları, aynı zamanda yaşadığı dönemin birer aynası gibidir ve bu mektuplar onunla ilgili birçok bilinmeyen soruya yanıt vermektedir. Biz, Çanakkale Savaşları başta olmak üzere Trablusgarp, Balkan ve Birinci Dünya Savaşı yıllarına ait mektuplarından, *"Mustafa Kemal'in, 'sıcak savaş yılları' olarak adlandırılabilecek dönemlerdeki din anlayışı nasıldı?"* sorusuna yanıt bulmaya çalışacağız.

Özellikle, Çanakkale Savaşlarının Mustafa Kemal üzerindeki etkisi, onun özel hayatının derinliklerine kadar yansımıştır. Bu dönemde Mustafa Kemal'in ruh dünyasındaki değişimin izlerine, dinle kurduğu yakın ilişkiye, Çanakkale Savaşları sırasında kan ve barut kokuları arasında yakın dostlarına yazdığı bazı mektupların satır aralarında rastlamak mümkündür.

Çanakkale Savaşlarının en zor günlerinde Madam Corinne'e, Salih Bozok'a, Gustav Christianus'a, Fevzi Çakmak'a, Ernest Jack'a ve Fuat Bulca'ya yazdığı mektuplarda her türlü kaygıdan uzak, samimi ve içten duygularla kaleme aldığı satırlar, Mustafa Kemal'in bu dönemdeki düşüncelerini bütün çıplağıyla ortaya koyacak niteliktedir.

Mustafa Kemal'in bu mektuplardaki ifadeleri özellikle Çanakkale Savaşlarının onu nasıl derinden etkilediğini ve iç dünyasıyla yüzleştirdiğini göstermektedir.[392]

---

390 Sadi Borak, **Atatürk'ün Özel Mektupları**, İstanbul,1998, s. 7.
391 **age.** s. 7.
392 Mektupların, sadece Atatürk'ün din anlayışını yansıtan bölümleri alınmıştır.

İşte birkaç örnek:

Yüce Saadet Madam Corinne

Mustafa Kemal, bu dönemde sık sık mektuplaştığı Madam Corinne'i büyük bir ihtimalle 1912'de Derne'den İstanbul'a dönüşünde tanımıştır.

Mustafa Kemal'in Madam Corinne'e gönderdiği mektuplar, günlük olayların ve düşüncelerin anlatıldıkları mektuplardır, bunlar hiç de aşk mektupları değildir. Bu mektuplarda sevgi sözcükleri yoktur. Bu mektuplarda sadece, askerlerinin olağanüstü cesaretleri, şaşırtan kahramanlıkları ve yüksek dini inançları vardır.

Cepheden mektup yazmak, Mustafa Kemal için bir iç dökme, bir boşalma yolu olarak gözükmektedir.

20 Temmuz 1331 (1915) tarihli mektupta, Mustafa Kemal Madam Corinne'e cephede olup bitenleri şu sözlerle anlatmıştır:

"*Aziz Madam,*

Karargâhın kâtiplerinden Hulki Efendi'nin İstanbul'u seyahatinden faydalanarak size bu mektubu yazıyorum. Birkaç gün evvel, içinde latife sözleri bulacağınız bir kartpostal yollamıştım. Burada hayat o kadar sakin değil. Gece gündüz her gün çeşitli toplardan atılan şarapneller ve diğer mermiler başlarımızın üstünde patlamaktan hali kalmıyor. Kurşunlar vızıldıyor ve bomba gürültüleri toplarınkine karışıyor. Gerçekten bir cehennem hayatı yaşıyoruz.

Çok şükür! Askerlerim pek cesur ve düşmandan daha kuvvetlidirler. Bundan başka hususi inançları çok defa ölüme sevk eden emirlerimi yerine getirmelerini çok kolaylaştırıyor. Filhakika, onlara göre iki semavi netice mümkün: Ya gazi veya şehit olmak. Bu sonuncusu nedir, bilir misiniz? Dosdoğru cennete gitmek... Orada Allah'ın en güzel kadınları, hurileri onları karşılayacak ve ebediyen onların arzusuna tabi olacaktır.

Yüce saadet." [393]

---

[393] age. s. 65.

Bu mektupta dikkati çeken nokta, Mustafa Kemal'in cephedeki bunaltıcı atmosferi detaylarıyla aktarması ve askerlerinin "ruh kuvvetiyle" ve "dini inançlarının gücüyle" övünmesidir.

Allahımızın Cennetine Gitmeye Razı Olmak

Mustafa Kemal, Madam Corinne'e sadece Çanakkale'den değil, Birinci Dünya Savaşı sırasında görevde bulunduğu birçok cepheden mektup yazmıştır.

Örneğin, Siirt'ten 6 Mayıs 1332(1916)'de Madam Corinne'e yazdığı bir mektupta kararlılığını ifade ederken dikkat çekici bir dil kullanmıştır:

"*Aziz Madam,*

Bir defa hakiki dostluğumuzu hatırlatmak için ilk önce kalemi elime alıyorum, batıdan doğuya kadar devam eden uzun ve yorucu bir yolda iki ay kadar seyahat ettikten sonra bir istirahat anı bulunabileceğine inanılır değil mi? Fakat heyhat, görülüyor ki bu ancak ölümden sonra mümkün olacak; fakat bu hayali rahata kavuşmak için Allahımızın cennetine gitmeye kolay kolay razı olacak değilim."[394]

Mustafa Kemal bu mektubunda *"ancak ölümden sonra istirahat edebileceğim,"* ama bu da *"hayali bir rahatlama olacak"* fakat yine de *"Allahımızın cennetine gitmeye kolay kolay razı değilim!"* derken, nükteli bir dille ölmemek için elinden geleni yapacağını belirtmektedir. Ancak onun bu sözlerinden, kafasının bir köşesinde "ölüm ve sonrasıyla" ilgili henüz tam olarak yanıtlanmamış bazı soruların olduğu anlaşılmaktadır.

Cennetteki Köşk

Mustafa Kemal'in, bu zor yıllarda, bazı traji-komik durumlara bile "dinsel" bir içerik yükleme ihtiyacı duyduğu göze çarpmaktadır.

Yine Madam Corinne'e yazdığı samimi satırlar arasına sıkıştırdığı şu cümlelerde olduğu gibi:

---

[394] age. s. 66.

"Aziz Madam,

Bu umumi savaşlar sırasında zavallı Faik Paşa alnına bir kurşun yiyerek şeref meydanında can verdi. Eski dostumun kahramanlık misalini takip etmek isteyen Nuri Bey'in coşkunluğu görülecek bir şey. Allahtan, cennette kendisi için yapılan fakat henüz inşa halinde bulunan köşk tamamıyla bitinceye kadar sabretmesi için verdiğim nasihatlere kulak astı."[395]

Mustafa Kemal, burada da yukarıdaki mektupta olduğu gibi yine "nükteli" bir yaklaşımla ölüm ve sonrasına yönelik bir değerlendirmeye yer vermiştir.

Mustafa Kemal'in, *"Allahtan, cennette kendisi için yapılan fakat henüz inşa halinde bulunan köşk tamamıyla bitinceye kadar sabretmesi için verdiğim nasihatlere kulak astı"* ifadesi analiz edildiğinde şu iki durum ortaya çıkmaktadır:

1. Mustafa Kemal, pozitivisit bir yaklaşımla "cennet" kavramını eleştirmektedir.
2. Mustafa Kemal, "cennet" kavramı üzerine kafa yormaktadır.

Mustafa Kemal'in içinde bulunduğu bu durum, bir zamanlar etkisi altında kaldığı pozitivizmle, şimdi etkisi altında kaldığı din arasında gidip geldiği ya da ikisi arasında bir sentez yapmaya çalıştığı biçiminde yorumlanabilir.

Cenabıhakk'ın Azametine Sığınmak

Mustafa Kemal, Çanakkale Savaşlarının en olumsuz anlarında, en imkânsız gibi görülen koşullarında temel dayanağının ilahi kaynaklı olduğunu, yine yakın arkadaşlarına yazdığı mektuplarda bütün çıplaklığıyla ifade etmiştir.

Mustafa Kemal, Salih Bozok'a 28 Eylül 1331 (1915)'te yazdığı bir mektupta, amaçlarını sıralamış ve mektubunu şu cümlelerle bitirmiştir:

"... Bilirsin ki bizim maksadımız vatana büyük bir mikyasta arz-ı hizmet eylemektir. Kâzım Nazmi Bey gibi arkadaşları-

---
[395] age. s. 67.

mın temenniyatı maksut olan hizmeti ifa edebilecek mertebededir. Tabii zamanı gelince kaderde varsa o da olur.

Bir aralık canım sıkıldı. Teaküt olup küşeguzin-i inziva (bir kenara çekilmeyi) olmayı da düşündüm. Olmadı. Şimdilik Cenab-ı Hakk'ın azametine ve himayet ve muavenetine sığınmaya çalışıyorum.

Gözlerinden öperim."[396]

Mustafa Kemal, bu mektubunda *"Kaderde varsa o da olur"* ve *"Şimdilik Cenab-ı Hakk'ın azametine ve himayet ve muavenetine sığınmaya çalışıyorum"* derken, çok açıkça görüldüğü gibi, klasik İslami üslup kullanmıştır.

Allah'ın Adıyla Başlayan ve Biten Cümleler

Mustafa Kemal Çanakkale zaferine olan kesin inancını dile getirirken, zaferden ve düşmanın mağlubiyetinden söz ederken, sık sık Allah'ın adını anmıştır. O günlerde mektupların ve telgrafların satır aralarında mutlaka Allah'ın adına yer vermiştir.

Maydos'tan 6 Haziran 1915'te Bay Gustav Christianus'a yazdığı mektupta:

"... Lütufkâr mektubunuzu büyük memnuniyetle aldım. Dostane satırlarınızı müşterek etmemiz olan 'Allah İngiltere'yi cezalandırsın.' temennisiyle karşıladım. İngilizler sıkı surette mağlup edildiler"[397] demiştir.

Mustafa Kemal'in bu mektubunda "temenni" diye adlandırdığı, *"Allah İngiltere'yi cezalandırsın"* ifadesinin, dini terminolojideki adı "beddua"dır.

Mustafa Kemal, 8 Eylül 1915'te Fevzi (Çakmak) Paşa'ya gönderdiği başsağlığı mesajında ise:

"...üzüntünüze bütün saflığım ve kalpten samimiyetimle katılır ve Cenab-ı Hakk'a zatıâlilerine ve kederli ailenize iyilik ve sabır ihsan buyurması için yalvarır, sevgi ve dostluğumu arz ederim efendim" [398] cümlelerine yer vermiştir.

---

396 age. s. 33.
397 age. s. 75.
398 Atatürk'ün Bütün Eserleri, C. 1, s. 268.

Yukarıdaki mektubunda "beddua" eden Mustafa Kemal'in bu telgrafında da "dua" ettiği görülmektedir.

Mustafa Kemal, 7 Ağustos 1915'te saat 05.05'te Kuzey Grubu Kumandanlığı'na çektiği telgrafta:

"Düşman gece yarısından başlayarak topçuyla şiddetle ateş altına aldığı 18. ve 27. Alay cephelerine şimdi hücum etmişse de Tanrı'nın yardımıyla kayıp verdirilerek hücumun sonuçsuz bırakıldığı arz olunur. 19. Tümen Komutanı Mustafa Kemal" [399] demiştir.

Mustafa Kemal bu ve benzeri ifadeleriyle, düşman karşısında kazanılan başarıya "ilahi" bir anlam yüklemekte ve zaferlerin *"Tanrı'nın yardımıyla"* kazanıldığını belirtmektedir ki onun bu tavrı *"Allah'ın olaylara müdahale ettiğine inandığı"* biçiminde yorumlanabilir.

17 Eylül 1914'te kim olduğu tam olarak tespit edilemeyen bir dostuna yazdığı mektupta ise:

"...bu şartın olmaması halinde memlekete zararlı olmaktan Allah beni esirgesin" demiştir.[400]

Mustafa Kemal'in *"Allah beni esirgesin"* ifadesinin İslami literatürdeki karşılığı "dua"dır.

Kaderde Varsa Olur

Çanakkale Savaşı yıllarında Mustafa Kemal'in kader inancının da iyice belirginleştiği görülmektedir. Bu yıllarda kadere inandığını ortaya koyan çok sayıda ifadesine rastlamak mümkündür.

Örneğin, 2 Eylül 1915'te Çanakkale'den Ernest Jack'a gönderdiği telgrafta:

"... Kaderin savurduğu her haşin darbeye bizimle katlanmakla kalmayıp bundan doğan ıstırapları da hafifletmek akla gelen her yardımı esirgemeyen siz sadık dosta" [401] diye devam eden cümleler arasında "kaderden" söz etmiştir.

---

399 age. s. 230.
400 age. s. 201.
401 age. s. 266.

Yine 11 Ekim 1915'te Salih Bozok'a gönderdiği mektuptaki şu ifadeler, onun bu zor günlerinde "kaderin yönlendiriciliğine inandığını" belgeleyen başka bir örnektir.

"*Kardeşim Salih,*

....

Karşımızda düşman artık güçsüz duruma düştü. Tanrı dilerse yakında büsbütün ortadan kaldırır. Zaman gelince kaderde varsa o da olur... Şimdilik Cenab-ı Hakk'ın büyüklüğüne, himaye ve yardımlarına sığınarak çalışıyorum. Gözlerinden öperim." [402]

Aynı mektupta Mustafa Kemal;
"*Kim olur zor ile maksuduna, reyyab-ı zafer.*
Gelir elbette zuhura ne ise hükmü kader" [403]

(Kimse amacına zorla ulaşamaz; kaderin hükmü ne ise o olur) diyerek, kaderde yazılanların bir gün mutlaka gerçekleşeceğini anlatan iki mısraya yer vermiştir.

* * *

Mustafa Kemal'in yakın dostlarına cephelerden gönderdiği hemen hemen bütün mektuplarda Allah'ın adının geçtiği, en önemlisi bazı mektuplarda Allah'a teslimiyetten bahsedildiği, Allah'tan dilek ve temennide bulunulduğu görülmektedir.

Mustafa Kemal, sadece Çanakkale Savaşları sırasında değil, daha önceki Trablusgarp ve Balkan savaşları sırasında da yakın arkadaşlarına içten duygularla mektuplar kaleme almıştır. Bu mektuplarda Mustafa Kemal'in "dindar görünmek" gibi bir kaygı taşımadığı da düşünülecek olursa, mektuplardaki ifadelerin yüreğinin derinliklerinde kopan fırtınaların tüm çıplaklığıyla kâğıda yansımış sözler olduğu bellidir.

Çanakkale Savaşı öncesindeki sıcak savaş dönemlerine ait bu mektuplara da şöyle birkaç örnek verilebilir:

---

402 Borak, Atatürk'ün Özel Mektupları, s. 27.
403 Atatürk'ün Bütün Eserleri, C. 1, s. 272.

Bakalım Allah Ne Gösterecek

28 Kasım 1911'de İskenderiye'den *"Şerif"* takma adıyla Salih Bozok'a gönderdiği mektupta:

"Ey Hazreti Salih
Seferin ilk devresindeki mecburiyeti savdık. Şimdi ikinci sefere çıkıyoruz. Bakalım Allah ne gösterecek. İnşallah dönmek nasip olursa, size günlerce anlatacak hikâyelerimiz var..." demiştir.[404]

Allah Bilir

Mustafa Kemal, 8-9 Mayıs gecesi saat 06.00'da Salih Bozok'a yazdığı *"... Osmanlı Kuvvetleri Komutanı Mustafa Kemal"* imzalı bir başka mektupta:
"Kardeşim Salih
Ah Salih, Allah bilir, hayatımın bugününe kadar bir emel edinmedim"[405] diyerek, samimiyetini Allah'ı tanık göstererek kanıtlamak istemiştir.

Muvaffakiyet Allah'tan

Mustafa Kemal, 4 Ekim 1327 (1911) tarihinde Urla Muhafızhanesi'nden arkadaşı Fuat Bulca'ya yazdığı mektupta ise:
"Kardeşim Fuat... Maksadımız ebedi bir mücadele sahası açmaktır" dedikten sonra sözlerini, *"Muvaffakiyet Allah'tan"* cümlesiyle bitirmiştir.[406] Tıpkı tevekkül içindeki herhangi bir Müslümanın yapacağı gibi...

Allah Nasip Ederse Mücadele Sahasında Birleşiriz

Mustafa Kemal, Fuat Bulca'ya 1913 Temmuz sonrasında, evliliği dolayısıyla gönderdiği mektupta ise *"Allah'tan muvaffakiyet"* temenni etmiştir.

---

404 Borak, **age.** s. 24.
405 **age.** s. 25.
406 **age.** s. 37.

"Kardeşim Fuat,

Mektubunu aldım. Cenab-ı Hakk'tan evliliğinin mesut ve mübarek olmasını bütün saflığımla dilerim.

Rasim, Hamdi ve diğer arkadaşlar ne âlemdeler? Vatanı kurtarmak için şimdiye kadar olduğundan ziyade gayret ve fedakârlık lazımdır. Endülüs tarihinin son sayfalarını okuyunuz.

Allah nasip ederse mücadele sahasında birleşiriz. Eğer Allah öyle takdir etmişse ahrette buluşuruz.

Allahaısmarladık Fuat'ım." [407]

Mustafa Kemal'in Fuat Bulca'ya yazdığı bu mektup dikkatle okunduğunda, mektubun son derece "inançlı" bir Müslümanın kaleminden çıktığı fark edilecektir. Mustafa Kemal, bu mektupta sadece "ilahi güce" teslimiyetini dile getirmekle kalmamış, aynı zamanda, *"Endülüs tarihinin son sayfalarını okuyunuz"* diyerek, o yıllarda İslam tarihinden ilham aldığının da ipuçlarını vermiştir.

İyi de ne vardı Endülüs tarihinin son sayfalarında?

Mustafa Kemal acaba neden arkadaşlarına, yüzlerce yıl önce İspanya'da kurulan Müslüman Endülüs Emevi Devleti'nin tarihinin son yıllarını okumalarını tavsiye etmişti?

Bana kalırsa Mustafa Kemal, Endülüs Emevi Devleti'nin son yılları ile o dönemin Osmanlı Devleti arasında bir paralellik gördüğü için arkadaşlarının dikkatini bu konuya çekmek istemiştir.

İşte, Prof. Dr. Oktay Sinanoğlu'nun kaleminden Endülüs Emevilerinin son yılları: (Parantez içindeki ifadeler benim yorumlarımdır.)

"Yıllar önce merak ettim: Acaba büyük medeniyetler, imparatorluklar tarihten silinmeden önce, silinmelerine beş kala oralardaki ahali günlük hayatında ne düşünüyordu? Roma tarihçilerinin Roma Devleti henüz ayakta iken bundan aşağı yukarı 1700 yıl önce yazdıklarını okudum. Sonra Endülüs nasıl bitti diye baktım (Demek ki Mustafa Kemal o yıllarda

---

[407] age. s. 38.

Osmanlı'nın da tarihten silinmek üzere olduğunu görmüş). **Ben zannediyordum ki İspanyollar Endülüs'ün tümünü bir çırpıda fethettiler, ahalinin de hepsini kestiler. Öyle ya, şimdi oralarda bir tane bile Müslüman yok. Ama meğerse vahim son, o şekilde gelmemiş, en az 200 sene sürmüş bitirilmesi** (demek ki Mustafa Kemal daha o yıllarda emperyalistlerin Osmanlı üzerindeki emellerini tam anlamıyla kavramış, emperyalistlerin Osmanlıyı tıpkı Endülüs gibi yavaş yavaş parçaladıklarını görmüş) *çok ilginç: Endülüs, içerdeki işbirlikçilerin yardımıyla adım adım fethediliyor... Endülüs'ün en kuzeyinde bir azize ve kilise kalıntısı bulup bunu Hıristiyanların hac yoluna dönüştürüyorlar. Bu suretle Haçlı düşmanının Endülüs topraklarını fethetme hırsı sürekli olarak sıcak tutuluyor. İçerdeki bozuk takım da gezim (turizm) ayağına Endülüs'teki eski kilise kalıntılarını ihya etmekle meşguller."* [408]

Endülüs tarihinin son sayfalarını okuyunca, Mustafa Kemal'in arkadaşlarına neden *"Endülüs tarihinin son sayfalarını okuyun"* dediğini daha iyi anlıyoruz. Endülüs'ün yıkılışında **"içerideki işbirlikçilerin"** büyük rolü olduğuna göre Osmanlı'nın son dönemleriyle Endülüs'ün son dönemleri arasında paralellik kuran Mustafa Kemal, arkadaşlarına, Osmanlı'yı da tıpkı Endülüs gibi içerden yıkmaya çalışan **"yerli işbirlikçilerin"** olduğunu göstermeye çalışmış, dava arkadaşlarını uyarmak istemiştir. İşte Mustafa Kemal'deki tarih bilinci...

Dünya İnsanlar İçin Bir İmtihan Yeridir

Mustafa Kemal, 13 Mayıs 1330 (1914) tarihinde Sofya Hotel Splendide'den Madam Corinne'e yazdığı bir mektubun altına düştüğü bir notta, hayatı İslami bakış açısıyla değerlendirmiş ve sözü, *"dünya insanlar için bir imtihan yeridir"* diye bitirmiştir.

"Aziz Corinne,

.....

---

408 Oktay Sinanoğlu, **Ne Yapmalı? Yeniden Diriliş ve Kurtuluş İçin**, İstanbul, 2003, s. 126, 127.

Not: Dünya insanlar için bir dar-ı imtihandır (sınav yeridir). İmtihan edilen insanın bu suale (soruya) mutlaka pek muvafık (uygun) cevaplar vermesi mümkün olmayabilir. Fakat düşünmelidir ki bütün cevaplar heyeti umumiyesinden hasıl olan muhassalaya (elde edilen neticeye) göre verilir..."[409]

***

Mustafa Kemal'in 1911-1918 yılları arasındaki sıcak savaş döneminde, çoğu kez bizzat savaş meydanlarında yaşadıkları, düşünce dünyasında, hayat ve insana bakışında önemli kırılmalar ve farklılaşmalar meydana getirmiştir. Bu kırılma ve farklılaşmaların yansımalarını içten duygularla kaleme aldığı mektupların satır aralarında görmek mümkündür. Mustafa Kemal'in cephelerden yakın dostlarına yazdığı mektuplar dikkatle incelendiğinde, -bizim de yukarıda göstermeye çalıştığımız gibi- satır aralarına sıkışmış dinsel vurguların hayli fazla olduğu görülecektir. Mustafa Kemal'in tüm samimiyetiyle kaleme aldığı bu mektuplardaki pek çok ifadesinden onun Allah'a inandığı açıkça ortaya çıkmaktadır.

Bu mektuplar, Mustafa Kemal'in Allah'a inandığını gösterirken, yaklaşık aynı dönemlerde materyalizmin etkisinde kalmış bazı Osmanlı aydınlarının birbirlerine yazdıkları mektuplardaki ifadeler, söz konusu aydınların Allah'a inanmadıklarını göstermektedir.

Örneğin, İttihat Terakki üyelerinden Tıbbiye öğrencisi **Dr. Akil Muhtar** (Özden)'ın 1898'de İshak Sükûti'ye yazdığı bir özel mektubunda, "*Çok şükür (Allah'a değil ha!) dün imtihanları bitirdim*" [410] demesi, Akil Muhtar'ın Allah'a inanmadığını ya da Allah inancının çok zayıflamış olduğunu göstermektedir. Yine, Ahmet Rıza'nın kız kardeşi Fahire'ye yazdığı mektuplardan da

---

409 Borak, age. s.60.
410 M. Şükrü Hanioğlu, **Osmanlı İttihad Terakki Cemiyeti ve Jön Türklük (1889-1902)**, İstanbul, 1985, s. 46.

Ahmet Rıza'nın Allah'a inanmadığını anlamak mümkündür. Bu ve benzer örnekler, özel mektupların insanların din anlayışı hakkında çok önemli ipuçları verdiğini açıkça göstermesi bakımından önemlidir. Akil Muhtar, Ahmet Rıza, Abdullah Cevdet ve onun gibi düşünen pek çok materyalist Osmanlı aydını, özel mektuplarında bir şekilde Allah'a inanmadıklarının altını çizerken; Mustafa Kemal, özel mektuplarında pek çok kere Allah'a inandığını belirtmiştir.

Mustafa Kemal'in 1910-1916 yılları arasında, daha çok bulunduğu cephelerden yakın dostlarına gönderdiği mektuplardaki belli başlı "dinsel vurgular" şu şekilde sıralanabilir:

1. **Bakalım Allah ne gösterecek?** (Salih Bozok'a - 1911).
2. **Muvaffakiyet Allah'tan** (Fuat Bulca'ya - 1911).
3. **İnşallah dönmek nasip olursa size günlerce anlatacak hikâyelerimiz var** (Salih Bozok'a - 1911).
4. **Cenab-ı Hakk'tan evliliğinin mesut ve mübarek olmasını bütün saflığımla dilerim** (Fuat Bulca'ya - 1913).
5. **Vatanı kurtarmak için şimdiye kadar olduğundan ziyade gayret ve fedakârlık lazımdır. Endülüs tarihinin son sayfalarını okuyunuz** (Fuat Bulca'ya - 1913).
6. **Allah nasip ederse mücadele sahasında birleşiriz. Eğer Allah öyle takdir etmişse ahrette buluşuruz** (Fuat Bulca'ya - 1913).
7. **Dünya İnsanlar için bir dar-ı imtihandır** (Madam Corinne'e - 1914).
8. **Tabii, zamanı gelince kaderde varsa, o da olur** (Salih Bozok'a - 1915).
9. **Şimdilik Cenab-ı Hakk'ın azametine, himayet ve muavenetine sığınmaya çalışıyorum** (Salih Bozok'a - 1915).
10. **Dostane satırlarınızı müşterek etmenimiz olan, "Allah İngiltere'yi cezalandırsın" temennisiyle karşıladım.** (Gustav Christianus'a - 1915).
11. **Üzüntünüze bütün saflığım ve kalpten samimiyetimle katılır ve Cenab-ı Hakk'a zatıâlilerine ve kederli ailenize iyilik ve**

sabır ihsan buyurması için yalvarır, sevgi ve dostluğumu arz ederim efendim (Fevzi Çakmak Paşa'ya - 1915).

12. Düşman gece yarısından başlayarak topçuyla şiddetle ateş altına aldığı 18. ve 27. Alay cephelerine şimdi hücum etmişse de, Tanrı'nın yardımıyla kayıp verdirilerek hücumun sonuçsuz bırakıldığı arz olunur (Kuzey Gurubu Kumandanlığı'na - 1915).

13. Kaderin savurduğu her haşin darbeye bizimle katlanmakla kalmayıp bundan doğan ıstırapları da hafifletmek, akla gelen her yardımı esirgemeyen siz sadık dosta... (Ernest Jack'a - 1915).

14. Tanrı dilerse büsbütün ortadan kaldırır... (Salih Bozok'a - 1915).

15. Zaman gelince kaderde varsa o da olur (Salih Bozok'a - 1915).

16. Şimdilik Cenab-ı Hakk'ın büyüklüğüne, himaye ve yardımlarına sığınarak çalışıyorum (Salih Bozok'a - 1915).

17. Kim olur zor ile maksudına, reyyab-ı zafer -Gelir elbette zuhura ne ise hükmü kader (Salih Bozok'a - 1915).

18. Çok şükür, askerlerim pek cesur ve düşmandan daha kuvvetlidirler (Madam Corinne'e - 1915).

19. (Askerlerimin) hususi inançları çok defa ölüme sevk eden emirlerimi yerine getirmelerini çok kolaylaştırıyor (Madam Corinne'e - 1915).

20. Onlara (askerler) göre iki semavi netice mümkün. Ya gazi veya şehit olmak... Bu sonuncusu nedir bilir misiniz? Dosdoğru cennete gitmek... Orada Allah'ın en güzel kadınları, hurileri onları karşılayacak ve ebediyen onların arzusuna tabi olacaktır. Yüce saadet... (Madam Corinne'e - 1915).

21. Bu hayali rahata kavuşmak için Allahımızın cennetine gitmeye kolay kolay razı olacak değilim (Madam Corinne'e -1916).

22. Ah Salih! Allah bilir, hayatımın bugününe kadar bir emel edinmedim (Salih Bozok'a).

ATATÜRK'ÜN DİN KONUSUNDA OKUDUKLARI VE YAZDIKLARI

Savaş, Kitap ve Din

Savaş meydanları Mustafa Kemal'in ruh, madde, din ve Allah konularında mevcut değer yargılarını yeniden gözden geçirmesine neden olmuştur. Yaşadığı ortam, gördüğü olaylar ve hissettiği duygular, onu dinsel başlıklı kuramsal konular üzerinde düşünmeye zorlamıştır. Kafası karmakarışıktır: Bir taraftan, Harp Okulu yıllarında etkisi altında kaldığı pozitivist ve materyalist fikirler, diğer taraftan Çanakkale'de ellerinde Kur'an-ı Kerimler, ağızlarında dualar, en ufak bir tereddüt bile göstermeden düşman üzerine yürüyen askerlerin kulakları yırtan "Allah Allah" sesleri...

Okudukları

Mustafa Kemal, o zor günlerde düşüncelerini berraklaştırmanın bir tek yolu olduğunu biliyordu, okumak... Ancak bu şekilde duygularını akıl süzgecinden geçirebilir ve kafasında biriken sorulara doğru yanıtlar bulabilirdi.

Bu düşüncelerle savaşın bütün güçlüklerine rağmen okumaya devam etmiştir. Bazen, uygarlık tarihi, bazen felsefi düşünceler, bazen dinler tarihi, bazen İslam filozofları, bazen de ruh, madde ve Allah konularında tanınmış düşünürlerin kitaplarını okumuş ve notlar almıştır.

Örneğin, 1913 yılı Temmuz sonunda Fuat Bulca'ya gönderdiği bir mektupta *"Vatanı kurtarmak için şimdiye kadar olduğundan ziyade gayret ve fedakârlık lazımdır. Endülüs tarihinin son sayfalarını okuyunuz"* [411] diye öneride bulunması, o sırada İslam tarihiyle ilgilendiğini ve **Endülüs Emevi Devleti'nin** son dönemleriyle yirminci yüzyılın başlarındaki Osmanlı Devleti arasında bir benzerlik kurduğunu göstermektedir.

---

411 Borak, age. s. 38.

Nitekim Mustafa Kemal'in özel kitaplığındaki kitaplar arasında Ziya Paşa'nın üç ciltlik *"Endülüs Tarihi"* de vardır. Mustafa Kemal Atatürk'ün bu kitabı çok dikkatli bir şekilde okuduğu, önemli bularak altını çizdiği ve özel işaretler koyduğu yerlerin fazlalığından anlaşılmaktadır. Atatürk'ün okuduğu kitaplar içinde en çok altını çizdiği kitaplardan biri bu üç ciltlik Endülüs Tarihi'dir.

İşte o altı çizili satırlardan bazıları:

"... *İşte İspanya kıtasında Emevi Hükümeti'nin yok oluşunun başlıca sebebinin, Muratıbların halka zulüm yapmasının, Hıristiyanların İslam kuvvetlerini yavaş yavaş yok etmesinin hep bu hırs ve tamahtan ileri geldiği bilindiği halde bu resiler bunları unutmuş olacaklar ki her biri kendi çıkarını düşünür olmuş arzularına ulaşmak için çeşit çeşit hile ve fitneye kalkışarak, din ve can düşmanları olan Hıristiyanların bile çoğu zaman üstün oldukları halde yapamayacakları uygunsuz şeyleri, bunlar kendi kendilerine yapmaya başladılar"* [412] (C. II, s. 114). Atatürk'ün önemli bularak altını çizdiği bu satırları okuduktan sonra onun neden arkadaşlarına *"Endülüs tarihinin son sayfalarını okuyunuz"* dediği daha iyi anlaşılmaktadır sanırım!

Mustafa Kemal Atatürk savaş sırasında cephelerde kitap okuduğunu ve bu kitaplar arasında **dinsel içerikli** kitapların da olduğunu bizzat ifade etmiştir.

Birinci Dünya Savaşı'nda 16. Kolordu Komutanı olarak Doğu Anadolu'da bulunduğu sırada tuttuğu ve 7 Kasım, 25 Aralık 1916 günlerini içeren anı defterindeki kayıtlara göre **49 günlük sürede 6 kitap okumuştur**. Bu dönemde okuduğu kitaplar arasında *"Allah'ı İnkâr Mümkün müdür?"* adlı eser de bulunmaktadır. Mustafa Kemal'in notlarından bu kitabı birkaç günde okuyup bitirdiği anlaşılmaktadır:

"...*Allah'ı İnkâr Mümkün müdür? adlı bir kitap okuyorum (Bu kitabı Şehbenderzade Filibeli Ahmet Hilmi yazmıştır), (1 Aralık 1916)*".

---

412 Atatürk'ün Okuduğu Kitaplar, C. 5, Ankara, 2001, s. 265.

"...Evden çıkmadım. Allah'ı İnkâr Mümkün müdür'ü okumaya devam ettim."

"...Allah'ı İnkâr Mümkün müdür'ü bitirdim. Arıburnu raporlarını yazmaya başladım (3 Aralık 1916)".

Kitabın yazarı Şehbenderzade Filibeli Ahmet Hilmi, muhafazakâr İslam anlayışının savunucularından biridir. Hilmi, kitaplarında **Büchner** ve **Heckel'in** tezlerini çürütmek amacıyla yalnızca **olumsuzlayan** görüşler ileri sürmektedir.[413]

Mustafa Kemal, Filibeli Ahmet Hilmi'nin *"Allah'ı İnkâr Mümkün müdür?"* adlı eserini okurken önemli gördüğü yerlerin altını çizmiş ve *"Mühim"* biçiminde özel işaretler koymuştur.

Mustafa Kemal, bu eserle ilgili görüşlerini dile getirirken, eserde geleneksel düşünceyi savunan İslam âlimlerini **inandırıcı ve yeterli bulmamıştır:** [414]

"Bütün feylesofların çeşitli dinlere bağlı biyolojiciler (naturalistler), akılcılar (uscular), maddeciler (materyalistler), hukukçular, düşünürlerin, tasavvufçuların tümü ruhun varlığı ve yokluğunu, ruhun veya maddenin bir ya da ayrı olup olmadığını, ruhun kalıcı olup olmadığını inceliyor. Bu incelemelerde bilim ve fenne dayananlar kabul, İmam Gazali, İbni Sina, İbni Rüşt gibi Müslüman imamlarının demeçleri de bayağı görüşlerden büsbütün başkadır; yanlı anlatımlarında çok simge var. Dindar düşünürler, kurallar ve bilimler ve fenler ve felsefeyi, din kurallarının yorumu için evirip çevirmeye çaba göstermişler." [415]

Mustafa Kemal'in o günlerde okuduğu kitaplardan biri de *"Mebadii Felsefe"* (Felsefe Başlangıcı) adlı kitaptır. Bu kitabı 6 Aralık 1916'da okumaya başlamıştır.

Mustafa Kemal, izleyen günlerde, Namık Kemal'in *"Siyasi ve Edebi Makaleler"* ve *"Osmanlı Tarihi"* adlı kitaplarını da okumuştur.

---

413 Şerif Mardin, **Bediüzzaman Said Nursi Olayı, Modern Türkiye'de Din ve Toplumsal Değişim**, İstanbul, 1994, s. 226.
414 A. Afet İnan, **Mustafa Kemal Atatürk'ün Karlsbad Hatıraları**, Ankara, 1983, s. 23; Şükrü Tezer, Atatürk'ün Hatıra Defteri, Ankara, 1972, s. 72, vd.
415 Atatürk'ün Bütün Eserleri, C. 2, s. 69.

Mustafa Kemal, Kurtuluş Savaşı yılları da dâhil, cephelerde bulunduğu günlerde özellikle **İslam düşüncesi** ve **İslam tarihi**, felsefe, edebiyat ve genel tarih konularında kitaplar okumuştur.

Mustafa Kemal Atatürk'ün tüm ömrü boyunca okuduğu 4289 kitaptan **161'i doğrudan dinle ilgilidir.** Bunlardan 121'i doğrudan İslam diniyle, 21'i diğer dinlerle, 19'u da din, toplum ve siyasetle ilgilidir.

Mustafa Kemal Atatürk'ün okuduğu belli başlı din konulu kitaplar ve içerikleri şöyle sıralanıp özetlenebilir:

1. Filibeli Ahmet Hilmi, **"Allah'ı İnkâr Mümkün müdür?"**: Doğulu ve Batılı filozofların farklı bakış açılarıyla Allah'ın varlığını sorguladığı bir kitaptır.
2. Bon Sens, çeviren Abdullah Cevdet, **"Akl-ı Selim"**: Materyalist ve pozitivist bir yaklaşımla dinlerin ve Tanrı'nın sorgulandığı, vahyin reddedildiği bir kitaptır.
3. Cemil Sait, **"Kuranıkerim Tercümesi"**: Türkiye'deki ilk Türkçe Kur'an tercümelerinden biridir. Bu tercümeyi okuyan Atatürk, özellikle **Bakara** ve **Hud** sureleriyle ilgilenmiştir.[416]
4. Ruşeni Bey (Barkur), **"Din Yok Milliyet Var"**: Dinleri ve Tanrı'yı sorgulayıp reddeden bu kitap, *"Benim dinim benim Türklüğümdür"* sloganıyla ideolojik anlamda "milliyetçiliği" dinin yerine koymak gerektiğini iddia etmektedir.
5. Ahmet Nacim, **"Sahih-i Buhari"** Atatürk, Buhari'nin, İslam âlimlerince çok önemsenen bu çalışmasında önemli bulduğu birçok **hadisin** altını çizmiştir.[417]
6. **"Kitab-ı Mukaddes"** (Tevrat ve İncil): Atatürk, toplam 2048 sayfalık bu Kitab-ı Mukaddes'te sadece *"yedinci bab"*la ilgilenmiştir.
7. Ziya Paşa, **"Endülüs Tarihi"**: Atatürk, İspanya'daki Müslüman Endülüs Emevi Devleti'nin tarihini ayrıntılı olarak anlatan bu kitabı çok büyük bir dikkatle okumuştur.
8. R.Rozy; **"İslam Tarihi Üzerine Deneme"**: Rozy, kitabında Hz.Muhammed'i ve yaydığı İslam dinini "eleştirel" bir göz-

---

[416] **Atatürk'ün Okuduğu Kitaplar**, C. 8, s. 456, 457.
[417] age. s. 478 - 489.

le tartışmıştır. Atatürk, bu kitapta da önemli bulduğu yerlerin altını çizmiştir.
9. Ernest Haeckel, **"Din ve Evrim"**: Aydınlanmacı düşünür Haeckel, son bilimsel veriler ışığında "din ve evrim" konusunu tartışmıştır.
10. Filibeli Ahmet Hilmi, **"Tarih-i İslam"**: Ahmet Hilmi, bu eserinde de ana hatlarıyla İslam tarihi üzerinde durmuştur. Kitapta İslam tarihinin, geleneksel kaynaklara bağlı kalarak incelendiği görülmektedir. Atatürk bu kitapta da önemli bulduğu yerlerin altını çizmiştir. Örneğin bir yerde geçen: *"Arap ulusunda gerçek erdemi yaratan, ahlakı keşfeden İslam dini ve diğer bir tabirle söyleyecek olursak Hz. Peygamber'in yüce kişiliğidir"* cümlelerini önemli bularak işaretlemiştir.[418]
11. Leon Caetani, tercüme Hüseyin Cahit, **"İslam Tarihi"**: Caetani'nin, Hz.Muhammed'i ve İslam tarihinin ilk dönemlerini ayrıntılı olarak anlattığı bu 9 ciltlik "eleştirel" çalışması Atatürk'ü oldukça fazla etkilemiştir. Atatürk'ün okuduğu kitaplar içinde en çok özel işaret koyduğu ve altını çizdiği kitap budur. İleride görüleceği gibi Atatürk, liselerde okutulacak "Tarih II Ortazamanlar" kitabındaki İslam tarihi bölümünü yazarken bu eserden yararlanmıştır.

Mustafa Kemal Atatürk ayrıca, Corci Zeydan'ın *"Medeniyeti İslamiye Tarihi"*, M. Şemsettin Günaltay'ın *"İslam Tarihi"*, Enrico İnsabato'nun *"İslam ve Müttefiklerinin Politikası"* gibi dinsel içerikli kitaplarını da okumuştur.

Atatürk'ün din ve Allah konusunda okuduğu bu kitaplara bakılacak olursa, onun "duygularının esiri olmadan" son derece objektif bir biçimde meseleyi anlamaya çalıştığı sonucuna varılabilir. Yukarıda da görüldüğü gibi Atatürk'ün din konusunda okuduğu kitaplar arasında Cemil Sait'in "Kuranıkerim Tercümesi"nden Buhari'nin Hadis kaynağı "Sahih-i Buhari"ye, Ruşeni'nin "Din Yok Milliyet Var" adlı eleştirel çalışmasından

---

418 **Atatürk'ün Okuduğu Kitaplar**, C. 3, Ankara, 2001, s. 10.

E. Heackel'in "Din ve Evrim" adlı pozitivist çalışmasına kadar konuya çok farklı açılardan yaklaşan çok sayıda kitap vardır. İşte Mustafa Kemal tüm bu okumalarından elde etiği bilgileri yaşadığı tecrübelerden elde ettiği bilgilerle harmanlayarak, bu harmanı da akıl ve sezgi süzgecinden geçirerek din anlayışını biçimlendirmiştir.

Düşünen Adam Atatürk

Mustafa Kemal, Birinci Dünya Savaşı sırasında 1916 yılında Bitlis'te bulunduğu günlerde bir taraftan kitap okurken diğer taraftan kuramsal konularda düşünme olanağı bulmuştur.

21 ve 22 Kasım 1916 tarihli anı notlarına bakılacak olursa, resmi selamın "*merhaba*" biçiminde **elin sol göğüse** konulması şeklinde olmasını not düşmüştür. Eğer Atatürk'ün bazı fotoğraflarına dikkat edilecek olursa, onun sıkça sağ elini sol göğsüne koyduğu görülecektir. Yine aynı notlarında, arkadaşlarıyla birlikte yemekler yendikten sonra "dua" edilmesini istemiş ve "dua" edilmiştir.[419]

Mustafa Kemal ayrıca Avusturya gezisinde, 7 Temmuz 1918 Pazar günü **Karl Marx'ın (Le Capital)** kitabını eleştiren bir kitaptan not defterine bazı notlar aktarmıştır.[420]

Mustafa Kemal, bir taraftan İslamı tanırken diğer taraftan, din karşıtı akımları ve dayandığı temelleri tanımaya çalışmıştır; "din karşıtı" olarak bilinen Karl Marx'ın, "Capital" adlı eserinin eleştirisini okuma ihtiyacı hissetmesi böyle bir çabanın sonucudur. Ayrıca, bu eserle ilgilenmesi, Mustafa Kemal'in o yıllarda sosyalizm ve kapitalizm üzerine de kafa yorduğunu göstermektedir.

Yazdıkları

Mustafa Kemal, 1911-1918 yılları arasındaki sıcak savaş döneminde, sadece okumakla yetinmemiştir, o bu dönemde özel-

---
419 Tezer, **age.** s. 75, v.d.
420 Mehmet Önder, **Atatürk'ün Almanya ve Avusturya Gezileri,** Ankara, 1995, s. 68.

likle askeri içerikli yazılar kaleme almıştır. Bu yazılarda satır aralarına bolca dinsel içerikli ifadeler serpiştirmiştir.

1914 yılında arkadaşı Nuri (Conker)'in *"Zabit ve Kumandan"* adlı eserini okuduktan sonra, ona karşılık yazdığı *"Zabit ve Kumandan ile Hasbıhal"* adlı askeri içerikli eserde Arapça sözcüklerle "dua" niteliğinde cümlelere yer vermesi dikkat çekicidir:

"İşte böyle bir esaretin kurbanı olan alay komutanının adına heykel dikmeye Cenabı Peygamber'de razı ve ümmeti tarafından 'Helyestevillezineya'lemunev'ellezine la ya'lemun' mazmununa (ince söz, nükteli söz) fiili bir iman göstermiş olmasından ruhen mahzuz (hoşlanmış) olurdu."[421] Mustafa Kemal aynı eserde dini ifadeler kullanmaya devam ederek şunları yazmıştır:

"... Herhalde askerlerimizin ruhunu kazanmak bizim için bir vazife olduğu gibi, evvela onlar da bir ruh, bir emel, bir seciye (huy) yaratmakta, Allah'tan ve Medine-i Münevvere'de yatan Cenabı Peygamber'den, sonra bize teveccüh ediyor."[422]

Mustafa Kemal, aynı çalışmada *"Taarruz Ruhu"* başlığı altında, Nuri (Conker)'in *"Zabit ve Kumandan"* adlı eserindeki askerin maneviyatını yüksek tutmak konusundaki düşüncelerine de katıldığını belirtmiştir.

"Muvaffakiyet için en emin vasıtanın taarruz olduğunu anlamakta ısrar olunmaz; ancak taarruz ordusu vücuda getirecek milletlerin; Japonların (Kulceki Zayşın) dedikleri taarruz ruhuna sahip olması lazımdır. Bu taarruz ruhu 1904 yılında: 'Bin keder bir yeis; fakat her şeye rağmen ileri, başka hiçbir şey düşünmek lazım değil. Naşımı muharebe meydanında teşhir etmek (sergilemek), işte bu Cenab-ı Hakk'ın emeli..."[423]

Mustafa Kemal'in bu düşünceleri "hakikat" olarak nitelendirmesi, taarruzun önemi ile birlikte ordudaki ruhsal durumu ve

---

[421] Mustafa Kemal Atatürk, **Zabit ve Kumandan ile Hasbihal**, 1998, s. 87, 88.
[422] **age.** s. 94.
[423] **age.** s. 95, 96.

manevi atmosferi yüksek tutma konusunda Nuri Conker'le aynı görüşleri paylaştığını göstermektedir.

Ancak şurası da bir gerçektir ki Mustafa Kemal o dönemde dine yakınlaşmış olmakla birlikte, din konusunda akılcı ve pozitivist değerlendirmeler yapmaktan da uzak durmamıştır. Hatta zaman zaman dinlere ve peygamberlere yönelik eleştirel yaklaşımlarda bulunmuştur.

Örneğin söz konusu *"Zabit ve Kumandan ile Hasbıhal"* adlı eserinde, İslam dini dışındaki diğer dinlerden (Hıristiyanlık, Musevilik) bahsederek adeta Hz. Musa ve Hz. İsa'nın peygamberliklerini sorgulamıştır. Mustafa Kemal, adı geçen eserde **Hz. Musa ve Hz. İsa**'nın insanları etkileyen düşünceleri görüp, o düşünceleri yaydıklarını belirtmiştir. Mustafa Kemal, bazı düşüncelerin yavaş yavaş duygu haline geçtiğini ve zamanla inanç şeklini aldığını ileri sürmüştür. Ona göre Hz. Musa ve Hz. İsa, içinde yetiştikleri toplumu kurtuluşa ulaştıracak düşünceler "üretmişler" ve zaman içinde bu düşünceler din halini almıştır.

Mustafa Kemal'e göre **Musa**, Mısırlıların kamçıları altında inleyen Yahudilerin bu baskıdan ve tutsaklıktan kurtulma isteklerinin gerçekleştiricisidir.[424]

İsa ise, zamanın sonsuz yoksulluklarını kavrayan ve çağında, dünyada çekilen acılara karşı uyanan tepkinin sonucunda doğan sevgi ihtiyacını "din halinde dile getirendir." [425]

Mustafa Kemal'in iki büyük peygamber hakkındaki bu düşünceleri kuşkusuz pozitivist değerlendirmelerdir ve peygamberler hakkındaki klasik dinsel açıklamalarla uyuşmazlık göstermektedir.

Dolayısıyla *"Mustafa Kemal sıcak savaş yıllarında dinle ve manevi değerlerle yakınlaştı"* derken, onun pozitivist ve akılcı yaklaşımlarını tamamen bir kenara bıraktığı şeklinde bir sonuca ulaşılmamalıdır. Sıcak savaş yılları ve bu sıradaki okumaları daha çok Mustafa Kemal'in Allah inancının belirginleşmesinde

---

[424] Kökütürk, **Atatürk'ü Anlamak**, s. 183, 184.
[425] age. s. 183, 184.

ve İslam dininin Türk toplumu üzerindeki –olumlu anlamda– yönlendirici etkisini görmesinde etkili olmuştur. Ayrıca bazı pozitivistlerin Tanrı'nın varlığını kabul etmelerine karşın klasik dinsel öğretileri ve peygamberleri kabul etmedikleri, en azından sorguladıkları bilinmelidir.

• Tüm bu örnekler, 1910'dan sonraki sıcak savaş yıllarında Mustafa Kemal'in artık, eskisinden daha fazla, "dini" bir gerçeklik olarak görmeye başladığını ve dinin akılcı yaklaşımlarla yeniden gözden geçirilmesi gerektiğine inandığını göstermektedir. Ancak bu süreçte de geleneksel din anlayışına eleştiriler yöneltmeye devam etmiştir.

Atatürk'ün tüm ömrü boyunca din ve Allah konusunda yazdıkları, okuduklarına göre çok daha azdır. Ayrıca bu yazdıkları arasında onun din ve Allah konusundaki gerçek görüşlerini anlamamızı sağlayacak olanların sayısı daha da azdır.

Atatürk'ün din ve Allah konusunda yazdıklarını değerlendirirken, onun aynı zamanda İslami geleneklere sıkı sıkıya bağlı bir "ahret toplumunu" akıl ve bilim ekseninde çağdaş ve laik bir ulus haline getirmeyi her şeyden çok istediği unutulmamalıdır; çünkü eğer bu gerçek unutulursa Atatürk'ün Türkiye'yi çağdaşlaştırırken "aklın ve bilimin" önemini vurgulamak için genelde dine, özelde de İslam dinine yönelik bazı eleştirel yazıları, Can Dündar ve Doğu Perinçek'in yaptığı gibi *"Atatürk'ün dinsiz olduğu!"* biçiminde yorumlanabilir.

Atatürk'ün din ve Allah konusundaki belli başlı yazıları şunlardır:

1. Atatürk gençlik yıllarından beri tuttuğu not defterlerine "Kur'an", "dua" "namaz" ve "Allah" konularında bazı notlar almıştır. Bir yerde geçen *"Tanrı birdir ve büyüktür"* notu ve birkaç yerde geçen *"Hafıza Kur'an okuttuk"* biçimindeki notlar dikkat çekicidir.
2. 1911'den beri yakın dostlarına yazdığı özel **mektupların** satır aralarında –daha önce gösterildiği gibi– din ve Allah konusunda ifadeler vardır.

3. Liselerde okutulacak *"Tarih II, Ortazamanlar"* kitabı için 1930 yılında elyazısıyla yazdığı bazı notlar vardır. Atatürk bu notlarında L. Caetani'nin *"İslam Tarihi"* adlı kitabından aldığı bazı bölümleri kendi yorum ve değerlendirmeleriyle zenginleştirerek "Tarih II" kitabına yazmıştır. Atatürk bu notlarında, İslamiyetin doğuşu ve yayılışını, vahyin penceresinin dışına çıkarak "akılcı" ve "bilimsel" bir gözle anlatmıştır.
4. Atatürk yine 1930 yılında *"Vatandaş İçin Medeni Bilgiler"* adlı kitabı hazırlarken de genelde dine özelde de İslam dinine yönelik eleştirel yazılar yazmıştır.

Atatürk'ün bu yazılarından ilk ikisi, daha çok onun özel dünyasına aitken (özel notları ve özel mektupları), son ikisi dini gerekçelerle geri bırakılan bir toplumu çağdaşlaştırma amacına yöneliktir. Dolayısıyla, bir an önce aklın ve bilimin önünü açmak isteyen Atatürk, özellikle "vatandaşa" ve genç nesile yönelik bu yazılarında, dine "ufak vuruşlar" yapmayı uygun görmüştür. Çünkü Büyük Önder, bu topraklarda asırlardır aklın ve bilimin önünün "dinle" tıkandığının farkındadır. Bu tıkanıklığı açmanın en kolay ve en çabuk yolu olarak en azından bir süreliğine, "dine eleştirel yaklaşmayı" uygun görmüştür.

Din İstismarına Tepki

Mustafa Kemal, 1911 - 1918 yılları arasındaki bitmez tükenmez savaş maratonu sürecinde İslam dinine çok daha derin, çok daha ayrıntılı olarak bakmaya başlamıştır. Öyleki, o yıllarda kendi kendine, "Müslümanları" kategorilere ayırmıştır.

Mustafa Kemal Atatürk'e göre Osmanlı'da üç farklı Müslüman tipi vardır:
1. **Samimi ve bilinçli inanç sahipleri,**
2. **Bilmeden inananlar,**
3. **İnanç sömürücüleri.**

Mustafa Kemal, bu sınıflandırmada "samimi ve bilinçli" inanç sahiplerini takdir ederken, "bilmeden inananlara" ve bilhassa "inanç sömürücülerine" ağır eleştiriler yöneltmiştir.

Özellikle inanç sömürüsünden adeta tiksinmiştir.

Daha 1909'da, 10 numaralı not defterine, inanç sömürüsü hakkında şunları yazmıştır:

"*...Sarık saran hafiyelerin din perdesi altındaki icraatları menfaatten başka bir şey değildir... Faziletli din heyeti başımızın tacı, yüceltilmeye ve saygıya değerdir. Fakat melanet sağlamak, adi menfaat maksadıyla yalandan din kisvesine bürünerek, (Hz.) Muhammed'in mübarek dinini karalayıp, küçük düşürmekten çekinmeyen birtakım menfaatçiler...*" [426] diye devam eden cümleleri onun daha gençlik yıllarında inanç sömürüsüne karşı olduğunu göstermektedir.

Mustafa Kemal, dini istismar edenlerle ilgili bu düşüncelerini, 31 Mart Olayı'nın olduğu günlerde kaleme almıştır. Dinin alet edildiği bu isyan hareketinin Mustafa Kemal'i çok olumsuz etkilediği görülmektedir. Hareket Ordusu'yla bu isyanı bastırmak için İstanbul'a geldiği günlerde tuttuğu notlardan biri "*Softanın ahvali fenadır. Derdest olanlar (tutuklananlar) üzerlerinde silah çıkıyor*" biçimindedir.[427]

Mustafa Kemal, din istismarına, özellikle de dinin siyasete alet edilmesine karşıdır; çünkü yaşadığı toplumu uçuruma sürükleyen temel nedenlerden biri olarak bunu görmektedir. Kurtuluş Savaşı yıllarına ait 18 numaralı not defterindeki şu cümle bu gerçeğin en açık kanıtlarından biridir: "*Ulema-i kiram siyasete karışmamalı, mebus da olmamalı.*"[428] Bilmeden inananlara da karşıdır; çünkü bu durum onun akılcı ve sorgulayıcı yapısına aykırıdır. Ona göre en doğrusu, bilerek, anlayarak inanmaktır.

KURTULUŞ VE KURULUŞ YILLARININ ETKİLERİ

KURTULUŞ SAVAŞI'NIN ETKİLERİ

Mustafa Kemal'in manevi dünyası üzerinde en az Çanakkale Savaşı kadar Kurtuluş Savaşı'nın da etkisi olmuştur.

---

426 **Atatürk'ün Bütün Eserleri**, C. 1, s. 37, 39, 40.
427 İnan, **Atatürk'ün Not Defterleri**, s. 59 (10 Numaralı not defteri).
428 age. s. 92.

İmkânsızlıklar içinde girişilen bu mücadele tüm güçlüklere karşın Mustafa Kemal'in örgütleyiciliği altında 3 yıl gibi çok kısa bir sürede başarıya ulaşmıştır. Bu mücadeleye başlarken Mustafa Kemal'i maceracı, hayalperest olarak görenlerin sayısı hayli fazladır. Ancak o, belli ki Çanakkale'deki "ruha" güvenmektedir.

Manevi açıdan bakıldığında Kurtuluş Savaşı yılları Mustafa Kemal için Çanakkale Savaşı yıllarını tamamlayan ve onun din, Allah, İslam kavramlarına bakışını daha da netleştiren yıllardır.

Mustafa Kemal, bu yıllarda bir taraftan samimi olarak manevi değerlerle yakınlaşırken, diğer taraftan pozitivist bir hareket tarzı olan, "dini" meşruiyet aracı olarak kullanma yoluna başvurmuştur. Dönemin siyasal ve ideolojik koşulları dikkate alındığında Mustafa Kemal'in başka seçeneğinin olmadığı açıktır. Çünkü 1920'lerin Anadolu'sunda halifenin dinsel motiflerle dolu idam fetvalarını bertaraf edecek din dışında başka hiçbir silah yoktur. Burada gözden kaçırılmaması gereken nokta, Mustafa Kemal'in Kurtuluş Savaşı sırasında "meşruiyet" kazanmak için "dinden" yararlanırken, aynı zamanda içinde bulunduğu ortamın da etkisiyle "samimi" olarak dine yöneldiği gerçeğidir.

Nitekim Kurtuluş Savaşı'na başlarken Samsun'a hareket etmeden bir gece önce annesinin ve kız kardeşinin **hayır dualarını** alarak yola çıkmıştır.[429] Mustafa Kemal, sonraki dönemde de annesinden dua istemeye devam etmiştir. Annesine yazdığı mektuplardan birinde, "*Memleketimizin kurtuluşuna yönelik **dualara devam etmenizi** rica ile ellerinizden öperim.*" demiştir.[430]

Mustafa Kemal maiyetindekilerle birlikte Erzurum ve Sivas Kongreleri sırasında her akşam yatmadan önce, "*Ulu Tanrım sen sağlık ver Türk'e...*" şarkısını söylemiştir.[431]

Atatürk, Rüya, Kehanet ve İslam Tarihi

Mustafa Kemal bu ölüm kalım savaşında sadece düşmanla değil, yokluk ve yoksullukla da savaşmak zorunda kalmıştır.

---

429 Alparslan Işıklı, **Sosyalizm, Kemalizm ve Din**, Ankara, 2001, s. 187.
430 Kocatürk, **Doğumundan Ölümüne Kaynakçalı Atatürk Günlüğü**, s. 267, 268.
431 Haldun Derin, **Çankaya Özel Kalemini Anımsarken (1933-1951)**, İstanbul, 1995, s. 46.

Ayrıca, bu zor günlerde sadece maddi ihtiyaçların değil manevi ihtiyaçların da arttığının farkındadır. Bu nedenle o günlerde bir taraftan maddi yetersizliklerin üstesinden gelmeye çalışırken diğer taraftan da mümkün olduğunca "manevi" havayı güçlendirmeye çalışmıştır. İşin ilginci, zaman içinde bu çalışmalarından kendisi de etkilenmeye başlamıştır.

Öyle ki Kurtuluş Savaşı'nın en sıcak dönemlerinde zaman zaman akılcı yaklaşımlarını unuttuğu olmuştur. Örneğin, bir dönem kehanete ve rüyaya inanır hale gelmiştir.

O yıllarda Mustafa Kemal'in yanında bulunan, onun ruh halini gözlemleyen **Halide Edip Adıvar**, Mustafa Kemal'in karargâhında, yazıhanesinin hemen arkasında bir hoca ya da kâhin tarafından yazılmış yeşil zemin üzerinde Arapça yazılar olduğunu ve her sabah yanındakilere o gece rüya görüp görmediklerini sorduğunu anlatmaktadır.[432]

Bir keresinde gördüğü rüyayı Fevzi Paşa'ya yorumlatmak isteyen Mustafa Kemal Paşa, onu yanına çağırdığında Fevzi Paşa'nın da o gece aynı rüyayı gördüğünü öğrenince çok şaşırmıştır.

Fevzi Paşa ve Mustafa Kemal Paşa o gece rüyalarında **Hz. Muhammed**'i görmüşlerdir.

Bilindiği gibi Mustafa Kemal annesinin vefat ettiğini de rüyasında görmüştür.

Mustafa Kemal, o günlerde bir taraftan savaş planlarıyla uğraşırken diğer taraftan da **İslam tarihini** incelemeye başlamıştır. Halide Edip Adıvar, Mustafa Kemal'in o savaş günlerinde İslam tarihinin ilk dönemlerini, yani demokrasiye en yakın olan ilk yirmi dört seneyi içeren bölümü okuduğunu belirtmektedir.[433]

Mustafa Kemal'in cephede İslam tarihiyle ilgili kitaplar okuduğuna tanık olanlardan biri de Fahrettin Altay Paşa'dır. Sakarya Savaşı'nın devam ettiği günlerde Mustafa Kemal Paşa arazide çadırda yatmaktadır. Bir gece uykusu kaçan Fahrettin Altay Paşa, Mustafa Kemal'in çadırının ışığının yandığını gö-

---

432 Halide Edip Adıvar, **Türk'ün Ateşle İmtihanı**, İstanbul, 1962, s. 148.
433 **age.** s. 146, 147.

rerek oraya gider. Mustafa Kemal Paşa yatağına uzanmış kitap okumaktadır. Merak edip hangi kitabı okuduğunu sorduğunda Mustafa Kemal Paşa yatağında doğrularak elindeki kitabın kapağını Fahrettin Paşa'ya gösterir.

Mustafa Kemal Paşa'nın okuduğu kitap, "*İslam Dini ve Tefsirleri*" adını taşımaktadır.

Rüya, dua, kehanet ve İslam tarihi... Bu manzara, bir taraftan Mustafa Kemal'in de bu toprakların havasını solumuş her Müslüman Türk gibi zor günlerinde geleneksel din kültürünün etkisinde kaldığını gösterirken, diğer taraftan da onun koşullar ne olursa olsun okuyarak kendisini geliştirdiğini ve "gelecek planları" yaptığını göstermektedir.

Atatürk'ün Cephedeki Duaları

Mustafa Kemal'in Kurtuluş Savaşı sırasındaki ruhsal duygu yoğunluğunun özellikle cephede bulunduğu dönemlerde arttığı anlaşılmaktadır.

Birçok kişi, Mustafa Kemal Paşa'nın özellikle Sakarya ve Büyük Taarruz zaferleri öncesinde ve sonrasında dua ettiğine tanık olmuştur.

Mustafa Kemal, Meclis'te, Başkomutanlık yetkisini alır almaz yaptığı konuşmada, "*Allah'ın yardımıyla*" düşmanı bozguna uğratacağını söylemiştir: "*Efendiler, zavallı miletimizi esir etmek isteyen düşmanları, Allah'ın yardımıyla ne olursa olsun mağlup edeceğimize dair olan güven ve itimadım bir dakika olsun sarsılmamıştır. (...) Sizlere bu bildiriyi yazdığım andan itibaren Allah'ın lütfuna dayanarak, iftiharla da büyük ve şerefli görevi yapmaya başlamış bulunuyorum. (...) Düşman ordusunun yok edilmesi olan bu tek amacın elde edilmesi için gerekli her şey yapılacaktır. Lütuf Allah'tandır.*"[434]

Mustafa Kemal, Yunan ordusunun imha edilerek Anadolu'nun düşmandan temizleneceği Başkomutanlık Meydan Mu-

---

[434] Kocatürk, Doğumundan Ölümüne Kadar Kaynakçalı Atatürk Günlüğü, s. 259, 260.

harebesi öncesinde ellerini göğe kaldırarak; *"Yarabbi, sen Türk ordusunu muzaffer et. Türklüğün, Müslümanlığın düşman ayakları altında çiğnenmesine müsaade etme"* diyerek dua etmiştir.[435]

Mustafa Kemal, 26 Ağustos sabahı Kocatepe'ye doğru çıkarken de *"Allah Türk milletini ve ordusunu koruyacak, muvaffak edecektir"* demiş ve o sırada namazını bitirmekte olan Fevzi Paşa'ya yaklaşarak, *"Paşam ordularımızın muzafferiyeti için dua edelim"* demiştir.[436]

Mustafa Kemal o zor anda dindar annesinden de yardım istercesine, *"Anacığım dua et"* demiş ve bu sırada o mavi gözlerinden birkaç damla yaş süzülmüştür.[437]

Yine aynı gün, Türk topçuları düşman siperlerini dövmeye başladığında, *"Allah'ım Türk milletini ve ordusunu koru"* diye dua etmiştir.[438] Türk ordusu Mustafa Kemal'in hücum işaretiyle Allah Allah sesleriyle düşmana saldırırken Mustafa Kemal de *"Allah Türk ulusunu ve ordusunu koruyacaktır"* demiştir.[439]

Mustafa Kemal, Büyük Taarruz sonrasında, 31 Ağustos 1922 sabahı savaş alanını gezerken Kızıltaş deresindeki binlerce ölüyü görüp, yaralıların iniltisini işittikten sonra -görgü tanıklarının anlattıklarına göre- ellerini açarak **Fatiha okumuş** ve şöyle dua etmiştir:

"Ya Rab, bana suç yazma, beni ölenlerin sorumlusu yapma. Yunanlılar yurduma girdi. Ulusumun namusuna saldırdı. Türklüğü ve sana inanıp dua eden Müslümanlığı yok etmek istediler. Yurdumu kurtarmak için bu savaşı yaptırdım. Beni

---

435 İsmail Hakkı Tekçe, "Benim Atam İman ve İnsanlık Abidesiydi", Atatürk Din ve Laiklik, **Belgelerle Türk Tarih Dergisi**, no. 2, İstanbul, 1968, s. 142.
436 **Atatürk'ün Afyonkarahisar Ziyaretleri**, Ankara, 2002, s. 44; M. Necati Yazar, **İstiklal Harbi**, İstanbul, 1984, s. 43, 44.
437 Nezihe Araz, **Mustafa Kemal'in Devlet Paşası**, İstanbul, 1998, s. 282, 283; Ali Sarıkoyuncu, **Atatürk Din ve Din Adamları**, Ankara, 2002, s. 13; Mehmet Saray, "Türklerde Dini ve Kültürel Hoşgörü," **Atatürk ve Laiklik**, Ankara, 2002, s. 54.
438 Seyit Kemal Karaalioğlu, **Resimlerle Atatürk: Hayatı, İlkeleri, Devrimleri**, İstanbul, 1981, s. 110.
439 Türkmen Parlak, **İşgalden Kurtuluşa 2, Yunan Ege'den Nasıl Gitti?** İzmir, 1983, s. 182, 183.

istilacı kumandanlarla bir tutma! Türk ulusunun Kurtuluş Savaşı'ndan, dökülen kanlardan dolayı affet." [440]

Mustafa Kemal, Büyük Taarruz sırasında annesi Zübeyde Hanım'a yazdığı bir mektupta *"Allah'ın lütfuyla"* vatanı düşmandan kurtaracağını şöyle ifade etmiştir:

*"Buraya geldikten sonra düşmanı kovmak gerektiğinden taarruz ederek **Allah'ın lütfuyla** attık. Afyonkarahisar'ı aldık. Bu nedenle daha birkaç gün buralarda kalmak lazım gelecektir. Siz müsterih olunuz. İnşallah duanız berekatıyla bütün memleketimizi düşmandan kurtarmak nasip olacaktır."* [441]

Mustafa Kemal, Büyük Zafer'in ikinci yıldönümünde, 30 Ağustos 1924'te Dumlupınar'da yaptığı konuşmada da zaferin dinsel boyutuna dikkat çekmiştir:

"...Bu meydanda akan Türk kanları, bu gökyüzünde uçuşan şehit ruhları, devlet ve cumhuriyetimizin ölmez koruyucularıdır." [442]

Onun cephedeki bu duaları, her türlü kaygıdan uzak duyguların, yüreğinin ta derinlerinden bir yerlerden kopup gelen samimi hislerin bir sonucudur.

Ancak onun bu yaklaşımları, sıradan "kadercilik" olarak değerlendirilmemelidir; çünkü o, akılcı ve bilimsel yöntemlerle çalışıp, tüm hazırlıkları yaptıktan sonra Allah'a sığınmıştır. Nitekim bu gerçeği, 18 numaralı not defterinde şöyle ifade etmiştir:

"Düşmanı mağlup eden ordularımızın sevk ve idaresinde fenni ve ilmi düsturlar (kurallar) rehberimiz olmuştur."[443]

---

440 Hacı Angı, **Atatürk İlkeleri ve Türk Devrimi**, Ankara, 1983, s. 90, 91; Abdurrahman Kasapoğlu, **Atatürk'ün Kur'an Kültürü**, İstanbul, 2006, s. 103.
441 Kocatürk, **age.** s. 292.
442 Cavit Orhan Tütengil, **Atatürk'ü Anlamak ve Tanımlamak**, İstanbul, 1975, s. 110.
443 M. İnan, **age.** s. 95. Mustafa Kemal Atatürk, Kurtuluş Savaşı sonrasında "din istismarcılarına pirim vermemek için" Kurtuluş Savaşı'na ısrarla dini bir anlam yüklenmesini engellemek istemiştir. Örneğin Kurtuluş Savaşı sonrası Mustafa Kemal'i zafer kutlamaları için Hacı Bayram Camii'ne çağırmışlardır. Bu koşullar altında oraya giderse, zaferin halkın özverisi, askerin kahramanlığı ve akılcı planlarla değil, bütün bu etkenlerin üstünde Hacı Bayram merasimini düzenleyen hocaların duasıyla kazanıldığı düşünülecektir. Mustafa Kemal, o gün o camiye gitmesinin din sömürücülerinin *"Kurtuluş Savaşı'nı Mehmetçiğin kahramanlığı Mustafa Kemal'in dehası değil bizim dualarımız kazandırdı"*

Kurtuluş Savaşı yıllarında Mustafa Kemal'in din, Allah ve İslam konularındaki fikirlerinin olgunlaştığı söylenebilir. Hayatının sonraki dönemlerinde yaşayacağı değişimler, onun din konusundaki düşüncelerinde bazı kırılmalar meydana getirse de hiçbir zaman bu konudaki fikirlerinin iskeletini bozacak düzeye ulaşamayacaktır.

Çocuklarım Her Gece Dua Edin

Mustafa Kemal'in Kurtuluş Savaşı yıllarında ne kadar samimi ve içten duygularla *"ilahi güçten yardım beklediğinin"* en açık kanıtlarından biri, **Konya Yetimler Yurdu** ziyaretinde görülmektedir.

Mustafa Kemal, Konya Yetimler Yurdu ziyaretinde çocuklarla birlikte yemek yemiş, her birinin tabağından birer kaşık pilav alarak, saçlarını ve omuzlarını okşayarak yetim yavruları sevindirmiş ve onların gönlünü kazanmıştır. Çocuklar yataklarına giderken Mustafa Kemal onlara, *"Çocuklarım her gece dua edin"* demiştir.

Birkaç gün sonra çocuklar Mevlana Türbesi'ni ziyarete götürülmüşlerdir. Bu sırada çocukların Mustafa Kemal Atatürk için dua ettikleri gözlenmiştir.

Mustafa Kemal, Kurtuluş Savaşı sonlarına doğru bir gün yine bu yurda gelip çocuklara, *"Dualarımız kabul oldu çocuklarım, vatanımız kurtuluyor"* demiştir.[444]

Tanrı'nın Yaratıcı Gücünün Değişmeyen Yasası

Mustafa Kemal'in Kurtuluş Savaşı yıllarında dinle yakınlaştığını gösteren en ilginç delillerden biri, Avusturyalı bir subay

---

şeklindeki muhtemel propagandalarını kolaylaştıracağını düşünmüştür. *"Zaferi sizler değil bizler kazandık"* diyen Mustafa Kemal, "din istismarcılarının eline koz vermemek için" çok istese de o merasime gitmemiştir. Yusuf Hikmet Bayur, "Atatürkçülük, Kemalizim", Din IV, **Devrim (İnkılâp) Gençliği Dergisi**, Yıl: 2, C, IV, S. 24, 1 Haziran 1954, s. 15.
444 İsmet Kür, **Anılarıyla Mustafa Kemal Atatürk**, İstanbul, 1971, s. 13 - 17; Hasene Ilgaz, **Okuduklarım, Gördüklerim, Yazdıklarım**, İstanbul, 1991, s. 110.

kızı olan Leopeldine Könink'in mektubuna verdiği yanıtta kullandığı ifadelerdir.

Mustafa Kemal, 1922 tarihini taşıyan ve *"TBMM Başkanı Başkumandan Gazi"* imzasını kullandığı bu mektupta Könink'e şöyle seslenmiştir:

"Matmazel,

Duyarlı ve ince bir ruhun acılarının belirtisi olan mektubunuzu ve ulusumuzun kazandığı utkuyu şakıyan (terennüm eden) marşınızı aldım. Çok teşekkür ederim. Adalet geç olsa bile kesinkes bir gün görülecektir. Bu Tanrı'nın yaratıcı gücünün (kudret-i Fıtıranın) değişmeyen bir yasasıdır. Bundan dolayı sevgili vatanımızın bugünkü durumu sizi üzmesin. En yakın bir zamanda memleketinizin de kurtuluş ve bağımsızlığa kavuşmasını dilerim." [445] Açıkça görülebileceği gibi bu mektupta Mustafa Kemal, adaletin gerçekleşmesini dinsel bir bakışla değerlendirmekte ve geç de olsa Tanrı'nın yardımıyla *"kudret-i fıtıra"* (Tanrı'nın yaratıcı gücü) ile *"ilahi adaletin"* mutlaka gerçekleşeceğini belirtmektedir.

Atatürk'ten Zübeyde Hanım'a: *"Elhamdülillah Başarılı Oluyorum"*

Kurtuluş Savaşı'nın en çetin dönemi olan 1920 yılı içinde Mustafa Kemal'in bütün içtenliğiyle annesine yazdığı bir mektupta, Samsun'a çıkıp Kurtuluş Hareketi'ni başlatmasıyla ilgili olayları anlatırken kullandığı dil ve mektup içine serpiştirdiği cümleler ve sözcükler, onun bu dönemdeki düşünce yapısının, "tevekkül içinde bir Müslümanın düşünce yapısına" yakın olduğunu göstermektedir.

1 Ağustos 1335 (1920) tarihli bu mektupta Mustafa Kemal annesine şöyle seslenmiştir:

"Muhterem Validecigim,

....

---

445 Borak, **Atatürk'ün Özel Mektupları**, s. 271.

Ulusal gücü kullanmaktan başka çare yoktu. Ben de öyle yaptım. Elhamdülillah başarılı oluyorum. Pek yakında elle tutulur sonucu bütün dünya görecektir...

....

Yoksa her ne olursa olsun elhamdülillah önemi yoktur.

....

Madamın benim hakkımda bir rüyası vardı. Galiba o çıkacaktır. İnşallah yakında sevinç içinde görüşeceğiz..." [446]

Mustafa Kemal'in, Zübeyde Hanım'a gönderdiği bu mektup dikkatle incelendiğinde *"elhamdülillah başarılı oluyorum"*, *"elhamdülillah önemi yoktur"*, *"inşallah yakında sevinç içinde görüşürüz"* biçimindeki dinsel terminolojiye özgü ifadelerin mektup içine adeta özenle serpiştirildiği görülmektedir. Esasen bu ifadeleri, sadece Mustafa Kemal'in o dönemde içinde bulunduğu manevi duygu yoğunluğuyla açıklamak da doğru değildir. Zübeyde Hanım'ın ne kadar "dindar" bir insan olduğu hatırlanacak olursa, Mustafa Kemal'in mektup içine serpiştirdiği bu dinsel ifadelerin, çok sevdiği annesini mutlu etme ve ona hoş görünme kaygısıyla kaleme alınmış olma ihtimali akla yatkındır. Çünkü Mustafa Kemal, muhataplarının, özellikle de annesinin dinsel inançlarına çok fazla saygı duyan biridir. Kanımca, mektupta asıl dikkati çeken nokta, Kurtuluş Savaşı yıllarında bir dönem Mustafa Kemal'in kehanete ve rüyaya inandığı tezini güçlendiren; *"Madamın, benim hakkımda bir rüyası vardı, galiba o çıkacaktır"* şeklindeki cümledir.

Atatürk ve Hafız Hüseyin

Mustafa Kemal, Kurtuluş Savaşı sırasında ordunun ve milletvekillerinin maneviyatını yükseltmek için çok çaba harcamıştır.

O günlerde Birinci TBMM'nin önünde ya da içinde ezan okutan Mustafa Kemal, zaman zaman da çok sevdiği **Hafız Hüseyin**'i yanına alıp cepheye götürmüş ve askerlere kasideler

---

446 age. s. 204.

okutmuştur. Ruşen Eşref Ünaydın, *"Özleyiş"* adlı çalışmasında bu konuda şu bilgileri vermektedir:

"*O eski Meclis'in binasının bir küçük odasında bir mescit vardı. Hatıramda yanılmıyorsam, Meclis'in koridorunda veya kapısına yakın bir yerinde ezan da okutturulurdu. Hatta o zamanları bazı günler pek gür ve güzel sesli, Kuvayımilliye kılığında giyimli; baldırları dolaklı, bacakları külotlu, başı kalpaklı Hafız Hüseyin (Kur'an) okurdu. (Mustafa Kemal) ara sıra onu yanında cepheye götürürdü. O, bir hafız, bir kaside söyleyen idi ki güzel ve heyecan verici sesini Batı Cephesi'ndeki kıtalara da dinletirdi, bu sesle onları şevke getirirdi. (Mustafa Kemal) onu cephenin her tarafında, semt, semt dolaştırıp Türkçe kaside okuyuşunu askere dinletirdi.*

Hacıbayram Veli Camii'nde bayram namazları gibi cemaatin bol olduğu toplantılarda Hafız Hüseyin'in cami duvarlarını ve adeta kubbe yüksekliğinde tavanını billur pırıltılarla dolduran ve billur salkımlarından taşan ışıklar misali pırıltılarla titretip, dinleyenleri galeyana getiren kasidelerini, (Mustafa Kemal de) kalabalık halk içinde, herkes gibi halılar üzerinde bağdaş oturarak, o sesin en duygulu yerlerinde, göklere uçarcasına çırpıntılı yerlerinde, dudakları titreyerek, heyecanını tutmaya çalışarak dinlerdi. O bayram namazlarına giderdi." [447]

Sakarya Savaşı sırasında Fevzi Paşa'nın; *"Hafızı cepheye getirsek ezan ve Kur'an okusa"* önerisini kabul eden Mustafa Kemal Paşa, Ankara'dan bir hafız çağırmış; ancak hafız casus zannedilerek cephe gerisinde durdurulmuş ve cepheye ulaşamamıştır.[448]

İşte bizden biri, Mustafa Kemal...

Yeni Türkiye'nin kalbi olacak TBMM'de ezan okutan,

Askerin moralini yükseltmek için zaman zaman cepheye hafız gönderen,

Hacı Bayram Veli Camii'nde cemaatle birlikte saf tutup bayram namazı kılan,

---

447 Sadi Borak, **Atatürk ve Din**, İstanbul, 2002, s. 132, 133.
448 Falih Rıfkı Atay, **Çankaya**, İstanbul, 2004, s. 324.

Ara sıra titrek dudaklarındaki hafif kıpırtılardan dua ettiği anlaşılan Mustafa Kemal... Ya da başka bir ifadeyle Birinci TBMM Başkanı Mustafa Kemal Paşa...

Bu anekdot bana Said-i Kürdi'yi ve onun Mustafa Kemal Atatürk'le ilgili asılsız iddialarını hatırlattı. Ne diyordu Said-i Kürdi anılarında? Kısaca hatırlarsak:

"Ankara'ya gittim, ancak bir 'dinsizlik' havası sezdim. Bu havadan rahatsız olarak milletvekillerini namaza çağıran bir risale yazıp milletvekillerine dağıttım. Bunu duyan Mustafa Kemal çok öfkelendi, kızıp bağırdı!"

Sormak gerek Said-i Kürdi'ye:

Her namaz vaktinde ezan okunan bu Meclis'te mi dinsizlik havası sezdin?

Yoksa Meclis'te ezan okutan, askerlerin maneviyatını yükseltmek için cepheye hafız gönderen ve bayram namazlarını da Hacı Bayram Camii'nde cemaatle birlikte kılan Mustafa Kemal mi dinsizdi?

Yobaz yalanı işte! Neresinden tutsan elinde kalıyor.

Tanrı'ya Şükürler Olsun

Mustafa Kemal Kurtuluş Savaşı boyunca çok sıkça Allah'a şükretmiştir.

İşte bazı örnekler:

Bir keresinde, İngilizlerin Türk yurdunu parçalama çabalarına karşı aldığı önlemlerden dolayı Allah'a şükredilmesi (hamdedilmesi) gerektiğini ifade etmiştir:

"İngiliz propagandasıyla başveren Kürdistan istiklali gibi cereyanlar (...) **lehü'l hamd** *lehimize dönmüştür."* [449]

Mustafa Kemal, kendisine Türk ulusuna hizmet etme şansı verdiği için de Allah'a şükretmiştir:

"Benim için dünyada en büyük mevki ve mükâfat milletin bir ferdi olarak yaşamaktır. Eğer, **Cenab-ı Hak,** *beni bunda mu-*

---

449 Mazhar Müfit Kansu, **Erzurum'dan Ölümüne Kadar Atatürk'le Beraber,** C. I, Ankara, 1988, s. 143.

vafık etmiş (uygun görmüş) ise şükür ve hamdlar ederim. Bugün olduğu gibi ömrümün nihayetine kadar milletin hadimi (hizmetçisi) olmakla iftihar edeceğim."[450]

Mustafa Kemal Meclis açış konuşmalarından birinde, *"Bu mazhariyetten dolayı **Cenab-ı Hakk'a hamdü sena ederim**"* diyerek Allah'a şükretmiştir.[451]

Mustafa Kemal, Anadolu'daki ulusal harekete karşı faaliyetlerin arttığı bir dönemde, *"Efendiler! **Tanrı'ya Şükür** hükümetimiz güçlüdür, ordumuz güven vericidir. Doğal olarak Büyük Millet Meclisi'nin hukukiliğine saldıranlar hakkında yüce heyetimizin kanunları uygulanır"* [452] derken, Allah'a şükretmiştir.

Mustafa Kemal, 1922'de Büyük Taarruz'un ardından yaptığı konuşmaya Allah'a "hamd ederek" başlamıştır. *"Arkadaşlar! Kalbimde derin bir tahassür tevlid etmiş olan ayrılıktan sonra tekrar size mülaki olduğumdan pek mesudum. **Cenab-ı Hakk'a hamdederim** ki ordularımızın silahlarına emanet ettiğimiz aziz ve mübarek maksat arzu ettiğimiz veçhile (...)mesut bir neticeye vasıl oldu."*

Mustafa Kemal, halka yönelik konuşmalarında da kazanılan zaferden dolayı Allah'a hamdü senada bulunmayı önermiştir.

*"Görüyorsunuz ki bize yapmak istedikleri bütün felaketleri **Cenab-ı Hak** onların başına tevcih etti (yönetti). **Cenab-ı Hakk'ın** adaletinin bu kadar vazıh tecellisine (açık olarak görünmesine) hep beraber **hamdü sena edelim**."*[453]

Mustafa Kemal annesine yazdığı bir mektupta, *"İşler, **Allah'a şükür** fevkalade memnuniyet verici bir halde seyrediyor"* demiştir.[454]

Mustafa Kemal, Kurtuluş Savaşı sırasında ulusalcılığın güçlenmesini, *"**Tanrı'ya şükür,** yurdumuzda ulusal akımın çok ge-*

---

450 ASD, C. II, s. 133.
451 Atatürk'ün Bütün Eserleri, C. 12, s. 6.
452 Sadi Borak, Atatürk'ün Gizli Oturumlardaki Konuşmaları, İstanbul, 2004, s. 135.
453 ASD, C. I, s. 286.
454 Kocatürk, age. s. 279.

lişmesi ve biçimlenmesi ve güç kazanması bizleri her zaman bu görüşe çekiyor ve çağırıyor" diyerek ifade etmiştir.[455]

Mustafa Kemal, 1923'te Kütahya'da öğretmenlere yaptığı bir konuşmada da, "**Cenab-ı Hakk'a binlerce hamdü sena olsun ki düşman karşısındaki aziz ordular için sarf ettiğimiz bütün emekler mesut semaratını verdi**" demiştir.[456]

Mustafa Kemal, 1922'deki büyük İzmir yangını sırasında can kaybının olmaması dolayısıyla duyduğu memnuniyeti, "**Allah'a şükür**" diyerek ifade etmiştir.[457]

Belgeler, Kurtuluş Savaşı öncesinde de Mustafa Kemal'in **Allah'a şükrettiğini** göstermektedir.

Örneğin Ali Fuat Paşa (Cebesoy)'nın anıları iyi incelendiğinde satır aralarında, Mustafa Kemal'in din anlayışı ile ilgili ipuçları göze çarpmaktadır. Ali Fuat, Çapakçur Boğazı Savunması ile ilgili bir anısını anlatırken Mustafa Kemal'in "Allah'a şükrettiğini" ifade etmektedir:

"*...Bu başarılı günlerden birinde Çapakçur Dağları'nın en yüksek bir noktasında buluştuğumuz akşam (Mustafa Kemal):*

'Hoş geldiniz Ali Fuat Beyefendi' dedi. Sonra birden bana doğru yürüdü.

'Fuat kardeşim!' diye boynuma sarıldı. Kucaklaştık. Durumu kısaca anlattı:

'İkinci Ordu Kumandanı'nın, seni bir piyade alayı ile dikkatsiz davranarak yalnız bırakmış olmakla, Boğaz'ın stratejik değerini değerlendiremediğini gördüm. Yardım için ordu kumandanına önerdim ve onun buyruğunu beklemeden hemen harekete geçtim. TANRI'YA ŞÜKÜRLER OLSUN seni kurtardım'(dedi).

Çapakçur'un meşe ve çam ormanlarıyla bezenmiş o yüksek tepeleri üzerinde o akşamı bugün de anar ve büyük bir duyguyla ürperirim." [458]

---

455 Mustafa Onar, **Atatürk'ün Kurtuluş Savaşı Yazışmaları**, Ankara, 1995, C. I, s. 105.
456 **ASD**, C. II, S. 168.
457 Nezihe Araz, **Latife Değil Latifsin**, İstanbul, 2002, s. 76.
458 Cebesoy, **Sınıf Arkadaşım Atatürk**, s. 186, 187.

Örnekleri çoğaltmak mümkündür, özetle Mustafa Kemal'in sıkça Allah'a şükrettiği görülmektedir. Şükrü bir alışkanlık haline getirmiş olan Büyük Kurtarıcı, zaman zaman çevresindekilere de bu konuda tavsiyelerde bulunmuştur. Örneğin, büyük ses sanatçısı **Safiye Ayla**'ya sahip olduğu güzel ses nedeniyle Allah'a şükretmesini tavsiye etmiştir:

"Allah'ın sana verdiği bu lütfu unutma ve bununla şımarma, mütevazı ol, daima Allah'a şükret." [459]

İnşallah

İleride ayrıntılandırılacağı gibi Mustafa Kemal Kurtuluş Savaşı boyunca "dinsel bir terminoloji" kullanmıştır. Sıkça Allah'a şükreden Mustafa Kemal, yine sıkça bir Kur'an kavramı olan "inşallah" sözcüğünü kullanmıştır.

İşte birkaç örnek:

*"Doğu sınırımız tümü ile güvence altında göründükten sonra orada bulunan kuvvetin tümüne **inşallah** gerek kalmaz."*

*"Sonuçta kesin bir zafer görerek bu işe giriştik, **inşallah** başarırız."*

*"İçişleri ve Milli Savunma işlerinin bir kişi üzerinde bulunmasındaki yarar... **İnşallah**, bir iki güne kadar sayın heyetinize uygun adayları sunarım."*

*"Ben de sizden bu cevabı beklerdim Paşam (Fevzi Paşa) **İnşallah** ikimiz de uzun yıllar muammer olur, inşa edeceğimiz Cumhuriyeti ilelebet payidar ederiz."*

*"Süvari kuvvetlerimiz itibariyle düşman süvarisine üstünüz ve muharebe meydanlarında **inşallah** süvari hâkimiyetimizi muhafaza edeceğiz."* [460]

*"**Cenab-ı Hakk'ın** yardımıyla, **inşallah** belki de çok kan dökmeden sevgili İzmirimize kavuşacağız."* [461]

*"Aldığımız malumata göre, **inşallah** doğru çıkmaz, bu kıymetli arkadaşlarımız asiler tarafından tutuklanmış."* [462]

---

459 Kerem Yılmaz, **Dindar Atatürk**, İstabul, 2004, s. 76.
460 Atatürk'ün Bütün Eserleri, C. 12, s. 320.
461 age. C. 5, s. 334.
462 age. C. 8, S. 88, 89.

"İnşallah, şimdiye kadarki asilerin neticesi ne olduysa bunların da neticesi aynı olacaktır. Hepinizin emin olmasını rica ederim." [463]

*"İnşallah teala, bugünkü hal dahi tam sükûnet ve muvaffakiyetle geçecektir. Bütün vatan, bütün zindeliği ile hariçten evvel dâhilde ve bütün üzücü ahvale sebebiyet veren Ferit Paşa ve mesai arkadaşlarına karşı tek dil olarak haykırmaktadır. **Cenabı kadiri mutlakın** her türlü müşkilgüşa (sorunun çözümüne), düğümlerin halline vasıta yaratacaklarına eminiz."*[464]

*"Yunan hainleri de **inşallah** yakında bu akıbete uğrayacaklardır."* [465]

"İnşallah yakın zamanda milli teşkilat bu gayenin elde edilmesiyle vatani vazifesini yapacaktır." [466]

Mustafa Kemal tüm savaş boyunca neredeyse tüm açıklamalarında ve konuşmalarında "inşallah" sözcüğünü kullanmış, böylece her iş ve oluşta Allah'ın etkisini vurgulamıştır.

19 Numaralı Not Defteri

Mustafa Kemal, Kurtuluş Savaşı yıllarında samimi olarak dine yönelmiş, savaş boyunca manevi bir ortamın içinde bulunmaya özen göstermiş, en önemlisi manevi havayı elinden geldiğince yükseltmeye çalışmıştır. Bu gerçeği, Mustafa Kemal'in Kurtuluş Savaşı yıllarında tuttuğu özel notlardan anlamak mümkündür.

Kurtuluş Savaşı yıllarında, Büyük Taarruz'a hazırlık döneminde Ankara'dan Batı Cephesi'ne gidip birlikleri denetlemiş, hazırlıkları yerinde görmüştür. Mustafa Kemal, işte o günlerde (1922), 19 numaralı not defterine sık sık, *"Hafıza Kur'an okuttum"*, *"Hafız Kur'an okudu"* diye yazmıştır. İşte Mustafa Kemal'in 19 numaralı not defterinde yer alan o ifadeler:

"9 Mart Perşembe (9 Mart 1922 Sivrihisar) –İbrahim Bey'in Evinde–

---

463 age. C. 8, s. 63.
464 age. C. 4, s. 36.
465 age. C. 10, s. 122.
466 age. C. 6, s. 32.

Saat 7'de kalktım. Biraz kitap okudum... Aktaş'a, Birinci Fırka, 5'inci Alay hücum taburu, bir batarya, bir süvari bölüğü teftiş, memnun olduk."

"*Saat 8'e doğru İsmet Paşa geldi. Evvela yemek. Yemekten sonra 10 Mart için suret-i hareket kararlaştırıldı.* **Ondan sonra hafıza Kur'an okuttuk...**" [467]

"*10 Mart 38 Cuma (10 Mart 1922 Aziziye)*
Sabah saat 9'da Hüsrevpaşa'dan ileri karakol mevzilerine hareket..."

"*Saat 5, Aziziye, yorgunluk hissettim.*
İsmet, Yakup, Şevki ve Selahattin Paşalar gelmişlerdi. Beraber yemek yedik... **Hafıza Kur'an okuttum...**" [468]

"*17 Mart Cuma (17 Mart 1922 Akşehir)*
...Karargâha avdet, saat 8'e kadar yalnız kaldım. Mustafa Abdülhak Bey geldi. Hafıza Kur'an okuttuk." [469]

"*20 Mart Pazartesi (20 Mart 1922)*
...İsmet Paşa'ya gittim. Beraber bize geldik. Fahrettin Paşa ve erkân-ı harbi yemeğe davet etmiştim... **Hafıza Kur'an okuttuk...**" [470]

"*24 Mart Cuma (24 Mart 1922 Akşehir)*
Mütareke teklifini Celal Bey bildirdi.
Cuma namazında hafız Ulucami'de mevlut okudu..." [471]

Mustafa Kemal'in bu özel notları, onun savaş yıllarında Kur'an'la yakın ilişki içinde olduğunu ve o zor günlerde sıkça Kur'an okutarak manevi bakımdan Kur'an'dan beslendiğini gözler önüne sermektedir.

Fevzi Paşa'nın Kur'an'ı

Mustafa Kemal'in Kurtuluş Savaşı boyunca Kur'an'la yakın ilişkisi hep devam etmiştir.

---

467 A. Mithat İnan, age. s. 207.
468 age. s. 208.
469 age. s. 209.
470 age. s. 210.
471 age. s. 211.

Mustafa Kemal'in Kurtuluş Savaşı sırasında ve sonrasında en yakın dostlarından Fevzi Paşa, kelimenin tam anlamıyla bir Kur'an aşığıdır. Mustafa Kemal'in Kur'an'la ilişkisinde Fevzi Paşa'nın büyük bir etkisi vardır.

Kurtuluş Savaşı'nın iki numaralı komutanı Fevzi Paşa, düşmana son darbenin vurulacağı o 26 Ağustos sabahında yine Kur'an'la haşır neşirdir.

Büyük Taarruz sabahı Fevzi Paşa, yanından hiç ayırmadığı Kur'an'ı fener ışığında okumuş ve Mustafa Kemal'le birlikte Kocatepe'deki kumanda yerine gitmiştir. Saat 4:30 sıralarında Mustafa Kemal, Fevzi Paşa'ya *"Vakit nasıl hocam?"* diye sormuş, o da Kur'an'dan başını kaldırıp *"Topçuları yoklayınız"* karşılığını vermiştir. Mustafa Kemal *"Topçular hazır"* deyince Fevzi Paşa Mustafa Kemal'e bu kez *"Piyadeleri yoklayın"* demiştir. Piyadelerin de hazır olduğu yanıtını alan Fevzi Paşa Kur'an'ı göğsüne yerleştirip son kez dua etmiş ve ardından Mustafa Kemal'e dönerek: *"Paşa hazretleri, artık topçu ateşe başlayabilir, inşallah zafer bizimdir, hayırlı olsun,"* demiştir. [472]

Görüldüğü gibi Kur'an, Kurtuluş Savaşı boyunca bir şekilde hep Mustafa Kemal'in yanı başındadır.

Tanrı Bana Yardım Edecektir

Mustafa Kemal, Kurtuluş Savaşı'nın kazanılacağından emindir. Öyle ki savaşın en çetin dönemlerinde bile gelecekte Türkiye için yapacaklarını düşünmekte ve ufak notlar almaktadır. **Kendisine Tanrı'nın yardım edeceğinden de emindir.**

18 numaralı not defterine, gelecekte yapacaklarını sıraladıktan sonra en samimi hislerle, iki kalın çizgi arasına, Osmanlıca olarak: *"Tanrı birdir ve büyüktür"* notunu düşmüştür. [473]

Mustafa Kemal, *"Allah'ın yardımıyla"* Kurtuluş Savaşı'nın kazanılacağından da emindir: *"Böyle adımların nasibi de bittabi*

---

472 Araz, age. s. 84, 85; Kinross, age. s. 332.
473 A. M. İnan, age. s. 215.

Allah'ın emrettiği, Allah'ın bu millete mukadder kıldığı zafer ve muvaffakiyet olacaktır" derken bu inancını dile getirmiştir.[474]

Mustafa Kemal, Kurtuluş Savaşı sırasında sıkça Allah'ın kendisine yardım edeceğini *"Tanrı bizimledir"* biçiminde ifade etmiştir.

Kurtuluş Savaşı'nın en sancılı günleridir. Maddi sıkıntılar had safhaya varmıştır. İşte tam o günlerde Ankara Müftüsü Mustafa Kemal'i ziyaret ederek ona bin lira gibi hiç de azımsanmayacak bir para vermiştir. Bir anda sağlanan bu maddi imkânın ardından Mustafa Kemal, Mazhar Müfit Kansu'ya, *"Gördün mü akşam ne kadar sıkışmıştık. Bu hatıra gelir miydi? Allah bize yardım ediyor"* demiştir.[475]

Mustafa Kemal, Samsun'a giderken Bandırma Vapuru'nu batırmak için torpido gönderildiği ancak gönderilen torpidonun Bandırma Vapuru'nu ıskaladığı iddia edilmiştir. Mustafa Kemal bu olayı, *"Bu Allah'ın bir inayeti (yardımı). Görüyorsunuz Allah bizimle"* diyerek yorumlamıştır.[476]

Çok daha ilginci, Mustafa Kemal Bandırma Vapuru ile tehlikeler içinde Samsun'a giderken düşman denizaltısıyla takip edildiklerini öğrendiğinde Hz. Muhammed'in de kullandığı *"inallahe meana"* ifadesini kullanmıştır.[477]

Mustafa Kemal'in Kurtuluş Savaşı yıllarında ağzından eksik etmediği *"Tanrı bizimledir"* ifadesine şöyle birkaç örnek verilebilir:

"Ulusal bağımsızlık uğrundaki inançlı çabamızda her zaman olduğu gibi bundan sonra da Tanrı'ya bağlı olacağımızdan Ulu Tanrı bizimledir."

"...Hususiyle Cenab-ı Hak daima bizimledir." [478]

"Şu halde ihtirassız, yalnız vatan ve memleket selametini gaye edinen insanlar olarak çalışıyoruz. Allah koruyucumuzdur, mutlaka muvaffak olacağız."

---

474 **ASD**, C. II, s. 160.
475 Adnan Nur Baykal, **Mustafa Kemal Atatürk'ün Liderlik Sırları**, İstanbul, 2004, s. 96.
476 Niyazi Ahmet Banoğlu, **Nükte ve Fıkralarda Atatürk**, İstanbul, ty, s. 212.
477 Kasapoğlu, **age.** s. 52.
478 **ASD**, C. I, S. 59, 60.

"Giriştiğimiz istiklal ve vatan mücadelesinde Cenab-ı Hakk'ın avnü inayeti bizimledir."[479]
"Allah'ın yardımıyla başarımız kesindir."[480]

Mustafa Kemal, Allah'ın "kuru kuruya" kendisine yardım etmeyeceğinin farkındadır. Kurtuluş için gerekli teşkilatı yaptıktan ve tüm hazırlıkları tamamladıktan sonra Allah'tan yardım dilenmesi gerektiğini düşünmektedir.

Kerim Paşa, bir keresinde Mustafa Kemal'e Kurtuluş Savaşı'nın zor ve sıkıntılı günlerinin **Allah'ın yardımıyla aşılacağını** ifade ettiğinde, Mustafa Kemal güçlükleri yenmek için Allah'ın yardımına ihtiyaçları olduğunu ancak öncelikle Türk ulusunun çaba harcaması gerektiğini belirtmiştir.

"Azizim 'Yedullahi fevka eydihim' (Allah'ın eli bütün ellerden üstündür). Ancak bununla birlikte güçlükleri yenmeye ve problemleri çözmeye girişenlerin kesinleşmiş bir hedefi olmak gerekli... Millet Tanrı'nın buyruğunu yerine getirecektir ve buyurduğunuz gibi milletçe elde edeceklerimiz hayırlı ve uğurlu olacaktır. Lütufkâr dualarınızın eksik edilmemesini rica ederim. Gayret bizden yardım ve kolaylık ölümsüz Tanrı'dandır." [481]

Mustafa Kemal'in bu yaklaşımı, onun İslam dinini, "çalışıp çabalamadan sadece dua ederek Allah'tan yardım bekleyenler" gibi anlamadığını gözler önüne sermektedir. Özetle o, kuru kuruya tevekkülün hiçbir işe yaramayacağını düşünmektedir.

İlahiyatçılar, Mustafa Kemal'in bu yaklaşımının İslam dininin özüne tamamen uygun olduğunu belirtmektedirler: *Atatürk'ün bu yaklaşımı Kur'an'ın öğretilerine tamamen uygundur. Kur'an da ilahi yardım ve desteğin insanın gayret ve çabalarına bağlı olarak ortaya çıktığını açıklar. "Onlarla savaşın ki Allah sizin ellerinizle onlara azap etsin"* [482]

---

479 Atatürk'ün Bütün Eserleri, C. 7, s. 122, 123.
480 age. s. C. 3, s. 253.
481 age. C. 4, s. 137.
482 Tevbe, 9/14; Kasapoğlu, age. s. 222, 223.

Şehitlere Okunan Fatihalar

Mustafa Kemal Paşa, Kurtuluş Savaşı'nın kazanılmasının ardından TBMM'de yaptığı konuşmada şehitlere Fatihalar okunmasını istemiş ve onun bu isteği doğrultusunda Meclis'te şehitlerin ruhlarına fatihalar okunmuştur.

"Muharebe meydanlarında emsalsiz kahramanlıklar ve şehamet (akıllıca yiğitlik) göstermiş olan zabitlerimizin, neferlerimizin ve kumandanlarımızın her biri ayrı ayrı bir menkıbe, bir destan teşkil eden harekatını-i tebcille (yüceltmeyle) ve hürmetle ve takdirle yad ediyorum. Ve bu şehamet meydanlarında rahmet-i rahmana kavuşan şûhedamızın ervahına (ruhlarına) hep beraber Fatihalar ithaf edelim."[483] Mustafa Kemal'in bu sözlerinden sonra Fatihalar okunmuştur.

Mustafa Kemal Paşa, yine başka bir meclis konuşmasında, Kurtuluş Savaşı sırasında hayatlarını kaybederek şehit olan arkadaşlarının adlarını tek tek sayarak, *"Bu rüfekayı kiramla (soylu arkadaşlarla) beraber İstiklal uğrunda cephelerde ve suver-i saire ile (başka şekillerde) şehid olan bilumum arkadaşlarımızın ruhlarına kaimen Fatihalar ithaf edelim"* demiş ve hep birlikte Fatihalar okunmuştur.[484]

Mustafa Kemal, bütün Müdafaa-i Hukuk Cemiyetlerine gönderdiği bir yazıda vatanın çeşitli yerlerinde şehit olanlar için **hatim-i şerifler** okutularak şehitlerin ruhlarına bağışlanmasını istemiştir.[485]

***

1910-1923 yılları arasını -bazı kırılmalar olmakla birlikte- Mustafa Kemal'in manevi dünyasına yöneldiği, dinle, özellikle İslamiyetle içli dışlı olduğu dönem olarak adlandırabiliriz. Bu bağlamda, Mustafa Kemal'in bu dönemde belirginleşen din an-

---
483 ASD, C. 1, s. 287.
484 Atatürk'ün Bütün Eserleri, C. 12, s. 294.
485 age. C. 7, s. 79

layışını kısaca; samimi, gösterişten uzak, gelenekseli eleştiren ve akılcı olarak tanımlamak mümkündür.

Görüldüğü kadarıyla 1881'den 1923'e kadar geçen dönemde Mustafa Kemal'in din, inanç, Allah, İslam kavramlarına bakışında değişiklikler olmuştur. İçinde bulunduğu şartlar ve tüm güçlüklere rağmen sürekli okumaya devam etmesi, din anlayışının değişmesinde ve olgunlaşmasında etkili olan nedenlerin başında gelmektedir. Bu süreçte onu din konusunda olumsuz etkileyen olayların sayısı da hayli kabarıktır.

"...Annesinin sofuluğu, gittiği taş mektepteki hocaların değnekli din eğitimi, Suriye'de tanık olduğu Arap fanatikliği, Milli Mücadele sırasında halifenin Mustafa Kemal'e karşı cihat açması ve onu idama mahkûm ilan etmesi; bütün bunlar Mustafa Kemal Paşa'nın içinde (geleneksel din anlayışına karşı) büyük bir tepki yaratmıştır..." [486]

Ancak bu tepki, dinin ilahi boyutuna karşı değil, dini istismar edenlere, siyasi araç olarak kullananlara ve din bezirgânlarına karşı bir tepkidir. Maalesef, Mustafa Kemal ve din konusuyla ilgili incelemelerde bu ayrım nedense çoğu kez göz ardı edilmiştir.

DEVRİMLER SÜRECİNİN ETKİLERİ

Mustafa Kemal, Kurtuluş Savaşı'nın ardından yeni Türkiye'yi kurarken manevi anlamda son önemli değişimi yaşamıştır.

1923-1938 yılları arasını, Mustafa Kemal Atatürk'ün hayatındaki en önemli ve en kritik kararların alındığı dönem olarak adlandırmak yanlış olmaz; çünkü Türkiye'yi çağdaş uluslar düzeyine ulaştıracak hamleler, yani "Atatürk devrimleri" bu yıllar arasında yapılmıştır.

Atatürk devrimleri –siyasi ömrünü tamamlayan Osmanlı Devleti'nin yapısı dikkate alındığında– Müslüman Türk toplumuna hiç de alışık olmadığı değerler ve kurumlar bütünü sunmuştur: Saltanatın ve halifeliğin kaldırılması, cumhuriyetin ilanı, tekke ve zaviyelerin kapatılması, şeriye vekâletinin kaldırılması,

---
[486] Baskın Oran, **Atatürk Milliyetçiliği**, İstanbul, 1993, s. 111.

kılık kıyafette değişiklik yapılması, takvim, ölçü ve saatte Avrupa sisteminin örnek alınması, medeni kanunun kabulü, dolayısıyla kadının statüsünde değişiklik yapılması, soyadı kanunu, Latin harflerinin kabulü gibi yeniliklerin topluma benimsetilmesi hiç de kolay olmamıştır. Geleneksel değerlere sıkı sıkıya bağlı bir din toplumunda bu derece radikal bir değişim programının aniden uygulanmaya konması, "gelenekselden yana" devrim karşıtı hareketlerin ortaya çıkmasına yol açmıştır.

Atatürk devrimleri ve onların tamamlayıcısı olan altı temel ilke; akıl ve bilimin gücünü, modern ve bilimsel eğitimin zorunluluğunu, hurafelerle savaşmayı, dolayısıyla batıl inançları söküp atmayı; görünüşüyle, davranışlarıyla, fikirleriyle, Atatürk'ün ifadesiyle "muasır" olmayı; kendi kendini idare etmeyi, sultan, halife gibi tek adam otoritelerine esir olmamayı; "ümmet" değil "ulus" olmayı, ulusal değerleri benimsemeyi; toprak genişletme meraklısı olmamayı, milli sınırlar içinde bağımsızlıktan ödün vermeden barış içinde yaşamayı; din işleriyle devlet işlerini birbirine karıştırmamayı, yani laikliği gerekli görmektedir.

Atatürk modernleşmesi değerlendirildiğinde ilk bakışta göze çarpan, **geleneskelin sorgulandığı** ve klasik toplumsal yapının "ciddi" ve "ani" bir farklılaşmayla karşı karşıya olduğudur.

Atatürk devrimleri, **akıl** ve **bilimin** yol göstericiliğinin ürünleridir. Bu açıdan bakıldığında "pozitivist" öğeler taşırlar. Fakat şu unutulmamalıdır ki Atatürk devrimlerinin en temel özelliklerinden biri, Türk toplumuna ait ulusal değerleri korumak ve yüceltmektir. Bu nedenle Türk toplumunun temel değerleri arasında yer alan **İslam dini**ne de kafa yorulmuş, Türk halkının dinini gerçek kaynağından öğrenebilmesi için bazı çalışmalar yapılmıştır. Örneğin Kur'an Türkçeye tercüme edilmiştir. En önemlisi İslam dinini kuşatan **hurafelerle** ve **din istismarcılarıyla** mücadele edilmiştir.

Gerçi devrimin ilk dönemlerinde ve laikliği yerleştirme sürecinde dine karşı mesafeli davranılmış, hatta zaman zaman taşrada "dine yönelik bir baskı" yapılmış olsa bile bu durum -ileride de değineceğimiz gibi- daha çok laikliği doğru anlayamayan devrimcilerden (Atatürk'ün çevresindeki pek çok kişi) ve devrimin yerel uygulayıcılarının yanlış tutumlarından kaynaklanmıştır.

En önemlisi Atatürk, devrimler sürecinde kişisel anlamda dinle bağını kesmiş değildir. Sadece o dönemde din, Allah, İslam konularına her zamankinden daha **akılcı biçimde** yaklaşmıştır.

Atatürk, yaptığı devrimlerle gelenekseli sorgularken, **İslamın siyasetle ilişkisini, İslam adı altında sergilenen hurafeciliği** eleştirmiştir. Toplumsal ve kişisel anlamda asla **dini reddetme yoluna** gitmemiştir. Hatta tarihsel süreçte İslam dininin hurafelerle, batıl inançlarla kaplandığını düşünerek, İslamın **"özünün"** yeniden ortaya çıkarılması için çok önemli bazı adımlar atmıştır: Kur'an'ın tefsir ve tercümelerini yaptırması, İslam araştırmalarını başlatıp din çalışmalarıyla bizzat ilgilenmesi bu adımlardandır.

Devrimler sürecinde Atatürk din konusuna daha "entelektüel" yaklaşmaya çalışmıştır. İslam araştırmaları için bilim kurulları oluşturması, İslamiyet konusunda çok sayıda kitap okuması, onun bu entelektüel yaklaşımlarına örnek gösterilebilir.

Atatürk, devrimler sürecinde din konusunda zaman zaman daha "pozitivist" görünürken, zaman zaman da "inançlı" görünmüş, hatta bazen geleneksel İslami değerlendirmeler yapmıştır.

Allah'ın Huzurunda Ahid ve Peyam Ediyorum

Mustafa Kemal'in Kurtuluş Savaşı yıllarında İslam diniyle kurduğu sıcak ilişki, Kurtuluş Savaşı'nın sonlarında ve devrimlerin çok önemli bir kısmının gerçekleştiği 1923-29 arasında da devam etmiştir.

1923 yılında **annesinin mezarının başında elini kalbinin üzerine koyarak** sarf ettiği sözler, onun bu dönemdeki inanç yapısıyla ilgili ipuçları veren ilginç örneklerden biridir: Mustafa Kemal Atatürk, annesinin mezarı başında şunları söylemiştir:

"...Validemin zayiinden (kaybından) pek müteessirim. Fakat bu teessürü izale ve beni mütesellî eden bir husus var ki, o da anamız vatanı mahv ve harabeye götüren idarenin artık bir

daha avdet etmemek üzere, mezar-ı âdeme (insanlık mezarına) götürülmüş olduğunu görmektir. Validem bu toprağın altında fakat Hâkimiyet-i milliye ilelebet payidar olsun. Beni müteselli eden (avutan) en büyük kuvvet budur. Evet, Hâkimiyet-i milliye ilelebet devam edecektir. Validemin ruhuna ve bütün ecdat ruhuna müteahhit (borçlu) olduğum vicdan yeminini tekrar edeyim: **Validemin cenazesi önünde ve Allah'ın huzurunda ahid ve peyam (yemin ve haber) ediyorum***, bu kadar kan dökerek milletin istihsal ve tespit ettiği hakimiyetin muhafaza ve müdafaası için icap ederse validemin yanına gitmekte asla tereddüt etmeyeceğim. Hâkimiyet-i milliye uğrunda canımı vermek benim için vatan ve namus borcu olsun."* [487]

Mustafa Kemal Atatürk'ün "milli hâkimiyeti" gerçekleştirme kararlılığını dile getirirken, bütün samimiyeti ve bütün açık yürekliliğiyle **Allah'a yemin etmesi,** onun Kurtuluş Savaşı sonrasında da, Kurtuluş Savaşı sırasındaki ruh halini koruduğunu göstermektedir.

Devrimlerim İslama Aykırı Değildir

Mustafa Kemal'in Kurtuluş Savaşı yıllarında İslamla kurduğu sıcak ilişki, 1930'a kadar devam etmiştir. Yaptığı konuşmalar incelendiğinde konuşmalarındaki İslami vurguların zaman zaman artarak devam ettiği görülmektedir.

Bu dönemde, bazıları Meclis kürsüsünden olmak üzere çok değişik yerlerde yaptığı konuşmalar, baştan sona İslami yaklaşımlarla doludur.[488]

---

[487] Hasan Rıza Soyak, **Atatürk'ten Hatıralar,** C. 1, 1973, s. 7, Güler, **age.** s. 46.
[488] Atatürk'ün İslam dininden söz ettiği bazı konuşmaları için bkz. (1 Mart 1922: Üçüncü Toplanma Yılını Açarken, 22 Ocak 1923: Bursa'da Şark Sinemasında Halkla Konuşma, 31 Ocak 1923: İzmir'de Halk ile Konuşma, 3 Kasım 1923: Akhisar'da Konuşma, 7 Şubat 1923: Balıkesir'de Halkla Konuşma, 16 Mart 1923: Adana Esnaflarıyla Konuşma, 20 Mart 1923: Konya Gençleriyle Konuşma, 29 Ekim 1923: Kültür Hakkında Konuşma, 4 Mayıs 1924: Hilafet ve Yabancı Dini Müesseseler Hakkında Konuşma, 1925: Tekkeler Hakkında Konuşma, 30 Ağustos 1928: Kastamonu'da Konuşma, 1927: Terakkiperver Fırka ve Dinin Siyasete Alet Edilmesi Hakkında Konuşma,) Mehmet Saray-Ali Tuna, **Atatürk'ün İslam'a Bakışı,** Ankara, 2005, s. 27 - 44.

Mustafa Kemal Atatürk'ün özellikle Meclis'te yaptığı iki konuşma, taşıdığı "İslami vurgular" bakımından çok dikkat çekicidir.

1 Kasım 1922'de saltanatın kaldırılması ve 3 Mart 1924'te halifeliğin kaldırılması dolayısıyla Meclis'te yaptığı konuşmalar, Allah'a, Peygamber'e ve İslam dinine övgülerle doludur. Atatürk, her iki konuşmasında da "selefi" bir tavır takınarak İslam tarihine göndermeler yapmış, Asr-ı Saadet dönemindeki İslam anlayışından örnekler vermiş, saltanat ve halifelik kavramlarının İslami olmadıklarını kanıtlamaya çalışmıştır. Konuşmalarında İslam tarihinin neredeyse tüm detaylarına yer veren Atatürk, yeni kurulan Türk devletinin saltanatı ve halifeliği kaldırmasının İslam dışı bir hareket biçimi olmadığını, tam tersine İslama hizmet olduğunu anlatmaya çalışmıştır.

"Mazhar-ı nübüvvet ve risalet olan Fahrialem Efendimiz bu kütle-i Arap içinde, Mekke'de dünyaya gelmiş bir vücudu mübarek idi.

Ey arkadaşlar! Tanrı birdir, büyüktür.(...)

Muhammed Mustafa, peygamber olmadan evvel kavminin muhabbetine, hürmetine, itimadına mazhar oldu. Ondan sonra ancak kırk yaşında nübüvvet ve kırk üç yaşında risalet geldi."

Mustafa Kemal'in özellikle çağdaş siyaset anlayışını ve çağdaş siyaset kavramlarını İslam tarihinin derinliklerinde araması ve sık sık İslamın saf ve özgün dönemi olarak gördüğü "**Asr-ı Saadet**" dönemine atıf yapması, Yeni Osmanlı aydınlarının Batı'dan alınan değer ve kurumlara İslami karşılık bulma ve Jön Türk aydınlarının Batı'dan alınan değer ve kurumları topluma rahatça aktarabilmek için İslami meşruiyetten yararlanma biçimindeki hareket tarzını çağrıştırmaktadır.

ATATÜRK'ÜN DİN ELEŞTİRİLERİ

Ülkemizde Atatürk ve din konusunda hep bir "ifrat" ve "tefrit" durumu söz konusudur.

Atatürk'ün ölümünden sonra Atatürk ve din konusunda

temelde iki görüş ortaya atılmıştır. Birinci görüş, Atatürk'ün gerçekleştirdiği laik özellikler taşıyan devrimi ve Atatürk'ün din konusundaki bazı notlarını dikkate alarak onun "materyalist" ve hatta "ateist" olduğunu iddia ederken, ikinci görüş, özellikle Atatürk'ün Kurtuluş Savaşı yıllarındaki söz ve davranışlarını dikkate alarak onun "katıksız bir Müslüman" olduğunu ileri sürmüştür.

Özellikle 12 Eylül 1980 darbesinden sonra Amerikan eksenli Türk-İslam sentezinin, resmi ideoloji haline getirilmesi sürecinde **Atatürk** kullanılmış; bu **Amerikan sentezi**, Atatürk üzerinden topluma enjekte edilmek istenmiştir.

12 Eylül'ün baş mimarı **Kenan Evren, komünizm** tehlikesinin gündemde olduğu o günlerde yaptığı konuşmalarda Atatürk'ü adeta bir "Türk-İslam sentezci gibi" göstererek **komünizme karşı** kalkan olarak kullanmak istemiştir.

Bu bakımdan **Perinçek'in** şu değerlendirmesi doğrudur:

"1940'lardan başlayarak oluşturulan resmi rivayet öyle kalamazdı. Batı'nın dayattığı statükoya zarar vermeyen bir Kemalist Devrim hatırasını, Türk-İslam ortaçağına da bağlamak gerekiyordu. Bunu da 12 Eylül Atatürkçülüğü başardı. 12 Eylül askeri yönetiminin bir anayasa kurumu olarak getirdiği Atatürk Kültür Dil ve Tarih Yüksek Kurumu (AKDTYK)'na verilen görev buydu. Bizzat zamanın Cumhurbaşkanı Kenan Evren'in, Başbakan Turgut Özal'ın, Genelkurmay Başkanı Necdet Üruğ'un katıldığı 26 Haziran 1986 günlü Atatürk Yüksek Kurulu toplantısında, Türk-İslam sentezine yönelik bir milli kültür politikasını benimseyen 37 sayfalık bir rapor kabul edildi." [489]

Önce Kenan Evren'in, daha sonra da **Turgut Özal'ın** bu "siyasal" çabaları zaman içinde bir **tarih tezi** haline gelmiştir.

---

[489] Bu rapor için bkz. **Saçak**, Eylül, 1987, S. 44, s. 29.vd. Doğu Perinçek, *"Kemalist Devrim 2,"* **Din ve Allah**, İstanbul, 1994, s. 29.

Bu sırada 12 Eylül'ün, komünizm hayaletine karşı her türlü **din propagandasına** göz yummasından dolayı mantar gibi çoğalan **tarikatlar** ve **dinci basın yayın** organlarında sessiz ve derinden Atatürk'ün "**dinsiz**" olduğu tezi işlenmeye başlanmıştır. Bu tezin ana kaynağı olarak **Rıza Nur**'un anıları, **Said-i Nursi**'nin şuaları ve **Kâzım Karabekir**'in hatıraları kullanılmıştır. Kadim cumhuriyet düşmanı yobazlar, Şeyh Sait'in torunu dinci bölücüler, demokratik solun susturulduğu bir dönemde bu tezi çok rahat bir şekilde geniş kitlelere yaymayı başarmışlardır. Kafaları bulandıran yakın tarih kitapları da bu sürece katkı sağlamıştır. Mustafa Müftüoğlu, "*Yalan Söyleyen Tarih Utansın*"la, Kadir Mısırlıoğlu, "*Lozan Zafer mi Hezimet mi?*" ile Abdurrahman Dilipak, dinci gazete ve dergilerdeki **İstiklal Mahkemesi** yalanlarıyla, Emine Şenlikoğlu, "*Bize Nasıl Kıydılar*" serisinden hidayet romanlarıyla ve son olarak da Mustafa Armağan, "*Yakın Tarih Küller Altında*" adlı çalışmasıyla, gizli açık Cumhuriyet'e ve Atatürk'e saldırmışlar; satır aralarında Atatürk'ün "**dinsiz**" olduğunu veya Cumhuriyet'in ilk yıllarında Müslümanlara büyük "**zulümler**" yapıldığını iddia etmişlerdir. Bu iddialarla, bir taraftan Türkiye'de Atatürk'e bağlılık ve Cumhuriyet'in kuruluş felsefesi zayıflatılırken, diğer taraftan **siyasal İslam** parlatılmıştır. Atatürk, "dinsiz" diye damgalanarak halkın gözünden düşürülmeye çalışılırken, **Sultan Vahdettin** "kahraman" diye cilalanarak halkın gözüne sokulmak istenmiştir. Üstüne üstlük bu "karşı devrimcilere" İkinci Cumhuriyetçiler ve eski Marksist dönmesi liboşlar ve bazı entel aydınlar da destek olmuşlardır. Fikret Başkaya "*Paradigma'nın İflası*" ile Yalçın Küçük, "*Aydın Üzerine Tezler*" ile Mete Tunçay, "*Türkiye'de Tek Parti Yönetiminin Kurulması*" ile ve son olarak da Sevan Nişanyan, "*Yanlış Cumhuriyet*" ile Kemalist Devrim'i yerden yere vururken, Doğu Perinçek, "*Kemalist Devrim, Din ve Allah*" adlı kitabı ile Can Dündar da "*Atatürk'ün Sansürlenen Görüşleri*" adlı makalesiyle ve "*Mustafa*" adlı filmiyle Atatürk'ün "**dinsiz**" olduğunu ima etmişlerdir.[490]

---

490 Atatürk'ün "dinsiz" olduğunu iddia eden bir makale için bkz. Gürbüz D. Tüfekçi, "*Din Birliği ve Milliyetçilik*" ve ek belgeleri, Saçak dergisi, Mart 1986, S. 2, s. 139 - 154.

İşte biz, bu "ifrat ve tefritten" uzak durarak "Atatürk ve din" konusundaki gerçekleri olanca açıklığıyla ortaya koymaya çalışacağız.

12 Eylül'ün ABD güdümlü Türk-İslam sentezci Atatürkçüleri (Perinçek'in tabiriyle Kenanist Kemalistler), Atatürk'ün okuduğu bazı kitaplarda önemli bularak üzerinde durduğu din konulu bazı bölümleri ve 1930'da din konusunda kaleme aldığı bazı yazıları, kraldan çok kralcılık yaparak saklamışlardır. Bu belgeler, gün ışığına çıktıktan sonra özellikle Doğu Perinçek, bu belgelere dayanarak Atatürk'ün "materyalist", "ateist" olduğunu ileri sürmüştür.[491]

Atatürk'ün genelde din, özelde İslam eleştirilerinin belli başlı dört kaynağı vardır.
1. Atatürk'ün okuduğu bazı kitaplarda önemli bularak altını çizdiği bazı satırlar.
2. 1930'da "*Ortazamanlar Tarih II*" kitabı için yazdığı "*İslam tarihi*" bölümü.
3. 1930'da "*Vatandaş İçin Medeni Bilgiler*" kitabı için yazdığı din konulu yazılar.
4. Türk Tarih Tezi'nin genel çerçevesini belirlemek için kaleme alınan ve Atatürk'ün onayından geçen "*Türk Tarihinin Ana Hatları*" adlı çalışmanın bazı bölümleri.

Şimdi sırasıyla bu belgeleri inceleyelim:

Altı Çizili Satırlardaki Din Eleştirileri

Bilindiği gibi Atatürk, okuduğu kitaplarda önemli bulduğu yerlerin altını çizmiş ve "Mühim", "Dikkat" anlamına gelen bazı özel işaretler koymuştur.

İşte Atatürk'ün okuduğu bazı kitaplarda altını çizdiği, özel işaretler koyduğu bazı bölümler ve sayfa kenarlarına aldığı bazı notlar, onun genelde dinleri, özel de de İslam dinini sorguladığını göstermektedir.

---

[491] Perinçek'in iddiaları için bkz. Doğu Perinçek, "Kemalist Devrim 2," **Din ve Allah**, Kaynak Yayınları, İstanbul, 1994.

Bu kitaplar şunlardır:

1. Ruşeni Bey (Barkur), **"Din Yok Milliyet Var"** (1926 - elyazması): Çankaya Atatürk Kitaplığı'nda, 2 envanter numarasıyla kayıtlı bulunan 247 sayfalık bir kitaptır. Atatürk bu kitabın sadece 6 sayfasına bazı özel işaretler koyup birkaç yere de ufak notlar almıştır.

Ruşeni,*"Din Yok Milliyet Var"* adlı kitabının kapağına ayrıca şöyle bir not düşmüştür:

"Benim dinim benim Türklüğümdür." [492]

Bu cümlenin altının çizilmemesi, yanına özel hiçbir işaret konulmaması, Atatürk'ün bu düşünceye katılmadığı biçiminde yorumlanabilir.

Ruşeni'nin özellikle 135.sayfadaki şu cümleleri Atatürk'ün dikkatini çekmiştir:

"Bizim Kutsal kitabımız, bilgiyi esirgeyen, varlığı taşıyan mutluluğu kucaklayan, Türklüğü yükselten ve bütün Türkleri birleştiren 'ulusalcılığımız'dır. O halde felsefemiz de 'din' sözcüğünün tam karşılığı 'ulusalcılık'tır. Ulusunu seven, ulusunu yükselten ve ulusuna dayanan insan, her zaman güçlü, her zaman namuslu ve her zaman onurlu bir insandır. Yüksek bir ulusun ulusalcı bireyleri ak günde mutlu, kara günde dayanıklı ve kanlı günde ezicidir." [493]

Atatürk bu paragrafın hemen başına yeni harflerle *"Aferin"*, *"Alkışlar"* yazmış, ayrıca paragrafın hemen altına eski harflerle: *"Milliyetin yalnız dünya için faydalı bir din olduğunu ve ahrete yaramadığını iddia edecek..."* diye "nükteli" bir cümle eklemiştir.[494]

Atatürk'ün *"aferin, alkışlar"* yazarak beğenisini belirttiği bu paragrafta yazar, ***"Bizim Kutsal kitabımız ulusalcılığımızdır"*** diye başladığı sözlerine, "dinin" toplumda oynadığı rolün yerini "ulusalcığın" alması gerektiğini söyleyerek devam etmiş ve ulusalcılığın erdemlerini sıralamıştır. Atatürk'ün bu düşüncelere ka-

---

492 **Atatürk'ün Okuduğu Kitaplar**, C. 8, Ankara, 2001, s. 459.
493 age. s. 465.
494 age. s. 465.

tılması son derece normaldir; çünkü bilindiği gibi Atatürk, dinin toplumu tamamen kuşattığı bir "ümmetçi" yapıdan, aklı ve bilimi temel alan çağdaş değerlerin benimsendiği bir "ulusçu" yapıya geçişi amaçlamaktadır. Nitekim daha Kurtuluş Savaşı yıllarında bu konuya kafa yoran Atatürk, 18 numaralı not defterine ileride yapacaklarını sıralarken 6. sıraya, *"Uygar düşüncelerin ve çağdaş değerlerin dinlere ve geleneklere maruz kalmaksızın hızlı gelişimi ve yayımı..."* diye yazmıştır.[495] Ancak aynı not defterinin bir sonraki sayfasına da *"Tanrı birdir ve büyüktür"* notunu düşmüşür.[496] Dolayısıyla Atatürk'ün, *"Bizim Kutsal kitabımız ulusalcığımızdır"* diyen Ruşeni'yi alkışlamasını, onun bireysel anlamda Kur'an'a, dine karşı olduğu biçiminde yorumlamak imkânsızdır; çünkü dikkat edilecek olursa önceki paragrafta Ruşeni, teolojik açıdan dinlerin varlığını ya da yokluğunu tartışmamakta, o dinin toplumsal etkisiyle ulusalcılığın toplumsal etkisini karşılaştırarak, yeni devletin ideolojisinin dine değil ulusalcılığa dayanması gerektiğini belirtmektedir. Dolayısıyla Atatürk'ün bu düşünceleri savunan Ruşeni'ye "aferin", "alkışlar" demesinden daha doğal ne olabilir?

"En çok din maskarası olan Doğu ulusları, eski çağlardan bu yana sürekli yalan söylemeyi ve bunun için sözlerini birçok antlarla güçlendirmeyi gelenek haline getirmişlerdir. Bugün de Araplar çok yalan söylerler" (s. 136). Ruşeni'nin kitabındaki bu satırlarla da ilgilenen Atatürk, bu paragrafın başına yine yeni harflerle *"Türkler Müstesna"* notunu düşmüştür.[497] Yani Atatürk, Türklerin, Ruşeni'nin ifadesiyle *"Din maskarası olan Doğu uluslarından"* olmadığını düşünmektedir.

Ruşeni'nin kitabının 136. sayfasında kutsal kitaba el basarak yemin etmeyi eleştiren cümlelerin yer aldığı paragrafın başına Atatürk, bu sefer de *"Türkiye müstesna"* diye yazmıştır.[498]

Ruşeni'nin kitabını okuduğu için Atatürk'ün "materyalist", "ateist" olduğunu iddia eden Doğu Perinçek, nedense kendi ki-

---

495 M.İnan, age. s. 91.
496 age. s. 93.
497 Atatürk'ün Okuduğu Kitaplar, C. 8, S. 466.
498 age. s. 466.

tabında Atatürk'ün yukarıdaki iki notundan (Türkler müstesna ve Türkiye müstesna) söz etme ihtiyacı duymamıştır.[499]

"Hangi ulusun yüceliği Türklüğün ululuğu kadar tarihin bilinmeyen enginlerine uzanmıştır? Ve en nihayet hangi ulus ölürken Azraili tepeleyerek dirilmiştir? Dünyada Türk olmak kadar onur mu var? Ve Türk olmak kadar din mi var?" [500] (s.137). Atatürk bu paragrafın başını dikey bir çizgiyle işaretleyerek *"Aferin, Aferin"* diye not düşmüştür.[501] Burada da Atatürk, "Türk ulusunun yüceliğine, büyüklüğüne, ölmek üzereyken dirilmesine" aferin demiştir. Oysaki Perinçek, Atatürk'ün ilgilendiği bu koca paragraftan sadece *"Ve Türk olmak kadar din mi var?"* cümlesini adeta cımbızla çekip alıp kitabına koymuştur.[502]

Sonuç olarak, son yıllarda bir kesimin "Atatürk dinsizdi" tezine çürütülemez kanıt olarak sunduğu Rüşeni'nin *"Din Yok Milliyet Var"* adlı kitabında Atatürk'ün üzerinde durduğu yerlere bakılınca böyle bir sonuca ulaşmak pek mümkün değildir. Atatürk'ün bu kitapta üzerinde durduğu şey "din"in eleştirilmesinden çok "ulusalcılığın" yüceltilmesidir. Laiklikle, dini toplum hayatından birey hayatına taşımak isteyen ve toplum hayatını ulusalcılıkla biçimlendirmek isteyen Atatürk, birçok kitaptan olduğu gibi bu kitaptan da yararlanmıştır. Ancak toplam **247 sayfalık** bu kitapta Atatürk'ün dikkatini çeken sayfa sayısının sadece 6 olması ve dahası Atatürk'ün bu kitaptaki doğrudan dini hedef alan açıklamalarla ilgilenmemesi düşündürücüdür.

2. Jean Meslier, çev. Dr. Abdullah Cevdet, **"Akl-ı Selim"** (1928): Jean Meslier'in dinleri çürüten ve herkesin anlayacağı bir dille yazılmış *"Akl-ı Selim"* adlı kitabını Dr. Abdullah Cevdet Fransızcadan çevirip eski harflerle 1928'de yayınlamıştır. Dr. Abdullah Cevdet, bu kitabı, *"En büyük acizden en büyük iktidara"* ithafıyla, 29 Aralık 1928 günü kendi eliyle Mustafa Kemal

---

[499] Perinçek, age. s. 53, 54. Ancak Perinçek, Ruşeni'nin kitabında Atatürk'ün ilgilendiği yerleri ekler kısmına aynen koymuştur.
[500] **Atatürk'ün Okuduğu Kitaplar**, C. 8, S. 467.
[501] age. s. 467.
[502] Perinçek, age. s. 54.

Atatürk'e sunmuştur. Atatürk bu kitabı okuyarak önemli bulduğu yerlerin altını çizmiş, özel işareter koymuş, kenar notları düşmüştür. Bu kitap 1929 yılında Atatürk'ün de onayıyla Milli Eğitim Bakanlığı'nca bastırılmıştır.[503]

Atatürk'ün bu kitapta önemli bularak altını çizdiği, özel işaretler koyduğu bazı bölümler şöyle sıralanabilir:

"*İnanılmaz mucizeler, bizi inandırmak için hangi şahitlerden bahsediliyor. Bunlara bizi inandırmak için binlerce seneden beri varolmayan, kendi hayal güçlerinin aldanmış olmalarından ve bunların gözleri önünde mahir sahtekârların yaptıkları hokkabazlıklara aldanmış olduklarından şüphe edilebilirdi. Fakat bu mucizeler, bir devamlı geleneği bize kadar gelmiş olan kitaplarda yazılıdır. Bu kitapları kim yazmıştır. Bunları nakleden ve destekleyen insanlar kimlerdir? Ya dinleri kuranlar yahut din kurucularının ümmetleri yahut alakadarlarıdır*" (s. 300).

"*Bir mucize, kanıtlanmış bir gerçeğin açıklığını mahvetmeye yetkin midir? Bir adam bütün hastaları iyi etmek, bütün topalları düzeltmek, bir şehrin bütün ölülerini diriltmek, havalara yükselmek, güneşin ve ayın seyir ve hareketini durdurmak sırrına sahip olan bir adam, bütün delaletiyle iki kere ikinin asla dört etmediğine, birin üç olduğuna, üçün ancak bir olduğuna, genişlik ve büyüklüğü ile evreni dolduran bir Allah'ın, bir Yahudinin vücuduna girdiğine, ebedinin bir ölümlü adam gibi olabildiğine, değiştirilemez, her şeyi gören ve yüce olduğu söylenen bir Allah'ın dini hakkında bakış açısını değiştirebilmiş ve kendi eserini yeni bir vahiy ile ıslaha mecbur olabilmiş olmasına beni ikna edebilir mi?*" (s.310).

"*Kutsallık söylenceleri, ancak akıl ve yargı sahipleri üzerinde egemen olmak sanatını bilmemezlikten gelen (diktatörler) müstebitler için yararlıdır, anlamlıdır*" (s.492).

Atatürk, 492. sayfadaki bu düşünceleri çok önemli bulmuş olacak ki bu satırların altını sadece kalın bir çizgiyle çizmekle

---

503 Erol Sever'in Stockholm Kraliyet Kitaplığı'nda bu kitap hakkında yaptığı araştırmalar, kitabın Jean Meslier tarafından yazıldığını, ilk kez 1777'de basıldığını, daha sonra Baron D'Holbach'ın bazı eklerle bu kitabı yeniden yayınladığını göstermektedir. Ayrıntılar için bkz. Perinçek, **age**. s. 62, 63 (dipnot: 51).

kalmamış aynı zamanda bu paragrafın başını iki kalın dikey çizgiyle de işaretlemiştir.[504]

"İlahiyatçıların maniyalarından ve milletlerin sapkın fikirlerinden yarar ummak pek güç ise herhalde bir tarafın aykırılıklarının, diğer tarafın budalalıklarının pis etkiler meydana getirmesine engel olmak pek kolaydır. Herkese istediği gibi düşünmeye izin verilsin, fakat yorum biçimi yüzünden başkasına zarar vermek hakkı hiçbir kimseye verilmesin" (s. 493). Atatürk, bu paragrafın başını dikey bir çizgiyle işaretledikten sonra çok önemli bularak, *"Herkese istediği gibi düşünmeye izin verilsin, fakat yorum biçimi yüzünden başkasına zarar vermek hakkı hiçbir kimseye verilmesin"* cümlesinin altını kalın bir çizgiyle çizmiştir.[505]

"Kömürcü inancı denilen basmakalıp inanca sahiptirler. Papazları, onların adına inanırlar, onlar da kılavuzlarının bilinmeyen inançlarına sözlü olarak katılırlar" (s.494). Atatürk, bu paragrafın başına bir adet "X" işareti koymuştur.[506]

"Hükümdarlar ilahiyata karışmaktan uzak kalınca ilahiyatçıların tartışmalarında korkulacak bir şey kalmaz." (s.494). Atatürk, bu paragrafın başını da dikey bir çizgiyle işaretlemiştir.[507]

"Fiilen halktan dinini almak ondan hiçbir şey almamaktır" (s.495).

"(Bütün dinler) Utanmaksızın tanrı tarafından gönderildiklerini söyleyen adamlar tarafından kurulmuştur" (s.498).

Atatürk, önemli bularak bu satırların altını çizip, ikinci paragrafın başına bir "X" işareti koymuştur.[508]

Atatürk'ün *"Akl-ı Selim"*i okurken altını çizdiği bu yerlerden, onun dinleri, kutsal kitapları, peygamberleri ve mucizeleri eleştirdiği görülmektedir.

---

504 Atatürk'ün Okuduğu Kitaplar, C. 8, s. 401.
505 age. s. 402.
506 age. s. 403.
507 age. s. 403.
508 age. s. 404

3. Leon Caetani, çev. Hüseyin Cahit Yalçın, "*İslam Tarihi*": Atatürk'ün İslam tarihi konusunda en çok etkilendiği eserlerin başında gelen bu kitabı H. Cahit Yalçın, 1924-26 yılları arasında eski Türkçe harflerle çevirip 9 cilt olarak yayımlamıştır.

Atatürk, Caetani'nin bu çalışmasından yararlanarak "*Tarih II*" kitabının **İslam tarihi** bölümünü yazmıştır.

Caetani'nin, İslam tarihine, klasik İslami kaynakların dışından, akılcı br gözle bakması Atatürk'ün dikkatini çekmiştir. Bence Atatürk, genç nesillere, İslam tarihine de "akılcı" ve "bilimsel" gözlerle yaklaşılması gerektiğini göstermek için bu kitaba çok önem vermiştir.

İşte bu kitapta Atatürk'ün altını çizdiği yerlere birkaç örnek:

"*Gerek Hz. İsa, gerekse Muhammed, cahil ve her türlü yeniliğe düşman kimselerin arasında yeni bir din yaydılar. Eski ve yaygın bir kısım geleneklere saldırdılar. Oldukça büyük bir maneviyata ve maddiyata zarar verdiler*" [509] (s. 21).

"*Muhammed, peygamberlik görevi sırasında özel nedenlere dayanarak, İslamiyet'e Tevrat söylencelerini katmak istemiştir. Bir putperest tapınağı olan Kabe'nin kutsal bir kökeni olduğunu kanıtlamak amacına ulaşmak için İbrahim ve İsmail söylencesi Muhammed'e çok uygun göründü*" [510] (s. 143).

"*Bu sureler Muhammed'e açık gökyüzünde ortaya çıkmış bir şimşek gibi günün birinde birdenbire gelmediler, Uzun bir aşılama döneminin ve dini düşünüşün ürünü olmuşlardır*" (s. 74).

Atatürk, 74. sayfadaki bu satırların altını kalın bir çizgiyle çizerek, paragrafın başına "X" ve "A" işaretleri koymuştur.[511]

"*Muhammed, bu sene Aşure gününde yani Muharremin onunda Yahudilerin yaptıklarını taklit ederek oruç tutulmasını emretti. Fakat bu âdet yerine getirilmeyerek yine aynı sene içinde kaldırıldı*" (s.207).

Atatürk bu cümlelerin altını çizerek, paragrafın başını bir, sonunu da üç dikey çizgiyle işaretlemiştir.[512]

---

509 age. C. 3, s. 142.
510 age. s. 156.
511 age. s. 204.
512 age. s. 315.

Atatürk, Caetani'nin kitabında sadece İslam dinine eleştirel yaklaşılan satırların altını çizmemiş, ayrıca İslam dininin olumlu özelliklerinin ve özellikle Hz. Muhammed'in üstün niteliklerinin belirtildiği bölümlerin de altını çizmiştir.

Atatürk, daha başka kitaplardaki din ve İslam eleştirileriyle de ilgilenmiştir.

Örneğin, Giorgia Quartara'nın *"Kadın ve Tanrı"* adlı kitabını okurken 113. sayfadaki *"Kur'an'da Kadın"* başlığının altında yer alan şu satırlar dikkatini çekmiştir:

"Tanrı, Musa'ya ve İsa'ya söylemiş olduğu yalanlardan çok daha fazla doğruyu Muhammed'e açıkladı. O halde Musa'ya ve İsa'ya hitap ederken Tanrı'ya ne olmuştu. Sarhoş mu olmuştu?" Atatürk bu paragrafın ikinci bölümündeki *"O halde Musa'ya ve İsa'ya hitap ederken Tanrı'ya ne olmuştu. Sarhoş mu olmuştu?"* ifadelerini işaretlemiştir.[513]

Atatürk, R. Rozy'in *"İslam Tarihi Üzerine Deneme"* adlı eserinde geçen:

"Kur'an ne derin düşünceler, ne de yüce ve sürükleyici bir dilden çıkan şiirsel teoriler ihtiva eder. Ve başkalarından almadığı ve sembolik kılıf giydirdiği problemleri çözmeye de çalışmaz. İslamiyet belki de en sıradan ve en monoton bir dindir, aynı zamanda gelişmeye ve değişmeye de en az açık olandır." biçimindeki paragrafın başını bir dikey çizgiyle işaretleyerek, ilk cümlenin altını hafifçe çizmiştir.[514]

Atatürk'ün, Dr. Ludwig Büchner'in *"Bilime Göre İnsan"* adlı kitabını okurken üzerinde durduğu yerler arasında "din" kavramının eleştirildiği bölümler de vardır:

"Sonuç olarak bir insan ne kadar dindarsa kendinde o kadar az kendini mükemmelleştirme ve tanıma ihtiyacı hisse-der" (s. 270). Atatürk bu cümlelerin altını çizmiştir.[515]

"Dinin en yoğun olduğu dönem ve bölgelerin çoğunlukla tarihten gelen deneylere göre çok sayıda ahlaki suçun sahasını

---

513 age. C. 19, s. 33.
514 age. C. 19, s. 99.
515 age. C. 22, S. 213.

teşkil etmiş ve etmekte olduğunu ortaya koymaktadır. Neredeyse tüm dinlerin tarihleri, çok sayıda kanlı eylemle, son derece tüyler ürpetici sapkın olaylarla doludur" [516] (s. 272).

"Sürekli din ve bilim arasında bocalayan insanlık, bilime yakınlaştığı ölçüde zihinsel, ahlaki ve fiziksek gelişme göstermektedir" [517] (s. 273).

"Eğitimin temeli din değil, bilim olmalıdır. Kamu okullarında din sadece tarihi şekilde ele alınmalıdır" [518] (s. 274).

Atatürk, önemli bularak bu satırların da altını çizmiştir.

Atatürk'ün okuduğu kitaplarda "din karşıtı" bazı bölümlerin altını çizmesi ve özel işaretler koyması, onun bu bölümlerle ilgilendiğini, dolayısıyla bu bölümleri önemsediğini gösterir. Bu altı çizili satırlar Atatürk'ün duygularından arınarak, adeta bir bilim insanı gibi genelde dinlere, özelde İslam dinine eleştirel yaklaşmaya çalıştığını kanıtlamaktadır. Bu çabası onun "dinsiz" olduğunun değil, bilimsel duyarlılığa sahip olduğunun kanıtıdır.

Hayatında aklı ve bilimi hep ikinci planda bulundurmuş ve tüm dinsel bilgilerini atadan dededen gelen geleneksel öğretilerle ya da cemaat kültürüyle oluşturmuş bir birey için Atatürk'ün dinleri sorgulamasının tek bir anlamı vardır: Dinsizlik!.. Ancak hayatı, evreni, maddeyi ve ruhu anlamak isteyen ve bilimin gücüne inanan bir birey için Atatürk'ün dinleri sorgulamasının çok daha başka anlamları vardır.

Lise Tarih Kitabındaki İslam Eleştirileri

Atatürk, 1930 yılında Hz. Muhammed ve İslamiyet'in doğuşu konusunda kendi el yazısıyla bazı yazılar yazmıştır.[519] Atatürk, bu el yazılarında İslam tarihine vahiy penceresinden değil, akıl ve bilim penceresinden bakmıştır. Atatürk'ün bu yazıları,

---

516 age. s. 213.
517 age. s. 214.
518 age. s. 214.
519 Bu konudaki özgün belge, Anıtkabir Kütüphanesi'nde, fotokopisi Türk Tarih Kurumu'nda, Genelkurmay'a bağlı Askeri Tarih ve Stratejik Etütler Başkanlığı'nda ve Aydınlık gazetesi arşivindedir. Perinçek, **age.** s. 219.

çok ufak değişikliklerle liselerde okutulacak **Tarih II** kitabında "İslamiyetin Doğuşu" bölümünde kullanılmıştır. [520]

İşte o el yazılarına bazı örnekler:

"Muhammed'in bir melek ile ve Allah ile hakikaten konuşmuş olduğu kanaatinde bulunanlar olduğu gibi, Muhammed'in isteyerek böyle söylediğini de ileri sürenler olmuştur. Bu faraziyeleri bir kenara bırakmak ve meseleyi ilm ve mantık çerçevesi içinde mütalaa etmek daha doğru olur" [521] (s. 8).

Görüldüğü gibi Atatürk burada açıkça İslam tarihine "ilim" ve "mantık" çerçevesinden bakmaya çalıştığını belirtmiştir.

"Muhammed, iptida (önce) Allah'ın resulüyüm diyerek ortaya çıkmamıştır. Bu düşünce senelerce mücadele ettikten ve fikirlerini neşreyledikten (yaydıktan) sonra kendisinde hâsıl olmuştur" [522] (s. 9).

"Hakikaten Peygamber'in ilk söylediği Kur'an ayetinin ne olduğu malum ve belki de mazbut (kayıtlı) değildir. Kur'an sureleri Muhammed'e açık semada peyda olmuş bir şimşek gibi günün birinde, birdenbire bir taraftan inmiş değildir. Muhammed'in beyan ettiği sureler, uzun bir devirde dini tefekkürlerin mahsulü olmuştur. Muhammed bu surelere birçok çalıştıktan ve tetkikler yaptıktan sonra edebi bir şekil vermiştir. Mamafih, kendisini tahrik eden batini (gizli) amilin yukarıda söylediğimiz gibi tabiatın üstünde bir vücut olduğuna kani idi. Muhammed'i harekete geçiren bir amil samimi heyecanlar olmuştur" [523] (s. 13, 14). Atatürk, bu paragrafın ilk bölümünü doğrudan L. Caetani'den almıştır. Burada dikkat çeken nokta Atatürk'ün, *"Kur'an sureleri Muhammed'e açık semada peyda olmuş bir şimşek gibi günün birinde, birdenbire bir taraftan inmiş değildir. Muhammed'in beyan ettiği sureler, uzun*

---

520 Atatürk'ün bu yazıları incelendiğinde L. Caetani'nin İslam Tarihi'nden izler taşıdığı görülmektedir. Atatürk'ün bu yazıları yazarken Afet İnan'a L.Caetani'nin İslam Tarihi'nden bazı bölümleri çevirtmesi, onun Caetani'yi kaynak olarak kullandığını kanıtlamaktadır. Atatürk'ün L.Caetani'nin kitabından Afet İnan'a yaptırdığı çevirilerin metinleri için bkz. Perinçek, **age.** s. 252 - 266.
521 Perinçek, **age.** s. 234, 235.
522 **age.** s. 237.
523 **age.** s. 245, 246.

bir devirde dini tefekkürlerin mahsulü olmuştur. Muhammed bu surelere birçok çalıştıktan ve tetkikler yaptıktan sonra edebi bir şekil vermiştir" cümleleridir. Burada da özetle "vahye" itiraz edilmekte, Kur'an surelerinin zaman içindeki dini aydınlanmanın ve Hz. Muhammed'in çalışmalarının ürünü olduğu belirtilmektedir. Ancak yalnız başına değerlendirildiğinde vahyi reddeder gibi görülen bu açıklamaların hemen arkasından yazılanlar "vahye" de açık kapı bırakmaktadır. Şöyle ki, *"Mamafih, (Muhammed) kendisini tahrik eden batini (gizli) amilin yukarıda söylediğimiz gibi tabiatın üstünde bir vucut olduğuna kani idi. Muhammed'i harekete geçiren bir amil samimi heyecanlar olmuştur"* Atatürk bu cümleleriyle, Hz. Muhammed'in Kur'an üzerinde çalışırken tabiatın üstünde "gizli bir gücün" kendisini bu çalışmaya sevk ettiğine samimi olarak inandığı belirtilmektedir. Yani Atatürk, Kur'an surelerinin, Hz. Muhammed'in çalışmalarının, inceleme ve araştırmalarının bir ürünü olduğunu söylerken, onu buna yönlendiren gizli gücün (Allah'ın) varlığına da dikkat çekmektedir.

Atatürk'ün, yeni kurulan Türk devletinin aklı ve bilimi temel aldığını vurgulamak için 1937 Meclis konuşmasında söylediği *"Biz ilhamlarımızı gökten ve gaipten almıyoruz"* sözünü de bu çerçevede değerlendirmek gerekir.

Medeni Bilgiler Kitabındaki Din Eleştirileri

Atatürk, 1930 yılında (Ocak-Şubat) Afet İnan'la birlikte hazırladığı *"Vatandaş İçin Medeni Bilgiler"* kitabında, genelde din kavramına, özelde de İslama yönelik sert eleştiriler yapmıştır.[524]

İşte Atatürk'ün o eleştirileri:

"Din birliğinin de millet teşkilinde müessir olduğunu söyleyenler vardır; ancak biz, bizim gözümüz önündeki Türk milleti tablosunda bunun aksini görmekteyiz."

"Türkler Arapların dinini kabul etmeden evvel de büyük bir millet idi. Arap dinini kabul ettikten sonra bu din, ne Arapların

---

524 Bu elyazmalarının fotokopileri Prof. Dr. Afet İnan'ın,*"Medeni Bilgiler ve Atatürk'ün Elyazıları"* adlı kitabına ek olarak yayınlanmıştır. 2. bs. AKDTYK, Türk Tarih Kurumu Yayınları, Ankara, 1988.

ne aynı dinde bulunan Acemlerin ve ne de Mısırlıların vesairenin Türklerle birleşip bir millet teşkil etmelerine hiçbir tesir etmedi. Bilakis, Türk milletinin milli rabıtalarını gevşetti, milli hislerini, milli heyecanını uyuşturdu. Bu pek tabii idi. Çünkü Muhammed'in kurduğu dinin gayesi bütün milliyetlerin fevkinde (üstünde) şamil (kapsayıcı) bir Arap milliyeti siyasetine müncer oluyordu (varıyordu). Bu Arap fikri, ümmet kelimesi ile ifade olundu. Muhammed'in dinini kabul edenler, kendilerini unutmaya, hayatlarını Allah kelimesinin her yerde yükseltilmesine hasretmeye mecburdurlar. Bununla beraber Allah'a kendi milli lisanında değil, Allah'ın Arap kavmine gönderdiği Arapça kitapla ibadet ve münacaatta bulunacaktı. Arapça öğrenmedikçe Allah ne dediğini bilmeyecekti. Bu vaziyet karşısında Türk milleti birçok asırlar, ne yaptığını, yapacağını bilmeksizin adeta bir kelimesinin manasını bilmediği halde Kur'an'ı ezberlemekten beyni sulanmış hafızlara döndüler."

Atatürk'ün yukarıdaki yazıları dikkatle okunduğunda öncelikle onun burada "İslam dini" kavramını hiç kullanmadığı, eleştirilerini "Arap dini" veya "bu din" kavramlarını kullanarak yaptığı görülmektedir. Çünkü Atatürk burada kendisinin de yürekte inandığı "gerçek İslam dinini" değil, Arap-İslam anlayışını eleştirmektedir. "Bu din" derken Arap-İslam anlayışını kastetmektedir. İkincisi, bu dindeki "ümmetçilik" anlayışının "millet" olmayı engellediğini ileri sürmektedir. Üçüncüsü de bu dinde "ana dilde ibadete" sıcak bakılmamasından dolayı Türk milletinin Kur'anı'ı ezberlemekten "beyni sulanmış hafızlara döndüğünü," iddia etmektedir.

"Muhammed'in dinini kabul edenler, kendilerini unutmaya, hayatlarını Allah kelimesinin her yerde yükseltilmesine hasretmeye mecburdurlar" diyen Atatürk, "Allah sözcüğünün yüceltilmesi" üzerine temellendirilen dünya siyasetini, ortaya çıkan sonuçlar açısından başarılı bulmamıştır. Allah sözcüğünün yüceltilmesi ifadesine dayanarak yönetim altına alınan Hıristiyan uluslara herhangi bir şekilde etkide bulunulmamış, daha sonra da bu uluslar bağımsızlıklarını elde etmişlerdir. Sonuçta başlanılan noktaya yeniden gelinmiştir. [525]

---

525 Kasapoğlu, age. s. 319.

"Başlarına geçmiş olan haris serdarlar, Türk milletince, karışık cahil hocalar ağzıyla, ateş ve azap ile müthiş bir muamma halinde kalan dini, hırs ve siyasetlerine alet ettiler. Bir taraftan Arapları zorla emirleri altına aldılar, bir taraftan Avrupa'da Allah kelimesinin yüceltilmesi parolası altında Hıristiyan milletlerini idareleri altına geçirdiler; fakat onların dinlerine ve milliyetlerine ilişmeyi düşünmediler. Ne de onları ümmet yaptılar" [526] (S.14-16).

Atatürk burada, bu din "haris serdarlarca" kullanılmıştır diyerek din istismarına dikkat çekmektedir.

"Atatürk'ün buradaki görüşleri, tarih boyunca yaşamış bazı Müslümanların anlayış ve yaşam biçimlerini yansıtmaktadır. Hz. Muhammed'in getirmiş olduğu Kur'an da milli hatta hertürlü beşeri bağın varlığı sosyolojik bir gerçeklik olarak kabul edilmiştir. İnsanların milletler halinde yaratılması Allah'ın sosyolojik yaratış düzenlemesidir. Kur'an'a göre milletlerin varlıklarının devamı, aralarındaki bağların ve duyguların korunması, sosyolojik yasalar açısından bir zorunluluktur. Müslüman toplumlar arasındaki inanç bağları, onları kendi milli varlıklarından vazgeçirmeye zorlamaz." [527] İşte Atatürk'ün burada sözünü ettiği "din anlayışı", İslamın özüne aykırı olarak milli varlığa karşı çıkan din anlayışıdır.

Atatürk yazısına şöyle devam etmiştir:

"...Milli duyguyu boğan, fani dünyaya kıymet verdirmeyen sefaletler, zaruretler, felaketler hissolunmaya başlayınca, asıl hakiki saadete öldükten sonra ahrette kavuşulacağını vaat ve temin eden dini akide ve dini his, millet uyandığı zaman onun şu acı hakikati görmesine mani olamadı. Bu feci manzara karşısında kalanlara, kendilerinden evvel ölenlerin, ahretteki saadetlerini düşünerek veya bir an evvel ölüm niyaz ederek ahret hayatına kavuşmak telkin eden din hissi, dünyanın acısı duyulan tokatıyla derhal Türk milletinin vicdanındaki çadırını yıktı." [528]

---

526 Perinçek, age. s. 269 - 273.
527 Kasapoğlu, age. s. 320.
528 Afet İnan, **Medeni Bilgiler ve Atatürk'ün El Yazıları**, Ankara, 1969, s. 368, 369.

"(...)Türk'ün milli hissi artık ocağında ateşlenmişti. Artık Türk, cenneti değil de eski hakiki büyük Türk cedlerinin mukaddes miraslarının, son Türk ellerinin müdafaa ve muhafazasını düşünüyordu. İşte dinin, din hissinin Türk milliyetinde bıraktığı hatıra"
"Türk milleti, milli hissi, dini hisle değil, fakat insani hisle yan yana düşünmekten zevk alır" [529] (s. 16 - 19).

Atatürk burada çok açıkça bireyi sadece "ahrete" yönlendiren "dini hissi" eleştirmektedir. Atatürk, **"Kendilerinden evvel ölenlerin, ahretteki saadetlerini düşünerek veya bir an evvel ölüm niyaz ederek ahret hayatına kavuşmak telkin eden din hissi"** nin yanlışlığına işaret ederken, klasik İslam anlayışını çok ağır bir dille eleştirmektedir. Aslına bakılacak olursa Atatürk'ün ifade ettiği "bu dinsel miskinlik" durumu İslamın da özüne aykırıdır; çünkü bilindiği gibi İslam dini sadece "ahrete" yönelik hazırlıkları "vaz eden" bir din değildir, İslam dini aynı zamanda "dünyevi" bir dindir. Ana kaynak Kur'an incelenecek olursa birçok ayetin dünyevi sorunlara çözümler getirmeyi amaçladığı görülmektedir.

Anlaşıldığı kadarıyla Atatürk'ü bu kadar kızdırıp öfkelendiren, Müslümanlığı kabul eden Türklerin de yüzyıllar boyunca "sadece ahretteki mutluluğu esas alan bu "din hissi"yle hareket etmiş olmalarıdır. Bu nedenle Atatürk, *"Türk milleti, milli hissi, dini hisle değil, fakat insani hisle yan yana düşünmekten zevk alır"* derken, Türklerin bundan sonra, kendilerini sadece ahrete yönlendiren bu tür bir dini hissi devre dışı bırakacaklarını belirtmiştir.

Atatürk'ün yukarıdaki din eleştirilerinde ana fikir, tarih içindeki uygulamanın sonucu olarak "dini hissin" "milli hissin" gelişimini engellediği gerçeğidir.

"Kralların ve padişahların istibdadına, dinler mesnet olmuştur. Krallar, halifeler, padişahlar etraflarını alan papazlar, hocalar tarafından yapılmış teşviklerle ilahi hukuka dayanmışlardır. Hakimiyet bu hükümdarlara Allah tarafından verilmiş

---

529 Perinçek, age. s. 273 - 279.

olduğu nazariyesi uydurulmuştur. Buna göre hükümdar ancak Allah'a karşı mesuldür. Kudret ve hâkimiyetinin sınırı yalnız din kitaplarında aranabilir" [530] (s. 34, 35).

Atatürk'ün buradaki eleştirisi dine yönelik değil, dini kullanan, siyasete alet eden hükümdarlara yöneliktir.

Atatürk, Medeni Bilgiler kitabında sadece dinleri ve dini kullananları eleştirmekle kalmamış aynı zamanda *"Çünkü malumdur ki insan tabiatın mahlukudur"* diyerek "evrimci" bir yaklaşım da sergilemiştir.[531]

Atatürk, din kavramına ve dinin istismarına yoğun eleştiriler yöneltirken aynı zamanda inanç özgürlüğüne de vurgu yapmıştır:

"Türkiye Cumhuriyeti'nde herkes Allah'a istediği gibi ibadet eder. Hiç kimseye dini fikirlerinden dolayı bir şey yapılmaz. Türk Cumhuriyeti'nin resmi dini yoktur. Türkiye'de bir kimsenin fikirlerini zorla başkalarına kabul ettirmeye kalkışacak kimse yoktur ve buna müsaade edilmez. Artık samimi mutekitler (inananlar), derin iman sahipleri hürriyetin icaplarını öğrenmiş görünüyorlar. Bütün bununla bereber, din hürriyetine, umumiyetle vicdan hürriyetine karşı taassup kökünden kurumuş mudur?..." [532] (s. 1, 2).

Görüldüğü gibi Atatürk, bir taraftan akılcı ve bilimsel bir yaklaşımla dinleri eleştirirken, diğer taraftan Türkiye'de herkesin istediği biçimde özgürce Allah'a ibadet edebileceğini belirterek "din ve inanç özgürlüğünün" altını çizmektedir.

Türk Tarihi'nin Ana Hatları Kitabındaki Din Eleştirileri

Atatürk, 1930 yılında, Kemalizmin resmi tarih tezlerini içeren *"Türk Tarihi'nin Ana Hatları"* adlı kitabın ilk daktilo taslağına bazı bölümler eklemiş ve bazı bölümlerde de değişiklikler yapmıştır.[533] Atatürk'ün bu ekler ve değişiklikleri yalnızca eski

---

530 age. s. 284, 285.
531 age. s. 293.
532 age. s. 311 - 313.
533 Özgün belge Anıtkabir Kütüphanesi'nde, fotokopisi Türk Tarih Kurumu'nda

Mısırlıların dinleriyle ilgilidir ve burada din eleştirisi yoktur. Ancak Atatürk'ün okuyup yayınlanmasına onay verdiği bu kitapta dinlere yönelik eleştiriler vardır.

İşte o eleştirilerden bazıları:

Kitabın girişinde yer alan *"Bu Kitap Niçin Yazıldı?"* başlığı altında şunlar yazılıdır:

"İkinci bir amacımız da kâinatın oluşumuna, insanın ortaya çıkışına ve insan hayatının tarihi devirlerden evvelki mazisine dair yakın zamanlara dair ilgi gören yanlış değerlendirmelerin önüne geçmektir. Yahudilerin kutsal saydığı efsanelerden çıkan bu görüşler, kaynakların eleştirisi ile ve son zamanların ilmi keşifleriyle artık tamamen kıymetini kaybetmiştir."[534]

Burada, kitabın yazılış amaçlarından birinin, evrenle ilgili dinsel açıklamalar yerine bilimsel açıklamaları ortaya koymak olduğu belirtilmektedir.

"Her durumda hayatın, herhangi bir tabiat harici etkenin müdahalesi olmaksızın, dünya üzerinde tabii ve zaruri bir kimya ve fizik seyri neticesi olduğunu kabul etmek gerekir."[535]

Burada da "evrimci" bir yaklaşımla dinlerin, hayatın başlangıcıyla ilgili iddiası çürütülmek istenmektedir. Bu yaklaşımın nedeni de dinlerin "nakilci" ve "değişmez" hükümleri yerine bilimin "akılcı" ve "değişken" hükümlerini hatırlatmak istemesidir.

Kitabın tamamında dinler sadece kültürel boyutuyla işlenmiş, tüm tarihsel açıklamalarda bilimsel ölçüler dikkate alınmıştır. Bu yönüyle "Türk Tarihinin Ana Hatları" "materyalist" tarih anlayışıyla kaleme alınmıştır denilebilir.

***

Atatürk'ün –bir kısmına ilk kez yer verdiğimiz– bu din eleştirilerinin, onun kişisel inancından çok, yeni devlete biçim ver-

---

ve Askeri Tarih Stratejik Etüdler Başkanlığı'nda ve Aydınlık gazetesi arşivindedir. Atatürk'ün daktilo taslağına yazdığı ekler ve değişiklikler, **Türk Tarihinin Ana Hatları** ve **Tarih I** kitaplarına yansımıştır. Perinçek, **age.** s. 197.
534 **Türk Tarihinin Ana Hatları**, 3. bs, İstanbul, 1999, s. 25.
535 **age.** s. 33.

mesiyle ilgili olduğu kanısındayım. Kuşkusuz ki bu eleştirilerde onun pozitivizmle yakınlığının izleri vardır; ancak genelde dinlere özelde de İslama yönelik bu eleştirilerin yer aldığı kaynaklar, Atatürk'ün bu eleştirilerinin devrimci sürecin bir parçası olduğu izlenimi vermektedir. Şöyle ki; eleştirilerin yer aldığı kaynaklara bakılacak olursa Atatürk, **önce okuduğu bazı kitaplardaki din karşıtı ve bilimi öne çıkaran bazı bölümlerin altını çizmiş, daha sonra da bu altını çizdiği yerleri, gençlere ve halka yönelik olarak hazırlanan *"Tarih I-II"* ve *"Vatandaş İçin Medeni Bilgiler"* adlı kitaplarda kullanmıştır.** Dolayısıyla Atatürk, dine yönelik eleştirileriyle, aklın ve bilimin yol göstericiliğini esas alan ve tüm değişim eylemlerini bu doğrultuda yapan bir devrimci olarak, hayatı sadece dinsel bilgilerle anlamaya çalışan bir toplumda çok köklü bir zihniyet devrimi yaparak hayatın "akıl" ve "bilimle" anlaşılmasını amaçlamıştır. Nitekim bu din eleştirilerinin, öğrencilere ve halka yönelik kitaplarda toplanması bu düşüncemizin doğruluğunu kanıtlamaktadır. Atatürk fazla değil, bir buçuk iki yıl kadar sonra hayatı açıklamak ve anlamak için sadece akıl ve bilimin yeterli olmadığını düşünerek –ilerde detaylandırılacak olan– "Dinde Öze Dönüş Projesi"ni başlatmıştır (1932).

Atatürk'ün bu din eleştirilerin ikinci bir nedeni de "ümmetten" "ulusa" geçiş sürecinde dinin yavaşlatıcı etkisini ortadan kaldırma isteğidir.

Atatürk, 30'lu yılların başındaki tarih ve dil çalışmaları sırasında Türklerin ulusal kimliklerinin önündeki en büyük engellerden birinin İslam diniyle birlikte Türk kültürüne sızan Arap gelenekleri ve özellikle Arap dili ve yazısı olduğunu görmüştür.

Atatürk, tarih ve dil çalışmalarıyla, Türk kültürünü Arap etkisinden kurtarmak için büyük çaba harcamıştır. Bu amaçla Türk tarihinin İslam öncesi dönemlerini açığa çıkartmış ve Arap harflerini kaldırarak Latin kökenli yeni Türk harflerini kabul etmiştir.

Atatürk'ün "din karşıtı" olarak adlandırılabilecek İslam eleştirilerinin daha çok tarih ve dil çalışmalarının yapıldığı döneme rastlaması, İslamiyetle güç bulan "ümmet" fikrinin yerine, ulusal tarih ve ulusal dille güç bulan "millet" düşüncesini yerleştirme isteğinin bir sonucudur. Nitekim Ruşeni'nin *"Din Yok Milliyet Var"* adlı kitabını okuyup toplumsal yapıda milliyetçiliği öne çıkaran satırların yanına "aferin, alkışlar" diye yazması da tamamen bu istekle ilgilidir.

Başka bir ifadeyle Emevilerin 8. yüzyılda adeta Arap damgası vurdukları İslam dini, gittiği her yere bu damgayı da beraberinde götürmüştür. İşte Atatürk'ün bu "Arap damgasına" duyduğu büyük tepki onu bir dönem, bu Arap damgalı İslama karşı da tepkisel hale getirmiştir. Ancak onun bu tepkisi dinin özüne yönelik kişisel bir tepki değil Arap-İslam anlayışına yönelik devrimci bir tepkidir.

Benim bulgularıma göre Atatürk, kişisel olarak bu dönemde (din eleştirileri yaptığı dönemde) de inançlı bir insandır, ancak tüm varlığını ulusunu yüceltmeye adamış bir devrimci olarak ulusunun önünü açmak için din eleştirileri yapmayı gerekli görmüştür. **Bu durum bir bakıma, onun alaturka müziği çok sevmesine karşın, ulusunu çok sesli müziğe alıştırmak amacıyla, bir dönem alafranga müziği yasaklamasına benzer.** Yani Büyük Kurtarıcı, ulusunun geleceği için, ulusunun mutluluğu için kişisel zevklerini veya inançlarını bile hiçe saymasını bilmiştir. Dünya tarihinde bunu göze alan başka bir lider olmadığı için olsa gerek, Atatürk'ün bu konudaki tutumu bugüne kadar tam olarak anlaşılamamıştır.

Atatürk'ün din eleştirilerini analiz ederken bu eleştirilerin yapıldığı zamanı da dikkate almak gerekmektedir. Dikkat edilirse Atatürk'ün tüm bu din eleştirileri garip bir biçimde özellikle 1929-1930 yıllarına denk gelmektedir. Bu dönemde devrimin karşılaştığı güçlükler; rejim muhaliflerinin İslam dinini araç olarak kullanıp isyanlar çıkarmaları (1930 Menemen Olayı ve dinsel gerekçeli Kürt isyanları gibi), Atatürk'ü derinden etkilemiştir. Atatürk'ün din eleştirilerinde bu etkileşimin de çok ciddi bir rolü vardır.

Atatürk'ün, "Vatandaş İçin Medeni Bilgiler" ve "Tarih I, II" kitaplarında kendi el yazılarına dayanan "din eleştirileri" genelde Atatürk'ün dinsizliğine kanıt olarak gösterilmektedir

(Ben buna Doğu Perinçek yaklaşımı diyorum). Ancak bu yaklaşım, hiçbir sosyolojik, metodolojik, yöntembilimsel çıkarıma dayanmayan çok kaba bir bakışın ürünüdür. Atatürk'ün stratejik hareket tarzından ve metodolojisinden az çok haberdar olan herkes, "Atatürk'ün Vatandaş İçin Medeni Bilgiler" kitabındaki din/islam eleştirilerinin onun devrim stratejisinin toplumsal bir yansıması olduğunu kolayca görebilecektir. Atatürk, bu din/islam eleştirileriyle "dinamik devrim" ideali çerçevesinde, dinlerin kalıplaşmış kurallarından kurtulmak, bunun için eleştirel aklı kullanmak gerektiğini göstermek istemiştir. Çünkü Atatürk "İçtihat Kapısı" uzun bir zamandır kapanmış bir dinle sarıp sarmalanmış, bu sırada aklı ve bilimi tamamen hayatından çıkarmış bir topluma yapılabilcek en etkili "şok tedavisinin" doğrudan din/islam eleştirisi olduğunu çok iyi görebilmiştir. Ancak nasıl ki Atatürk'ün Kurtuluş Savaşı sırasında din/islam etrafında toplumsal birlik ve bütünlüğü sağlamak için Balıkesir Paşa Camii'nde mimbere çıkıp hutbe vermesini onun "dindarlığına" tek başına kanıt olarak gösteremezsek Atatürk'ün, Türk devriminin en kritik zamanında aklın, bilimin ve sorgulayıcı düşüncenin önemini ortaya koymak için "Vatandaş İçin Medeni Bilgiler" kitabında yer verdiği cesur din/islam eleştirilerini de onun "dinsizliğine" kanıt olarak gösteremeyiz.

ATATÜRK'ÜN EVRİMCİ YAKLAŞIMLARI

Osmanlı'da pozitivist ve materyalist fikirlerin kol gezdiği 19. yüzyılın sonlarında Harbiye'de okuyan Mustafa Kemal de bu fikirlerden etkilenmiştir.

Özellikle Büchner'in takipçisi olan Türk materyalistleri, Batı'dan yaptıkları çevirilerle biyolojik materyalizmin Osmanlıda tanınmasını sağlamışlardır. İşte bu süreçte, biyolojik materyalizmin kaynağı durumundaki Evrim kuramı Osmanlı aydınlarının dikkatini çekmiştir. Daha önce üzerinde durduğumuz gibi 19. yüzyılın sonlarında başta **Dağarcık** dergisi ve Abdullah Cevdet'in **İçtihat** dergisi olmak üzere pek çok dergide evrim konusunda yazılar çıkmaya başlamıştır.

Bu yayınları takip eden Mustafa Kemal Harbiye yıllarında evrim kuramını tanımış görünmektedir. Harbiye'deki sınıf arkadaşlarından Hayri (Paşa), Mustafa Kemal için, *"...Darwin nazariyesiyle de çok meşgul olurlardı..."* demektedir. [536]

Atatürk, pozitivizmden yoğun olarak etkilenmiş biri olarak sonraki yıllarda da Darwin ve evrim üzerine kitaplar okumuştur.

Atatürk, Edouard De Hartmann'ın 1899'da yayınlanan, *"Darvincilik, Bir Teorinin Doğruları ve Yanlışları"* adlı kitabını okurken şu bölümleri önemli bularak işaretlemiştir:

"Paleontolojik ara formların bulunması, sistemin boşluklarını tamamlamak için her zaman belli bir öneme sahiptir, ancak bu buluş, yeni bulunan özel ara formun, varsayılan genetik dizinin gerçekten bir parçası olduğunu hiçbir şekilde kanıtlamaz" [537] (s. 14).

Atatürk'ün ilgilendiği bu bölümde evrimin kilit konularından "ara formaların" yer alması dikkat çekicidir.

"Bilindiği üzere Darwin, ayıklanma teorisi için yapay ayıklanma yöntemine dayanır. Bu yöntemde insan tarafından izlenen amaç temel ve baskın bir rol oynar" [538] (s. 15).

"...Bu fikirleri zaman içinde bir evrime maruz kalarak değil, bilakis zamanın dışında, sonsuz olarak düşünmek gerekir" [539] (s.16).

Atatürk ayrıca, Hilaire De Barenton'un 1920 basımı, *"İnsanlığın Evrimi"* adlı kitabını okumuştur. Atatürk'ün bu kitapta önemli bularak altını çizdiği yerler, onun ne kadar engin bir bilim anlayışına sahip olduğunu da kanıtlamaktadır.

"1821 yılında de Montlivault (...) daha uzaktaki diğer gezegenlerden gelen tohumların yeryüzüne taşındığını düşünmekteydi. (...) Bu tohumlar bizim topraklarımızda gelişmiş ve ilk canlıları teşkil etmişlerdir. (...)"

"Yaşam da dünya da ezeli ve ebedidir. (...) Toplumlar dur-

---

536 Yeni Gün Dergisi, 5 Eylül 1934, s. 78.
537 Atatürk'ün Okuduğu Kitaplar, C. 23, s. 33.
538 age. s. 34.
539 age. s. 34, 35.

maksızın bir yıldız sisteminden diğerine seyahat etmekte ve kendilerini almaya hazır olan yıldızları döllemektedirler. Birkaç vakitsiz felaketin hayatı söndürdüğü yerlerde yaşamı yeniden canlandırmakta, zaten mevcut bulunduğu yerlerde ise daha fazla çeşitlilik getirerek zenginleştirmektedirler. Böylece bir jeolojik dönemin bitiminde son bulmuş olan hayvan toplulukları bir sonraki dönemin başında yeni hayvan toplulukları ile yer değiştirir ve olgu defalarca tekrarlanır" [540] (s. 67). Atatürk, bu paragrafın başına bir "X" işareti koyup satırların altını çizmiştir. Atatürk'ün, yeryüzünde hayatın *"diğer gezegenlerden gelen tohumlarla"* başladığının belirtildiği bu satırlarla ilgilenmesi her şeyden önce onun, bazı bilim insanlarının aksine, bilimsel tabularının olmadığının en açık kanıtıdır.

Atatürk, Ludwing Buchner'in *"Bilime Göre İnsan"* kitabında da evrimle ilgili bölümlerle ilgilenmiştir.

"İnsanı gorilden ve şempanzeden ayıran yapı farklılıklarının, goril ile daha düşük düzeydeki maymunlar arasındaki farktan daha az oldğunu söylenmektedir." [541] (s. 106). Atatürk, bu satırların altını çizmiştir.

"Mükemmel bir maymun olmak, dejenere bir Âdem olmaktan iyidir (Claparede'in sözü)" [542] (s. 190). Atatürk bu cümlenin altını da kalın bir çizgiyle çizmiştir.

"Bizimkinden daha üst düzey ve daha mükemmel hangi şekiller halen uyuklama halindedir ve bu evrimin sonucunda hangi şekiller ortaya çıkacaktır bilmiyoruz. Ancak bilimin bizim kesin olarak bilmemize olanak tanıdığı bir husus, bu zamana kadar doğanın insandan daha üst düzeyde, daha mükemmel hiçbir şey üretmemiş olmasıdır" (s. 197). Atatürk, önemli bulduğu bu paragrafın başını dikey bir çizgiyle işaretlemiştir.[543]

Atatürk "evrim" konusundaki bu okumalarından sonra evrim hakkında bir hayli bilgi sahibi olmuş görünmektedir.

---

540 age. s. 113, 114.
541 age. C. 22, s. 168.
542 age. s. 193.
543 age. s. 193.

Atatürk'ün, 30 Kasım 1929'da, *"Çobanlar, güneş, bulut ve yıldızlardan başka bir şey bilmezler. Yeryüzündeki köylüler de ancak bunu bilirler. Çünkü mahsulat havaya tabidir. Türk yalnız tabiatı takdis eder"* [544] derken, evrim konusundaki bu bilgilerden yararlandığı açıktır.

Afet İnan, 1930 yılının Ağustos ayında Yalova'da Atatürk'e *"insanların nereden ve nasıl geldiklerini"* sorduğunda Atatürk, bu okumalarının etkisiyle olsa gerek, "evrimci" bir mantıkla şu yanıtı vermiştir:

"Hayat, herhangi bir tabiat harici amilin müdahalesi olmaksızın dünya üzerinde tabii ve zaruri bir kimya ve fizik neticesidir. Hayat, sıcak güneşli sığ bataklıkta başladı. Oradan sahillere ve denizlere yayıldı, denizlerden tekrar karalara geçti. İlk hayvan denizlerde balık ve karalarda muhtelif kemikli mahlûklar oldu. Bunlar muhtelif uzun devrelerde şekilden şekile tekâmül ettiler."

"Şimdi insanların nereden ve nasıl geldiği hakkındaki nokta-i nazarı tespit edelim: İnsanlar sularda kaynaşıp çırpınan bir mevcuttan bugünkü yüksek zekâ, idrak ve kudrete, milyonlarca ve milyonlarca nesilden geçerek hazırlandı." [545]

Atatürk'ün, hayatın ortaya çıkışını "evrimci" bir yaklaşımla açıkladığı bu sözleri 1930 yılında sarf etmesi, onun 1930'daki din eleştirilerini akla getirmektedir. Yani Atatürk aynı anda bir taraftan dini eleştirirken diğer taraftan bilimi ön plana çıkarmaktadır.

Atatürk'ün bu "evrimci" yaklaşımları 1930 yılında hazırlanan *"Vatandaş İçin Medeni Bilgiler"* ve *"Türk Tarihi'nin Ana Hatları"* adlı kitaplara da yansımıştır.

Atatürk, **Vatandaş İçin Medeni Bilgiler** kitabı için kendi el yazısıyla şu evrimci değerlendirmeyi yapmıştır:

"Malumdur ki insan, tabiatın mahlukudur. (...) İnsan dünyaya geldikten sonra da daha ilk andan tabiatın ve birçok mahlukların zebunudur. Himaye edilmeye, beslenmeye, bakılmağa, büyütülmeye muhtaçtır.

---

544 ASD. C. III, s. 124.
545 Sarı, **Atatürk'le Konuşmalar**, s. 182.

İptidai (ilkel), insanların tabiatın her şeyinden; gök gürültüsünden, geceden, taşan bir nehirden ve vahşi hayvanlardan ve hatta birbirinden korktuklarını biliyoruz. İlk his ve düşüncesi korku olan insanın her düşünce ve dileğini mutlak surette yapmaya kalkışmış olması düşünülemez.

İptidai (ilkel) insan kümelerinde, ata korkusu ve nihayet büyük kabile ve kavimlerde ata korkusu yerine geçen Allah korkusu, insanların kafalarında ve hareketlerinde hesapsız memnular (yasaklar) yaratmıştır. Memnular ve hurafeler üzerine kurulan birçok âdetler ve ananeler, insanları düşünce ve harekette çok bağlamıştır. (...)

Buraya kadar olan mütaalalarımızı şöyle bir neticeye bağlayabiliriz: İnsan evvela tabiatın esiri idi, sonra buna semadan kuvvet ve selahiyet (yetki) alan birtakım adamlara esir olmak zam oldu (eklendi).

Tabiatın her şeyden büyük ve her şey olduğu anlaşıldıkça tabiatın çocuğu olan insan kendinin de büyüklüğünü ve haysiyetini anlamaya başladı" [546] (s. 1 - 3).

Görüldüğü gibi Atatürk, insanın varlığı konusunda dinlerin değil, pozitif bilimin açıklamasını kabul etmiş; insanın tabiatın bir ürünü olduğunu ve Allah kavramının ilkel insanın korkularından doğduğunu belirtmiştir.

Atatürk, benzer bir açıklamasında da şunları söylemiştir:

"İnsanlar ilk dönemlerde pek acizdi. Kendilerini koruyamıyorlar, hiçbir olayın da sebebini bilmiyorlardı. Kendilerini koruyacak bir kuvvet aradılar. Sonunda insanlık, vicdanında bir kuvvet yarattı. O da işte Allah'tır. Her şeyi ondan beklediler, ondan istediler. Hastalıktan, felaketten korunmayı hep Allah'larından istediler. Fakat modern çağlarda insan her şeyi Allah'tan beklemedi. Ancak toplumdan bekledi. Her şeyin koruyucusu insan toplumudur. Bizi koruyan, refah içinde yaşatan toplumdur. Bu sebeple topluma önem vermek, onu kuvvetlen-

---

546 Perinçek, age. s. 293 - 297.

dirmek ve yaşatmak lazımdır. Bunun için her türlü gelişme, huzur ve güven kaynağı toplumdur." [547]

Atatürk, bu sözleriyle insanın her şeyi Allah'tan beklemesini eleştirerek bireyi ve toplumu ön plana çıkarmaktadır. Atatürk aslında burada insanların çalışıp çabalamadan, toplumsal dayanışma içine girmeden, Allah'tan yardım beklemesini eleştirmektedir. "İlke olarak, bu tür bir insan-Allah ilişkisi anlayışı Kur'an'ın verileriyle de örtüşmemektedir. Kur'an'a göre insan ve toplum her konuda üzerlerine düşen görevleri yerine getirmek, iradesini, güç ve imkânlarını sonuna kadar kullanmak, neticeyi ise Allah'tan beklemek durumundadır." [548]

Atatürk'ün buradaki tutumu, onun **Freud, David Hume, Nietzche, Max Müller** ve **Feuerbach** gibi Batılı düşünürlerin dinlerin kaynağı hakkındaki görüşlerinden etkilendiğini göstermektedir. [549] Bütün bu düşünürler özetle, dinlerin insandaki korkuların bir ürünü olduğunu iddia etmişlerdir.

Atatürk'ün yukarıdaki görüşlerinin pozitivist **Auguste Comte**'un görüşleriyle birebir örtüştüğü görülmektedir. Atatürk, insanlığın gelişim süreçlerini ilk devirler ve modern çağlar diye sınıflandırmaktadır. Atatürk'ün ilk devirler dediği evre, pozitif evreye karşılık gelmektedir. Atatürk ilk evrede insanın (ilkel insan) tabiat karşısındaki çaresizliğinden ve bilgisizliğinden söz etmektedir. Bu durumun insanda Tanrı fikrini ve ona yönelme eğilimini ortaya çıkardığını belirtmektedir. Atatürk'ün bu açıklamaları, A. Comte'un **teolojik ve metafizik** süreçlere getirdiği açıklamanın neredeyse aynısıdır.

---

547 Şapolyo, **age.** s. 224, 225.
548 Kasapoğlu, **age.** s. 210.
549 Bu düşünürlerin dinin kaynağı hakkındaki görüşleri için bkz. Sigmund Freud, **Uygarlık, Din ve Toplum**, Selçuk Budak, Öteki Yayınevi, Ankara, 1997, s. 206-208; Macit Gökberk, **Felsefenin Evrimi**, MEB, İstanbul, 1979, s. 69; Friedrich Nietzsche, **Aforizmalar**, Çev. Sedat Umran, Birey Yayıncılık, İstanbul, 2000, s. 115; Kamil Kaya, "Sosyolojik Açıdan Din", **SDÜ Fen Edebiyat Fakültesi Sosyal Bilgiler Dergisi**, Isparta, 1996, S. 2, s. 135; Abdurrahman Kasapoğlu, "İnsanın Çaresizliği ve Fıtratın Uyanışı", **Kelam Araştırmaları Dergisi**, 2005, s. 1, s. 61 - 90; Raymond Aron, **Sosyolojik Düşüncenin Evreleri**, Çev. Korkmaz Alemdar, 5. bs, Bilgi Yayınevi, Ankara, 2004.

Atatürk modern çağlarda insanın her şeyi Tanrı'dan beklemek yerine toplumdan beklemeye başladığını belirtmektedir. **Comte** da aynı şekilde üçüncü evrede insanı en kutsal varlık kabul etmektedir. Comte, metafizik ve teolojik sürecin en önemli varlığı Tanrı'yı bir yana bırakmak gerektiğini belirtmektedir. Comte ayrıca, insan zekâsının ve toplumun birbirini izleyen üç aşamadan geçtiğini söylemektedir. Doğanın bilinişini teolojik, metafizik ve pozitif olmak üzere üç evreye ayırarak tanımlamaktadır. Ona göre teolojik evrede insan çeşitli fenomenleri, doğaüstü güçlere ve Tanrı'ya bağlamaktadır. Birinci evre insanın çocukluk dönemine benzemektedir. Bu evrede insan kendini ve dünyayı Tanrısal güçlerle açıklamaktadır. Comte'a göre metafizik dünya görüşü teolojik olanın bir çeşididir; çünkü bütün fenomenlerin temeli soyut metafizik özlerde yatmaktadır. Bu dönemde soyut doğaüstü etmenlerin yerini birtakım somut kuvvetler almıştır.[550]

İşin ilginci, çaresizlikle Allah inancı arasındaki ilişkiyi Kur'an da doğrulamaktadır. Ancak Kur'an'ın Batılı düşünürlerden ayrıldığı noktalar vardır. Kur'an'a göre çaresizlik, insan doğasında var olan Allah'a inanma kabiliyetini uyandırır ve bireyi gerçekte var olan Allah'a yönlendirir. Nitekim Atatürk, Münir Hayri ile aralarında geçen bir konuşmada meseleyi bu doğrultuda açıklamıştır.[551]

Atatürk'ün isteği ve onayıyla yayınlanan *"Türk Tarihinin Ana Hatları"* adlı kitapta da uygarlığın doğuşu ve gelişimi "evrimci" bir yaklaşımla ele alınmıştır.

Kitabın girişinde bu kitabın yazılış amaçlarından birinin, *"Kâinatın oluşumuna, insanın ortaya çıkışına ve insan hayatının tarihi devirlerden evvelki mazisine dair yanlış değerlendirmelerin önüne geçmek"* olduğu ifade edilerek kitabın yazımında dinsel değerlendirmelerin yerine bilimsel değerlendirmelerin dikkate alındığı belirtilmiştir.[552]

---

550 M. Rosenthal - P. Yudin, **Felsefe Sözlüğü**, çev. Aziz Çalışlar, Sosyal Yayınlar, İstanbul, 1997, s.80; Ahmet Cevizci, **Felsefe Sözlüğü**, Ekin Yayınları, Ankara, 1997, s. 689
551 Kasapoğlu, **age.** s. 210.
552 **Türk Tarihinin Ana Hatları**, s. 25.

"Gerçekten insan tabiatın mahlukudur. Hayatın büyük kaidesi de tabiata tabi olmaktır. Tabiatı oluşturan varlıklar, tabiatın kanunları gereği şekillerini değiştirir. Yeryüzünü ve hayatı inceler ve araştırırken bu gerçeğe tanık olacağız. Fakat ondan evvel şunu söyleyelim ki insanların bütün bilgileri ve inanışları insanın zekâsı eseridir. Bundan tabiatı anlamak da zekânın, en büyük cevher ve etken olduğu anlaşıldığı gibi tabiatın üstündeki ve dışındaki bütün kavramların, insan dimağı için uydurmadan başka bir şey olmayacağı ortaya çıkar" [553]

İnsanın tabiatın bir ürünü olduğunun ifade edildiği bu paragrafın sonundaki, *"tabiatın üstündeki ve dışındaki bütün kavramların, insan dimağı için uydurmadan başka bir şey olmayacağı"* cümlesi, tamamen pozitivist, materyalist ve evrimci bir anlayışın yansımasıdır.

Aynı kitapta hayatın başlangıcı da şöyle anlatılmaktadır:

"Hayatın dünya üzerinde nasıl başladığını henüz bilmiyoruz; hayatın ince sulu, çamur şeklinde ve yarı hayat halinde, tabii şartlar altında başlamış ve sonra hissolunmaz surette yavaş yavaş tamamen hayata mahsus niteliği almış olması muhtemeldir. (...) Her durumda hayatın herhangi bir tabiat harici etkenin müdahalesi olmaksızın, dünya üzerinde tabii ve zaruri bir kimya ve fizik seyri neticesi olduğunu kabul etmek gerekir." [554] Türk Tarihinin Ana Hatları'ndaki bu satırların, 1930'da Yalova'da, Afet İnan'ın hayatın başlangıcıyla ilgili sorusuna Atatürk'ün verdiği yanıta çok benzer olması dikkat çekicidir.

Bütün bu örneklerden görüldüğü gibi Atatürk, yeni Türk devletini kurarken pozitivizm, materyalizm ve Darvinizm gibi o dönemde Batı düşüncesini derinden etkileyen akımlardan yararlanmıştır. Bu amaçla, **gençlere ve halka yönelik hazırlanan kitaplarda** evrenin ve hayatın bu bakış açılarıyla değerlendirilmesini istemiştir. Onun tüm amacı –daha önce de vurguladığımız gibi– **dört bir yandan dinle ve dinin çarpık yorumlarıyla kuşatılmış**

---

553 age. s. 30.
554 age. s. 33.

bir "ahret toplumunu" bir an önce değişen ve gelişen çağın son bilimsel verileriyle tanıştırmaktır.

Atatürk, pozitivizm, materyalizm ve Darvinizm'den etkilenmiş olmakla birlikte kişisel olarak dinin de etkisinde kalmıştır. **Bu nedenle pozitivist bakış açısıyla dinsel yaklaşımları bir araya getirmeye çalışmıştır.** Materyalizm ve Darvinizim ilke olarak dinleri ve Tanrı'yı kabul etmese de Atatürk, gerek çocuk yaştan itibaren aldığı sağlam din eğitimi, gerek savaş meydanlarında yaşadıkları, gerekse okuduklarının etkisiyle kişisel olarak dinden fazlaca etkilendiği için Tanrı'nın varlığını kabul etmektedir. Dünyayı ve olayları Tanrı'nın varlığından bağımsız olarak değerlendirmenin mümkün olmadığını düşünen Atatürk, toplumsal gelişim için pozitivizm ve Darvinizm gibi akımlardan da yararlanmak gerektiğini düşünmektedir.

Örneğin bir keresinde, okuduğu bir kitapta "evrimsel süreçte Tanrı'nın ve peygamberlerin de etkin olduklarının" belirtildiği bir paragraf dikkatini çekmiştir.

"Bu resim türü insanın çıplak olarak ağaçların üstünde yaşadığı ve ateşten faydalanmayı bilmediği bir dönemde başlamıştır. İnsan daha sonra ağaç yaprakları ve kabuklarıyla örtünmüş, daha sonra ise derilerden vs. faydalanmaya başlamıştır. (...) Buna göre insan türü Tanrı'nın veya peygamber olarak adlandırılan ve özel yeteneklere sahip insanların yardımı ile daha üst düzey bir mükemmelliğe ulaşmıştır." [555]

Atatürk, bu paragrafın sonundaki, *"Tanrı'nın veya peygamber olarak adlandırılan ve özel yeteneklere sahip insanların yardımı ile daha üst düzey bir mükemmelliğe ulaşmıştır."* cümlesinin altını çizmiştir. [556]

Atatürk, yine aynı kitabın 271. sayfasındaki "Tanrı fikri ve ayinlerden" söz edilen şu satırlarla da ilgilenmiştir:

"Renan ve Burnouf'un en son çalışmaları Ari halkların (...)

---

[555] Ludwig Büchner, **Bilime Göre İnsan** s. 95'ten Atatürk'ün Okuduğu Kitaplar, C. 22, s. 162.
[556] age. s. 162.

eski dinlerinde ise Tanrı fikri ve ayin olmak üzere sadece iki unsura rastlandığını kesinleştirmiştir."[557]

Atatürk, bu paragrafın başını dikey bir çizgiyle, satırların altını da kalın bir çizgiyle çizmiştir.[558]

Atatürk, özellikle A. Comte'un, insanın çaresizliği, korkusu, bu süreçte Tanrı kavramını araması ve ardı ardına bir kısım evrelerden geçerek olgunlaşması gibi pozitivist ve evrimci değerlendirmelerini İslam dininin ana kaynağı Kur'an'daki insanın gelişimiyle ilgili açıklamalarla harmanlamış görünmektedir. Nitekim onun şu sözlerinde bu "harmanlamanın" açık izlerini görmek mümkündür:

"Tanrı birdir, büyüktür; dinsel usullerin oluşmalarına bakarak diyebiliriz ki insanlar iki sınıfta, iki devirde düşünülebilir. İlk devir, insanlığın çocukluk ve gençlik devridir. İkinci devir ise insanlığın erginlik ve olgunluk devridir. İnsanlık birinci devirde tıpkı bir çocuk gibi yakından ve maddi vasıtalarla kendisiyle meşgul olunmayı gerektirir."

Son yıllarda Evrim Teorisi ile İslam dini arasında bir çatışma olmadığını iddia eden bazı din yorumcuları ortaya çıkmıştır. Bazı ilahiyatçılara göre aslında evrim ve İslam arasında bir uyuşmazlık, bir tutarsızlık yoktur. Dolayısıyla evrimi kabul etmek İslamı reddetmek anlamına gelmez; örneğin, din ve bilim konusunda yazdıklarıyla tanınan Vahiduddin Han, Evrim Teorisi bir gün bilim tarafından tam olarak ispat edilse bile bunun dinin ve Allah'ın reddi için yeterli bir delil teşkil etmeyeceğini şöyle dile getirmektedir:

"...İleride gerçekleşecek bilimsel keşifler, yeryüzündeki hayatın bir anda ortaya çıkmadığını, uzun bir müddet alacak bir gelişimin akabinde ortaya çıktığını ispat edecek olursa, bu –günümüzde hâlâ kesin olarak ispat edilemediyse de– din gerçeğini iptal etmez. Hatta dinin gerçekliğinin tekrar gözden geçirilmesini bile gerektirmez. Zira ortaya çıkarılan, Allah'ın yaratmadaki

---

557 **age.** s. 271.
558 **age.** s. 213.

üslubundan başka bir şey olmayacaktır. Ve bu buluşun, Allah'ın mahiyetiyle ya da kendisi olmakla bir alakası yoktur." [559]

Yalnız şurası muhakkak ki bu görüşü savunan İslam yorumcularının sayısı oldukça sınırlıdır. İslam âlimleri arasındaki yaygın kanaat, evrimi reddetmek biçimindedir.

KUŞKULU ANILAR

Atatürk'ün "dinsiz" olduğunu iddia eden çevrelerin dört elle sarıldıkları bazı anılar vardır. Genelde yabancı yazar ve gazetecilerin dile getirdiği bu anıların doğruluğu çok kuşkuludur. Çünkü söz konusu anıların anlatanlardan başka hiçbir tanığı yoktur. Ancak Atatürk'ün bazı menfaatçi din adamlarına ve dinin çeşitli amaçlar için kullanılıp istismar edilmesine karşı duyduğu büyük tepki ve pozitivizmden fazlaca etkilenmesi, onda bir dönem dine karşı bir tepki halini almış da olabilir.

Örneğin İngiliz kadın yazar G. Ellison, Atatürk'ün kendisine "*...Benim dinim yok ve bazen bütün dinler yerin dibine batsın istiyorum*" dediğini iddia edip Atatürk'ün şu sözünü aktarmaktadır:"*...Yönetimi ayakta tutmak için halkı tuzağa düşürür gibi dine gerek duyan yönetici, zayıf yöneticidir. Benim halkım demokrasinin ilkelerini, gerçeğin buyruklarını ve bilimin öğretilerini öğrenecek, boş inançlar gitmelidir.*"[560]

Atatürk'ün kayıtlara geçirilmiş olan kendi sözleri ve yazıları arasında, "*benim dinim yok*" şeklinde ya da buna benzer bir ifadesine rastlanmaması, Ellison'un aktardığı yukarıdaki sözlerin Atatürk'e ait olmayabileceğini düşündürmektedir.

Bu sözlerin gerçekten Atatürk'e ait olduğunu varsaysak bile, ifadelere dikkat edildiğinde Atatürk'ün dini istismar edenlere karşı duyduğu büyük tepkinin etkisiyle anlık bir öfkeye kapılarak bu sözleri sarf etmiş olma ihtimali yüksek görünmektedir. Dahası, Atatürk'ün çok iyi bir stratejist ve taktikçi olduğu, bu nedenle neyi, ne zaman, nasıl, nerede ve ne amaçla söylediği çok çok önemlidir.

---

559 Vahiduddin Han, **Din, Bilim, Çağdaşlık**, Boğaziçi Yayınları, İstanbul, 2001, s. 29.
560 Turkey Today, s. 24'ten Mete Tunçay, **Türkiye'de Tek Parti Yönetiminin Kurulması**, İstanbul, 1992, s. 219.

Örneğin, Mustafa Kemal Atatürk, Rusya'dan yardım alabilmek için Kurtuluş Savaşı yıllarında Anadolu'ya gelen ilk Sovyet temsilcisi **Upmal Angarski** ye *"Şahsen ben ve yoldaşlarımdan birçoğu komünizmin taraftarıyız..."* demiştir. Bir "antikomünist" olan Atatürk'ün bu sözleri tamamen o dönemin koşullarına özgü "taktikçiliği"nin bir yansımasıdır. Nasıl ki savaş yıllarındaki bu ve benzeri sözlerinden dolayı Atatürk'ü "komünist" olarak adlandırmak mümkün değilse, İngiliz gazeteci G. Ellison'a söylediği sözlerden (eğer gerçekten söylediyse) dolayı da onu "dinsiz" olarak adlandırmak mümkün değildir. Atatürk, bir İngiliz gazeteciye karşı "dini eleştirerek" savaş sonrasında kuracağı devletin Batı değerlerine açık olacağını vurgulamak istemiş olabilir.

Ayrıca bir insanın din ve Allah konusundaki görüşlerini, onun hayatının belli dönemlerinden ve bazı davranışlarından tam olarak anlamanın çok zor olduğu da unutulmamalıdır. Ünlü Rus yazarı Lev Nikolayeviç Tolstoy'un dediği gibi: *"Ortodoksluğa inandığını söyleyen biriyle, bunu reddeden biri arasında eğer bir fark var ise, bu fark hiç de birincinin lehine değildir."* [561] Ayrıca bizzat Atatürk, *"Bence dinsizim diyen mutlaka dindardır. İnsanın dinsiz olmasının imkânı yoktur. Dinsiz kimse olamaz,"* [562] diyerek, felsefi olarak dinsizliğin mümkün olmadığını ifade etmiştir. [563] Bu bakımdan –eğer gerçekse– Atatürk'ün belli bir döneme ait yukarıdaki "din karşıtı!" ifadelerinin, onun din konusundaki gerçek düşüncelerini ortaya koyduğunu söylemek hiç de sağlıklı bir yaklaşım değildir. Bu konuda bir yargıya varabilmek için Atatürk'ün tüm yaşamına göz atmak gerekmektedir.

AMERİKAN BÜYÜKELÇİSİNİN GİZLİ RAPORU

Atatürk döneminde Amerika'nın Türkiye Büyükelçisi olan **Charles H. Sherrill**, o günlerde Atatürk'le bir röportaj yapmış,

---

561 Lev Nikolayeviç Tolstoy, **İtiraflarım**, Çev. Orhan Yetkin, İstanbul, 2000, s. 12.
562 Sadi Borak, **Atatürk'ün Resmi Yazışmalara Girmemiş Söylev ve Demeçleri**, 2. bs, İstanbul, 1997, s. 216.
563 Birçok filozof, dinsizliğin (ateizmin) felsefi açıdan mümkün olmadığını iddia etmektedir. Bu filozoflara göre *"Tanrı yoktur!"* diyen biri aslında Tanrı kavramını kabul ederek, onun varlığını çürütmeye çalışmaktadır.

bu röportajın bir bölümünü *"Gazi Mustafa Kemal Nezdinde Bir Yıl Elçilik"* adlı kitabında yayınlamış, ancak kendi ifadesine göre *"Din konusundaki şahsi görüşleri hususunda söylediklerinin tamamına burada yer vermek doğru olmaz"* diyerek Atatürk'ün din konusundaki görüşlerini bir raporla, saklanmak üzere Amerikan Dışişleri Bakanlığı'na göndermiştir.

2006 yılında ortaya çıkan bu raporda Sherrıll'ın Atatürk'e bazı sorular sorup yanıtlar aldığı görülmektedir.

Bu rapor, Atatürk ve din konusundaki son ve belki de en önemli belge olması bakımından çok değerlidir; ancak bana kalırsa, koyu bir Hıristiyan olan Sherrıll, Atatürk'ün geniş ve çok boyutlu din anlayışını tam olarak raporuna yansıtamamıştır. Raporundaki bazı çelişkiler bu durumu kanıtlamaktadır.

Örneğin bir yerde Atatürk'ün kendisine, *"Türk halkının fazla dindar olmadığını"* söylediğini belirten Sherrıll, başka bir yerde *"Kur'an'ın Türkçeye çevrilmesinin Türklerin Kur'an'a ilgisini azaltmaya yönelik olduğunu"* iddia ederken, raporun büyük bir bölümünde de Atatürk'ün **Tek Tanrı'ya inandığının** ve **dindar olduğunun** altını çizmiştir. [564]

İşte Sherrıll'ın kaleminden Atatürk'ün din anlayışı:

"Agnostik olduğuna dair genellikle kabul görmüş inancı kesinlikle reddediyor, ancak dininin kâinatın mucidi ve hâkimi Tek Tanrı'ya inanmak olduğunu söylüyor.

Ayrıca, beşeriyetin böyle bir Tanrı'ya inanmaya ihtiyacı olduğuna inanıyor. Buna ilaveten dualarla bu Tanrı'ya seslenmenin beşeriyet için iyi olduğunu belirtti." [565]

Atatürk'le birebir görüşen Amerika'nın o zamanki Türkiye Büyükelçisi C. Sherrıll'ın raporundaki bu satırlar, Atatürk "dinsizdi" veya "agnostikti" iddialarını yerle bir etmesi bakımından çok ama çok önemlidir.

---

564 Raporun orjinali için bkz. **National Archives and Records Administration, Maryland, RG 59 Records of the Department of State Relating to the Internal Affairs of Turkey, 1930 - 1944, Mikrofilm M 1224, rulo 10, belge no: 867.404/218;** Rıfat N.Bali,"Amerikan Büyükelçisi Charles H. Sherrıll'ın Raporu, Atatürk'ün Dine Bakışı" **Toplumsal Tarih,** Eylül 2006, S. 153, s. 14 - 19.
565 Bali, **age.** s. 18.

Atatürk Şamanist Yalanı

Atatürk'ün "agnostik" (bilinmezci) olmadığını gördükten sonra, şimdi de onun **Şamanist** olduğu iddiasına kısaca göz atalım.

Bilindiği gibi bazı çevreler, özellikle de Atatürk konusundaki araştırmalarıyla tanınan rahmetli **Cemal Kutay** son zamanlarında, Atatürk'ün "**Şamanist**" olduğunu iddia etmiştir. **Ancak belgeler, Atatürk'ün Şamanist olmadığını kanıtlamaktadır.**

Bu konuda bir çok örnek olay vardır. Bunlardan sadece birini aktarmakla yetinelim: Münir Hayri Egeli'nin aktardığına göre Atatürk'ün huzurunda bulunanlardan birinin, "*Türklerin milli dininin Şamanlık olduğunu*" söylemesi üzerine Atatürk, "*Ahmak! Müslümanlık da Türk'ün milli dinidir. Müslümanlığı Türkler yaymışlar ve Türkler kendilerine göre en geniş manasıyla anlamışlar ve benimsemişlerdir.*" demiştir. [566]

Ayrıca Atatürk eski Türklerin dinlerinin **Tek Tanrılı** olduğunu düşünmektedir. Atatürk, Tek Tanrı düşüncesinin Türklerde çok eski devirlerden beri var olduğunu ve bu nedenle eski Türklerde puta tapıcılık düşüncesinin görülmediğini belirtmektedir:

"*Yüce Tanrı, Türk ülkelerine ve milletine bir peygamber gönderme gereği duymamıştır. Çünkü Türk milleti İslamiyetten çok zaman önce vahdaniyet inancına sahipti ve hiçbir devirde ahlak yapısını bir peygambere muhtaç olacak kadar kaybetmedi. İnsanoğlunun yaptığı putlara tapınmadı. (...) Biliyorsunuz ki biz Türkler, İslamiyeti vahdaniyet inancı getirdiği için kabul ettik ve onun dünyaya yayılmasını kafa ve kılıcımızla biz sağladık. Eğer Türkler Müslüman olmasaydı, İslamiyet, Musevilik gibi göksel bir din olarak kalırdı. İslam âlemine bu gerçeği anlatmak gerekir. Araplar, topraklarına üç semavi din peygamberinin gelmesiyle övünürler ve üstünlük iddia ederler. Bizi de böyle bir nasipten mahrum olduğumuz için küçümserler. Aslında bu bizim ahlak ve insanlık benliğimizi, hiçbir devirde bir*

---

566 Dücane Cündioğlu, **Türkçe Kur'an ve Cumhuriyet İdeolojisi**, İstanbul, 1998, s. 191; Ahmet Vehbi Ecer "Atatürk'ün Din ve İslam Dini Hakkındaki Görüşleri" **Atatürk'ün İslam'a Bakışı, Belgeler ve Görüşler**, Ankara, 2005, s. 222.

peygambere muhtaç olmayacak kadar kaybetmemiş olmamızın ilahi takdir ve tasdiğidir. Çünkü hangi peygamberin nerede doğru yolu gösterme vazifesi alacağı Tanrı'nın takdiridir." [567]

Atatürk'ün bu sözleri, onun Şamanist olmadığını, üstelik dinler tarihiyle ve din felsefesiyle de ilgilendiğini gözler önüne sermektedir.

ULUS DEVLETİ GÜÇLENDİRME KAYGISI

Atatürk, 1930'lu yıllarda, "ulus" anlayışını yerleştirmeye ve İslamla beslenen "ümmet" fikrini ortadan kaldırmaya çalışmıştır. Bu çalışmaları sırasında doğal olarak İslamla karşı karşıya gelmiştir. Daha önce detaylandırdığımız gibi onun bu dönemdeki "İslam karşıtlığı" kişisel değil tamamen devrimseldir. Ayrıca bu durum çok uzun sürmemiştir. Atatürk 1932'de -ileride detaylarıyla anlatılacağı gibi- İslamın kutsal kaynağı Kur'an'ı Türkçeleştirerek, başka bir ifadeyle "İslamı ulusallaştırarak" bu duruma son vermiştir.

Mustafa Kemal'in dinsel tepkisinin kaynağı İslam dini değil, İslam diniyle özdeşleşmiş olan Arap dili, Arap harfleri ve Arap kültürüdür. Nitekim Bursa'da meydana gelen Türkçe ezana direniş olayının ardından, bu olayın bir "din meselesi" değil, bir "dil meselesi" olduğunu ifade etmesi, onun dinde Türkçeleştirme çalışmalarının, "ulusal" amaçlar taşıdığını göstermektedir.

1930'lu yıllarda, bir taraftan tarih ve dil çalışmalarıyla uğraşan Atatürk, diğer taraftan dinde Türkçeleştirme çalışmalarıyla uğraşmaya başlamıştır. Atatürk bu çalışmalara çok büyük önem vermiştir. Ezan ve hutbeleri Türkçeleştirmiş, Kur'an'ın Türkçe tefsir ve tercümelerini yaptırmıştır. Atatürk'ün, din alanındaki bu Türkçeleştirme hareketinin ana nedenlerinden biri, belli ki ulus devleti güçlendirme kaygısıdır.[568] Bütün bu çalışmalar, devrimci Mustafa Kemal Atatürk'ün din üzerine eğilme ihtiyacı duyduğu-

---

[567] Genelkurmay Başkanlığı, **Düşünce ve Davranışlarıyla Atatürk**, Ankara, 2001, s. 62, 63.
[568] Borak, **Atatürk ve Din**, s. 10.

nu göstermektedir. Atatürk'ün, bu din eksenli çalışmaları, dini Türk toplumunun vazgeçilmez değerlerinden biri olarak kabul ettiğini ortaya koymaktadır. Yabancı bir gözlemcinin ifadesiyle:

"*Mustafa Kemal, yozlaşan birtakım batıl inançlar sistemi haline gelen dinin yerine, yeni bir mefhum koymuş, bunu yaparken ferdin o dine karşı bağlılığına zerre kadar tecavüz etmemiştir ve yine bunu yaparken bilfiil yeni bir din yarattığı zehabına (fikrine) kapılmak gibi bir megalomani göstermemiştir, işte onun tevazuu, kendisinin, Bolşevik ve Nazi ihtilal reislerinden yüksek olduğunu ispat etmiştir."* [569]

Atatürk'ün devrimler sürecindeki din anlayışı, akıl ve mantığı ön planda tutan, özellikle 1932'den sonra Kur'an ve Hz. Muhammed'in öğretilerini kaynak alan, bunların dışındaki geleneksel düşünce tarzlarını reddeden bir anlayıştır. Dinde Türkçeleştirme çalışmaları sırasında, genelde dine, özelde İslama daha entelektüel yaklaşan Atatürk, 1930'ların başındaki pozitivist düşünce tarzından yavaş yavaş uzaklaşmaya başlamış, bu arada yeni arayışlar içine girmiş ve ömrünün son döneminde yeniden din ve Allah konularıyla ilgilenmiştir.

ATATÜRK'ÜN DÜŞÜNCE YAPISININ OLUŞUMU VE DİN

Mustafa Kemal'in doğup büyüdüğü ve olgunlaştığı dönem, hem dünya tarihinin, hem de Osmanlı tarihinin neredeyse her bakımdan en çalkantılı ve en hızlı değişen dönemlerinden biridir. O yıllar sadece siyasal, toplumsal değişimlerin değil, kültürel ve bilimsel değişimlerin de en hızlı ve en yoğun olduğu yıllardır. Mustafa Kemal Atatürk, Fransız Devrimi fikirleri; özgürlük, bağımsızlık, milli irade, halk egemenliği, cumhuriyet, demokrasi gibi siyasal kavramlar yanında pozitivizm, materyalizm, sosyalizm, Darvinizm gibi kültürel ve bilimsel yeniliklerin

---

[569] (25 Haziran 1937) tarihli **The Spectutor Dergisi**'nden Rom Lancan, **Yabancı Gözüyle Cumhuriyet Türkiyesi**, s: 57'den Borak, age. s. 86.

dünyayı kuşatmaya başladığı bir dönemde doğup büyümüştür. Okuyan, düşünen ve değerlendiren insanların tüm dünyayı, dolayısıyla Osmanlı'yı da etkileyen bu yeni fikirlere ve bu değişim rüzgârlarına kapalı kalmaları imkânsızdır.

Osmanlı Devleti'nde II. Abdülhamit döneminde, askeri yapıyı modernize etmek için yapılan reformlar sayesinde, askeri eğitim rasyonelleştirilmiştir. Askeri okullarda ihtisas dersleri büyük ağırlık kazanmaya başlamıştır. Ayrıca bu okullarda bir iç nizam ve disiplin vardır. Zaman içinde askeri okulların sayılarının artması ve eğitim süresinin uzaması, bu okullara hem toplumun alt tabakalarından da öğrencilerin girmesine, hem de bu öğrencilerin uzunca bir süre bu okulların etkisi altında kalmasına neden olmuştur. Örneğin, "Askeri Rüştiye'ye giren bir öğrenci aynı okul sistemine devam ettiği takdirde ihtisas dalına göre 8 ile 12 yıl askeri okullarda kalabiliyordu. Bunun anlamı, kişinin kendi aile muhitinin tesirlerinden sıyrılıp, yeni bir ailenin tesiri altında kalmasıdır. Öğrencilerin bir kısmının toplumun alt kesiminden gelmesi bu tesiri artırıyor, aile ile olan bağları daha da belirsizleştiriyordu. Çocuklarını askeri okullara gönderen bu türden aileler, hayatta zorluklarla karşılaşmış, aile yapısını güçlükle sürdüren ailelerdi. Bu aileler geniş köşk veya zengin bir mahalle hayatı olan, bu yolla nam ve ideolojisini devam ettiren aileler değildi." [570] Nitekim Mustafa Kemal'in askeri okula başlamasında bu yöndeki isteği kadar, ailesinin durumu da etkili olmuştur. Ali Rıza Efendi'nin erken ölümü üzerine yalnız kalan Zübeyde Hanım, yaşayacağı ekonomik sıkıntıları da düşünerek pek taraftar olmamasına rağmen oğlunun askeri okula girmesine ses çıkarmamıştır. Mustafa Kemal'in askeri okula başlaması, onun aile etkisinden uzaklaşarak yeni bir etki altına girmesi anlamına geliyordu. Böylece, özellikle anne Zübeyde Hanım'ın Mustafa Kemal üzerindeki geleneksel ve dinsel ağırlıklı etkisi yavaş yavaş silinmeye başlayacak ve onun yerini askeri okulların, rasyonel, akılcı ve pozitivist etkisi alacaktır. Artık, *"Ailenin*

---

570 Şerif Mardin, "Atatürk, Bürokrasi ve Rasyonellik", **75 Yılın İçinden**, haz. Ahmet Oktay, Ekim, 1998, s. 90.

norm aktarıcı fonksiyonunu çok zaman okulun kendisi ve okul arkadaşları devralıyordu. Okul âleminin özelliği ise, fen ve matematiğe, coğrafya ve tarihe önem vermesi, bunun yanında öğrenciler arasında vatanperverlik duygularını yerleştirmesiydi. Bu yeni dünyanın hususiyetleri içinde başta gelen, insanın 'başarı' esasına göre değerlendirilmesi, imtihan ve nota göre ödüllendirilmesiydi..." [571]

Batıdan gelen cereyanlara açık olan özellikle Harbiye ve Tıbbiye gibi okullarda yetişen Osmanlı gençleri, Batı'nın siyasal yönü kadar, bilimsel ve kültürel yönünden de etkilenmeye, Batılı değerleri iyice tanıyıp içselleştirmeye başladıklarında, kendi değerlerinden büyük bir hızla kopmaya başlayacaklardı. Önce dinden soğuyacaklar, daha az dindar, hatta bazıları "dinsiz", "ateist" insanlar haline geleceklerdi. Yavaş yavaş tek inançları akıl ve bilim haline gelecekti. Hatta içlerinden bir bölümü, o günlerde Osmanlı Devleti'nin tüm sıkıntılarını inanç sistemine bağlıyordu. İslam dini onlara göre devleti geri bırakmıştı. Batıdan etkilenen Osmanlı genç kuşağı bu tezleriyle büyük tartışmalar yaratacaklardı.[572] Özellikle bazı Jön Türk ve İttihat Terakki mensupları, modernleşmenin ancak din başta olmak üzere geleneksel değerlerden kurtulmakla mümkün olacağını düşünüyorlardı; ama aynı zamanda kendi içlerinde kimlik bunalımı da yaşıyorlardı. Fakat her şeye rağmen geri, ilkel zamanı geçmiş düşünceler bütünü olarak gördükleri "din" ile uzlaşmaya niyetleri yoktu.

Böyle bir atmosferi soluyan Mustafa Kemal de doğal olarak çevresinde olup bitenlerden etkilenmiştir. Ancak onun kendine has özellikleri, özgünlüğü, siyasal ve toplumsal değişim rüzgârlarına çerçevesindekiler kadar kolay kapılmasını engellemiştir. O, değişimi özümsemesini bilen biridir. Öyle ki değişimden etkilenirken yaptığı özgün çıkarımlarla yeni bin yıla taşınmayı başaran sayılı liderlerden biri olacaktı.

"Atatürk'ün başarısını da belki en iyi bir şekilde bu açı-

---

571 age. s. 91.
572 Batılılaşma ve İslam tartışmaları İçin bkz. Mümtaz Turhan, **Garplılaşmanın Neresindeyiz**, Boğaziçi Yayınları, İstanbul, 1974.

dan değerlendirebiliriz. Başta İttihat ve Terakki kurucularının, 1900'lerin genç subaylarının görüşlerini şekillendiren etkenlerle dünya görüşü ortaya çıkan Atatürk'ün fikirlerinin onlardan ileriye giden bir özelliği mevcuttur... 1900'lerin Türkiye'sinde birçok kimseler, çok genel etkenlerin tesiriyle yenileşmenin gereğini anlamıştı, birçok kimseler de değişmeler yapmaya yönelmişti, fakat bir bütünden esinlenerek bir devrim yaratabilen yalnız Atatürk oldu. Bir şahsın tarihe damga basması dediğimiz olay da her halde bu olsa gerek." [573]

Mustafa Kemal, birçok konuda olduğu gibi din konusunda da özgün çıkarımlar yapmıştır. Pozitivizm ve materyalizm gibi akımların etkisinde kalmakla birlikte, onu döneminin radikal pozitivist ve materyalist aydınlarından ayıran özellikleri vardır. Örneğin, Müslüman bir toplumun aynı zamanda modern, laik ve demokratik bir toplum olabileceğini önceden görebilmiş ve en önemlisi ileride bu düşüncesini hayata geçirebilme başarısı göstermiştir.

Sonuç olarak Mustafa Kemal Atatürk'ün tüm yaşamı boyunca din, inanç, Allah konularındaki değer yargılarının değişip, gelişip olgunlaşmasında etkili olan nedenleri ana hatlarıyla şu şekilde özetlemek mümkündür:

1. Doğduğu yerin etkileri: Mustafa Kemal'in Osmanlı Devleti'nin Batı'ya açılan kapısı konumundaki Selanik'te doğması, Batı kültürünün ilk etkileriyle daha çocukluk yıllarında tanışmasına neden olmuştur. Ayrıca Selanik'in tekke, tarikat, cami, kilise, havra ve sinagoglarla dolu, adeta bir dinsel mozaiği andıran yapısı, bu kentte bir Müslüman olarak doğan Mustafa Kemal'i derinden etkilemiştir. Doğduğu kentin çok dinli ve çok kültürlü bir kent olması Mustafa Kemal'in dinler ve kültürler arası diyaloğu, etkileşimi, benzerlikleri, farkları ve çatışmaları görerek büyümesine yol açmıştır. Farklı dinlere inanan etnik unsurların Osmanlı Devleti'nden nasıl kopup ayrılmak istediklerine ilk kez Selanik'te tanık olmuştur.

---

573 Mardin, **age.** s. 94, 95.

2. Aile ve akraba çevresinin etkileri: Mustafa Kemal'in annesi Zübeyde Hanım oldukça dindardır. Atalarının geleneksel dini inançlarına sonuna kadar bağlı, beş vakit namazını kılan sofu bir Müslüman Türk kadındır. Zübeyde Hanım'ın dindarlığı, babası Sofuzade Feyzullah Efendi'ye dayanmaktadır. Özellikle çocukluk ve ilk gençlik yıllarında Mustafa Kemal annesinin etkisi altında kalmıştır. Mustafa Kemal'in akrabaları arasında tarikat şeyhlerinin olması, onun iyi Kur'an okuyacak kadar din eğitimi alması, yaz tatillerinde başta Mevlevi ve Bektaşi ayinleri olmak üzere bazı tarikat toplantılarına katılması çocukluk ve ilk geçlik yıllarında dinle haşır neşir olduğunu göstermektedir. Kısacası Mustafa Kemal, aile ve akraba çevresinin etkisiyle geleneksel bir dinsel kültürle büyümüştür.

3. Askeri öğrencilik yıllarının etkileri

a. Batılı fikirlerin etkisi: Mustafa Kemal, askeri okullarda bulunduğu yıllarda daha çok Fransız kaynaklı Batılı fikirlerle tanışmıştır. Genç subay adayı pozitivizm, materyalizm, sosyalizm, Darvinizm, cumhuriyet, demokrasi gibi 19. yüzyılın yükselen değerleri olarak adlandırılabilecek düşüncelerden etkilenmeye başlamıştır. Mustafa Kemal, bu düşünceleri ya doğrudan Rousseau, Voltaire, Auguste Comte, Desmoulins, Montesquieu gibi Batılı aydınlar ya da bu aydınlardan etkilenen Osmanlı aydınları aracılığıyla tanımıştır.

Sonraki yıllarda etkisinde kalacağı pozitivist Abdullah Cevdet'i de bu dönemde tanımıştır.

b. İsmail Fazıl Paşa Konağı'nın etkisi: Mustafa Kemal, İstanbul'da Harp Okulu'nda öğrenciyken, 1899-1904 yılları arasındaki yaz tatillerini çoğu kez bu konakta geçirmiştir. Genç Mustafa Kemal bu konakta gelenekler ve manevi değerlerin, çağın şartlarıyla nasıl iç içe olabildiğini, azınlıkların ayrıcalıklarını ve Türklerin nasıl ikinci plana itildiklerini görmüştür. Güncel ve kuramsal konularda ateşli tartışmalara bu konakta tanık olmuştur. Bu konakta bulunduğu günlerde, pozitivist atmosferden geçici bir süre uzaklaşmasının yanı sıra, yaşadığı çağın sosyal ve toplumsal gerçekleriyle yüzleşmiş, dönemin önde gelen şahsiyetlerini ve değişik fikirleri tanıma fırsatı bulmuştur.

4. İttihat ve Terakki'nin etkileri: Mustafa Kemal, askeri okullarda bulunduğu yıllarda, özellikle Osmanlı'nın Balkan coğrafyasında hürriyetçi fikirleri savunanlar bir araya gelerek örgütlenmeye başlamışlardı. Mustafa Kemal, bu örgütlerin en önemlisi olan İttihat ve Terakki Cemiyeti'ne katılarak bir dönem bu cemiyet içinde mücadele etmiştir. Cemiyet üyeleri arasında Bektaşi kültüründen etkilenenler olduğu kadar, materyalist ve ateist olanlara da sıklıkla rastlanmaktadır. İnançları farklı olsa da hepsinin ortak özelliği vatansever olmalarıdır.

5. Suriye'de bulunduğu dönemin etkileri: Mustafa Kemal Suriye'de Arap fanatikliğini, Arapların Türklerden daha üstün tutulduklarını, Arapların İslam yorumunun, Türklerin İslam anlayışından farklı olduğunu görmüştür. Türk İslamı ile Arap İslamını kıyaslama fırsatı bularak Türk görüş açısının daha sağlıklı olduğu sonucuna varmış ve İslamın Türk yorumunu yaptığını düşündüğü Mevlana'ya olan hayranlığı daha da artmıştır. En önemlisi, Suriye'de bulunduğu dönemde gördüğü Arap fanatikliği ve İslamı çepeçevre saran Arap etkisine tepki duymuş ve kafasında, "dinde Türkçeleştirme" konusunda ilk fikirler belirmeye başlamıştır.

6. Ziya Gökalp ve Namık Kemal'in etkileri: Mustafa Kemal, pozitivist ve materyalist fikirlerin kol gezdiği bir ortamda Ziya Gökalp ve Namık Kemal'den etkilenmiştir. Namık Kemal ve Ziya Gökalp'in din olgusunu içselleştirmiş birer "inanan" olmaları, Mustafa Kemal'in dikkatini çekmiştir. Namık Kemal ve Ziya Gökalp gibi aydınların *"dini reddetmek, yok saymak yerine, dindeki bozulmaları, hurafeleri dinden uzaklaştırmak gerekir,"* şeklindeki değerlendirmeleri Mustafa Kemal'in dikkatini çekmiş ve yeniden yapılandırılmış, hurafelerden arındırılmış bir İslamın, toplumsal ilerlemeye engel olmayacağını düşünmesine neden olmuştur.

7. Sıcak savaş yıllarının etkileri

a. Çanakkale Savaşlarının etkisi: Çanakkale Savaşları sırasındaki olağanüstü koşullar ve manevi atmosfer, Mustafa Kemal'i oldukça derinden etkilemiştir. Çanakkale Savaşlarına ait bazı anıları ve özel mektupları bu dönemde dinle oldukça yakınlaştığını ortaya koymaktadır. Çanakkale'den gönderdiği mektuplarda kullandığı İslami üslup, bu mektupların oldukça inançlı birinin kaleminden çıktığını göstermektedir.

b. Kurtuluş Savaşı yıllarının etkisi: Mustafa Kemal, Kurtuluş Savaşı sırasında yaşadığı olaylardan ve okuduğu kitaplardan etkilenmiş ve adeta klasik bir Müslüman görüntüsü vermiştir. Mustafa Kemal, Kurtuluş Savaşı sırasında, daha önce Jön Türk aydınlarının yaptığı gibi, İslam dininden daha çok "meşruiyet aracı" olarak yararlanmış ve mücadele boyunca "İslami bir söylem" kullanmıştır.

8. Devrimler sürecinin etkileri

a. 1923-1930 arası dönem: Mustafa Kemal, Kurtuluş Savaşı sonrasındaki bu dönemde din karşısındaki duyarlılığını korumuştur. Konuşmalarında dini vurgular yapmaya devam etmesine karşılık, Kurtuluş Savaşı yıllarıyla kıyaslandığında "İslami söylemi" yavaş yavaş terk etmeye başladığı göze çarpmaktadır.

b. 1930 ve sonrası dönem: 1930 ve sonrasında bir dönem, Mustafa Kemal'in dine karşı tepkisel ve eleştirel bir tavır takındığı görülmektedir. Bu dönem, Türk tarih ve dil çalışmalarının başladığı yıllara denk gelmektedir. Kanımca, bu dönemde Mustafa Kemal Atatürk, ulusal kültürü güçlendirmeye çalışırken, Arap etkisinin Türk kültürüne daha çok "din" yoluyla nüfuz etmiş olduğunu görerek, bir süre dine "tepkisel" yaklaşmıştır. Ayrıca bu tepkinin, o dönemin siyasal ve toplumsal koşullarıyla da ilgisi vardır. Örneğin, 1930'lu yıllarda meydana gelen rejim karşıtı hareketlerin dinden meşruiyet almaları, Mustafa Kemal Atatürk'ü olumsuz etkilemiştir. Atatürk'ün dine karşı bu "tepkisel yaklaşımı" Kur'an'ın Türkçeleştirme çalışmalarının başlamasıyla yavaş yavaş geride kalmış ve Atatürk ömrünün son dönemlerinde yeniden dinle yakınlaşmıştır.

9. Dini istismar edenlere karşı duyduğu tepkinin etkileri: Daha çocukluk yıllarında karşılaştığı baskıcı, dayakçı din adamı görünümü, Kurtuluş Savaşı sırasında İstanbul müftüsünün fetvalarıyla idama mahkûm edilmesi, çıkarları peşinde koşan din adamlarıyla karşılaşması, onu olumsuz etkilemiştir.

10. Okuduğu kitapların etkileri: Mustafa Kemal askeri öğrencilik yıllarından başlayarak aralarında Kur'an-ı Kerim'in de bulunduğu çok sayıda dinsel içerikli kitap okumuştur. Bu okumaları onun aileden gelen dinsel kültürünü kitabi bilgiyle derinleştirmesine ve genelde din, özelde İslam dini konusunda özgün çıkarımlar yapmasına neden olmuştur.

ÜÇÜNCÜ BÖLÜM

KURTULUŞ SAVAŞI'NDA ATATÜRK VE DİN

"Allah'ın inayeti ve Türk milletinin yenilmez kuvveti sayesinde gayemize vasıl olacağız."

(1921) Mustafa Kemal Paşa

16. yüzyılda dünyanın en büyük askeri ve siyasi güçlerinden biri durumundaki Osmanlı Devleti, zaman içinde çeşitli iç ve dış nedenlerden dolayı güç kaybetmeye başlamıştır. 1699 Karlofça Antlaşması'yla ilk topraklarını kaybeden imparatorluğun ekonomik, siyasi ve toplumsal çözülmesi ancak 17. yüzyıldan sonra Osmanlı devlet adamlarının dikkatini çekmiştir. Bünye yorgun, yaralar ağır, reçete ise yetersizdir. Devleti eski dinamizmine kavuşturmak amacıyla atılan adımlar (ıslahatlar) da sonuç vermeyince, özellikle 19. yüzyıldan itibaren imparatorluktaki irtifa kaybının hızlanarak devam etmesi kaçınılmaz olmuştur.

Dağılış süreci içinde hızla ilerleyen Osmanlı Devleti'nin elindeki topraklar, 20. yüzyılın başlarında Trablusgarp, Balkan ve Birinci Dünya Savaşı sonunda Anadolu coğrafyasıyla sınırlanmıştır. İşte Türk Kurtuluş Savaşı, eldeki bu son toprak parçasında, bağımsız yaşamak amacıyla başlatılan ve Mustafa Kemal Paşa'nın önderliğinde kısıtlı olanaklarla başarıya ulaştırılan antiemperyalist bir harekettir.

Türk tarihinin en önemli dönüm noktalarından biri olan bu mücadele, yüzyıllar süren bir dağılışın ve tükenişin ardından,

Anadolu'da yeni bir dirilişin ve çağdaş bir uyanışın simgesi olacaktır.

Birinci Dünya Savaşı sonrasında imzalanan Mondros Ateşkes Antlaşması, bir taraftan Osmanlı Devleti'nin egemenlik haklarını sınırlarken, diğer taraftan işgalci devletlerin Osmanlı Devleti üzerindeki ekonomik, siyasi ve askeri baskılarına ortam hazırlamıştır. Bu baskılar, Türk insanının direniş gücünü tükenme noktasına getirmiştir. Ayrıca 19. yüzyıl boyunca yapılan savaşların yıpratıcı etkisi, kan, ateş ve gözyaşı üçlemesi olarak toplumun hafızasında tüm sıcaklığını ve tazeliğini korumaktadır. İşte bu şartlar altında bir bağımsızlık mücadelesinden söz etmek, yorgun bir toplumu adeta yeniden kan, ateş ve gözyaşı üçlemesiyle yüzleşmeye çağırmak demektir.[574] İşte **Mustafa Kemal Atatürk**, Türk toplumuna bu cesur çağrıyı yapabilme cesaretini göstermiştir. O, birçoklarına hayal gibi görünen bu çağrıya, Türk toplumunun olumlu yanıt vereceğine gönülden inanmıştır; çünkü içinde yaşadığı toplumu çok iyi tanımakta ve toplumun elindeki **"gizli gücü"** çok iyi görebilmektedir. Mustafa Kemal Paşa, mücadeleye atılırken içinde bulunulan şartları ve halktaki "gizli gücü" şu sözlerle dile getirmiştir:

"Türk Milleti, ALLAH'IN İNAYETİNE güvenerek hayatını kurtarmaya, yaşamak hakkına malik olduğunu dünyaya göstermeye azmettiği gün, bütün vesaitten mahrum, yalnız İMAN AŞKI ve İSTİKLAL KUVVETİNE malik idi."[575]

Türk Kurtuluş Savaşı'nın önderi Mustafa Kemal Paşa, o günkü Anadolu toplumunun gerçeklerinden hareket ederek, toplumun temel değeri olan birleştirici, bütünleştirici özelliğe sahip İslam dininden yararlanacaktır. Gerek manevi bakımdan, gerek **toplumsal motivasyon aracı olarak gerek meşruiyet kaynağı olarak, gerekse etnik unsurları birleştirme aracı olarak, İslam dini Kurtuluş Savaşı'nın en etkin silahlarından biri olacaktı.**

---

574 Gerçekten de dönemin koşulları böyle bir mücadeleyi göğüsleyecek şartlara sahip görünmemektedir.
575 Atatürk'ün Tamim, Telgraf ve Beyannameleri, (ATTB), C. IV, Ankara, 1964, s. 513.

Türk Kurtuluş Savaşı bütün boyutlarıyla ele alınıp değerlendirildiği ölçüde bu konuda sağlıklı sonuçlara ulaşılacaktır. Bu mücadelede Mustafa Kemal Paşa ve Anadolu insanın faaliyetleri, düşmanın çalışmaları, İstanbul hükümetlerinin tutumu yanında, "din" konusu göz ardı edilmemelidir.

Kurtuluş Savaşı'nın en etkin silahlarından olan din, Mustafa Kemal'in elinde saldırı amaçlı değil, öncelikle savunma amaçlı bir silah işlevi görecektir. Mustafa Kemal, dini bir silah olarak kullanırken, aslında, düşmanlarına düşmanlarının silahıyla karşılık vermiştir. Oysaki 1920'li yıllarda Anadolu toplumunun kendi gerçekleri içinde, hem İstanbul hükümeti, hem de işgalci devletler, dini, Milli Hareket'e ve bu hareketin yönlendirici kadrosuna karşı, saldırı amaçlı bir silah olarak kullanacaklardı. Anadolu'da gelişen Milli Hareket'i kendi çıkarlarına ters gören İstanbul hükümetleri, dindar Anadolu halkını asi, dinsiz, zındık olarak nitelendirdikleri Mustafa Kemal'e ve dava arkadaşlarına karşı din silahını kullanarak isyana teşvik edeceklerdi. Düşmana düşmanın silahıyla karşılık vermek gerektiğine inanan Mustafa Kemal Paşa, işte böyle bir ortam içinde din silahına sarılma ihtiyacı duymuştur.

1919-1922 yılları arasında, Anadolu sahnesinde oynanan savaş oyununun en stratejik silahlarından biri dindi. Galip, şüphesiz elindeki silahları en iyi kullanan taraf olacaktı.

TOPLUMSAL MOTİVASYON VE DİN

Mustafa Kemal, Kurtuluş Savaşı'nın başarıya ulaşabilmesi için halkın tamamının bu mücadeleyi sahiplenmesi gerektiğine inanıyordu. Bunun için öncelikle, bir "**toplumsal motivasyon**" yaratmalı ve tüm halkı "bağımsızlık" ortak hedefi etrafında birleştirmeliydi.

20. yüzyılın başlarında Anadolu insanını kısmi etnik köken ve ideoloji ayrımlarına rağmen bir araya getirebilecek yegâne motivasyon aracı İslam diniydi. Mustafa Kemal Paşa, zengin din kültürünü de kullanarak Türkiye'nin geleceği için hayati önem

taşıyan bu toplumsal motivasyonu ustalıkla gerçekleştirmiştir. Çağdaş yazarlarımızdan birinin belirttiği gibi, Mustafa Kemal Atatürk, *"Kurtuluş ideolojisinin öncülüğünü, Kuvayı Milliye ile İslamiyet arasında kurmayı başardığı köprü üzerinde bu asrın başında gerçekleştirmiştir."* [576]

Mustafa Kemal Paşa'nın Kurtuluş Savaşı yıllarında izlediği kurtuluş stratejisi, halka inmeyi, halkla birlikte hareket etmeyi amaçlamaktadır. Dolayısıyla camiye ve cemevine gitmiştir. Halkın duygularına bazen cami minberlerinde, bazen de Bektaşi dergâhlarında yüksek sesle tercüman olmuştur. İçtenliği ve yüksek etkileme gücü sayesinde elde ettiği başarıyı, üstün ve seviyeli din kültürü ile de birleştirerek kısa sürede halk tarafından benimsenmiştir. Kurtuluş Savaşı'nın kazanılmasını sağlayacak olan en önemli etkenlerden biri, Mustafa Kemal'in bu stratejik hareket tarzıdır.

Mustafa Kemal Paşa, Osmanlı Devleti'nin hızla çöküşe sürüklendiği yılları, imparatorluğun bir ferdi olarak bizzat, tüm sıcaklığıyla yaşamıştır. Trablusgarp, Balkan ve Birinci Dünya Savaşı'yla, Osmanlı'nın aldığı derin yaralara tanık olmuş, altı yüz yıllık bir oyunun son perdesinin oynandığını fark etmiştir. Yıllarca bağımsız yaşamış bir ulus için adeta esaret çanları çalmaya başlamıştır. Mustafa Kemal Paşa, içinde bulunulan durumun zorluğunu ve düşmanın asıl hedefini çok önceden anlamış gibidir. Daha 1917'de Halep'ten Sadrazam ve Dâhiliye Nazırı Talat Paşa'ya, İngiltere'nin gerçek emellerini sıralamış; *"İngiltere'nin Türkiye'yi parçalama isteğinin, Birinci Dünya Savaşı'nın en önemli amaçlarından biri olduğunu"* söyleyerek, *"Bu durumun Osmanlı Devleti için telafisi mümkün olmayan sonuçlar doğabileceğini"* [577] ifade etmiştir. Mustafa Kemal Paşa'nın endişelerinde haksız olmadığı çok geçmeden anlaşılacaktır. Birinci Dünya Savaşı'nı Osmanlı Devleti adına bitiren 30 Ekim 1918 tarihli Mondros Ateşkes Antlaşması ile Osmanlı Devleti fiilen yok sayı-

---

576 Alparslan Işıklı, **Sosyalizm, Kemalizm ve Din**, s. 163.
577 **ATTB**, C. IV, s. 4.

lırken, 15 Mayıs 1919'da Yunanlılar, Paris Barış Konferansı'nda alınan kararlar uyarınca, Mondros Ateşkesi'nin 7. Maddesi'ne dayanarak ve Wilson İlkeleri'nden aldıkları destekle İzmir'i işgal etmişlerdir. Bu gelişmeler üzerine Mustafa Kemal Paşa, 19 Mayıs 1919'da Samsun'a çıkarak kısa zamanda tüm Anadolu'yu saracak olan bağımsızlık ateşini yakmıştır.

Anadolu, bu sırada iç isyanlar ve işgaller içinde yanmaktadır. Garp cephesinde Yunanlılar yeni taarruz hazırlığındadır. Güneyde Ermeniler, Karadeniz'de Pontus Rumları, ayrılık peşindedirler. Çerkez, Gürcü, Abaza beyleri ayaklanmışlardır. Anzavur çeteleri kan dökmeye devam etmektediler. Bir taraftan muhtelif nedenlerle Kurtuluş Savaşı'na karşı tavır alan Damat Ferit hükümetleri mücadele azmini kırmaya çalışırken, diğer taraftan İtilaf Devletleri Anadolu üzerindeki emelleri doğrultusunda paylaşım planlarının ayrıntılarıyla uğraşmaktadırlar. Kurtuluş Savaşı'nın **Halide Onbaşısı** o zor günleri şöyle anlatılmaktadır:

"Milletin ateşle imtihanında en korkunç anları yaşıyorduk. Karargâh dıştan sakin görünse de içerde hayat zordu. Mustafa Kemal Paşa o günlerde bütün enerjisiyle dağınık kuvvetleri idare etmeye çalışıyordu. Büyük odadaki manzara gözlerimin önündedir. Mustafa Kemal Paşa, lambanın ışığı altında kâğıtları karıştırır. Her yarım saatte bir endişe dolu kâğıtlar gelirdi. Bu durum her gece şafak sökünceye kadar devam eder, hepimiz yorgunluktan bitkin hale gelirdik... Umumiyetle birkaç saat uyuyabilmek için sabahın erken saatlerinde aşağıya inerdik. Fakat rahat uyumak mümkün olmazdı. Hilafet ordusunun ne zaman baskın yapıp, bizi yatağımızda boğazlayacağını tahmin edemiyorduk." [578]

Kurtuluş Savaşı'nın imkânsızlıklar ve yokluklar içinde kazanıldığı bilinen bir gerçektir. Bu mücadelenin başarıya ulaşmasında büyük katkıları olan, adları bu savaşla ve Mustafa Kemal Paşa ile özdeşleşen, İsmet İnönü ve Halide Edip Adıvar bile başlangıçta böyle bir mücadelenin başarıya ulaşmasının mümkün

---

578 Adıvar, **Türk'ün Ateşle imtihanı**, s. 142, 143.

olamayacağını düşünmüşlerdir. Bu aşamada onları teslimiyete iten, hiç şüphesiz yaşadıkları toplumun gerçeklerinin bu mücadeleyi başarıyla sonuçlandıracak şartlara sahip görünmemesidir. 1919'da Renin gazetesindeki bir yazıda bu durum şöyle ifade edilmiştir:

"*Mustafa Kemal Paşa, Anadolu'da bir milli hareket yaratmaya çalışıyor. Bu ne çocukça bir hayaldir! Bütün cihanın kuvvetine karşı... Savaştan ezilmiş olan zavallı Anadolu'nun gücü ile!... Kafa tutmasının ne gücü olabilir?... Anadolu'da ne kalmıştır? Ne var ki, mukavemet teşkili kabil olsun?*"

Mustafa Kemal Paşa ise çok kararlıdır; "*imkânlar yetersiz*", "*para yok*" diyenlere şöyle seslenmiştir:

"**Ben ilk defa bu işe başladığım zaman en akıllı ve düşünür geçinen birtakım kimseler bana sordular: 'Paramız var mıdır? Silahımız var mıdır?' 'Yoktur dedim'. O zaman, 'o halde ne yapacaksın' dediler. 'Para olacak, ordu olacak ve bu millet bağımsızlığını kurtaracaktır', dedim.**" [579]

Bu zor şartlar altında, bağımsızlık savaşını kazanmak, ancak eldeki **bütün maddi ve manevi unsurları** seferber etmekle mümkündür. Maddi unsurlar yeterli düzeyde olmadığına göre öncelikle yapılması gereken **manevi unsurları** devreye sokmaktır. İşte bu görevi, Kurtuluş Savaşı'nın önderi Mustafa Kemal Paşa üstlenmiştir.

Toplumun ruh halini son derece ustalıkla incelemiş olan Mustafa Kemal Paşa, o zorlu mücadele yıllarında "manevi havayı" elinden geldiğince canlı tutmaya çalışmıştır.

Örneğin, Mustafa Kemal Paşa, Havza'ya gelir gelmez, 6 Haziran 1919'da Yörgüçzade Mustafa Bey Camii'nde **İzmir şehitleri için bir mevlit okutulmasını**, sözü dinlenir bir din adamının, halka silahlanmanın gerekliliğinden söz etmesini ve mevlitten sonra da halkın camiden çıkıp ellerinde bayraklarla, "tekbir" getirerek miting yerinde toplanmasını istemiştir. Nitekim tıpkı Mustafa Kemal Paşa'nın istediği gibi 6 Haziran günü cuma namazından

---

579 Mustafa Kemal Atatürk, **Nutuk**, 5. bs, İstanbul, 2002, s. 516.

sonra mevlit okunmuş ve miting yerinde yapılan konuşmalarda İzmir'in işgali kınanmıştır.[580] Mustafa Kemal Paşa'nın, Kurtuluş Savaşı'nın bu ilk mitinginin cuma günü cuma namazından sonra düzenlenmesini istemesi, onun *"dinsel eksenli toplumsal motivasyona"* ne kadar çok önem verdiğinin bir kanıtıdır.

Mustafa Kemal Paşa, Kurtuluş Savaşı boyunca din adamlarına önemli görevler vermiştir. Samsun'a çıkıştan Ankara'da TBMM'yi açıncaya kadar geçen sürede gittiği her şehir ve kasabada din adamlarını seferber etmiş, cami ve cemevlerinin toplumsal motivasyon merkezleri olarak kullanılmasını sağlamıştır. Örneğin, Amasya'ya geldiğinde 13 Haziran 1919 Cuma günü, namazdan önce Amasyalılara vatanın içinde bulunduğu durumu anlattırmak üzere **Vaiz Abdurrahman Kamil Efendi**'ye haber göndermiştir. Hoca haberi alır almaz ilerlemiş yaşına rağmen *"Başım, gözüm üstüne"* diyerek camiye koşmuştur.[581]

Halkın eğilim ve tepkisini yakından görmek ve cuma namazını Amasyalılarla birlikte kılmak için Mustafa Kemal Paşa da camiye gelmiştir.[582] Mustafa Kemal Paşa, cami avlusunda Kamil Efendi'ye, *"Baba hazırlandın mı?"* diye sormuş, Kamil Efendi de *"Tamamdır oğul, tamamdır"* yanıtını vermiş ve camide cemaate, bağımsızlık uğruna mücadele etmenin her Müslümana farz olduğunu anlatmıştır.

Mustafa Kemal Paşa'nın, bu tür dinsel eksenli toplumsal motivasyon çalışmalarına çok sayıda örnek vermek mümkündür.

Sakarya Savaşı için cepheye hareketinden önce, *"Allah'ın inayeti ve Türk milletinin yenilmez kuvveti sayesinde gayemize vasıl olacağız"* diyen Mustafa Kemal'in, o yıllarda kendisinin de bu manevi havadan etkilendiği görülmektedir.

Mustafa Kemal Paşa, Kurtuluş Savaşı'nın yürütülmesi aşamasında halkın dinsel inançlarına daima saygılı olmuş ve esase-

---

580 Süreyya Şehidoğlu, **Milli Mücadelenin Maddi Dayanakları**, Ankara, 1975, s. 40; Necdet Refik Aktaş, **Atatürk'ün Bağımsızlık Savaşı Nasıl Başladı**, İstanbul, 1973, s. 52.
581 Menç, **Milli Mücadelenin İlk Kıvılcımı**, s. 7.
582 Bayar, **Ben de Yazdım**, C. VIII, s. 2595.

ten kendisi de inançlı bir Müslüman olarak ortaya çıkmıştır. Cemaatle birlikte namaz kılmış, dua etmiş, minberden vaaz vermiştir. 7 Şubat 1923'te Balıkesir Paşa Camii'nden halka hitabında söze, *"Ey millet Allah birdir, şanı büyüktür"* diye başlamıştır.[583] Mustafa Kemal Paşa, Balıkesir Paşa Camii'ndeki hutbesinde, Allah'tan, Hz. Muhammed'den ve İslam dininden övgüyle söz ederek Türk Kurtuluş Savaşı ile İslami karakterleri ve İslami kavramları özdeşleştirmiştir.

Mustafa Kemal Paşa, ayrıca Kurtuluş Savaşı yıllarında **camilerde Kur'an ve Sahih-i Buhari okutulmasını** istemiştir.[584]

Kurtuluş Savaşı'nın kazanılmasında Mustafa Kemal Paşa'nın bu "din eksenli toplumsal motivasyon seanslarının" çok büyük bir rolü vardır. Bu toplumsal motivasyon seanslarını düzenleyen çoğu kez bizzat kendisidir. Bazen camiler, bazen cemevleri, bazen de şehir merkezleri bu toplumsal motivasyonlara sahne olmuştur. Mustafa Kemal, Kurtuluş Savaşı sırasında, neden böyle bir toplumsal motivasyona ihtiyaç duyduğunu şöyle ifade etmiştir:

"Harp ve muharebe demek iki milletin, yalnız iki ordunun değil, iki milletin bütün varlıklarıyla vuruşması demektir. Bunun için bütün Türk milletini, cephede bulunan ordu kadar, bilinç, duygu, eylem olarak ilgili kılmalıydım. Millet bireyleri, yalnız düşman karşısında bulunanlar kadar, köyde evinde ve tarlasında bulunan herkes, silahla vuruşan savaşçı gibi kendini görevli duyarak bütün varlığını savaşa adayacaktı. Bütün maddi ve manevi varlığını savunmasına vermekte yavaş davranan ve aldırmazlık gösteren uluslar, harp ve muharebeyi temelinden göze almış ve başarabileceklerine inanmış sayılmazlar." [585]

Şurası muhakkak ki bağımsız yaşama idealinin, Türk ulusu şahsında yeniden dirilişini simgeleyen Türk Kurtuluş Savaşı, Mustafa Kemal Paşa'nın ustalıkla gerçekleştirdiği toplumsal motivasyon sonucunda başarıya ulaşmıştır.

---

583 Işıklı, **age.** s. 172.
584 İbrahim Agâh Çubukçu, "Halifelik, Din ve Laiklik," **Atatürk Araştırma Merkezi Dergisi**, S. 17, 1990, s. 304.
585 Mustafa Kemal Atatürk, **Nutuk**, C. III, 1934, s. 133.

MEŞRUİYET KAYNAĞI OLARAK DİN

Mustafa Kemal Paşa'nın Kurtuluş Savaşı yıllarındaki tek amacı işgal altındaki ülkeyi bağımsızlığa kavuşturmaktır. Bunu başarmanın tek yolu ise milletçe, "topyekûn" bir mücadeleden geçmektedir. Bu nedenle Mustafa Kemal Paşa, daha sonra uygulamayı düşündüklerini savaş yıllarında hiçbir şekilde açıklamamıştır. Bütün savaş yıllarında ne Cumhuriyetçilikten, ne Batıcılıktan, ne de İnkılapçılıktan söz etmemiştir. Bu yıllarda bu gibi düşüncelerden söz etmek bir yana, toplumsal bütünleşmeyi daha da sağlamlaştırmak için Kurtuluş Savaşı'nın amacının *"hilafet ve saltanatı korumak"* olduğunu sık sık dile getirmiştir. Zaman ve şartların gereken olgunluğa ulaştığını gördüğünde düşüncelerini uygulamaya koymuştur.[586]

Mustafa Kemal Paşa'nın Kurtuluş Savaşı yıllarındaki hareket tarzı, Anadolu insanını çok iyi tanımasının bir ürünüdür. İçinde yetiştiği toplumu ateşleyip harekete geçirerek, muhtemel bölünmeleri önleyerek, topyekûn bir mücadeleyi sağlayacak faktörlerin neler olduğunun farkındadır. Dolayısıyla, Anadolu insanını bu anlamda en iyi kamçılayacak faktörün "din" olduğunu kolaylıkla görebilmiştir.

"Mustafa Kemal Paşa, Anadolu insanının manevi dünyasının da en az ekonomik yaşamı kadar önemli olduğunun farkındadır. Büyük yerlerde Mevlevilerin, küçük yerlerde de Bektaşilerin halk üzerindeki etkilerini kullanarak, halkla daha doğrudan bir ilişki kurma yoluna gitti. Bu örgütlerin iki büyük önderi, **Konya Mevlevi Dergâhı lideri Abdülhalim Çelebi'yle, Hacı Bektaş Dergâhı Bektaşi Şeyhi Cemalettin Çelebi'yi** alıp Büyük Millet Meclisi'ne reis vekili yapmıştır." [587]

---

586 *"Mücehedatımızın birinci gayesi ise, saltanat ve hilafet makamlarının tefrikini istihdaf eden düşmanlarımıza irade-i milliyenin buna müsait olmadığını göstermek ve makamat-ı mukaddeseyi esareti ecnebiyeden tahlis ederek ululemr salahiyetini düşmanın tehdit ve ikrahından azade kılmaktır... Cenab-ı Hak muvaffakiyet ihsan etsin. Amin."* Atatürk'ün 2 Nisan 1920'de TBMM'de Hükümet Teşkilatı Hakkında Yaptığı Konuşma, **ASD**, C. I, s. 62, 63.
587 Oran, **age.** s. 132.

Taşrada din adamları, özellikle de müftüler, halk üzerinde çok büyük bir etkiye sahiptir. Mustafa Kemal Paşa, bu gerçeğin farkında olarak Anadolu'da hep din adamlarını yanına alarak hareket etmiştir. Din adamları önce Müdafaa-i Hukuk Cemiyetlerinin kurucusu, sonra Temsil Heyeti üyesi, daha sonra da TBMM'de milletvekili olarak mücadelenin hep içinde yer almışlardır. Hatta bazıları bizzat cephede düşmanla çarpışmışlardır.

Tarihçi Standford Shaw'ın belirttiği gibi Kurtuluş Savaşı'nda Anadolu'daki ilk kıvılcımlara yerel din adamları, çoğunlukla müftüler, imamlar, müderrisler öncülük etmiş, halkı etkilemişlerdir. Mustafa Kemal Paşa, zaferi kazanıp, yeterince güçlenerek laik cumhuriyet kurma aşamasına gelinceye kadar bütün Kurtuluş Savaşı boyunca din adamlarının bu etkisini kullanmıştır.[588]

Lord Kinross'a göre de *"Mustafa Kemal en güçlü taraftarlarını din adamları arasında bulmuştur."*

Gerçekten de ilk işgallerden hemen sonra özellikle Batı Anadolu'daki din adamları hemen harekete geçerek düşmana karşı direnişin ilk adımlarını atmışlardır.[589] Bu vatansever din adamları halk üzerindeki yönlendirici etkilerini çok iyi kullanarak kısa sürede düşmana karşı bir direnç oluşturmayı başarmışlardır. **47 Müdafaa-i Hukuk Cemiyeti'nde 84 din adamı, yönetici durumundadır.** Ayrıca bu 47 Müdafaa-i Hukuk Cemiyeti'nin 16'sının başkanı din adamıdır.[590]

---

588 Standford Shaw, **From Empire to Republic, The Turkish War of National Liberation**, C. II, Ankara, 2000, s. 664.
589 Bülent Tanör, **Türkiye'de Kongre İktidarları, 1918 - 1920**, İstanbul, 2002, s. 135, 215.
590 Müdafaa-i Hukuk Cemiyetlerine başkan olan 16 din adamı şunlardır: Ankara'da Müftü Rıfat Börekçi, Afyon'da Müftü Sait Efendi, Amasya'da Müftü Hacı Tevfik Efendi, Bilecik'te Müftü Mehmet Şükrü Efendi, Bolu'da Müderris Kürtzade Mehmet Sıtkı Efendi, Çankırı'da Müftü Bekirzade Ata Efendi, Denizli'de Ahmet Hulusi Efendi, Erzurum'da Hoca Raif Efendi, Hakkâri'de Müftü Ziyaeddin Efendi, Isparta'da Şeyh Ali Efendi, Kırşehir'de Müftü Halil Hilmi Efendi, Konya'da Ali Kemali Efendi, Sivas'ta Müftü Abdurrauf Efendi, Van'da Müftü Şeyh Masum Efendi, Yozgat'ta Müftü Mehmet Hulusi Efendi, Zonguldak'ta Müftü İbrahim Efendi.

Genelgeler ve Kongreler Sürecinde Din

Mustafa Kemal Paşa, 19 Mayıs 1919'da Samsun'a çıkmıştır. Kısa bir süre sonra, önce Havza'ya daha sonra da Amasya'ya geçerek kurtuluş planının ayrıntılarını halka anlatmaya başlamıştır. Mustafa Kemal Paşa, Samsun'a ayak basmasından itibaren coşkulu kalabalıklarca adeta **kurtarıcı** olarak karşılanmıştır.

Mustafa Kemal Paşa, Samsun'a ayak bastığında onu karşılayanlar arasında Mavnacılar Kâhyası ve Samsun Vilayet Meclisi Üyesi **Molla Hacı Dursun Efendi** de vardır. [591]

Mustafa Kemal Paşa, 25 Mayıs 1919'da Havza'ya geldiğinde ise onu karşılayanlar arasında ulemadan **Hacı İmam Mustafa Efendi** vardır. [592]

Mustafa Kemal Paşa'nın isteğiyle Havza ileri gelenleri, 28 Mayıs gecesi Hacı İmam Mustafa Efendi'nin başkanlığında **ilk Müdafaa-i Hukuk Cemiyeti'ni** kurmuşlardır. [593]

Mustafa Kemal Paşa Havza'da 6 Haziran 1919'da Yörgüçzade Mustafa Bey Camii'nde **İzmir şehitleri için bir mevlit okutulmasını** ve namazdan sonra da meydanda İzmir'in işgalini kınayan bir miting düzenlenmesini istemiştir. Mustafa Kemal'in bu isteği yerine getirilmiş ancak yapılan mitingde Havza'nın en tanınmış din adamı Sıtkı Hoca'nın bulunmamasından dolayı Mustafa Kemal Paşa, mitingin Sıtkı Hoca'nın da katılımıyla bir kez daha tekrarlanmasını istemiştir. İkinci miting yine bir **cuma günü, cuma namazı çıkışı** düzenlenmiştir.[594] Mitingde **Sıtkı Hoca** şu konuşmayı yapmıştır:

"Ey cemaat düşmana karşı koymak için elde sopa lazımdır. En gücü yetmeyen en fakir Müslüman Türk bile bugünden tezi yok birer sopa olsun edinmelidir. Buna da iktidarım yok diyebilen kimse var mı? Varsa o da evindeki kazmayı, keseri, bıçağı, o

---

591 Şapolyo, **Kemal Atatürk ve Milli Mücadele Tarihi**, s. 312.
592 Şapolyo, **age.** s. 315; Şehidoğlu, **age.** s. 34; Turhan Toker, "Atatürk'ün Havza'da Bilinmeyen Hatıraları" **Tarih Dünyası**, C. III, S. 24, 1 Eylül 1951, s. 1000.
593 Şapolyo, **age.** s. 315; Şehidoğlu, **age.** s. 40.
594 **Yakın Tarihimiz**, C. I, S. 12,17, Mayıs 1967, s. 359.

da yoksa yumruğunu hazırlasın. Artık zamanı gelmiştir. Hazreti Allah da, Peygamber Efendimiz de böyle emrediyor." [595]

Miting, Havza Girem köyü imamı (daha sonra Havza müftüsü), **Hacı Bayramzade**'nin okuduğu bir dua ve tekbir sesleriyle tamamlanmıştır. Bu mitingden memnun kalan Mustafa Kemal Paşa, hocaları tebrik ederek, **"Benim burada vazifem tamam oldu"** diyerek aynı gün Amasya'ya hareket etmiştir.[596]

Mustafa Kemal Paşa, Amasya'ya hareket etmeden önce **Amasya Müftüsü Hacı Hafız Tevfik Efendi**'ye gönderdiği bir telgrafla yakında Amasya'ya geleceğini bildirmiş, Tevfik Efendi bu telgrafa, *"Amasya halkı müdafaa-i vatan, muhafaza-i din ve devlet yolunda mücadele edenleri bağrına basmakla müftehir olacaktır,"* diye yanıt vermiştir. [597]

Mustafa Kemal Paşa'nın Kurmay Başkanı Hüsrev Bey (Gerede), Amasya'daki karşılamayı şöyle anlatmaktadır:

"En gönülden ve coşkun karşılama Amasya'da oldu. Başlarında Müftü Efendi'nin olduğu beldenin mümtaz heyeti bizi şehrin dışında karşıladı. (...) Yolculuğumuz yol boyunca büyük ve gönülden karşılama içinde geçiyordu. Adeta başka bir havaya girmiştik. Sonra öğrendik ki Amasya Müftüsü Hacı Tevfik Efendi, güzergâhımızdaki yerlerin müftü, vaiz, imam ve eşrafına layıkıyla karşılanıp ağırlanmamızı bildirmiş." [598]

12 Haziran 1919'da Amasya'ya gelişinde Mustafa Kemal Paşa'yı karşılayan coşkulu kalabalığın içinde birçok din adamı vardır. Sultan Beyazıt Camii Vaizi Abdurrahman Kamil Efendi'den, Tevfik Efendi'ye kadar birçok din adamı bu mücadelede Mustafa Kemal Paşa'nın yanında olacaklarının ilk işaretlerini Amasya'da vermişlerdir. [599]

---

595 Recep Çelik, "Milli Mücadele Döneminde Atatürk ve Din Adamları", **Atatürk'ün İslama Bakışı, Belgeler ve Görüşler**, Ankara, 2005, s. 78.
596 Aktaş, **age.** s. 61 - 63; **Yakın Tarihimiz**, C. I, S. 12, 17, s. 359; Şehidoğlu, **age.** s. 43 - 45; Toker, **age.** s. 1002; Çelik, **age.** s. 79.
597 Çelik, **age.** s. 80.
598 Aktaş, **age.** s. 68, 69.
599 Cemal Kutay, **Kurtuluşun ve Cumhuriyetin Manevi Mimarları**, Ankara, 1973, s. 281.

Mustafa Kemal Paşa'yı Anadolu halkının neden bir kurtarıcı gibi karşıladığı sorusunun yanıtını, karşılama sırasında orada hazır bulunan Hacı Hafız Tevfik Efendi'nin konuşmalarından anlamak mümkündür. **Hacı Hafız Tevfik Efendi**, Mustafa Kemal Paşa'ya:

"Çanakkale'den sonra şimdi de vatanı ikinci defa kurtarmayı ahdettiniz. Her anı endişeler içindeki yurda kurtuluşu nasip kılacak himmete eriştiniz. Hoş geldiniz, sefalar getirdiniz. Himmetiniz payidar olsun" [600] demiştir.

Bu konuşmadan da anlaşıldığı gibi, halkın hafızasında Mustafa Kemal Paşa'nın Çanakkale'de kazandığı başarılar henüz tazeliğini ve canlılığını korumaktadır. Anadolu'daki din adamlarının Kurtuluş Savaşı'nın daha başlarında Mustafa Kemal'i ve onun başlattığı Milli Hareket'i desteklemeleri, onların bu bağımsızlık savaşının anlam ve önemini ne kadar erken ve doğru anladıklarının göstergesidir.

Mustafa Kemal Paşa, Amasya'da 12 Haziran 1919'da hükümet konağında bir konuşma yapmış ve ülkenin içinde bulunduğu durumu ve alınması gerekli önlemleri açıklamıştır. Konuşma sırasında orada bulunan Abdurrahman Kamil Efendi, Mustafa Kemal Paşa'nın konuşmasında Arapça ve Farsça kelimeleri yerli yerinde kullanmasına hayret ederek şaşkınlığını, *"Bu paşa başka paşa, bu paşa bildiğimiz paşalardan değil,"* diyerek ifade etmiştir. Mustafa Kemal Paşa da Kurtuluş Hareketi'nin önemini ve gerekliliğini çok çabuk kavrayan bu hocaya özel bir ilgi göstermiştir.[601]

Mustafa Kemal Paşa'nın heyeti konaklamak için Saraydüzü Kışlası'na hareket etmiştir. Sultan Bayezid Camii Vaizi Abdurrahman Kamil Efendi, ertesi günkü cuma vaazına hazırlanması gerektiğini belirterek müsaade istemiştir. Bunun üzerine Mustafa Kemal Paşa ayağa kalkarak, *"Yanınıza bir adam katayım, karanlıktır"* deyince, Hoca Kamil Efendi, *"Gözlerinizin ışığı beni*

---

600 Hüseyin Menç, **Her Yönüyle Amasya**, Amasya, 1997, s. 202.
601 Hüseyin Menç, **Milli Mücadele Yıllarında Amasya**, Ankara, 1992, s. 36, 37.

götürür paşam" yanıtını vermiştir. Mustafa Kemal, biraz düşündükten sonra hocaya, *"Baba! Bu işte muvaffak olmak da var, olmamak da... İnşallah muvaffak olacağız. Eğer olamazsak bizi asarlar, kelle gider ne dersin?"* diye sorunca Hoca Kamil Efendi, Mustafa Kemal Paşa'nın derin mavi gözlerinin içine bakarak, *"Oğul, sen ki genç yaşta başını vatan millet uğruna feda etmişsin, benim bu ihtiyar kelleyi de koy senin uğruna feda olsun"* demiştir."[602]

Mustafa Kemal Paşa, bir gün sonraki cuma namazından önce Amasyalıları vatanın içinde bulunduğu durum konusunda bilgilendirmesi için Vaiz Abdurrahman Kamil Efendi'ye haber göndermiştir. Kamil Efendi, *"Başım gözüm üstüne"* diyerek, harekete geçmiştir. Ertesi gün, cuma namazı için Sultan Bayezid Camii'ne gelen Mustafa Kemal Paşa, avluda Kamil Efendi'yi görünce, *"Baba hazırlandın mı?"* diye sormuş, Kamil Efendi de kendinden emin, *"Tamamdır oğul, tamamdır"* yanıtını vermiştir. Aldığı bu yanıta sevinen Mustafa Kemal Paşa, hocaya hafif tebessüm ederek camiye girmiştir.

Amasya'da, 13 Haziran 1919'da **A. Kamil Efendi**, Sultan Beyazıt Camii'nde verdiği vaazda halka şöyle seslenmiştir:

"Muhterem evlatlarım, Türk milletinin, Türk hâkimiyetinin artık hikmeti mevcudiyeti kalmamıştır. Mademki milletimizin şerefi, haysiyeti, istiklali tehlikeye düşmüştür. Artık bu hükümetten iyilik ummak bence abestir. Şu andan itibaren Padişah olsun, isim ve unvanı ne olursa olsun, hiçbir şahsın ve makamın hikmeti mevcudiyeti kalmamıştır. Yegâne çare-i halas, (kurtuluş yolu) halkımızın doğrudan doğruya hâkimiyetini ele alması ve iradesini kullanmasıdır." [603] Vaazdan çok memnun kalan Mustafa Kemal Paşa, namaz çıkışında avluda A. Kamil Efendi'nin elini öpmüştür.[604]

---

602 Çelik, age. s. 83.
603 Menç, age. s. 202.
604 Ahmet Emin Yetkin, "Abdurrahman Kamil Efendi'nin Oğlu ile Yapılan Röportaj", Uğraşı, Yıl 1, S. 7, 15 Haziran 1969; Menç, **Milli Mücadele Yıllarında Amasya**, s. 38; Çelik, age. s. 26 (dipnot 25).

Amasya'da Mustafa Kemal'in karşılaştığı bu tablo, onu hayli umutlandırmış, mücadeleye başlarken taşıdığı inancı daha da kuvvetlendirmiştir. Bölgesel, dinsel otoritelerin onu bu derece gönülden ve bilinçli olarak desteklemeleri, Anadolu halkının onun yanında olacağının belirgin bir işaretidir. Mustafa Kemal Paşa'nın kurtuluş planlarının en stratejik noktasını teşkil eden halka inme, halkla birlikte hareket etme düşüncesinin ilk uygulaması başarıyla tamamlanmıştır.

Kurtuluş Savaşı'nın bütün önemli adımlarında Anadolu'daki din adamı ve din faktörü, Mustafa Kemal Paşa'nın yanından bir an olsun ayrılmayacaktır. Nitekim Mustafa Kemal Paşa bu gerçeği, *"Geldiğimizde bizi karşılayanlar arasında sağ taraftaki Amasya Müftüsü'nü gördünüz. Akşam yediğimiz iftar yemeği de evinden geldi. Samsun'a çıktığımdan beri mahalli din adamları düşünce ve gayelerimize kalplerini ve imkânlarını açtılar. Halk da onlara inanıyor, bu bizim manevi terkibimiz,"* diyerek ifade etmiştir.[605]

Amasya'dan sonra Erzurum ve Sivas'ta da din adamları Mustafa Kemal Paşa'yı yalnız bırakmamışlardır. Sivas Kongresi'nde **Alevi ileri gelenleri,** Mustafa Kemal Paşa'nın yanı başında oturmuşlardır. Kurtuluş Savaşı'na yönelik bu dinsel desteğin artarak devam etmesinde, Mustafa Kemal Paşa'nın mücadelesini meşru temellere dayandırmak ve kendisine hareket serbestliği sağlayarak, gereksiz muhalefetle karşılaşmayı önlemek için ısrarla, önderliğini yaptığı mücadelenin aynı zamanda **"din gereği"** olduğunu vurgulamasının büyük bir etkisi vardır.

Mustafa Kemal Paşa'yı Erzurum'da başka bir din adamı, **Hoca Raif Efendi** karşılamıştır. Raif Efendi, Doğu Anadolu Müdafaa-i Hukuk Cemiyeti'nin başkanıdır. Mustafa Kemal Paşa, Kâzım Karabekir Paşa'ya gönderdiği bir telgrafta, Doğu Anadolu Müdafaa-i Hukuk Cemiyeti'nin başına Hoca Raif Efendi'nin getirilmesini memnuniyetle karşıladığını belirtmiştir.[606]

---

605 Kutay, **age.** s. 281; Çelik, **age.** s. 81.
606 Karabekir, **age.** s. 1, 2; Çelik, **age.** s. 86.

Hoca Raif Efendi, Doğu İlleri Müdafaa-i Hukuku Milliye Cemiyeti Erzurum Şubesi Başkanı sıfatıyla 10 Temmuz 1919'da Mustafa Kemal Paşa'nın cemiyetin başına geçerek yönetim kurulu başkanlığını kabul etmesini istemiştir. Bu isteği kabul eden Mustafa Kemal Paşa, bazı tartışmalardan sonra Erzurum Kongresi başkanlığına getirilmiştir.[607] Aynı Hoca Raif Efendi, Erzurum Kongresi'nde mandaya karşı açıkça tavır alan az sayıdaki delegeden biridir. *"Bendeniz manda tabirini kullanmakta bir ihtiyaç görmüyorum. Bu tabirin yerine istiklal kelimesini kabul edelim... Fikrimce bu manda tabirini reddetmeliyiz."*[608] O günlerde, ileride Ulusal Hareket'in önde gelen isimleri arasında yer alacak pek çok kişinin mandayı savunduğu dikkate alınacak olursa, bu Kuvvacı din adamının cesareti ve ileri görüşlülüğü çok daha iyi anlaşılacaktır.

Mustafa Kemal Paşa açısından bakıldığında, Kurtuluş Savaşı'nın **dini tonları,** somut olarak Erzurum Kongresi'nde belirginleşmeye başlamıştır. *"Ulusal kuvvetleri etkili, ulusal iradeyi egemen kılmak esastır"* kararıyla, Kurtuluş Savaşı'nda izlenecek yolu belirleyen Erzurum Kongresi, **Şiran Müftüsü Hasan Fahri Efendi** tarafından okunan **hutbelerle (dualarla)** açılıp, kapanmıştır. Bu nedenle Mustafa Kemal Paşa, 9 Ağustos 1335 (1919) tarihli bir telgrafla Müftü Fahri Efendi'ye teşekkür etmiştir. Dahası Mustafa Kemal Paşa, Müftü Efendi'nin bu duasının Türkçesinin, çoğaltılarak her yerde okutulmasını istemiştir.

Mustafa Kemal Paşa'nın başkanlığında toplanan Erzurum Kongresi'nin on üçüncü bileşimindeki 6. gündem konusu, **Kur'an ve dua okunmasıdır.**[609]

Mustafa Kemal Paşa'nın Erzurum Kongresi'nin açılışında yaptığı konuşma, **dini vurgular** taşıması bakımından dikkate de-

---

607 Kansu, age. C. I, s. 75 - 78; M.Fahrettin Kırzıoğlu, **Mustafa Kemal Paşa Erzurum İlişkileri Üzerine Belgeler,** Ankara, 1991, s. 3, vd.
608 Uluğ İğdemir, **Sivas Kongresi Tutanakları,** Ankara, 1986, s. 47.
609 D. Ali Akbulut, "Erzurum Kongresi'nin Son Günü" **Atatürk Üniversitesi Atatürk İlkeleri ve İnkılâp Tarihi Enstitüsü Dergisi,** S. 3, 1989, s. 43.

ğerdir. Mustafa Kemal Paşa, **"Besmeleyle"** başladığı konuşmasını şöyle bitirmiştir:

"En son olarak niyazım şudur ki Cenab-ı Vahibül Amal hazretleri Habib-i Ekrem-i hürmetine bu mübarek vatanın sahip ve müdafii ve diyaneti celileyi Ahmediyenin ila yemül kıyam harisi esdaki olan milleti necibimizi ve makamı saltanat ve hilafeti kübrayı masun ve mukaddesatımızı düşünmekle mükellef olan heyetimizi muvafık buyursun, âmin." [610] Paşa'nın bu sözleri, salonu dolduranlarca uzun süre ayakta alkışlanmıştır.

Mustafa Kemal Paşa'nın, Erzurum Kongresi'nin açılışındaki konuşmasında iki nokta önem taşımaktadır. Birincisi; Mustafa Kemal'in kongredeki bu sözleri (yukarıdaki dua), Kurtuluş Savaşı'nın meşruiyet kaynağının "din" olacağının ilk belirgin göstergesidir. İkincisi; Mustafa Kemal, **"saltanat ve hilafet makamlarının güvenliğini sağlamak"** olarak formüle ettiği ve mücadelenin büyük bir kısmında kullanacağı taktiği bu kongrede uygulamaya koymuştur. Zira yabancı işgaline karşı başlayan Kurtuluş Savaşı, saltanatı ve hilafeti kurtarma savaşı olarak yapıldığı sürece "meşruluk" kazanabilecekti. Böyle olmaması halinde yapılan hareket, Osmanlı egemenliğinin meşruluğuna karşı bir isyan hareketi olarak görülebilecekti. Bu egemenliğe bu aşamada karşıt bir tutum içinde olmak, akılsızca yürütülmüş bir siyasi görüntü taşıyacak, belki de Kurtuluş Savaşı'nı tamamıyla yersiz ve haksız bir savaş niteliğine sokmuş olacaktı. Bu, yalnız bir ayaklanma olmaktan öteye, hâlâ meşruluğuna inanılan hilafet saltanat otoritesine karşı bir hareket olarak değerlendirilebilecekti. Ayrıca, Anadolu'da Kurtuluş Savaşı'na katılanların birçoğunun düşüncesinde halife sultanın ayrı bir yeri ve önemi vardı. [611]

Mustafa Kemal Paşa'nın Erzurum Kongresi'nin açılışındaki "duasının" günümüz Türkçesine çevirisi şöyledir: *"En son dileğim odur ki Tanrı, sevgili Peygamber hürmetine bu kutsal*

---

[610] Atatürk'ün 23 Temmuz 1919'da Erzurum Kongresi'nin açılışında yaptığı konuşma. Atatürk, **Nutuk** C.III, İstanbul, 1961, s. 931.
[611] Niyazi Berkes, **Atatürk ve Devrimler**, İstanbul, 1982, s. 148, 149.

ülkenin sahibi ve savunucusu, İslam dininin kıyamete kadar koruyucusu olan asil ulusumuzu, saltanat makamını ve yüce hilafeti korusun ve kutsal değerlerimizi düşünmekle yükümlü heyetimizi başarılı kılsın"

Mustafa Kemal Paşa'nın bu sözleri, Erzurum'a gelişinden itibaren onun yanından neredeyse hiç ayrılmayan eski Bitlis valisi Mazhar Müfit Kansu'yu bile şaşırtmıştır. Kansu, Erzurum Kongresi'nin ilk günü akşamı kendini tutamamış ve Mustafa Kemal'e şu soruyu sormuştur:

"Paşam, nutkunuzun sonunu müftü efendinin duası gibi bitirdiniz."

Mustafa Kemal Paşa kendinden emin şu yanıtı vermiştir:

"Maksadını anlıyorum. Anlıyorum ama, şimdi görevimiz, halkı, vatanı ve tutsak padişahı kurtarmaya çalıştığımıza inandırmaktan ibarettir. Zamanında hiçbir şeyi kaçırmamak ve zamansız hiçbir şeye uzaktan yakından girişmemek, dikkat edeceğimiz başlıca iş olmalıdır." [612]

Erzurum Kongresi'nde seçilen 9 kişilik Temsil Heyeti'nde üç de din adamı vardır. Bu "Kuvvacı" din adamları, **Hoca Raif Efendi, Şeyh Fevzi Efendi ve Hacı Musa Efendi**'dir. [613]

Erzurum Kongresi'ne katılan delegelerden 11'i din adamıdır. [614]

Mustafa Kemal Paşa Erzurum'dan Sivas'a hareket ederken yanında bulunan üç kişiden ikisi, Erzurum ulemasından Hoca Raif Efendi ile Erzincan'dan Şeyh Fevzi Efendi, din adamıdır. [615]

---

612 Kansu, **age.** C. I, s. 80 - 85; Ali Tartanoğlu, **Ulusal Savaşa Birlikte Başlayan Yolcular ve Yalnız Adam Mustafa Kemal,** Ankara, 2002, s. 346, 347; Çelik, **age.** s. 89 (dipnot 36).

613 Ömer Sami Coşar, **İstiklal Harbi Gazetesi,** 8 Ağustos 1919, nr. 76; Mahmut Goloğlu, **Erzurum Kongresi,** Ankara, 1968, s. 183.

614 Bu delegeleri şunlardır: Siirt: Müftü Hacı Hafız Mehmet Cemil ve Müderris Hafız Cemil Efendiler, Erzincan: Meşayihten Hacı Fevzi Efendi, Sivas: Müderris Feyzullah Efendi, Kuruçay: Müftü Şevki Efendi, Of: Müderris Yunus Efendi, Kelkit: Müftü Osman Efendi, Şiran: Müftü Hasan Fahri Efendi, Rize: Hoca Necati Efendi, Diyarbakır: Müftü Hacı İbrahim Efendi. Kansu, **age.** C. I, s. 78 - 80.

615 Aktaş, **age.** C. I, s. 207 - 211; Kansu, **age.** C. I, s. 203 - 207.

Mustafa Kemal Paşa'yı Sivas'ta, Doğu Anadolu Müdafaa-i Hukuk Cemiyeti Sivas Şubesi Başkanı **Müftü Abdurrauf Efendi** karşılamıştır. Müftü Abdurrauf Efendi, Mustafa Kemal Paşa'yı sadece karşılamakla kalmamış, ayrıca Paşa'nın kalacağı yerden yiyeceği yemeğe kadar her şeyiyle ilgilenmiştir.[616] Burada Mustafa Kemal Paşa'nın ağırlanmasında **Hacı Bektaş Tekkesi'nin** de çok önemli yardımları olmuştur.

Sivas Kongresi delegeleri arasında birçok din adamı vardır. Erzurum delegesi Hoca Raif Efendi, Erzincan delegesi Şeyh Fevzi Efendi, Çorum delegesi Müftü Tevfik Efendi, Afyon delegesi Gümüşzade Bekir Efendi, Nevşehir delegesi Hacı Osman Remzi Efendi ve Bursa delegesi Ahmet Nuri Efendi bu delegelerden birkaçıdır.[617] Ayrıca Sivas Kongresi'nin hazırlık çalışmalarını yürüten komisyonun içinde de üç önemli din adamı vardır.

Atatürk **Nutuk**'ta Erzurum ve Sivas Kongrelerine katılan din adamlarına vurgu yapmış ancak bunlardan Raif ve Şeyh Fevzi Efendilerin Sivas Kongresi'ne katıldıktan sonra birinin Erzurum'a ötekinin de Erzincan'a döndüğünü belirtmiştir.

Kurtuluş Savaşı'na yönelik "din adamı desteği" sadece Erzurum ve Sivas kongreleriyle sınırlı kalmamıştır. Kuvvacı din adamları, Batı Anadolu'daki yerel kongrelere de katılmışlardır. Örneğin 26-30 Temmuz 1919 tarihleri arasındaki Balıkesir Kongresi'ne katılan 48 delegenin 13'ü mahalli müftü ve müderrislerden oluşmaktadır.[618] 10-23 Mart 1920 tarihleri arasında toplanan V. Balıkesir Kongresi'ne katılan 60 delegenin yarıya yakını, müftü, vaiz, müderrislerden oluşmaktadır. 16-25 Ağustos 1919 tarihleri arasında toplanan Alaşehir Kongresi'ne katılan 45 delegenin 9'u müftü ve müderrislerden oluşmaktadır.[619]

---

616 Kansu, age. C. I, s. 207 - 211. Goloğlu'nun bildirdiğine göre Mustafa Kemal Paşa'nın kalacağı odanın eşyalarını Müftü Abdurrauf Efendi, Şekercioğlu İsmail ve Sağırcıoğlu Hayri Efendiler kendi evlerinden getirmişlerdir. Mahmut Goloğlu, **Sivas Kongresi**, Ankara, 1969, s. 22.
617 Kansu, age. C. I, s. 252.
618 Mustafa Çalışkan, **Kurtuluş Savaşı Sırasında Din Faktörü**, Yayımlanmamış Yüksek Lisans Tezi, Ankara, 1991, s. 122.
619 age. s. 123.

6-9 Ağustos 1919, 19 Eylül 1919 ve 6 Ekim 1919 tarihleri arasında üç defa toplanan Nazilli Kongresi'ne, **Eşme Müftüsü Nazif Efendi, Isparta Müftüsü Hacı Hüseyin Hüsnü Efendi, Karacasu Müftüsü Mustafa Hulusi Efendi, Bozdoğan Müftüsü Mehmet Efendi, Sarayköy Müftüsü Ahmet Şükrü Efendi, Isparta'dan Müderris Ali Efendi, Tavas'tan Bektaşi Dedesi Mazlum Baba** gibi birçok din adamı katılmıştır. 18 Ağustos 1919'da toplanan Muğla Kongresi'ne ise başta Müftü Zeki Efendi ve Hafız Emin Efendi olmak üzere çok sayıda din adamı katılmıştır. 5 Ağustos 1920 ve 8 Ekim 1920 tarihleri arasında toplanan Pozantı Kongresi'nde de din adamlarının çokluğu dikkat çekmektedir.

Kurtuluş Savaşı'ndaki din adamı desteği çok farklı biçimlerde kendini göstermiştir. Örneğin bir keresinde Adana'da Ermeni ve Fransızların Hıristiyan Cumhuriyeti kurma girişimine karşı Adana Müftü Vekili Hüsnü, 43 imzalı bir protesto telgrafı yayınlamıştır.

Bazı din adamları ise işi bir adım daha ileri götürerek *"Demiralay"* ve *"Çelikalay"* adını verdikleri gönüllü birliklerle elde silah düşmanla çarpışmışlardır. Afyonlu din adamı Müderris İsmail Şükrü Hoca "Çelikalay" adlı milis kuvvetleriyle Kütahya-Eskişehir-Afyon muharebelerine katılmıştır. Soyadı kanunu çıkınca da kendisine "Çelikalay" soyadı verilmiştir. Ispartalı din adamı İbrahim Efendi de Isparta Müdafaa-i Hukuk Cemiyeti'ni kurmuş, meclis üyesi iken izin alıp cepheye giderek "Demiralay"ı kurarak çarpışmalara katılmıştır. Soyadı kanunu çıkınca da kendisine "Demiralay" soyadı verilmişir.

18 Aralık 1919'da Mustafa Kemal Paşa maiyetiyle birlikte Kayseri'ye gelmiştir. Kayseri'deki karşılama da çok görkemlidir.

Müdafaa-i Hukuk Cemiyeti Başkanı Müftü Ahmet Remzi Efendi ve cemiyetin tüm üyeleri, basın mensupları, işgal karşıtı Hıristiyan ileri gelenleri, Kayseri eşrafı, devlet memurları, Kayseri ulemasından Kazıklı Hacı Kâzım Efendi, bütün Müslüman ve Hıristiyan okullarının öğrenci ve hocaları, esnaf temsilcileri, Kayseri Darü'l Hilafeti'l Aliye Medresesi hocalarından Miyaszade Nuh Efendi ve Ekmekyemez Osman Efendi, sırtlarında siyah cüppeleriyle Mustafa Kemal Paşa'yı karşılayanlar arasındadırlar.[620] Karşılama sırasında tekbirler getirilmiş, dualar edilip kurbanlar kesilmiştir.

Mustafa Kemal Paşa, 20 Aralık 1919 günü, Raşit Efendi Kütüphanesi'nde toplanan ulema ve halk temsilcilerine yaptığı konuşmada vatan savunması konusunda herkesin üzerine düşen görevi yerine getirmesi gerektiğini ve vatanın ancak birlik beraberlik içinde mücadele ederek kurtarılabileceğini söylemiştir. Böylece ulemanın ve halkın desteğini yanına alarak Kayseri'den ayrılmıştır. [621]

21 Aralık'ta Kayseri'den ayrılan Mustafa Kemal Paşa, aynı gece saat 20.30'a doğru Mucur'a gelmiştir. Kendisini yollarda bekleyen Mucur halkı Çanakkale kahramanını burada da büyük sevgi gösterileriyle karşılamıştır. Büyük bir kalabalık eşliğinde kasabaya giren Mustafa Kemal Paşa'yı Hükümet Konağı'nın girişinde **Müftü İsmail Hakkı Efendi uzun bir dua okuyarak ve Allah'tan muvaffakiyetler dileyerek** karşılamıştır. [622]

Mustafa Kemal Paşa 23 Aralık 1919'da Hacı Bektaş'a gelmiştir. **Alevi lideri Çelebi Cemalettin Efendi,** Mustafa Kemal'i Hacı-Bektaş'ın girişinde karşılamıştır.[623] Alevi gelenekleri doğrultusunda ağırlanan Mustafa Kemal Paşa'ya burada bir de ayin-i cem düzenlenmiştir. [624]

Mustafa Kemal Paşa, 24 Aralık'ta Mucur üzerinden geçerek Kırşehir'e gelmiştir. Kırşehir Müdafaa-i Hukuk Cemiyeti Başkanı **Müftü Halil (Gürbüz) Efendi,** Mustafa Kemal Paşa'nın kesilen kurbanlarla ve edilen dualarla çok görkemli bir şekilde karşılanıp uğurlandığını anlatmaktadır:

"Gecenin çok geç saatlerine kadar Müdafaa-i Hukuk'un çalışmalarıyla meşgul olan Paşa, Kırşehir ve havalisi üzerine izahat

---

620 Kansu, **age.** C. II, S. 490, 491; Mahmut Goloğlu, **Üçüncü Meşrutiyet (1920),** Ankara, 1970, s. 3; Çelik, **age.** s. 44.
621 Zübeyir Kars, **Milli Mücadelede Kayseri,** Ankara, 1993, s. 58 (dipnot 105), 63.
622 Kansu, **age.** C. II, s. 492.
623 Çelik, **age.** s. 92.
624 Ömer Sami Coşar, **İstiklal Harbimiz Gazetesi,** C. II, 23 Aralık 1919, nr, 191; Şehidoğlu, **age.** s. 140 - 144; Şapolyo, **age.** s. 354 - 356.

aldı, çok az uyudu. Gönülden ve coşkun törenle uğurlandı. Kapıcı Camii çevresini dolduran binlerce halk alkış tuttu. Hacı Ali, Mülazım Ethem Hoca ile Termacının Hafız Şevket karşılıklı tekbirlerle kurban kestiler. Paşa kalabalığın içerisinde bir süre kaldı. En çok kendisini uğurlamaya gelen okul çocuklarıyla ilgilendi, onları sevdi, okşadı..." [625]

24 Aralık'ta Kırşehir'den ayrılan Mustafa Kemal Paşa, Çiçekdağı üzerinden geçerek 27 Aralık 1919'da Ankara'ya gelmiştir. Çiçekdağı'nda Mustafa Kemal'i karşılayanlar arasında **Çiçekdağı Müftüsü Hayrullah Efendi** de vardır.

Mustafa Kemal Paşa ve Temsil Heyeti Ankara'nın girişinde unutulmaz bir törenle karşılanmışlardır. Ankara'daki o muhteşem karşılama komitesinin başındaki "Kuvvacı" din adamı, sadece Kurtuluş Savaşı sırasında değil, savaşın sonrasında da Mustafa Kemal Paşa'nın yanından ayrılmayacak olan **Rıfat (Börekçi) Efendi**'dir.

"Mustafa Kemal Paşa'nın Ankara'ya geleceği duyulmuş ve yola çıktığı haber alınmıştı. Vali Vekili Yahya Galip Bey'le Müdafaa-i Hukuk Cemiyeti Başkanı Rıfat Efendi (Ankara müftüsü), Mustafa Kemal Paşa'yı olağanüstü bir şekilde karşılamak ve bu arada Ankara'daki İngiliz ve Fransızlara da Kuvayı Milliye'nin gücünü göstermek için geceli gündüzlü çalışarak, bölgedeki bütün seğmenlerin karşılama törenine katılmalarını sağlamaya uğraşmışlardı. Bir süvari birliğinin önünde 24.Tümen Komutanı Yarbay Mahmut Bey ile Kurmay Başkanı Binbaşı Ömer Halis Bey ve Ankara Müdafaa-i Hukuk Cemiyeti Başkanı Müftü Hoca Rıfat Efendi (Börekçi) ile Ankara ileri gelenleri vardı." [626]

Hıristiyan işgalciler tarafından toprakları işgal edilen Müslüman Anadolu insanı, bu durumu şiddet ve nefretle karşılamış ve Mustafa Kemal Paşa'nın da etkisiyle tüm ülkede dini ve manevi atmosferin oluşması fazla gecikmemiştir. İşte bu atmosferin etkisiyle olsa gerek, Anadolu ve Rumeli Müdafaa-i Hukuk

---

[625] Sırrı Kardeş, **Heyet-i Temsiliye ve Mustafa Kemal Paşa Kırşehir'de**, Ankara, 1950, s. 50.
[626] Goloğlu, **Üçüncü Meşrutiyet**, s. 8, 9; Kansu, **age**. C. II, s. 497 - 499.

Cemiyeti'nin Nizamnamesi *"besmeleyle"* başlarken,[627] TBMM de *"tekbir ve dualarla"* açılmıştır.[628]

İstanbul Kaynaklı Dinsel Destek

Mustafa Kemal Paşa'ya ve Kurtuluş Savaşı'na yönelik din adamı desteği sadece Anadolu'yla sınırlı kalmamıştır. Trakya ve İstanbul'daki vatansever din adamları da Mustafa Kemal'i ve Milli Hareket'i desteklemişlerdir. Fakat özellikle İstanbul'daki bazı "Sünni" din adamları, İngilizlerden ve İstanbul hükümetlerinden çekinerek veya Anadolu'daki Milli Hareket'i Halife/padişaha karşı bir kalkışma hareketi olarak değerlendirerek Kurtuluş Savaşı'na karşı cephe almışlardır. İşte bu sırada İstanbul'daki **Alevi-Bektaşi din adamları** devreye girmişlerdir.

İstanbul'da kurulmuş, açık, gizli çalışan **14 tane Bektaşi tekkesi** vardır.[629] Bu kurumlar Kurtuluş Savaşı'nın teşkilatlanmasında önemli roller üstlenmişlerdir. Buralardan gizlice Anadolu'ya insan, para ve araç gereç yardımı yapılmıştır. Bu dinsel kurumlar, o günlerde Anadolu'da filizlenen Milli Hareket'in İstanbul'daki uzantılarıdır.

Özbek Tekkesi'nin Çalışmaları

Kurtuluş Savaşı sırasında tekkeler, İstanbul'dan Anadolu'ya silah ve insan gönderiminde birer "gizli üs" rolü üstlenmişlerdir. Bunlardan özellikle **Özbek Tekkesi**'nin Milli Hareket'e katkıları, belki de Kurtuluş Savaşı'nın kaderini değiştirecektir.

---

627 Anadolu ve Rumeli Müdafaa-i Hukuk Cemiyeti Nizamnamesi için Bkz. Mete Tunçay, **Türkiye'de Tek Parti Yönetiminin Kurulması**, s. 341 - 346. Müdafaa-i Hukuk Cemiyetlerinde çok sayıda din adamının görev almış olması dikkat çekicidir. Birçok cemiyetin bizzat kurucusu din adamıdır.

628 Yusuf Kemal Tengirşek, "İman Dolu Varlık Atatürk" **Atatürk Din ve Laiklik**, İstanbul, 1968, s. 132.

629 Bunlardan bazıları: Yedikule Kazlıçeşme'de Seyid Abdullah Tekkesi, Topkapı'da Şeyh Abdullah Tekkesi, Eyüp'te Şeyh Hafız Baba Tekkesi, Sütlüce'de Şeyh Hüseyin Baba Tekkesi, Kâğıthane'de Şeyh Teber Baba Tekkesi, Rumelihisarı'nda Şehitler Tekkesi, Anadolu yakasında Şahkulu Tekkesi, Üsküdar Tekkesi, Çanakkale'de Akbaş Tekkesi'dir... Ali Rıza Sayan, **Tarihin Getirdikleri**, İstanbul, 1978 s. 456.

Kurtuluş Savaşı sırasında İstanbul'dan Anadolu'ya silah kaçırma işini Mim Mim Grubu ve Karakol Cemiyeti gibi gizli teşkilatlar organize ediyorlardı. İşte bu nakliye işinde Özbek Tekkesi'nin çok önemli bir rolü vardı. Anadolu'ya kaçırılacak silahlar önce Özbek Tekkesi'ne getiriliyor, sonra da oradan değişik yollarla, milli güçlerin Alemdağ'daki karargâhına ulaştırılıyordu. Özbek Tekkesi ayrıca işgal güçlerine ait cephanelikleri basarken veya azınlık çeteleriyle çarpışırken yaralanan milliyetçilerin tedavi edildikleri bir hastane görevi görüyordu. Çok daha önemlisi, Kurtuluş Savaşı'nın "birincil" kadrosunda yer alan asker, sivil, memur, aydın pek çok kişi Özbek Tekkesi'nin yardımlarıyla Anadolu'ya geçmişti. İsmet Paşa, Fevzi Paşa, Nurettin Paşa, Halide Edip, eşi Adnan Bey ve Mehmed Akif bunlardan sadece birkaçıdır.

Rauf Orbay anılarında, çok sayıda vatanseverin İstanbul'dan Anadolu'ya geçirildiğini şöyle ifade etmektedir:

"Ben buradan Anadolu'ya sürekli olarak insanlar kaçırdım. Dr. Adnan Adıvar, Halide Edip Hanım gibi birçoklarını Yeniköy tarafındaki bir dergâhtan Maltepe'de erdah (atış) mektebi kumandanı olan Yenibahçeli Şükrü Bey aracılığıyla, Kartal yoluyla kafile kafile kaçırmıştık." [630]

Özbek Tekkesi, posta ve istihbarat merkezi olarak da çalışmıştır. Ankara ile yapılan gizli bilgi alışverişi ve Anadolu'daki İstanbullu erlerin aileleriyle mektuplaşmaları buradan sağlanmıştır.

Bu ulusal çalışmalarda tekkenin Piri, **Şeyh Ata Efendi**'nin özverili çalışmalarının çok önemli bir yeri vardır.[631] Şeyh Ata Efendi aynı zamanda **Karakol Cemiyeti'nin** kurucularındandır.[632]

Ata Efendi gündüzleri, işgal altında ne yapacağını şaşıran İstanbullulara ümit verici konuşmalar yapıyor, geceleri ise Kuvayı Milliyeci kılığına girerek Anadolu'ya silah ve cephane kaçır-

---

630 Baki Öz, **Kurtuluş Savaşında Alevi Bektaşiler**, 1997, s. 37.
631 Kutay, **Kurtuluşun ve Cumhuriyetin Manevi Mimarları**, s. 30 vd.; Öz, age. s. 36, 37.
632 Bkz. Mustafa Özdamar, **Dersaâdet Dergâhları**, İstanbul, 1994, s. 228 - 230.

ma işini organize ediyordu. Onun özverili çalışmalarıyla birçok din adamı fiilen bu silah kaçırma işine girmiştir. Örneğin Cemal Hoca bu Kuvvacı din adamlarından sadece biridir.

Kuvvacı Bir Din Adamı: Cemal Hoca

İstanbul'da şimdi Teknik Üniversite binası olarak kullanılan bina o zaman işgal kuvvetlerinin silahhanesi olarak kullanılıyordu (Maçka Silahhanesi).

Cemal Hoca, bu silahhaneye girmeyi kafasına koymuştur bir kere... Ancak çok iyi korunan bu binaya nasıl girecektir?

Düşünür taşınır ve ilginç bir plan yapar. Kocaman bir tabut hazırlatır, arkasına da beş on cemaat alır. Güya cemaattekilerden birinin Maçka Silahhanesi'ndeki asker oğlu ölmüştür! Şimdi gidip cenazeyi oradan alacaklar ve defnedecekler! Cenaze sahibi görünümündeki kişinin eline mendile sarılmış bir acı soğan verilmiştir. Adamcağız, ikide bir bu soğanı yüzüne gözüne sürerek ağlamaklı halde, ayılıp bayılmaktadır. Tabutun önünde sarığı ve cüppesiyle Cemal Hoca, arkasında da tabutu taşıyanlar İngiliz askerlerinin şaşkın bakışları arasında Maçka Kışlası'na girerler. İçeriye girenler hummalı bir çalışmayla çok kısa bir sürede kocaman tabutu ve kendi üzerlerini silahlarla doldurup bir süre sonra yine ağlamaklı gözlerle silahhaneden çıkarak uzaklaşırlar.

Cemal Hoca, kendi ifadesiyle *"kışlaya zayıf girmiş şişman çıkmıştır."* Çünkü cüppesinin altını alabildiğince silahla doldurmuştur.

Tabut, önce Feriköy mezarlığına götürülür, hava kararıp el ayak çekilince de silah dolu tabut Karakol Cemiyeti üyelerince oradan alınıp bir takaya yüklenerek İnebolu üzerinden Anadolu'ya ulaştırılır.

Cemal Hoca'nın İstanbul'daki bu tür gizli çalışmaları uzun süre devam etmiştir. Fakat bir gün komşusu olan bir Rum bakkal hocaya gruplar halinde dolaşan İngiliz askerlerini göstererek *"Hoca farkındayım, iyi çalışıyorsun. Ama şimdi seni şunlara söylesem bir kurşunluk canın var. Fakat söylemeyeceğim, çün-*

kü ben de komitacıyım, sizi takdir ediyorum" demiştir. Cemal Hoca, hafif tebessüm ederek oradan uzaklaşmıştır.

Zaferin ardından Cemal Hoca, kendisine teklif edilen İstanbul mebusluğunu, *"Ben vatanım için çalıştım, vazife istemem"* diyerek geri çevirmiştir.[633]

Cemal Hoca ve onun gibiler, Kurtuluş Savaşı sırasında kelle koltukta vatan uğruna mücadele ederken, kerameti kendinden menkul başka bir din adamı **Said-i Nursi** nerelerdeydi diye sormaktan kendimi alamıyorum doğrusu.

Vahdettin ve Vehbi Hoca

Son Osmanlı Mebusan Meclisi, Misakımilli'yi ilan ettikten sonra, 16 Mart 1920'de işgal kuvvetlerince basıldığında Celalettin Arif, Rauf Orbay, Balıkesirli Müderris Abdülaziz Mecdi Efendi, Yalvaçlı Ömer Vehbi Hoca[634] ülkenin içinde bulunduğu durumun vehametini Padişaha anlatmak üzere **Vahdettin'i** ziyaret etmişlerdir.

Bu ziyaret sırasında Vahdetin ile Vehbi Hoca ve Müderris Abdülaziz Mecdi arasında geçen konuşmalar, "dinsel gerekçelerle" Vahdettin'i aklamaya çalışanları bile şaşırtacak niteliktedir.

Vahdettin: *"Ecnebiler, her şeyi yapabilecek vaziyettedirler. Meclisi Mebusan müzakerelerinde sözlerinize fazlaca dikkat etmelisiniz."*

Vehbi Hoca: *"Şevketmahab! Millet azimlidir; vatanını da sizi de kurtaracaktır."*

Vahdettin: *"Hoca, Hoca! Sözlerinize dikkat ediniz! Fiili hadiseler meydandadır. Akıl için yol birdir. Bu adamlar isterlerse yarın Ankara'ya girerler."*

Abdülaziz Mecdi: (Sarayın penceresinden gözüken düşman donanmasını göstererek) *Bu kâfirlerin kudreti, şu denizdeki topların menzili içindedir. Millet demir gibidir. Onu yıkama-*

---

633 Çelik, age s. 121 - 123.
634 Müdafaa-i Hukuk Cemiyeti geçici heyeti reisi. Konya Müftüsü, daha sonra Konya milletvekili, TBMM I. Reis Vekili ve Şeriye Vekili.

yacaklardır. Padişahım, müsterih olunuz. Millet sonuna kadar mücadele edecektir."

Rauf Bey: *"Hoca efendiler, zat-ı şahanelerine hakikati arz ediyorlar. Padişahım! Millet hudutları dâhilinde istiklalini ve makamınızı kurtarmaya azmetti. Millet sizden bir anlaşmaya imza koymamanızı istirham ediyor. Aksi takdirde akıbet çok tehlikeli görünüyor. Siz mahsur vaziyette olduğunuz için imza etmeye mecburiyetiniz de yoktur."*

Bu sözlere sinirlenen Vahdettin, birden ayağa kalkarak soğuk bir ses tonuyla şöyle yanıt vermiştir:

"Bir millet var koyun sürüsü, bir çoban lazım. O da benim."[635]

Bunlar Vahdettin'in son sözleridir. Heyet saraydan çıkarken Vehbi Hoca arkadaşlarına dönerek şunları söylemiştir:

"Bu adam nefsini ıslah etmezse akıbeti fenadır. Allah büyüktür. Bu millet halaskârını bulacaktır. Milleti koyun sürüsü addetmek, Allah'ın rızasına aykırıdır. Yaşarsak çok şeyler göreceğiz." [636]

Yaşar Nuri Öztürk'ün yerinde tespitiyle, *"Vahdettin nefsini asla ıslah etmedi, memleketini işgal edenlerle işbirliği yaptı, sonra da onlara sığınarak ülkesini terk etti."* [637]

Şu kadere bakın ki 1 Kasım 1922'de Vahdettin'in saltanattan indirilmesine ilişkin fetvayı yazma işini Şeriye Vekili olarak Vehbi Hoca üstlenmiştir.

Vehbi Hoca'nın, Vahdettin'in tahttan indirilip halifelikten uzaklaştırılmasını hükme bağlayan fetvası şöyledir:

"Müslümanların padişahı ve halifesi olan kişi, düşmanın, bütün Müslümanlar aleyhinde mahfa sebep olan ağır tekliflerini hiçbir mecburiyeti yokken kabul ile Müslümanların haklarını müdafaadan aczini ortaya koyarak ve Müslümanların mücahitçe savaşlarında düşman tarafına muvafakat ederek Müslümanların

---

635 Vahdettin'i savunanlara duyurulur...
636 Cemal Kutay, **Kurtuluşun Kuvvacı Din Adamları**, İstanbul, 1998, s. 156, 157, 165.
637 Yaşar Nuri Öztürk, **Allah ile Aldatmak**, 9. bs. İstanbul, 2008, s. 41, 42.

çözülme ve mağlup olmasını hazırlayan hareketlere fiilen teşebbüs ve bu tür yıkıcı hareketlere devam ve ısrar ve daha sonra da ecnebi himayesine iltica ederek hilafet makamını terk ve hilafetten bilfiil feragat etmekle makamından şer'an indirilmiş olur mu? Elcevap: Olur." [638]

Vehbi Hoca'nın da içinde bulunduğu heyetin padişahı ziyaret ederek "vatan savunmasına katkıda bulunmasını" istediği o günlerde Vahdettin, önce Türk milletinin idam fermanı Sevr Antlaşması'nı imzalamış, daha sonra da **Kuva-i İnzibatiye** ve **Halifelik Ordusu** adlı birliklerle Anadolu'daki milliyetçileri etkisiz hale getirmeye çalışmıştır. İşte bu nedenle Birinci Meclis'te Vahdettin adı geçtiği zaman, *"Kahrolsun... Hain... Allah cezasını versin!"* sesleri yükselmiştir. Üstelik Vahdettin'e *"hain"* diye bağıran bu Meclis'in yarıya yakını sarıklı din adamlarından oluşmaktadır.

Gerçek din adamları, her şeyi göze alarak Anadolu'da ve İstanbul'da Kurtuluş Savaşı'na destek olurken, Hz. Muhammed'in halefi sıfatını taşıyan Vahdettin, vatan savunması veren Müslümanlara karşı işgalciye teslim olmuştur.

"Koyun sürüsü" diye adlandırdığı Müslüman Türk halkı, Mustafa Kemal Paşa'nın önderliğinde büyük bir zafer kazanıp vatanını kurtardığında, Vahdettin işgalci İngilizlere sığınarak ülkeyi terk etmiştir.

Üstelik Hz. Muhammed'in halefi sıfatını taşıyan Vahdettin, Çanakkale'de 250.000 Müslüman Türk evladının kanını döken, Kurtuluş Savaşı'nda eli kanlı Yunan'a para ve silah yardımı yapan Hıristiyan İngiltere'ye sığınmıştır. Dahası hiç utanıp sıkılmadan ve hiç Allah'tan korkmadan hain Mustafa Sabri'ye kaleme aldırtıp yayımladığı "Beyanname"sinde vatanını terk edip İngilizlere sığınmasını anlatırken bu onursuz davranışını **Hz. Muhammed'in hicreti** ile özdeşleştirmiştir:

"Müvekkil-i zişam olduğum Peygamber'in hicret sünnetini izledim." [639]

---

638 Kutay, age. s. 90.
639 Orhan Koloğlu, **Gazi'nin Çağında İslam Dünyası**, İstanbul, 1994, s. 313.

Vahdettin, beyannamesinin bir yerinde de *"Beni haksız yere ihanetle suçlayanlar, saltanatla hilafeti ayırarak Saltanat-ı Muhammediye'yi yıkmış, sadece vatanlarına değil, İslama da ihanet etmişlerdir,"* demiştir.[640]

Vahdettin'in bu beyannamesini inceleyen Y. Nuri Öztürk, şu değerlendirmeyi yapmaktadır:

"Dikkat edilirse Vahdettin, Hz. Peygamber'in sıfatının başına bir Hz. bile eklemezken, kendisinden 'zişan' (şanlı, şerefli) diye söz ediyor. Hem de Cenabı Peygamber'in isminin tam yanında. Hâlbuki İslam terbiye ve geleneği o ifadede 'zişan' sıfatının Hz. Peygamber'e verilmesini gerektirir." [641]

Bugün bu "korkak", "hain", İslamı temsil etmekten aciz adamı sözüm ona "dinsel kaygılarla" aklamak için bin dereden su getiren kimi tarihçiler hiç utanıp sıkılmadan, **"Vahdettin, İngilizlere sığınırken saraydan maddi hiçbir şey almamıştır; isteseydi çok değerli elmasları yanına alır, daha sonra da maddi sıkıntı çekmezdi. Bu nedenle Vahdettin hain değildir"** demektedirler! Onların bu Aristocu mantıksal çıkarımı 80 yıldır ancak sıradan halkı kandırmaya yetmiştir. Züğürt tesellisi durumundaki bu açıklama tek kelimeyle "safsatadır"; şöyle ki:

1. Vahdettin'in İngilizlere sığınıp kaçarken saraydan hiçbir şey çalmaması onun Kurtuluş Savaşı yıllarındaki teslimiyetçi, korkak, İngilizci tavrını, dolayısıyla hainliğini değiştirmez.
2. Vahdettin'in İngilizlere sığınıp kaçarken saraydan hiçbir şey çalmaması ona "aferin çalmadı, vatansever adammış" demeyi de gerektirmez. Çünkü bir insanı "hırsızlık" yapmadığı için övmek çok anlamsızdır. Hırsızlık zaten yapılmaması gereken bir suçtur.
3. Ayrıca Vahdettin'in kaçarken saraydan hiçbir şey çalmamasının nedeni, gittiği yerde ecnebilerin ve dünya Müslümanlarının kendisine hiçbir maddi sıkıntı çektirmeyeceklerini düşünmesidir. Ancak evdeki hesap çarşıya uymamıştır.

---

640 age. s. 313.
641 Öztürk, **age.** s. 44.

Mustafa Kemal Atatürk, Vahdettin'in "Hayatımı tehlikede hissediyorum" diyerek işgalci İngiltere'ye sığınıp yurttan kaçmasını şu ağır sözlerle eleştirmektedir:

"Vahdettin gibi hürriyetini ve hayatını milleti içinde tehlikede görebilecek adi bir yaratığın, bir dakika bile olsa bir milletin başında olduğunu düşünmek ne hazindir. Şükre değer bir durumdur ki bu alçak mirasına konduğu saltanat makamından millet tarafından alındıktan sonra, alçaklığını sonuna kadar getirmiş oluyor. Türk milletinin bu işte önce davranması elbette takdire değer.

Aciz, adi, duygu ve anlayıştan yoksun bir yaratık, kendisini kabul eden herhangi bir yabancının koruyuculuğuna sığınabilir, ancak böyle bir yaratığın bütün Müslümanların halifesi sıfatını taşıdığını ifade etmek elbette doğru değildir."[642]

Sonra neler mi oldu?

Vehbi Hoca: Kurtuluş Savaşı'nın kazanılmasından sonra tüm Müslüman Türkler gibi vicdan rahatlığı içinde, başı dik ve onurlu bir şekilde bağımsız Türkiye'de yaşadı.

Vahdettin: Vatanını terk edip İngilizlere sığındıktan sonra vicdani rahatsızlıklar içinde, boynu bükük bir şekilde sefil bir hayat sürdü ve bir gün vatanından uzakta yokluklar içinde öldü.

ALEVİ-BEKTAŞİ ETKİSİ

Kurtuluş Savaşı'nda Alevi-Bektaşiler, mücadelenin başından sonuna kadar hep Mustafa Kemal Paşa'nın yanında olmuşlardır.

Alevi Bektaşiler, şaşırtıcı bir öngörüyle Mustafa Kemal Paşa'yı daha işin başında **"beklenen kurtarıcı"** olarak sahiplenmişlerdir. Bu nedenle onu içselleştirmişler, onu kendilerinden biri saymışlar ve hatta ona "ruhani anlamlar" yüklemişlerdir. Özetle Alevi-Bektaşi cemaati, Türk Kurtuluş Savaşı'nın anlam ve önemini çok iyi kavramış görünmektedir.

Ancak Alevi cemaatinin, Milli Hareket'e verdiği destek değerlendirilirken, bu cemaatin kendi içyapısı da göz ardı edilme-

---
642 Atatürk, **Nutuk**, s. 546.

melidir. Alevileri Kurtuluş Savaşı'nı sahiplenmeye iten nedenler arasında, bu mücadelenin anlam ve önemini kavramış olmalarının yanı sıra, Osmanlı siyasal ve dinsel otoritesini temsil eden halife-sultanın, Sünni görüntüsü içinde Milli Hareket'e cephe alması da etkili olmuştur. Alevi toplulukları, Sünni İslamın temsilcisi olarak gördükleri Sultan-halifenin karşısına dikilen Mustafa Kemal Paşa'yı sahiplenme ihtiyacı duymuşlardır. Ona ruhani vasıflar yüklemeleri ve onu kendi dinsel anlayışlarının bir temsilcisi olarak görmeleri de bu cümledendir.

"*Mustafa Kemal onların gözünde kutsal bir varlıktı. Hz. Ali ve Hacı Bektaşi Veli'nin don değiştirmesi... Yüzyıllardır beklenen 'mehdi' olarak yeryüzüne gelmiş, göreviyse kızılca kıyamet aşamasına varmış, toplumu kurtarmaktı... Alevi halka göre, Mustafa Kemal Evliya'dan başka bir şey değildi. Ancak Evliyalar böyle dar günlerde ortaya çıkar ve halkı korurlar... İşte Mustafa Kemal hakkında halkın inancı buydu.*" [643]

Aleviler, Mustafa Kemal Paşa'yla ilgili düşüncelerinde son derece samimidirler. 1921 yılında Konya Valisi'ne Mecitözü Kaymakamı'nca çekilen telgrafta, "**Son günlerde Alevilerin Büyük Millet Meclisi Başkanı Mustafa Kemal Paşa'yı 'mehdi' (kurtarıcı) diye anmaya başladıkları,**" bildirilmektedir. [644]

Anadolu'daki en önemli dinsel gruplardan Alevilerin, Mustafa Kemal Paşa'ya yardım ve desteği mücadele boyunca devam etmiştir. Bu yardım ve desteğin artarak devam etmesinde, Mustafa Kemal Paşa'nın büyük bir rol oynadığı yadsınamaz. Mustafa Kemal Paşa, Alevi-Bektaşi gruplarını sürekli yanında tutabilmek için çok dikkatli olmuş, onlara karşı asla kayıtsız kalmamıştır. Örneğin, Erzurum ve Sivas kongreleri sırasında Alevi grupların önde gelen liderlerinden **Cemaleddin Efendi**'yle sık sık haberleşmiştir. [645] Ayrıca, Sivas Kongresi sırasındaki yardımlarından

---

643 Öz, age. s. 40.
644 Cemal Bardakçı, **Milli Tarihi, İçtimai, Siyasi, İktisadi ve İdari Bakımdan Alevilik, Ahilik, Bektaşilik,** Ankara, 1950, s. 58, Öz, **age.** s. 72.
645 A. Celalettin Ulusoy, **Hünkâr Hacı Bektaşî Veli ve Alevi Bektaşi Yolu,** Hacı Bektaş, 1968, s. 101.

dolayı Hacı Bektaşî Tekkesi Postnişi ve Türbedarı **Salih Niyazi Baba**'ya bir teşekkür telgrafı çekerek, yardımlarından duyduğu memnuniyeti şöyle dile getirmiştir:

"Sevgili vatanımızın kurtarılması ve mutluluğu uğrunda soylu ulusumuzun Allah'ın izniyle giriştiği kutsal savaşta üstün görevimizi övgüyle karşılamanıza, yüksek değerlendirmenize teşekkürlerimizi sunarız. Temiz ulusumuzun yükselme ve kurtarılmasına dönük iz ve yol göstericiliğinizin devamını üstün saygıyla dileriz. Temsil Kurulu üyelerinden Erzincanlı Şeyh Hacı Fevzi Efendi hazretlerinin sevgi ve saygılarını iletiriz." [646]

Mustafa Kemal Paşa, Anadolu'daki dinsel desteğin arkasında olduğunu görmesine rağmen hiçbir şekilde işini şansa bırakmamış, her fırsatta çeşitli dinsel grupları ziyaret etmiştir. Örneğin, Sivas Kongresi sonrasında Temsil Heyeti kendisine karargâh olarak seçtiği Ankara'ya gidecektir. Mustafa Kemal Paşa, Ankara'ya giderken Alevi-Bektaşi gruplarının bundan sonraki kritik dönemde de bağımsızlık hareketini sahiplenmelerini ve kendi yanında yer almalarını sağlamak için **Hacı Bektaş Tekkesi'ne** uğramıştır.

Temsil Heyeti 23 Aralık 1919 tarihinde Hacı Bektaş'ta görkemli bir şekilde karşılanmıştır. **Cemalettin Efendi**, Mustafa Kemal Paşa'yı Bektaşlar mevkiinde karşılamıştır. Cemalettin Efendi'nin Bektaşlar'a gelip bir misafirini karşılaması ilk kez gerçekleşen bir olaydır. Nitekim aynı Cemallettin Efendi, kendisini daha önce ziyarete gelen Enver ve Talat paşaları Selamlık'ta karşılarken Mustafa Kemal Paşa için uzak yol kavşağına kadar gitmiştir. Mustafa Kemal Paşa Cemalettin Efendi'yi arabasına alarak Hacı Bektaş'a getirmiştir.

Akşam Alevi-Bektaşi gelenekleri doğrultusunda Mustafa Kemal Paşa'nin şerefine bir ayin-i cem düzenlenmiştir. Sabah olunca da Hacı Bektaş-ı Veli ziyaret edilmiştir. Mustafa Kemal Paşa burada Kırklar Meydanı'nda Dede Babalık Postu'na vekâlet

---

[646] Belgelerin orijinali için bkz. **Askeri Tarih Belgeleri Dergisi** S. 80; Ağustos 1981 s. 7 vd. sadeleştirilmiş metin, Öz, age. s. 55, 56.

eden **Niyazi Baba** ile görüşmüştür. Ayrıntılar için Mazhar Müfit Kansu'ya kulak verelim:

"Meydan Evi denilen mahalde yere küçük ve alçak bir masanın üzerine konulan büyük bir sininin etrafında oturduk. Hepimizin önünden dolaşan uzun bir havlu, yemekte çatal, bıçak vardı. Çok nefis bir yemek... Can denilen müritler pek mükemmel ve sessizce hizmet ediyorlardı. Doğrusu yemekteki bu intizama hayret ettik. Yemeği müteakip ucu zıvanalı sigaralar ve kahveler de ikram edildi."

Mustafa Kemal Paşa, Çelebi Cemalettin Efendi ile de 5 saat gibi uzunca bir süre görüşmüştür. Bu görüşmede Mustafa Kemal Paşa, Alevi-Bektaşi cemaatinin Milli Hareket'i desteklemesini istemiştir. Mazhar Müfit Kansu bu görüşme hakkında şu bilgileri vermektedir:

*"Paşa'nın vaziyet ve giriştiğimiz mücadele hakkında verdiği izahat Çelebi'nin nazarı dikkatini celbetti. **Hatta Çelebi daha ileri giderek cumhuriyet taraftarlığını ihsas ettirdi ise de Paşa, zamanı olmayan bu mühim mesele için müspet veya menfi bir cevap vermeyerek gayet tedbirli bir suretle müzakereyi idare etti.** Anlaşılıyor ki Cemalettin Efendi cumhuriyete taraftar, hele Salih Baba hür fikirli çok ileri bir zat."* [647] Görüşme sonrasında Cemalletin Efendi yayımladığı bir bildiriyle tüm Alevi-Bektaşileri Mustafa Kemal Paşa'ya yardıma davet etmiştir. [648]

Mustafa Kemal Paşa, Ankara'ya vardıktan sonra, 2 Ocak 1920'de Cemalettin Efendi'ye çektiği bir telgrafta yardım ve destekleriyle Kurtuluş Savaşı'na güç kaynağı olduklarını belirterek, gönderdiği bildirinin en ücra köylere kadar ulaştırılmasını istemiştir.

Çelebi Cemalettin Efendi TBMM'de milletvekili olmuş ve II. Reis Vekâleti'ne seçilmiştir. Ancak 1921 yılında hayata gözlerini kapamıştır.[649]

---

647 M. Müfit Kansu, **Erzurum'dan Ölümüne Kadar Atatürk'le Beraber**, C. II, Ankara, 1968, s. 494.
648 Ömer Sami Coşar, **İstiklal Harbimiz Gazetesi**, C. II, 23 Aralık 1919, nr, 191; Şehidoğlu, **age.** s. 140 - 144; E. Behnan Şapolyo, **Kemal Atatürk ve Milli Mücadele Tarihi**, İstanbul, 1958, s. 354 - 356.
649 **TBMM Zabıt Ceridesi**, C. I, s. 93, 147, 148, 218; **TBMM Zabıt Ceridesi**, C. III, s. 229, 230.

Çelebi Cemalettin Efendi'nin yerine geçen Veliyyüddin Efendi de Kurtuluş Savaşı konusunda aynı duyarlılığı göstermiştir. Dahası Çelebi Veliyyüddin Efendi ve Salih Niyazi Baba, 1923 seçimlerinde Mustafa Kemal Paşa'nın listesinin kazanması için çalışmışlardır.[650]

Ankara'da Mustafa Kemal Paşa'yı karşılayanların başında, sonradan "Börekçi" soyadını alacak olan **Ankara Müftüsü Rıfat Efendi** bulunmaktadır. Köylerden birçok atlı, binlerce insan Ankara'ya akın etmiştir. Karşılama sırasında **Alevi, Bektaşi ve Mevleviler** de orada bulunmaktadır. Mazhar Müfit Kansu'nun anlatımıyla:

"Yedi yüz yaya, üç bin atlıdan oluşan bir seymen alayını, arkada bulunan dervişler izliyordu. Bu dervişler, Nakşî, Rufaî, Şadi, Bayrami, Mevlevi tarikatlarından olup, yöredeki Kızılbaşlar, bir kısmı gizli olarak Bektaşiler vardı." [651] Bu karşılamayı Enver Behnan Şapolyo da benzer şekilde tasvir etmektedir.[652] Anlatılanlara bakılacak olursa, Mustafa Kemal Paşa ve Temsil Kurulu Ankara'da büyük bir coşkuyla ve büyük ümitlerle karşılanmıştır. Bu karşılama, özellikle **Anadolu'daki dinsel grupların**, Milli Hareket'i sonuna kadar destekleyecekleri yönünde Mustafa Kemal Paşa'ya verilmiş bir mesaj niteliği taşımaktadır.

Alevi-Bektaşilerin Milli Hareket'e ve Mustafa Kemal Paşa'ya olan destekleri sadece manevi düzeyde kalmamış, maddi olarak da kendini göstermiştir. Örneğin, Mustafa Kemal Paşa'nın Hacı Bektaş Tekkesi'ni ziyareti sırasında **Aleviler** Milli Hareket'e parasal yardımda bulunmuşlar, ayrıca **Salih Niyazi Baba,** dergâhındaki bütün yatak, battaniye ve ambarlardaki erzakı arabalara yükleterek, Mustafa Kemal Paşa'nın kuruluyla göndermiştir.[653] Bazı kaynaklar, Alevi- Bektaşilerin ulusal bağım-

---

650 Semih Nafiz Tansu, **İki Devrin Perde Arkası**, İstanbul, 1969, s. 53.
651 Kansu, **age.** C. II, s. 497.
652 Şapolyo, **age.** s. 357 - 369.
653 Baki Öz, **Atatürk'ün Anadolu'ya Gönderiliş Olayının İç yüzü,** İstanbul, 1987, s. 77, Bedri Noyan, **Bektaşilik Alevilik Nedir?** Ankara, 1978, s. 90, Öz, **Kurtuluş Savaşında Alevi Bektaşiler,** s. 62 v.d.

sızlık mücadelesinde kullanılmak üzere milliyetçilere 1800 altın lira verdiğinden söz etmektedir.[654]

Bütün bu örnekler, Müslüman Anadolu insanının –Sünnisiyle Alevisiyle– son derece bilinçli bir biçimde Mustafa Kemal Paşa'yı ve Kurtuluş Savaşı'nı desteklediğini kanıtlamaktadır.

KURTULUŞ SAVAŞI KARŞITLIĞI VE DİN

O çileli kurtuluş günlerinde dinsel grupları kendi yanına çekmeyi düşünen sadece Mustafa Kemal Paşa değildir. İşgalci emperyalistler de Anadolu'daki "dinsel gücün" farkındadırlar. Özellikle İngilizler, Anadolu'daki dinsel gruplar arasında ikilik yaratarak, halkı bölüp, milliyetçilerin mücadele azmini kırmayı amaçlamaktadırlar. Bu amaçla **İngiliz diplomatlarından Stokes**, Anadolu'daki **Sünni-Şii** ayrımını hükümetine bildirmiştir. Stokes, raporunda, *"Sünniler ve Şiiler arasındaki karşıtlıklar büyüktür. Biz bu karşıtlığı daha da geliştirebiliriz,"* [655] demiştir.

Bu konudaki belgeler, İngilizler yanında **Amerikalıların** da Anadolu halkı üzerinde benzer bir "din oyunu" hazırlığında olduklarını göstermektedir. Örneğin, **Merzifon Amerikan Koleji Direktörü Amerikalı White**, hükümetine gönderdiği bir mektupta aynen şöyle demiştir:

"Hıristiyanların en büyük rakibi Müslümanlıktır. Müslümanların da en güçlüsü Türkiye'dir. Bu hükümeti ve memleketi devirmek için Ermeni ve Rum dostlarımızı terk etmemeliyiz... Alevilere mezhep konusunda serbestlik tanırsak onlar da bize katılacaklardır. Bizim görevimiz bu fırsatı kaçırmamak, gereğine uygun hareket eylemektir." [656]

Amerika'nın Birinci Dünya Savaşı sonrasında Wilson İlkeleri'yle ortaya koyduğu barışçı yaklaşım (!) dikkate alınınca, bu belge kafaları karıştırmaktadır.

---

654 Öz, age. s. 62, 63, Ali Sümer, **Anadolu'da Türk Öncüsü Hacı Bektaşi Veli**, Ankara, 1989, s. 51.
655 Erol Ulubelen, **İngiliz Gizli Belgelerinde Türkiye**, İstanbul, 1982, s. 270. Gizli belge 171, Doğan Avcıoğlu, **Milli Kurtuluş Tarihi**, C. I, İstanbul, 1974, s. 139.
656 Avcıoğlu, age. s. 283 v.d

Papaz ve Molla

Kurtuluş Savaşı sırasında işgalci güçler, bazı din adamlarını Milli Hareket'e karşı **ajan** olarak kullanmışlardır.

Mondros Mütarekesi'nden sonra İngiliz haber alma servisi ajanı olarak İstanbul'da bulunan İngiliz **Rahip Robert Frew** ve 20 Mayıs 1920'de İstanbul'da kurulan İngiliz Muhipler Cemiyeti Başkanı **Sait Molla**, bu din adamı görünümlü ajanlardandır.

Rahip Frew ve **Molla Sait** el ele vererek var güçleriyle Milli Hareket'e karşı mücadele etmişlerdir.

Mustafa Kemal Atatürk Nutuk'ta, Rahip Frew ile Sait Molla arasındaki "şer ittifakına" dikkat çekmiş ve Sait Molla'nın Mister Frew adlı papaza gönderdiği 12 mektuba yer vermiştir.[657] Bu mektuplar incelendiğinde Molla ve Papazın, işgalci İngilizlere nasıl uşaklık ettikleri çok açık bir şekilde görülmektedir. Mustafa Kemal Paşa, bu iki **ajan din adamının** faaliyetlerini öğrendikten sonra bu örgütlenmeye engel olmak için her çareye başvurmuştur. Hatta "*Bütün bu gizli hazırlık kaynaklarının Rahip Frew'in kafasında toplandığı ve oradan **din kardeşlerimiz olacak hainlerin** kafalarına akıtılarak eylem haline dönüştüğü tahmin edildiğinden*", ajan Frew'in en azından bir süre bu faaliyetlerden uzak kalmasını sağlamak için ona bir mektup yazmıştır.[658] Mustafa Kemal Paşa mektubunda, Frew'in Milli Hareket'e karşı çalışmalardan söz etmiş ve onu, "***Siz bir din adamı olarak siyaset oyunlarında ve hele kanlı çarpışmalarla sonuçlanacak işlerde rol oynamak sevdasına kapılmamalıydınız.***" diye uyarmıştır.[659]

Sait Molla ve Rahip Frew'in "din adamı görünümlü" başka işbirlikçileri de vardır. Sivas Postanesi'nden Mustafa Kemal Paşa aleyhinde Padişah'a bazı telgraflar çeken **Şeyh Recep** ve iki arkadaşı, bu molla ve papazın yerli işbirlikçilerindendir. Mustafa Kemal Paşa, bu durumu Nutuk'ta şöyle ifade etmiştir:

---

657 Mustafa Kemal Atatürk, **Nutuk**, 5. bs, Kum Saati Yayınları, İstanbul, 2002, s. 248 - 255.
658 age. s. 255.
659 age. s. 256.

"Efendiler, düşmanlar, Şeyh Recep'e gerçekten önemli bir rol oynatmış bulunuyorlardı. Sırası gelince arz edeceğim belgelerden, Sait Molla'nın Rahip Frew'e yazdığı 24 Ekim tarihli bir mektubunda, Molla Papaza, 'Sivas olayını nasıl buldunuz? Biraz düzensiz ama yavaş yavaş düzelecek', diyordu." [660]

Ali Fuat Paşa da anılarında *"O günlerde İngiliz İntelligence Service'in, birtakım ajanları hoca kılığına sokarak Anadolu'ya gönderdiğini"* belirtmektedir.[661]

Yalancı Peygamber

"Din oyunu aktörleri", Kurtuluş Savaşı yıllarında Anadolu'da sahne almak istemişlerdir.[662] Ancak halkın cehaletinden yararlanarak halkı Milli Hareket'e karşı kışkırtan bu din bezirgânlarının eninde sonunda maskeleri düşmüştür.

Mustafa Kemal Paşa, **Nutuk**'ta, o yıllarda **Bayburt**'ta ortaya çıkan bir **yalancı peygamberden** şöyle söz etmiştir:

"Saygıdeğer Efendiler! (...) Memleketin doğu ucunda bir yalancı peygamberin yarattığı oldukça önemli ve kanlı bir olay meydana gelmişti. Bununla ilgili olarak 15.Kolordu Komutanlığı'ndan birçok raporlar geliyordu. Bayburt'a dört saat uzaklıkta Hart Karyesi vardır. Bu karyede oturan Eşref adında bir şeyh, Şiilik telkinlerinde bulunuyormuş. Bundan üzüntüye kapılan Bayburt Müftüsü ve din adamları, şeyhi getirerek sorguya çekmek için kurdukları bir heyeti Hart'a göndermişler ve mahalli hükümet adına şeyhi davet etmişler... Şeyh, bu davete uymamış... Yerel hükümet 50 kişilik bir birlik göndermiş. Buna büsbütün öfkelenen şeyh, müritleriyle birlikte birliğe saldırmış, silahlarını ve cephanesini almış; er ve subaylarını esir, bazılarını da şehit etmiş... Bunun üzerine çevredeki bazı birlikler Bayburt'a gönderilmekle birlikte, işin kan dökmeksizin barış yoluyla çözüme bağlanması tercih edilmiş... Şeyhe, din adamları ve yüksek rütbeli subaylardan kurulu birkaç heyet gönderil-

---

660 age. s. 215.
661 Ali Fuat Cebesoy, **Milli Mücadele Hatıraları**, İstanbul, 2000, s. 395, 396.
662 *"Din oyunu aktörleri"* tabiri bizzat Atatürk'e aittir.

miş... Hükümete boyun eğmesi için öğütler verilmiş... Böylece boşu boşuna on altı gün kaybedilmiş. En son giden Erzurum Kadısı başkanlığındaki heyetin ricası da Şeyh Eşref üzerinde etkili olmamış. Aksine şeyh bunlara, 'Hepiniz kâfirsiniz! Kimseyi tanımam ve boyun eğmem. Savaşacağım. Allah bana buyruğumu kullarıma duyurmakla görevlisin dedi' yolunda bir ültimatom vermekle birlikte, bir yandan da köylere 'Sahib-i Şeri'at' ve 'Mehdi-i Muntazar' imzalarıyla birtakım bildiriler göndererek halkı kandırmış ve kendisine katılmalarını sağlayarak baş kaldırmış... Bunun üzerine bizzat Bayburt'a gelip 9. Tümen'in komutasını ele alan Yarbay Halit Bey, 25 Aralık 1919 günü, yeterince kuvvetle Hart'a hareket eder. Şeyh, başına topladığı asilerle karşı koymaya karar verdiğinden topçu ve piyade birliklerinin şeyhle çatışması ve çarpışması gerekir. Bu sırada şeyhin müritlerinden birtakımları da Hart'a yardım etmek üzere çevre köylerde toplanırlar. Nihayet **Yarbay Halit Bey'in** doğrudan doğruya Bayburt'tan bana gönderdiği 1 Ocak 1920 tarihli şifresinde bildirdiği gibi, 'Hart olayı, yalancı peygamberle oğullarının ve kendisine bağlı adamlarından bazılarının öldürülmesi ve Hart'ın teslim alınmasıyla sonuçlanmıştır." [663]

Amaç Gerçekten Din midir?

Mustafa Kemal Paşa, **Nutuk**'ta, *"Türk'ün ateşle imtihan edildiği"* o zor günlerde "din", "iman" diyerek milli güçlere saldıranlar hakkında şu değerlendirmeleri yapmıştır:

"Rauf Beylerin, Vehip Paşaların, Çerkez Ethem ve Reşitlerin, bütün Yüzelliliklerin, kaldırılmış Hilafet ve Saltanat hanedanı mensuplarının, **bütün Türkiye düşmanlarının, el ele vererek aleyhimizde durmadan ateşli bir şekilde çalışıp uğraşmaları, din gayretiyle midir?** *Sınırlarımıza bitişik merkezlerde yuvalanarak hâlâ Türkiye'yi yok etmek için* **'Mukaddes İhtilal'** *adı altında haydut çeteleri, suikast tertipleriyle çılgınca aleyhimizde çalışanların maksatları gerçekten* **mukaddes** *midir? Buna inanmak için gerçekten kara cahil ve koyu bir gafil olmak gerekir.*

---

[663] Atatürk, **Nutuk**, İstanbul, 2002, s. 286, 287.

Müslümanları ve Türk milletini en alt seviyeye düşmüş sanmak ve İslam dünyasının vicdan temizliğinden, ahlak ve karakterindeki incelikten, alçakça ve canice maksatlar için yararlanma yolunu tutmak artık o kadar kolay olmayacaktır. Küstahlığın da bir derecesi vardır." [664]

Emperyalistlerin gizli açık propagandalarla Türk yurdunu parçalamak için Anadolu'daki dinsel ayrılıklardan yararlanmak istemeleri, bu amaçla din adamı kılıklı ajanlar kullanmaları, cahil halkın dini duygularını istismar etmeleri, Mustafa Kemal Paşa'nın ne kadar ince bir çizgide hareket ettiğini ve "dinsel gücü" yanına almasının ne kadar büyük bir önem taşıdığını göstermektedir.

Mütareke Basınının Atatürk Düşmanlığı

Mustafa Kemal Paşa, Kurtuluş Savaşı yıllarında, sadece emperyalistlerin maşası durumundaki Yunanlılarla savaşmamış, aynı zamanda içerideki işbirlikçi unsurlarla, hilafetçi-saltanatçı çevrelerle ve din bezirgânlarıyla da savaşmak zorunda kalmıştır.

Mustafa Kemal Paşa'ya ve Kurtuluş Savaşı'na karşı tutumundan dolayı, "Mütareke Basını" olarak adlandırılan, İstanbul'daki pek çok işbirlikçi gazete, Mustafa Kemal Paşa'yı, "vatan haini", Kuvayımilliye'yi de sıradan bir "eşkıya hareketi" olarak göstermek istemiştir. İşbirlikçi İstanbul basınının arkasında İngilizler ve işbirlikçi İstanbul hükümetleri vardır.

Kurtuluş Savaşı yıllarında İstanbul'da yayımlanan özellikle iki gazete, **"Peyam-ı Sabah"** ve **"Alemdar"**, Mustafa Kemal Paşa ve Kuvayımilliye aleyhinde çok şiddetli saldırılarda bulunmuşlardır. Damat Ferit hükümetlerinde Maarif ve Dâhiliye nazırlıkları yapmış olan **Ali Kemal** ve **Refii Cevat**, her gün kalemlerini adeta kana batırıp, Mustafa Kemal Paşa ve Kuvayımilliye aleyhinde akıl almaz iftiralara imza atmışlardır. İşte, meşhur "Mütareke Basını"nda yayımlanan, Kurtuluş Savaşı ve Mustafa Kemal Paşa aleyhtarı yazılara birkaç örnek:

---

664 age. s. 669.

"(İdam hükmü üzerine) Mustafa Kemal layık olduğu cezayı gördü."(R. Cevat, Alemdar: 15.4.1920)

"Yalancı milliyet davası, şer'i şerif'e aykırıdır." (Ali Kemal, Peyam-ı Sabah: 11.4.1920)

"Sultan Vahdettin, Mustafa Kemal'i kovarak adam etti." (Feda: 16.4.1920)

"Mustafa Kemal Paşa, Anadolu'da bir milli hareket yaratmaya çalışıyor. Bu ne çocukça bir hayaldir! Bütün cihanın kuvvetine karşı... Savaştan ezilmiş olan zavallı Anadolu'nun gücü ile!... Kafa tutmasının ne gücü olabilir?... Anadolu'da ne kalmıştır? Ne var ki, mukavemet teşkili kabil olsun?" (Renin: 11.10.1919)

"İdam! İdam! İdam! Mustafa Kemal cezasını bulacak" (Ali Kemal, Peyam-ı Sabah: 25.4.1920)

"Mustafa Kemal ve hempalarının idamı..." (Ali Kemal, Peyam-ı Sabah: 13.5.1920)

"Ankara Hükümeti, Doğuyu (Bolşevikleri) seçmiştir" (Alemdar: 10.1.1920)

"Ankara ileri gelenlerinin zihniyetlerinde ancak İran'a ve Turan'a gidilebilir. Fakat Edirne, İstanbul, İzmir'in hürriyetine yetişemeyiz."(Peyam-ı Sabah: 26.8.1922)

"Damat Ferit Paşa'nın izinden gitseydik, İstanbul tehlikesi olmayacaktı. İzmir çoktan tahliye olacaktı. Kurtarıcısı Ferit Paşa yerine, Mustafa Kemal ardından gidiliyor. Müttefikler bize nasıl inanabilirler." [665]

Sadece bu satırlar bile, Mustafa Kemal Paşa'nın zaten imkânsız koşullarda giriştiği mücadeleyi daha da imkânsız hale getirmeye çalışan **"yerli işbirlikçilerin"** düşüncelerini anlamak için yeterlidir. Mustafa Kemal Paşa, Anadolu'da canını dişine takarak Kurtuluş Hareketi'ni örgütlemeye çalışırken, İstanbul gazetelerinde bu tür yazıların çıkması üzücü ve düşündürücüdür. **"Mütareke Basını"**nın bu tutumu, Mustafa Kemal Paşa'nın aynı

---

665 Doğan Avcıoğlu, **Milli Kurtuluş Tarihi**, C. I, s. 146, 147; Necip Mirkelamoğlu, **Atatürkçü Düşünce ve Uygulamada Din ve Laiklik**, İstanbul, 2000, s. 205, 206.

zamanda iç düşmanlara ve Türk ulusuna inanmayanlara karşı da bir mücadele yürüttüğünü gözler önüne sermektedir.

Bizim Yüzümüz Her Zaman Temiz ve Aktı

Mustafa Kemal Paşa, Kurtuluş Savaşı yıllarında vatanseverlere ve kendisine yönelik saldırılar hakkında şu çarpıcı değerlendirmeyi yapmıştır:

"Efendiler; bizim yüzümüz her zaman temiz ve aktı; her zaman da temiz ve ak kalacaktır. Çehresi çirkin, vicdanı çirkinliklerle dolu olanlar, bizim vatansever vicdan temizliği ve namusluca davranışlarımızı, kendi bayağı ve çirkin ihtirasları yüzünden çirkin göstermeye kalkışanlardır." [666]

Mustafa Kemal Paşa'nın burada sözünü ettiği *"bayağı ve çirkin ihtiras sahipleri"* Damat Ferit hükümetleri, Padişah Vahdettin, işbirlikçi mütareke basını ve satılmış din adamlarıdır.

KURTULUŞ SAVAŞI'NDA FETVA MÜCADELESİ

Anadolu halkının dini duygularını istismar ederek Milli Hareket'in gücünü kırmak isteyen sadece işgalci emperyalistler değildir. İstanbul'daki Osmanlı hükümetleri de milliyetçilere karşı din silahına başvurmuşlardır.

Aynı günlerde, bir taraftan **Ali Galip**, din ve şeriat sözleriyle yandaş toplamaya çalışırken, diğer taraftan, Ankara Valisi **Muhittin Paşa**, İngilizlerin sağladığı paralarla **Hacı Bektaş Çelebisi** yoluyla Bektaşileri İstanbul hükümeti yanına çekmek için uğraş vermiştir. Fakat Kurtuluş Savaşı'nın önemini kavramış olan Bektaşiler her şeye rağmen Milli Hareket'i desteklemeyi sürdürmüşlerdir.[667]

Sayıları az olmakla birlikte bazı din adamları İstanbul hükümetinden yana tavır alarak Mustafa Kemal Paşa'ya ve Kuvayımilliye'ye karşı çıkmıştır. İslam dini, ülke savunmasını dinsel bir zorunluluk olarak görürken bu "satılmış din adam-

---

666 Atatürk, **Nutuk**, İstanbul, 2002, s. 692, 693.
667 Doğu Ergil, **Milli Mücadelenin Sosyal Tarihi**, Ankara, 1981, s. 167, Kâzım Karabekir, **İstiklal Harbimiz**, İstanbul, 1969, s. 391 vd.

ları" hiç Allah'tan korkmadan vatanını savunanlara "dinsiz", "zındık" diyebilmişlerdir. Bunların en tanınmışları arasında Hürriyet ve İtilaf Fırkası **Konya Mebusu Konyalı Zeynelabidin, Şeyhülislam Mustafa Sabri Efendi** ve **İstanbul Müftüsü Dürrizade Abdullah Efendi** başta gelmektedir.

Kurtuluş Savaşı yıllarında halkın dinsel inançlarının sömürülmesi ve halkın Milli Hareket'e karşı kışkırtılması çabaları hayli geniş kapsamlıdır. İstanbul'un işbirlikçi basını, Milli Hareket'i başlatanları, padişahın emirlerini dinlemedikleri için "dinsiz" ve "asi" olarak suçlarken [668], 1920'li yıllarda çıkan iç isyanların bir kısmı, Mustafa Kemal ve arkadaşlarının "komünist" olarak suçlanmaları sonucunda patlak vermiştir; Hendek, Düzce ve Beypazarı ayaklanmaları bu iftiraların ürünüdür.[669]

İstanbul Hükümetinin Fetvası

İstanbul hükümetinin, Anadolu halkının dini duygularını istismar ederek Milli Hareket'e son verme girişimlerinin en "hazini" ve en "adisi" milliyetçilere karşı fetvalarla giriştiği mücadeledir.

Fevzi Çakmak, İstanbul hükümetince hazırlatılan fetvanın *"İngiliz süngüsüyle alınmış, İslamı sinesinde birbirine düşürmek için ilk defa yazılmış acı bir vesika"* olduğunu ifade etmektedir.[670]

Damat Ferit, 5 Nisan 1920'de dördüncü kez sadrazam olduğunda, Milli Hareket'e karşı gerçekleştireceği faaliyetlerde İngilizlerden yardım istemiştir. Damat Ferit İngilizlerden, (İngiliz Yüksek Komiseri Robeck'ten) Kuvayımilliye'ye karşı yayınlanacak fetvaların dağıtılması için uçak istemiştir. Ayrıca Kurtuluş Savaşı'na destek olmaya başlayan Hint Müslümanlarına fetvaları İngilizlerin dağıtmasını talep etmiştir.[671]

---

668 Alpay Kabacalı, "Ulusal Harekete Övgü Seli, Mütareke İstanbul'unda İşbirlikçi Basın", **Cumhuriyet**, 10 Ekim 1995.
669 Avcıoğlu, **age**. C II, s. 659.
670 Murat Bardakçı, **Şahbaba**, İstanbul, 1999, s. 634 - 637.
671 Bilal Şimşir, **İngiliz Belgelerinde Atatürk**, C. II, Ankara, s. 27 (belge, no: 8).

Anadolu'daki milliyetçileri "dinsizlikle" suçlayan ve katledilmelerinin dini açıdan "caiz" olduğunu ileri süren fetvayı, **İstanbul Müftüsü Dürrizade Abdullah Efendi** hazırlamıştır. Damat Ferit'in isteğiyle ve İngilizlerin desteğiyle, İstanbul Müftüsü Dürrizade'nin hazırladığı, Mustafa Kemal Paşa'yı ve Kuvayımilliyecileri ağır şekilde suçlayan fetva, Osmanlı Meclisi'nde görüşülürken, bazı eleştirilere uğramasına rağmen Damat Ferit, *"İngilizlere söz verdiğini"* söyleyerek ağır suçlamalarla dolu metnin değiştirilmesine karşı çıkmıştır. Kısa süre sonra Dürrizade'nin yalan ve iftiralarla dolu fetvalarını İngiliz uçakları Anadolu semalarına bırakmışlardır.

Fetvanın Anadolu'da dağıtılmasında İngiliz uçaklarının yanı sıra İngiliz konsoloslukları, Yunan uçakları, Yunan işgal kuvvetleri, Rum ve Ermeni teşkilatları da görev almışlardır. [672]

İslam dininin çirkin siyasal emellere nasıl alet edildiğini göstermesi bakımından çok çarpıcı bir örnek olan bu yalan ve iftira metni, şu cümlelerden oluşmaktadır:

"Dünya düzenini sağlayan İslam halifesinin yönetimi altında bulunan İslam ülkelerinde hak tanımayan bazı kimseler birleşip kendilerine başkanlar seçmiş, saltanatın sadık tebaasını yalan ve dolan ile aldatıp kandırarak, padişahın buyruğu olmaksızın halktan asker toplamaya kalkışmışlardır. Görünüşte askeri yedirip içirmek ve giydirmek bahanesiyle, gerçekte ise, mal toplatmak sevdasıyla, şeriata ve padişah emirlerine aykırı olarak birtakım vergiler, haraç, para toplamakta, türlü baskı ve işkenceyle halkın mal ve eşyasını zorla almaktadırlar. Böylece halka eziyet etmeyi alışkanlık haline getirip cürüm işlemeye kalkışmış, bazı köylere ve beldelere saldırarak harap edip, toprak haline getirmişler ve tebaadan nice kişiyi katletmiş, pek çok kan akıtmışlardır. Padişah tarafından atanmış olan asker, sivil görevlileri kendiliklerinden iş başından uzaklaştırıp kendi yandaşlarını atamışlardır. Başkent ile ülke arasındaki yolcu-

---

672 Sarıkoyuncu, **Milli Mücadelede Din Adamları**, C. II, s. 14.

luğu, ulaşımı ve haberleşmeyi keserek, devletçe verilen emirlerin ulaşmasını engelleyerek, başkenti ülkeden soyutlamışlardır. Halifeliğin yüceliğini küçültüp etkisini azaltmaya yönelerek, yüce imamlık makamına ihanet etmekle "imama" itaat etmenin dışına çıkıp; Osmanlı Devleti'nin yasalarını ve düzenini ve ülkenin asayişini bozmak için yalan dolanla dolu haberler yayarak, halkı karışıklıklara sürüklemişlerdir...

Ülkede fitne yaratmaya çalıştıkları ortaya çıkan ve gerginlik yaratan söz konusu yöneticiler ile onlara yardım edenler, bagi (asi) olup, dağılmaları hakkında yayınlanan padişah buyruğundan sonra da inan ve fesatlarında ısrar ederlerse, onların kötülüklerinden ülkeyi temizlemek ve halkı onların zararlarından kurtarmak vacip olup, katlolunmaları, şeriata uygun ve zorunlu olur mu?

Cevap: Her şeyi bilen yüce Allah'tır. Olur." [673]

Bu fetvalara göre idamlıklar şöyle sıralanmıştır: **Mustafa Kemal (Atatürk), Ali Fuat (Cebesoy), Adnan (Adıvar), Halide Edip (Adıvar)**; 15 Haziran 1920 tarihli ikinci bir fetvaya göre de **Miralay İsmet (İnönü), Ankara Müftüsü Rıfat Efendi (Börekçi)** nin de aralarında bulunduğu 9 kişinin idamı istenmiştir.[674]

İstanbul fetvaları, Mustafa Kemal Paşa'nın tüm önlemlerine karşın dini duyarlılığı yüksek "saf ve temiz" Anadolu halkını etkilemeye başlamıştır. Fetvaların yayımlanmasının ardından yer yer Kurtuluş Savaşı'na karşı ayaklanmalar görülmüştür. Hatta bazı isyankârlar Ankara yakınlarına kadar gelmişlerdir. İstanbul fetvalarını etkisizleştirmek için karşı fetvalara ihtiyaç duyulmaya başlanmıştır. O günlerde Bursa'dan gönderilen bir telgrafta, *"Eğer bu gece derhal, Ankara ve diğer illerin başmüftüleri ve meşhur Müslüman ulemadan karşı fetvalar alınmazsa Bursa vilayetinin de pek ziyade vehamet kazanması muhtemeldir,"* denmektedir.[675]

---

673 Şerafettin Turan, **Türk Devrim Tarihi**, 2. kitap, Ankara, 1992, s. 116, 117.
674 Halil Nebiler, "İngiliz Sever Şeriatçı, Mustafa Kemal'e Karşı", **Şeriatın Kilometre Taşları 2**, Cumhuriyet, 21 Mart 1994.
675 **Harp Tarihi Vesikaları Dergisi**, S. 35, vesika nr. 875.

Atatürk'ün Karşı Fetvası

İngiliz destekli İstanbul fetvalarına Mustafa Kemal, Anadolu'da Kurtuluş Savaşı yanlısı din adamlarının karşı fetvalarıyla yanıt vermek istemiştir.

Ankara Müftüsü Rıfat Efendi (Börekçi)'nin başkanlığında, 5 müftü, 9 müderris ve 6 ilmiye mensubundan oluşan toplam 20 kişilik bir grup karşı fetva hazırlığına başlamıştır. Hazırlanan fetvada, Anadolu'daki Milli Hareket'in dinen meşru olduğu, padişah ve halifenin düşman elinde esir bulunduğu, esir halifeye zor ve baskıyla fetva yayımlattırıldığı belirtilerek, fetvanın geçersiz olduğu vurgulanmıştır. 83 müftünün imzaladığı ve 64 müftünün onayladığı bu karşı fetva ile **düşmana karşı mücadele etmenin din gereği olduğu** duyurulmuştur. [676] Söz konusu fetva 19-22 Nisan 1920 tarihlerinde "Öğüt", "İrade-i Milliye" ve "Açıkgöz" gibi Kurtuluş Savaşı taraftarı gazetelerde yayımlanmıştır. [677] Ayrıca 16 Nisan 1920'de Heyet-i Temsiliye Riyaseti'nce Anadolu'daki bütün müftülüklere tebliğ edilmiştir. Fetvayı her müftünün onaylaması ve bu konuda mülki ve askeri yetkililerin de yardımcı olması istenmiştir. [678]

Mustafa Kemal Paşa, böylece bir kez daha düşmanı düşmanın silahıyla vurmuştur.

Din, Kurtuluş Savaşı yıllarında etkin bir silah olmasına rağmen, İstanbul hükümetlerinin olumsuz tutumlarından dolayı Müslümanlar bu silahı düşmandan çok birbirlerine karşı kullanmışlardır. İstanbul ve Ankara hükümetleri arasındaki fetva mücadelesi bu durumun bir göstergesidir. "Halifenin fetvalarına göre Topal Osmanlar, Demirci, Efeler ve Çerkez Ethemler asi, Anzavarlar kahraman, Anadolu hocalarının fetvalarına göre de Mustafa Kemal ve TBMM'ye karşı koyanlar asi, onları vuranlar

---

676 Rüknü Özkök, **Milli Mücadele Başlarken Bolu Düzce İsyanları**, İstanbul, 1971, s. 235, Yunus Nadi, **I. Büyük Millet Meclisi**, 1998, s. 53.
677 Uluğ İğdemir, **Yılların İçinden**, s. 234.
678 Bkz. **ATASE**, Kl. 525, D. 129, F. 2; **Alemdar**, 5 Mayıs 1336, Çarşamba; **Hâkimiyet-i Milliye**, 5 Mayıs 1336, nr. 27, s. 1, 2; **İrade-i Milliye**, 22 Nisan 1920.

kahramandı."[679] Fetvalar sayesinde her iki kesim de hareketine dini referanslarla meşruiyet kazandırmaya çalışmıştır.

Hıristiyan işgalcinin zulmü karşısında İslam anlayışının, "yabancıya karşı çıkmak" biçiminde tanımlanabilecek olan "milliyetçiliği" desteklemesi beklenebilirdi. Ancak Osmanlı Devleti'nde din, devletle özdeşti ve devletin dış müdahaleye karşı çıkmaması, devletle özdeş olan din kurumunun da –dış müdahaleye karşı ateşleyici bir etken olabilecekken– devre dışı kalmasına yol açmıştır. Hatta devletle özdeş resmi din ideolojisi, Kurtuluş Savaşı sırasında Şeyhülislam Dürrizade'nin fetvaları biçiminde milliyetçi hareketi baltalamaya çalışmıştır.[680] İşte Mustafa Kemal Paşa, bu tehlikeyi gördüğü için İstanbul'la fetva mücadelesine girmek zorunda kalmıştır.

Mustafa Kemal Paşa, cumhuriyetin ilk yıllarında da fetvalardan, dolayısıyla dinsel meşruiyetten yararlanacaktır. Önce Men-i Müskirat (içki yasağı) kanununda ve son olarak da halifeliğin kaldırılmasında fetvaya müracaat edecektir. Bundan sonra bir daha asla fetvalardan yararlanmayacak ve dini, meşruiyet aracı olmaktan kurtarmaya çalışacaktır.

Mustafa Kemal Paşa'nın Anadolu'daki dinsel gruplar üzerindeki etkisi Kurtuluş Savaşı sonrasında da devam etmiştir. 1923 seçimleri sırasında Meclis'teki muhalif İkinci Grup'a karşı Alevi-Bektaşi din adamları Mustafa Kemal'i ve Birinci Grup'u desteklemişlerdir. Çelebi Velayettin Efendi, Alevi-Bektaşi cemaatine 23 Nisan 1923 tarihinde gönderdiği bildiride, seçimlerde Mustafa Kemal'in adaylarına oy verilmesini istemiştir.[681]

Müslüman Anadolu halkını bölüp parçalamak, Milli Hareket'i yok etmek için önce Alevi-Sünni ayrımını körükleyen emperyalist güçler ve İstanbul hükümetleri, aynı yöntemi Anadolu'daki Müslüman etnik gruplar üzerinde de deneyeceklerdi.

---

679 Atay, Çankaya, C. I, s. 154.
680 Oran, **Atatürk Milliyetçiliği**, s. 75.
681 **Yeni Gün Gazetesi**, 25 Nisan 1923.

TBMM'NİN AÇILIŞINDA DİNSEL MEŞRUİYET KAYGISI

Ankara'da 23 Nisan 1920'de TBMM açılmıştır. Dünya tarihinde benzerine az rastlanacak bir şekilde, "demokrasi geleneği olmayan bir ulus" özgürlük mücadelesini, bir meclis açarak demokratik kurallarla yürütmeyi denemiştir.[682]

Birinci TBMM'nin açılışı, her yönüyle, Mustafa Kemal'in dini meşruiyetten nasıl ustalıkla yararlandığını gösteren örneklerle doludur.

Mustafa Kemal, TBMM'nin açılışını yayınladığı bir tamimle tüm yurda duyurmuştur. Bu tamim Mustafa Kemal'in dinsel meşruiyetten yararlanma düşüncesinin tipik bir örneğidir.

Tamim, şu maddelerden oluşmaktadır:

"1. Allah'ın izniyle Nisanın 23. günü cuma namazını müteakip Büyük Millet Meclisi açılacaktır.

2. Büyük Millet Meclisi'nin küşat günü, (açılış günü) Hacı Bayram Camii şerifinde cuma namazı eda olunarak, envar-ı Kur'an ve Selattan istifade olunacaktır.

3. Mezkûr günün kutsiyetini teyit için bu günden itibaren, merkez vilayetinde Vali Beyefendi Hazretlerinin tertibiyle Hatim ve Buhari-i Şerif tilavetine başlanacak ve Hatim-i Şerif'in son akşamı teberruken cuma namazından sonra mahsusa önünde ikmal edilecektir." [683]

Burada Mustafa Kemal'in, TBMM'nin açılışına, ısrarla **dini bir anlam yükleme çabası** içinde olduğu dikkat çekmektedir. Bu bildiri Müslüman Türk halkının dinsel duyarlılıkları dikkate alınarak hazırlanmıştır. Mustafa Kemal, Kurtuluş Savaşı yıllarında manevi gücün canlı tutulması için dini ritüellere büyük önem

---

682 Osmanlı Devleti'nde 1876'da ve 1908'de anayasa ilan edilmiş, meclis açılmış ve meşrutiyet ilan edilmiştir. Ancak halkın katılımı dikkate alındığında bu kısa süreli meclis denemelerinin Türkiye'de demokrasi kültürünün oluşumu için çok yetersiz olduğu görülmektedir.

683 Yunus Nadi, **Birinci Büyük Millet Meclisi**, İstanbul, 1998, s. 31, 32.

vermiştir. TBMM'nin açılmasına karar verildiğini duyuran yukarıdaki genelgede bu durum çok açık bir şekilde görülmektedir.[684]

Mustafa Kemal, TBMM'nin açılışıyla, fiilen kurulan yeni devletin, dolayısıyla yeni siyasal otoritenin, en az İstanbul'daki Sultan halifenin temsil ettiği Osmanlı siyasal otoritesi kadar **dini meşruiyete sahip** olduğunu ispatlamak istemiştir. 1920'nin 23 Nisan'ında Ankara bozkırında sergilenen bu sahneler, Mustafa Kemal'in Kurtuluş Savaşı sırasındaki stratejik (taktikçi) hareket tarzının bir ürünüdür.

TBMM, 22 Nisan Perşembe günü açılacakken, bu tarih Mustafa Kemal tarafından bilinçli olarak **23 Nisan Cuma'ya** alınmıştır. Andrew Mango, "*Cuma namazının önemi dolayısıyla bu tarih özellikle seçilmişti*," demektedir. [685] Yunus Nadi'nin anıları, Mango'yu doğrulamaktadır:

"*Hasımlarımız bizi mağlup edebilmek için müracaat ettikleri muhtelif silahlar içinde ezcümle (bilhassa) dine ve şeriata dahi istinat ediyorlar ve bizi şer'en asi ilan etmek hususunda çok ileri gidiyorlardı. (Meşihat-ı İslamiye) makamının fetvaları hep bu esas maksada istinat ediyordu. Damat Ferit bu yoldan yürüyordu... Yunanlıların milleti boğmaya, parçalamaya, mahvetmeye alet olanların, dini ağızlarına almaları bile dünyanın en sefil alçaklığı idi. Hakikat bu merkezdeyken, İstanbul'un olanca redaati (kötülüğü) ile Ankara aleyhine milletin mukaddesatını tahrik vesilesi yapmasına karşı, Ankara'nın dahi layık ve lazım olduğu veçhile mukabele etmesi zarureti hâsıl olmuştur. Bu cümleden olarak, meclisin küşadı (açılışı) günü perşembeden cumaya geçirildi.*" [686]

Mustafa Kemal'in yakın arkadaşlarından **Yusuf Kemal Tengirşek** TBMM'nin açılışını, şöyle anlatmaktadır:

"*23 Nisan 1920'de meclis açıldı. Başımızda Mustafa Kemal Paşa olduğu halde Hacı Bayram Camii'nde toplandık. Namaz*

---

684 Yaşar Semiz, "*23 Nisan 1920 TBMM'nin Açılışı ve Yarattığı Milli Heyecan*", **Selçuk Üniversitesi Atatürk İlkeleri ve İnkılap Tarihi Araştırma ve Uygulama Merkezi Ata Dergisi**, S. 9, 2002, s. 95 - 108.
685 "Andrew Mango'nun Atatürk'ü 2", **Yeni Bin Yıl**, 13 Mart 2000.
686 Nadi, age s. 30.

kıldık. Oradan ilk meclis binası önüne gelerek, duadan sonra içeri girdik." [687]

Meclis'in açılışının cumaya getirilmesi sonuç vermiş, bu milli heyecan, dini motiflerle daha da kabararak büyük bir coşkuya dönüşmüştür. Anadolu insanı, kurtarıcısını dini ve ruhani bir atmosferde bağrına basmanın gururunu yaşarken, kendi egemenliğini, kendi geleceğini de kendi eline almanın belli belirsiz mutluluğunu duymuştur. Yunus Nadi o günkü coşkulu dinsel atmosferi şöyle anlatmaktadır:

"İstiap (içine sığdırma) kabiliyeti, nihayet bin-bin beş yüz kişilik olan Hacı Bayram Camii'nde erkândan (ileri gelenlerden) mevkii almaya müsaraat (acele) edenler çok olmuştu. Öyle ki, Mustafa Kemal Paşa ve arkadaşlarına yer bulmak için bilahare hayli müşkülat çekilmiş, hayli uğraşılmak mecburiyeti hâsıl olmuştu... Meclisin kapısında bir taraftan kurbanlar kesilirken, diğer taraftan gür sesli bir hocanın Türkçe duası bütün o muhitte âmin sesleriyle dalgalanıyordu... Hacı Bayram Camii'nde Cuma namazına iştirak edebilenler, caminin içinde yerlerinden kımıldayamayacak kadar kucak kucağa idiler. Kapılardan taşmışlar, mermer avluya dolmuşlar, mezarların üzerlerine ilişmişler, sokaklarda mevkii almışlardı."* [688]

O sırada okunan dualara ellerini semaya kaldırıp "âmin" diyenler arasında, sonraları bazı kesimler tarafından "dinsiz" ilan edilecek olan Mustafa Kemal de vardır.

Hacı Bayram Camii'nde cuma namazının kılınmasından sonra cemaat cami avlusunda toplanmıştır. Törene katılanlar tekbir getirerek Meclis'in toplanacağı binanın yanına gelinceye kadar yürümüşlerdir. Yürüyüş alayının önünde üzerinde Kur'an-ı Kerim bulunan rahleyi taşıyan bir kişi yer almıştır. Camide başlatılan Kur'an hatimi ve Buhari-i Şerif kıraatinin son kısmı Meclis'e gelindiğinde tamamlanmıştır. Mustafa Kemal, ilk hükümetin kuruluşunu takiben yaptığı konuşmayı *"Cenab-ı Hakk'ın Avnü inayeti bizimledir"* diyerek bitirmiştir.[689]

---

687 Tengirşek, **age.** s. 132.
688 **age.** s. 34, 35.
689 Semiz, **age.** s. 95.

Meclis, açıldıktan iki gün sonra 25 Nisan Pazar günü *"Büyük Millet Meclisi'nin Memleketine Beyannamesi"* adlı bir bildiri yayımlanmıştır. Memleketin içinde bulunduğu durumu anlatan bu bildiri TBMM'nin ilk İslami bildirisidir. Bildiri şöyle sona ermektedir:

"Allah'ın laneti düşmana yardım eden hainlerin üzerine olsun ve rahmet ve yardımı Halife ve Padişahımızı, vatan ve milletimizi kurtarmak için çalışanların üzerinden eksik olmasın" [690]

Meclis kısa süre sonra iki İslami bildiri daha yayınlamıştır. 9 Mayıs 1920 tarihli bu bildirilerden biri *"Memlekete Beyanname"*, diğeri de *"Büyük Millet Meclisi'nin İslam Âlemine Beyannamesi"* adını taşımaktadır.

9 Mayıs 1920'de TBMM adına Mustafa Kemal imzasıyla yayımlanan *"İslam Âlemine Beyanname"* de çok etkili bir dinsel terminoloji kullanılmıştır. Çok sayıda Kur'an ayeti ve kavramıyla süslenen beyanname, üslup ve içeriği bakımından çok dikkat çekicidir. Kırşehir Mebusu Müftü Müfit Efendi'nin okuduğu bildiride tam 10 defa hilafetten, hilafet hukukundan, hilafet merkezinin işgal edilmiş olduğundan, *"şanlı hilafetimiz"*den söz edilmiştir. 7 defa Kur'an'dan alınmış ayetlere yer verilmiştir. Halka *"Ey ehl-i İslam"* diye hitap edilmiştir.[691]

Görüldüğü gibi Birinci Meclis açıldıktan kısa bir süre sonra yayınlanan bildirilerle hem içeriye hem dışarıya (İslam dünyasına) Milli Hareket'in "dini" bir hareket olduğu izlenimi verilmeye çalışılmıştır. Mustafa Kemal'in buradaki amacı dinsel meşruiyetten yararlanarak Milli Hareket'i güçlendirmektir.

Mustafa Kemal, aynı günlerde Bolşeviklerden yardım alabilmek için Sovyet lideri Lenin'e de mektup yazmıştır. Bu şekilde Mustafa Kemal, bir taraftan İslam dünyasını diğer taraftan da Bolşevik Rusları yanına almanın hesaplarını yapmaktadır. Bu onun *"Doğu Siyasetidir."*

Din faktörü, Birinci Meclis'in sadece açılış törenine damgasını vurmakla kalmamış, Meclis'in işleyişinde de kendisini hisset-

---
690 Bildirinin tam metni için bkz. **Atatürk'ün Bütün Eserleri**, C. 8, s. 105.
691 Taha Akyol, **Ama Hangi Atatürk**, 3. bs. İstanbul, 2008, s. 174.

tirmiştir. TBMM'nin, *"Din ve şeriat işlerini yürütmek Meclis'in görevidir"* biçiminde bir karar alması ve *"Devletin resmi dini İslam'dır"* maddesinin yer aldığı 1921 Anayasası'nı kabul etmesi, Meclis'in işleyişinde de "dinin" dikkate alındığını kanıtlamaktadır. Ayrıca Meclis'in ilk günlerinden itibaren sıkça İslam halifesinin düşman elinde tutsak olduğunun ve bir an önce kurtarılması gerektiğinin belirtilmesi, cumhuriyetten hiç söz edilmemesi gibi ayrıntılar da Meclis'in işleyişinde dinsel duyarlılıklara önem verildiğini gösteren belli başlı işaretlerdendir.

Birinci Meclis'in fikri yapısı dikkate alındığında dini karakterinin ağır bastığı görülmektedir. **İlk açılışta 115 kişiden oluşan Meclisin 21 üyesi sarıklıdır.**[692]

Birinci TBMM'deki din adamı milletvekilleri şunlardır:

1. Adana: Abdullah Faik Efendi, Mehmet Hamdi Efendi.
2. Amasya: Ali Rıza Efendi.
3. Ankara: Hacı Arif Efendi, Hacı Mustafa Efendi, Şemsettin Efendi.
4. Antalya: Rasih Efendi.
5. Aydın: Ahmet Şükrü Efendi, Mehmet Emin Efendi, Esat Efendi.
6. Batum: Ahmet Fevzi (Erdem) Efendi,[693] Ahmet Nuri Efendi, Ali Rıza Acara Efendi.
7. Bolu: Abdullah Sabri Efendi.
8. Burdur: Halil Hulusi Efendi.
9. Bursa: Mustafa Fehmi Efendi, Şeyh Servet Efendi.
10. Çankırı: Hacı Tevfik Efendi.
11. Denizli: Hasan Efendi, Mazlum Baba Efendi.
12. Diyarbakır: Abdülhamid Efendi.
13. Erzincan: Osman Fevzi Efendi, Şeyh Hacı Fevzi Efendi.
14. Erzurum: Nusret Efendi.

---

692 Kansu, **age.** s. 570.
693 Batum milletvekillerinden **Ahmet Fevzi (Erdem) Efendi** o zamanki Artvin Şavşat müftüsüdür. Bugün Artvin Şavşat'ta Ahmet Fevzi Efendi adına yaptırılan bir İlköğretim Okulu vardır. Ben de ilk ve orta öğrenimimi Şavşat'ta **Ahmet Fevzi İlköğretim Okulu'nda** tamamladım. Bir hemşehrisi olarak, bu vatansever din adamına minnet ve şükranlarımı sunmayı bir görev bilirim. (S. M.)

15. Eskişehir: Abdullah Azmi Efendi.
16. Gaziantep: Abdurrahman Lami Efendi, Hafız Mehmet Efendi.
17. İçel: Ali Rıza Efendi, Hacı Ali Sabri Efendi, Naim Efendi.
18. Isparta: Hafız İbrahim Efendi, Hüseyin Hüsnü Efendi.
19. İstanbul: Hüseyin Hüsnü (Işık) Efendi.
20. İzmir: Hacı Süleyman Efendi.
21. İzmit: Hafız Abdullah Efendi.
22. K. Sahip: İsmail Şükrü (Çelikalay) Efendi, Mustafa Hulusi Efendi, Nebil Efendi.
23. K. Şarkı: Ali Sururi Efendi, Abdul-gafur Efendi.
24. Kastamonu: Hafız Mehmet Hulusi Efendi.
25. Kayseri: Mehmet Âlim Efendi, Remzi Efendi.
26. Kırşehir: Cemalettin (Çelebioğulları) Efendi, Müfit Efendi.
27. Konya: Abdülhalim (Çelebi) Efendi, Mehmet Vehbi Efendi, Musa Kâzım Efendi, Ömer Vehbi Efendi, Rıfat Efendi.
28. Kütahya: Şeyh Seyfi Efendi.
29. Lazistan: İbrahim Şevki Efendi.
30. Malatya: Mustafa Fevzi Efendi.
31. Maraş: Refet Efendi.
32. Menteşe: Mehmet Rıfat (Börekçi) Efendi.
33. Niğde: Mustafa Hilmi Efendi.
34. Siirt: Hacı Mustafa Sabri Efendi, Halil Hulki Efendi, Salih Efendi.
35. Sivas: Mustafa Taki Efendi.
36. Siverek: Bekir Sıtkı Efendi.
37. Yozgat: Mehmet Hulusi (Akyol) Efendi[694] (Gazeteci-Yazar Taha Akyol'un dedesi).

Görüldüğü gibi Birinci Meclis'te çok sayıda din adamı milletvekili vardır. Meclis'te bu kadar çok din adamı olmasının nedeni, din adamlarının Milli Hareket'in önemini çok iyi kavramış olması ve 1920'lerin Türkiyesi'nde Anadolu halkının din adamlarına güven duymasıdır. Bu din adamlarının birçoğu Meclis'te

---

[694] Ali Sarıkoyuncu, **Atatürk, Din ve Din Adamları**, Ankara, 2002, s. 121 - 165.

aktif görevler almışlar, Meclis oturumlarında yaptıkları konuşmalarla ve aldıkları görevlerle önemli çalışmalara öncülük etmişlerdir. Atatürk'ün "mefkûre arkadaşım" dediği **Hacı Süleyman Efendi**'nin eğitimle ilgili sözleri aydın bir din adamının ileri görüşlülüğünün ifadesidir.

Ancak Birinci Meclis'te, din konusunda "radikal" fikirlere sahip milletvekilleri de vardır.

Falih Rıfkı Atay'ın o günkü Meclis'le ilgili anıları, Birinci Meclis'in yapısı hakkında önemli ipuçları vermektedir.

Örneğin, Teşkilat-ı Esasiye Kanunu'nda, TBMM'nin kanun koyma hakkı gündeme geldiğinde, bir hoca mebusun kürsüye çıkarak, ***"Tanrı'nın kitabı dururken kanun koymak iddiasında bulunan bir mecliste aza bulunamayacağını"*** söyleyerek memleketine döndüğünü belirten Falih Rıfkı, Men-i Müskirat (içki yasağı) kanununun ***"bir sağlık değil, şeriat davası"*** olduğunu ifade etmektedir.

Atay, yine bir tartışma sırasında iki hoca mebusun, Meclis'in sokağa doğru penceresini açarak: ***"Ey Ümmeti Muhammed, din elden gidiyor"*** diye avaz avaz haykırdıklarını anlatmaktadır.[695] Bazı mebuslar, Meclis'in dine aykırı hareket ettiğini düşünerek, Meclis kararlarına muhalefet etmekten çekinmemişlerdir.

Mustafa Kemal Paşa, 1920'de bir taraftan Meclis içindeki komünist-sol muhalefeti (Halk Zümresi) etkisizleştirmek, diğer taraftan da Sovyet Rusya'dan askeri ve diplomatik destek almak için **sola** kaymaya başlamış, bu doğrultuda Meclis'e sol içerikli **"Halkçılık Programı"**nı sunmuştur. Ancak Mustafa Kemal Paşa'nın bu "taktiksel" hareketi bile Meclis'teki "sağın" büyük tepkisini çekmiştir. Trabzon Mebusu Ali Şükrü Bey, Halkçılık Programı'nda **dini vurguların bulunmadığını** belirterek Meclis'teki muhafazakâr çevrelerin tepkisini dile getirmiştir.[696] Dahası Erzurum ve Sivas Kongrelerinde manda ve himayeye karşı çok açık bir tavır koyan ve Erzurum'dan beri Mustafa Kemal'in yanında bulunan **Hoca Raif Efendi** bile rejimin cumhuriyete dö-

---

695 Atay, age. C. I, s. 183.
696 Fahri Çoker, **Türk Parlemento Tarihi**, C. I, Ankara, 1994, Akyol, **age.** s. 277.

nüştürülmek istendiğini söyleyerek Halkçılık Programı'na karşı çıkmıştır. Bunun üzerine Mustafa Kemal Paşa Kâzım Karabekir'e bir telgraf çekerek Raif Hoca'nın aydınlatılmasını istemiştir.

Bu örneklerden de görüldüğü gibi, Birinci Meclis, dinsel duyarlılığı çok yüksek bir meclistir. Mustafa Kemal'in bu yapıdaki bir mecliste dini duyarlılıkları göz ardı ederek hareket etmesi düşünülemezdi. O, adımlarını atarken çok ince bir çizgide hareket etmekteydi. Yanlış bir adımı, "dinsiz" damgasını yemesine neden olabilir, bu onun hem Meclis, hem de halk nezdinde işini çok zorlaştırabilir ve Kurtuluş Savaşı'nı tehlikeye sokabilirdi.

ATATÜRK'ÜN İSLAMİ SÖYLEMLERİ

Mustafa Kemal, Kurtuluş Savaşı yıllarında "dini meşruiyetten" yararlanırken, son derece zengin dini terminolojiye dayanan bir İslami üslup kullanmıştır.

Halka ve orduya beyanlarında, TBMM'deki hitaplarında, Anadolu'daki milli kuvvetlerin komutanlarına gönderdiği telgraflarda, çeşitli vesilelerle İstanbul hükümeti ve Padişah'la yazışmalarında, İtilaf Devletlerinin işgalleri üzerine yapılan protestolarda, yurt içinde çeşitli cemiyetlere gönderilen yazılarda, çeşitli meslek gruplarına hitaplarında, dini günlerde ve dini bayramlarda halka ve orduya gönderilen mesajlarda, İslam âlemine beyannamelerinde, kimi Müslüman ülkelerle yazışmalarında **Allah'ın adını bir an olsun ağzından düşürmemiş** ve yüksek bir din kültürünün göstergesi olan ifadeler kullanmıştır. Bu konudaki örnekler hayli kabarıktır.

İşte Mustafa Kemal'in Kurtuluş Savaşı yıllarındaki İslami söylemlerine birkaç örnek:

Mustafa Kemal Paşa, 16 Ağustos 1919'da Sadrazam Damat Ferit Paşa'ya gönderdiği şifrede, Türk milletinin hiçbir suretle kendi varlığını başkalarına teslim etmeyeceğine olan inancını, **Allah'a yemin ederek** dile getirmiştir.[697]

---

[697] ATTB, C. IV, s. 52.

Antep, Maraş ve Urfa'nın Fransızlar tarafından işgali üzerine, 16 Kasım 1919'da yayınlanan protestoda, **Allah'ın yardımıyla** düşmanın işgal ettiği yerlerden bir gün mutlaka çıkarılacağını söylemiştir.[698]

İstanbul ve Boğazlar için İtilaf Devletleri mümessillerine protestolar yazılmasına dair 8 Ocak 1920 tarihli talimatında, İtilaf Devletlerinin çeşitli konulardaki zorlamalarını **dinimize aykırı olduğu gerekçesiyle** reddetmiştir.[699]

Yunan kuvvetini kırmak için 14 Eylül 1921 tarihli beyannamesinde, mücadele sırasında kazanılan münferit başarılar sonrasında, "*İstiklal mücadelemizde inayetini Türk milletinden esirgemeyen* **Cenab-ı Hakk'a hamdü sena etmeyi asla unutmayalım*"* diyerek, nihai muzafferiyet için **dua etmiştir**.[700]

14 Ocak 1920 tarihinde Padişah'a hastalığından dolayı gönderdiği afiyet temennisinde **Allah'tan şifalar dilemiştir**.[701]

Kendisine Gazi ve Müşir unvanlarının verilmesi üzerine, 20 Eylül 1921 tarihinde orduya beyannamesinde kendisi ve silah arkadaşlarının başarısı için **dua etmiştir**.[702]

Adana'nın tekrar anavatana katılması üzerine 5 Aralık 1921'de Adanalılara beyannamesinde, vatan topraklarının **Allah'ın inayetiyle** düşman işgalinden kurtarıldığını söyleyip, **Allah'a hamdü senada bulunmuştur**.[703]

İkinci İnönü Zaferi'nin yıldönümü münasebetiyle 19 Mart 1922 tarihinde orduya beyannamesinde, tüm ordu mensuplarını bu mücadelede şehit olanlar için **Fatihalar okumaya** çağırmıştır.[704]

Mustafa Kemal Paşa'nın 5 Ağustos 1920'de "*Adana Vilayeti ve Bütün İslam Ahalisine*" hitaben yayımladığı bildiri onun Kurtuluş Savaşı yıllarındaki İslami söylemlerine tipik bir örnektir. 7 paragraflık metinde 19 defa Allah, Peygamber, ümmet, İs-

---

698 age. s. 125.
699 age. s. 151.
700 age. s. 411.
701 age. s. 163.
702 age. s. 414.
703 age. s. 420.
704 age. s. 428.

lam, din ve dindar gibi kavramlara yer vermiştir. *"Adana'nın muhterem Müslümanları"* diye seslenen Mustafa Kemal Paşa, bildirisine şöyle devam etmiştir:

"Peygamber'in esaret tanımayan dindar ümmetinin cihat ordularına öncü olmak şerefiyle iftihar eden siz aziz Adanalı dindaşlarımız... Esaret hayatının türlü türlü ıstıraplarını çekmiş olan Mısır, Hindistan, Rusya ve Afrika'daki Müslüman kardeşlerimiz... İstiklal ve dinin muhafazası uğruna şehitlik mertebesine erişen kardeşlerimizin Allah'ın rahmetine kavuşmalarını ve Allah'ın yardımının yüce tecellisine mazhariyetimizi tazarru ve niyaz ve cümlenize gerek Büyük Millet Meclisi ve gerek bütün İslam âlemi namına teşekkür arz ederiz muhterem gaziler..." [705]

Mustafa Kemal Paşa'nın, dinsel içerikli başka bildirileri de vardır. Bunlardan biri, daha Ankara'da Meclis açılmadan önce 17 Mart 1920'de İstanbul'un işgalinin ertesi günü Heyet-i Temsiliye adına yayınladığı *"İslam Âlemine Beyanname"* dir. *"Hilafet-i mukaddese-i İslamiye'nin makarrı olan İstanbul"* diye başlayan bildiride İstanbul'un işgal edilmesinin bütün İslam âlemine tecavüz olduğu belirtilmiştir. İstanbul'un Hıristiyanlarca işgal edildiği hatırlatılarak, bunun İslam dünyasına yönelik yeni bir *"Haçlı saldırısı"* olduğu ifade edilmiştir.

Mustafa Kemal Paşa, *"Uğursuz bir gaddarlıkla devam eden Haçlı feveranının bu son sefil eylemi, İslamiyet'in irfan ve istiklal nuruna ve Hilafet'in birleştirdiği mukaddes kardeşliğe bağlı olan bütün Müslüman kardeşlerimizin vicdanında direniş ve isyan bilincini yaratacağına"* olan güveni vurguladıktan sonra bildiriyi şu dua ile bitirmiştir:

"Cenab-ı Hakk"ın mukaddes mücahedatımızda (kutsal savaşımızda) cümlemize ilahi yardımların gönderilmesini ve ruhaniyet-i Peygamberiye dayanan birlik içindeki teşkilatımıza yardımcı olmasını niyaz ederiz." [706]

---

705 **Atatürk'ün Bütün Eserleri,** C. 9, S. 133, 134.
706 Kısmen sadeleştirilmiş tam metin için bkz. **Atatürk'ün Bütün Eserleri,** C. 7, s. 183 - 189.

Mustafa Kemal Paşa, TBMM açıldıktan sonra dinsel içerikli iki bildiri daha yayınlayacaktır. Bunlardan biri *"Memlekete Beyanname"*, diğeri ise *"Büyük Millet Meclisi'nin İslam Âlemine Beyannamesi"*dir.

9 Mayıs 1920'de yayımlanan bu bildirilerde Mustafa Kemal'in İslami söylemi çok etkili bir şekilde kullandığı görülmektedir. Bildiride tam 10 defa **hilafetten**, hilafet hukukundan, hilafet merkezinin işgal edilmiş olduğundan bahsedilmiş, 7 defa **Kur'an'dan alınmış** ayetlere atıf yapılmış ve halka *"Ey ehl-i İslam"* diye hitap edilmiştir. *"İslamiyet'in can düşmanlarının Müslümanları birbirine boğazlatmak için çalıştığı"* söylenen bildiri, *"Milletimiz sağlam bina gibi birleşmiş bulunup Allah'ın yardımına mazhariyeti temenni etmektedir. Ve min Allah'üt tevfik vesselamü ala men itteba el huda. İmza: Büyük Millet Meclisi Emriyle Reis Mustafa Kemal."* diye sona ermiştir.[707]

1919-1923 yılları arasını, Mustafa Kemal'in İslami söylemi yoğun olarak kullandığı dönem olarak adlandırabiliriz.

Mustafa Kemal bu "İslami söylemleriyle" bir taraftan Kurtuluş Savaşı karşıtlarının dini kullanarak kendisine ve milliyetçilere saldırmalarını engellemeyi amaçlarken, diğer taraftan da özellikle *"İslam başkentinin ve İslam halifesinin Hıristiyan işgalcinin elinde esir olduğunu"* söyleyerek içeride düşmana karşı direnişi sağlamlaştırmak, dışarıdan da (İslam dünyasından) maddi ve manevi yardım almak istemiştir.

Kurtuluş Savaşı'nda, İslamın gücünden, halkı motive edip harekete geçirmek için yararlanan Mustafa Kemal, aynı yöntemi savaş sonrasında bir süre daha kullanmıştır. Örneğin, 1923'teki bir konuşmasında Kurtuluş Savaşı'na girilmesini, dini bakış açısıyla değerlendirerek; *"İslam âleminin din hükümlerine uygun hareket etmediği için kötü akıbetlere maruz kaldığını"* söylemiştir.

"Âlem-i İslam, hakikati diniye dairesinde Allah'ın emrini yapmış olsaydı, bu akıbetlere maruz kalmazdı. Allah'ın emri çok çalışmaktır. İtiraf ederim ki düşmanlarımız çok çalışıyor.

---

707 **age.** C. 8, s. 198 - 201.

Biz onlardan ziyade çalışmaya mecburuz." [708] diyerek, 1923 ortamında savaştan yeni çıkmış, enkaz halindeki bir toplumu motive edip süratle harekete geçirmek için "İslami söylemi" ateşleyici olarak kullanmıştır.

Mustafa Kemal, aynı konuşmasının devamında şunları söylemiştir:

"Sizin de anladığınız ve şimdi beyan ettiğimiz üzere, TBMM hükümeti en meşru ve muvafık bir suretle teşekkül etmiştir. Dinimizin talep ettiği çalışmak sayesindedir ki üç buçuk senelik bir müddet zarfında pek mühim netice elde edilmiştir." [709]

Mustafa Kemal, dini meşruiyetten yararlandığı bu tip konuşmalarında, asıl ifade etmek istediği konuları büyük bir ustalıkla dinsel söylevlerinin içine serpiştirmiştir. Nitekim yukarıdaki konuşmasında, *"Meclisin meşru şekilde açıldığı"* ve *"Kısa sürede önemli başarılar elde ettiğini"* ifade ederken, İslami bir üslup kullanmayı ihmal etmemiştir. Kuşkusuz bu İslami söylem geleneği, Mustafa Kemal'e pozitivist Jön Türk aydınlarından miras kalmış, pragmatik bir hareket tarzıdır.

Mustafa Kemal'in İslami söylemleri ayrıntılı olarak incelendiğinde onun İslam dini ve kültürü hakkında çok donanımlı olduğu görülmektedir. Bu donanım sayesindedir ki Kurtuluş Savaşının en temel stratejilerinden birini "İslam" olarak belirlemiştir.

ATATÜRK'ÜN İSLAM DÜNYASINI HAREKETE GEÇİRME PLANI

Mustafa Kemal'in Kurtuluş Savaşı sırasında "İslami meşruiyet politikası"nın arka planında yatan en önemli nedenlerden biri İslam dünyasından maddi ve manevi yardım alma düşüncesidir. Mustafa Kemal, bu amaca yönelik olarak özellikle **hilafet makamının tehlikede olduğu** noktasından hareketle, sıkça Türk, Kurtuluş Savaşı'nın amacının *"Hilafeti ve Halifeyi kur-*

---

[708] Atatürk'ün 5 Şubat 1923'te Akhisar'da yaptığı konuşma, **ASD**, C. II, s. 95, 96.
[709] **age.** S. 95, 96.

tarmak" olduğunu söylemiştir. Bu hareket tarzıyla Mustafa Kemal, siyasi anlamda hilafetin gücünden yararlanmaya çalışan az sayıdaki Türk devlet adamından sonuncusudur.[710] Mustafa Kemal Paşa'nın "*Halifeliği kurtarmak*" olarak formüle ettiği İslam dünyasına yönelik bu politikası **İslam siyasetidir.**

Kurtuluş Savaşı'yla ilgili İngiliz belgeleri bu gerçeği doğrulamaktadır. İngiliz arşivlerini tarayan Prof. Metin Hülagü, Mustafa Kemal Paşa'nın Kurtuluş Savaşı sırasındaki en önemli politikasının "İslam siyaseti" olduğunu belirtmektedir:

"Mustafa Kemal Paşa'nın Milli Mücadele'nin başarısı için izlemiş olduğu bir dizi siyasetten birisi de İslamcılık politikası olmuştur. Ancak belirtmek gerekir ki İslamcılık politikası onun izlemiş olduğu siyasetlerden biri olmakla bereber 'birincisi ve en önemlisi' durumundadır. O, İslamcılık politikasını hem iç unsurları, hem de dış unsurları dikkate alarak uygulamaya çalışmıştır. Kapsamı ise bütün Müslümanlar olmuştur.

Mustafa Kemal, böyle bir politikaya, Batı emperyalizminin Aanadolu'nun bağrına saplanmış olan pençelerini söküp atabilmek, Anadolu üzerindeki mevcudiyetine ve gölgesine son verebilmek için müracaat etmiştir. Sultan II. Abdülhamit'in icadı olan İslamcılık politikası, bir anlamda, mucidinin eliyle değilse de Mustafa Kemal vasıtasıyla gerçek anlamda uygulamaya konmuştur. Bunun böyle olduğunu söylemek hiçbir şekilde konunun abartıldığı anlamına gelmese gerekir." [711]

Türk Kurtuluş Savaşı'nın dayandığı iki temel siyaset vardır. Bunlardan biri **Bolşevizm siyaseti**, diğeri de **İslam siyasetidir.**[712] Mustafa Kemal Paşa, bu "ikili siyasetten" şöyle söz etmiştir:

---

710 Halifelik 1517'de Osmanlı Devleti'nin kontrolüne girmiş olmasına rağmen, Osmanlı Devlet adamları bu makamın gücünden uzun süre yararlanamamışlardır. Osmanlı'da halifeliği siyasi bir araç olarak kullanmayı deneyen ve kısmen de olsa bu konuda başarılı olan en önemli padişah II Abdulhamit'tir. Bu konuda bkz. Cezmi Eraslan, **II. Abdulhamit ve İslam Birliği**, Ötüken Yayınları, İstanbul, 1995.
711 Metin Hülagü, **İslam Birliği ve Mustafa Kemal**, *İngiliz Gizli Belgelerine Göre Milli Mücadele'de İslamcılık ve Turancılık*", İstanbul, 2008, s. 8.
712 Kurtuluş Savaşı'ndaki bu iki siyaset için bkz. Akyol, **Ama Hangi Atatürk**, s. 137 vd.

"Rus Federatif Sovyet Cumhuriyeti Hükümeti'nin Avrupa emekçileri üzerindeki yüksek manevi nüfuzu ve Müslüman âleminin Türk halkına sevgisi bize güven vermektedir ki, sabır ve cehaletten ileri gelen bir kadercilikle Batılı emperyalistlerin iktidarlarını destekleyenlerin, sıkı işbirliğimiz sayesinde Batı emperyalizmine karşı birleşeceklerine kuvvetle inanıyoruz." [713]

Görüldüğü gibi Mustafa Kemal Paşa, *"Sovyetlerin emekçiler üzerindeki manevi nüfuzu"* ile *"Müslüman âleminin Türk halkına sevgisini"* Batı emperyalizmine karşı *"sıkı işbirliği"* ile birleştirmeyi planlamaktadır.

Mustafa Kemal Paşa Haziran 1920'de Kâzım Karabekir Paşa'ya gönderdiği bir telgrafta bu iki siyasete şöyle vurgu yapmıştır:

"Devlet ve milletimizin kurtuluş ve selameti hakkında Batı devletlerinden hakiki bir yardım ve insaf ümidi kalmadığında herkes görüş birliği halindedir. Memleketimizin geleceği Doğu hudutlarımızın (Bolşevik) Ruslara ve İslam âlemine muttasıl (bitişik) olmasına bağlıdır."

Biz konumuz açısından **İslam siyaseti** üzerinde duracağız. İslam siyasetinin en önemli amacı "İslam dünyasından yardım almak"tır. Bu siyasetin en önemli aracı ise halifeliktir.

Mustafa Kemal Paşa, Kurtuluş Savaşı'nda uyguladığı İslam siyasetini ve bu siyasetin sonuçlarını şöyle açıklamıştır:

"Yabancıların çok korktukları, fevkalade ürktükleri İslamiyet siyasetinin alanen ifadesinden mümkün olduğunca kaçınmaya kendimizi mecbur gördük. Fakat maddi ve manevi kuvvetler karşısında bütün cihanın ve Hıristiyan siyasetinin en şiddetli hırslarla Haçlı savaşı yapmasına karşı sınırlarımız haricinde bize yardımcı olacak, birer dayanak noktası teşkil edecek kuvvetleri düşünmek de pek tabii idi... Bittabi selamet ve kurtuluş için yegâne kaynak İslam âleminin kuvvetleri olmuştu. İslam âlemi birçok bakımdan milletimizle, devletimizin istiklaliyle yakından ve fevkalade bir suretle ilgilidir. Bu dini bağlılık-

---

713 Atatürk'ün Bütün Eserleri, C. 10, s. 65.

ları dolayısıyla da bütün İslam âleminin manen bize muavin ve muzahir (yardımcı) olduğunu zaten kabul ediyoruz."

Mustafa Kemal Paşa, Kurtuluş Savaşı sırasında "İslam siyasetini" uygularken şu yöntemleri kullanmıştır:

1. Bildiri ve beyannameler yayınlamak.
2. Milli Hareket'e destek veren gazetelerde bu yönde yazılar yayımlatmak.
3. Propagandacılar kullanmak.
4. İslam Kongreleri düzenlemek.
5. İslam Cemiyetleri kurmak veya kurulmuş olanları desteklemek.
6. Din adamlarına, dini sembol ve unsurlara müracaat etmek.[714]
7. İslam ülkeleriyle anlaşmalar imzalayıp, ittifaklar kurmak.

Halifelikten Yararlanmak

Mustafa Kemal Paşa, Kurtuluş Savaşı yıllarında İslam dünyasını harekete geçirmek için halifelikten yararlanmayı düşünmüştür. Ancak onun yararlanmayı düşündüğü halifeliğin "gücü" değil, tam tersine "güçsüzlüğü"dür.

Mustafa Kemal Paşa İstanbul'un işgalinden sonra yayınladığı beyannamelerde *"İslam hilafetinin merkezi İstanbul'un düşman eline geçtiğini ve İslam halifesinin esir alındığını"* belirterek İslam dünyasını halifelik merkezini ve halifeyi kurtarmak için Anadolu'daki milliyetçilere yardım etmeye çağırmıştır.

İslam Dünyasına Yönelik Beyannameler

Mustafa Kemal, dış politikada İslami meşruiyetten yararlanırken, İslam âlemine yönelik "dokunaklı" beyannameler kaleme almıştır. Bu beyanname ve bildirilerde tüm Müslümanların Allah adına, Peygamber adına, İslamın geleceği adına Hıristiyan işgalcilerle mücadele eden Müslüman Türklere yardım etmelerini istemiştir.

---

714 Hülagü, age. s. 46.

Mustafa Kemal, İstanbul'un işgalinden bir gün sonra 17 Mart 1920'de Heyet-i Temsiliye adına yayınladığı *"İslam Âlemine Beyanname"*de halifeliğin tehlikede olduğuna vurgu yaparak İslam dünyasını yardıma çağırmıştır:

"Bu tecavüz (İstanbul'un işgali), Osmanlı saltanatından ziyade, hilafet makamında hürriyet ve istiklallerinin yegâne dayanak noktasını gören bütün İslam âlemine yapılmıştır. Asya'da, Afrika'da, Peygamber'in takdir edeceği bir kutsal gayretle hürriyet ve istiklal mücadelesinde devam eden ehl-i İslam'ın manevi kuvvetlerini kırmak için tedbir olarak İtilaf devletleri tarafından kalkışılan bu hareket, Hilafet makamını esaret altına alarak bin üç yüz seneden beri payidar olan ve ebediyen yokluğa sürüklenmekten korunmuş olduğuna şüphe bulunmayan İslam hürriyetini hedef almıştır."

Mustafa Kemal, beyannamenin devamında İstanbul'un işgalinin, *"Mısır'ın on bine ulaşan aziz şehitlerine, Suriye ve Irak'ın binlerce muhterem evladına, Azerbaycan'ın, Kuzey Kafkasya'nın, Türkistan'ın, Afganistan'ın, İran'ın, Hint'in, Çin'in velhasıl bütün Afrika'nın ve bütün Doğu'nun"* kurtuluş emellerine indirilmiş "aşağılayıcı bir darbe" olduğunu belirtmiştir. Mustafa Kemal bu darbenin Müslümanların maneviyatını kırmayacağını tam aksine *"şiddetli mucizeler gösterecek bir gelişme kabiliyetine"* ulaşılmasını sağlayacağını ifade etmiştir.

Mustafa Kemal, beyannamenin devamında Hıristiyan işgalinin bir *"Haçlı saldırısı"* olduğunun altını çizerek, buna karşı dünya Müslümanlarının vereceği mücadelenin *"nihayet ve muvaffakiyet-i ilahiyeye mazhar olacağına"* inandığını vurgulamış ve beyannamesini *"Cenab-ı Hakk'ın (...)Peygamber'e dayanan birlik içindeki teşkilatımıza yardımcı olmasını niyaz ederiz"* diye bitirmiştir.[715]

14 Nisan 1920 tarihinde İstanbul duvarlarına yapıştırılmış olan bir bildiride ise *"Kutsal İslam kardeşliğinden"* söz edilmiştir. Bildiride, Ferit Paşa ve arkadaşlarının İslam dinini yabancı-

---

715 Atatürk'ün Bütün Eserleri, C. 7, s. 183 - 189.

lara olan hayranlıkları nedeniyle, bir alet olarak kullandıkları; halifeyi İngilizlerin elinde bir oyuncak haline getirdikleri, dinlerini ve ülkelerini İngilizlere sattıkları; Müslümanlar ve Müslüman milletler arasında düşmanlık husule getirdikleri ifade edilmiş ve tüm Müslümanlar ayaklanmaya davet edilerek kendilerinden Peygamber'in de emri gereği, son fert kalıncaya kadar ülkeyi savunmaya azmetmiş olan kardeşlerinin yardımına gelmeleri istenmiştir.[716]

Mustafa Kemal, 9 Mayıs 1920 tarihli *"Memlekete Beyanneme"* sinde de *"Hilafetin tehlikede olduğunu"* söyleyerek Müslümanlara şöyle seslenmiştir:

"İşte bunlar bizim için ibret dersi olmalı. Dünyadaki 300 milyonu aşan Müslümanların bir sığınağı kalmış ise, o da burasıdır. Buranın halife-i mukaddesimiz padişahımız efendimiz hazretlerinin ve hilafet makamının ve milletin istiklalinin muhafazası hususunda milletimiz sağlam bina gibi birleşmiş bulunup Allah'ın yardımına mazhariyeti temenni etmektedir."[717]

Yine 9 Mayıs 1920'de *"TBMM Reisi Mustafa Kemal"* imzasıyla yayınlanan *"Büyük Millet Meclisi'nin İslam Âlemine Beyannamesi"* son derece etkileyici ve içten bir İslami üslupla kaleme alınmıştır. Mustafa Kemal, bu beyannamede İslam dünyasına şöyle seslenmiştir:

"Güney çöllerinin bir köşesinde ezan seslerini dinleye dinleye yatan şerefli Peygamber'in ruhlarını ruhlarımızla birleştirdiği İslam kardeşlerimiz, İslam dininin son askeri mahsur, kuşatılmış bir kala içinden size sesleniyor... Sınırlarında muharebelerin yangını hiçbir zaman sönmeyen, etrafında husumet dalgalarının yayılması nihayet bulmayan Anadolu'dan, bu ezeli gaza ve cihat topraklarından yükselen hitabımız, aldatma, hile ve oyun arasından geçip acaba sizi bulabilecek mi? Şam'ın, Kurtuba'nın, Bağdat'ın düşmesinden sonra İslam'ın son dar-ül hilafesi İstanbul da düşman silahları gölgesi altına

---

716 F. O: 371/5167, 17 April 1920; Hülagü, **age.** s. 47.
717 **Atatürk'ün Bütün Eserleri,** c. 8, s. 198 - 201.

düştü... İngiliz saltanatının engin nihayetsiz bir doğru ve açık yolu oldu... Birliğini, istiklalini muhafaza ettiğimiz Anadolu, öz vatanından kovulmuş, kaç bedbaht Müslüman millete (de) sığınılacak yer olan bir topraktır. Kırım'dan, Bosna Hersek'ten, Kafkasya'dan düşman akınları önünde yurtlarından ayrılanlar gelip kendilerine bir vatan buldular. İşte parçalamak, dağıtmak istedikleri memleket, İslamiyetin bu çok bedbaht evladına bağrında yeniden hakk-ı hürmet, hakk-ı hayat veren bu memlekettir, içinde her gün biraz daha büyüyen ve nüfuzunu her an biraz daha arttıran halkın dayanıklılığını kırmak için İngiliz siyaseti her çareye başvurmaya karar verdi... Öğrendik ki, Mısır'da ve Hind'de olduğu gibi İslamın başını İslamın eliyle ezenler, bizi halifeye asi ve günahkâr bir zümre olarak tanıtmak istiyorlardı... (Oysa ki) güneyin kızgın çöllerinden, Kuzeyin buzlu iklimlerine ve doğudan batıya kadar asırlar arasında gazadan gazaya koşan milletimiz, din yolunda kurban ettiği milyonlarca şehitlerinin kutsal emaneti olan maksada bağlı kalmakta devam ediyor. İslamın son yurdunda, son kurtuluş cihadını yapan kardeşlerimize karşı, en büyük zulmü yalnız nazlanma, hor ve hakir görmeden ibaret olmayan düşmanların baskısı altında yayınladıkları fetvalara cevap olarak, Anadolu'nun her tarafından İslam dininin gerçek sesi yükseldi... Bu dinsel haykırışı siz de işitin. İslam birliği fikrinin sonradan en büyük temsilcisi olan Yavuz Sultan Selim'in dediği gibi, İslam gönüllerinin toplu olması için kendini perişan eden, milletimize, onun bağımsızlık davasına manevi yardımlarınızı bir saniye eksik etmeyin, ta ki İslam'ın kararmaya giden güneşi büsbütün kararmasın, tekrar âleminiz üstünde ışıldamaya başlasın." [718]

Mustafa Kemal, bu beyannamesinde İstanbul'un *"İslam dininin son önemli kalesi olduğu"* noktasından hareketle, bu son kalenin Hıristiyan işgalci İngiliz'in ayakları altında çiğnenmesine, Müslümanların izin vermemesi gerektiğini vurgulayarak İslam dünyasını Türk direnişine yardım etmeye davet etmiştir.

---

718 Mim Kemal Öke, **Hilafet Hareketleri**, Ankara, 1991, s. 47.

Mustafa Kemal, Milli Hareket'in en önemli yayın organlarından biri olan kendi kontrolündeki **Hâkimiyet-i Milliye** gazetesinde 28 Ocak 1920'de yayımlanan *"Hilafet ve İslam Âlemi"* adlı başyazısında adeta İslam siyasetini özetlemiş gibidir.

Hint Müslümanlarının emperyalizme karşı kıpırdanmalarına dikkat çeken Mustafa Kemal, Hintli Müslümanların Londra'da Türkiye lehine yaptıkları gösterileri hatırlatarak başladığı yazısını şöyle sürdürmüştür:

"Londra'da ve Hindistan'da yükselen İslam sesi şimdiye kadar emsali görülmeyen bir ciddiyetle bizi müdafaa ediyor. Hukukumuzun ve mevcudiyetimizin teminini tehditkâr bir lisanla Avrupa'nın haris siyasetinden talep eyliyordu. Mukadderatımız üzerine bu mukaddes teşebbüslerin teşekküre değer tesirlerini unutamayız, sonsuza kadar kutlar ve takdis ederiz."

Mustafa Kemal, Hintli Müslümanların Milli Hareket'e yönelik desteğinin, bazı aydınların zannettikleri gibi "geçici" bir destek olmadığını da şöyle belirtmiştir:

"Türkiye'nin mukadderatıyla (alın yazısıyla) İslam âleminin alaka ve bağlılığı, Avrupa ricalinin, bazı kozmopolit aydınlarımızın zannettiği gibi yüzeysel bir gösterişten, manevi bir yakınlığın doğurduğu insani bir vazifeden ibaret değildir. Bu bağlılık hilafetin esas şartlarına İslamiyet'in ruh ve mahiyetine dayalı, dolayısıyla bir iman şeklinde kuvvetli, samimi ve mukaddestir."

Mustafa Kemal yazısında, İslam âlemine karşı üstlendiği görev ve sorumluluklar itibarıyla hilafetin hür ve bağımsız, kuvvetli ve muktedir olması ve hukukunu korumaya çalışması gerektiğini belirtmiştir. Peygamber'in vekili mağlup olabilir; Peygamber'in kendisi de müsait olmayan bir barış imzalamaya mecbur kalmıştı (Hudeybiye barışını kastediyor). Fakat hiçbir zaman bağımsızlığını ve geleceğinin gelişme imkânını tehlikeye koyamaz...

"İşte hilafetin bu şartları ve mahiyetidir ki altmış milyon Hint Müslümanı ve bir o kadar Mısır, Cezayir, Fas, Afgan ve Türkistan İslam ahalisini Türkiye'nin mukadderatıyla alakadar etmiştir."

Lloyd George'un hilafeti Türklerden alarak *"milletlerarası bir merkezde kalıp manevi nüfuzunu icra etmesi"* şeklindeki planını eleştiren Mustafa Kemal, İngiltere'de bile *"basiret sahibi zevatın"* bunu yanlış bulduğunu belirtmiştir. Times gazetesinden alıntı yapan Mustafa Kemal, *"Times, Hint Müslümanlarının Osmanlı saltananat ve hilafet makamına 'şiddetli alaka' gösterdiklerini belirtiyor, ama bunun çok yeni bir şey olduğunu, sınırlarının da bilinmediğini yazıyor"* dedikten sonra Küdüs'ü Osmanlı'dan alan General Allenby'nin İngiltere'de *"Haçlı kahramanı"* olarak kutlandığını belirtmiş ve Avrupa'nın Haçlı siyasetinin İslam vicdanında bıraktığı tesirleri hatırlatmıştır:

"Hıristiyanlığın zafer ve saadeti menfaatine Müslümanlığın hakaret ve tecavüze uğramış olması Müslümanları artık uyandırıyor..."

Mustafa Kemal, Avrupa emperyalistlerinin hain siyasetlerini anlattığı makalesine şöyle devam etmiştir:

"İslam âlemi, maddeten alakalı olduklarından dolayı değil, fakat iman ve vicdanlarında yer tutmuş bir esas akidenin icaplarından olarak hilafet makamını altı yüz seneden beri süren Haçlı hücümlarına direndikten sonra bütün İslam Hıristiyan milletlerin inkişaf ettiği çağda yıkılmış göremezler. İşte bunun içindir ki hilafet makamıyla istiklal ve saltanat aynı şiddet ve ehemmiyetle Hint Müslümanlarını ve bütün İslam dünyasını alakadar eder." [719]

Mustafa Kemal Paşa, Sebilürreşad dergisinde yayımlanan başka bir yazısında (bildirisinde) ise İslam âlemine çağrıda bulunarak onların *"maddi ve manevi yardımlarına, şefkat ve merhamet duygularına, İslam âleminin mürüvvetine (insanlığına), dindaşlık rabıta-i kudsiyesinin (kutsal dindaşlık bağının) feyyaz tecelliyatına"* vurgu yapmıştır.[720]

---

719 Hadiye Bolluk, *"Kurtuluş Savaşı'nın İdeolojisi"*, **Hakimiyet-i Milliye Yazıları**, İstanbul, 2004, s. 26 - 29; Akyol, **age.** s. 176, 177.
720 Gazi Mustafa Kemal, "Beyanname", **Sebilürreşad**, C. 22, S. 565 - 566, ay 10, yıl 1339, s. 157, 158; Hülagü, **age.** s. 49.

Mustafa Kemal, İstanbul'un işgalinden bir gün sonra yayınlamaya başladığı İslam âlemine yönelik beyannamelerde önce genel anlamda "İslam dünyasına" seslenirken, sonradan, gelişmeleri de dikkate alarak özellikle "Hint Müslümanlarına" seslenmeye başlamıştır.

Mustafa Kemal, gerçekte İslam birliği hayaline kapılmamakla beraber, İslam dünyasında Kurtuluş Savaşı lehine hareketlerin gelişmesine özen göstermiş ve bu hareketlerin İtilaf Devletlerince "dünya Müslümanlarının birleşmesi" (Panislamizm) biçiminde algılanmasına çalışmıştır. Böylece başta Müslüman sömürgelere sahip İngiltere olmak üzere Anadolu'yu Türklerden almaya çalışan Hıristiyan işgalcileri İslam ve hilafet silahıyla köşeye sıkıştırmayı amaçlamıştır.

İşte bu amaçla İslam dünyasına "Hilafetin tehlikede olduğuna" yönelik beyannameler yayınlamış, Afganistan ve Hindistan gibi İslam ülkelerine elçiler göndermiş, Türkiye'ye gelen Libyalı Sunusi tarikatının şeyhi Ahmet Sunusi'ye büyük saygı göstermiştir. 1 Şubat 1921'de Sivas'ta şeyhin başkanlığında bir **İslam Kongresi** toplamıştır. Bu çalışmalarla İslam dünyasının Milli Hareket'e olan ilgisini arttırmak istemiştir.[721]

Hint Hilafet Komitesi'nin Kurtuluş Savaşı için toplayıp gönderdiği paralar ve İslam dünyasının Kurtuluş Savaşı'na gösterdiği yakınlık dikkate alınacak olursa, Mustafa Kemal'in "İslami meşruiyet" politikasının ne derecede isabetli olduğu anlaşılacaktır.

Mustafa Kemal'in İslam siyasetini inceleyen Gazeteci-Yazar Taha Akyol, bu konuda şu değerlendirmeyi yapmaktadır:

"*Baştan beri Heyet-i Temsiliye ve Meclis bildirileriyle, Meclis'in İslami bir gösteri halindeki açılışıyla, Anadolu ulemasının fetvalarıyla, Mustafa Kemal Paşa'nın konuşma, beyanat ve yazılarıyla yürütülen bu **İslam ve Hilafet siyaseti** gerçekten çok etkili oluyor. Özellikle Hint Müslümanlarını harekete geçiriyor.*" [722]

Gerçekten de Mustafa Kemal'in "cihat" çağrıları çok geçmeden yerine ulaşmıştır. İngiliz istihbarat kaynaklarına bakıla-

---

721 Fahri Belen, **Türk Kurtuluş Savaşı**, Ankara, 1973, s. 288.
722 Akyol, age. s. 177.

cak olursa, İngiliz ordusu ile Türkiye'ye karşı savaşmak için gelen bazı Güney Asyalı Müslümanlar, bir fırsatını bulup kaçarak, İstanbul'da Kurtuluş Savaşı yanlısı Türklerle birlikte "**Türk Hint Dostluk Cemiyeti**" adlı bir örgüt kurmuşlardır.[723]

Güney Asyalı Müslümanların bir bölümü de Bakü'ye gelerek buradaki Osmanlı konsolosuna Milli Hareket'e katılmak istediklerini iletmişler, fakat İstanbul Hükümeti'ne bağlı konsolos, Asyalı Müslümanların Milli Hareket'e yardım isteklerini geri çevirmiştir. Ancak yine de bu gönüllüler bir şekilde cephelere koştukları gibi, Anadolu'da İngiliz propagandasına kapılabilecekleri uyarmayı da ihmal etmemişlerdir. **Abbas Han,** Salihli cephesinde aktif görev almış Güney Asyalı Müslümanlardan biridir.[724]

Mustafa Kemal Paşa, bir taraftan Hindistan, Afganistan ve Azerbaycan'a Türk Milli Hareketi'ni anlatacak heyetler gönderirken, diğer taraftan Ankara'da, Güney Asya'dan gelip Kurtuluş Savaşı'na aktif olarak katılmak isteyen gönüllüleri kabul ederek onlara hediyeler dağıtmıştır.[725]

Kurtuluş Savaşı'na katılmak için gelen Hintli Müslümanların bir kısmı Anadolu'da bölge bölge dolaştırılmış, böylece Anadolu halkına Kurtuluş Savaşı'nda yalnız olmadıkları, dünya Müslümanlarının da onlarla birlikte olduğu mesajı verilmiştir.[726]

İngiliz belgelerine göre Mustafa Kemal Paşa Anadolu'ya gelen bir Müslüman Hint birliğine özel ilgi göstermiş ve bir kısmına subaylık rütbesi vererek Türk ordusunda görevlendirmiştir.[727]

Hint Hilafet Komitesi

Hint Müslümanlarının Türkiye'ye yönelik ilgisi Birinci Dünya Savaşı sonrasında Anadolu ve İstanbul'un işgaliyle yoğunlaşmıştır. Özellikle halifeliğin merkezi durumundaki İstanbul'un işgaline Hint Müslümanları büyük tepki duymuştur.

---

723 Öke, age. s. 47.
724 age. s. 68.
725 age. s. 48.
726 F. O: 371/5170.E-8567/262/44.20 July 1920; Hülagü, **age.** s. 85.
727 F. O: 371/5170.E-8567/262/44.20 July 1920; Hülagü, **age.** s. 85.

Aralık 1918'de, Mahatma Gandhi'nin Müslüman arkadaşı Ebul Kelam Azad, Şevket ve Muhammed Ali kardeşler, Hasret Mohani, Dr. Ensari ve Muhammed Ali Cinnah gibi liderler 1919'da başlayacak barış görüşmelerinde Türkiye'yi desteklemek amacıyla **Hindistan Müslüman Birliği** örgütünü toplamışlar ve **Encümen-i İslam** (İslam Konseyi) adıyla örgütlenerek Türk davasını savunmuşlardır.

Anadolu'nun işgalinden sonra hareket hızla yayılmış ve 20 Mart'ta Bombay'da 15.000 kişinin katıldığı büyük mitingde **Hilafet Komitesi'nin** kurulmasına karar verilmiştir. Hindistan'ın büyük lideri **Mahatma Gandhi** de bir bildiri yayımlayarak Hinduların Müslümanları, Hilafet hareketini ve Türkleri desteklemesini istemiştir.

14 Mayıs 1919'da İzmir'in kanlı bir şekilde Yunanlılarca işgali Hint Hilafet Komitesi'ni harekete geçirmiştir. 24 Mayıs'ta Londra'da Hintli Müslümanlar Türkiye'ye destek mitingi düzenlemişlerdir.

16 Mart 1920'de İstanbul'un İngilizlerce işgali Hint Hilafet Komitesi'ni bir kere daha ateşlemiştir. Hindistan'da Amritsar kentinde büyük bir protesto mitingi yapılmıştır. **Muhammed Ali Cinnah** ve **Mahatma Gandhi**'nin de katıldığı miting Kur'an okunarak başlamıştır. İstanbul'un işgalinden üç gün sonra Londra'da İngiliz Başbakanı Lloyd George ile görüşen Hint Hilafet Komitesi yetkilileri İngiltere'ye muhtıra vermişlerdir. Hilafet Komitesi İngilizlere: *"Türkiye'nin savaş öncesi sınırları restore edilmeli, bunun garantisi verilmelidir. Aksi halde İngiliz hükümeti bütün İslam dnyasının, hatta bütün Doğu dünyasının husumetini çeker,"* diyerek tepkisini dile getirmiştir.[728]

Hilafet Komitesi Haydarabad'da düzenlediği büyük mitingde, İngilizlerin hilafeti Arap Şerif Hüseyin'e verme planına karşı çıkarak hilafetin Türklerde kalması gerektiğini savunmuştur. Ayrıca Vahdettin'e gönderdikleri telgrafta dini otorite olarak onu

---

728 Bilal Şimşir, İngiliz Belgelerinde Atatürk, C. III, s. 41, 59: Shaw, age. C. III, s. 838, 839.

tanıdıklarını belirtmişlerdir, ancak **Halife Vahdettin** bu Müslüman desteğine aldırış etmeden İngilizlere güvenmeye devam etmiştir.

Mustafa Kemal, Hint Hilafet Komitesi'nin çalışmalarını çok yakından takip etmiş, hareketin daha da güçlenmesi için elinden geleni yapmıştır. 27 Mart 1920'de askeri ve sivil makamlara bir telgraf göndererek Hindistan'da Türkiye lehine gelişen hareketlerden söz etmiştir.[729] Mustafa Kemal'in amacı askeri ve sivil örgütlerin moralini yükseltmek, inancını arttırmaktır.

Sevr Antlaşması'nın imzalanmasından sonra Hint Hilafet Komitesi'nin bir kere daha İngiliz karşıtı eylemlere ağırlık verdiği görülmektedir. Hilafet Komitesi öncelikle Sevr'i onaylamaması için Vahdettin'e bir telgraf çekmiş, ancak Vahdettin, *"müsterih olsunlar"* diyerek Sevr'i onaylamıştır.[730]

Hilafet Komitesi, yaptığı bir dizi toplantıyla, Türk Kurtuluş Savaşı'na ve İslamın son mücahidi olarak gördükleri Mustafa Kemal Paşa'ya yardım etmenin yollarını aramıştır. Hilafet Komitesi'nin idarecileri, İngilizlere karşı isyan olarak adlandırılabilecek fikirleri bile seslendirmeye başlamıştır. Hilafet Komitesi, 28 Mayıs 1920 Cuma günü İngilizlere karşı "sivil itaatsizlik" ve "İngiliz mallarına boykot" kararı almıştır. Allahabad'da yapılan toplantıda Sevr Antlaşması'ndan dolayı İngiliz hükümetine karşı direnme kararı alınmış, Sevr Antlaşması düzeltilmezse sivil itaatsizliğe gidileceği belirtilmiştir.

Hilafet Komitesi'nin Allahabad'da 1-2 Haziranda aldığı kararlar, Güney Asyalı Müslümanların Türk Kurtuluş Savaşı'nı gönülden desteklemeye karar verdiklerini göstermektedir.

Hint Hilafet Hareketi liderlerinden Muhammed Ali Anadolu'ya gelerek Milli Hareket'in lideri Mustafa Kemal Paşa ile görüşmüştür. Bu görüşme sırasında Mustafa Kemal Paşa ondan Hindistan'da Anadolu'daki Milli Hareket'in propagandasını yapmasını istemiştir. Hatta bu çalışmalar için ne kadar paraya

---

729 **Atatürk'ün Bütün Eserleri**, C. 7, s. 214 - 216.
730 Bardakçı, **age.** s. 168, 169.

ihtiyacı olduğunu sormuştur. Muhammed Ali, Mustafa Kemal'e söz vererek 17 Eylül 1920'de Anadolu'dan ayrılmıştır.[731]

"*Muhammed Ali ve arkadaşları, Mustafa Kemal Paşa'ya verdikleri söz doğrultusunda öncelikle, hiçbir Müslümanın, Türkiye'ye savaşa gönderilmek ihtimali göz önünde tutularak İngiliz ordusuna yazılmamasını, yazıldıysa hemen istifa etmesini ilan ettiler. Ardından genel grev, onların deyimiyle 'hartal' tatbik edilecekti. Öğrenciler okullarını, köylüler tırmıklarını, memurlar ofislerini bırakmışlar, nümayiş için sokaklara, Halife ve Mustafa Kemal Paşa'ya dua için camilere doluşmuşlardı.*" [732]

Mustafa Kemal Paşa, Muhammed Ali Hindistan'a gittikten sonra da onunla haberleşmeye devam etmiştir. Muhammed Ali'nin yetmiş bin Hintli Müslümanı temsilen Mustafa Kemal Paşa'ya yazdığı mektup, 4 Ağustos 1920'de Ankara'ya ulaşmıştır. Muhammed Ali mektubunda, lideri olduğu Hint Hilafet Komitesi'nin, barış antlaşmasının Türkiye'nin aleyhine sonuçlanması durumunda İslam ülkelerinin temsilcilerinin katılacağı ve İslami dayanışma adına nihai kararların alınacağı bir kongrenin toplanmasını teklif etmiştir. Muhammed Ali'nin bu mektubu TBMM'de müzakere edilmiş ve Mustafa Kemal Paşa'nın başkanlığında bir komisyon oluşturularak mektupta dile getirilen konuların görüşülmesi ve bir sonuca varılması kararlaştırılmıştır.[733]

Öte yandan Muhammed Ali Hindistan'da Kurtuluş Savaşı'na maddi yardım toplamak için kolları sıvamıştır. Ayrıca, Roma'da Osmanlı Büyükelçisi Galip Kemal'i Bey'i ziyaret ederek Mustafa Kemal'i desteklediklerini bildirmiş ve İzmir felaketine uğrayanlar için topladıkları 2 bin sterlini Ankara'ya gönderilmek üzere büyükelçiye teslim etmiştir.

Muhammed Ali ve gönüllüler, tıpkı Anadolu bozkırlarında savaşan Kuvayımilliyeciler gibi, önü ay-yıldızlı Kuvayımilliye başlıkları giyerek Hindistan'da Milli Hareket'e maddi yardım kampanyası başlatmışlardır. Onların yardımıyla Ankara ve

---

731 F. O: 371/6549.E-0113, 13 October 1920; Hülagü, **age.** s. 82.
732 Öke, **age.** s. 67.
733 F. O: 371/6549.E-0113, 19 September 1920; Hülagü, **age.** s. 82.

İzmir'de halka ve askere silah ve mühimmat alımı, ilaç, giyecek ve yiyecek yardımı yapmak için iki fon kurulmuştur.[734]

Hint Müslümanları değişik tarihlerde topladıkları paraları çeşitli yollarla Ankara'ya, Mustafa Kemal Paşa'ya göndermişlerdir. **Hindistan'dan gelen para, toplam 132.250 İngiliz lirasıdır. Türk parasıyla 1 milyon 35 bin 608 lira...** En büyük yardım, 782 bin lirayla Hint Hilafet Komitesi'nden gelmiştir. Mustafa Kemal Paşa, bu paraları savaşın yaralarının sarılmasında ve İş Bankası'nın kurulmasında kullanmıştır.[735]

Mustafa Kemal Paşa, gelen paralar için Hindistan Müslümanlarına teşekkür mektupları yazmıştır. Kemal Paşa, Hint Hilafet Komitesi'nin Londra temsilciliğine yazdığı bir mektupta Hint Müslümanlarına şöyle teşekkür etmiştir:

"Hintli kardeşlerimizi Türkiye'ye bağlayan habl-i metin (sağlam ip), İslamiyet gereğince eskiden beri gösterdikleri diyanet-perverane alakaların yeni bir delili olan işbu hediyeden hâsıl olan şükran hislerimizi yüksek selamlarıyla kendilerine tebliğini rica eder ve bu vesile ile 'inne me'l mü'minüne (müminler kardeştir), kavl-i celilini (yüce sözünü) fiili eserleriyle teyid ettiklerinden dolayı nezd-i bari ve Peygamberi'de (Allah'ın ve Peygamber'in nezdinde) teşekküre değer kimseler olduklarını ilan eylerim."[736]

Mustafa Kemal'in Hint Müslümanlarının temsilcilerine yazdığı bu teşekkür mektubunda kullandığı "dini terminoloji" onun İslami meşruiyet politikasının boyutlarını ortaya koyan en iyi örneklerinden biridir.

1 Ağustos 1920'de Müslüman ve Hindu bütün Hindistanlılar Sevr'e karşı Kurtuluş Savaşı'na ve Mustafa Kemal Paşa'ya destek vermek için "pasif direnişe" geçmiştir.

İngiliz mallarının boykot edilmesi sonucunda İngiltere yılda 20 milyon dolar kaybetmiştir.[737]

---

734 Öke, age. s. 67.
735 Mustafa Keskin, **Hindistan Müslümanlarının Milli Mücadele'de Türkiye'ye Yardımları, 1919-1923,** Kayseri, 1991, s. 104, 105, 108.
736 **Atatürk'ün Bütün Eserleri,** C. 12, s. 327.
737 Mustafa Bıyıklı, **Batı İşgalleri Karşısında Türkiye'nin Ortadoğu Politikaları, Atatürk Dönemi,** İstanbul, 2006, s. 339; Akyol, **age.** s. 183.

Hindistan'daki bu gelişmeler İngiltere'yi etkilemiş, Kurtuluş Savaşı sırasındaki politikalarında tereddüt yaratmıştır. İngilizlerin bu tereddüdü de Mustafa Kemal'in işine yaramıştır.

Hint Müslümanlarının kararlı tutumları İngilizleri şaşırtmıştır. 23 Kasım 1920'de Hindistan'daki İngiliz Genel Valisinin İngiltere'ye gönderdiği yazıda, *"Müslüman kamuoyu üzerindeki olumsuz tepki yüzünden İngiltere'nin nüfuzu Asya'da sarsılmıştır,"* denilmektedir.[738]

1921 yılında Mustafa Kemal'in düzenli ordularının arka arkaya kazandığı zaferler Hindistan'daki Müslümanları çok sevindirmiştir. Artık Gandhi'nin liderliğindeki Hindular da Kurtuluş Savaşı'nı çok daha gönülden desteklemeye başlamıştır. Gandhi, verdikleri desteğin, *"Sevr'i imzalayan bozuk karakterli Sultan için değil hilafet makamına duydukları sevgi için"* olduğunu belirtmiştir.

8-10 Temmuz 1921'de Karaçi'de toplanan Hilafet Konferansı'nda iki önemli karar alınmıştır:

1. Müslümanların sömürge askeri olarak İngiliz ordusuna katılmaları dine aykırıdır.
2. İngilizler Ankara'ya karşı açık veya gizli fiili bir harekât başlatacak olurlarsa Hindistan Müslümanları ayaklanarak bağımsızlıklarını ilan edeceklerdir.

Hint Muslümanlarının bu kararlarını Gandhi de bir bildiriyle destekleyince Anadolu'daki işgalci İngiliz'in adeta eli kolu bağlanmıştır. Hiç kuşkusuz Hindistan'daki Müslümanların İngilizlere karşı bu derece geniş çaplı bir eyleme geçmelerinde Mustafa Kemal'in çalışmalarının çok önemli bir rolü vardır. İngiliz belgelerine göre Mustafa Kemal Paşa, Milli Hareket'e maddi ve manevi yardımda bulunan Hint Hilafet Komitesi'yle sürekli doğrudan bir ilişki içinde olmuştur.[739]

Mustafa Kemal, Hint Müslümanlarının Kurtuluş Savaşı'na verdikleri gönülden desteği hiç unutmamıştır. Hâkimiyet-i Milliye gazetesinde Hint Müslümanlarına, yardımlarından dolayı

---

738 Zeki Sarıhan, **Kurtuluş Savaşı Günlüğü**, C. III, Ankara, 1996, s. 295
739 F.O:371/6549.E-1013, 5 July 1921; Hülagü, **age.** s. 83.

teşekkür etmiştir.[740] Kurtuluş Savaşı'nı destekleyen Anadolu'da Yeni Gün gazetesi de Hint Müslümanlarının desteğine geniş yer ayırmıştır. Gazete, Hilafet Komitesi'nin Lloyd Georg'a verdiği notadaki şu satırlara yer vermiştir:

"*Osmanlı Asyasında Yunanlılar gezdiği sürece Hindistan'da huzur olmaz.*"[741]

Mustafa Kemal'in kontrolundeki Hâkimiyet-i Milliye gazetesi 28 Ocak 1920 tarihli sayısında Hint Müslümanlarından şöyle söz etmiştir:

"*Hint Müslümanlarının bizim için yaptıklarını sonuna kadar unutmayacağız. İslam dünyasının yardımı Avrupa'nın vahşi emperyalizmini korkunç bir kuvvetle sarmış ve uçurumun kenarında bulunan bize bir dayanak meydana getirmiştir. 60 milyon Hint Müslümanı Mısır, Cezayir, Fas, Afgan, Türkistanlı Türkiye'nin geleceği ile ilgileniyor.*" [742]

Afganistan'la Yakınlaşma

I. İnönü Zaferi'nden hemen sonra Mustafa Kemal Paşa'nın girişimleri sonucunda 1 Mart 1921'de TBMM hükümetiyle Afganistan arasında Moskova'da bir "*Dostluk ve Kardeşlik Antlaşması*" imzalanmıştır. Böylece ilk kez bir İslam ülkesi TBMM'yi resmen tanımıştır. Afganistan Ankara'da bir de elçilik açmıştır.

Mustafa Kemal Paşa, Ankara'ya gelen Afgan Sefiri'ne Türk milletinin sevgi ve kardeşlik duygularını sunmuş ve Aganistan'ın Milli Hareket'e gösterdiği yakınlığın Türk ordusunun moralini yükselteceğini belirtmiştir:

"*En yüksek azim ve iman ile donanmış olarak girdiğimiz mücahede yolunun acı ve tatlı bütün safhalarına karşı kardeş ve dindaş Afganistan ile bu muazzez milleti memleketimizde temsil eden zatı asilanelerinin her vesile ile gösterdikleri yüksek alakadan dolayı en sıcak ve samimi teşekkürlerimi takdim ederim.*

---

740 Bolluk, age. s. 26 - 29, 63, 65.
741 Nurettin Gülmez, **Kurtuluş Savaşı'nda Anadolu'da Yeni Gün**, Ankara, 1999, s. 221 - 224.
742 Sarıhan, age. C. II, s. 349.

Cepheyi teftiş esnasında arzuyu sefiranelerini tatmin ve büyük dindaş ve kardeş Afgan milleti ve ordusu ile muhterem sefaret heyetinin selamlarını ve bütün Doğu ve Müslüman âleminin Türk milletinin giriştiği ulvi ve mukaddes mücadelede muvaffak olması hakkındaki halisane temennilerini kahraman askerlerimize tebliğ edeceğim." [743]

Dostluk ve Kardeşlik Antlaşması'yla ülkelerden birine yapılmış saldırı diğerine de yapılmış sayılmıştır. Bu antlaşma ile Afgan ve Türk halklarının bağımsızlık mücadelesi ve başarısı *"Şark âleminin devr-i teyakkuz (uyanış devri) ve intibah ve istihlasının (ayağa kalkma ve kurtuluşunun) başladığının"* işareti olarak kabul edilmiştir.[744]

Anlaşmanın imzalanmasının ardından her iki ülke karşılıklı olarak elçi göndermek üzere hazırlıklara başlamışlardır. Türkiye'nin Afganistan elçisi, Birinci Dünya Savaşı sırasında Medine direnişi ile ün salan **Fahreddin Paşa** olacaktır. Buradaki İslami çağrışım açıktır ve Mustafa Kemal Paşa'nın İslami meşruiyet politikasının bir uygulamasıdır.

Fahreddin Paşa'nın Afganistan Misyonu

Mustafa Kemal Paşa'nın Afganistan'a elçi olarak Fahreddin Paşa'yı göndermesinin nedeni, Fahreddin Paşa'nın Birinci Dünya Savaşı sırasında ünlü **Medine Savunması** ile İslam dünyasının gönlünü fethetmiş olmasıdır.

Mustafa Kemal Paşa, yazdığı güven mektubunda, Fahreddin Paşa'nın bir kumandan olarak gösterdiği yararlılıklardan söz etmiş ve Paşa'nın, İslam dünyasının bağımsızlık mücadelesi vermekte olan bu iki ülkesi arasında köprü işlevi göreceğini ifade etmiştir:

"Fahreddin Paşa bir kere TBMM hükümetinin tam ve kâmil itimadına sahip olduğu halde yekdiğerine... dayalı olması icap eden İslam ailesinin iki uzvu arasında dostluk ve kardeşlik bağ-

---

743 **Atatürk'ün Bütün Eserleri**, C. 11, s. 323 - 374.
744 Anlaşmayı, TBMM adına Yusuf Kemal (Tengirşek) ve Dr. Rıza Nur, Afganistan adına da Muhammed Veli Han imzalamışlardır.

larını yükseltmek ve sağlamlaştırmak gayesiyle nezdi aliyeyi şahanelerine sefir ve fevkalade delege tayin olunmuştur..." [745]

Mustafa Kemal Paşa, o günlerde Afgan Kralı Amanullah Han'a bir de dostluk mektubu yazmıştır. Kemal Paşa, *"Bismillahirrahmanirrahim"* diye başladığı mektubuna şöyle devam etmiştir:

"Bütün düşman milletler az çok barışa nail oldukları halde, İslam hilafetine sahip olan Türkiye devleti aleyhinde Batı Hıristiyan milletleri tarafından hâlâ devam ettirilmekte olan Umumi Harbin patlamasının başından beri Müslümanlar gözünde tecelli eden apaçık hakikatlerden biri de İngiltere devletinin amansız bir ortak düşmanımız olduğu keyfiyetidir. Hindistan'ı istila ve fesat elini ulaştırdığı uğursuz günden beri, icaplara göre bazen hile ve desiseler imali ve bazen de cebir ve şiddet kullanmak suretiyle bütün Asya âlemini hodbinane emellerine ve maksatlarına boyun eğdirmeye ve sonsuz zülumleriyle, bilhasa İslam milletlerini rahatsız etmeye çalışmış olan İngilizler, sonraki yıllarda da İslamlar arasındaki uyanış eseri ve dayanışma eğilimlerinden pek ziyade endişelenerek darbelerini şiddetlendirmeye ve asırlardan beri iman ehlinin hizmetindeki kılıç mesabesinde olan Osmanlı Türklerinin milli ve siyasi mevcudiyetini imhaya kalkıştılar.

Dini sağlamlık ve güzide milli hasletleriyle Asya milletleri arasında mümtaz bir mevki işgal eden asil Afgan kavminin mukadderatını (alın yazısını) pek yüksek medarı cedde tutan Zatı Celadetpenahilerince gizli olmadığı üzere, İngilizlerin bu kudurmuşça saldırısı, Asya'da şimdiye kadar gezdirdikleri büyüklük ve kibir meşalelerinin mahkûm olduğunu görmelerinden ileri geliyor.

Hakk'ın yardımına ve inayetine ve peygamber ruhaniyetinin imdadına dayanarak cihat meydanına atılan Türk milleti, idaresi başında doğrudan Milli Hükümet bulunduğu halde, bütün İslam milletleri tarafından aynı gayeye sarf olunan hür-

---

745 Atatürk'ün Bütün Eserleri, C. 10, S. 338, 376.

riyetperverane (özgürlükçü) mesaiyi ve bilhassa büyük Afgan kavminin hazırlamakta olduğu hareketi pek büyük bir ehemmiyet ve teveccühle takip ediyor. Gayede muvaffakiyet, birlik ve dayanışma olduğu için işbirliği yapmak, zafer hakkındaki emellerimizi ve temennilerimizi sağlamlaştırmak ve samimi hissiyatımızı teyit eylemek üzere işbu dosluk mektubunu hamilen Şehametpenahilerinin nezdine mutemet temsilcimiz sıfatıyla gönderilen subaylardan Abdurrahman Bey'in emanetpenahilerinin itimadına..." [746]

Mustafa Kemal Paşa daha sonraları kişisel dostluk kuracağı Amanullah Han'a "İslam siyaseti" doğrultusunda Hırsitiyan işgalci İngiltere'nin İslam dünyasına yönelik "empeyalist" saldırılarından söz ederek Afganistan'ı İngiltere'ye karşı mücadele etmeye çağırmıştır.

Fahreddin Paşa'nın Afganistan'daki öncelikli görevi Kurtuluş Savaşı'na maddi destek sağlamaktır. Afgan Kralı Amanullah Han, Mustafa Kemal'in "dostluk mektubunun" da etkisiyle Fahreddin Paşa'nın bu konudaki girişimlerine sonsuz destek vermiştir.

O sırada Kabil'de bulunan Cemal Paşa'nın eğitim subaylarından Ragıp Bey'in anlattığına göre Fahreddin Paşa, Afganistan'a geldiğinde Amanullah Han ve maiyeti tarafından çok sıcak bir şekilde karşılanmıştır.

"Kısa bir dinlenmeden sonra, saat 9.30'da Mah-ı Tab Kal'a'da çay, saat 13.30'da da yemek ziyafeti verildi. Fahri Paşa'nın gelişi ile birlikte, Emir Hassa Bölüğü ve mızıkası, bizim yetiştirdiğimiz topçu ve süvari bölükleri, etraftan gelen halk, Afganistan'daki Türk zabitan ve sefaret erkânı tarafından fevkalade bir karşılama merasimi yapıldı."

Amanullah Han burada yaptığı konuşmada gözyaşlarını tutamayarak Türkiye'yi **"Doğu'nun kurtuluş anahtarı"** olarak gördüğünü söylemiştir.

---

746 age. C. 10, s. 208.

Fahreddin Paşa, zaman kaybetmeden Afganistan'da Türk Kurtuluş Savaşı'na destek aramaya başlamıştır. Paşa, öncelikle Afganistanlı Müslümanlardan TBMM hükümetinin acil ihtiyaç duyduğu parayı toplamaya çalışmış ve kısa bir süre sonra **50 bin İngiliz Sterlini tutarındaki nakit parayı Türkiye'ye ulaştırmayı başarmıştır.**

Mustafa Kemal'in Fahreddin Paşa'yı Afganistan'a göndermesi, İslam dünyasıyla yakın ilişkiler kurması ve İslam dünyasında Türk Kurtuluş Savaşı'nın destek görmeye başlaması İngilizleri endişelendirmiştir. İngiliz Yüksek Komiseri Sir Rumbold'a göre *"Mustafa Kemal, Asya'da İngiltere'ye karşı bir 'Müslüman Blok' oluşturmak istiyordu."*

Fahreddin Paşa'nın Kabil'e ulaşmasından bir süre sonra, Türk ordusunun zafer haberleri duyulmaya başlamıştır. II. İnönü Zaferi'ni tebrik eden Afgan Sefiri'ne Mustafa Kemal Paşa şöyle karşılık vermiştir:

"İslamları en kuvvetli kardeşlik bağıyla kendisine bağlayan Afganistan'ın İslam sevgisini dile getiren ve iki kardeş memleket arasında doğrudan doğruya bağlantı kurmak mutlu imkânını yaratan yüksek heyetinizi vatan toprağında kabul etmek iftihar ve sevinmemize sebep olmuştur... Ulu Tanrı'dan dileriz ki yüksek heyetinizin memleketimize ayak basması, iki dost ve kardeş memleketi birbirine bağlamaya vasıta ve memleketlerimizin geleceği için daima bir hayır ve saadet sebebi olsun." [747]

9 Ekim 1922 günü Afgan Kralı Amanullah Han, Dilgüşa Sarayı'nda Türkiye'nin Bağımsızlık Mücadelesi'nde gösterdiği başarıyı kutlamak üzere bir davet vermiştir. Ragıp Bey'in aktardığına göre: *"Gündüz geç vakitlere kadar, şehirde askeri gösteriler ve mızıka bölüğünün terennümleri"* yapılmıştır. Davete, İran, Rus, İtalyan ve Fransız elçileri de katılmıştır. 20 Ekim'de Kabil'deki bütün Türkler ve ahali "İydgah" denen namazgâhta toplanmıştır. Amanullah Han, bizzat okuduğu hutbe duasında Türkiye'nin zaferini kutlamıştır.

---

[747] Atatürk'ün Bütün Eserleri, C. 11, s. 132.

1922'de Afgan bayrağının Ankara'daki büyükelçilik binasına çekilişi dolayısıyla düzenlenen törende Sultan Ahmet Han, iki ülke arasındaki dini bağların, resmi ilişkilerle güçlendirildiğini ve iki ülke arasındaki anlaşmanın İslam dünyasının kurtuluşu için büyük umutlar yarattığını belirtmiştir. Sultan Ahmet Han'ın bu açıklamalarına karşı Mustafa Kemal Paşa, **"Türkiye ile İslam dünyası arasında güçlü bağlar bulunduğunu"** ifade etmiştir.[748]

***

Mustafa Kemal Paşa, Hindistan ve Afganistan dışında Kafkaslar'da, düşman Ermenistan'ın hemen yanı başındaki Azerbaycan'la da yakından ilgilenmiştir. Azerbaycan'ın o dönemde İngiliz kontrolünde olması Türkiye'yi tedirgin etmiştir. Mustafa Kemal Paşa aslında dost ve kardeş Azerbaycan'ın bağımsız olmasını isterken, dönemin koşulları gereği Azerbaycan'ın Türkiye ile yakın ilişki içindeki Sovyetler'in kontrolüne girmesini kötünün iyisi (ehven-i şer) olarak görmüştür. Çünkü Mustafa Kemal Paşa, İngiliz etkisinden ve baskısından kurtulmuş bir Azerbaycan'ın doğu sınırının güvencesi olacağını düşünmüştür.

Bir ara Azerbaycan'ın fiilen Milli Hareket'i desteklemesi gündeme gelmiş, Azerbaycan'dan Türkiye'ye gelmek üzere bir birlik yola çıkmıştır. Bunun üzerine Mustafa Kemal Paşa, *"Gelmekte olduğundan bahsedilen kuvvet ise bizim kuvvetimizi pek arttırmaz. Fakat yalnız Doğu ve İslam âleminin mukadderatımızla ne kadar yakından alakadar olduğunu gösterdiği için bizce kıymetlidir"* demiştir.[749]

ATATÜRK'ÜN İSLAM KONGRELERİ

Kurtuluş Savaşı'nın örgütlenme döneminde Milli Hareket'i organize etmek için değişik şehirlerde yerel ve ulusal nitelikli kongreler toplanmıştır. Bu kongreler arasında Balıkesir, Alaşehir,

---

748 Salahi, R. Sonyel, **Türk Kurtuluş Savaşı ve Dış Politika**, C. II, Ankara, 2003, s. 231.
749 **Atatürk'ün Bütün Eserleri**, C. 10, s. 28, 29.

Erzurum ve Sivas kongreleri başta gelmektedir. Bu kongrelerin katılımcıları, çalışma biçimleri ve almış olduğu kararlar dikkate alınacak olursa genel karakterlerinin "İslamcı" olduğu kolayca görülecektir. Örneğin Mustafa Kemal Paşa'nın başkanlık ettiği Erzurum Kongresi'ne katılanlar arasında din adamları vardır ve kongre dualarla açılıp dualarla kapanmıştır. Sivas Kongresi'nin İslami rengi daha belirgindir. İngiliz gizli belgelerine göre Sivas Kongresi'nin toplanma amaçlarından biri tüm dünya Müslümanlarının dayanışma içine girmesini sağlamaktır. İngiliz belgelerine göre **Mustafa Kemal Paşa** Azerbaycan, Kürdistan, İran ve Afganistan liderlerine davetiyeler göndererek onları da Sivas Kongresi'ne katılmaya çağırmıştır.[750] Yine İngiliz belgelerine göre kongreye sadece Hindistan ve Afganistan gibi Sünni ülkelerin temsilcileri katılmakla kalmamış, İran Kerbelası'nın Şii emiri ve Yemen hükümdarı gibi Şii temsilciler de katılmıştır.[751]

Dahası, Mustafa Kemal Paşa, Türkiye'nin "İslam uyanışının merkezi" olduğunu dünya Müslümanlarına göstermek için Libyalı Şeyh Ahmet Sunusi'nin başkanlığında Anadolu'da **Panislamik** nitelikte iki **İslam kongresi** düzenlemek istemiştir.

Sivas İttihad-ı İslam Kongresi

Anadolu'daki ilk İslam kongresi, 18 Şubat 1921'de Sivas'ta Cami-i Kebir'de toplanan "**İttihad-ı İslam Kongresi**"dir. İkinci İslam kongresi ise Ankara'da toplanması planlanan ancak değişik nedenlerle toplanamayan "**Ankara İslam Kongresi**"dir. Her iki İslam kongresine de **Şeyh Ahmet Sunusi**'nin başkanlık etmesi planlanmıştır.[752]

Sivas'ta toplanan "**İttihad-ı İslam Kongresi**"ne Sünni liderler ve temsilciler yanında dünyaca ünlü bazı Şii liderler ve temsilciler de katılmıştır. Kerbela'nın Şii emiri ile Zeydiye mezhebinden Yemen hükümdarı İmam Yahya kongreye katılan Şii liderlerdendir.

---

750 F. O: 406/41, Nr 194, 28 November 1919; Hülagü, **age.** s. 54.
751 Bkz. Documents on British Foreign Policy, 1919 - 1939, First Series, C. IV, s. 1002, 25 December 1919; Hülagü, **age.** s. 54.
752 Mustafa Oral, "Şeyh Sunusi'nin Kemalist Misyonu", **Toplumsal Tarih**, Ağustos 2005, S. 140, s. 70.

Kongre başkanı Şeyh Sunusi, aynı gün Ulu Cami'de bir de hutbe okumuştur. Şeyh'in hutbe metni Ankara'da çıkarılan Sebilürreşad dergisinin 31 Mart 1921 tarihli sayısında yayınlanmıştır.

Sunusi, hutbesinde Kurtuluş Savaşı'nı "cihat" olarak adlandırmış ve *"Müslüman, ecnebi tahakkümü altında yaşayamaz, esaret altına giremez, ecnebi hilelerine kapılmayınız, yaldızlı sözlerine inanmayınız"* demiştir.

Şeyh Ahmet Sunusi, konuşmasının devamında şunları söylemiştir:

"Ey Anadolu'nun kahraman İslam mücahitleri; siz olmasaydınız bina-ı İslam yıkılırdı. Siz bugün Kur'an'ı yaşatıyorsunuz. Her tarafınızı düşman sarmışken hiçbir şeyden yılmayarak gaza meydanlarında can veriyor, İslamı müdafaa ediyorsunuz. Bu ne büyük şereftir.

Siz yalnız değilsiniz. Yüzlerce milyon Müslüman gözlerini size dikmiştir. Sizin düşmana göğüs gererek metanet göstermeniz bütün İslam âleminde bir uyanış yaratmıştır. Her tarafta Müslüman milletler kımıldıyor, istiklallerini müdafaa ediyor, üzerlerindeki zulüm ve küfür kâbusunu atmaya çalışıyorlar.

Siz İslamın gözbebeğisiniz. Siz Allah'ın tevfikine mazhar bir milletsiniz. Muhakkak galibiyet İslamındır. Fetih ve zafer yakındır." [753]

Sunusi'nin Anadolu'daki çalışmaları İngiliz istihbaratının dikkatini çekmiştir. İstihbarat, Sunusi'nin adım adım Anadolu'yu dolaştığını Londra'ya rapor etmiştir. İngilizler, Sunusi'nin etkisinin Irak, Suriye ve Hicaz'a kadar yayılmasından endişelenmişlerdir.[754]

Ankara İslam Kongresi

Mehmed Akif'in de yazılar yazdığı Sebilürreşad dergisinin 11 Mart 1921 tarihli sayısında Eşref Edip, *"Yeryüzünde Mevcut Bütün Müslüman Milletlere"* adlı makalesinde **Ankara'da** bir

---

[753] A. Necip Günaydın, "Milli Mücadele'de Şeyh Sunusi'nin Sivas'taki İttihad-ı İslam Kongresi ve Ulucami'deki Hutbesi," **Tarih ve Düşünce**, Aralık 2003- Ocak 2004, S. 45.
[754] Şimşir, **İngiliz Belgelerinde Atatürk**, C. 3, s. 279.

İslam Kongresi toplanması önerisinde bulunmuştur.[755] Mustafa Kemal'in Hâkimiyet-i Milliye gazetesi aynı makaleyi tekrar yayınlayarak bu öneriyi desteklemiştir.[756]

Mustafa Kemal'in talimatıyla, Şeriye Vekili Mustafa Fehmi, Meclis Başkanı Recep (Peker), yazar Eşref Edip ve şair Mehmet Âkif'ten oluşan bir heyet İslam dünyasının ileri gelenlerine gönderilmek üzere beyannameler ve davetiyeler hazırlamıştır.[757]

Ankara'da İslam Kongresi'ni düzenleyecek heyet **Mustafa Kemal Paşa'nın başkanlığında** şu isimlerden oluşmuştur: Din İşleri Vekili Abdullah Azmi, Şeyh Sunusi, Uceymi (Acemi) Sadun Paşa, Diyarbakır Bölgesi Komutanı Cevat Paşa, Müdafaa Vekili Fevzi Paşa, Afgan Büyükelçisi Mümtazüddevle, Bolşevik Azerbaycan Büyükelçisi İbrahim Abilov...[758]

Yetkili heyet, İslam Kongresi'nin toplanması konusunda görüş birliğine varmıştır, ama kongrenin yeri konusunda tartışmalar yaşanmıştır. Mustafa Kemal Paşa, kongrenin Ankara'da olmazsa mutlaka Anadolu'da bir yerde toplanmasını şart koşmuştur. İran ve Afganistan büyükelçileri ise kongrenin kendi ülkelerinde yapılmasını istemişlerdir. Ancak sonuçta kongrenin Ankara'da toplanmasına karar verilmiştir. Fakat bu hazırlıklardan bir süre sonra Milli kuvvetlerin Kütahya-Eskişehir Savaşları'nda Yunanlılara yenilmesi ve bu yenilginin etkisiyle başlayan siyasi ve askeri sıkıntılar Mısır, Cezayir, Trablusgarp, Tunus, Hindistan, Azerbaycan, Suriye ve Irak gibi Asya ve Afrika Müslümanları temsilcilerinden oluşacak bir Dünya İslam Komgresi'nin Ankara'da toplanmasına engel olmuştur.[759]

Ancak Mustafa Kemal vazgeçmemiştir. Ankara hükümeti, 1922 yılının başlarında Ankara'da Mustafa Kemal'in başkanlığı altında yeni bir **İslam Konferansı** toplanmasını istemiştir.[760]

---

755 Eşref Edip, "Yeryüzünde Mevcut Bütün Müslüman Milletlere ", **Sebilürreşad**, C. II, nr, 497, ay 4, yıl 1338, s. 32 - 34.
756 **Hâkimiyet-i Milliye**, 2. Sene, nr 130, 11 Mart 1921, s.1.
757 Eşref Edip, "Müslüman Milletler Arasında Bir İslam Kongresi", **Sebilürreşad**, C. III, nr 54, ay 8, yıl 1949, s. 50 - 52.
758 F. O: 371/7883.167284; Hülagü, **age.** s. 99.
759 **Hâkimiyet-i Milliye**, 2. Sene, nr 130, 11 Mart 1921, s.1.
760 F. O: 371/7883.167284; Hülagü, **age.** s. 101.

Dahası Ankara'da toplanması planlanan İslam Kongresi'ne "ön hazırlık" olması için yine **Mustafa Kemal'in önerisiyle** ve Arap liderlerin çalışmalarıyla 15 Aralık 1922'de Kahire'de bir **Arap İslam Kongresi** toplanmıştır. Kongrede Mustafa Kemal'in belirlediği şu konular ele alınmıştır:

1. Daha önce halifenin idaresi altında bulunan Arap ülkelerinin oluşturacağı bir federasyon kurulması.
2. Mısır'ın bağımsızlığa kavuşturulması ve Süveyş Kanalı'nın korunması için askeri kuvvet sağlanması.
3. İngiliz kuvvetlerinin Mısır'ı derhal terk etmesi yolunda talepte bulunulması.[761]

Mustafa Kemal Paşa'nın ısrarla Ankara'da bir İslam Kongresi veya konferansı düzenlemek istemesi, buna ön hazırlık olmak üzere Kahire'de Arap İslam Kongresi'ni toplaması ve bu kongrede Mustafa Kemal'in belirlediği konuların ele alınması çok düşündürücüdür. Mustafa Kemal'in ele alınmasını istediği konulara dikkat edilecek olursa, onun bütün bir İslam dünyasının Batı emperyalizminin boyunduruğundan kurtarılmasını amaçladığı görülecektir. Mustafa Kemal, Mısır ve Ortadoğu'da İngiliz ve Fransız emperyalizmine karşı gerçekleşecek bir "Müslüman dayanışmasının" İngiltere'nin ve Fransa'nın Anadolu üzerindeki emellerinden vazgeçmesini sağlayacağını düşünmüştür.

İNGİLİZLERİN ENDİŞESİ

Mustafa Kemal'in dünya Müslümanlarıyla kurduğu yakın ilişkiler ve Ankara'da bir İslam Kongresi toplayacak olması **İngiliz istihbaratını** harekete geçirmiştir. İngiliz istihbaratının bu konuda Londra'ya gönderdiği raporda, Anadolu'da bir İslam Kongresi toplamak için Mustafa Kemal başkanlığında bir komite kurulduğu belirtilerek bu komitede yer alan isimler eksiksiz olarak sıralanmıştır.[762]

---

761 F. 0: 371/8967.181777; Hülagü, **age.** s. 103.
762 Şimşir, **age.** C. 4, s. 354 - 365.

İngiliz istihbaratı, toplanacak İslam Kongresi'nin **Panislamik** etkiler yaratmasından korkmuştur. Mustafa Kemal'in **Şeyh Sunusi**'nin şerefine Meclis'te verdiği yemekten söz eden İngiliz istihbarat raporunda, Sunusi'nin Panislamcı bir lider olduğu, bir konuşmasında "cihat"tan söz ettiği, kendisini "İslam birliğine adadığını" söylediği ve dahası Şeyh Sunusi'nin müstakbel **halife adayı olarak** da Ankara'da adının geçtiği belirtilmiştir.[763]

İstihbarat raporlarından anlaşıldığı kadarıyla Mustafa Kemal'in İslam dünyasını harekete geçirmek için Şeyh Sunusi'den yararlanması ve Anadolu'da dünya Müslümanlarının katılacağı İslam kongreleri düzenlemek istemesi İngilizleri çok fazla endişelendirmiştir.

"*İngilizlerin büyüyen kaygısı, başta Hindistan ve Ortadoğu olmak üzere Müslüman sömürgelerde İslam ve Hilafet propagandasının isyanlara yol açmasıdır. Mustafa Kemal'in amacı da Irak ve Suriye ile Hicaz'a kadar Arap dünyasında İngilizlere ve Fransızlara karşı direnişleri harekete geçirmek, bunun için Şeyh Sunusi'den de faydalanmaktır.*"[764]

ARAPLARI HAREKETE GEÇİRMEK

Mustafa Kemal Paşa, Kurtuluş Savaşı sırasında İngiltere ve Fransa'ya karşı Arap dünyasını da harekete geçirmeye çalışmıştır. Bu amaçla ileri gelen Arap şeyhleriyle temas kurmuş, Batı emperyalizmine karşı koymak için örgütlenen milliyetçi Arap cemiyetleriyle ilişkiye girmiş, Arap dünyasını işgalci emperyalistlere karşı ayaklandırmaya çalışmıştır.

---

[763] age. C. 2, s. 514. Mustafa Kemal Paşa'nın Kurtuluş Savaşı yıllarında İslam dünyasıyla kurduğu sıcak ilişki ve Şeyh Sunusi'ye verdiği önem dikkate alınacak olursa, dönemin konjonktürü içinde Sunusi'nin halifeliğinin düşünülmesi çok akıl dışı bir olasılık değildir. Mustafa Kemal Paşa'nın Kurtuluş Savaşı'nın kaybedilmesi durumunda Sunusi'nin halifeliğinde ve Türkiye'nin liderliğinde "**kutsal cihat**" ilan ederek bütün İslam dünyasını emperyalist ülkelere karşı ayaklandırmayı planladığı düşünülebilir. Bu Mustafa Kemal'in **B planıdır**. Ancak Kurtuluş Savaşı'nın kazanılması bu planın gündeme gelmesini engellemiştir. Ancak her ne şekilde olursa olsun, uzun vadede Atatürk'ün kafasında "halifelik" kurumuna yer yoktur.

[764] Akyol, age. s. 200.

Örneğin, Mustafa Kemal Paşa, 29 Kasım 1920'de **Irak'taki Necef Arap Hükümeti'ne** bir mektup yazarak iki Müslüman ulusun (Araplarla Türklerin) ortak düşman İngiltere'ye karşı el ele vererek mücadele etmeleri gerektiğinden söz etmiştir.

Mustafa Kemal Paşa, *"Din ve Millet Mücahidi Alelazm Efendi Hazretleri"* diye başladığı mektubuna şöyle devam etmiştir:

"Hepinize selam ve hayır dualarımı gönderirim. Kanber Efendi vasıtasıyla gönderdiğiniz mektupta, birlikte gösterilen halis vicdani muhabbetten TBMM bütün üyeleriyle beraber hepimiz pek memnun ve mütehassis olduk. Cenab-ı Hak uzak memleketteki mümin kardeşlerimizin halis bir iman ile sevgili vatanına bağlı bulunan hepsini ilahi yardımlarına mazhar ve 'İslam camiasını' her yerde arzu fahr buyursun, âmin.

Buradaki ahvalimize gelince, İngilizlerin yardımıyla donatılmış olan Ermenistan ordularını Hakk'ın yardımı ve desteğiyle hezimete uğratarak bu inatçı düşmanı barış talebine mecbur eyledik. Yunan hainleri de inşallah yakında bu akıbete uğrayacaklardır. Bağdat'ta İngiliz eliyle vücut bulmuş hükümetin kısa ömürlü olduğuna hükmediyoruz. O heyet fertlerinin hal ve şanı bier birer malumumuzdur. Bağdat Nakibi Abdurrahman Efendi hakkında diğerlerine nisbetle iyi zannımız var idi. Heyet riyasetini kabulüne esef duyduk. Muhterem Necef Hükümeti'nin esirgemediği gayretle, cesaret ve tuttuğu celi metin birlik, hakikaten övgüye layık ve büyük şükrana müstahaktır. İslam âleminin hakiki hizmetkârı olduğumuza, böyle bir büyük cihattaki muvaffakiyetiniz şahittir."[765]

Mustafa Kemal Paşa'nın hilafet ve İslam siyaseti, Ortadoğulu Müslümanlar, Araplar üzerinde de etkili olmuştur. Hindistan ve Afganistan'dan sonra Libya, Irak ve Suriye de Kurtuluş Savaşı'na destek vermiştir.

Mustafa Kemal Paşa, Ortadoğu Müslümanlarının Kurtuluş Savaşı'nı desteklemeleri için iki sembol isimden yararlanmıştır. Bunlardan biri Libyalı **Şeyh Ahmet Sunusi**, diğeri de Iraklı Şeyh-

---

[765] **Atatürk'ün Bütün Eserleri**, C. 10, s. 122, 123.

ül Meşayih'ten (şeyhler şeyhi) **Uceymi (Acemi) Sadun Paşa**'dır. Ayrıca Mustafa Kemal Paşa, propaganda çalışmalarında eski bir Osmanlı subayı olan **Nazım Hiret**'ten de yararlanmıştır.[766]

Mustafa Kemal Paşa, Libyalı **Şeyh Ahmet Sunusi**'nin ve Iraklı **Uceymi (Acemi) Sadun Paşa**'nın Arap dünyasındaki "ününden" yararlanarak, Arap-İslam dünyasını İngiltere ve Fransa'ya karşı harekete geçirmeyi denemiştir.

Mustafa Kemal Paşa, **Necef Arap Hükümeti** Heyeti'ne yazdığı mektupta Şeyh Ahmet Sunisi'ye ve Uceymi Paşa'ya verdiği görevleri şöyle belirtmiştir:

"Afrika kıtasında milyonlarca manevi evladı olan kadri büyük Şeyh Ahmed Şerif Sunusi Hazretleri de Elcezire'nin (Musul) güneyine doğru hareket etmişlerdir. Muhterem mücahit Uceymi (Acemi) Paşa, mücahede hareketini başlatmak üzere (Kuzey Irak'ta) Deyrezor (Kerkük) taraflarına gidiyor. Iraklı din kardeşlerimizin ulvi maksatlarına nail olmaları için elden geleni hiçbir vakit sakınmayacağımızdan katiyen emin olunuz... Yardım Allah'tandır aziz muhterem din kardeşlerim."[767]

Anadolu'da Yeni Gün gazetesinin 31 Mayıs 1921 tarihli sayısında İngiltere'nin Türk-Arap ittifakından endişelendiği ve Şeyh Sunusi'nin bu yöndeki faaliyetlerini engellemek için ajanlar kullandığı yazılmıştır.[768]

Mustafa Kemal Paşa, Birinci Dünya Savaşı'ndan tanıdığı **Iraklı Uceymi (Acemi) Sadun Paşa**'yı, Iraklı Müslümanları İngilizlere karşı ayaklandırmakla görevlendirmiştir. Mustafa Kemal Paşa bu amaçla Uceymi Paşa'ya bir mektup yazmıştır. Müslümanların bağımsızlığı için bütün İslam aleminin el ele vermesi gerektiğine vurgu yapan Mustafa Kemal Paşa, Müslümanlar arasındaki dayanışmanın İslamın bir emri olduğunu belirtmiştir:

"Bütün İslam dünyasının iki gözbebeği olan Türk ve Arap milletlerinin dağınıklık yüzünden ayrı ayrı zaafa uğraması, Muhammed ümmeti için şanlı bir halde buna karşı el ele ve-

---

766 F. O: 371/5220.167238; Hülagü, **age.** s. 51.
767 **Atatürk'ün Bütün Eserleri**, C. 10, s. 122, 123.
768 Gülmez, **age.** s. 645.

rerek Muhammed ümmetinin hürriyet ve bağımsızlığı uğrunda mücadele etmek bizler için Allah'ın emridir." [769]

14 Ocak 1920'de Mustafa Kemal'in Hâkimiyet-i Milliye gazetesi, Uceymi Paşa'nın çalışmalarını öven bir yazı yayınlamıştır. Mustafa Kemal Türkiye'ye gelişinden itibaren Uceymi Paşa'nın her türlü ihtiyacıyla ilgilenmiştir. Uceymi Paşa, Irak'ın tanınmış kabileleriyle görüştüğünü, onların Osmanlı idaresine taraftar olduklarını, bir miktar asker ve para yardımı karşılığında Iraklı Müslümanların İngilizlere karşı harekete geçeceklerini bildirmiştir.

Bunun üzerine Mustafa Kemal Paşa, Uceymi Paşa'ya 2 dağ topu, 2 makineli tüfek, biraz cephane, 600 büyük mavzer tüfeğiyle 10 bin altın lira vermiş ve bölgede askeri teşkilatlanmayı sağlamak için bazı subaylar göndermiştir.

Uceymi Paşa, Türkiye'den aldığı bu kısıtlı yardımla İngiliz ve Fransızlara karşı Irak ve Suriye'de önemli bazı başarılar kazanmıştır, ancak o günlerde Türkiye'nin kendine yetecek kadar silah ve cephanesi bile olmadığı için Uceymi Paşa'ya daha fazla yardım yapılamamış ve bu nedenle Suriye ve Irak'taki direniş hareketlerinden istenen sonuç alınamamıştır.[770]

Mustafa Kemal Paşa'nın talimatıyla **Uceymi Paşa'nın** Kuzey Irak'ta Musul ve Kerkük yönünde askeri faaliyetlerde bulunması İngilizleri fazlaca endişelendirmiştir.

Uceymi Paşa'nın çalışmalarıyla Bağdat'taki **İslam Partisi** Milli Hareket'i desteklemeye başlamıştır.[771]

Mustafa Kemal Paşa'nın Irak Müslümanlarını harekete geçirmek için ilişki kurduğu liderlerden biri de **Kerbela Baş Müçtehidi**'dir.

Kerbela Müçtehidi'yle haberleşen Mustafa Kemal, onun Anadolu'daki Milli Hareket ve İslam davası için mümkün olan her yola başvurarak çalışmasını istemiştir.[772]

---

769 **Atatürk'ün Bütün Eserleri**, C. II, s. 378.
770 Genelkurmay Başkanlığı, **Türk İstiklal Harbi**, *"Güney Cephesi"*, C. IV, s. 17, 18.
771 Metin Hülagü, "Milli Mücadele Döneminde Türkiye İslam Ülkeleri Münasebetleri", Atatürk Araştırma Merkezi Dergisi, C. XV, Kasım 1999, s. 901 - 930.
772 F. O: 141/433/10770.181931; F.O: 371/5170.E-10707.29 July 1920; Hülagü, **İslam Birliği ve Mustafa Kemal**, s. 90.

İngiliz belgelerine göre Mustafa Kemal, Irak'ta olay çıkarmak ve iç karışıklık yaratmak için 1922 Haziran'ında özel bir komite kurmuş ve Irak'taki Arap liderlerine gönderdiği bir mesajda "*İngilizlerin esiri olan*" Irak yönetiminin iktidardan düşürülmesi için her şeyin yapılmasını teklif etmiştir.[773]

Mustafa Kemal Paşa, Irak ve Suriye'de İngilizlere ve Fransızlara karşı "din silahını" kullanarak bir direniş başlatmak için çok çaba harcamıştır. Onun bütün bu çabalarının temel amacı öncelikle, Misakımilli içinde gösterdiği **Musul** ve **Kerkük**'ü kurtarmaktır.

Mustafa Kemal Paşa, Irak'taki **Elcezire Cephesi Kumandanlığı'na** 20 Kasım 1920'de gönderdiği bir telgrafta Irak ve Türkiye arasındaki "İslam bağını" hatırlatarak Irak'taki Müslümanların ortak düşman İngilizlere karşı verdikleri "*cesurca ve aslanca*" mücadeleyi takdir etmiş ve yakında **Musul** üzerine yapılacak bir askeri harekâttan söz etmiştir.[774]

O günlerde Arap dünyasında İngiliz ve Fransız işgaline karşı kurulan çeşitli örgütler ve heyetler Türkiye'deki Milli Hareket'ten etkilenmişlerdir. Mustafa Kemal, bu örgütlerle ve heyetlerle de ilişki kurmuştur.[775]

Türk, Çerkez ve Arapların kurduğu ve başında Yarbay Özdemir Bey'in bulunduğu "**Suriye-Flistin Kuvayı Osmaniye Heyeti**" bu heyetlerin en etkilisidir. Türk ve Arap milliyetçilerinin bu birlikteliği işgalci emperyalistlerin uykusunu kaçırmıştır.

Suriye-Filistin Kuvayı Osmaniye Heyeti ile Mustafa Kemal Paşa'nın yakın ilişkisi vardır. Mustafa Kemal Paşa 15 Şubat 1920'de heyete gönderdiği **gizli telgrafta**, Filistin-Suriye ve Türkiye'nin bir konfederasyon halinde birleşmesi için yaptıkları teklifi kabul ettiğini açıklamıştır.

Mustafa Kemal Paşa gizli telgrafında; Türkiye'nin güneyini işgal etmiş olan Fransızlara, Arapların arkadan saldırmalarını, Türklerle Araplar arasına girmiş olan Fransız ve Ermeni kuv-

---

773 Sonyel, age. C. II, s. 228.
774 **Atatürk'ün Bütün Eserleri**, C. 10, s. 108.
775 Akyol, age. s. 205.

vetlerinin bertaraf edilmesini istemiştir ve Arap milliyetçi kuvvetlerinin Hama, Halep, Lazkiye ve İskenderun'da, onu takiben de Antep ve Osmaniye'deki işgalci kuvvetlere karşı hareketlerine devam etmelerinin "pek mühim" olduğunu belirtmiştir.[776] Ahmet Merved'e gönderdiği mektupta işgalcilere karşı birlikte olunmasını teklif etmiş, ordusunun başarılarından ve İzmir, Bağdat ve Musul'un işgalinden, Halep ve Şam halklarıyla birleşerek Suriye'nin güneyine ilerlemekten söz etmiştir.[777]

İngiliz belgeleri Mustafa Kemal Paşa'nın Şam, Halep ve Nablus'ta etkin hale gelmeyi başardığını göstermektedir. Mustafa Kemal Paşa, Suriye'deki nüfuzunu kullanarak Fransa'yı baharda Halep üzerine harekete geçmekle tehdit etmiştir.[778]

Suriye'de Türk Kurtuluş Savaşı'na ilgiyi artıran iki cemiyet vardır. Bunlardan biri **İstikbal** diğeri de **Yakındoğu Kurtuluş Cemiyeti**'dir. Mustafa Kemal bu cemiyetlerle temas halindedir.

İngiliz belgelerine göre Mustafa Kemal Paşa, bölge halkını işgalci kuvvetlere karşı ayaklandırmak için Halep ve Şam'a iki subay göndermiştir.[779]

Yine İngiliz belgelerine göre Mustafa Kemal Paşa tüm Arabistan'da genel bir ayaklanma çıkarmak için gizli çalışmalar yapmıştır.[780]

Mustafa Kemal Paşa, 9 Ekim 1919'da Suriye halkına yönelik bir beyanname yayınlamış ve Suriyeli Müslümanları işgalci emperyalistlere karşı mücadeleye çağırmıştır.[781]

Mustafa Kemal Paşa, Suriyeli Müslümanları Fransızlara karşı ayaklandırmak amacıyla Nablus halkına Alman yapımı silah ve cephane yardımında bulunmuştur.[782]

Mustafa Kemal Paşa'nın bu "gizli çalışmaları", onun Kurtuluş Savaşı sırasında bir taraftan Anadolu'yu kurtarmanın hesap-

---

776 Karabekir, **İstiklal Harbimiz**, s. 444 - 446.
777 F. O: 141/430. 17 January 1921; Hülagü, **age.** s. 72.
778 Abdülkerim Refik, "Türkiye Suriye İlişkileri, (1918 - 1926)",**Türk Dünyası Araştırmaları Dergisi**, Şubat 1994, S. 88, s. 51 - 57.
779 F. O: 371/4161/161851. 21 November 1919; Hülagü, **age.** s. 68.
780 F. O: 406/41, nr 191/1. 15 October 1919; Hülagü, **age.** s. 68.
781 F. O: 406/41, nr 191/1, 15 October 1919; Hülagü, **age.** s. 70.
782 F. O: 406/43. nr 56/1. 2 February 1920; Hülagü, **age.** s. 71.

larını yaparken diğer taraftan da petrol merkezi durumundaki Musul ve Kerkük'ü kurtarmanın hesaplarını yaptığını göstermektedir.

Mustafa Kemal Paşa Kurtuluş Savaşı sırasında birçok Arap lideriyle gizlice anlaşmıştır. Bu gerçeği TBMM'nin bir gizli oturumunda bizzat ifade etmiştir.[783]

İslam Birleşmiş Milletleri

Mustafa Kemal Paşa Arap-İslam dünyasını işgalci emperyalistlere karşı harekete geçirebilmek için **İslam Birleşmiş Milletleri** fikrini ortaya atmıştır.[784]

Kurtuluş Savaşı yıllarında İslam Birleşmiş Milletleri kurulması yolunda iki önemli girişim vardır. Bunlardan ilki TBMM tarafından ikincisi de Bolşevik Rusya tarafından gerçekleştirilmiştir.[785]

13. Kolordu Komutanı Cevat Paşa'nın teklifine göre Batı Trakya dâhil Osmanlı sınırları içinde bulunan ülkeler padişahın yönetiminde kalacak, Irak, Suriye, Hicaz ve Arap ülkeleri ise kendi hükümdarlarının yönetimlerinin altında kalacaklar, fakat aynı zamanda halifeye bağlı olacaklardı ve Osmanlı sancağı Amerikan bayrağındaki yıldızlar gibi federasyona dâhil olan İslam ülkeleri hükümetleri sayısınca hilal taşıyacaktı.[786]

Esasında İslam Birleşmiş Milletleri fikri de **Mustafa Kemal Paşa**'ya aittir. Mustafa Kemal Paşa'nın bu fikrini TBMM Sovyet Rusya'ya iletmiş ancak daha sonra meydana gelen bazı anlaşmazlıklar yüzünden bu fikir uygulamaya geçirilememiştir.

İslam Birleşmiş Milletleri fikrinin bir diğer savunucusu da daha çok Arap ülkelerinde faaliyette bulunan **Cemaatü'l İslam** adlı örgüttür.

Cemaatü'l İslam, **Mustafa Kemal'in isteği üzerine** en yakın zamanda bütün İslam ülkelerinin katılacağı bir İslam Kongresi

---

783 TBMM Gizli Celse Zabıtları, C. I, Ankara, 1985, s. 24.
784 F. O: 371/8967.371/9290; Hülagü, **age.** s. 66.
785 F. O: 371/8967.181777; Hülagü, **age.** s. 93.
786 Sonyel, **age**, C. I, s. 152.

düzenleme kararı almıştır. Kongrede konuşulacak konuları Mustafa Kemal belirlemiştir:
1. Müslümanları ilgilendiren genel İslami konuların tartışılması,
2. Hilafet meselesinin ele alınması,
3. Avrupa Milletler Birliği Teşkilatı'na karşı Türkiye'nin başrolü oynayacağı İslam Milletler Birliği'nin oluşturul-ması.[787]

Mustafa Kemal Paşa, Cemaatü'l İslam'ı, Mehmet Âkif'in başkanlığı altında Türkiye'de de faaliyete geçirmiştir.[788]

İngiliz belgelerine göre Mustafa Kemal Paşa Kurtuluş Savaşı'nın başlarında, 1919 Haziranında Suriye Müslümanlarının lideri **Emir Faysal** ile gizli bir anlaşma imzalamıştır.[789]

Bu antlaşmaya göre;
1. Türk ve Arap milletleri İslam dünyasındaki bölünmüşlüğü ortadan kaldırmak için birlikte hareket edeceklerdir.
2. Arapların bağımsızlığı ve Türklerin özgürlüğü tehlikededir.
3. Taraflar Türk ve Arap imparatorluklarının paylaşılmasını kabul etmemektedirler.
4. Osmanlı Hükümeti, halifeye bağlı kalmak şartıyla Şerif Hüseyin'in Hicaz, Medine, Irak, Filistin, Şam, Beyrut ve Halep'teki hâkimiyetini kabul etmektedir.
5. Şerif'in kontrolündeki topraklarda camilerdeki hutbelerde halifenin adı geçecektir.
6. Şerif Hüseyin Türklere yardım etmek için tüm Müslümanlara cihat çağrısı yapacak, tüm Arap aşiret reislerini bir araya getirerek onlarla anlaşacaktır.
7. Şerif, emrinde bulunan bütün kuvvetlerle Anadolu'da mücadele eden milli kuvvetlerin yardımına koşacaktır.
8. Bu anlaşma iki nüsha halinde hazırlanıp Kerkük mutasarrıfı Esad Bey aracılığıyla tasdik edilmiştir.

Anlaşma Mustafa Kemal ve Şerif Faysal tarafından imzalanmıştır.[790]

---

787 F. O: 371/8967.181777; Hülagü, **age.** s. 95, 96.
788 F. O: 371/8967.181777; Hülagü, **age.** s. 96.
789 F. O: 371/4233.123318; F. O: 141/430/5411/; F. O: 371/4233.119392; Hülagü, **age.** s. 73, 74.
790 F. O: 371/4233.119322; Hülagü, **age.** s. 76, 77.

Mustafa Kemal'in Emir Faysal'la imzaladığı bu antlaşma Milli Hareket'in önderinin önce İngiliz ve Fransız işgali altındaki Arapları sonra da tüm İslam dünyasını harekete geçirmek için olağanüstü bir çaba harcadığını kanıtlamaktadır.

Gerçekte böyle bir antlaşma olmadığını iddia edenler olsa da Mustafa Kemal'in davranış ve söylemleri bu antlaşmanın varlığını doğrulamaktadır. Bizzat Mustafa Kemal Meclis gizli oturumunda 1920 Haziranına kadar Arap liderleriyle antlaşmalar imzaladığını belirtmiştir. Ayrıca Emir Faysal'ın Mustafa Kemal ile yakın ilişkide olması, 15 Haziran 1920'de Emir Faysal'ın Mustafa Kemal'in temsilcisi Seyfi Bey ile görüşmek üzere Halep'e gelmesi ve 5 Ağustos 1920'de Mustafa Kemal'in Türkçe ve Arapça olarak kaleme alınan beyanatta Emir Faysal ile kesin bir uzlaşmaya varılmış olduğunu belirtmesi, antlaşmanın varlığını güçlendirmektedir.[791]

Muvahhidin Cemiyeti

Mustafa Kemal Paşa'nın sürekli temas halinde olduğu Arap-İslam cemiyetlerinden en önemlisi **Muvahhidin Cemiyeti**'dir. Mustafa Kemal'in aynı zamanda **yürütme kurulu üyesi olduğu** bu cemiyet Şam, Halep, Humus, Kahire, Bağdat, Hayfa, Necef, Kuveyt gibi çeşitli Arap eyaletlerinde merkezler oluşturmuştur.[792]

Muvahhidin Cemiyeti hem İslamcı hem de Bolşevik taraftarıdır, bu yönüyle Mustafa Kemal'in "Doğu siyaseti" için adeta biçilmiş bir kaftandır.

İslam dünyasının bu en büyük cemiyetinin ilk genel kongresini 11 Kasım 1919'da Sivas'ın Zara kazasında yapması anlamlıdır. Bu ilk kongrede cemiyetin yayınladığı beyannamede Hıristiyan işgalcilere karşı dünya Müslümanlarının Muvahhidin Cemiyeti etrafında kenetlenmelerinden söz edilmiştir.

---

791 F.O: 371/5035. E-6783. 17 June 1920; F. O: 371/5225. 16 August 1920; F. O: 371/5170. E-10708. 5 August 1920; F. O: 371/5170. E-10708/262/44. 16 August 1920; F. O: 371/5170. E-10708. 5 August 1920; F. O: 371/5225. 16 August 1920; Hülagü, **age.** s. 79.
792 Hülagü, **age.** s. 51.

Muvahhidin Cemiyeti'nin Anadolu'daki bu ilk kongresine katılan toplam 37 delegenin 12'sini Milli Hareket temsilcileri oluşturmuştur. Bu 12 kişiden ikisi, Yürütme kurulu üyesi **Mustafa Kemal Paşa** ve **Rauf Bey**'dir.[793]

Muvahhidin Cemiyeti'nin üçüncü toplantısı yine Anadolu'da 10 Aralık 1919'da Sivas'ta İdadi Mektebi'nde yapılmıştır. **Mustafa Kemal Paşa**, cemiyetin bir üyesi ve Yürütme Kurulu Başkanı sıfatıyla bu toplantıya da katılmıştır.[794]

Mustafa Kemal Paşa, kongre üye ve temsilcilerine hitaben yaptığı konuşmada cemiyetin Yürütme Kurulu Merkezi'nin Ankara'ya taşınması gerektiğini ifade etmiştir.[795]

Bu toplantıda alınan kararlara göre;

1. Muvahhidin Cemiyeti şubeleri sayesinde dünya Müslümanları emperyalist işgalcilere karşı isyana teşvik edilecektir.
2. Cemiyet'in Yürütme Kurulu, Milli Hareket'in Temsilciler Kurulu ile birlikte hareket edecektir (Her iki kurulun başkanı da Mustafa Kemal Paşa'dır).
3. Mustafa Kemal Paşa ve Rauf Bey ve onlar tarafından seçilecek üç kıdemli kurmay subaydan oluşan bir askeri kurul oluşturulacaktır. Bu kurul Milli Hareket kuvvetlerini düzenleyip idare edecektir.
4. Rusya'dan ithal edilen silah ve cephanenin düzenli bir şekilde aktarılabilmesi için Samsun'da bir muharebe üssü oluşturulacaktır.

Mustafa Kemal Paşa'nın başkanlığındaki Muvahhidin Cemiyeti, tüm İslam dünyasını Anadolu'daki Milli Hareket'e destek olmaya çağıran en etkili örgütlerden biridir. İngiliz gizli belgelerinde uzun uzadıya anlatılan Muvahhidin Cemiyeti'nden yerli kaynaklarda söz edilmemesi çok şaşırtıcıdır.[796]

***

---

[793] age. s. 110.
[794] age. s. 117.
[795] age. s. 117.
[796] age. s. 119.

Mustafa Kemal'in temasta bulunduğu bir başka İslam örgütü de Londra'daki **İslam Cemiyeti**'dir.[797] Hint Müslümanlarınca kurulan bu cemiyetin Şam, Halep, Münih ve İstanbul'da şubeleri vardır.

Mustafa Kemal Paşa ayrıca Talat Paşa'nın başkanlığında en kısa zamanda Münih'te bir **Alman-İslam Komitesi** kurulmasını istemiştir.[798] Mustafa Kemal Paşa bu komite sayesinde Avrupa'daki Müslümanları harekete geçirmek istemiştir.

Mustafa Kemal'in temasta bulunduğu diğer İslam cemiyetleri (örgütleri) de şunlardır:

Yakındoğu Cemiyeti, Batum İslam Cemiyeti, İstikbal Cemiyeti, Halep Teşkilat-ı Milliyesi, Mısır Vahd Partisi, Kahire Gönüllü Fırkası, Amman Çerkez Fırkası...

Bu kuruluşların tamamı Mustafa Kemal Paşa'nın liderliğindeki Türk Kurtuluş Savaşı'na sempati duymaktadır. Mustafa Kemal Paşa, bu kuruluşlarla temasa geçerek İngiltere ve Fransa'ya karşı bir "ortak cephe" oluşturmuş ve Kurtuluş Savaşı'na siyasi destek sağlamıştır. **Mustafa Kemal Paşa'nın Sakarya Zaferi'ni telgrafla Şam Müftüsü'ne bildirerek şehitler için mevlit ve dua okutulmasını istemesi** onun bu "ortak cepheye" ne kadar önem verdiğinin göstergelerinden biridir.

Zafer haberini alan Şam Müftüsü, müjdeli haberi duyurur duyurmaz Şam'da şenlikler yapılmış, camilerde mevlit okutulmuş, Mustafa Kemal'e **"Seyfül İslam"** (İslamın Kılıcı) ünvanı verilmiş ve Selahaddin Eyyübi ile birlikte resmedilmiş posterleri dağıtılmıştır. İslam ülkelerinin neredeyse her yerinde çeşitli gazeteler Mustafa Kemal Paşa'nın ve TBMM'nin bildirilerini yayınlamış, Türk Kurtuluş Zaferi'ni duyurmuştur.[799]

---

797 F. O: 371/4162, 174172, 9 January 1920; Hülagü, **age.** s. 51.
798 F. O: 371/5220, 167238; Hülagü, **age.** s. 52.
799 Bkz. Metin Hülagü, "Muvahhidin Cemiyeti", **Ankara Üniversitesi Türk İnkılap Tarihi Dergisi (Atayolu)**, Kasım 1993, Yıl 6, S. 12; Metin Hülagü, "Milli Mücadele Dönemi Türkiye İslam Ülkeleri Münasebetleri", **Atatürk Araştırma Merkezi Dergisi**, C. XV, Kasım 1999, s. 901 - 938.

Araplar Ayaklanmak Üzere

Uceymi Paşa'nın etkili olduğu Irak'ta milliyetçi Araplar İslamcı *"Cemiyet-i Hilafiye"* adında bir örgüt kurmuşlar ve İngilizlere karşı mücadele etmeye başlamışlardır. Ankara'ya gönderdikleri bir dilekçeyle halifeye ve Türkiye'ye bağlı olduklarını belirtmişler ve İngilizlere karşı mücadele etmek için askeri yardım istemişlerdir. Fakat o günlerde Ankara'nın Irak'taki direnişçilere çok fazla yardım yapması mümkün olmamıştır; ancak daha önce de belirttiğimiz gibi Uceymi Paşa'ya bir miktar silah, cephane ve birkaç subay verilebilmiştir.

Öte yandan Kuzey Irak'ta Kerkük, Revanduz, Zebur, Akra ve Süleymaniye'de İngilizlere karşı çıkan ayaklanmalarla ilgilenen Mustafa Kemal Paşa, Irak'taki Araplara silah yardımı yapamasa da bölgeye bazı subaylar göndermiştir.[800]

"Kemalist hareketle işbirliği yapan Irak'taki hareketler İngilizleri, Suriye'deki hareketler burada Fransızları tedirgin ediyor; Irak ve Suriye'deki askerlerini Türkiye'ye sevk edemiyorlar. **Antep, Urfa, Maraş ve Adana'nın kurtuluşunda bunun önemi vardır.** *Türk ve Arap milliyetçilerinin Irak'ta yürüttüğü ortak eylem, Musul'dan Kerkük ve Süleymaniye'ye kadar uzanıyor. Irak'ta, 'Hükümet-i Osmaniye'den başka hükümet kabul etmeyiz' fikri yayılmaya başlıyor.* **Kemalist hareketin etkisiyle** *Suriye'de de Fransızlara karşı hareketler güçlenirken, Antakya ve Halep'te Fransızlara karşı Türkler ve Araplar ortak direniş eylemleri yapıyorlar. Halep duvarlarında Türkçe ve Arapça afişler halkı Fransızlara karşı mücadeleye davet ediyor.* **Kuvayımilliye Arap direnişçilerine elinden geldiğince silah ve teşkilatçılar gönderiyor.** *Suriyeli isyancılar Fransız kuvvetlerinin büyük bir kısmını oyalıyorlar.* **Bu durum Çukurova'da Milli Hareket'in elini güçlendiriyor,** *Ankara'ya siyasi güç katıyor."* [801]

Mustafa Kemal Paşa, işgal güçlerinin Suriye ile Türkiye'nin arasını açmak için bazı çalışmalar yaptıklarını fark ettiğinde iki

---

800 Selahattin Tansel, **Mondoros'tan Mudanya'ya Kadar**, C. IV, İstanbul 1978, s. 27 - 30.
801 Akyol, **age.** s. 207, 208.

halkı "ortak düşmana" karşı İslam etrafında birleşmeye çağırmıştır.

"*Aramızda tahrik edilen ve bizleri birbirimizden ayıran husumete ehemmiyet vermemenizi bir dindaşınız olarak temenni ediyorum. Bütün anlaşmazlıkları ortadan kaldırmalıyız ve bütün silahlarımızı ülkemizi bölmek isteyen hain partilere karşı çevirmeliyiz. Eğer dinlemezseniz, sonunda siz üzüleceksiniz. Dinimizin imansız düşmanlarının vaatlerine kanmayınız.*

Allah'ın izniyle inançlı birlik taraftarları düşmanlarına karşı çarpışmaya karar verdiler. Konya ve Bursa'yı temizledik. Konya'yı ele geçirmekle düşmanın irtibat hatlarını kestik. Hakka inanan mücahitler Arap kardeşlerinin yakında ziyaretçisi olacak ve düşmanı püskürtecektir.

Din kardeşi gibi yaşayalım ve düşmanlarımızı perişan edelim." [802]

Bu beyanname, Mustafa Kemal Paşa'nın Ortadoğu'da İngilizlere karşı bir Arap–İslam direnişi başlatmaya çalıştığını çok açık bir şekilde ortaya koymaktadır.

Atatürk: İslam Dünyası Bizimledir

Mustafa Kemal Paşa, bir taraftan İslam dünyasını emperyalist güçlere karşı harekete geçirmek için uğraşırken, diğer taraftan da İslam dünyasının Milli Hareket'e verdiği desteği Anadolu halkına anlatarak halkın moaralini yükseltmeye çalışmıştır. O günlerde Mustafa Kemal'in Adana halkına gönderdiği bir bildiri onun bu çalışmalarına tipik bir örnektir:

"*Mısır, Hindistan, Rusya ve Afrika'daki Müslüman kardeşlerimiz gözlerini Tanrı'nın esirgeyicilik eşiğine ve İslamlık ışığını söndürmek üzere her türlü alçaklığı yaparak Peygamber'in kabirlerine dek saldırgan elini uzatma saygısızlığını gösteren düşmanlara yönelmiş ve bize bütün varlıkları ile maddi ve manevi yardıma karar vermiş bulunuyorlar.*

---

802 Atatürk'ün Bütün Eserleri, C. IV, s. 251.

Hakiki kuvvetleri, Allah'ın yardımı olan ve bağımsızlık ve şerefi muhafaza uğrunda azami fedakârlık dıygularını, şanlı ve şerefli ecdadımızdan miras alan milletimizin yakın bir zamanda her türlü manasıyla dini ve milli tarihine şanlı ve edebi sayfalar ilave edeceğine şüphe yoktur.
Bağımsızlık ve dinin muhafazası uğrunda şahadet rütbesine erişen kardeşlerimizin Allah'ın rahmetine kavuşmalarını ve Allah'ın yardımının yüce tecellisine mazhariyetimizi tazarru ve niyaz ve cümlenize gerek Büyük Millet Meclisi ve gerek bütün İslam âlemi namına teşekkürler arz ederiz, muhterem gaziler." [803]

Mustafa Kemal Paşa, İslam siyasetini uygularken sıkça Anadolu'daki Milli Hareket'in "dini" boyutuna dikkat çekmiştir. Örneğin, Maraş savunmasında canla başla savaşan bir kadın milise gönderdiği telgrafta onu *"İslam savaşçısı"* olarak nitelendirmiştir:

"Maraş Kayabaşı mahallesinde sakin Bitlis defterdarının haremi Hanım... hanesinden açtığı mazgaldan dindaşlarımızı imha için mahallarına saldıran düşmanlara ateş açarak akşama kadar sekiz düşmanı telefe muvaffak olduğu ve akşamüzeri erkek elbisesiyle ve kemal-i cüretle muhafaza-ı ırz ve can kaygusu ile silaha sarılmış bulunan mücahidin-i İslamiyet sunufuna iltihakla bilfiil müsademata iştirak eylemekte bulunduğu" bildirilmiştir.[804]

Bu ilginç örnek Mustafa Kemal Paşa'nın İslam siyasetini nasıl büyük bir dikkatle ve titizlikle uyguladığını göstermektedir. Şöyle ki, bir taraftan Hint Hilafet Komitesi'ne veya Afgan Kralı'na mektuplar yazarken, diğer taraftan Maraş Kayabaşı mahallesinde oturan Bitlis defterdarının hanımına telgraf yazmıştır. İşte Kurtuluş Savaşı'nı kazandıran en temel etken, Mustafa Kemal'in hiçbir ayrıntıyı kaçırmayan bu dikkati ve bitmek tükenmek bilmez enerjisidir.

***

---

803 age. C. 9, s. 134.
804 age. C. 6, s. 256.

Mustafa Kemal Paşa'nın İslam siyasetini uygularken kullandığı dil ve üslup, onun İslam dinini çok iyi bildiğini ve Kur'an'a hâkim olduğunu gözler önüne sermektedir. Zaten onun bu bilgi ve donanımı olmasaydı İslam siyasetini başarıyla uygulaması da mümkün olmazdı.

Mustafa Kemal Paşa'nın, itimatnamesini sunan İran sefirine verdiği yanıt, onun "din bilgisini" ve "Kur'an kültürünü" ortaya koyan çok iyi örneklerden biridir:

"İran devletinin ve İran halkının ihtisasat-ı samimesini TBMM Meclisi Hükümeti'ne ve Türkiye halkına iblağ etmek ve mevahib-i ilahiyeden olan uhuvuet-i İslamiye esas-ı kadiminin teyid-i tahatturiyle dindaş ve hemcivar devlet ve milletlerimiz arasındaki vahdet ve muhaleseti tezyit ve teşyit etmek maksadiyle İran devlet-i âliyesi tarafından zatıâlileri gibi kifayet ve layiki müsellem olan bir zatın Türkiye devleti nezdinde fevkalade sefir olarak gönderilmiş olması Türkiye halkının hakiki ve yegâne mümessili olan Büyük Millet Meclisi'nin mucib-i mahzuziyet-i azimesi olmuştur.

Sefir Hazretleri, hemen Cenab-ı Hak hemhal ve hemdert olan bilcümle akvam-ı İslamiye'yi habl-i metin-i uhuvvete bihakkın i'tisamla nail-i fevz-ü necat ve mazhar-ı refah ve saadet eylesin." [805]

Mustafa Kemal Paşa burada Müslüman bir ülkenin sefirine (İran) seslendiği için bolca Arapça ve Farsça sözcük kullanmıştır. Ayrıca cümlelerinin arasına ustaca bazı Kur'an ayetleri yerleştirmiştir. Mustafa Kemal'in burada kullandığı "i'tisam" ve "habl" sözcükleri Ali İmran suresi 103. ayette geçmektedir. Ayet, Müslümanların birlik ve bütünlük oluşturmalarını öğütlemektedir. Mustafa Kemal'in kullandığı "uhuvvet" sözcüğü de Hucurat suresi 10. ayette geçen bir Kur'an kavramıdır ve Müslümanların din kardeşi olduğu anlamına gelmektedir. Mustafa Kemal'in sözleri arasında bu ayetlere yer vermesi tesadüf değildir. Ayetlerin seçimi ve cümle içindeki dizilimi Mustafa Kemal'in Kur'an'ın

---

805 **ASD**, C. II, s. 42.

mantığına hâkim olduğunu kanıtlamaktadır. "Habl" yani ipe benzetilen Kur'an "metin" olarak tamamlanmıştır. Kur'an'ın bu nitelemesi Hz. Muhammed'in bir hadisinde "hablu'l-lahi'l-metin" şeklinde geçmektedir. Mustafa Kemal'in bu sözcükleri kullanım biçimi, hem ayeti hem de onun açılımı durumundaki hadisi işaret etmektedir.

Mustafa Kemal, Müslümanların kardeşliğini "mevahibi ilahiye" yani "ilahi bir bağış" olarak adlandırmıştır. Kur'an'da Ali İmran suresi 103. ayette Müslümanların kardeşliğinin "Allah'ın bir nimeti" olduğu vurgulanmaktadır. Enfal süresi 63. ayette de Müslümanlar arasındaki sevgi ve kardeşliğin Allah'ın dileğiyle gerçekleştiği belirtilmektedir. Mustafa Kemal, yukarıdaki açıklamalarında bu ayetlere gönderme yapmıştır.

ATATÜRK'ÜN AKIL OYUNLARI

Mustafa Kemal Paşa'nın "İslam siyaseti"nin İngilizleri Anadolu üzerindeki emellerinden vazgeçirecek kadar etkili olduğu anlaşılmaktadır. Örneğin İngilizler, Mustafa Kemal'in İslam dünyasını harekete geçirme çalışmalarından sonra, Türkleri İstanbul'dan çıkarma planından vazgeçmek zorunda kalmışlardır. İngilizlerin Hindistan İşleri Başkanı Montague, *"Türkler İstanbul'dan çıkarılırsa Hindistan'da patlak verecek olaylar"* konusunda Londra'yı uyarmak zorunda kalmıştır.

Uzun tartışmalardan sonra İngilizler Sevr Antlaşması'nda Türklerin İstanbul'dan çıkarılması değil, İstanbul'un uluslararası arası bir komisyonun denetimine bırakılmasını öngörmüşler ve bunu isyan halindeki Hint Müslümanlarına, *"Bakın Türkleri İstanbul'dan çıkarmıyoruz, artık ayaklanmaları bırakın"* diye anlatmışlardır.[806]

Hindistan Genel Valisi Londra'ya gönderdiği 11 Ekim 1921 tarihli uyarıda, *"İngiltere özellikle Trakya ve İzmir'e ilişkin barış şartlarının yumuşatılmasında Türkiye'ye yardım edebilirse bunun sonucu Hindistan'da hemen görülecektir"* demiş-

---
806 Öke, age. s. 70 - 74.

tir. Yani Hindistan Genel Valisi'ne göre Türklere kolaylık sağlanırsa Hindistan'daki ayaklanmalar duracaktır. Valiye göre İngiltere'nin Türklere olumlu yaklaşması Afganistan'da bile olumlu etkiler yaratacaktır.[807]

Mustafa Kemal'in İslam siyaseti ilk önemli meyvelerini Sakarya Zaferi'yle birlikte vermiştir. Türk tarihinin en önemli dönüm noktalarından birini oluşturan Sakarya Zaferi'nin kazanılması kelimenin tam anlamıyla İngilizleri ürkütmüştür. Bu zafer bir taraftan İngilizlerin en büyük güvencesi Yunan ordusunun artık Türklerin karşısında duramayacağını gösterirken, diğer taraftan dünya Müslümanlarını Mustafa Kemal'in ve Türk Kurtuluş Savaşı'nın etrafında kenetlemiştir. Artık İslam dünyasında Mustafa Kemal, "İslamın kurtarıcısı", "Muhammed'in kılıcı" olarak görülmeye başlanmıştır. Alman tarihçi Von Mikusch değişiyle, *"bu yeni Mekke (Ankara) hac görevini ifa etmek için koşup gelen hacılarla dolup taştı."*

Avrupa'da, Mustafa Kemal'in yalnız kendi ülkesini değil, Bolşevikleri de yanına alarak tüm ezilen, sömürülen İslam dünyasını emperyalistlere karşı ayaklandırabileceği düşünülmeye başlanmıştır. İşte bu düşüncenin etkisiyledir ki İngiltere'de Lloyd Gerorge'un "şahin" siyaseti önemini yitirmiştir. Mustafa Kemal, Hilafet ve İslam Siyaseti sayesinde İngiltere üzerinde çok ağır bir siyasi baskı oluşturmuştur. Bu baskı sonunda İngiliz siyasetinde meydana gelen nispi yumuşamayı fark eden Mustafa Kemal bu durumdan yararlanmayı bilmiş, TBMM'nin Londra Konferansı'na katılmasını sağlamıştır.

Kısaca, Mustafa Kemal Paşa'nın kontrolündeki Türk ulusal akımı ve yine Mustafa Kemal Paşa'nın kontrolündeki Panislamizm akımı koskoca İngiliz İmparatorluğu'nu tehdit etmiştir.

Prof. Kürkçüoğlu'na göre Mustafa Kemal'in İslam siyaseti İngiltere üzerinde istenen sonucu sağlamıştır. İngilizler, Hindistan'da, Afganistan'da, Irak ve Suriye'de Türk hareketini destekleyen akımların gelişmesinden büyük endişeye kapılmış-

---

[807] Ömer Kürkçüoğlu, **Türk-İngiliz İlişkileri, 1919-1926**, Ankara, 1978, s. 208 vd.

lardır. Kürkçüoğlu'na göre 1921 başında İngiltere'nin tutumunda görülen nispi yumuşamanın nedenlerinden biri Mustafa Kemal'in "İslam siyaseti"dir. Başta Hindistan olmak üzere İngiltere'nin Müslüman sömürgelerinde gelişen Türkiye yanlısı hareketlerin etkisiyle Londra'da Lloyd George'un Türk düşmanı siyasetine karşı itirazlar giderek artmıştır.[808]

Özetle Mustafa Kemal Paşa "Halifelik ve İslam Siyaseti"yle İslam dünyasında Türk Kurtuluş Savaşı lehine hareketlerin oluşmasını ve bu hareketlerin özellikle İngiltere ve Fransa aleyhine gelişmesini sağlamıştır.

Bazı İkinci Cumhuriyetçiler sıkça, *"Kurtuluş Savaşı'nda İngilizlerle değil Yunanlılarla savaştık ve Urfa, Antep, Maraş gibi güney bölgelerinde düzenli ordunun savaşmasına bile ihtiyaç kalmadan Fransızlar bu bölgeleri boşalttı"* diyerek akıllarınca Mustafa Kemal'i ve Kurtuluş Savaşı'nı küçümsemektedirler. Ancak bu aklıevveller, Kurtuluş Savaşı sırasında her şeyiyle Yunanlıları destekleyen İngilizlerle savaşılmamış olmasının, daha doğrusu İngilizlerin Türklerle sıcak savaşı göze alamamasının ve Fransızların güney bölgelerini kısa sürede boşaltmak zorunda kalmasının Mustafa Kemal'in dâhiyane politikalarının sonucu olduğunu görmek istememektedirler.

Mustafa Kemal, **İslam siyasetiyle;** İslam dünyasına yönelik beyannamelerle, bildirilerle, gazete haberleriyle, mektup ve telgraflarla, gizli İslam cemiyetleriyle, İslam kongreleriyle, Şeyh Sunusi ve Uceymi Paşa gibi Müslüman liderlerle, Hindistan'da Afganistan'da, Suriye'de, Irak'ta, Libya'da, Mısır'da emperyalizmin pençesindeki Müslümanları İngiltere'ye ve Fransa'ya karşı ayaklandırarak emperyalistleri etkisiz ve hareketsiz hale getirmiştir. Özetle, Mustafa Kemal'in dâhiyane politikaları sayesinde Kurtuluş Savaşı'nda Türkiye, İngiltere ve Fransa'yı **"akıl oyunlarıyla"** bertaraf etmiştir ve böylece Türk ordusu bütün gücüyle işgalci Yunanistan'la mücadele ederek Anadolu'yu kurtarmıştır. Yani Kurtuluş Savaşı sırasında İngiltere'nin ve kısmen Fransa'nın

---

[808] age. s. 83, 84.

Anadolu'da Türklere karşı askeri harekâtta bulunamamasının nedeni "İngilizin ve Fransızın merhameti" değil, Mustafa Kemal'in dâhiyane "İslam siyaseti"dir.

İSLAMIN SON SAVAŞÇISI: MUSTAFA KEMAL

Mustafa Kemal'in "İslam politikası" İslam dünyasında öyle bir yankı bulmuştur ki ezilen hor görülen bir dünya adeta ölüm uykusundan uyanıp bağımsızlık savaşı veren Türkiye'nin peşine takılmıştır. İslam dünyası Mustafa Kemal'in önderliğindeki Müslüman Türklerin kurtuluşunu kendi kurtuluşunun ilk adımı olarak görmeye başlamıştır. Bunun için dünya Müslümanları *"İslamın son savaşçısı"* adını taktıkları Mustafa Kemal'e ellerinden geldiğince yardım etmeye çalışmıştır.

Ancak genelde İslam dünyasının, özelde de Güney Asyalı Müslümanların, Mustafa Kemal'in yardım çağrısına olumlu yanıt vermiş olmalarına karşın, Türk Kurtuluş Savaşı üzerine yapılan çalışmalarda İslam dünyasının Kurtuluş Savaşı'na verdiği maddi ve manevi yardımlar maalesef unutulmuş, ihmal edilmiştir.[809]

Mustafa Kemal, kazandığı büyük başarıyla İslam dünyasını etkilemeyi başarmıştır. Güney Asya'da çıkan gazete ve dergilerde Mustafa Kemal bir elinde kılıç, bir elinde ise İslamın kutsal sancağı, at sırtında İngiliz askerleriyle mücadele ederken tasvir edilmiştir.

Mustafa Kemal Paşa önderliğinde gerçekleştirilen Türk Kurtuluş Savaşı, ezilen, horlanan, sömürülen milletler için karanlığın ortasında parıldayan bir ışık gibidir. 20. yüzyılın başlarında böyle bir ışığa en fazla ihtiyacı olan ülkelerin başında sömürülen İslam ülkeleri gelmektedir. Müslüman ülkeler, "özgürlük" simgesi olarak gördükleri Mustafa Kemal'in yolunu takip ederek kurtuluşa ulaşacaklarını düşünmeye başlamışlardır. Türkiye dışındaki Müslümanlar için Mustafa Kemal, sadece Türkiye'yi değil, tüm İslam dünyasını kurtarmak için, Allah tarafından gö-

---

[809] Güney Asya Müslümanlarının Kurtuluş Savaşı'na verdikleri destek konusunda önemli bir çalışma için bkz, Mim Kemal Öke, **Hilafet Hareketleri**, Türkiye Diyanet Vakfı Yayınları, Ankara, 1991.

revlendirilen biridir. Onlar için **Mustafa Kemal,** uzun yıllardır toprak altında paslanan "İslamın kılıcını" yeniden parlatan **"son mücahit"**tir.

Mustafa Kemal Paşa, adeta ezilen, sömürülen İslam dünyasının ideallerini yükseltmiştir. İslam ülkelerinin liderleri Mustafa Kemal'in başarılarından hareketle daha büyük düşünmeye ve daha büyük işler yapmaya çalışırken, artık "bağımsızlık" adına mücadele etmenin en imkânsız koşullarda bile mümkün olduğuna ve bağımsızlığın bir hayal olmadığına inanmaya başlamışlardır.

Mustafa Kemal, Kurtuluş Savaşı yıllarında Hıristiyan işgalciler karşısındaki başarılarıyla, İslam dünyasının dikkatini çekmiştir. Müslümanlar o dönemde Mustafa Kemal'in Allah tarafından görevlendirilen "evliya" özelliklerine sahip yüce bir kişilik olduğuna inanmışlardır. Her fırsatta dünya Müslümanları ona minnettarlıklarını sunmaya çalışmıştır. Örneğin, 18 Temmuz 1922'de **Hindistan Karaçi'de buluşan Müslümanlar, bu toplantıda İslam adına dövüşen Gazi Mustafa Kemal Paşa'nın cesareti dolayısıyla kutlanmasını kararlaştırmıştır.**[810]

Güney Asya Müslümanlarının topladıkları Hilafet konferanslarından birinde **Mustafa Kemal Paşa'ya** *"Seyf-ül-İslam"* (İslamın kılıcı) ve *"Mücahid-i Hilafet"* **(Hilafetin Savaşçısı)** unvanlarının verilmesi kararlaştırılmıştır.

"...Mustafa Kemal Paşa, sadece İslama değil, bütün Asya'ya zaferle gurur vermişti. Bir konuşmacı İslama sahip çıkmanın sadece Mustafa Kemal Paşa'nın değil, bütün Müslümanların görevi olduğunu vurgulamış ve Güney Asya'daki dindaşlarının Türklere karşı savaşmakla 'kullanıldıklarını' ve böylece aslında İslama ihanet ettiklerini itiraf etmiştir." [811]

O günlerde Hindistan'da bulunan Zeki Velidi Togan, Hint Müslümanlarındaki Mustafa Kemal sevgisini şöyle gözlemlemiştir:

"Bombay'da bir camiye girmiştim. Duvarına 'Zinde bad ***Mustafa Kemal****' diye yazılmış bir levha asılmış olduğunu gör-*

---

810 Öke, age. s. 70.
811 age. s. 83.

düm. Yani 'Yaşasın Mustafa Kemal'. Mihrabın sol tarafında da iki rahle üzerinde Kur'an'ı Kerim ile Mesnevi bulunuyordu. Hindistan Müslümanları Mustafa Kemal'i kendi milli kahramanları sayıyordu." [812]

Mustafa Kemal Paşa, işgalci Hıristiyan emperyalistlere karşı kazandığı başarılarla, İslam dünyasında bir **İslam efsanesi** haline gelmiştir. Bir taraftan Hintli Müslümanlar camilerde onun başarısı için dualar ederken, diğer taraftan onunla ilgili efsaneler dilden dile dolaşmaya başlamıştır. O, artık bazen İslamın kılıcı Hz. Ali ile bazen de büyük İslam mücahidi Halid Bin Velid ile özdeşleştirilmeye başlanmıştır.

İslam dünyası Mustafa Kemal'in İslam adına savaştığına öylesine yürekten inanmıştır ki Hz. Muhammed'in de Mustafa Kemal'e yardım ettiği düşünülmeye başlanmıştır.

Kurtuluş Savaşı sırasında Anadolu'ya gelen Hz. Muhammed soyundan Şeyh Ahmet Sunusi, rüyasında Hz. Muhammed'i görmüş ve koşup derhal elini öpmek istemiş. Hz. Muhammed kendisine sol elini uzatınca buna şaşıran ve üzülen Şeyh:

"Ya Resullullah, niçin bana sağ elinizi uzatmadınız?" diye sorunca, **Hz. Muhammed** şu yanıtı vermiş:

"Sağ elimi Ankara'da Mustafa Kemal'e uzattım..." [813]

Mustafa Kemal, Müslümanlar için öncelikle **bağımsızlık** sembolüdür.

Ülkemizde uzun yıllar yasaklı kalmış olan H.C. Amstrong'un *"Bozkurt"* adlı eserinin önsözünde, Emil Lenguyel, Mustafa Kemal'in 20. yüzyılın başlarında ezilen milletlerce, bilhassa İslam ülkelerince bir kurtarıcı olarak algılandığını ve İslam dünyasının Mustafa Kemal'i örnek aldığını geniş bir şekilde anlatmıştır.[814]

---

812 Zeki Velidi Togan, **Hatıralar**, İstanbul 1969, s. 525.
813 Cahit Tanyol'dan naklen, Avni Altıner, **Her Yönüyle Atatürk**, İstanbul, 1986, s. 689.
814 "...(insanlar) Ortadoğu'nun her yerinden gelip ona ülkelerindeki reform hareketlerini yönetmesi ricasında bulunuyordu... Yalnız Ortadoğu'dan değil, Sahara'nın kuzeyinde ve güneyinde olmak üzere, Afrika'nın yeni ülkelerinde de Atatürk'ün taklitçileri çıkmaktadır.
İlk havarisi olan İran Kralı Rıza Han Pehlevi uyruklarına gözlerini Batıya çevirmelerini buyurduğunda o henüz hayattaydı. Şehinşah, yorgun İran toprak-

Ortadoğu'nun, Güney Asya'nın ve Kuzey Afrika'nın Müslüman halkları, Mustafa Kemal gibi bir liderin ister istemez özlemini çekmişler, ama maalesef İslam dünyasında Mustafa Kemal rolüne soyunan liderlerin hiçbiri, bu rolün hakkını vermeyi başaramamıştır.

Onun başarıları İslam dünyasındaki Müslüman aydınların da dikkatini çekmiştir. Pakistan Müslümanlarının ünlü şair ve düşünürü **Muhammed İkbal** "*İslamiyet'in Uyanışı*" adlı şiirinden ötürü İngilizlerin tepkisini çekmiş ve zindana atılmıştır. İkbal'in Mustafa Kemal Paşa için yazdığı bu şiir elden ele dolaş-

---

larının yeni sanayiler, çağdaş konutlarla donatılmasını, halkının Batılı giysiler giymesini emretmişti. Ancak Şehinşah, Atatürk'ün güçlü kişiliğinden yoksundu ve başlattığı geniş reform hareketi tökezledi.

İran'ın doğu komşusu olan Afganistan da Atatürk'ten esinlendi. Çağdaş düşüncelere sahip bir kral olan Amanullah da Afganlıların babası olmaya hak kazanmak için halkını Batılılaştırma yönünde çabalara girişti. Ancak ne o liderlik konusunda yeterliydi ne de halkı onu izleyecek beceriye sahipti. Böylece onun kaderi de sürgün edilmek oldu.

Arap dünyasının yeni ülkeleri de Mısır, Suriye, Lübnan, Ürdün ve diğerleri Batılı ufukları taramak üzere gözlerini dört açmışlardı. Yeni önderlerinin bıraktığı gösterişli izler, bu ülkelerin semalarında birbirine karıştı. Halkları, 'acaba bizim Atatürk'ümüz bu mu?' diye sordular her defasında, özellikle Ortadoğu'nun göbeğinde Suriye'de potansiyel, Atatürklerin yarattığı izdiham korkunçtu. Yüzyılın ortasında çok sayıda 'ülkenin kaderi olan adam' ortaya çıkmıştı. Hüsnü Ez Zeyn, Edip Çiçekli ve diğerleri... Ancak hepsi de başarısızlığa mahkûm oldu.

Bundan sonra, Nil topraklarında Cemal Abdul Nasır doğdu. Milyonlar onu Mısır'ın Atatürk'ü olarak selamladılar. Ve o da geniş bir reform hareketi başlattı. Suriye ve Mısır'ı birleştirerek Birleşik Arap Cumhuriyeti'ni yarattı. Birçok Arap, bu olayı gelecekteki daha büyük gelişmelerin başlangıcı olarak kabul etti. Bugün bile Afrika'nın uzun kuzey kıyısı boyunca uzak batı Müslümanlarının yaşadıkları topraklarda aynı soru işitilmekte: 'Bu adam bizim Atatürk'ümüz mü?' Akdeniz kıyısındaki yeni Müslüman ülkelerden birinin, Tunus'un batılı zihniyetli Cumhurbaşkanı Habib Burgiba da Kemalist bir program hazırlamakla meşguldür.

Mustafa Kemal'in adı, bir darbımesel olmuştur. Bu ad yalnız Türkçeye değil, Arap diline de yerleşmiş durumdadır.

Bu ismin ünü Türklerin babası kapsamını da aşmıştır. Kuzey Afrika'daki toprakları aracılığı ile batı Afrika uygarlıkları ile kurdukları ilişkilerde Fransızlar, merhum Mustafa Kemal'in ismini sözlüklerinde ölümsüz kılmıştır. Ortadoğu'da, 'Herkül'ün zorlu çabasından bahsederken, C'est un travail d'Atatürk' deyişini kullanmaktadırlar." Emil Lenquyel'in önsözü, H. C. Armstrong, **Bozkurt**, İstanbul, 1997, s. 18, 19.

mış, cami kürsülerinde okunmuştur.[815] İkbal, *"Mustafa Kemal Paşa'ya Sesleniş"* adlı şiirinde ise şu dizelere yer vermiştir:

"Tanrı onu güçlendirsin"

Bir millet vardı ki: Takdirin gizli hanesinin sırlarına biz onun hikmetiyle vakıf olduk.

Aslımız esasta sönük bir kıvılcım idi, bir bakış baktı ki o sayede dünyayı tutan güneş olduk.

Mürşit gönlümüzden aşk nüktelerini sildi; dünyada kusurumuz ölçüsünde küçüldük.

Bizim yaratılışımıza uygun olan çöllerden esen rüzgârlardır.

Saba melteminin nefeslerinden kederli gonca olduk.

Feleklerin kubbesini saran ulu akislere ah olsun. Pes ve tize bağlandığımız zaman inilti haline geldik.

Ey o zamanlar ki; ne çok avı tuzak kurmadan yakalayıp takimize asmıştık.

Şimdi, koltuğumuz altında okumuz ve yayımız olduğu halde avlarımız tarafından öldürülmüşüz.

Atının yol verdiği kadar koş, atıl ki, biz tedbir yüzünden defalarca bu alanda mat olduk." [816]

Muhammed İkbal, Mustafa Kemal'e seslendiği bu şiiri 1922 Temmuzunda kaleme almıştır.

Mustafa Kemal'le ilgilenen tek Müslüman şair M. İkbal değildir. Mısır'ın ünlü şairi **Ahmet Şevki**, Mustafa Kemal'le ilgili otuz kadar şiir yazmıştır. Ahmed Şevki'nin bu şiirlerinden birinde Mustafa Kemal'i ünlü İslam komutanı Halid Bin Velid'e benzetmesi dikkat çekicidir:

"Allahu ekber, bu zaferde hayranlık uyandıran nice şeyler vardır.

Ey Türk kahramanı, sen Arap kahramanı Halid'i yeniden canlandırdın.

---

815 Ahmet Bahtiyar Eşref, "Türkler ve İkbal", **Muhammed İkbal Kitabı**, Uluslararası Muhammed İkbal Sempozyumu, İstanbul, 1997, s. 61.
816 Abdülkadir Karahan, **Muhammed İkbal ve Eserlerinden Seçmeler**, İstanbul, 1974, s. 91.

Ey Gazi sana selamlar. Zafer mucizesinden dolayı tebrikler sunarız."

İslam dünyası Mustafa Kemal'i konuşmuş, Mustafa Kemal'i yüceltmiş, dahası Mustafa Kemal'i örnek almaya çalışmıştır.

Bangladeş'te Bülbül Akademisi'nde uzun yıllar çalınıp söylenen bir *"Gazi Mustafa Kemal Atatürk Marşı"* bestelenmiştir. Marşın ozanı **Nazrul İslam**'dır.[817] Bu marşın bir bölümü şöyledir:
"Ey Müslüman, sen de uyan, çırakmanı (meşaleyi) yak.
Gazi Mustafa Kemal Türk ulusunu uyandırdı.
Uyan artık! Sen de uyan!
Kemal Paşa;
Büyük ananın yiğit evladı
Kemal kükremektedir.
Karanlıklardan imdat! diye
Ona sesler yükselmektedir.
Kardeş Kemal! Sen olağanüstüsün!
Eşsizsin, övülmeye değersin!
Ey Kemal! Ey düşmanı yok eden!
Kılıcını biziz alkışlayan senin
Söyleyin var mı dünyada Türk kılıcından korkmayan?
Böyle Kemal'ler gerek bize
Bitmeyen bir mucize yarattın sen
Hain düşmanı ezdin ayağınla
Ve sertçe, sertçe ez
Tüm insanlık görsün, alkışlasın seni
Yaşa ey Türk'ün oğlu; ey İslam'ın övüncü!
Çok yaşa ey Mustafa Kemal, insanlık övsün seni..." [818]

Mustafa Kemal Paşa Nutuk'ta İslam dünyasının sevgi ve saygısını kazandığını şöyle ifade etmiştir:

---

817 Nazrul İslam ve onun Atatürk sevgisi hakkında bkz. Kemal Özcan Davaz, **Atatürk, Bangladeş, Kazi Nazrul İslam**, Atatürk Araştırma Merkezi Yayınları, Ankara, 2000.
818 Borak, **Atatürk'ün Özel Mektupları**, s. 273, 274.

"Bu hizmetlerimden dolayı milletimin sevgi ve saygısını kazandım. Belki bütün İslam dünyasının sevgi ve saygısını da kazanmış bulunuyorum." [819]

***

Bir zamanlar, "emperyalizme boyun eğdiren Müslüman" sıfatıyla İslam dünyasında efsaneleşen Mustafa Kemal, bugün Batı'nın "Ilımlı İslam" oyunlarıyla bağnazlaşan, bağımsızlığın önemini unutan, kısaca Müslümanlığını yitirme noktasına gelen İslam dünyasınca "din düşmanı" olarak görülmeye başlanmıştır.

Üzülerek söylemek gerekir ki Batı emperyalizmi, aradan geçen yüz yılda İslam dünyasını kendi çıkarlarına zarar vermeyecek şekilde yeniden biçimlendirmiştir. Bu süreçte akıl, bilim, bağımsızlık gibi değerlere yabancılaştırılan İslam dünyası, hurafe ve geri kalmışlık bataklığında sadece ahret hesapları yapan miskin, bağnaz ve "bağımlı" bir topluluk haline getirilmiştir. İslam dünyasını bu duruma getirmek için önce Müslümanlara "bağımsızlık" ve "çağdaşlık" timsali Mustafa Kemal unutturulmuştur.

Bugün (2008), Batı emperyalizmine karşı kafa tuttuğu düşünülen İran'ın Cumhurbaşkanı Ahmedinejat'ın Anıtkabir'e gitmekten çekinmesi, İslam dünyasının içine düştüğü "zavallılığın" en açık kanıtlarından biri değil midir?

Siz hem Müslüman olacaksınız, hem bağımsızlıktan yana olacaksınız, hem de İslam dünyasındaki ilk bağımsızlık savaşını veren Müslümanın kabrini ziyaret etmekten kaçınacaksınız!

İşte İslam dünyasının içler acısı son hali...

ETNİK UNSURLARI BİRLEŞTİRME ARACI OLARAK DİN

Milli Hareket, Mustafa Kemal'in yurt içindeki ve dışındaki tüm unsurları kullanarak başarıya ulaştırdığı bir harekettir. Mevcut unsurlar, bir zincirin halkaları gibi birleştirilerek müca-

---

[819] Atatürk, **Nutuk**, İstanbul, 2002, s. 572.

dele yürütülmüştür: Askeri önderler, eşraf, sosyalizm ve solcular, halk kitleleri, din adamları ve Müslüman etnik gruplar Mustafa Kemal'in olağanüstü **önderlik yetenekleri** sonucunda bir araya getirilerek aynı amaç etrafında birleştirilmiştir.

Mustafa Kemal, mücadeleyi kazanmak için kurduğu bu eklektik yapıyı Kurtuluş Savaşı'nın bitiminde bozmuştur.[820]

Mustafa Kemal, bu toplumsal bağlaşmayı sağlarken, halkın büyük çoğunluğunun ortak paydası durumundaki **İslam dininden** yararlanmış ve o günlerde tüm faaliyetlerine "İslami bir anlam yükleme" çabası içinde olmuştur.

Mustafa Kemal savaş sırasında bu "bağlaşmayı" sağlarken nasıl ki "İslam dini"ne vurgu yaptıysa, savaş sonrasında yeni rejimi yerleştirmek için bu bağlaşmayı bozarken de aynı şekilde –ölçüsünü ayarlamak kaydıyla– bu sefer İslam dinine vurgu yapmaktan kaçınmıştır.

Mustafa Kemal, daha önce de ifade edildiği gibi, Kurtuluş Savaşı'na başlarken Anadolu insanına güvenmiş, Anadolu insanının böyle bir mücadelede tek bir yumruk olacağını düşünmüştür.

Ancak mücadelenin başarısı için doğru bir stratejinin belirlenmesi çok önemlidir. Mustafa Kemal doğru stratejiyi çok çabuk belirlemiştir. O, bu zor mücadeleyi sadece Türk unsuruna dayandıramayacağının farkındadır; çünkü Anadolu'da Türk olmayan fakat Müslüman olan etnik unsurlar vardır. Nitekim Misakımilli'de Türklerden değil, *"Osmanlı İslam ekseriyet"*ten söz edilmesi, Mustafa Kemal'in bu etnik gerçeğin farkında oluşundan kaynaklanmaktadır.[821]

Mustafa Kemal, farklı etnik kimliklere mensup unsurları tek bir yumruk halinde birleştirecek en güçlü ortak değerin İslam dini olduğunu çok çabuk görmüştür.

Bülent Tanör, Anadolu'da yaşayan farklı etnik kökenli ve değişik mezheplerden unsurların ortak düşmana karşı harekete geçmesinde "din ortaklığı" temasının birleştirici işlev gördüğü-

---

820 Oran, **Atatürk Milliyetçiliği**, s. 153.
821 Misakımilli Beyannamesi için bkz. Faik Reşit Unat, "Misakımilli" maddesi, **Aylık Ansiklopedi** No: 3, Temmuz 1994.

nü ve bu platformun en çok Doğu ve Güneydoğu Anadolu'da önemli bir "yapıştırıcı görevi" yaptığını düşünmektedir. Ona göre Meclis'te yapılan konuşmalar da bunun kanıtıdır. Ayrıca dinsel temele dayalı hareket tarzı Mustafa Kemal tarafından da sürekli kullanılmıştır.[822]

Aslında, Mustafa Kemal, daha savaş yıllarında milli bir devlet kurmayı ve bunu ısrarla Türk unsuruna dayandırmayı düşünüyordu; ancak savaş sırasında hiçbir zaman bu düşüncesini açıklamamış, "millet bağı" yerine hep "din bağı"na vurgu yapmıştır. Onun savaş sonrasındaki "Türkçü" tavrı dikkate alınacak olursa, savaş sırasındaki bu "ümmetçi" hareket tarzının, Anadolu'daki etnik durumla ilgili, tamamen "taktik gereği" ve bu mücadeleye has bir durum olduğu kolayca anlaşılacaktır.

Mustafa Kemal, adeta bir satranç ustası gibi, birkaç adım sonrasını düşünerek hamleler yapmış ve stratejik kararlarıyla sonunda emperyalizmi "mat" etmeyi başarmıştır. Kendi ifadesiyle, çözüm bekleyen sorunları birtakım safhalara ayırmış ve yeri, zamanı geldiğinde aşama aşama hedefe yürümüştür.

Koşullar gereği etnik unsurların Kurtuluş Savaşı'na kazandırılması bir zorunluluktur. Ancak adı geçen etnik unsurlardan biri olan Çerkezler, o günlerde Batı Anadolu'da, Bolu ve Marmara'da önemli iç ayaklanmalar çıkartmışlardır. Ankara, bu ayaklanmaları yine bir Çerkez olan Ethem Bey (Çerkez Ethem) ile anlaşarak bastırmıştır.[823]

Önceleri Milli Hareket'in içinde yeralan ünlü Kuvayımilliyeci Çerkez Ethem'in, düzenli ordunun kurulmasından sonra isyan ederek adamlarıyla birlikte Yunanlılara sığınması Çerkez sorununu derinleştirmişse de I. İnönü Savaşı'nın kazanılmasından sonra Ethem ve kuvvetlerinin etkisiz hale getirilmesiyle sorun çözülmüştür.

Çerkez ayaklanması, o günlerde halkın dinsel inançlarının sömürülerek Milli Hareket'e karşı kışkırtılmasıyla ortaya çıkan,

---

822 Tanör, **Türkiye'de Kongre İktidarları**, s. 38 - 40, 361, 362.
823 Çerkez Ethem olayı hakkında bkz. Cemal Şener, **Çerkez Ethem Olayı**, C. I, II Cumhuriyet Gazetesi Yayınları, Kasım 2000.

İstanbul hükümeti ve İngilizlerce de desteklenen **Anzavur ayaklanmasıyla** birlikte Milli Hareket'i bir hayli uğraştırmıştır.[824]

Mustafa Kemal Paşa Heyet-i Temsiliye imzasıyla 7 Ocak 1920'de Salihli Cephesi kumandanlarından Reşit Bey'e gönderdiği şifreli telgrafta Anzavur ve Çerkez ayaklanmalarına karşı herkesi Milli Hareket'in etrafında birleşmeye çağırmıştır:

"Ahmet Anzavur'un alçaklığı şahsına ve teşvikçisi olan İngilizlere ve hempalarına aittir. Bu din ve devletin sadık bir uzvu olan Çerkez kardeşlerimiz, hepimizin iftiharı, baş tacıdır. Asıl bugün düşmanlarla kuşatılmış olan Türk, Çerkez, Kürt gibi din kardeşlerinin el ele vermesi, sarsılmaz bir vücut meydana getirmeleri hayatımızı kurtarmak için bir farz-ı ayındır." [825]

Mustafa Kemal Paşa'nın Anadolu'daki etnik unsurları *"din kardeşleri"* olarak nitelendirmesi ve bu din kardeşlerinin düşmana karşı el ele vermelerinin *"bir farz-ı ayın"* olduğunu belirtmesi dikkat çekicidir.

Çerkezlerin yanında, Doğu ve Güneydoğu Anadolu'da yaşayan ve geniş bir etnik grup olan **Kürtlerin**, Milli Hareket'e yönelik tutumları büyük önem taşımaktadır.

Türklerle Kürtlerin Ortak Noktaları

Amerika Birleşik Devletleri'nin Birinci Dünya Savaşı'na girmesiyle birlikte, hem savaşın kaderi hem de savaş sonrası dünya dengeleri değişmiştir. Daha savaş devam ederken, ABD Başkanı Wilson'un yayınladığı 14 ilke, kısa süre içinde savaştan yenik çıkan Osmanlı Devleti üzerinde etkisini göstermiştir.

Wilson İlkeleri'ni "bağımsızlık bildirgesi" gibi yorumlayan Osmanlı azınlıklarından **Ermeniler ve Kürtler,** bu ilkelerden cesaret alarak Anadolu üzerinde toprak talebinde bulunmaya başlamışlardır.

Anadolu üzerinde Kürt ve Ermeni isteklerine onay veren bir başka belge de **Sevr Antlaşması**'dır. Bu antlaşmanın 62. ve 64.

---

824 Turan, **Türk Devrim Tarihi,** 2. kitap, s. 17, 115, 116.
825 **Atatürk'ün Bütün Eserleri,** C. 6, s. 105.

maddelerinde Anadolu üzerinde kurulacak Ermenistan ve Kürdistan devletlerinden söz edilmektedir:

Madde 62: *"Fırat'ın doğusunda, ileride saptanacak Ermenistan'ın güney sınırının güneyinde Suriye ve Irak'ta, Türkiye sınırının kuzeyinde, Kürtlerin sayıca üstün bulunduğu bölgelerin yerel özerkliğini, işbu antlaşmanın yürürlüğe konulmasından başlayarak altı ay içinde İstanbul'da toplanan İngiliz, Fransız ve İtalyan hükümetlerinden her birinin atadığı üç üyeden oluşan bir komisyon hazırlayacaktır."*

Madde 64: *"Kürtler bu bölgedeki nüfusun çoğunluğunun Türkiye'den bağımsız olmak istediklerini kanıtlayarak Milletler Cemiyeti'ne ve Konseyi'ne başvururlarsa ve Konsey'de bu nüfusun bu bağımsızlığa yetenekli olduğu görüşüne varırsa ve bu bağımsızlığı onlara tanımayı Türkiye'ye salık verirse, Türkiye bu tavsiyeye uymayı ve bu bölgeler üzerinde bulunan bütün haklarından ve sıfatlarından vazgeçmeyi şimdiden hükümlenir."*

Eski Sovyetler Birliği Akademisi Doğu Bilimleri Enstitüsü Kürtçe Bölümü Başkanı Prof. Lazarev'in 1989'da dediği gibi, *"Kürtler açısından Sevr bir umuttu, Lozan ise iflas..."*

Aslında bu iki azınlık, Kürtler ve Ermeniler, öteden beri birbiriyle mücadele halindedir; fakat Wilson İlkeleri'nin ve Sevr Antlaşması'nın yarattığı uygun ortamı en iyi şekilde değerlendirmek gerektiğini düşünen bu iki azınlığın bazı liderleri anlaşıp birlikte hareket etmeye karar vermişlerdir. Bu amaçla, **Ermeni lideri Bağos Paşa** ile eski Stockholm Büyükelçisi **Kürt Şerif Paşa** 20 Aralık 1920'de Paris'te ortak bir bildiri yayınlamışlar ve bu bildiriyi Anadolu'nun kaderini belirleyecek olan Paris Barış Konferansı'na sunmuşlardır. Bildiride, çıkarları ortak olan bu iki ulusun kendilerine uzun zamandan beri "zulmeden" Türklerin boyunduruğundan kurtulup bağımsız olmak istedikleri belirtilerek, bağımsız bir **Kürdistan** ve bağımsız bir **Ermenistan** Devleti kurularak, büyük devletlerden birinin koruması altına verilmesi talebinde bulunmuşlardır.[826]

---

826 Uğur Mumcu, **Kürt-İslam Ayaklanması**, İstanbul, 1994, s. 13, 14.

Dahası, Paris Parış Konferansı'ndaki Kürt delegasyonun başkanı rolüne soyunan **Kürt Şerif Paşa**, Paris'te yayımladığı bir kitapçıkta, gelecekteki Kürt devletinin sınırlarını bile belirlemiştir: *"Kafkas sınırında Ziven'in kuzeyinden batıya, Erzurum, Erzincan, Kemah, Arapkir, Besni ve Divicik'e; güneyde Harran, Erbil, Kerkük, Süleymaniye, Sina hattından İran sınırında Ararat'a kadar"* uzanacaktır.[827]

Bazı Kürt ve Ermeni liderlerinin, "ortak düşman" olarak gördükleri Türklere karşı birleşme teşebbüsleri, Osmanlı Kürtlerini şaşırtmıştır. Hıristiyan Ermenilerle Müslüman Kürtlerin, Müslüman Türklere karşı birleşmeleri, dinlerine son derece bağlı oldukları bilinen Osmanlı Kürtlerinin tepkisini çekmiştir.

Kürt Şerif Paşa'nın Ermeni Boğos Nubar Paşa'yla birlikte Paris Barış Konferansı'na başvurması üzerine **Silvan aşiret reisleri, eşrafı, şeyhleri ve din âlimlerinin,** Paris Barış Konferansı'na İtilaf Devletleri liderlerine, tarafsız devletlerin büyükelçilerine, Mebusan Meclisi'ne ve Ankara'daki Heyet-i Temsiliye'ye gönderdikleri 27 Şubat 1920 tarihli protesto telgrafında, *"Şerif Paşa'nın gafil ve lanetli teşebbüsünün halkta ve ileri gelenlerde nefretle karşılandığı"* belirtilmiş ve *"Muazzam Osmanlı kitlesinin en metin ve sarsılmaz kale gibi direnci olan Kürtler her şeyden evvel İslamdır"* denilerek, Şerif Paşa'nın Ermenilerle anlaşması eleştirilmiştir.[828]

Erzincan'da on aşiret reisi Kürt Şerif Paşa'yı protesto ederken, Vakit Gazetesi'nde Bediüzzaman Said-i Kürdi, dava vekili Ahmet Arif ve Binbaşı Mehmet Sadık, 22 Aralık 1922 günü yayınladıkları yazıyla Şerif Paşa'yı ağır şekilde eleştirmişlerdir.

"Dört buçuk asırdan beri İslam'ın fedakâr ve cesur taraftarı olarak yaşamış ve dini geleneklere bağlılığı gaye bilmiş olan Kürtler, henüz beş yüz bin şehidin kanları kurumadan, şişlere

---

827 F O: 4191/70483; Salahi, R. Sonyel, **Türk Kurtuluş Savaşı ve Dış Politika**, C. I, 3. bs, Ankara, 1995, s. 28.
828 Abdülhaluk Çay, Yaşar Kalafat, **Doğu ve Güneydoğu Anadolu'da Kuvay-ı Milliye Hareketleri**, Ankara, 1990, s. 39, 40.

geçirilen yetimlerin, gözleri oyulan ihtiyarların hatıralarını teessürle anarken, İslamiyet zararına olarak tarihi ve hayati düşmanımız ile barış antlaşmaları imzalamak suretiyle dinlerine aykırı hareket edemezler. Bu nedenle, Kürt ulusal vicdanı, bu antlaşmaları imzalayanları tanımadığını bildirir..." [829]

Osmanlı Kürtlerinin dinsel kimlikleri, etnik kimliklerinden çok daha ağır basmaktadır. Dört yüz yılı aşkındır İslamla yoğrulan Kürtler, Türklerle beraber aynı kaderi paylaşmış, aynı mutlulukları ve aynı acıları tatmışlardır. Çanakkale'de emperyalistlerin süngüleriyle can veren Türk ve Kürt gençleri koyun koyuna yatmaktadır. O şartlar altında, Osmanlı Kürdü'nden, kısa zaman önce acı ve kin kusmuş olan Hıristiyan Ermeni'nin ve onun arkasındaki emperyalist İngiliz'in kanlı elini bir dost sıcaklığı ile sıkması tabii ki beklenemezdi. Kürt hafızası, Ermenilerin, Kürt-Türk demeden katlettikleri Müslümanları henüz unutmamıştır ve uzun süre de unutmayacaktır. Bu gerçeği unutur gibi olduğu zamanlardaysa Mustafa Kemal Paşa devreye girerek, onlara **"Müslüman"** olduklarını hatırlatacak ve hafızalarını tazeleyecektir. Mustafa Kemal Paşa, Milli Hareket'in başarısı açısından bu hatırlatmaya mecburdur.

İstanbul'daki İngiliz Baştercümanı Andrew Ryan, 25 Aralık 1919'da Londra'ya gönderdiği raporda Mustafa Kemal'in "İslam siyaseti"nden şöyle söz etmiştir:

"Milliyetçiler şimdi iki yol kullanıyor: Milliyetçi ol çünkü İslamı kurtaracak yegâne yol odur. İslama sadık ol çünkü senin milli varlığını kurtaracak yegâne yol odur." [830]

Mustafa Kemal Paşa, meşhur İslam siyasetini bu sefer de etnik usurları bir arada tutmak için kullanacaktır. Kürtlerin, Ermeni ve İngiliz etkisi altına girmemesi için Kurtuluş Savaşı sırasında sıkça Türklerle Kürtler arasındaki en önemli ortak noktaya, "din bağına" vurgu yapacaktır.

---

829 Yıldız Hasan, **Fransız Belgeleriyle Sevr Lozan Musul Üçgeninde Kürdistan**, İstanbul, 1991, s. 81, 82.
830 Ulubelen, **İngiliz Gizli Belgelerinde Türkiye**, s. 220, 221.

İNGİLİZLERİN KÜRT MİLLİYETÇİLİĞİNİ UYANDIRMA ÇABALARI

Kurtuluş Savaşı'nın hemen başlarında, Anadolu'da emperyalist amaçlar peşinde koşan devletlerden özellikle İngiltere, işini kolaylaştıracağı düşüncesiyle, Anadolu'nun etnik haritası üzerinde çalışmaya başlamıştır. İngiltere, Anadolu'daki etnik unsurların Milli Hareket'i desteklememesi halinde, Türk ulusunun mücadele azminin kırılacağını ve Milli Hareket'in başarıya ulaşamayacağını düşünmüştür.

İngiltere'nin Kurtuluş Savaşı sırasında Anadolu'da Ermeni ve Kürt devleti kurdurmak için çaba harcadığı bilinen bir gerçektir. İngiliz belgeleri de bu gerçeği kanıtlamaktadır.[831] Örneğin İngiltere'nin İstanbul'daki Yüksek Komiser Yardımcısı **Amiral Webb**, Dışişleri Bakanı **Lord Curzon**'a gönderdiği, 19 Ağustos 1919 tarihli raporda şu görüşlere yer vermiştir: *"Amerika, Trabzon ve Erzurum'u içine alan bir Ermenistan'ı himaye edecek, geri kalan dört il de bir Kürt Devleti olarak İngiltere'nin himayesine bırakılacaktır."* [832] Ayrıca işgalci devletlerin 10 Ağustos 1920'de Osmanlı Devleti yöneticilerine imzalattıkları **Sevr Antlaşması**'nda açıkça Anadolu'da Ermenistan ve Kürdistan devletlerinin kurulacağı belirtilmiştir.

1919 Mayıs'ında merkezi İstanbul'da bulunan **Kürt Teali Cemiyeti** kurulmuştur. Kürtleri ayrı bir "ulus" olarak adlandıran bu cemiyet, öncelikle Kürt bölgelerine Kürt sivil memurlar atanmasını amaçlamıştır. Cemiyet, Erzurum, Van, Bitlis, Diyarbakır ve Harput (Elazığ)'u Kürdistan sınırları içinde göstermiştir.[833]

15 Nisan 1919'da Ryan'ı ziyaret eden Kürt önderlerinden Seyid Abdülkadir, İngiliz mandasında özerk bir Kürdistan kurulması talebinde bulunmuştur. Bunun üzerine İngiliz Yüksek Komiseri Amiral Calthorpe, Kürtlerin bu isteklerini İngiliz Dışişle-

---

831 Bağdat'tan İngiliz Hindistan Bakanlığı'na Telyazısı, No: 8744, 15.10.1918; Sonyel, **age.** C. I, s. 28.
832 Ulubelen, **age.** s. 195.
833 Kamran Ali Bedirhan, "Kürdistan'ın Hazaini Tabiyesi", **İçtihat**, 1918, C. XV, s. 2846; Sonyel, age. C. I, s. 29.

rine iletmiş, Dışişleri Bakanı Balfour, Paris Barış Konferansı'nda *"Kürt çıkarlarının ihmal edilmeyeceğini"* belirterek, Kürtlere bu konferansının sonucunu beklemelerinin söylenmesini istemiştir.[834]

Gerçekten de İngiltere Paris Barış Konferansı'nda Kürt çıkarlarının bir numaralı savunucusu olmuş ve Kürtlerin özerkliği konusunda Sevr Antlaşması'na madde koydurmuştur.[835]

İki Sait: Sait Molla ve Said-i Kürdi

İngilizler Anadolu halkını bölüp parçalamak ve Milli Hareket'i etkisiz hale getirmek için gizli ajanlardan yararlanmışlardır. İngilizler, bu ajanların yaptığı din propagandasıyla özellikle Doğu ve Güneydoğu Anadolu'da yaşayan dindar Anadolu halkını (Kürtleri) Milli Hareket'e karşı kışkırtmayı amaçlamıştır.

İngilizler, Anadolu'daki tahrikleri için 20 Mayıs 1919'da kurulmuş olan **İngiliz Muhipler Cemiyeti**'nin başına, din adamı görünümündeki **Sait Molla** adlı bir casuslarını getirmişlerdir. İngilizler için çalışan Sait Molla, Milli Hareket'e karşı *"din elden gidiyor"* propagandası yaparak taraftar toplamakla görevlendirilmiştir.[836] Onun propagandalarının özellikle dini duyarlılıkları çok yüksek olan **Kürtleri** harekete geçireceği düşünülmüştür.

İngiliz ajanı **Sait Molla**, şeriat ve din oyunlarını Rahip Dr. Robert Frew aracılığıyla yürütmüştür. **Rahip Frew**, British Relief Fund (İngiliz Yardım Fonu) adıyla faaliyet gösteren İngiliz haber alma servisine bağlı olarak çalışan bir teşkilatın elemanıdır.[837]

Sait Molla, İngiliz sermayesiyle Anadolu'nun birçok yerinde halkı isyana teşvik etmiştir. 27 Eylül 1919'da Konya'nın Bozkır ilçesinde patlak veren ve 2 Kasım 1919'da bastırılan Bozkır (Zeynelabidin) ayaklanması, bir yıl sonra çıkan ikinci Konya isyanı, Şeyh Recep olayı ve 18-19 Ekim 1919 gecesi Sivas Postnişi'ne,

---

834 F. O: 4191/68668, Hariciye'den Calthorpe'a kapalı telyazısı, No: 828, Londra, 14.5.1919; Sonyel, **age**. C. I, s. 29.
835 Sonyel, **age**. C. I, s. 29.
836 Nebiler, **age**. **Cumhuriyet** 21 Mart 1994.
837 Turan **age**. s. 46.

Kuvayımilliye aleyhine zorla çektirilen telgraflar, hep bu İngiliz ajanının tahrikleri sonucunda gerçekleşmiştir.[838]

İngilizler etnik ayrımcılığı körüklerken, din, karşılarına adeta bir "yapıştırıcı" gibi çıkmıştır. Ermeniler dışındaki etnik unsurlar, özellikle de Türklerle Kürtler arasındaki en önemli ortak bağ dindir. Bu bağı koparmak o dönemin koşullarında imkânsız gibidir. Kısa sürede bu durumun farkına varan İngilizler, bu sefer Milli Hareket yanlılarını "dinsiz" göstererek, dini bütün etnik unsurların, özellikle de Kürtlerin Türklerle birlikte hareket etmesini önlemeye çalışmışlardır. İngilizlerin bu haince planına bilerek veya bilmeyerek alet olan din adamlarından biri de Kürt kökenli **Said-i Nursi (Kürdi)**'dir.

Birçok vatansever din adamı Ankara'da Mustafa Kemal'in yanında Milli Hareket'e manevi destek verirken, birçok din adamı gönüllü birliklere katılıp cephede düşmanla çarpışırken ve birçok din adamı da Müdafaa-i Hukuk Cemiyetlerine katılıp vatan mücadelesi verirken **Said-i Nursi**, "Meclis'te namaz kılmayan milletvekilleri" gibi ayrıntılarla uğraşmış, Milli Hareket'in lideri Mustafa Kemal'le çatışmaya girmiş ve *"Ankara'da dinsizlik havası seziyorum"* diyerek, dinsel duyarlılıkları yüksek milletvekillerini kışkırtmış ve bu "vizyonsuz" yaklaşımıyla Mustafa Kemal'e ve Milli Hareket'e "dinsiz" damgası yapıştırmak için fırsat kollayan işgalci İngilizlerin işini kolaylaştırmıştır.

Sait Molla ve **Said-i Nursi'den** sonra yakın tarihimizde İngiliz çıkarlarına hizmet eden üçüncü bir Sait daha vardır. 1925 yılında "din ve şeriat" oyunlarıyla doğuda büyük bir Kürt ayaklanması çıkaran bu üçüncü Sait, İstiklal Mahkemelerinde yargılanıp idam edilecek olan **Şeyh Sait**'dir.

İngiliz Ajanı Noel'in Kürdistan Misyonu

İngilizlerin Anadolu'daki Kürtleri daha yakından izlemek, onlara yönelik kışkırtma planlarını uygulamaya koymak ve bağımsız Kürdistan'ın alt yapısını hazırlamak için, kullandıkları en

---

838 Atatürk, **Nutuk**, C I; s. 292, C II, s. 493.

önemli ajan **Binbaşı Edward C. Noel**'dir.[839] Noel'in öncelikli görevi, Anadolu'daki Kürt aşiret reisleriyle görüşerek onlara vaatlerde bulunup İngilizlerden yana tavır almalarını sağlamaktır.[840]

Edward C. Noel, kelimenin tam anlamıyla "fanatik bir Kürtçü"dür.

İngiliz Yüksek Komiserliği Müsteşarı T. B.Hohler, ülkesinin Dışişleri Bakanlığı'ndaki mestektaşı Telley'e gönderdiği yazıda Noel'den ve onun Kürdistan misyonundan şöyle söz etmiştir:

"Noel Bağdat'tan buraya geldi; iyi bir arkadaş, yetenekli bir kimse ama fanatiğin teki. Kürtlerin havarisi. Onun kanaatince Kürtler gibisi yoktur. Kimse onlar kadar asil, onlar kadar cömert olamaz! Türkler ve Ermeniler, beş para etmeyen alçaklardır; al birini vur ötekine!... Korkarım ki Noel bir Kürt Alb. Lawrence'i olacaktır!... Bana öyle görünüyor ki, Mezopotamya'nın bizim olacağı kesin gibidir! Öyleyse Mezopotamya'nın bir kuzey sınırı olacaktır, bu sınır ovada değil dağda olacaktır; o dağlar esas itibariyle Kürt'tür. Dolayısıyla bize bir Kürt politikası lazımdır ve Kürt beyleriyle iyi geçinmemiz gerekir ki onları kullanabilelim... Burada her renkten Kürt bulunduğunu, onlara güvenilemeyeceğine tarihin de tanıklık ettiğini akıldan çıkarmamak gerekir. Unutmamak lazım ki Kürtler de Türkler de Müslümandırlar... Majesteleri Hükümeti'nin niyeti Türkleri sonuna kadar zayıflatmaktır. Kürtleri Türklerden ayırmak da kötü bir plan değildir, dikkatle ve sabırla hareket edilirse bunun büyük ölçüde başarılabileceğini düşünüyorum.

Saygılarımla... Tom Hohler." [841]

"Kurtuluş Savaşı'nda İngilizlerle savaşılmamıştır, İngilizler düşmanımız değildir" diyerek, Milli Hareket'i küçümseyenler için İngiliz Yüksek Komiserliği Müsteşarı Hohler'in yukarıdaki yazısını özetleyelim:

---

839 Sonyel, age. C. I, s. 28.
840 N. Bilal Şimşir, **İngiliz Belgelerinde Atatürk, (1919-1938)** C I, Ankara, 1973, s. 39 (belge no: F. O. 371 /4158/100983)
841 İngiliz resmi belgelerinden (Documents on British Policy 1919 - 1939, First Series, Volume IV: 1919, Her Majesty's Office, London, 1952) aktaran Bilal N. Şimşir, **Kürtçülük** (1787 - 1923), Ankara, 2007, s. 326.

1. Ajan Noel Kürtleri kışkırtmakla görevlendirilmiştir.
2. Kürt fanatiği Noel'e göre "Türkler ve Ermeniler beş para etmeyen alçaklardır."
3. Mezopotamya (Irak) kesin olarak İngilizlerin olacaktır!
4. Mezopotamya'nın kuzey sınırı ovada değil dağda olacaktır. O dağlar esas itibariyle Kürt'tür.[842]
5. İngilizlerin Kürt politikası, Kürtleri kullanmayı amaçlamaktadır. Bu nedenle Kürt beyleriyle iyi geçinilmelidir.
6. İngilizlere göre Kürtlere tarihin hiçbir döneminde güvenilememiştir.
7. İngilizlerin amacı, Türkleri zayıflatmak için her şeyi yapmak ve Kürtleri Türklerden ayırmaktır.

Burada görüldüğü gibi İngilizlerin Kürt politikasının kaynağı "Kürt sevgisi" değil; "Türk düşmanlığı" ve "böl ve yönet" diye tanımlanabilecek "İngiliz siyaseti" ve "İngiliz çıkarları"dır.

İngilizler, başlangıçta Kürtleri kolaylıkla kendi yanlarına çekebileceklerini düşünmüşlerdir, ancak tarihten gelen Kürt-Ermeni ilişkilerinin buna engel olduğunu görmüşlerdir. İstanbul'da kurulan Kürt Komitesi'nden Senatör Şeyh Abdülkadir başkanlığında bir heyet, İngiliz Yüksek Komiserliği siyasi memurlarından Andrew Ryan'ı ziyaret ederek Kürtlerin, o sırada Ermenilere söz verilen Doğu illerindeki topraklar üzerinde hakları olduğunu; Kürtlerin bu bölgelerde nüfusun çoğunluğunu oluşturduklarını belirtmiştir. Bunun üzerine İngiliz Yüksek Komiseri Amiral Calthorpe 5 Ocak 1919'da İngiliz Dışişleri Bakanı Arthur J. Balfour'a gönderdiği yazıda Kürtlerin Ermeniler konusundaki kaygılarını şöyle dile getirmiştir:

"Doğu Anadolu sorununun çözümleneceği son aşamada Kürt unsurunun hak iddiaları ihmal edilemez. Onlarla Ermeni-

---

842 *"Burada günümüzdeki PKK terörü açısından çok önemli bir başka boyuta dikkat çekelim... Türkiye'nin, teröristlerin takibinin çok zor olduğu bugünkü dağlık Irak sınırını İngilizler belirlemişti. Demek ki İngilizler, bu çok zorlu dağlık ve mağaralarla dolu sınırı belirlerken, o gün bölemedikleri ülkemizi, gelecek yıllarda bölmek; terörü orada kolayca beslemek amacındaymışlar."* Hulki Cevizoğlu, **1919'un Şifresi**, "Gizli ABD İşgalinin Belge ve Fotoğrafları", İstanbul, 20007, s. 109.

lerin hak iddiaları bağdaştırılmazsa, gelecek olayların tohumu atılmış olacaktır. Geçmişte Kürtler, Ermenilerin baskı altında tutulmasında araç olarak kullanılmışlardır." [843]

İstanbul'dan Londra'ya gönderilen başka bir yazıda ise Kürtlerin çıkarlarının Ermenilerin çıkarlarına kurban edilmemesinden söz edilmiştir:

"En önemli Kürt liderlerinden bazılarının Türklerle olan bağlarını kesinlikle koparmalarını sağlamak kolay olacaktır; yeter ki, çıkarlarının Ermeni çıkarlarına kurban edildiği korkusundan kurtarılsınlar" [844] Lord Curzon'a gönderilen bu yazıda da görüldüğü gibi İngilizler Kürtleri kışkırtmak için öncelikle onları *"çıkarlarının Ermeni çıkarlarına kurban edilmediğine"* inandırmak gerektiğini düşünmeye başlamışlardır.

Binbaşı Noel, Doğu Anadolu'daki faaliyetleriyle Kürt aşiret reislerini bizzat ziyaret ederek onlara bol keseden vaatlerde bulunmuştur. Kürt liderlerinden Abdülkadir Bedirhanoğulları, Şeyh Halil ve kardeşi Hasan, Atmılı aşiretinden Yakup Paşa, Noel'in temas kurduğu Kürt aşiret reislerinden sadece birkaçıdır. Noel'in bu çalışmaları sonuç vermiş ve örneğin Bedirhanilerden Kamuran Bedirhani, Harput Valisi Ali Galip'le birlikte Sivas Kongresi'ni basma görevini kabul etmiştir.

Casus Noel, Kürtlerle diyalog kurdukça, onları yakından tanıdıkça üslendiği görevin hiç de düşündüğü kadar kolay olmadığını anlamıştır. Beklentisinin aksine, birçok Kürt aşiret reisinin gerçek birer Türk dostu olduğunu görmüştür. Kürtler, bir İslam hükümetinin her icraatından memnundular. Bu icraatlar zaman zaman aleyhlerine olsa dahi... Kürtler, devlet İslami motifler taşıdığı müddetçe Osmanlı hâkimiyetinden ayrılmayı düşünmemektedirler. Noel, Kürtlerin büyük bir bölümünün böyle düşündüğüne kanaat getirmiştir.[845]

---

843 FO: 3657/11-446, Calthorpe'dan Balfour'a yazı No: II/1289, İstanbul 5.1.1919; Sonyel, **age.** C.I, s.27.
844 Mim Kemal Öke, **İngiliz Ajanı Binbaşı E.W.C. Noel'in Kürdistan Misyonu, (1919),** İstanbul, 1992, s. 29 v.d
845 **age.** s. 33, 34.

Noel'in Kürtlerle ilgili gözlemleri, İngilizlerin kaygan bir zeminde yürümeye çalıştıklarını açıkça ortaya koymuştur. Osmanlı ordusunda binlerce Kürdün görev aldığını öğrenen Noel, Kürtlerdeki Türk dostluğunun boyutları karşısında şaşkına dönmüştür. Noel, Kürtlerle ilgili gözlemleri sonucunda, Kürtlerle Türkleri birbirine yakınlaştıran en önemli bağın, "İslam dini" olduğunu anlamıştır.

İngilizler, Anadolu'daki etnik unsurları kendi yanlarına çekerek Milli Hareket'e karşı kullanmak isterken, bu etnik unsurların yapılarını ve birbirleriyle olan ilişkilerini de dikkate almak zorundaydılar. Çünkü Anadolu'nun etnik haritasını oluşturan unsurların kendi aralarında ciddi problemleri vardı. İngiltere, Anadolu'daki casusluk faaliyetleri sonunda bu etnik gerçeğin farkına varmıştır. Nitekim Noel Kürtleri tanıdıkça, Kürt aşiretlerinin Ermenilerle uzlaştırılmalarının mümkün olmadığını düşünmeye başlamıştır. İngiliz Yüksek Komiseri Calthorpe'a göre ise *"İttihatçılar Ermeni tehlikesini kullanarak Türklerle Kürtleri aynı safa toplamayı başarmışlardı."* [846] Ancak her şeye rağmen, İngiliz casuslarının Anadolu'daki faaliyetleri kısmen sonuç vermiştir. Casus Noel'in Kürtler arasındaki propaganda faaliyetleri sonunda kayda geçirdiği şu cümle bu açıdan önemlidir: *"Ziyaretlerimizle Kürt milli duygularında uyanma gerçekleşmiştir."* [847]

Noel'in Doğu Anadolu'daki gezileri sürerken, Mustafa Kemal Paşa da boş durmamış, büyük bir hızla, Milli Hareket'i örgütlemeye çalışmıştır. 23 Temmuz 1919'da Erzurum Kongresi'nin toplanmasından sonra Mustafa Kemal Paşa ve arkadaşları Sivas'a geçeceklerdir. İşte tam da o günlerde Mustafa Kemal Paşa İngiliz casusu Noel'in, Elazığ Valisi Ali Galip'le birlikte Sivas Kongresi'ni basacağı haberini almıştır.

Bu haber, Noel'in sonunu hazırlayacaktır.

Mustafa Kemal Paşa aldığı önlemlerle hem Sivas Kongresi'nin basılmasını önlemiş, hem de bu olaya karışan ve Kürtleri Milli Hareket'e karşı kışkırtan casus Noel'i yakalamıştır.

---

846 age. s. 44, belge no / OR, L / PS / 10 / 818, P247A, 2, V, 1919.
847 age. s. 41.

15 Eylül 1919 tarihli ve Heyet-i Temsiliye imzalı bir telgrafla, Harput Valisi Ali Galip, Malatya Mutasarrıfı Halil, Bedirhanilerden Kamuran, Celadet ve Cemilpaşazade ile Ekrem'in, İstanbul hükümetinin yönlendirmesiyle Sivas Kongresi'ni dağıtmak için bir kısım Kürtleri toplamakta oldukları ve İngiliz binbaşısı Noel'in de bu olayla ilişkisi olduğu belirtilmiş ve yapılan çalışmalar sonucunda Kürtleri hilafet makamından ayırarak İngiliz esaretine sokmak amacıyla propaganda yapan Mr. Noel'in yakalandığı ve jandarmaların nezareti altında olduğu bildirilmiştir.[848]

Birkaç gün sonra Mustafa Kemal Paşa, kongrede Ali Galip Olayı'nın iç yüzünü şöyle açıklamıştır:

"*Bazı açıklamalarda bulunmak istiyorum. Buraya Galip Bey adında bir vali atanmış... Mr. Noel adlı bir İngiliz binbaşısı, Bedirhanilerden Kamuran, Celadet ve Cemil Beylerle beraber, yanlarında on beş kadar Kürt atlısı olduğu halde, Malatya'dan gelmiş ve mutasarrıf Bedirhan Halil Bey tarafından karşılanmıştır. Harput valisi de, sözde bir posta hırsızını izliyormuş bahanesiyle otomobille gelmiş. ...Bu İngilizlerin amacının para ile memleketimizde propaganda yapmak ve Kürtlere Kürdistan kurmak sözü vererek, (Kürtleri) aleyhimize ve bize karşı suikast düzenlemeye yöneltmek olduğu anlaşılmış, karşı önlemler alınmıştır.*"[849]

Ali Galip Olayı'nın açığa çıkmasıyla, İngiliz casusu Noel'in maskesi düşmüştür; fakat İngilizler, Kürtleri isyana teşvik etme konusunda sadece Noel'le yetinmeyeceklerdi. O günlerde Kürtleri isyana teşvikle görevli diğer İngiliz ajanlarından biri de **Yüzbaşı C. L. Wolley**'dir.[850]

Önce İngiliz casusları, daha sonra İngiliz hükümetleri, Kürt politikasında neden başarıya ulaşamadıklarını anladıklarında, karşılarında yine Mustafa Kemal Paşa'yı bulmuşlardır. Mustafa

---

848 **Nutuk**, C. III, s. 972, belge no. 79.
849 Ali Galip'in faaliyetleri için bkz. Mim Kemal Öke, **İngiliz Ajanı Binbaşı E.W.C Noel'in Kürdistan Misyonu (1919)**, İstanbul, 1992, s. 87 v.d
850 Öke, **age.** s. 57 v.d

Kemal'in İslam siyaseti, İngilizlerin Kürtleri kışkırtmalarını büyük oranda önlemiştir. Casus Noel 23 Eylül'de Halep'ten Bağdat ve İstanbul'daki İngiliz Yüksek Komiserlikleri'ne gönderdiği kapalı telyazısında: *"Mustafa Kemal'in yaratmış olduğu durum ciddileşirse, Bedirhanları ve öteki kimi Kürtleri Kürt ilçelerine vali ve mutasarrıf ataması için Türk hükümetini harekete geçirerek onlardan epeyce yararlanabiliriz"* [851] diyerek Mustafa Kemal'e karşı Kürt aşiretlerini harekete geçirmekten söz etmiştir.

İngiltere Dışişleri Bakanlığı Doğu Masası yetkililerinden George Kidston, İngiliz Yüksek Komiserliği Müsteşarı Hohler'in yukarıda yer verdiğimiz yazısını değerlendirirken, Mustafa Kemal'in, İngilizlerin, Kürt aşiretleriyle irtibatını kestiğini şöyle itiraf etmiştir:

"Mustafa Kemal'in Noel'i ülke dışı etmek amacıyla rahatsız etmesi, Kürt aşiretleriyle olan irtibatımızı kesmiş bulunuyor; Mustafa'nın aşiretlerle ilişkilerinin ne olduğunu hiç bilmiyoruz." [852]

İngiliz casusu Noel, doğuda yaptığı incelemeler sonunda hazırladığı *"Kürtler Hakkında Bir Not"* adlı yirmi sayfalık raporunda Kürtlerle ilgili son derece ilginç gözlemlere yer vermiştir.

"...Kürtlerin arasında İslamcı ve milliyetçi olmak üzere iki akımın hâkim olduğunu gözlemleyen Noel, İngiltere'nin milliyetçileri desteklemesinin daha yararlı olacağına inanmaktadır. Çünkü Türkler, İslamcılarla işbirliği yapmaktadırlar ve eğer İngiltere Kürtlere sahip çıkar ve onlara istikrarlı bir hükümet kurarsa, o zaman Londra, Kafkasya ile Mezopotamya arasında güçlü bir tampon bölge kurmuş olacaktır ki, bu her şeyden önce İngiltere'nin emperyalist siyasetinin gereklerine fevkalâde uygundur. Noel'e göre, Kürtlerle ilgili planların başarılı olması için, öncelikle Kürtlerle Ermenileri uzlaştırmak gerekir." [853]

---

851 Sonyel, age. s. 39.
852 İngiltere Dışişleri Bakanlığı belgelerinden (Foreign Office 371/4193/141322: İngiliz Sivil Komiseri'nden Hindistan Başkanlığı'na Yazı no 11543, Bağdat, 29,9 1919) aktaran Sonyel, age. s. 39.
853 Öke, age. s. 52 v.d.

Noel'in Kürtler konusundaki teşhisleri çok doğrudur. Gerçekten de Mustafa Kemal Paşa ve milliyetçiler, Milli Hareket'in başarısı için Kürtleri mutlaka kendi yanlarına almak gerektiğine inanmışlardır. Bunun için Noel'in de ifade ettiği gibi, Milli Hareket'in lideri Mustafa Kemal, her iki ulusun da **Müslüman** olduğu noktasından hareket ederek Kürtlerin, tarihsel, dinsel nedenlerden dolayı, Türklere diğer unsurlardan çok daha yakın oldukları tezi üzerinde durmuştur.

Bütün bu İngiliz oyunları, Mustafa Kemal Paşa'nın Kurtuluş Savaşı boyunca neden "Türk milliyetçiliğinden" çok "Anadolu Müslümanlığının" altını çizdiğini çok iyi açıklamaktadır.

Bir Bölücü: Damat Ferit

Hiç kuşkusuz işgal yıllarının en azılı işbirlikçisi, dört kez sadrazamlığa getirilen İngiliz yanlısı Damat Ferit Paşa'dır. Milli Hareket'e karşı İngilizlerle ortak planlar yapan "hain" Damat Ferit Anadolu'daki azınlıklar konusunda emperyalistlerin iddialarını benimsemiştir. Sözde Ermeni soykırım iddialarını kabul eden Damat Ferit, İngilizlerin isteğiyle, Birinci Dünya Savaşı'nın hemen sonrasında sözde soykırımdan sorumlu oldukları gerekçesiyle İstanbul'da müthiş bir İttihatçı avı başlatmış, yakalanan İttihatçıları, Nemrut (**Kürt**) **Mustafa Divanı** diye bilinen bir mahkemede göstermelik olarak yargıladıktan sonra, hapis, sürgün ve idamla cezalandırmıştır.

Damat Ferit'in, bir devlet temsilcisi sıfatıyla 1918 yılında "sözde Ermeni soykırımı" iddialarını kabul etmesi, bugün bu konuda Türkiye'nin elini zayıflatan en önemli argümanlardan biridir.

Damat Ferit'in Kürt politikası da Ermeni politikasından farksızdır. İngilizlerin her istediğini kabul eden Damat Ferit, İngilizlerin "**Özerk Kürdistan**" planına da ses çıkarmamıştır.

Damat Ferit, 27 Nisan 1919'da İstanbul'daki **İngiliz temsilcisi Ryan'ı** ziyaret ederek İngilizlerin Kürt politikasını öğrenmeye çalışmıştır.

İngiliz belgelerinden anlaşıldığına göre Damat Ferit, 1920 yılında Kürtleri Mustafa Kemal'e karşı kullanmak için İngilizlere teklifte bulunmuştur. Damat Ferit teklifinde, *"Mustafa Kemal'den nefret ediyorsunuz (...) o halde birlikte Kürtleri Mustafa Kemal aleyhinde kullanalım"* demiştir.[854]

Damat Ferit, merkezi İstanbul'daki **Kürt Teali Cemiyeti**'yle de temas kurarak özerk Kürt devletine yeşil ışık yakmıştır. Ferit ayrıca o sırada emperyalistlerce ileri sürülen *"***Kürtlerin ayrı bir ırk olduğu***"* tezini de savunmaya başlamıştır. Mustafa Kemal Paşa bu propagandaların farkındadır. Bu nedenle Erzurum Kongresi sonrasında "Kürt ve Türk'ün birbirinden ayrılmaz iki öz kardeş olduğunun" anlatıldığı bir broşür yayınlanmıştır.[855]

Ali Kemal ve Ziya Gökalp

Kürt bölücülüğünü destekleyen yerli işbirlikçiler sadece Damat Ferit ve İstanbul'daki birtakım "vatansızlarla" sınırlı değildir; özellikle İngiliz yalakası mütareke basınındaki bazı "kirli kalemler" Kürtleri Türklerden ayırmak için akla hayale sığmaz yazılar yazmışlardır.

Mütareke basınının en kirli kalemi **Ali Kemal**, gazetesinde, Meclis-i Mebusan'ın dağıtılmasından sonra İngilizlerce tutuklanıp Malta'ya sürgün edilen Türk düşünürü Ziya Gökalp'in Diyarbakırlı olmasına dayanarak, Gökalp'in Türkçülüğünü eleştirmiş ve Gökalp'i suçlamıştır.

Bunun üzerine Diyarbakırlı Türk düşünürü Ziya Gökalp, bölücü Ali Kemal'e, üstelik bir şiirle, hiç unutamayacağı bir yanıt vermiştir:

Ben Türk'üm diyorsun, sen Türk değilsin.
İslamım diyorsun, değilsin İslam.
Ben ne ırkım için senden vesika,
Ne de dinim için istedim ilam.

---

854 Br. XIII, No: 103, 109; Gotthard Jaesche, **Kurtuluş Savaşı ile İlgili İngiliz Belgeleri**, 2. bs, Ankara, 1991, s. 145.
855 Bekir Sıtkı Baykal, **Erzurum Kongresi ile İlgili Belgeler**, Ankara 1969, s. 40-52; Ergun Aybars, **Yakın Tarihimizde Anadolu Ayaklanmaları**, İstanbul, 1988, s. 14, 15.

Türklüğe çalıştım sırf zevkim için,
Ummadım bu işten asla mükâfat.
Bu yüzden bin türlü felaket çektim.
Hiçbir an esefle demedim: Heyhat!

Hatta ben olsaydım: Kürt, Arap, Çerkez,
İlk gayem olurdu Türk milleti.
Çünkü Türk kuvvetli olursa mutlak,
Kurtarır her İslam olan milleti.

Türk olsam, olmasam ben Türk dostuyum,
Türk olsan olmasan sen Türk düşmanı.
Çünkü benim gayem Türk'ü yaşatmak,
Seninki öldürmek her yaşatanı.

Türklük hem mefkûrem hem de kanımdır.
Sırtımdan alınmaz, çünkü kürk değil.
Türklük hadimine Türk değil diyen,
Soyca Türk olsa da Piç'tir, Türk değil." [856]

İşgal yıllarında işbirlikçi mütareke basınının aksine gerçek Türk basını genel olarak Kürtlerin kışkırtılmasına karşı cephe almıştır.

İşte birkaç örnek:

"Doğu Anadolu Türk'ü ile Kürt'ü birbirinden ayrılamaz" (Albayrak, 30 Ekim 1919).

"Kürtlerin bağlılığına yeni kanıtlar" ve *"Hükümetin Kürt İleri Gelenlerine Teşekkürü"* (Sabah, 5-11 Aralık 1919).

"Türklük ve Kürtlük birbirinden ayrılmaz bir aile ocağıdır" (İrade-i Milliye, 5 Ocak 1920).

"Kâhta, Silvan, Hakkâri ve Hasankale'den gelen tellerde Kürtlerin Osmanlı Devleti'nden ayrılmak istemedikleri, Kürt Şerif Paşa ve benzeri hainlerin ülkemizde bir hizmetçi kadar bile değeri yoktur" (6-8 Mart 1920).

---

856 Güneş, S. 2, s. 5; Aybars, age. s. 15, 16.

Türk basınının, Kürt-Türk birlikteliğinin altını çizdiği o günlerde **İngiliz basını** bağımsız Kürdistan'dan söz ediyordu. **The Times** gazetesindeki *"Kürt Sorunu"* başlıklı bir makalede, İngilizlerin Güneydoğu Anadolu'da bir Kürdistan devleti kurdurmak istedikleri ve bunu ulusçu Türkiye'ye karşı bir tampon olarak kullanmayı düşündükleri ifade edilmiştir. Aynı gazetenin başka bir sayısında da Van, Bitlis, Diyarbakır, Harput ve Musul'u içine alan "özerk Kürdistan"dan söz edilmiştir. Bir başyazıda da Sykes Picot Antlaşması'yla Bağdat'ın kuzeyine kadar bir bölgenin İngiltere'ye kaldığı ve şimdi Musul vilayetinin de katılmasıyla Kürdistan'a girilmekte olduğu belirtilmiştir.[857]

ATATÜRK'ÜN KÜRT POLİTİKASI VE İSLAM

Mustafa Kemal Paşa, daha önce Birinci Dünya Savaşı sırasında **Suriye'de** görevliyken buradaki etnik durumu çok iyi bilen, birtakım Kürt aşiret reisi ve şeyhleriyle kişisel ilişki kurmuştur.[858] Ayrıca **Bitlis**'te İkinci Ordu Kumandanlığı'nda görevliyken de bu bölgedeki Kürt aşiretlerini tanımış, Mutki aşiret resisi Hacı Musa Bey gibi bazı aşiret reisleriyle dost olmuş ve bu sayede Kürtler hakkında az çok bilgi sahibi olmuştur.

Mustafa Kemal Paşa, Kurtuluş Savaşı yıllarında, daha Samsun'dayken Kürt sorunuyla ilgilenmiş, aşiret reisleri ve şeyhleriyle giriştiği yoğun telgraf trafiği sonunda önemli mesafeler katetmiştir.

30 Ekim 1918'de Mondros Müterakesi imzalandıktan sonra İngilizler 3 Kasım 1918'de Musul'u, 6 Aralık'ta Kilis'i, 17 Aralık'ta Antep'i, 22 Şubat 1919'da Maraş'ı ve 24 Mart 1919'da da Urfa'yı işgal etmişlerdir. İngilizlerin planı sadece Irak'ı değil, Türkiye'nin bu güneydoğu bölgelerini de ele geçirmektir. Ancak Diyarbakır'da bulunan 13. Kolordu Komutanı Vekili Albay Ahmet Cevat Bey'in sert tepkisi karşısında İngilizler, bölgedeki Kürt aşiretlerini kışkırtarak bölgeyi kontrol etmenin daha akıllıca olduğuna karar vermişlerdir. Bu doğrultuda İstanbul'daki **Kürt Tea-**

---
857 Sina Akşin, **İstanbul Hükümetleri ve Milli Mücadele (Son Meşrutiyet 1919-1920)**, C. 2, İstanbul, 2004, s. 143.
858 Oran, **age.** s. 137.

li Cemiyeti'ni ve Diyarbakır'daki **Kürt Kulübü**'nü desteklemişler, çok iyi Kürtçe bilen **İngiliz binbaşısı Noel'i,** Kürtleri kışkırtmakla görevlendirmişler ve Sivas Kongresi'ni dağıtıp Mustafa Kemal Paşa'yı öldürmek için Elazığ Valisi Ali Galip'i ve Kürt Bedirhanilerden Kamuran, Celadet ve Ali Beyleri görevlendirmişlerdir.[859]

Bu ortamda Kürtlerin hangi tarafı seçeği çok önemlidir.

Mustafa Kemal Paşa, İngilizlerin Kürt politikasına "**İslam politikasıyla**" karşılık vermiştir.

Mustafa Kemal Paşa, 14 Haziran 1919 tarihinde 15. Kolordu Komutanı Kâzım Karabekir Paşa'ya gönderdiği şifreli telgrafta, "*Ben Kürtleri ve hatta öz bir kardeş olarak tekmil milleti bir nokta etrafında birleştirmek ve bunu cihana Müdafaa-i Hukuk-u Milliye Cemiyetleri vasıtasıyla göstermek karar ve azmindeyim*" demiştir.[860] Ayrıca, "*Diyarbakır'daki Kürt Kulubü'nün İngilizlerin teşviki ile İngiliz himayesinde bir Kürdistan gayesini güttüğü için*" kapatıldığını belirtmiştir.

Mustafa Kemal Paşa, Kurtuluş Savaşı'nın daha başından itibaren İngilizlerin Kürt kartını kullancaklarını görerek Kürt politikasını biçimlendirmiştir.

Mustafa Kemal Paşa daha mücadelenin başlarında Kürtlerin de Türklerle birlikte hareket ettiği kanısını uyandırmaya çalışmıştır. Örneğin 1919'da, Edirne'de Birinci Kolordu Komutanı Cafer Tayyar Bey'e gönderdiği telgrafta, Anadolu halkının ulusal bağımsızlığı sağlamak için tamamen birleştiğini ve her konuda tam bir işbirliğinin sağlanmış olduğunu ifade ettikten sonra, Kürt konusuna şu sözlerle değinmiştir:

"...*İngiliz koruyuculuğunda bağımsız bir Kürdistan kurulmasına ilişkin İngiliz propagandası ve bundan yana olanlar etkisiz kılındı. Kürtler de Türklerle birleşti.*" [861]

Mustafa Kemal Paşa, bu cümleleriyle bir bakıma bu konuya dair ileride **görmek istediği manzarayı** tarif etmiştir; çünkü bu telgraf gönderildiğinde yıl daha 1919'dur, yani henüz Kürtler-

---

859 Türk İstiklal Harbi, "*Güney Cephesi*", C. IV, Ankara, 1966, s. 13, 14.
860 ATTB, C, IV, s. 37.
861 Nutuk, C. III, s. 910 belge no: 19.

le tam bir birliktelik sağlanamamıştır; ama görüldüğü gibi lider inançlı ve kararlıdır.

Mustafa Kemal, yine "Kürt politikası" çerçevesinde ve o günün terminolojisi için de zaman zaman bölgesel anlamda **"Kürdistan"** deyimini de kullanmıştır.[862] Ancak Mustafa Kemal bu deyimi sadece "Kürdistan" biçiminde değil de *"Kürdistan-ı Türkî"* yani "Türk Kürdistanı" biçiminde kullanmıştır.[863]

Aşiret Reisleriyle Yazışmalar

Mustafa Kemal Paşa, feodal bir yapılanmaya sahip Kürtleri kontrol altına almanın, **aşiret reisleriyle diyalog kurmakla** mümkün olacağını düşünmüştür. Bu amaçla, Kurtuluş Savaşı'nın başından itibaren sıkça Kürt aşiret reisleriyle yazışmıştır. Mustafa Kemal Paşa özellikle Erzurum Kongresi'nden hemen sonra 10 ve 13 Ağustos 1920 tarihleri arasında Kürt şeyh ve aşiret reislerine mektuplar yazmıştır.[864]

Aşiret reislerinden Mutkili Hacı Musa Bey'e, Bitlisli Kafrevizade Şeyh Abdulbaki Efendi'ye, Şırnaklı Abdurahman Ağa'ya, Dervişli Ömer Ağa'ya, Musaşlı Resul Ağa'ya, Norşinsli Meşayihi İzamdan Şeyh Zıyaettin Efendi'ye, Garzanlı Rüesadan Cemil Çeto Bey'e vs. Milli Hareket'e katılmaları yönünde telgraflar ve mektuplar göndermiştir.[865] Mustafa Kemal'in bu mektup ve telgraflarda iki tema üzerinde durduğu dikkat çekmektedir:

"Makam-ı Muallay-ı Hilafet ve saltanata karşı yapılan saldırı" ve *"Mukaddes vatanın düşman ayakları altında çiğnenmesi..."*

Mustafa Kemal Paşa, Kürtlerle Türkler arasındaki ortak noktaları, **"İslam dini"** ve **"Ermeni tehlikesi"** olarak belirlemiş, Kürt politikasını bu iki temel nokta üzerinde şekillendirmeyi düşünmüştür.

---

862 Sabahattin Özel, **Büyük Milletin Evladı ve Hizmetkârı Atatürk ve Atatürkçülük**, İstanbul, 2006, s. 168.
863 **age.** s. 168.
864 **Nutuk**, belge no: 47 - 53.
865 **age.** s. 917 - 944.

Kürtler için Ermenileri tehlike haline getiren, Ermenilerin hem Hıristiyan, hem de Kürtlerin tarihsel düşmanı olmalarıdır. İngilizlerin başından beri Ermenileri koruyup kollamaları Müslüman Anadolu insanının tepkisini çekmiş, bu durum Kürtlerin Türklerle birlikte hareket etmesini sağlayarak Milli Hareket'i güçlendirmiştir. İngiliz istihbarat belgelerinin de gösterdiği gibi, *"Büyük Ermenistan Sözü Milli Hareket'in ateşini alevlendirmiş... Kürtleri tekrar Türklerle sırt sırta bir hizaya getirmiştir."* [866]

"Vilayet-i Sitte" denilen 6 doğu ilinin Ermenilere verileceği söylentileri üzerine daha Aralık 1918'de İstanbul'da çoğunluğunu Diyarbakırlı ve Erzurumluların oluşturduğu "Vilayet-i Şarkiye Müdafaa-i Hukuk Cemiyeti" kurulmuş, daha sonra da Diyarbakır'da Müftü İbrahim Efendi'nin başkanlığında "**Diyarbakır Müdafaa-i Vatan Cemiyeti**" kurulmuştur. Daha sonra bu cemiyetler Erzurum Kongresi kararları gereği Doğu Anadolu Müdafaa-i Hukuk Cemiyeti'ne katılmışlardır.

Aynı günlerde, 13 Nisan 1919'da "**Dersim Müdafaa-i Hukuk Cemiyeti**" Reisi Ahmet Bey Mustafa Kemal Paşa'ya yazdığı telgrafta mütareke şartlarına aykırı olarak İzmir, Adana ve Maraş'ın işgal edilmiş olmasından duyulan rahatsızlığı, "*Maraş'ta dindaşlarımızın 3 günden beri Fransız ve Ermenilerin top ve mitralyöz ateşine maruz kaldıklarını*" belirtmiş ve telgrafını, "*bu hunharca tecavüzler derhal men edilmezse ve cüret edenleri derhal cezalandırılmazsa biz de her türlü fedakârlığı göze alarak dindaşlarımızın feryadına koşarak kanımızın son damlasını dökeceğiz*" diyerek bitirmiştir.[867]

Kürtlerin İslama olan bağlılıklarını ve Ermeni karşıtlıklarını çok iyi gören Mustafa Kemal Paşa, bir kez daha "gizli gücünü" devreye sokmuş ve İslam dininden bu sefer de "etnik unsurları birleştirme aracı" olarak yararlanmıştır.

Örneğin Mutki'de aşiret reisi Hacı Musa Bey'e gönderdiği 10 Ağustos 1920 tarihli mektubunda, Bitlis'te İkinci Ordu

---

866 Gotthard Jaeschke, **Kurtuluş Savaşı ile İlgili İngiliz Belgeleri**, Ankara, 1991, s. 44, 45.
867 Çay, Kalafat, age. s. 63 - 65.

Kumandanı olduğu sırada aralarında oluşan kalbi bağları ve kıymetli hatıraları daima sakladığını hatırlatan Mustafa Kemal Paşa, Bitlis'in kurtuluşundaki çabalarından dolayı Hacı Musa Bey'i kutladıktan sonra şimdi doğu illerinde bir Ermenistan kurulmak istendiğini, İstanbul hükümetinin acz içinde olduğunu belirtmiş ve Erzurum Kongresi hakkında bilgi vermiştir. Dahası Hacı Musa Bey'e Heyet-i Temsiliye üyesi seçildiğini belirterek onu Sivas Kongresi'ne davet etmiştir. Mustafa Kemal Paşa mektubunu şu dinsel çağrışımlı ifadelerle bitirmiştir:

"Cenab-ı Vahibül'amal Hazretleri'nden (Emelleri gerçekleştiren Yüce Allah'tan) vatan ve milletimiz için hayırlı akıbetler niyaz eder ve sizlerin gözlerinizden öperim."

Mustafa Kemal Paşa, Bitlis'te Küfrevizade Şeyh Baki Efendi'ye yazdığı mektupta ise Birinci Dünya Savaşı sırasındaki Türk-Kürt ilişkilerinden söz etmiş, *"vatan için ortak çalışmalarımızın başarıya ulaşmasını engellemek ve ülkeyi bölünmüş parçalara ayırarak hepimizi birbirimize düşürmek suretiyle milleti ve memleketi felakete sürüklemek isteyen düşmanların ortaya bir Kürdistan meselesi çıkardıklarını"* anlatmış ve Şeyh'in sözünün geçtiği bölgede çaba harcamasını rica etmiş, gözlerinden öpmüştür.

Elazığ Valisi Ali Galip'in İngilizlerin ve Kürt Bedirhanilerin desteğiyle Sivas Kongresi'ni basarak Mustafa Kemal Paşa ve arkadaşlarını öldürme teşebbüsüne karşı Malatyalı Kürt aşiret reislerinden Hacı Kaya Ağa ve Şatzade Mustafa Ağa Milli Hareket'i desteklemişler, Ali Galip'e ve Bedirhanilere karşı çıkmışlardır. Mustafa Kemal Paşa'nın harekete geçirdiği askeri kuvvetle Milli Hareket'i destekleyen Malatyalı Kürt aşiret resilerinin arasında kalan Ali Galip kaçmak zorunda kalmıştır. Böylece Sivas Kongresi başarıyla tamamlanmıştır.

Mustafa Kemal Paşa 15 Eylül 1919'da Kürt liderlerinden Hacı Kaya ve Şatzade Mustafa ağalara gönderdiği telgrafta *"Kürt kardeşlerimizin gösterdikleri vatanperverane hizmetleri için"* onlara teşekkür etmiştir. Mustafa Kemal Paşa'nın bu telgrafı Türklerle Kürtlerin düşmana karşı birlikte hareket etmelerinin önemine vurgu yapan çok çarpıcı bir belgedir. Mustafa Kemal Paşa Kürt liderlerine şöyle seslenmiştir:

"Padişah ve millet hainlerinin iğfalatına kapılarak, maazallah beynel İslam kan akıtılması ve bigünah zavallı Kürt kardeşlerimizden birçoğunun asakir-i şahane tarafından itlaf edilmesi gibi dünya ve ahiret pek elim bir akıbetin meni husulü emrinde sebkat eden himematı vatanperveraneleri Sivas umumi Kongre Heyetince şayan-ı takdir ve şükran görülmüştür. Sizler gibi din ve namus sahibi büyükler oldukça Türk ve Kürdün yekdiğerinden ayrılmaz iki öz kardeş olarak yaşamakta devam eyleyeceği ve makam-ı hilafet etrafında sarsılmaz bir vücut halinde dâhil ve hariç düşmanlarımıza karşı demirden bir kale halinde kalacağı şüphesizdir." [868]

Mustafa Kemal Paşa, o günlerde Kâzım Karabekir Paşa'ya gönderdiği bir telgrafta Milli Hareket'i destekleyen şeyhlere *"Millet Meclisi namına iltifat buyurulmasını"* istemiştir.[869]

Hazro eşrafından Mehmet Beyefendi'ye gönderdiği 24 Ağustos 1920 tarihli mektup, Mustafa Kemal Paşa'nın Kürtleri Milli Hareket'e katmak için "İslam siyasetini" nasıl ustalıkla uyguladığını gösteren iyi örneklerden biridir.

"Zat-ı âlileri gibi vatanperver dindaşlarımızın vatani ve fedakârca yardım ve hizmetleriyle vatanımızın ve hilafet makamının kurtarılmasına yönelik meşru çalışmalarımızda er geç muvaffakiyete nail olacağımız hakkındaki kanaatim sarsılmazdır. Yakında İslam ümmetinin Avrupalı istilacılardan kurtarılması hususundaki başarı haberlerini zat-ı âlinize inşallah tebliğ ederim." Mustafa Kemal Paşa mektubunda ayrıca mahalli durumlar hakkında kendisine sık sık bilgi verilmesini de istemiştir. Bu mektubu Bitlis'teki Küfrevizade Şeyh Abdülbaki Efendi'ye de göndermiştir.[870]

---

868 ATTB, C. IV, s. 63. Mustafa Kemal Paşa'nın Kürtleri "din kardeşliği" söylemiyle Milli Hareket'e bağlamayı amaçlayan telgrafları için bkz. **Atatürk'ün Bütün Eserleri**, C. 6, s. 105, 149.
869 **Atatürk'ün Bütün Eserleri**, C. 10, s. 109.
870 age. C. 9, s. 265.

Yukarıdaki mektup incelendiğinde Mustafa Kemal Paşa'nın, *"vatansever dindaşlarımız"*, *"Vatanımızı ve hilafet makamını kurtarmak"*, *"İslam ümmetinin Avrupalı istilacılardan kurtarılması"* gibi cümlelerle "din, ümmet ve hilafet" kavramlarına vurgu yaptığı görülmektedir.

Bu ve benzeri telgraflarda ve mektuplarda kullanılan içerik ve üsluptan da anlaşılacağı gibi, Mustafa Kemal Paşa, Kürtlerle Türkler arasındaki bağlaşmaya büyük önem vermiş ve bu bağlaşmayı "İslam" potasında gerçekleştirmenin yollarını aramıştır.

Mustafa Kemal Paşa'nın Kurtuluş Savaşı yıllarındaki bu mektup ve telgraf trafiği şaşkınlık vericidir. "Bu mektuplar, telgraflar aynı zamanda Mustafa Kemal'in muazzam enerjisini de gösterir. Henüz doğru dürüst çalışan bir 'özel kalemi' bugünkü deyimle Genel Sekreterlik bürosu bile olmadığı halde, teker teker kişilere varıncaya kadar yoğun bir yazışma ağı yürütmüştür." [871]

Anadolu Halkı Anasır-ı İslam'dır

Mustafa Kemal Paşa'nın 1 Mayıs 1920 tarihinde Meclis'te yaptığı konuşma, onun Türkleri Kürtleri ve Anadolu'daki diğer etnik unsurları, "İslam dini" sayesinde bir araya toplamaya çalıştığını gösteren son derece iyi örneklerden biridir.

Mustafa Kemal Paşa "İslam etrafında birlik" çağrısı yaptığı bu tarihi konuşmasında şunları söylemiştir:

"...Burada maksut olan ve Meclisi âlimizi teşkil eden zevat yalnız Türk değildir, yalnız Çerkeş değildir, yalnız Kürt değildir, yalnız Laz değildir; fakat hepsinden mürekkep anasır-ı İslamiyedir, samimi bir mecmuadır. Binaenaleyh bu heyeti âliyenin temsil ettiği hukukunu, hayatını, şeref ve şanını kurtarmak için azmettiğimiz emeller, yalnız bir unsur-u İslama münhasır değildir. Anasır-ı İslamiyeden mürekkep bir kütleye aittir. Bunun böyle olduğunu hepimiz biliriz. Hep kabul ettiğimiz esaslardan birisi, belki birincisi olan hudut meselesi tayin ve tespit edilirken, hudud-u millimiz İskenderun'un cenubundan

---

[871] Akyol, **Ama Hangi Atatürk**, s. 165.

(güneyinden) geçer, şarka (doğuya) doğru uzanarak Musul'u, Süleymaniye'yi, Kerkük'ü ihtiva eder. İşte hudud-u millimiz budur dedik. Halbuki Kerkük şimalinde (kuzeyinde) Türk olduğu gibi Kürt de vardır. Biz onları tefrik etmedik (ayırmadık). Binaenaleyh, muhafaza ve müdafaasıyla iştigal ettiğimiz millet, bittabi (tabii ki) bir unsurdan mürekkep değildir (oluşmamaktadır). Muhtelif anasır-ı İslamiyeden (değişik Müslüman gruplardan) mürekkeptir. Bu mecmuayı teşkil eden her bir unsuru İslam, bizim kardeşimiz, menafii (menfaatleri) tamamiyle müşterek olan vatandaşımızdır ve yine kabul ettiğimiz esasatın ilk satırlarında bu muhtelif anasır-ı İslamiye ki: Vatandaştırlar, yekdiğerine karşı, hürmet-i mütekabile ile riayetkârdırlar ve yekdiğerinin her türlü hukukuna, ırki, içtimai, coğrafi hukukuna daima riayetkâr olduğunu tekrar ve teyit ettik ve cümlemiz bugün samimiyetle kabul ettik. Binaenaleyh, menafiimiz müşterektir. Tahlisine azmettiğimiz vahdet, yalnız Türk, yalnız Çerkeş değil, hepsinden memzuç, bir unsur-u İslamdır. Bunun böyle telakkisini ve sui tefehhümata meydan verilmemesini rica ediyorum, (alkışlar)." [872]

Görüldüğü gibi Mustafa Kemal Paşa, Doğu ve Güneydoğu'da İngiliz ajanlarının Kürtleri Milli Hareket'e karşı kışkırtmak için çaba harcadıkları bir dönemde Meclis'te yaptığı konuşmada Anadolu halkını *"Anasır-ı İslam"* ve *"Unsur-u İslam"* olarak adlandırmış ve Anadolu'nun parçalı etnik yapısının bu *"Anasır-ı İslam"* ortak paydası etrafında kenetlendiğini belirtmiştir.

Mustafa Kemal Paşa, bir meclis genel kurulunda, Kürtlerin Milli Hareket'in yanında olduklarını kanıtlamak için kendisine 17 Mart 1921'de bazı Kürt aşiretlerince gönderilen bir telyazısını okumuştur.

"Reis (Mustafa Kemal Paşa): Son günlerdeki olaylar nedeniyle Kürt kardeşlerimizden gelen birçok telyazısı vardır. Kendilerinin böyle bir girişimi olmadığına ve Kürdistan sorunu olmadığına ilişkindir. Bir tanesini okuyalım:

---

[872] **ASD**, C. I, 1997, s. 74, (Türk Milletini Teşkil Eden Müslüman Öğeler Hakkında, 1 Mayıs 1920)

Ankara'da Büyük Millet Meclisi Yüce Başkanlığı'na
Kürtler küçük lokmanın çok kolay yutulacağını zamanından çok önce anlamışlardır. Türk birliğinden ayrılma düşüncesinde olanları Kürtler kendi milletlerinden saymaz. Kürtlerin kaderi Türk'ün kaderiyle eşittir. Biz Kürtler, Türkiye Büyük Millet Meclisi Hükümeti'nden başka kurtarıcı beklemediğimiz gibi, İtilaf devletlerinden merhamet dilenmeye tenezzül etmiyoruz. Misakımilli içinde barışı sağlamak için bütün varlığımızla Hükümetimize yardım edeceğimizi Türkiye Büyük Millet Meclisi Hükümeti dâhilinde Kürtlüğün ayrı bir unsur olarak değerlendirilmesini hiçbir zaman işitmek istemediğimizi bilgilerinize sunar başarılar diler ve en derin saygılarımızı sunarız.

İmzalar: İzoli Aşireti Reisi Hacı Fiya Sebati, Aluçlu Aşireti Reisi Mehmet, Bariçkan Aşireti Reisi Halil, Ulemayı Ekrattan Bekir Sıtkı, Bükler Aşiret Reisi Hüseyin, Ulemayı Ekrattan Halil, Zeyve Aşiret Reisi Halil, Ulemayı Ekrattan Hafız Mehmet, Eşrafı Ekrattan Zebunlu Halil, Ulemayı Ekrattan Rüştü, Eşrafı Ekrattan Mehmet, Deyükan Aşiret Reisi Hüseyin, Eşraftan Bulutlu İbrahim, Eşraftan Sadık." [873]

Mustafa Kemal Paşa haklıdır. Yüzlerce aşiret reisi ve ağası kurdukları milis kuvvetleriyle Kuvayımilliye'yi desteklemişlerdir. İngiliz belgelerine göre başlangıçta bizzat Mustafa Kemal Paşa, güneydoğu cephesi için **"Kuvayi İslamiye"** adında Kürt ve Arap kabilelerinden bir kuvvet oluşturmayı planlamıştır. Bu kuvvet içinde her kabile kendi bölüğüne sahip olacaktır. Cami ve mescidi olan her köy ve mahallenin bir piyade takımı olacak, müezzin veya köy imamı bu birlikleri idare edecekti.[874] Kürtlerden meydana getirilen alaylar Kürt aşiret liderleri tarafından idare edilecekti. Bu birlikler Mustafa Kemal Paşa'ya bağlı olacaktı.[875]

---

873 Şimşir, **Kürtçülük**, s. 481.
874 Doğan Avcıoğlu, **Milli Kurtuluş Tarihi**, C. III, İstanbul, 1974, s. 1274; F. O: 371/4161.170729; F.O: 406/43, nr 28/1-3 26 Dcember 1919; Hülagü, **İslam Birliği ve Mustafa Kemal**, s. 54.
875 F. O: 371/4161.170729; F. O: 406/43, nr 28/1-3 26 December 1919; Hülagü, **age**. s. 54.

Mustafa Kemal'in amacı Kürtleri bir şekilde Milli Hareket'e katmaktı ve bunda da başarılı olmuştu; birçok Kürt, Mustafa Kemal'in çalışmaları sonunda Milli Hareket'e katılmıştır. Kürt bölgelerinde Milli Hareket'e destek verenler arasında Gördekli Şeyh Zarif, Zerdekli Şeyh Mustafa Efendi ve Şeyh Muhammed Efendi gibi Kürt şeyhleri de vardır. Güneydoğu'dan 16 il ve ilçe müftüsü milli cemiyetlerde başkan veya üye olarak görev almışlardır. Dahası Birinci Meclis'te "şeyh" unvanına sahip 16 milletvekili vardır.[876] Kürtlerin Milli Hareket'e yaptığı katkının arka planında Mustafa Kemal'in dehası vardır.

Diyap Ağa'nın Sözleri

Birinci Meclis'teki Kürt milletvekillerinden, yetmişine merdiven dayamış, yerel giysileri içindeki uzun aksakallı **Diyap Ağa**, Kütahya Eskişehir yenilgisi sonrasında Meclis'in Kayseri'ye taşınması tartışmaları yapıldığı sırada ilk kez söz istemiş ve ağır adımlarla Meclis kürsüsüne gelerek şunları söylemiştir:

"*Biz buraya kaçmaya mı geldik, ölmeye mi? Bir yere gidemeyiz, burada kalacağız.*"

Diyap Ağa'nın bu sözlerinden sonra Meclis'in Kayseri'ye taşınmasından vazgeçilmiştir.

ATATÜRK, ŞEYH AHMET SUNUSİ VE KÜRTLER

Mustafa Kemal Paşa, İngiliz ve Fransızların Kürtleri, Türklere ve Milli Hareket'e karşı kışkırtmalarını önlemek, İngiliz ajanlarının Kürt bölgelerindeki ayrılıkçı faaliyetlerine engel olmak ve Kürtleri Milli Hareket'e kazandırmak için gerek Güneydoğu Anadolu'da gerekse Kuzey Irak'ta çok iyi tanınan Şeyh Ahmet Sunusi'den yararlanmıştır.[877]

---

876 Kürtlerin Milli Hareket'e verdiği desteğin alt yapısı II. Abdülhamit'in Kürtlerden oluşturduğu Hamidiye Alayları'na kadar gitmektedir. Çay, Kalafat, **age.** s. 8, 9, 23, 27, 30.

877 Mustafa Kemal Paşa, bu konuda, Kürtlerin iyi tanıdığı din adamı **Said-i Nursi**'den de yararlanmak istemiş, ancak Said-i Nursi'nin Milli Hareket'in anlam ve önemini kavrayamadığını görünce bu düşünceden vazgeçmiştir.

Şeyh Ahmet Sunusi, Sunusiye tarikatının şeyhidir. Bu tarikat 1837 yılında Libyalı Büyük Sunusi Muhammed Bin Ali Sunusi tarafından kurulmuştur. Aktivizmi ve Sufizmi savunan Sunusiye tarikatı Batılı güçlerin istilasına karşı çıkmıştır. Sunusiler, 1911'de İtalya'nın Trablusgap'ı (Libya) işgali üzerine Osmanlı ordusunda İtalyanlara karşı mücadele etmişler; Cezayir ve Sahra'da Fransızlara, Mısır'da da İngilizlere karşı savaşmışlardır.

Libyalı ünlü milli kahraman Ömer Muhtar da Sunusiye tarikatına mensuptur ve Trablusgap Savaşı'nda Mustafa Kemal'le tanışmıştır. Mustafa Kemal, Şeyh Ahmet Sunusi'yi de Trablusgarp Savaşı sırasında tanımış ve dost olmuştur.

Şeyh Ahmet Sunusi daha önce Birinci Dünya Savaşı sırasında Sultan Mehmet Reşat'ın davetini kabul ederek 1918'de İstanbul'a gelmiştir. Enver Paşa, Afrikalı şeyhlerle birlikte İstanbul'a gelen Şeyh Ahmet Sunusi'yi, halifenin cihat ilanını İslam dünyasına duyurmak amacıyla İslam ülkelerine göndermek istemiştir, ancak bu sırada Vahdettin padişah olmuştur. Enver Paşa'dan hiç hazzetmeyen Sultan Vahdettin onun bu görüşüne karşı çıkmış, İngiltere ve Fransa'ya karşı İslam dünyasını kışkırtmaktansa İngiltere ve Fransa ile anlaşmak gerektiğini ileri sürerek bu planın uygulanmasına engel olmuştur.[878] Vahdettin, İttihatçıların kendisinin yerine Şeyh Ahmet Sunusi'yi halife yapacaklarından kuşkulanmıştır. Özellikle Sunusi'nin İngiliz karşıtı olması da Vahdettin'i rahatsız etmiştir.[879]

Kurtuluş Savaşı başladığı sırada Bursa'da bulunan Ahmet Sunusi, Bekir Sami Bey aracılığıyla Mustafa Kemal Paşa'ya haber göndererek Milli Hareket'e katılmak istediğini bildirmiştir. Bunun üzerine Mustafa Kemal, Şeyh Ahmet Sunusi'ye bir mektup yazarak onu Ankara'ya davet etmiştir:

"Şeyh Sunusi Hazretleri'nin milli mücahadelere yardım hususunda gösterdikleri hissiyata şükran arz eyleriz. Hilafet makamının fiilen işgali faciası karşısında Şeyh Hazretleri'nin duydukları infial hissinin İslam âlemine tebliği pek ziyade la-

---
878 Semih Nafiz Tansu, İki Devrin Perde Arkası, İstanbul, 1969, s. 186 - 188.
879 Oral, age. s. 69.

zım ve faydalı olacaktır. Bu konuda icab eden görüşünüzü ayrıca arz ederiz.

Şeyh Hazretleri'nin Ankara'da bulunmalarını arz ederiz..." [880]

15 Kasım 1920'de Ankara'ya gelen **Şeyh Ahmet Sunusi** onuruna Mustafa Kemal Paşa 23 Kasım'da Meclis'te bir yemek vermiştir.

Şeyh burada yaptığı Arapça konuşmada, *"İslamiyetin yok olmasının muhakkak görüleceği bir halin meydana çıkması üzerine Müslümanların ümitleri kesildiği bir sırada Mustafa Kemal Paşa Hazretleri arkadaşlarıyla beraber din uğruna savaşmaya başladılar. Ve siz de beraber savaştınız, cihat ettiniz. Bu hizmet bütün İslam âleminin devamına, İslam âleminin kurtuluşuna ait mukaddes bir vazifedir"* demiştir. [881]

Mustafa Kemal Paşa cevabi konuşmasında Sunusilerden ve Şeyh Ahmet Sunusi'den övgüyle söz etmiştir:

"Sunusi teşkilatı diğer teşkilatlar gibi sadece bir tarikat değildir, bu tarikat insanlığı, İslamiyet'in saadet yolunda yürümeye yönelik esaslı bir teşkilattır. Bu gece huzurlarıyla müşerref olduğunuz zat, İslam âleminde büyük bir esasa dayanan mukaddes bir teşkilatın başında bulunan yüce bir zattır. (...) Dolayısıyla bundan sonra kendilerinin İslam âlemine yapacakları hizmetler, şimdiye kadar olan hizmetlerini taçlandıracaktır. Ve bu sayede Türkiye devletinin, bütün İslam cihanının dayanak merkezi olan Türkiye devletinin de sağlamlaştırılmasına hizmet etmiş olacaklardır. Seyyid Ahmet Şerif Sunusi Hazretleri'nin gelecekteki hizmetlerine şimdiden gerek şahsım ve gerek TBMM namına teşekkür arz eylerim." [882]

Mustafa Kemal, Şeyh Ahmet Sunusi'ye aynı amaca hizmet eden üç farklı görev vermiştir:

1. İslam dünyasındaki antiemperyalist hareketleri Anka-ra'nın etkisi altına almak,

---

880 Atatürk'ün Bütün Eserleri, C. 7, s. 171.
881 Celal Bayar, Ben de Yazdım, C. II, İstanbul, 1997, s. 490, 491.
882 Atatürk'ün Bütün Eserleri, C. 10, s. 117 - 119.

2. Arap dünyasında, özellikle de Irak ve Suriye'de hilafet propagandası yaparak bölgedeki Arapları İngiltere ve Fransa'ya karşı harekete geçirmek,
3. Türkiye içinde özellikle güneydoğuda Kürt bölgelerinde Milli Hareket'e katılımı arttırmak.[883]

Daha önce ilk iki görev üzerinde durduğumuz için burada Sunusi'nin üçüncü görevi üzerinde duracağız.

İstanbul'daki Amerikan temsilcisi 26 Ocak 1922 tarihli raporunda Şeyh Ahmet Sunusi'nin muhtemel bir Kürt ayaklanmasını önlemek için Kürtlerin yoğun olarak yaşadıkları bölgeye gönderildiğini belirtmiştir.

Mustafa Kemal Paşa şeyhin doğudaki ününden yararlanmak istemiştir. Bu öyle bir ündür ki mesela Antep'te *"Şeyh Sunusi Hazretleri'nin geçtiği toprağı düşman istila etmezmiş"* gibi söylentiler dolaşmaya başlamıştır.[884]

Şeyh Sunusi ile Mustafa Kemal Paşa arasında çok yakın bir ilişki olduğu anlaşılmaktadır. Şeyhin gördüğü rüyaları sık sık Mustafa Kemal'e bildirmesi bu yakın ilişkinin kanıtlarından sadece biridir.

Mustafa Kemal, Sunusi'yi genel vaiz olarak görevlendirmiştir. Sunusi, Mustafa Kemal'den aldığı "genel vaiz" göreviyle özellikle güneydoğuda çeştli illerde camilerde vaazlar vererek Kürtleri Milli Hareket'i desteklemeye çağırmıştır. Her gittiği yerde beyazlara sarınmış olarak verdiği vaaz ve hutbeler çok etkili olmuştur. Bu faaliyetleriyle önde gelen Kürt aşiret reislerini Milli Hareket'e katılmaya ikna eden Şeyh Sunusi, Urfa'da bir kongre düzenlemiştir.[885]

Sunusi Diyarbakır'a gittiğinde büyük bir coşkuyla karşılanmıştır. Hâkimiyet-i Milliye ve Anadolu'da Yeni Gün gazeteleri bu coşkulu karşılamayı haber yapmıştır. Diyarbakırlıların ilgi-

---

883 Akyol, **age.** s. 194.
884 Oral, **age.** s. 72.
885 Günaydın, "Milli Mücadele'de Şeyh Sunusi'nin Sivas'taki İttihad-ı İslam Kongresi ve Ulucami'deki Hutbesi", **Tarih ve Düşünce**, S. 45.

sinden çok memnun olan Şeyh, Mustafa Kemal Paşa'ya telgrafla teşekkür etmiştir.[886]

Bir süre Diyarbakır'da kalan Şeyh, Mustafa Kemal'in Ramazan Bayramını kutlamak için tebrik göndermiş, Mustafa Kemal de 12 Haziran 1921'de telgraf göndererek şeyhin bayramını kutlamış, *"İslam'ın kurtuluşu gayesine yönelik olan mevcut mücahedenin muvaffakiyeti için dualarınızı niyaz ederim"* diyerek şeyhin gönderdiği tebriğin Meclis'te okunacağını belirtmiştir. Mustafa Kemal'in Şeyh Ahmet Sunusi'ye gönderdiği bayram tebriği Hâkimiyet-i Milliye'de de yayınlanmıştır.[887]

Şeyh Sunusi Sivas ve Diyarbakır'dan sonra Mardin'e ve daha sonra da Musul'a kadar gitmiştir. Sunusi'nin her gittiği yerden Mustafa Kemal'e telgraf çekerek *"halka gerekli dini öğütleri verdiğini"* belirtmesi dikkat çekicidir. Şeyh'in sözünü ettiği din öğütleri, Milli Hareket'in bir cihat olduğu ve bu hareketi desteklemenin her Müslümana farz olduğudur.

Şeyh Sunusi, Mardin'de bir camide yaptığı konuşmada Sultan Vahdettin'le Mustafa Kemal'in tam bir ittifak içinde olduklarını belirterek Milli Hareket'e karşı sürdürülen olumsuz tavırları ortadan kaldırmaya çalışmıştır.[888]

İngiliz istihbaratı, Şeyh Sunusi'yi Mardin'e Mustafa Kemal'in gönderdiğini ve Şeyh'in görevinin bölgedeki Kürtleri Milli Hareket'e katılmaya çağırmak olduğunu belirtmiştir.[889]

Şeyh Ahmet Sunusi Konya isyanının bastırılmasında da etkili olmuştur. Bu isyanın *"İslam düşmanlarının işi"* olduğunu belirten şeyh, isyancıların Alaattin Tepesi'ni savunan askerleri bırakmalarını sağlamıştır.[890]

Şeyh Ahmet Sunusi, Mustafa Kemal'in İslam siyasetini hem içeride hem de dışarıda başarıyla uygulamasında büyük bir et-

---

886 Sarıhan, **age.** C. III, s. 245 - 521.
887 **Atatürk'ün Bütün Eserleri,** C. 11, s. 22.
888 F. O: 371/6528.E-10102, 23 August 1921; Hülagü, **İslam Birliği ve Mustafa Kemal,** s. 86.
889 Şimşir, **İngiliz Belgelerinde Atatürk,** C. 2, s. 479.
890 **age.** s. 643.

kiye sahiptir. Bu toprakların havasını soluyan bazı "satılmış din adamlarına" karşın Libyalı Ahmet Sunusi, Allah adına, İslam adına, Müslüman Türk ulusunun Mustafa Kemal Paşa önderliğindeki haklı davası adına canını dişine takarak ve hiçbir karşılık beklemeden Türk Kurtuluş Savaşı'nın başarısı için çalışmıştır.

O günlerde Mustafa Kemal Paşa, Şeyh Sunusi ve Selahaddin Eyyübi'yi Kur'an'ı Kerim kuşanmış bir şekilde gösteren bir resim Anadolu'da elden ele dolaşmıştır.

Mustafa Kemal Paşa, Kürtleri Milli Hareket'e katmak için Şeyh Ahmet Sunusi'den başka Diyarbakır'a gelen Iraklı **Uceymi (Acemi) Paşa**'dan da yararlanmıştır.

Görüldüğü gibi Mustafa Kemal, İngilizlerin **Noel** gibi ajanlarla Kürt aşiretlerini Milli Hareket'e karşı ayaklandırma girişimlerine **Şeyh Ahmet Sunusi** ve **Uceymi Paşa** gibi dinsel önderlerle yanıt vermiş, düşmanı bir bakıma kendi silahıyla (propaganda) vurmuştur.

GENERAL HARBORD'LA GÖRÜŞME

İtilaf Devletleri 1920'lerde Anadolu'da Kürt ve Ermeni devleti kurulmasını istiyorlardı. Wilson İlkelerinin *"her millet sayıca fazla olduğu yerde devlet kurar"* ilkesinden hareketle Anadolu'nun etnik haritasını çıkaran İtilaf devletleri, Sevr Antlaşması'nda açıkça Kürt ve Ermeni devletlerinden söz etmişlerdir.

Mustafa Kemal Paşa, Anadolu'da Kürt ve Ermeni devletleri kurdurulması planını İngiltere ve Fransa'yla birlikte ABD'nin de desteklediğini anlamıştır.

İşte o günlerde Amerikan Senatosu, Anadolu'da kurulması planlanan Ermeni devleti için nabız yoklamak, soykırım iddialarını araştırmak ve nüfus oranlarını tespit etmek için Anadolu'ya **Tümgeneral (veya Korgeneral) Harbord**'ı göndermiştir.

Mustafa Kemal Paşa, 22 Eylül 1919 tarihinde General Harbord'la görüşmüştür.

Mustafa Kemal Paşa, ABD mandası tartışmalarının gündemde olduğu o günlerde General Harbord'la görüşmeye büyük önem vermiştir. O bu görüşme sayesinde Milli Hareket'in amacını, milliyetçilerin kararlılığını ve emperyalist güçlerin Anadolu üzerinde oynamaya çalıştıkları oyunları tek tek ortaya koyarak ABD ve dünya kamoyuna Türk Kurtuluş Savaşı'nın haklılığını göstermek istemiştir.

Ermeni iddialarını ve sözde soykırımı kesin bir dille reddeden Mustafa Kemal Paşa Harbord'a İngilizlerin **Kürt politikası hakkında** şunları söylemiştir:

"*İngiliz İmparatorluğu, bölmek ve Türklerle Kürtler arasında bir kardeş savaşına neden olmak için Kürtleri kendi himayeleri altında bağımsız bir Kürdistan kurma planına katılmak üzere kışkırttılar. İleri sürdükleri tez, imparatorluğun nasıl olsa dağılmaya mahkûm olduğudur. Bu amaçlarını gerçekleştirmek için büyük paralar harcadılar, her türlü casusluğa başvurdular. Bunun için Noel adlı bir İngiliz subayı Diyarbakır'da uzun süre çaba harcadı ve faaliyetlerinde her türlü sahtekârlık ve aldatmaya başvurdu.*

Fakat bizim Kürt vatandaşlarımız hazırlanan komplonun farkına vararak onur ve vicdanlarını parayla satan diğer bir grup haini bölgeden kovdular... Saf Kürt vatandaşlarımızı, isyana teşvik ettiler. Bu alçakça planın üç amacı vardır: Kürtlerin çıkar duygularını canlandırmak, milli kuvvetleri yok etmek ve aynı ülkenin evlatları arasında bir mücadele ve kan dökmeye neden olmak...

Bu entrikaların tümüyle dışında kalan yerel halk, çok geçmeden bunların gerçek niyetlerini anladı ve suçluları tutuklamak üzereyken onlar kaçtılar."[891]

Mustafa Kemal Paşa, Harbord'a, "*Kürtler üzerinde oynanan oyunların farkındayız ve bu konuda gereken adımları atacağız*" mesajını vererek, Türklerle Kürtlerin birbirinden ayrılmaz "*iki kardeş millet*" olduğunun altını çizmiştir.

Anadolu'ya, kafası binbir türlü önyargıyla dolu olarak gelen General Harbord, Mustafa Kemal'le görüştükten sonra burada-

---

[891] İstiklal Harbi Gazetesi, 25 - 27 Eylül 1919, s. 1.

ki gerçek durumun düşündüğünden çok daha farklı olduğunu anlamaya başlamıştır.

Mustafa Kemal Paşa, ABD'li generali etkilemeyi başarmıştır. Harbord, daha sonra Doğu ve Güneydoğu Anadolu'yu gezerek Ermenilerle, Kürtlerle ve Türklerle görüşmüştür.

Harbord tüm bu araştırma, inceleme ve gözlemlerini meşhur "**Harbord Raporu**"yla dünya kamuoyuna açıklamıştır. Harbort Raporu, sözde Ermeni soykırımından yararlanarak Anadolu'da Büyük Ermenistan devleti kurdurmayı düşünenleri büyük hayal kırıklığına uğratmıştır; çünkü Harbord, raporunda "Anadolu'da Ermenilerin hiçbir yerde sayıca fazla olmadıklarını ve 1915'teki olayların da Ermeni soykırımı olarak adlandırılamayacağını, tam tersine söz konusu olaylar sırasında ve daha sonra bölgedeki Müslümanların (Kürt-Türk) Ermenlerce katledildiğini" belirtmiştir.

Harbord, raporunda Kürt-Ermeni ilişkileri üzerinde de durmuş ve Ermenilerin Kürtleri çoluk çocuk demeden katlettiklerini belirtmiştir:

"*Ermeniler soydan suçsuz değillerdir. Hafızaları kuvvetlidir. Fırsat buldukça misilleme yapmaktan geri durmazlar. Irk olarak yakınlığı bulunan ilkel Aryan Kürtleri onlardan nefret eder. Kürtler heyetimize gözyaşlarıyla yalvarmışlar, onları köylerinden süren Ermenilere karşı korumalarını rica etmişler, yaklaşan şiddetli kıştan korunmak için evlerine dönmelerini sağlamamızı dilemişlerdir. Kürtlerin iddiasına göre İmparatorluk çöküp de Rus ordusu parçalandıktan sonra, Rus Bolşevikleriyle birlik olan Ermeni çetecileri en zalim şartlar altında birçoğunu katletmiştir.*" Harbord daha sonra da uzun uzun Ermenilerin Türklere yaptığı katliamları anlatarak "*Türklere karşı içleri yüzyıllardır kinle dolu olan Ermeni azınlığa Müslüman çoğunluğun idaresi verildiği takdirde sonucun tehlikeli olacağı meydandadır*" demiştir.[892]

---

[892] Harbord Raporu'nun tamamı için bkz. Cemal Kutay, **Türk Milli Mücadelesi'nde Amerika**, İstanbul, 1979, s. 160 - 165.

Harbord Raporu, Batı'da adeta soğuk duş etkisi yaratmış, Anadolu'yu bölüp parçalamak için ağızlarının suyu akan emperyalistleri çok rahatsız etmiştir. *"Ermeniler soydan suçsuz değildir, Ermeniler Kürtleri bile zalimce katletmiştir, Anadolu'nun doğusunda devlet kurmaya yetecek oranda Ermeni yoktur"* diyen Harbord Raporu, Batı'da görmezlikten gelinse de Anadolu'da bir Ermeni devleti kurmanın imkânsız olduğunu göstermiştir.

Mustafa Kemal'in General Harbord'la yaptığı görüşmenin Harbord'u fazlaca etkilediği çok açıktır.

ABD AJANLARININ KÜRT RAPORLARI

Kurtuluş Savaşı yıllarında İngiltere ve Fransa kadar ABD'nin de Kürtlerle ilgilendiği anlaşılmaktadır. Kurtuluş Savaşı sırasında Anadolu'daki ABD temsilcileri ve ajanları hazırladıkları Kürt raporlarını Washington'a göndermişlerdir.

ABD'nin Anadolu'daki Yüksek Komiseri **Tuğamiral Mark L. Bristol** 20 Şubat 1922'de İstanbul'dan Washington'a gönderdiği bir Kürt raporunda şu bilgilere yer vermiştir:

"Sayın Dışişleri Bakanı Efendim.

Başkanlığın bilgisi için askeri ataşe tarafından Kürdistan'daki durumla ilgili hazırlanan raporu sunuyorum. Daha önceki yazılarımda belirttiğim gibi Kürt sorunu dikkati çekecek değerdedir. Normal koşullarda bile Kürtler daima komşuları için sorun olmuşlardır. Şimdi Kürdistan'ın ünlü petrol yatakları nedeniyle yabancı entrikalar kuşkusuz başladığı için ciddi sonuçlar çıkabilir. İngilizler herhalde Kürdistan'ı denetim altına almak için Kürtleri Türklere karşı kullanmak isteyeceklerdir. Türkler de kuzey Mezopotamya'yı (Kuzey Irak'ı) ele geçirmek için aynı şeyi yapacaktır. Kürdistan'ı özel etki bölgesi sayan Fransızlar da Türk İngiliz sürtüşmesinden çıkar sağlamakta bir an duraksamayacaklardır."

Bristol, raporuna **Fransız Askeri İstihbaratı**'nın Kürtler konusunda hazırladığı bir rapordan alıntılar yaparak devam etmiştir:

"Raporda Kürdistan ayaklanmasına bütün Yakındoğu sorununun bir parçası ve İngilizlerin dünyanın bu bölgesindeki

amaçları ve istekleri açısından bakmak gerektiği belirtilmektedir. Sonra Büyük Britanya'nın en büyük sorununun Hindistan'ı güven altına almak olduğu, İngilizlerin planlarına bu bakımlardan yaklaşmak gerektiği ileri sürülmektedir. Hindistan'a tehdit iki yönden gelmektedir. Bunlardan biri İran üzerinden Bolşevik tehdidi, öte yandan Mezopotamya, İran ve Gülucistan üzerinde Milliyetçi-Türk-Pan İslam tehdididir. Bu son tehdidi önlemek için İngilizler, Filistin ve Irak dâhil Akdeniz'den Basra Körfezi'ne uzanan, kendi etkilerinde bir dizi devlet kurmak görüşündedir. Kral Hüseyin ailesini kullanarak güçlü bir Arap İmparatorluğu kurmak ve Türklerin yoluna set çekmek istemiş, ancak Hicazlı aileyle işler yolunda gitmemiştir. Büyük çapta bir Arap ordusu düzenlemek oldukça güç bir iştir. Ayrıca daha kötüsü Halifelik İstanbul'da bulunmaktadır. Dolayısıyla Büyük Britanya'nın Kürdistan'daki rahatsız durumdan yararlanıp Mustafa Kemal'in sırtında bir tehdit olacak biçimde bunu geliştirmeye çabalamasına, aynı zamanda Milliyetçi Türkiye ile Mezopotamya arasında bir perde kurmasına şaşmamak gerekir.

Bundan sonra Kürt tarihi ile ilgili bilgiler verilmiştir. Bu arada Kürdistan'ın tamamen coğrafi bir deyim olduğu hiçbir zaman siyasal bir birlik haline gelmediği belirtilmiştir. Kürtler, Türkiye ve İran'da dağınık durumdadırlar. İran'da baylıca Kürdistan'da, sonra Azerbaycan ve Ardilan'da başka etnik gruplara karışık olarak bulunmaktadırlar. Türkiye'de ise altı doğu vilayetinde Trabzon, Erzurum, Van, Bitlis, Harput ve Diyarbakır'da, ayrıca Sivas ve Musul vilayetlerinde bulunmaktadırlar. Ermeno-Kürdistan'da ve Sivas'ta Ermeni ve Türk halkı ile birlikte yaşamaktadırlar. Diyarbakır ve Musul'da 'Milli' denilen Araplarla iç içedirler. Türkiye'deki Kürtlerin sayısı aşağı yukarı 1.200.000'dir. Dünya Savaşı sırasında başlıca Kürt ailelerinden Bedirhan ailesinin başı Abdürrezzak Bedirhan, kendini Kürdistan Prensi tanıması koşuluyla Rusya'ya hizmetini ve 25.000 süvari vermeyi önermiştir. Çar'ın egemenliğini kabul etmeye hazır olduğunu bildirmiştir. Rusya, bu öneriyi çok tehli-

keli olacağı gerekçesiyle reddetmiştir. Ara yerde İstanbul Hükümeti, Kürtleri ayaklandırmaya çalıştığı için Bedirhan'ı ölüme mahkûm etmiş, Bedirhan ise çabalarını sürdürmüş ve bu defa İngilizlere dönmüştür, ancak birdenbire ölmüştür. Ölümünün Türk ajanlarının verdiği zehirden ileri geldiği öne sürülmüştür. Versailles Antlaşması'ndan önceki yıllarda Paris'te yaşamakta olan zengin ve etkili bir Kürt Şerif Paşa, bu antlaşmaya bir Kürt devleti kurulmasını sokuşturmayı neredeyse başarmış ancak Londra Konferansı bunu engellemiştir. Türkler Şerif Paşa'nın eylemlerinden başka, Kürt devleti kurulması akımının arkasında kimsenin bulunmadığını iddia etmektedirler, ancak gerçek şudur ki Kürt halkı kendisinden devamlı adam ve para istenmesinden bıkmıştır. İngilizler, onların bu hoşnutsuzluğundan yararlanarak, karışıklık yaratmak, bir isyan çıkarmak üzere ajanlar göndermiştir. Bu ajanlar arasında Kürt Mustafa Paşa, Mulan Zade ve Hamit Paşa vardır. Geçen ilkbaharda Ankara Hükümeti'nin Kürtlerden istekleri o kadar dayanılmaz bir düzeye gelmiştir ki en sonunda ayaklanmışlardır. Başlangıçta bu ayaklanma hiç güçlük çıkmadan bir Türk taburuyla bastırılmıştır. Haziran'daki başka bir ayaklanma daha ciddi olmuş ve bununla başa çıkmak için bir tümen kadar kuvvet gerekmiştir. Kâzım Karabekir Paşa, bütün yaz boyunca Kürtlerin eylemlerine katılanların sayısının, bütün önlemlere rağmen artması karşısında kuşku içinde kalmıştır. (...) Kasım ayında Mardin'in Kürtler tarafından alındığı haber verilmiştir. (...)

Kürt akımı çok ciddiye alınmamalıdır. Kürtler bir lider bulamamışlardır. Onları düzene koyacak güçte kimse yoktur. Şerif Paşa ülkesinden yetki alamamıştır. İstanbul'daki iki Kürt derneği ise oturup uzun uzun tartışmakta, ancak ortaya bir lider çıkaramamaktadır. Halen Süleymaniye'de bulunan Kürt Kongresi, bir başkan seçmek ve bir program üzerinde birleşmek için çağrıda bulunmuş, ancak Kürt aşiret reislerinin üçte ikisi bu çağrıya katılmamışlardır. Askeri ve siyasi liderlikten yoksundurlar. Yunanlılar önemli bir zafer kazanırlarsa Kürt isyanı Türkiye'nin arkasını ciddi bir biçimde tehdit edebilir. Ancak

Batıdaki savaş Türklerin lehine gelişirse Türkler ellerindeki yarım düzine yetenekli liderden biriyle Kürt sorunlarına son verebilir. İngilizler kuşkusuz bu durumu bilmektedirler, gene de Kürt durumuyla meşgul olduğu sürece Mustafa Kemal'in Musul'a el koyamayacağını düşünmektedirler. Dolayısıyla Kürt akımına yardımcı olmaktadırlar. Bay Churchill, Avam Kamarası'ndan İngiliz Yüksek Komiserliği'nin yönetiminde olursa Kürtlerin Mezopotamya (Irak) ile birlikte idare edilmeye razı olduklarının araştırmalar sonunda öğrenildiğini söylemiştir. Gerçekte ise bu araştırmalar İngilizlerin İstanbul'daki iki Kürt derneğini 'Teali' ile 'Teşkilat', Musul ve Mardin bölgesindeki bazı küçük Kürt reislerini satın almaları biçiminde sınırlı olmuştur. (...)

Alınan istihbarata göre İngilizler, Hicazlı Kral Hüseyin'in üçüncü oğlu Emir Zeid'i kral yapmak istemektedir. Ancak kendinden çıkacak bir lideri bulamayan Kürdistan'ın bir yabancı prensi kabul etmesi düşünülemez.

Fransız-Türk antlaşmasına karşı yürüttükleri kampanya ve Kürt ayaklanmasına verdikleri itici güç konusunda İngilizlerin eylemlerini yakından izlemek gerekir. İngiliz iddiasına göre gizli bir antlaşma ile Türkler geri aldıktan sonra Musul'daki petrol yataklarının işletilmesini Fransızlara söz vermişlerdir. Böyle bir anlaşmanın varlığı konusunda ellerinde kanıt yoktur. Şimdi aynı zamanda bizim Türklere yaptığımızı (yanlış olduğuna eminim) Kürtlere yapmaya çalışmaktadırlar. Kürtleri, Mardin ve öteki bölgeleri ele geçirmeye, yani Türklerin bize verdikleri bölgeleri ele geçirmeye itiyorlar. Bu durumda İngilizler, Fransız çıkarları aleyhinde çalışmıyorlar mı?" [893]

Bristol'ün Washington'a gönderdiği bu rapor, Kurtuluş Savaşı yıllarında İngilizlerle Fransızların Kürtler üzerinde oynadıkları kirli oyunları ve ABD'nin bu kirli oyunları ve entrikaları nasıl yakından takip ettiğini olanca açıklığıyla gözler önüne sermektedir.

---

893 Orhan Duru, **Amerikan Gizli Belgeleriyle Türkiye'nin Kurtuluş Yılları**, İstanbul, 2001, s. 156 - 161.

Bristol'ün raporu, ABD ve emperyalist Batı'nın Kürtleri bölgedeki çıkarları için kullandıklarını kanıtlamaktadır.
Özetlemek gerekirse:
1. ABD temsilcisine göre Kürtler, komşuları için bile daima sorun olmuşlardır.
2. Kürtler üzerindeki yabancı entrikaların temel nedeni bölgedeki **petrol** yataklarıdır.
3. İngilizler, Kürt bölgelerini (Kürdistan'ı) denetim altına almak için Kürtleri Türklere karşı kullanmaktadırlar.
4. Fransızlar da Kürt bölgelerini (Kürdistan'ı) özel etki bölgesi saymakta ve çıkarları doğrultusunda çalışmaktadırlar.
5. İngiltere, Hindistan sömürgelerini korumak için Ortadoğu'da kendi etkisinde bir dizi devlet kurmak istemektedir. Bu devletlerden biri de Kürdistan'dır.
6. İngiltere, Kürt bölgelerindeki rahatsızlıktan yararlanıp **Mustafa Kemal'i** tehdit edecek bir biçimde Kürt sorununu geliştirip milliyetçi Türkiye ile Mezopotamya (Irak) arasında bir perde kurmaya çalışmaktadır.
7. **Kürdistan** adı tarih boyunca hep "coğrafi bir bölge" adı olarak kullanılmış, hiçbir zaman "siyasal birlik" anlamında kullanılmamıştır.
8. ABD temsilcisi **Ermeno-Kürdistan** kavramından söz ederek bölgede kurulacak Ermeni-Kürt ortak devletini ima etmektedir.
9. Bazı Kürt liderleri ve Kürt aşiretleri Birinci Dünya Savaşı'ndan beri ayrılıkçı faaliyetler içine girmişlerdir.
10. İngilizler, Kürtlerin içinde bulundukları durumdan yararlanarak onları Türklere karşı kışkırtmak için **ajanlar** göndermiştir.
11. Kürtler Ankara'daki Milli Hükümet'e karşı ayaklanmışlardır.
12. Kürtlerin başında iyi bir lider olmadığı sürece Kürt hareketini fazla ciddiye almamak gerekir.
13. Yunanlılar önemli bir zafer kazanırsa Kürt isyanı Türkiye'yi tehdit edecek boyuta ulaşabilir. Ancak savaşı Türkler kazanırsa, Türkler Kürt sorununu çözebilir.

14. İngilizler, Kürt sorunuyla meşgul olduğu sürece, Mustafa Kemal'in Musul'a el koyamayacağını düşündüklerinden bölgedeki Kürtleri Mustafa Kemal'e ve Ankara Hükümeti'ne karşı kışkırtmaktadırlar.
15. İstanbul'da iki Kürt cemiyeti vardır. Bu cemiyetler, Kürtleri Türkiye'den koparıp İngiliz mandası altına almaya çalışmaktadırlar.[894]
16. İngilizler ve Fransızların Kürt bölgelerindeki çıkarları kesiştiği için İngiltere ve Fransa arasında gizli bir mücadele yaşanmaktadır.

Aradan geçen zamana rağmen ABD'nin ve Batı'nın Kürt politikası bugün ne kadar değişmiştir?

AYAKLANAN KÜRTLER

Mustafa Kemal'in tüm çabalarına karşın yine de Anadolu'nun doğusunda bazı Kürt ayaklanmaları meydana gelmiştir.

İngilizlerin teşvikiyle TBMM'ye giren Yusuf Ziya Bey, Cibranlı Halit Bey'le dostluk kurmuştur. İşte o Halit Bey, Haziran 1920'de Kürt aşiretlerini isyana çağırmıştır.

"Birlik halinde bulunmadıkları için altı yüz yıldır Türk hâkimiyetinde yaşadıklarını, şimdi kurtuluş gününün geldiğini" belirten Halit Bey, *"Şimdi silaha sarılma zamanıdır"* diyerek aşiretleri kışkırtmıştır. Ayrıca Ankara'da kurulan Milli Hükümet'in padişahı tanımadığını ve bu hükümetin yakında Yunanlılarca ortadan kaldırılacağını yaymıştır.

Halit Bey'in ve bölgedeki İngiliz ajanlarının kışkırtmaları sonunda bazı Kürt aşiretleri ayaklanmışlardır.[895] **Milli aşireti** ve **Koçgiri aşireti** ayaklanmaları milli kuvvetlerce bastırılmıştır. Dersim ve Elazığ yöresindeki aşiretler de isyan ettirilmek istenmiş ancak bu aşiretler "emperyalist oyunlara alet olmayacakla-

---

894 Bu cemiyetlerin tanınmış üyelerinden biri de **Said-i Kürdi (Nursi)**'dir.
895 Kurtuluş Savaşı sırasındaki Kürt isyanları için bkz. Nejat Göyünç, **Cumhuriyet Türkiyesi ve Doğu Anadolu**, Ankara, 1985; **Türk İstiklal Harbi**, C. IV, "İç Ayaklanmalar", Ankara, 1964; Aybars, **age.** s. 17.

rını ve kardeş kanı dökmeyeceklerini" ifade ederek ayaklanmamışlardır.

Ayaklanmaları bastırmak için TBMM 29 Nisan 1920'de **Hıyanet-i Vataniye Kanunu**'nu çıkarmış, Eylül ayında da **İstiklal Mahkemeleri**'ni kurmuş ve bu "vatan hainlerini" yargılayıp cezalandırmıştır.

İNGİLİZLERİN KÜRT SİYASETİNİN SÜREKLİLİĞİ VE KÜRT SORUNU

İngilizler, Kurtuluş Savaşı sırasında Türkiye'yi parçalamak amacıyla sergiledikleri "din ve şeriat oyunlarına" Kurtuluş Savaşı sonrasında da devam etmişlerdir.

İngilizler, Kurtuluş Savaşı yıllarında Anadolu'daki ajanlarıyla tanımaya çalıştıkları Kürtlerle ilgili yeni planlarını, 1924 yılında uygulamaya koymuşlardır. Ancak bu sefer daha tecrübeli ve daha dikkatlidirler.

Kurtuluş Savaşı sırasında İngiltere'nin Anadolu'yu parçalama planları Mustafa Kemal'in dehası ve Türk milletinin fedakârlığı sayesinde sonuçsuz kalmış olsa da **Musul** üzerindeki egemenlik iddiaları devam etmiştir. Türkiye'nin bağımsızlığını tescilleyen Lozan Antlaşması'nda Musul sorunu sürüncemede kalmıştır. İngiltere, Musul üzerindeki hâkimiyetini pekiştirmek ve bu petrol bölgesini Türkiye'ye kaptırmamak için bir kere daha "Kürt ve İslam" kartlarına başvurmuş ve Kürtleri bir kere daha "din silahını" kullanarak ayaklandırmayı denemiştir. İngiltere'nin bu seferki çabaları, **Şeyh Sait isyanı** ile noktalanmıştır.

Cumhuriyet'in ilanından önce dağıtılmış olan Kürt Teali Cemiyeti üyelerinden Seyit Abdülkadir, Ceyranlı, Hüsnan, Halit, Hacı Musa ve eski milletvekillerinden Yusuf Ziya'nın katıldığı gizli bir komite kurarak Kürt devleti kurulması için çalışmaya devam etmişlerdir. Hınıs'ta oturan Şeyh Sait, Yusuf Ziya'nın aracılığıyla örgüte katılmıştır.[896]

---

[896] Behçet Cemal, **Şeyh Sait İsyanı**, İstanbul, s. 13'ten Aybars, **age.** s. 29.

İngiltere bu gelişmeleri yakından izlemiştir. İngiliz arşivlerindeki 23 Temmuz 1924 tarihli raporda son iki ay içinde Türkiye'nin genel durumu hakkında bilgi verildikten sonra, halifeliğin kaldırılmasının olay çıkmasına yol açmadığı, hükümetin politikasından hoşlanılmamasına rağmen İstanbul'da hayatın normal olduğu, İttihatçıların, Kürtlerin ve gericilerin Cumhuriyet'e karşı çalıştıklarının duyulduğu belirtilmiştir.[897]

İngilizler, Şeyh Sait isyanından önce bölgede **Nasturileri** ayaklandırmışlardır. *"İngilizlerin kışkırtmasıyla ve İngiliz yönetiminde çıkan Nasturi ayaklanmasına karşı, o günün o güç şartları içinde yapılan bastırma girişimleri kesin sonuca ulaşamadı."* [898] İngilizlerin Musul'u Türkiye'ye kaptırmamak için tertipledikleri bu isyan ayaklanmacıların sınır dışına kaçmasıyla sonuçlanmıştır. İngilizler, bu isyanda sadece isyancıları desteklemekle kalmamış, uçakları ile de isyancılara yardım etmiştir.[899]

İngiliz elçiliği 16 Eylül 1924'te Londra'ya gönderdiği raporda Kürt-Türk ilişkilerine yer vermiş ve bölgedeki Kürt ayaklanmalarının Ankara Hükümeti'ni endişelendirdiğini belirtmiştir.[900]

Görüldüğü gibi İngiltere Kurtuluş Savaşı'ndan sonra da Kürtlerle çok yakından ilgilenmeye devam etmiştir. Nasturi ayaklanmasından istediği sonucu alamayınca Şeyh Sait isyanına bel bağlamıştır.

Şeyh Sait isyanındaki İngiliz parmağı her geçen gün daha da belirginleşmektedir. Örneğin isyan sırasında Doğu ve Güneydoğu Anadolu bölgesinde dağıtılan Cumhuriyet karşıtı bildirilerin çok ileri bir teknikle basılmış olması ve yakalanan isyancılarda yabancı silahlar bulunması, Şeyh Sait isyanının yabancı bir ülke (İngiltere) tarafından desteklendiğini kanıtlamaktadır.[901]

---

897 Bilal Şimşir, **İngiliz Belgeleriyle Kürt Sorunu**, Ankara, 1975, s. 3.
898 Aybars, **age.** s. 30.
899 **Türkiye Cumhuriyeti'nde İç Ayaklanmalar**, Genelkurmay Harp Tarihi Başkanlığı, Ankara, 1976, s.1976; **Askeri Tarih Bülteni**, Genelkurmay Başkanlığı, S. 7, Şubat 1979, s. 1 - 17; **Ayın Tarihi**, C. IV, s. 161 - 193, Aybars, **age.** s. 31.
900 Şimşir, **İngiliz Belgeleriyle Türkiye'de Kürt Sorunu**, s.11 - 14.
901 **TBMM Arşivi, T.12,** Dosya, 69, 92; Behçet Cemal, **age.** s. 48; Aybars, **age.** s. 43.

İngiltere ayaklanma sırasında ve sonrasında bölgedeki gelişmeleri çok yakından takip etmiştir. **Mr. Lindsay,** 24 Şubat tarihli raporunda Şeyh Sait kuvvetlerinin bölgedeki birliklerden üstün olduğunu, bazı jandarma birliklerinin asilere katıldığını, ayaklanmanın arkasında İngiltere'nin bulunduğunun söylendiğini ve İngiltere'nin bu ayaklamayı desteklemediği konusunda gereken açıklamaların yapıldığını bildirmiştir.[902]

Mr. Lindsay, İngiltere'nin Şeyh Sait isyanıyla ilgisinin olmadığını söylemesine karşın 9 Mart 1925'te Diyarbakır'da bazı İngiliz silah fabrikası katalogları ve mektuplarının ele geçirilmesi ve bunların üzerinde "**Kürdistan Kraliyeti Harbiye Bakanlığı**" yazısının bulunması, İngiltere'nin Şeyh Sait isyanını desteklediğinin en açık kanıtlarından biridir.[903]

Bir ölüm kalım savaşından çıkmış, askeri ve ekonomik yetersizlikler içindeki Türkiye bu sefer de neredeyse tüm doğu illerini saran İngiliz destekli Şeyh Sait isyanıyla uğraşmıştır. Genç Türkiye Cumhuriyeti tüm gücüyle içerideki bu yangını söndürmeye çalışırken hemen yanı başındaki **Musul**'u İngilizlere bırakmak zorunda kalmıştır. Türkiye Şeyh Sait isyanını bastırmış, ama Musul'u kaybetmiştir. Şeyh Sait'i "din ve şeriat" oyunlarıyla aldatan İngiltere amacına ulaşmıştır.

İngiliz destekli Şeyh Sait, sorgusunda, mücadelesinin "*din adına*" olduğunu söylemiştir. Şeyh Sait'in sözleri, İngilizlerin "*din ve şeriat oyununu*" Anadolu sahnesinde bu sefer nasıl ustalıkla oynadıklarını göstermektedir.[904]

Dönemin milletvekilleri Şeyh Sait isyanı hakkında şu değerlendirmeleri yapmıştır:

"*Şeyh Sait ayaklanması, din işlerinin dünya işlerinden ve özellikle de politikadan ayrılması amacıyla yapılmış devrimlere karşı, ümmetçi anlayışın tam bir gerici tepkisi idi. Elbette ki kişisel çıkarlarını düşünenler, Kürtçülük peşinde koşanlar, petrol bölgesi ile ilgisini kesmek için doğu illerini Türkiye'den ayırma-*

---
902 Şimşir, age. s. 19 - 21.
903 Hâkimiyet-i Milliye, 17 Nisan 1925; Aybars, age. s. 60.
904 Mumcu, age. s. 123 - 140.

ya çalışan İngilizlerin bağımsız Kürdistan politikasına kapılanlar, kargaşadan ve anarşiden yarar uman komünist düşünceliler ve yağmacılar da olaya karışmışlardır. Fakat başta Şeyh Sait olmak üzere olayı yaratanlar Nakşibendilerdi. Nakşibendiler, İslamlığın en aşırı, en muhafazakar, en mutaassıp, en ümmetçi tarikatçıları idiler. Devlet düzeninin tek temelinin din ve tek devlet politikasının ümmetçilik olduğuna, hiçbir gücün sarsamayacağı şekilde inanmışlardı. Böyle olunca da onlar için milliyetçilik, ümmetçilikten sonra gelen, hatta ümmetçiliğin ortadan kaldırdığı bir kavramdı." [905]

Şeyh Sait isyanı sırasında göreve gelen İsmet Paşa Hükümeti **Takrir-i Sükûn Kanunu**'nu çıkarıp yeniden **İstiklal Mahkemeleri**'ni kurmuştur (1925). Bu mahkemelerin iki yıl içinde yargılayıp idamla cezalandırdıklarının sayısı 200'ü geçmemektedir.[906]

Genç Türkiye Cumhuriyeti bir daha bu tür "gerici" hareketlerle karşılaşmamak için 24 Şubat 1925'te *"dini siyasete alet edenleri vatan haini sayan"* bir kanunu kabul etmiştir.[907]

Yeni Türk devleti bir ulus devlettir ve cumhuriyetle birlikte "ulusal" kimliğini sıkça vurgulama ihtiyacı duymuştur. Mustafa Kemal, yeni Türk devletinin ulusal niteliğini vurgulamaya başladıkça, **İslam bağı** yavaş yavaş gevşemiş ve Kurtuluş Savaşı yıllarındaki "Türk-Kürt birlikteliği" çözülmeye başlamıştır. Ayrılıkçı Kürtler, Türkiye Cumhuriyeti'nin "ulusal kimlik inşasını", Kürt unsurunun dışlanması olarak değerlendirmişlerdir. Oysaki Mustafa Kemal'in ulusçuluk anlayışı, ırk temeline dayanmayan, Anadolu'daki bütün etnik unsurları kavrayıcı, ortak bellek, ortak dil ve ortak kültür temelinde, Misakımilli sınırları içindeki herkesi "yurttaşlık bağıyla" devlete bağlayan bir anlayıştır. Mustafa Kemal Atatürk bu nedenle *"Ne mutlu Türk olana değil"*, *"Ne mutlu Türk'üm diyene"* demiştir. Atatürk, Diyarbakır'ın fahri hemşehrisi olarak Dolmabahçe Sarayı'nda kabul ettiği Diyarbakır gazetesi temsilcilerine de şöyle demiştir: *"Diyarbakırlı,*

---

905 Mahmut Goloğlu, **Devrimler ve Tepkileri**, İstanbul, 2007, s. 142.
906 Aybars, **age.** s. 68.
907 Goloğlu, **age.** s. 118, 119.

Vanlı, Erzurumlu, Trakyalı ve Makedonyalı hep bir ırkın evlatları, hep aynı cevherin damarlarıdır." [908] Ancak emperyalist destekli ayrılıkçı Kürtler, "Türk ulusçuluğunu" "Türk ırkçılığı" olarak değerlendirerek "Kürt etnik kimliğini" öne çıkarmanın yollarını aramaya başlamışlardır.

Ayrılıkçı Kürtler, Mustafa Kemal'in Kurtuluş Savaşı sırasında "Kürtlerden" yararlandığını ve bu sırada "**Kürtlere bağımsızlık**" sözü verdiğini iddia ederek "bağımsız Kürdistan" isteklerine meşruiyet kazandırmak istemişlerdir.

Atatürk, 16/17 Ocak 1923'te İzmit'te İstanbul gazetecilerine verdiği mülakatta, Ahmet Emin Bey'in Kürt sorununa yönelik sorusuna, bir tür "**yerel özerkliklerin**" oluşacağı yanıtını vermiştir. Ancak Atatürk'ün sözünü ettiği "yerel özerklikler" tabiri, o günün terminolojisi içinde değerlendirilmelidir. Atatürk "yerel özerklik" ifadesiyle anayasadaki "güçlü yerel yönetimleri" kastetmiştir.[909] Şerafettin Turan'ın belirttiği gibi, o tarihte yürürlükte olan 20 Ocak 1921 tarihli Teşkilat-ı Esasiye Kanunu'nun iller yönetimine ilişkin 11. maddesinde böyle bir özerklik öngörülmüştür. Fakat bu mülakattan yaklaşık bir yıl sonra 20 Nisan 1924'te yürürlüğe giren 24 Anayasası'nın 91. maddesinde illere tanınmış olan özerklik kaldırılmıştır.[910]

1921'deki Teşkilat-ı Esasiye Kanunu, savaş devam ederken hazırlanmış olağanüstü bir anayasadır. Bu anayasada "yerel özerklikten" söz edilmesi tamamen Kurtuluş Savaşı'nın koşullarıyla ilgilidir. İngilizlerin Anadolu'daki etnik unsurlara "bağımsızlık" vaat ettikleri bir ortamda bu vaatlerin çekiciliğini azaltmak isteyen TBMM de Teşkilat-ı Esasiye Kanunu'nda "yerel özerklikten" söz etmek zorunda kalmıştır.

1930'lu yıllara gelindiğinde, artık Kurtuluş Savaşı yıllarındaki Kürt-Türk ahengi geride kalmıştır. Türk-Kürt etnik bağlaşmasının bozulmasıyla problemler de başlamıştır. Kürtler, uzun süre Türkiye Cumhuriyeti'yle olan problemlerinin "etnik" değil,

---

908 **Cumhuriyet,** 5 Ekim 1932.
909 Özel, **age.** s. 172.
910 Şerafettin Turan, **Türk Devrim Tarihi, 3. Kitap,** Ankara, 1995, s. 110, 111.

"dini" olduğunu ima etmişler, Atatürk devrimleriyle din ve gelenek ağırlıklı teokratik yapının tasfiye edilip çağdaş ve laik bir yapının oluşturulmasını "dinsizleşmek" olarak değerlendirerek *"din elden gidiyor"* sloganıyla, isyan hareketlerine meşruiyet kazandırmaya çalışmışlardır. Dolayısıyla Kurtuluş Savaşı yıllarında "birleştirici" etki yapan "din" o yıllarda "ayırıcı" etki yapmıştır. Nitekim 1930'lu yıllarda patlak veren Kürt isyanlarının dayanak noktası ağırlıklı olarak dindir.[911]

Kürtler, Atatürk'ün modernite projesi karşısında, Güneydoğu'nun **feodal ilişkilerinin** dirençli, kemikleşmiş yapısından kaynaklanan çelişkiler yaşamışlardır. Tarih boyu bölge insanı, kendisini, merkezi otoriteyi temsil eden "devletten" çok, yerel otoriteyi temsil eden "ağa"ya daha yakın ve bağlı hissetmiştir. Kurtuluş Savaşı sırasında Türklerle birlikte mücadele eden Kürtleri, savaş sonrasında, bir anda yerel bağlardan ve kemikleşmiş feodal ilişkilerden koparıp merkeze (devlete) yakınlaştırmak mümkün olmamıştır. Cumhuriyet'in ilk yıllarında Kürtlerin merkezle (devletle) olan bağlarını sıkılaştırmak demek, Kürtleri de "modernitenin" içine çekmek demektir. Ancak o dönemin koşulları içinde bunu başarmak çok zor hatta imkânsızdır. Önce Osmanlı Devleti'nin politikaları, sonra Ermenilerle yaşadıkları gerilimler ve son olarak da bölgeyi kontrol etmek isteyen Batılı emperyalistlerin oyunları, siyasi birlikten yoksun, ekonomik ve kültürel bakımdan çok zayıf, varlığı aşiret reislerinin iki dudağı arasına sıkışmış Kürt halkını büyük bir çıkmazın içine sürüklemiştir. As-

---

911 16 - 17 Ocak 1923'te Mustafa Kemal Paşa Akşam gazetesi Yazan Falih Rıfkı Atay'ın sorusu üzerine, **Musul ve Kürtler** konusundaki görüşlerini şu sözlerle dile getirmiştir: *"Musul, diyordu Gazi Paşa, ulusal sınırlarımız içindedir. Musul'u da kendi topraklarımız içine alan sınıra ulusal sınır demiştim. Gerçekten de o zaman Musul'un güneyinde bir ordumuz vardı. Fakat biraz sonra İngiliz komutanı gelmiş ve İhsan Paşa'yı aldatarak orada oturmuş. Musul bizim için çok önemlidir. Birincisi, Musul'da sınırsız servet oluşturan petrol kaynakları vardır."* Musul'un ulusal sınırlar içine alınmasını gerektiren ikinci nedeni de Gazi Paşa şöyle açıklamıştır: *"...ikincisi, onun kadar önemli olan Kürtlük sorunudur. İngilizler orada bir Kürt hükümeti kurmak istiyorlar. Bunu yaparlarsa bu düşünce bizim sınırlarımız içindeki Kürtlere de yayılır. Buna engel olmak için sınırı güneyden geçirmek gerekir."* Arı İnan, **Gazi Mustafa Kemal Atatürk'ün 1923 Eskişehir-İzmit Konuşmaları**, Ankara, 1982, s. 45.

lında yöre insanının baş talihsizliği, o coğrafyadan, o üretim ilişkilerinden ve o kültürel yapılanmadan kaynaklanmaktadır.

Mustafa Kemal Atatürk, Kürtlerin eski ve yeni birçok sorunu olduğunu ve bu sorunların "Kürt Sorunu" olarak ileride Türkiye Cumhuriyeti'nin başını ağrıtacağının farkındadır. Bu nedenle 30'lu yıllardaki Kürt isyanlarının hemen ertesinde İsmet Paşa'yı bir **Kürt Raporu** hazırlamakla görevlendirmiştir.[912]

Atatürk'ün emriyle Doğu, Güneydoğu ve Karadeniz bölgelerini gezen İsmet Paşa, 1935 yılında hazırladığı Kürt Raporu'nu Atatürk'e sunmuştur.

İsmet Paşa'nın raporundaki bazı başlıklar şunlardır:
1. Doğu'da tutunabilmemiz için Elazığ çok önemlidir.
2. Diyarbakır kuvvetli bir Türklük merkezi olmalıdır.
3. Fransızların, Mardin, Urfa, Antep ve Maraş'ta gözleri vardır.
4. Midyat'ı susuzluktan kurtarmak için yüz bin lira lazımdır.
5. Siirt'te halkı ağalardan kurtarmalıyız.
6. Bitlis devlet tedbiriyle Türk merkezi olarak kalabilir.
7. Van, Doğu'da Cumhuriyet'in önemli bir temeli olacak.
8. Türklüğe ısınan Kürtler.
9. En mühimi **Kürt Meselesi**'dir.
10. Van, Muş, Erzincan ve Elazığ'da Türk kütleleri oluşturmalıyız.
11. Kürtlere kesinlikle dokunulmayacaktır.
12. Kürt merkezlerine seyyar doktorlarla girmek etkili olacaktır.
13. Şeyh Sait isyanı Kürtlük duygusunu besleyip büyütmüştür.
14. Kürtler için Türkçe alfabe hazırlanmalıdır.
15. Kürt kızıyla evlenecek Türklere bazı haklar düşünülmelidir.[913]

İsmet Paşa'nın Kürt Raporu'nu inceleyen Atatürk, Hükümetin Doğu ve Güneydoğu bölgelerinde bazı çalışmalar yapmasını istemiş ve bu doğrultuda örneğin Diyarbakır, Erzurum ve Van'da müfettişlikler kurulmuştur.[914]

---

912 Saygı Öztürk, **İsmet Paşa'nın Kürt Raporu**, İstanbul, 2007, s. 93.
913 İsmet Paşa'nın Kürt Raporu'nun ayrıntıları için bkz. Saygı Öztürk, **İsmet Paşa'nın Kürt Raporu**, Doğan Kitap, İstanbul, 2007.
914 **age.** s. 93.

Ancak İsmet Paşa'nın Kürt Raporu'nda temas ettiği noktalardan birçoğunun bugün de geçerliliğini koruması, bu konudaki çalışmaların yetersizliğini ve Kürt sorununun sürekliliğini gözler önüne sermektedir.

BİR TOPLUM MÜHENDİSLİĞİ ÖRNEĞİ

"*İslamın Türklerle iç içeliğinden hareketle Türk milliyetçiliğinin uyanışında İslamı çıkış noktası olarak görmesi, Mustafa Kemal Paşa'nın başarılı sosyal mühendisliğinin işaretidir...*" [915]

Mustafa Kemal'in Kurtuluş Savaşı yıllarındaki "İslami meşruiyet politikası" gerçekten de bir toplum mühendisliği örneğidir. Mustafa Kemal Atatürk, dönemin koşullarını ustalıkla tahlil ederek, stratejik bir yaklaşımla ve gerçekçi bir bakış açısıyla hareket ederek, imkânsız görünen bir mücadeleyi kazanmayı başarmıştır.

Mustafa Kemal'in Kurtuluş Savaşı sırasındaki İslamcı yaklaşımları, Türkiye'yi parçalamaya çalışan emperyalistleri de şaşkına çevirmiştir; öyle ki İngiltere, Milli Hareket'i neredeyse sadece İslamcı bir hareket olarak görme noktasına gelmiştir. Örneğin, Kurtuluş Savaşı'nın en önemli etkinliklerinden Sivas Kongresi'ni İngiliz Yüksek Komiseri Robeck, "*İslami bir kongre*" olarak görmüştür; İngiliz Yüksek Komiseri Robeck, 26 Aralık 1920'da Curzon'a yazdığı muhtırada, Sivas'ta İslami bir kongrenin toplandığından söz etmiştir. Robeck'e göre bu olay bir şaka olarak kabul edilmemelidir. Sivas Kongresi, Türkiye başta olmak üzere bütün İslam âleminde baş gösteren İslami hislerin bir örneğidir. Dikkatle üzerine eğilmek gerekmektedir. Bu çerçeve içinde değerlendirildiğinde, "*Panislamizm Avrupa tahakkümünü üzerinden atıp kendi kaderlerini çizmeye yönelik bir milliyetçilik şeklinde kendini göstermektedir.*" [916]

İngiliz yetkililerin tamamı Robeck kadar ileri görüşlü değildir. Örneğin, Dışişleri Bakanı Curzon, Robeck'in endişelerini

---
915 Öke, **Hilafet Hareketleri**, s. 45.
916 age. s. 57.

yersiz bularak, "*İslamcılık akımını, bir azınlık tarafından yaratılan 'suni ve düzmece' bir hareket*" olarak nitelendirmiştir.[917] Belli ki, Mustafa Kemal'in İslami meşruiyet politikası, İngiliz yetkililerin kafasını karıştırırken, Anadolu direnişinin de itici gücü olmuştur.

Sonuç olarak, Mustafa Kemal'in Kurtuluş Savaşı sırasında İslami meşruiyetten yararlanmasının nedenlerini şu şekilde özetlemek mümkündür:

1. O günkü Anadolu toplumunun yüzde doksanı Müslümandır. Toplumun temel değeri olan ve birleştirici, bütünleştirici etkisi bulunan, din öğesi dışında başka bir kaynaktan güç almayı düşünmek, daha işin başında hedefi hayale çevirmek demek olurdu.
2. Hürriyet ve İtilaf Fırkası'na mensup muhaliflerin, yaptığı "dinsiz İttihatçı" propagandasının, mücadele yanlılarının halk karşısındaki otoritelerinin tümden kaybolmasına yol açmaması için dini meşruiyetten yararlanılması büyük önem taşımaktadır.
3. Toplumsal gruplar, Sultan-halifenin dışında başka bir otorite düşüncesinden tamamen uzaktırlar. O günlerde "*Batılılaşma yandaşları bile tüm çabalarında imparatorluğu, dolayısıyla saltanat ve hilafeti sürdürmek amacı gütmekteydiler.*" [918] Dolayısıyla, İstanbul'un elindeki din silahını etkisiz kılmak için aynı silaha sahip olmak gerekliydi. Nitekim Mustafa Kemal Paşa, Dürrizade'nin fetvasına, Rıfat Börekçi'nin fetvasıyla karşılık vermiştir. Yine bu süre zarfında din silahını daha etkili kullanacak durumda bulunan Sultan-halifenin, düşman elinde tutsak olduğu ve bütün amacın onu kurtarmaya yönelik olduğu tezi sürekli yinelenmiştir.
4. Din öğesi sürekli vurgulanmak suretiyle, Meclis'te siyasal ve sayısal ağırlığa sahip din adamları grubu ile bağlar sıkılaştırılmış ve bu yoldan seçkinlerin halka seslenmeleri kolaylaştırılmıştır.

---

917 age. s. 58.
918 Suna Kili, **Atatürk Devrimi**, Ankara, 1995, s. 145.

5. Daha önce, uzun yıllar Osmanlı yönetiminde bulunan Yunanistan gibi Hıristiyan bir tebaanın ülkeyi istila etmesi, din öğesinin, dünkü tebaa ve Hıristiyan işgalciye karşı çok kolay kullanabileceği bir ortam yaratmıştır; işgalci Hıristiyan, işgal edilen Müslüman olunca, bu mücadelede İslam, milliyetçiliği desteklemiştir. Nitekim gayrimüslim unsurlar son seçimlere iştirak ettirilmemiş, Birinci Meclis'e bir tek Müslüman olmayan üyenin girmesine imkân verilmemiştir.
6. İslamın, bağlayıcı, bütünleştirici işlevi, Anadolu'daki Müslüman etnik grupların (özellikle Kürtler) desteğini sağlayıp düşmana karşı tüm Anadolu'nun bir bütün halinde bağımsızlık mücadelesi vermesinde etkili olmuştur.
7. Mustafa Kemal, İslami söylemleri ve İslami yaklaşımlarıyla, sadece Müslüman Anadolu halkını değil, **İslam dünyasını** da etkileyerek Milli Hareket'e destek sağlamayı amaçlamıştır.[919] Bunda da oldukça başarılı olmuştur. İslam dünyası, o günlerde Mustafa Kemal'i, İslamın bayrağını dalgalandıran "son mücahit" olarak görmüştür.

Uğur Mumcu, Kurtuluş Savaşı yıllarında Mustafa Kemal'in neden "İslami meşruiyetten" yararlandığını şöyle açıklamaktadır:
"Mustafa Kemal o günlerde iki suçlamayla karşı karşıyaydı; Bolşeviklik ve dinsizlik...
(...) Damat Ferit, Kuvvay-i Milliyecilere, 'isyancılar' adını takıyor, 'isyancıların Bolşeviklerden yardım aldığını' ileri sürüyor; Sultan Vahdettin de Mustafa Kemal ve arkadaşlarının 'Bolşevikten başka bir şey olmadığını' söylüyordu; Batı basını da Mustafa Kemal ve arkadaşlarının 'Bolşevik' oldukları kanısındaydı (The New York Times, 11 Mart 1919).
(...) ABD ve İngiltere arasında Trabzon ve çevresinde bir Ermeni devleti, dört ilde de bir Kürt devleti kurulması için anlaşma da yapılmıştı, İngilizler, Karadeniz Bölgesinde ayrıca bir Lazistan devleti kurup, bunu da Ermeni mandasına bağlamak istiyordu (...).

---

919 Benzer tahliller için bkz. Oran, age. s. 74 v.d, Öke, **Hilafet Hareketleri,** s. 45.

(...) Peyam-ı Sabah Gazetesi'nde, Kürt Teali Cemiyeti'nin şu bildirisi yayınlanmıştı: 'Millici örgüte aldırmayın. Bunlar, Bolşevik kafası taşıyan yurtsuz serserilerdir.'

(...) Mustafa Kemal'i kaygılandıran bir başka gelişme de Enver Paşa'nın Sovyetler'le olan yakın ilişkisiydi. Mustafa Kemal, Sakarya Savaşı'nda yenilseydi, Lenin, Enver Paşa'yı Müslümanlardan oluşan bir 'kızıl ordu' ile Anadolu'ya gönderecekti.

(...) Düzce ve Hendek'te ayaklanan gericiler, şehit ettikleri Yarbay Mahmut Bey'in cenazesini 'Bolşeviktir' diye kaldırmıyordu.

(...) Hilafet orduları, İngiliz gizli servisinin Kürt aşiretleri ile birlikte giriştiği komplolar, iç ayaklanmalar, emperyalist devletlerin Türkiye üzerindeki oyunları, Ulusal Kurtuluş Savaşı'nın ancak Mustafa Kemal çapında bir lider tarafından yönetilmesini gerektirmekteydi.

Bu savaşın yürütülmesinde, elbette "siyasal taktikler" uygulanacaktı. Mustafa Kemal ve arkadaşları İstanbul Hükümeti'nce, 'dinsizlik' ve 'Bolşeviklik' ile suçlanıyordu. Mustafa Kemal, bu propagandalara karşı önlem almak zorundaydı." [920]

Uğur Mumcu, Mustafa Kemal'in Kurtuluş Savaşı'ndaki rolünü, Mustafa Kemal'in önce silah arkadaşı, sonra muhalifi olan Rauf Orbay'ın şu sözleriyle desteklemiştir:

"Mustafa Kemal Paşa mücadeleye atılmasaydı, bu memleket kurtulmazdı. Anadolu'nun tehlikeye düşen yerlerinde... başlayan ve bir yurtsever düşüncenin ürünü olan zayıf ulusal direniş hareketleri, Mustafa Kemal Paşa tarafından birleştirilmeseydi, her biri ayrı ayrı kolayca bastırılabilirdi." [921]

Mustafa Kemal, Kurtuluş Savaşı yıllarındaki hareket tarzıyla, öncelikle mücadeleyi başarıya ulaştıracak bir "kurtuluş inancı" yaratmayı hedeflemiş, bu inancı tüm topluma benimsetip toplumda birlik, bütünlük hareketini sağlayacak otoriteyi, İslam dini olarak belirlemiştir. Çünkü ona göre *"bağımsızlık hareketleri, ulusal boyutlarda ele alındığı, millet kurulacak geniş*

---

920 Uğur Mumcu'dan naklen, Tartanoğlu, age. s. 348,
921 age. s. 348 - 349.

bir örgütle desteklenerek kurtuluş için yönlendirildiği ölçüde başarılı olur." [922] O günlerin Türkiye'sinde Mustafa Kemal'in, Milli Hareket'i ulusal boyutlarda ele alabilmesi, mücadeledeki otoriteyi İslam dini olarak belirlemesine bağlıydı.

Mustafa Kemal üzerine son kapsamlı çalışmalardan birini yapan **Andrew Mango**, Kurtuluş Savaşı'nın kazanılmasında Mustafa Kemal'in "din silahını" ustalıkla kullanmış olmasının büyük rolü olduğu inancındadır.[923]

Kurtuluş yıllarında Mustafa Kemal'in İslam dininden yararlanmış olmasını, *"Atatürk işine geldiği zaman dinden yararlanıyor, dini kullanıyor"* şeklinde yorumlayanlar vardır. Evet, Mustafa Kemal Kurtuluş Savaşı yıllarında dinden yararlanmıştır; fakat, Mustafa Kemal, pek çokları gibi İslam dininden kişisel çıkar için değil, Müslüman bir ulusun ölüm-kalım savaşını zaferle sonuçlandırmak için yararlanmış ve bu imkansız mücadeleyi başarıyla sonuçlandırmıştır. Dolayısıyla, Mustafa Kemal eğer İslamı kullandıysa –ki Kurtuluş Savaşı yıllarında kullanmıştır– bunu, kişisel çıkar elde etmek için değil, Müslüman-Türk ulusunu kurtarmak için yapmıştır; İslam, Mustafa Kemal'in elinde toplumsal ve yararlı bir amaca hizmet etmiştir.

Türkiye'de Kurtuluş Savaşı ve din konusundaki yaygın anlayış, Kurtuluş Savaşı sırasında İstanbul hükümetleri tarafından Milli Hareket'i etkisizleştirmek için kullanılan din sömürüsünün gündemde tutulması şeklindedir. Halife sıfatıyla dinsel gücü simgeleyen Osmanlı padişahı ile Mustafa Kemal'in karşı karşıya gelmeleri, Kurtuluş Savaşı sonrasında Mustafa Kemal'in, Vahdettin'i "vatan hainliği" ile suçlaması ve İslam dininin adeta Osmanlı padişahıyla özdeşleşmiş olması, bazı çevrelerin, Kurtuluş Savaşı'nda Mustafa Kemal'in arkasındaki İslami desteği göz ardı etmesine neden olmuştur. Mustafa Kemal'in hiçbir şekilde İslamla yakınlık kurmadığını ileri süren kimi çevreler, Kurtuluş Savaşı sırasında, eğer İslamla bir yakınlık kurduysa, bunu da mecburiyetten ve tamamen isteksizce yaptığını, gerçekte

---

922 Kili, **age.** s. 150.
923 Mango, **age.** aynı yer.

Mustafa Kemal'in İslamı temsil eden padişahın buyruğu dışına çıktığından ve Kurtuluş Savaşı'nın ardından yaptığı "laik" devrimlerden dolayı, İslam dini ile karşı karşıya geldiğini iddia etmektedirler. Bilimsellikten ve gerçeklikten uzak, tamamen ideolojik yaklaşımların bir ürünü olan bu değerlendirmelerin amacı, Mustafa Kemal'in "dinsiz" olduğu yönündeki tezleri güçlendirmek ve dolayısıyla büyük bir çoğunluğu Müslüman olan Türk halkı ile Mustafa Kemal arasındaki "gönül bağını" koparmaktır. Oysaki Mustafa Kemal, Milli Hareket yıllarında İslam dinine karşı değil, dinin temsilcisi olduğunu iddia eden İstanbul'daki teslimiyetçi siyasal otoriteye karşı haklı bir mücadele vermiştir. Üstelik bu mücadelede halkla özdeşleşen gerçek İslamı, ya da "halk İslamı"nı yanına alarak hareket etmiştir. Nitekim o günlerde Mustafa Kemal'e ve Milli Hareket'e bizzat destek veren yüzlerce gerçek din adamı vardır.

Mustafa Kemal'in Kurtuluş Savaşı sırasında dinden aldığı desteğin unutulmasının bir diğer nedeni, ülkemizde din adına yapıldığı ileri sürülen şeylerin birçoğunun geri, ilkel, bağnaz, çağ dışı bulunarak reddedildiği bir ortamda aydınlığın ve çağdaşlığın sembolü olarak görülen Mustafa Kemal'in, İslam düşüncesiyle hiçbir şekilde bir bağının olmayacağı önyargısıdır. Bu davranış, dinsel etiketi olan herhangi bir şeyden olumluluk beklenmemesi anlayışının bir uzantısıdır. Özellikle, aydınlar arasında neyin dini olup olmadığını araştırmak, din sömürüsü ile mücadele etmek yerine, din etiketi taşıyan her şeyden uzak durmanın adeta bir genel kural haline gelmesi, Mustafa Kemal'in dinle hep çatışma halinde olduğu şeklinde bir kör inancın yaygınlık kazanmasına yol açmıştır. Aydınların bu konuda zaman zaman vurdumduymaz davrandıkları, zaman zaman da bilinçli bir şekilde Atatürk ve din arasında çatışma ve mesafe olduğu fikrini besledikleri görülmektedir.

Mustafa Kemal, Kurtuluş Savaşı yıllarında, İslamdan daha çok toplumsal motivasyonu güçlendirmek için yararlanmıştır. Bu, aynı zamanda bir pozitivist hareket tarzıdır. Unutulmaması gereken en önemli nokta, bu dönemde Mustafa Kemal'in ittifak kurduğu İslamın, İstanbul hükümetlerinin Milli Hareket'e karşı kullandığı İslamdan çok farklı olduğudur. Mustafa Kemal, Anadolu halkıyla bütünleşmiş olan gerçek İslamla, "halk İslamı"yla (Heterodoks İslam) diyalog kurmuştur.

Mustafa Kemal ve Kurtuluş Savaşı'nda din konusunu değerlendirenlerden büyük bir bölümü, Mustafa Kemal'in Kurtuluş Savaşı sırasında sergilediği İslamcı hareket tarzının **tamamen taktik gereği** olduğunu ileri sürmektedirler. Bu görüşü savunanlardan, Mustafa Kemal'in "dinsiz" olduğunu düşünenlere göre, Mustafa Kemal'in o yıllarda din ile ilgili söyledikleri ve yaptıklarında en ufak bir **samimiyet belirtisi** dahi yoktur. Onlara göre Mustafa Kemal'in Kurtuluş Savaşı'ndan sonra dinle ilgili olumlu sözlerinin ve davranışlarının azalması bu durumun en açık kanıtıdır. Ancak Mustafa Kemal'in Kurtuluş Savaşı'ndan sonra dinle ilgili olumlu söz ve davranışlarının azalmasını, onun Kurtuluş Savaşı yıllarında din konusunda söylediklerinde samimi olmadığına kanıt gösterenler büyük bir yanılgı içindedirler. Çünkü Mustafa Kemal'in Kurtuluş Savaşı sırasında dinle kurmuş olduğu diyalogun, savaş sonrasında azalmış olmasının gözden kaçırılan çok başka nedenleri vardır. Şöyle ki:

Mustafa Kemal, Kurtuluş Savaşı sırasında halkın içinden biridir ve Milli Hareket bir halk hareketidir. Bu bakımdan Mustafa Kemal'in öncelikli olarak yapması gereken, halkı **aynı amaç etrafında** birleştirmektir. Bunun için gerektiğinde İslami bir söylem kullanmış, gerektiğinde camii minberinde vaazlar vermiş, gerektiğinde din adamlarıyla sık sık yan yana gelmiştir; fakat yeni Türk devletinin kurulması ve cumhuriyetin ilanından sonra her şey değişmiştir. **Mustafa Kemal, artık Anadolu'nun olağanüstü koşullarındaki sivil, özgürlük savaşçısı Mustafa Kemal değildir. O, artık Türkiye Cumhuriyeti'nin kurucusu Mustafa Kemal Atatürk'tür.** Onun için artık, Anadolu'nun olağanüstü koşullarında yaptığı gibi ne İslami söylem kullanmasına, ne cami minberine çıkmasına, ne de din adamlarıyla eskisi kadar sıkı fıkı olmasına, -bunu çok istese dahi- imkân ve ihtiyaç vardır. Çünkü o, artık laik bir devleti temsil etmektedir. Laik bir devleti temsil eden biri olarak İslami vurgular yapmaya devam etmesi, onu Osmanlı siyasal otoritesinin temsilcisi olan padişahla aynı konuma getirecektir. Oysaki dinle bütünleşen Osmanlı siyasal otoritesi artık yıkılmıştır ve Mustafa Kemal Atatürk'ün en büyük amaçlarından biri, dinle siyaseti, dinle devleti birbirinden ayırmaktır. Laikliği yerleştirmeye çalışan bir devlet lideri olarak Mustafa Kemal Atatürk'ün, Kurtuluş Savaşı sonrasında da (1923 sonrasında) tıpkı Kurtuluş Savaşı yıllarında olduğu gibi, uluorta dini vurgular taşıyan sözler sarf edip, bu yönde davranışlar sergilemesi doğru bir yaklaşım olmazdı. Bunun bilincinde olan Mustafa Kemal, 1923 sonrasında doğal olarak, İslami hareket tarzından yavaş yavaş vazgeçmiştir. Bunu da birdenbire değil, bir süreç içinde gerçekleştirmiştir. Bu bakımdan, Atatürk'ün 1923 sonrasında dinle ilgili söz ve davranışlarının azalmasını, onun "dinsiz" olduğuna ya da Kurtuluş Savaşı sırasında söylediklerinde "samimi" olmadığına kanıt göstermek gayri ciddi bir yaklaşımdır.

Mustafa Kemal Paşa'nın Kurtuluş Savaşı sırasında İslami meşruiyetten yararlanması, Anadolu insanının yapısını ve İslam dinini ne kadar iyi tanıdığını göstermektedir.

Bir Elimde Silahım Bir Elimde Mukaddes Türk Bayrağı

Mustafa Kemal Paşa, Kurtuluş Savaşı sırasında bir "toplum mühendisi" gibi hareket ederek binbir güçlük içinde girişilen bir ulusal kurtuluş savaşını başarıya ulaştırmıştır. Toplumu tüm unsurlarıyla düşmana karşı harekete geçirmek için ne gerekiyorsa onu yapmıştır. En zor, en umutsuz anlarda herkesi ortak ülkü (vatanın kurtuluşu) etrafında toplamayı başarmıştır. Örneğin, Kurtuluş Savaşı'nın en umutsuz günlerinde milletvekillerinden birinin: *"Ankara'da Mustafa Kemal'den başka bir şey yok, bu işin sonu felakettir, akıbetimiz korkunçtur"* sözleri üzerine, zayıf iradeli bir grup, hayatlarından endişeye düşerek memleketlerine dönmeye karar vermişlerdir. Mustafa Kemal bu durumdan haberdar olunca üzüntü duyarak bu korkunun Meclis'te bir panik yaratmasından endişe etmiştir. Bu nedenle Meclis'te bir gizli celse düzenleyerek, kürsüye çıkıp bir konuşma yapmıştır:

"Efendiler. Bazı arkadaşların bulunduğumuz yoksulluk şartları içinde, büyük davamızın başarılamayacağını zannederek, memleketlerine dönmek arzusunda olduklarını duydum. Arkadaşlar! Ben sizleri bu milli davaya silah zoru ile davet etmedim. Görüyorsunuz ki sizleri burada tutmak için herhangi bir silaha da malik değilim. Dilediğiniz gibi memleketlerinize dönmekte hürsünüz. Hatta hepiniz de bu kararda olabilirsiniz; fakat şunu biliniz ki, bütün arkadaşlarım beni yalnız bırakıp gitseler, ben bu Meclis-i Âli'de tek başına kalmaya ahdettim. Düşman, adım adım her tarafı işgal ederek Ankara'ya kadar gelecek olursa, ben bir elimde silahım, bir elimde mukaddes Türk bayrağı, Elma Dağı'na çıkacağım, orada tek başıma son kurşunuma kadar düşmanla çarpışacağım. Sonra da mukaddes bayrağı göğsüme sarıp şehit olacağım. Bu bayrak kanımı sindire sindire içerken, ben de hayata veda edeceğim; huzurunuzda buna ant içiyorum. Ben öleyim vatan sağolsun." [924]

Mustafa Kemal'in bu ateşli söylevinden sonra ağlamadık tek bir milletvekili kalmamıştır. Ruhu iman dolu bu kahramanın sözlerinden herkesin vatanseverlik hisleri coşmuştur. Hep bir ağızdan, *"Paşam yolundan dönmeyeceğiz, seninle beraberiz"* diye bağırmışlardır.

Mustafa Kemal Atatürk, Kurtuluş Savaşı'nı kazanabilmek için adeta bir toplum mühendisi gibi çalışarak, toplumu birleştirip bütünleştirecek ve düşmana karşı mücadeleye sevk edecek birçok unsuru büyük bir ustalıkla harekete geçirmiştir. İşte o unsurların en başatı mensup olduğu ve çok iyi bildiği İslam dinidir.

***

Unutulmamalıdır ki **Atatürk,** Müslüman Türk ulusunu iki kere kurtaran tek liderdir: Birincisi Çanakkale ve Kurtuluş Sa-

---

924 Enver Behnan Şapolyo, **Mustafa Kemal Paşa ve Birinci Büyük Millet Meclisi Tarihçesi,** s. 18 - 20.

vaşı sırasında "emperyalizmin" pençesinden kurtarmıştır... İkincisi ise Kurtuluş Savaşı sonrasındaki "çağdaşlaşma" hareketiyle "karanlığın ve taassubun" pençesinden kurtarmıştır.

Kendisini, *"Milli Görüşçü Kuvayi Milliyeci"* olarak tanımlayan **Ahmet Akgül,** *"Bizim Atatürk"* adlı eserinde *"Acaba Atatürk Ne Yaptı da Böylesine Hedef Oldu"* başlığı altında Atatürk'ün Müslüman Türk milletine yaptığı hizmetleri şöyle sıralamıştır:

1. Türk İstiklal Savaşı'nın başarıya ulaşmasını sağlayacak plan ve projeleri üretmiştir.
2. Osmanlı İmparatorluğu'nun asli unsuru olan Türklerin ve diğer etnik kökenlerin imhasını ve soykırımını engellemiştir.
3. İslamı sadece Mekke ve Medine'ye hapsedecek makro operasyonu çökertmiştir.
4. Siyonistlerin güdümündeki İngiliz, İtalyan, Fransız ve Yunanlıların Osmanlı'yı, yani Türkleri ve İslamı yok etme ve Anadolu'ya yerleşme planını etkisizleştirmiştir.
5. Müslümanlara, Batı'yı kendi silahları ve kendi yöntemleriyle vurabileceklerini öğretmiştir.
6. Bir milletin yok olmaktan nasıl kurtulacağını herkese örnek olacak şekilde bizzat gerçekleştirmiştir.
7. Gerçek İslamın (İngiliz ve Siyon eli değmemiş İslamın) nasıl bir güç olduğunu somut olarak göstermiştir.
8. Emperyalizmi yenerek dünyaya, özellikle de ezilmiş uluslara örnek teşkil etmiştir.
9. Doğu'da bir zihniyet devrimi planlayıp başarıya ulaştırmıştır. Doğu'da medeniyeti, tasavvuru ve bilinci yeniden yeşertmiştir.[925]

İşte, bazı "etsunlanmışların" nefret ettiği Atatürk, Türk-İslam tarihinde Türk ulusuna ve İslam dinine en büyük hizmetleri yapan liderlerden biri, hatta birincisidir...

---

925 Ahmet Akgül, **Bizim Atatürk,** İstanbul, 2006, s. 238, 239. Kendisinin dünya görüşüne ve genel anlamda tarih anlayışına katılmadığım Sayın Akgül'ün Atatürk hakkındaki bu düşücelerinin altına imzamı atıyorum.

DÖRDÜNCÜ BÖLÜM

TÜRK MODERNLEŞMESİ, ATATÜRK DEVRİMLERİ VE İSLAM DİNİ

Bu bölümde, Osmanlı modernleşmesinin (Batılılaşmasının) ve Atatürk modernleşmesinin bazı temel özellikleri, Osmanlı modernleşmesi ile Atatürk modernleşmesi arasındaki ilişki, Atatürk modernleşmesinde İslam dininin yeri, Atatürk modernleşmesine muhalefet ve İslam dini gibi konular üzerinde durulmuştur. Özellikle, Türkiye'de modernleşmenin Cumhuriyet öncesine dayanan kökleri vurgulanarak "kararsız ve kırılgan" Osmanlı modernleşmesine Atatürk'ün "radikal" bir boyut kazandırdığı tezi işlenmiştir. Laikliğe geçiş ve halifeliğin kaldırılması konusundaki tartışmalarının ayrıntılarına girilmeden, genel olarak Atatürk modernleşmesi ve İslam bağlantısı incelenmiştir.

ATATÜRK MODERNLEŞMESİNİN TEMELİNDEKİ OSMANLI MİRASI

Atatürk'ü ve Türk modernleşme hareketini doğru anlamak, Osmanlı Devleti tarihini, özellikle de Osmanlı Devleti'nin son iki yüzyılını iyi bilmekle mümkündür. Çünkü Türkiye Cumhuriyeti'ni hazırlayan koşullar, Osmanlı Devleti'nin son iki yüzyılında şekillenmeye başlamıştır. Bu gerçeği göz ardı ederek ideolojik yaklaşımlarla, Atatürk'ün Samsun'a çıktığı 1919 yılını, ya da cumhuriyetin ilan edildiği 1923 yılını, Atatürk'ü ve Türk modernleşme hareketini anlamak için başlangıç kabul etmek son derece yanlıştır.

Atatürk modernleşmesi, temelleri Osmanlı Devleti'nin son dönemlerinde atılan; fakat **kendine has metotlarla** gerçekleştirilen **son derece radikal** bir **değişim hareketidir;** fakat Atatürk mümkün olduğunca kendinden önceki modernleşme mirasından yararlanmıştır. Bu durum, bir bakıma tarihteki başarılı toplumsal değişim hareketlerinin ortak yönüdür.

"Tarihteki büyük dönüşümler hem geçmişe bir reddiye, hem de ona dayalı adımlardır. Devrimci süreçte hem bir kopuş, hem bir süreklilik vardır. 1918-1923 arasında yaşananlar, bir yandan geçmişle bir hesaplaşma ve onu aşmadır; çok uluslu yarı bağımlı bir imparatorluktan, ulusal, demokratik ve bağımsız bir devlete geçiş... Ama bu büyük çağıldamanın havuzu da ona ön gelen dönemde aranmalıdır. Tarihin mirasını, ekonomik, sosyal, düşünsel (fikri) ve siyasal, kurumsal alanda arayabiliriz." [926]

Başta Atatürk olmak üzere cumhuriyeti kuran kadro, Osmanlı asker-sivil ve bürokrat geleneği içinde yetişmiş, 19. yüzyıl Osmanlı modernleşmesine bizzat tanık olmuş ve doğrudan bu modernleşme hareketinin etkisi altında kalmıştır. Bu nedenle cumhuriyeti kuran kadro, birçok bakımdan Osmanlı modernleşmesinden ilham almıştır. Nitekim cumhuriyetin kurucularının, topluma yukarıdan aşağıya doğru şekil vermek olarak tanımlanabilecek "jakobenizmi" tercih etmeleri, onların 19. yüzyıl Osmanlı modernleşmeci elitinin yolundan yürüdüklerini gösterir.[927]

Osmanlı Devleti'nin Batı'ya yüzünü çevirdiği 18. yüzyılda **Lale Devri'yle (1718-1730)** başlayan Türk modernleşmesi, 19. yüzyılın ikinci yarısında hızlanarak devam etmiştir. Atatürk modernleşmesiyle kıyaslanamayacak kadar "düalist" ve "kırılgan" olan Osmanlı modernleşmesi, her şeye rağmen geleneksel Os-

---

926 Bülent Tanör, **Kurtuluş üzerinde 10 Konferans**, İstanbul, 1995, s. 172.
927 Atatürk, Jön Türkleri ve İttihat ve Terakkiciler gibi yöntem olarak jakobenizmden yararlanmakla birlikte, önce Kurtuluş Hareketi'nde daha sonra da devrimler sürecinde halkı yanına alarak **halkla birlikte** hareket ettiğinden onu klasik anlamada bir jakoben (tepeden inmeci) olarak adlandırmak mümkün değildir.

manlı toplumunun **yenilik** düşüncesiyle tanışmasını sağlamış, en azından Atatürk modernleşmesinin yüzeysel bir provası olmuştur. Bu sayede, daha 1800'lü yıllarda Osmanlı halkı, **meşrutiyet, demokrasi, parlamento, siyasi parti, özgür irade, anayasa, modern eğitim** gibi pek çok yeni düşünce, kavram ve kurumla tanışmıştır.

"*Osmanlı insanı, 18. yüzyıldan beri bulunduğu mekânı ve zamanı başka türlü görmeye, dünya tarihini ve coğrafyasını tanımaya başladı. Kâtip Çelebi'yle başlayan Latince tercümeler, müstakil Osmanlı tarihini yazan Dimitri Kantemir, Mavrokordato ailesi ve aynı zamanda Galata Kadılığı'da yapmış olan ve Platon'un Fizika'sını Latince'den çeviren Esad Yanyevi ile devam etti. Batı klasiklerinin tercümesiyle meşgul olunurken, Şark klasiklerinin tercümesi de ihmal edilmiyordu. Hezarfen Hüseyin Efendi, Yunan-Roma tarihinden ilk defa olarak söz ederken, Pirizade Mehmed Saib Efendi de İbn-i Haldun'un Mukaddimesi'ni Türkçe'ye çevirdi. İşte bu tercüme faaliyetinin ışığında Osmanlı adamı, bir anlamda geride kalan zaman kadar, yaşadığı dünyanın renklerini de fark eden senkronize görüş sahibi biri oldu.*" [928]

Osmanlı Devleti'nde **II. Mahmut** döneminden itibaren aşama aşama uygulamaya konulan Batılılaşma ve **devletin modernizasyonu** çalışmaları ile bir asır sonra gündeme gelecek olan cumhuriyetin altyapısı hazırlanmıştır. "*Bu mantık silsilesi takip edildiğinde cumhuriyetin kaçınılmazlığı da teslim edilecektir; kaldı ki, 1923 Ekim'inin son günlerinde yeni payitaht Ankara'da cumhuriyet ilan edilirken, İstanbul'da tarihe karışan idare şekli, padişahlıktan önce meşruti monarşiydi. Osmanlı meşruti monarşisi, gelişmeye pek fırsat bulamamış olsa da çift yapılı parlamentosu, matbuatı, siyasi partileri, muhalefet organizasyonları ve henüz yeni filizlenmekte olan sendika, dernek, cemiyet gibi sivil toplum kuruluşlarıyla hiç de 'keyfî' bir yönetim tarzı görüntüsü vermiyordu. Dolayısıyla, meşruti monarşiden sonra siyasi*

---

[928] Muammer Göçmen, *İsviçre'de Jön Türk Basını ve Türk Siyasal Hayatına Etkileri*, İstanbul, 1995, s. 52, 53.

kurumlar, temel hak ve hürriyetler bakımından daha daraltıcı bir rejime geri dönülemezdi. Cumhuriyetin, Osmanlı meşruti monarşisinin hemen akabinde ilanı, gerek Osmanlı meşrutiyetçileri için, gerek cumhuriyeti ilan eden Osmanlı zevatı için şaşırtıcı değil, tabii bir netice teşkil etmiştir." [929] Bu bakımdan Atatürk modernleşmesini Osmanlı modernleşmesinin bir devamı ve uzantısı olarak kabul etmek gerekir; fakat bunu yaparken unutulmaması gereken temel nokta, Atatürk'ün Osmanlı modernleşmeci elitinin tecrübelerinden yararlanırken, onların hatalarını ve yanılgılarını tekrarlamaktan kaçındığı ve çok daha "radikal" hareket ettiğidir.

Gerçek anlamda Osmanlı modernleşmesi, -18. yüzyılın cılız ıslahat hareketleri istisna- **1839 Tanzimat Fermanı** ile başlamıştır. Tanzimat Fermanı, "egemenliğin kaynağından" "kanun gücünün üstünlüğüne" kadar birçok konuda düzenlemeler getirmiştir. Din ve mezhep farkından doğan "kısmi eşitsizliklere" son vermiş, halkın can, mal, ırz, namus gibi haklarını güvence altına almıştır. Tanzimat Fermanı ile başlayan bu modernleşme dönemi, **1856 Islahat Fermanı** ile daha da belirginleşmiştir.

Tanzimat döneminde yapılan yeniliklerle İslam dini, devlet dini olmaya devam etmekle birlikte, devlet din konusunda özgürlüklere daha fazla önem vermeye başlamıştır. Toplumsal ilişkiler, dini kanunlardan, dini hükümlerden çok, hayatın gerekleri göz önünde tutularak düzenlenmiştir. Müslüman Hıristiyan arasındaki "kısmi eşitsizlikler"in ortadan kaldırılmasıyla devlet dini olan Müslümanlık, eski ayrıcalıklı konumunu yitirmeye başlamıştır. Ayrıca bu süreçte, Hıristiyan halka tanınan haklar, Batılı emperyalistlerin de baskısıyla her bakımdan genişletilmiştir.

1839-1876 yılları arasını kapsayan **Tanzimat Dönemi'nde** imparatorluğun "teokratik" niteliğinden önemli sapmalar görülmüştür. Bu, "dünyeviliği" ön palana çıkartan hareketler her bakımdan **laikleşmeye** giden yolun Osmanlı'daki adımları ola-

---

[929] Ahmet Taner Alkan, "*Hem Osmanlıyız, Hem Cumhuriyetçi*", Ufukların Efendisi Osmanlılar, **Türkiye Günlüğü**, S. 58, Kasım - Aralık 1999, s. 33.

rak adlandırılabilir. Osmanlı Devleti'ndeki değişimden, devletin dinsel ve siyasal lideri durumundaki halife-padişahlar bile etkilenmiştir. Son dönem Osmanlı padişahlarının, **opera, bale, Batı müziği** gibi sanat dallarıyla ilgilenmeye başlamışlardır. Örneğin, dini konulardaki hassasiyeti ile tanınan **II. Abdülhamit**, "tiyatro" ve "konseri" seven, dinlendirici "Batı müziğinden" hoşlanan bir Osmanlı padişahıdır: *"Alaturka güzeldir ama daima gam verir, alafranga değişiktir neşe verir"* diyen **Abdülhamit**, çocuklarına **Batı müziği** öğretmek üzere İtalyan ve Fransız öğretmenler tutmuştur[930]. **Abdülmecit** ise, Kırım Savaşı'nda müttefikimiz olan Fransa'nın düzenlediği **kadınlı erkekli bir baloya** katılmıştır.

Tanzimat modernleşmesi, "**kararsız**" bir modernleşme hareketidir. Bu dönemde yeni hukuk sistemine geçilmesine rağmen, şer'i hukuk olduğu gibi muhafaza edilmiş, Batı tarzı mahkemeler açılmasına rağmen şer'i mahkemeler korunmuş, modern eğitim kurumları açılmış olmasına rağmen eski usül dinsel eğitim veren medreseler varlığını sürdürmüştür. Tanzimatçıların bu "düalist" modernleşme programı, en azından topluma "modern" denebilecek alternatifler sunmuştur.

Tanzimat modernleşmesinin en büyük problemlerinden biri, din konusunda nasıl bir tavır takınacağını tam olarak belirleyememek olmuştur. **Tanzimatçılar** ve onlardan sonra gelen **Yeni Osmanlılar** daha çok "**dinle birlikte modernleşme**" anlayışını benimsemişlerdir. Bu bakımdan bir Yeni Osmanlı aydını olan **Namık Kemal**'in fikirleri dikkat çekicidir.

Tanzimatçıların açtığı modernleşme yolundan, daha sonra Yeni Osmanlılar, Jön Türkler ve İttihat Terakki aydınları yürümüştür. Batı'nın **aydınlanma dönemi düşüncelerini** Osmanlı coğrafyasında seslendiren Osmanlı aydınlarının sayısı ve etkisi gün geçtikçe daha da artmıştır. Osmanlı aydınları, siyasal ve toplumsal konulardaki görüşlerini daha çok **basın yoluyla** halka duyurmaya çalışmışlardır. Osmanlı modernleşmesinde basın, "milli

---

930 Cezmi Eraslan, **Doğruları ve Yanlışlarıyla Sultan II. Abdülhamit**, İstanbul, 1996, s. 158.

irade", "kadın hakları", "bireysel özgürlükler" gibi konularda modernleşmenin entelektüel ve toplumsal taşıyıcısı rolünü üstlenmiştir. II. Abdülhamit döneminde basına uygulanan **sansür** bile, basının Osmanlı modernleşmesindeki etkisini azaltamamıştır.

Osmanlı'nın Tanzimat'la başlayan modernleşme programı Cumhuriyet öncesine kadar aralıksız devam etmiştir. Osmanlı modernleşmesi hızlandıkça, devlet "sekülerleşmeye" başlamış ve yavaş yavaş **laiklik tartışmaları** Osmanlı aydınlarının ilgilendiği konuların başına yerleşmiştir.

Daha 1867 gibi erken bir tarihte, **Mustafa Fazıl Paşa,** Sultan Abdülaziz'e yazdığı bir mektupta, **din ile dünya işlerinin birbirinden ayrılması gerektiğinden** bahsetmiştir. Mustafa Fazıl Paşa, mektubunda, İslamdaki inanç konularıyla devlet işleri arasındaki ilişkiye yeni bir yorum getirmiştir.

"Ona göre, din ruhu idare eder ve 'bizim için müstakbel hayatın perspektiflerini açar; fakat insanların haklarını tanzim etmez; o, ebedi gerçeklerin ulvi sahasında baki kalmadığı takdirde, geride kalan şeyleri de kaybetmek suretiyle kendisi de ortadan kalkar."

Fazıl Paşa, *"...Efendimiz"* diye devam eden mektubunda, *"Hıristiyan veya Müslüman politika yoktur, bu noktada sadece hakkaniyetle somutlaşan bir adalet ve politika vardır"* [931] diyerek, dinin "hukuk" ve "siyaset" gibi alanlara karıştırılmaması gerektiğini dile getirmiştir.

Mustafa Fazıl Paşa, bu sözleriyle ilk kez, bir Osmanlı padişahına (Sultan Abdülaziz'e) **laiklik** konusunda telkinlerde bulunma cesareti gösterebilmiştir.

Osmanlı'da laiklik talepleri 20. yüzyılın başında iyice belirginleşmiştir. Örneğin, Birinci Dünya Savaşı yıllarında **Ziya Gökalp** açıkça **laiklikten** söz etmiş, bütün Müslümanlara ortak olan dini müesseselerle, sırf Türk milletine özgü olan müesseselerin birbirinden ayrılması gerektiğini ve Batı dünyasının tercihi olan **laiklik yoluna gidilmesi** gerektiğini dile getirmiştir. Laiklik yo-

---
931 Mardin, Yeni Osmanlı Düşüncesi'nin Doğuşu, s. 313.

lundaki bu ve benzeri görüşler, İttihat ve Terakki'nin 1916'daki kongresinde, *"Kanunların tek bir sistem haline indirilmesine dair bir kanun tasarısı"* teklif edilmesiyle uygulamaya geçirilmiştir. 1871'de Adliye Islahatı yapıldığı zaman bazı görevler dini nitelik taşıyan şer'i mahkemelere verilmişti. Bu kanunla, bu mahkemelerin, devletin genel adliye sistemine bağlanması amaçlanıyordu. Şeriatçı çevrelerin büyük gürültüler koparmalarına, Şeyhülislam Hayri Efendi'nin yeni kanunu protesto ederek istifa etmesine rağmen, yeni adliye kanun tasarısı 24 Şubat 1917'de Meclis'e gönderilmiş, Meclis'ten geçen kanun teklifi, Âyan Meclisi'nde de üç muhalif oya karşı kabul edilmiştir.

Bu kanuna göre:
1. **Türkiye'de dini nikâh kalkmış,**
2. **Din farkı olmaksızın tüm Türk halkı için aynı nikâh konulmuş,**
3. **Poligami (çok eşlilik) ilk anda kaldırılmamasına rağmen, ilk eşin rıza göstermesi şartı getirilmiştir.**[932]

Atatürk'ün, daha sonraları, **Medeni Kanun'un kabulü** ile Türk kadınını özgürleştirme çabalarını, "İslama aykırı" bularak eleştirecek olan zihniyet, o günlerde Osmanlı Meclisi'nde kabul edilen yukarıdaki kanunu da aynı gerekçeyle, ağır bir şekilde eleştirmiştir.

TÜRKİYE'DE LAİKLİĞİN TARİHSEL VE SOSYAL KÖKLERİ

Atatürk modernleşmesinin temelindeki Osmanlı mirasını daha iyi anlamak bakımından, Türkiye'de laikliğin tarihsel ve sosyal köklerine bakmak yararlı olacaktır.

Osmanlı Devleti'nde, daha klasik çağlarda, şer'i hukukun yanında, gelenek, görenek ve sosyal hayatın gereklerini dikkate alan bir de **örfi hukuk** vardı. Bu çifte kanun sistemi, bir bakıma devletin tamamen dinselleşmesini önlediğinden, sonraki dönemlerde Türk laiklik ilkelerinin kabulüne yardımcı olmuştur. Os-

---
932 Yalman, Tarihte Gördüklerim Geçirdiklerim, C. I, s. 278 - 279.

manlı Devleti'nin, şeriat dışı olarak tanımlanabilecek örfi yönüne dikkat çeken **Prof. Şerif Mardin,** Osmanlı'da din ve devletin yan yana, bir arada bulunduğunu belirtmesine rağmen, devletin daha önemli olduğuna işaret etmektedir:

"Osmanlılar, din ve devleti tev'em (ikiz) saymışlardır; fakat yapılan araştırmalar, bu ikizlerden 'devletin', Osmanlılar arasında hiçbir İslami devlette kazanmadığı bir önem kazandığını göstermektedir. Daha çok Arap kültürünün hâkim olduğu ülkelerde geçerli olan, zaman zaman Osmanlıların 'gerçek' İslami devleti ortadan kaldırdıkları, bir tür 'Moğol' idaresi getirdikleri şeklindeki suçlamalar, Osmanlıların bu siyasal özelliğinden kaynaklanmaktadır." [933]

Ömer Lütfi Barkan ve bazı Osmanlı araştırmacılarına göre de Osmanlı Devleti'nde "örfi" hukukun alanı "şer'i" hukuktan çok daha geniştir. Bu yüzden **Osmanlı Devleti'ne şer'i devlet (din devleti) demek zordur.**

"Gerçekten de uygulamaya bakıldığında bu hükmü doğrulayacak bir durum vardır. Devlet hayatını, toprak düzenini tayin eden kanunnameler, şer'i hukukla uyum içinde değildir. Osmanlı idaresi, toplum ve devlet hayatının temel kurum ve ilişkilerini şer'i mevzuattan çok, örfi kanunlarla, hatta mahalli gelenek ve teamüllere göre düzenlemeyi tercih etmiştir. Osmanlı kadısı, sadece toprak düzeni ve mali konularda değil, hatta bazen aile hukukuna ilişkin sorunlarda bile, şeriatten çok, örf ve âdet hukukuna başvurmayı tercih etmiştir. Ulemanın bazı konularda verdiği fetva 'şer'i maslahat' değildir, ul'ulemr ne ise öyle olsa şeklindedir. Buradaki 'ul'ulemr', dünyevi otorite ve koyduğu kanunlardır. Ancak bütün bunlara rağmen, Osmanlı devlet düzeninin şer'i olmadığını ileri sürmek zordur; toplumun örgütlenmesi ne baktığımızda dini ve geleneksel bir düzenle karşılaşırız." [934]

Osmanlı Devleti tabii **laik** değildir. Şeriat hükümleri ve dinsel inançlar, özellikle büyük kentlerde sosyal ve kişisel hayatı tümü

---

933 Şerif Mardin, **Türk Modernleşmesi,** İstanbul, 1995, s. 82.
934 Ortaylı, **İmparatorluğun En Uzun Yüzyılı,** s. 155, 156.

ile kontrol etmektedir; fakat Osmanlı toplumunda iki yüzyıldan beri laikliğe doğru adım adım, ama sürekli bir gelişme yaşanmıştır. *"Bu gelişme 18. yüzyılda askeri okullar ile başlar. Orduya yeni yöntemlerle eğitilmiş subaylar yetiştirmek için açılan okullarda, derslerin ve ders kitaplarının seçiminde öğretmenlerin atanmasında, yeni eğitim ve öğretim metotlarının uygulanmasında, şeriat makamlarına ve dinin siyasal baskısına yer verilmemiştir."* [935]

Türkiye'de laikleşme süreci Tanzimat'la başlamıştır. *"Herkes kanunlar önünde eşittir"* diyen Tanzimat Fermanı egemenliğin kaynağını "Tanrı'nın yeryüzündeki gölgesi" olduğunu iddia eden padişahtan alarak kanun koyucuya, halka indirgemiştir. Bu yönüyle Tanzimat, "din devleti" yerine "hukuk devleti" olma yolunda atılan çok önemli bir adımdır. Bu ilk adımı çok daha önemli başka adımlar izlemiştir.

Osmanlı Devleti'nde son iki yüzyılda birçok alanda yapılan yeniliklerle laikleşmenin alt yapısı hazırlanmıştır.

Hukukta Laikleşme

Osmanlı Devleti'nde laiklik yolundaki gelişmeler hukuk alanında daha belirgindir.

1840'ta kabul edilen **Osmanlı Ticaret Kanunu** ve 1858'de kabul edilen **Osmanlı Ceza Kanunu** ile şeriat mahkemelerinin yanında, Batı'dan alınan yeni bir hukuk ve mahkeme sistemi gelişmeye başlamış ve gittikçe daha büyük ölçüde şer'i hukukun etki alanı daraltılmıştır.

"Bu yeni hukuk sistemi ile borç verilen paraya faiz esası getirilmiş, (demek ki faiz o zaman haram sayılmıyormuş), şarap içenlere sopa çekilmesi, eşkıyanın asılması... gibi uygulamalar kaldırılmıştır." [936]

1863 yılında da **Ticareti Bahriye Kanunnamesi** kabul edilmiştir. Bu kanun, denizci Avrupa uluslarının kanunlarından

---

[935] İlhan Başgöz, "Türkiye'de Laikliğin Tarihsel ve Sosyal Kökleri", **Bilanço 1923-1998**, 10-12 Aralık 1998.
[936] age. aynı yer.

yararlanarak hazırlanmıştır. Üstelik ticari davalara bakacak hâkimler de şer'i hâkimlerden değil, "nizamiye mahkemesi hâkimleri" denen, yeni hukukçulardan ve mahalli tüccarlardan oluşturulmuştur. Tanzimat Devri'nin aydın görüşlü sadrazamı **Ali Paşa, Fransız Medeni Kanunu'nun tercüme edilerek kabul edilmesini istemiştir.** Ali Paşa, 3 Kasım 1867'de Girit'ten Babıâli'ye yolladığı bir layihada, Mısır'da aynı şeyin yapıldığını ve fayda sağladığını belirtmiştir; fakat Ahmet Cevdet Paşa'nın başını çektiği muhafazakâr grup, 1868-1876 yılları arasında 16 kitaptan meydana gelen "**Mecelle-i Ahkâmı Adliye**" adlı eseri hazırlamışlardır. Bu, bir tür medeni kanundur. Mecelle, temelde İslamın Hanefi fıkhının esaslarına dayanmakla birlikte, bölümlerin düzenlenişi ve eserin sistematiği göz önüne alındığında, Batı hukukunun üstünlüğünün kurul üyelerince de kabul edildiği görülmektedir. Nitekim bu eserde aile hukukuna ve şahsın hukukuna ait konuların düzenlenmeyişi, "*şeriatçı görüş sahiplerinin modern dünya koşulları karşısında çaresizliklerini kabul ettiklerinin açık belirtisidir.*" [937]

1879' da çıkarılan **Teşkilatı Mehâkim Kanunu** ile ceza mahkemelerinde yargıçların sayısı arttırılarak **savcılık** ve **noterlik** kurumları getirilmiştir. 1875 yılında da bir fermanla **avukatlık** Osmanlı hukuk sistemine girmiştir. Bu gelişmelerle **İslami yargılama usulü temelden terk edilmiştir.** Yargıç sayısının arttırılması, yargılamaya savcılık ve savunmanın getirilmesi ve asıl önemlisi temyiz safhasının girişi, İslam hukukunun monist (tek yargıç) yargılama prensibine aykırıdır. Davada vekâlet, bireyin ve kamunun mahkeme önünde savunulması ilkesi, **Avrupa hukuk geleneğinden** alınmıştır.[938]

Osmanlı Devleti'nde laikliğe doğru atılan adımlar arasında standart bir hukuki uygulama getiren 1858 tarihli **Arazi Kanunnamesi** oldukça önemli bir gelişmedir. Kanun, özellikle mülkiyet ve miras konusunda dikkat çekici laik hükümler getirmiştir.

---

937 Ortaylı, age. s. 160.
938 age. s. 161.

Osmanlı Devleti'nde Tanzimat Dönemi'nden itibaren başlayan hukuk reformlarıyla, gerek teoride, gerekse uygulamada **kamu hukuku** alanının belirginleştiği ve bu alanda temel kurumların yerleştiği görülmektedir. **Prof. İlber Ortaylı**'ya göre *"Bugün Türkiye'de idare hukuku ve kamu hukukunun diğer dallarındaki doktrin ve uygulamanın 19. yüzyıla uzandığı görülür."* Ona göre, *"Bu durum, 1926'da hukuk devrimini zorunlu hale getiren bir ikilik yaratmıştır."* [939]

Kamusal Alanda Laikleşme

Kamu alanında ilk önemli laik ya da şeriat dışı uygulama, vilayet yönetimindeki reformlarla gündeme gelmiştir. **1871 İdare-i Umumiye-i Vilayet Nizamnamesi** ile 1878'de Osmanlı Parlamentosu'nun kabul ettiği **Dersaadet ve Vilayet Belediye Kanunu**, bu konudaki iki önemli örnektir. Bu şekilde, liva, kaza ve idare meclislerinde, meclisi beledîlerde, vilayet temyiz divanında, Müslim ve gayrimüslim unsurlar eşit temsil edilecektir. **Böyle bir uygulama, tam manasıyla laik değilse bile, İslami meşveret prensibini değiştirme amacı taşır.** 1877'de açılan Mebuslar Meclisi ile geleneksel meşveret uygulaması değişmişti. Parlamento daha açılmadan önce Ermeniler için rahipler ve sivillerden oluşan bir meclis kurulmuştu. Bu meclis, imparatorluktaki Hıristiyanlar arasında Ortodoks kilisesinin üstünlüğünü zedelemiştir. **Bu durum, Ermeni topluluğu içinde ruhbanın rolünü azaltan laik bir gelişmeye yol açmıştır.** Meclislerde giderek laik unsurlar ön plana çıkmış ve cemaatlerin yönetimini ele geçirmiştir.[940]

Osmanlı Devleti'nde laiklik yolunda atılan adımlar arasında **rejim değişikliğinin** ayrı bir yeri vardır. Osmanlı Devleti'nin monarşik yapılanmasını ortadan kaldırmaya yönelik en somut ve başarılı girişim, şüphesiz, iki kez (1876-1908) Meşrutiyetin ilanıdır. Bu sayede, hem anayasal yönetime geçilmiş, hem de Meclis-i Mebusan açılmıştır.

---

939   age. s. 162.
940   age. s. 163.

"Devletin dininin İslam olduğu ve Padişahın halifeliğinin özellikle belirtilmesine rağmen, anayasa seçme ve seçilme yoluyla her dinden bütün tebaanın idareye katılmasını ve sınırlı da olsa yürütme erki üzerinde temsili organlar aracılığıyla denetim öngörüyordu ve böyle bir görevi ilk defadır ki gayrimüslimler de üstleniyordu. 1876 Anayasası, bir İslam ülkesinde laik devlet düzeninin temellerini hazırlayan bir belgedir." [941]

İlk Osmanlı anayasası **Kanunuesasi** ile Osmanlı'da ilk kez, kul, reaya (sürü) durumundaki halka, sınırlı da olsa yönetime katılma hakkı tanınmış ve halkın oyları ile belirlenen Mebusan Meclisi üyeleri arasında din farkı gözetilmemiştir. En önemlisi Kanunuesasi, devletin resmi dininin İslam olduğunu belirtmesine ve aynı zamanda dinsel gücün temsilcisi olan padişaha ayrıcalık tanımasına karşılık, doğrudan şer'i hükümlerden oluşan bir metin değil, Batı tarzı çağdaş siyasi hükümlerin Osmanlı siyasal yapısına uyarlanmasıyla ortaya çıkan bir hukuksal metindir.

Meşrutiyetin ilanı ile Osmanlı'da ilk kez Batı tarzı ve halk egemenliğine dayanan bir siyasi düzene geçiş sağlanmış olması, gelecekte Türkiye'de laik cumhuriyete geçişi kolaylaştırıcı bir etki yaratacaktır. **Prof Halil İnalcık**'ın ifadeleriyle: *"1876 Osmanlı Kanunuesasi'si, 1923 Türkiye Cumhuriyeti'ne doğru atılmış en önemli adımdır. Çünkü bu anayasa ilk defa egemenliğin kaynağını Tanrı'dan alıp bir kanuna dayandırıyordu."* [942]

Eğitimde Laikleşme

Osmanlı modernleşmesindeki laikleşme, eğitim sisteminde de kendini hissettirmiştir. 19. yüzyıl başından itibaren ordudaki ve mülki idaredeki modernleşme sayesinde, laik görünümlü modern okullar kurulmuştur. Bunlar, dini eğitim kurumlarıyla yan yana ve onların aleyhine gelişmeye başlamıştır.

"Osmanlı reformcuları, din adamları ve dini kurumlarla açıkça savaşmadılar; ulemanın ve medreselerin dışında laik eğiti-

---
941 age. s. 163.
942 Halil İnalcık, **Atatürk ve Demokratik Türkiye**, İstanbul, 2007, s. 232.

mi örgütleyip, laik bir bürokrasi yerleştirdiler. Bu laik bürokrasi, modernleşmeyle toplum hayatındaki etkisini arttırdıkça ilmiye sınıfı kenarda kaldı ve nihayet II. Meşrutiyet'ten sonra darbe yemeye başladı." [943]

Osmanlı Devleti'nde 19. yüzyılda Tanzimat bürokrasisi, Müslüman tebaayı cehaletten kurtarmak için bilhassa ilköğretimle ilgilenmeye ve ilköğretimi yaygınlaştırmaya başlamıştır. Eğitim konusu, son dönem Osmanlı padişahlarının da ilgisini çekmiştir. Örneğin, **Abdülmecit**, mutaassıp ulemayı tamamıyla susturamayacağını bilmesine rağmen, modern eğitimin, cins ve mezhep farkı gözetmeksizin tüm tebaaya verilebilmesi için dini eğitimin dışında bir yol izlenmesi gerektiğine inanmıştır. 1 Mart 1846'da bir Tahrirat-ı Umumiye çıkarılmış ve ülkede ilköğretimin yayılması ve modernleştirilmesi yolunda adımlar atılmıştır. Bu amaçla, Osmanlıda ilkokul yerine geçen sıbyan mekteplerinin üstünde **rüştiyeler** açılmıştır. Hatta bir süre sonra, kız çocuklarının da okumaları için **kız rüştiyeleri** açılmıştır. Bunlardan ilki, İstanbul'da açılan **Cevher Kalfa İnas Rüşdiyesi**'dir. Bu okulların yanında, **kız ve erkek sanayi okullarının** kurulmasına karar verilmiş ve bir süre sonra da 1869'da İstanbul'da **ilk kız sanayi okulu** kurulmuştur. Dinsel gerekçelerle kızlarını okutmayan bir toplumda kız okulları açmak Osmanlı'da laikleşmenin en önemli adımlarından biridir. Bunların dışında ülkenin, asker, memur, teknik kadrolarını yetiştirmeye yönelik meslek okulları açılmıştır. 1847'de **Ziraat Mektebi**, 1860'ta **Orman Mektebi**, 1859' da **Baytar Mektebi** öğrenime geçmiştir. 1869'da çıkarılan **Maarif-i Umumiye Nizamnamesi** ile dinsel ağırlıklı bozuk eğitim sisteminin düzene konulmasına çalışılmıştır.

"Nizamname, genel öğrenimi üç dereceye ayırıyordu. İlk derece, sıbyan mektepleri ve rüşdiyelerden oluşuyor ve toplam 8 yıllık bir öğretim dönemini kapsıyordu. İkinci derecede, idadi ve sultaniler yer alıyordu. Sultanilerin ilk örneği bugünkü Galatasaray'dı... Üçüncü derece, mekteb-i âliye denen okullardı.

---
[943] Ortaylı, age. s. 165.

Bu okulların başında darülmuallimin (erkek öğretmen okulu) ve darülmuallimat (kız öğretmen okulu), darülfünun (üniversite) ve çeşitli askeri teknik okullar yer alıyordu, öğretmen okulları, ilk ve orta öğretmenler için üçer şubeden oluşuyordu, öğrencilere, 80-120 kuruş aylık burs veriliyor ve mezuniyetten sonra beş yıl mecburi hizmet yükleniyordu." [944]

Tanzimat'la birlikte Osmanlı Devleti'nde değişik alanlarda kısmen modern eğitim veren yüksek okullar açılmaya başlanmıştır. Bu okullar şunlardır:

a. Mekteb-i Mülkiye: Tanzimat Fermanı'nın ilanından sonra Osmanlı Devleti'nde yürürlüğe konmak istenen yeni hukuk düzeninin ve modern devlet anlayışının gerektirdiği memur kadrosunu yetiştirmek amacıyla, Sultan Abdülmecit döneminde, 12 Şubat 1859'da Mekteb-i Mülkiye eğitim öğretime başlamıştır. Mülkiye, gerçek anlamda bir yüksekokul durumuna 1877'de, II. Abdülhamit döneminde getirilmiştir.

Mülkiye'de ders veren öğretim üyelerinin, ilk zamanlarda bilimsel yeterlilik açısından üst düzeyde oldukları anlaşılmaktadır. 1882'de Mülkiye'ye öğrenci olarak giren **Ahmet İhsan**, o günkü öğretim kadrosu hakkında şu değerlendirmeyi yapmaktadır:

"...Açılmaya çok elverişli olan dimağlarımızı aydınlatan büyük hocalarımız vardı. Merhum Murat Bey umumi tarih dersinde hepimize çok büyük ibret dehaları verir ve bizi dünya inkılaplarının azametine alıştırırdı. Abdurrahman Şeref Efendi, bugün inkişafını saadetle gördüğümüz yükselme hayatının temellerini her şakirdin zihninde kökleştirecek sağlam tohumlar serperdi. Sonra Hekimbaşı Salih Efendi vardı, **nebatat dersi** *verirdi; fakat onun ağzından çıkan sözler en derin felsefe kaideleri idi.*

Salih Efendi'nin Kanlıca'daki yalısının bahçesi Türkiye'nin ilk nebatat bahçesi idi. O, derse geldiği günler bahçesinden getirdiği çiçeklerin, yaprakların, ilmi yaşayışlarını anlatırken, bizim

---
944 age. s. 167.

batıl itikatlarla doldurulmuş zihinlerimizi sanki süpürür ve temizlerdi." [945] Mülkiye'nin, bu oldukça ileri ve özgür eğitim ortamı, Osmanlı memur adaylarının Batı'nın laik ve bilimsel düşünce tohumlarından etkilenmelerini sağlamıştır. Bu laik etkileşim bir ara o kadar yükselmiştir ki öğrencilerin dini inançlarında zayıflık görüldüğü gerekçesiyle **dini eğitime ağırlık verilmesi** gündeme gelmiştir. 30 Ocak 1886'da Başbakanlığa (Sadarete) gönderilen bir yazı ile *"Mekteb-i Mülkiye ile sair Mekatib-i İslamiye'den neşet eden şakirdanın akaidinde (öğrencilerin dinsel inançlarında) asar-ı zaaf (zayıflama belirtileri) görülmekte olup... bir komisyon-u mahsus (özel komisyon) teşkiliyle, Mekteb-i Mülkiye ve Mekatib-i İslamiye'de tedris olunmakta bulunan ders programlarının şakirdanın akaidi diniyelerine hizmet edecek yolda tanzim ve tashih"* [946] edilmesi istenmiştir. Bu gibi kaygılar arttıkça, Mülkiye Mektebi'nin kısmen laik ve ileri eğitim düzeyinde gerilemeler görülmüştür ancak o dönemde Mülkiyeli olmak, bir şekilde çağdaş Batı kültüründen etkilenmiş olmak anlamına gelmektedir.

b. Mekteb-i Harbiye: Osmanlı Devleti'nde ilk ıslahatlar 17. yüzyılda yapılmıştır. Osmanlı devlet adamlarını ıslahat yapmaya zorlayan temel etken, savaş meydanlarında alınan yenilgilere son vermek ve devleti yeniden eski gücüne kavuşturmaktır. Bu nedenle ilk Osmanlı ıslahatları daha çok askeri karakterlidir.

Uzun süre kendi olanaklarıyla ordusunu düzeltmeye çalışan Osmanlı Devleti, 18. yüzyıldan itibaren Batı'dan yararlanarak orduyu modernize etmeye başlamıştır. Bu amaçla, askeri okullar açılmış ve askeri eğitime önem verilmiştir, Bu süreç, Batılı anlamda öğrenim yapan **Mühendishane-i Bahri Hümayun (1773)**, ve **Mühendishane-i Berri Hümayun (1793)** adlı okulların açıl-

---

[945] Ahmet İhsan, **Matbuat Hatıralarım**, (1883 - 1923), C. I, İstanbul, 1930 - 1931, s. 29.
[946] Ali Çankaya Mücellaoğlu, **Yeni Mülkiye Tarihi ve Mülkiyeliler**, C. I, Ankara 1968 - 1969, s. 182.

masıyla başlamıştır. Bunlar bir tür askeri yüksek meslek ve ihtisas okullarıdır.

Osmanlı Devleti'nde yüksekokul statüsünde değerlendirilebilecek ilk askeri okul **Mekteb-i Harbiye**'dir. Bu okul 1834 yılında Maçka'da, özel olarak yapılan binada eğitim ve öğretime başlamıştır. Harp Okulu, gerçek anlamda bir yüksek öğrenim kurumu görünümüne, ancak 1845 yılında yapılan düzenlemelerle kavuşmuştur.

Batı düşüncesinin Osmanlı'ya sızdığı yerlerden biri de bu askeri okullardır. Harp Okulu öğrencileri, istibdat rejiminin tüm baskılarına rağmen vatan ve özgürlük konusundaki fikirlerden, sosyal ve toplumsal konularda Avrupa'da ortaya çıkan yeni düşüncelerden oldukça fazla etkilenmişlerdir.

Harbiye öğrencileri **Osmanlı'nın en eylemci öğrencileridir.** İstibdat rejimine karşı örgütlü hareket etmek gerektiğine inandıklarından, o günlerde istibdat rejimine karşı mücadele veren gizli örgütlere katılan Harp Okulu öğrencilerinin sayısı hayli fazladır. Örneğin, 1904 yılında kurulan **Cemiyet-i İnkılabiye** adlı örgüt içinde Harbiye öğrencileri de vardır.[947]

c. **Mekteb-i Tıbbiye:** Osmanlı Devleti'nde çağdaş anlamda tıp eğitimi ilk kez II. Mahmut döneminde gündeme gelmiştir. 19. yüzyıl Osmanlı modernleşmesinin baş aktörlerinden II. Mahmut, **Hekimbaşı Mustafa Behçet Efendi**'nin, Asakir-i Mansure-i Muhammediye'nin[948] sağlık hizmetlerini karşılamak üzere yeni bir okul açılmasına ilişkin raporunu onaylamış ve 1827 yılında Vezneciler'de "**Tıphane-i Amire ve Cerrahhane-i Mamure**" adıyla, ilk Askeri Tıp Okulu açılmıştır.

Hekimbaşı Mustafa Behçet Efendi'nin II. Mahmut'a sunduğu rapor, Osmanlı Devleti'nde geleneksel tıbbın yerini, Batı tarzı modern tıbbın alması gerektiğine ilişkin son derece bilinçli

---

947 Tarık Zafer Tunaya, **Türkiye'de Siyasi Partiler** (1859 - 1952), İstanbul, 1952, s. 149.
948 Asakir-i Mansure-i Muhammediye: II. Mahmut döneminde Yeniçeri Ocağı'nın kaldırılmasından sonra (1826) kurulan orduya verilen addır.

bir isteği yansıtması bakımından önemlidir. Raporda şöyle denilmiştir:

"*Ordu askerlerinin hasta ve yaralıları, savaşta ve barışta hekimlik kurallarına göre bakılıp, tımar ve tedavi edilmeleri gerekli bulunduğu açık ve seçik ise de İstanbul'da bulunan İslam hekimlerinin birçoğu eski usulde hekimlik yapmakta, yeni tıp metotlarından habersiz bulunmaktadır. Doktor denebilmeleri için eski ve yeni usulleri bilerek, baktığı hastalara bu usulleri uygulama zorunluluğu vardır. Bunun için de kesin olarak yabancı dil öğrenmesi şarttır. İstanbul'da bu ilkelere uymak üzere bağımsız bir tıp okulu açmak ve yetiştirilecek elemanlarla, ordu erlerinin bakımına memur Hıristiyan hekimlerin yerine, birkaç yıl içinde Müslüman gençler getirmek mümkün olacaktır...*" [949]

Bu raporda görüldüğü gibi, modern tıbbın Osmanlı'ya girişi artık bir zorunluluk halini almıştır. Müslüman doktorların yeni tıp metotlarını bilmemeleri şikâyet konusudur. Bu nedenle açılacak olan tıp okulu **Batı tarzı metotlarla** eğitim verecektir. Bu okullarda yetişen doktorlar, artık değişik duaları defalarca okuyarak hastaların iyileşmesini beklemek yerine, doğru teşhis ve çağdaş tedavi usulleriyle hastaları iyileştirmeye çalışacaklardır.

Okul, Mekteb-i Tıbbiye adını 1836'da almıştır. 1838'de **Viyana'dan Profesör Bernard getirilerek** okula yeni bir düzen verilmiştir. Bu düzenlemeyle öğretim 6 yıla çıkartılmış, daha önce okutulan **Arapça ve din dersleri programlardan kaldırılmış**, bunun yerine **klinik dersleri** konulmuştur.[950] Bu şekilde Mekteb-i Tıbbiye, Osmanlı'da "laik eğitim" veren bir kurum halini almıştır.

O dönemde Mekteb-i Tıbbiye kütüphanesini ziyaret eden yabancılar bile şaşkınlık içinde kalmışlardır. Çünkü Batı düşüncesine damgasını vuran önemli düşünürlerin en temel başyapıtları bu kütüphane de bulunmaktadır ve öğrenciler arasında pozitivist ve materyalist olanların sayısı her geçen gün artmaktadır.

---

949 Kemal Özbay, **Türk Askeri Hekimliği Tarihi ve Asker Hastaneleri**, C. II, İstanbul, 1976, s. 42.
950 Yücel Aktar, **II. Meşrutiyet Dönemi Öğrenci Olayları (1908 - 1918)**, Ankara, 1999, s. 62.

d. Mekteb-i Hukuk: Osmanlı Devleti'nde geleneksel dinsel hukuk eğitimi Tanzimat'tan sonra yavaş yavaş etkisini yitirmeye başlamıştır. Sanayi Devrimi ile birlikte, Osmanlı'nın iyice dışa bağımlı hale gelmesi ve buna bağlı olarak yabancı tüccarların Osmanlı ile olan yoğun ticari ve ekonomik ilişkileri, Osmanlı Devleti'nde şer'i hukuk dışında yeni bir hukuk sistemini zorunlu kılmıştır. *"Böylece, değişen ekonomik ve politik dış etkilerin doğal sonucu olarak, eski şer'i hukuk sisteminin yanı sıra, şer'i hukukun kurallayamadığı ticari işlem ve sorunları Batılı anlamda bir hukuk sistemine bağlamak, Tanzimat ve Islahat fermanlarının hukuk alanında uygulayıcısı bir kadro yetiştirmek kaçınılmaz olmuştur."* [951] Hukuk Mektebi bu amaçla kurulmuştur.

Osmanlı Devleti'nde Batılı anlamda ilk Hukuk Mektebi, 1870'te Darülfünun'un şubelerinden biri olarak öğretime açılmıştır. Zaman içinde, başta **Roma Hukuku** olmak üzere çağdaş hukuk dersleri programdaki yerini almaya başlamıştır. Hukuk Fakültesi öğrencileri de tıpkı Harp Okulu öğrencileri gibi dönemin siyasi olaylarından etkilenmişler ve zaman zaman tepkilerini, gösteriler yaparak dile getirmişlerdir. Hukuk Fakültesi öğrencileri, II. Meşrutiyet dönemi öğrenci olaylarında aktif rol oynamışlardır.[952]

e. Osmanlı'da Üniversite: Darülfünun

Osmanlı Devleti'nde Tanzimat'tan başlayarak Batıdakine benzer bir üniversite yaratma düşüncesi gelişmeye başlamıştır. Tanzimat'ın üç önemli adamı, Ali, Fuat ve Cevdet paşalar bir ilim akademisi kurarak işe başlamışlardır. Bu amaçla 1851'de **Encümen-i Daniş** kurulmuştur. Encümen üyeleri arasında ünlü lügat yazarı **Redhouse** ve ünlü tarihçi **Hammer** de yer almıştır; fakat Encümen kısa ömürlü olmuş ve Kırım Savaşı'ndan önce dağılmıştır. Tanzmatçı Ali ve Fuat paşalar üniversite hayalini sürdürmüşlerdir. 1862'de **Cemiyet-i İlmiye-yi Osmaniye** kurulmuştur. Cemiyet, çıkardığı bir süreli yayınla halka ilmi gelişmeleri ta-

---

951 age. s. 66, 67.
952 age. s. 69.

nıtmaya başlamıştır. En ilginci, 1862-1865 yılları arasında cemiyet, ilerde üniversitenin temeli olacağı düşüncesiyle **doğa bilimi** konusunda halka açık dersler verdirmiştir. Konferans biçiminde halka açık olarak verilen ilk ders, "**Hikmet-i Tabiiyye**" yani **Fizik**'tir ve bu derse yaklaşık üç yüz kişi katılmıştır.[953] Tanzimat bürokratları, Diderot, Voltaire gibi düşünürleri de bu cemiyet aracılığıyla tanımışlardır. Bu kurumsal denemelerin, Türkiye'de bilimsel kurumlaşma açısından gereken alt yapının oluşmasında yetersiz kaldığı da açıktır. Nitekim gerçek anlamda bir üniversite bu denemelerden ancak 40 yıl sonra açılabilmiştir.[954]

İstanbul'da bir Osmanlı Üniversitesi (Darülfünun-i Osmanî) açılmasına, 1869'da hazırlanan Marif-i Umumiye Nizamnamesi ile karar verilmiştir. **Darülfünun'a sınavla öğrenci alınacağı duyurulduğunda giriş sınavlarına 1000'den fazla aday başvurmuş ve yapılan sınav sonunda bu adaylardan 450'si yeterli bulunmuştu.** Darülfünun, Hikmet ve Edebiyat, İlm-i Hukuk, Ulum-i Tabiiyye (Fizik) ve Riyaziyat (Matematik) bölümlerinden oluşmuştur.

Darülfünunun açılışı, Osmanlı Devleti'nde uzun zamanlardır ihmal edilen bilimsel aydınlanmanın artık kaçınılmaz olduğunun, Osmanlı Devlet adamları tarafından da anlaşıldığını göstermektedir. 1870'te Darülfünun'un açılış konuşmasında **Saffet Paşa'nın** söyledikleri bu düşünceyi kanıtlar doğrultudadır:

Saffet Paşa, "*Bugün bilimlerin ve keşiflerin ürünü olarak bize o denli hayret verici buluşların gelecekte günlük bilinen şeyler haline geleceğini...*" "*daha şimdiden görülen başlangıçların, bize insan aklının daha neler yapmaya yetenekli olduğunu gösterdiğini*", "*Osmanlı tarihinin ilk iki yüzyılında bilim ve fen adamlarına gösterilen himaye, saygı ve teşvik, iki yüzyıl daha sürdürülmüş olsaydı, Avrupa'nın uygar uluslarıyla ilişki kurulmuş, bu ulusların ilerleme hızıyla baş başa gidilmiş olsaydı, bugünün Türkiye'sinin bu durumda olmayacağını*" anlatarak başarısızlıkların baş nedeninin "***uygar uluslardan ayrı kalmak***" olduğunu belirtmiştir.[955]

---

953 age. s. 26.
954 Ortaylı, **age.** s. 172, 173.
955 Niyazi Berkes, **Türkiye'de Çağdaşlaşma**, İstanbul, 1978, s. 233 - 234.

1870'te açılan Darülfünun, 1872 yılında kapatılmıştır; fakat 1874'te Galatasaray Sultanisi bünyesinde yeniden öğretime başlamıştır. Ayrıca, derslerin **Türkçe ve Fransızca** olarak okutulmasına karar verilmiştir. Zaman içinde değişik nedenlerle öğretime bir süre daha ara verilen Darülfünun 1900 yılında bir kere daha açılmıştır.

II. Meşrutiyet'le birlikte Darülfünun'a çağdaş bir görünüm kazandırmak amacıyla bazı düzenlemelere gidilmiştir. Bu konudaki en önemli adım, ortaöğrenimini tamamlamış kız öğrencilere yükseköğrenim yapma olanağının tanınmasıdır. Zeynep Hanım Konağı'nda öğretimi sürdüren Darülfünun'un, edebiyat, riyaziyat (matematik) ve tabiiyat (fen) fakültelerine kız öğrenciler alınmıştır.[956] Dini hükümler ileri sürülerek kız çocuklarının ilkokula gönderilmelerinin bile çoğu zaman mümkün olmadığı bir ülkede, kız çocuklarına üniversite kapılarının açılması, Osmanlı toplumsal yapısındaki değişimin çarpıcı bir göstergesidir.

Birinci Dünya Savaşı'na Almanya'nın yanında giren Osmanlı Devleti, o yıllarda Almanya ile kurduğu askeri bağı, eğitim alanında da sürdürmüş ve **Almanya'dan, Darülfünun'da ders vermesi için birçok profesör getirilmiştir.** Bu sayede, Alman profesörler Batı'nın bilimsel çalışma metotlarını Osmanlı Darülfünunu'na taşımışlardır. Mondros Mütarekesi'nin imzalanmasından sonra Alman profesörler ülkelerine dönmüşlerdir.[957] Benzer bir uygulamayı, 1930'lu yıllarda, Hitler baskısından dolayı Almanya'yı terk eden profesörleri Türkiye'ye davet ederek İstanbul Üniversitesi'nde istihdam eden Atatürk gerçekleştirecektir.

Osmanlı'da Basının Laikleşmedeki Rolü

Osmanlı modernleşmesinde basının ayrı bir yeri vardır. 18 ve 19. yüzyıl Osmanlı basınını inceleyerek Osmanlı modernleşmesi hakkında fikir edinmek olasıdır.

---

956 Aktar, age. s. 26 - 45.
957 age. s. 45.

Osmanlı Devleti'nde 1850'lerde 30'dan fazla gazete yayınlanmıştır. Gazetelerin çoğu **yabancı dilde** çıkmıştır. Özellikle İzmir'de, Türkçe dışında birçok yabancı dilde gazete çıkmaktadır. Türkçe gazetelerde iç ve dış haberler dışında, bilim, sanat, edebiyat gibi konularda halkı bilinçlendirmeye yönelik yazılar yer almıştır. Ulaşım sorunları nedeniyle, başkent basınının görevini yeterince yerine getirememesi üzerine, her vilayetin merkezinde **vilayet gazetesi** çıkarılmasına karar verilmiştir. Bu şekilde, her vilayette düzenli olarak iki dilde gazeteler yayınlanmaya başlamıştır. Kitabın yaygın olmadığı Osmanlı toplumunda gazete, yönlendirici etkisiyle önemli işlevler üstlenmiştir.[958]

Osmanlı gazeteciliğinin gelişimi, başlangıçta oldukça zayıftır. İlk olarak, 1831'de resmi gazete **Takvim-i Vakayi** çıkmaya başlamıştır. Başlangıçta okuyucusu sivil Osmanlı memurları, elçiler ve işadamlarıyla sınırlıdır. Takvim-i Vakayi'yi, II. Mahmut yapacağı reformları halka duyurabilmek için çıkarmıştır. Gazetenin ismini de bizzat II. Mahmut koymuştur. Osmanlı İmparatorluğu sınırları içinde ilk Türkçe gazeteyi ise Mısır Valisi Kavalalı Mehmet Ali Paşa çıkarmıştır. Gazetenin adı "Vakayi-i Mısıriye"dir. Bu arada 1840 yılında Mr. Churchill tarafından ilk özel gazete, **"Ceride-i Havadis"** çıkarılmaya başlanmıştır. Başlangıçta fazla ilgi görmeyen Ceride, reklam hizmeti için el ilanı olarak parasız dağıtılmış; ancak Kırım Savaşı sırasında Kırım'dan gönderilen telgrafların gazetede yayınlanması, bu gazeteye sürekli bir okuyucu kitlesi kazandırmıştır.

Ceride-i Havadis ilk çıkışından itibaren halkı değişik konularda aydınlatmaya başlamıştır. "Dış Haberler" başlığı altında okuyucularına, Yeni Dünya, Hindistan, modern seyahat yöntemleri, **paleontoloji** ve sigorta gibi konular hakkında zengin ansiklopedik bilgiler vermiştir. Ayrıca gazetede, Avrupa'da görülen **parlamenter sistem ve insan aklı üzerine makaleler** de yer almıştır.[959] Bu ilk gazeteler Osmanlı toplumunun dünyaya açılan

---

958 Ortaylı, **age.** s. 177, 178.
959 Mardin, **Yeni Osmanlı Düşüncesinin Doğuşu**, s. 207.

gözü kulağı olmuş, Batı kültürünün maddi ve manevi özellikleri hakkında Osmanlı halkının belli bir kesimi de olsa, aydınlanmaya başlamıştır.

1860 yılına gelindiğinde Şinasi ve Agâh Efendi işbirliği ile Ceride-i Havadis'e rakip olarak **Tercüman-ı Ahval** yayına başlamıştır. Agâh Efendi, Tercüman-ı Ahval'i, Avrupai kurumların yararları hakkında bilgi vermek için kurmuştur. Osmanlı aydınlarından Şinasi de bu gazete de yazmıştır.

Zaman içinde Osmanlı basınında siyasi konular yanında, sosyal ve bilimsel konuların da tartışıldığı gazetelerin sayısı artmaya başlamıştır. Örneğin, **Tasvir-i Efkâr** bu tür bir gazetedir.

"Genel olarak Tasvir-i Efkâr, eğitimle ilgili makalelerinin nitelikleri açısından zamanın diğer Türk gazete ve dergilerinin çok ilerisinde idi. Bu makaleler, 19. Yüzyılda Avrupa'da gelişmiş yeni bilgi dallarında kullanılan metotların anlatılmasına tahsis edilmişti.

Mesela, Şinasi, tabii hukuk teorilerinin Avrupai içeriğini vurgulamak için Tasvir-i Efkâr'da ilk tefrika olarak, **Vattel'in Droit des Gens (Uluslararası Hukuk)***'inin tercümesini yayınlamayı seçmişti. Vattel'in, tabii hukukun bütün meşru müesseselerinin nihai temeli olduğu inancı, Türk okuyucuya böylelikle aktarılmaktaydı. Şinasi, bir süreç olarak tarihin, Allah'ın eliyle yönlendirildiği şeklindeki klasik İslami görüşe karşılık, Sami ve Suphi Paşa tarafından antik tarih üzerine yazılan ve tarihi hadiselerin bir nedensellik zincirinin halkası olarak ele alındığı seri yazılar yayımladı..."* [960]

Tasvir-i Efkâr örneğinde görüldüğü gibi, Osmanlı'da özel gazeteler, eğitim, hukuk, tarih, edebiyat, siyasi yapı gibi konularda modern görüşlerin seslendirildiği ve Batı medeniyetinin özellikleri hakkında yorumların yapıldığı yayın organlarıdır.

Bazı Osmanlı gazeteleri, özellikle dil, edebiyat ve kültür konularına büyük önem vermiştir. Tasvir-i Efkâr'ın saygınlık yükkazanmasında dil reformunu benimseyen Şinasi'nin, Türkçe'nin

---

[960] age. s. 291.

klasik üslubunu savunanlara karşı yürüttüğü mücadelenin büyük etkisi olmuştur.[961] Bu gazete, edebi ve siyasi fikirlerin tartışıldığı bir forum haline gelmiştir.

Şinasi, başlangıçta kısıtlı bir aydın zümreye hitap eden basını, millete açmayı başarmıştır. II. Abdülhamit sansürüne kadar, basın yoluyla Osmanlı milleti arasında ortak bir edebiyat dili oluşmuştur.

Gazeteler ayrıca, Avrupa'nın iktisadi fikirlerini de Osmanlı'ya aktarmışlardır. Takvim-i Vakayi'nin sütunlarında İngilizce'den tercüme edilip basılan "**Ticaret ve Esar**" başlıklı **iktisat konulu makaleler** yayınlanmıştır. Mehmed Şerif'in iktisatla ilgili makaleleri Tercüman-ı Ahval ve Mecmua-i Fünun'da yayınlanmıştır. 1860'larda İstanbul'da çıkan Jön Türk Murat Bey'in Mizan gazetesi de iktisadi konulara ağırlık veren başka bir yayın organıdır. Bu gazetede, kapitülasyonların zararlarından ve kaldırılması gerektiğinden, zirai makinazisyonun geliştirilmesinden bahsedilmiştir.[962]

Yeni Osmanlı aydınlarından Namık Kemal İbret'te, Ali Suavi Muhbir'de, toplumu istibdat ve mutlakıyete karşı örgütleyen yazılar yazmışlardır.

Hürriyet ve vatan kavramlarını Türk halkına öğreten de bu gazetelerdir. Tanzimat'tan sonra gündeme gelen kadın hakları ve kadınların durumlarının iyileştirilmesi konusunda da Osmanlı basınının yadsınamaz katkıları olmuştur. Örneğin, Ali Reşit ve Filib Efendi'nin çıkardıkları **Terakki gazetesi**nin eki olan ve pazar günleri çıkan **Muhaddera**t'ta Osmanlı kadınları Batılı kadınlarla karşılaştırılarak, geri kalma nedenleri anlatılmıştır.[963]

Osmanlı gazetelerinde önce Yeni Osmanlı aydınları, daha sonra da Jön-Türk aydınları seslerini halka duyurmaya başla-

---

961 age. s. 392.
962 Şerif Mardin, **Türkiye'de İktisadi Düşüncenin Gelişmesi (1838-1918)**, SBF Maliye Enstitüsü Yayınları, Ankara 1962, s. 53'ten Muammer Göçmen, **İsviçre'de Jön-Türk Basını ve Türk Siyasal Hayatına Etkileri**, İstanbul, 1999, s. 74, 75.
963 Nebahat Akgün, **Türk Basınında (1860 - 1876) Yılları Arasında Aile ve Kadın** (İÜSBE, Yayınlanmamış Doktora Tezi), İstanbul, 1993'ten naklen Göçmen, age. s. 73.

mışlardır. **Osmanlı topraklarında 1860'tan 1876'ya kadar toplam 52 gazete yayınlanmıştır.**[964]

Jön-Türk aydınlarının sınır dışı edilmeleri ve Osmanlı topraklarında basına uygulanan sansür sonucunda, jön Türkler Osmanlı Devleti'nin egemenlik alanı dışında, İsviçre, Fransa, İngiltere ve Mısır gibi ülkelerde çok sayıda gazete çıkarıp fikirlerini bu gazetelerde seslendirmeye devam etmişlerdir. 1867'den itibaren Osmanlı aydınları yurt dışında toplam 153 **farklı gazete** çıkarmışlardır. Bu 153 gazetenin, 74 tanesi Mısır'da (Kahire), 22 tanesi Fransa'da (Paris), 16 tanesi İsviçre'de (Cenevre), geri kalan 70 gazete ise, Amerika'dan İtalya'ya kadar çok değişik ülkelerde yayınlanmıştır.[965]

Osmanlı Devleti'nde 19. yüzyılda, her geçen gün gazete, dergi ve kitap okuyucusu sayısı da artmıştır. Bu artış, Batı kültürünün Osmanlı toplumundaki etkisinin de artmasına yol açmıştır. 19. yüzyılda Osmanlı Devleti'nde oldukça ciddi ve popüler bir **Batılı edebiyatın** geliştiği görülmektedir. 1845'te Mac Farlane, Türkiye'de Journal de Constantineople'nin tefrikalarından zevk alan, "alafranga eğitim görmüş genç insanlar" bulmuştur.[966] Osmanlı'da aynı dönemlerde, bir yerli edebiyat da gelişmeye başlamıştır. Tanzimat Dönemi'nde çıkmaya başlayan gazetelerde zaman içinde yabancı romanlar tefrika edilmeye başlanmıştır. Örneğin, Churchill'in çıkardığı Ceride-i Havadis gazetesi, Victor Hugo'nun "Sefiller" adlı romanını tercüme edip yayınlamıştır. Bazı edebiyatçılar, geçimlerini yazdıklarıyla sağlayacak kadar okuyucu bulabilmişlerdir. Örneğin, o günlerde Ebüzziya, kitaplar yayımlayarak geçimini sağlamaya karar vermiştir: "*İstanbul'da potansiyel bir kitap okuyucusu topluluğu bulunduğu tahmini doğru çıktı ve (Ebüzziya) ilk iki neşriyatının satışından çok iyi kazanç elde etti...*" [967]

---

964 Göçmen, **age.** s. 75 - 78.
965 Yurt dışındaki Jön Türk basını hakkında bkz, Göçmen, **age.** s. 97 - 107.
966 Mardin, **Yeni Osmanlı Düşüncesinin Doğuşu,** s. 219.
967 **age.** s. 71.

Gerçekten de 19. yüzyıl Osmanlı edebiyatına ve üretilen eserlere bakılınca bu dönemde Osmanlı Devleti'nde potansiyel bir kitap okuyucusu bulunduğu görülmektedir.

Osmanlı'da gazeteler, dergiler ve kitapların yaygınlık kazanması, Osmanlı modernleşmesine kısmen bir dinamizm kazandırmıştır. Çünkü Batı'dan beslenen Osmanlı modernleşmeci elitinin halkla olan bağını sağlayan gazeteler, dergiler ve kitaplardır. Okuyucu sayısı arttıkça, çağdaş ve laik Batı kültürünün Osmanlı toplumu üzerindeki etkisi her geçen gün daha fazla artmış ve böylece akılcı ve bilimsel düşüncenin egemenlik alanı genişlemiştir.

İttihat ve Terakki'nin Laiklik Çabaları

Osmanlı Devleti'nde **laikliğe doğru** en önemli adımlar, İttihat ve Terakki yönetimi döneminde atılmıştır.

İttihat ve Terakki Partisi, **Ziya Gökalp**'in fikir babalığını yaptığı bazı önerileri Birinci Dünya Savaşı yıllarında kanunlaştırmıştır. Türk modernleşmesinin düşünsel kaynaklarından Ziya Gökalp, Birinci Dünya Savaşı yıllarında, din ve laiklik konusundaki görüşlerini değişik yayın organlarında dile getirmiştir.

Ziya Gökalp'e göre Türklerin diğer Müslümanlardan farklı, **kendilerine has** bir İslam anlayışı vardır. Araplar başta olmak üzere, birçok İslam toplumu **Allah'ı korku ve gazap kaynağı olarak görürken, Türkler Allah'ı şefkat** ve **sevgi kaynağı** olarak kabul **etmektedir.** İslam dininde "ikrah" ve "baskı" olmaması ve ferdin "aracısız" doğrudan doğruya Allah'a karşı sorumluluk taşıması gerektiğini düşünen **Ziya Gökalp**, şu görüşleri ileri sürmüştür:

"Fiili olarak ortalıkta, dini yalnız zühd ve ibadetten ibaret diye kabul eden zahitler vardır. Bir taraftan da imanları kuvvetli olmakla beraber, Allah'a layık olmanın yolunu bizzat aramak isleyen müminler. Biz, zahitlerin mescitlerine giderek vakitlerini zühf ve ibadetle geçirmelerini sevgi ve saygıyla karşılarız; fakat onlar da bizi baskı altında tutmaya kalkışmamalı, camilerde, toplanarak ruh ve vicdanlarımızı yükseltecek yolda

münakaşalara girişmemizi ve fiili suretle hayır işlemeyi ve serden kaçmayı ön plana almamızı hoş görmelidirler." [968] Gökalp'in bu düşünceleri, herkesin dininin gereklerini özgürce **yerine getirme** ya da **getirmeme** hakkına sahip olduğunu vurgulaması bakımından çok önemlidir ve bu sözler, din ve vicdan özgürlüğüne vurgu yaptığı için **laiklik** talebidir.

Osmanlı aydınlarının bu ve benzer düşünceleriyle beslenen İttihatçıların modernleşme programı, Osmanlı Devleti'nin içinde bulunduğu siyasi güçlükler yüzünden bir türlü tam manasıyla düşünceden uygulamaya geçirilememiştir; fakat İttihat ve Terakki Partisi, Birinci Dünya Savaşı yıllarında "laik" olarak adlandırılabilecek bir dizi reform önerisini kanunlaştırmayı başarmıştır.

Daha önce de kısmen vurguladığımız gibi, bu kanunlarla;

Şeyhülislam hükümet üyesi olmaktan çıkarılmış,

İlkokullar şeriat makamlarından alınıp Maarif Vekâleti'ne bağlanmış;

Şeriat Mahkemeleri de Şeyhülislamlıktan ayrılarak Adliye Nezareti'ne bağlanmıştır (25 Mart 1917).

1917'de kabul edilen Aile Kanunnamesi'yle imam nikâhının **tümden bağlayıcı niteliği sınırlandırılmış; kadına da kocasını boşama hakkı tanınmıştır** (7 Kasım 1917).[969]

"Bu şeriatın dışında sayılmazdı, zira verilen bir fetvaya göre hareket edilerek, dört Sünni mezhepten çağdaş hayata en uygun olan kurallar derlenmişti. Zaman zaman kadını kayıran yeni kurallar da getiriliyordu." [970]

"...Daha önceleri ancak, ebe, hastabakıcı ve daha sonra da öğretmen olabilen kadınlar için bu dönemde bir ileri adım daha atılmış; kadınlar memur olabilmiş, peçeleri kalkmış ve çarşafları elbiseye yakın bir şekil almıştır." [971]

Prof. Sina Akşin, Birinci Dünya Savaşı yıllarında İttihat ve Teraki'nin sadece muhalefeti değil din taassubunu da baskı altına aldığını belirtmektedir.[972]

---

968 Yalman **age.** s. 279.
969 Başgöz **age.** aynı yer.
970 Akşin, **Türkiye'nin Kısa Tarihi,** s. 108.
971 Mümtaz Turhan, **Kültür Değişmeleri,** İstanbul, 1987, s. 193.
972 Akşin, **age.** s. 107.

İttihat ve Terakki'nin laik reformları sonunda **kadınlar** sadece toplumsal hayata girmekle kalmamış, yavaş yavaş giyim kuşamlarını da değiştirmeye başlamışlardır. **Kara çarşaf ve peçe** çıkarılmış, az da olsa saçlar görünmeye başlamıştır. Kadınlardaki bu değişim bazı muhafazakâr devlet adamlarını harekete geçirmiş ve bu konuda fazla ileri gidenlere karşı yasal tedbir alınması gündeme gelmiştir. *"Giyim ve yaşam tarzındaki Batılılaşma ise, dini otoritelerce endişeyle izlenmiş ve Şeyhülislam tarafından Nisan 1911'de Müslüman kadınların Avrupalı gibi giyinmemeleri gerektiği konusunda bir uyarı yayımlanmıştır."* [973]

Bütün bu faaliyetler, Türkiye Cumhuriyeti daha kurulmadan, Atatürk devrimleri gerçekleştirilmeden önce, dinin ve şeriatın topluma yön verici etkisinin toplumsal kurumlardan ve devletten belli ölçüde uzaklaştırılmış olduğunu ya da başka bir ifadeyle **laiklik** hareketinin az da olsa bir yol almış olduğunu göstermektedir.

OSMANLI MODERNLEŞMESİNDEN ATATÜRK MODERNLEŞMESİNE

Osmanlı ıslahat hareketleri, özellikle 19. yüzyıldaki siyasal ve hukuksal yenilikler, Atatürk devrimlerinin alt yapısını hazırlamıştır.

Osmanlı toplumu 19. yüzyılın sonlarına gelindiğinde Batı dünyasını oluşturan **çağdaş değerlerin** birçoğunu tanımaktadır.

1820'lerde yenilikçi Osmanlı padişahı **II. Mahmut'un** askeri, siyasi, toplumsal ve kültürel alandaki reformlarıyla başlayan Osmanlı modernleşmesi, 1839'da **Tanzimat Fermanı'nın** ilan edilmesiyle hızlanmış, 1908'de **II. Meşrutiyet'in** ilanıyla ilk meyvelerini vermiştir. II. Meşrutiyet, her türlü düşüncenin **özgürce** seslendirebildiği bir ortam yaratmıştır. Prof. Halil İnalcık'ın ifadeleriyle, *"Bu dönemde Cumhuriyet devri ideolojisini hazırlayan gerçek bir Türk aydınlanma çağından, bir kültür rönesansından,*

---

[973] Saw. C. Von, Geschite des Machtverfalls der Turkei, Viyana, s. 589'dan Lewis, Modern Türkiye'nin Doğuşu, s. 228.

bir devrim intelligentsiasından söz edilebilir. Şu açık bir gerçektir ki Mustafa Kemal ve onunla beraber yürüyen aydın subaylar, bu dönemde tartışılan fikirleri hayata geçirmek için ihtilalin ön safında yer almışlardır." [974]

Kanımca, 20. yüzyılın başlarında girilen yıkıcı savaşlar olmasaydı, Türk toplumunun aydınlanması daha hızlı gerçekleşebilirdi. **Trablusgarp, Balkan, Birinci Dünya Savaşı** ve son olarak da **Kurtuluş Savaşı,** Osmanlı'nın son dönemlerinde yetişen **okur-yazar, eğitimli, modern fikirlere açık** yüzlerce gencin ölümüne neden olmuştur. Bu durum, Atatürk'ün modernleşme programını uygularken Osmanlı mirasından gerektiği gibi verim almasını engellemiştir; fakat her şeye rağmen Atatürk modernleşmesinin temel dinamikleri, Osmanlı'nın son dönem yeniliklerinden beslenmiştir. Prof. **Bülent Tanör** bu durumu, "tarihin mirası" olarak değerlendirmekte ve Atatürk modernleşmesinin Osmanlı'dan devraldığı mirası, ekonomik, sosyal, düşünsel (fikri), siyasal ve kurumsal alan olarak sınıflandırmaktadır.[975]

Atatürk'ün Osmanlı modernleşmesinin mirasından yararlandığına dikkat çeken bir başka tarihçi **Feroz Ahmad** da **Bülent Tanör'e** benzer bir değerlendirme yapmaktadır. Jön Türkler ve İttihat Terakki Partisi'nin ekonomik, siyasal ve kültürel çalışmalarının analizini yapan Ahmad, bu dönem yenilikleriyle Atatürk modernleşmesi arasında bir "kırılmadan" çok, bir "birliktelik" ve "devamlılık" olduğunu iddia etmektedir.

Prof. Halil İnalcık "Atatürk devrimini", "*150 yıllık bir tarihi gelişimin son ve radikal ifadesi*" olarak tanımlamaktadır.[976]

İnalcık'a göre Atatürk'ü biraz da bu tarihsel süreç hazırlamıştır:

"*19. asırda devlet idaresinde ve idari tekniklerde taklide geçildi. Aynı devirde edebiyatta ilk defa Batılı hayat görüşü de aydınlar arasında yayılmaya başlandı. İşte Atatürk'ü bütün bu uzun tarihi gelişme hazırlamıştır.*" [977]

---

974 İnalcık, age. s. 35.
975 Tanör, age. s. 171 - 178.
976 İnalcık, age. s. 65.
977 age. s. 81.

Özellikle, İttihat ve Terakki iktidarı döneminde, sadece "kuramsal" olarak fikir üretmekle kalınmamış, aynı zamanda bu fikirlerin bir kısmı "uygulama" alanına konulmuştur. Örneğin Atatürk'ün "milli ekonomi" projesinin alt yapısı İttihat ve Terakki döneminde hazırlanmaya başlanmıştır. 1914 Haziranında dönemin Osmanlı hükümeti bir **Teşvik-i Sanayi Kanunu** çıkartmıştır, 8 Aralık 1914 tarihli Moniteur Oriental'in haberine göre İstanbul vilayeti idari meclisinin Üsküdar'da **bir makine fabrikasıyla**, Pendik'te bir **tuğla ve çimento fabrikası kurulmasını** onaylandığı belirtilmiştir.[978] Eylül 1918'de de Revue de Turguie (Lozan), Osmanlı İmparatorluğu'nda, başta **Milli Mahsulat Osmanlı Anonim Şirketi, Kantarya İmalat Anonim Şirketi** ve **Emekçiler Anonim Şirketi** olmak üzere aşağı yukarı 80 anonim şirketin kurulmuş olduğunu yazmaktadır. Aynı dönemde Osmanlı'da **tam 72 banka** faaliyette bulunmaktadır: Akşehir Osmanlı Bankası, Milli Aydın Bankası, Milli Karaman Bankası, Adapazarı İslam Ticaret Bankası bunlardan sadece birkaçıdır. Çoğunun geniş sermaye iştiraki vardır ve hemen hepsi de Osmanlılar'a yani **Türk ve Müslümanlara** aittir. Yabancı şirketler ilk kez eşit koşullarda rekabet zorunda kalmışlardır. *"Dikkat çekici olan nokta, bu ticari örgütlerin yalnızca İstanbul ve büyük kentlerle sınırlı olmayıp birçok Anadolu kasabasında kurulmuş bulunmasıdır."* [979]

Tüm bu veriler, İttihat Terakki Partisi'nin **"milli bir ekonomi"** ve **"bir Türk burjuvazisi"** yaratmaya çalıştığını göstermektedir. İttihat ve Terakki Partisi'nin ekonomik politikaları, Türk ve Müslüman bir müteşebbis sınıf yaratmaya çalışarak, Osmanlı azınlıklarının ve yabancı girişimcilerin ekonomideki etkilerini azaltmayı hedeflemiştir. Bu ekonomik direniş, aynı zamanda **kapitülasyonlara** da bir tepkidir. İttihat ve Terakki Hükümeti, Birinci Dünya Savaşı'nın başlarında **kapitülasyonları** tek taraflı olarak kaldırdığını deklare etmiştir.

İttihat ve Terakki Partisi'nin bu ekonomik politikalarının, **Atatürk'ün** ekonomik politikalarının altyapısını oluşturduğu

---

978 Feroz Ahmad, *İttihatçılıktan Kemalizme*, İstanbul, 1996, s. 42 - 43..
979 age. s. 50, 51.

açıktır; çünkü bilindiği gibi Türkiye Cumhuriyeti'nin kuruluş yıllarında Atatürk de "**Misak-ı iktisadi**" sloganı doğrultusunda "**milli bir burjuvazi**" meydana getirip, "**ulusal bir ekonomi**" oluşturmaya çalışmış ve Lozan Antlaşması ile **kapitülasyonları** kaldırarak bu yolda önemli bir adım atmıştır.

Cumhuriyet sanayileşmesinin ilk nüvelerini yine Osmanlı'nın son dönemlerinde görmek mümkündür.

Osmanlı'da sanayileşme, özellikle tekstil ve porselen dallarında bazı devlet fabrikalarının kurulmasıyla başlamıştır. 1835'te **Feshane** ve **çuha** fabrikaları kurulmuştur. Ayrıca İzmit **Kâğıt Fabrikası, Beykoz Teçhizat-ı Askeriyye Fabrikası, Tophane, Beykoz, İnceköy Porselen fabrikaları** dışında, bazı bölgelerde yabancı sermaye ve özel girişim tarafından kurulan fabrikalara da rastlanmaktadır. Örneğin, Galata-Beyoğlu Belediye reisi Kamil Bey, 1854'te Sivriburnu'nda **bir bez fabrikası** kurmuş, hayriye tüccarlarından Ömer Efendi ile ortakları da **bir hasır fabrikası** açmışlardır.[980]

Tanzimat'la birlikte Osmanlı Devleti'nde hiç de yadırganamayacak ölçüde önemli bir modernleşme süreci başlamıştır. Tanzimat sonrasında Osmanlı aydını, tutucu yöneticisinden, muhalif yazarına kadar, çağdaş dünyada var olabilmek için mutlaka değişmek ve olaylara yön verebilmek gerektiğini anlamıştır. Osmanlı aydını, devletin varlığını sürdürebilmesi için geleneksel yapıyı ve mevcut anlayışı farklı bir bakışla değerlendirmeye ve eleştirmeye başlamıştır.

"*Edebiyat zevkinden yönetime, Avrupa politikasından, modernleşmenin yöntem ve ölçüsüne kadar birçok konu tartışılıyordu; hem de kahvehane sohbetiyle değil, basın ve yayın aracılığıyla..*"[981]

Osmanlı modernleşmesini zirveye çıkaran, –birçok siyasi yanılgılarına rağmen– **İttihat ve Terakki Partisi**'dir. Bu partinin yapmaya çalıştığı yenilikler Atatürk'ün yapacağı devrimlere şaşırtıcı derece de benzemektedir.

---

980 Ortaylı, age. s. 180, 181.
981 age. s. 236.

Daha önce de belirtildiği gibi İttihat ve Terakki, özellikle Birinci Dünya Savaşı yıllarında oldukça cesur modernleşmeci girişimlerde bulunmuştur. Örneğin, Şubat 1917'de kabul edilen bir kanunla Rumi Takvimle Miladi Takvim arasındaki 13 günlük fark kaldırılmıştır. Böylece, 1 Mart 1917'den itibaren Miladi ve Rumi takvimin gün ve ayları denkleştirilmiştir. 2 Nisan 1917'de çıkarılan "**Medaris-i İlmiye Kanunu**" ile medreselerin çağdaş eğitim kurumları haline dönüştürülmesi için bir gizli reform taslağı hazırlanmıştır. Ders programlarına pozitif ve **doğal bilimler** ile **Batı dilleri** girmiştir. Hatta bu dönemde bazı aydınlar daha da cesur davranarak **eski Türkçe harfleri** Türkçenin yapısına uygun hale getirmek için çaba harcamışlardır. Bu amaçla, 1911'de **Türk Ocağı** çatısı altında "Islah-ı Huruf Cemiyeti" kurulmuştur. Hüseyin Cahit (Yalçın) Latin Alfabesi'ne geçilmesini istemiştir.[982] Abdullah Cevdet ise, İçtihat dergisinde **Latin harflerini savunan** ateşli yazılar kaleme almıştır. İttihatçı Enver Paşa da Birinci Dünya Savaşı öncesi Arap harflerini bitişik değil de **Latin harfleri gibi** ayrı yazmayı önermiş ve bu konuda da bazı çalışmalar yapılmıştır.[983] Harflerin modernizasyonu ya da değişimi konusunda somut bir adım atılamasa da İttihatçıların kafalarının bir köşesinde **Arap harflerinden kurtulma** düşüncesi olduğu çok açıktır.

Prof. Sina Akşin, İttihat Terakki döneminde gerçekleştirilen yenilikleri "**Meşruti ıslahatlar**" olarak adlandırmıştır. Akşin'e göre İttihat Terakki siyaset alanında ne kadar **diktatör** olursa olsun düşünce alanında **özgürlükçü** bir yapıya sahiptir:

"*Yıllarca düşüncenin baskı altında tutulduğu Abdülhamit döneminden sonra yayın hayatında adeta bir fışkırma oldu. Gazeteler, dergiler, kitaplar bir furya halinde ortalığı kapladı. Birçok düşünce akımı gelişti, serpildi. Ürün verdi. Bu özgürlükten eğitim de büyük pay aldı. Tarih dersleri çeşitlendi, İslamiyet ve Osmanlı tarihi dışındaki alanlara yayıldı. Toplumsal içerikli dersler, felsefe okutulmaya başlandı. Cumhuriyet döneminde*

---

982 Akşin, Ana Çizgileriyle Türkiye'nin Yakın Tarihi, C. I, s. 127, 128.
983 Akşin, Türkiye'nin Kısa Tarihi, s. 108, 109.

geliştirilecek Halk Evlerini andırırcasına İT'nin kulüpleri, yani şubeleri birçok yerde kültür ve toplumsal etkinlik merkezleri olarak önemli bir işlev üstlendiler." [984]

Son dönemlerde Batı'dan etkilenen Osmanlı aydınlarının hayal dünyalarında biçimlenen çok sayıda toplumsal yenilik projesi vardır. Örneğin **Abdullah Cevdet**, sadece Latin harflerini savunmakla kalmayıp eşiyle birlikte Sirkeci'de **şapka takarak** dolaşmıştır. Abdullah Cevdet Osmanlı'da kılık kıyafet değişikliğini de zorunlu görmüştür. Bu nedenle İçtihat dergisindeki yazılarında Osmanlı Türklerinin kılık kıyafetine eleştiriler yöneltmekten çekinmemiştir. Cevdet, daha da ileri giderek toplumun çabuk ilerleyebilmesi için **Avrupalılarla melezleşmeyi** savunmuştur. Abdullah Cevdet, düşüncelerinde yalnız değildir. **Celal Nuri, Kılıçzade Hakkı** ve kısmen **Rıza Tevfik**, onunla birlikte gösterilebilecek aydınlar arasında sayılabilir.[985]

Bazı tarihçilere göre Atatürk, Batılılaşma yanlılarının aşırı kanadında bulunan **Kılıçzade Hakkı**'nın "**Garplılaşma Planını**" TBMM'de kanunlaştırmıştır. "*Kılıçzade, Atatürk'ten önce Latin alfabesinin alınmasını, kılık kıyafette Batılı insan gibi giyinilmesini, fes yerine şapkanın kabulünü, tesettürün bırakılmasını, medreselerin kaldırılmasını önermiştir.*" [986]

İttihatçıların temelde iki amacı vardır. Brincisi, emperyalistler, azınlıklar ve onların yerli işbirlikçilerince Osmanlı Devleti'nin parçalanmasına engel olmak; ikincisi ise değişen ve gelişen dünyada var olabilmek için modernleşmek, çağdaş değer ve kurumları benimsemektir.

"*İttihatçılar Türk modernleşmesine büyük önem veriyorlardı. Onlara göre, Türkiye yakında, Yakındoğu'nun Japonya'sı olacaktı.*" [987]

Bu Jön Türk aydınlarının Batı karşısındaki duruşları, Atatürk'ün Batı karşısındaki duruşuna çok benzemektedir.

---

984 Akşin, Kısa Türkiye Tarihi, s. 80.
985 Akşin, **Ana Çizgileriyle Türkiye'nin Yakın Tarihi**, s. 98.
986 İnalcık, age. s. 37.
987 Ahmad, age. s. 135.

"Genç Türkler, imparatorluğu Avrupa'nın baskısından kurtarmaya azimliydiler; fakat bu onları aşırı bir Avrupa düşmanı haline getirmedi ve Genç Türkiye ile Avrupa arasında bir çeşit sevgi-nefret ilişkisi süregeldi. Genç Türkler, Avrupa'daki kuvvet dengesinden ve onun baskısından hoşlanmamakla birlikte, ülkede modern ve ekonomik bir yapı kurmak ve onu muhafaza etmek için Avrupa'dan gelecek sermaye yatırımcılarına ihtiyaç olduğuna ve imparatorluğun çökmekte olan idari yapısını yeniden örgütlemek için Avrupalı uzmanların gerekliliğine inanıyorlardı. Siyasi ve ekonomik özgürlüğü kaybetmemek koşuluyla Avrupa'dan gelecek sermaye ve bilgiyi kullanmaya istekliydiler..."[988]

Onların bu yaklaşımı, milli ve bağımsız bir ekonomi kurmaya çalışan Atatürk'ün, aynı zamanda yabancı sermayenin Türkiye'ye girişine de olumlu baktığını hatırlatmakta ve İttihatçılardan Atatürk'e uzanan bir "düşünsel köprü" olduğunu göstermektedir.

Feroz Ahmad, "*İttihatçılıktan Kemalizme*" adlı çalışmasının sonunda, Atatürk modernleşmesi ve Osmanlı mirası hakkında şu ilginç değerlendirmeyi yapmaktadır:

"*Özgün karakterine karşın Kemalizmin, hem düşünce, hem de toplumsal temel bakımından öncelleri vardı. Böyle bir ideolojiyi, Mustafa Kemal'in geliştirdiği bazı fikirlerin ilk kez ortaya atılıp tartışıldığı, Genç Türk döneminin (1908-1918) katkısını göz ardı ederek ele almak, tarih dışı bir tutum olur... Dönemin tartışmalarına tanıklık etmiş, onlara katılmış ve daha sonra en önde gelen bazı aydınlar ve ideologlar -en önemlilerinden yalnızca iki tanesini sayacak olursak, Ziya Gökalp ve Yusuf Akçura- Kemalist hareketle birleşerek onun ideolojisinin oluşumuna katkıda bulunmuşlardır.*"[989]

Osmanlı modernleşmesinin tüm katkılarına karşın, Atatürk modernleşmesinin, dolayısıyla **Kemalizmin**, tümüyle özgün bir

---
988 age. s. 736.
989 age. s. 178, 179.

düşünce olduğunu ve Atatürk'ün hiçbir biçimde daha önceki gelişmelerden etkilenmediğini ileri sürenler de vardır. Örneğin, **Yakup Kadri Karaosmanoğlu**, Atatürk'ün Ziya Gökalp gibi Osmanlı aydınlarından bile etkilenmediğini ileri sürmüştür.[990] Şüphesiz bu analiz, bilimsel olmaktan çok duygusal bir değerlendirmedir.

Osmanlı modernleşmesi ile Cumhuriyet modernleşmesi arasındaki bağı, Prof. **İlber Ortaylı** da şöyle ifade etmektedir:

"... *İmparatorluk, cumhuriyete, parlamentarizm, siyasi parti kadroları, basın gibi siyasi kurumları miras olarak bıraktı. Cumhuriyetin tabipleri, fen adamları, hukukçu, tarihçi ve filologları, son devrin Osmanlı aydın kadrolarından çıktı. Cumhuriyet, ilk anda eğitim sistemini, üniversiteyi, yönetim örgütünü, mali sistemi imparatorluktan miras aldı. Cumhuriyet devrimcileri, bir ortaçağ toplumuyla değil, son asrını modernleşme sancıları ile geçiren imparatorluğun kalıntısı bir toplumla yola çıktılar. Cumhuriyetin radikalizmini kamçılayan öğelerden biri de, yeterince radikal olamayan Osmanlı modernleşmesidir. Bugünkü Türkiye'nin siyasal-sosyal kurumlarındaki sağlamlık ve zaafın bilinmesi, son devir Osmanlı modernleşme tarihini iyi anlamakla mümkündür. 19. yüzyıl, bütün Osmanlı camiasının en hareketli, en sancılı, yorucu uzun bir asrıdır; geleceği hazırlayan en önemli olaylar ve kurumlar bu asrın tarihini oluşturur.*"[991]

Başka bir tarihçiye göre ise, Cumhuriyeti, bir bakıma "**Son Osmanlılar**" kurmuştur. Atatürk devrimleri, Osmanlı siyasal reformistlerinin hayalhanesindeki toplum mühendisliği projesinin uygulamaya konulmuş şekli gibidir. Bu benzerlik çok tabiidir. Çünkü o günün cumhuriyetçileri, önceki günün Osmanlı reformistlerinden başkası değildir.[992]

Osmanlı ile Cumhuriyet arasındaki devamlılığın en somut olduğu alanlardan biri **siyasi yapılanmadır**.

---

990 Yakup Kadri Karaosmanoğlu, **Atatürk**, İstanbul, 1998, s. 82.
991 Ortaylı, **age.** s. 26.
992 Alkan, **age.** s. 33.

Prof. Tarık Zafer Tunaya'ya göre *"Meşrutiyet Cumhuriyet'in siyasi laboratuarıdır."* Yani Cumhuriyet döneminde gerçekleştirilen pek çok yenilik II. Meşrutiyet döneminde tartışılmıştır. Prof. Akşin, *"Mustafa Kemal'in bu dönemde faal olarak siyasetle ilgilendiği, İttihat ve Terakki hareketi içinde yer aldığını"* belirterek Prof. Tunaya'ya katılmaktadır.[993]

II. Meşrutiyet Meclisi çağdaş bir hukuk devletinin ihtiyacı olan pek çok yasa çıkartmıştır. Bunların önemli bir bölümü Cumhuriyet döneminde de yürürlükte kalmıştır. Örneğin **İçtimaat-ı Umumiye (Toplantı) Yasası, Matbuaat (Basın) Yasası, Matbaacılar Tatil-i Eşgal Yasası, (Grev), Cemiyetler Yasası** bunlardan sadece birkaçıdır. Ayrıca Meclis, II. Abdulhamit'in servetine el koymuş, sarayın harcamalarını kısmış, yüksek görevlilerin maaşlarını azaltmış, esirlerin alım ve satımı yasaklanmış, hükümeti padişaha karşı değil Meclis'e karşı sorumlu hale getirmiş, padişahın Meclis'i açıp kapama ve istediği milletvekilini sürgün etme yetkilerini elinden almış, anayasayı demokratikleştirmiştir.[994]

Meşrutiyetin ilanından sonra oluşmaya başlayan **Osmanlı parlamenter sisteminin** içinde yer alan belli başlı siyasi partiler ve temsil ettikleri görüşler, cumhuriyetin ilanından sonra bazı değişikliklerle varlıklarını sürdürmüştür. Türkiye'de cumhuriyetin ilanından sonra kurulan önemli siyasi partilere ve programlarına bakıldığında, hemen hepsinin birer benzerinin Osmanlı parlamentosunda da bulunduğu görülmektedir.

Türkiye'de siyasal partileşme sürecinde, Jön Türklerden günümüze uzanan üçlü bir yapıdan söz etmek mümkündür. **Merkeziyetçi, Âdem-i Merkeziyetçi ve İslamcı** olarak adlandırılabilecek bu üçlü yapı, Osmanlı'dan Cumhuriyete neredeyse aynen geçmiştir.

Merkeziyetçi yapının fikir babası, **August Comte**'tan etkilenen Jön Türk aydınlarından Ahmet Rıza'dır. **Ahmet Rıza**, tüm ülkenin tek bir merkezden (merkezi yönetim) idare edilmesini,

---

993 Akşin, Kısa Türkiye Tarihi, s. 55.
994 age. s. 63.

milli bir ekonomi oluşturulmasını ve yukarıdan aşağıya doğru yapılacak reformlarla ve yönlendirmelerle halkın bilinçlendirilmesini, kalkındırılmasını ve çağdaşlaştırılmasını istemiştir. Bu görüşleri Osmanlı Devleti'nde, 1913-1919 yılları arasında savunan siyasi parti, **İttihat ve Terakki Fırkası (İTF)**'dır.

Osmanlı Devleti'nin son dönemlerinde ülkeyi tek başına idare eden İttihat ve Terakki Fırkası'nın savunduğu bu görüşleri, 1920 yılında Birinci TBMM'de **Atatürk'ün** yanında yer alan milletvekillerinin oluşturduğu I. Grup savunmuştur. Aynı görüşleri, 1923'te Atatürk tarafından kurulan **Cumhuriyet Halk Partisi'nin** de savunacak olması, CHP'nin fikirsel bakımdan Osmanlı İTF' sinin devamı olduğunu göstermektedir.

Osmanlı'da **İTF** ile başlayan, Türkiye'de **CHP** ile devam eden siyasi çizgi, 12 Eylül'den sonra kurulan **HP, SODEP, SHP, DSP, CHP** gibi partilerle inişli çıkışlı bir grafikle günümüze kadar varlığını korumuştur.

Osmanlı'da **âdem-i merkeziyetçi** yapının fikir babası, **Le Play**'dan etkilenen **Prens Sabahattin**'dir. Prens Sabahattin, yerinden yönetimi savunan, ekonomide teşebbüs-i şahsiden (özel teşebbüs) yana, **liberal** bir Osmanlı seçkinidir. Bu görüşleri Osmanlı Devleti'nde, **Osmanlı Ahrar Fırkası ile Hürriyet ve İtilaf Fırkası** savunmaktadır.

Osmanlı'da Hürriyet ve İtilaf Fırkası'nın (HİF) savunduğu bu görüşleri, 1920'de Birinci TBMM'de Atatürk'e muhalif olan **II. Grup** milletvekilleri savunmuştur. Aynı görüşleri 1924 yılında CHP'ye muhalif olarak kurulan **Terakki Perver Cumhuriyet Fırkası (TPCF)** ve 1930 yılında yine CHP'ye muhalif olarak kurulan **Serbest Cumhuriyet Fırkası (SCF)** savunmuştur. Yani Osmanlı'da iktidar partisi İttihat Terakki'ye muhalif olan Hürriyet ve İtilaf'ın siyasi fikirlerini, Türkiye Cumhuriyeti'nde, iktidardaki Cumhuriyet Halk Partisi'ne muhalif olan Terakki Perver Cumhuriyet Fırkası ve Serbest Cumhuriyet Fırkası savunmuştur. Bu çizgiyi takip eden siyasi irade, özellikle İkinci Dünya Savaşı'ndan sonra Türkiye'nin yönetiminde söz sahibi olmuştur. 1946'da kurulan **Demokrat Parti (DP)** ve 1962'de kurulan

Adalet Partisi (AP) ve 2002 seçimleriyle iktidara gelen Adalet ve Kalkınma Partisi (AKP), Osmanlı Hürriyet ve İtilaf Fırkası'nın yakın zamanlardaki uzantılarıdır.

Osmanlı'da İslamcı yapının temsilcisi ise, İslami esasları devlet yönetiminde etkin hale getirmek isteyen Mizancı Murat'tır. Osmanlı Devleti'nde Mizancı Murat'ın görüşlerinden ilham alarak kurulan parti ise İttihad-ı Muhammedi Fırkası (İMF)'dır. Nakşibendî Said-i Nursi de bu partinin kurucularındandır.

İttihad-ı Muhammedi Fırkası'nın savunduğu görüşleri 1920'de Birinci TBMM'de savunanlar, Padişah yanlısı milletvekilleridir. Cumhuriyetin ilanından sonra ise, 1946'da kurulan Millet Partisi (MP), 1970'te kurulan Milli Nizam Partisi (MNP), 1972'de kurulan Milli Selamet Partisi (MSP) bu tarz İslami fikirleri savunan siyasi partilerdir. Yakın zamanlarda kurulan Refah Partisi (RP), Fazilet Partisi (FP) ve Saadet Partisi (SP) ise Osmanlı'daki İttihad-ı Muhammedi'nin günümüzdeki takipçileridir. [995]

Görüldüğü gibi, cumhuriyetin siyasi parti geleneği, Osmanlı Devleti'nde Meşrutiyet sonrasında fikri temelleri iyice belirginleşen siyasi yapının bir uzantısıdır. Bu bakımdan, Cumhuriyet Türkiye'sinin siyasi sıkıntılarının nedenlerini anlamak için Osmanlı Devleti'nin son dönem siyasi yapısını iyi tahlil etmek gerekir.

Siyasi değişim, Osmanlı aydınlarının en çok kafa yordukları konuların başında gelmektedir. Osmanlı aydınlarının savundukları anayasal yönetim ve parlamenter sistem hayali, 1800'lerin sonunda gerçekleşmiştir. İktisadi, siyasi ve kültürel konularda oldukça geri kalmış Osmanlı Devleti, anayasal düzene, kendisinden daha gelişmiş olan Rus Çarlığı'ndan önce girmiştir (Osmanlı 1876, Rusya 1905). Bu bir siyasal sıçramadır ve bu siyasal sıçramayı sağlayan reformlar, ülkenin siyasi kültüründe de önemli bir sıçrama yaratmıştır. Türkiye'de, önce cumhuriyetin ilan edilmesi, daha sonra da çok partili siyasi hayata geçilmesi, bu siyasi

---

[995] Ahmet Özer, **Osmanlıdan Cumhuriyete**, Ankara, 2000, s. 68.

ve kültürel sıçramanın bir sonucudur. Bugün bilinçli bir biçimde değerlendirilmesi gereken Osmanlı mirası işte budur.

Osmanlı modernleşmeci eliti, istediği sonucu alamamıştır; fakat her şeye rağmen Osmanlı modernleşmeci elitinin bu tecrübesinden Atatürk fazlasıyla yararlanmıştır. O, Osmanlı seçkinlerinin yanılgılarını tekrarlamamak için üstün gayret sarf etmiş ve Osmanlı modernleşmesinin (Batılılaşmasının) açtığı yoldan çok daha kararlı bir şekilde kendi yöntemleriyle ilerlemiştir.

Osmanlı reformlarıyla (ıslahatlarıyla), Atatürk modernleşmesi (devrimleri) arasında zorunlu bir sebep-sonuç bağlantısı vardır. Atatürk modernleşmesi **bir değişim zincirinin** en önemli halkasıdır. **Cavit Orhan Tütengil,** Osmanlı-Cumhuriyet ilişkisini şöyle ifade etmiştir:

"Tarih süreci içinde Atatürk devrimlerinin, ülkemizde girişilen reformların önemli bir halkası olduğu görüşüne biz de katılıyoruz. Ne var ki, sebep-netice bağlantısı üzerinde durulurken Atatürk devrimini eski reformlardan ayıran temel özellikler gözden uzak tutulmamalıdır. Bize kalırsa bu özellikler Prof. Dr. Tarık Zafer Tunaya'nın bir yazısında başarıyla özetlenmiştir: 'Türk devriminin bir sosyal değişme anlamı da taşıdığı açıktır. Bu değişim, aynı zamanda bir kültür alanından başkasına geçmeyi ifade edecek derecede geniş ve önemlidir.' Buna ek olarak, 'Milli Rönesans' formülü Türk devriminin ana tezidir." [996]

Prof. Halil İnalcık, *"**Osmanlı Devleti'nin son iki yüzyıllık değişim ve dönüşümü 1923'te cumhuriyetin ilanı ile noktalanmıştır. 1700-1923 dönemi radikal bir devrimle son bulur ve Türk tarihi yeni bir oluşum içine girer**"* diyerek, Osmanlı modernleşmesiyle Atatürk modernleşmesi arasındaki ilişkiye ve sürekliliğe dikkat çekmiştir.[997]

Atatürk modernleşmesi, Jön Türk ve özellikle, İttihat Terakki'nin reformist programlarıyla biçimlenen Osmanlı modernleşmesinin açtığı yoldan ilerlemesine rağmen, iki modern-

---

[996] Cavit Orhan Tütengil, **Atatürk'ü Anlamak ve Tamamlamak**, İstanbul, 1975, s. 103.
[997] İnalcık, age. s. 19.

leşme hareketi arasında çok keskin farklar olduğu da göz ardı edilmemelidir. Atatürk modernleşmesinin özellikleri ortaya konulduğunda bu farklar kendiliğinden ortaya çıkacaktır.

ATATÜRK MODERNLEŞMESİNİN BAZI ÖZELLİKLERİ

Atatürk modernleşmesi, Atatürk'ün ifadesiyle *"muasır medeniyetler düzeyine ulaşmayı, hatta o düzeyi aşmayı"* hedefleyen bir çağdaşlaşma hareketidir. Atatürk modernleşmesinin temelinde "çağdaş uygarlık" kavramı vardır.

Atatürk'ün Batı'dan yararlanmış olmasının nedeni, 20. yüzyılın başlarında, "çağdaş (muasır) medeniyeti", Batı'nın temsil etmesidir. Atatürk, Batı'dan yararlanmakla birlikte, "Atatürk modernleşmesi" asla bir "Batı taklitçiliği" değildir; aksine, **çağdaşlaşma eylemini, eski öz değerleri kullanarak, yeniden tanımlayan bir harekettir**. Atatürk'ün çok büyük bir önem verdiği **Tarih ve Dil Tezlerinin amacı** işte bu "eski öz değerleri" gün ışığına çıkarmaktır. Avrupa'nın aydınlanmasını sağlayan **Rönesans** hareketi, nasıl ki **eski Yunan ve Antik Roma kültüründen** beslenmişse, Türkiye'nin aydınlanmasını sağlayan **Atatürk modernleşmesi** de eski **Türk kültüründen** beslenmiştir. Atatürk modernleşmesinin, Osmanlı modernleşmesinden ayrılan en temel özelliklerinden biri budur.[998] Eisenstadt'a göre Türk modernleşmesi, ülkede mevcut sosyal ve siyasi koşulların etkisi altında bir **Batı modernitesi** değil, bir **Türk çağdaşlaşması** doğurmuştur. Ancak Atatürk'ün "eski Türklere özgü değerleri kullanarak çağdaşlaşma" ideali, **İsmet İnönü** döneminde "Greko-Latin değerleri alarak çağdaşlaşma" idealine dönüşmüştür.[999]

---

998 Atatürk modernleşmesi **eski Türk tarihinden** beslenirken ve yeni toplumsal belleği kendi uzak atalarının tarihiyle biçimlendirmek isterken; Osmanlı modernleşmesi **İslam tarihinden** beslenmiş, toplumsal bozulmayı İslam tarihinin **Asr-ı Saadet** dönemini ve Osmanlı tarihinin **Klasik dönemini (Fatih, Yavuz, Kanuni)** örnek alarak gidermeye çalışmıştır.
999 Bu konuda kapsamlı bir çalışma için bkz. Orhan Türkdoğan, **Kemalist Sistem ve Sosyolojik Yapısı**, IQ Kültür Sanat Yayıncılık, İstanbul, 2005.

Atatürk, *"muasır medeniyet düzeyine ulaşmayı hatta o düzeyi aşmayı"* hedef olarak belirlemiştir ve 20. yüzyılın başlarında bu hedefe ulaşmanın tek yolu Batı'dan yararlanmaktır. Dolayısıyla, Atatürk de doğal olarak kendisinden önceki Osmanlı reformistlerinin yaptığı gibi Batı'dan yararlanmıştır; fakat **Atatürk Batıcılığı,** "taklit", "kopya" Batıcılık değildir. W. C. Smith, *"İslam in Modern History"* adlı kitabında ve B. Lewis, *"The Emergence of Modern Turkey"* adlı çalışmasında "Atatürk Batılılaşmasının" Türkiye'de üstünkörü bir taklit safhasında kalmadığını bütün delilleriyle ortaya koymuşlardır.[1000]

Osmanlı Batılılaşmasının "kırılganlığını", "kararsızlığını" ve "emperyalist baskılara boyun eğen yapısını" Atatürk Batılılaşmasında (modernleşme) görmek mümkün değildir. **Attilâ İlhan,** Osmanlı Batılılaşmasıyla Atatürk Batılılaşması arasındaki farkları sıralarken bu durumu şöyle açıklamıştır:

"... Birisi (Osmanlı Batılılaşmasını kastediyor) çok uluslu bir ümmet imparatorluğunda beliren komprador Batıcılığı, ötekisi uluslaşmış bir ülkede kendini gösteren bilinçli Batıcılık... Başka türlü şöyle de söylenebilir: 'Sanırım birincisi Batı'nın önerdiği Batılılaşmaya evet diyen, ikincisiyse Batılılaşmasını Batılı yöntemlerle, ama kendi bildiğince yapmak isteyen Batıcılık.' Türkiye, Batılı, fakat Türk bir toplum olacaktır. Çünkü Türk ulusu özgürdür ve bağımsızdır. Bu işi o da Batılıların yaptığı gibi akıl ve bilim yoluyla yapacak; fakat onlara öykünmeyecektir. Çünkü Türk ulusu kendine benzer." [1001]

Hukukçu **Sami Selçuk,** Atatürk modernleşmesini, *"düşünsel ve tarihsel bir hazırlık sonucu, eski öz değerleri de kullanarak, çağdaş ölçütlere göre sürekli yenileşme"* olarak tanımlamaktadır.[1002] Kanımca, Atatürk modernleşmesiyle ilgili en doğru tanımlamalardan biri budur.

1000 Bkz. W. C. Smith, İslam in Modern History, Princeton 1957, s. 180,181; B. Lewis, The Emergence of Modern Turkey, Oxford Univ. Press.
1001 Attilâ İlhan, "Atatürkçülük Nasıl Bir Batıcılık?" 75 Yılın İçinden, Ekim 1998, s. 73, 74.
1002 Sami Selçuk, Laiklik, İstanbul, 1994, s. 58.

Daha önce belirtildiği üzere, Atatürk'ün Batı'dan yararlanma kararı **yeni verilmiş bir karar değildir.** Osmanlı aydınları çok önceleri Batı'dan yararlanma yollarını aramışlardır; fakat Atatürk, **Osmanlı seçkinlerinin aksine,** daha "radikal" bir Batılılaşma ve çağdaşlaşma programı uygulamıştır.[1003] Atatürk modernleşmesini, Osmanlı modernleşmesinden ayıran en belirgin özellik budur.

"...*O, doğu batı uçurumunu duraksamalı birkaç adımda aşmayı denedikleri için uçuruma düşen Tanzimatçılar gibi davranmamış, haklı olarak bu uçurumu bir sıçrayışta aşmak istemiştir. Bu, topluma uygulanan bir şok tedavisidir. Bu tedaviyi hekim (karizmatik) büyülü gücüyle başarmıştır.*" [1004]

Sami Selçuk, Tanzimatçıların içinde bulunduğu durumu, "*İnen bir merdiveni çıkmaya çalışanların durumuna*" benzetmektedir. [1005]

Gerçekten de Atatürk, Tanzimatçılar gibi "kararsız" ve "düalist" (ikilikli) davranmamıştır. O, modernleşme programını uygularken, yaşadığı çağı yakalamak bir yana, çağını aşmayı amaçlamıştır. Bunun için de son derece "kararlı" ve "cesur" adımlar atmıştır.

Prof. Halil İnalcık da aynı kanıdadır. İnalcık'a göre Atatürk devrimi **topyekûn** bir ihtilaldir.[1006]

"*Dünya görüşünde değişiklik ve topyekûn değişme; işte bu kelimelerde Atatürk'ün radikal devrimci modernleşme fikri ifadesini bulmaktadır. Amaç, Türk toplum düzenini, sosyal ilişkileri, maddi ve manevi medeniyeti, Batı medeniyeti tipine çevirmek, radikal bir sosyal değişim inkılabı gerçekleştirmektir.*" [1007]

1003 Osmanlı modernleşmesi ve Atatürk modernleşmesi hakkında bkz. Şerif Mardin, **Yeni Osmanlı Düşüncesinin Doğuşu,** İletişim Yayınları, İstanbul 1996; Şerif Mardin, **Türk Modernleşmesi,** İletişim Yayınları, İstanbul, 1995; Bernard Lewis, **Modern Türkiye'nin Doğuşu,** TTK Yayınları, Ankara, 1993; Halil İnalcık, **Atatürk ve Demokratik Türkiye,** Kırmızı Yayınları, İstanbul, 2007.
1004 Selçuk, **age.** s. 59.
1005 **age.** s. 76.
1006 İnalcık, **age.** s. 39.
1007 **age.** s. 39, 40.

Atatürk'ün Batıyı algılayışı, Osmanlı seçkinlerinin tersine, eklektik ve **bölük-pörçük** değil, daha **sistematik** ve **bütüncüldür.** Atatürk, Türk toplumunu az gelişmişlikten bir an önce kurtarmak için Avrupa'nın uzun bir zamanda katettiği aşamaları kısa bir sürede katetmeyi düşünmüştür. Başka bir ifadeyle Atatürk modernleşmesi, " ... *2500 yıllık Batı uygarlığının ürünü olan insana ulaşmak için atılan adımların, bir insanın kısa iktidarına sıkıştırılmasıdır.*"[1008]

Atatürk modernleşmesinin orijinalliği, **Batı'ya karşı gerçekleştirilen bir savaştan sonra, Batı'nın örnek alınmış olmasından kaynaklanmaktadır.** Atatürk, Batı'nın düzeyine, ancak Batı'nın boyunduruğundan kurtularak ulaşılabileceğine inanmıştır (Tam bağımsızlık). Bunun için öncelikle Batı'ya karşı bir kurtuluş savaşı vererek Batı'nın Türkiye üzerindeki "emperyalist beklentilerini" etkisiz hale getirmiştir. Daha sonra, savaş meydanlarında mağlup ettiği Batı'nın "muasır medeniyetinden" yani yüksek teknolojisinden, siyasi, toplumsal bilimsel yönlerinden, en önemlisi de **uygarlaşma yönteminden** (akıl ve bilim) yararlanmaya başlamıştır. İşte, Osmanlı Batılılaşmasıyla Atatürk Batılılaşması adasındaki en temel farklardan biri de bu noktada ortaya çıkmaktadır: Osmanlı Batılılaşarak, Batı'nın emperyalist tehditlerine ve saldırılarına boyun eğmek zorunda kalan bir imparatorluğu kurtarmaya çalışırken; Atatürk emperyalist tehdit ve saldırıları etkisiz hale getirdikten sonra Batılılaşma hareketini başlatmıştır.

Atatürk, bir ulusun geleceği için savaş meydanlarında kazanılan zaferlerin yeterli olmadığını düşünmektedir. Atatürk'e göre bir kurtuluş savaşı kazanıldıktan sonra, **zamanı geçmiş, özelliğini kaybetmiş, bozulmuş** alışkanlıklara varlıklarını dayandıran uluslar **yenilenme duygularını** kaybederek, yabancı güçlerin bağımlılığı altına düşerler. Bu bakımdan o, *"... Yalnız emperyalizme karşı savaş yeterli değildir. O savaşı kazanmak da tek çare değildir. Gerçek kurtuluş, ulusların kendi istekleri ile yenilen-*

1008 Selçuk, age. s. 59.

me yollarını bulma özgürlüğüdür. Başka ulusların yardımına bağlı kalma yoluna giden uluslar bundan kolay kurtulamayacaklardır" [1009] demiştir. Bu düşüncelerin etkisiyle olsa gerekir ki Atatürk önce topyekûn bir mücadele ile ulusun bağımsızlığını sağlamış, daha sonra da çağdaş uygarlık düzeyine ulaşıp, hatta onu aşmak için Batı kaynaklı bir devrim programı uygulamıştır.

Bu noktada ısrarla vurgulanması gereken, Atatürk'ün Batı'dan yararlanmış olmasının nedeni Batı'ya hayran olması değil, Batı'nın o dönemde "muasır medeniyeti" temsil ediyor olmasıdır. Şöyle ki Atatürk'ün Türkiye'yi modernleştirmeye çalıştığı dönemde, "muasır medeniyet" İslam dünyasında, ya da Çin'de olsaydı, Atatürk kuşkusuz İslam dünyasından ya da Çin'den yararlanma yoluna gidecekti. Bu bakımdan, Atatürk için Batılılaşma, "amaç" değil, "araçtır." Asıl amaç, Atatürk'ün bizzat ifade ettiği gibi, *"Muasır medeniyetler düzeyine ulaşmak, hatta onu aşmaktır"* yani çağdaşlaşmaktır.

Atatürk, pek çoklarının düşündüğü gibi bir "Batı hayranı" değildir. Tam tersine Atatürk, geçmişte Osmanlı İmparatorluğu'nun ve Türk ulusunun yaşadığı pek çok sıkıntının kaynağı olarak Batı'yı ve Batı'nın (Avrupa'nın) "emperyalist" politikalarını görmektedir.

İşte Atatürk'ün emperyalist Batı (Avrupa) hakkındaki bazı düşünceleri:

"...Hepiniz bilirsiniz ki Avrupa'nın en önemli devletleri, Türkiye'nin zararıyla, Türkiye'nin gerilemesiyle ortaya çıkmışlardır. Bugün bütün dünyayı etkileyen, milletimizin hayatını ve ülkemizi tehdit altında bulunduran, en güçlü gelişmeler, Türkiye'nin zararıyla gerçekleşmiştir. Eğer güçlü bir Türkiye varlığını sürdürseydi, denilebilir ki İngiltere'nin bugünkü siyaseti var olmayacaktı. Türkiye, Viyana'dan sonra Peşte ve Belgrat'ta yenilmeseydi, Avusturya / Macaristan siyasetinin sözü edilmeyecekti. Fransa, İtalya, Almanya da aynı kaynak-

---

1009 Berkes, age. s. 151.

tan esinlenerek, hayat ve siyasetlerini geliştirmişler ve güçlendirmişlerdir."

"...Bir şeyin zararıyla, bir şeyin yok olmasıyla yükselen şeyler, elbette, o şeylerden zarar görmüş olanı alçaltır. Gerçekten de Avrupa'nın bütün ilerlemesine, yükselmesine ve uygarlaşmasına karşılık, Türkiye gerilemiş, düştükçe düşmüştür. Türkiye'yi yok etmeye girişenler, Türkiye'nin ortadan kaldırılmasında çıkar ve hayat görenler, zararlı olmaktan çıkmıştır. Aralarında çıkarlarını paylaşarak birleşmiş ve ittifak etmişlerdir. Ve bunun sonucu olarak, birçok zekâlar, duygular, fikirler, Türkiye'nin yok edilmesi noktasında yoğunlaştırılmıştır. Ve bu yoğunlaşma, yüzyıllar geçtikçe oluşan kuşaklarda, adeta tahrip edici bir gelenek biçimine dönüşmüştür. Ve bu geleneğin, Türkiye'nin hayatına ve varlığına aralıksız uygulanması sonucunda, nihayet Türkiye'yi ıslah etmek, Türkiye'yi uygarlaştırmak gibi birtakım bahanelerle, Türkiye'nin iç hayatına, iç yönetimine işlemiş ve sızmışlardır. Böyle elverişli bir zemin hazırlamak güç ve kuvvetini elde etmişlerdir."

"...Oysa güç ve kuvvet, Türkiye'de ve Türkiye halkında olan gelişme cevherine, zehirli ve yakıcı bir sıvı katmıştır. Bunun etkisi altında kalarak, milletin, en çok da yöneticilerin zihinleri tamamen bozulmuştur. Artık durumu düzeltmek, hayat bulmak, insan olmak için, mutlaka Avrupa'dan nasihat almak, bütün işleri Avrupa'nın emellerine uygun yürütmek, bütün dersleri Avrupa'dan almak gibi birtakım zihniyetler ortaya çıktı. Oysa hangi istiklal vardır ki, yabancıların nasihatlarıyla, yabancıların planlarıyla yükselebilsin? Tarih böyle bir olay kaydetmemiştir. Tarihte, böyle bir olay yaratmaya kalkışanlar, zehirli sonuçlarla karşılaşmışlardır. İşte Türkiye'de, bu yanlış zihniyetle sakat olan bazı yöneticiler yüzünden, her saat, her gün, her yüzyıl, biraz daha çok gerilemiş, daha çok düşmüştür."

"...Bu düşüş, bu alçalış, yalnız maddi şeylerde olsaydı hiçbir önemi yoktu. Ne yazık ki Türkiye ve Türk halkı, ahlak bakımından da düşüyor. Durum incelenirse görülür ki, Türkiye Doğu maneviyatıyla sona eren bir yol üzerinde bulunuyordu.

Doğuyla, Batının birleştiği yerde bulunduğumuz, Batıya yaklaştığımızı zannettiğimiz takdirde, asıl mayamız olan Doğu maneviyatından tamamıyla soyutlanıyoruz. Hiç şüphesizdir ki bundan, bu büyük memleketi, bu milleti, çöküntü ve yok olma çıkmazına itmekten başka bir sonuç beklenemez."

"...Bu düşüşün çıkış noktası korkuyla, aczle başlamıştır. Türkiye'nin, Türk halkının nasılsa başına geçmiş olan birtakım insanlar, galip düşmanlar karşısında, susmaya mahkûmmuş gibi, Türkiye'yi atıl ve çekingen bir halde tutuyorlardı. Memleketin ve milletin çıkarlarının gerektiğini yapmakta korkak ve mütereddit idiler. Türkiye'de fikir adamları, adeta kendi kendilerine hakaret ediyorlardı. Diyorlardı ki: 'Biz adam değiliz ve olmayız. Kendi kendimize adam olmamıza ihtimal yoktur.' Bizim canımızı, tarihimizi, varlığımızı, bize düşman olan, düşman olduğundan hiç şüphe edilmeyen Avrupalılara, kayıtsız, şartsız bırakmak istiyorlardı. 'Onlar bizi idare etsin' diyorlardı..." [1010]

İşte Atatürk'ün Batı'ya bakışı...

Emperyalist, sömürgeci, baskıcı Batı ve o Batı'ya kayıtsız koşulsuz teslim olan Osmanlı Batıcısı... Görüldüğü gibi Atatürk Batı'yı çok iyi tanımakta ve teslimiyetçi Osmanlı Batıcısını eleştirmektedir.

Osmanlı Batılılaşmasından farklı olarak "*Atatürk devrimi, çağdaşlaşmayı bir bütün olarak gören, o doğrultuda devleti toplumu eyleme sokan ilk Türk modernleşme hareketidir. Atatürk İlkeleri, bu inkılabı yönlendiren, inkılapla beraber yürüyen ve devrimin evriminin düşünsel yönünü oluşturan ilkelerdir.*" [1011]

Atatürk devriminin temel amacı **çağdaşlaşmaktır**. Atatürk bu düşüncesini 30 Ağustos 1925 günü halka şöyle açıklamıştır:

"*...Efendiler! Yaptığımız ve yapmakta olduğumuz inkılapların amacı, Türkiye Cumhuriyeti halkını tamamen çağdaş, bütün anlam ve görünüşüyle medeni bir sosyal topluluk haline*

1010 Atatürk'ün **6 Mart 1922** tarihli Meclis konuşmasından.
1011 Kili, **age.** s. 112, 113.

getirmektir. İnkılaplarımızın asıl hedefi budur. Bu gerçeği kabul etmeyen zihniyetleri perişan etmek zaruridir." [1012]

Atatürk'ün çağdaşlaşma anlayışının hareketlendiricisi ise **bilimdir**. Atatürk'e göre bilim toplumsal ilerlemenin anahtarıdır; fakat bilimin ışığından gerektiği gibi yararlanmak için bilimdeki değişim ve gelişimi sürekli takip etmek gerekir.

Atatürk bir konuşmasnda bu konuda şunları söylemiştir: *"Dünyada her şey için, medeniyet için en hakiki mürşit ilimdir, fendir. İlmin ve fennin dışında yol gösterici aramak gaflettir cehalettir, delalettir; yalnız, ilmin ve fennin yaşadığımız her dakikadaki safhalarının değişimini idrak etmek ve ilerlemelerini zamanla takip eylemek şarttır."* [1013]

Atatürk'e göre her hareketimizde kültüre ve hayata şekil veren temel prensip **"ilim zihniyeti"** olmalıdır.[1014]

Atatürk, **"Neden Batı medeniyetinden yararlanma yoluna gidildiğini"** de şöyle açıklamıştır:

"...Gözlerimizi kapayıp yalnız yaşadığımızı farz edemeyiz. Memleketimizi bir çember içine alıp cihan ile alakasız yaşayamayız. Bilakis sürekli ilerleyen bir millet olarak medeniyet sahasının üzerinde yaşayacağız. Bu hayat, ancak ilim ve fen ile olur. İLİM ve FEN NEREDE İSE ORADAN ALACAĞIZ ve her ferdi milletin kafasına koyacağız ilim ve fen için, kayıt ve şart yoktur." [1015]

Bu sözler, Atatürk'ün Batı'yı tercih nedeninin –daha önce de ifade ettiğimiz gibi– Batı'ya duyduğu bağlılıktan değil Batı'nın ilim ve fen alanındaki yüksek düzeyinden kaynaklandığını kanıtlamaktadır.

Atatürk, **"Türk inkılabı nedir?"** sorusuna 5 Kasım 1925'te **Ankara Hukuk Fakültesi'nin açılışı** dolayısıyla yaptığı konuşmada şöyle yanıt vermiştir. Şimdi Atatürk'e kulak verelim:

"Türk inkılabı nedir? Bu inkılap kelimenin ilk olarak ima ettiği ihtilal manasından başka, ondan daha geniş bir anlam

---

1012 **ASD**, C. II, s. 224.
1013 **age.** s. 202.
1014 İnalcık, **age.** s. 83.
1015 **ASD**, C. II, s. 48.

*ifade etmektedir.*¹⁰¹⁶ *Bugünkü devletimizin şekli, asırlardan beri gelen eski şekilleri bertaraf eden en olgun tarz olmuştur. Millet, milletlerarası, genel mücadele sahasında varlık ve güç nedeni olacak, ilim ve aracın ancak muasır medeniyetle bulunabileceğini bir gerçek yol olarak prensip kabul etmiştir. Velhasıl efendiler, millet saydığım değişiklikler ve inkılapların doğal ve zorunlu sonucu olarak, genel yönetiminin ve bütün kanunlarının ancak dünyevi ihtiyaçtan değişmesi ve gelişmesi esas olan dünyevi bir yönetim anlayışını yaşam sebebi kabul etmiştir."* ¹⁰¹⁷

Atatürk bu sözleriyle, Türk devriminin eski devlet yapısına son verdiğini ve devletin işleyiş mekanizmasını sarmış olan dinsel özellikleri ayıklayıp, devlet mekanizmasını tamamen **dünyevi** ihtiyaçları karşılayacak bir yapıya kavuşturmaya çalıştığını ifade etmiştir. Israrla, *"dünyevi ihtiyaçlara"* vurgu yapan Atatürk, böylece **laikliğin,** Türk devriminin temel taşlarından bir olduğunu belirtmiştir.

Atatürk, *"Türk inkılabı nedir?"* sorusuna yanıt niteliği taşıyan konuşmasına şöyle devam etmiştir:

"Eğer altı sene önceki hatıralarınızı yoklarsanız, devletin şeklinde, milletin fertlerinin ortak bağlarında güç yaratacak, ileri medeniyetin takibinde, velhasıl bütün teşkilat ve ihtiyacını dayandırdığı hükümler bakımından büsbütün başka esaslar üzerinde bulunduğumuzu hatırlarsınız... Altı sene zarfında büyük milletimizin cereyan-ı hayatında meydana getirdiği bu değişiklik, herhangi bir ihtilalden çok fazla, çok yüksek olan en muazzam inkılaplardandır..." ¹⁰¹⁸

Atatürk, daha sonra, yapılan yeniliklerin toplumun büyük bir kesimi tarafından "kabul gördüğüne" değinerek, bu durumun nedenini "Türk milletinin bilinçli isteğine" bağlamıştır:

"...Bahsettiğim büyük inkılap yolunda, Türk milletinin şimdiye kadar sarf ettiği mesai, içte ve dıştaki düşmanlara karşı,

---

1016 Atatürk'ün Türk modernleşmesini "inkılap" olarak tanımlaması ve inkılap sözcüğünün **ihtilalden** daha geniş bir anlam ifade ettiğini belirtmesi dikkat çekicidir.
1017 **ASD,** C. II, s. 248 - 252.
1018 **age.** s. 248 - 252.

yorulmaz; yıpranmaz mücadeleler içinde ve bizzat irade-i milliyenin direncini kıran uygulamalar ve hukukçuların elinde bulunan kanunların ve müddevanatın varlığını kasten bilmemezlikten gelerek, evvelemirde Türk millet ve devletinin yeni şekli mevcudiyetini meydana çıkarmak uğrunda geçmiştir..." [1019]

Bu ifadeleriyle, Türk milletinin **büyük değişimi** başarıyla gerçekleştirdiğini belirten Atatürk, Türk devriminin ne kadar **radikal** bir hareket olduğunu, yine aynı konuşmasında, "*Büsbütün yeni kanunlar meydana getirerek, eski hukuk sistemini temelinden ortadan kaldırmak teşebbüsündeyiz*" [1020] sözleriyle dile getirmiştir.

Atatürk, **devrimin** Türk ulusunun kararlılığı, yetenekleri ve arzusu sayesinde başarıya ulaşacağına ilişkin inancını ise, "*...Bütün bu icraatta dayanak noktamız, milletin anlayışı, kabiliyeti ve kararlı isteğidir*" [1021] sözleriyle ifade etmiştir.

Atatürk, **5 Kasım 1925** tarihinde **Ankara Hukuk Fakültesi'nin** açılışında yaptığı bu tarihi konuşmada Türk modernleşmesini ısrarla, "inkılap" olarak adlandırırken; Türk inkılabını, **radikal bir değişim, devlet yapısının dinsel kurallardan arındırılması** ve **Türk insanının bilinçli ve kararlı isteğinin sonucu** olarak tanımlamıştır.[1022]

Türk devrimi, **eski bağlılık unsurları yerine yeni bağlılık unsurları, eski dönemde var olan hayat kanunları yerine, yeni hayat kanunları yerleştirmiştir.** Bunu, büyük bir kararlılıkla gerçekleştirmiştir. Devrimci kadro, her fırsatta bu kararlılığı ifade etmekten çekinmemiştir. Örneğin, Ankara Hukuk Fakültesi'nin açılışı dolayısıyla bir konuşma yapan **Adliye Vekili Mahmut Esat**

1019 age. 248 - 252.
1020 age. 248 - 252.
1021 age. 248 - 252.
1022 İnkılap (Devrim) : Bir toplulukta sosyal ve kültürel alanlarda bazı değişiklikler meydana getirilmesidir. Geçerliliğini yitirmiş, devirlerini tamamlamış olarak kabul edilen (Revolution), bazı kanunlarda gerekli düzenlemeler yapmak kaydıyla gelişmeyi ve modernleşmeyi hedef alan faaliyetlerin tümü inkılap olarak adlandırılmıştır. İbrahim Kafesoğlu, Mehmet Saray, **Atatürk İlkeleri ve Dayandığı Tarihi Temeller**, İstanbul, 1983, s. 6 - 8.

Bozkurt, Türk devriminin Batı medeniyetinden yararlanmaya kararlı olduğunu belirterek, bu kararı engellemeye çalışacakları ağır bir dille uyarmıştır:

"... Bu karar o kadar kesin bir azme dayanmaktadır ki, önüne çıkacaklar, demirle, ateşle yok edilmeye mahkûmdurlar..." 1023

Atatürk modernleşmesinin temel amacı olan **çağdaşlaşma (muasırlaşma)** kavramını Prof. Suna Kili şöyle sınıflandırmıştır: 1024

"1. Sanayileşme olgusunu ön plana alarak, temel ekonomik bir hareket açısından,
2. Geleneksel davranışların ve kişisel bakış açılarının değişmesine yol açan toplumsal ve psikolojik değişmeler açısından,
3. Sosyal yapıda ve kurumlarda farklılaşmaya gidilmesini, siyasal katılımın genişlemesini, ulusçuluğun yerleşmesini, büyümesini sağlayan çeşitli değişmeler açısından." 1025

Prof. Kili'nin bu sınıflandırmasına göre **çağdaşlaşma** kavramı; **ekonomik, bireysel, toplumsal ve siyasal** bakımlardan değişimi amaçlamaktadır.

Atatürk'ün **Nutuk**'ta bizzat altını çizerek önemini vurguladığı aşağıdaki satırlar, onun için **çağdaşlaşma idealinin** ne kadar önemli olduğunu göstermektedir.

"...Binaenaleyh biz her araçtan, yalnız ve ancak bir nokta-i nazardan yararlanırız. O nokta-i nazar şudur: Türk milletini medeni dünyada layık olduğu yere çıkartmak ve Türk Cumhuriyetini sarsılmaz temelleri üzerinde her gün daha çok takviye etmek... Ve bunun için de istibdat (baskıcı yönetim) fikrini öldürmek..." 1026 (Nutuk, s. 542).

Atatürk'ün Nutuk'ta altını çizdiği bu satırlar, toplumsal ilerlemenin, dolayısıyla çağdaşlaşmanın önemine işaret etmektedir.

1023 Mahmut Esat Bozkurt, Türk Medeni Kanunu Nasıl Hazırlandı, **Medeni Kanunun XV. Yıldönümü İçin**, İstanbul, 1944, s. 11.
1024 Kili, **age.** s. 115.
1025 **age.** s. 117 - 118.
1026 Sami N. Özerdim, "Nutuk'ta Altı Çizilmiş Satırlar", **Belleten**, Cilt XLV/1 1981, S. 177, s. 72.

Atatürk'e göre, **çağdaşlaşma düşüncesi Türk devriminin idealidir.** Bu ideale ulaşmak için Türk milletini hemen her konuda sürekli "takviye etmek", "geliştirmek" gerektiğine inanan Atatürk, *"inkılabın çağdaşlaşma idealine ulaşmadaki başarısının istibdat fikrini öldürmekle orantılı olduğunu"* ileri sürmüştür.

Atatürk bu sözleriyle, eski siyasi yapıya gönderme yapmış, **istibdat (baskı) fikrinin** kaynağı olarak gördüğü Osmanlı siyasal yapısını eleştirmiş ve cumhuriyetin **çağdaşlaşma idealini** gerçekleştirebilmesinin, öncelikle eski siyasi yapının tüm kalıntılarının ortadan kaldırılmasına bağlı olduğunu belirtmiştir.

Atatürk'e göre Türkiye'nin çağdaşlaşmasının ön koşulu, çürümüş, kokuşmuş ve bozulmuş eski değer ve kurumlardan bir an önce kurtulmaktır.

Atatürk devrimleri, Türk toplumuna **bilimin** önemini ve gerekliliğini anlatmak, "batıl" düşünceleri toplum hayatından uzaklaştırmak gibi "ilerici" amaçlar taşımaktadır.

Atatürk, *"... Türk milletinin yürümekte olduğu ilerleme ve medeniyet yolunda elinde ve kafasında tuttuğu meşale müspet ilimdir"* [1027] derken, çağdaşlaşmak için gereken en önemli unsurun "bilim" olduğunu belirtmiştir. Atatürk, bilime sahip olabilmek içinse **hurafelerden arındırılmış**, berrak bir **akla** ihtiyaç olduğunun farkındadır. Bu nedenle Türkiye'de **aklı egemen kılmak için** büyük bir cesaretle ve kararlılıkla akıl dışı unsurlarla mücadele etmiştir.

Atatürk, dünyanın her bakımından çok hızlı bir değişim yaşadığına ve bu değişime ayak uydurmanın çok büyük önem taşıdığına inanmaktadır.

"Uygarlığın, yeni buluşların ve fennin harikalarının dünyayı değişimden değişime sürükleyip durduğu bir dönemde, yüzyılların eskittiği köhne zihniyetlerle, geçmişe kölecesine bağlılıkla varlığımızı devam ettirmemiz mümkün değildir." [1028]

1027 Aydın Sayılı, "Atatürk, Bilim ve Üniversite", Belleten, XLV/ 1, 1981, S 177, s. 37.
1028 age. s. 37.

Atatürk'e göre, gelecekte var olabilmek, ancak dünyadaki hızlı değişime ayak uydurmakla mümkündür. O, bu değişime ayak uydurabilmek için bir **zihniyet değişikliğini** ve eskinin olumsuzluklarının tasfiyesini gerekli görmektedir. **Sosyal Darvinizm**'den etkilenen Atatürk hayatta kalabilmek için güçlü olmak, güçlü olmak için de çağı takip etmek gerektiğini düşünmektedir.[1029]

Falih Rıfkı Atay, Türk devriminin, eski zihniyeti değiştirme kararlılığını ifade ederken, Atatürk'ün yaptığı devrimleri, bir *"zincir kırma süreci"* olarak adlandırmıştır... Atay, eski zamanın tüm âdetleri, gelenekleri ve batıl inançlarının toplumda canlılığını koruduğunu belirterek, geniş bir eğitim seferberliği ile *"halk yığınlarına ve halk çocuklarına yeni zaman ve yeni nizam hakikatlerini benimsetmek lazımdı"* demiştir.[1030]

Atay'ın belirttiği gibi, Türk devrimi, eskinin tasfiyesini **eğitim yoluyla** gerçekleştirmeyi düşünmüştür. Bunun için öncelikle çağdaş eğitim kurumlarının kurulması ve bu kurumlarda görev yapacak çağdaş beyinlerin yetiştirilmesi devrimin geleceği açısından çok büyük bir önem taşımaktadır.

F. Rıfkı Atay, Atatürkçülüğün en belirgin özelliklerini, **milli egemenlik, antiemperyalizm, Türkçülük** ve **laiklik** olarak tanımlamıştır. Atay'a göre Atatürk her şeyden önce öğretim birliği ve seferberliğiyle, **"kafanın"**, zihniyetin değişmesini amaçlamıştır. Atay'a göre mesele *"bütün halk çocuklarının müspet bilgiye dayanan ilkokul terbiyesinden geçerek bir gün gene irticanın tahrikleriyle kaynaşmasının önüne geçebilmek"* meselesidir.

Atatürk modernleşmesi, **hayat görüşünde** ve **davranışlarda** daha önce alışık olunmadık bir değişim yaratmıştır. *"Atatürk'ün radikalizmi yalnız bir derece farkı değil bir mahiyet farkı doğurmuştur."* [1031]

Atatürk bir gerçekçidir. Dolayısıyla belirlediği hedeflerin her şeyden önce ulaşılabilir ve gerçek hedefler olmasına özen

---

1029 İnalcık, age. s. 41.
1030 Atay, age. C. II, s. 413.
1031 İnalcık, age. s. 79.

göstermiştir. Nitekim 25 Ocak 1931'de CHP İzmir Kongresi'nde Türk devriminin **hayal peşinde koşmayacağını** şu sözlerle dile getirmiştir:

"... *Maksadımız gün kazanmak değil, bütün hayatımızı hakiki hedeflere sevk ederek, en nihayet millete bir gün eliyle tutacağı maddi eserler vermektir...*" [1032]

Atatürk aynı konuşmada, belirlediği hedefin doğruluğunu da şu sözlerle ifade etmiştir:

"...*Zaman, tarih, olaylar, takip ettiğimiz istikamette bizi aldatmamıştır. Bu yol üzerinde her gün daha çok aydınlanacak, hedefe doğru yürüyeceğiz...*" [1033]

Atatürk'ün bu sözleri sarf ettiği 1931 yılının, 1930 yılına kadar izlenen politikaların yanlış ve eksiklerinin giderilmesi için yeni çözüm yollarının arandığı bir yıl olduğu hatırlanacak olursa, onun bu iyimser tavrı, Türk devriminin uzun vadedeki başarısına yürekten inandığı şeklinde yorumlanabilir.

Sonuç olarak **Atatürk modernleşmesinin iki temel özelliği vardır.** Bunlardan birincisi; eskimiş kurumlar ve değerler yerine **çağdaş kurumlar ve değerler** koymak; ikincisi ise sürekli olarak değişmek ve yeniliğe açık olmaktır.

Atatürk'ün hiçbir düşüncesi ya da hiçbir ilkesi, bugünkü koşullara göre yorumlanmaya kapalı, dolayısıyla **"çağdışı"** değildir. Atatürk modernleşmesi ve bu modernleşmenin ortaya koyduğu değerler, değişen ve gelişen çağı yakalamak isteyen Türk toplumunun elindeki en büyük kaynaklardan biridir.

Atatürk devriminin belli başlı özellikleri şunlardır:
1. Radikalizm: Topyekûn değişim.
2. Ulusal egemenliğin (Cumhuriyetçilik) ve ulusal bağımsızlığın (Milliyetçilik) esas alınması.
3. Hızla, birdenbire değişim: Bunun için cesaret ve kararlılık.
4. İkiliklere son verme: Eski değer ve kurumları tamamen ortadan kaldırma.
5. Akıl ve bilime dayanan çağdaşlaşma.

1032 Soyak, **Atatürk'ten Hatıralar,** C. II, s. 458.
1033 **age.** s. 458.

6. Batıyı yendikten sonra Batı'dan yararlanma: Batı'nın uygarlığına "evet", emperyalizmine "hayır."
7. Kul ve tebaa yerine eşit haklara sahip anayasal vatandaşlık bağı.
8. Eski Türklere özgü değerleri açığa çıkarma: Tarih ve Dil çalışmaları.
9. Dini, devlet işlerinden ayırma: Laiklik.

ATATÜRK MODERNLEŞMESİNE MUHALEFET VE İSLAM DİNİ

Atatürk devriminin getirdiği radikal yeniliklerin (devrimlerin) toplum tarafından nasıl bir tepkiyle karşılandığı, konumuz açısından yanıt bulması gereken soruların başında gelmektedir.[1034]

Tarih boyu, ani toplumsal ve siyasal değişimler, devrimler, mutlaka toplumsal muhalefetle karşılaşmıştır. Bu muhalefet, toplumların yüzlerce yıllık süreçte şekillenen alışkanlıklarını değiştirmenin zorluğundan kaynaklanır. Gerçekleştirilen yenilik, toplumun dokusuna uygun olsun olmasın, toplum tarafından başlangıçta az ya da çok tepkiyle ve muhalefetle karşılaşır. Kuşkusuz, toplumsal tepkinin azlığı ya da çokluğunu belirleyen şey, devrimin karakteriyle toplumun karakteri arasındaki ilişkidir. Devrimin karakteri toplumun karakterine uygunsa, bazı cılız karşı hareketlerden sonra devrim toplum tarafından benimsenebilir. Aksi halde, devrimin karakteriyle toplumun karakteri arasındaki "**doku uyuşmazlığı**" olumsuz sonuçlara yol açabilir. Bunun için devrimcinin, yenilik hareketlerine başlamadan önce toplumun, sosyal, kültürel yapısını iyi incelemesi gerekir. Bu şekilde devrim, "**karşı devrim**" denilebilecek ciddi muhalif hareketlerinden kurtulacak, "pasif direnişlerle" karşılaşsa dahi, sonuçta başarıya ulaşacaktır.[1035] Dolayısıyla bir devrimin başarısı

[1034] Atatürk devrimleri ve devrim karşıtı hareketler hakkında bkz. Mahmut Goloğlu, "*Türkiye Cumhuriyeti Tarihi 1, 1924 - 1930*", **Devrimler ve Tepkileri**, Türkiye İş Bankası Kültür Yayınları, İstanbul, 2007.
[1035] Kafesoğlu - Saray, **age.** s. 9, 10.

ya da başarısızlığı, **derin bir tarihi perspektifle açığa çıkarılacak toplumsal gerçeklerden** hareket edilip edilmemesine bağlıdır.

Atatürk Türk toplumunu, istekler, ihtiyaçlar, alışkanlıklar, kültürel temeller gibi pek çok yönden adeta bir sosyolog, bir kültür tarihçisi gibi titizlikle incelemiştir. Bunun için o, devrimlerin Türk milletinin hakiki ihtiyaçlarını karşılayacağına ve millet tarafından destekleneceğine yürekten inanmıştır. Ancak her şeye rağmen Atatürk devrimlerine karşı da zamanla muhalif seslerin yükselmesi gecikmemiştir.

Geleneksel yapının tehlikede olduğunu düşünen "menfaatperestler" harekete geçerek, örgütlenmeye başlamışlardır. Bu kişiler, başından beri Atatürk devrimlerine saldırı aracı olarak hep **"dini"** kullanmışlar ve geleneksel yapıyı sorgulayan, sadece sorgulamakla kalmayıp bu yapıyı Batılı örneklerden yararlanarak temelden değiştiren bir hareketin karşısına sözüm ona dinsel gerekçelerle çıkmışlardır. Atatürk'ün yaptığı yenilikler onlara göre, **"Hıristiyan âdeti"**, **"Frenk geleneği"**, **"dinsiz icadıdır."** Örneğin, *"... Şapkanın üstüne bir de tarikatların yasaklanması ve tekkelerin kapatılması eklenince ülkenin dört bir bucağında, bunları 'dinin elden gitmesi' diye gören tepkiler yükselmiştir..."* [1036]

Atatürk'ün, özellikle **dinsel karakterli** devrimlerine karşı bazı tepkiler yükselmiştir. Bu tepkiler, sadece dini çıkar amaçlı kullanan çevrelerden değil, zaman zaman Atatürk'ün eski silah arkadaşlarından bile gelmiştir.[1037]

Osmanlı'da din, siyasal ve toplumsal yapıyla öylesine içli dışlıdır ki Atatürk bütün adımlarında, geleneksel din anlayışıyla ve bu anlayışın ateşli taraftarlarıyla karşı karşıya gelmiştir. Atatürk, başlangıçta bu güçlüğü aşmak için **Yeni Osmanlıların** ve **Jön Türklerin** yaptığı gibi "selefi" bir tavır takınarak, İslam tarihine atıflarda bulunmuş, sıkça, yaptığı yeniliklerin **dine zarar vermeyeceğini** söylemiş ya da dinle ilgili olduğu zannedilen bir-

---

1036 Tunçay, **age.** s. 152.
1037 Örneğin **Kâzım Karabekir, Atatürk'ü** Cumhuriyeti ilan ettiği ve halifeliği kaldırdığı için alabildiğince eleştirmiştir.

çok şeyin aslında dinle ilgili olmadığını vurgulama ihtiyacı hissetmiştir. Örneğin, başlık meselesi bu konulardan biridir.
"... *Mustafa Kemal hür fikirli bir Türk inkılapçısıydı. Fes ve şapka demenin medeniyet demek olmadığını pekiyi bildiğine şüphe yoktu. Fakat başlık değiştirmenin, din ve iman değiştirmek olduğu gibi batıl inanışlara saplanan ve mıhlanan bir kafaya hiçbir ileri tefekkür ışığı vurmayacağını da bilirdi. Asıl mesele, kafanın içindeki batıl inanışları söküp atmaktı. Bu başlık değil, baş davası idi...*" [1038]

Atatürk, yapılan yeniliklerin dine aykırı olmadığını defalarca ifade etmesine rağmen, bir türlü dinsel tepkiden kurtulamamıştır. Hatta bu tepki bugün bile devam etmektedir.

Dinsel karakterli devrimlere yönelik tepkiler karşısında Atatürk eserini adeta tek başına korumak zorunda kalmıştır. Bu uğurda bazen yakın arkadaşlarını, bazen de milletvekillerini karşısına almıştır.

Meclis'te geleneksel yapının değişmesine karşı olanların sayısı hiç de az değildir. O günlerde **Yakup Kadri Karaosmanoğlu**'nun, Akşam gazetesinde, "*Hilafet ve hanedan*" konularına değinen yazısının Meclis'te yarattığı tepki, halifeliğin kaldırılmasına kısa bir süre kala hilafet yanlısı muhalif milletvekillerinin gücünü göstermesi bakımından ilginç bir örnektir. **Falih Rıfkı**, bu geleneksel tepkiyi şöyle anlatmaktadır:

"*...Yakup Kadri'nin bu yazısından dolayı kürsüye hesap vermeye çağrıldığı günü hatırlıyorum. Meclis'in tekmil hocaları ve muhafazakârları ön sıralarda toplanmışlardı. İçlerinden biri elindeki kalemi uzatarak:*
- Senin iki gözünü oyacağız, diyordu.

Mustafa Kemal'in 3 Mart'ta yapacaklarının yüzde birini yapmaya cesaret eden hatip, inkılaba 15 gün kala, (Halifeliğin kaldırılması), kollarına güvenen birkaç delikanlı milletvekilinin kürsüye yaklaşarak müdahale etmeye hazırlandığı pek küçük bir azınlığın adamı idi." [1039]

1038 Atay, age. C. II., s. 396.
1039 age. s. 333.

Hilafetin kaldırılmasına kısa bir süre kala Meclis'te yaşanan bu sahneler, devrimler karşısındaki geleneksel tepkinin ne derece güçlü olduğunun küçük bir örneğidir.

Atatürk devrimlerine karşı gerçekleştirilen tepkilerin benzerleri daha önce Türk ve dünya tarihinde de görülmüştür. Türk tarihinde Tanzimat'tan beri yenilikler karşısında "memnuniyetsiz kitlelerin" tepkilerine sıkça rastlanmıştır. Örneğin, Birinci Dünya Savaşı sırasında İttihat Terakki'nin yaptığı bazı yenilikler "dinci" çevrelerin tepkisini çekmiştir. Yenilik karşıtları, *"...devlet çöker çökmez İstanbul'da hemen seslerini duyurmuşlardı... İttihatçılar Şeriye mahkemelerini adliyeye bağlamışlardı. Hocalar yeniden meşihat binası çatısı altına götürmek için teşebbüse geçmişler ve bir komisyon kurmuşlardı..."* [1040]

Türk modernleşme tarihinin ortak özelliği, her zaman yeniliklere karşı hareket eden kitlelerin varlığıdır. Bu tarihsel gerçeği çok iyi gören Atatürk, aldığı önlemlerle bu gibilere göz açtırmamıştır.

1922-1925 yılları arası, Türk devrim tarihi için hayati önem taşımaktadır. 1922-1925 yılları arasında imparatorluktan "milli devlete" dönüşüm yolunda çok önemli adımlar atılmıştır: **1922'de saltanatın kaldırılması, 1923'te cumhuriyetin ilanı, 1924'te halifeliğin kaldırılması** bu hayati adımlardan sadece bir kaçıdır. 1925'e gelindiğinde Osmanlı'yı çağrıştıran "eski meşruiyet kaynaklarının" yavaş yavaş ortadan kaldırıldığı görülmektedir. Atatürk, 1924 yılında verdiği bir demeçte, *"... Artık Türkiye din ve şeriat oyunlarına sahne olmaktan çok yüksektir. Bu gibi oyuncular varsa kendilerine başka taraflarda sahne arasınlar"* [1041] derken, "din maskesi" altında Türk insanının samimi duygularını sömürerek **devrime karşı harekete geçmeyi** düşünen zümrelere asla taviz verilmeyeceğini dile getirmiştir.

Atatürk, bir taraftan Türkiye'yi çağdaşlaştırırken, diğer taraftan toplumun çağdaşlaşmasını engelleyen ya da böyle bir amaç taşıyan **yenilik karşıtlarıyla, şeriatçılarla, siyasal İslam-**

1040 age. C. I. s. 182.
1041 **ASD**. C. III, s. 108.

cılarla mücadele etmiştir. Devrimi koruyup kollamak sadece Atatürk'ün değil, devrimci kadronun en önemli görevi olmuştur. **Tarık Zafer Tunaya** bu görevi, *"Yaşamsal bir zorunluluk"* olarak değerlendirmiştir:

"Türk devrimi bir yaşama prensibi olunca, ona karşı kuvvetlerin etkilerini sıfıra indirmek de hayati bir zaruret sayılacaktı. Atatürk'ün siyasi iktidarını ve kuvvetini diktatörlük olarak değil, geri müesseseleri yıkma ve medeni bir düzeye çıkma vasıtası olarak kabul etmek gerekir. O, medeni değerleri ortadan kaldırma çabasının aleti olmamıştır. **Atatürkçülük, medeni bir düzeyde 20.** *yüzyılın şartları içinde kurulacak demokratik bir sisteme ulaşmayı gaye edinmiş bir akımdır; ama o, her şeyden önce ortaçağ kalıntısı kuvvetlerin medeni bir toplumu daima baltalayacaklarına olan inançtan hareket etmiştir..."* [1042]

Atatürk, yenilik karşıtı **menfaatperestlerin** faaliyetlerini ve "dinsel muhalefeti" engellemeyi, devrimin bir parçası olarak görmüştür.

Atatürk, 22 Kasım 1924'te CHP Grup Yönetim Kurulu'nda yaptığı konuşmada devrimleri değerlendirirken, *"...Biz büyük bir inkılap yaptık. Memleketi bir çağdan alıp yeni bir çağa götürdük"* [1043] diyerek, ortaya koyduğu eserin "ihtişamından" söz etmiş ve bu eseri korumak için yapılması gerekenleri şöyle sıralamıştır:

"...Birçok müesseseleri yıktık. Bunların binlerce taraftarı vardır. Fırsat beklediklerini unutmamak lazım... En ileri demokrasilerde bile sert tedbirlere müracaat edilmiştir. Bize gelince, inkılapları koruyacak tedbirlere daha çok muhtacız." [1044]

Henüz devrim sürecinin başında bu sözleri sarf eden Atatürk, belli ki devrimlerin geleceğinden endişe duymaktadır. İşlerin pek yolunda gitmediğini ima etmektedir. Bu nedenle, devrimi koruyacak tedbirlerden bahsetmektedir. *"En ileri demokrasiler-*

1042 Tarık Zafer Tunaya, **Atatürk ve Atatürkçülük**, İstanbul, 1964, s. 124.
1043 İsmail Arar, "Atatürk'ün Bazı Konuşmaları", **Belleten**, C. XLV/ 1, 1981, S. 117, s. 9.
1044 age. s. 9.

de bile, rejimi korumak için sert tedbirlere müracaat edilmiştir." derken, bu sertliğin rejimi korumanın "haklı" ve "zorunlu" bir sonucu olduğunu belirtmiştir. Kurtuluş Savaşı sonrasındaki **İstiklal Mahkemeleri** işte bu zorunluluğun bir ürünüdür.

Görüldüğü gibi Atatürk, "devrimi koruma kararlılığını" daha 1924 yılında bütün açıklığıyla ortaya koymuştur.

CHP Yönetim Kurulu'nun 22 Kasım tarihli toplantısında, Türk devriminin geleceği tartışılırken söz alan Atatürk, orada bulunanlara, *"...soruyorum size büyük tedbirler alınmasına taraftar mısınız? TBMM bu kanunları kolaylıkla kabul eder mi?"* demiştir.

Bu sorular üzerine Halk Partisi'nin bütün yöneticileri görüşlerini açıklamıştır. Ortaya çıkan tablo, Atatürk'ü memnun etmekten uzaktır. Şöyle ki, *"İnkılabı korumak için tedbir almaya lüzum yoktur. Devrimler gittikçe benimsenmiştir"* düşüncesi konuşmalar sonunda çoğunluğun görüşü olarak ortaya çıkmıştır. Bunun üzerine Atatürk, elindeki kâğıt bıçağını masanın üzerine bırakmış ve hafifçe gülerek, *"Arkadaşları dinledim. Benim burnuma kan ve barut kokusu geliyor, inşallah ben aldanmışımdır"* [1045] demiştir.

Atatürk'ün daha 1924 yılında, ileride devrim karşıtı hareketlerin olabileceği yolundaki düşünceleri, bir önseziden çok, doğru ve gerçekçi gözlemlere dayanmaktadır.

Atatürk, devrimlerini düşünceden uygulamaya geçirirken, birçok güçlükle karşılaşmıştır. Devrimi zor durumda bırakan sadece **dinsel muhalefet** değildir. Bu durumun çok başka nedenleri de vardır. Aslında **toplumsal değişim projelerinin** uygulanması aşamasında sorunlarla karşılaşılması doğaldır, önemli olan, devrimci kadronun bu sorunları çözecek güçte ve kararlılıkta olmasıdır.

O günlerde devrimlerin karşılaştığı sorunların nedenlerini eleştirel gözle ortaya koyanlar, çok değişik nedenler ileri sürmüşlerdir. Örneğin, devrimlerin üzerine oturtulduğu **fikri yapıyı**, sorunların kaynağı olarak görenler vardır. Bu görüşü savunanlara

---

[1045] age. s. 9, 10.

göre devrimin en temel sorunu *"fikir eksikliğidir."* Bu görüşün en ateşli savucularından biri Atatürk döneminin önde gelen iktisatçılarından **Ahmet Hamdi Başar**'dır. Başar, bu yöndeki eleştirilerini şöyle sıralamıştır:

"... İnkılap büyük bir güçlük karşısında kaldı, ilk zamanlardan itibaren milli bir fikrin eksikliğini görerek ve katılacağımız medeniyetin hâkim fikrinden mahrum kaldığını ve bunun içinde bunaldığını anlayarak o cemiyetin sonunda vardığı karışık ve imkânsız hale, biz başlangıçta ve hiçbir şey yapmadığımız zaman düştük. Bağlanacak hiçbir fikir kalmamıştı." [1046]

Devrimin karşılaştığı güçlüklerin temelinde *"fikir eksikliğini"* gören Ahmet Hamdi Başar, fikir tarihimizdeki **Osmanlıcılık, İslamcılık ve Turancılık** gibi düşüncelerin yetersizliğini de bu fikir eksikliğinin kaynağı olarak değerlendirmiştir.[1047]

Ahmet Hamdi Başar'ın bu eleştirileri - ileri sürdüğü tezin doğruluğu ya da yanlışlığı bir yana- devrimci kadrodan birinin, devrimin karşılaştığı güçlükler karşısında bir bakıma "özeleştiri" yapması açısından çok önemlidir.

Atatürk devrimine karşı **"dinsel muhalefet"** özellikle 1950'den sonra giderek artmıştır. Halkın dini duygularını "oy"a tahvil eden "karşı devrimci" **Demokrat Parti** döneminde Atatürk'e yönelik dinsel tepki, kelimenin tam anlamıyla, "tavan" yapmıştır. Bu dönemde **Said-i Nursi'nin** yeniden "parlatıldığı" ve Atatürk'ün "kanunla" korunacak duruma getirildiği hatırlanacak olursa her şey çok daha iyi anlaşılacaktır.

1930 BUNALIMLARI VE ATATÜRK DEVRİMİ

Atatürk devrimleri, fikirsel düzeyde ve proje aşamasında incelendiğinde, **uygarlık reçetesi** gibidir; fakat uygulama aşamasında ister istemez bazı güçlüklerle karşılaşılmıştır. Daha önce de ifade ettiğimiz gibi **"dinsel motifli"** ve **"çıkar amaçlı"** geleneksel tepkinin yanında, **devimlerin topluma benimsetilmesi** aşamasın-

---

1046 Ahmet Hamdi Başar, **Atatürk'le Üç Ay**, Ankara, 1981, s. 3, 4.
1047 age. s. 3, 4.

da küçük çaplı bir halk tepkisinden de söz etmek gerekir. 1930 yılı, bu halk tepkisinin su yüzüne çıktığı yıldır.

1930 yılındaki gelişmeler, Atatürk'ün, devrim programını uygulayan, İsmet Paşa Hükümeti'nin ve CHP'li **yerel yöneticilerin** yeterince başarılı olamadıklarını göstermiştir.

1930 yılına kadar yapılanların istenilen sonucu vermediği, **Serbest Fırka Olayı**'yla ortaya çıkmıştır.

"... Serbest Fırka hadisesi, memlekette idareden memnun olmayanların çokluğunu ortaya koymuştu. Her taraftan şikâyetler yükselmekteydi. Bunların hepsini hocalar, mürteciler ve saire yapıyor denemezdi. Çünkü her şikâyet madde gösterilerek yapılıyordu. Vergilerin ağırlığı, tahsil edenlerin yaptığı suiistimalleri şikâyet umumi idi. Devlet otoritesini temsil eden memurların yaptıkları haksızlıklar ve hoşnutsuzluklardan her tarafta geniş ölçüde misaller getirilerek bahis olunuyordu." [1048]

Anlaşıldığı kadarıyla devrimi yerleştirme sürecinde halk "ihmal" edilmiştir. Ekonomik bakımdan ezilen, haksızlık ve yolsuzluklar sonunda "bitme noktasına" gelen halk, memnuniyetsizliğini, 1930 yılında, devrimlerin ve yeni rejimin temsilcisi görünümdeki **CHP'nin** karşısına Atatürk tarafından, bir bakıma nabız yoklamak amacıyla çıkarılan, **Serbest Cumhuriyet Fırkası (SCF)'na** yönelerek ifade etmiştir.

1930 yılında, SCF olayıyla su yüzüne çıkan "hoşnutsuzluğun" hayli büyük boyutlarda olduğu görülmektedir. Hoşnutsuzluk, sadece ekonomik nedenlerden kaynaklanmamaktadır. O dönemin tanıklarına göre "buhran", yalnız "maddi" ve "iktisadi" sahada değil, "**ruhi ve fikri**" sahada da yıkıcı tesirlerini göstermiştir:

"... Bu yokluk, yoksulluk ve boşluk içinde ve bir şeyler aramak ihtiyacı karşısında kalan gençlik, ya hiçbir şeye inanmayarak tembel, maddi ve dejenere oluyor yahut da yabancı ideallerin ve ideolojilerin tesirleri altında kalıyordu. Millet hesabına en çok korkulacak şeyler bunlardı..." [1049]

1048 age. s. 21.
1049 age. s. 159.

Dönemin bazı tanıklarına göre 1930 yılına kadar izlenen politikalar, halk üzerinde **manevi anlamda** bir boşluk yaratmış, ya da **mevcut boşluğu dolduracak** atılımları yapamamıştır.

1930 yılında yapılan seçimlerde, Atatürk'ün, **Fethi Bey**'e (Okyar) kurdurduğu **SCF**'nin, **İsmet Paşa**'nın (İnönü) başında bulunduğu **CHP**'yi ağır bir yenilgiye uğratmasıyla, Atatürk ve devrimci kadro bir anda gerçeklerle yüz yüze gelmiştir. Böylece, her şeyin yolunda gittiği, devrimin hedefine sağlam adımlarla yürüdüğü yolundaki iyimser inancın hiç de gerçekleri yansıtmadığı ortaya çıkmıştır.

Devrimci kadronun bazı seçkinlerine göre, 1930 yılında SCF olayından sonra birdenbire anlaşılan "bünye hastalığının" daha önce teşhis edilememiş olmasının nedeni, **herkesin ve her şeyin Atatürk'e aydınlık gösterilmesinden kaynaklanmıştır**. Halk zor durumda olmasına rağmen, devrimi halka götüren **yerel yönetici kadronun**, halkın sorunlarından uzak kalması ve bu sorunları merkeze taşımaması, devrimin hızını yavaşlattığı gibi, **devrim karşıtı güçlerin** de ekmeğine yağ sürmüştür.

1923-1930 arasında zaman zaman "baskı" halini alan "**sert tedbirler**", devrimi yerleştirmek ve korumak için izlenen tek yol halini almıştır. 1923'ten 1930 yılına kadar geçen zamanda devrimi korumak için kurulan **disiplin rejimi**, üzülerek söylemek gerekir ki halkın şikâyetlerini ve dileklerini yöneticilere, özellikle de Atatürk'e iletmesine engel olmuştur.[1050]

Atatürk, işte bütün bu nedenlerden dolayı, halkla birebir iletişim kurup halkın içinde bulunduğu koşulları ve devrimin durumunu yerinde görmek amacıyla, 1930 yılında geniş çaplı bir yurt gezisine çıkmıştır.

Devrimleri yerleştirirken yapılan yanlışlar, toplumda huzursuzluklara yol açmış, bu durum **rejim muhalifi menfaatperestlerin** işine yaramıştır. Geleneksel yapının devamından nemalanan "menfaatperestler", "bölücüler" ve "şeriatçı çevreler" hemen harekete geçmekte gecikmemişler; memnuniyetsiz kitleleri, dev-

---

[1050] age. s. 22.

rimin mimarına ve devrime karşı kışkırtmanın yollarını aramaya başlamışlardır. Bu devrim ve rejim karşıtları, hep Anadolu halkını en hassas noktasından yakalamışlar; **halkın dini inanışlarını istismar ederek,** devrime karşı silah olarak kullanmışlardır. **Şeyh Sait isyanı** ve **Menemen olayı** gibi "karşı devrim" niteliğindeki hareketler, hep bu "**din oyunu aktörlerinin**" rol aldıkları başarısız oyunlardır.

Dinin istismar edildiği bu gibi oyunlara, 16 Kanunuevvel 1341 tarihli Cumhuriyet gazetesinde yer alan bir olay, tipik bir örnek olarak gösterilebilir:

"*Rize'nin Potemya mıntıkasında İmam Şaban ile Muhtar Yakup Ağa ve rüfekası, civar köyler halkını Ulu Camii nam mevkide içtimaya davet (etmişler) ve öteden beri şekavetle (eşkıyalıkla) me'luf (tanınan) birçok eşkıyayı silahlarıyla birlikte celp eylemişlerdir.*"

Gazeteye göre halk bu çağrıyı genel bir **dua toplantısı** zannederek gelmiştir; fakat sonradan, toplananlar jandarma karakolunu basarak jandarmayı esir almışlar ve Rize'yi yağmalamayı planlamışlardır.

"Muhtar Yakup'un akrabasından Biçeli Mehmet, 'Ey ahali! Ankara ihtilal içindedir. Mustafa Kemal Paşa üç yerinden yaralı olarak doktorlar elindedir, İsmet Paşa ortadan kaldırılmıştır. Dindar paşalarımız hükümeti ellerine aldılar. Şeriatı kurtarıyorlar. Korkacak bir şey kalmamıştır. Erzurum yapacağını yaptı. Biz de iştirak edelim.' demiştir. Yeni Pazar Köyü'nden Muharrem Hoca'nın şapka aleyhinde fetva şeklinde muhaberatı, içtimada hazır hocalar tarafından nakil ve tekrar edilmiştir." [1051]

Atatürk, her şeye rağmen her zaman olduğu gibi kararlıdır:

"*Bizi geriye götürecek olanların, takip edecekleri istikamete asla müsait davranamayız; buna kanunlarımız müsait değilse o kanunları tecdit ederiz. En nihayet lüzum ve mecburiyet görürsek bu yolda her şeyin üstüne çıkararak hedefimize yürümekte asla tereddüt etmeyiz*" [1052]

1051 **Cumhuriyet,** 16 Kanunievvel 1341.
1052 Soyak, **age.** C II s. 459.

Atatürk bu sözleriyle, devrimin ne pahasına olursa olsun korunacağını belirtmiştir. Atatürk, özellikle, dinsel duyguları alet ederek rejimi tehlikeye düşüreceklere karşı son derece **sert tedbirler** düşünmüştür. Bu amaçla, Şeyh Sait isyanının ardından kurulan **İstiklal Mahkemelerinde** yargılanıp idama mahkûm edilen rejim muhalifleri arasında, dinsel duyguları istismar edenler de vardır.[1053]

Atatürk, Türk toplumunu "muasır" medeniyetler düzeyine çıkarırken bu çabayı "dine aykırı" olarak görenlere seslenerek, *"Bazı kimseler asri olmayı kâfir olmak sanıyorlar, asıl küfür bunların o zannıdır"* demiştir. Atatürk, bu "din bezirgânlarının" asıl maksatlarının, **Müslümanların bağımsızlığını engellemek** olduğunu belirtmiştir.[1054]

Devrimlere karşı halkı "**din silahıyla**" kışkırtanlar, aynı silahı bu sefer devrimin mimarına doğrulttuklarında bekledikleri sonucu alamamışlardır; çünkü halk, kurtarıcısını sevmekte ve ona büyük minnettarlık duymaktadır. 1920'li ve 1930'lu yıllarda Atatürk'ü "**dinsiz**", "**Bolşevik**" ilan ederek halkın gözünden düşürmeye çalışanlar, onun sağlığında başaramadıklarını, ölümünden sonra başarmak umuduyla çalışmaya devam etmişlerdir. Zaman içinde bunlar Atatürk'e saldırarak amaçlarına ulaşamayacaklarını anlayınca bu sefer de (1980 sonrası) Atatürkçü görünüp, aymazca, Atatürk'ü kendi kısır ideolojilerinin bir ideoloğu olarak göstermenin yollarını aramışlardır.

ATATÜRK MODERNLEŞMESİNDE İSLAM DİNİNİN YERİ

Atatürk devrimleri, Atatürk'ün deyişiyle, *"Türk ulusunu muasır medeniyetler düzeyine ulaştırmak, hatta o düzeyin üstüne çıkarmak"* için gerçekleştirilen bir çağdaşlaşma projesinin yapıtaşlarıdır. Türk ulusunu asırlardır geri bırakan düşüncelerin, değerlerin ve kurumların yerine, **Türk ulusunun dokusuna uy-**

1053 İstiklal Mahkemeleri için bkz. Ergün Aybars, **İstiklal Mahkemeleri**, Bilgi Yayınevi, Ankara, 1982.
1054 (16 Mart 1923 Adana Esnaflarıyla Konuşma,) **ASD**, C. II. s. 131, 132.

gun çağdaş düşünceleri, değerleri ve kurumları alıp yerleştiren Atatürk, doğal olarak **radikal bir değişim** gerçekleştirmiştir. Geleneksel yapıyı ağır bir şekilde eleştiren Atatürk devrimi, "batıl inanışlara", "hurafelere", Atatürk'ün ifadesiyle *"modası geçmiş inançlara"* karşı amansız bir savaş açmıştır.

Yaygın kanaatin aksine, gelenekseli sorgulayıp eleştiren ve eskimiş kurumları ortadan kaldıran Atatürk modernleşmesi, toplumun büyük kesimlerince benimsenmiş olan **İslam dininin özüne**, hiçbir biçimde müdahale etmemiştir. Hatta din konusunda yapılan çalışmalardan dolayı, Atatürk modernleşmesi, aynı zamanda, **"Dinde Öze Dönüş Projesi"** olarak da adlandırılabilir. Çünkü Atatürk, İslam dünyasında ilk kez, tarih boyu batıl fikirlerle tortulaşan İslam dinini, bu tortulaşmadan kurtaracak cesareti göstermiştir. Bu bakımdan, Atatürk devrimlerini **"dini inkılap"** olarak adlandıranlara rastlanabilmektedir. Atatürk döneminin tanıklarından **General Charles Sherill**, *"Atatürk Nezdinde Bir Yıl Elçilik"* adlı eserinde, Atatürk devrimlerini bu bakış açısıyla değerlendirmiştir. Sherill anılarında,

"...Gazi Hazretleri maksat ve gayesi çok yüksek olan dini bir inkılap başarmıştır. Bu inkılap için kim ne derse desin ona tarihte Luther ve Wyeliff gibi yüce din adamalarından daha üstün bir şeref ve mevki vermiştir..." [1055] demiştir.

Sherill'in, Atatürk'ün aynı zamanda dini bir devrim gerçekleştirdiğini söylemesi, Atatürk'ü reformcu din adamları **Wyeliff** ve **Luther**'le kıyaslaması çok anlamlı ve son derece ince bir görüştür.

Ünlü Atatürk biyografisinin yazarı **Lord Kinross** da benzer bir tahlil yaparak Atatürk'ün bir **dinsel aydınlanma hareketi** başlattığına dikkat çekmiştir:

"Yeni Türkiye dinsiz değildi; ama ona yapmacıklıktan arınmış, akla uygun gelecek ve ilericiliğe engel olmayacak bir din gerekiyordu." [1056] Atatürk işte bunu gerçekleştirmiştir.

1055 Borak, **Atatürk ve Din**, s. 94.
1056 Kinross, age. s. 452.

Prof. **Halil İnalcık**'a göre Atatürk, İslami düşüncenin gelişimine engel olmak istememiştir. Atatürk, İslamiyeti **öz dini** olarak görmüş ve "*oportünist, siyasi ve dünyevi cereyanlardan*" ayrı olarak ona gerçek kaynakları üzerinde kendini bulma ve yaratma imkânları hazırlamıştır.[1057] İnalcık, "*Devleti sekülarize eden bu radikal kararlar (Atatürk inkılapları) Türkiye'de İslamiyetin kaldırıldığı şeklindeki yorumlara hak verdirmez*" [1058] diyerek Atatürk devriminin "**İslam karşıtı**" olmadığınının altını çizmiştir.

İnalcık, Atatürk'ün 1924'te bu radikal devrimlerini Türk milletine ve İslam dünyasına açıklarken ortaya koyduğu gerekçelere dikkat çekmiştir:

"*İntisab ile mutmain ve mesud bulunduğumuz diyanet-i İslamiyyeyi asırlardan beri mütemayil olduğu veçhile bir vasıtai siyaset mevkiinden tenzih ve i'la etmek elzem olduğu hakikatını müşahade ediyoruz... İ'tikad ve vicdaniyatımızı... her türlü menfaat ve ihtirasata sahne-i tecelliyat olan siyasiyattan... bir an evvel kat'iyyen tahlis etmek, milletin dünyevi ve uhrevi sa'adetinin emrettiği bir zarurettir.*"

İnalcık, Atatürk'ün bu sözlerini şöyle değerlendirmiştir:
"*Bu beyanında Mustafa Kemal sekülarizmin zorunluluğunu şu kanıtlarla açıklamaya çalışmaktadır:*
1. *Müslümanız, Müslümanlığı reddetmiyoruz.*
2. *Fakat tarih gösteriyor ki, din siyaset vasıtası yapılarak menfaat ve ihtiraslara alet edilmiştir.*
3. *İnanç ve vicdanımıza ait kutsal duygularımız bu gibi ihtiraslara alet yapılmamalıdır. Onu bu durumdan kurtarmamız vazifemizdir.*
4. *Dünya ve din işlerini ayırmak Müslümanların bu dünyada ve öbür dünyada mutluluğu için zorunludur. İslam dininin gerçek büyüklüğü bununla meydana çıkacaktır.*
***Mustafa Kemal'in bu din görüşü kuşkusuz bir köy hocasının din görüşünden farklıdır.** Mustafa Kemal bu din görüşünde,*

1057 İnalcık, age. s. 119, 120.
1058 age. s. 68.

1890-1914 arasında Türk eğitiminde laikleşme ve aydınlanma çağının İslamiyet görüşünü benimsemiş ve uygulamaya koymuştur."[1059]

Atatürk'ün İslam dinini siyasal istismardan kurtarma çabası, "hem dini" "hem devleti" korumaya yönelik tarihi bir adımdır.

Atatürk devrimleri arasında dinsel karakterli devrimlerin olduğunu belirten **Ahmet Taner Kışlalı**, Atatürk'ün "*İslama karşı değil, cehalete karşı savaştığını*" şöyle ifade etmiştir:

"*Mustafa Kemal, zamanla İslam dininin özünden uzaklaştığını, birçok yabancı öğenin -yorumlar ve boş inançlar olarak- işin içine girdiğini düşünüyordu. Çağdaş olmanın inançsızlıkla hiçbir ilgisinin bulunmadığı kanısındaydı, ama bilerek, mantığını kullanarak inanmalıydı. Şöyle diyordu: 'Türkler dinlerinin ne olduğunu bilmiyorlar. Bunun için Kur'an Türkçe olmalıdır. Türk Kur'an'ın arkasından koşuyor; fakat onun ne dediğini anlamıyor. Benim maksadım arkasından koştuğu kitapta ne olduğunu Türk anlasın'... Müslüman Türk halkı, Kur'an'ı kendi dilinden okuyup anlama olanağına ancak cumhuriyet rejimi sayesinde kavuştu.*"[1060]

Gelenekçilerin ileri sürdüklerinin aksine, Türk devrimi, **dini siyasal hayattan uzaklaştırmak, devleti laikleştirmek** dışında, **dinin kişisel boyutuna** en ufak bir müdahalede bulunmamıştır. Böyle bir davranış, her şeyden önce Atatürk'ün sıkça üzerinde durduğu **vicdan özgürlüğü** ilkesine aykırıdır.

"*Bir kere, içerik olarak Cumhuriyet laikliği hiçbir zaman, 'resmen ve alenen' dinin özüne karşı çıkmamış, gerçek Müslümanlığa aykırı olduğu öne sürülen boş inançlara ve dinin kötüye kullanılmasına saldırmakla yetinmiştir. Örneğin, Türkiye Cumhuriyeti'nde sosyalist ve komünist ülkelerde olduğu gibi dine karşı propaganda özgürlüğü tanınmamıştır. Hatta Türk Ceza Kanunu'nda (Madde 175 ve 241) 'devletçe tanınan dinler' gibi '93 Kanun-i Esasindeki' 'Memalik-i Osmaniye'de maruf edyandan (Osmanlı'da devlet tarafından tanınan dinlerden) daha*

1059 age. s. 68, 69.
1060 Ahmet Taner Kışlalı, **Atatürk'e Saldırmanın Dayanılmaz Hafifliği**, Ankara, 1994, s. 43, 63.

geri bir söyleyişle, İslam başta olmak üzere her halde 'Hak Kitapları' olan dinler korunmuştur..." [1061]

Geleneksel'den yana, karşı devrim peşinde koşanlar, Atatürk modernleşmesine yönelik tepkilerini hep dinsel motiflerle süslemişlerdir. Atatürk'ün, dini siyasal yapıdan uzaklaştırmaya yönelik çalışmalarını "dinsizlik" olarak nitelendiren bu devrim karşıtları, halkı kendi yanlarına çekip rejime karşı kışkırtmaya çalışırken, rejimi **Batı taklidi, Hıristiyan rejimi** ve rejimin mimarını da "dinsiz" olarak adlandırmışlardır.

Bu noktada, devrimci kadro içinde olmasına rağmen, Atatürk'ü ve yapmak istediklerini layıkıyla anlayamayan idarecilerin, özellikle devrimi taşrada anlatmakla görevli yerel yöneticilerin, zaman zaman halk üzerinde kurdukları **din merkezli bir baskının** olduğu da unutulmamalıdır. O yıllarda dini inancını yaşamakta zorlanan insanlardan bahsedildiğine tanık olanlar vardır. Atatürkçü kimliği ile tanınan **Prof. Toktamış Ateş**, "*Kurunun yanında yaş da yanmıştır*" diyerek, Cumhuriyet'in ilk dönemlerinde zaman zaman halk üzerinde bir dinsel baskının olduğunu kabul edip bu durumun nedenini şöyle açıklamaktadır:

"*Cumhuriyetin başlangıç dönemlerinde; 1920'li yıllarda 'İslamcı' çevrelerin üzerine gidildiği açıktır. Bir devrim sürecinde iktidarın yapısını ve kökenini değiştirmek isteyen devrimci kadroların; toplum içinde dallanıp budaklanmış bulunan 'siyasal din kurumlarını' hedef aldığı açıktır ve kuşkusuz o arada ciddi hatalar da yapılmıştır. Kurunun yanında yaş da yanmıştır. Ölçüyü kaçıranlar da olmuştur.*" [1062]

1930'a kadar olan dönemde, devrimler yerleştirilirken izlenen yanlış ve eksik politikalar; halkın unutulması, halk üzerindeki kısmi baskılar, rejim karşıtlarına cesaret vermek dışında hiçbir işe yaramamıştır.

Bu gibi antidemokratik, vicdan özgürlüğüne, insan haklarına ve laikliğe aykırı uygulamaların sorumlusu olarak Atatürk'ü görenler büyük bir yanılgı içindedirler. Çünkü Atatürk'ün dev-

---

1061 Tunçay, **Türkiye'de Tek Parti Yönetiminin Kurulması**, s. 213.
1062 Toktamış Ateş, **Dünya ve Türkiye'de Laiklik**, Ankara, 1994, s. 156.

rim kanunlarını uygulamakla görevli olan **İsmet Paşa** hükümetleri ve **CHP**'li yerel yöneticilerdir.

1920'li ve 1930'lu yıllarda, zaman zaman insanların dini inançlarının gereklerini yerine getirememesinin sorumlusu olarak Atatürk'ü gören "**yobaz**" ve "**liboşların**" Atatürk'ü "din ve vicdan özgürlüğüne karşı", "baskıcı", "diktatör" bir lider olarak tanıtma amacında oldukları unutulmamalıdır.

ATATÜRK'ÜN DİNDE YENİDEN YAPILANMA PROJESİ

Atatürk, İslam dininin özüne sadık kalarak, hurafeleri, batıl fikirleri, geri düşünceleri dinden ayıklamak için kendisine bir faaliyet programı belirlemiştir. Atatürk'ün kafasında uzun bir süreç sonunda netleşen bu faaliyet programı, bir bakıma "**Dinde Yeniden Yapılanma Projesi**" olarak adlandırılabilir.

Atatürk'ün özel kalemi **Hasan Rıza Soyak**, anılarında Atatürk'ün din konusunda yapmayı tasarladıklarını şöyle özetlemiştir:

a. *Derhal din ile devlet işlerini birbirinden ayırmak ve laiklik yoluna girmek,*

b. *Çeşitli hüvviyet ve kıyafetler altında ve İslamiyetin asla kabul etmediği şekilde Tanrı ile kullar arasına girip, kitleye hükmetmeyi bir ticaret, bir sanat haline getirmiş, menfaatçi ve riyakâr zümreyi dağıtmak,*

c. *O zümre tarafından saf halka, Müslümanlığın kutsal akideleri olarak tanıtılmış olan; fakat gerçekte akıl ve mantığa olduğu kadar; İslam dininin esasları ile daima, zamana, zamanın fikriyatına uymayı emreden fikirlerine de aykırı bulunan batıl inanışları; çeşitli yollarla yapılacak uyarmalarla vicdan ve kafalardan söküp atarak; aklın ve müspet ilimlerin egemenliğini sağlamak; Bu suretle dinimizin kaynağına ulaşmak,*

d. *Cehalet ve taassuba destek olan bütün müesseseleri tasfiye etmek...*" [1063]

1063 Soyak, age. C. I, s. 257, 258.

Hasan Rıza Soyak'a göre Atatürk'ün dinsel devrim programında **laiklik**, **Tanrı ile kul arasına girmeme**, **batıl inanışların bertaraf edilmesi**, **aklın ve ilimin egemenliği**, **eski müesseselerin yıkılması** gibi bir dizi düzenleme söz konusudur. Kısacası Atatürk, birçok konuda mevcut görüş, düşünüş ve anlayışta köklü değişiklikler yapmayı düşünmektedir.

Atatürk, gerçekten de dinsel karakterli devrimlerin önemli bir bölümünü, Hasan Rıza Soyak'ın, yukarıda ana hatlarını verdiği program doğrultusunda gerçekleştirmiştir.

Saltanatın ve hilafetin kaldırılması, "devletin dini İslamdır" maddesinin anayasadan çıkarılması gibi devrimler laikliği yerleştirmek amacıyla; şapka ve kıyafet devrimi, tekke ve zaviyelerin kapatılması, medreselerin kapatılması gibi adımlar toplumu geri bırakan, bunun yanında din ile ilgili olduğu düşünülen, ama gerçekte sadece zamanı geçmiş, eskimiş kurum ve geleneklerden başka bir özelliği olmayan düzeni bozmak amacıyla gerçekleştirilmiştir.

"*Türkiye Cumhuriyeti halkı, tamamen asri ve bütün mana ve eşgaliyle medeni bir heyeti içtimaiye haline isal etmektedir, inkılabımızın umde-i asliyesi (asıl amacı) budur. Bu hakikati kabul etmeyen zihniyetleri tarumar etmek zaruridir. Fikrimiz, zihniyetimiz medeni olacaktır. Şunun bunun sözüne ehemmiyet vermeyeceğiz. Medeni olacağız, bununla iftihar edeceğiz.*" [1064]

Atatürk'ün bu sözleri, onun bütün engellere rağmen **medeniyet yolunda** yürüme kararlılığını göstermektedir. Atatürk, medeni (çağdaş) bir toplum yaratmak için öncelikle **akıl dışı** unsurlara, **hurafelere** körü körüne bağlılığa son vermek gerektiğine inanmaktadır.

Atatürk devriminde İslam dininin yeri konusunda ilk esaslı değerlendirmeleri 1950'lerin sonlarında **Prof. W. C. Smith** yapmıştır. Smith, "*İslam in Modern History*" adlı kitabında Atatürk'ün Türk Müslüman devlet ve cemiyetinde yaptığı büyük devrimin, bizzat İslamiyet için düşünce ve uygulama bakı-

---

1064 30 Ağustos 1925, Kastamonu'da CHP Binasında Partililere, **ASD**, C. II, s. 224 ve s. 216.

mından büyük bir değişiklik meydana getirdiğini kabul etmiştir.
Prof. Smith, bu değişimi *"Atatürk Türkiye'de İslam'da Bir Reformasyon mu Meydana Getirmektedir?"* sorusu çerçevesinde incelemiştir.

Smith'in bu konudaki fikirlerini şöyle özetlemek mümkündür:

1. Türk halkının neredeyse tamamı Müslümandır.
2. Atatürk'ün dini devletten ayırması (laiklik) Türklerin Müslümanlığını engellememiştir.
3. Türk devrimi İslamiyet de fiilen tarihi bir durum yaratmıştır ve bu İslam dünyasının başındaki bir millet tarafından başarıldığı için çok önemlidir.
4. Atatürk devrimiyle Türkler, İslamiyetin dinamizmini temsil ederek onu yenileştirmekten söz etmektedirler. Bu bakımdan Müslüman Araplar geriye Müslüman Türkler ileriye bakmaktadırlar.
5. Geleneksel İslamı eleştiren Türk aydını, İslamı yeniden yapılandırmaya çalışmaktadır.
6. Atatürk, gerçekleştirdiği devrimlerle asırlar içinde durağanlaşmış İslamı dinamik ve gelişmeye açık hale getirmiştir.[1065]
7. Atatürk devrimi sadece tarihi bir olay değildir, İslamiyeti teorik bakımdan da ilgilendirir.

Prof. Smith'e göre Atatürk'ün İslam dini karşısındaki bu "reformcu" duruşu, İslam dünyasının başka yerlerindeki ıslahatçılarınkinden esaslı şekilde farklıdır. Atatürk modern dünyada İslamiyet problemini, Batı'nın 16. yüzyılda dini buhran karşısındaki yolunu inceleyerek taklit etmemiş, bu konuyu ciddiyetle ve şuurla ele almış ve ona gerçek fiili bir çözüm şekli bulmaya çalışmıştır.

Modernleşmek Dinsizlik Değildir

İslam dünyasını uçuruma sürükleyen yanlış düşünce ve uygulamaların artık tekrarlanmaması gerektiğini sıkça vurgulayan

---

[1065] Smith, age. s. 171 - 175.

Atatürk, bir konuşmasında **medenileşme (çağdaşlaşma) zorunluğunu** tarihsel delilleriyle şöyle açıklamıştır:

"Bütün Türk İslam âlemine bakınız. Zihinleri medeniyetin emrettiği şumul ve tealiye uymadıklarından ne büyük felaketler ve ne ıstıraplar içindedirler. Bizim de şimdiye kadar geri kalmamız ve nihayet son felaket çamuruna batışımız bundandır. Beş altı sene içinde kendimizi kurtarmışsak, bu zihniyetimizdeki tebeddüldendir (değişikliktendir). Artık duramayız. Behemehal ileri gideceğiz. Geriye ise hiç gidemeyiz. Çünkü ileri gitmeye mecburuz. Millet vazıhan (açıkça) bilmelidir. Medeniyet öyle bir ateştir ki, ona bigâne olanları (kayıtsız kalanları) yakar ve mahveder." [1066]

Atatürk, Türk-İslam âleminin çekmiş olduğu sıkıntıların nedenini, **medeniyet karşısındaki vurdumduymazlığa** bağlamıştır. İslam âlemini medeniyet karşısında kayıtsız kalmaya sürükleyen nedenlerin başında ise **İslamın yanlış yorumlanıp, yanlış uygulanmasını** görmüştür. Atatürk'ün bu analizleri son derece doğrudur.

Dün **Irak'ta** ve **Afganistan'da**, bugün **Filistin'de** yaşanan acı olaylar, Atatürk'ü doğrulamıyor mu? Bu İslam ülkelerinin içinde bulundukları acı, gözyaşı ve sefaletin temel nedeni "**medeniyet karşısındaki kayıtsızlık**" değil de nedir?

Atatürk'ün birçok defa ifade ettiği gibi Müslümanlar ne zaman ki "akıldan", "bilimden", "medeniyetten" uzaklaşmışlar, o zaman geri kalmışlardır.

Peki, ama bu süreç ne zaman başlamıştır? Müslümanlar ne zamandan beri kutsal kitapları **Kur'an'a inat** akıllarını kullanmaktan vazgeçmişlerdir?

İslam tarihinde, **Eş'ari** (873-936) ve onun takipçisi **Gazali** (1058-1111) döneminden beri İslam alemi, "akıl ve ilim"den uzaklaşmış ve yüzyıllarca medeniyet karşısında büyülenmiş gibi hareketsiz, öylece beklemiştir. Bu sırada İslam dünyasında akıl ve ilim yolunda fikir üreten kafalar ise acımasızca koparılmıştır.

[1066] ASD, s. 216.

Oysaki 8. ve 9. yüzyıllarda İslam dünyasında gerçek anlamda bir "**akıl çağı**" yaşanmıştır. Bu dönemde, akıl, bilim ve özgür düşüncenin bayraktarlığını Müslümanlar yapmıştır. Batı, skolastik ortaçağ karanlığının pençesinde kıvranırken, İslam dünyasında, **Amr İbni Ubeyd, Halife Memun** ve **Ebu Hanife** toplumsal aydınlanmanın öncülüğünü yapmışlardır.

1. Amr İbni Ubeyd (öl.767): İslam dünyasında akıl ve bilimi savunan ilk mütefekkirlerden biridir. Kurduğu ekol, Batı'da "**İslam Rasyonalizmi**" ya da "**İslam Akliye Okulu**" olarak tanınmıştır.

2. Abbasi Halifesi Memun (786-833): Onun döneminde ise tam bir "**İslam Rönesansı**" yaşanmıştır. O dönemde rasyonalist düşünce o kadar önem kazanmıştır ki İslamın, **aklı temel alan** bir din olduğunu ileri sürenler **Mutezile Mezhebi** etrafında toplanmaya başlamışlardır. Memun döneminde, Antik Yunan, Bizans, Hint ve Çin medeniyetlerinin temel kaynakları Arapçaya çevrilmiştir. Bu eserler, Memun'un kurduğu **İlk İslam Akademisi**'nde incelenmiştir. İçinde büyük bir **kütüphane** ve **rasathane** bulunan bu akademinin adı "**Beyt-ül Hikme**"dir. Burada İslam bilginleri kâinatın sırlarını çözmeye uğraşmışlardır.

3. Ebu Hanife (699-767): Hanefi mezhebinin kurucusu olan Ebu Hanife, çok dar ve ilkel bir çevrenin ihtiyaçları dikkate alınarak söylenmiş hadislerin, ananelerin, zaman ve şartların değiştirdiği yeni ihtiyaçlara yanıt veremeyeceğini ileri sürerek, **akli muhakemelere** dayanan yolları önermiştir. Ebu Hanife'nin önerdiği çözüm yolları, kıyas, icma ve **akla** başvurmaktır. Ona göre çözüm aslında tektir. Hanife bunu şu şekilde formüle etmiştir:
"*Zamanın ve mekânın değişmesi ile hükümler de değişir.*"
Ebu Hanife'ye göre **Kur'an vahyi lafız olarak Arapça inmemiştir. Mana olarak ilham edilmiş, Hz. Peygamber'in lisanıyla tebliğ edilmiştir. Dolayısıyla, her millet Kur'an'ı kendi diliyle okuyabilir.**

İslam dünyasında 8. ve 9. yüzyıllardaki "**akıl çağı**" böyle başlamıştır ve çok geçmeden sayısız Müslüman-Türk bilim adamı yetişmiştir; **astronomiden matematiğe, tıptan geometriye, kimyadan coğrafyaya** pek çok alanda, ilerde Batı'ya örnek olacak çok yüksek bir kültür meydana getirilmiştir ve Batı 1200'lerden itibaren bu İslam birikimini kullanarak aydınlanmaya başlamıştır.

Farabi, Biruni, İbn-i Sina, Harezmî, El-Cabir, Ali Kuşçu, El-Kindi, Ebu Haşim, Huneyn İbn İsak, Eb-ül Vefa, Ebül Kasım Zehravi, İbn Rüşt, İbn-ül Heysem, El-Kaşi... İslam Rönesansına katkı sağlayan Türk-İslam âlimlerinden sadece birkaçıdır.

Bu "**altın çağ**", **Eş'ari** ve onun takipçisi **Gazali** ile birlikte yavaş yavaş yok olmaya; Müslümanlar dinamizmlerini kaybetmeye, aklı ve bilmi ihmal etmeye başlamışlardır.

13. yüzyıla gelindiğinde artık "İçtihat kapısı" kapanmıştır. İşte 13. yüzyılda kapanan "**içtihat kapısını**", 20. yüzyılın başlarında yine bir Müslüman, **Mustafa Kemal Atatürk** açmıştır.

İslam dünyasında **zihniyet değişikliğine** ihtiyaç vardır. Atatürk'ün, toplumun medenileşmesi için şart koştuğu "zihniyet değişikliği", ancak "**hurafelerden arındırılmış İslamın ilerlemeye engel olmadığı ve modernleşmenin de 'dinsizlik' olmadığı gerçeğinin topluma anlatılmasıyla**" mümkün olabilirdi. Üstelik Müslümanların elinde somut bir örnek de vardır. Yüzyıllar önce matematik, astronomi, geometri, tıp, coğrafya gibi temel bilimlerde Müslümanlar ilklere imza atmışlar; İslam dünyasında aklı ve bilimi egemen kılmışlardı. Böyle bir altın çağ, pekâlâ yeniden yaşanabilirdi; fakat öncelikle topluma, **İslamın ilerlemeye engel olmadığı** anlatılmalıydı. Ancak bu gerçeği topluma anlatmadan önce **İslam dinini asırların tortularından arındırmak** gerekmekteydi.

Yüzyıllardır eski gelenek ve göreneklerle, batıl fikirlerle, çepeçevre sarılmış olan İslam dininin **özü**, adeta bir kenara itilmiş, Atatürk'ün tabiriyle "*din, milletin dimağını paslandıran, uyuşturan zihniyetlerin malzemesi*" durumuna gelmişti.

Atatürk, zihniyetleri bu "paslardan" arındırmadan çağdaşlaşmanın gerçekleşmeyeceğini düşünmektedir.

"Zihniyetlerde mevcut hurafeler kâmilen tard olunacaktır (uzaklaştırılacaktır). Onlar çıkarılmadıkça dimağa hakikat nurlarını infaz etmek imkânsızdır... Ölülerden istimdat etmek (yardım beklemek) medeni bir heyet-i içtimaiye için sindir (mezardır)..." [1067]

Atatürk bir konuşmasında, *"Efendiler ve ey millet iyi biliniz ki Türkiye Cumhuriyeti şeyhler, dervişler, müritler, mensuplar memleketi olmaz. En doğru ve en hakiki tarikat, tarikat-ı medeniyedir. Medeniyetin emir ve talep ettiğini yapmak, insan olmak için kâfidir"* [1068] demiştir.

Atatürk, bozulan, eskiyen kurumları yenileri ile değiştirirken, **"batıl fikirleri"** ve **"hurafeleri"** toplumsal hayattan atmak istemiştir. Dolayısıyla, **hurafeler ve batıl fikirlerle kaplanmış olan İslam**, Atatürk devrimleriyle kaçınılmaz olarak çatışmaya girmiştir. Atatürk, hurafe ve batıl fikirleri, gerçek İslamdan ya da başka bir deyişle **İslamın özünden** ayıklamaya çalışmıştır. Bu amaçla halkın, dininin gereklerini anlayarak, düşünerek, bilinçli bir biçimde inanabilmesi için öncelikle **dinin dili olmayacağını göstermek istemiştir**. Arapça ile özdeşleşen geleneksel İslamın, önce bu özdeşliğine müdahale ederek din dilinde Türkçeleştirme çalışmalarını başlatmıştır. İleride detaylandıracağımız gibi Atatürk, bu amaçla Kur'an-ı Kerim'in Türkçe tercümesini yaptırmış, ezanı ve hutbeleri Türkçeleştirmiş ve dünyada ilk kez radyodan Türkçe Kur'an okutmuştur. Geleneksel çevrelerin çok eleştirdikleri bu çalışmalar, **Ebu Hanife**'nin İslam yorumuna birebir uygundur.

Atatürk asırlar içindeki yanlış uygulamalarla **geri kalmış Müslüman Türkleri** 20. yüzyılın başlarında gerçekleştirdiği bir devrimle modernleştirmiştir. Atatürk, ilk emri *"oku"* olan İslamın kutsal kitabı Kur'an-ı Kerim'in ve *"ilim Çin'de bile olsa al"* diyen İslam Peygamberi Hz. Muhammed'in istediği gibi, bir İslam toplumunu **aklın** ve **bilimin** ışığıyla aydınlatmıştır.

1067 age. s. 224, 225.
1068 age. s. 224, 225.

"Aklını çalıştırmayanların üstüne pislik yağdırırım" diyen Allah'a ve *"Bana bir harf öğretenin kırk yıl kölesi olurum"* diyen Peygamber'e inat **aklını** çalıştırmayan; bilgiyle, bilimle, eğitimle ilgilenmeyen sözüm ona Müslüman, yüzyılların yanlış birikimiyle bugün *"Modernleşmek dinsizliktir"* diye avazı çıktığı kadar bağırmaktadır.

İşte Atatürk bu yanlış birikimi, bu sakat zihniyeti ortadan kaldırmaya çalışmıştır.

Atatürk'ün amacı Müslüman Türk toplumunu dinsizleştirmek değil modernleştirmektir; Atatürk'ün amacı dini değil hurafeleri, batıl inançları yok etmek, gerçek İslamı, aklı ve bilimi egemen kılmaktır.

Peyami Safa'nın Yanıtı

Peyami Safa, Atatürk modernleşmesinde İslamın yerini, *"Buhranlarımız"* adlı kitabında *"Kemalizm anane (gelenek) düşmanı mıdır"* sorusu çerçevesinde tartışmıştır:

"Kemalizm anane düşmanı mıdır? Bu zannı iki şey veriyordu: Biri, laik Türk inkılâbının cemiyet ve cemaat hayatına ait fonksiyonları birbirinden ayırmasıydı ki, bütün dini ananeleri kökünden biçeceği şüphesini vererek, her yenilik hamlesi karşısında 'din elden gidiyor' çığlığını basan softaların tarihi endişelerini uyandırmıştı. Öteki de inkılabın dini ananeler arasında boş itikatları (Pre jüjeleri) tasfiye etmeseydi ki gene bu ikisini birbirine karıştıran softaları telaşa düşürmüştü." [1069]

Peyami Safa'ya göre Teşkilat-ı Esasiye Kanunu'nun ikinci maddesine konulan ve laiklikle uyuşmayan *"Türkiye Devleti'nin dini İslamdır"* ifadesi, *"Türk inkılabına anane ve din düşmanlığı isnad eden softaların gazete sahifelerine kadar sıçrattıkları endişeleri yatıştırmak"* amacıyla 14 Nisan 1928 tarihine kadar anayasadan çıkarılmamıştır.[1070]

1069 Peyami Safa, **Türk İnkılâbına Bakışlar**, İstanbul, 1995, s. 107 (İlk Baskısı 1938).
1070 **age.** s. 108.

Peyami Safa'ya göre Türk devrimi, dini ananeler arasında yalnızca medeni gelişmeye engel olan âdet ve "prejüjeleri" tasfiye etmiş, ötekilere yine laik prensiplerinden dolayı müdahaleyi düşünmemiştir. Aksine, bu ananeler arasında resmi anlamlarını koruyanlar bile vardır. Ramazan ayına, Şeker ve Kurban bayramlarına ait bazı tören ve tatiller devam etmiştir.

Peyami Safa, Kur'an'ın tercümesi ve ezanın Türkçeleştirilmesini, *"dinin aynı zamanda milli bir cemiyet müessesesi olarak Türk inkılabı prensipleri içinde aldığı kıymete işaret"* olarak değerlendirmiştir.[1071]

Peyami Safa, Batı'dan alınan *"medeni âdetlerin"* dinsizleştirmek ya da din değiştirip Hıristiyanlaşmak anlamına gelmediğini ileri sürerek, *"benimsediğimiz garp ananeleri, dini mahiyetlerini kaybederek tamamıyla medeni bir mahiyet almışlardır"* demiştir.[1072]

Peyami Safa, tarih boyu devam eden Müslümanlarla Hıristiyanlar arasındaki uyuşmazlık ve çatışmanın Atatürk devrimleriyle artık geride kaldığını da şöyle ifade etmiştir:

"Kemalizm, İslam şark ve Hıristiyan garp ananeleri arasındaki ihtilafın (anlaşmazlığın) artık bir vehimden başka bir şey olmadığını ortaya koydu." [1073]

Böylece Atatürk, Batı kültüründen, sırf "Hıristiyan kültürü" diye asırlardır uzak duranlara, Batı kültüründen Müslümanların da pekâlâ yararlanabileceklerini göstermiştir.[1074]

Prof. Bernard Lewis de Peyami Safa gibi düşünmekte ve Atatürk devrimlerinin kesinlikle "din karşıtı" olmadığının altını çizmektedir.

1071 age. 108.
1072 age. s. 109.
1073 age. s.109.
1074 Ayrıca kültür, uygarlık evrenseldir; kültür, uygarlık kimsenin "babasının malı" değildir. Çağdaş uygarlığın harcına doğunun ve batının, Müslüman Hıristiyan tüm insanlığın alınteri karışmıştır.

ATATÜRK LAİKLİĞİ

"Laiklik adam olmak demektir"
Mustafa Kemal Atatürk

Eski Yunanca "laikos" sözcüğünden gelen laiklik kavramı Ortaçağ'da Batı'da *"Ruhban sınıfından olmayanlar"* anlamında kullanılmıştır. Avrupa'da 17. yüzyılda Reform Hareketleri sonrasında Katolik Kilisesi'nin toplum üzerindeki baskısının sona ermesiyle laiklik önem kazanmıştır.

Laikliği, devletin din kurallarıyla değil hukuk kurallarıyla yönetilmesi olarak tanımlamak mümkündür. Çağdaş demokratik devletler birer sosyal hukuk devleti olduklarından yönetim işlerine din işlerini karıştırmazlar. Dinler devletleri değil, bireyleri ilgilendirir. Çağdaş devletler, inanan, inanmayan herkesi **eşit vatandaşlık bağıyla** kucaklamak zorunda olduklarından herhangi bir dine ayrıcalık tanıyıp devleti o dinin kurallarıyla yönetemezler. Bu nedenle **devletlerin dini olmaz.** Çağdaş devletler her konuda olduğu gibi din konusunda da vatandaşları arasında ayrım yapmazlar. Çağdaş, demokratik devletlerde bireylerin **din ve vicdan özgürlükleri** vardır. Devletin bu özgürlükleri koruması laikliğin bir gereğidir.

Çağdaşlığın ve demokratlığın ön koşulu laikliktir. İşte bu nedenle Atatürk Türkiye Cumhuriyeti'nin laikliğine çok büyük bir önem vermiştir. *"Türkiye Cumhuriyeti'nin karakteri laiktir"* diyen Atatürk, aslında laikliği evrensel anlamıyla benimsemiş olmasına karşın Türkiye'nin kendine özgü koşullarından dolayı uygulamada bazı farklılıklar yapmak zorunda kalmıştır.

Türkiye'de **laiklik** ve **çağdaşlaşma** birbirine paralel ortaya çıkan kavramlardır.

Osmanlı'da **Tanzimat Fermanı'yla** başlayan Batılılaşma hareketleri dinin devlet yönetimindeki rolünü ve etkisini azaltmaya başlamıştır. 19. yüzyılda Osmanlı'da –daha önce ayrıntılandırdığımız gibi– bazı alanlarda laik düzenlemeler yapılmıştır, ancak "kararsız Osmanlı modernleşmesi" laiklik konusunda da kararsız kalmıştır.

Atatürk, Osmanlı reformistlerinin kısmen laikleştirici girişimlerinden de yararlanarak gerçekleştirdiği **Türk devriminin temeline laikliği yerleştirmiştir.**

Atatürk devrimleri tek tek incelenecek olursa devrimlerin yüzde 80'inin laiklikle ilgili olduğu görülecektir.

Atatürk, laiklik yolunda adımlar attıkça geleneksel İslamla karşı karşıya kalmış, geri adım atmayınca da ağır eleştirilere uğramıştır.

Türk devrimi, bazı kesimlerin ileri sürdükleri gibi İslam dininin "özüne" müdahale etmemiştir. Türk devrimi, sadece dini kuralları siyasal ve toplumsal yapının tamamını kapsayıcı olmaktan çıkarmış ve dini, hurafelerden arındırmaya çalışmıştır.

"Öz açısından Kemalist laiklik, dinin toplumsal kökenini yok etmekle uğraşmamıştır." [1075]

Atatürk devrimi, İslama müdahale etmek, İslami normlara savaş açmak bir yana, batıl fikir ve hurafelerle mücadele etmeyi öngördüğü için bir bakıma İslamda **"Öze Dönüş Hareketini"** başlatmıştır.

Cumhuriyetin din politikası, "dinsizliği" bir doktrin olarak açıktan ya da gizliden gizliye topluma aşılamayı amaçlamamıştır. Cumhuriyet laikliğinde, **"fikir hürriyeti"** temel öğelerden biri olarak düşünülmüştür. Bu çerçevede herkes istediği dini seçmekte özgürdür. Bu amaçla, **"devletin resmi dini İslamdır"** maddesi 1928'de anayasadan çıkarılmıştır.

Tasfir-i Efkâr gazetesi sahibi Velid Ebu Ziya'nın bir toplantıda Atatürk'e, **"Yeni hükümetin dini olacak mı?"** sorusuna Atatürk'ün, ***"Dini var efendim, fakat İslamda fikir hürriyeti de vardır"*** [1076] yanıtını vermesi, şüphesiz tesadüf değildir.

Atatürk devrimleriyle şekillenen, Cumhuriyet'in din politikasının (laikliğin) amacı, İslam ve İslamın toplumsal etkilerini yok etmek değil, özellikle dinin siyasi hayattaki etkilerine son vererek, siyasal alan başta olmak üzere, İslamın kapsayıcılık alanına

---

1075 Tunçay, age. s. 213, 214.
1076 Atay, age. C. I, s. 224.

sokulmuş olan birçok sorunu bu alandan çıkararak, "dünyevi" kanun ve kurallarla çözüme tabi tutmaktır. Özet olarak **Atatürk laikliği**, özellikle dinin siyasal hayat üzerindeki hâkimiyetine itiraz etmiştir; dinin ilahi öğretilerine, "öz itibariyle" hiçbir şekilde müdahale etmemiştir.[1077]

Lord Kinross, Atatürk'ün ve genç cumhuriyetin din politikalarıyla ilgili şu değerlendirmeyi yapmaktadır:

"(Atatürk) ...hiçbir zaman dini kökünden söküp atmaya çalışmamıştı. Bir kez kendi arzusuyla da söylediği gibi, bütün elde etmek istediği şey, 'dini yüzyıllardan beri alışageldiği siyaset aracı olmaktan kurtarmaktı'. Onun politikası, halkı birtakım sert vuruşlarla dinin merkezi bir devletle açık ve gözle görülür simgelerinden uzaklaştırmaktı. O sırada mezardaki ölüler canlı ve tehdit edici bir kuvvet gibi sömürülmekteydi. Bu yüzden acımadan ortadan silinmeleri gerekiyordu. Ama on yıl sonra gerçekten ölmüş olurlar ve yeniden dirilmeleri tehlikesi kalmazdı." [1078]

"(Atatürk)...gerçekten de hiçbir şekilde din ve vicdan özgürlüğüne karışmaya kalkmadı." [1079]

Atatürk'ün laiklik anlayışı, inanan insanların dini inançlarının gereklerini özgürce yerine getirmelerini engellemediği gibi tüm dinler karşısında tarafsızlığı temel ilke kabul etmiştir. Atatürk'ün laiklik anlayışına göre devlet, insanlara dinsel telkinlerde bulunamayacağı gibi, inanan insanların dini inançlarını etkisizleştirmeye de çalışmaz; fakat kendi dinsel doğrularını devletin işleyiş mekanizmasına yerleştirmeye çalışanlara ise asla izin vermez. **Atatürk**, laikliğin, din ve devlet işlerinin birbirinden ayrılması yanında, herkese "din ve vicdan özgürlüğünün" tanınması anlamına geldiğini şu sözlerle ifade etmiştir:

"Din bir vicdan meselesidir. Herkes vicdanının emrine uymakta serbesttir. Biz dine saygı gösteririz. Düşünüşe ve düşünceye muhalif değiliz. Biz sadece din işlerini, millet ve devlet işleriyle karıştırmamaya çalışıyoruz. Kasta ve fiile dayanan

---
1077 Borak, **Atatürk ve Din**, s. 10.
1078 Kinross, **Atatürk, Bir Milletin Yeniden Doğuşu**, s. 480, 481.
1079 age. s. 454.

taassupkar hareketlerden sakınıyoruz. Gericilere asla fırsat veremeyiz." [1080] Atatürk'ün laiklik anlayışına göre, devlet inananlar karşısında olduğu gibi inanmayanlar karşısında da **tarafsızlığını** korumalıdır.

Atatürk'ün laiklik anlayışını doğru anlamak için **Atatürk'ün** 1930 yılında bir kısmını **Afet İnan'a yazdırdığı,** bir kısmını da kendi el yazısıyla kaleme aldığı *"Vatandaş İçin Medeni Bilgiler"* kitabına bakmak gerekir. Atatürk burada **laikliği** "**vicdan hürriyeti**" başlığı altında incelemiştir.

Atatürk'ün *"Vatandaş İçin Medeni Bilgiler"* kitabındaki şu cümleler, onun laiklik anlayışını çok iyi yansıtmaktadır:

"Her fert istediğini düşünmek, istediğine inanmak, kendine mahsus siyasi bir fikre malik olmak, intihap ettiği (seçtiği) dinin icabatını yapmak veya yapmamak hak ve hürriyetine maliktir. Kimsenin fikrine ve vicdanına hâkim olunamaz.

Vicdan hürriyeti mutlak ve taarruz edilmez, ferdin tabii haklarının en mühimlerinden tanınmalıdır.

Türkiye Cumhuriyeti'nde, her reşit dinini intihapta (seçmekte) hür olduğu gibi muayyen bir dinin merasimi de serbesttir; yani ayin hürriyeti masundur (korunmaktadır). Tabiatile, ayinler asayiş ve umumi adaba mugayir (aykırı) olamaz; siyasi nümayiş (gösteri) şeklinde de yapılamaz. Mazide çok görülmüş olan bu gibi hallere, artık Türkiye Cumhuriyeti asla tahammül edemez.

Bir de Türkiye dâhilinde bilumum tekkeler ve zaviyeler ve türbeler kanunla set edilmiştir (kapatılmıştır). Tarikatlar lağvolunmuştur. Şeyhlik, dervişlik, çelebilik, halifelik, falcılık, büyücülük, türbedarlık, vs. memnudur (yasaktır). Çünkü bunlar irtica menbaı (kaynağı) ve cehalet tamgalarıdır. Türk milleti böyle müeseselere ve onların mensuplarına tahammül edemezdi ve etmedi." [1081]

1080 Neda Armaner, "Atatürk Din ve Laiklik", **Atatürkçülük,** II. Kitap, İstanbul, 1988, s. 324.
1081 Doğu Perinçek, *"Kemalist Devrim 2",* **Din ve Allah,** İstanbul, 1994, s. 305-311.

Atatürk yine kendi el yazısıyla laikliği Fransızca "**tolerance**" sözcüğüyle açıklamıştır. Atatürk "tolerance" sözcüğünü "**taassupsuzluk**" olarak çevirmiş ve bu konudaki düşüncelerini şöyle yazıya dökmüştür:

"*Hürriyet ihtimal ki zorla tesis olunur; fakat herkese karşı taassupsuzluk göstermekle ve aldırmamazlıkla muhafaza edilir. Türkiye Cumhuriyeti'nde herkes Allah'a istediği gibi ibadet eder. Hiç kimseye dini fikirlerinden dolayı bir şey yapılmaz. Türk Cumhuriyeti'nin resmi dini yoktur. Türkiye'de bir kimsenin fikirlerini, zorla başkalarına kabul ettirmeye kalkışacak kimse yoktur ve buna müsaade edilmez. Artık samimi mutekitler (inananlar), derin iman sahipleri, hürriyetin icaplarını öğrenmiş görünüyorlar. Bütün bununla beraber, din hürriyetine, umumiyetle vicdan hürriyetine karşı taassup kökünden kurumuş mudur?*

Bunun anlayabilmek için taassupsuzluğun ne olduğunu tedkik edelim. Çünkü bu kelimenin delalet ettiği manayı, zihniyeti herkes kendine göre anlamaya çok meyillidir. Dini hürriyeti bir hak telakki etmeyen acaba kalmadı mı?

Vicdan hürriyetinin insan ruhunun, Allah'ın âli (yüksek) hüküm ve nüfuzu altında, dini hayatı idare için malik olduğu haktan ibaret olduğunu bellemiş olanlar, acaba bugün nasıl düşünmektedirler? Bu gibiler, kendisi gibi düşünmeyenlere içlerinden olsun kızmıyorlar mı?

Bu saydığımız zihniyette bulunduğuna ihtimal verilen kimselere, hür müttefiklerimiz, acaba bir teessür hissiyle, bir esefle bakmıyorlar mı?

Bu saydığımız gibi muhtelif (çeşitli) inanışlı kimseler, birbirlerine kin, nefret besliyorlarsa, birbirlerini hor görüyorlarsa ve hatta sadece birbirlerine acıyorlarsa, bu gibi kimselerde taassupsuzluk yoktur; bunlar mutaassıptırlar.

Taassupsuzluk o kimsede vardır ki, vatandaşının veya herhangi bir insanın vicdani inanışlarına karşı hiçbir kin duymaz; bilakis hürmet eder. Hiç olmazsa başkalarının kendininkine uymayan inanışlarını bilmemezlikten, duymamazlıktan gelir.

Taassupsuzluk budur. Fakat hakikati söylemek lazım gelirse diyebiliriz ki, hürriyeti hürriyet için sevenler, taassupsuzluk kelimesinin ne demek olduğunu anlayanlar bütün dünyada pek azdır. Her yerde umumi olarak cari (geçerli) olan taassuptur. Her yerde görülebilen sulh (barış) manzarasının taassup ile hür fikrin birbirine karşı kin ve nefreti üstündedir; temelin devrilmemesi, kin ve nefret zeminindeki muvazeneyi (dengeyi) tutan fazla kuvvet sayesindedir.

Bu söylediklerimizden şu netice çıkar ki, aramızda hürriyet hailelerinin zail olduğuna, bizim gibi düşünen ve hissedenlerle birlikte yaşadığımıza hüküm vermek müşküldür. O halde görülen taassupsuzluk değil, zafın dermansız bıraktığı taassuptur.

Şüphesiz fikirlerin, itikatların başka başka olmasından şikâyet etmemek lazımdır. Çünkü bütün fikirler ve itikatlar bir noktada birleştiği takdirde bu hareketsizlik alametidir, ölüm işaretidir. Böyle bir hal elbette arzu edilemez. Bunun içindir ki hakiki hürriyetçiler taassupsuzluğun umumi bir haslet olmasını temenni ederler." [1082]

Atatürk'ün Şubat 1930'da kendi el yazısıyla kaleme aldığı bu satırlar, onun **din ve vicdan** özgürlüğüne ve daha da önemlisi **demokrasiye** nasıl yürekten bağlı olduğunu kanıtlamaktadır.

Türkiye Cumhuriyeti'nde herkesin istediği dini seçmekte ve seçtiği dinin gereklerini yerine getirmekte serbest olduğunu ifade eden Atatürk, insanları din, inanç ve düşüncelerinden dolayı baskı altına almamak gerektiğini belirtmiştir.

Atatürk'ün yine kendi elyazısıyla yazdığı şu cümleler, Atatürk'ü diktatör, jakoben ve "din düşmanı" diye adlandıranlara tokat gibi bir yanıttır:

"Şüphesiz fikirlerin, itikatların başka başka olmasından şikâyet etmemek lazımdır. Çünkü bütün fikirler ve itikatlar bir noktada birleştiği takdirde bu hareketsizlik alametidir, ölüm işaretidir. Böyle bir hal elbette arzu edilemez."

[1082] age. s. 311 - 321.

Atatürk din ve vicdan özgürlüğü için taassupsuzluğun (toleransın) gerektiğini düşünmektedir. Ancak özgürlüklerin en geniş olduğu çağdaş ülkelerde bile **taassup** zihniyetine rastlandığını belirterek, laikliğin çok önemli olduğunu düşünmektedir. Ona göre taassup zehirinin panzehiri laikliktir.

"Laiklik ne dinsizleştirmektir ne de dinlileştirmedir. Din karşısında yansızlıktır, hoşgörüdür. Bu yüzden de saygıdır. Dahası, 'laiklik dinsizlik değildir' demenin, dinsizlik suçlaması karşısında bir ezikliği, hatta dinden bir tür özür dilemeyi çağrıştırdığı da unutulmamalıdır. Öte yandan laiklik, hukuksal tanımlardan çıkıp, salt felsefesel ve ahlaksal olarak devlet gücüyle kaldırılırsa, dinsel öğretileri yasaklarsa yahut da devlet dinsizliği özendirirse ya da ona sahip çıkarsa, dinsizlik de dinsel inanç olduğundan artık laiklikten değil... din karşısında devletin yansızlılığını yitirmesinden söz edilebilir. Böyle bir devlet aşırı uçlara kayarak, laik niteliğini yitirme tehlikesiyle karşı karşıya kalacaktır." [1083]

Devletin din ile içli dışlı olması kadar, devletin dinler karşısında tarafsızlılığını yitirdiği bir toplumda da laiklikten söz edilemez. Dolayısıyla **laiklik**, hem din ve inanç özgürlüğünün hem de dinsizlik ve inanmama özgürlüğünün güvencesidir.

Laiklik tartışmalarına girmeden, laik bir devletin taşıması gereken nitelikleri şöyle sıralamak mümkündür:

- İsteyen, dininin gereklerini özgürce yerine getirir. Devlet, insanların dini inançlarının gereklerini yerine getirmelerine engel olmaz.
- İsteyen inanmama hakkını özgürce kullanır.
- Devlet, herhangi bir dine ayrıcalık yapmaz, bütün dinlere eşit mesafede durur.
- Devlet, insanları herhangi bir dini tanımaya ya da tanımamaya mecbur etmez.
- Devlet, dinsel kuralların ülke yönetimine karıştırılmasına kesinlikle müsaade etmez. Dinin siyasal araç olarak kullanılmasına izin vermez.

1083 Selçuk, age. s. 18.

Fakat Türkiye'de laiklik, Türkiye'nin özel koşulları gereği, dünyada alışılagelmiş laiklik anlayışından farklı, yerel bir görünüm kazanmıştır. Cumhuriyet'in ilk yıllarında devrimlere yönelik "dinsel muhalefeti" etkisiz kılmak için harcanan çaba, Türkiye'de laikliğin "**irticayla mücadele**" olarak anlaşılmasına yol açmıştır. Zamanla, halkın önemli bir kesimi laiklik denince, "**din karşıtlığını**" anlar olmuştur.

Laiklik, ülkemizde öteden beri en fazla tartışılan, buna rağmen tam olarak anlaşılamayan bir kavramdır. Daha Cumhuriyet'in ilk yıllarında, devlet laikliğin, din ve inanç özgürlüğününün güvencesi olduğunu topluma benimsetmede yetersiz kalmıştır. Bunda şüphesiz, laikliği "**ladini**" (dinsizlik) olarak anlayan ve halka bu şekilde anlatan zihniyetlerin etkisi büyüktür.

Cumhuriyet'in doğum sancılarına tanık olan **Falih Rıfkı Atay** bu durumu, "*Daha ilk günden laiklik, halk yığınlarına 'dinsizlik hareketi' diye telkin edilmiştir. Halk camilere gidiyordu, dini vazifesini yapıyordu; fakat kendisine kılavuzluk edecek inkılapçı din adamları yetiştirilmediği için eski hocalık, hiçbir zaman olmadığı kadar kaba, cahil ve mutaassıp yobazlık halini alıyordu*" [1084] şeklinde yorumlamıştır.

Türkiye'de laiklik, Cumhuriyet'in ilk yıllarından itibaren, devletin din karşısında yansızlığından ziyade, **devletin dini kontrol altında tutması** şeklinde gerçekleşmiştir. Daha 1924 yılında **Diyanet İşleri Başkanlığı**'nın kurulması, bu teşhisin doğruluğunu kanıtlamaktadır.

Türk devrimi, din hürriyetinin sınırlarını belirlerken zorlanmıştır. Bu sınırlar belirlenirken, zaman zaman laik devletin tanımlamasına aykırı, "sert" ve "baskıcı" uygulamalar görülmüştür. Bu konu incelenirken, Cumhuriyet'in, hâkimiyetin kaynağını "**ilahi güçten**" alarak "**dünyevi güce**" indirgemeye çalıştığı ve dinin ne amaçla olursa olsun kullanılmasına son vermek istediği göz ardı edilmemelidir. Türk devriminin, zaman zaman "laik devlet" tanımını aşan sert uygulamalarını, laik bir devletin

---

1084 Atay, age. C. II, s. 481.

uygulamaları olarak değil, bu hedefe ulaşmayı amaçlayan genç bir devletin iç dengelerini "laik devlet" tanımlamasına uydurmak için yapılan düzenlemeler olarak değerlendirmek gerekir. Cumhuriyet'in kısmen sert tedbirlerinin nedenlerini biraz da geçmişteki olumsuz örneklere bağlamak gerekir. **Kabakçı Mustafa isyanı, 31 Mart vakası, Şeyh Sait isyanı ve Menemen olayı** hep dinden meşruiyet alan "**irticai**" hareketlerdir. Kendisine laiklikle yeni bir çehre kazandırmış olan Türkiye Cumhuriyeti'nin, bu gibi "dinsel meşruluk kazandırılmış irticai hareketlere" izin vermesi beklenemezdi. Bir yazarın ifade ettiği gibi, "*...O halde irticai önleme amacına matuf olarak vaz olunan inkılap kanunları, rejimi korumakta ve bu itibarla zaruri bulunmaktadır.*" [1085]

ATATÜRK'ÜN İSLAM DİNİYLE İLGİLENME NEDENLERİ

Atatürk –pek çok neden bir yana– öncelikle Türk ulusunun çoğunluğunun Müslüman olması nedeniyle, İslam diniyle ilgilenmiştir. Ömrü boyunca İslam diniyle ilgili birçok kitap okumuş, bu konuda çevresindekilerle görüş alışverişinde bulunmuş, İslam dininin temel ilkeleri üzerinde araştırmalar yapılması için din-bilim kurulları kurdurmuş ve kendisi de bizzat bu konuda çalışmalar yapmıştır. Atatürk'ün din konusundaki tüm bu çalışmaları, ileride "*Atatürk'ün Dinde Öze Dönüş Projesi*" başlığı altında incelenecektir.

Atatürk, İslam dininin, "felsefesi" ve "amacı" bakımından siyasal, ekonomik ve kişisel çıkarlara alet edilmesinin, doğrudan İslamiyet üzerinde büyük zararlara neden olduğunu düşünmektedir. Ona göre, öncelikle yapılması gereken, İslam dininin "**özünü**" açığa çıkarmak ve İslam dininin özü itibariyle "**aracılara**" **yer vermediği** gerçeğini tüm toplumun görmesini sağlamaktır. Atatürk kanımca, İslamiyetin vicdan ve düşünce özgürlüğüne, toplumsal ilerlemeye, insan haklarına, ırkların ve cinslerin eşitliğine önem verdiğini herkesin görmesini arzulamıştır. Bu şekilde

---
[1085] Borak, **Atatürk ve Din**, s. 9.

o, yüzyıllardır İslam dininin birer uzantısıymış gibi gösterilmek istenen, şeyhlikler, dervişlikler, batıl itikatlar ve şekilci uygulamaların, gerçekte İslam dininde yeri olmadığını topluma anlatmak istemiştir.

Atatürk'e göre İslam dininin tüm güzellikleri **özde** gizlidir, "**öz**" hurafelerden temizlenecek, fakat kesinlikle "öz"e dokunulmayacaktır. Atatürk, İslam dini konusunda bir dizi düzenlemeye ihtiyaç olduğunu düşünmektedir: Her Müslümanın inanç ve vicdan özgürlüğü içinde dininin gereklerini yerine getirmesi sağlanmalıdır. Camiler temiz, ibadete açık ve uygar görünümde olmalıdır. Kimse **Allah ile kul arasındaki** ilişkilere aracı olmaya kalkışmamalıdır. Diğer dinlere de saygılı davranmalı; bu dinlere inananların da ibadetlerini özgürce yapmalarına olanak sağlanmalıdır. Bu bakış dolayısıyla, tekke ortamında saf insanların kandırılmasına ve sömürülmesine karşı çıkılması doğaldır, işte Atatürk dönemine bazı çevrelerin şiddetli tepki göstermelerinin nedeni budur. Çıkarları tehlikeye düşen çevreler, Atatürk'ü dinsizlikle suçlamak, bu şekilde halkın gözünden düşürmek gibi bir yol seçmişlerdir. Hatta Atatürk döneminde camilerin ibadete kapalı olduğunu, din adamlarının görevlerini yapamadıklarını ileri sürmüşlerdir. Tüm bunlar yalan ve iftiralardır. Atatürk dönemini yaşayanlar çok iyi hatırlarlar ki o zaman dinsel yaşamın içinde bulunmak, camilerde ibadet etmek serbesttir. Din adamları da özgürce görevlerini yerine getirmektedir. Hatta Atatürk, –ileride ayrıntılarıyla da anlatılacağı gibi– birçok din adamıyla dosttur. Fırsat buldukça din adamlarıyla görüş alışverişinde bulunmuş, onların açıklamalarını dikkatle dinlemiştir. Cumhuriyet hükümetlerinin ilk Diyanet İşleri Başkanı Rıfat Börekçi Atatürk'ün çevresindeki din adamlarından sadece biridir.[1086]

"*Atatürk devrimleri din karşıtıdır*" şeklindeki tez, Atatürk konusunda oluşturulmak istenen **yapay dayanaklı tabulardan** sadece biridir. Atatürk'ü doğru anlamak ve onun öğretilerinden ilham alarak geleceğe hazırlanmak için öncelikle bu tabulardan kurtulmak gerekir.

1086 Reşat Kaynar - Necdet Sakaoğlu, **Atatürk Düşüncesi**, s. 57.

ŞAPKA DEVRİMİ VE DİN

Atatürk'ün "dinsel karakterli" devrimleri, halkın "doğru" diye bildiği "yanlışları" düzeltmeye yöneliktir.

Atatürk, asırlar boyunca yanlış düşüncelerin, boş inançların ve uygulamaların hüküm sürdüğü Anadolu coğrafyasında artık "dini", boş inançların, yanlış düşünce ve davranışların "çekim merkezi" olmaktan kurtarmayı planlamıştır.

Atatürk, dinsel alandaki düzenlemeleriyle hem İslam dininin "özünün" açığa çıkarılmasını, hem da toplumu geri bırakan düşünce ve uygulamaların ortadan kaldırılmasını sağlamıştır. Atatürk'ün halifeliği ve saltanatı kaldırması, tekke ve zaviyeleri kapatması ve kılık-kıyafet yenilikleri, hep bu amaca yönelik düzenlemelerdir.

Atatürk'ün, halifeliği ve saltanatı kaldırması tekke ve zaviyeleri kapatıp, kılık-kıyafette yenilik yapması, **İslam dinine aykırı** düzenlemeler değildir.

Atatürk'ün bu yeniliklerinin İslam dinine aykırı olduğunu söyleyenlerin, Atatürk'ün İslama karşı olduğu ve Türk toplumunu İslamdan koparmaya çalıştığı şeklinde bir "genel inanç" uyandırmaya çalıştıkları unutulmamalıdır. "Atatürk düşmanları" bu çarpıtmalarla, Atatürk'ün, İslami duyarlılıkları yüksek olan Türk toplumunca "dışlanacağını" ummaktadırlar.

Bu "Atatürk düşmanlarına" göre Atatürk'ün sözde "İslam dışı" devrimlerinin başında kılık kıyafet düzenlemeleri, daha doğrusu "**şapka devrimi**" gelmektedir!

Osmanlı'da Kılık Kıyafetin Modernizasyonu
II. Mahmut'un Düzenlemeleri

Kılık kıyafetin modernizasyonu Türkiye'nin gündemine Osmanlı Islahatçıları ve aydınlarınca getirilen konulardan biridir.

Islahatçı Osmanlı padişahlarından **II. Mahmut,** Osmanlı Devleti'nin modernleştirilmesi kapsamında, kılık kıyafet konusuna el atan ilk devlet adamıdır. II. Mahmut, **Kaptan Hüsrev Paşa'nın** Kalyoncu askerlerine giydirdiği **Tunus feslerini** beğenerek, halkın da aynı başlığı kullanmasını istemiştir. II. Mahmut 1826 yılında Yeniçeri Ocağını kaldırdıktan sonra onun yerine kurduğu **Asakir-i Mansure-i Muhammediye**'nin fes giymesini zorunlu hale getirmiştir. Aynı zorunluluk, 1829'dan itibaren din adamları ve kadınlar dışındaki tüm Osmanlı vatandaşlarını kapsamıştır.[1087] II. Mahmut'un bu kararı, dönemin uleması tarafından tepkiyle karşılanmıştır. Din adamları, fes giymenin İslama aykırı olduğu şeklinde fetvalar yayınlamakta gecikmemişlerdir. Ulemanın, *"fes giymek şeran caiz değildir"* şeklindeki dedikoduları, sık sık şeyhülislam değişikliklerine ve birçok din adamının cezalandırılmasına neden olmuştur.[1088]

II. Mahmut'un "fes ıslahatının" temel nedeni, Hıristiyanlarla Müslümanlar arasındaki giyiniş ve görünüş farklılığına son vererek bir "Osmanlı milleti" yaratmaktır. Yenilikçi Padişah, herkese fes giydirerek sosyal hayatta Müslüman-Hıristiyan ayrımını ortadan kaldırmayı amaçlamıştır.

Fesi Müslümanlara oranla gayrimüslümler çok daha kolay benimsemişlerdir; çünkü gayrimüslümler fes giyerek, klasik Osmanlı Millet Sistemi'nin bir zorlaması olan Müslümanlardan farklı bir başlık giyme kompleksinden kurtulmuşlardır.[1089]

II. Mahmut'un kılık kıyafet düzenlemeleri, sadece "başlık meselesiyle" sınırlı değildir. II. Mahmut, günümüzün deyimiyle, Türk toplumunun bir "imaj sorunu" olduğunu fark eden ilk Osmanlı padişahıdır. Türk toplumunda zihniyet değişikliği kadar, görünüş değişikliğine de ihtiyaç olduğunu düşünmüştür. Fes dışında, ceket, pantolon, papyon, boyun bağı ve kravat kullanımını da teşvik etmiştir.

"II. Mahmut, kılık kıyafeti Osmanlı devlet teşkilatına yönelik yaptığı köklü değişimin destekleyici bir kuvveti olarak görmüştür." [1090]

1087 Uğur Göktaş, "Fes" **Dünden Bugüne İstanbul Ansiklopedisi**, C. III, İstanbul, 1993, s. 296, 297.
1088 II. Mahmut, fes giyme zorunluluğunu getirirken bazı Müslüman din adamlarından fesin İslami açıdan "caiz" olduğuna ilişkin fetvalar almıştır.
1089 Niyazi Berkes, **Türkiye'de Çağdaşlaşma**, İstanbul, 2003, S. 198.
1090 Cevdet Kırpık, "Osmanlı İmparatorluğu'nda Modernleşme Sancıları, Fes Şapka Çatışması", **Toplumsal Tarih**, Haziran 2007, S. 162, s. 15.

II. Mahmut, daha sonra tıpkı Atatürk'ün yapacağı gibi, görünüş konusunda topluma önce kendisi örnek olmak istemiş; fes ve setre pantolonuyla toplum karşısına çıkmış; modern kıyafetiyle resmini yaptırmıştır. II. Mahmut, geleneksel, sarıklı, cüppeli Osmanlı padişahından çok farklı, çağı yakalamış bir modern hükümdar izlenimi vermiştir.

Dönemin ünlü tarihçilerinden **Lütfi**, 1828 yılında gerçekleştirilen kılık kıyafet yenilikleriyle ilgili bir olayı şöyle anlatmaktadır:

"Padişah, setre pantolonunun halk üzerinde nasıl bir tesir bırakacağını anlamak için saray adamlarından Hüsnü Bey'le, Avni Bey'i yeni kıyafete sokar ve çarşı içine gönderir. Bir ramazan günü meydana gelen bu olayda, halkın bu iki kişiyi 'zamane züppesi' diye parçalamadığı kalmış; padişah, suçu Hüsnü ve Avni Beylere yüklemek için, oruç yediklerini bahane ederek ikisini de sürgüne göndermek zorunda kalmıştı..."

II. Mahmut'un kılık kıyafet yeniliklerini "dine karşı" gören kitleler, Osmanlı Devleti'ni modernize etmeye çalışan, son derece samimi bir aydınlanmacı hükümdarı, "dinsiz" diye suçlamışlardır.

II. Abdülhamit ve Enver Paşa'nın Düzenlemeleri

Sultan II. Abdülhamit ve Enver Paşa da kılık kıyafetin modernizasyonuyla ilgilenmişlerdir.

Sultan Abdülhamit, 1903'te süvari ve topçu alaylarına **kalpak benzeri** başlıklar giydirmiştir. Ulema ve bazı din adamları, bu sefer de fesin din ve iman sembolü olduğunu ileri sürerek, bu yeni başlığa itiraz etmişlerdir.

Osmanlı'da kılık kıyafet ve başlık meselesine en radikal yaklaşanlar **Jön Türkler** olmuştur. **Abdullah Cevdet**, İçtihat dergisindeki yazılarında geleneksel Osmanlı başlıklarını eleştirerek başlık olarak Avrupa'da kullanılan **şapkayı** önermiştir. Hatta Abdullah Cevdet şapka kullanmaya başlamıştır.

Atatürk öncesinde "başlık meselesini" son olarak Birinci Dünya Savaşı yıllarında İttihat Terakki Partisi'nin yenilik çalışmaları kapsamında **Enver Paşa** ele almıştır. Enver Paşa, özellikle sıcak ülkelere giden askerleri düşünerek, askerlerin **"Kabalak"** adı verilen bir başlık giymelerini istemiştir. Kabalak, güneşliği olan, siperli bir başlıktır. Bu başlığın adına **"Enveriye"** diyenler de vardır.

Fes Yerine Ulusal Bir Sembol: Kalpak

İttihat Terakki Partisi, Bosna Hersek'in Avusturyalılar tarafından ilhakından sonra, Avusturya mallarına ve bu malları satan dükkânlara boykot uygulamıştır. Dönemin gazetelerinde hemen her gün, başındaki fesleri çıkarıp üzerinde tepinen Osmanlıların betimlendiği karikatürler yayınlanmaya başlamıştır. Fes boykotunu, **"Boykotaj Cemiyeti"** yönlendirmiştir. Özellikle İstanbul ve İzmir gibi büyük şehirlerde *"fese hayır"* mitingleri düzenlenmiştir. En ilginci, Boykotaj Cemiyeti'nin mitinglerine oldukça fazla katılım olmuştur. Bu boykotların amacı, Batı mallarının aracısı durumundaki gayrimüslim tüccarlara zarar vermek yoluyla küçük Türk tüccarlarına yarar sağlamaktır. Türk halkı, Avusturya'ya yönelik tepkisini, önce Avusturya'dan satın alınan fese yöneltmiştir. O günlerde fese yönelik bu boykot, Türkler arasında "milliyetçiliğin" yayılmaya başladığını göstermektedir.

Avusturya'dan ithal edilen fese ambargo konulması Anadolu'da üretilen "kalpağın" kullanılmaya başlanmasına neden olmuştur. Bu durum, bazı çevrelerin, "fesin" din ve iman sembolü olduğunu ileri sürmesine yol açmıştır.[1091]

Kalpak, Kurtuluş Savaşı yıllarında Türk bağımsızlığının ve Anadolu direnişinin simgesi haline gelmiştir. Nitekim Milli Hareket'i örgütleyen Mustafa Kemal ve arkadaşları fes değil, kalpak kullanmışlardır. Türk ulusal bağımsızlığı için bütün varlığıyla vuruşan Kuvayımilliyecilerin kalpaklı görüntüleri hafızalara kazınmıştır. Böylece Kurtuluş Savaşı yıllarındaki, hilafetçi, saltanatçı milli egemenlikten yana; teslimiyetçi, mandacı-Kuvayımilliyeci, bağımsızlıktan yana şeklindeki karşıtlıklara;

[1091] Ahmad, age. s. 32.

fesli-kalpaklı şeklinde bir karşıtlık daha eklenmiştir. 1919 yılında "fes" hilafetçi-saltanatçı, mandacı zihniyeti simgelerken, "kalpak" Kuvayımilliye'yi, bağımsızlığı ve milli egemenliği simgelemiştir. Kalpak da Kurtuluş Savaşı'nın ardından "sembol olma durumunu" ve "şöhretini" yitirmiştir. Cumhuriyet'le birlikte "fesin" ve "sarığın" karşısına uygarlık sembolü olarak "şapka" çıkmıştır.

Osmanlı'da Şapka Tartışmaları

Osmanlı Devleti'ne şapkanın girişi Batılılaşma hareketlerinin hızlandığı 19. yüzyılda olmuştur. Osmanlı'da önce Avrupa'daki elçilik mensuplarından bazıları "milli başlık" olarak adlandırılan fesi bırakarak şapka giymeye başlamışlardır.[1092] Sonra da Avrupa'ya sıkça gidip gelen **Jön Türk aydınları** ve **İttihatçılar** şapkayla ilgilenmişlerdir. İçeride ise daha çok gayrimüslimler şapka kullanmaya başlamışlardır.

İstanbul'a lüks hayatı getirmesiyle tanınan Mısırlı Halim Paşa'nın yakını **Mehmet Ali Celil Bey**, başında siyah bir şapkayla İstanbul'a gelmiştir.[1093]

Osmanlı Devleti'nde şapkayla ilk ilgilenen padişah II. Mahmut'tur. II. Mahmut, yeni kurduğu Asakir-i Mansure-i Muhammediye Ordusu için başlık arayışına girdiğinde **festen** önce **şapkayı** denemiş; fakat annesinin karşı çıkması nedeniyle bu başlıktan vazgeçmiştir.[1094]

Gayrimüslimler daha önce fes giyerek Müslümanlarla eşit olduklarını göstermişlerdir, bu dönemde ise şapka giyerek onlardan üstün olduklarını göstermek istemişlerdir.

Şapka, Osmanlı'nın Batılılaşmasına paralel sosyal hayatın içine sızmaya başlamıştır. Özellikle Batı etkisine açık Selanik, İstanbul ve İzmir gibi kentlerde şapka daha çabuk benimsenmiştir.

1092 BOA, İrade Dâhiliye, nr, 77308, 3 Şubat 1302/15 Şubat 1887. Nakleden Nureddin Sevin, On Üç Asırlık Türk Kıyafet Tarihine Bir Bakış, Ankara, 1990, s. 17.
1093 BOA, Y. PRK. UM (Yıldız Perakende Evrakı Umum Vilayetler Tahriratı) 14/73, 23 Teşrin-i sani 1310/5, Aralık 1894. Nakleden Sevin, age. s. 17.
1094 Sevin, age. s. 118.

Örneğin 19. yüzyılın sonlarında İzmirli kadınlar, şık giyisilerini en son Paris modası şapkalarla süslemişlerdir.[1095] Osmanlı'da şapkanın daha çok gayrimüslimlerce kullanılması fesin Müslümanlara özgü bir başlıkmış gibi algılanmasına neden olmuştur.[1096] Osmanlı'da şapka, 1908 II. Meşrutiyet'in ilanından sonra daha fazla gündeme gelmiştir. Nitekim 1908'de Selanik'te Meşrutiyet'in ilanını kutlayanlar arasında çok sayıda hasır şapkalı insan vardır. Meşrutiyet kutlamaları sırasında Selanik Hürriyet Meydanı'nda konuşan Enver Paşa'yı dinleyenlerin çoğunluğu da hasır şapkalıdır.[1097] Meşrutiyet yıllarında özellikle çocukların şapka giymeye başladıkları görülmektedir.

Sıkça Avrupa'ya giden İttihatçılar Avrupa'da görüp begendikleri şapkayı kullanmanın yollarını aramışlardır. Nitekim bazı önemli İttihatçılar, yavaş yavaş yurt dışı gezilerinde şapka kullanmaya başlamışlardır. Ancak İttihatçıların şapkalı resimleri büyük tepki çekmiş ve İttihat Terakki muhaliflerinin İttihatçıları, *"Batı taklitçisi, dinsizler"* olarak adlandırmalarına yol açmıştır. Öyle ki şapka, neredeyse İttihat Terakki'nin hükümetten düşmesine neden olmuştur. "Meşrutiyet'e ödünç para aramak için Paris'e giden Maliye Nazırı Cavit Bey'in, her devirde taassup kışkırtıcılığı yapan bir gazetede çıkan şapkalı resmi, İttihat ve Terakki Hükümeti'ni düşürme propagandasında ciddi bir yer tutmuştu..." [1098]

Radikal Batıcı **Kılıçzade Hakkı**'nın hazırladığı İttihatçıların modernleşme programının üçüncü maddesinde Bizans başlığı olarak adlandırılan fesin kaldırılıp yerine eski Türklerin kullandığı başlıklara benzer bir başlığın kabul edilmesi önerilmiştir.[1099]

1095   age. s. 16.
1096   age. s. 16.
1097   Paul Dumont, **İsyancı Günlerin Albümü**, Hazırlayan, Gilles Veinstein, Selanik 1850 - 1918, Çev. Cüneyt Akalın, İstanbul 1999, s. 240, 241; Sevin, age. s. 16.
1098   Atay, age. C. II. s. 394, 395.
1099   M. Şükrü Hanioğlu, "Batılılaşma", **Türkiye Diyanet Vakfı İslam Ansiklopedisi**, C. V, İstanbul, 1992, s. 149 - 151.

Şapka Osmanlı'nın son dönemlerinde Müslümanlar tarafından sınırlı olarak kabul edilmiş, geleneksel yapının devamından yana olan Müslüman Osmanlı halkı şapka giyenleri pek hoş karşılamamıştır. Şapkaya en büyük tepki son dönem Osmanlı padişahlarından II. Abdülhamit'ten gelmiştir. Abdülhamit, 1877 yılının Şubat ayında Avrupa ülkelerinde görevli elçilik mensuplarının şapka giydiklerini öğrenince çok kızmıştır.[1100] Hemen emir vererek şapkayı yasaklamış, tehditler savurmuştur. **Şapka giymeme yasağına** uymayanların tek tek tespit edilerek gazetelerde teşhir edileceklerini ve derhal görevlerine son verileceğini bildirmiştir. Padişah herkesin fes giymesini emretmiştir. Sonraki yıllarda da şapka giyenleri takip ettirmiş, hatta sürgün ve hapis cezalarına çarptırmıştır.[1101]

II. Abdülhamit fesi Osmanlı vatandaşlığının bir simgesi olarak görmüştür. Ayrıca şapkanın "dine aykırı olduğu" şeklindeki yoruma katılmış, şapkanın milli bir başlık olmadığını düşünmüş ve dahası şapkanın yabancılarca alaya alınmasından korkmuştur.[1102]

II. Abdülhamit, şapka giymeyi yasaklamış ve şapka giymekte ısrar eden memurları cezalandırmıştır. Şapka giyme yasağından bir sene sonra üç kişi Divan-ı Harbi Örfi'de yargılanmıştır. Sanıklar, polislikten alınmış ve Yanyalı Hacı, medrese öğrencilerinden Hurşit Bin Mehmet ile Sabri Bey 45 gün hapis cezasıyla cezalandırılmışlardır. Cezaların 25 Temmuz 1911 tarihinde padişah tarafından da onaylanmasıyla karar uygulanmıştır.[1103] Ancak halka daha farklı davranılmış, şapka giyenler ve çocuklarına şapka giydirenler sadece uyarılmakla yetinilmiş, ceza verilmemiştir.

1100 BOA, İrade Dâhiliye, nr, 77308, 3 Şubat 1302/15 Şubat 1887. Nakleden, Sevin, age. s. 14.
1101 Sevin, age. s. 14.
1102 age. s. 19.
1103 BOA, İrade-i Harbiye, nr, 115, Lef, 1, 12 Temmuz 1327/25 Temmuz 1911. Nakleden, Sevin, age. s. 21.

Atatürk Fese Tepki Duymuştur

Atatürk, II. Mahmut döneminde başlık olarak kabul edilmiş olan fese tepkilidir. Onun bu tepkisinin değişik nedenleri vardır. Her şeyden önce o, fesin uygar bir ulusun simgesi olamayacağına inanmaktadır.

19. yüzyılda kullanılmaya başlanan fes Osmanlı'nın Batı karşısındaki yorgun, bitkin ve çaresiz dönemlerini çağrıştıran, alay konusu bir semboldür. Fesli Türklerin Batı karşısındaki ezilmişlikleri, çaresizlikleri Atatürk'ü rahatsız etmiş; fese olan tepkisini arttırmıştır.

Atatürk'ün fese duyduğu tepkinin özünde, yaşadığı bazı olayların da etkisi vardır. Örneğin, 1910'da Picardie manevralarına giderken, başında kırmızı fes bulunan, arkadaşı Binbaşı Selahattin ile Belgrad istasyonunda alay edilmesi, Atatürk'te, ulusal ve dinsel hiçbir önemi olmayan, II. Mahmut döneminde giydirilen fese karşı olumsuz bir tutum yaratmış ve Cumhuriyet döneminde şapka giyilmesinin psikolojik alt yapısını oluşturmuştur.[1104]

Atatürk, bir Osmanlı subayı olduğu dönemlerde yurt dışına gittiğinde şapka ile ilgilenmiştir. Bulgaristan'da ataşemiliterken ve Avusturya Karlsbard'da tedavi görürken şapka giymiştir.

ATATÜRK VE ŞAPKA DEVRİMİ

Atatürk'ün kılık kıyafet ve şapka devrimi, çağdaşlaşma ve laikleşme sürecini tamamlayan adımlar arasında çok özel bir yere sahiptir. Halifeliğin, dinsel kurumların ve dinsel yargının kaldırılması gibi, **laikliğe yönelik faaliyetlerin tamamlayıcısı** kılık kıyafet ve şapka devrimidir. Çünkü kılık kıyafet ve şapka devrimi, dinsel gerekçeleri bahane ederek çağdışı görünmeyi önlemeye yöneliktir.

Kılık kıyafet ve şapka devrimi genç Cumhuriyet'in kader yılı olan 1925 yılında gerçekleştirilmiştir. Devrimlerin yoğunlaştığı bu yıl, devrim karşıtı hareketlerin de arttığı bir yıldır.

[1104] Turan, *Atatürk'ün Düşünce Yapısını Etkileyen Olaylar, Düşünürler, Kitaplar,* s. 4.

Atatürk, şapka devrimini başlatmak için Kastamonu'yu seçmiştir. Kastamonu'ya hareketinden önce Çankaya'da Falih Rıfkı, İsmet Paşa, Şükrü Kaya ve Ruşen Eşref gibi kişilerle son bir toplantı yaparak onların da bu konudaki görüşlerini almıştır. Atatürk'ün Kastamonu'ya hareketinden önce Çankaya'da, şapka konusunda yapılan toplantıyı aktaran Falih Rıfkı Atay, bu toplantıda şapkaya, "*Siper-i Şemsli Serpuş*" (Güneş Siperlikli Başlık) adı verilmesi gibi görüşler ortaya atıldığını belirtmektedir.[1105]

Atatürk, bütün bu ön hazırlıklardan sonra, 24 Ağustos 1925'te Kastamonu'ya hareket etmiştir. **Hasan Rıza Soyak**, Atatürk'ün, daha Kastamonu seyahatinden önce şapka devrimini Ankara'da başlattığını şöyle ifade etmektedir:

"...*Kendisi bir müddetten beri Ankara civarında yumuşak, beyaz bir şapka giymeye başlamıştı, iki ay önce de işareti üzerine, ordu mensupları için viziyerli kasketler kabul edilmişti. Yani esasen, bu yolda ilk adımı (Ankara'da) atmış bulunuyordu... Seyahate de aynı şapka ile çıkmıştı; civardaki köylüler, beş on kilometrede bir büyük kafileler halinde yolun kenarına dizilmişler, aziz kurtarıcılarını pek candan sevgi gösterileriyle alkışlıyorlardı...*" [1106]

Kastamonu'ya başında beyaz şapkasıyla gelen Atatürk, Hükümet Konağı'nda, Belediye Dairesi'nde ve Devlet Kütüphanesi'nde, şapka konusundaki görüşlerini tarihsel delillerle halka açıklamıştır. Kütüphanedeki sohbet sırasında artık **sarığın** sadece görevli din adamlarına ait bir başlık olduğuna değinmiş ve "*yetkisi olmayanlara sarık sardırılmamalı, yetkisi olanlar da görevlerini yaparken sarmalıdırlar*" demiştir. Atatürk, konuşmalarında hem halka şapkayı anlatmış, hem de şapka devriminin Türk toplumunun zihniyetindeki değişimin dışa vurumu olduğunu belirtmiştir. Şapka, düşüncesiyle uygar ve çağdaş olmaya karar veren Türk ulusunun bu kararının somut göstergesi olacaktı. Atatürk, Kastamonu Belediye Binası'nda "kılık kıyafet ve medeniyet" bağıntısını şu sözlerle dile getirmiştir:

1105 Atay, age. C. II, s. 397.
1106 Soyak, age. C. I, s. 260, 261.

"... Biz her bakımdan medeni insan olmalıyız. Çok acılar çektik. Bunun sebebi dünyanın durumunu anlayamamızdandır. Fikrimiz ve zihniyetimizle beraber, kıyafetlerimiz de tepeden tırnağa kadar medeni olmalıdır ve olacaktır. Şunun bunun sözüne ehemmiyet vermeyeceğiz. Medeni olacağız ve bununla iftihar edeceğiz. Bugün Türk ve İslam âlemine bakınız! Zihinlerini ve fikirlerini medeniyetin emrettiği değişikliklere uyduramadıklarından bugün felaketler ve ıstıraplar içindedirler. Bizim de şimdiye kadar geri kalmamız ve en son felaket çamuruna batmamız bundandır. Beş altı sene içinde kendimizi kurtarmış isek, bu zihniyetimizde vaki olan değişikliktendir. Artık duramayız, behemehal ileri gideceğiz. Çünkü mecburuz..." [1107]

Atatürk, genelde kılık kıyafet, özelde şapka devrimini, **Türk toplumunun özellikle son yüzyıldaki ezilmişliğini** üzerinden atması ve Batı'nın aşağıladığı, geri kalmış bir ırk olarak gördüğü bu topluma yeni bir "imaj", yeni bir "vizyon" kazandırmak gibi sosyal ve psikolojik nedenleri de düşünerek gerçekleştirmiştir. Şapka devrimiyle, Türk'ü fesle özdeşleştiren ve her fırsatta, Türk ulusunun kılık kıyafetiyle dalga geçen Avrupa'nın kullandığı başlık ve giysiler kabul edilerek, Avrupa'ya, *"en az sizin kadar medeniyiz"* mesajı verilmek istenmiştir. Kısacası, Atatürk şapka giydirerek toplumun bir taraftan kötü görünümünü, diğer taraftan da dünyadaki kötü "imajını" düzeltmek istemiştir.

Atatürk Kastamonu'dan 27 Ağustos 1925'te İnebolu'ya geçmiştir. Burada Türk Ocağı'nda yaptığı konuşmada kılık kıyafet ve şapka devrimi hakkında şu çarpıcı sözleri söylemiştir:

"...Özetle, uygarım diyen Türkiye'nin gerçekten uygar halkı, baştan aşağı dış görünüşü ile de uygar ve ileri insanlar olduğunu göstermek zorundadır.

Bu son sözlerimi açıklayayım ki bütün memleket ve dünya ne demek istediğimi kolaylıkla anlasın. Bu açıklamayı sizlere bir soru yönelterek yapmak istiyorum. Soruyorum: Bizim kıyafetimiz milli midir? (Hayır sesleri). Bizim kıyafetimiz uygarca

---

1107   age. s. 261.

ve uluslararası nitelikte midir? (Hayır, hayır, kesinlikle hayır sesleri). *Çok değerli bu cevheri çamurla sıvayarak dünyaya göstermenin anlamı var mıdır? Bu çamurda cevher gizlidir, fakat anlamıyorsunuz demek yerinde midir? Cevheri gösterebilmek için üzerindeki çamuru atmak gerekir. Cevherin korunması için bir koruyucu gerekirse onu altından ya da platinden yapmak gerekmez mi? Bu kadar açık gerçek karşısında tereddüt doğru mudur? Bizi tereddüde düşürmek isteyenler varsa onların aptallıklarını anlamakta hâlâ mı tereddüt edeceğiz? Bunun için Turan kıyafetini araştırıp canlandırmanın da yeri yoktur. Uygarca ve uluslararası kılık, bizim için, çok cevherli milletimiz için layık bir kılıktır. Onu giyineceğiz. Ayakta iskarpin ya da fotin, bacakta pantolon, vücutta yelek, gömlek, kıravat, yakalık, ceket ve bunların tabii tamamlayıcısı olarak başta güneşten koruyucu kenarlı başlık. Açık söylemek isterim bu başlığın adına şapka denir.*"

Atatürk, 1 Eylül 1925'te Kastamonu'dan Ankara'ya döndüğünde, Ankara'nın gündemindeki en sıcak konu şapka devrimidir. Şapkayı en kolay benimseyenler, Atatürk'ün yakın çevresinde bulunanlar ve başkentli aydınlar olmuştur. Atatürk, Kastamonu'dan dönüşünde, kendisini karşılayanlardan Yunus Nadi'nin şapkasıyla kendi şapkasını değiştirmiştir. Daha önce şapkaya tepki duyan "Vakit gazetesi" muhabirini, İstiklal Mahkemesine şapkalı geldiği için kovan ve hapsettirmeye kalkışan Afyon Milletvekili Ali Bey de Atatürk'ü karşılayanlar arasında şapkasıyla hazır bulunmuştur.[1108]

Atatürk'ün çevresindeki bazı kişiler şapka konusunda Fevzi (Çakmak) Paşa'nın sorun çıkaracağını düşünmüşlerdir.[1109] Fevzi Paşa'nın şapka giymeyeceği dedikoduları artınca Atatürk Çakmak'ı yaverine izlettirmiştir. Çakmak'ın üniforması üzerine şapkasını giyip mesaiye gittiği bilgisi kendisine ulaştırılınca, "*şapka devrimi başarılı olmuştur efendiler*" demiştir.

1108 Atay, age. C. II, s. 398.
1109 Murat Sertoğlu, "Adnan Çakmak'ın Anlatımıyla Mareşal Çakmak'ın Hatıraları", **Hürriyet gazetesi**, 2 Mayıs 1975.

25 Kasım 1925'te 2431 sayılı kararname ile **halkın kendiliğinden giymeye başladığı** şapkayı milletvekillerinin ve memurların da giymesi zorunlu tutulmuştur.

Şapka devirmi zorla, halka rağmen mi yapıldı? Öteden beri yanıtı en çok merak edilen sorulardan biri budur.

Öncelikle, sadece şapka devrimi değil, Atatürk'ün hiçbir devrimi zorla, halka rağmen yapılmamıştır. Atatürk'ün de birçok defa ifade ettiği gibi *"Türk devrimi Türk ulusunun bilinçli isteğinin bir sonucudur."* Bu bakımdan halka rağmen değil halkla birlikte yapılmıştır. Atatürk, başta alfabe ve şapka devrimleri olmak üzere birçok devrimini bizzat halkın ayağına giderek, halkla birebir temas kurarak halka anlatmıştır. Karşı devrimcilerin iddia ettikleri gibi Atatürk devrimlerinin hiçbiri kitleleri yok sayarak "tepeden inmeci" bir mantıkla yapılmamıştır.

Atatürk şapka devirmini halka anlatmak için çıktığı yurt gezisinde Kastamu'da, İnebolu'da, Bursa'da hep halkla birlikte halkın içinde olmuş, halkla sohbet etmiş, görüş alışverişinde bulunmuş ve halkın dertlerini dinlemiştir.

Gittiği her yerde, örneğin İnebolu'da halkın coşkun sevgi gösterileriyle karşılanmış, başında şapka, şehirde bir gezinti yapmış, halka içli dışlı olmuştur. İnebolulu denizcilerin isteğini kabul ederek bir de deniz gezintisi yapmıştır.

"Ne başında şapka var diye ne de halka şapka giydirecek diye toplumda en küçük bir küsme ya da yadırgama yoktu. Çünkü toplum Mustafa Kemal Paşa'nın ortaya attığı aşama hedefini kabullenip benimsemişti. Karşı çıkmak isteyenler bulunabilirdi. Fakat bu tek tük davranışların önemi olmazdı. Hükümetin güçlü eli o gibileri kolaylıkla sindirir, ezerdi. Çünkü bu aşama artık Mustafa Kemal Paşa'nın kişisel bir isteği olmaktan çıkmış, toplumun hedefi olmuştu. Toplumun benimsediği uygulamaya kalktığı bir devrim aşamasına karşı gelenlerin ne şekilde olursa olsun bastırılıp sindirilmesi kolay ve tabii idi. Bu noktada şu husus açık ve kesin olarak göze çarpmaktadır ki, devrimler zorla, baskı ile şiddetle yaptırılmamıştır. Devrim ve aşama hedefleri önce toplumun vicdanına mal edilmiştir. Toplumun benimsediği

hedeflerin karşısına çıkmak isteyenler zorla, baskı ile şiddetle de olsa yola getirilmişlerdir. Yoksa başları kopararak devrim yapmayı Mustafa Kemal Paşa hiçbir zaman düşünmemiştir." [1110] Bursa'ya gittiğinde ise Bursalılar Atatürk'ü hiçbir zorlama olmadığı halde şapkalı olarak karşılamışlardır. Atatürk, 28 Eylül 1925'te Bursalılara yaptığı konuşmada, *"Bir zamanlar bu milletin başına fes giydirmek için şeyhülislamlar değiştirildi, fetvalar çıkarıldı. Takdire değer ki, bugün milletimiz böyle duygusuz, anlamsız, mantıksız araçların hiçbirini gerekli görmüyor. Bizim aracılığımız milletten aldığımız ilhamdan başka bir şey değildir ve olamaz. Samimiyetle söylemek isterim ki, hep birlikte izlediğimiz yol doğrudur. Bu yol bizi mutluluğa götürecektir. Tereddüde yer yoktur. İzlediğimiz yol demek içimizden herhangi birinin çizdiği herhangi bir yol değildir. Bütün düşüncelerin bir araya gelmesiyle doğan sonucun çizdiği ana yol demektir. Onun için doğrudur, isabetlidir"* demiştir.

Şapka giyilmesi hakkındaki kanun teklifinde, *"Aslında hiçbir öneme sahip olmayan başlık sorunu, çağdaş, uygar uluslar ailesi içine girmeye kararlı Türkiye için özel bir değere sahiptir. Şimdiye kadar Türkler ile öteki çağdaş uygar uluslar arasında bir marka niteliğinde sayılan şimdiki başlığın (fesin) değiştirilmesi ve yerine çağdaş, uygar ulusların tümünün ortak başlığı olan şapkanın giyilmesi gereği belirmiş ve ulusumuz bu çağdaş ve uygar başlığı giymek suretiyle herkese örnek olduğundan bağlı kanunun kabulünü teklif ederiz"* denilmiştir.

Kanun metninin birinci maddesinde, *"**Türkiye Büyük Millet Meclisi üyeleri ile bütün memurların, Türk milletinin giydiği şapkayı giymek zorunda oldukları**"* belirtilmiştir.

Görüldüğü gibi **şapka kanunu** halk için teklif edilmemiştir; çünkü halk böyle bir kanuna ihtiyaç olmadan şapka giymeye başlamıştır. Teklifteki kanun zorunluluğu "mebuslar ile memurlar" içindir. **Tarihçi Mahmut Goloğlu** bu durumu, *"Demek ki, genel olarak toplumun kılığındaki değişiklik devrimi kanun zoru ile olmamış,*

1110 Goloğlu, Devrimler ve Tepkileri, s. 159.

şapka giyimi, bu gereğin milli vicdana mal edilmesiyle başlamıştı. *Kanun zoru koyma ihtiyacı halka göre aydın olmaları gereken mebuslar ile memurlar için duyulmuştu"* diye yorumlamaktadır.[1111]

Genelde Atatürk devrimlerinin özelde de şapka devriminin zorla, baskıyla, şiddetle gerçekleştirilmediğinin en açık kanıtlarından biri o günlerde Meclis'te şapka devrimine karşı bir önerge verilmiş olmasıdır.

Bursa Mebusu **Sakallı Nurettin Paşa**, şapka kanunun, anayasanın *"hiç kimse hiçbir fedakârlığa zorlanamaz"* maddesiyle çeliştiğini, özgürlükleri kısıtladığını ve cumhuriyete aykırı olduğunu iddia ederek şapka kanununa karşı bir önerge vermiştir.

Nurettin Paşa'nın bu önergesi Meclis'te uzun uzadıya tartışıldıktan sonra reddedilmiştir.

Adalet Bakanı Mahmut Esat Bey'in Meclis kürsüsünden Nurettin Paşa'ya verdiği yanıt oldukça anlamlıdır:

"Nurettin Paşa'nın kuşkusu Anayasa'ya aykırılık yönündense kendilerini temin ederim ki yersizdir. Kuşku bir yana sevinmeye sebep vardır. Teklifin anayasaya aykırı tarafı neresidir? Türk'ün özgürlüğünden söz ettiler... Özgür ve uygar ulusların kılığını almak özgürsüzlük müdür? Türk milletini esirliğe götürmek midir? Özgürlük sonsuz ve sınırsız bir şey midir? Her özgürlüğün kanunlarla, nizamlarla belli bir sınırı vardır. Onun sınırları Türk milletinin yüksek menfaatleridir. Türk'ün ve Türkiye'nin yüksek menfaatleri neyi gerektiriyorsa o yapılır ve en uygun davranış o olur. Tersi de anarşiyi anlatır. Özgürlük, şunun bunun elinde oyuncak olmaktan başka bir sonuç doğurmaz. Özgürlüğün nasibi gericiliğin elinde oyuncak olmak demek değildir... Mesela Japon Mebuslar Meclisi'ne silindir şapka ile girmek kanunla zorunludur."

TBMM'deki bu tartışma, *"Atatürk devrimi baskıcıdır, cebre ve şiddete dayanır"* diyenleri yalanlayacak niteliktedir.

Başka hangi devrimde devrim kanunlarına karşı önerge verme özgürlüğü vardır?

[1111] age. s. 167.

Mahmut Esat Bey, "*şapka dine aykırıdır*" diyenlere ve şapka devrimini gereksiz bulanlara şu anlamlı sözlerle yanıt vermiştir:

"*Gerçi fes giymek bir mesele değildir. Fakat mesele bir kutsallık veren, onu çıkarıp atmayı mukaddesata hakaret sayan zihniyettir. Şapka giymek işte böyle sakat bir zihniyeti yerlere, çamurlara çalmak için gerekliydi ve gereklidir. Bu zihniyet kaldıkça her çeşit hotontolar faşizmi olan bu anlayış devam edip gittikçe hiçbir şey yapılamazdı. Şapka giymekle, ilerlemelere mani olan bu kara engel söküldü, yıkıldı, yerin dibine geçirildi. Büyük yürüyüş yolları açıldı.*

Atatürk bir kere bu husustaki fikrimi sormuşlardı. O sırada Musul aleyhimizde sonuçlandığı için, rahmetli hayli sıkıntılı idi.

Şu cevabı vermek cesaretinde bulundum:

Şapka giymek, bir millet hesabına bir Musul fethinden üstündür!

Atatürk hafifçe gülümsedi ve başlarını birkaç kez eğerek beni taltif ettiler." [1112]

Atatürk'ün dediği gibi "*mesele başlık değil baş meselesidir.*"

Şapkaya Dinsel Muhalefet

Şapkaya tepkiler yine "din örtüsü" altında gelmiştir. Yenilik karşıtları, din bezirgânları, gülünç denebilecek iddialar ileri sürerek; sözde İslam savunuculuğuna soyunarak şapkayı Atatürk'ün, dolayısıyla genç Cumhuriyet'in "dinsizliğini" belgeleyen en önemli delil olarak ileri sürmüşlerdir. Bu anlamsız tepkiler, Takrir-i Sükûn Yasası kapsamında kurulan İstiklal Mahkemelerince bastırılmıştır.

Şapka devrimi, Atatürk devrimlerine muhalif kitlelerin sembolü haline gelmiştir. Atatürk'ü ve devrimlerini benimsemeyenler, geleneksel yapının bütün bozulmuşluğuna rağmen devamından yana olanlar, sözde din adamları ve gerici çevreler, hep şapkayı dillerine dolamışlar; şapkayı Batılılaşmanın, dolayısıyla Hıristiyan kültürünün simgesi olarak değerlendirmişler; şapka giymeyi

---

1112 Mahmut Esat Bozkurt, **Atatürk İhtilali**, İstanbul, 1995, s. 118, 119.

de İslamdan çıkmak, Hıristiyanlaşmak, hatta dinsizleşmek olarak yorumlamışlardır.

Atatürk şapka devrimiyle Türk toplumuna "çağdaş olanı göstermek" ve iddiaların aksine, başa giyilen şeyin, dinle herhangi bir ilgisi olmadığı gerçeğini anlatmak istemiştir. *"Şapka giydirdim. Anlasınlar ki insan, kisve ile din değiştirilmez ve dini herhangi bir kisveye alet etmez. Kısa bir zamanda bunu anlayacaklardır. Din ile kisvenin farkının ne olduğunu idrak edeceklerdir. Ben bu hesapları bir gardırop mevzuu üzerinde duracak kadar basit görmüş veyahut üzerinde durarak onu inkılap kabul etmiş bir insan değilim. Şapka giydikten sonra bu iş ayrı, o iş ayrı diyecekler. Anlayacaklar ki, şapka giymekle kimse dinini değiştirmez..."* [1113]

Atatürk, *"din ve şapka arasında bir bağlantı yoktur"* dese de devrim karşıtları onun gibi düşünmemişlerdir. Karşı devrimciler kısa sürede şapkayı, Atatürk düşmanlığının en basit ve en güçlü figürü haline getirmişlerdir. Artık, halkı devrimlere karşı örgütleyip ayaklandırmanın en temel sloganı, *"şapka geldi, din elden gidiyor"* yaygarasıdır. Devrim karşıtları, sözde din adamları şapkayı dillerine dolamışlardır. *"Kara öfke"*, Atatürk'ü ve modernleşmekte olan Türkiye'yi şapkayla tanımlarken; şapka takmamayı ve şapka karşıtlığını da Atatürk devrimlerinin benimsenmediğini göstermek için kullanmıştır.

Şapkaya ilk dinsel tepki Erzurum'dan gelmiştir. **Gâvur İmam** ve **Hoca Osman** adlı iki mürtecinin başını çektiği bazı kimseler çarşının bir bölümünü kapatarak valinin evinin önüne gitmiş ve *"gâvur memur istemiyoruz"* diye bağırmaya başlamışlardır. Bu öfkeli kalabalığı hükümet kuvvet kullanarak dağıtmıştır. Önce bazı ilçelerde daha sonra da Erzurum'un tamamında sıkıyönetim ilan edilmiştir (24 Kasım 1925).[1114] Yapılan yargılamalar sonunda 33 kişi mahkûm olmuştur.

14 Kasım'da Sivas'ta bazı şapka karşıtları duvarlara, hükümete hakaret içeren bir beyanname yapıştırmışlardır. Yapılan in-

---

1113 Mahmut Baler, **Atatürk'ten Anılar**, Milliyet, 9 Kasım 1970, s. 7.
1114 Goloğlu, age. s. 174.

celeme sonunda bu olaya adı karışan 32 kişi tutuklanmış 2 kişi de sürgün edilmiştir.[1115]

22 Kasım'da da Kayseri'de **Nakşibendi** olduğunu söyleyen Ahmet Hamdi adlı biri şapka kışkırtıcılığı yapmış, ancak herhangi bir olay çıkaramadan yakalanarak mahkemeye sevk edilmiştir.

25 Kasım'da Rize'de küçük bir olay yaşanmıştır. İki hocanın elebaşlığında *"hükümetin dinsizliğe gitmesini önleme"* adı altında bir hareket başlatılmak istenmiş ancak İstiklal Mahkemesi bu olaya da el koymuştur.[1116]

26 Kasım'da ise Maraş'ta **İbrahim Hoca** adlı biri camide başına topladığı bazı kimselerle hükümet aleyhine gösteri yapmak istemiş, fakat yakalanarak İstiklal Mahkemesi'ne sevk edilmiştir.

4 Aralık'ta da Giresun'da **Muharrem Hoca** adlı biri, cemaati, şapka kanunu çıkaran hükümete karşı ayaklandırmak istemiş ancak o da diğerleri gibi aradığı desteği bulamamış ve yakalanarak mahkemeye sevk edilmiştir.[1117]

İşte, bazı Atatürk düşmanlarınca toplumda "travma yarattığı" söylenen şapka devrimine yönelik tepkiler yukarıda da gösterildiği gibi son derece sınırlı, tek tük birkaç bireysel hareketten ibarettir. Şapka karşıtlarının genellikle "hoca" sıfatını taşıyan din istismarcıları olduğu dikkat çekmektedir.

Ancak sağduyulu Türk insanı bu hoca kılıklı din istismarcılarına pirim vermemiştir. Halk, şapkayı Türkiye Cumhuriyeti Hükümeti'nin dinsizliğinin kanıtı olarak gösteren gericilere yüz vermemiştir. Halkın bu tür gerici olayları nefretle karşıladığı, Türkiye'nin dört bir yanından Ankara'ya gelen telgraflardan anlaşılmaktadır. Örneğin Erzurum Belediye Başkanı Nafiz, Müftü Sadık, Ticaret Odası Vekili Salim, Halk Partisi Başkanı Ahmet Rıza ve daha birçok Erzurumlunun ortaklaşa imzalayıp gönderdiği telgrafta şöyle denilmektedir:

"Ayaklanmaya, kışkırtmaya, gericiliğe karşı nasıl bir nefre-

1115 age. s. 174.
1116 age. s. 175.
1117 age. s. 175.

ti olduğunu ve nasıl tez elden yok edilmesini bir borç saydığını, önceki olaylarda canına minnet bildiği hizmeti ile ispatlamış olan Erzurum'un temiz halkı bu üzücü olaydan ve kendisine yapılan iftiradan ötürü üzüntülerini bildirir ve sebep olanlara lanet eder. Memleketimize sürülmesi muhtemel olan lekenin, sebep olanların çok ağır bir şekilde ve asıl tertipçilerle, kışkırtıcıların adalet sehpasında çırpınmaları suretiyle silinmesini Erzurumluların en yürekten istekleri olarak arz ederiz." [1118]

Burada şunu da belirtmek gerekir ki şapka karşıtı hareketlerde mahkûm olanlar, şapka giymedikleri için cezalandırılmamışlardır. Bunlar, şapka giyilmesini protesto ettikleri, şapka giymenin dinsizlik olduğu propagandası yaptıkları ve halkı Türkiye Cumhuriyeti Hükümeti'ne karşı kışkırttıkları için cezalandırılmışlardır.[1119]

İskilipli Atıf Hoca Efsanesi

Şapka, çok hızlı bir şekilde genç Cumhuriyet'in simgesi haline getirilmiş, kısa zamanda adeta bir "kült" halini almıştır. Şapka takanlar "dinsiz", şapkaya direnenler ise dini bütün "Müslüman", "mücahit" olarak adlandırılmaya başlanmıştır. Kısa zamanda şapka devrimi efsaneleri yaratılmıştır: Şapka takmadığı için insanların öldürüldüğü yalanı söylenmiştir.

En bilinen şapka devrimi efsanesi, İskilipli Atıf Hoca Efsanesi'dir.

İskilipli Atıf Hoca, "*Frenk Mukallitliği ve Şapka*" (Batı Taklitçiliği ve Şapka) adlı 32 sayfalık bir risale (küçük kitap) yazmış ve şapka devriminin henüz yasallaşmadığı; fakat konuşulduğu 1924 yılında yayımlamıştır.

Atıf Hoca özetle, şapka giymenin dine aykırı olduğunu iddia etmiştir.

Atıf Hoca kitapçığın giriş bölümünde, "taklit" olayını anlattıktan sonra, "taklidin" **şeriata uymadığını** ileri sürmüş ve Hz.

1118 age. s. 175.
1119 age. s. 176.

Muhammed'den başkasının "taklit" edilemeyeceğini belirterek *"Resul-ü zişan (şanlı) Efendimiz'den başka hiçbir kimseyi taklit caiz değildir"* demiştir. Atıf Hoca'ya göre şapka takmak *"küfürdür."* Şapka din ve milliyet göstergesidir. Dolayısıyla şapka takmak Müslümanı dinden çıkarır! Atıf Hoca'ya göre **Müslümanlar dinlerine, kalpleriyle ve dilleriyle olduğu kadar, feslerinin sarığı ve püskülü ile de bağlı olmalıdırlar.** Bu bağı bozmak, düpedüz *"dinsizliktir, küfürdür."* [1120]

Atatürk, İskilipli Atıf Hoca'ya, 27 Ağustos 1925'te İnebolu Türk Ocağı'nda yaptığı konuşmayla yanıt vermiştir:

"Buna caiz değil diyenler vardır. Onlara diyelim ki, çok bilgisizsiniz, dünyadan habersizsiniz. Ve onlara sormak isterim: Yunan başlığı olan fesi giymek caiz olur da, şapkayı giymek neden olmaz? Yine onlara ve bütün millete hatırlatmak isterim ki, Bizans papazlarının ve Yahudi hahamlarının özel kılığı olan cübbeyi ne vakit, ne için ve nasıl giydiler?"

Bu sözleriyle, bir bakıma Atıf Hoca gibileri uyaran Atatürk, Türk ulusuna da bu insanlardan "korkmayınız" diyerek cesaret vermiştir:

"Kesin bir gerçek olarak söylüyorum: Korkmayınız, bu gidiş zorunludur ve zorunluluk bizi yüksek ve önemli bir sonuca ulaştırıyor. İsterseniz bildireyim ki, bu kadar yüksek ve önemli bir sonuca ulaşabilmek için, gerekirse bazı kurbanlar da verelim. Bunun önemi yoktur. Önemli olarak şunu hatırlatırım ki, bu durumun korunmasında körü körüne bir inanış ve direniş hepimizi her an kurbanlık koyun olmak gidişinden kurtaramaz.

Ve sizce de bilinen bir gerçektir ki, uygarlığın coşkun seli karşısında dayanmak boşunadır. O dünyadan habersizler ve gidişe uymayanlar hakkında çok amansızdır. Dağları delen, göklerde kanat çırpan, göze görünmeyen tozlardan yıldızlara kadar her şeyi gören aydınlatan, inceleyen uygarlığın gücü ve yüksekliği karşısında Ortaçağ zihniyetiyle, ilkel uydurma söylentilerle ilerlemeye çalışan insanlar yok olmaya ya da hiç olmazsa alçalıp

---

1120 Mustafa Baydar, "Şapka Konusunda Atıf Hoca-Süleyman Nazif Çatışması", **Türk Dili**, S. 230.

tutsak olmaya mahkûmdurlar. Oysaki Türkiye Cumhuriyeti halkı yenilikten ve ilerlemeden yana bir toplum olarak dünyanın sonuna kadar yaşamaya karar vermiş, tutsaklık zincirlerini ise, tarihte eşi görülmemiş kahramanlıkları ile parça parça etmiştir."

Görüldüğü gibi Atatürk, kılık kıyafet ve şapka devrimini "uygarlaşmanın" bir gereği olarak görmekte ve bu konudaki kararlılığını *"gerekirse bazı kurbanlar da verelim"* diyerek dile getirmektedir.

İskilipli Atıf Hoca'nın şapkaya karşı sözüm ona bu "entelektüel direnişi" ve bu direnişin ardından yargılanıp mahkûm edilmesi, Atatürk karşıtlarının, *"şapkaya direndiği için mahkûm edilen adam"* efsanesi yaratmalarına yol açmıştır.

Ancak burada bir "yobaz yalanından" daha söz etmek istiyorum. Cumhuriyet düşmanları, İstiklal Mahkemesi'nin Atıf Hoca'yı, daha şapka kanunu çıkmadan önce şapka aleyhine yazdığı yazılardan dolayı suçladığını iddia etmişlerdir. Ancak bu iddia doğru değildir: Atıf Hoca, "şapka kanunu" çıktıktan sonra piyasaya kitap çıkarmak ve satmakla, kitapta devrim karşıtlığı, kışkırtıcılık yapmakla suçlanmıştır.[1121] Atıf Hoca'ya yönelik en ciddi suçlama ise Kurtuluş Savaşı sırasında "vatan hainliği" yaptığı yönündedir.

Ayrıca **Atıf Hoca** da "sütten çıkmış ak kaşık değildir." Meşrutiyet'ten beri, tüm yeniliklerin ve devrimlerin karşısında olmuştur. Çıkardığı *"Beyanü'l Hak"* adlı gazete çok "gerici" bir yayın organıdır. Dahası, Mahmut Şevket Paşa'nın katlinden dolayı Sinop'a sürülmüştür. Çok daha önemlisi Atıf Hoca, Kuvayımilliye'ye karşı bildiriler hazırlayan **Teali-i İslam Cemiyeti**'nin yönetim kurulu başkanıdır.[1122] Bu cemiyetin yayınladığı ve Atatürk'ü asi (eşkıya) ilan eden bildirilerden birinin altında Atıf Hoca'nın da imzası vardır. Yani bir kesimin "mazlum", "mağdur" göstermek istediği Atıf Hoca, hiç de mazlum değildir. Kurtuluş Savaşı sırasında gerçek din adamları canla başla kurtuluş için mücadele ederken o, bu kutsal mücadelenin kaşısında yer almıştır.

1121 Özel, age. s. 136.
1122 age. s. 137.

Atıf Hoca şapka takmadığı için değil, devrim karşıtlığı, kışkırtıcılık yaptığı ve Kurtuluş Savaşı sırasındaki "hainliğinden" dolayı idam edilmiştir. Atıf Hoca'nın şapka devrimini bahane ederek Atatürk'e ve devrimlere saldıranların ilham kaynağı olması gecikmemiştir. Din bezirgânları ve gerici çevreler, Atatürk'ü İslam karşıtı göstermek istediklerinde söze, *"Atıf Hocalar nasıl katledildi?"* diye başlamayı âdet haline getirmişlerdir. Atıf Hoca, zamanla adeta çoğalmıştır. Atatürk karşıtı gerici çevreler, şapka giymediği için istiklal Mahkemelerinde yargılanan ve idam edilen binlerce Atıf Hoca'dan bahsetmeye başlamışlardır! Oysaki daha önce de belirttiğimiz gibi **şapka giymediği için asılan, idam edilen tek bir kişi bile yoktur.**

Şapka devrimi ve Atıf Hoca efsanesi trajikkomik boyutlara ulaşmış; cumhuriyetin kuruluşunun üzerinden 85 yıl geçmiş olmasına rağmen, o günkü gerici zihniyetin artçı şokları, bugün bile hayali Atıf Hoca masallarıyla genç beyinleri, *"İslam dini savunuculuğu"* adı altında Atatürk düşmanı ve rejim karşıtı olarak yetiştirmeye devam etmektedirler. Türkiye, artık bu gibi mantık yoksunu kişilerin dörtnala at koşturduğu bir arena olmaktan kurtarılmalıdır. Bu da ancak Atatürk'ün ve Atatürk düşüncesinin Türk toplumuna bütün yönleriyle ve doğru bir şekilde anlatılmasıyla mümkün olacaktır.

Kılık Kıyafet Devrimine Üç Farklı Bakış: Atatürk, Andre Gide ve Orhan Pamuk

Atatürk'ün kılık kıyafet devriminin nedenleri arasında, Batı'nın Türk'e yönelik olumsuz ve aşağılayıcı bakışını değiştirme kaygısı ön plandadır.

Batılılar, öteden beri Türklerin "ilkel ve geri" bir topluluk olduğunu iddia ederken, Türklerin kılık kıyafetlerinin bozukluğunu bu iddialarına delil olarak göstermişlerdir. Bu durum, özellikle Batılı entelektüeller arasında yaygın bir tutumdur.

1947'te 78 yaşında Nobel Edebiyat Ödülü alan **Andre Gide**, 1914'de Balkan Savaşlarından sonra Türkiye'yi ziyaret etmiş ve yayınladığı güncesinde Türkiye ile ilgili alaycı ve öfkeli notlara yer vermiştir. Gide, *"Anadolu'nun medeniyetten uzak bir coğrafya olduğunu ve Türklerin geri bir ırk olduğunu"* tasvir etmeye çalışırken, sözü döndürüp dolaştırıp Türklerin kılık kıyafetlerine getirmiştir.

Andre Gide, Türklerin kılık kıyafetleriyle ilgili şu değerlendirmeyi yapmıştır:

"... Türklerin kıyafeti aklınıza gelebilecek en çirkin kıyafet ve doğrusunu söylemek gerekirse bu ırk da bu elbiseyi hak ediyor."

Gide, Türklerin geri ve ilkel bir ırk olduğunu, Türklerin kıyafetleriyle ilişkilendiren Batılı aydınlardan sadece biridir.

Gide'nin Türkleri aşağılayıcı seyahat notlarının yayınlanmasından bir yıl sonra, bu sefer **Atatürk**, 1925 yılında Kastamonu'da halka seslenerek, geleneksel Türk kılık kıyafetinin dünyayı Türklere güldürdüğünü şöyle ifade etmiştir:

"... Mesela, karşımda kalabalığın içinde bir zat görüyorum (eliyle işaret ederek). Başında fes, fesin üstünde bir yeşil sarık, sırtında bir mintan, onun üstünde benim sırtımdaki gibi bir ceket... daha alt tarafını göremiyorum. Şimdi bu kıyafet nedir? Medeni bir insan bu alelacayip kıyafete girip dünyayı kendine güldürür mü?"

Andre Gide, kıyafeti medeni olmanın ölçülerinden biri olarak görüp Türklerin kötü kıyafetlerinin aynı zamanda Türklerin kötü medeniyetlerinin de bir göstergesi olduğunu ileri sürerek Türklerle dalga geçerken; Atatürk de kıyafeti medeniyet ölçülerinden biri olarak görmekte ve bir bakıma Gide'nin, *"Türklerin kıyafeti çok çirkin"* değerlendirmesine katılmaktadır. Bir gerçekçi olan Atatürk'ün bu değerlendirmeye katılması doğaldır. Çünku onun amacı her şeyiyle medeni bir ulus yaratmaktır. Bunu da ancak "yanlışları" ve "eksikleri" kabul ederek, yanlışları düzeltip eksikleri de tamamlayarak gerçekleştirebileceğinin bilincindedir. Ancak **Gide**, Türklerin çirkin kıyafetlerinin Türklere uygun olduğunu ifade edip, bir bakıma Türklerle dalga geçerken; **Atatürk** Türklerin kıyafetlerinin ilkel ve gülünç olduğunu kabul etmekle birlikte; bu kıyafetin asla Türk ulusuna yakışan bir kıyafet olmadığını ifade etmektedir. En önemlisi Atatürk, çağdaşlaşma yolunda önemli adımlar atan Türk ulusunun bu çağdaşlaşma kararını, kılık kıyafet de dâhil olmak üzere her şeyiyle tüm dünyaya göstermesi gerektiğine inanmaktadır.

Bu inancını, *"Medeniyim diyen Türkiye Cumhuriyeti halkı, aile hayatıyla, yaşayış tarzıyla medeni olduğunu göstermek zorundadır. Tabirimi mazur görünüz, altı kaval, üstü şişhane diye ifade olunabilecek bir kıyafet, ne millidir ne beynelmileldir"* diyerek ifade etmiştir.

Nobel Ödüllü yazar **Orhan Pamuk**, Türklerin kıyafetlerinin çirkinliği konusunda aynı fikri paylaşan Gide ve Atatürk'ün temel farkını şöyle açıklamaktadır:

"Gide ve Atatürk bu yüzyılın ilk yıllarında Türklerin giydiği kıyafetlerin çirkinliği, bunun Avrupa medeniyeti dışında olmanın kötü bir sonucu olduğu konusunda aynı düşüncededirler. Gide, 'Doğrusunu söylemek gerekirse bu ırk da bu elbiseyi hak ediyor' diye yazarak, millet, kıyafet ilişkisini özetler. Aynı noktada Atatürk ise, bu kıyafetin milleti yanlış temsil ettiğini belirtecektir." [1123]

Atatürk, geleneksel Osmanlı kıyafetlerinin Türk milletini yanlış tanıttığına ilişkin fikirlerini, yine şapkayı tanıtmak için çıktığı Anadolu gezisinde dile getirmiştir.

"Çok kıymetli bir cevheri çamurla sıvayarak, enzar-ı âleme göstermekte mana var mıdır? Ve bu çamurun içinde cevher gizlidir; fakat anlamıyorsunuz demek musib (isabetli) midir? Cevheri gösterebilmek için çamuru atmak elzemdir (gereklidir), katiidir... Medeni ve beynelmilel kıyafet, bizim için çok cevherli, milletimiz için layık bir kıyafettir."

Atatürk'ün bu sözlerini yorumlayan **Orhan Pamuk**, Atatürk'ün de bütün Batılaşmacıların karşı karşıya olduğu **"utançla yüzleştiğini"** belirtmektedir.[1124]

1123 Orhan Pamuk "Avrupalılaşmak ve Kıyafetimiz, Gide, Tanpınar ve Atatürk", **Radikal İki**, 5 Aralık 1999.
1124 age. aynı yer.

Atatürk, geleneksel kıyafetleri, Türk ulusunun ruhuna aykırı, Türk ulusunun özelliklerini gizleyen bir "çamur" olarak görmektedir. Batılıların, bilinçli ya da bilinçsiz olarak Türk ulusuna uygun gördükleri bu eski geleneksel kıyafetleri, o Türk ulusunu oluşturan kültürün bir parçası olarak değil; Türk ulusuna adeta çamur gibi bulaşmış bir leke olarak değerlendirmektedir. İşte Atatürk, bu lekeyi temizlemek, medeni Türk ulusuna yakışmayan bu kıyafeti çıkarttırarak yenisini giydirmek için kılık kıyafet devrimi gibi zor bir işi cesaretle gerçekleştirmiştir.

Atatürk, bu konuda topluma örnek olabilmek için hep medeni ve son derece şık kıyafetler giymiştir. O, çağının en şık liderlerinden biridir. Atatürk'ün özenle giyinmesi, kılık kıyafetine verdiği önem, kişisel bir tatminden çok toplumsal bir amaç taşımaktadır. O, Türk ulusunun tüm dünya tarafından izlenen lideri ve Türk ulusunun en önemli temsilcisidir. Bu bakımdan, tüm dünyaya vermesi gereken bir mesaj vardır. Daha da önemlisi Türk ulusunun görünüşüyle "dalga geçen" Avrupa'ya vermesi gereken bir ders vardır. Atatürk, şık ve medeni kıyafetleriyle Avrupa'ya, *"Türk olusu da en az sizin kadar medenidir; düşüncesiyle olduğu kadar, giyinişiyle de görünüşüyle de en az sizin kadar çağdaştır"* demek istemiştir.

ATATÜRK, TÜRK KADINI VE İSLAM DİNİ

Atatürk modernleşmesinde kadın konusunun çok özel bir yeri vardır. Toplumsal yapıda kadınların ikinci plandan kurtarılması kapsamında yapılanlar, Atatürk modernleşmesinin adeta vitrinini süsleyecek derecede etkileyicidir. Atatürk'e göre modernleştirilecek Türk kadını, Türk ulusun aydınlık yüzü olacaktı.

Türk kadını, asırlardır ihmal edilmiştir. Eğitiminden görüşüne, sosyal hayattaki yerinden, aile içi ilişkilere kadar düzeltilmesi gereken birçok sorun birikmiştir. Atatürk, kadın konusuyla ilgili bu sorunları daha öğrencilik yıllarında görmüş ve Türk kadının durumunun iyileştirilmesinin bir zorunluluk olduğuna inanmaya başlamıştır.

Osmanlı toplumunda kadın, bütün yükü omuzlarında taşımasına rağmen her anlamda erkeğini birkaç adım arkadan takip etmiş, onuruyla ve iffetiyle yaşamasına rağmen, ezik, boynu bükük, başı önde, suçlu gibi davranmak zorunda bırakılmıştır. İşte Atatürk, Müslüman Türk kadınının bu ezilmişliğine, bu dışlanmışlığına ve bu tutsaklığına isyan etmişir. Genç Mustafa Kemal, bir gün eline fırsat geçerse Türk kadınını bu bataklıktan kurtarmayı kafasına koymuştur.

Atatürk, kadın konusuyla ilgilenmeye başladığında Türk kadınının toplumsal hayattan dışlanmasının temelinde, İslam dininin kadınlarla ilgili hükümlerinin yanlış yorumu ve yüzlerce yıllık eskimiş gelenekler olduğunu görmüştür. Hemen her konuda olduğu gibi din, bu sefer de Türk kadınını esir etmek için alet olarak kullanılmıştır. Eskimiş gelenekleri dinsel hüküm zannedenler, din adına hareket ettikleri iddiasıyla kadınların üzerinde istedikleri gibi baskı kurmayı gereklilik, zorunluluk ve dahası bir hak olarak görmüşlerdir. Bu bağlamda düşünüldüğünde, Atatürk'ün kadının statüsünü değiştirip, kadını toplumda ön plana çıkarabilmesi, dönemin koşullardan dolayı, ancak kadın konusunu din konusuyla birlikte ele almasıyla mümkün olabilirdi. Bu bakımdan, kadın konusuna çözüm üretmeden önce yapılması gereken, **İslam dini ve kadın birlikteliğinin** yeniden yorumlanması ve kadının çağdaşlaştırmasının İslam dinine aykırı olmadığı gerçeğinin, topluma anlatılmasıydı.

Atatürk devrimlerinin en hassas olanları kadınlarla ilgili düzenlemelerdir. Atatürk devrimlerine karşı tetikte bekleyen geleneksel ve dinsel tepki, kadın söz konusu olunca daha da artabilirdi. Bunun bilincinde olan Atatürk, özellikle "din gereği" olarak düşünülen "örtünme" gibi konulara yaklaşırken oldukça dikkatli, stratejik ve yumuşak davranmıştır. Israrla, İslami hükümlerin kadına bakışını ortaya koyarak, tarih boyu bu konuda yapılan yorumların ve uygulamaların aslında İslamın ruhuyla çeliştiği tezini savunmuştur. Bu şekilde, hem İslami duyarlılığı göz ardı etmediğini, hem de kadınları modernleştirmeye kararlı olduğunu göstermiştir.

OSMANLI MODERNLEŞMESİNDE KADIN

Kadın konusu, Atatürk'ten önce Osmanlı aydınlarınca, "çözüm bekleyen sorunlar" arasına alınmıştır. Osmanlı'da kadın konusuna reformcu gözüyle ilk kez Tanzimat Dönemi'nde yaklaşılmıştır. Daha sonra ise Jön Türklerden, İttihat ve Terakki'ye kadar, kadın konusuyla ciddi olarak ilgilenen ve bu konuda bazı adımlar atan toplumsal ve siyasal teşkilatlar vardır.

Osmanlı kadın hareketinde, kadın hakları için mücadele eden **"feminist"** kadınlar da vardır. İleride örneklendirileceği gibi, bu aydın Osmanlı kadınları, özellikle Meşrutiyet'ten sonra çıkan **kadın dergilerinde** yazdıkları yazılarla Osmanlı kadınını bilinçlendirmeye çalışacaklardır.

1908 Devrimi Osmanlı toplumuna pek çok konuda özgürlükler getirmiştir. Kadınlar da bu özgürlük ortamından nasibini almıştır. Toplum içinde yüzlerce yıldır peçe ardına saklanmış, sosyal yaşamda edilgen durumda bulunan, haklarının gasp edilmesine tepki gösteremeyen ya da göstermeyen Osmanlı kadınları Meşrutiyet'in kendilerine verdiği hakları kullanmaya başlamışlardır. Artık miting meydanlarında, gazete sayfalarında onlar da vardır. Yeni okulların açılması, kızların okutulması, kadınların rahatça kendilerini ifade imkânı bulmaları, Osmanlı'nın değişim sürecine girdiğinin de en açık göstergesidir.

İttihat ve Terakki Cemiyeti'nin 1895'te hazırladığı ilk nizamnamesinde, kadınların da cemiyete üye yazılabilecekleri, erkeklerle aynı haklara sahip ve aynı görevlerle yükümlü olacakları belirtilmiştir. Hükümet, kadınlar konusunda bir dizi önlem almıştır; fakat bir de madalyonun öteki yüzü vardır. Aynı dönemlerde bir kadın, kardeşi, kocası, babası dahi olsa, sokakta bir erkekle dolaşamamaktadır. Böyle bir toplumda kadınların ihtilalci bir örgüte erkeklerle eşit olarak üye olmalarını öngörmek, İttihat ve Terakki Cemiyeti'nin ne denli ilerlemeci bir ideolojiye sahip olduğunu göstermektedir.[1125]

İttihatçılar özel hayatlarında da kadına önem vermişlerdir. Pek çok İttihatçının hanımı iyi eğitim görmüş, Batı kültürünü ta-

---

1125 Sina Akşin, **Ana Çizgileriyle Türkiye'nin Yakın Tarihi**, C. I, s. 56.

nıyan, bilgili, görgülü kişilerdir. İttihatçıların eşleri, "modernlik simgelerine" uyma konusunda titiz davranmışlardır. İttihatçılardan Dr. Nazım'ın eşi Berna Hanım ve Talat Paşa'nın eşi Hayriye Hanım **Notre-Dame de Sion'da**, "Batılı kadın" gibi olmayı öğrenmişlerdir. Bu nedenle de "**Alafranga muaşeret kaidelerini**" uygulama konusunda hiç de güçlük çekmememişlerdir.

Osmanlı Basınında Kadın

Meşrutiyet yıllarında kadın hareketlerinde adeta bir patlama olmuştur. Meşrutiyet'le birlikte canlanan basın hayatı, kadınların da seslerini duyurmalarını sağlamıştır. Yayınlanan kitap, dergi ve gazetelerde Osmanlı kadınının yaşadığı zorluklar ve uğradığı haksızlıklar, yavaş yavaş dile getirilmeye başlanmıştır. Kadın konusuyla ilgili yazıların yer aldığı belli başlı birkaç dergi şunlardır:
"*Müdafaa-i Hukuk-i Nisvan Cemiyeti*" tarafından çıkarılan "*Kadınlar Dünyası*", "*İnsaniyet*", "*Mehasin*", "*Demet ve Kadın...*" [1126]

O günlerde bu dergilerde yazı yazan ve kadın haklarını savunan **kadın yazarlara** rastlamak mümkündür. Dönemin aydın ve girişimci Osmanlı kadınları, sadece kadın dergilerinde kadın sorunlarıyla ilgili yazılar yazmakla kalmamış, edebiyatla da yakından ilgilenmişlerdir. Örneğin, o günlerde **Nezihe Muhittin** adlı bir kadın yazar, "**Şebab-ı Tebah**" adlı romanını 1909 yılında bitirdiğinde henüz 20 yaşındadır. **Nezihe Muhittin**, 20 yaşında başlayıp ölene kadar yazdığı romanlarında ve değişik yazılarında hep kadın erkek eşitliğini savunmuştur. Ona göre kadın ve erkek aynı haklara sahip farklı kutuplardır ve kutuplardan biri fena halde ezilmektedir. Nezihe Muhittin, 1931 yılında dönemin Osmanlı kadınının sıkıntılarını ve yaşamını anlatan bir de "**Türk Kadını**" adlı kitap yazmıştır.[1127] Muhittin kitabında kadınların birey olarak hak ve isteklerini, yeni ulus devletin refahına ve toplumsal yaşama bağlı kılan, bilimsel temellere otur-

---

1126 Şemseddin Sami, **Kadınlar**, hazırlayan, İsmail Doğan, Ankara, 1996, s. 6.
1127 Nezihe Muhittin ve "Türk Kadını" adlı kitabı hakkında bir inceleme için bkz. Ayşegül Başkan-Belma Ötüş, **Nezihe Muhittin ve Türk Kadını 1931**, İletişim Yayınları, İstanbul, 1999.

tulmuş, pozitivist bir reforma duyulan "pürüzsüz bir inancı" yansıtmaktadır.[1128] Nezihe Muhittin, Osmanlı Devleti'ndeki ilk "feminist" kadınlardan biridir.[1129]

"Muhittin'in feminist ideolojisinin kimi yönleri, örneğin pozitivist felsefeye olan inancı, bugün artık eskimiş de olsa, feminist düşünceye ve Türk kadınlarının tarihine yaptığı katkılar çok büyüktür." [1130]

Osmanlı'da, özellikle Meşrutiyet'ten sonra kadın hakları konusuyla ilgilenen çok sayıda aydın vardır. Baha Tevfik'in Fransız yazar Odette Lacquerre'den çevirdiği ve *"İslamiyet ve Feminizm"* adlı bir girişle yayınladığı *"Feminizm"* adlı kitap, Meşrutiyet sonrasında Osmanlı Devleti'nde kadın konusuna duyulan ilgiyi ortaya koyan örneklerden sadece biridir.[1131]

Aslında, Osmanlı Devleti'nde, kadın konusundaki ilk modernist girişimler Meşrutiyet öncesine dayanmaktadır. Daha önce de belirttiğimiz gibi kadın hakları konusu, 1839 Tanzimat Fermanı'nın ilanıyla Osmanlı'nın gündemine girmiştir. İlk kez bu dönemde, toplumun geri kalmışlığıyla kadınlar arasında bir paralellik kurulmuştur. Osmanlı aydınlarına göre artık kadınların "terakki ve tealileri" (ilerleme ve yükselmeleri) sağlanmalıdır. Toplumun temeli aile, ailenin temeli de çocuğun ilk terbiyesinden sorumlu olan annesi olduğuna göre kadın ilerlemedikçe toplumun ilerlemesi mümkün olmayacaktır.

Bu ortam içinde ve daha sonra **Namık Kemal**, *"İbret" ve Tasvir-i Efkâr"* gazetelerinde kadın haklarını savunan makaleler yazmış; **Ahmet Mithat** ise, çok kadınla evlenmeyi eleştirmiştir. **Tevfik Fikret**, *"elbet sefil olursa kadın alçalır beşer"* diyerek kadın haklarına vurgu yapmıştır. **Abdülhak Hamit** de *"bir devletin kadınları, o milletin ilerleme derecesinin ölçüsüdür"* diye yazmıştır. **Hüseyin Rahmi (Gürpınar)**, eserlerinde kadın erkek eşitliğini savunmuştur.

1128 age. s. 11.
1129 Dilek Şener Yücetin, "Gizli Kalmış Efsane Nezihe Muhittin", **Bugün**, 8 Mart 2002, s. II.
1130 Baykan-Ötüş, age. s. 11.
1131 Sami, age. s. 6.

II. Meşrutiyet'ten sonraki özgürlük ortamında kadınların bilinçlenmesini amaçlayan ya da güncel konularda kadınları bilgilendiren **pek çok dergi, gazete ve kitap çıkmaya başlamıştır.**

Kadınların durumu ve bu konuda yapılacak iyileştirmeler, sayısız roman, piyes, şiir ve sosyolojik yazılara konu olmuştur.[1132] **Halide Edip** (Adıvar), II. Meşrutiyet'in özgürlük ortamından yararlanarak **Teali-i Nisvan (Kadınların Yükselmesi) Derneği**'ni kurmuş ve Tanin gazetesindeki yazılarında, bütün kız çocukların eğitilmesi gerektiğinden, kadın-erkek eşitsizliğinin zararlı sonuçlarından bahsetmiş ve toplumda, horlanan, dışlanan kadının sorunlarını ustalıkla işlemiştir. Dönemin önde gelen aydınlarından **Ziya Gökalp** ise kadın konusundaki görüşlerini daha çok şiirlerinde etkileyici bir şekilde dile getirmiş ve kadının modernizasyonu konusunda öğretici yazılar kaleme almıştır.[1133]

Tanzimat sonrasında çıkmaya başlayan, Meşrutiyet'ten sonra da sayıları her geçen gün artan **kadın dergilerindeki** yazılarla, doğrudan ya da dolaylı olarak geleneksel toplum yapısı sorgulanmıştır. Kadın dergilerinde kalem oynatanlar, değişimin ilk şartının kız çocuklarının eğitilmesi olduğunu belirtmişlerdir.

Osmanlı kadın dergileri içinde radikal fikirlerin savunulduğu *"Terakki-i Muhadderat"* (Müslüman kadınların ilerlemesi) birçok bakımdan diğerlerinden farklıdır. Terakki-i Muhadderat'ta, kadın erkek ilişkileri, evlilik ve eğitim sorunları oldukça radikal değerlendirmelerle incelenmiştir. Toplumu, Avrupa, Amerika ve Rusya'da gelişen kadın hareketlerinden haberdar eden de yine bu dergidir; ilk yayın tarihi 1869'dur. Ayrıca 1875'te Selanik'te yayınlanan ve çocuklara da hitap eden *"Ayine"* İstanbul'da *"Vakit"* ve *"Mürebbie-i Muhadderat"* adlı dergiler de kadınların sorunları ve kadın hakları üzerine yazılarla doluduzr.[1134]

1132 Emel Doğramacı, "Dünyada Kadın Haklarının Öncüsü Atatürk", **İÜ, İnkılap Tarihi Enstitüsü Yıllığı**, İstanbul, C. I, s. 216.
1133 Turhan Feyzioğlu, "Atatürk ve Fikir Hayatı", **Atatürk İlkeleri ve İnkılâp Tarihi II**, Ankara, 1986, s. 212, 213.
1134 Zehra Toska, "Osmanlı'da Çok Sayıda Feminist Yayın Yapıldı" **Hürriyet Osmanlı**, 18 Ekim 1999, s. 10.

Osmanlı kadın dergileri içinde *"Kadınlar Dünyası"* adlı derginin yazı kadrosu tamamen kadınlardan oluşmaktadır. Derginin sahibi **Ulviye Mevlan** adlı bir kadındır. Dergide, daha çok kadın haklarına yer verilmektedir; *"feminist"* sözü de ilk kez bu dergide geçmiştir. En ilginci, bu dergide kadınların da **seçme ve seçilme hakkına kavuşturulmaları gerektiğine** ilişkin yazılar çıkmıştır. Derginin sahibi Ulviye Mevlan, bir yazısında *"pek yakında bir tarihte hanımları mebus göreceğiz"* demiştir. 19 Şubat 1921'de aynı dergide Nimet Cemil de feminizm savunuculuğu yapmıştır.[1135]

Kadınlar Dünyası olur da Erkekler Dünyası olmaz mı? 19 Aralık 1914'te Osmanlı Müdafaa-i Hukuk-i Nisvan Cemiyeti'nin üyeleri **Erkekler Dünyası** adlı bir dergi çıkarmışlardır. Erkekler Dünyası'nın yazı işleri müdürü, Kadınlar Dünyası'nı çıkaran Ulviye Mevlan Hanım'ın eşi Mevlanzade Rıfat Bey'dir. Dergi kadın erkek eşitliğine ve kadın haklarına geniş yer ayırmıştır. Derginin kapak resminde başı açık, modern giysileri içindeki Müslüman Türk kadını, gömlekli, yelekli, pantolonlu ve kravatlı modern Müslüman Türk erkeği ile birlikte yan yana görüntülenmiştir.[1136]

Meşrutiyet'in en ateşli kadın hakları savunucularından olan **Nezihe Muhittin, kadınların seçme ve seçilme gibi siyasi haklar kazanabilmesi için büyük mücadele vermiştir.** Özellikle, 1920'li yılların başında çıkardığı dergilerde yazdığı yazılarda hep bu konu üzerinde durmuş, hatta bir ara kadın partisi kurma teşebbüsünde bile bulunmuştur.[1137] Başta Nezihe Muhittin olmak üzere, onun gibi düşünen aydın Osmanlı kadınlarının verdikleri mücadele 1930'lu yıllarda karşılık bulmuştur. 1930 ve 1934 yıllarında Atatürk'ün kadınlara seçme ve seçilme hakkını vermesi ve **TBMM'ye 18 kadın milletvekilinin girmesi**, şüphesiz en çok Nezihe Muhittin ve onun gibi düşünen kadınları mutlu etmiştir.

1135 Yücetin, age. s. 11.
1136 M. Feyza Bağlan, "Osmanlı Müdafaa-i Hukuk-ı Nisvan Cemiyeti'nin Erkekler Dünyası", **Tarih ve Toplum**, Ekim 2003, S. 238, s. 46 - 51.
1137 Toska, age. s. 10 - 13.

Osmanlı Devleti'nde birçok konuda olduğu gibi kadın konusunda da II. Meşrutiyet bir dönüm noktası olmuştur. Kadın dergileri artık **Batılı hayat tarzını** benimsetmede yönlendirici bir güç halini almıştır. Artık dergilerin kapakları değişmiş; **kapaklarda kadın fotoğrafları ve kadın çizimleri yayınlanmaya başlanmıştır.** 1908'den sonra çıkan dergiler içinde *"Kadınlar Dünyası"* (1913), Osmanlı Müdafaa-i Hukuk-ı Nisvan Cemiyeti üyelerinin Avrupai tarz kıyafetle çekilmiş fotoğraflarını yayınlamıştır. Bu fotoğraflar, aynı zamanda yayınlanan ilk Müslüman kadın resimleridir.[1138]

"Kapak açısından, Osmanlı kadın kimliğini yansıtan ilk kadın dergisi 'İnci' ise, 1919'da çıktı. Sıkma başının kenarlarından çıkan saçları, açık boynunda görünen incileri ve makyajıyla, yeni Osmanlı kadın tipi, önce çizimleri, sonra da fotoğraflarıyla bu dergide Batılı kadının yerini almaya başladı. Cumhuriyetle beraber çıkan 'Süs' de aynı çizgideydi." [1139]

19. yüzyıl sonlarında, **kızlar için açılan okullardan mezun olan** genç Müslüman Türk kızları, yavaş yavaş Osmanlı kadınının geleneksel görünümünü değiştirmeye başlamıştır. Özellikle kız öğretmen okulu olan **Darü'l Muallimat'tan** mezun olarak öğretmenlik yapmaya başlayan yeni bir kuşak ortaya çıkmıştır. *"Şukufezar"* (1886), bu yeni kuşağın, okula giden kadının dergisidir. İmtiyaz sahibi **Arife Hanım**, Maarif Nazırı Münif Paşa'nın kızıdır ve yazı kadrosu kadınlardan oluşan ilk kadın dergisi de budur.[1140]

Osmanlı Devleti'nde 19. yüzyılda, kadın artık tabu olmaktan, kendi kabuğunda yaşamaya zorlanmaktan kurtulmak için mücadele etmektedir. En azından, Osmanlı toplumunun belirli bir kesimi, Müslüman Türk kadınının uzun asırlardır ihmal edildiğini bir şekilde görmüş ve bu konu üzerine kafa yormaya başlamıştır. Basının kadına bakışındaki değişim bu durumun işaretidir.

1138 age. s. 10 - 13.
1139 age. s. 10 - 13.
1140 age. s. 10 - 13.

19. yüzyılın önemli yazarlarından, Türk dili ve edebiyatına katkılarıyla tanınan **Şemseddin Sami** (1850-1904), 1879 yılında *'Kadınlar'* adlı bir risale (küçük kitap) yayınlamıştır. Sami'nin bu risalesi, kadın konusundaki tartışmalara yeni bir boyut kazandırmıştır. Şemseddin Sami bu risalesinde, Avrupa ve Amerika kadınının özgür durumuna değinerek benzer özgürlükleri Müslüman Türk kadını için de öngörmüştür. Sami'ye göre Müslümanların ilerlemesinin ilk şartı kadınların durumlarının düzeltilmesidir. Ona göre Müslüman Türk kadını Batılı kadınları örnek alırken dikkatli olmalı ve Batı kadınının *'bozuk ahlaka neden olan'* yönlerinden uzak durmalıdır.[1141] Sami, şöyle demiştir:

"Müslüman kadınların şimdiki hallerinin ilerleme ve uygarlaşmaya ve özellikle insan topluluğunun terbiye ve güzel ahlakına engel olduğu gibi, Avrupa kadınlarını durumu da lüzum ve ihtiyaca göre olmayıp, bozuk ahlaka neden olduğundan, Müslüman kadınların durumlarının ıslahı için Avrupa'daki usul ve âdetleri taklit etmek lazım gelmeyip İslam dininin emir ve müsaadeleri içerisinde kadınların haklarının onaylanması ve görevlerinin hakkıyla belirlenmesiyle esaretten kurtulmakla beraber, kukla haline geçirilmeyip bilimin icab ettiği bir hal ve vaziyette bulunmaları gerekir." [1142]

Şemseddin Sami'ye göre, Müslüman Türk kadınının temel sorunu eğitimdir. Öncelikle, kadınlar eğitilmelidir.

"Bir millet, kadınlarını eğitmedikçe ilerleyemez ve kadınların güzel ahlakına dikkat etmedikçe, milletleri harabeden sefahat ve kötü ahlaktan kurtulamayıp beka bulamaz.

Bundan dolayı, ilerleme ve uygarlıkta durumlarını ıslah etmek isteyen milletler en önce kadınların eğitiminden başlamalı, kadınların haklarını onaylamalı ve görevlerini belirlemelidirler. Hakları gasb olunan kadın, mağdur bir esir halinde olup, görevlerini de yerine getiremez; görevlerini yerine getiremeyen kadın ise, mensup bulunduğu cemiyete büyük bir hıyanet etmiş,

---

1141 Sami, age. s. 86.
1142 age. s. 86, 87.

(mensubu olduğu cemiyetin) mahvolmasına ve harab olmasına çalışmış olur." [1143] Meşrutiyet'ten sonra aydın Osmanlı kadınları tarafından çok sayıda cemiyet kurulmuştur. Bu cemiyetler şunlardır: **Müdafaa-i Hukuk-ı Nisvan Cemiyeti, Malümatı Dâhiliye İstihlaki Kadınlar Cemiyet-i Hayriyesi, Teali-i Nisvan Cemiyeti, Teali-i Vatan Osmanlı Hanımlar Cemiyeti, Terakki İnas Cemiyeti, Osmanlı Kadınları Terakkiperver Cemiyeti, Teavüni Osmaniye Cemiyeti, Makriköy Himaye-i Etfal Osmanlı Hanımlar Cemiyeti.**[1144] Bu kadın cemiyetleri, kadın hakları konusunda aktif birtakım girişimlerde bulunmuşlardır. Örneğin, Bedra Osman adlı bir kadın İstanbul Telefon Şirketi'nde memur olarak çalışmak istemiş, dileği geri çevrilince, *"Kadınlar Dünyası"* adlı dergide yoğun bir kampanya başlatılmış, bunun üzerine Bedra Osman başta olmak üzere memur olmak için başvuran kadınların tümü telefon şirketinde işe başlamışlardır. Yine, dernek üyelerinden Belkıs, uçağa binmek için yetkililere başvurmuş ve arzusu yerine getirilerek uçağa binen ilk Türk kadını unvanını almıştır.[1145]

Osmanlı Kadınının İş Hayatına Girişi

Atatürk devriminden önce kadınların hayatındaki en somut değişiklikler Birinci Dünya Savaşı yıllarında meydana gelmiştir. Kadınlar, bu zorlu savaş yıllarında iş hayatına girmiştir. Fabrikalarda, sokakta, tarlada, kadın ister istemez çalışmak durumundadır. İttihat ve Terakki'nin de olumlu çabalarıyla, ordunun koruması altında, **Kadınları Çalıştırma Cemiyeti** kurulmuştur. Cemiyet, ordu için üniformalar, çamaşır, kum torbaları dikmiştir. Cemiyet atölyelerinde 6–7 bin kadın, günde 10 kuruş yevmiyeyle ve yemek karşılığında çalışmışlardır. Bu dönemde, zaman zaman 7–8 bin kadın da evlerinde cemiyet için çalışmışlardır. Bu arada daha da ileri gidilerek I. Ordu'da bir **kadın taburu** kurulmuştur.

1143 age. s. 87.
1144 Ali Birinci, Hürriyet ve İtilaf Fırkası, II. Meşrutiyet Devrinde İttihat ve Terakki'ye Karşı Çıkanlar, İstanbul, 1990, s. 24 - 27.
1145 Kaynar-Sakaoğlu, age. s. 71.

Bunlar askerlerle eşit koşullarda çalışmaya başlamışlardır. Yalnız evli olanlara haftanın birkaç akşamını evlerinde geçirebilme kolaylığı sağlanmıştır. Cemiyet, 1917'nin sonunda ilginç bir karar alarak bekâr işçilerin evlenmesini zorunlu yapmış ve bunların münasip kocalar bulabilmeleri için sistem getirmiştir. Kadınlar bu yıllarda, başta Darülfünun olmak üzere, birçok okula girmişlerdir.

İstanbul gibi büyük şehirlerde **çarşaf ve peçe** kullanımı devam etmesine karşılık, bilhassa kırsal kadınları başta olmak üzere, kadınlar çoğu kez sokağa **peçesiz** çıkmaya başlamıştır. Birinci Dünya Savaşı Osmanlı'yı olumsuz etkilerken, kadınların kabuklarını çatlatmalarına neden olmuştur. Bir süre sonra **Darülbedayi sahnelerinde** ilk Müslüman kadın tiyatro oyuncularının rol aldıkları oyunlar sahnelenecektir.[1146]

Osmanlı Kadınının Değişim Kronolojisi

Görüldüğü gibi Atatürk, kadın konusunda Osmanlı'dan az da olsa bir miras devralmıştır. Osmanlı'nın son yüzyılında kadın konusunda atılan adımlar, Atatürk'ün, kadın konusuna yaklaşırken sıfırdan başlamasını engellemekle birlikte, üzerinde durduğu kaygan zemini pek de sağlamlaştırmamıştır.

Atatürk'e kadar Türk kadınının **haklar ve kazanımlar** anlamında neler elde ettiğini sıraladığımızda, Atatürk'ün kadın konusunda Osmanlı'dan devraldığı "mirası" daha iyi görüp konu üzerinde daha sağlıklı yorumlar yapabiliriz:
1. 1845'te kadının kırsal kesim dışında modern şehir yaşamı içinde çalışması için ilk adımlar atılmıştır.
2. 1863'te kız öğretmen okulu açılmıştır.
3. 1869'da kız sanayi mektebi açılmıştır.
4. 1869'da basında ilk özel kadın eki yayımlanmıştır.
5. 1874'te basında kadın resmi içeren ilk karikatürler çıkmıştır.
6. 1877-78 Osmanlı-Rus Savaşı nedeniyle kadınlar göçmenlere fiili yardım yapmıştır.

1146 Akşin, age. C. I, s. 128.

7. 1880'lerde kadın yazarlar ortaya çıkmaya başlamıştır.
8. 1890'larda kız çocukların eğitilmesi için Babıâli Yemen'de bile faaliyete geçmiştir.
9. 1889'da Sultan Abdülmecit, Alman İmparatoriçesine kolunu vererek sarayda gezdirmiştir. 1898'de de Mehmet Reşat, Bulgar Kraliçesini aynı şekilde ağırlamıştır.
10. 1900'de Servet-i Funun'da Sanayi-i Nefise adı altında ilk açık kadın resimleri yayınlanmıştır.
11. 1904'te P. Loti'nin haremlerle ilgili romanlarına Türk kadını tepki göstermiştir.
12. 1908'de Meşrutiyet'in ilanı dolayısıyla sokak gösterileri sırasında bir kadın ilk kez **peçesiz** nutuk vermiştir,
13. İttihat ve Terakki Partisi kadın kolu kurma girişiminde bulunmuştur.
14. Meşrutiyet yıllarında çok sayıda kadın dergisi ve derneği kurulmuştur.
15. İttihat ve Terakki Fırkası kadın sorununu, milli bir iktisat ve kültür sorunu olarak kabul etmiş ve bu konuda çalışmalar yapmıştır.
16. 1913'te Türk kadını ilk kez uçağa binmiştir.
17. Hilaliahmer'in ebelik hemşirelik okulları açılmıştır.
18. Birinci Dünya Savaşı sırasında geçim sıkıntısı dolayısıyla pek çok kadın aile geçindirmek için çalışmaya başlamıştır.
19. Birinci Dünya Savaşı sırasında İttihat ve Terakki Partisi kadınlara bazı sosyal haklar tanımıştır.
20. 1918'de Kadınları Koruma Derneği gazete ilanıyla dul kadın ve erkekleri evlendirme girişiminde bulunmuştur.[1147]
21. 1919'da İzmir'in işgaliyle başlayan Kurtuluş Savaşı sürecinde, Halide Edip başta olmak üzere, birçok Türk kadını aktif rol oynamıştır. Kurtuluş Savaşı'nda, Türk kadını erkeğiyle omuz omuza bağımsızlık mücadelesi vermiştir.

***

1147 Orhan Koloğlu, **Cumhuriyetin İlk On Beş Yılı**, İstanbul, 1999, s. 328, 329.

Osmanlı Devleti'nin son dönemlerinde kadın hakları konusunda bazı çalışmalar yapılmasına rağmen, bu konuda istenilen başarı sağlanamamıştır. Yukarıdaki haklar ve kazanımlar çok sınırlı bir çevreyi etkilemiştir. Anadolu kadını, feodal ilişkiler ağı içinde, gelenek ve din baskısı altında yaşamaya devam etmiştir. 19. yüzyılda hazırlanan **Osmanlı Medeni Kanunu** "*Mecelle*", kadın hakları konusunda oldukça yetersizdir. Dahası Mecellede bile şer'i hükümlerden kaynaklanan kadın hakları kısıtlamaları devam etmektedir.

Yüzlerce yıllık katı gelenekler, Osmanlı'da bütün çabalara rağmen kadının öne çıkmasını, sosyal siyasal ve kişisel haklar bakımından erkekle eşit olmasını engellemiştir.

Kadın konusuyla ilgilenen Osmanlı reformcularının önündeki en büyük engel, "**dine aykırı olma**" korkusudur. Osmanlı reformcularının böyle bir korku taşımaları doğaldır; çünkü Osmanlı toplumunda her konuda olduğu gibi kadın konusundaki yenilik çabalarının karşısına dikilenlerin de itirazları hep aynı noktada düğümlenmiştir: **din**...

ATATÜRK, KADIN KONUSUNU DİNLE BİRLİKTE ELE ALMIŞTIR

Atatürk daha çok genç yaşlarında kadın haklarıyla ilgilenmeye başlamıştır. Kadın haklarının gelişmeye başladığı Batı'ya açık Balkan coğrafyasında doğup büyümesi, ataşemiliter olarak Bulgaristan Sofya'da geçirdiği günler ve tedavi için gittiği Avusturya Karlsbad'da gördükleri, onun ileride kadın konusunda yapacağı devrimlerin altyapısını hazırlamıştır. Atatürk'ün kafasında giyinişiyle, görünüşüyle davranışıyla ve yaşayışıyla uygar Türk kadını portresi ilk olarak bu yıllarda şekillenmeye başlamıştır. Nitekim Karlsbad günlerine ait notlarında Türk kadınının içinde bulunduğu sorunları ve çözüm yollarını sıralamış, kadın konusunda tartışmalara girmiş ve bu konuda ileride yapacaklarına yer vermiştir. Tarih ise henüz 1916'dır.

Atatürk, kadınların durumunu düzeltmeye kararlıdır; fakat bu konudaki Osmanlı deneyimi, ona kadın konusuyla ilgilenirken çok dikkatli olması gerektiğini gösterecek kadar açıktır. Osmanlı reformcularının düştüğü yanılgılara düşmemek zorundadır. O, Osmanlı reformistlerinin bir bölümünün aksine, kadının modernizasyonu ile din arasında bir tercih yapmamıştır. Özellikle kadının modernleşmesini dini karşısına alarak gerçekleştirmemeye özen göstermiştir. Yaptığı konuşmalarda, İslam dininin özündeki Müslüman kadının, modern hayatın tüm gereklerini yerine getirebileceğini vurgulamıştır. Atatürk'ün bu tavrı, İttihat Terakki'nin kadın konusundaki yaklaşımına benzemektedir.

Atatürk gerçek İslamın kadınların haklarını kısıtlamadığı düşüncesindedir. Hz. Muhammed'in kadın haklarına önem verdiği ve çok kadınla evliliği ortadan kaldırmaya çalıştığı inancındadır. Bu nedenledir ki Leon Caetani'nin "İslam Tarihi" adlı eserinin 6. cildini okurken, *"Peygamber'in en çok ısrar etmek istediği noktalardan biri çok kadınla evliliğin son izlerinin de ortadan kalkması idi"* cümlesinin başına iki adet "X" işareti koymuş ve bu satırların altını boydan boya çizmiştir.[1148]

Atatürk devrimleri içinde, yalnızca kadın konusundaki düzenlemeler yasal zorunluluklara tabi tutulmamıştır. Bu konuda toplumun eğitilmesine ve bilinçlendirilmesine önem verilmekle yetinilmiştir.

Bizzat Atatürk, örnek bir evlilik yaparak Türk toplumuna çağdaş ve Müslüman Türk kadınının nasıl olması gerektiğini (giyinişiyle, davranışıyla çağdaş; erkeğiyle, omuz omuza, yan yana) göstermek ve topluma model olmak istemiştir. Eşi **Latife Hanım'ı** yurt gezilerinde yanına alarak, toplumun ifrat ve tefritten uzak, bu sade ve modern görünüşlü Müslüman Türk kadınını örnek almasını amaçlamıştır. Ayrıca Ankara'da her yıl düzenli olarak yapılan kadınlı erkekli Cumhuriyet balolarıyla, topluma, **Türk kadınının da en az Batılı hemcinsleri kadar medeni hayatın icaplarını yerine getirme yeteneğine sahip olduğunu göstermek istemiştir.** Atatürk, 1925'te İzmir'de verilen ilk Türk balosunda

---

1148 Atatürk'ün Okuduğu Kitaplar, C. 4, s. 247.

İzmir vali yardımcısının kızıyla dans ederek bu konuda da halka örnek olmuştur.

Atatürk, konuşmalarında da hep Türk kadınlarının özverisinden, üstün yeteneklerinden, çağdaş değerleri benimseme arzusundan ve toplumun kalkındırılmasına erkeğiyle birlikte katkı sağlaması gerektiğinden söz etmiştir.

Siyasal ve toplumsal yapıda kadınların öne çıkmalarını imkânsızlaştıran engelleri ortadan kaldırması, Atatürk'ün Türk kadınına en büyük hizmetidir. Bu amaçla, 1926 yılında **Medeni Kanun** kabul edilerek, kadınların evlenme, boşanma miras gibi konularda hak sahibi olmaları sağlanmıştır. Kadının güvencesi olan resmi nikâh zorunluluğu ve nikâhta yaş sınırı getirilmiştir. Boşanma kanunlaştırılmıştır. Aynı işte eşit ücretle çalışma ilkesi kabul edilmiştir. Böylece sözde dinsel gerekçelerle kadının ikinci plana itilmesine, dışlanmasına son verilmiştir. 1930'lu yıllarda kadınlara seçme ve seçilme hakkı verilmiş ve kadınların siyasal yaşamda da etkin olmaları amaçlanmıştır. Atatürk'ün Türk kadınlarına seçme ve seçilme hakkı tanıdığı tarihlerde, "medeni Avrupa'nın" birçok ülkesinde henüz kadınların seçme ve seçilme hakkı yoktur. Atatürk 1934 yılında TBMM'de yaptığı konuşmada kadınlara seçme ve seçilme hakkının verilmesini bir "lütuf" olarak değerlendirilmemesi gerektiğini belirterek, *"...Belki erkeklerimiz memleketi istila edenlere karşı süngüleriyle göğüslerini germekle düşman karşısında hazır bulundular. Fakat erkeklerimizin teşkil ettiği ordunun hayat kaynaklarını kadınlarımız işletmiştir"* demiştir.

Bu düzenlemeler, kısa süre sonra, Türk kadınının yüzlerce yıldır "bastırılmış" potansiyelinin ortaya çıkmasını sağlamıştır. Türk kadını, adeta Atatürk'ü haklı çıkarırcasına hemen her alanda başarılar kazanmakta gecikmemiştir.

Fatih Rıfkı Atay, Atatürk'ün kadınlarla ilgili yenilikleri hakkında şu değerlendirmeyi yapmaktadır:

"Mustafa Kemal büyük bir realisttir. Köy kadınlarını zorlamamıştı, inkılaplarında tekâmüle (gelişmeye) bıraktığı tek şey belki de budur. Köyde çok evliliğe dahi göz yummuştuk.

Köy kadınlarının kurtuluşu, iktisat ve terbiye şartlarının tamamlanmasına bağlı kalmıştır. Tarlada çalışan nihayet hür olur. Nihayet, bütün haklarını alabilir..." [1149]

Atay, Atatürk'ün özgürleştirdiği kadınların, bu yeni ve çağdaş görünümlerinden hiç de memnun olmayan din istismarcılarının bulunduğunu, "... *Mecliste bir hoca mebus, sık sık kürsüye gelir, Florya'da denize giren kadınlardan bahseder dururdu...*" diyerek örneklendirmiştir.[1150]

Atatürk, kadınların toplumsal hayatta daha çok görülmelerini istemiştir. Asırlardır eve ve çağdışı giysilere hapsedilen Müslüman Türk kadınının ancak toplumsal hayatın bir parçası olarak asırların tortusundan ve ezikliğinden kurtulacağını, kendine olan güvenini yeniden kazanacağını düşünmüştür. Bunun için davetler tertiplemiş, balolar düzenlemiş, kadın teşkilatlarının kurulmasını tavsiye etmiştir.

"*Kadın hürriyeti ile Ankara bozkırının katı ve sert yüzü güldü. Ağır yerleşen ecnebi elçilikler, şehir hayatının gelişmesine yardım ettiler. Davetlerde kadın sayısı gittikçe arttı. Hanımlar bu tür toplantıların yeni şartlarına kolaylıkla alışıyorlardı. Büyük zorlukları yabancı dil meselesi idi...*" [1151]

Atatürk devrimleriyle Türk kadını yavaş yavaş kendini çepeçevre saran maddi ve manevi tabulardan kurtulmuştur. Kadın özgürlüğünün izleri gittikçe artmıştır. Fatih Rıfkı, o günlerde İstanbul tramvayları ile vapurlarında kadınların bulunduğu bölümlerin perdelerinin kaldırıldığını gözlemlemiştir.[1152]

Falih Rıfkı Atay: Atatürk Kadın Konusunda Muhafazakârdı

Atatürk, Türk kadınını modernleştirirken aşırıya kaçmamaya özen göstermiştir. O, Türk kadınının, modern değerleri kendi kültürel dokusuyla sentezlemesinden yanadır. Hatta kadın konu-

---

1149 Atay, age. C. II s. 396.
1150 age. s. 396.
1151 age. s. 396.
1152 age. s. 367.

sundaki kişisel görüşü, Atatürk'ü tanıyanların ifadelerine göre, *"muhafazakâr"* denecek kadar katıdır.

Falih Rıfkı Atay, Atatürk'ün kadın konusundaki düşünceleri hakkında şunları söylemiştir:

"Kadın anlayışında pek garplı olduğu söylenemez. Hatta hanımların boyanmasını bile istemezdi. Son derece kıskançtı. Denebilir ki, harem temayülünde idi. Bu onun hissi mizacı ve alışkanlığıdır. Kafasına göre, kadın hür ve erkekle eşit olmalıydı. Batı medeniyeti dünyasının kadını ile Türk kadını arasında hiçbir fark kalmamalıydı. Türk kadını, bütün aşağılık duygularından kurtulmalıydı. Medeni Kanunla Türk kadınına garp kadının bütün haklarını veren Atatürk, kendi münasebetlerinde bırakın ecnebi erkeklerle evlenen Türk kadınını, ecnebi kadınlarla evlenen Türk erkeğine bile tahammül etmezdi..." [1153]

Atatürk'ün kadınlarla ilgili kişisel düşüncelerini ve tutumunu gösteren bu değerlendirmeler, Atatürk'ün, kadınların aşırılıklarını ve ölçüsüzlüklerini kesinlikle onaylamadığını ortaya koymaktadır.

Çankaya Köşkü Kütüphanecisi **Nuri Ulusu**'nun aktardığı bir anekdot, Atatürk'ün, kadınların aşırılıklarına ve ölçüsüzlüklerine karşı tavrını göstermesi bakımından çok önemlidir:

"Atatürk 4 Kasım 1933'te İstanbul'a gelen Yugoslavya Kralı Aleksander'ı kabul etmişti.

Krala Saray'da verdiği bir davette çok enteresan bir olay yaşamıştık. Kral Aleksander ve eşi Mari davete gelmişler, Atatürk'ün ve protokolün davetlileriyle çok neşeli ve güzel bir gün yaşanıyordu. Davetlilerden bir bey ile eşi olacak hanımın çok rahat davranışları herkes kadar Atatürk'ün de dikkatini çekmişti. Çünkü bu kişiler Atatürk'ün protokol masasına çok yakın oturuyorlardı. Atatürk bir müddet görmemezlikten geldi, ama biraz sonra kadının Atatürk'e doğru dönmüş vaziyette, bacak bacak üstüne atarak çok rahat bir şekilde oturması Atatürk'ü iyice rahatsız etmişti. Sinirlendi ve de o an yanında olan bizim

---

[1153] age. s. 367.

sofra şefimiz İbrahim Bey'i çağırarak kadını ikaz için sessizce ve belli etmeden yanına yolladı. İbrahim'in kadının kulağına fısıldamasını takiben kadının hemen toparlandığını ve de hareketlerine dikkat etmeye başladığını görüverdik.

Misafirler gittikten sonra yetkilileri yanına çağırarak, bilhassa yabancıların olduğu protokol yemek davetlerine çağrılacak kişiler üzerinde daha dikkatli olmaları hususunda onları uyarmıştı." [1154]

Bu tür örnekleri çoğaltmak mümkündür. Örneğin Atatürk, 31 Aralık 1931'de Ankara'da Kızılay Derneği yararına düzenlenen ilk kıyafet balosuna açık saçık giysilerle katılan bir bayanı uyarmıştır. Olayın ayrıntılarını, O gün Atatürk'ün uyardığı Melek Arıburun Tekçe'den öğrenelim:

"Güzel bir kıyafet seçmek için aylar önce hazırlıklara başladım. Sonunda altıma bir şalvar, üstüne de sim işlemeli antika bir bluz giyip, üzerine de bir gömlek almıştım.

Bu kıyafetim şimdiki ölçülere göre bayağı kapalı, o zamanki ölçülere göre açık sayılabilecek bir kıyafetti.

Balo pek neşeli geçiyor, ben de kocamla gayet güzel eğleniyordum.

Bir ara Atatürk beni ve kocam Tekçe Paşa'yı yanına çağırdı. Birlikte amerikanbara doğru yöneldik. Fakat Atatürk biraz sinirli gibiydi. Bara yaklaşınca Atatürk, 'Oğlum bizlere birer şampanya' dediler. Garson içkileri doldurup Ata'ya ikram etti. Atatürk, içki kadehini alırken bana, 'Hanımefendi buyurmaz mısınız?' dediler. Ben de kadehi almak için bara uzanınca, bana eğilerek, 'Bir daha böyle açık saçık bir kıyafet giymeyiniz,' dediler.

Ben neye uğradığımı anlayamadım. Kıpkırmızı oldum. Ezilip büzülerek gelip yerime oturdum. Erkenden baloyu terk ettik.

O ikaz üzerine bir daha öyle açık kıyafetler giymedim." [1155]

Atatürk'ün kadına verdiği değerin izlerini özel hayatında da görmek mümkündür. Hayatında en çok değer verdiği kadın olan

---

1154 Mustafa Kemal Ulusu, **Atatürk'ün Yanıbaşında**, "*Çankaya Köşkü Kütüphanecisi Nuri Ulusu'nun Hatıraları*", İstanbul, 2008, s. 172.
1155 Yurdakul, **age.** s. 159.

annesi **Zübeyde Hanım**'a olan saygı ve sevgisi, kız kardeşi **Makbule Hanım**'la ve sevgili eşi **Latife Hanım**'la ilişkileri, trajik bir şekilde hayatını kaybeden **Fikriye**'nin ölümüne duyduğu büyük üzüntü, onun kadınlara ne kadar çok değer verdiğinin en açık kanıtlarındandır. Atatürk'ün manevi evlatları –biri hariç– hep kız çocuğudur. Atatürk onların eğitimleri başta olmak üzere hertürlü ihtiyacıyla bizzat ilgilenmiştir. Onun yönlendirmesi ve girişimleri sonunda manevi kızlarından **Afet İnan** tarih profesörü, **Sabiha Gökçen** ise dünyanın ilk kadın savaş pilotu olmuştur.

Atatürk'ün Kızları

Atatürk'ün Türk kadınına sağladığı hakların önemini kavramak için Türk kadınıyla diğer İslam ülklerinin kadınlarını karşılaştırmak gerekecektir. Burhan Göksel'in yaşadığı bir olay bu karşılaştırmayı yapmamıza yardım edecektir.

Göksel'e kulak verelim:

"1956 yılında Türk Kuşu adı verilen sivil havacılık okullarımızın başında bulunduğum sırada çoğunluğu genç kızlardan oluşan bir paraşütçü ekibini ve yine çoğunluğu kadın pilotlardan oluşan beş uçaklık bir filoyu komşu Irak'a hava gösterileri için götürdüm. Kafile bizzat Kral Faysal'ın davetlisi ve kızlarımız ünlü Başvekil Nuri Sait Paşa'nın yalısında misafirdirler. Türk kızlarının gösterileri Bağdat Hava Alanı'nda binlerce insanın heyecanıyla seyredildi. Kuzeyde Türk azınlıkların da bulunduğu Musul'daki gösteriler çok daha fazla heyecan ve ilgi yarattı. Gösteri sabahı hava alanına gidiyoruz. Meydanın giriş kapısında trafik polisinin işaretini beklemekteyiz. (...) Ancak polis seyircileri ikiye ayırmaktadır. Cinsiyete göre bir ayrım bu. Genç öğrencime, bu hadiseyi dikkatle izlemesini ve Atatürk'ün hepimize verdiği büyük nimetleri bundan daha canlı olarak bir daha göremeyeceğini ve hiçbir zaman unutmamasını öğütlüyorum. Gösteriler başladıktan sonra Arap sipiker devamlı olarak açıklamalar yapmaktadır. Refakatimize görevli olarak verilen Kerküklü Türk asıllı hava yarbayından bana söylenenleri aynen

çevirmesini rica ediyorum. *Sipiker, tam bizim atlayış yaptıracak uçak alanın üzerine yaklaşırken, pek heyecanlı adeta bağırırcasına şunları demektedir:*

'Ey Arap kadını, sana yürekten sesleniyorum. Biraz sonra semadan paraşütle atlayan Atatürk'ün kızlarını göreceksin. Akrobasi yapan Türk kadınlarını seyredeceksin. Daha sonra da programa göre uçacak Irak uçakları ve atlayacak paraşütçüleri de izleyeceksin. Bizimkilerin hepsinin erkek oluşu eminim ki seni çok üzecektir. Bu olaydan sana büyük dersler vardır. Sen de kendini kurtar, erkeğinin yanında yerini hemen al. Atatürk'ün kızları sana örnek olsun."[1156]

Üzülerek söylemek gerekir ki bugün Atatürk'ün bazı kızları *"Atatürk'ü sevmiyorum"* diyerek Iraklı, İranlı kızları örnek almaktadırlar. Nereden nereye...

ATATÜRK, KADIN GİYİM KUŞAMI VE DİN

Örtünmenin Mahrem Tarihi

İslam öncesi Türk kadınının temel niteliği "analık" ve "kahramanlık"tır. Tıpkı erkeği gibi ata binip silah kullanan eski Türk kadını savaşlara da katılmıştır. Devlet yönetiminde "Hakan" kadar "Hatun"un da söz hakkı vardır. Hun Hükümdarı Atilla, elçileri karısıyla birlikte kabul etmiştir. Hun ve İskit Türklerindeki kadın savaşçıların namı tüm Avrupa'ya yayılmıştır. Cengiz Han, harp konseyinde komutanlarını eşine tanıtırken, *"Ben bunların Han'larıyım, sen de benim Hanım'sın"* demiştir.

Eski Türklerde, kadın her bakımdan özgürdür. Tek eşle evlilik vardır. Kadın velayet ve mülkiyet hakkına sahiptir. Örneğin Cengiz Yasası'nda boşanmada üstünlük hakkı kadına verilmiştir. Karısını boşayan erkeğe çok ağır cezalar vardır. Genç kadın kutsal sayıldığından ona tecavüz eden idam edilmiştir.

Türk tarihinde hükümdarlık yapan kadınlar da vardır. Delhi Türk devletinde **Raziye Sultan,** Kirman'da Kutluk Hükümdarı

1156 Burhan Göksel, **Çağlar Boyunca Türk Kadını ve Atatürk,** Ankara, 1995, s. 2, 146.

Türkan Hatun, Cengiz Han'ın gelini Turakina Hatun hükümdarlık yapan eski Türk kadınlarından bazılarıdır.

Türk tarihine göz atıldığında İslam öncesi Türk kadınının giyim kuşamının günlük yaşamında sıkıntı yaratmayacak basitlikte, kendine yakışan ve son derece özgür olduğu anlaşılmaktadır. Aslında eski Türk kadınıyla eski Türk erkeği arasında giyim kuşam konusunda esaslı bir farklılık yoktur.[1157]

Türklerin 8. yüzyıldan sonra Müslüman olmalarıyla birlikte kadın giyim kuşamı tartışılmaya ve farklılaşmaya başlamıştır.

Aslında kadının örtünmesi İslamla başlamış değildir. Örtünme İslamdan çok önce de vardır. Kadınların başörtüsünden söz eden ilk metin **Hammurabi Kanunlarıdır**. MÖ 4. bin yılda Babil Kralı Hammurabi'nin hazıladığı kanunlarda *"Kadınlar sokağa çıkarlarken başlarını açmayacaklardır"* denilmektedir.

Başörtüsü kavramı, Babillerin öncüsü **Sümerlerde** de görülmektedir. "**Genel kadın**" görevi yapan Sümer rahibelerinin diğer kadınlardan ayrılmaları için başlarının örtüldüğü görülmektedir.[1158]

Daha sonraları MÖ 1500'lerde **bir Asur kralı** yaptığı bir kanunun 40. maddesi ile evli ve dul kadınları da başlarını örtmeye mecbur etmiştir. Fakat kızların, cariyelerin ve sokak fahişelerinin örtünmesini yasaklamıştır.[1159] Bu gelenek zaman içinde Yahudilere geçmiştir. Yahudi kadınları evlenince saçlarını tıraş ettirip, başlarını bir peruk veya başörtüsü ile örtmüşlerdir.[1160]

Çarşaf ise ilk olarak **Hititlerde** ortaya çıkmıştır. Ankara Anadolu Medeniyetleri Müzesi'nde pişmiş toprak kabın üzerindeki bir kadın resmi günümüzdeki çarşaflı kadınının birebir kopyası gibidir.

1157 Giab V. Kubarev, "Sanat Malzemelerine Göre Orta Asyalı Türklerin Giyimleri", **Türkler Ansiklopedisi**, C.IV, Ankara, 2002, s. 196.
1158 Hartmut Schmökel, **Kulturgeshchte des Altenorient**, Stuttgart, 1961, s. 37'den Muazzez İlmiye Çığ, **Kur'an, İncil ve Tevrat'ın Sümer'deki Kökleri**, İstanbul, 2002, s. 29.
1159 Mebrure Tosun-Kadriye Yalvaç, **Sümer, Babil Asur Kanunları ve Ammiuduqa Fermanı**, Ankara, 1975, s. 252; Çığ, **age**. s. 29.
1160 Çığ, **age**. s. 29.

Antik Yunan'da ve eski Mısır'da da başörütüsü vardır. Heraklit, eski Yunan ve Mısır kadınlarının başörtüleri hakkında şu bilgileri vermektedir:
"*Giysilerin başa gelen kısmı öyle sarılır ki, yüzün tümü peçeyle örtülmüş gibi görülür. Zira sadece gözler ortada kalır. Yüzün diğer bölümleri ise giysinin bir parçası ile tamamen örtülür. Bütün kadınlar bu şekilde beyaz renkli giysiler giyerler.*"
Antik Yunan'da başörtüsü, bereket tanrıçası Demeter ve Zeus'un karısı **Hera**'nın da özel simgesidir.

İlkçağ toplumlarında başörtüsü ve çarşaf anlaşıldığı kadarıyla "iyi kadınlarla" "kötü kadınları" birbinden ayırmak için kullanılmıştır. Zaman içinde örtünme âdeti **Bizans** ve **Roma** İmparatorluklarına geçmiştir.

Tek Tanrılı dinlerin gelmesiyle örtünme dinsel bir anlam kazanmaya başlamıştır.

Talmud'a göre Yahudi kadınların başı açık olarak toplum içinde gezmeleri günahtır. Eski Ahit'te de üç farklı yerde kadının başını örtmesinden söz edilmektedir: İşaya 3/20'de başa giyilen kıyafet anlamında "fara", İşaya 3/23'te başörtüsü anlamında "tsnyafaah", Tekvin 24/65-38/14.19'da "tsaayafa" sözcüğü kullanılmıştır. Ayrıca vücudun üst kısmını örten örtü anlamında "radod" sözcüğü de kullanılmıştır.

Hıristiyanlığın temel ilkelerini belirleyen **Tarsuslu Aziz Pavlos**, "*Kadının örtüsüz Tanrı'ya dua etmesi doğru değildir. Kadın örtünmüyorsa saçı kesilmelidir*" demiştir.

Erkek eli değmemiş bakire **Meryem Ana** hep "başı bağlı" tasvir edilmiştir. Buradan hareketle de **Hıristiyan rahibeler** hep başlarını örtmüşlerdir.

İslam dininde de örtünmeye atıf yapan ayetler vardır. Örtünme konulu ilk ayet, ilk İslami hükümlerden 17 yıl sonra gelen **Ahzab suresi 59. ayettir**. Ayette, "*Ey Peygamber zevcelerine, kızlarına, müminlerin kadınlarına de ki dış esvaplarını üzerine giysinler. Bu onların tanınıp taarruza uğramamalarına daha fazla hizmet eder*" denilmektedir.

Görüldüğü gibi İslamda **köle** ve **cariyelere** örtünme zorunluluğu getirilmemiştir. Aslında örtünme bir statü göstergesidir.

İslamın kutsal kaynağı Kur'an'da örtünme konusundaki ayetler tartışmaya açık olsa da İslam dünyasında yüzyıllar içindeki genel anlayış **kadının örtünmesi** biçimindedir.[1161] Aslında **Kur'an'da**, kadının örtünmeye zorlanması anlamına gelen "**tesettür**" sözcüğü de yoktur.[1162] Türkler Müslüman olduktan sonra da Türk kadınlarının yüzlerini örtmedikleri anlaşılmaktadır. Nitekim Karahanlılar döneminde yaşayan **Yusuf Has Hacip**, "*Kutadgu Bilig*" adlı eserinde, "*kadınlarda hayâ gitti, yüzlerini örtmezler*" diye yakınmıştır.[1163]

Gerçekten de Türk kadınları yüzlerini örtmemiş, çarşaf ve peçe gibi örtüler kullanmamış ve toplantılara başları ve yüzleri açık olarak katılmışlardır.[1164]

Bu durum 14. yüzyıla kadar devam etmiştir. Müslüman giysisi olduğu iddia edilen **peçe** ilk olarak I. Murat döneminde (1360-1389) kullanılmaya başlanmıştır. **Çarşafın** ise Abbasilerde (750-1258) gayrimüslim kadınlara giydirildiği, bu kadınların Müslüman bir erkekle evlenmeleri halinde çarşaf giymekten kurtulabilecekleri öngörülmek suretiyle İslamiyetin yayılmaya çalışıldığı bilinmektedir.[1165]

Osmanlı minyatürlerindeki kadın figürlerinden anlaşıldığı kadarıyla Türk kadınları, Fatih Sultan Mehmet döneminde Orta Asya geleneklerini sürdürecek biçimde açık giyinmektedirler.

14. yüzyılda birtakım Türk ülkelerini dolaşan ünlü seyyah **İbni Batuta**'nın anlattığına göre de Türk kadınları henüz örtülü değildir.

1161 Kur'an'da başörtüsü kavramının olmadığına yönelik bir inceleme için bkz. Şahin Filiz, Başörtüsü Söyleminin Dinsel Temelsizliği ve İslam Felsefesi Açısından Eleştirisi, 7. bs. Yeniden Müdafaa-i Hukuk Yayınları, Antalya, 2008.
1162 Zekeriya Beyaz, **İslam ve Giyim Kuşam**, İstanbul, 1999, s. 242.
1163 Müjgan Cunbur, **Türk Kadını İçin**, Ankara, 1997, s. 17; Turgut Sönmez, "Kadın Giyim Kuşamı ve Atatürk", **Atatürk Haftası Armağanı**, 10 Kasım, Ankara, 2006, s. 151.
1164 age. s. 98.
1165 Turhan Olcaytu, Dinimiz Neyi Emrediyor, Atatürk Ne Yaptı? 5. bs, Düsseldorf, 1980, s. 166.

1333 yılında İznik'i ziyaret eden **Batuta**, o zamanın Osmanlı Padişahı Orhan Bey'in karısı Nilüfer Hatun'un huzuruna kabul edildiğini ve beraber yemek yediğini anlatmıştır.[1166] **Tarihçi Şikari'ye göre Osmanlı'da ilk örtünme olayı I. Murat döneminde Bursa'da yaşanmıştır.** I. Murat döneminde Karamanoğlu Alaadin Bey'in katliamından kaçıp Osmanlı'ya sığınan üç kabilenin çok güzel kadınları vardır. Herkes bu kadınları seyretmeye başlayınca, ulema kadınların yüzlerinin saklanmasını istemiştir. Bu durumdan etkilenen diğer kadınlar ve kızlar da örtünmeye başlayınca örtünme bir "âdet" halini almıştır.[1167] Aynı dönemde **Bizanslı kadınlar da yüzlerini peçe ile örtmektedirler.** İstanbul'un fethinden sonra Bizanslı kadınlardan etkilenen İstanbul'daki Müslüman Türk kadınları da peçe kullanmaya başlamışlardır. Ancak yine de **Silvestre**'nin 1680 tarihli albümüne kadar yabancı ressamların resimlerinde ve eski Türk minyatürlerinde "yaşmaklı" bir Türk kadınına rastlanılmamaktadır.[1168]

15. yüzyıldan sonra Osmanlı'da **peçe** ve **çarşaf** kullanımı artmaya başlamıştır. Hatta bu konuda III. Osman, III. Ahmet, II. Abdülhamit çıkardıkları fermanlarla peçe kullanımını zorunlu tutmuşlardır.[1169]

Osmanlı'da kadınlar üzerine çıkarılan bütün yasalar **kadının denetlenmesi** üzerinedir. Çıkarılan ferman ve yasalarda kadının giyim kuşamı ayrıntılı olarak tanımlanmıştır. Bu fermanlarda getirilen yasaklar kadına temelde üç alanda müdahale etmiştir:

1. Giyimlerinde (Örtünecekler).
2. Sokaktaki davranışlarında (Duvar diplerinden sessizce, hızlı adımlarla başları önde yürüyecekler).
3. Erkeklerle olan ilişkilerinde (Kocaları bile olsa bir erkekle el ele tutuşmayacaklar, kocalarının yanında değil arkasında yürüyecekler).

1166 M. Şakir Ülkütaşır, "Türk Toplumunda Kadının Yeri", **Hayat Tarih Mecmuası**, C. I, No: 4 Mayıs 1967, s. 47.
1167 Şikari'nin "Karaman Tarihi"nden nakleden Pers Tuğlacı, **Osmanlı Döneminde İstanbul Kadınları**, İstanbul, 1984, s. 68; Sönmez, **age.** s. 151, 152.
1168 Sönmez, **age.** s. 152.
1169 age. s. 152, 153.

Osmanlı geriledikçe kadın kıyafeti konusundaki yasaklar sertleşmiştir. Bu konuda ilk yasak 1725'te çıkarılmıştır: *"Günlük kıyafetlerin şer'iata uygun olması devlet namusu gereğindendir. Fakat savaşlar yüzünden çok önemli işlerle uğraşılırken bu husus ihmal edilmiştir. Bazı yaramaz kadınlar bunu fırsat bilip sokaklarda halkı baştan çıkarmak için aşırı süslenmeye başlamışlardır. Yeni biçimlerde çeşitli esvaplar yaptırmışlardır. Hıristiyan kadınları taklit ederek başlarına acayip serpuşlar geçirmişlerdir.*

Bundan böyle kadınlar bir karıştan ziyade büyük yakalı ferace, üç değirmiden fazla baş yemenisi ile sokağa çıkamayacaklardır. Feracelerde süs olarak bir parmaktan enli şerit kullanılmayacaktır.

Bu yasakları dinlemeyecek olan kadınların sokakta yakaları kesileceği ve esvaplarının yırtılacağı ilan olunsun. Dinlememekte ısrar edenler yakalanıp başka şehirlere sürgün edileceklerdir."

II. Mahmut, yayınladığı bir fermanla Hıristiyan kadınların Müslüman kadınlar gibi Müslüman kadınların da Hıristiyan kadınlar gibi giyinmelerini yasaklamıştır.

Osmanlı'da kadınlar 19. yüzyılda **çarşaf** giymeye başlamışlardır.

1850'lerde Suriye Valiliğinden dönen **Suphi Paşa'nın hanımı** İstanbul'da ilk çarşaf giyen kadın olmuştur. Çarşaf daha çok bir Yunan, Bizans giysisidir.

Osmanlı'da peçe ve çarşaf kullanılması bazı problemleri de beraberinde getirmiştir. Peçe ve çarşafın arkasına gizlenen hırsızlar rahatça suç işleyebilmişlerdir. Bunun üzerine II. Abdülhamit çarşaf giyilmesini yasaklamıştır.[1170]

Atatürk ve Başörtüsü

Çok okuyan Atatürk, tarih içinde Türk kadınının nasıl bir değişim geçirdiğini çok iyi bilmektedir. Bu bakımdan İslam ön-

---

1170 Rukiye Bulut, "İstanbul Kadınlarının Kıyafetleri ve II. Abdülhamit'in Çarşaf Yasaklaması", **Belgelerle Türk Tarihi Dergisi**, No: 8, Mayıs 1968, s. 35.

cesi Türk kadınının "özgürlüğü" Atatürk'ün dikkatinden kaçmamıştır. Örneğin, Ahmet Refik'in *"Umumi Tarih"* adlı kitabını okurken İslam öncesi Türk kadınlarından söz edilen şu satırları önemli bularak altını çizmiştir: *"Türk aşiretlerinde akrabalık ana tarafından idi. Klanın reisi annenin kardeşi olurdu"* (s.116).[1171] *"Kadın ailede önemli bir yer işgal ederdi. Erkekler bir kadınla evlenir, kadını yönetime de iştirak ettirirlerdi"* (s.116).[1172]

Atatürk zaman içinde Türk kadınlarının özgürlüklerinin kısıtlanmasına, özellikle de Müslüman olduktan birkaç yüzyıl sonra "kapanmalarına" içten içe derin bir tepki duymuştur. Atatürk peçe ve çarşafa karşıdır. Daha 1918 yılında, *"Bu kadın meselesinde cesur olalım. Vesveseyi bırakalım... Açılsınlar, onların dimağlarını ciddi ulum ve fünun ile tezyin edelim (donatalım). İffeti, fenni sıhhi surette izah edelim. Şeref ve haysiyet sahibi olmalarına birinci derecede ehemmiyet verelim"* demiştir.[1173]

Kurtuluş Savaşı'nın başlarında en yakın arkadaşlarına gelecekte "tesettürü" kadıracağından söz etmiştir. Örneğin Erzurum'da 7 Temmuz 1919'da yakın arkadaşı ve yaveri **Mazhar Müfit Kansu'ya** gizli kalmak kaydıyla gelecekte yapacağı yenilikleri yazdırırken üçüncü sıraya *"tesettür kalkacaktır"* diye yazdırmıştır. [1174]

Atatürk, 24 Eylül 1925'te Bursa Türk Ocağı'nda çarşaf ve peçeye karşı olduğunun ilk somut işaretlerini vermiştir. *"Hanımlar da erkekler gibi şapka giymelidir. Başka türlü hareket etmemize imkân yoktur. İşte size bir örnek: Bu başla medeni bir hanım Avrupa'ya gidip insan içine çıkamaz."*[1175]

1171 Atatürk'ün Okuduğu Kitaplar, C. 3, s. 72.
1172 age. s. 73.
1173 A. Afet İnan, **Mustafa Kemal Atatürk'ün Karlsbad Hatıraları**, 2. bs, Ankara, 1991, s. 45.
1174 Mazhar Müfit Kansu, **Erzurum'dan Ölümüne Kadar Atatürk'le Beraber**, C. I, 4. bs, Ankara, 1997, s. 131, 132.
1175 Atatürk'ün Bütün Eserleri, C. 17, s. 324.

Bu noktada Tarihçi Yazar Erol Mütercimler'in şu yorumuna katılmamak mümkün müdür?

"1925'te eleştirdiği kadın başlığı ile bugün devletin en üst kademesini işgal edenlerin, dünya medyasında boy boy fotoğrafları yayınlanmakta, Avrupa'ya gidip insan içine çıkmaktalar ve yurtdışında da kimse bunu eleştiri konusu yapmamaktadır. Oysaki anayasadan, devlet dairelerindeki Atatürk fotoğraflarına kadar hemen her şeye karışan AB'li komiserler buna nedense bir söz etmemektedirler. Bu durum Gazi'nin şu saptamasını haklı çıkarmaktadır: [1176]
"Başımızda ayrı bir alametle kendimizi medeniyet dünyasının dışında saymışız. Bugün şapkayı giydik. Bundan birçok yabancılar memnun olmamışlardır. Çünkü onlar başlarındaki şapka ile bizden fazla birçok imtiyaza sahip olmuşlardır." [1177]

Evet, o gün şapkadan memnun olmayan Batı bugün türbandan, başörtüsünden memnundur. Çünkü o gün giyinişiyle, görünüşüyle çağdaşlaşan bir Türkiye vardır ve o kendi ayakları üzerinde duran çağdaş Türkiye Batı'nın çıkarlarına uygun değildir; oysaki bugün giyinişiyle, görünüşüyle bağnazlaşan bir Türkiye vardır ve yeniden Ortaçağa dönen bu bağımlı Türkiye *"Ilımlı İslam Projesi'yle"* Ortadoğu'ya hâkim olmak isteyen Batı'nın çıkarlarına uygundur.

Atatürk'ün **peçe ve çarşafa** karşı olduğunu kanıtlayan çok sayıda örnek olay vardır. Bunlardan birini Muzaffer Kılıç aktarmıştır.

Atatürk, Büyük Taarruz hazırlıklarının yapıldığı günlerde bir askeri birlik eşliğinde bir köy kahvesine uğramıştır. Köylüler Atatürk'ü görmek için kahveye akın etmişlerdir. Bu sırada köy imamı da gelmiştir. İmam, Atatürk'ten köy adına bazı isteklerde bulunmuş, Atatürk de imamın isteklerini kabul etmiştir. Daha sonra Atatürk imama, *"İmam efendi, evli misin"* diye sormuş, imam *"Evliyim Paşam. Elinizi öper dört de köleniz var"* deyin-

---
1176 Erol Mütercimler, **Fikrimizin Rehberi Gazi Mustafa Kemal**, İstanbul, 2008, s. 993, 994.
1177 **Atatürk'ün Bütün Eserleri**, C. 17, s. 324.

ce Atatürk, *"Niye kölem olacakmış. Onlar bizim çocuklarımız, bizlerin de evlatları. Yok böyle şeyler imam efendi. Ben evli değilim. Evlenirsem seni Ankara'da karınla birlikte misafir etmek isterim. Bana gelir misin?"* diye sorunca imam, *"Emriniz olur Paşam"* diye yanıt vermiştir. Bunun üzerine Atatürk, *"Ama bir şartım var. Karın peçesini çıkarırsa."* İmam büyük bir şaşkınlık içinde Atatürk'e bakıp *"Aman Paşam"* deyince Atatürk gayet sakin bir şekilde, *"Bunlar olacak imam efendi, bunların hepsi olacak"* demiştir.

Atatürk, 27 Ağustos 1925'te İnebolu'da yaptığı konuşmada da açıkça "çarşafı" eleştirmiştir:

"Seyahatlerimde köylerde değil bilhassa kasaba ve şehirlerde kadın arkadaşlarımızın yüzlerini ve gözlerini çok kesif ve itina ile kapatmakta olduklarını gördüm. Bilhassa bu sıcak mevsimde bu tarz kendileri için mutlaka mucibi azab ve ıstırap olduğunu tahmin ediyorum. Erkek arkadaşlar bu biraz bizim hodbinliğimizin (bencilliğimizin) eseridir. Çok namuslu ve dikkatli olduğumuzun icabıdır. Fakat muhterem arkadaşlar, kadınlar da bizim gibi müdrik ve mütefekkir (aklı eren ve düşünen) insanlardır. Onlara mukaddesatı ahlakiyeyi telkin etmek, milli ahlakımızı anlatmak ve onların dimağını nur ile, nezahatle teçhiz etmek esası üzerinde bulunduktan sonra fazla hodbinliğe lüzum kalmaz. Onlar yüzlerini cihana göstersinler ve gözleriyle cihanı dikkatle görebilsinler. Bunda korkulacak bir şey yoktur."[1178]

Atatürk, Türk kadınının modernleştirilmesini İslam diniyle birlikte ele almıştır. Bir bakıma buna mecburdur; çünkü kadın yüzyıllar boyu "din" bahane edilerek toplumdan soyutlanmış, kendi kabuğunda yaşamaya zorlanmıştır. Bu durumun bilincinde olan Atatürk, Müslüman Türk toplumunun dinsel duyarlılıklarını dikkate alarak, Türk kadınının modernleştirilmesinin, "İslamın kadın anlayışına" aykırı olmadığını anlatarak işe başlamıştır.

1178 ASD, C. II, s. 221, 222.

Atatürk, 2 Şubat 1923 tarihinde İzmir'de bu konuda şunları söylemiştir:

"...*Türk toplumsal hayatında kadınlar daima ilmen, irfanen, faziletin ve fiilen erkeklerden bir zerre kadar geriye kalmamıştır. Belki daha ileri gitmişlerdir. İleriye gidenler pek çoktur. Ve din tarihimizde de görüyoruz ki aynıdır.*

Daima öne sürülen bir şey var ki o da din engellemesidir. Bilhassa Batılılar, bilhassa bu milleti mahvetmek isteyen o koyu düşmanlar, bizi daima her işimizi dinin tesiri altında yapmış olmakla ve böyle yapışların da mutlaka neticesiz hedeflere varacağını iddia etmekle itham etmektedirler.

Halbuki arkadaşlar bunda büyük bir hata vardır. Çünkü bizim dinimiz hiçbir zaman böyle bir şey talep etmez... Allah'ın emrettiği emri, Müslim ve Müslimenin her türlü ilmi ve irfanı kazanmasıdır. Dinin emrettiği budur. Dolayısıyla dinin böyle bir engellemesi yoktur." [1179]

Atatürk, aynı konuşmasında tesettürden de söz ederek "*tesettürün din icabı olmadığını*" söylemiştir:

"*Bu tesettür(le)... sokağa çıktığı zaman bile gözü ve her tarafı kapalı olmaya mahkûmdur. Bu tesettür şekli bile din icabı değildir. Hatta o kadar değildir ki, gayrimeşrudur. Din icabı olan tesettürü ifade etmek gerekirse, kısaca diyebiliriz ki, tesettür kadınlara külfet vermeyecek ve adaba aykırı olmayacak basit şekilde olmalıdır...*"[1180]

Öteden beri kadının modernizasyonu söz konusu olduğunda, kadın giyim kuşamında değişiklik yapılıp yapılmayacağı sorusu gündeme gelmiştir. Geleneksel din yorumları, kadın giyiminin İslam dini tarafından belirlendiğini söyleyerek kadınların tesettürle örtünmelerinin dinsel bir zorunluluk olduğunu iddia ederlerken; Batıcı Osmanlı reformcuları ise, Müslüman Türk kadınının örtülerinden kurtulup Batılı kadınlar gibi giyinmesi gerektiğini ileri sürmüşlerdir. Atatürk'ün, kadın giyim kuşamıyla ilgili görüşleri, bu iki görüşün sentezi gibidir.

[1179] Atatürk'ün Bütün Eserleri, C. 15, S. 69.
[1180] age. s. 71.

Atatürk, kadın giyim kuşamı konusuna ve **başörtüsü** meselesine yaklaşırken, radikal hareket tarzını bir kenara bırakmıştır. Bu konularda kadınlara önerilerde bulunmayı yeterli görmüştür.

"... *Atatürk, kadınların açılıp medeni kıyafete girmeleri için kanuni bir mecburiyet konulmasına taraftar olmamıştır. Filhakika, çıkarılan kanunun umumi hükmüne göre memur olan hanımlara, dolayısıyla böyle bir mecburiyet yüklemekte ise de, istemeyenler için istifa ederek bu yükten kurtulmak yolu da vardı ve açık bulunuyordu.*

Atatürk, "*Erkeklerin kadınlara karşı duydukları sıkı ve şiddetli alaka, tamamen muhakeme ve şuur dışı bir histen doğmaktadır. Kadın yüzünden en yakın arkadaşların, hatta kardeşlerin ve baba ile oğulların birbirlerine can hasmı oldukları öteden beri, her gün ibretle görülen olaylardandır. Bu itibarla, kadın ve kadın kıyafeti konusunda –velev bir azınlığa karşı olsun– zor kullanmak doğru değildir; iyi netice vermez*" demiştir.

Hasan Rıza Soyak, Atatürk'ün "*umumi kültürü yükseltmek her fırsatta ikna edici ve mantıklı telkinlerde bulunmak, açılanları korumak yoluyla ve bilhassa geleneğin kadınlar üzerindeki derin tesiriyle, az zamanda bu konuda da hedefe ulaşmanın mümkün bulunduğuna*" inandığını ifade etmiştir.[1181]

Fransız siyaset ve fikir adamı **Eduard Herriot** hatıralarında, Atatürk'le yaptığı mülakatta kadınlara peçelerini nasıl çıkarttığını sorduğunda Atatürk, "*Bu hususta tarafımızdan hiçbir zorlama yapılmış değildir, biz yalnız yüzlerini açacak kadınları koruyacağımızı ilan ettik, iş kendiliğinden yürüdü*" şeklinde yanıt vermiştir.[1182]

Atatürk'ün kadın kıyafeti konusunda neden çok dikkatli olduğunu gösteren ilginç bir olay vardır. **Eski Afgan Kralı Amanullah Han**, Türkiye'ye yaptığı bir ziyaretin dönüşünde Atatürk devriminden aldığı ilhamla ülkesinde bazı yenilik girişimlerinde bulunmuş, bu arada kadın kıyafeti hakkında da bir kanun çıkarmıştır. Atatürk bu gelişmeleri haber aldığında çok üzülmüş,

---
1181 Soyak, age. C. I, s. 278.
1182 age. s. 282.

"*Eyvah! Adam gitti demektir; ben kendisine ısrarla bu mevzuya girmemesini tavsiye etmiştim. Çok yazık oldu*" demiştir. Ve gerçekten de bir süre sonra Afgan Kralı, tacını ve tahtını terk ederek, ülkesinden kaçmak zorunda kalmıştır.

Atatürk, kadının sosyal hayattaki yerinden, kadın erkek ilişkisine, giyim kuşamından, başörtüsüne kadar birçok konuda **kadın ve din ilişkisi** üzerinde durmuştur.

Atatürk, kadın ve din ilişkisinde, öncelikle kadın-erkek eşitliği üzerinde durmuş, İslam dininin kadın ve erkeği herbakımdan eşit gördüğünü söylemiştir. Bir konuşmasında şöyle demiştir:

"*Düşmanlarımız bizi dinin hâkimiyeti altında kalmış olmakla suçlamakta ve duraklama ve çöküşümüzü buna bağlamaktadırlar. Bu hatadır. Bizim dinimiz hiçbir vakit kadınların erkeklerden geri kalmasını talep etmemiştir. Allah'ın emrettiği şey müslim (erkek) ve müslimenin (kadın) beraber olarak ilim ve irfan öğrenmesidir. Kadın ve erkek bu ilm-i irfanı aramak ve nerede bulursa oraya gitmek ve onunla donanmış olmak mecburiyetindedir...*" [1183]

Atatürk, İslama göre kadın ve erkeğin her bakımdan eşit olduklarını ve birlikte mücadele etmeleri gerektiğini vurguladıktan sonra, İslamın kadınla ilgili olduğu düşünülen hükümlerinin ve değerlendirmelerinin büyük bir bölümünün yanlış yorumlardan kaynaklandığını, bu yanlış yorumların, tarih içinde İslam adına yanlış uygulamalara neden olduğu belirtmiştir:

"*İslam ve Türk tarihi incelenirse görülür ki, bugün kendimizi bin türlü kayıtlarla bağlı zannettiğimiz şeyler yoktur. Türk sosyal hayatında kadınlar, ilmen irfanen ve diğer hususlarda erkeklerden katiyen geri kalmamışlardır...*" [1184]

"İslam dininin, kadının tamamen kapanmasını istediği" biçimindeki değerlendirmeye katılmayan Atatürk; kadınların baştan aşağı kapanmaları anlamına gelen "**tesettür**" uygulamasının çağdaş değerlerle çeliştiği kadar, İslam dininin özüyle de çeliştiğini belirtmiştir. Tesettür biçiminde örtünmenin, kadının hayatın

---

[1183] 31 3 1923, İzmir'de Halkla Konuşma, **ASD**, C. II, s, 90 - 94.
[1184] age. s. 90 - 94.

gereklerini yerine getirmesini engellediği gibi, modernleşmeye çalışan Türkiye'nin dışarıdaki imajını da olumsuz etkilediğini belirtmiş ve bu konuda şunları söylemiştir:

"... *Kasaba ve şehirlerde yabancıların dikkati en çok tesettür biçimi üzerinde yoğunlaşmaktadır. Buna bakanlar, kadınlarımızın hiçbir şey görmediklerini zannediyor. Mamafih, din gereği olan tesettür, kısaca ifade etmek lazım gelirse denilebilir ki, kadınlara sıkıntı vermeyecek ve adaba aykırı olmayacak basit şekilde olmalıdır. Tesettür şekli, kadını hayatından, mevcudiyetinden dışlayacak bir şekilde olmamalıdır...*" [1185]

Görüldüğü kadarıyla Atatürk, kadınların sosyal hayatın gereklerini yerine getirmelerini engellemeyecek kadar rahat, ahlak kurallarına aykırı olmayacak kadar da ölçülü giyinmelerine taraftardır.

Atatürk, kadınların sadece abartılı denebilecek ölçüde kapanmalarına, kara çarşaflar içine girip dolaşmalarına değil; yine abartılı denilebilecek derecede açık saçık giyinmelerine de tepkiyle yaklaşmış, her iki giyinme tarzının da doğru olmadığını değişik vesilelerle dile getirmiştir. Atatürk, İslam dininin ve Türk kültürünün istediği kadın kıyafeti ölçülerini, yaşadığı dönemin koşullarını dikkate alarak, şu şekilde belirlemiştir:

"... *Şehirlerdeki kadınlarımızın giyinme tarzı ve tesettüründe iki şekil görülüyor: ya ifrat ya tefrit görülüyor. Yani, ya ne olduğu bilinmeyen çok kapalı, çok karanlık bir dış şekil gösteren bir kıyafet, veyahut Avrupa'nın en serbest balolarında bile dış kıyafet olarak arz edilmeyecek kadar açık bir giyinme. Bunun her ikisi de şeriatın tavsiyesi, dinin emri haricindedir. Bizim dinimiz, kadını o tefritten de bu ifrattan da uzak tutar. O şekiller dinimizin gereği değil, karşıtıdır. Dinimizin tavsiye ettiği tesettür, hem hayata, hem fazilete uygundur. Kadınlarımız şeriatın tavsiyesi, dinin emri gereğince tesettür etselerdi, ne o kadar kapanacaklar, ne de o kadar açılacaklardı. Dinin emir ettiği tesettür; kadınlar için zorluk çıkarmayacak, kadın-*

1185 age. s. 90 - 94.

ların sosyal hayatta, ekonomik hayatta, günlük hayatta ve ilim hayatında erkeklerle faaliyette bulunmasına mani olmayacak bir basit şekildedir. Bu basit şekil, sosyal hayatımızın ahlak ve adabına aykırı değildir." [1186]

Atatürk, Türk kadınının kendi örf, âdet ve geleneklerine sahip çıkarken modern hayatın gereklerine de kapalı kalmamasını istemiştir. Türk kadınının kendine has özelliklerini korumasından yana olan Atatürk; kadınlarımızın giyim kuşam konusunda aşırıya kaçmalarını, Batılı kadınları birebir taklit etmelerini, son derece yanlış bulup eleştirmiştir:

"...Giyinme tarzımızı ifrata vardıranlar, kıyafetlerinde aynen Avrupa kadınını taklit edenler düşünmelidir ki, her milletin kendine mahsus ananesi, kendine mahsus adatı, kendine göre milli hususiyetleri vardır. Hiçbir millet aynen diğer bir milletin taklitçisi olmamalıdır. Çünkü böyle bir millet, ne taklit ettiği milletin aynı olabilir, ne kendi milliyeti dâhilinde kalabilir. Bunun sonucu şüphesiz hüsrandır." [1187]

Atatürk, o dönemimin koşullarında kadın giyim kuşamında iki temel ölçünün dikkate alınması gerektiğini belirtmiştir:
1. İslam dininin bu konudaki çağdaş yorumu...
2. Sosyal hayatın gereklilikleri...

Bu iki ölçü doğrultusunda özgür ve modern, ama toplumun genel kabulleriyle çatışmayacak kadar ölçülü bir kıyafetin Türk kadını için doğru kıyafet olacağını düşünmüştür.

Bir konuşmasında "tesettür" konusunda şunları söylemiştir:

"... Bizim tesettür konusunda, dikkate alacağımız şey, bir yandan milletin ruhunu diğer yandan hayatın gereklerini düşünmektir. Tesettürdeki, ifrat ve tefritten kurtulmakla, bu iki ihtiyacı da temin etmiş olacağız. Giyinme tarzımızda milletin ruhi ihtiyacını temin için, İslam ve Türk hayatını başlangıçtan bugüne kadar iyice incelemek ve etrafıyla tercih etmemiz lazımdır. Bunu yaparsak görürüz ki, şimdiki giyinme tarzımız,

---

1186 (21.3.1923) Konya Kadınlarıyla Konuşma, ASD, C. II, s. 153 - 155.
1187 age. s. 153 - 155.

kıyafetimiz onlardan başkadır; Lakin onlardan daha iyidir, diyemeyiz..." [1188]

Atatürk'ün kadınların giyim kuşamı ile ilgili bütün bu görüşleri, yasal zorunluluktan, fiili baskıdan uzak; sadece tavsiye niteliğinde kalmıştır. Ancak Atatürk gizliden gizliye çarşaf ve peçeyle mücadele etmiştir. Bu konuda ulusal ve yerel basından yararlanmış, gazetelerde peçe ve çarşafın gereksizliği konusunda yazılar yazılmasına önayak olmuş ve yerel yönetimlerden peçe ve çarşafa karşı sert olmayan bazı tedbirler alınması istemiştir.[1189]

9 Mayıs 1935'te toplanan ve Atatürk'ün son kez katıldığı CHP 4.Büyük Kurultayı'nın son gününde -16 Mayıs 1935- başta Sivas ve Muğla olmak üzere bazı CHP teşkilatlarının çarşaf ve peçenin yasaklanmasına ilişkin gönderdikleri dilekçeler okunmuştur. Dilek Komisyonu da bu konuda bir rapor hazırlamıştır. Raporda şöyle denilmektedir:

"Türkiye'nin üçte ikisi köylüdür, köydedir. Burada çarşaf, peçe yoktur. Kalan üçte birinin büyük bir kısmı da bu gelenekten sıyrılıp çıkmıştır. Yer yer tek veya toplu hareketlerle bu kalanlar da hiçbir kanun eli dokunmadan açılıp kaybolmaktadır. O halde kalan ve bir çokluk olmayan bu peçeler, çarşaflılar üzerinde yeni tedbir almaya lüzum var mıdır?

Komisyonumuzda bu konuda iki görüş vardır. Bunu kadınlarımızın kendi zevklerine, kocalarının ve babalarının sosyalik zihniyetlerindeki ilerlemeye mi bırakmalıdır? Yoksa düşmeye hazırlanan ve bu sadece koca ve baba saygısıyla sallanıp duran bu çürük meyveleri merkezin küçük bir sarsıntısı ile döküp atarak, şurada burada kadınlarımızın yüz karası gibi görünen bu kılıktan onları çıkarmalı mıdır?

Komisyonumuzun birtakım arkadaşları bu ikinci görüştedir. Ancak çarşaflı değil peçeli kadının ve neidüğü belirsiz bir şekilde sokakta dolaştırılmasının polis kanunlarıyla yasak edilmesinin amaca çabuk varma noktasında lüzumuna kanidir.

1188 age. s. 153 - 155.
1189 Sönmez, age. s. 157 - 160.

Ancak bütün komisyon, parti ve hükümet kurumları, kestirme bir hareketle, yani hiçbir kanun yapmadan bunu başarma imkânında oybirliği yapmışlardır." Yani özetle kanuna gerek olmadan peçe ve çarşafın ortadan kaldırılmasının mümkün olduğu düşünülmüştür.

Kongrede ilk sözü İçişleri Bakanı Şükrü Kaya almıştır. Bakan Kaya, "*Çarşaf, peçe meselesi vardır. Komisyonun verdiği karar dâhilinde muamele yapılması bence en doğru karardır*" demiştir.

Uzun tartışmalar sonunda Atatürk'ün de isteğiyle peçenin ve çarşafın yasaklanmasına ilişkin bir yasa çıkarılmamasına karar verilmiştir. Bu mesele tamamen yerel yönetimlerin insiyatifine bırakılmıştır.

Dolayısıyla "**CHP kadınlarımızın başındaki örtüyü jandarma zoruyla çıkarttırmıştır!**" iddiası kocaman bir "yobaz yalanı"ndan başka bir şey değildir.

Dahiliye Vekili Şükrü Kaya, 22 Temmuz 1935'te tüm valiliklere gönderdiği bir tamim ile çarşaf, peçe ve üstlük giymenin önlenmesini istemiştir.[1190] Ancak bu tamamen tavsiye niteliğindedir.

Yerel yönetimler ve bazı belediye meclisleri çarşaf ve peçenin giyilmesini yasaklamışlardır. Örneğin Adana Belediye Meclisi, 15 Şubat 1935'te aldığı bir kararla 16 Mart 1935'ten itibaren peçenin ve çarşafın giyilmesini oybirliğiyle yasaklamıştır.

Burada dikkat edilmesi gereken nokta sadece peçe ve çarşafın yasaklandığı, yemeni, yaşmak, eşarp, tülbent ve yazma gibi geleneksel başörütülerine asla dokunulmadığıdır.

Yerel yönetimler, peçe ve çarşafı yasaklarken, manto giyilmesini özendirmişlerdir.

Tüm bu çalışmalara rağmen kadınlara fiili hiçbir baskı yapılmamış, sonuçta Atatürk kadınların istedikleri gibi giyinebileceklerini söylemiş, bu konuda son sözü kadınlara bırakmıştır.

Atatürk, kadınların giyim kuşam konusunda tamamen **özgür** olduklarını ve özgür kalacaklarını şu sözleriyle dile getirmiştir:

1190   Vakit (Kurun), 17 Mayıs 1935.

"*...Bizim kadın hayatımızda, kadının giyinme tarzında yenilik yapmak meselesi mevzuu bahis değildir. Milletimize bu hususta yeni şeyleri bellettirmek mecburiyeti karşısında değiliz. Belki ancak, dilimize, milletimize tarihimize zaten mevcut olan beğenilen âdetlere düzen vermek söz konusu olabilir. Biz başlı başımıza ferden her türlü şekilleri tatbik edebilir, kendi zevkimize, kendi arzumuza, kendi terbiye ve seviyemize göre istediğimiz kıyafeti seçebiliriz. Ancak bütün milletin kabul edeceği şekilleri, bütün milletin hayatında, genel anlayışında da aramak (...) lazımdır. Bazı milletlerin zevk âlemlerini memleketimizde tatbike kalkmak bittabi hatadır. Bu yol sosyal hayatımızı feyz ve fazilete ulaştırmaz...*" [1191]

Atatürk'ün kadın konusuna bakışı derinlemesine incelendiğinde, onun, dinin toplumsal yönüne büyük önem verdiği ortaya çıkmaktadır. Onun, dinin toplumsal bir gerçeklik olduğunu kabul ettiğini gösteren en açık delillerden biri, kadınların modernleştirilmesi konusunda "*İslami bakış açısını*" göz ardı etmemesidir.

Özet olarak Atatürk, Türk kadınını modernleştirirken, zannedildiği gibi sadece Batı kadınını örnek almakla kalmamış, İslam dininin kadın konusundaki çağdaş yorumundan da yararlanmıştır.

Atatürk, İslami duyarlılıkları da göz önünde bulundurduğu bir konuşmasında, Türk kadınlarına şöyle seslenmiştir:

"*... Eğer kadınlarımız, şer'in tavsiye, dinin emrettiği bir kıyafetle, faziletin icab ettirdiği hareket tarzıyla içimizde bulunur, milletin ilim, sanat, sosyal hareketlerine iştirak ederse, bu hali emin olunuz, milletin en mutaassıbı (yeniliklere karşı olanı) dahi takdir etmekten kendini alamaz. Bilakis, o halin aleyhinde söylenecek sözlere karşı, belki onun müteşebbislerinden daha fazla savunucu olur...*" [1192]

Atatürk, kadınlar hakkında yaptığı konuşmaların birçoğunda –daha önce de belirtildiği gibi– din ve kadın konusunu bir-

---
1191 ASD, C. II, s. 153 - 155.
1192 age. s. 153 - 155.

likte ele almıştır. Örneğin 2 Şubat 1923'te İzmir'de halka yaptığı konuşmada din ve kadın konusunda şunları söylemiştir:

"*Arkadaşlar, YARADIŞ KUDRETİ, insanları iki cins olarak YARATMIŞTIR; fakat bu cinsler yekdiğerinin lazımı ve tamamlayıcısı olarak YARATILMIŞTIR. Bunlar ayrı ayrı hiçbir şey değildir; fakat birleştikleri vakitte bir şeydir, çok büyük bir şeydir. Bütün insanlığın neslinin devam edebilmesinin kaynağıdır. Hazreti Âdem ile Hazreti Havva'nın nasıl yaratıldığına dair olan görüşler birbirine uymaz. Ben onlardan bahsetmek istemem; yalnız, herhangi bir başlangıç kabul edildikten sonra, ondan ve sonraki insanlığın geçirdiği safhalarda her ne görürseniz kadının eseridir.*" [1193]

Onun şu sözleri, kadına bakışının en güzel özetidir:

"*İnsanlığın geçirdiği safhalarda her ne görürseniz kadının eseridir.*"

ATATÜRK'ÜN DİNDE ÖZE DÖNÜŞ PROJESİ

> "*Dinsiz kimse olamaz. Bu genelleme içinde şu din veya bu din demek değildir. Tabiatıyla biz içine girdiğimiz dinin en çok isabetli ve çok olgun olduğunu biliyoruz ve imanımız da vardır; fakat bu inanışı nurlandırmak lazım, temizlendirmek, güzelleştirmek lazımdır ki, hakikatten kuvvetli olabilsin. Yoksa inanışımız çok zayıf insanlardan sayılı olur.*" [1194]
>
> Mustafa Kemal Atatürk (1923)

Din ile Barışık Bir Devrimci

Atatürk'ün, kendinden önceki büyük toplumsal dönüşümcülerden ve devrimcilerden en büyük farkı, **din konusu** üzerine eğilmiş olmasıdır. Dünya tarihine geçen devrimcilerin neredeyse tamamına yakını, toplumsal değişim projelerinde din olgusuna

---

1193 Sadi Borak, **Atatürk'ün Resmi Yayınlara Girmemiş, Söylev, Demeç, Yazışma ve Söyleşileri**, İstanbul, 1997, s. 175.
1194 2 Şubat 1923 İzmir'de Halkla Konuşma, Borak, **age.** s. 217.

–pozitif anlamda– Mustafa Kemal Atatürk kadar yer verme gereği duymamışlardır. Bu devrimcilerin büyük bir kısmı ya din olgusunu görmezlikten gelmişler, ya da dinin *"toplumu zehirleyen bir afyon, uyuşturucu"* olduğunu belirtip, kökünden söküp atmaya çalışmışlardır. Atatürk'le çağdaş olmaları açısından, **Lenin, Stalin** ve yakın dönem dünya siyasal tarihinin önemli devrimcileri buna örnektir. Bütün bu devrimci liderler, din olgusuna karşı adeta savaş açmışlar; dine sadece toplumsal (kamusal) alanda değil, kişisel alanda da müdahale etme ihtiyacı hissetmişlerdir. Toplumlarını, ekonomik, siyasi ve kültürel yönlerden kalkındırmaya çalışırken yaptıkları propaganda konuşmalarının ve verdikleri söylevlerin önemli bir bölümünü **dinin zararlarına** ayırmışlardır. Açıkça, ateistleştirme (dinsizleştirme) politikası takip etmişlerdir. Bu tür ateistleştirme politikasının uygulandığı ülkelerde bütün dinler ağır bir dille eleştirilmiştir.

Bu politikanın en canlı olduğu ülke, Lenin ve Stalin dönemlerindeki Sovyetler Birliği'dir. Bu dönemde Sovyetler Birliği'nde tüm dinlere karşı adeta bir savaş yürütülmüştür. Örneğin, 7 Nisan 1960 tarihli **Sovyestkaya Kırgıziya gazetesinde:** *"Allah'a inanmayınız. Bu bir aldatmadır"* başlığını taşıyan yazılı açıklamada şunlar söylenmiştir:

"Allah'a inanmayınız. Allah yoktur. Bu bir aldatmadır. Bu delaletten kurtulunuz. Yeni mutlu hayatın (komünizm) şuurlu kurucularının saflarında yer alınız." [1195]

Bu konudaki örnekleri çoğaltmak mümkündür. Sovyetler Birliği'nde, komünizmi yerleştirme döneminde eğitim programlarında "ateizmi" anlatan derslere yer verilmiş ve okul çağındaki öğrencilerin ateist eğitim konusunda verilen konferansları takip etmeleri zorunlu tutulmuştur.[1196]

Atatürk, kendisi gibi toplumsal dönüşüm gerçekleştirenlerden farklı olarak dinsizleştirme (ateistleştirme) propagandasına gizli ya da açık şekilde hiçbir zaman başvurmamıştır.

1195 Mehmet Saray, **Kırgız Türkleri Tarihi,** İstanbul, 1993, s. 63.
1196 age. s. 63.

Atatürk genelde dinlerle, özelde de İslam diniyle ilgilenmekten çekinmemiştir. Bu konuda çok sayıda kitap okuyarak "din gerçeğini" anlamaya çalışmıştır. Hatta bir zamanlar "ateistleştirme" politikası izlenen Rusya'daki Müslümanlarla bile ilgilenmiştir. Örneğin okuduğu bir kitapta Rusya'daki Müslümanlardan söz edilen şu cümleler dikkatini çekmiştir:

"*Geniş Rusya İmparatorluğu'nda iki milyon Müslüman var. Burada 5.483 cami ve 620 medrese veya üniversite bulunmaktadır. Yaklaşık 15.000 kişi dine bağlıdır.*"

Atatürk, önemli bulduğu bu paragrafı işaretlemiş ve satırların da **altını çizmiştir**.[1197]

Paul Gentizon, Atatürk devrimlerinden bahsederken, Ankara'nın din konusunda, ne 1789 Paris'ini, ne de 1917 Moskova'sını taklit etmediğini, zira Türkiye'de "akıl mabudu" namına hiçbir mihrap bulunmadığı gibi, İslam dininin "afyon" olduğuna dair hiçbir kitabe dikilmediğini belirtmiş ve bu nedenle Türk devriminin dışarıda zannedildiği gibi, **din aleyhtarı (antireligieus) olmadığını** kaydetmiştir.[1198]

Atatürk, herkesin vicdan özgürlüğüne sahip olduğunu belirterek inanıp inanmama seçimini, insanların hür iradelerine bırakmıştır. Bunun yanında, Türk toplumunun büyük bir çoğunluğunun Müslüman olduğu gerçeğinden hareket ederek son din olduğuna inandığı İslam dinini hurafelerden ve batıl düşüncelerden arındıracak çalışmalar yapmıştır. O, halkı dinsiz (ateist) olmaya değil, bilerek anlayarak inanmaya teşvik etmiştir.

29 Ekim 1923'te Fransız muhabir **Maurice Pernot**'un sorularına verdiği yanıtlar, Atatürk'ün din olgusunu toplumsal gerçeklik olarak kabul edip, insanların dindarlığından herhangi bir şekilde rahatsız olmadığını, hatta gerçek anlamda dindar olmayı teşvik ettiğini açığa çıkarmaktadır.

Pernot'un, "*Türkiye'nin siyasetinde dine aykırı bir teamül olacak mı?*" sorusuna Atatürk:

1197 **Atatürk'ün Okuduğu Kitaplar**, C. 19, s. 145.
1198 Paul Gentizon'un Türk devrimi hakkındaki görüşleri için bkz. Paul Gentizon, **Mustafa Kemal ve Uyanan Doğu**, 3. bs, Bilgi Yayınevi, Ankara, 1995.

"*Siyasetimizi dine mugayir (aykırı) olmak şöyle dursun, din nokta-i nazarından eksik bile hissediyoruz*" diye yanıtlamış ve şöyle devam etmiştir:

"*Türk milleti daha dindar olmalıdır. Yani bütün sadeliği ile dindar olmalıdır, demek istiyorum. Dinime, bizzat hakikate nasıl inanıyorsam, buna da öyle inanıyorum. Şuura muhalif, terakkiye mani hiçbir şey ihtiva etmiyor.*" [1199]

Atatürk, diğer devrimci liderlerin aksine, dinin gerçek anlamda öğrenilmesine, hükümlerinin yerine getirilmesine karşı değil; bilakis taraftardır. İslam dinini çok iyi tahlil eden Atatürk, **akıl ve ilim rehberliğinde** uygarlaşırken, hurafelerden arındırılmış İslam dininin ilerlemeye engel olmayacağını düşünmektedir.

Cumhuriyet'in ilk yıllarında devrimci kadronun dine karşı "olumsuz" yaklaşımları yok değildir. Atatürk de 1930 yılında "*Vatandaş İçin Medeni Bilgiler*" kitabında genelde dinleri özelde de İslam dinini eleştirmiştir. Daha önce de belirtildiği gibi Atatürk, dört bir yandan dinin en katı yorumlarıyla çepeçevre kuşatılmış "*bir ahret toplumunu*" yeniden "*bu dünyaya*" taşımak için akıl ve bilime vurgu yapmış, bunun için de en azından bir süreliğine dini eleştirmiştir. Bu doğrultuda genç Cumhuriyet, laik bir devletin oluşumu aşamasında dinin toplum üzerindeki aşırı etkisini kırmak amacıyla, kısmen "*din karşıtı*" olarak nitelendirilebilecek faaliyetlere fazla ses çıkarılmamıştır (Örneğin Dr. Abdullah Cevdet'in **din karşıtı** bazı yayınlarına müsaade edilmiştir). Ancak genç Cumhuriyet bu konuda aşırıya gidilmesine de asla izin vermemiştir. Nitekim yazılarında dine karşı ölçüsüzce, küçümseyici ve olumsuz ifadeler kullandıkları için yargılananlar vardır. 14 Kânunisani (Ocak) 1929 tarihli Vakit Gazetesi'ndeki bir haberde şöyle denilmektedir:

"*Kumandan oğlu Kasım Teyfik diye bir zat, 'Genç Düşünceler' adlı bir mecmua çıkarmaya başlayarak, dergisinin ilk iki sayısında (1 ve 8 Teşrinisani 1928) 'Hz. Muhammed'e açık mektup' başlığıyla bir yazı yayımlanınca, İslamiyeti tezyiften*

1199 ASD, C. II, s. 92, 93.

(değersiz göstermekten) ötürü, üçüncü ceza mahkemesinde yargılanmıştır." [1200]

Yine Cumhuriyet'in ilk yıllarında, alkollü içki imal edenler, evinde içki bulunduranlar ve sarhoş olanlar, tespit edilmeleri halinde, "Men-i Müskirat" (içki yasağı) Kanunu çerçevesinde devlet tarafından cezalandırılmışlardır.[1201]

Atatürk'ü diğer devrimcilerden, devrimlerini diğer devrimlerden ayıran; Atatürk devrimlerine farklılık katan noktaların başında, **din karşısında kayıtsız kalmaması** gelmektedir. Kayıtsızlık bir yana, Atatürk devrimlerinin birçoğu doğrudan dinle ilgilidir, Atatürk'ün İslam dinini öze döndürme amaçlı adımları incelendiğinde, onun aynı zamanda, Türkiye'de gecikmiş bir **dinsel dönüşüm hareketinin** öncüsü olduğu söylenebilir.

İSLAMI KUŞATMIŞ HURAFELER VE ATATÜRK

Atatürk, Türk toplumu üzerine çöken "hurafe" ve "batıl" bulutlarını dağıtmaya kararlıydı. Ona göre bu kara bulutlar ancak bilim ve eğitimin gücüyle dağıtılabilirdi.

Hurafelere Bulanmış Bir Toplum

Osmanlı Türklerinde Kuruluş ve Yükselme dönemlerinde akıl ve bilime önem verilmiştir. Örneğin İstanbul'un fethinden sonra Fatih Sultan Mehmet'in kurduğu Sahnı Seman Medreslerinde pozitif bilimlere geniş yer verilmiştir. Ancak Fatih Sultan Mehmet'in ölümünden sonra başa geçen II. Bayezit ve sonrasında Osmanlı Devleti akıl ve bilimi dışlamıştır. 16. yüzyılın sonlarından 19. yüzyılın sonlarına kadar Osmanlı'da adeta akıl ve bilim

---

1200 Vakit, 14 Kânunisani, 1929.
1201 Örneğin, evinde içki bulunduran Pipi'ye hapis cezası verilmiş, Maraşlı Simon oğlu Hamparson'a hem para hem de hapis cezası verilmiş, bir buçuk kıyye rakı nakletmesi sebebiyle Idosey'in oğlu Garbak İbrahim'e ceza verilmiş, alkol üretip, sarhoşluğu görüldüğü iddasıyla Hopalı Durak Mehmet yargılanmış, yine içki imal eden ve sarhoşluğu görülen Çankırılı Kadir'e ceza verilmiştir. BOA, Belge no: 2762, 93-15 / 7-31-8 / 030-18-1-1 / 01-09-1923. Bir süre sonra tüm bu cezalarda adli hata yapıldığına karar verilerek cezaların affı TBMM'ye arz edilmiştir.

unutulmuştur. Bilimin eksikliğinden doğan boşluğu "hurafe" ve "batıl" doldurmuş; İslam dini "hurafe" ve "batılla" kaplanmış; daha da kötüsü "hurafe" ve "batıl" din zannedilir olmuştur. Eğitim de bu durumdan nasibini almış ve zaman içinde temel eğitim kurumu olan medreseler pozitif bilimlere kapatılmıştır.

"Tıp ve hendese, Kanuni devrine kadar okutulmuş, ondan sonra Osmanlı medreseleri fıkıh, kelam, tefsir, hadis, gramer ve retorik okutan birer ilahiyat mektebi haline gelmiştir. Aristo'nun dört unsur (toprak, su, ateş, hava) nazariyesi, Batlamyus'un astronomi ve coğrafyası yine hâkimdir. Yazılan eserler, hep eskilerin açıklaması mahiyetindedir. Medrese âlimleri arasındaki tartışmalar, sadece nelerin insanı dinden çıkaracağına dairdir, ilmi düşünceden o kadar uzaklaşılmıştır ki, on yedinci yüzyıldan çok sonraları bile, medrese uleması arasında mesela, 'bir ipliği sinek pisliğine batırıp toprağa gömerseniz nane biter' şeklinde hezeyanlar yazanlar çıkmıştır." [1202]

Osmanlı toplumunda uzun süre bilimin ne derece göz ardı edildiğini ve din adı altında yapılan hurafeciliği açığa çıkaran yukarıdaki ifadeler hayli düşündürücüdür. Tıpkı Ortaçağ'da Avrupa'da olduğu gibi, kendini "din adamı" olarak adlandıranlar, dinle uzaktan yakından ilgisi olmayan hurafeleri ve batıl fikirleri korumak uğruna bilimin önüne set çekmişlerdir. Onlara göre bilim din dışıdır ve görüldüğü yerde ezilmelidir! Gelişmesine asla müsaade edilmemelidir. Oysaki bilimle çatıştığını zannettikleri şey, İslam dini değil, sadece hurafe ve batıldan ibaret olan bir dizi saçmalıktır.

Medreseler, sadece pozitif bilimlere kapılarını kapatmakla kalmamış, din eğitimi konusunda da büyük bir yetersizlik içine düşmüştür. Medrese çatıları altında, hurafeler, saçmalıklar din diye okutulmaya başlanmıştır. Medreselerden mezun olanlar, İslam dini diye "hurafe" ve "batılı" savunur hale gelmişlerdir.

Medreselerde, **don ve çakşır giymenin İslama uygun olup olmadığı, mezarlıkta yetişen ağacın meyvesinin yenip yenmeye-**

[1202] Erol Güngör, "Medrese, İlim ve Modern Düşünce", **Töre Dergisi**, Kasım 1980, S. 114, s. 11, 12.

ceği, elbiselerin güveden korunması için ceplerine ayetler yazılı kâğıtlar koymak gerektiği,[1203] hatta Osmanlı ordusu bir kaleyi kuşattığında, tünel kazmakla görevli lağımcıların toprağı sağa mı yoksa sola mı atmalarının dini açıdan daha uygun olup olmadığı tartışılmıştır.

17. yüzyılda Osmanlı uleması, hurafelerle ilgilenmekle meşguldür. Osmanlı tarihinde "Kadızadeliler" diye anılan ulemanın uğraştığı bazı konular şunlardır: Sigara ve kahve haram mıdır? Hızır Peygamber yaşamış mıdır? Firavun iman ile ölmüş müdür? Pozitif bilim ve matematik öğrenmek haram mıdır? Ezan, mevlit, vb. güzel sesle ve makamla mı okunmalıdır? Tarikat erbabı dönerek zikretmeli midir? Hz. Muhammed'in ana ve babasının iman derecesi nedir? Yezid'e lanet edilir mi? Cemaatle nafile namazı kılınır mı? Kadın sesi haram mıdır? Büyüklerin eli ve eteği öpülür mü?[1204]

Kadızadeliler, kaşık kullanmanın bile haram olduğunu, yemeğin elle yenmesi gerektiğini ifade etmekten çekinmemişlerdir.[1205]

Osmanlı'da medreselerdeki eğitim düzeyinin ne kadar düştüğünü, "din" adı altında, hurafelerin nasıl genç beyinlere enjekte edildiğini, M. A. Ubucini'nin şu ifadeleri açıkça ortaya koymaktadır:

"Medreselerde, mesela Ebubekir, Ömer ve Osman'ın Hz. Peygamber'in gerçek halifeleri olup olmadığı, yataktan kalkarken ayakların su ile yıkanması mı, yoksa çıplak elle mesh edilmesi mi daha doğrudur gibi konular okutulmaktaydı. Coğrafya, tarih ve tabii ilimler gibi konulara tamamen yabancı idiler." [1206]

1673 tarihinde Anadolu illerinin kadı ve naipliklerine gönderilen bir talimatta, o taraflarda, müftü, müderris, şeyh, vaiz,

---

1203 Turhan Olcaytu, "Dinimiz Neyi Emrediyor, Atatürk Ne Yaptı", s. 29 ve 95'ten naklen Mirkelamoğlu, **Din ve Laiklik**, s. 397.
1204 Abdullah Manaz, **Atatürk Reformları ve İslam**, İzmir, 1995, s. 142.
1205 Naima'dan naklen, Manaz, **age.** s. 142.
1206 M. A. Ubucini, "Türkiye 1850", s. 140'tan naklen, N. Mirkelamoğlu, **Atatürkçü Düşünce ve Uygulamada Din ve Laiklik**, s. 128.

imam hatip olarak görev yapanların, öğrencilerine, "şeriat tertibine" göre dini bilgileri öğretip, din ilmini diğer ilimlerin önüne geçirmeleri bildirilmiş ve dini ilimleri tamamlanmadıkça öteki gereksiz ilimlere başlanmaması istenmiştir.[1207] *"Din ilimlerini diğer ilimlerin önüne geçirmek"* ve *"dini ilimleri tamamlamadan öteki gereksiz ilimlere başlamamak"...* İşte 17. yüzyıldaki Osmanlı kafası... Koca bir imparatorluğun önce Batı'ya esir olmasına sonra da yıkılıp yok olmasına neden olan işte bu "gerici" Osmanlı kafasıdır.

Osmanlı Devleti'nde modernleşme çabalarının zirveye ulaştığı 19. yüzyılın ikinci yarısında bile, "hurafeleri" "din" diye topluma aktaran eserlere rastlanabilmektedir. 1862'de Mustafa Behçet Efendi ve kardeşinin ortaklaşa yayınladıkları *"Hazar Esrar"* (Bin Sır) adlı kitapta yer alan "Sözde Sırlar" ve "ilkel ilaçlar," Osmanlı toplumunda din adı altında hurafecilik yapıldığının en açık kanıtlarından biridir.

Bu kitaba göre:

– Çiçek hastalığından korunmak için çocuklara merkep sütü içirilmelidir.

– Suçlu bir kimseye bıldırcın dili yedirilirse, istintakta (sorguda) bütün suçlarını itiraf eder (61. Sır).

– Karnabahar tohumu dört sene sonra dikilse, bu tohumdan şalgam ve şalgam tohumu dört sene sonra dikilse, karnabahar çıkar (327. Sır).[1208]

Osmanlı toplumunda dinin hurafelerle kaplanmış olduğunu ortaya koyan örnekleri şöyle çoğaltmak mümkündür:

– Takiüddin adlı astronomi bilgininin İstanbul'da kurduğu rasathane, 1580'de Ahmet Şemsettin Efendi'nin, *"göklerin sırlarını öğrenmeye kalkışmanın bir küstahlık olduğunu"* ve *"rasathane kuran devletlerin zeval bulduğunu"* bildiren bir fetva yayınlamasıyla yıkılmıştır.[1209]

1207 Atatürk Yolu, s. 80'den naklen, Mirkelamoğlu, **age.** s. 128.
1208 Abdülhak Adnan Adıvar, **Osmanlı Türklerinde Bilim**, İstanbul, 1943, s. 195.
1209 Manaz, **Atatürk Reformları ve İslam**, s. 84.

- Coğrafya derslerinde harita göstermenin, şeriata uygun olup olmadığı tartışılmıştır.
- III. Mustafa, Prusya Kralı Frederick'e, Ahmet Rasim Efendi adlı bir elçi göndererek ondan üç müneccim istemiştir.
- İbrahim Müteferrika tarafından 1727 gibi geç bir tarihte, Osmanlı Türklerine ulaşan matbaada İslami eserlerin basımı, 5 Temmuz 1727'de yayımlanan bir fermanla yasaklanmıştır.[1210]
- 1774 Küçük Kaynarca Antlaşması'nı imzalamaya gelen Rus delegelerine, Şeyhülislam muska yazmıştır. Bunlar Rus delegelerinin geleceği yere gömülürse, Rus heyetinin ağzının, dilinin tutulacağına inanılmıştır.[1211]
- 1831'de İstanbul'da çıkan bir veba salgınında, gemilerin karantinaya alınması gündeme geldiğinde, *"Karantina denilen şey Frenk âdetidir; buna ehli İslam dininde riayet caiz değildir,"* şeklinde fetva yayınlanmıştır.[1212]
- Bir fıkıh kitabında, *"pırasa demekle maruf (olarak bilinen) olan nesneyi yemek helal mi? Ehli Cennet lisanı Arabî midir? Yoksa Farsi midir?"* şeklinde, sorular ve yanıtları yer almıştır.[1213]

İslam kültürüne giren ve tefsir kitaplarında yer alan hurafelerden bazıları da şunlardır:

1. Gökler bir meleğin omzunda dönmektedir. Dünya öküzün boynuzunda veya balığın sırtında bulunmaktadır. Depremler de bunların kıpırdanmasından oluşur.
2. Yıldırım ve gök gürlemeleri, bazı tefsircilere göre meleklerin bağırması ve kalplerinin kükremesidir. Yağmur da meleklerin ağlamasıdır.
3. Ay, Cebrail'in kanadı ile söndürülür ve nur halinde kalır.
4. Havva'ya, zor doğum yapma cezası verilmiştir.
5. Yılan, sürünmeyle cezalandırılmıştır.[1214]

1210 Fahir İz, **Eski Türk Edebiyatında Nesir,** İstanbul, 1964, s. 61.
1211 Manaz, **age.** s. 143.
1212 **age.** s. 143.
1213 İz, **age.** s. 88, 161.
1214 Manaz, **age.** s. 198, 199.

Bu ve benzeri hurafeleri çoğaltmak mümkündür. Ne bilimle ne de İslam diniyle bağdaşması mümkün olmayan bu saçmalıklar, yüzyıllar boyu insanların beynini sulandırmaktan başka bir işe yaramamıştır. Şüphesiz, Atatürk'ün birçok konuşmasında, *"boş inançlar"* olarak adlandırdığı şey, bu tür hurafeler ve batıl inanışlardır.

Bütün bu örnekler, Atatürk'ün neden İslam dininde öze dönüş projesi olarak adlandırılabilecek adımlar atma ihtiyacı hissettiğini daha iyi açıklamaktadır. Bu örnekler, Osmanlı toplumunda, uzun bir süre sadece bilimin değil, dinin de ihmal edildiğini ortaya kaymaktadır. Bu bakımdan Atatürk, Türk toplumunda hem bilimsel, hem de dinsel aydınlanmayı birlikte ele almıştır. Hurafelerden arınmış bir İslamın, bilimin önünde engel oluşturmayacağına inanan Atatürk, bilimsel aydınlanmanın ön şartının, dinsel aydınlanma olduğunu görmüş ve İslam dinini saran hurafelerle mücadeleye birinci derecede önem vermiştir.

OSMANLI'DA DİNDE ÖZE DÖNÜŞ ÇALIŞMALARI

Atatürk'ten önce "İslam dini ve hurafeler" konusuna bazı Osmanlı aydınları ve reformist düşünceli din adamları eğilmiştir. Osmanlı Devleti'nde, **Yeni Osmanlılar, Jön Türkler** ve **İttihat Terakki** dönemlerinde, İslamda öze dönüş olarak adlandırılabilecek bazı çalışmalar yapılmıştır.

19. yüzyılın sonlarında, Osmanlı'da "ileri görüşlü ulema" olarak adlandırılabilecek bazı kişiler, görüşlerini **Sırat-ı Müstekim**, (daha sonra **Sebiülreşad**) gibi yayın organlarında dile getirmişlerdir. Bu grubun önde gelen isimleri arasında şair **Mehmed Âkif (Ersoy)** de vardır. *"Mehmed Akif'in epik yapıtı Safahat, toplumsal-dini reform programını çağrıştırabilecek yönler taşımaktadır."* [1215]

Bu grubun diğer üyeleri arasında, **Mardinizade Ebulula, Bereketzade İsmail Hakkı, M. Şemsettin (Günaltay)** gibi eğitimli bazı Müslüman âlimler vardır.

1215 Şerif Mardin, **Bediüzzaman Said Nursi Olayı, Modern Türkiye'de Din ve Toplumsal Değişim**, s. 228.

Bu din âlimlerinden Özellikle M. Şemsettin (Günaltay), Atatürk'ün de yönlendirmesiyle, Cumhuriyet'in ilk dönemlerinde, İslam diniyle ilgili çalışmalar konusunda önemli roller üstlenmiştir. Atatürk, M. Şemsettin'in "*İslam Tarihi*" adlı eserini, önemli bulduğu yerlerin altını çizerek okumuştur.[1216]

M. Şemsettin, hurafelerden arındırılmış bir İslam anlayışının savunucusudur.[1217] 1914'te yayınlanan "**Zulmetten Nura**" adlı yapıtında, Osmanlı'da o dönemde geçerli olan İslamiyetin, yine o dönemde gelişen Batılı ideoloji açısından "ilerici" olan taraflarının tespit edilerek sahiplenilmesi gerektiğine yönelik bir program oluşturmuştur. M. Şemsettin, cumhuriyetin ilanından sonra da reformist anlayışını sürdürmüş, 1928'de **ibadet ve camilerin modernizasyonu amacıyla** İstanbul Darülfünunu bünyesinde kurulan komisyonun üyeleri arasında yer almıştır. Komisyonun hazırladığı öneriye göre dini törenler temiz ve düzenli bir şekilde yerine getirilecek ve ibadet dili Türkçe olacaktır; ayrıca dini hizmet verenler, Kur'an'ın toplumsal içeriğini kavramış kişiler olacaktır.[1218]

Atatürk'ün fikir kaynaklarından **Ziya Gökalp**'in din konusundaki yaklaşımıyla, **M. Şemsettin Günaltay**'ın din konusundaki yaklaşımı arasında benzerlikler vardır. Bu iki düşünürün, genelde din özelde de İslam dini konusundaki benzer görüşleri Atatürk'ün dikkatini çekmiştir.

Gökalp, İslamiyetin anlaşılmasından yanadır. Bu nedenle de dinde Türkçeleştirmeyi savunmaktadır.

"*Dini hem bir ulusal kolektif bilincin temeli, hem de kişisel etiğin bir öğesi olarak değerlendiriyordu... Gökalp'e göre, dualar Türkçe olmalıydı... Gökalp'in yöneliminin, kısmen mistiksufi kökenleri de vardı. Çalışmalarının ana temalarından biri, lanetlenmeye yönelik korkunun ve cennette ödüllendirilmenin yerine, içselleştirilmiş bir etiğin geçirilmesiydi.*"

1216 **Atatürk'ün Okuduğu Kitaplar**, C. 4, s. 437.
1217 Atatürk'ün sağlığında "*hurafelerden arındırılmış bir İslam'ı*" savunan M. Şemsettin Günaltay, Atatürk'ün ölümünden sonra Atatürk'ün Türk Tarih Tezi'ne karşı Türk İslam Sentezi'ni savunmaya başlamıştır!
1218 Mardin, **age.** s. 228.

19. yüzyılın sonlarında, gerek tekkede, gerekse medresede ortaya çıktığı biçimiyle Anadolu'daki İslamiyetin, batıl inançlarla hal ve hamur olduğu konusunda muhafazakâr ve ilerici Osmanlılar ortak kanıyı paylaşır görünmektedir. Ancak, işlerin bu duruma gelmesini açıklayan değişik nedenler ileri sürülüyor, değişik çözümler öneriliyordu." [1219]

19. yüzyılda bazı Osmanlı aydınları, İslam dininin asırlar boyunca batıl inançlarla ve hurafelerle kuşatılmış olmasını, **Asr-ı saadet** döneminden sonra, dinde **içtihat**[1220] **kapısının kapatılmış olmasına** bağlamışlardır. Onlara göre İslam dini gelişen ve değişen çağa uyum sağlama özelliğini yitirdiği için batıl inançların ve hurafelerin çekim merkezi haline gelmiştir. Onlara göre bu noktada yapılması gereken, asırlar önce kapatılan içtihat kapısını yeniden açmak ve bu sayede İslam dinine eski dinamizmini kazandırmaktır. Ancak o zaman Müslümanlar yeniden ilerlemeye ve gelişmeye başlayabileceklerdir.

"*Dinde yeniden yapılanma*" olarak adlandırılabilecek bu tarz görüşleri savunan 19. yüzyıl Osmanlı aydınlarından biri de Celal Nuri'dir.

Celal Nuri (İleri), "*Hevaic-i Kanuniyemiz*" (Gereksindiğimiz Yasalar) adlı kitabında bu konuda şunları yazmıştır.

"*İyice bilmeliyiz ki, bugün Müslümanlar bir içtihad yanlışından, bir apaçık hukuk gerçeğini anlayamadıklarından, çöküntüye gidiyorlar. Bilginler, bu gerçeği güzelce anlamalı ve İslam dünyasına anlatmalıdırlar.*

Göstermek istediğimiz gerçek şudur: Kurallar yer ve zamana bağlı olarak her vakit, belki her dakika değişir. Dünyada, tarihte bir hukuk kuralının değişmeden kaldığı görülmemiştir. Solon, Likurgos, Roma Kilise yasası, sözün kısası tüm yasalar değişip başkalaşmış, eskimiş ve yenileri yapılmıştır. Yasa, gereksinimleri düzenlemek için yapılır, yoksa gereksinimler eski yasalara uydu-

---

1219 age. s. 228, 229.
1220 İçtihat: Bir kimsenin bir şeyden anlam ve hüküm çıkararak o iş hakkındaki fikri, görüşüdür. Ferit Develioğlu, "İçtihat", **Osmanlıca-Türkçe Ansiklopedik Lûgat**, Ankara, 2001, s. 408.

rulamaz. İşte biz Müslüman düşkünler, yer çekimi yasası kadar sağlam, bilim ve matematik yasaları ölçüsünde güçlü bir değişim yasasını anlayamamışız. Dünyada kurulan her kural değişir. Bunun bir istisnası vardır: o da, 'zamanın değişmesiyle kurallar da değişir' diyen İslam kuralıdır.

Müslümanlarda, baskıcılık dönemlerinden kalma bir âdet var: Dinsel yasalar, evrenin sonuna değin gidecek, insanların durumlarını düzenleyecek sanıyoruz. Ey bilginler, size seslenirim! En büyük yasa koyucu Müslümanlığı düzenlediği vakit, bundan amacı, kuşkusuz insanlığın o günkü ve gelecekteki mutluluğu idi. Oysa görüyoruz ki, çağımızda İslam, mutlu olacağına mutsuzdur. Demek ki, o ulu yasa koyucunun amacı gerçekleşemiyor. İslam dünyası nasıl gönence ulaşırsa, hangi yasaların uygulanması ile yükselebilirse, asıl İslam yasaları işte o yasalardır. Yoksa bin yıl önce, dört imamın çıkardığı ve gerçekten de kendi zamanlarında Müslümanların mutluluğunu sağlamış olan kurallar, bugün bize gerekli olan İslam hukuku değildir.

"'Zamanın değişmesiyle kurallar da değişir' ilkesinin sınırlı bir bölüm kurallar için geçerli olabileceğini öne süren anlayış, dine de, fetvalara da, halifelerin uygulamalarına da, akıl ve mantığa da, tarihsel yasalara da, yasaların ruhuna da aykırıdır..." [1221]

Celal Nuri'nin ileri sürdüğü bu görüşler, bir bakıma 19. yüzyılda İslam dini ve modernleşme üzerine kafa yoran Osmanlı aydınlarının birçoğu tarafından paylaşılmaktadır. Tarih boyu Müslümanların en büyük sorunlarından biri, belki de birincisi, "*İslami hükümlerin değişen ve gelişen çağa paralel yeniden yorumlanıp, yorumlanamayacağı*" sorusuna bir türlü yanıt bulunamamasıdır. Oysaki Celal Nuri gibi 19. yüzyıl Osmanlı aydınları, bu sorunun yanıtını çoktan vermişlerdir: Onlara göre Müslümanların kurtuluşu, İslami hükümleri yeniden ve çağın şartlarına göre yorumlamakla mümkündür.

Jön Türklerin dinsel konulardaki reformları, ilerici düşünceye paralel geliştirilen bir program doğrultusunda gerçekleşti-

---

1221 Ozankaya, **Cumhuriyet Çınarı**, s. 62, 63.

rilmiştir. Dikkat çekici nokta, bu dönemde bazı dinsel reform projelerinin düşünceden uygulamaya da geçirilmiş olmasıdır. **İttihat ve Terakki** iktidarı döneminde medrese müfredatının yeniden düzenlenmesi, kadıların eğitimi için okulların açılması (Medresetü'l Kuzzat), vaiz okullarıyla (Medresetü'l Vaizin), dini hayır kurumlarının açılması ve medreselerin yönetimine ilişkin olarak yeni yasal düzenlemelere gidilmiştir. Vaiz olabilmek için gereken eğitim düzeyi yükseltilmiştir. 1917 yılında, aile hukuku yeni düzenlemelere tabi tutulmuştur. İslami kurumların reformu, **Dar-ül Hikmet-ül il-İslamiye** adında bir **İslam Akademisinin** kurulmasıyla devam etmiştir. Bu akademinin, vaaz örnekleri, ilmihaller, medreseler için el kitapları hazırlamak ve ilahiyat öğretimi açısından gerekli İslami klasikleri yayınlayarak yaygınlaştırmak gibi görevleri vardır.[1222]

Bazı Jön Türk aydınları İslam dini konusunda daha radikal ıslahatlar yapılmasını istemişlerdir. **Peyami Safa'ya** bakılacak olursa, yıllar sonra Atatürk'ün gerçekleştireceği pek çok **dinsel yenilik** Jön Türk aydınları tarafından da düşünülmüş; fakat bir türlü düşünceden uygulamaya geçirilememiştir:

"Birer tembellik yuvası olan bütün tekkeler ve zaviyeler ilga olunmalı (kaldırılmalı); medreseler kapatılarak yerlerine College de France tertibinde bir ulumu edebiye (edebi ilimler) medresesi yapılacağı gibi, Fatih Medresesi yerine Ecole Politechnique tarzında diğer bir medrese-i âliye vücuda getirilmeli; sarık sarmak ve cübbe giymek yalnız din adamlarına mahsus kılınmalı; evliyaya nezirler (adaklar) yasak edilmeli; okuyucu, üfleyici, sıtma bağışlayıcılar kâmilen tenkil edilmeli; (ortadan kaldırılmalı) ahalinin şer'i şerife mugayir (halkın şeriata aykırı) bazı itikatları (inançları) tashih olunmalı (düzeltilmeli). (Mesela, softaların ve cahil şeyhlerin söyledikleri: 'Canım, dünya fani değil mi ya? Aza kanaat edip, cem'i mal etmeyiniz. (mal biriktirmeyiniz) ahirette o altınlar hep derinize yapışacaktır) gibi herzelere ve maskaralıklara kimsenin kanmaması sağlan-

---

1222 Mardin, Bediüzzaman Said Nursi Olayı, s. 229, 230.

malıdır. Binaların üstüne asılan 'ya hafız' levhalarının altına bir de herhangi bir sigorta kampanyasının ismi yazılmalıdır. Şer'i mahkemeler ilga ile nizam-i mahkemeler ıslah olunmalıdır..." [1223]

İslam dininde yenilik yapılması gerektiği konusunda Jön Türk aydınlarını derinden etkileyen pek çok İslam alimi vardır. Bu İslam alimleri içinde **Şeyh Cemalettin Efgani (1838-1897)** ve **Şeyh Muhammed Abduh (1849-1905)** çok önemli bir yere sahiptir.

Muhammed Abduh'a göre, "*Müslümanlar İslamlığı kaybetmiş ve din adına hurafelerin esiri olmuşlardı. Müslümanlığı, peygamber zamanının 'o saf' haline kavuşturmak gerekmekteydi. Batı'nın tekniğini ve pozitif ilimlerini alarak Müslümanlığı kuvvetlendirmek*" gerekmekteydi.[1224]

Abduh, İslamın hurafelerle kaplandığını, Müslümanların ilerlemeleri için İslamı çepeçevre kuşatan bu "hurafelerin" ayıklanması gerektiğini ileri sürmüştür.

Abduh, öncelikle dinin kaynağı, özü **Kur'an'a inmeyi**, onun dışında hiçbir şey kabul etmemeyi, Hz. Muhammed dönemindeki ilk Müslümanların inançlarını esas alarak, sonradan bazı uydurmalarla, geleneklerle dine giren hurafeleri ve yanlış inanışları ortadan kaldırmak gerektiğini belirtmiştir.

Abduh'a göre İslam dininde geniş bir "hoşgörü anlayışı" vardır. Abduh, Şiilik, Sünnilik gibi mezheplerin ve tarikatlerin dinde yeri olmadığını düşünmektedir. Hatta Allah tarafından gönderilmiş olan tüm ilahi dinlerin temelde ortak esaslar taşıdığını iddia etmiştir:

"*Gerek bizden önce gelen ve gerek gelecek olan insanlar için ancak bir din vardır; bu din, yolun dış şekilleriyle birbirinden ayrılır. Fakat ruhu ve Peygamberler ağzından bildirilen gerçeği asla değiştirmez! Bu gerçek, Allah'a gönül temizliği ile inanmak ve birbirini elinden geldiği kadar hayır işlemeye, kötülükten kaçınmaya teşvik etmekten ibarettir.*" [1225]

1223 Peyami Safa, **Türk İnkılâbına Bakışlar**, s. 51 - 55.
1224 A. Adnan Adıvar, **Tarih Boyunca İlim ve Din**, s. 495.
1225 age. s. 497.

Muhammed Abduh, İslam dininin akılcı bir din olduğuna inanmaktadır. Abduh'a göre aklın, mantığa uymayan şeyi kabul etmesi beklenmemelidir. Hatta *"eğer Peygamberin söylediği şeylerde akla uymayan bir yön varsa, onun dış anlamının gerçek anlamı olmadığını düşünerek, gerçeği o sözler arasında bulmaya çalışmak veya bu noktada işi Allah'a ve onun ilmine bırakmak yolları vardır."* [1226]

Cemaleddin Efgani ve Muhammed Abduh, *"İslamda öze dönüş projesi"* diye adlandırdığımız dinde yenilik hareketinin Atatürk'ten önceki en önemli savunucularındandır.

İslam dininin hurafelerle kaplandığı, akıl ve bilimin Müslümanlar tarafından ihmal edildiği her iki İslam aliminin de ortak düşüncesidir.

Ergani ve Abduh, Jön Türk hareketi içinde olmamalarına rağmen, Jön Türklerin İslam dini konusundaki düşüncelerini derinden etkilemişlerdir.

Osmanlı Devleti'nde hemen her dönemde, "aydın" veya "ilerici" olarak adlandırılabilecek bir ulema sınıfı var olmasına rağmen, bu sınıf genelde "softa" veya "gerici" olarak adlandırılabilecek ulema sınıfının gölgesinde kalmıştır; fakat 19. yüzyılda İslam ve modernizm konusunda düşünce üreten aydınların, "ilerici" Osmanlı ulema geleneğinden yararlanmış olma ihtimalleri hayli yüksektir.

Osmanlı'da ulemanın hep yeniliklere karşı olduğu yönündeki klasik tezi doğrulayacak çok sayıda örnek verilebilse de ulema içinde birçoklarının *"reformcu sultanlarla işbirliği içinde çalıştıkları da göze çarpar."* [1227]

Örneğin, daha III. Selim döneminde Şeyhülislam Ahmet Esat Efendi, Selim'in reformlarına onay vermiş; fakat "gerici" ulemanın hücumuna uğramaktan da kurtulamamıştı. Yine, III. Selim'e sunulan reform taslaklarından biri, dini sınıfın üyesi olan Tatarcık Abdullah Molla'ya aittir. Yine, Beşiktaş Cemiyeti'nin felsefe

---

1226 age. s. 497.
1227 Mardin, **Yeni Osmanlı Düşüncesinin Doğuşu**, s. 244.

okutmanı olan Kethüdazade Arif Efendi'nin uğraştığı konuların yarısından çoğunu, geometri, astronomi ve felsefe gibi modern ilimler oluşturmaktadır. Türkçe bir matbaa kurulmasına ilk kez izin verildiğinde, "sözlüklerin tarih, felsefi ilimler, astronomi ve coğrafya ile ilgili eserlerin" basılmasına nezaret edecek olan komisyon, "ilerici" ulemadan oluşturulmuştur. 1734'te Mekteb-i Mühendishane kurulduğunda, cebir ve geometri "ilerici" ulema tarafından okutulmuştur. Bu okul için Fransa'ya deney araçları siparişi veren, yine ulemadan Pirizade adlı bir alimdir.[1228] Sultan Mahmut'un hükümdarlığı sırasında gerçekleştirilen reformları, ulemadan Keçecizade ve Şeyhülislam Arif Hikmet Bey olumlu birer adım olarak görmüşler ve reformların gerçekleşmesine yardım etmişlerdir. Ayrıca, Osmanlı'da eğitimin modernizasyonuna bizzat yardımcı olan ulema mensupları vardır.[1229]

Osmanlı modernleşmesi, yeniliklere karşı gelen *"reaksiyoner ulema"*yı[1230] ıslah etmek için de çaba sarf etmiştir. Bu amaçla Hoca Tahsin Efendi, Reşit Paşa tarafından, "Batılı bir ulema eliti meydana getirmek amacıyla, tabii ilimler öğrenmek üzere Fransa'ya gönderilmiştir. Tahsin Efendi burada on iki yıl kalmıştır."[1231] Hoca Tahsin Efendi, daha sonra Darülfünun Dekanlığı'na atanmıştır. Bir fizik deneyi ile ilgilenmesi, onu çok geçmeden "gerici ulema"nın boy hedefi haline getirmiştir:

"Vakum (boşluk) kavramını açıklamak için, cam bir fanusun altına bir güvercin koymuştu. Kabın havasını boşaltmaya başlayıp da kuş öldüğünde, Tahsin Efendi maksadını ispatlamış olduğunu düşünmekteydi. Oysa yaptığı şey, onu sihirbazlık ithamlarına maruz bıraktı. Böylelikle, zındık olmakla suçlandı; derslerini bırakmak zorunda kaldı ve sonunda azledildi." [1232]

"Açık fikirli" Osmanlı ulemasının ilerici yaklaşımları ve çalışmaları "reaksiyoner ulemanın" baskısı yüzünden 19. yüzyılın

---

1228 age. s. 244, 245.
1229 age. s. 245, 246.
1230 Şerif Mardin, *"Reaksiyoner ulema"* tabirini, yeniliklere karşı ulema için kullanmıştır. age. s. 244.
1231 age. s. 250.
1232 age. s. 250.

ikinci yarısında iyice azalmıştır; fakat her şeye rağmen, özellikle **Yeni Osmanlı aydınları,** bu "açık fikirli" ya da "ilerici" Osmanlı ulemasının varlığından güç, düşüncelerinden de ilham almıştır.

İslam dini ve Batılılaşma konusunu birlikte ele alan Yeni Osmanlı aydınları için ulema içinde **açık fikirli** din adamlarının bulunması, onlara projelerini hayata geçirme noktasında kolaylık sağlayabilirdi. İlerici ulema ve Yeni Osmanlı aydınları, İslamın hurafelerle kaplandığı noktasında ortak düşünceye sahiptiler. Bu nedenle, öncelikle yapılması gerekenin, İslamın saf halini yeniden açığa çıkarmak olduğuna inanıyorlardı.

Osmanlı'nın son dönemlerinde İslamın hurafelerle kaplandığı, hem bir kısım muhafazakâr hem de ilerici ulema tarafından kabul edilmektedir. Bu nedenle, Jön Türklerin ve İttihat Terakki'nin modernleşmeci faaliyetleri arasında, İslam dini ile ilgili çalışmalar da yer almış ve reformist bir anlayışla, İslam dini yeniden değerlendirilmiştir. Atatürk ise, bu konuda daha önce başlatılmış çalışmaları, bir devrimci mantığıyla devam ettirmiştir.

ATATÜRK VE DİN EĞİTİMİ

Atatürk modernleşmesini dinamik kılan, bu modernleşme hareketine süreklilik kazandıran, eğitimdir. Yeniden yapılandırılmış, akıl ve bilimi temel yol göstericiler olarak kabul eden, hurafelerden ayıklanmış çağdaş bir eğitim...

"Dolayısıyla bizim takip edeceğimiz maarif (eğitim) siyasetinin temeli, evvela mevcut cehaleti gidermektir." [1233]

Atatürk, *"Toplumun muasır medeniyet düzeyine ulaşmasının"* ancak çağdaş bir eğitimle mümkün olacağını düşünmüştür. Çağdaş eğitim için öncelikle eğitimin eski yapılanmasını ortadan kaldırmak gerekmektedir. Bu nedenle Cumhuriyet'in ilk yıllarında dinsel ağırlıklı eğitime son verilerek laik eğitime geçilmiştir. Ancak eğitimin laikleşmesi sürecinde din eğitimi ihmal edilmiştir.

Genç Cumhuriyet, eğitimde laikleşmeyi sağlarken zaman zaman güçlüklerle karşılaşmıştır. Rejim karşıtları hemen hareke-

---

1233 Atatürk'ün Bütün Eserleri, C. 12, s. 283.

te geçerek cumhuriyetin çağdaş, laik eğitim politikalarına karşılık, dinsel karakterli alternatif bir eğitim programı için çalışmaya başlamışlardır. Cumhuriyet, eğitimi modernleştirmekle uğraşırken, dinsel eğitiminin ihmal edilmesi, zamanla rejim karşıtlarının en büyük kozlarından biri haline gelmiştir. Boş kalan dinsel eğitim alanını **rejim karşıtı güçler** doldurmuş ya da doldurmaya çalışmış; böylece bozuk dinsel eğitim, yasa dışı yollardan sürdürülmüştür. Gizli gizli açılan Kur'an kurslarının sayısı gün geçtikçe artmış, bu kurslarda çoğunlukla doğru dürüst din eğitimi alamayan gençler, yanlış ve eksik dini bilgilerle donanmış rejim karşıtları olarak yetişmişlerdir.

Osmanlı eğitim hayatındaki hareketlenme 18. yüzyılın sonlarında, Osmanlı ordusunun subay, teknik eleman ihtiyacını karşılamak üzere askeri teknik ve ihtisas okullarının açılmasıyla başlamıştır. Tanzimat Dönemi'nde Batı tarzı çağdaş eğitim veren okullar açılmaya başlanmış, Marif-i Umumiye Nizamnamesi'yle eğitim öğretimde bazı düzenlemeler yapılmış, Meşrutiyet Dönemi'nde de medreseler ıslah edilmeye çalışılmış ancak tüm bu çalışmalara rağmen eğitimde modernleşme gerçekleştirilememiştir.

19. yüzyılda Osmanlı'da üç farklı tip eğitim öğretim kurumu vardır: 1. Eski tarz eğitim öğretim veren kurumlar, 2. Batı tarzı eğitim öğretim veren kurumlar, 3. Azınlıklar ve misyonerler tarafından kurulan yabancı eğitim kurumları... Osmanlı modernleşmesi, eski eğitim kurumlarını ortadan kaldırmaya ve azınlık, misyoner okullarını kontrol etmeye cesaret edememiştir. Bu nedenle, yeni eğitim kurumları yanında, geleneksel eğitim veren eski eğitim kurumları da varlığını sürdürmüştür. Böylece eğitimde eski ve yeninin yan yana bulunduğu ikili, "düalist" bir yapı ortaya çıkmıştır.

İşte Atatürk, **Tevhid-i Tedrisat Kanunu** ile Türkiye'deki tüm eğitim öğretim kurumlarını Milli Eğitim Bakanlığı'na bağlayarak, eğitimdeki bu ikili yapıyı ortadan kaldırmıştır.

Atatürk'ün eğitim devrimiyle, Türkiye'de **ulusal, laik ve bilimsel** eğitime geçilmiştir.

Atatürk, İslam dünyasındaki sorunların temelinde eğitimin "çağdaş" ve "ulusal" olmamasının yattığını düşünmektedir:
"Efendiler, yeryüzünde üç yüz milyonu aşkın İslam vardır. Bunlar, ana-baba, hoca eğitimiyle eğitim ve ahlak almaktadırlar. Ne yazık ki gerçek durum şudur ki, yeryüzündeki yüz milyonlarca Müslüman yığınları şunun ya da bunun tutsaklık ve aşağılayıcılık zincirleri altındadırlar. Aldıkları manevi eğitim ve ahlak, anlara tutsaklık zincirlerini kırabilecek insanlık niteliğini vermemiştir, veremiyor. Çünkü eğitimlerinin hedefi ulusal değildir."

3 Mart 1340/1924'te, 430 sayılı **Tevhid-i Tedrisat Kanunu** yürürlüğe girmiş ve kanunun birinci maddesi gereğince Türkiye'deki bütün eğitim ve öğretim kurumları Maarif Vekâleti'ne (Eğitim Bakanlığı'na) bağlanmıştır. Bu şekilde, daha önce Şeriye Vekâleti'ne bağlı olan **medreseler** ortadan kaldırılmıştır.

Tevhid-i Tedrisat Kanunu çıktığı zaman ülkedeki medrese sayısı 479'dur. Bu medreselerde 18 bin öğrenci vardır. Ayrıca orta dereceli okullarda 7 bin, yükseköğrenimde ise 3 bin öğrenci kayıtlıdır. [1234]

Eğitim öğretimin birleştirilmesi amacıyla hazırlanan kanun teklifinin gerekçelerini, teklif sahipleri Saruhan Mebusu Vasıf Bey ve arkadaşları şöyle tespit etmişlerdir:

"Bu devletin genel eğitim ve öğretim siyasetinde milletin fikir ve duygu itibariyle birliğini temin etmek için eğitimin birleştirilmesi, en doğru, en bilimsel, en çağdaş ve her yerde faydaları ve iyilikleri görülmüş bir ilkedir. 1225 (1839) Gülhane Hattı Hümayunu'ndan sonra açılan Tanzimat-ı Hayriye Devrinde, eski Osmanlı Devleti'nde eğitimin birleştirilmesine de çalışılmış ise bunda muvaffak olunamamış ve aksine bu konuda bir ikilik bile ortaya çıkmıştır. Bu ikilik, eğitim ve öğretimin birleştirilmesi açısından birçok zararlı sonuç doğurmuştur. Bir milletin

---

1234 Turhan Feyzioğlu, "Atatürk ve Fikir Hayatı", **Atatürk İlkeleri ve İnkılâp Tarihi**, II. Bölüm, Ankara, 1986, s. 160.

insanları ancak bir terbiye görebilir. İki türlü terbiye bir memlekette iki türlü insan yetiştirir. Bu ise, duygu ve fikir birliği ve uyumu amaçlarına tamamen karşıdır. Kanun teklifimizin kabulü sonucunda Türkiye Cumhuriyeti içerisindeki bütün eğitim kurumlarında, bütün okullarda, cumhuriyetin eğitim siyasetinden sorumlu ve eğitimimizi duygu ve fikir çerçevesinde ilerletmeye memur olan Maarif Vekâleti, müspet ve birleşmiş bir eğitim siyaseti uygulayacaktır."[1235]

Atatürk, insanların bilgisizlik yüzünden boş inançlara, telkin ve uydurmalara kolayca inanıp kapıldığı bir dönemde, cehaletin ortadan kaldırılması için çağdaş eğitimin zorunlu olduğu düşüncesindedir. Tevhid-i Tedrisat Kanunu ile eğitim öğretimdeki ikiliği ortadan kaldırarak kafasındaki yeni (çağdaş, laik ve milli) toplum modeline uygun bir eğitim sistemi için ilk adımları atmıştır.

Tevhid-i Tedrisat Kanunu'nun 4. Maddesi, ilk aşamada Cumhuriyet'in bir din eğitiminin olacağını belirtmektedir. Bu eğitimin sınırları şöyle çizilmiştir:

"Madde 4: Maarif Vekâleti yüksek diyanet mütehassısları yetiştirmek üzere Darülfünun'da bir İlahiyat Fakültesi tesis ve imamet, hitabet gibi hidemat-ı diniyenin (din hizmetlilerinin) ifası vazifesiyle mükellef memurların yetiştirilmesi için, ayrı mektepler küşat edecektir (açacaktır)."[1236]

Görüldüğü gibi genç Cumhuriyet'in amacı **dini eğitimi tamamen yasaklamak değildir**. İlk aşamada din eğitiminin, aydın din âlimleri ve din görevlileri yetiştirecek ve halkın temel dinsel ihtiyaçlarını karşılayacak nitelikte olması düşünülmüştür. Medreselerin kapatılmasıyla dinsel eğitim alanında doğacak boşluğun kanunun 4. maddesiyle doldurulmasına çalışılmıştır. Tevhid-i Tedrisat Kanunu'nun 4. maddesine dayalı olarak, 1924 yılında İstanbul Darülfünunu'nda bir **İlahiyat Fakültesi** ile değişik il merkezlerinde 29 **İmam Hatip Okulu** açılmıştır.[1237]

1235 B. Sıtkı Yalçın - İsmet Gönlüal, **Atatürk İnkılâbı**, Ankara, 1984, s. 97, 98.
1236 age. s. 94, 306.
1237 Ahmet Gürtaş, **Atatürk ve Din Eğitimi**, Ankara, 1982, s. 79.

Atatürk, din eğitimi ve İlahiyat Fakültesi konusunda şunları söylemiştir:

"*Mekteplerimizde ve bütün kültür kurumlarımızda milli eğitim esas kabul edilmiştir. Tuttuğumuz yol budur. Çocuk din eğitimini ailesinden alacaktır. Bu arada İlahiyat Fakültesi gibi dini eğitimi takviye edecek kurumlar da kurmak üzereyiz.*"

İlahiyat Fakültesi, 1927-1928 yıllarında ilk mezunlarını vermiştir. Fakülte 53 öğrenciye sahiptir. Bu öğrenci sayısı, 1929-1930'da 35'e, 1930-1932'de 22'ye düşmüştür.

1933 üniversite reformuyla, İlahiyat Fakültesi "*İslam Araştırmaları Enstitüsü*"ne dönüştürülmüştür. Bu kanundan sonra bazı **Kur'an kursları** da varlığını sürdürmeye devam etmiştir.

Cumhuriyet'in ilk **Kur'an Kursu** bizzat Atatürk'ün emriyle açılmıştır. Atatürk'ün kütüphanecisi Nuri Ulusu, anılarında, "*(Atatürk), Hafız Yaşar'ı Süleymaniye Camii'nde açılan ilk Kur'an kursuna hoca tayin etmişti*" demektedir.[1238]

1930-1933 yılları arasında Diyanet İşleri Başkalığı'na bağlı dokuz "**Daru'l Kurra**" (Hafız ve Kur'an Kursu)'da, 9 öğretmen ve 232 öğrenci vardır.

1936-1937 öğretim yılında 16 Kurs, 14 öğretmen ve 372 erkek, 37 kız öğrenci mevcuttur. [1239]

İmam Hatip okulları ise zaman içinde kapanmıştır. 1924 yılında İmam Hatip okullarında 2258 öğrenci, 300'den fazla öğretmen mevcuttur. Mezun olanlar sadece İmam hatip görevi aldıklarından, zaman içinde öğrenci yetersizliği dolayısıyla bu okullar kapatılmıştır. İmam Hatip okulları,

1924-1925'te 26'ya,
1925-1926'da 20'ye,
1926-1927'de 2'ye düşmüş,
1931-1932'den sonra da İmam Hatip Okulu açılmamıştır.[1240]

Öğrenci yetersizliği dolayısıyla kapatılmak zorunda kalınan bu okullar, 1949 yılında CHP tarafından yeniden açılacak, **Demokrat Parti** iktidarı döneminde ise sayıları gün geçtikçe artacaktır.

1238 Ulusu, **age.** s. 190.
1239 Gotthard Jaeschke, **Yeni Türkiye'de İslamcılık**, Ankara, 1972, s. 76.
1240 Manaz, **age.** s. 167.

Bu arada, din dersleri de 1924'ten sonra çeşitli düzenlemelerle 1939 yılına kadar okul programlarındaki varlığını sürdürmüştür.

- 1924 yılında, ilkokul programlarında, birinci sınıf hariç, ikişer saat din dersi.[1241]
- 1926 yılında, üçüncü sınıftan itibaren haftada birer saat din dersi...
- 1930 yılında, beşinci sınıflarda haftada yarım saat din dersi...

Atatürk'ün ölümünden sonra ilk ve orta dereceli okullardan din dersleri tamamen kaldırılmıştır.

1949 yılında din dersleri yeniden okul programlarındaki yerini alacaktır.[1242]

Görüldüğü kadarıyla, Atatürk Türkiyesi, din eğitimi konusunda yetersiz kalmıştır. Teoride, Atatürk başta olmak üzere Cumhuriyet ideologları, din eğitiminin öneminden bahsetmiş olmalarına rağmen, pratikte bu konuya gereken önemi verememişlerdir. 1924 yılından sonra din derslerinin kademeli olarak azaltılması ve 1932'den sonra da okul programlarından neredeyse tamamen kaldırılması, genç Cumhuriyet'in din eğitimi konusunda bazı çekincelerinin olduğunu ve kararsız davrandığını göstermektedir.

Atatürk'e göre her bireye dininin inanç esasları ve davranış ilkeleri sağlıklı bir şekilde okulda öğretilmelidir:

"*Bizde ruhbanlık yoktur, hepimiz eşitiz ve dinimizin hükümlerini eşit olarak öğrenmeye mecburuz. Her kişi dinini, din işlerini, imanını öğrenmek için bir yere muhtaçtır. Orası da okuldur.*"[1243]

1241 Köy okullarında din dersleri hep devam etmiştir. İlkokullarda ve köy okullarında Talim Terbiye Dairesi'nin 88 No'lu kararı ile 1930-1931 yıllarından itibaren hazırlanan "Cumhuriyet Çocuğunun Din Dersleri" adlı kitap okutulmuştur. (Ayrıntılara bkz., Cengiz Özakıncı, "*Müslüman Atatürk*", **Bütün Dünya dergisi**, S. 2011/06, s. 34-40)

1242 age. s. 165 - 167. 1967 yılında liselere seçmeli din dersi konulmuştur. 1974'te ise ortaokul ve liselere zorunlu ahlak dersi konulmuştur. 12 Eylül 1980 askeri darbesinden sonra din dersi, bir anayasa hükmüyle zorunlu olmuştur. Akşin, **Kısa Türkiye Tarihi**, s. 246. (dipnottan).

1243 ASD, C. II, s. 94.

Atatürk'ün eğitim anlayışında "çağdaş din eğitiminin" çok önemli bir yeri vardır. Atatürk, Cumhuriyet'in eğitim politikasının birinci amacı içinde "din eğitimine" de yer vermiştir:

"*...Genel olarak bütün köylüye okumak, yazmak ve vatanını, dinini, dünyasını tanıtacak kadar coğrafi, tarihi, dini, ahlaki malumat vermek ve dört işlemi öğretmek maarif programımızın ilk hedefidir.*" [1244]

Atatürk'e göre eğitimin amaçlarından biri, "*milletin bütün fertlerini, ait olduğu toplumun milli, ahlaki, insani, manevi ve kültürel değerlerini benimseyen, koruyan ve geliştiren yurttaşlar olarak yetiştirmektir.*"

Atatürk, teorik anlamda din eğitimine taraftar olmasına rağmen, Cumhuriyet'in ilk yıllarında bunu pratiğe aktaramamıştır. Kanımca, dönemin hassas koşulları, laikliğin yeterince anlaşılamaması, din eğitimi konusunda gereken adımların atılmasını engellemiştir. Ayrıca Atatürk, din eğitiminden önce, "neyin din diye okutulacağının" tespit edilmesi gerektiğini düşünmüştür. O, asırlardır yapılan yanlışları tekrarlayarak, hurafeleri genç beyinlere aktarmak istememiştir. Dahası Atatürk, asırlardır her şeyi dinle açıklayan, dini aklın ve bilimin önüne koyan bir "ahret toplumuna" her şeyin dinle açıklanamayacağını göstermek, akıl ve bilimin önünü açmak için bilinçli olarak bir süreliğine her türlü din eğitimine ara vermiştir. Bu nedenle, din eğitimi ikinci plana atılmış; öncelik genç nesillere aklın ve bilimin öneminin kavratılmasına ve İslamı hurafelerden arındıracak çalışmalara verilmiştir.

Birçok konuda geçişlerin yaşandığı Cumhuriyet'in ilk yıllarında, din eğitimi konusunda da bir geçiş dönemi yaşanmıştır. Bu bakımdan, bu dönemde din eğitiminin ihmal edildiği, bunun da bazı sorunlara yol açtığı, inkâr edilmez bir gerçektir.

Atatürk de bu ihmalin farkındadır."*... Biz dini eğitimi aileye bıraktık... Çocuk dini eğitimini ailesinden alacaktır*" derken aslında devletin din eğitimi konusundaki yetersizliğini ifade

---

1244 **Atatürk'ün Bütün Eserleri**, C. 12, s. 283.

etmektedir. Bu nedenle Atatürk, din eğitimi konusunda aileleri göreve çağırmış ve çocuklarına ilk dini bilgileri ailelerin verebileceklerini belirtmiştir:

"*Hâlbuki elhamdülillah hepimiz Müslümanız, hepimiz dindarız. Artık bizim dinin icabatını (ilkelerini) öğrenmek için şundan bundan derse ve akıl hocalığına ihtiyacımız yoktur. Analarımızın, babalarımızın, kucaklarında verdikleri dersler bile bize dinimizin esasatını (esaslarını) anlatmaya kâfidir.*" [1245]

1926 yılında, üçüncü sınıftan başlayarak haftada birer saat olarak düzenlenen din derslerinin amacı ifade edilirken, bu derslerde çocuklara, "**İslamiyetin ilerlemeye ve kalkınmaya karşı bir din olmadığı gerçeğinin öğretileceği**" belirtilmiştir:

"*Fırsat düştükçe, dini mahiyette gösterilmek istenen batıl fikirler, yanlış kanaatler cerh edilecektir (çürütülecektir). Çocuklara İslam dini, İslam büyükleri sevdirilecek, iyi güzel hareketlerin İslam dinindeki yüksek kıymetleri anlatılacaktır; fakat hiçbir şekilde taassup fikri verilmeyecektir... Dünyayı sefaletle, tevekkülle, miskinlikle bir tutmak gibi hal ve hareketlerin hakiki dinde yeri olmadığı, azami refah ve saadet içinde yaşamanın ve Müslümanların zengin ve memleketlerinin mamur olmasının dince de matlup ve mergup (istenilen, beğenilen) olduğu fikirlerinin, çocuklara telkini lazımdır...*" [1246]

Genç Cumhuriyet'in din eğitimi konusundaki bu düşünceleri ve planları daha çok teorik düzeyde kalmıştır.

ATATÜRK VE İBADETHANELER

Atatürk, belki de İslam dünyasında ilk kez, İslam dininin bilimsel ölçülerle incelenip araştırılmasına çalışmıştır. Bu amaçla **İlahiyat Fakültesi, İslam Enstitüsü** gibi kurumlar oluşturmuş, **din dilinin Türkçeleştirilmesi için** uzman ekipler kurmuş ve aydın din adamlarının yetiştirilmesine özen göstermiştir.

Atatürk, medreseleri kapatırken, 3 Mart 1924'te "*İslamın itikat ve ibadete dair*" bütün hükümlerinin ve işlerinin yürütül-

---

[1245] ASD, C. II, s. 131.
[1246] Yahya Akyüz, **Türk Eğitim Tarihi**, Ankara, 1982, s. 215.

mesi ve dini müesseselerin idaresi için **Diyanet İşleri Başkanlığı**'nı kurmuştur.

Cumhuriyet'in ilanıyla birlikte, başta ibadethaneler olmak üzere, dini kurumlarda yeniden yapılanmaya gidilmiştir. Diyanet işleri Başkanı Rıfat Börekçi'nin 20 Kasım 1926 tarihinde yayınladığı bir bildiri ile *"Cüzhan, Devirhan, Şifahan, Dersihan, Ecza, Şeyhül-Kurra"* gibi ikinci sınıf din hizmetleri kaldırılmıştır. 1 Ocak 1928 tarihinden itibaren de camilerdeki din hizmetlerini yürüten, İmam-hatip ve müezzin dışındaki kadrolar iptal edilmiştir.[1247] 1929'a gelindiğinde, Diyanet İşleri Başkanlığı, merkezde 53, illerde 485 olmak üzere toplam 518 kişiden oluşan bir kadroya sahiptir.[1248]

19 Nisan 1927 tarihli ve 1011 sayılı kanuna göre Türkiye'deki bütün camilerin ihtiyacı olan din görevlilerinin gerçek sayısının 31 Mayıs 1928 tarihine kadar tespit edilmesi kararlaştırılmıştır.[1249] Bu konudaki nizamname, 5 Ocak 1928'de kabul edilmiştir.[1250] Bu nizamname biraz daha genişletilerek, 25 Aralık 1932 tarihinde, *"cami ve mescitlerin sınıflandırılması hakkındaki nizamname"* adıyla yürürlüğe girmiştir. Buna bağlı olarak ihtiyaç fazlası olduğuna karar verilerek sınıflandırma dışında kalan camiler belirlenmiştir.[1251]

1927'de tüm Türkiye'deki okulların iki katı, 14.425 okula karşılık 28.705 cami vardır.[1252] İhtiyaç fazlası camilerin kapatılması, Türkiye'de zaman zaman tartışma konusu olmuş; Cumhuriyet'in "din karşıtı" olduğunu iddia edenlerin tezlerini güçlendirmek için sıkça başvurdukları referanslardan biri haline gelmiştir. Oysaki genç Cumhuriyet, bazen iddia edildiği gibi, camileri kapatıp ibadeti engellememiş, sadece ihtiyaç fazlası cami-

---

1247 Şurayı Devlet, Tanzimat Dairesi'nin 15/12/1927 tarihli kararı 1 Ocak 1928 tarihinde Diyanet İşleri Başkanı tarafından bütün müftülüklere duyurulmuştur.
1248 Manaz, age. s. 146.
1249 1927 Maarif yılı Bütçe Kanunu 1011 sayılı cami ve din hizmetlerinin ihtiyaç konusu kanununun 14. maddesinden...
1250 Jaeschke, age. s. 64, 65.
1251 Bu konuda bkz. Vakit, 30 Kanun-u Evvel 1928.
1252 Jaeschke, age. s. 65, 66.

leri devre dışı bırakmıştır. Ayrıca, gerektiğinde devlet tarafından camiler inşa ettirilmiş, bazı camilerin bakım ve tamiri yapılmış; hatta bazen, kullanılmayan kiliseler camiye çevrilmiştir. Örneğin, 7 Aralık 1925 tarihli kanun gereği, Niğde'nin Pertek Köyü'ndeki kilisenin camiye çevrilmesine karar verilmiş,[1253] 18 Mart 1933 tarihli kanuna göre de Edirne'deki üç şerefeli caminin sıva tamirinin yapılması istenmiştir.[1254]

Dahası, **Atatürk'ün çizdiği "İdeal Cumhuriyet Köyü (Tarımkent) Projesi"nde köyün tam merkezinde bir cami vardır.** Atatürk çizdiği projede 22 numarayla gösterdiği **camiyi**, köy hamamı ve etüv makinesinin hemen yanına yerleştirmiştir.[1255]

Atatürk Edirne ziyaretinde **Edirne Selimiye Camii**'ne de gitmiştir.

Caminin giriş kapısının üstündeki kitabeyi inceleyen Atatürk orada yazılı olan ayeti okumuş ve caminin imamı Fereli Ahmet Efendi'ye bu ayetin anlamını sormuştur. Daha sonra da camiye girerek incelemelerde bulunmuş ve bazı açıklamalar yapmıştır.

Atatürk, Selimiye Camii'nde minberle avize arasında durmuş ve *"Beyler, hiçbir dine bağlı olmayan kalp istirahattan mahrumdur"* diye söze başladıktan sonra şöyle devam etmiştir:

"Bakınız ecdadımız İstanbul'un fethinden tam 125 sene sonra bu şaheser camiyi İstanbul'da değil de Edirne'de yaptırmış, böylece Edirne'ye mührünü basmış, tapulamıştır. Dahi Mimar Sinan sanat ve din aşkıyla bu eseri bina etmiştir."

Daha sonra avizenin üzerindeki yarım kubbede yer alan Arapça yazıyı okuyan Atatürk müftüye dönerek, *"Hocam, bu ayet Tevbe suresinin 18. ayeti değil mi?* " diye sormuş, Müftü, *"Evet Paşa Hazretleri"* yanıtını vermiştir. Atatürk tekrar müftüye dönerek, *"Bana bu ayetin manasını söyleyebilir misiniz?"* diye sormuştur. Müftü de, *"Bildiğim kadarıyla bu ayette Allah'ın*

1253 BOA, 2870, 135-79 / 16-77-5 / 030-18-1-1 / 07-12-1925.
1254 BOA, 14005, 227-128 / 34-17-8 / 030-18-1-2 / 18-03-1933.
1255 A. Afet İnan, **Devletçilik İlkesi**, (İlk baskı 1937), Ankara, 1972, ek 7; Tahir Tamer Kumkale, **Atatürk'ün Ekonomi Mucizesi**, *"Türk Ekonomisine Şok Tedavi"*, İstanbul 2007, s. 459, 460.

mescitlerini, camilerini yapan ve imar edenler, Allah'a ve ahiret gününe iman edip, namazlarını kılan, zekâtlarını veren ve ancak Allah'tan korkanlardır, onlar doğru yoldadır denmektedir" diye yanıt vermiştir. Bunun üzerine Atatürk *"Evet ben de öyle biliyorum"* demiştir.

O yıl Edirne'de çıkan büyük bir kasırgada Selimiye Camii de hasar görmüştür. Atatürk, Selimiye Camii'nin onarılması için ödenek göndermiştir.[1256]

Atatürk, 1930 yılında Eskişehir'in Mihaliçcik köyüne **cami yapımı** için beş bin lira bağış yapılmasını emretmiştir.[1257]

Müslümanlar için kutsal mekânlar olan camiler, manevi bakımdan olduğu kadar, göz alıcı mimarileriyle de İslamın ilk akla gelen sembollerindendir. Hz. Muhammed, İslamiyeti yaymaya başladıktan sonra kurulan camiler ve mescitler İslamın zaman içinde geniş bir coğrafyaya yayılmasıyla beraber abidevi eserler, İslamın görkemli sembolleri haline gelmiştir.

İslamın bu önemli kurumları, Hz. Muhammed döneminde ibadet için kullanıldığı kadar, askeri ve toplumsal meselelerin konuşulup, tartışılıp karara bağlandığı yerler olarak da kullanılmıştır. **Atatürk** bu durumun farkındadır.

Atatürk'ün Cami Araştırmaları

Atatürk, İslam tarihinde **ilk camilerin ortaya çıkışını** merak etmiş ve bu konuyla ilgilenmiştir.

Leon Caetani'nin *"İslam Tarihi"* adlı eserinin 3. cildini okurken *"Caminin Kökeni"* başlığı altındaki şu satırların altını, önemli bularak çizmiştir:

"... Gerek Şarklı gerek Avrupalı yazarların tamamı istisnasız Muhammed'in Medine'ye geldiği günden itibaren Müslüman ibadeti için bir mabet inşası fikrinde olduğunu muhakkak kabul etmişlerdir. Hâlbuki bu düşünce doğru değildir. Çünkü Müslüman camisi, sair birçok şeyler gibi Peygamber'in beynin-

---

[1256] Kasapoğlu, age. s. 390.
[1257] Ali Metin Çavuş'tan nakleden Yurdakul Yurdakul, **Atatürk'ten Hiç Yayınlanmamış Anılar**, İstanbul, 2005, s. 156.

de bütün kısımlar ve ayrıntıları ile tam bir halde bulunan bir müessese olmamıştır. İlk önce sırf şahsi hususlarda kullanılmaya yönelik bir binanın yapılması düşüncesi ortaya çıkmıştır. Bu bina ilk olarak müminler arasında bir buluşma mahalli olmuş, nihayet ibadete mahsus bir mabet haline gelmiştir. Hatta Muhammed'in bile vefatı sırasında hususi ikametgâhının dünyadaki bütün İslamiyet için ikinci bir büyük mabed haline geçmiş olduğunu hissetmiş olmasına ihtimal verilemez. (...) Cami İslamiyetin dini, siyasi ve toplumsal safhalarının başlıcalarını ihtiva eder. (...) Çünkü adeta meşhur kurucusunun bütün dini mesleğini, bütün siyasi görüşlerini kendinde toplamıştır. Cami, İslamiyet'in dini, siyasi ve toplumsal merkezidir. (...)" (s.209, 210).[1258]

Atatürk bu bölümün başına çift "X" işareti koymuş ve bu paragrafı yukarıdan aşağıya doğru bir çizgiyle işaretlemiştir.[1259]

Atatürk aynı kitapta *"Medine'de Caminin Kurulması"* başlığı altındaki şu satırlarla da ilgilenmiştir:

"Muhammed, Müslümanların ibadet etmeleri için kendisi tarafından yapılacak ilk caminin devenin durmuş olduğu yere yapılmasına karar verdi. Burası açık bir arsa idi. Etrafında birkaç hurma ağacı vardı. Bir kısmını ziraat yapılan küçük tarlalar ve bazı müşrik mezarları işgal ediyordu. Muhammed, kime ait olduğunu araştırdı. Ve iki yetim Sehl ve Süheyl vasisi Muaz bin Ufrad'ın, parayı kabul hususunda güçlükler göstermiş olmasına rağmen satın aldı" (S.82).

"Caminin inşaatında güneşte kurutulmuş tuğlalardan başka iki giriş kapısının yanları için taş kullanıldı. Hurma kütükleri de kullanılmıştır. (...) Bazılarının rivayetlerine göre ilk cami damsız sade bir duvardan ibaretti. Kıble Kudüs'e doğru döndürülmüş idi" (s.84)[1260]

Bu satırların altını çizen Atatürk, ayrıca Hz. Muhammed'in emriyle kesilen hurma ağaçlarının kıblenin etrafına sütun şeklin-

---

1258 Atatürk'ün Okuduğu Kitaplar, C. 3, s. 319, 320.
1259 age. s. 318, 319.
1260 age. s. 266, 267.

de dikildiği, üzerine küçük bir çatı yapıldığı, içeriye girilecek kapının yanına birkaç taş konulduğu, başlangıçta caminin sadece açık bir avludan ibaret olduğu ve hiç çatısının olmadığı, sahabelerin yakıcı güneşten şikayet etmeleri üzerine *"birbirlerine örülmüş büyük hurma yapraklarından"* bir dam yapıldığı ve üzerinin çamurla örtüldüğü, tavanın çok alçak olduğu, ilk zamanlar caminin aydınlık olmadığı, geceleri hurma yaprakları yakılarak aydınlatıldığı, *"ancak dokuzuncu hicri senede, Medine'ye av malzemeleri"* satıcısı geldiğinde, onun getirdiği yağ ve kandillerle caminin aydınlatıldığı, Hz. Muhammed'den sonra Hz. Ömer'in camiyi genişlettiği, cami yapımı sırasında *"Hz. Muhammed'in de diğer herkes gibi çalıştığı"* belirtilen bölümlerle ilgilenmiştir (s.84-90)[1261]

Atatürk yukarıda **tırnak içinde** yazılan cümlelerin altını çizmiştir.[1262]

Atatürk, birçok konuşmasında camilerden ve camilerin Müslümanlar için taşıdığı anlam ve önemden söz etmiştir. Atatürk, camiler hakkındaki düşüncelerini, *"Efendiler, camilerin mukaddes minberleri halkın ruhani, ahlaki gıdalarına en âli feyyaz membalardır..."* [1263] diyerek, bazen bizzat cami minberlerinden halka aktarmıştır.

Atatürk, camilerin ibadetler dışında, dünyevi işlerin de görüşülüp tartışıldığı, günlük meselelerin konuşulduğu bir fikir alışverişi ortamına dönüştürülmesi gerektiği inancındadır. Bu inancının kaynağı İslam tarihi konusunda okuduğu bazı kitaplardır. Örneğin Leon Caetani'nin *"İslam Tarihi"* adlı kitabının 3. cildini okurken *"Hz. Muhammed'in kurduğu caminin bir buluşma yeri olduğunun"* anlatıldığı şu satırların altını çizmiştir:

"Cami Müslümanlar için, Medine'nin ordusu da Muhammed ve ashabı için ne ise, daima o halde kalmıştır. Yani bir buluşma yeridir. Orada cemaat bulunduğu zamanların çoğu dakikalarında reislerinin sözlerini dinlemişler; hırslarını, duy-

---

1261 age. s. 267 - 271.
1262 age. s. 368, 269, 271.
1263 (1 Mart 1922) Meclis Üçüncü Toplantı Yılını Açarken, **ASD**, C. I. s. 246.

gularını orada ortaya koymuştur. Halifeleri bir aralık orada seçilirdi. Peygamber'in halifeleri orada tebanın oylarını toplardı. Muhammed, kendisinin sözlerini işitmeye gelmiş olanlara orada din eğitimi verdiği ve vaazlar ettiği gibi Medine bir velayet şehri olduğu, Muhammed'in ikâmetgahı, bir imparatorluğun hükümdarının sarayı haline çıktığı zaman âlimler, fıkıhçılar, hadisçiler, hafızlar, kısaca Peygamber'in öğretmiş olduğu büyük dini muhafaza ve kalanlara nakletmek arzusu bulunan kimselerin tamamı orada toplanırlardı. (...) (Camiler) Muhammed'in ikâmetgahı, İslamiyet'in ilk okulu, ilk üniversitesi oldu.(...) Bu hayrete şayan binanın (caminin) kemerleri altında dolaşırken ak sakallı ihtiyar üstatların etrafında toplanmış birtakım çocuklar görürüz ki başın düzenli hareketiyle Kur'an ayetlerini ezberlemeye çalışırlar. Bütün Doğu'da ibadete mahsus olan yer aynı zamanda okuldur. Propaganda ve terbiye aletidir" (s.241, 242).[1264]

Atatürk, önemli bularak altını çizdiği bu satırların başına "Dikkat" anlamında bir "D" harfi koymuş ve son bölümün başını ve sonunu birbirine paralel iki dikey çizgiyle işaretlemiştir.[1265]

Atatürk, Leon Caetani'nin *"camilerin aynı zamanda bir üniveriste olduğu"* yönündeki görüşüne de katılmaktadır.

7 Şubat 1923'te Balıkesir Paşa Camii'nin minberinden cemaate seslenen Atatürk, camiler konusunda şunları söylemiştir:

"Efendiler, camiler birbirimizin yüzüne bakmaksızın, yatıp kalkmak için yapılmamıştır. Camiler, itaat ve ibadet ile beraber din ve dünya için neler yapmak lazım geldiğini düşünmek, yani istikbal ve istiklalimiz için, bilhassa hâkimiyetimiz için neler düşündüğümüzü ortaya koyalım (diye yapılmıştır)..." [1266]

Camileri *"Allah'ın evi"* olarak adlandıran Atatürk, *"Hz. Muhammed'in millet işlerini Allah'ın evinde yaptığını"* ifade etmiştir:

1264 Atatürk'ün Okuduğu Kitaplar, C. 3, s. 352, 353.
1265 age. s. 352.
1266 ASD, C. II, s. 98 - 100.

"...Arkadaşlar, Cenab-ı Peygamber mesaisinde iki dara, iki haneye malik bulunuyordu. Biri kendi hanesi, diğeri Allah'ın evidir. Millet işlerini Allah'ın evinde yapardı..." [1267]

Atatürk'ün camilerin nitelikleri konusundaki bu düşüncelerinin kaynağı büyük oranda Leon Caetani'nin *"İslam Tarihi"* adlı eseridir.

Atatürk, camilerin, tıpkı Hz. Muhammed döneminde olduğu gibi, "dünya işlerinin de görüşüldüğü" çok daha işlevsel mekânlar haline getirilmesini istemiştir.

Atatürk, İslam dininin ibadet boyutunu değerlendirirken daha çok ibadetin sosyal hayat üzerindeki düzenleyici rolü üzerinde durmuştur. Örneğin, cuma namazları konusunda şunları söylemiştir:

"Cuma namazından maksat, herkesin dükkânlarını kapatarak, işlerini bırakarak bir arada toplanmaları ve İslamların umuma ait meseleleri hakkında dertleşmeleridir..." [1268]

Atatürk, cuma namazlarında Müslümanların bir araya toplamalarının sosyal hayattaki meseleler hakkında konuşmak için uygun bir ortam yarattığını düşünmektedir.

ATATÜRK'ÜN BÜYÜK İDEALİ: DİNDE TÜRKÇELEŞTİRME

> *"Kur'an tercüme edilemez demek, Kur'an'ın manası yoktur demektir."*
>
> M. Kemal Atatürk [1269]

Atatürk devrimlerinden bazıları doğrudan *"dinde yeniden yapılanma"* amacına yöneliktir. İslamın ana kaynağı Kur'an-ı Kerim'in Türkçe'ye tercüme ve tefsiri bu çalışmaların başında gelmektedir. Kur'an'ın Türkçeleştirilmesiyle başlayan *"Dinde*

1267 age. s. 98 - 100.
1268 (16.3.1923 Adana Esnafları ile Konuşma). ASD C. II, s. 131.
1269 20. yüzyılda **Atatürk'ün** ağzından dökülen bu sözleri binlerce yıl önce İslamın en büyük imamı, **İmam-ı Azam Ebu Hanife** söylemiştir. Türkiye'de bu şaşırtıcı benzerlikten ilk söz eden kişi Prof. Dr. Yaşar Nuri Öztürk'tür (ART, 07.01.2009).

Türkçeleştirme Çalışmaları", Atatürk'ün en önemli idealleri arasında yer almaktadır.

Dinde Türkçeleştirme Çalışmalarının Tarihsel Altyapısı

*"Bir ülke ki, camisinde Türkçe ezan okunur.
Köylü anlar manasını namazdaki duanın,
Bir ülke ki mektebinde Türkçe Kur'an okunur.
Küçük büyük herkes bilir, buyruğunu hüdanın,
Ey Türkoğlu, işte senin orasıdır vatanın."*[1270]

Ziya GÖKALP

Türkiye'de dinde Türkçeleştirme (Türkçe Kur'an Türkçe ezan, Türkçe hutbe) fikrini en güçlü biçimde ortaya koyan **Ziya Gökalp**'tir. Gökalp'in yukarıdaki mısraları, onun bu yöndeki isteğinin en açık kanıtlarından biridir. Gökalp, Kur'an'ın ve ezanın Türkçeleştirilmesi yanı sıra, namazlar dışında okunan duaların, cuma ve bayram namazı hutbelerinin de Türkçeleştirilmesini savunmuştur.[1271]

Türkiye'de din dilinin Türkçeleştirilmesi konusu, esasında Ziya Gökalp'le gündeme gelmiş bir konu değildir. Bu konu, 19. yüzyılda Yeni Osmanlı aydınlarından **Ali Suavi** tarafından gündeme getirilmiştir. Üstelik Suavi, biraz daha ileri giderek, surelerin Türkçe'ye çevrilebileceğini ve **Türkçe namaz** kılınabileceğini ileri sürmüştür.[1272]

Osmanlı'da dinde Türkçeleştirme tartışmaları II. Meşrutiyet'in ilanından sonra artmıştır. O yıllarda İttihatçıların imamı durumundaki **Mehmed Ubeydullah Efendi**, İttihatçı Talat Paşa'dan Türkçe namaz kıldırmak için izin istemiştir. Talat Paşa ise şartların böyle bir uygulamaya uygun olmadığını söyleyerek bu isteği geri çevirmiştir.

1270 Ziya Gökalp, Yeni Hayat, İstanbul, 1941, s. 9.
1271 Gökalp, Türkçülüğün Esasları, s. 164, 165.
1272 Hilmi Ziya Ülken, Çağdaş Düşünce Tarihi, İstanbul, 1979, s. 76.

Osmanlı'da **Türkçe namaz** konusu daha sonra 1913'te **Şerafettin Yaltkaya** tarafından gündeme getirilmiş ancak pek ilgi görmemiştir.

İslam tarihinde de çok önceleri benzer düşüncelerin ortaya atıldığı görülmektedir. Kur'an'ın Arapça'dan başka dillere çevrilip, namazda bile o dilde okunmasının dini açıdan "caiz" olduğunu; asıl amacın "lafız" değil, "anlam" olduğunu, İslamın en büyük imamı **Ebu Hanife** asırlar önce ifade etmiştir. Ebu Hanife'nin bu görüşü, tarih boyu İslam dünyasında tartışmalara konu olmuş, İslam âlimleri bu konuda değişik yorumlar yapmışlardır. [1273]

Aslında Kur'an'da bu konuda yoruma gerek bırakmayacak kadar açık ayetler vardır. Kur'an'da Allah, "İslam dini ve dil" ilişkisini tüm çıplaklığıyla ortaya koymuştur.

"Biz her elçiyi kendi kavminin diliyle gönderdik ki onlara (emredilen şeyleri) açıklasın" (İbrahim 14/4).

"Biz onu Arapça bir Kur'an olarak indirdik ki anlayasınız" (Yusuf, 12/12).

"Biz sana böyle Arapça bir Kur'an vahyettik ki kentlerin anası (Mekke)yi ve çevresinde bulunanları uyarasın" (Şuara, 26/193-195).

"Eğer biz onu yabancı (dilde) bir Kur'an yapsaydık derlerdi ki: ('Ayetleri anlayacağımız biçimde) açıklanmalı değil miydi? Araba yabancı söz mü geliyor?" (Fussilat, 41/44).

Görüldüğü gibi bizzat Yüce Allah Kur'an'da çok açık ifadelerle özetle *"Anlaşılsın diye Kur'an'ı Arapça indirdik"* demektedir.

1273 Bkz. Mehmet Bayar, "Kuran Dili Üzerine Bir İnceleme" **Belleten**, TTK, C. 22, S 88, Ekim 1958. II Murad'a manzum vikaye tercümesi takdim eden Balıkesir'li Devletoğlu Yusuf, kitabının başında karakteristik şu sözleri söylemiştir: *"Ebu Hanife, Kur-an manadır, lafız değildir dedi. Lafız alettir. Muteber olan manadır. Binaenaleyh, Kur'an'ın Farsça tercümesi de Kur'an'dır. Bununla da namaz kılınır. Farsça Kur'an'la namaz kılınınca başka dillerde de mesela Türkçe'deki tercümelerle niçin kılınmasın?"* İkinci Meşrutiyetle Türkçülük hareketinin gelişmesine paralel, ibadetlerin de Türkçe yapılması eğilimi doğdu. Osmanlı Devleti'nde 1903'ten sonra Kur'an tercümeleri yapılmaya başlamıştı. Bülent Daver, **Türkiye Cumhuriyetinde Laiklik**, Ankara, 1955, s. 168, 169.

Kur'an ilk hedef olarak, vahşet ve cehalet içinde debelenen cahiliye Araplarını terbiye ve ıslah etmek amacı taşıdığından Arapça olarak indirilmiştir. Bu mantıktan hareket edildiğinde, eğer Kur'an Türklere indirilseydi Türkçe, İngilizlere indirilseydi İngilizce, Japonlara indirilseydi Japonca olarak indirilecekti. Kur'an'ın da belirttiği gibi, *"Kendilerine apaçık beyanda bulunsun diye her peygamberi kendi milletinin diliyle gönderdik"* (İbrahim 4).

Allah, sapkın ve ilkel Arap toplumunu doğru yola sokabilmek için gönderdiği mesajın (Kur'an'ın) öncelikle Arap halkı tarafından anlaşılmasını amaçlamıştır. Bu nedenle ilahi mesajın dili Arapçadır.

"Şüphesiz Kur'an Âlemlerin Rabbi'nin indirmesidir. Ey Muhammed apaçık Arap diliyle uyaranlardan olman için onu Cebrail senin kalbine indirmiştir" (Şuara,192-195).

"Ey Muhammed biz öğüt alırlar diye Kur'an'ı senin dilinle indirdik. Kolayca anlaşılmasını sağladık" (Duhan, 58).

İslam dinine önce Kur'an penceresinden bakan pek çok İslam âlimi bu gerçeği görmüş ve Kur'an'ın anlaşılmak üzere indirildiğini söylemiştir.

Örneğin **Eş Şevkani** ve **İbn Kesir**, Allah insanlara, kendilerine ne iletildiğini anlayabilmeleri için onların diliyle mesaj getiren elçiler göndermiştir. Başka bir dilde mesaj gönderseydi ne söylendiğini anlayamazlardı demiştir.

Osmanlı aydınları 19. yüzyılın sonlarında, Kur'an'ın Türkçe'ye tefsir ve tercümesi konusu üzerinde çok daha ciddi düşünmeye başlamışlardır. Osmanlı toplumunun içine düştüğü felaketlerin nedenleri arasında dini konulardaki bilgisizliği gören bazı Osmanlı aydınları, bu dini bilgisizlikten kurtulmanın yollarını sıralarken, öncelikle Kur'an'ın Türkçe'ye çevrilmesini ve anlamı üzerinde düşünülmesini önermişlerdir.

1916'da **Tüccarzade İbrahim Hilmi**, *"Avrupalılaşmak, Felaketlerimizin Esbabı (Sebepleri)"* adlı eserinde, Osmanlı Türklerinin buhranlarının nedenlerini sorgularken, "dini bilgisizlik" ve "Türkçe Kur'an" konularında ilginç değerlendirmeler yapmıştır:

"...*Bugün milyonlarca Müslüman, Allah'ın kendilerine ne emrettiğini, Kur'an'da neler söylenmiş olduğunu bilmiyorlar. Hele biz Türkler Kur'an-ı Kerim'in Türkçe tercümesi olmaması yüzünden, dinimizin esasını bile bilmiyoruz. Diyoruz ki, Kur'an Türkçe'ye tercüme edilemez. Her ayetin birçok anlamı vardır. Mutlaka uzun bir tefsire ihtiyaç gösterir. O halde milyonlarca Arap ve Arapça'yı bilenler, Kur'an-ı daima tefsirle birlikte mi okuyorlar? Ulemadan olmayan bir Arap, Allah'ın kelamını okumakla ne kadar bir şey anlıyorsa, biz Türkler de yüce ayetlerin meallerini okumaktan da o kadar bir şey öğrense, yine hiç bilmemekten; aslında Kur'an'da olmayıp, en cahilin Kur'an'a atfedilen bin türlü rivayet ve hurafelerle zihninin yanıltılmasından daha iyi değil midir?*"[1274]

İbrahim Hilmi, Kur'an-ı Kerim'in anlamını bilmemekten dolayı, Türk manevi hayatının oldukça sarsıldığını belirtmiştir.

İbrahim Hilmi, Türk toplumunun sorunlarının tek nedeninin "**dini duyguların gevşemesi**" olmadığını, problemlerin temelinde zamanın gereklerini, çağın ilerlemelerini takip edememenin yattığını da belirtmiştir.[1275]

İbrahim Hilmi'ye göre eski Müslüman Türkler İslamiyeti Osmanlı Türklerinden daha iyi anlamışlardı.

"*Eğer onlar İslam dinini, biz Müslümanların anladığı gibi anlamış olsaydılar, o şanlı devletleri, o parlak medeniyetleri hiçbir zaman ortaya koyamazlardı.*"[1276]

İbrahim Hilmi, insanların dinlerini çok iyi anlamalarının da tek başına ülke kalkınması için yeterli olmadığı görüşündedir. Ona göre milletlerin milli ve siyasi varlığı sadece dini bilimlerle ve din duygusuyla ayakta duramaz. Pozitif bilimlerde de ilerleme gereklidir. Bu konuda şöyle demiştir:

[1274] Tüccarzade İbrahim Hilmi, **Avrupalılaşmak**, Hazırlayanlar Osman Kafadar -Fuat Öztürk, Ankara, 1997, s. 156.
[1275] **age.** s. 157.
[1276] **age.** s. 158.

"Gerçek İslamiyet de hiçbir zaman buna engel değildir. Din, rivayet ve hurafelerle boğulursa, uyuşukluk ve gevşekliğin etkisiyle öğrenilmesi zor ve zahmetli olan bilimlerden uzak kalır. Böylece bilgisizlik artar, çalışma kalkar, sefalet ve esirlik yaygınlaşır." [1277]

İbrahim Hilmi, hurafelerden arınmış bir İslamın ilerlemeye engel olmadığını düşünmektedir. Ona göre, dinsel konulardaki yanlış kanaatlerin temelinde de **bilgisizlik** yatmaktadır. Müslümanlar, bilimin ışığıyla aydınlanmaya başladıklarında, dini konulardaki bilgisizlikten de kurtulacaklar, İslamiyeti gerçek anlamıyla tanıyacaklardır.

"Bugünkü dini kayıtsızlığı meydana getiren bilgisizliktir. Hurafeler ve İsrailiyata olan inançtır. Bu batıl inançların gevşediği, Avrupa biliminin Müslümanlar arasında gerçeği gibi yayıldığı gün, din ilimlerine düşkünlük daha da çok artacak. İslamiyetin ilk saflığına dönülecek. Asr-ı Saadete ait temiz ve pak kaynağa yaklaşılacak, Hz. Muhammed'in o sonsuz ışığından hayat, mutluluk elde edilecektir." [1278]

Osmanlı aydınlarının bir bölümü 19. yüzyılın sonlarında, İslami konulara entelektüel düzeyde kafa yormaya başlamışlardır. 19. yüzyılın sonlarında Osmanlı'da hurafelerden arındırılmış bir İslamın modernleşmeye engel olmadığını kanıtlamak amacıyla yapılan çalışmalar vardır.

1914'te çıkmaya başlayan *"İslam Mecmuası"* adlı dergi bu tür bir çalışmanın ürünüdür. Derginin parasal kaynağını İttihat ve Terakki Cemiyeti sağlamıştır.[1279] Zengin bir yazı kadrosuna sahip olan dergi, İslamın içinde bulunduğu koşulları sert bir biçimde eleştirerek, İslamın hurafelerden arındırılıp **öze döndürülmesini** savunmuştur.

İslam Mecmuası, Müslümanların sorununun, Kur'an'ı doğru anlamamaktan kaynaklandığını, Kur'an'ı anlamayan Müslümanların Kur'an'daki ifadeleri sihirli sözler olarak algıladıkları-

---
1277 age. s. 159, 160.
1278 age. s. 162.
1279 Masami Arai, **Jön Türk Dönemi Türk Milliyetçiliği**, İstanbul, 2000, s. 128.

nı ve bu şekilde din adı altında hurafelerin İslama sokulduğunu ileri sürmüştür.[1280] Bu görüşleri savunan İslam Mecmuası oldukça cesur bir adım atmış ve **Kur'an'ın bir çevirisini** yayınlamıştır. "Her sayının (kırk sekizinci sayı hariç) ilk sayfasının başında Kur'an'ın Arapça metni ve Türkçe çevirisi, bazen de 'tefsir ve izah'ı bulunur. Ancak, on üçüncü sayıdan itibaren Arapça metin verilmez. Böyle bir girişim, Rusya ve Mısır'daki İslam reformcularıyla aynı çizgidedir. Özellikle Rusya'daki reformculuğun, İslam Mecmuası üzerinde büyük etkisi olmuştur."[1281]

İslam Mecmuası'nın "Türkçe Kur'an" girişimini, Atatürk'ün, din dilinin Türkçeleştirilmesi çalışmalarının ön hazırlığı olarak adlandırmak mümkündür.

Osmanlı'nın son dönemlerinde Türkçe Kur'an bayraktarlığını yapan başka bir yayın organı da Abdullah Cevdet'in çıkardığı meşhur **İçtihat dergisidir.** İçtihat'ta *"Din, Dua ve Halk"* başlıklı bir makalede Kur'an'ın anlamını bilmemenin "dinsizlik" olduğu şöyle ifade edilmiştir:

"Biz Kur'an-ı Kerim'in manasını anlamadan okuyan bir Müslüman milletiz; fakat bunun dosdoğru manası dinsiz bir milletiz..." [1282]

Ahmet Ağaoğlu, bir gün İstanbul Türk Ocağı'nda **Kur'an'ın, namazın** ve **duaların** Türkçeleştirilmesinden söz edince, ertesi gün bir Arap milliyetçisi olan **Abdülaziz Çaviş Efendi,** Beyazit Camii'ndeki vaazında Ahmet Ağaoğlu'nu "iman" ve "nikâh" tazelemeye davet etmiştir.[1283]

Görüldüğü kadarıyla Kur'an-ı Kerim'in Türkçe tefsir ve tercümesi, Cumhuriyet öncesinde de gündeme getirilmiş bir konudur.

Kur'an-ı Kerim ilk kez Türkçe'ye 1338 yılında **Çağatay lehçesiyle** çevrilmiştir; ancak bu çeviri Osmanlı Türklerinin ih-

---

1280 age. s. 136.
1281 age. s. 136.
1282 İçtihat, no: 338, 1 Şubat 1932, s. 5651.
1283 Özel, age. s. 205.

tiyacını karşılamaktan uzaktır. Cumhuriyet dönemine kadar gerçek anlamda bir Kur'an tercümesi yapılamamıştır. Osmanlı Devleti döneminde, Kur'an çevirisi yanında, uzun süre Kur'an tefsiri de hazırlanmamıştır. Sadece bazı bireysel çalışmalar olmuştur. Örneğin **Ahmet Cevdet Paşa**, Kur'an'ın bazı hükümlerini Osmanlıcaya çevirtmiştir. II. Meşrutiyet döneminde de bazı İslamcılar Kur'an'ın bazı pasajlarının Türkçe mealini hazırlamışlardır. Ancak II. Meşrutiyet döneminde yapılan Kur'an çevirisi Şeyhülislam'ın emriyle toplatılmıştır.[1284] Osmanlı'da ilk Kur'an çevirilerinden birini de **Zeki Maganiz** yapmıştır. Maganiz'in çevirisi 1914 yılında basılmış ve piyasaya sürülmüştür.

1875 yılındaki **Tefsir-i Züptetü'l Ahtar**, 1841'deki **Tefsir-i Ayıntabi** ve 1865 yılındaki **Tefsir-i Mevahip** gibi tefsir çalışmaları da bilimsellikten uzak ve hurafelerle doludur.[1285]

Cemil Sait'in 1924 yılında hazırladığı Kur'an çevrisiyle **Hüseyin Kâzım** ve arkadaşlarının hazırladığı "**Nuru'l Beyan**" adlı tercüme yeterli görülmemiştir.

Süleyman Tevfik'in 1926 yılında yaptığı tercüme de anlaşılır bulunmamıştır.

Özellikle 1927 yılında Kur'an çevirilerinin sayısında artış görülmüştür.

1927 yılında **Osman Reşit** başkanlığında bir heyet tarafından bir çeviri yapılmıştır, ancak fazla beğenilmemiştir.

İsmail Hakkı İzmirli'nin 1927 yılında yaptığı tercüme oldukça beğenilmiş ve yaygınlaşmıştır.[1286]

Türk toplumunun bilimsel bir bakışla gerçekleştirilecek Kur'an tefsir ve tercümesine olan ihtiyacını gören Atatürk, bu konuda hiçbir dönemde olmadığı kadar ciddi çalışmalar başlatmış ve hiçbir dönemde olmadığı kadar ciddi sonuçlar elde etmiştir.

1284 İlhan Arsel, **Arap Milliyetçiliği ve Türkler**, İstanbul 1999, s. 374, 375.
1285 Ekmeleddin İhsanoğlu, **En-Nahvetu'l Alemiye Havle Tercemati Meani'l Kur'an'il Kerim**, İstanbul, 1985, s. 267'den Manaz, age. s. 196.
1286 **World Bibliografphy' of Translations of the Meanings of the Holy Kuran Printed Translation (1515 - 1590)**, İstanbul, 1986, s. 447 - 481'den Manaz, age. s. 196.

Atatürk, Dinde Türkçeleştirme Projesini de çok önceden planlamıştır. Bu projeyi uygulamaya koymadan on yıl kadar önce bu konuda çalışmalara başlamıştır.

23 Nisan 1920'de TBMM'nin açılışında **Türkçe dua** edilmiştir.[1287] Atatürk, 1921'de Sakarya Savaşı'nın devam ettiği günlerde, geceleri karargâhtaki çadırında Türkçe tefsir ve tercüme konusunda kitaplar okumuştur.

Bir gece karargâhta, Süvari Kolordu Komutanı **Miralay Fahrettin Altay Paşa**, Mustafa Kemal Paşa'nın çadırının ışığının yandığını görünce yanına gitmeye karar vermiştir. Çadırdan içeri girdiğinde Mustafa Kemal Paşa'nın yatağının üzerine uzanmış kitap okuduğunu görmüştür. *"Hayrola Fahrettin! Uykun mu kaçtı?"* diye soran Mustafa Kemal Paşa'ya Fahrettin Paşa, *"Işığınızın yandığını görünce geldim... Hangi kitabı okuyursunuz?"* diye sormuş, Mustafa Kemal Paşa, *"İslam Dini ve Tefsirleri"* yanıtını vermiştir.[1288]

1924 yılında TBMM'de Diyanet İşleri bütçesi görüşülürken, Eskişehir Mebusu Abdullah Azmi Efendi ve elli arkadaşının teklifiyle Diyanet İşleri bütçesine, **"Kur'an-ı Kerim ve Hadis-i Şeriflerin Türkçe tercüme ve tefsir heyeti için ücret ve masraf olarak yirmi bin lira ödenek eklenmesi"** istenmiştir ve bu istek Meclis tarafından onaylanmıştır.

Bu karar, 23 Şubat 1341 tarihli Cumhuriyet gazetesinin manşetine, *"Meclisin Kur'an-ı Kerim'in tercümesini kabul ettiği"* biçiminde taşınmıştır.

Başta Atatürk olmak üzere Meclis'in amacı, Kur'an çevirilerini gözden geçirerek yanlışlardan arınmış, doğru-dürüst Türkçe bir metin hazırlanmasını sağlamaktır. Bu metnin, Arapça aslının yerine ibadette kullanılması ise söz konusu değildir.[1289]

1287 Özel, age. s. 205.
1288 Çiloğlu, age. s. 61, 62.
1289 Tunçay, age. s. 158, 159.

KUR'AN'IN VE HADİS KAYNAKLARININ TÜRKÇELEŞTİRİLMESİ

Cumhuriyet'in ilk önemli Kur'an tefsiri, Hamdilili **Mehmet Vehbi Efendi**'nin hazırladığı "**Hülasatü'l Beyan Fi Tefsiri Kur'an**" adlı tefsirdir.

Atatürk bu ilk önemli tefsirden sonra çok daha kapsamlı ve mükemmel bir tefsir hazırlanmasını istemiştir. Tefsirin hazırlanması ve bastırılması için gereken parayı Atatürk bizzat cebinden vermiştir. Böylece günümüzde önde gelen İslam âlimlerince hâlâ en güvenilir tefsir olarak gösterilen **Elmalılı Muhammed Hamdi Yazır**'ın "**Hak Dini Kur'an Dili**" adlı tefsiri hazırlanmıştır.

1924 yılındaki meclis kararından sonra Elmalılı Hamdi Yazır tesfiri hazırlamaya başlamış, tefsir 1935 yılında tamamlanmış ve 1936 yılından itibaren basılmaya başlanmıştır.

Atatürk bu tefsirle bizzat ilgilenmiştir. Atatürk, Şeyh Sait ayaklanmasının bastırıldığı, devrimlere yönelik tepkilerin arttığı bir dönemde İslamiyetin temel kaynağı olan Kur'an'ın yeniden yorumlanmasını ve çok daha önemlisi anlaşılmasını istemiştir.

Atatürk bu tefsire o kadar çok önem vermiştir ki nasıl bir tefsir istediğini 7 maddeyle açıklamıştır. Atatürk'ün Kütüphanecisi Nuri Ulusu bu "7 madde" hakkında şunları söylemektedir:

"*Atatürk, yapılacak tefsirle bizzat ilgilenmiştir. Nitekim benim dönemimde de bu çalışmalar süratle devam etti. Sonuçta yedi ana maddeyle bu işi sonuçlandırttı. Tabii şimdi tafsilatlı olarak bu maddeler pek hazfızamda değil. Ana hatlar hatırladığım kadar, ayetlerin inişlerinin sebepleri belirtilecek, kelimlerin dil izahatları olacak, ayetlerin anlatmak istediği din, hukuk, sosyal ve ahlaki konular hakkında bilgiler verilecek, bunlarla ilgili eski tarihi olaylar uzun uzun anlatılacak vs. vs."* [1290]

Atatürk'ün belirlediği bu 7 madde daha sonra Diyanet İşleri Riyaseti ile Elmalı'lı Hamdi Yazır arasında imzalanan protokole konmuştur.

1290 Ulusu, age. s. 184, 185.

Bu maddeler şunlardır:
1. Ayetler arasındaki münasebetler gösterilecektir.
2. Ayetlerin nüzul (iniş) sebepleri kaydedilecektir.
3. Kıraat-i Aşereyi (10 okuma tarzını) geçmemek üzere kıraatler hakkında bilgi verilecektir.
4. Gerektiği yerlerde kelime ve terkiplerin dil izahı yapılacaktır.
5. İtikadda ehlisünnet ve amelde Hanefi mezhebine bağlı kalınmak üzere ayetlerin ihtiva ettiği dini, şer'i, hukuki, içtimai ve ahlaki hükümler açıklanacaktır. Ayetlerin ima ve işarette bulunduğu **ilmi ve felsefi konularla ilgili** bilgiler verilecek, özellikle tevhid konusunu ihtiva eden ibret ve öğüt mahiyeti taşıyan ayetler genişçe izah edilecek, konuyla doğrudan ve dolaylı ilgisi bulunan İslam tarihi olayları anlatılacaktır.
6. Batılı müelliflerin yanlış yaptıkları noktalarla okuyucunun dikkatini çeken noktalarda gerekli açıklamalar yapılacaktır.
7. Eserin başına Kur'an hakikatini açıklayan ve Kur'an'la ilgili bazı önemli konuları izah eden bir mukaddime (önsöz) yazılacaktır.

Bu eser, 9 ciltlik 6433 sayfalık dev bir eserdir. 1936-1939 yılları arasında 10.000 takım olarak bastırılmış ve o dönemin Diyanet İşleri Başkanlığı tarafından Türkiye'nin her yerine ücretsiz olarak dağıtılmıştır.

Elmalılı Hamdi Yazır'ın hazırladığı "Hak Dini Kuran Dili" adlı tefsirin önsözünü bizzat **Atatürk** kaleme almıştır. Atatürk'ün kütüphanecisi bu gerçeği şöyle ifade etmektedir: *"Eserin bitiminde kendi katkısıyla Kur'an'ın gerçeğini ve Kur'an'la ilgili özellikleri açıklayan güzel bir önsöz hazırlandı ve basıma girdi."* [1291] Ancak bugün Atatürk'ün bu "önsözü" tefsirde yer almamaktadır. Atatürk'ü "din düşmanı" göstermek isteyen birileri bu önsözü yok etmiştir.

Hamdi Yazır'ın "Hak Dini Kuran Dili" adlı eseri başta olmak üzere, Cumhuriyet'in ilk 15 yılında Kur'an-ı Kerim'in tefsir ve

---

1291 age. s. 185.

tercümesi ile ilgili 9 eserin yazılıp yayınlandığı görülmektedir.[1292]
Bu eserlerin toplam baskı adedi 100.000'e yakındır.

* * *

Atatürk'ün İslamın temel kaynağı Kur'an-ı Kerim'in tefsir ve tercümesini yaptırması, Kur'an'ın mantığına uygundur. Atatürk Kur'an'ı Türkçe'ye tercüme ettirerek yüzyıllardır ihmal edilmiş olan *"Biz onu anlaşılsın diye... indirdik"* biçimindeki Kur'an hükmünü uygulamıştır. Üstelik bu konunun ne kadar önemli olduğunu bilerek Kur'an tefsiri görevini **Elmalılı Hamdi Yazır** gibi bir ustaya vermiştir. Ve işte o Elmalılı'nın yaptığı Kur'an tefsiri aradan geçen 80 yıla rağmen bugün bile aşılamamış, mükemmel bir tefsirdir.

Prof. Yaşar Nuri Öztürk bu konuda şu değerlendirmeleri yapmaktadır.

"Cumhuriyeti kuran irade (Atatürk) İmparatorluğu içerden kemirerek yıkan hurafenin (Kur'an dışı uydurma dincilik) tabelalarını devirdikten sonra, en güzel dinin esasını kitleye tanıtmanın ilk ve en önemli adımını hayranlık verici bir basiret ve dirayetle atmıştır. O adım, çağın en büyük müfessiri (yorumcusu) Elmalılı Hamdi Yazır'a, TBMM'nin karar ve isteğiyle hazırlatılan Kur'an tercüme ve tefsiridir. Yani dokuz ciltlik o aşılamamış Elmalılı tefsiri."

"Atatürk, hep görmezden gelinen, ama temel çözümün hareket noktası olan bu icraatında, sadece aklının değil, gönlünün de işin içinde olduğunu vurgulamak için tefsirin finansmanına bizzat katkıda bulunmuştur... Türkiye'de İslam konusunun her seviyede en güvenilir, en değerli başvuru kaynağı hâlâ Elmalılı tefsiridir. Elli yılı aşkındır, amansız bir din sömürüsü ile ülkenin anasını ağlatan politikalar ve engizisyona taş çıkartma noktasına gelen din ticareti, sövüp durdukları devir ve kişilerin vücuda

---

[1292] Osman N. Ergin, **Türk Maarif Tarihi**, C. V, İstanbul, 1977, s. 1928, 1931, 1934.

getirdiği, o, dokuz ciltlik eserin değil yerine, yanına bile koyabileceğimiz bir şey henüz üretilememiştir."[1293]

Türk-İslam âleminin en önemli tefsirlerinden biri olan Elmalılı Hamdi Yazır'ın **"Hak Dini Kur'an Dili"** adlı tefsirinin fikir aşamasından hazırlanma sürecine ve basılıp halka ulaştırılmasına kadar her aşamasında Atatürk'ün maddi, manevi ve düşünsel desteği vardır. **Prof. Yaşar Nuri Öztürk'ün** dediği gibi, *"Elmalılı tefsiri akademik tarafı, ilmi tarafı bir yana bırakılırsa Atatürk'ün eseridir."* [1294] Sadece bu tefsir bile Atatürk'ün İslam dinine ve Müslüman Türk ulusuna ne kadar büyük hizmet ettiğini kanıtlamaya yetecek niteliktedir.

Atatürk, Türk toplumunun İslam dinini daha iyi anlayabilmesi için ana kaynak Kur'an'ın yanında sağlam bir hadis kaynağına olan ihtiyacı da görmüş ve TBMM'den aldığı kararla bu konudaki çalışmalarla **Ahmet Naim Efendi**'yi görevlendirmiştir. Ahmet Naim Efendi de titiz bir çalışma sonunda **"Buhari Tercüme ve Şerhi"**ni Türkçe'ye çevirmeye başlamıştır, ancak eseri tamamlayamamıştır. Atatürk, **Ahmet Naim Efendi'n**in başlayıp yarım bıraktığı **"Buhari Tercüme ve Şerhi"**ni tamamlaması için **Kamil Miras Hoca**'yla bir sözleşme imzalamıştır.

İlk üç ciltten sonra eser, **Kamil Miras** tarafından tamamlanmıştır. 1932 yılında bastırılan bu eser, Türkiye'nin her yanına yine ücretsiz olarak dağıtılmıştır.[1295]

Kamil Miras Hoca, **Buhari'nin Hadislerini** 12 cilt olarak tercüme etmiştir. Bugün Türkiye'de Kur'an konusunda bir numaralı kaynak 9 ciltlik Elmalılı tefsiri ise iki numaralı kaynak da 12 ciltlik **Buhari Tercümesi ve Şerhi**'dir. Ve her iki güzide çalışma da Atatürk sayesinde meydana getirilmiştir.

1293 Y. Nuri Öztürk, Cuma Sohbetleri. "Atatürk'ü Okuyabilmek", **Hürriyet** 1998.
1294 Öztürk, **Allah İle Aldatmak**, s. 138.
1295 Manaz, **age.** s. 205.

Atatürk'ün Mehmed Akif'e Verdiği Görev

Atatürk, Kur'an'ın tefsir ve tercümesine büyük önem vermiştir. Bu önemli ve uzmanlık gerektiren işi ancak Mehmed Akif Ersoy'un yapabileceğini düşünmüştür. Bu nedenle bu önemli görevi önce Mehmed Akif'e vermiştir. **"Kur'an'ın tefsir ve tercümesi görevini"** kabul eden Mehmed Akif, zaman kaybetmeden çalışmalara başlamıştır.

Akif, daha rahat çalışabilmek için 1925 yılında Mısır'a giderek, çalışmalarını burada sürdürmüştür.

Burada yeri gelmişken bir "yobaz yalanı"nın üzerinde durmak isterim.

Atatürk ve Cumhuriyet düşmanı bazı çevreler Mehmed Akif'in Mısır'a gitmesini onun **şapka devrimine** karşı olmasına bağlamaktadırlar. Güya Akif şapka giymemek için Mısır'a gitmiştir! Güya bu bir kaçıştır! Akif Atatürk'e ve devrimlerine karşıdır!

"Mehmed Akif 1923'te Mısır'a gitti. Birkaç yıl kışları burada kalarak ve yazları Türkiye'ye dönerek yaşadı. Bu sırada ilk devrim hareketleri başlatılmış, Cumhuriyet yöneticileri toplumun İslamiyetle olan bağlarını bütünüyle koparmaya yönelik faaliyetlere girişmişlerdi. Bunun Akif'te büyük bir hayal kırıklığı meydana getirdiği ortadadır. Bu yüzden 1926 kışından sonra Türkiye'ye dönmedi. Kahire civarındaki Hilvan'a yerleşti." [1296]

Yukarıdaki satırlar, Mehmed Akif'in dev eseri **Safahat**'ı 1997 yılında yayına hazırlayan **Yüksel Kanar'a** aittir. Kanar, bilerek ya da bilmeyerek yıllardır tekrarlanan bir "yobaz yalanını" Safahat'ın önsözünde kullanmaktan çekinmemiştir. Kanar ve onun gibiler Akif'in dev eseri Safahat'ı okuyan gençlerin saf beyinlerini bu koca yalanla kirletmişlerdir.

Oysaki gerçek çok daha başkadır.

İstiklal Marşı'nın şairi Mehmed Akif Kurtuluş Savaşı'nda cami minberlerinden halka hitap ederek Kuvvacı bir din ada-

---

[1296] M. Akif Ersoy, **Safahat**, Haz. Yüksel Kanar, Morpa Kültür Yayınları, İstanbul, 1997, s. 9.

mı gibi çalışmış, halkı Mustafa Kemal'in yanında olmaya çağırmıştır.[1297] Akif, İstanbul müftüsünün Kurtuluş Savaşı'na katılanlar hakkında idam fetvası çıkardığını öğrenince Atatürk'e destek olmak için hemen Ankara'ya gitmiştir. Anadolu'yu dolaşıp Ulusal Hareket'e destek istemiştir. Kastamonu Nasrullah Camii'nde yaptığı konuşma çoğaltılarak elden ele dağıtılmıştır. Birinci Meclis'te Burdur Milletvekili olarak görev yapmıştır. On gün aralıksız çalışıp yazdığı İstiklal Marşı için kendisine verilen para ödülünü geri çevirmiştir.

Akif bağımsızlıktan yana aydın bir Müslüman şairdir. Müslümanların çağdaşlaşmasına karşı değildir. Öyle ki Akif, "*kafası gâvur kalbi Müslüman*" nesillere ihtiyaç olduğunu söylemiştir. Dine cahillerin gözüyle bakmayarak batıl inanışlara karşı koymuştur. Akif'e göre İslam dini "ölüler dini" değildir. Müslümanlık hayat dini, insanlık dinidir. Bu nedenle softalığa da karşıdır. Akif dini geriye götürmek isteyenlere kızmaktadır. İslamın özünü hurafelerden temizlemek istemiştir. İslam ile çağdaş ilmi birleştirmeyi savunmuştur.[1298]

Hiç utanıp sıkılmadan Akif'i çağdaş uygarlığa karşı cahil bir softa gibi göstermek isteyenler vardır. Oysaki o çağdaş uygarlığa taraftardır. Örneğin 1936 yılında Emine Abbas Hanım'a yazdığı bir mektupta şu satırlara yer vermiştir:

"*Paris'teyken dünyanın en büyük sanatkârlarını dinlediniz. Ne mutlu size. Bendeniz son zamanlarda hanende musikisinden adeta iğrenir gibi oldum.*"

Bazı çevrelerin Atatürk devrimlerine karşı olduğunu iddia ettiği Akif, görüldüğü gibi Batı musikisine özlem duymakta, alaturka musikiden ise kendi ifadesiyle "iğrenir gibi olmaktadır." Tıpkı Atatürk gibi Akif de alaturka musikiden "*Uyuşturucu negamat*" diye söz etmiştir:

1297 Mehmed Akif'in Kurtuluş Savaşı yıllarında Kastamonu ve diğer yerlerde yaptığı dinsel içerikli konuşmalar için bkz. Abdülkerim Abdülkadiroğlu-Nuran Abdülkadiroğlu, **Mehmed Akif'in Kur'an-ı Kerim'i Tefsiri, Meviza ve Hutbeleri**, Ankara, 1992, s. 1 vd.
1298 Hüseyin Tuncer, **Meşrutiyet Devri Türk Edebiyatı**, İstanbul, 2001, s. 54.

"Ne musikimize girmiş uyuşturur negamat,
Ne şiirimizden olur tarumar fikr-i hayat"
Akif, Batı'nın çağdaş uygarlığından oldukça fazla etkilenmiştir. Örneğin kızı Suat'a Nazım Hikmet'in annesi Celile Hanım'dan resim dersleri aldırmıştır. Ayrıca Rus Yahudisi Feldman'a ve Celile Hanım'a portresini de yaptırmıştır.[1299] Akif çok eşliliğe de karşıdır. Kızların eğitiminden yanadır. Dahası, Atatürk'e ve devrimlere karşı olduğu iddia edilen ve klasik bir İslamcı gibi takdim edilen Akif 24 yaşına kadar içmiş, daha sonra bırakmıştır. Yakın arkadaşı Neyzen Tevfik, Mehmed Akif'i yeniden içkiye alıştırmak için çok uğraşmıştır. 27 Aralık 1936'da öldüğünde doktorların teşhisi sirozdur.

Özetle Akif, çağdaş uygarlığa taraftar bir Müslüman aydındır. Bu nedenle hiçbir zaman Atatürk'e karşı olmamıştır. Atatürk'ün, Kur'an'ın tefsir ve tercümesi söz konusu olduğunda önce onu düşünmesi, Akif'in de Atatürk'ün verdiği bu görevi kabul edip çalışmalara başlaması Atatürk ile Akif arasındaki yakın ilişkinin boyutlarını gözler önüne sermektedir.

Yeniden Akif'in Mısır'a gitmesine dönersek; aslında Akif Kurtuluş Savaşı'ndan önce Mısır'a gitmeyi düşünmüştür. Ancak Ulusal Hareket'e destek olmak için Ankara'ya gidince programını değiştirmek zorunda kalmıştır.

Akif, ilk olarak Ekim 1923'te, Abbas Hilmi Paşa'yla Mısır'a giderek 7 ay kalmıştır. 1924 yılında geri dönmüş, aynı yılın sonunda ikinci kez Mısır'a gitmiştir. 1925 Mayısında geri dönmüştür. Ve üçüncü gidişi Eylül 1925'tedir. Bu seferki gidişinin nedeni hem Atatürk'ün kendisine verdiği görevi –Kur'an'ın tefsir ve tercümesi– yerine getirmek hem de başka bazı projelerini hayata geçirmektir.

Akif, şekilciliği önemsemeyen, "kafaları değiştirmek" gerektiğine inanan biridir. Akif'in şapka giymemek için Mısır'a gittiği yolundaki iddiaları Yusuf Ziya Ortaç yalanlamış ve bu konuda şu değerlendirmeyi yapmıştır:

1299 Soner Yalçın, **Siz Kimi Kandırıyorsunuz**, İstanbul, 2008, s. 38, 39.

"Safahat şairini Abbas Hilmi Paşa davet etmişti. Hayalindeki eseri, hele büyük bir aşk ile yazmak istediği Salahaddin-i Eyyübi isimli manzum piyesi yaratabilmesi için geçim zorluğundan uzak, rahat bir hayat hazırlamıştı ona. İşte Akif'in seyahat sebebi." [1300]

Mehmed Akif, Mısır'da Kur'an tefsiri ve tercümesine devam ederken endişelenmeye başlamıştır. Gün geçtikçe kafasındaki soru işaretlerinin sayısı artmıştır. Bir süre sonra Kur'an'ın hakkıyla Türkçe'ye tercüme edilemeyeceğini ve yapılacak tercümenin hiçbir zaman orijinalinin yerini tutamayacağını düşünerek bu işten vazgeçmiş, daha önce yapıp gönderdiği tercümeleri geri istemiş ve aldığı avansı da iade etmiştir (1931). [1301]

Akif, yakınlarına, yaptığı tercümeyi beğenmediğini, Kur'an ifadelerinin tam karşılığını tercümeye yansıtamadığını, kısacası çeviriyi hakkıyla yapamadığını açıklamıştır. Meali soranlara, noksanları olduğunu, üzerinde daha çalışmak gerektiğini, kendisini tatmin etmeyen bir eserin başkalarını da tatmin etmeyeceğini belirtmiştir. Tashihlerin devam ettiğini, önce beğendiği bir kelimeyi daha sonra beğenmeyerek değiştirdiğini söylemiştir.[1302] Son hastalığında, *"İyi olursam getirtir, üzerinde meşgul olurum. Belki o zaman basılabilir"* demiştir.[1303]

Prof. Yaşar Nuri Öztürk, Mehmed Akif'in Kur'an'ı hakkıyla tefsir edemeyeceğini anladığı için bu işten vazgeçtiğini şöyle açıklamaktadır:

"Akif ilahiyatçı değildi. Din ilimlerini bilen bir bilgin değildi. O edipti, şairdi. Birkaç ayeti çok güzel yapabilirdi ama bütün Kur'an'ı tercüme ve tefsir Akif'in işi değildi. Tercüme ve tefsiri yapmak üzere Kur'an'ın içine girince bu işi yapamayacağını an-

---

1300 Tuncer, **age.** s. 541.
1301 Ergin, **age.** s. 1934, 1935, Ayrıca, Saadettin Kaynak'ın hatıralarından naklen Borak, **Atatürk ve Din,** s. 72.
1302 Dücane Cündioğlu, **Bir Kur'an Şairi: Mehmed Akif Ersoy ve Kur'an Meali,** İstanbul 2004, s. 312, 344, 345, 347, 355; M.Ertuğrul Düzdağ, **Mehmed Akif Ersoy,** Ankara, 1988, s. 99.
1303 M. Ertuğrul Düzdağ, **Mehmed Akif Mısır Hayatı ve Kur'an Meali,** İstanbul, 2003, s. 209.

ladı. Yapsaydı ismini lekelerdi, büyük hata olurdu. Çünkü ilmi ve birikimi bu işe yetmezdi. Akif haysiyetli bir mümin sıfatıyla bunu gördü ve yaptığı bir kısım tercümeleri de işte bunun için imha etti." [1304]

Atatürk döneminin tanıklarından, din adamı **Ercüment Demirer**, Mehmed Akif'in Kur'an tefsir ve tercümesinden neden vazgeçtiğini şöyle açıklamıştır:

"Mehmed Akif, yazdığı tefsiri noksan yaptığını, tam karşılığını veremediği düşüncesine kapılarak yırtmıştır. Nitekim bize, 'Kur'an'ı, istediğim şekilde tefsir edemedim' demişti. Mehmed Akif, Kur'an'ın sadece ölüler için okunan bir kitap olmadığını iyi bilenlerdendi. Buna işaretle, manzum olarak şöyle söylemiştir:

'Açarız nazmı celilin, bakarız yaprağına
Yahut üfler geçeriz, ölünün toprağına
İnmemiştir hele Kur'an, bunu hakkiyle bilin
Ne mezarlıkta okunmak, ne de fal bakmak için" [1305]

Mehmed Akif'in, Kur'an'ın aslı yerine namazda okutulma ihtimalini dikkate alarak, yapmış olduğu Türkçe meali yaktığını ileri sürenler vardır! Ancak bu iddia bir yakıştırmadan öteye gitmemektedir. Ayrıca eğer Akif gerçekten Kur'an tercümesinin namazda kullanılacağını düşündüyse bu kanaatinde haklı olmadığı ortadadır.[1306] Akif'in yapmadığı tefsir ve tercümeyi Elmalılı Hamdi Yazır yapmış ve onun yaptığı tercüme de hiçbir zaman namazda kullanılmamıştır.

Atatürk, Akif'in Kur'an tercümesinin izini sürmüştür. Bu doğrultuda Kâzım Taşkent tercümeyi bulmak için Mısır'a adam göndermiştir. Ancak Akif'in tercümeyi emanet ettiği Mısırlı, onu yaktığını söylemiştir.[1307]

Kur'an tercümesinin akıbetini merak eden Atatürk bir gün Hakkı Tarık Us'u Mehmed Akif'le görüşmeye göndermiştir. Tarık Us, Akif'e gidip "Atatürk'ün tercümeyi istediğini" söyleyince

---

1304 Öztürk, **Allah İle Aldatmak**, s. 139.
1305 Ercüment Demirer, **Din, Toplum ve Atatürk**, İstanbul, 1999, s. 154.
1306 Kasapoğlu, **Atatürk'ün Kur'an Kültürü**, s. 140.
1307 Cündioğlu, **age.** s. 473, 474.

Akif, "Tercümeyi Mısır'da birisine verdiğini, onun da başka birine verdiğini öğrendiğini, zaten tercümeyi beğenmediğini, eğer iyileşirse yeniden bir cüz tercüme yaparak onu takdim edeceğini ve Atatürk onu beğenirse tercümeye devam edeceğini" belirtmiştir. Hakkı Tarık Us, bütün ısrarlarına rağmen tercümenin nerede ve kimde olduğunu öğrenememiştir.[1308]

Asaf İlbay, bu konu hakkında Atatürk'ün şöyle bir açıklama yaptığını aktarmıştır:

"Şair Akif'e Kur'an'ın tercüme edilmesi vazifesi verildi ve kendisine 10.000 lira gönderilmiş olduğu halde bugün yarın diye işi uzatmakta ve nihayet tercümeyi güya meçhul bir adrese göndermiş olduğu cevabını vermektedir." [1309]

Atatürk, adeta bıkıp usanmadan Akif'ten tercümeyi istemiş, 1936 yılına kadar Akif'in tercümeyi bitereceğini düşünmüştür. Ancak bu beklentisi sonuçsuz kalmıştır.[1310]

Atatürk, Akif'in bu zor ve önemli görevin üstesinden geleceğini düşünmüştür, ona sonuna kadar güvenmiştir, ancak Akif bir bakıma Atatürk'ün güvenini boşa çıkarmıştır. Bu durumun Atatürk üzerinde bir hayal kırıklığı yarattığı söylenebilir.

Akif'in aşağıdaki sözleri, onun Atatürk hakkında neler düşündüğünü çok açık bir şekilde gözler önüne sermektedir:

"Mısır'da on bir yıl kaldım. Fakat on bir saat daha kalsaydım artık çıldırırdım. Sana halisane bir fikrimi söyleyeyim mi: İnsanlık da Türkiye'de, milliyetçilik de Türkiye'de, Müslümanlık da Türkiye'de, hürriyetçilik de Türkiye'de. Allah benim ömrümden alıp Mustafa Kemal'e versin."

İşte bazı çevrelerin Atatürk düşmanı olarak göstermek istediği Akif, *"Allah benim ömrümden alıp Mustafa Kemal'e versin"* diyecek kadar iyi bir Atatürk dostudur.

Profesör Öztürk'ün dediği gibi, *"Akif'in şiir sanatının anıtlarından biri olan ama aynı zamanda bir tür kısa Kur'an tefsiri*

1308 Cündioğlu, age. s. 149, 150, 355 - 357; Zeki Sarıhan, **Mehmed Akif,** İstanbul, 1996, s. 214, 215; Düzdağ, **Mehmed Akif Mısır Hayatı ve Kur'an Meali,** s. 200, 201, Kasapoğlu, age. s. 138.
1309 Cündioğlu, age. s. 249.
1310 age. s. 444.

hüviyeti de taşıyan Safahat'ındaki İslam anlayışıyla Atatürk'ün İslam anlayışı yüzde yüz örtüşmektedir. Temiz bir vicdan, halis bir iman, Akif'i, Atatürk'e karşıtlığın değil, Atatürk'ün yanındalığın kanıtı olarak değerlendirebilir." [1311]

Atatürk'ün, Kur'an'ın Türkçeye tercümesi başta olmak üzere, dinde Türkçeleştirme çalışmalarında "samimi olmadığını" iddia edenler vardır. Onlara göre Atatürk, Kur'an'ı yalan yanlış bir şekilde Türkçeye tercüme ettirecek böylece Kur'an'ın "mistik" ve "ruhani" özelliklerini yok edecek ve halkın Kur'an'a olan bağlılığını azaltacaktır! Örneğin, Atatürk'ün silah arkadaşlarından **Kâzım Karabekir** bu düşüncededir. Karabekir, anılarında *"Atatürk'ün Kur'an'ı bazı İslamlık aleyhtarı kimselere tercüme ettireceğini"* söylemiştir. Ancak Karabekir'in bu iddiasını tarih çürütmüştür. Çünkü bilindiği gibi Atatürk, başta Kur'an olmak üzere, dinde Türkçeleştirme çalışmalarını, bu konularda uzman olan **Mehmed Akif Ersoy, Elmalılı Hamdi Yazır** ve **Kamil Miras** gibi ustalara yaptırmıştır. Bu durum Atatürk'ün, Kur'an'ın tefsir ve tercümesine ne kadar büyük bir önem verdiğini gözler önüne sermekte ve *"Atatürk Kur'an'ı tahrif ettirmek istiyordu"* biçimindeki "yobaz yalanını" açığa çıkarmaktadır.

DİN DİLİNİN TÜRKÇELEŞTİRİLMESİ

İlk Arayışlar

Atatürk'ün dinde Türkçeleştirme konusundaki ilk arayışları cumhuriyetin ilanından hemen sonra başlamıştır. Kur'an-ı Kerim'in tefsir ve tercüme edilmesi konusu 1924 yılında Meclis gündemine getirilmiş, 1926 yılından itibaren Atatürk'ün önayak olmasıyla bu konuda çalışmalara başlanmıştır.

1926 yılı sonunda 5 uzmandan kurulan birleşik komisyon, Diyanet İşleri Başkanlığı'na bir reform taslağı ile 58 örnek hutbe sunmuştur. Diyanet işleri Başkanı **Rıfat Börekçi** bunları hatiplere dağıtmış ve bununla ekli olarak gönderdiği bildiride, Fatiha Suresi ile bundan sonra gelen Kur'an ve hadis metinlerinin Arapça ve Türkçe, öğüt yolunda olanlarınsa sadece Türkçe olarak okun-

---

1311 Öztürk, **age.** s. 351, 352.

masını bildirmiştir. Jaeschke'ye göre bu talimat Aralık 1927'de yürürlüğe girmiştir.[1312]

O günlerde Atatürk, her fırsatta Türkçe Kur'an'dan, Türkçe duadan, özetle din dilinin Türkçeleştirilmesinden söz etmiştir. Özellikle, 1926 yılından itibaren her vesileyle, Allah'a ana dilde yakarmanın önemine işaret etmiştir.

Örneğin, Atatürk 1927'de Kayseri'ye gitmiş ve bir açılış törenine katılmıştır. Bu esnada orda bulananlardan biri, bir hocayı ileri iterek:

"*İzin verirseniz hoca efendi dua etsin*" diye bir teklifte bulunmuştur.

Bu teklifi reddeden Atatürk,

"*Allah benim dilimden de anlar. Ona illa anlamadığımız bir dille, ne söylediğimizi iyice bilmeyerek dua etmek mi şarttır...*" [1313] demiştir.

Atatürk'ün Kayseri'deki bu tepkisinin nedeni, kısa bir süre sonra, dinde ana dile dönüş çalışmalarına başlamasıyla anlaşılacaktır.

Atatürk, bir taraftan değişik alanlardaki devrimleri sürdürürken, diğer taraftan da doğrudan dinle ilgili düzenlemeler için hazırlıklara başlamıştır. **"Dinde Ana Dile Dönüş Projesi'ni"** 1930'lu yıllarda hayata geçirmesine rağmen, bu projeyle ilgilenmeye Cumhuriyet'in ilk yıllarında başlamıştır.

Atatürk, 22 Mayıs 1926 tarihinde Bursa Türk Ocağı'nda, **"Dinde Türkçeleştirme Projesi'ne"** dair önemli mesajlar vermiştir. Bir bakıma o gün bu konuda ufak bir nabız yoklaması yapmıştır.

"*Arkadaşlar, öteden beri fikrimi işgal eden bir husus var. Kur'an Türkçe'ye tercüme edilmeli midir? Yoksa edilmemeli midir? Bunu birçok kişiye soruyorum. Kimisi muvafıktır diyor. Niçin muvafıktır? diyorum, izah edemiyor. Kimisi de hayır muvafık değildir diyor. Onlara da niçin muvafık değildir? diyorum, onlar da beni ikna edici bir cevap veremiyor.*"

1312 Jaeschke, **age.** s. 44.
1313 Avni Altıner, **Her Yönüyle Atatürk**, İstanbul, 1986, s. 474.

Velhasıl, şimdiye kadar beni tatmin eden cevap alamadım. Bilmem sizler bu hususta ne fikirdesiniz?" [1314]

Atatürk'ün yanıt aradığı bu soruya, o sırada orada bulunanlar içinde dinsel konularda bilgiye sahip olanlar ellerinden geldiğince yanıt vermeye çalışmışlardı. Ancak verilen yanıtlar içinden Atatürk en çok, **Hafız Ahmet (Karaboncuk)**'in verdiği yanıtı beğenmiştir.

Hafız Ahmet, *"Muhterem Gazimiz..."* diye söze başlamış ve şöyle devam etmiştir.

"Arzu buyurduğunuz cevabı Kur'an bizzat diliyle veriyor" demiş ve *"İnna enzel nühü Kur'an'en Arapbiyen leal lekküm takliüm"* ayetini okumuştur.

Bunun üzerine Atatürk, hafızdan ayetin anlamını açıklamasını istemiştir.

Hafız Ahmet, bu ayeti şöyle açıklamıştır:
"Bu ayet diyor ki: Biz Kur'an'ı Arap kavmine indirdiğimiz için Arapça indirdik. Yoksa başka dillerde de indirebilirdik. Sebebi de Kur'an'ı, yalnız okumak değil, manasını da anlamamız içindir."

"Muhterem Gazimiz, mademki Kur'an'ın asıl maksat ve isteği, münderecatını (içeriğini) anlamakmış, biz Türkler Arapça bilmediğimiz için Kur'an Türkçe'ye tercüme edilmelidir ki, manasını anlayabilelim. Sualinize Kur'an'dan okuduğum ayetten daha veciz bir cevap olur mu?" [1315]

Atatürk, bu ifadelerden o kadar memnun olmuştur ki yüzünde alışılmışın dışında bir dikkat ve memnuniyet ifadesi belirmiştir. Belli ki, bu önemli projeye din adamları tarafından sahip çıkılması, onu çok sevindirmiştir.

Atatürk, bu memnuniyetin etkisiyle olsa gerek, Hafız Ahmet'e, *"Ayeti bir daha okur musun?"* diye seslenmiş, bu istek üzerine Hafız, ayeti yeniden okuyarak anlamını tekrarlamıştır.

Memnuniyeti bir kat daha artan Atatürk, takdirlerini belirtmek için yerinden kalkmış, Hafız Ahmet'e doğru yürümüş

1314 Ahmet Karaboncuk, **Bakış**, Kasım 1970'den, Altıner, **age.** s. 474.
1315 **age.** s. 474.

ve Hafız'ın elini sıkmak istemiştir. Hafız Ahmet ileri atılarak, Atatürk'ün elini öpmüş ve bunun üzerine Atatürk, *"Hakikaten bu cevap beni tatmin etti. Çok memnun oldum"* karşılığını vermiştir. O gün yaklaşık bir saat devam eden sohbet sırasında hep din ve Kur'an konuşulmuştur.[1316]

Atatürk'ün kutsal kitap Kur'an'ı Kerim'i Türkçeleştirmek istemesinin en temel nedeni, tüm samimiyetiyle Allah'a yönelerek dua eden, ancak Arapça bilmediği için okuduğu duanın ne anlama geldiğini bilmeyen Müslüman Türk'ün, ne dediğini bilerek, anlayarak Allah'a yönelmesini sağlamaktır.

Atatürk bu konuda şöyle demiştir:

"Türkler, dinlerinin ne olduğunu bilmiyorlar. Bunun için Kur'an Türkçe olmalıdır. Türk, Kur'an'ın arkasından koşuyor; fakat onun ne dediğini anlamıyor, içinde neler var bilmiyor ve bilmeden tapınıyor. Benim maksadım arkasından koştuğu kitapta neler olduğunu Türk anlasın."

Atatürk 1930'ların başında da **Türkçe Kur'an** konusunda nabız yoklamaya devam etmiştir.

Atatürk, 1932 yılında yaz aylarının sonunda Dolmabahçe Sarayı'nda yemekli bir toplantıda yanında bulunanlardan birisine, *"Sen namaz kılıyormuşsun doğru mu?"* diye sormuştur. Soru sorulan kişi, *"Evet efendim, ara sıra kılarım"* yanıtını vermiştir. Atatürk bu sefer neden namaz kıldığını sorunca söz konusu kişi Atatürk'e şöyle yanıt vermiştir:

"Efendim ben namaz kıldıkça içimde derin bir vicdani huzur duyuyorum. Namaz kılarken kendimi dünyadan ayrılmış hissediyorum. Bir an yükseliyorum, adeta Allah'la karşı karşıya kalmış gibi oluyorum."

Atatürk, aynı kişiye bu sefer de namazda ne okuduğunu sorunca, o kişi namaz surelerini okuduğunu söylemiştir.

Bunun üzerine Atatürk bu sureleri okumasını istemiş, o da okumuştur. Ardından Atatürk, *"Bunların anlamı nedir?"* diye sormuştur. Söz konusu kişi, okuduğu surelerin ne anlama geldi-

---

1316 age. s. 474.

ğini söyleyememiştir. Bunun üzerine Atatürk, sofrada oturan diğer kişilere de aynı soruyu sormuştur. Ancak hiç kimse bu soruya doyurucu bir yanıt verememiştir.

Atatürk daha sonra yanındakilere **Yasin suresinden** bazı ayetlerin tercümesini sormuştur. Masadakilerden bazıları bu soruya yarım yamalak yanıt verirken bazıları hiç yanıt verememiştir. Bunun üzerine Atatürk tekrar ilk muhatabına dönerek şöyle bir soru sormuştur:

"Peki, sen az önce adeta Allah'la karşı karşıya kalıyorum dedin. Ona kendi anlamadığın bir dilde hitap ettin. Bu söylediklerinden sen bir şey anlamadığın halde Allah'ın mutlaka Arapça anladığına nasıl hükmettin?"

Sorunun muhatabı, *"Efendim Kur'an Arapça nazil olduğu için..."* karşılığını vermeye çalışırken Atatürk, *"Evet ama Ku'an-ı Kerim Arabistan'da, Arap milletine kendi diliyle hitap ediyordu. Sorarım size, Allah yalnız Arapların Allah'ı mıdır?"* demiştir. Bunun üzerine söz konusu kişi, *"Hayır efendim, yüce Allah bütün âlemlerin Rabbi'dir"* deyince Atatürk, *"O halde diyerek..."* karşılık beklemiş, ancak beklediği karşılığı alamamıştır.

Bu sırada orada bulunan **Reşit Galip**, söz alarak şu açıklamaları yapmıştır: *"İbadet Allah'la kul arasında kalben birleşmek demektir. Bunun bizim anladığımız manada delili olamaz. Daha doğrusu kelimeler, ibadet vasıtası olamazlar. Ancak ibadet düşüncelerin Allah'a tevcihidir."*

Atatürk Reşit Galip'e, *"İnsan düşüncelerini neyle ifade eder?"* diye sorunca o da *"Şüphesiz kelimelerle efendim"* yanıtını vermiştir. Bunun üzerine Atatürk, *"O halde bilmediğiniz bir dilin kelimelerini kullanarak nasıl konuşur, his ve düşüncelerinizi nasıl ifade edersiniz?"* diye sormuştur. Reşit Galip, *"Efendim, manalarını öğreniriz"* karşılığını verince, Atatürk buna tepkisini şu sözlerle göstermiştir:

"Siz annenize sevginizi anlatmak için 'ah chere maman" derseniz, anneniz size ne der? Deli demez mi? Anne Allah'ın yeryüzündeki timsalidir. Allah, anneyi, insanı yaratmak için vasıta eder, ona kendi kudretinden bir değil, birçok şeyler verir.

Şu halde insan, anasına nasıl ana diliyle hitap ederse Allah'a da yine ana diliyle hitap eder." [1317]

Atatürk, 1936 yılında Bursa'da kaldığı konağın güvenliğinden sorumlu **Teğmen Hayrullah Soygür'e** din konusunda bazı sorular sormuştur: Besmele çektirip İhlas ve Fatiha surelerini okutmuştur. Soygür, süreleri okurken Atatürk telaffuz yanlışlarını düzeltmiştir.[1318] Daha sonra Atatürk bu surelerin anlamlarını sormuştur, ancak doyurucu bir yanıt alamamıştır. Bunun üzerine *"Bilmeyebilirsin, ama bilmen de şart"* diyerek şunları söylemiştir: *"Büyük Tanrı diyor ki, 'İnsanlar doğacaklar ve yaşayacaklardır. Ama bu insanlar arasında en az hüsrana uğrayacak olanlar hak yemeyenler ve sabredenlerdir.'* Şimdi namaza dursan ve Türkçe, 'Büyük Tanrım, senin yap dediğini yapıyorum, yapma dediğini kesinlikle yapmıyorum, kendimi kötülüklerden korumaya çalışıyorum, hak yemiyorum, sabrediyorum.' dersen, sonra Allah'tan her şey istenir. Sen de bir şey istersen kabul edilmez mi? Ben kabul edileceği kanısındayım.

Eğer böyle uygulansa idi Türk İslamlığı çok daha çabuk yayılırdı. Şimdi Mehmetlerini seni yetiştirenler gibi yetiştirir. Bir subay ki askerlerinin dini ve milliyeti ile en iyi bir şekilde ilgilenir ve onları öyle yetiştirir işte o millet yıkılmaz.*" [1319]

Atatürk'ün Dinde Türkçeleştirme Projesi son derece zor, zahmetli ve cesur bir girişimdir. Dinde Türkçeleştirmekten söz etmek her şeyden önce insanların 1400 yıllık alışkınlıklarını sorgulamak demektir. Yalnızca bu sorgulamanın bile büyük bir direnişle karşılanması beklenirken Türkiye'de Atatürk'ün dinde Türkçeleştirme çalışmalarına çok ciddi bir başkaldırı hareketi gerçekleşmemesi çok anlamlıdır. Tabiî ki bazı ufak tefek karşı çıkışlar olmuştur. Hatta bu karşı çıkışlar bazen Atatürk'ün en yakınındaki kişilerden bile gelmiştir.

1317 Dücane Cündioğlu, **Türkçe Kur'an ve Cumhuriyet İdeolojisi,** İstanbul, 1998, s. 188 - 191.
1318 **Nuri Ulusu,** Hayrullah Soygür'ün bu sureleri yanlış okuduğunu, anlamını da iyi bilmediğini, bu durumun Atatürk'ü bir hayli kızdırdığını belirtmektedir. Ulusu, **age.** s. 186.
1319 **Büyük Kurultay Gazetesi,** 16 Şubat 1998; İlhan Çiloğlu, **Allah ve Asker,** İstanbul, 2006, s. 62, 63; Ulusu, **age.** s. 186.

Örneğin, Atatürk Kur'an'ın Türkçeye çevirilmesine karar verdiğinde buna karşı çıkanlardan biri de **Kâzım Karabekir**'dir. Karabekir, büyük bir heyecan ve şaşkınlık içinde bir gün dayanamayarak Atatürk'e bu konuda ilginç bir soru sormuştur:

Karabekir: *"Kur'an'ın Türkçeye çevrilmesini emretmişsiniz."*
Atatürk: *"Evet"*
Karabekir: *"Peki o zaman elif, lam, mim ne olacak?"*

Atatürk, hayretle Karabekir'in yüzüne baktıktan sonra kendinden emin şu yanıtı vermiştir:

"Ne olacak, elif, lam, mim yine elif, lam, mim şeklinde kalacak." [1320]

Atatürk'ün 1930 yılından itibaren en fazla yoğunlaştığı konulardan biri **dil ve tarih**, ötekisi de **din** konusudur. Aslında her iki konuyu birlikte ele almak istemiştir. Çünkü bu konuların birbirine bağlı olduğunu düşünmüştür. Nitekim 1931-32 yıllarında bir taraftan Türk Tarih ve Dil Kurumları kurulurken diğer taraftan dinde Türkçeleştirme çalışmalarına başlanmıştır. (Türkçe Kur'an, Türkçe Hutbe ve Türkçe ezan)

Atatürk'ün, "Din Dilinin Türkçeleştirilmesi Çalışmaları" aslında dil devriminin bir parçasıdır. Atatürk Türk toplumunu çepeçevre kuşatan "Arap etkisini" hem **yazı ve dilden** hem de **dinden** uzaklaştırmak istemiştir. Arap harflerinin yerine Latin harflerini kabul etmesinin ve **dinde Türkçeleştirme çalışmalarının** temel nedenlerinden biri budur.

Atatürk, Latin harflerinin kabulünden sonra yurt gezilerine çıkarak yeni harfleri halka tanıtmıştır. Bu gezilerinden birinde **Tin** suresinin ilk ayetlerini Latin alfabesiyle yazdırmıştır.

Atatürk, Tekirdağ'da, Eskicami İmamı Mevlana Mustafa Özveren'den **Tin süresini** yazmasını istemiştir.

"Hoca Efendi yaz bakalım: 'Vettini vezzeytuni ve Turi Sinin ve haze'l-Beledi'l-Emin..."

Mustafa Özveren Hoca doğal olarak bu ayetleri Arap harfleriyle yazmıştır. Bunun üzerine Atatürk hocanın gözlerinin içi-

---

[1320] Cündioğlu, age. s. 9.

ne bakarak, *"Hocam ben bu yazdıklarını 'valtin vaiziton' diye okuyorum. Ne dersin?"* demiştir.

Mustafa Özveren Hoca, Atatürk'e, *"Efendim, bunun üstünü var, esresi var, şeddesi var. Bakınız bunları koyduğunuz zaman aslı gibi okunur"* şeklinde yanıt vermiştir.

Atatürk, hocanın yazdığı Arapça ayet metnini çevresindekilere okutmuş, fakat herkes farklı şeyler telaffuz etmiştir. Bunun üzerine Atatürk, kalemi alıp aynı ayeti **Türkçe harflerle yazmaya başlamış** ve bu sırada şunları söylemiştir:

"Görüyorsun hoca efendi, bu harflerin şeddesi yok. Hem bak bu harflerle ne kadar kolay ve yanlışsız okunuyor. Biz işte bunu düşünürsek ve Batı eserlerini de kolayca öğrenebilmek için bütün dünyaya lisanımızı kolaylıkla öğretebilmek için Latin harflerini kabul ediyoruz..."

Bunun üzerine hoca, *"Çok güzel efendim, çok güzel, diyecek bir şey yok. Allah muvaffak etsin"* demiştir.

Atatürk daha sonra kendi el yazısı bulunan kâğıdı Mevlana Mustafa Özveren Hoca'ya uzatıp şöyle demiştir:

"Bu kâğıt sende kalsın, bir hatıram olsun. Yeni harfleri öğren ve herkesi öğrenmeye teşvik et, bir daha gelişimde seni böyle göreyim." [1321]

Türkiye'de ibadette ilk kez Türkçe kullanan Ayasofya dersiamlarından **Göztepe Camii İmamı Mehmet Cemalettin Efendi'dir.** Cemalettin Efendi 1926 yılındaki bir vaazında, **sıranın dini kapitülasyonların kaldırılmasına geldiğini** söyleyerek din dilinin Türkçeleştirilmesini istemiştir.[1322]

1928 Haziranında Darülfünun İlahiyat Fakültesi'nde Fuat Köprülü'nün başkanlığında kurulan bir komisyon hazırladığı ra-

---

1321 M. Şakir Ülkütaşır, **Atatürk ve Harf Devrimi**, Ankara, 1981, s. 92, 93; Ahmet Bekir Palazoğlu, **Atatürk ve Eğitim**, Ankara, 1988, s. 202, 203; Hıfzı Topuz, **Devrim Yılları**, İstanbul, 2004, s. 29; Alexandre Jevakhoff, **Kemal Atatürk: Batı'nın Yolu**, Çev. Zeki Çelikkol, İstanbul, 1989, s. 286; Kasapoğlu, age. s. 114, 115.
1322 İçtihad, no: 202, 15 Nisan 1926, s. 3942.

porda din dilinin Türkçeleştirilmesini, dua ve hutbelerin Türkçe okunmasını önermiştir.[1323]

Atatürk, "evrensel bir din" olarak gördüğü İslamı "Arap egemenliğinden kurtarma" misyonunu üstlenmiştir. Din dilinin Türkçeleştirilmesi çalışmalarının temelinde yatan nedenlerden biri budur.

1932 Yılı Ramazan Ayı: Atatürk İstanbul'un Ünlü Hafızlarını Dolmabahçe Sarayı'nda Toplamıştır

1920'lerin sonundaki nabız yoklamalarından ve ilk hazırlıklardan sonra, dinde Türkçeleştirme konusundaki asıl çalışmalar, 1931 ve 1932 yılı Ramazan ayında, İstanbul'da, bizzat Atatürk'ün yönlendiriciliğinde gerçekleşmiştir.

Atatürk'ün, din dilinin Türkçeleştirme çalışmalarına katılan, dönemin önemli din adamlarından **Hafız Yaşar Okur**, bu çalışmaların başlamasını şöyle anlatmaktadır:

"1932'de Ramazan'ın ikinci günüydü, Atatürk ile Ankara'dan Dolmabahçe Sarayı'na geldik. Beni huzurlarına çağırdılar. 'Yaşar Bey' dediler, 'İstanbul'un mümtaz hafızlarının bir listesini istiyorum. Ama bunlar musikiye de aşina olmalıdırlar."

Bu emir üzerine **Hafız Yaşar Okur**, İstanbul'un en ünlü hafızlarının bir listesini yapmıştır. Listede şu isimler vardır: Hafız Sadettin Kaynak, Sultan Selim'li Rıza, Süleymaniye Camii baş müezzini Kemal, Beylerbeyli Fahri, Darüttalim-i Musiki Azasından Büyük Zeki, Muallim Nuri ve Hafız Burhan Beyler...

Hafız Yaşar Okur'a kulak verelim:

"O ana kadar bunların niçin çağrılmış olduğunu ben de bilmiyordum. O gün anladım ki, tercüme ettirilmiş olan bayram tekbirini kendilerine meşk ettirecektir. Hafızlar ikişer ikişer oldular ve şu metin üzerinde meşke başladılar: '...Allah büyüktür, Allah büyüktür, Allah büyüktür..." [1324]

1323 Gotthard Jaeschke, **Yeni Türkiye'de İslamcılık**, çev. Hayrullah Örs, Ankara, 1972, s. 44.
1324 Hafız Yaşar Okur, **Atatürk'le On Beş Yıl Dini Hatıralar**, İstanbul, 1962, s. 12.

"Atatürk Cemil Sait Bey'in Kur'an tercümesini getirttiler. Bizlerin tercüme konusunda tek tek fikirlerini aldıktan sonra hemen hemen sabaha kadar tartıştık. Daha sonra ayağa kalkarak ceketlerinin önünü iliklediler. Kur'an'ı Kerim'i ellerine alıp Fatiha Suresi'nin Türkçe tercümesini açıp halka okuyormuş gibi ağır ağır okudular. Bu hareketleriyle bizlerin halka nasıl hitap etmemiz gerektiğini göstermek istiyorlardı.

Sonra Atatürk: 'Sayın hafızlar, içinde bulunduğumuz bu kutsal ay içinde camilerde okuyacağınız mukabelelerin tamamını okuduktan sonra, Türkçe olarak da cemaate açıklayacaksınız. İncil de Arapça yazılmış, sonradan bütün dillere tercüme edilmiştir. Bir İngiliz İncilini İngilizce, bir Alman İncilini Almanca okur. Herkes okunan mukabelelerin manasını anlarsa dinine daha çok bağlanır,' dediler.

Sonra yanındakilere, 'Gazetelere haber verin, yarın camilerde okunacak olan surelerin Türkçe tercümesi de okunacaktır' emrini verdiler."

O günkü toplantının tanıklarından biri de Atatürk'ün kütüphanecisi **Nuri Ulusu**'dur. Ulusu anılarında o gün yaşananları şöyle anlatmıştır:

"Atatürk bu ilk tercüme Kur'an'ı (Cemil Sait'in Kur'an tercümesi) Hafız Saadettin Kaynak Bey, Hafız arkadaşları Kemal, Nuri, Rıza, Fahri ve müzik öğretmeni Zeki ve Nuri Bey, Milli Eğitim Bakanı Reşit Galip Bey ve milletvekili Cemil Bey ile ben ve arkadaşlarımın da oluşturduğu gruba adeta kalabalık bir insan topluluğuna okuyormuş gibi tane tane okudu. Okuduktan sonra hafızlara dönerek, 'Şimdi bundan sonra bu görev sizlere düşüyor. Halkımıza bu Türkçe Kur'an'ı aynen benim okuduğum gibi yavaş yavaş, tane tane, ağır ağır okuyacak, anlatacaksınız. Halkımız Kur'an'ımızı tam anlamıyla bilecek ve de anlayacak' dedi."

Atatürk, belirlenen hafızlarla 1932 yılı Ramazan ayında sık sık bu tür toplantılar yapmıştır. Camilerde Kur'an okuyacak bu hafızlarla bizzat ilgilenmiştir. Zaman zaman Kur'an'ın Türkçe tercümesinin halka karşı nasıl okunacağını hafızlara bizzat göstermiştir. **Hafız Yaşar Okur'un**, Kütüphaneci **Nuri Ulusu'nun** ve **Hafız Saadettin Kaynak'ın** anılarından anlaşıldığı kadarıyla Atatürk, o günlerde yüksek sesle ve büyük bir dikkatle Kur'an okuyarak, hafızların dikkat etmeleri gereken noktalar üzerinde durmuştur.

Saadetin Kaynak anlatıyor:

"Dolmabahçe Sarayı'nın büyük muayede salonunda saz takımı toplanmıştı... Atatürk bir imtihan ve tecrübe yapmaya hazırlanmış görünüyordu. Elinde Cemil Sait'in tercümesi Türkçe Kur'an-ı Kerim vardı.

Evvela Hafız Kemal'e verdi okuttu, fakat beğenmedi. 'Ver bana... Ben okuyacağım' dedi.

Hakikaten okudu, ama hâlâ gözümün önündedir; askeri kumanda eder, emir verir gibi bir ahenk ve tavırla okudu." [1325]

Atatürk hafızlarla yaptığı görüşmelerden sonra onlara, *"Arkadaşlar, hepinizden ayrı ayrı memnun kaldım. Bu mübarek ay vesilesiyle camilerde yaptığımız mukabelenin son sahifelerini, Türkçe olarak cemaate izah ediniz. Halkın dinlediği mukabelenin manasını anlamasında çok fayda vardır,"* demiştir.[1326]

Görüldüğü gibi Atatürk'ün amacı Kur'an'ın orijinal Arapça metnini yasaklamak değildir, onun amacı bu Arapça metnin anlaşılmasını sağlamaktır. Onun bu amacı her şeyden önce Kurani bir çabadır; çünkü Kur'an'ın en önemli mesajı "akılla anlamaktır." Anlamak, ama her şeyi anlamak; Kur'an'ı; hayatı, evreni, doğayı, nesneyi anlamak ve sonunda Allah'ı anlamak...

Atatürk Yerebatan Camii'nde Türkçe Yasin Okutmuştur

Atatürk, dinde Türkçeleştirme çalışmalarının pratik uygulamalarına çok büyük önem vermiştir. Kur'an ve Hadis kaynaklarının Türkçeleştirilmesi kadar, hatta ondan çok daha önemli olan şey, bu çalışmaların halka ulaşmasıdır. Atatürk için halkı Türkçe Kur'an'la tanıştırmak çok ama çok önemlidir.

1325 Niyazi Ahmet Banoğlu, **Nükte ve Fıkralarla Atatürk**, C. III, İstanbul, 1954, s. 160; **Atatürk'ün İslama Bakışı**, s. 71, 72.
1326 Okur, age. s. 14.

Öteden beri, Kur'an'da Atatürk'ün ilgisini çeken sureler vardır. Bu surelerin başında, "Yasin suresi" gelmektedir. Atatürk 1932 yılında Hafız Yaşar Okur'u, Yerebatan Camii'nde Yasin Suresi'nin Türkçe tercümesini okumakla görevlendirmiştir.[1327]

Cumhuriyet gazetesi, bu haberi *"Yerebatan Camisinde Türkçe Yasin Okunacak"* manşetiyle halka duyurmuştur. Gazetenin bu konudaki haberi şöyledir:

"Dün de yazdığımız üzere bugün Ayasofya'daki Yerebatan Camii tarihi bir gün yaşayacaktır. Riyaset-i Cumhur Mızıkası alaturka kısmı şefi Hafız Yaşar Bey cuma namazından sonra Yerebatan Camii'nde evvela bir mevlit okuyacak, sonra Yasin suresinin Arapçasını ve Türkçe tercümesini kıraat edecektir (okuyacaktır). Bu tercüme çok güzel bir tarzda yapılmıştır. Türkçe Kur'an okunacağı haberi halk arasında büyük bir alaka uyandırmıştır. Bugün Yerebatan Camii'nin çok kalabalık olacağı ve halkın kendi öz dili ile okunacak Kur'an'ı dinlemeye şitap edeceği (koşacağı) muhakkaktır." (Cumhuriyet, 1932).

Yerebatan Camii'nde, Yasin Suresi'ni ve Türkçe anlamını okumakla görevlendirilen Yaşar Okur, bu önemli görevi yerine getirirken yaşananları şöyle anlatmaktadır:

"...Kürsüye çıktım. Nefesler kesilmişti. Bütün gözler bende idi. Arapça Besmeleyi şerifi çekip, arkasından yine Arapça olarak Yasin suresini okumaya başladım. Kur'an'ı Türkçe okuyacağımı zannedenlerin gözlerindeki hayret ifadesini görüyordum. Sureyi, 'Sadakallahülazim' diye bitirdikten sonra;

"Vatandaşlar, diye söze başladım. On altıncı sure olan Yasin, seksen üç ayettir. Mekke-i Mükerreme'de nazil olmuştur. Şimdi size tercümesini okuyacağım.

Müşfik ve rahim olan Allah'ın ismiyle başlarım. Hâkim olan Kur'an hakkı için Kasem ederim ya Muhammed! Sen tarik-i müştekime (doğru yola) sevk eden bir resulsün. Kur'an sana aziz ve rahim olan Tanrı tarafından nazil olmuştur.

1327 age. s. 14.

Sureye böylece devam ederek, seksen üçüncü ayetin sonunu da şöyle okudum:

'Her şeyin hükümdar ve hâkimi mutlak olan Tanrı'ya hamd olsun. Hepiniz O'na rücu edeceksiniz.'

Yasin suresi bu şekilde hitama (sona) erdikten sonra, Türkçe olarak şu duayı yaptım.

'Ulu Tanrım! Bu okuduğum Yasin-i Şeriften hasıl olan sevabı, Cenab-ı Muhammed Efendimiz Hazretleri'nin ruh-i saadetlerine ulaştır. Tanrım, hak ve adalet üzerine hareket edenleri sen payidar eyle... Türkiye Cumhuriyeti'ni ilelebet payidar kıl. Türk milletini sen muhafaza eyle! Şanlı Türk ordusunu ve onun kahraman kumandan ve erlerini karada, denizde, havada her veçhile muzaffer kıl. Yarabbi! Vatan uğrunda feda-yı can ederek, şehit olan asker kardeşlerimizin ruhlarını şad eyle. Vatanımıza kem gözlerle bakan düşmanlarımızı perişan eyle. Topraklarımıza bol bereket ihsan eyle. Memleketin ve milletin refahına çalışan büyüklerimizin umurlarında muvaffak bilhayır eyle', Amin." [1328]

Yerebatan Camii'nde okunan Türkçe Kur'an haberi ertesi günkü **Cumhuriyet gazetesinin** manşetinden, *"Türkçe Kur'an Dün İlk Defa Okundu"* ana başlığıyla verilmiştir. Haber, *"Yasin Suresini Büyük Bir Vecd-ü Heyecanla Dinlendi"* alt başlığıyla şöyle ayrıntılandırılmıştır:

"Kur'an-ı Kerim'in Türkçe tercümesi dün ilk defa olarak Hafız Yaşar Bey tarafından çok beliğ (açık) ve müessir (tesirli) bir suretle Ayasofya'da Yerebatan Camii'nde okunmuştur.

Matbuatın (basının) birkaç günden beri verdikleri haberler üzerine Yerebatan Camii halkın tehacümüne (hücumuna) maruz kalmıştır. Daha sabahleyin saat on'da cami dolmuştu. Küçücük caminin içinde kadın ve erkek büyük bir kalabalık vardı. Avluda ve sokakta birçok kimseler pencerelere tırmanmış içeriden gelecek sesleri işitmeye çalışıyorlardı." (Cumhuriyet, 1932).

[1328] age. s. 15 - 18.

Rejimin gazetesi durumundaki **Cumhuriyet gazetesi** Atatürk'ün dinde Türkçeleştirme çalışmalarının tüm adımlarını manşetten halka duyurmuştur. Sadece bu konudaki haberlere değil, yorum ve değerlendirmelere de yer vermiştir. Örneğin Yerebatan Camii'nde Türkçe Kur'an okunacağı günlerde Cumhuriyet gazetesinde, **"Dini Bir İnkılâp: Türkçe Kur'an"** başlıklı bir değerlendirme yazısına yer verilmiştir:

"Kur'an'ın Türkçeye müteaddit (birçok defa) tercümeleri yapılmış olduğu malumdur. Din kitabı Türkler arasında dahi kendi öz dillerinde yazılmış ve basılmış bulunmuyor. Eskiden bazı Kur'an kitaplarının kenarlarında Türkçe tercümeleri de yazılı idi. Şimdiki vaziyet bütün metnin yalnız Türkçe tercüme olarak tabı (basılması) ve neşredilmesinden ibarettir. Bu vaziyeti pek tabii olarak Kur'an'ın Türkçe olarak okunması ve hatta ibadetlerimizde din kitabımızın kendi dilimizdeki ifadesinin kullanılması takip edecektir.

Müterakki (ilerlemiş) milletlerin kaffesi (hepsi) bu yoldan yürümüşler ve bu safhalardan geçmişlerdir. Mesela İncil'in tercüme olunmadığı hiçbir dil yoktur. Hatta bizim Türkçeden gayrı Anadolu Hıristiyan Ortodoksları ibadetlerini Türkçe tercüme olunmuş İncil ile yaparlardı. Hakikatte bundan daha tabii bir şey olmaz. İnsanların itikada müstenid (dayanan) ibadetlerini kendi dillerinde yapmamaları bilakis anlaşılmayacak bir şeydir.

Din kitabımızın Türkçeye tercüme edilmemiş olması ve ibadetlerin öz dilimizle yapılmaması cehalet ve taassup devirlerinin manasız ve hatta muzır bir delaletiydi. Gazi inkılâpları millete bu yolda dahi nurlu bir şah-rah (ufuk) açmıştır." (Cumhuriyet, 1932).

Yeni rejimin gazetesi **Cumhuriyet**'in Atatürk'ün Türkçe Kur'an çalışmalarını *"Dini Bir İnkılâp"* olarak adlandırması ve dinde Türkçeleştirme çalışmalarının ibadet dilinin Türkçeleştirilmesini de kapsadığını iddia etmesi dikkat çekicidir.

Atatürk'ün dinde Türkçeleştirme konusundaki çalışmalarının sıkça Cumhuriyet gazetesinin manşetinden duyurulması, her şeyden önce Atatürk'ün bu konuya ne kadar büyük bir önem verdiğinin işaretidir.

Atatürk, halkın, Kur'an'ın sadece ruhani gücünden değil, özellikle anlam ve içeriğinden yararlanmasını istemiştir. Hafızlara verdiği talimatlarda, Kur'an'dan okunan surelerin, önce Arapça daha sonra da Türkçe olarak okunmasını, anlamı üzerinde durulmasını istemiştir. Atatürk'ün, camilerde halka hitab edecek hafızlardan, genç Türkiye Cumhuriyeti için de dualar etmelerini istemesi çok anlamlıdır.

Atatürk Sultanahmet Camii'nde Türkçe Kur'an Okutmuştur

Atatürk, Yerebatan Camii'nde, Yasin suresinin Türkçe tercümesinin okunmasından çok memnun kalmıştır ve benzer bir uygulamanın Sultan Ahmet Camii'nde de tekrarlanmasını istemiştir.

Daha önce Yerebatan Camii'nde yapılan dini merasime halkın büyük ilgi gösterdiğini belirten Atatürk; cami küçük olduğu için halkın bu dini atmosferden yeterince yararlanamadığını bu nedenle benzer bir dini merasimin daha büyük olan Sultan Ahmet Camii'nde düzenlenmesini istemiştir.

Atatürk'ün isteğiyle Sultan Ahmet Camii'nde düzenlenen dini merasime onbinlerce kişi katılmıştır.

Sultan Ahmet Camii'nde gerçekleştirilen o büyük dini merasimi **Hafız Yaşar Okur** şöyle anlatmaktadır:

"Bu direktifleri üzerine, gereken hazırlıklar yapıldı. Cuma günü, öğle namazından bir saat evvel dokuz hafızdan mürekkep bir heyet Sultan Ahmet Camii'nde toplandılar. Caminin içinde ve dışında on bin kişiden fazla cemaat vardı. Fatih Camii hatibi Hafız Şevket Efendi tarafından bir hutbe okundu. Sonra cuma namazı kılındı ve tekbir alınmaya başlandı. Cemaati teşkil eden on bin kişi tekbire iştirak etti. On bin kişinin ilahi bir vecd içinde aldığı tekbirler, çok ulvi bir manzara arz ediyordu.

Tekbir bittikten sonra Kur'an-ı Kerim'in bazı surelerinin Türkçe tercümeleri okundu. Mevlidi meteakip bir dua ile dini merasim hitam buldu, (sona erdi)..."[1329]

Atatürk'ün isteğiyle, bizzat Atatürk'ün hazırladığı hafızlar, 1932 yılında, Yerebatan Camii ve Sultan Ahmet Camii gibi daha birçok camide **Türkçe Kur'anlar** okumuş, dualar etmiş, Türk milletini, Türk devletini, genç Türk Cumhuriyeti'ni koruyup kollaması için Allah'a yakarmıştır.

Cumhuriyet gazetesi bu durumu *"Türkçe Kur'an Okunan Camiler Dolup Taşıyor"* başlığıyla manşetine taşımıştır.

"Dün de Birçok Camide Güzel Sesli Hafızlar Türkçe Kur'an Okudular, (Hafız Burhan Bey'in Mukabelesi)" başlıklı haberde şu bilgilere yer verilmiştir:

"İlk defa olarak Riyaseticumhur Orkestrası Alaturka Şefi Hafız Yaşar Bey tarafından okunan Türkçe Kur'an'ın halk arasında uyandırdığı alaka ve tesir devam etmektedir.

Dün de şehrimizin birçok küçük muhtelif camilerinde muktedir hafızlar tarafından Türkçe Kur'an okunmuştur.

Hafız Burhan Bey, Kabataş Camii'nde 'El Furkan' suresini Türkçe olarak okumuştur.

Hafız Burhan Bey, Davutpaşa Sultanisi'nden mezundur. Bir zamanlar Mabeyn mızıkasında bulunmuştur. Sesi çok güzeldir.

Kendisinin Türkçe Kur'an okuyacağını haber alan halk camiyi erkenden doldurmuşlar, büyük bir kalabalık da mukabeleyi kapıdan ve pencerelerden dinlemeye mecbur kalmışlardır.

Cemaat arasında ekseriyeti kadınların, şık ve temiz giyinmiş hanımların teşkil ettiği görülmüştür." (Cumhuriyet, 1932).

Halkın Türke Kur'an okunan camilere akın etmesi, kısa zamanda Müslüman Türkçe halkının Kur'an-ı Kerim'i anlayarak okumanın önemini farketmiş olduğunu kanıtlamaktadır.

[1329] age. s. 19.

Atatürk Ayasofya Camii'nde Düzenlettiği Dini Töreni; Bu Törende Okunan Türkçe Kur'an'ı ve Mevlidi Türkiye'de İlk Kez Radyodan Yayınlatmıştır

Yerebatan ve Sultan Ahmet camilerinde gerçekleştirilen dini merasimleri çok beğenen Atatürk, benzer bir merasimin bu sefer de **Kadir Gecesi**'nde **Ayasofya Camii**'nde düzenlenmesini emretmiştir.[1330]

Atatürk, ayrıca Ayasofya'da okunacak Kur'an ve mevlidin **radyodan** tüm Türkiye'ye yayınlanmasını istemiştir. Böyle bir olay Türk tarihinde ilk kez gerçekleştirilecektir.

Tarihler 1932 yılı Ramazan ayının 26. gecesini göstermektedir. Şimdi olayın baş kahramanlarından **Hafız Yaşar**'a kulak verelim:

"... Akşam namazından sonra kapılar kapatıldı. İlahiler ve ayin-i şerif okundu. Hoparlörler caminin her tarafına konulmuştu. Bu dini merasim Türkiye'den ilk defa radyo ile bütün dünyaya yayılıyordu.

Sıra mevlide geldi. Yirmi hafızın iştirakiyle okunan mevlit pek muhteşem ve ulvi oldu. Perde perde yükselen bu ilahi nameler Ayasofya Camii'nin nidalarından Türkiye sathına ve tüm dünyaya yayılıyordu. Cemaat sanki büyülenmişti. Hele muazzam cemaatin de iştirak ettiği tekbir sedaları insana havalanacakmış gibi bir hafiflik hissi veriyordu..." [1331]

70 Bin Kişilik Dini Tören

Cumhuriyet gazetesi, Ayasofya Camii'ndeki töreni ertesi gün, *"70 Bin Kişinin İştirak Ettiği Dini Merasim"* diye manşetten vermiştir. Haberin alt başlıkları ise şöyledir:

"Dün gece Ayasofya Camii şimdiye hadar tarihinin kaydetmediği emsalsiz dini tezahürata sahne oldu."

1330 age. s. 19. Atatürk'ün Türkçe Kur'an çalışmaları için bir ramazan ayını ve Kadir Gecesini seçmesi oldukça anlamlıdır. Bilindiği gibi Kur'an-ı Kerim bir ramazan ayı Kadir Gecesi inmeye başlamıştır. Atatürk bu İslami inancı dikkate alarak Türkçe Kur'an çalışmaları için özellikle ramazan ayını tercih etmiştir.
1331 age. s, 20 - 22.

"Ayasofya'da 40 bin kişi vardı."
"Camiye sığmayan 30 bin kişilik bir halk kütlesi meydanları doldurmuştu."
"Namaz kılınırken secde edilemiyordu. Türkçe tekbir halkı ağlatıyor, âmin sedaları asumana (göklere) yükseliyordu."

Cumhuriyet, bu alt başlıklardan sonra ilk sayfadan haberin ayrıntılarına yer vermiştir:

"Dün gece Ayasofya Camii'nde toplanan elli bine yakın kadın, erkek Türk Müslümanlar, on üç asırdan beri ilk defa olarak Tanrılarına kendi lisanları ile ibadet ettiler. Kalplerinden, vicdanlarından kopan, en samimi, en sıcak, muhabbet ve ananeleri ile Tanrılarından mağfiret dilediler.

Ulu Tanrı'nın ulu adını, semaları titreten vecd ve huşu ile dolu olarak tekbir ederken, her ağızdan çıkan bir tek ses vardı. Bu ses Türk dünyasının Tanrısına kendi bilgisiyle taptığını anlatıyordu.

Bir ihtiyar annenin gözlerinden çağlayan, bir genç delikanlının kirpiklerinden titrer gibi parlayan ve kalp kaynağından kopup gelen sevinç ve huşu ifade eden yaşlar bütün bu samimi tezahüratın çok kıymetli birer ifadesiydi.

Ayasofya Camii daha gündüzden saat dörtten itibaren dolmaya başlamıştı. Mihrabın bulunduğu hattan son cemaat yerine kadar caminin içinde iğne atılsa yere düşmeyecek derecede insan vardı. Kadın, erkek hep bir arada idi. Herkes birbirine müşfik (sevecen) bir lisan ile muamele ediyor, yer olmadığı halde çekilerek yer vermeye çalışıyor. Bu mukaddes gecenin ruhaniyetinden istifade etmek için koşup gelen herkes en ufak hareketlerinde büyük bir samimiyet ile meşbu (dolu) bulunuyordu.

Yatsı namazı yaklaşmıştı. Ayasofya artık dışarıdaki kapılarına varıncaya kadar insanla dolmuştu. Ve bütün kapılar kapanmış ve binlerce halk dışarıda kalmıştı. Yalnız caminin içinde 40 bin kişi vardı. Dışarıdaki avluda, şadırvanların bulunduğu meydanda da binlerce halk birikmişti. İçeride ve dışarıda olmak üzere 70 bin kişi bu yirmi asırlık ibadetgâhı ihata etmişti (doldurmuştu).

Ezan okundu... Otuz tane güzel sesli hafızın iştirak ettiği bir müezzin heyeti ile teravih kılındı. Halk o kadar mütekâsif (sıkışık) bir halde idi ki, herks birbirinin arkasına, ayaklarının arasına, hatta neresi rast gelirse secde ediyordu... Bir kısım halk da ayakta veya oturduğu halde namaz kılıyordu.

Teravih biter bitmez caminin içinde emsali görülmemiş bir uğultu başladı. Bu ne bir nehir uğultusuna ne bir gök gürlemesine ne de başka bir şeye benzemiyordu. Herkes ellerini semaya kaldırmış dua ediyordu. Bu uğultu birkaç dakika devam etti. Müteakiben otuz güzel sesli hafız hep bir ağızdan tekbir almaya başladılar:

'Tanrı uludur
Tanrı'dan başka Tanrı yoktur
Tanrı uludur Tanrı uludur
Hamd ona mahsustur.'

Bu Türkçe tekbir Ayasofya Camii'ni yerinden sarsıyordu. Halk da bu seslere iştirak ediyordu. Tekbir hitam (son) buldu. Hafız Yaşar Bey tarafından Mevlid-i Şerif okunmaya başlandı. Mevlid en güzel sesli hafız tarafından okundu. Her bahis arasında Türkçe tekbir getiriliyordu. Peygamberimiz'in doğduğunu anlatan mısra okunmaya başlandı:

'Geldi bir ak kuş kanadıyla revan'
40 bin kişi ayağa kalkmıştı.
40 bin kişi salavat getirdi. 40 bin kişi Türkçe tekbir aldı.
40 bin kişi heyecan duydu.

Hafız beylerin lahuti sesleri, bilhassa Hafız Kemal ve Hafız Burhan beylerin, bu binlerce senelik Tanrı ibadetgâhını velveleye veren sesleri Ayasofya'nın muazzam kubbesinden etrafa dağılıyor, bütün kalpleri yeni yeni heyecanla dolduruyordu.

Mevlitten sonra Hafız Yaşar Bey Türkçe Kur'an'a başladı. Tebareke suresini okudu. Müteakiben Hafız Rıza, Hafız Seyit, Hafız Kemal, Burhan, Fethi, Turhan beylerle otuz hafız hep birer birer muhtelif makamlardan Türkçe Kur'an okudular. Her sureden sonra Türkçe tekbir alınıyordu. Nihayet saat on'da dini merasim son bulmuştu. Hafız İsmail Hakkı Bey ta-

rafından Türkçe çok beliğ bir dua okundu. Duanın sonlarında Hafız Yaşar Bey, 'Millet hâkimiyetinin tecelligahı olan Türkiye Cumhuriyeti'ni ilelebet payidar eyle Yarabbi. Ulu Gazimiz Mustafa Kemal Hazretleri'nin vücudunu sıhhate daim eyle Yarabbi' diyerek dua ederken yine 40 bin kişi hep bir ağızdan ve candan gönülden 'Amin' diyorlardı. Dua bitti... Gene hafız beyler Türkçe tekbir aldılar ve ibadet nihayet buldu.

Ayasofya'daki bu merasimi diniye radyo vasıtasıyla İstanbul ve Türkiye'nin her tarafında, bütün dünyada dinlenmişti.

Evlerde bile hususi içtimalarda (toplantılarda) Mevlid-i Şerif dinlenirken herkes huzur ve huşu ile zevk ve heyecanla dinliyorlar ve camideki merasime iştirak ediyorlardı.

Ayasofya'da yer bulamayıp da bu dini ihtifali (töreni) yakından göremeyenler, şehrin muhtelif mahallerine konan hususi radyolardan merasimi takip etmişlerdir. Radyosu bulunan gazino ve kıraathaneler de hınca hınç dolmuş, halk bu suretle dini ihtifali (töreni) dinleyebilmiştir.

Bu akşam Ayasofya Camii'nde yapılan ihtifal (tören) Ankara'nın her tarafında ehemmiyetle takip olunmuştur. Hemen her radyonun etrafında büyük bir kalabalık toplanmış ve Mevlid-i Şerif, Türkçe Kur'an surelerini derin bir tahassüsle (duyguyla) dinlemiştir. Bilhassa Gazi heykelinin duvarındaki büyük radyonun önünde muazzam bir kalabalık toplanarak yağmakta olan kara rağmen analisanlarıyla yapılmakta olan ilahi hitabeyi saatlerce dinlemiştir.

Anadolu'nun her tarafından alınan haberler, kemal-i tehalükle (ciddiyetle) şurada burada bulunan radyoların etrafına toplandıklarını bildirmektedir.

Ajans bu büyük hadiseyi, daha evvelden Avrupa'nın her tarafına telgrafla bildirmiş olduğu için ecnebi memleketlerin pek çoğunda hadisenin ciddi bir alaka uyandırdığı tahmin edilmektedir." [1332] (Cumhuriyet, 1932).

1332 **Cumhuriyet gazetesi,** Ayasofya Camii'ndeki dini törene çok büyük önem vererek, birinci sayfanın neredeyse tamamını bu habere ayırmıştır. Gazete, Ayasofya'daki dini töreni **tam altı sütünlük manşetle** okuyucusuna duyur-

O gece, Ayasofya Camii'nden yükselen ilahi nameleri; okunan Kur'anları ve edilen duaları, Atatürk de radyosu başında sonuna kadar, vecd içinde dinlemiştir.

Atatürk'ün Kütüphanecisi **Nuri Ulusu**, Ayasofya Camii'ndeki dini töreni, o gün yaşananları ve radyosu başında Kur'an dinleyen Atatürk'ü şöyle gözlemlemiştir:

"*Türkçe Kur'an ramazanın Kadir Gecesinde, bu sefer o zaman camii olan Ayasofya'da okunacaktı. Başta yine Hafız Saadettin ve Hafız Yaşar olmak üzere hafızlar Kemal, Sultan Selimli Rıza, Hafız Fahri, Beşiktaşlı Rıza, Muallim Nuri, Hafız Zeki, Hafız Burhan, Türkçe Kur'an'ı hutbe şeklinde 'Tanrı uludur, Tanrı uludur; Tanrı'dan başka Tanrı yoktur' diye hep birlikte tekbir ve tehlil ile birlikte okudukları mevlidi o gece Atatürk sarayda radyodan dinlemişti.*

Sırf bu mevlidi Ayasofya'dan dinleyebilmek için saray görevlileri camide bir teşkilat kurarak, Atatürk'e radyo başında bu Kadir Gecesini tüm teferruatıyla dinletme başarısını da gösterdiler. Ben de her zaman olduğu gibi radyoyu dinlerken zaman zaman yanında olurdum. Dualar okunurken kendinden geçtiğini, zaman zaman ise göz pınarlarında yaşların biriktiğini net bir şekilde görerek izlediğim çok olmuştur." [1333]

Atatürk, Ayasofya Camii'ndeki dini merasimi çok beğenmiş ve görevli hafızlardan memnun kalmıştır. Beğeni ve memnuniyetlerini hafızlara bizzat iletmek için onları Dolmabahçe Sarayı'na iftara davet etmesi ise, oldukça ince ve onurlandırıcı bir davranıştır. **Hafız Yaşar Okur**, Atatürk'ün bu "nazik" davetini şöyle anlatmaktadır:

"*... Ertesi akşam hafızlar saraya geldi. Üst katta muazzam ve mükellef bir iftar sofrası hazırlanmıştı. Atatürk de sofrada hafızlarla birlikte iftar etti. İftardan sonra hafızlara ayrı ayrı*

---

muştur. Dini törene tam sayfa yer veren gazetede Atatürk'ün ziyaretleri bile alt sıralarda kısacık ve tek sutun halinde verilmiştir. Bu durum Atatürk'ün, **Dinde Türkçeleştirme Çalışmalarına** ne kadar büyük önem verdiğinin en açık kanıtı değil midir?

[1333] Ulusu, age. s. 189.

Kur'an okuttular. Hepsi teker teker iltifatlarına mazhar oldular. Huzurlarından ayrılırken, hafızları seryaver beyin odasına davet ettiler. Orada hafızlara 200 bin lira da ihsanda bulunuldu. Sonra yine Atatürk'ün emriyle, hafızlar otomobillerle evlerine kadar götürüldü..." [1334]

Kütüphaneci Nuri Ulusu da Hafız Yaşar'ı doğrulamaktadır: *"Yerebatan ve Ayasofya camilerinde okunan dualardan sonra Atatürk tüm hafızları Dolmabahçe Sarayı'na davet etti ve benim vasıtamla hepsini 200'er lirayla taltif etti (ödüllendirdi)."* [1335]

* * *

Kur'an'ın çeşitli araçlarla yayınlanması, İslam dünyasında ilk kez 1899'da Cava'da gündeme gelmiş, gramofonun ilk şekli olan fotonograftan Kur'an kaydı yayınlanmıştır. Bunun üzerine Cava'da **El Alawi** adında biri, fotonografla Kur'an yayınına karşı olduğu yolunda bir fetva vermiştir. Gerekçe olarak kaydın Arapça'nın tüm inceliklerini yansıtmadığından, Kur'an'ın tahrifine yol açacağını ileri sürmüştür.

Aynı yıl **Trablusşamlı Hüseyin el Gisr** fotonografi kullanmanın şeriata aykırı olduğuna ilişkin bir fetva vermiştir.

Kur'an yayınında fotonografi kullanılabileceğine ilişkin ilk izin, 1906'da **Mısır Müftüsü Bakhit** tarafından verilmiştir. İşte, radyodan Kur'an yayınının şeriata uygun olup olmadığı tartışmaları da o günlerde patlak vermiştir. Hatta El Ezher Üniversitesi'ne bu konuda bir de soru yöneltilmiştir. Soru şöyledir: *"Eğlence yerlerinde ve uygun olmayan başka yerlerde de dinlendiğine göre radyo ile Kur'an ya da ezan okunması konusundaki kararınızı açıklar mısınız?"* Ezher'in yanıtı bazı şartların yerine getirilmesi halinde "caizdir" olmuştur.

"Radyodan dinlenen bir yankı değildir, konuşanın kendi sesidir, dinlenen de Kur'an'dır. Okuyan gerekli koşulları haiz bir

---

1334 Okur, **age.** s. 22.
1335 Ulusu, **age.** s. 190.

yerde bulunuyor ve kurallara uyuyorsa sakınca yoktur. Aksi halde yapılamaz. Dinleyen de dikkatini ona yoğunlaştırmalı, rahatsız eden olursa engellemelidir. Kur'an dışı şeylerin (şarkılar gibi) okunmasında da aynı kurallar geçerlidir." [1336]
Atatürk'ün, radyodan Kur'an yayınlatması İslam dünyasında bazı tartışmalara neden olmuştur. Atatürk'ün bu cesur adımından ilham alan bazı İslam ülkeleri de benzer bir uygulama başlatmışlardır. Örneğin **Mısır'da** da radyodan Kur'an yayınlanmaya başlanmıştır; fakat bu durum ulemanın tepkisini çekmiştir. 1934 yılında Tunus'ta **Şeyh Muhtar İbn Mahmud** bir fetva vererek, radyo ile Kur'an okunmasının yanlış olduğunu belirtmiştir. Kahire radyosunca her gün yapılan Kur'an yayınının rastgele yerlerde dinlenmesinden rahatsızlık duyanlar vardır.

Şamlı ulema da radyodan Kur'an yayınlarının kahvehanelerde dinlenmesine karşı çıkmıştır. Ezher'den Şeyhül Makan Hafızı, Kur'an'ların şerhini radyodaki okunuş şeklini ve saatlerini beğenmediğini belirterek iptalini istemiştir. Şeyhül Ezher, saatlerin değiştirilemeyeceğini; ama daha iyi okunması için çalışılacağını, tamamen kaldırmanın bahis konusu olamayacağını açıklamıştır. **Suriye'de** İçişleri Bakanlığı, kahvehaneler ve eğlence yerlerinde radyodan Kur'an dinlenmesini yasaklarken; Mısır da bunu yalnız gündüz yapma kararı almıştır.[1337]

Atatürk'ün büyük bir kararlılık ve cesaretle başlattığı radyodan Kur'an yayını, beraberinde bir dizi tartışmayı da getirse bu durum zaman içinde tüm İslam dünyasında benimsenmiştir. Bugün dünyadaki Müslümanlar istedikleri zaman radyoları ve televizyonları başında Kur'an dinleyebiliyorlarsa, bu yönde İslam dünyasındaki ilk adımlardan birini atan **Atatürk'e** çok şey borçludurlar.

***

Dinde Türkçeleştirme çalışmaları Atatürk'ün öncelikli amaçlarından biridir. Atatürk'ün, bu konudaki titiz çalışmaları,

---

1336 Koloğlu, **Cumhuriyetin İlk On Beş Yılı**, s. 295.
1337 **age.** s. 296.

kararlılığı ve cesareti, bu konunun onun için ne kadar önemli olduğunu göstermektedir.

Atatürk Arapça Kur'an'ı Yasaklamamıştır

Atatürk'ün, dinde Türkçeleştirme çalışmalarını eleştirenler, "Atatürk'ün namazı Türkçe kıldırmak istediğini ve duaların Arapça aslını tamamen yasakladığını" ileri sürmektedirler. Bu gibi yorumları yapanlar, Atatürk'ün, dinde Türkçeleştirme çalışmalarının **mantığını** kavrayamayan veya kavramak istemeyen ya da bu konuya yüzeysel veya subjektif yaklaşanlardır. Oysaki Atatürk'ün amacı, Kur'an'ın orijinal Arapça metnini yasaklamak değil, Kur'an'ın Türk halkı tarafından tam anlamıyla öğrenilmesini ve anlaşılmasını sağlamaktır. Osmanlı Türkçesini bile okumakta zorluk çeken, okuryazarlık oranı son derece düşük bir toplumda, başka bir dilde yazılmış bir metni Türkçe'ye tercüme etmeden insanların okuyup anlamasını beklemek kadar hayalci bir yaklaşım olamaz. Böyle bir beklenti, daha ana diliyle okuma yazma bilmeyen bir kişiye, yabancı bir dilde okuma yazma biliyormuş muamelesi yapmaktan farksızdır.

Atatürk, Dinde Türkçeleştirme Programına başlarken, öncelikle Türk halkının İslam dininin "özünü" anlamasını istemiştir. Kur'an'ı bu amaçla Türkçeleştirmiştir. Halka bu dinin "modern" ve "asri" (çağdaş) olmayı engelleyen bir yönünün olmadığını, aksine "medeni", "asri" ve "ileri" olmayı teşvik ettiğini göstermek ve yapılan devrimlerin bu **dinin özüne** aykırı olmadığı gerçeğini bizzat **Kur'an'la** anlatmak istemiştir.

Camilerde Türkçe Kur'an ve Türkçe mevlit uygulaması sırasında, namaz dualarının Arapça okunmasının yasaklanması gibi bir durum kesinlikle söz konusu olmamıştır. **Atatürk, hafızlara verdiği talimatlarda, duaların önce Arapça asıllarının okunmasını ve namazın bu şekilde kılınmasını; fakat daha sonra ayet ve surelerin Türkçe karşılıklarının açıklanmasını istemiştir.** Bu konuda aşırıya kaçan hafız ve din adamları devlet tarafından cezalandırılmıştır. Örneğin, 1334 Ramazanında (15 ve 22 Mart

1926) **Cemalettin Efendi,** içinde geçen Kur'an ayetleriyle birlikte bütün hutbeyi Türkçe olarak okuyunca bir süre görevinden alınmıştır.[1338]

Ahmet Ağaoğlu da 11 Nisan 1926 tarihli Milliyet'te, Diyanet İşleri Riyaseti'nin bu tutumunu kınayan bir yazı yazmıştır. Dinde Türkçeleştirme çalışmalarının canlı tanıklarından dönemin din adamları, Atatürk'ün, Kur'an'ın orijinal metninin okunmasına hiçbir şekilde yasak getirmediğini söylemektedirler.

"... *Eğer Atatürk Kur'an'ın aslının okunmasını yasaklamış ve sadece Türkçe olarak okunmasını uygulamış olsaydı, biz de bir Müslüman olarak bunu Kur'an'a bir müdahale olarak kabul eder, tenkid ederdik...*" [1339]

Atatürk'ün dinde Türkçeleştirme çalışmalarının canlı tanıklarından Hacı Nimet Camii Hatibi **Ercüment Demirer'e** ait olan bu ifadeler, "*Atatürk namazda zorla Türkçe dua okuttu; Kur'an'ın orijinalinin okunmasını yasakladı*" diyen vicdansızlara anlamlı bir yanıt niteliğindedir.

Atatürk kişisel olarak her yönüyle din dilinin Türkçeleştirilmesinden yanadır. Ancak herkesin istediği dilde ibadet etme özgürlüğüne sahip olduğunu düşünmektedir. Kendisine gönderilen bir mektuba verdiği yanıtta herkesin bu konuda **özgür** olduğunu ifade etmiştir.

Din dilinin Türkçeleştirilmesini "din dışı" bir hareket olarak değerlendiren bir yurttaş Atatürk'e bir mektup yazmıştır:

"*Sevgili Paşam! Yüksek vasıflarını çok iyi bildiğimiz Türk milleti İstiklal Savaşı'nda ne sitedinizse size verdi. Para istedin varını yoğunu bezletti. Can istedin en kıymetli evalatlarını verdi. Fedakârlık istedin, kadınlar omuzlarında cephane taşıdı. Bu millet vatan uğrunda, istiklal uğrunda her şeyi verdi. Gene verir. Ancak, bir şeyini vermez Paşam! O da göğsündeki imandır. Bu millet bu imanla dünyaya meydan okudu. Dünyanın en muazzam orduları bu imanı yıkamadı...*"

1338 Tunçay, **age.** s. 159.
1339 Demirer, **age.** s. 8.

Atatürk, bu mektubu okuduktan sonra, o sırada yanında bulunanlardan birine şöyle demiştir:

"*Bu adamın yazdığı doğrudur. Milleti kendi haline bırakınız. Kur'an'ını Arapça okusun. İbadetini, dininin, Kur'an'ının lisanıyla yapsın.*" [1340]

Atatürk, 1400 yıllık alışkanlığın bir anda değiştirilmesinin imkânsız olduğunun farkındadır. Yüzyıllardır "İslam-Arapça" eşitliğine koşullandırılan Müslümanların ilk aşamada Atatürk'ün dinde Türkçeleştirme çalışmalarını "imanın yıkılması" olarak algılaması normalidir. Bu nedenle Atatürk bu konuda baskıdan ve zorlamadan kaçınmış, zaman içinde, her konuda olduğu gibi din konusunda da aydınlanmanın sağlanmasıyla Müslüman Türk ulusunun doğru yolu bulacağını düşünmüştür.

HUTBELERİN TÜRKÇELEŞTİRİLMESİ

Atatürk'ün dinde Türkçeleştirme çalışmalarının önemli aşamalarından biri de hutbelerin Türkçeleştirilmesidir. Camileri, ibadetler, dualar anlamında "dini ve ruhani"; o günkü siyasi, toplumsal konuların tartışılması anlamında "dünyevi" birlikteliğin gerçekleştiği mekânlar olarak gören Atatürk, tıpkı Kur'an'ın Türkçeleştirilmesinde olduğu gibi, hutbelerin Türkçeleştirilmesinde de yine "**halkın söyleneni anlaması**" mantığından hareket etmiştir.

Atatürk, bir yurt gezisi sırasında Konya'da görüştüğü Hacı Hüseyin Ağa'ya, "*Hutbeden ne anlıyorsun Hacı... Doğru söyle!*" diye sormuştur.

Hüseyin Ağa, tüm samimiyetiyle şu yanıtı vermiştir:

"*Ne anlayayım oğlum. Okuyorlar, biz de dinliyoruz. Ben cahil adamım, tabii anlayan anlar. Sizler anlarsınız.*"

Bunun üzerine Atatürk, "*Ben de anlamıyorum*" deyince, Hüseyin Ağa bu sefer şunları söylemiştir:

"*Nasıl anlamazsın! Geçenlerde Elham'ın, Kulhü'nun manasını bana verdin. O günden beri düşündükçe hep ağlarım.*

1340 Halil Altuntaş, **Kur'an'ın Tercümesi ve Bu Tercüme ile Namaz Meselesi**, Ankara, 2001; Cündioğlu, **Türkçe Kur'an ve Cumhuriyet İdeolojisi**, s. 275, 276; s. 108; Kasapoğlu, **Atatürk'ün Kur'an Kültürü**, s. 158.

İki üç gün önce hocalara gittim. Onlara dedim ki, Haydi bakalım... Düşün önüme! Sizi Paşa'ya imtihan ettireceğim. Bak korkularından yanına yanaşamadılar, gelemediler." [1341]

Atatürk, hutbeleri Türkçeleştirinceye kadar Türkiye'de camilerde verilen hutbeler baştan sona Arapçadır. Dolayısıyla bu hutbeleri dinleyen insanlar hiçbir şey anlamamamaktadır. Halk hutbelerdeki Arapça sözleri "sihrili" "büyülü" sözler zannederek "vecd içinde" dinlemektedir. Osmanlı'nın son zamanlarında bu konudaki eksiklik fark edilmesine rağmen herhangi bir düzenlemeye gidilememiştir.

Atatürk, hutbeleri halkın **anlaması** gerektiğini düşünmüştür. Bu nedenle hutbelerin Türkçeleştirilmesini istemiştir. Bu düşüncesini ilk kez 1 Mart 1922'de Meclis'in 3. Toplanma Yılını Açarken şöyle dile getirmiştir:

"Efendiler! Camilerin mukaddes minberleri halkın ruhani, ahlaki gıdalarının en yüce en bereketli kaynaklarıdır. Dolayısıyla camilerin ve mescitlerin minberlerinden halkı aydınlatacak ve doğru yolu gösterecek kıymetli hutbelerin muhteviyatını halkın öğrenmesi imkânını temin Şer'iye Vekâleti Celilesi'nin görevidir.

Minberlerden halkın anlayabileceği lisanla ruh ve beyne hitap olunmakla ehli İslamın vücudu canlanır, beyni saflanır, imanı kuvvetlenir, kalbi cesaret bulur.

Fakat bana göre değerli hatiplerin sahip olmaları lazım gelen ilmi vasıflar, özel liyakat ve dünya durumunu bilme önemlidir. Bütün vaiz ve hatiplerin bu arzuya hizmet edecek surette yetiştirilmesine Şer'iye Vekâleti'nin kuvvet sarf edeceğini ümit ediyorum." [1342]

Türkiye'de ilk Türkçe hutbeyi veren ve Anadolu'da bu geleneğin yayılmasını sağlayan kişi yine bizzat **Atatürk**'tür.

Atatürk, 7 Şubat 1923'te **Balıkesir Zağnos Paşa Camii'nde** cemaatle birlikte öğle namazı kılmış ve namaz sonrasında minbere çıkarak ilk Türkçe hutbeyi vermiştir.

1341 Mehmet Önder, **Atatürk Konya'da**, Ankara, 1989, s. 76, 77; Ulusu, **age.** s. 186.
1342 **Atatürk'ün Bütün Eserleri**, C. 12, s. 284, 285.

Atatürk, Balıkesir'deki Zağnos Paşa Camii'ndeki Türkçe hutbesinde, hutbelerin anlaşılır, halkı aydınlatıcı, halka yol gösterici ve çağa uygun nitelikte olması gerektiğini belirtmiştir:

"*Hutbenin her halde nasın kullandığı lisanla verilmesi gerekir... Minberlerden aks edecek sözlerin bilinmesi ve anlaşılması ve hakayiyi fenniye ve ilmiyeye mutabık olması lazımdır. Binaenaleyh, hutbeler tamamen Türkçe ve icabat-ı zamana muvafık olmalıdır ve olacaktır.*" [1343]

"*... Efendiler, hutbe demek nasa hitap etmek, yani söz söylemek demektir. Hutbenin manası budur. Hutbe denildiği zaman, bundan bir takım mefhum ve manalar istihraç edilmemelidir. Hutbe irad eden hatiptir. Yani söz söyleyen demektir...*" [1344]

Atatürk, hutbeyi bu şekilde tanımladıktan sonra, hutbeyi veren hatiplerin sahip olmaları gereken nitelikleri de şöyle sıralamıştır:

"*... Hutebayı kiramın, ahvali siyasiye, ahvali içtimaiye ve medeniyeyi her gün takip etmeleri zaruridir. Bunlar bilinmediği takdirde halka yanlış telkinat verilmiş olur...*" [1345]

Atatürk, hatiplerin çağı yakalamış, yenilikleri takip eden aydın kişiler olması gerektiğini belirtmiştir. Bu bağlamda Hz. Muhammed dönemine gönderme yaparak, o dönemdeki hatiplerin büyük âlimler olduğunu söylemiştir.

Atatürk camilerde, meydanlarda halkı çeşitli konularda aydınlatmak için ortaya çıkan kişilerin halka doğruyu söylemeleri, halkı dinlemeleri, halkı aldatmamaları gerektiğini ifade etmiştir.[1346]

Hutbelerin içeriği konusuna da değinen Atatürk, yine Hz. Muhammed dönemine gönderme yaparak hutbelerin içeriğini **yaşanılan dönemin meselelerinin** belirlemesi gerektiğini söylemiştir. Yani hutbelerin güncel konularla ilgili olmasını istemiştir:

"*... Gerek Peygamber Efendimiz ve gerek hulefayi raşidinin (dört halifenin) söylediği şeyler o günün meseleleridir. O*

1343 ASD, C. II, s. 98 - 100.
1344 age. s. 98 - 100.
1345 age. s. 98 - 100.
1346 age. a. 98 - 100.

günün askeri, idari mali ve siyasi, içtimai hususatıdır... Hutbeden maksat ahalinin tenvir ve irşadıdır (aydınlanma ve uyarılmasıdır); başka şey değildir. Yüz, iki yüz hatta bin sene evvelki hutbeleri okumak, insanları cehl ve gaflet içinde bırakmak demektir." [1347]

Atatürk, Hz. Muhammed'in sağlığında, hutbeleri bizzat kendisinin verdiğini; fakat İslamın hızla yayılmaya başlamasıyla, doğal olarak Hz. Muhammed ve hulefayi raşidinin (dört halifenin) her yerde hutbe vermelerine imkân kalmadığından, birtakım kişilerin bu işle görevlendirildiğini belirtmiştir.[1348]

* * *

Dünyada ilk Türkçe hutbe 1905'te **Rusya'da Orenburg'da** okunmuştur. Orenburg'da Müslüman Türklerin gittiği bir camide bir grup genç, minberin önünde toplanarak imama hutbelerin amacını ve Hz. Muhammed dönemindeki hutbeleri sormuştur. İmam, Hz. Muhammed dönemindeki hutbelerin, o zaman meydana gelen önemli olaylar hakkında halkı bilgilendirmek amacıyla yapılan konuşmalardan meydana geldiğini belirtmiştir. Bu yanıt üzerine gençler, imamdan Hz. Muhammed'in yolundan ayrılmamasını, hutbelerde güncel olaylar hakkında bilgi vermesini istemişlerdir. Bu olaydan sonra Orenburg'daki tüm camilerde hutbeler Türkçe okunmaya başlanmıştır.[1349]

Türkiye'de **ilk Türkçe hutbe**, Abdülmecid'in halife seçilmesinden sonra İstanbul Fatih Camii'nde **Müfit Efendi** tarafından okunmuştur.[1350]

Birinci TBMM'de hutbelerin Türkçeleştirilmesi konusunda bir öneri sunulmuş, ancak öneri usule uygun olmadığı gerekçesiyle reddedilmiştir.[1351]

1347 age. s. 98 - 100.
1348 age. s. 98 - 100.
1349 Hasan Cemil Çambel, **Makaleler, Hatıralar**, Ankara, 1964, s. 36; Özel, **age**. s. 206.
1350 Fahrettin Erdoğan, **Türk Ellerinde Hatıralarım**, 1954, s. 79.
1351 Özel, **age.** s. 205.

Saltanatın kaldırılmasının ardından (Kasım 1922) İstanbul'da bazı camilerden Türkçe hutbe okunması ve minberlerde Türkçe vaaz ve öğütlerde bulunulması üzerine Şeyhülislamlık duruma müdahale ederek Türkçe hutbe verilmesini yasaklamıştır.[1352]

25 Şubat 1925'te TBMM'de bir grup milletvekili hutbelerin Türkçeleştirilmesini gündeme getirmiştir. Daha sonra beş uzmandan oluşan bir komisyon, 1926 yılı sonunda Diyanet İşleri Başkanlığı'na bir reform taslağı ile 58 örnek hutbe sunmuştur. Buna paralel olarak Diyanet işleri Başkanı Rıfat Börekçi hutbelerdeki Kur'an ve hadis metinlerinin Arapça, nasihat bölümlerinin ise Türkçe okunmasını istemiştir. Bu yasal düzenleme 1928 yılında uygulanmaya başlanmıştır.

İlk Türkçe hutbe Atatürk'ün emriyle 1932 yılında **Süleymaniye Camii'nde** okutulmuştur.

Atatürk, bu önemli görevi **Hafız Saadettin Kaynak'a** vermiştir.[1353] Şimdi Saadettin Kaynak'a kulak verelim:

"Haydi bakalım. Türkçe hutbeyi Süleymaniye Camii'nde oku. Amma okuyacağını evvela tertip et, bir göreyim' dedi. Yazdım, verdim, beğendi, fakat 'Paşam bende hitabet kabiliyeti yok. Bu başka iş hafızlığa benzemez!' dedim.

'Zararı yok, bir tecrübe edelim' buyurdu.

Bunun üzerine tekrar sordum, 'Hutbeye çıkarken sarık saracak mıyım?'

'Hayır, sarığı bırak... Benim gibi baş açık ve fraklı...'

Ne diyeyim, inkılap yapılıyor, 'Peki' dedim.

O gün hıncahınç dolan Süleymaniye Camii'nde cemaat arasına karışmış yüz elli de sivil polis vardı.

Bu tedbirin isabetli olduğu da çok geçmeden anlaşıldı.

Ben Türkçe hutbeyi okur okumaz, kalabalık arasından bilahare Arap olduğu anlaşılan biri, sesini yükselterek, 'Bu namaz olmadı...' diye bağırdı.

1352 İçtihat, S. 150, 23 Kasım 1922, s. 3120.
1353 Ergin, age. C. V, s. 1945, 1946.

Fakat çok şükür itiraz eden yalnız bu Araptı." [1354]

Saadettin Kaynak'ın Süleymaniye Camii'nde okuduğu ilk Türkçe hutbe, ertesi günkü **Cumhuriyet gazetesinin** manşetine *"İlk Türkçe Hutbe Dün Okundu"* biçiminde yansımıştır.

Haberin alt başlıkları şöyledir:
"Süleymaniye'de Türkçe hutbe"
"Cami lebalep dolmuştu. Hutbe okunurken bir taraftan da tekbir alınıyordu."
"Dün bütün camiler hıncahınç dolmuş, halk Türkçe Kur'an dinlemiştir." [1355]

Haberin ayrıntıları ise şöyledir:
"Dün ramazanın son cuması olduğu için camiler her gününden daha kalabalıktı. Bu ramazan halkın Türkçe Kur'an'a karşı gösterdiği büyük alaka ve tezahürü yüzünden mabetlerimizde hâsıl olan izdiham dünkü cuma namazında Ayasofya'da, Beyazit, Fatih, Süleymaniye gibi camilerimizde en azami şeklini almış bulunuyordu.

Bilhassa Süleymaniye Camii'nde sesinin güzelliği ile de maruf (tanınan) Hafız Saadettin Bey tarafından Türkçe hutbe okunacağını haber alanlar cuma namazından çok evvel camiyi doldurmuşlardır. Namaz saati geldiği zaman izdiham öyle bir hal almıştı ki camiye namaz kılmak için girenlerin kıpırdanmalarına imkân kalmamış ve yüzlerce kişi içeri giremeyerek avluda kalmıştır." (Cumhuriyet, 1932).

Atatürk, 1932 yılında Ankara'da bir akşam sofrasına Hacıbayram Camii imamı Sürmeneli Osman Hoca'yı da davet etmiştir.

Atatürk güler yüzle karşıladığı hocaya, *"Hoca efendi, yarın daha doğrusu bugün cuma. Cuma hutbesinde cumaya gelenlere ne anlatacaksınız?"* demiştir.

1354 **Atatürk'ün İslama Bakışı, Belgeler ve Görüşler**, s. 71, 72; Borak, **Atatürk ve Din**, s. 121.
1355 **Cumhuriyet gazetesi**, "İlk Türkçe Hutbe" haberini manşetten **altı punto** olarak vermiştir. Bu durum, Atatürk'ün dinde Türkçeleştirme çalışmalarına ne kadar çok önem verdiğinin gözden kaçan açık kanıtlarından biridir.

Bu beklenmedik soru karşısında önce biraz şaşıran hoca, sonra kendini toparlayarak şu yanıtı vermiştir:
"Cennetten cehennemden bahsedeceğim."
"Güzel. Başka neler anlatacaksınız."
"Günahtan sevaptan bahsedeceğim."
"Başka başka neler anlatacaksınız hoca efendi?"
"Haramdan helalden bahsedeceğim."
Atatürk ısrarla, *"Başka hoca efendi, başka bir şeyler anlatmayacak mısınız?"* diye sorunca, hoca ne yanıt vereceğini bilemez. Herkes sessizlik içinde hocaya bakarken Atatürk müşfik bir sesle şunları söylemiştir:
"Hoca efendi elbette bunları anlatacaksınız. Bu sizin göreviniz. Ama başka görevleriniz de var. Başka şeyleri de anlatacaksınız. Asırlardan beri kara cehalet içinde bırakılan bu halka kimler doğruları anlatacak? Camiler, sadece yatılıp kalkılan yerler değildir. Camiler yalnız dinin değil, siz aydın hocalar sayesinde başka doğruların, başka güzel şeylerin de konuşulup öğrenildiği yerler olacaktır. Binlerce şehidimizin kanı pahasına elde ettiğimiz bağımsızlığımızın, cumhuriyetimizin, devrimlerimizin nimetlerini sizler halkımıza anlatmayacaksınız da kimler anlatacak?"

Atatürk'ün bu sözleri üzerine hoca, *"Haklısınız Paşam"* demiştir. O gece Atatürk yarınki hutbenin *"Cumhuriyet ve nimetleri"* konusunda olmasını kararlaştırmıştır. Daha sonra da hutbenin içeriğiyle ilgili görüş alışverişinde bulunulmuştur.

O gece o masada bulunanlar gündüz Hacı Bayram Camii'nde cuma namazına gitmişler ve hocanın verdiği *"Cumhuriyetin getirdikleri"* konulu nefis hutbeyi dinlemişlerdir.[1356]

Atatürk'ün Cuma Hutbeleri

Atatürk, sadece hutbeleri Türkçeleştirmekle kalmamış, Cumhuriyet'in vaiz, hatip ve imamlarına örnek olması açısından 50 örnek cuma hutbesi belirlemiştir.

[1356] S. Eriş Ülger, **Türk Rönesansı ve Anılarda Gazi Mustafa Kemal Atatürk**, İstanbul, 1999, s. 82 - 86.

Atatürk'ün, Diyanet İşleri Başkanı Rıfat Börekçi Hoca'yla birlikte belirlediği 50 hutbenin konusu şöyledir:
1. Vatan Müdafaası
2. Teyyare Cemiyeti'ne Yardım
3. Temizlik
4. Sağlığın Başı Temizliktir
5. Temizlik
6. İman ve Amel
7. Kamil Mü'min
8. Namazın Hikmeti
9. Namaz ve Hikmeti
10. Peygamberimizin Ahlakı
11. Anaya Babaya İtaat
12. Anaya Babaya Hürmet
13. Evlenmek ve Evlat Yetiştirmek
14. Herkes Kazancına Bağlıdır
15. İslam Dininde Çalışmanın Değeri
16. Çalışma ve Uygulama
17. Ticaret
18. Ticaret
19. Sanat
20. Ziraat
21. Saygı ve Yardımlaşma
22. Öksüzlere Yardım
23. Öksüzleri Himaye Etmek
24. Allah'ın ve Peygamber'in Hayat Verecek Görüşleri
25. Allah'ı Sevmek ve Peygamberine Uymak
26. Ramazan ve Oruç
27. Oruç ve Önemi
28. Kötü Huylardan Sakındırma
29. Suizan, Tecessüs, Gıybet
30. İstihza, Kötü Söz, Kötü Lakap
31. Eksik Ölçenler, Yanlış Tartanlar
32. Dünya ve Ahiret İçin Çalışmak, Fesat Çıkarmamak
33. Nifak ve Haset

34. Allah'tan Korkmak, İnsanlarla Hoş Geçinmek
35. Emanete Riayet
36. İçkinin Kötülüğü
37. İçkinin Kötülüğü
38. İçkinin Toplumsal Zararları
39. Kumarın Kötülüğü
40. Hekim, İlaç, Hastalık
41. Herkes Yaptığının Cezasını Bulacak
42. Kardeşlik, Dargınlık
43. Tevazu ve Kibir
44. Mevlid
45. Miraç
46. Kadir Gecesi
47. Ramazan Bayramı
48. Kurban Bayramı
49. Bayram Haftası
50. Askerliğin Şerefi.[1357]

Görüldüğü gibi Atatürk'ün, Rıfat Börekçi'yle birlikte hazırladığı bu 50 cuma hutbesi "din ve dünya işlerine" yöneliktir. Atatürk'ün cuma hutbeleri, İslam dininin öz güzelliğine ve çağdaş Müslüman toplumun temel niteliklerine vurgu yapmaktadır.

Bir Zamanlar Hutbelerde Atatürk'ün Adı Geçerdi

Cumhuriyet'in Atatürklü yıllarındaki hutbeler, Atatürk'ün, *"Hutbeler zamana uygun olmalıdır"* düşüncesi doğrultusunda belirlenmiştir. Cumhuriyet'in genç hafız ve hatipleri için yazılan hutbe kitaplarında da bu "güncellik" ve "çağı yakalama" konusuna fazlaca dikkat edilmiştir.

Atatürk'ün arzusu üzerine, 5 Mart 1924'te, hutbelerde ad okunmaksızın, **millet ve Cumhuriyet'in saadet ve selameti için dua edilmesi** için vilayetlere tebligatlar gönderilmiştir.[1358]

1357 Emine Şeyma Usta, **Atatürk'ün Cuma Hutbeleri**, İleri Yayınları, İstanbul, 2005.
1358 BOA, 316, 22-10 / 9-15-13 / 030-18-1-1 / 05-03-1924.

Cumhuriyetin ilk yıllarında, camilerde Atatürk'ün adı eksik olmazken; aradan geçen yıllar, Atatürk'ün adının camilerden uzaklaşmasına, daha doğrusu uzaklaştırılmasına tanıklık etmiştir.

Cumhuriyet'in ilanından üç yıl sonra, 1926 yılında yazılan *"Hutbe Hocası"* adlı kitabın içeriği Atatürk'ün ve genç Cumhuriyet'in hutbeler konusundaki yaklaşımını göstermesi bakımından çok önemlidir.

Kitabın bir bölümünde aynen şu ifadelere yer verilmiştir:

"Ayet, Fecr süresi... Aziz Müslümanlar, okuduğum ayeti kerime de Cenab-ı Hak, geceleyin seyrü sefer edileceğini bildirmiştir... Manevi karanlıkları ancak Allah'ü Teala giderir. Bizim için büyük bir nimet olan Gazi Mustafa Kemal Paşa'yı ve İsmet Paşa'yı ancak Allah yetiştirdi. Onlar ile Türk Müslüman topraklarını aydın ve temin etti. Harp planlarını hazırlamayı o aslanlara nasip etti. Binaenaleyh, onlara o secianede teşekkür, Allah'ü Teala Hazretleri'ne teşekkür etmektir. Türkiye Cumhuriyeti, dünya durdukça dursun. Cenabı-ı Hak, Gazi Mustafa Kemal Paşa'mızı, ektarı maneviye ve maddiyeden masun ve mahfuz eylesin Âmin..." [1359]

Atatürk hayattayken, hutbe kitaplarında ve camilerde onu anmaya özen gösteren dönemin din adamları, onu övücü ifadeler kullanmaktan kaçınmazken; nedendir bilinmez, Atatürk'ün ölümünden sonra hutbe kitapları ve cami minberleri "Atatürk adına" yabancılaştırılmıştır. Hatipler, camilerde Fatih'ten, Kanuni'den söz ettikleri halde Atatürk'ten söz etmekten ısrarla kaçınmışlardır. Böylece, "Atatürk ve İslam dini" arasında suni bir duvar örülmüş ve bu duvar 1938'den günümüze kadar her gün biraz daha yükseltilmiştir. Hem Atatürk düşmanı "gerici çevreler" hem de Atatürkçü olduğunu iddia eden, bir dönemin "Marksist-komünist çevreleri", Atatürk'le İslam dini arasındaki bu "suni" duvarın yeteneksiz ustaları olarak boy göstermişlerdir.

1359 Hacı Hayri Efendi, **Hutbe Hocası**, İstanbul, 1926.

EZANIN TÜRKÇELEŞTİRİLMESİ

Atatürk'ün dinde Türkçeleştirme çalışmaları içinde en çok tartışılan konuların başında ezanın Türkçeleştirilmesi gelmektedir. Bazı çevreler, ezanın Türkçeleştirilmesini **"dine aykırı"** bularak Atatürk'ü ağır bir dille eleştirmişlerdir. Ancak ezanı Türkçeleştirdiği için Atatürk'ü "dinsizlikle" suçlayanlar Atatürk'ün bu konuda bizzat araştırmalar yaptığını; Kur'an ve Hadis kaynakları başta olmak üzere ezan konusunda çok şey okuduğunu bilmemektedirler.

Atatürk, Leon Caetani'nin *"İslam Tarihi"* adlı eserini okurken *"ezan"* konusundaki şu bölümlerle ilgilenmiştir:

"Müminler her gün namaz kılmak üzere belli saatlerde Peygamber'in etrafında toplanıyorlardı. Hiç çağrılmadan kendilerinden geliyorlardı. Muhammed bir zaman bunları Yahudilerin yaptığı gibi boru ile davet etmeyi düşündü. Fakat sonra bu fikri terk etti. Hıristiyanlar gibi çan çalmayı tasarladı. Hatta çan yaptırıldı. Muhammed bu çanın takılı olacağı iki sırığın yapılmasına da karar vermişti. Fakat bu yenilik Müslümanların hoşuna gitmedi. Muhammed de fikir değiştirmek süratliliğini gösterdi" [1360] (s. 163).

Bu satırların altını çizen Atatürk, *"Yahudilerin yaptığı gibi..."* cümlesiyle devam eden bölümün başına *"Dikkat"* anlamında bir "D" harfi koymuştur.[1361]

"Ömer ile Medineli Abdullah bin Zeyd bin Salabe aynı rüyayı gördüler. Bunda Allah müminleri çan ile değil, insan sesiyle ibadete çağırmayı emrediyordu. Muhammed bu rüyaların doğru olduğunu kabul ederek ona uygun hareket etti. Bilal Habeş'i yüksek ve kuvvetli sesinden dolayı müminleri namaza çağırmak gibi yeni bir vazifeyle görevlendirildi. İslamiyetin ilk müezzini oldu. (Hişam, 346-348; Haldun, ikinci cilt, Zeyl 17; Hamis, birinci cilt 4004-405; Halebi, ikinci cilt 205-206; Buhari, birinci cilt, 160 vd.)" (s.164).

1360 **Atatürk'ün Okuduğu Kitaplar**, C. 3, s. 310.
1361 age. s. 306.

Atatürk, bu paragrafın başına bir "**X**" işareti koymuş ve "*Ömer ile Medineli Abdullah bin Zeyd bin Salabe aynı rüyayı gördüler. Bunda Allah müminleri çan ile değil, insan sesiyle ibadete çağırmayı emrediyordu*" cümlelerinin altını çizmiştir.[1362]
"*Buhari, Abdullah bin Ömer'e atfen şu hadisi zikrediyor: Müslümanlar Medine'ye geldikleri zaman ilk önceleri bir araya toplanmak adetleri idi. Namaz vaktini aralarında kararlaştırırlardı. Namaz için davete ihtiyaç yoktu.' Bu haberin önemi vardır. Çünkü Müslümanların toplanmasının ihtiyarı olduğunu gösteriyor. Zaten aynı hadis, bunu aşağıda belirtildiği gibi teyid etmektedir:*
Bir gün bu mevzuya dair görüşüldüğü sırada birisi –Hıristiyanların çanına benzer bir çan kullanınız- dedi. Fakat başka biri ilave etti: -Yahudilerin kullandıkları boruya benzer boru daha iyidir. Bunun üzerine Ömer şunları söyleyerek sözleri kesti: –Niçin içinizden birini sizi namaza çağırmaya memur etmiyorsunuz? Peygamber, –Ya Bilal– dedi. –Kalk, namaza çağır– Bundan açık surette anlaşılıyor ki, Müslümanları namaza davet etmek fikri Peygamber'den değil, Müslümanların kendinden çıkmıştır. Peygamber, yalnız uygunluğunu kabul etmiştir. Müezzinin kim olacağını tayin etmiştir. Bu yeniliğin ruhu Ömer olmuştur..." (s.164, 165).

Atatürk, bu satırların altını çizmiş, ezanı insan sesiyle okuma fikrinin **Ömer'**e ait olduğunun belirtildiği bölümün başına ve sonuna **ikişer adet** "**X**" işareti koymuş ve tüm paragrafın başını ve sonunu **dikey bir çizgiyle işaretleyerek**, ayrıca paragrafın başına bir "**D**" harfi koymuştur.[1363]

Burada çok açıkça görüldüğü gibi Atatürk, **Buhari** başta olmak üzere güvenilir hadis kaynaklarından alıntılarla **ezanın kökenini** anlamaya çalışmıştır.

Caetani'nin aktardığına göre **Buhari** ve diğer **güvenilir hadis kaynaklarında** ezanın doğrudan "dinsel" bir anlamı yoktur.

1362 age. s. 307.
1363 age. s. 308.

Ezan, Hz. Ömer'in teklifi ve Hz. Muhammed'in de onayıyla Müslümanların "insan sesiyle" namaza çağrılmasıdır.

İslam dininde kutsal olan ibadete çağrılmak değil, ibadet etmektir. Yani ezan amaç değil araçtır.

Kanımca Atatürk, İslam tarihi okumalarından sonra bu ve benzeri mantıksal çıkarımlara dayanarak; özellikle ezanın sadece namaza çağrı olduğu gerçeğini dikkate alarak, ezanı Türkçeleştirmekte herhangi bir dinsel sakınca görmemiştir. Onun bütün bu çabaları her şeyden önce konunun **"dinsel boyutuna"** kafa yorduğunu kanıtlaması bakımından çok önemlidir.

İlk Türkçe ezan, Atatürk'ün direktifleriyle 3 Şubat 1932'de **Ayasofya Camii'nde** teravih namazından sonra okunmuştur.[1364]

4 Şubat 1932 tarihli **Cumhuriyet gazetesi,** bir gece önce Ayasofya Camii'nde okunan ilk Türkçe ezanı ve yapılan dini töreni okuyucularına ayrıntılı olarak aktarmıştır:

"Dün gece Ayasofya Camisi tarihin kaydetmediği emsalsiz dini tezahürata sahne oldu. Ayasofya'da kırk bin kişi vardı. Camiye sığamayan otuz bin kişilik bir halk kitlesi meydanları doldurmuştu. Namaz kılarken secde edilemiyordu. Türkçe tekbir halkı ağlatıyor; âmin sedaları asumana yükseliyordu...

Ulu Tanrı'nın ulu adını, semaları titreten vecd ve huşu ile dolu olarak tekbir ederken, her ağızdan çıkan tek bir ses vardı. Bu ses Türk dünyasının, Tanrı'sına kendi bilgisi ile taptığını anlatıyordu...

Ezan okundu... Otuz tane güzel sesli hafızın iştirak ettiği bir müezzin heyeti ile teravih kılındı; halk o kadar sıkışık bir halde idi ki, herkes birbirinin ayakları arasında secde ediyordu. ...Bir kısım halk da ayakta veya oturduğu yerde namaz kılıyordu.

Teravih biter bitmez, caminin içinde emsali görülmemiş bir uğultu başladı... Bu ne bir nehir uğultusuna, ne bir gök gürlemesine, ne de başka bir şeye benzemiyordu. Herkes ellerini semaya kaldırmış dua ediyordu... Bu uğultu, birkaç dakika de-

---

[1364] **Son Posta,** 4 Şubat 1932.

vam etti... Müteakiben otuz güzel sesli hafız, hep bir ağızdan tekbir almaya başladılar:
Tanrı uludur, Tanrı uludur,
Tanrı'dan başka Tanrı yoktur,
Tanrı uludur, Tanrı uludur,
Hamt ona mahsustur."[1365]

Yeni rejimin gazetesi **Cumhuriyet**, Türkçe ezan okunacak camileri birkaç gün önceden halka duyurmuştur. Örneğin, Fatih Camii'nde okunacak Türkçe ezan haberi manşetten, *"Bugün Fatih Camii'nde Türkçe Ezan Okunacak"* başlığıyla verilmiştir. (Cumhuriyet 1932).

Türkçe ezan uygulaması kısa sürede tüm yurda yayılmıştır.

Artık ezan vakitlerinde camilerden, *"Tanrı uludur, Tanrı uludur, Şüphesiz bilir bildiririm ki Tanrı'dan başka yoktur tapacak..."* şeklinde Türkçe ezanlar yükselmeye başlamıştır.

Ezanın Türkçeleştirilmesinden sonra Arapça ezan yasaklanmıştır (1932). Yasağa uymayanlar içinse bazı yaptırımlar getirilmiştir. 1932-1941 yılları arasında ezanı Arapça okumaya devam edenlerin, *"kanuni düzeni sağlamaya yönelik emirlere aykırılık"* suçundan cezalandırılmasına karar verilmiştir.[1366]

Ezanın Türkçeleştirilmesi, bazı "Atatürk ve Cumhuriyet düşmanlarının" iddia ettiği gibi "din dışı" bir uygulama değildir. Bilindiği gibi ezan "namaza, ibadeta çağrı bildirisidir." Ezanın Türkçeleştirilmesi bu bildirinin ana dilde okunmasından başka bir şey değildir.

"İnsanları bilmedikleri bir dille mi yoksa ana dilleriyle mi namaza, ibadete çağırmak daha etkilidir?" Hiç şüphesiz ana dilde yapılan çağrı daha etkilidir. Arapça ezan okunduğunda, dinsel nedenlerle ve alışkanlıkla buna saygı duyan, ancak ibadete gitmek için içinde vicdanı bır kıvılcım uyanmayan bır Türk

---

1365 **Cumhuriyet Gazetesi**, 4 Şubat 1932.
1366 1941 yılında çıkarılan 4055 sayılı kanunla Türk Ceza Kanunu'nun 526. maddesine bir fıkra eklenmiştir. Değişikliğe göre Arapça ezan ve kamet okuyanlar üç aya kadar hapsedilecek ve on liradan iki yüz liraya kadar para cezası ödeyeceklerdi.

Müslüman, ana dilde ezanı duyunca, ne dendiğini anladığı için ibadete gitmediği zaman vicdani bir rahatsızlık duyacaktır. Ve eninde sonunda bu anlamlı çağrıya uymak zorunda kalacaktır. Kısaca Tükçe ezan, anlamı bilinmeyen Arapça ezanın ruhlarda ve vicdanlarda yaratamadığı coşkuyu yaratmıştır. Bu nedenle Türkçe ezan dinin ruhuna çok daha uygundur.

Ezanı Türkçeleştirdiği için Atatürk'ü "dinsiz" ilan eden "cahil ve vicdansız softalar", İslam dininin ruhunu anlamaktan aciz şekilcilerdir.

Atatürk'ün Türkçe ezan uygulaması **Kıbrıs Türklerini** de etkilemiştir. Kıbrıs Müftüsü Dana Efendi bu konuda şu değerlendirmeyi yapmıştır:

"Ezanın Türkçe okunması caiz olduğuna ve halk Türkçe okunmasını arzu ettiğine göre, tercihen okutturulması maslahata uygun görülmektedir. Halkın camiye kendi diliyle davet edilmesi arzusu yerine getirilmekle onların camilere ve ibadete olan meylini artırmak ve camileri onlar için daha cazip kılmak gibi bir maslahata hizmet edilmiş olur." [1367]

Osmanlı'da Türkçe Ezan

Aslında Türkçe ezan uygulaması Türkiye'nin gündemine ilk kez Atatürk'le birlikte gelmemiştir. Osmanlı'da zaman zaman Türkçe ezan tartışmaları yaşanmıştır. Hatta Osmanlı'da 1880'lerde bazı camilerde Türkçe ezan okunmuştur.

Macar Halk Edebiyatı bilgini **İgnaz Kunoş,** 1885'te İstanbul'u ziyaret ettiğinde, bazı camilerden Türkçe ezan okunduğuna tanık olmuştur.

Kunoş, 1926 yılında İstanbul Darülfünunu'nda verdiği bir konferansta, "Osmanlı'da Türkçe ezan okunduğuna tanık olduğunu" şöyle ifade etmiştir:

"... Gel Şehzadebaşı'ndaki sakin kahveler, Direklerarası' ndaki kıraathaneler, biri söylerse öbürü dinler. Akşam da oldu. İkindi mumları şamdanlara dikildi. Şerefeye çıkmış müezzinler,

---

[1367] Vatan, 14 Şubat 1954.

kıble tarafına dönüp, ellerini yüzlerine örtüp, ince ince ezan okumaya başladılar:
Yoktur tapacak, Çalap'tır ancak..."
İgnaz Kunoş'un bu gözlemlerini yorumlayan Prof. Dr. İlhan Başgöz, bu konuda şu değerlendirmeyi yapmıştır:
"Demek ki ezanın Türkçe okunması da Atatürk devrinin icadı değilmiş. Daha 1880'lerde Şehzadebaşı'nda, ezanı hem de 13. yüzyıl Türkçesinden alınan sözcüklerle, Türkçe okuyan müezzinler varmış." [1368]

Bu bilgi ne kadar doğrudur tartışılır; ama şurası bir gerçek ki, bazı Osmanlı aydınlarının (Ali Suavi, Ahmet Ağaoğlu gibi) hayal hanelerinde, tıpkı Türkçe Kur'an gibi, Türkçe ezan konusunun da bir yeri vardır.

Türkçe Ezana Direniş

İlk din kongresinden sonra Vakıflar Genel Müdürlüğü, Ocak 1932'den itibaren bütün cami ve mescitlerde Türkçe ezan hazırlıklarına başlanmasını emretmiştir.[1369] Böylece yurdun dört bir yanında Türkçe ezan okunmaya başlanmıştır.

Türkçe ezan uygulaması zamanla bazı pasif direnişlerle karşılaşmıştır. Karşı devrimciler, ezanın Türkçeleştirilmesini, "din dışı" bir hareket olarak yorumlamış ve *"Din elden gidiyor"* diye bas bas bağırmaya başlamışlardır. Onlara göre Türkçe ezan, genç Cumhuriyet'in "dinsizliğinin" açık bir delilidir! Çok geçmeden, yurdun birkaç yerinde Türkçe ezana karşı isyan nitelikli hareketler görülmüştür. Bursa'daki **Arapça ezan olayı** bu direnişlerin en önemlisi olarak Cumhuriyet tarihi literatürüne geçmiştir.

Bursa'da Arapça ezan yasağının delinmesi, 1933 yılının Şubat ayının başlarında meydana gelmiştir.

Atatürk, Türkçe ezana karşı Bursa'da bir başkaldırının gerçekleştiği haberini aldığında İzmir'dedir. Atatürk'ün 22 günlük yurt gezisinin son durağı İzmir'dir.

1368 İlhan Başgöz, "Türkiye'de Laikliğin Sosyal ve Kültürel Kökleri", **Bilanço**, 1923 - 1998, Ankara, 1998.
1369 Jaeschke, **age.** s. 45.

Atatürk'ün yaverlerinden Emekli Yarbay **Cevdet Tolgacı**, Atatürk'ün, Bursa'daki Arapça ezan yasağının delinmesi karşısındaki tepkisini şöyle anlatmaktadır:

"3 Şubat 1933 akşamı İzmir'de Kordon'da yemek yeniliyordu. Bursa'daki ezan olayını Paşa bu yemek sırasında haber aldı. İlk haberler Gazi'yi hayli sinirlendirmişti. Devrimlere karşı her hareket onu şiddetle mukabeleye terk ediyordu. İlk tepkisi:

'Derhal Bursa'ya baskın yapacağız' şeklinde oldu ve hemen hazırlık emrini verdi.

4 Şubat sabaha karşı, üç buçukta trenle Afyon'a hareket ettik. O günlerde Antalya bölgesinde bir geziden dönmekte olan Başbakan İsmet Paşa ile Afyon'da buluşuldu. İsmet Paşa, burada Gazi'nin trenine geçti. Eskişehir'e kadar başbaşa kaldılar. Eskişehir'de İsmet Paşa ayrıldı. Ankara'ya devam etti. Biz otomobille, Bursa'ya doğru hareket ettik.

Saat dokuz otuzda Bursa'ya varır varmaz, Gazi derhal olaya el koydu. Olay, İzmir'de duyulduğunda o kadar geniş ölçüde ve önemde değildi. Ama Gazi, gene de büyük titizlik gösterdi. Ertesi gün Dâhiliye Vekili Şükrü Kaya Bey'le, Adliye Vekili Yusuf Kemal Bey, Ankara'dan Bursa'ya geldiler.

... Atatürk Bursa'da ilk incelemelerini yaptıktan sonra Anadolu Ajansına şu açıklamayı yapmıştı: '...Bursa'ya geldim, hadise hakkında ilgililerden bilgi aldım. Olay aslında fazla önemli değildir. Herhalde cahil mürteciler adaletin pençesinden kurtulamayacaklardır.

Olaya dikkatimizi bilhassa çekmemizin nedeni, dini siyasete veya herhangi bir tahrike vesile edenlere asla müsamaha etmeyeceğimizin bir kere daha anlaşılmasıdır. Olayın mahiyeti esasen din değil, dildir. Kesin olarak bilinmelidir ki, Türk milletinin dili ve milli benliği bütün hayatına hâkim esas kılacaktır."[1370]

1370 Altıner, age. Ankara, 1962, s. 351. Bursa'daki Arapça ezan olayı şöyle gerçekleşmiştir: 1 Şubat 1933 günü, başlarında Kazanlı İbrahim adında Nakşibendi tarikatından biri liderliğinde tahminen 300 kişilik bir grup, Ulu Camii'de

Atatürk kuru gürültüye pabuç bırakacak bir lider değildir. Devrimlere yönelik bu cılız tepkilerin onu yolundan döndürmesi imkânsızdır. *"Olayın mahiyeti esasen din değil dildir"* diyen Atatürk, Türkçe ezana karşı çıkanların aslında "diliyle kültürüyle" **uluslaşan Türkiye'ye** karşı çıktıklarının farkındadır.

***

Türkçe Kur'an, Türkçe hutbe ve Türkçe ezan uygulamalarından sonra, Diyanet İşleri Başkanı Rıfat Börekçi'nin 6 Mart 1933'te yayınladığı bir tebliğ ile Hz. Muhammed'e hürmet ve saygı ifade eden sözlerin yer aldığı "Sala"nın da Türkçe olarak okunması karar verilmiştir.

Demek ki, günümüzde camilerde Hz. Muhammed hakkında söylenenleri anlıyorsak, bunu da Atatürk'e borçluyuz.

Arapça Ezana Dönüş ve Karşı Devrim

Türkiye, 1950'de demokrasi ile tanışmıştır. 14 Mayıs 1950'deki genel seçimlerde, CHP'yi yenilgiye uğratan **Demokrat Parti (DP)** iktidar olmuştur. DP'nin, iktidara gelir gelmez ilk icraatı 16 Haziran 1950'de Arapça ezan yasağını kaldırmak olmuştur.

Ancak DP'ye Arapça ezan yasağının kaldırılması yolunu açan İsmet Paşa'nın kontrolündeki CHP'dir. Atatürk sonrasında CHP, Atatürk'ün din konusundaki bazı devrimlerinden geri adımlar atmıştır.

15 Ocak 1949'da Hasan Saka'nın istifa etmesinin ardından CHP'nin başına **Şemsettin Günaltay** geçmiştir. Günaltay, Atatürk dönemindeki tarih çalışmalarına katılmış bir İslam tarihçisidir. II. Meşrutiyet döneminde İslamcı akım içinde yer almıştır. Şemsettin Günaltay Hükümeti güvenoyu alırken sağlam bir de-

---

ezanın yeniden Arapça okunmasını istemişti. Bu isteği, Efkaf Müdürü geri çevirmişti. Bunun üzerine topluca vilayete giderek valiye karşı ısrar etmek istemişlerdi; fakat o zamana kadar polis olaya müdahale etmişti. 15 kişi gözaltına alınarak, soruşturmalarına başlanmıştı.

mokrasi kurma sözü vermiştir. Ancak güvenoyu aldıkta sonraki ilk uygulamaları **din alanında** olmuştur. 1948 yılında yine CHP, imam-hatip yetiştirmek amacıyla 10 aylık kurslar açmıştı. (DP 1951'de bu kursları okula dönüştürmüştür). Günaltay Hükümeti, CHP Grubu'nun daha önce almış olduğu bir karar doğrultusunda ilkokullara seçmeli din dersi koymuştur. Ayrıca Ankara Üniversitesi'ne bağlı bir İlahiyat Fakültesi kurmuştur. Şemsettin Günaltay'ın başkanlığındaki CHP'nin bu ve benzer adımları 1950'de Türkçe ezana son verilmesiyle noktalanmıştır.

DP, 1950 Mayısında yapılan seçimleri kazanıp iktidara gelir gelmez ilk icraatı, Türkçe ezanın kaldırılmasına yönelik üç ayrı kanun tasarısı hazırlamak olmuştur. Tasarılar 16 Haziran'da Meclis'te görüşülmeye başlanmıştır.

Genel Kurul'da söz alan DP milletvekili **Seyhan Sinan Tekelioğlu** şunları söylemiştir:

"Atatürk sağ olsaydı hiç şüphe yok ki bu büyük Meclis'in düşündüğü gibi düşünecekti... Allahu ekber ile Tanrı uludur kelimeleri bir manaya gelmez. Eski zamanlara ait kitapları okursak birçok tanrıların olduğunu görürüz; Yağmur tanrısı, yer tanrısı, vesaire. Binaenaleyh 'Tanrı uludur' deyince bunların hangisi uludur? ...Hıristiyanlar bile bir ölüyü haber vermek için çan çalarlar. Onlar çan çalınırken çanın ne demek istediğini anlıyorlar. Müslümanlar bir sela sesi duymuyorlar."

DP milletvekili Tekelioğlu'nun Arapça ezanı meşrulaştırmaya yönelik bu sözleri, hiçbir bilimsel temeli olmayan tamamen demagojik açıklamalardır. Benzer açıklamaları Türkçe ezan karşıtlarından bugün de duymak mümkündür.

DP'liler CHP'lilerin tasarıya red oyu vereceklerini düşünürken CHP Grubu adına söz alan **Cemal Reşit Eyüboğlu**, Arapça ezan konusunda tartışma açmak istemediklerini belirterek şunları söylemiştir:

"Sayın arkadaşlar. Türk Ceza Kanunu'nun 526. maddesinden ezana taalluk eden ceza hükmünün kaldırılması maksadıyla hükümetin bugün huzurunuza getirdiği kanun tasarısı hakkındaki CHP Meclis Grubu'nun görüşünü arz ediyorum:

Bu memlekette milli devlet ve milli şuur politikası Cumhuriyet ile kurulmuş ve CHP bu politikayı takip etmiştir. Bu politika icabı olarak ezan meselesi de bir dil meselesi ve milli şuur meselesi telakki edilmiştir.

Milli devlet politikası, mümkün olan her yerde Türkçenin kullanılmasını emreder. Türk vatanında ibadete çağırmanın da öz dilimizle olmasını bu bakımdan daima tercih ettik.

Türkçe ezan-Arapça ezan mevzuu üzerinde bir politika münakaşası açmaya taraftar değiliz.

Milli şuurun bu konuyu kendiliğinden halledeceğine güvenerek, Arapça ezan meselesinin ceza konusu olmaktan çıkarılmasına aleyhtar olmayacağız."[1371]

CHP Grubu'nu temsilen söz alan Eyüboğlu'nun bu değerlendirmeleri de tamamen günü kurtarma amacına yönelik açıklamalardır. CHP'nin 1950'deki bu *"ezan açılımı"*, bugün 2008'deki *"çarşaf açılımını"* akla getirmektedir.

Üç maddelik tasarının ayrı ayrı oylanan maddeleri CHP ve DP'nin oylarıyla kabul edilmiş ve böylece 16 Haziran 1950'de Arapça ezan yasağı kaldırılmıştır.

17 Haziran 1950 tarihli **Cumhuriyet gazetesi** bu haberi, *"Meclis Arapça Ezan Yasağını Kaldırdı"* manşetiyle vermiştir. Bu manşetin hemen altında ise *"CHP milletvekilleri de kanunu tasvib ettiler"* başlığına yer verilmiştir.[1372]

Bu değişimin baş mimarı DP lideri **Adnan Menderes**, 4 Haziranda bir gazetecinin sorusu üzerine bu konudaki düşüncelerini şöyle dile getirmiştir.

"... Büyük Atatürk inkılaplarına başladığı zaman, taassup zihniyeti ile mücadele etmek zarureti duymuştur. Türkçe ezanın da böyle bir zaruretten doğduğunu kabul etmeliyiz. Bugünse camilerden ibadetin ve duaların hep din diliyle yapılmasıyla tezat teşkil etmektedir. Bu kadar yıldan sonra, vaktiyle zaruri olan hürriyeti sınırlayan bu tedbirlerin devamına lüzum kal-

---

1371 **TBMM Zabıt Ceridaleri**, 16.6.1950, birleşim 9, oturum, 1, s. 182.
1372 **Cumhuriyet**, 17 Haziran 1950.

mamıştır, irtica ve taassupla biz de savaşacağız ve millete mal olmuş inkılapları savunacağız..." [1373]

Menderes'in, Türkçe ezan yasağını "konjonktürel" bir hareket olarak değerlendirmesi ve bu yasağın kaldırılmasının nedenlerini açıklarken, *"Artık taassupla mücadele etmeye gerek kalmadığını"* ileri sürmesi, hiç de gerçekçi bir yaklaşım değildir. Menderes'in bu değerlendirmelerinin arkasında DP tabanını memnun etme kaygısı yatmaktadır.

Bu sözlerde dikkati çeken bir diğer nokta da, Başbakan Menderes'in Atatürk devrimlerini, *"Millete mal olmuş olanlar, millete mal olmamış olanlar"* olarak ikiye ayırmasıdır.

Menderes daha önce de 29 Mayıs 1950'de TBMM'de yaptığı bir konuşmada Atatürk devrimlerini, *"Halk tarafından kabul edilenler ve kabul edilmeyenler olarak"* ikiye ayırmıştır. Dolayısıyla Adnan Menderes'e göre halkın kabul etmediği devrimleri korumaya da gerek yoktur. Bu mantıkla DP döneminde bazı Atatürk devrimleri "gericilerin" tahriplerine açık bırakılmıştır. Nitekim bu yolda ilk adımı da bizzat Adnan Menderes atmıştır. Atatürk'ün "Dinde Öze Dönüş Projesi"nin en önemli ayağı olan "Türkçe ezanı" tekrar Arapça'ya çevirtmiştir.

Ezan'ın tekrar Arapça'ya çevrilmesi, "irticacı kesimi" cesaretlendirmiştir. Bir DP milletvekili şöyle demiştir:

"Demokrat Parti, din koruyuculuğunu da üzerine almıştır. Bu borcun ilk taksitini Allahu Ekber'le ödemiştir. Allahu Ekber'e dayanarak ileriye yürüyeceğiz. Bu yolda ölmek var dönmek yok. Allah'ın yaktığı bu meşale söndürülmeyecek, bilakis alevlenecektir." [1374]

Adnan Menderes ve onun DP'si, Atatürk'ün "Dinde Öze Dönüş Projesi" çerçevesinde topluma yerleştirmeye çalıştığı **hurafelerden arındırılmış, anlaşılır ve ulusal İslam anlayışını** yavaş yavaş tahrip ederken, bu yolda yapılanları "din koruyuculuğu" olarak adlandırmıştır. Böylece rejim karşıtlarına, mürtecilere

---

1373 **Yeni Sabah**, 5 Haziran 1950.
1374 Diyarbakır Milletvekili Y. Kamil Aktuğ.

"oy uğruna" akıl almaz tavizler verilmiş, din hiç olmadığı kadar istismar edilmiştir.

Menderes, 1951'de DP İzmir II. Kongresi'nde şunları söylemiştir:

"*Şimdiye kadar baskı altında bulunan dinimizi baskıdan kurtardık. İnkılap softalarının yaygaralarına ehemmiyet vermeyerek ezanı Arapçalaştırdık. Türkiye bir Müslüman devlettir ve Müslüman kalacaktır. Müslümanlığın bütün icapları yerine getirilecektir.*" [1375]

Adnan Menderes'in 1951 yılındaki bu sözleri Türkiye'nin bugünlere nasıl geldiğinin en açık göstergelerinden biridir.

İbret olsun diye Türkiye Cumhuriyeti'nin Başbakanı'nın ağzından dökülen sözleri bir kere de alt alta sıralayalım:

"*Şimdiye kadar baskı altında bulunan dinimizi baskıdan kurtardık!*"

"*İnkılap softalarının yaygaralarına ehemmiyet vermeyerek ezanı Arapçalaştırdık!*"

"*Türkiye bir Müslüman devlettir ve Müslüman kalacaktır!*"

Menderes'in bu sözleri, onun Cumhuriyet devrimini, Atatürk'ü ve İslam dinini zerre kadar anlamadığını; dahası oy uğruna halkın gözünün içine baka baka yalan söylediğini; dini kullanarak, dindar görünerek iktidarını sağlamlaştırmak istediğini kanıtlamaktadır.

Menderes'in bu ipe sapa gelmez sözleri **Necip Fazıl Kısakürek** gibi rejim karşıtlarını çok sevindirmiştir:

"*...Böyle bir sözü söyleyecek Başbakanın kölesi olduğumuzu söylemekten şeref duyarız. Tekrar ediyoruz; partimize, siyasi muhitimize, kabinemize, rezaletlerimize ve hatıra gelen ve gelmeyen her şeyimize rağmen, en saf ve halis tarafından azat kabul etmez köleliğimizi kabul buyurunuz.*" [1376]

1375 Doğan Duman, **Demokrasi Sürecinde Türkiye'de İslamcılık**, s. 40 - 41'den naklen Mirkelamoğlu, age. s. 513.
1376 Mirkelamoğlu, age. s. 513.

DP, "dinsel özgürlük" kılıfı altında büyük bir hızla Atatürk devrimlerinden ödünler vermeye devam etmiştir. CHP'yi "dinsizlikle" itham ederek, kendisini İslamın koruyucusu olarak gösteren DP, bilhassa ekonomide baş gösteren sıkıntıları dinsel ödünlerle gizlemeye çalışmıştır.

Ekonomik durumun gittikçe bozulması üzerine, "Güç kaybeden DP, İslamı daha açık kullanmaya ve yeni ödünler vermeye başladı. 1957 seçimlerinde dinsel sloganları ağırlıklı kullanırken, Nurcularla da seçim ittifaklarına girdi. 1958'de ise yine, Nurcuların anti-laik propagandalarına göz yumulurken, radyodaki dini programlar arttırılıyordu.

...Başbakan Menderes, 19 Ekim 1958'de, Emirdağ'da, yeşil tuğralı bayrakla ve Sait Nursi tarafından karşılanmaktan memnuniyet duyuyordu." [1377]

Menderes, parti grubunda yaptığı bir konuşmasında da milletvekillerine, *"Siz isterseniz hilafeti bile geri getirirsiniz"* diyerek, Atatürk devrimine ihanet etmekten ve Cumhuriyet'in laik karakterine zarar vermekten çekinmemiştir.

DP'nin bu ve benzeri uygulamaları Atatürk'ün açtığı yoldan geri dönülmesi anlamına gelmektedir. DP'nin bu uygulamaları dinin siyasal amaçla kullanılması yolunu aştığı gibi, rejim karşıtlarına cesaret vermiş ve en önemlisi Atatürk'ün "din düşmanı" olduğu dedikodularının artmasına yol açmıştır. Ve ne ilginçtir ki, Atatürk'ün "din düşmanı" olduğunu kulaktan kulağa fısıldayanlar, büyük bir aymazlıkla "Atatürk'ü Koruma Kanunu" çıkarmışlardır.

Yaprak Gazetesi, Orhan Veli ve Ezan

15 Haziran 1950 tarihli Yaprak gazetesinde **Orhan Veli**, *"Ezan"* başlıklı bir yazı yayımlamıştır. Ünlü şair, söz konusu yazıda iktidara gelen DP'yi alaycı bir dille eleştirmiştir. Orhan Veli yazısında DP'nin politikalarından dolayı gelecekten duyduğu endişeleri dile getirmiştir.

[1377] age. s. 513.

"İleriye doğru olduğundan şüphe etmediğimiz bu karardan dönülünce iş değişiyor. Salt bir ezan meselesi olmaktan çıkıyor iş. Daha bir sürü geriliğin başlangıcı, daha bir sürü geriliğe göz yummanın işareti oluyor. Bu düşüncemizin doğru olup olmadığını anlamak için belki biraz beklemek gerekecekti. Ama ona da hacet kalmadı. Başbakanın demecini duyar duymaz sarıklar, cüppelerle sokaklara uğrayan softalar düşüncemizin doğruluğunu çarçabuk ortaya koydu." [1378]

Oran Veli, ezanın Arapça okunmaya başlanmasının, Sivas'ta insanların canlı canlı yakılmalarının, yazarların, bilim adamlarının öldürülmelerinin, Hizbullah'ın ölüm evlerinin, sarık, peçe ve çarşafın meşrulaştırılmasının, tarikatların dört bir yanı sarmasının, gizli Kur'an kurslarında çocuklarımızın beyinlerinin yıkanmasının ve daha birçok gericiliğin başlangıcı olduğunu 1950 yılında görebilmiştir.

Genç şair, DP'nin ezanı yeniden Arapça okutmaya başlamasının arkasında yatan gerçeği de çok iyi tespit etmiştir:

"Maksat seçimlerden önce bir avuç geri kafalı insanı avlamak için verilmiş bir sözü yerine getirmektir." [1379]

Atatürk Devrimine İhanet

Bir de madalyonun öteki yüzüne bakalım.

Kendisine "İslamın koruyucusu" sıfatını yakıştıran DP'ye İslam dinini bu derece istismar etme şansını veren nedir, kimdir? Yeteri derecede aydınlanmamış halk mı, dış güçler mi? Yoksa Atatürk'ün ölümünden sonra sayısız yanlış yapan CHP'mi? Bu sorunun yanıtını Prof. Dr. Oktay Sinanoğlu'ndan alalım.

Prof. Dr. Oktay Sinanoğlu, Atatürk ve din konusunu, DP'nin nasıl iktidara geldiğini, İsmet Paşa döneminde CHP'nin nasıl yanlış politikalar izleyerek süratle halktan uzaklaştığını ve halka, "yeniden dini inancını özgürce yaşayabilme" sözü vererek iktidara gelen DP döneminde Türkiye'de Hıristiyan misyoner-

---

1378 Orhan Veli, "Ezan", **Yaprak gazetesi**, 15 Haziran 1950.
1379 **age.** aynı yer.

lerin nasıl cirit attıklarını, yoruma gerek bırakmayacak şekilde şöyle anlatmaktadır:[1380]

"*...Kötü milat için bir gün koymak gerekirse, Atatürk'ün vefatından beri diyebiliriz. Atatürk'e Allah rahmet eylesin demeliyiz; biz diyoruz. Atatürkçülük ile rahmet okumak arasında bir çelişki yoktur arkadaşlar.*

İnönü devrinden başlayarak, türbe gitti, geldi çelenk konulan Hıristiyan marşlarının çalındığı anıtlar. Tabiidir ki, bu yabancı ruhlu zorlamalar, Türk halkında uzun sürede tepki uyandırdı (herhalde gaye de o olmalı). Devletin başındakilere kendisini yabancı hisseden Müslüman ahaliyi de sonunda dış düşmanlar, Müslüman-Türk geleneklerini de tahrif ederek (Müslümanların Türk lafına düşman edilmesi gibi) kullandılar; 150 yıldır pek çok Müslüman ülkede olduğu gibi sömürgeciler, istilacı emellerini, Müslüman halkın kendinden zannettiği kişiler vasıtasıyla gerçekleştirme yolunu tuttular. 50 yıldır sinsi sinsi yürüyen bu faaliyetler işte bugün artık açığa çıkmış, aleni ve pervasızca yapılan duruma gelmiştir."[1381]

Sinanoğlu, "*Sömürgeciler istilacı emellerini Müslüman halkın kendinden zannettiği kişiler vasıtasıyla gerçekleştirme yolunu tuttular,*" derken, DP'den bahsetmektedir. Çünkü DP iktidara gelirken yoğun bir dinsel söylem kullanmıştır. Nitekim Sinanoğlu bir konuşmasında bu konuda şunları söylemiştir:

"*Önce büyük bir çoğunluğu samimi Müslüman olan halka, laikliğin teminatı altında olması gereken vicdan hürriyetini, bin yıllık ulusal inanç ve kültür birikimini hiçe sayan ağır baskılar yapıldı. Halk bundan çok bunaldı. Sonra, 'bu baskıyı kaldırırlar' beklentisi içinde halk, büyük bir çoğunlukla Demokrat Parti (DP)'yi iktidara getirdi.*

Evet; Menderes adıyla özdeşleşen DP, iktidara gelir gelmez yurdun dört bir yanında camiler yaptırdı, ya da yapılmasına izin verdi. Neden olmasın? Öyle ya Müslüman ahali isterse

---

1380 Metin içindeki parantez içleri de Oktay Sinanoğlu'na aittir.
1381 Oktay Sinanoğlu, **Ne Yapmalı? Yeniden Diriliş ve Kurtuluş İçin**, 2. Bs, İstanbul, 2003, s. 125.

cami yaptırır; Alevi Müslüman halk isterse cemevi yaptırır, olağan; amma, şimdilerde pek bol ve devlet desteğiyle olduğu gibi, Hıristiyan olmayan bölgelere kiliseler yaptırılmadı. 'Yaptırılmadı' dediysek sıkı durun: Devlet destekli misyoner faaliyetlerinin tohumları, –çaktırmadan– o zaman atılmaya başlandı.

Menderes öncesi dönemde, (Atatürk dönemi değil, İnönü dönemi) Müslümanlığın ve Müslüman Türk kültürünün adeta yasaklanmasından bunalmış olan halk biraz ferahlayınca, Menderes'e 'İslam'ın kurtarıcısı' diye sarıldı. Ama unutmayalım ki, 1878'de de bir kısım halk, başta İstanbul Müftüsü olmak üzere, İngilizlere, 'velinimetimiz, İslam'ın hamisi, koruyucusu' diye sarılmış, (veya öyle gösterilmiş) ve hatta o zat ve bazı 'din adamları' İngiliz sefirinin at arabasından atlarını çözüp, kendilerini arabaya koşmuşlardı. Ancak eminim ki, o zamanlar da halk ve aydınlar; bu İngiliz tezgâhları karşısında kendilerini muzdarip hissetmişlerdi.

Menderes döneminde, bir yandan muhteşem Osmanlı Türk mimarisinin taklidinin tekdüze taklidi, ölçü ahenkleri her nesilde biraz daha yozlaşan mimarili camiler yaptırılırken; bir yandan da halkın önceleri pek fark edemediği, sessiz sedasız derin işler yapıldı." [1382]

Prof. Oktay Sinanoğlu, Menderes'in iktidara gelmesini, İnönü döneminde yapılan dinsel baskılara dayandırırken; DP'nin iktidara geldikten sonra kitleleri memnun etmek ve bu şekilde iktidarını sürekli kılmak amacıyla 'din istismarı' yaptığını ileri sürmektedir. Prof. Sinanoğlu'nun, DP dönemindeki din politikalarıyla ilgili en çarpıcı iddiası ise, *"Bu dönemde Türkiye'de gizli gizli Hıristiyanlaştırma çalışmalarının yapıldığı ve DP'nin bu işe alet olduğu"* şeklindedir:

"Türkiye'yi CIA güdümlü misyoner etkinlikleriyle ve de devlet katkısıyla Hıristiyanlaştırma etkinliklerinin en önemli ayaklarından olan gezim (turizm) tuzağı gene 1950'lerde başlatıldı. Atatürk'ün, Türk Anadolu'yu, Selçuk, Osmanlı eserle-

---

[1382] age. s. 179, 180.

riyle tanıtmak, ilaveten, Eski Çağ, Hitit, Firik, Lid ve Lik uygarlıklarını öne çıkarmak siyaseti yerine; Türkiye'nin Yunan, Roma kimliğine büründürülmesi, bunun gezim (Turizm) ve Kültür Bakanlıkları, (bir ara Genel Müdürlükleri) aracılığıyla teşvik edilmesi, (kısmen 1940'larda başlamışsa da) 1950'lerde yoğunlaşmıştı. Daha da önemlisi, 'İslamın kurtarıcısı' Menderes döneminde, Dünya Müslüman halklarının, Türkiye'deki İslami eserleri, türbeleri, kutsal emanetleri ziyaretleriyle gezim gelirleri sağlanacağına, 'Müslüman bir ülkede inanç gezimi' ('inanç turizmi') nin böyle olması gerekir', (gerçi o zamanlar bu tuzak terim daha icat edilmemişti), Efes, Meryem Ana, Panaya Kapulu Kilisesi ortaya çıkarılıp, bir Hıristiyan hac yeri haline getirildi. Bu suretle, Türk topraklarının Hıristiyanların olması iddialarına devlet desteği verilmiş oldu; haçlı kafalı Batılının ekmeğine yağ sürüldü." [1383]

Görüldüğü gibi, Atatürk'ten sonra, gerek İnönü ve CHP, gerekse Menderes ve DP, pek çok konuda olduğu gibi, din konusunda da yanlış adımlar atmış; atılan bu yanlış adımlar Türkiye'nin içeride, "laik-şeriatçı" diye iki kutba ayrılmasına, "irtica ve Hıristiyanlaşma tehlikesinin baş göstermesine" neden olmuş; bu ayrılık, Türkiye üzerinde yüzyıllık kötü emelleri olan emperyalist ülkelerin iştahını kabartmıştır ve kabartmaktadır. Türkiye'yi bölmek, parçalamak isteyen emperyalistler ve onların yerli işbirlikçileri, Türkiye'ye asıl ölümcül darbeyi indirebilmek için uzun zamandır son kozlarını oynamakta; Atatürk'ü Müslüman Türk toplumunun gözünden düşürmenin yollarını aramaktadırlar. Bu nedenle yine uzun zamandır -50'lerden beri- Atatürk'ün "din düşmanı" olduğu tezini işlemektedirler. Türkiye artık bu oyunu bozmalıdır. Ve bu kirli oyun artık bozulmuştur. Artık sağduyulu Türk halkı, Atasının tüm ömrünü ulusu için harcadığını, "Türk vatanına" ve "İslam dinine" en büyük hizmetleri yaptığını kavramıştır, kavramaktadır.

1383 age. s. 181.

OSMANLI'DAN CUMHURİYET'E DİN KÜLTÜRÜ İÇİN YAPILANLAR

Atatürk, "Dinde Öze Dönüş Projesi"yle Türkiye'de bir bakıma **dinsel aydınlanma** başlatmıştır. O, İslamın temel kaynakları üzerinde yaptırdığı çalışmalarla Türk-İslam dünyasında uzun zamandır ihmal edilmiş bir konu üzerine eğilmiştir. **Kur'an-ı Kerim Tercümesi** ve **Buhari Hadisleri** başta olmak üzere çok sayıda dini kitap bastırarak kulaktan dolma, yanlış ve eksik İslami bilgileri kitabi bilgilerle düzeltip halkın daha bilinçli dindar olmasına çalışmıştır.

1924 yılından 1950 yılına kadar, 352.000 takım dini kitap bastırılmış ve bunlar Atatürk döneminden başlayarak yurdun en ücra köşesine kadar dağıtılmıştır.

Bu kitapların dağılımı şöyledir:
1. **45.000 adet Kur'an-ı Kerim tercüme ve tefsiri (19'ar cilt).**
2. **60.000 adet Buhari Hadisleri tercüme ve izahı (12'şer cilt).**
3. **247.000 adet din kültürü eserleri.**[1384]

Bu rakamlar, Atatürk döneminde Türkiye Cumhuriyeti'nin dine karşı kayıtsız kaldığını, "olumsuz" yaklaşımlar sergilediğini ileri sürenlere çok anlamlı bir yanıt niteliğindedir. Atatürk Türkiyesinin "dinsel aydınlanmayı" hedefleyen bu çalışmalarını görmemezlikten gelen zihniyet, Osmanlı Devleti'nde 15. yüzyıldan itibaren basılan dini eserlerin sayısını merak edip araştırma ihtiyacı duymuş olsaydı, genç Türkiye Cumhuriyeti'ni ve Atatürk'ü daha iyi anlayacak ve takdir edecekti.

Osmanlı Devleti'nde, 1400'le 1730 yılları arasında; yani yaklaşık 300 yıllık dönemde telif olarak 14 tefsir, 48 fıkıh, 25 akid ve kelam, 11 ahlak ve sadece 1 tane de hadisle ilgili, yani kısaca dini içerikli toplam 99 eser yazılmıştır. Ayrıca "Fünun-ı Aliye" ibaresinden dini nitelikli oldukları bilinen 30 ve sayıları belirsiz en az 14 çalışma yapıldığı görülmektedir. Toplam 234 telif eserden 143'ü dini niteliklidir.[1385]

1384 Manaz **age.** s. 147.
1385 Fahri Unan "Osmanlı Medreselerinde İlmi Verimi ve İlim Anlayışını Etkile-

Bu tablo, dinsel nitelikli bir imparatorluk olarak tanımlanan Osmanlı Devleti'nin 300 yıllık sürede dini eser yazımı ve basımı konusunda oldukça zayıf kaldığını ortaya koymaktadır. 300 yıllık zaman süresinde hadisle ilgili sadece **bir** çalışmanın yapıldığı Osmanlı Devleti'ne karşılık, Atatürk'ün genç Türkiye Cumhuriyeti, 10 yıl gibi kısa bir sürede çok önemli hadis çalışmalarına imza atmıştır. Ayrıca, Osmanlı Devleti'nde dinsel alandaki kitabi çalışmaların azlığı yanında, bu çalışmaların halka ulaşmasının da ne kadar güç olduğu tahmin edilebilir. Osmanlı Devleti 1727 yılında matbaayla tanışmasına rağmen, çıkar amaçlı gerici zihniyet, İslamın kitabi olarak halka ulaşmasına, yani matbaada dini kitap basımına karşı çıkmıştır. Bundan dolayı, Osmanlı halkının zaten sınırlı olan bu dinsel yapıtlarla tanışması neredeyse imkânsızlaşmıştır. İşte bu eksikliği fark eden Atatürk, İslamın temel kaynakları başta olmak üzere, birçok dinsel nitelikli eseri hazırlatıp tefsir ve tercüme ettirerek halkın dini konulardaki kitabi bilgi eksikliğini gidermeye çalışmıştır.

İslam dinini gerçekten bilen pek çok yerli ve yabancı bilim insanına göre Atatürk, Hz. Peygamber'den sonra İslamiyete en büyük hizmetleri yapan kişidir.[1386]

Atatürk'ün Müslüman Türklere ve İslam dinine yönelik hizmetlerini şöyle sıralamak mümkündür:

1. Kur'an'ı, en mükemmel şekilde ilk kez Türkçeye çevirtip, bastırmış ve ücretsiz dağıttırmıştır. Böylece *"Ben Müslümanım"* diyen Türk insanı dinini aracılara ihtiyaç duymadan ana kaynaktan okuyarak anlamaya başlamıştır (1927- İsmail Hakkı İzmirli'nin çevirisi).
2. Kur'an'ın ilk bilimsel tefsirini yaptırmış, bastırmış ve ücretsiz olarak dağıttırmıştır (1936 Elmalılı Hamdi Yazır'ın Hak Dini Kur'an Dili adlı tefsiri).
3. Sağlam hadislerin çevirisini yaptırmış ve aynı şekilde halka ulaşmasını sağlamıştır (1932, Ahmet Nazım, Kamil Miras).

---

yen Amiller", **Türkiye Günlüğü**, S 58. Kasım- Aralık 1999, s. 98.
1386 İsmet Görgülü, **Atatürk'ün Özel Yaşamı**, s. 99.

4. Arapça okunan, dinleyenin anlamadığı hutbeleri Türkçeleştirmiştir (1932).
5. Ezanı Türkçeleştirmiştir (1933).
6. Camilerin din görevlisi ihtiyacını karşılamak için imam-hatip okulları açmıştır.[1387]
7. İslam tarihinde Hz. Muhammed'in ve dört halifenin neredeyse tüm uygulamalarını tersine çeviren Muaviye'nin, 1400 yıldır dokunulamayan İslam dışı uygulamalarını ortadan kaldırmıştır. Örneğin, saltanatı kaldırmış ve cumhuriyeti ilan etmiştir.
Atatürk'ün, Muaviye'nin kötü izlerini silmesi, İslamiyete yapılmış en büyük hizmetlerden biridir.
8. **Saltanatı kaldırmıştır:** Kur'an'da saltanat ve benzeri monarşik idareler yasaklanmıştır. Allah Kur'an'da *"Beni davar gibi güt deme"* diyerek saltanata karşı olduğunu çok açık bir şekilde ortaya koymuştur. Hz. Muhammed kendisinden sonra yerine geçecek kişinin belirlenmesini Müslümanların **seçimine** bırakmış ve nitekim **dört halife** bir tür **seçimle** belirlenmiştir. İslam dininin ana kaynaklarına göre sultanlık, padişahlık "din dışı" yönetim biçimleridir.
9. **Demokratik sistem kurmuştur:** İslam dininde "meşveret" yani "danışma" kavramı vardır. Allah, devlet yönetiminde "meşvereti" ve "şûra"yı tavsiye etmiştir ki bunun çağımızdaki karşılığı "cumhuriyet" ve "demokrasidir." Atatürk, *"İslamiyette müşavere idaresinin şartı azamıdır"* diyerek Kur'an'daki "danışma" kavramına dikkat çekmiştir.[1388]

Atatürk, cumhuriyeti ilan ederken ve demokratik bir sistemin temellerini atarken bunun İslama uygun bir hareket olduğunun farkındadır.

"Kur'an ayetlerine ve Peygamberimiz'in sözlerine göre hükümetin yalnız esasları ifade edilmiştir. Onlar şunlardır: Danışma, konuşma, adalet ve devlet başkanına itaat."

1387 age. s. 99, 100.
1388 Bedrettin Demirel, **Okuyan Bir Devlet Adamı Atatürk**, Atatürk Haftası Armağanı, Ankara, 1984, s. 25; Kasapoğlu, age. s. 341.

Atatürk, Kur'an'daki "istişare" kavramına vurgu yaparken Al-i İmran suresindeki ayeti okumuştur:

"*Devlet idaresinde danışma çok önemlidir. Bizzat Cenab-ı Peygamber bile danışarak iş yapmak gereğini söylemiştir. Ve kendisi bizzat öyle yapmıştır. Bundan başka 've şavirhum fi'l emri' diye Cenab-ı Hakk'ın da kendisine seslenişi vardır. Peygamber'in zatına yönelen bu emrin ondan sonra gelenleri kapsayacağında şüphe yoktur. Danışmamak meşru değildir.*" [1389]

Bilesiniz ki şer'i esaslarda, ilahi emirde hükümet şekli yoktur. Şu veya bu şekil ifade edilmiş değildir. Yoktur. Yalnız hükümetin nasıl olması lazım geldiğine dair esaslar ifade olunmuştur. Bu esasların biri de şûradır, meclistir. Hükümetin behemehal meclis olması lazımdır. O kadar ki bizzat cenabı peygamber şurasız muamele yapmazdı. Allah tarafından men edilmişti." [1390]

"*Milletler her noktadan kendi yararlarını muhafaza edecek olan ve yararları korumak için lazım olan vasıfları, meziyetleri toplamış bulunduğunu kabul ederek seçtiği insanlardan, vekillerden kurulu bir şûraya malik olursa ve bu şûra, adalet üzerine hareket ederse işte Allah'ın ve Kur'an'ın istediği hükümet olur. Çok iftihara şayandır ki, milletimiz ancak 1300 sene sonra bu Kur'an hakikatlerini fiili halde göstermiş oldu.*" [1391]

Atatürk, Kur'an'da şûranın "adalete" dayanmasının istendiğinin de altını çizmiştir:

"*Şûra, muamelat-ı nası ifa ederken adilane ifa edecektir. Çünkü adaletten mücerred olan şûra Allah'ın emrettiği bir şûra olamaz. O şûranın bihakkın tevzî-i adalete muktedir olabilmesi için de mütehassıs olması, vakıf olması lazımdır. Ancak vakıf olan, mütehassıs olan insanlardan teşekkül eden hükümet makbul ve muteber olur ve ancak böyle bir şûraya tevzi-i adalette emniyet ve itimat edilebilir.*" [1392]

1389 Perinçek, age. s. 81.
1390 Borak, **Atatürk'ün Resmi Yayınlara Girmemiş Söylev ve Demeç, Yazışma ve Söyleşileri**, s. 235, 236.
1391 Perinçek, **age**. s. 58, 59.
1392 Mustafa Kemal, **Eskişehir-İzmit Konuşmaları**, İstanbul, 1993, s. 202.

Atatürk'ün başkanlığında toplanan Birinci Meclis'in duvarına *"Onların işleri aralarında şûra iledir"* anlamına gelen Şüra suresinin 38. ayeti asılmıştır.

Adalet, özgürlük, eşitlik, çok seslilik, katılımcılık ve ulusal egemenlik unsurlarına dayanan **demokratik sistem**, Allah'ın insanları yönlendirdiği ve istediği sistemdir. Baskıcı, zorba, otoriter, insan haklarını kısıtlayan sistemler İslam dışıdır.

10. **Laikliği yerleştirmiştir:** "Dininde zorlama yoktur" diyen İslam dininin istediği "laik" sistemdir. Hz. Muhammed de İslamiyeti yayarken Müslüman olmayı reddeden gayrimüslimlere baskı yapmamış, onların kendi dinlerini özgürce yaşamalarına izin vermiştir.

11. **Kadınlara insan kimliklerini iade etmiş ve kadınları erkeklerle eşit duruma getirmiştir:** İslam dininin en belirgin özelliklerinden biri ezilen, horlanan, dışlanan İslam öncesi Arap kadınına haklar vermesidir. En temel ilkesi "eşitlik" olan İslam dini, kadınların eşitliğine büyük önem vermiştir. Ancak zaman içinde "din istismarcıları" yine İslam dinini kullanarak Müslüman kadını ezmişlerdir. İşte Atatürk, kadınlara verdiği haklarla bu duruma son vermiş, Müslüman kadını yeniden özgür kılmıştır. Dinin istediği de budur.

12. **Tarikatları, tekke ve zaviyeleri kapatmıştır:** Atatürk, bozulan, yozlaşan, dini ve toplumu kirleten bu kurumları kapatarak öncelikle dini yozlaşmaktan ve ruhbanlardan, insanları da sömürülmekten kurtarmış ve dinden geçinen bedavacıları etkisiz hale getirmek istemiştir. Bozulan tarikatların, tekke ve zaviyelerin kapatılması her şeyden önce dine hizmettir.[1393]

13. **Akıl ve bilimin rehberliğinde çağdaş ve bağımsız bir devlet kurmuştur:** Asırlardır geri kalmış ve sömürülmüş Müslümanlara, tıpkı dinimizin istediği gibi akıl ve bilimi rehber edinmeyi, "çağdaş" ve "bağımsız" olmanın önemini göstermiştir.

1393 Görgülü, **age.** s. 100, 101.

DİNDE TÜRKÇELEŞTİRMENİN DÜNYADAKİ YANKILARI

Dindar Osmanlı halkı, atadan gelen İslami bilgileri kulaktan kulağa aktararak, İslam birikimini bir şekilde gelecek nesillere taşımayı başarmıştır; fakat bu "**kulaktan dolma İslam**" gittikçe özden sapmış ve sonunda din ile ilgili ya da ilgisiz her şey "dinileştirilmiştir." İşte Atatürk, bu derece ihmal edilmiş, adeta unutulup kaderine terk edilmiş İslam dininin, yeni bir bakış açısıyla incelenmesini sağlamış ve halkın "gerçek İslamla" tanışıp, kendi ifadesiyle, "*Bütün sadeliği ile dindar olması*" için, Türk-İslam tarihindeki en büyük mücadelelerden birini başlatmıştır.

Atatürk'ün devrim programının dini alandaki en kritik aşamasını, İslam dininin temel kaynağı Kur'an-ı Kerim'in Türkçe'ye tercümesi ve Türkçe okunması ile ilgili düzenlemeler oluşturmaktadır. Atatürk dinde Türkçeleştirme konusunda şöyle demiştir:

"*Türk Kur'an'ın arkasından koşuyor; fakat onun ne dediğini anlamıyor, içinde neler var bilmiyor ve bilmeden tapıyor. Benim maksadım, arkasında koştuğu kitapta neler olduğunu Türk anlasın...*" [1394]

Atatürk'e göre "*Bir insanın anlamadığı ve bilmediği şeye tam ve içten inanması imkânsızdır. Tam ve gerçek iman, ancak bilmekle mümkün olabilirdi. İbadette kul için şart olan huşu ve samimiyet de yine ancak okuduğunu anlamış olmakla sağlanmış olurdu. Geçmişte Türkler kendi ulusal dillerinde değil, sadece Arapçayla Allah'a duada bulundukları için ne yaptığını ve yapacağını bilmeksizin adeta bir sözcüğün bile anlamını anlamadan Kur'an-ı ezberleyip beyni sulanmış hafızlara döndüler.*" [1395]

Bu düşüncelerden hareket eden Atatürk, Kur'an, ezan, kamet, tekbir, sala ve hutbeyi Türkçeleştirmiştir. Atatürk'ün bu radikal ve cesur adımları, onun Türkiye'de din alanında da bir "aydınlanma" başlatmak istediğinin işaretleridir. Böylece Türk ulusu, birçok konuda olduğu gibi, din konusunda da bilimin ışığından yararlanacaktır; okuyacak, bilecek ve düşünerek ina-

---

1394 Ergin, age. s. 1950.
1395 Afet İnan, **Medeni Bilgiler ve Atatürk'ün El yazıları**, s. 365 - 367.

nacaktır. Halk bu şekilde İslam dininin özünü yakalama fırsatı bularak, anlamadığı bir dilin, düşünceden ve değerlendirmeden uzak, ezberciliğe zorlayan baskısından kurtulacaktır. Böylece Allah'a daha da yaklaşacaktır.

Atatürk'e göre her millet Allah'a kendi diliyle ibadet etmelidir. Ona göre **geçmişte Allah'a kendi ulusal dilinde değil de, o dinin indirildiği milletin dilinde hitap ve ibadette, duada bulunanlar, o dili öğrenemedikleri sürece Allah'ın ne dediğinin bilincinde değillerdi.** Bu durumun doğal sonucu olarak da din adına hareket ettiğini ileri süren, dini kendi tutku ve politikaları için araç olarak kullanan, kim olduğu belirsiz birtakım kişilerin boyunduruğu altında ezilmişlerdi.[1396]

Atatürk'ün din alanındaki çalışmalarını değerlendiren **Felix Valyi:** *"Revolutions in İslam"* adlı yapıtında bu konudaki uygulamaları, *"Muhammed'in özgün öğretisine dönmek için esinleyici bir girişim."* olarak yorumlamıştır.[1397]

Kur'an'ın Türkçeleştirilmesini Atatürk sadece bir din sorunu olarak değil, bir dil ve kültür sorunu olarak da ele almıştır.

Atatürk'ün, dinde Türkçeleştirme çalışmaları, kısa süre içinde tüm dünyanın dikkatini çekmiştir. Yabancı basında bu konuda yazılar ve değerlendirmeler çıkmaya başlamıştır. **Times muhabiri,** bir yazısında dinde Türkçeleştirme çalışmalarını şöyle anlatmıştır:

"Cami tepeleme doluydu. (Dinde Türkçeleştirme çalışmalarına) Eski Türkler şüpheci, yeni Türkler ulusçu hareketin doğal sonucu olarak, Arap geleneğiyle kopuşun sonu diye baktı... Yabancılar için ikisi de aynı müzikalitede olmakla birlikte, Allahu Ekber yerine kullanılan Allah Büyüktür deyimi, eski Türklerin kulağına hoş gelmedi. Anlaşılıyor ki, Türkçe Kur'an'a eleştiriler sadece gelenekçilikten..., (gelmiyordu.)

Oysa başka değişmeler de var: Dil değişmesi ve basitleşmesi gibi... Osmanlıcanın eski ağdalı saltanat stili, sonu gelmez cümleleri gitti; net, kısa cümleler geldi. Tam Türkçe olan bu

---

1396 age. s. 365 - 369.
1397 Tunçay, age. s. 218.

yazılar kolaylıkla anlaşılıyor, hatta az eğitilmiş okuyucu tarafından da..." [1398]

Türkiye uzmanı Amerikalı **Gates**'e göre *"Türkler anlamadıkları bir dilde dini dinliyorlardı; şimdi daha iyi anlayacaklardı.*" [1399]

Atatürk'ün dinde Türkçeleştirme çalışmaları hakkında en ilginç değerlendirme, Atatürk'le din ve dil konularını bizzat tartışmış olan **ABD Büyükelçisi C. Sherrill**'den gelmiştir. Sherrill, Atatürk ve dinde Türkçeleştirme konusunda şunları söylemiştir: *"Atatürk'ün dini devletten ayırması dinsizlik değildi. Bunu, kutsal kitabı kendi dillerinde yayınlayarak, bir elle aldığını diğer elle vererek kanıtladı. Artık herkes onu (Kur'an'ı), kendi başına okuyabilecek anlayabilecek. Luther gibi onun da cesaretine hayranız... Herkesin kendisi okuması için kutsal kitabın sayfalarını açtıysa, ona dinsiz demek haksızlık olmaz mı? Kesinlikle evet... Kabul etmek gerekir ki, basit bir tren kondüktörünün ve yüz binlerce basit Türk'ün her günkü yaşamına Kur'an'ı sokan adam, hiç şüphesiz saygıdeğer bir dini ihtilal yapmıştır. Kendisi ister fark etsin ister fark etmesin, ya da amacı ne olursa olsun, o da Luther ve Wyeliffe gibi büyük dinciler arasında yer almıştır...*" [1400]

Atatürk'ün, dinde Türkçeleştirme çalışmalarına bizzat tanık olan bir yabancının gözlemlerine dayanan bu ifadeler çok önemlidir. Çünkü Sherrill, Atatürk'ün dinde Türkçeleştirme çalışmalarını tarafsız bir gözlemci olarak değerlendirmiştir.

Atatürk'ün, dinde Türkçeleştirme çalışmalarına yönelik değerlendirmeler sadece Hıristiyan Batı'dan gelmemiştir. Atatürk'ün, Kur'an başta olmak üzere, din dilini Türkçeleştirmesi, İslam dünyasının da ilgisini çekmiştir. Atatürk'ün bu konuda yaptıklarını ağır şekilde eleştirenler olduğu gibi, bu yapılanları destekleyenler de olmuştur. Bu konudaki tartışmaların en canlı olduğu İslam ülkelerinden biri Mısır'dır.

1398 Koloğlu, **age.** s. 296, 297.
1399 **age.** s. 297.
1400 **age.** s. 297.

Mısır'da Atatürk'ün, din dilini değiştirmesi karşısında dini çevreler ikiye bölünmüştür. Mısır ulemasından **Şeyh el Taftazani** ve onun gibi düşünenler Atatürk'ü ve Türkleri yoğun bir eleştiri bombardımanına tutmuşlardır. Taftazani'ye göre laiklik yolunu seçen bir ülkede bunların olması doğaldır. Ayrıca, Türkler zaten "barbar" bir topluluk olduğundan, onlardan bu tarz davranışlar beklenmelidir. Taftazani, Atatürk devrimlerini hedef alarak şunları söylemiştir:

"...Şeriatı red ile İsviçre Medeni Yasası'nı kabul etmediler mi? Türkiye'deki bağımsızlık ve milliyetçilik konusuna gelince, İslam, milliyetçi özgünlüğün ve bölgeciliğin düşmanıdır. Zira bütün Müslümanları kardeş sayar. Milliyetçilik, İslamı zayıflatır ve İslam dünyasının gücünü oluşturan birliği yıkar. ...Kur'an çevrilmez, sadece tefsiri yapılır, o da Kur'an yerine sayılamaz. Kur'an'ın ve ezanın Türkçe okunması, sadece Türkleri her türlü Arap etkisinden kurtarma amaçlıdır. Eskilerin, duanın Arapça dışında yapılmasını kabul ettikleri tezi yanlıştır. Allahu Ekber yerine, Tanrı Uludur demekle Türkler dünyanın temelini sarstılar." [1401]

Taftazani'nin, Atatürk'ün, dinde Türkçeleştirme çalışmalarına yönelik saldırılarına, **Muhammed Ferid Vajdi** karşı çıkmıştır. Vajdi, Atatürk'ün, Kur'an'ı Türkçeleştirmesinin doğru ve cesur bir karar olduğunu şöyle ifade etmiştir:

"Türkiye'nin son yıllarda gerçekleştirdiği ıslahat, bu devletin bağımsızlığının ve ilerlemesi gereğinin sonucudur. Ve diğer İslam ülkeleri de sıraları gelince aynı aşamalardan geçeceklerdir. Kur'an'ın Türkçeye çevirisine gelince, İranlılar, Hintliler, Çinliler, Malezyalılar daha önce çevirdiler. Hıristiyanlar, başlangıçta kilisenin karşı çıkmasına rağmen İncil'i değişik dillere çevirmişlerdi. Alfabe değişikliği ise eğitimi yaymak içindi. Türkçeye çevrilen ve Latin harfleriyle basılan Kur'an, Taftazani'nin iddiasının aksine, Türklerde imanı pekiştirmeye ve Müslümanlarla bağları güçlendirmeye yarayacaktır." [1402]

1401 age. s. 291.
1402 age. s. 291, 292.

Vajdi, Atatürk'ün yaptığı yeniliklerin İslam dünyasının yüzyıllardır içine düştüğü hareketsizlik ve durağanlıktan çıkması için tarihi bir fırsat olduğunu ve yapılanların İslamın ruhuna aykırı olmadığını şöyle ifade etmiştir:

"Müslüman halklar için birkaç yüzyıldır mahkûmu oldukları hareketsizlik buzunu kırmak gereklidir ve bunun için Türklere hayranlık duyup, cesaretlendirmek şarttır. Başka çare yok. Her ne kadar ihtilallerinde aşırılıklar olsa da, her ihtilalde olduğu gibi durulmakta gecikmeyeceklerdir, İslam dünyasının fosilleştiği ve başkalarıyla yarışamayacağı iddialarını onlar yalanladı. Ebu Hanife, Arapça bilmeyenlerin anlamı değiştirmemek şartıyla Kur'an'ı kendi dilinde okuyabileceğini kabul etmişti. El Alusi'nin tefsirinde de Peygamber'in, Fatiha'nın Farsça okunmasını kabul ettiği kayıtlıdır..." [1403]

Atatürk'ün, dinde Türkçeleştirme çalışmaları, görüldüğü kadarıyla İslam dünyasında uzun zamanlardır unutulmuş bir tartışmayı –Kur'an'ın Arapça dışındaki dillerde okunması tartışmasını– yeniden alevlendirmiştir. Aslında İslam dünyası, Atatürk'ün sadece din konusunda yaptıklarından değil, tüm devrimlerinden etkilenmiştir.

O günlerde tüm İslam dünyası bir Müslüman ülkenin modernleşen yeni yüzünü büyük bir hayranlıkla ve şaşkınlıkla izlemektedir. O ülke, bir bağımsızlık savaşı sonunda kurulan Türkiye'dir.

ATATÜRK İSLAMIN ÖZÜNE AYKIRI REFORM TEKLİFLERİNİ REDDETMİŞTİR

Atatürk'ün dinsel karakterli devrimleri, iddia edildiği gibi, "ölçüsüz" ve "kuralsız", İslamın ruhuna aykırı uygulamalar değildir. Atatürk dinsel devrimler konusunda aşırıya kaçanları uyarmış; İslamın özüyle çelişeceğini düşündüğü reform tekliflerini hiç düşünmeden reddetmiştir.

Örneğin 20 Haziran 1928 tarihinde İstanbul Darülfünunu İlahiyat Fakültesi'nden bir grup bilim insanı tarafından hazır-

---

1403 age. s. 292.

lanan bir reform taslağını, "İslamın özüne aykırı bularak" geri çevirmiştir.

"Dini Islah Beyannamesi" adını taşıyan bu reform taslağında, "camilere sıralar ve elbiselikler konulması, ayakkabı ile girilecek bir düzen yapılması, ibadetin de Türkçe yapılması, camilere müzik aletleri sokulması, musiki bilen müezzinler yerleştirilmesi, ilahi müziği konulması" gibi öneriler yer almaktadır.[1404] Atatürk, bu önerileri aşırı ve gereksiz bularak reddetmiş ve komisyonu da dağıtmıştır.

DİNDE TÜRKÇELEŞTİRME HAREKETİNİN NEDENLERİ

Sonuç olarak, Atatürk'ün, Dinde Türkçeleştirme Hareketinin nedenlerini şöyle sıralamak mümkündür:

1. Kur'an'ın herkes tarafından kolayca okunup anlaşılması sağlanarak, hurafe ve batıl fikirlere "din diye" inanılmasını engellemek.
2. Arapçadan kaynaklanan zorlukları aşarak, Allah ile kul arasına aracıların girmesini engellemek, böylece İslamda bir ruhban sınıfı oluşmasına engel olmak.
3. Kur'an'ı, Arapça bilen belirli bir zümrenin tekelinden kurtarıp, Türkçe okuma yazma bilen herkesin rahatlıkla anlayabileceği hale getirerek, hem Kur'an'ın yaygınlaşmasını sağlamak hem de istismar edilmesini engellemek.
4. Arapçanın baskısından kurtularak, her alanda olduğu gibi din alanında da Türkçeyi egemen kılmak. Böylece Türk kültürünü Arap kültürünün etkisinden arındırmak. Bu yönüyle ulusallaşmayı desteklemek.
5. Latin harflerinin kabulünden sonra, toplumun her alanda yeni harflere alışmasını, eski harflerin unutulmasını sağlamak; bu şekilde dil devrimine destek olmak.
6. Kur'an'ın, bir dizi akıl dışı, "sihirli ve büyülü" sözlerden oluştuğunu düşünenlere İslamın bir "akıl dini" olduğu gerçeğini göstermek.

[1404] İsmail Kara, **Türkiye'de İslamcılık Cereyanı**, C. II, İstanbul, 1987, s. 497.

BEŞİNCİ BÖLÜM

ATATÜRK'ÜN MANEVİ DÜNYASI

> "*Efendiler, saygıdeğer bilginler! ...bence 'dinsizim' diyen mutlaka dindardır. İnsanın dinsiz olmasının imkanı yoktur. Dinsiz kimse olmaz...*" [1405]
>
> Mustafa Kemal Atatürk
> *(2 Şubat 1923)*

> "*Tanrı birdir ve büyüktür.*" [1406]
>
> Atatürk
> *(18 nolu not defteri)*

ATATÜRK VE İSLAM DİNİ

Öncelikle şunu hatırlatalım ki "din", Atatürk'ün ifade ettiği gibi, "***Allah ile kul arasındaki bağlılıktır.***" Dolayısıyla kişilerin inançları sadece kendilerini ilgilendirir. Bu genel kural Atatürk için de geçerlidir. Atatürk'ü, inanıp inanmadığıyla değil, mensubu olduğu ulus için yaptıklarıyla değerlendirmek gerekir; fakat öteden beri Atatürk'e saldırmayı alışkanlık haline getirenlerin en büyük silahlarından biri, Atatürk'e "dinsiz" damgasını yapıştırmak olmuştur. Bu sayede, İslami duyarlılığı yüksek Türk ulusunun Atatürk'e "düşman" olması amaçlanmıştır. İşte, meydanı bu iftiracılara bırakmamak ve Atatürk'ü topluma doğru anlatmak

---

1405 2 Şubat 1923 İzmir'de Halkla Konuşma, Sadi Borak, **Atatürk'ün Resmi Yazışmalara Girmemiş Söylev ve Demeçleri**, s. 216.
1406 A.Mithat İnan, **Atatürk'ün Not Defterleri**, s. 215.

için **Atatürk'ün din konusundaki kişisel düşüncelerine ve uygulamalarına** göz atmayı gerekli görüyoruz.

Atatürk'ün, din, inanç Allah ve İslam konularındaki düşüncelerini anlamak son derece zor ve karmaşık bir iştir. Bu konudaki gerçeklere ulaşmak amacıyla yapılacak çalışmaların yüzde yüz doğru sonuçlar vermesi de oldukça zordur; fakat en azından gerçeğe yakın değerlendirmeler yapmak mümkündür. Bunun için Atatürk'ün din konusundaki söylev ve demeçleri, yazdığı yazılar, okuduğu kitaplar ve yakın çevresinde bulunanların anlattıkları anılara başvurulmalıdır. Ancak bu şekilde Atatürk'ün iç dünyasının kapılarını biraz olsun aralamak mümkün olabilir. Bu noktada hemen şunu belirtelim ki, Atatürk'e "akıl dışı" iftiralar atan, ruhsal durumunun bozuk olduğu doktor raporuyla sabit, Dr. Rıza Nur'un kendinden menkul "Hatıratı" dikkate alınmayacaktır.

Atatürk'ün manevi yönünü anlamaya yönelik, ülkemizde yapılmış çalışmalar incelendiğinde, bu çalışmaların çoğunun tek boyutlu, yanlı, sübjektif oldukları görülmektedir. Bu çalışmalardaki en ilginç ve düşündürücü nokta, Atatürk'ün manevi yönü üzerine eğilenlerin büyük bir bölümünün adeta ağız birliği etmişçesine, onun tüm hayatı boyunca materyalist, pozitivist ve inançsız (ateist) olduğunu kanıtlamaya çalışmalarıdır. Belirli kaygılarla yazılmış olan bu tür eserler Atatürk'ü topluma yanlış tanıtmıştır.

Atatürk, dünya tarihinin en hızlı değişen dönemlerinden birinde doğmuştur. 19. yüzyılın sonlarında dünyadaki hızlı değişimden Osmanlı Devleti de etkilenmeye başlamıştır. Batı dünyasında ortaya çıkan yeni siyasal, sosyal ve bilimsel gelişmeler Osmanlı'yı etkilemeye başladığında, okuryazar, eğitimli, açık fikirli Osmanlı gençlerinin hayata bakışları ve değer yargıları da yavaş yavaş değişmeye ve farklılaşmaya başlamıştır. Özellikle, pozitivizm, materyalizm ve Darvinizm gibi yeni bilimsel ve felsefi ekoller, Osmanlı gençlerini, din başta olmak üzere, geleneksel değerlerle yüzleştirmiştir. Osmanlı Devleti'nin İslami kimliği ile karşılaştığı sorunlar, aynı zamanda devletin kurtuluşu için kafa yoran Osmanlı gençlerini yeni arayışlara yönlendirmiştir. İşte tam da bu noktada, Batı'dan gelen ve din olgusu başta olmak üzere, eski geleneksel yapılanmayı ağır bir şekilde eleştiren ve kurtuluş yolu olarak "bilimi" öngören yeni akımlarla tanışanlar, ister istemez, değişmiş ve farklılaşmışlardır. Bu değişimden etkilenenlerden biri de Mustafa Kemal Atatürk'tür.

Yaşadığı siyasi ve kültürel çevrenin etkisiyle Atatürk, gençlik yıllarında bir dönem, din duygusundan yavaş yavaş uzaklaşmıştır. Ancak zaman içinde, özgün kişiliğinin de etkisiyle, araştırmaya ve okumaya devam etmesi ve yaşadığı olaylar, din olgusu üzerinde yeniden düşünmesine neden olacak bir süreci başlatmıştır.

Din, onun için hem bir toplumsal gerçeklik, hem de kendi iç dünyasında bir yerlerde sakladığı, alışılmışın dışında, gizli ve özel bir duygu halini almıştır.

Atatürk'ün hayatı bütün yönleriyle incelendiğinde, çoğu kez iddia edildiği gibi, onun tüm yaşamı boyunca pozitivist, maddeci ya da inançsız bir insan görünümü çizmediği ortaya çıkmaktadır. Bu noktada, *"Neden Atatürk'ün manevi dünyasını anlatmaya çalışanlar hep madalyonun bir tarafına bakıp, madalyonun diğer tarafına bakmaya cesaret edemiyorlar?"* sorusuna yanıt vermek gerekmektedir. Bu soruya yanıt vermek için, daha çok madalyonun bugüne kadar hep ihmal edilen tarafına bakacağız. Atatürk'ün pozitivizm, materyalizm gibi akımlardan etkilendiğini, hatta zaman zaman dini inancının zayıfladığını da bilerek, daha çok onun –nedense üzerinde pek durulmayan– dinle olan yakın ilişkisine ve bu ilişkinin özelliklerine değineceğiz.

Atatürk'ün hayatı, tüm çıplaklığıyla ortaya konduğunda, manevi dünyasıyla ilgili gerçeklerin şaşırtıcı düzeyde olduğu görülecektir. Atatürk'ün özel hayatına ait din, inanç, İslam konusundaki ayrıntılar ayıklanıp gün ışığına çıkarıldığında, onun zaman zaman "din karşıtı" akımlara da meyletmekle birlikte, genelde oldukça dindar ve inançlı; kutsal sembollere saygılı; dinin, özellikle de mensup olduğu İslam dininin önemini kavramış; İslamiyeti gerek inanç, gerek ibadet boyutuyla bilen biri olduğu ortaya çıkmaktadır.

Atatürk'e Göre İslam Bir Akıl Dinidir

Atatürk, rasyonalist, akılcı bir insandır. Hayatında "aklın" ve "bilimin" yol göstericiliğine başvurmayı temel ilke edinmiştir. Dahası din konusunda da bu ilkeye sadık kalmıştır. Bu nedenle, İslam dinini de "akıl" ve "bilim" gibi ölçülerle değerlendirmiştir. Atatürk, bu değerlendirmeleri sonucunda, İslam dininin "öz" itibariyle, *"Akla aykırı ve gelişmeye engel olabilecek hiçbir şey ihtiva etmediği"* kanısına varmıştır. Bir keresinde İslam dininin, akla, bilime ve mantık ilkelerine tamamen uygun olduğunu şöyle ifade etmiştir:

"Bizim dinimiz en makul ve en tabii bir dindir ve ancak bundan dolayıdır ki, son din olmuştur. Bir dinin tabii olması için, akla, fenne, ilme ve mantığa uygun olması lazımdır. Bizim dinimiz bunlara tamamen mutabıktır..." [1407]

Atatürk, bu düşüncelerini bir başka konuşmasında daha da açmış ve İslam dini konusunda şu değerlendirmeleri yapmıştır:

"Eğer akla, mantığa ve gerçeğe uymamış olsaydı, bununla İslam diniyle diğer tabiat kanunları arasında çelişki olması gerekirdi; çünkü tüm hayat kanunlarını (maddi ve manevi âlem kanunlarını) yapan Cenabıhak'tır..." [1408]

Atatürk bu sözleriyle, İslam dininin ilkeleriyle **tabiat kanunları** arasında uyuşmazlık olmadığını belirterek, bunun da İslam dininin akla, mantığa ve gerçeklere uygun bir din olduğunu kanıtladığını ileri sürmüştür.

Atatürk, İslamı anlamak ve yorumlamak için bilimden, akıl ve mantık ölçülerinden yararlanmanın zorunlu olduğunu düşünmektedir. Akıl ve mantığı "ayrıştırıcı" olarak gören Atatürk, neyin dine uygun olup olmadığını anlamak için, akıl, mantık ve bilimden yararlanılmasını önermiştir; çünkü ona göre Allah'ın akıl ve bilime aykırı hükümler ileri sürmesi mümkün değildir.

Atatürk'e göre **akıl, bilim** ve **İslam dininin özü** arasında herhangi bir çelişki yoktur. Genellikle, aklın ve mantığın kabul ettiği

---

1407 (31.1.1923, İzmir'de Halka Konuşma) **ASD**, C. II s. 90.
1408 (7.2.1923 Balıkesir Paşa Camiinde Konuşma) **ASD**, C. II, s. 98.

doğrular, İslam dininin de kabul ettiği doğrulardır. Atatürk, akıl, bilim ve din üçgeniyle ilgili şunları söylemiştir:

"Bilhassa bizim dinimiz için herkesin elinde bir değer ölçüsü vardır. Bu değer ölçüsü ile hangi şeyin bu dine uygun olup olmadığını kolayca anlayabilirsiniz..." [1409]

Atatürk, herhangi bir şeyin dine uygun olup olmadığını anlamak isteyenlere ise şu tavsiyede bulunmuştur:

"Hangi şey ki, akla, mantığa, milletin menfaatine, İslamın menfaatine uygunsa, kimseye sormayın, o şey dinidir..." [1410]

Atatürk, İslam dininin akılcı bir din olduğu yönündeki tezini, bu dinin son din olması gerçeğine dayandırmıştır. Ona göre insanlık bilgi ve kültür bakımından artık belirli bir olgunluk düzeyine ulaşmıştır. Dolayısıyla, Allah'ın, bu "yüksek düzeydeki" insanlığa gönderdiği son dinin, akla ve bilime aykırı olması düşünülemez. Bu görüşünü bir konuşmasında şöyle ifade etmiştir:

"Eğer dinimiz aklın, mantığın kabul ettiği din olmasaydı, en mükemmel din olmazdı, en son din olmazdı..." [1411]

Görüldüğü kadarıyla Atatürk, –hayatının bazı dönemlerinde materyalist düşünüş tarzına meyletmiş olsa da– öncelikle İslamın son din olduğunu bir tarihsel gerçeklik olarak kabul etmiştir. İslam dini konusundaki yorumlarını bu gerçeklikten hareket ederek şekillendirmiştir. Atatürk'ün din konusundaki sözlerinden hareketle, İslam dini konusunda geliştirdiği mantığın ana hatlarını şu şekilde netleştirmek mümkündür:

Atatürk'e göre Allah tarafından gönderilen son din İslamiyettir. O halde, her şeyin var edicisi olan, yeryüzündeki gelişim ve değişimin kaynağı olan Yaratıcı'nın, son din olarak göndermiş oluğu İslamiyetin özü (Kur'an) itibariyle, tabiatın, bütün organizmaların ve yaşam gerçeğinin ayrıntılarını açığa çıkararak insanlığa hizmet eden "bilimle" çelişmesi mümkün değildir. Bilimin görevi, Yaratıcı'nın oluşturduğu evrendeki sistemin nasıl

---

1409 (16.3.1923, Adana Esnaflarıyla Konuşma) **ASD**, C. II, s. 131, 132.
1410 **ASD**, C. II, s. 131, 132.
1411 **age.** s. 131, 132.

işlediğini tespit ederek, insanlığın bu sistemden daha bilinçli ve daha verimli yararlanmasını sağlamaktır. Atatürk, bilimi bir tür anahtar, "evrenin anahtarı" olarak görmektedir. Bunun için olsa gerekir ki, *"En hakiki yol gösterici ilimdir, fendir"* demiştir. Evrenin bir güç tarafından var edilmiş olduğunu düşünmek, buna inanmak, kuşkusuz bilimle uğraşmaya engel değildir. Evrenin bir güç tarafından yaratıldığını ya da kendiliğinden var olduğunu düşünmek, bilimin işlevini artırıcı ya da azaltıcı bir sonuç doğurmaz; çünkü aslında önemli olan evrenin nasıl oluştuğu değil (ki bilim bu soruya da yanıt arar) onun işleyiş mekanizmasını, sistemini çözmektir. İşte bu bilimin işidir.

Son yıllarda pek çok bilim adamı, din ve bilim arasında mutlaka bir çatışma olduğu tezine karşı çıkmakta ve Tanrı'nın varlığını kabul etmenin, bilimle uğraşmaya engel olmadığını ileri sürmektedir. İşte, bir bilim adamının bu konudaki anlaşılır ve çarpıcı ifadeleri: Bu ifadeler, Atatürk'ün din ve bilime bakışını da açıklamaktadır:

"Hiç tren görmeyen birisi, trenin raylar üzerinde hareket ettiğini görünce, bu ağır demir yığınları nasıl hareket ediyor diye merak etse, sonra lokomotifi görüp vagonların onun sayesinde hareket ettiğini keşfetse, bu keşfiyle trenin gerçek hareket sebebinin yalnızca lokomotif olduğunu söylemesi ne derece doğru bir tespit olabilir. Görüldüğü kadar, işin aslı bu kadar basit değildir. Konu hakkında bir hükme varırken makineleri çalıştırıp yöneten makinistin, bu makineleri yapan mühendisin de göz önünde bulundurulması gerekir. Esasen trenin kendi kendisini var etmesi gibi bir şey söz konusu olmadığı gibi, mühendisin müdahalesi olmadan hareket etmesi de söz konusu değildir. Makinelerin iç aksamı da trenin hareketinin izahı için yeterli olmazlar. Olayın hakikati, nihayetinde makineleri var eden, sonra harekete geçirip yöneten bir akla dayanma durumundadır...

Din karşıtlarının, Allah yerine koymaya çalıştıkları kanunlar, bizce tabiatın işleyiş üslubu ve kurallarıdır. Ve bizler bütün kalbimizle ve kuvvetimizle, Allah'ın evrende iradesini, çağdaş bilimin keşfettiği bu kanunlar vasıtasıyla gerçekleştirdiğine inanıyoruz." [1412]

Burada dikkat edilmesi gereken nokta, bir dönem bazı gerici çevrelerin ileri sürdüğü "**Evrenin sırlarını çözmek doğru değildir, dine aykırıdır**" şeklindeki **bağnaz** düşüncenin ortaya çıkmasını engellemektir. Bu da ancak iki şekilde olur: Ya istismar ediliyor diye dini ortadan kaldırırsınız. Ya da dinin bilimle ilgilenmeye engel olmadığı konusunda toplumu aydınlatırsınız. Din toplumsal bir olgu olduğuna göre, birinci şık imkânsızdır. Geriye, toplumu aydınlatmak kalmaktadır. Atatürk, işte bunu yapmayı denemiş, toplumu aydınlatmak için çok büyük çaba sarf etmiştir. Üstelik Atatürk'ün sözünü ettiği din İslamiyettir ve İslamiyet, Atatürk'ün de bizzat ifade ettiği gibi, akla ve bilime en fazla değer veren dindir.

İslam dininin temel kaynağı olan Kur'an da, Allah'ın birçok yerde "akla" vurgu yapması, kuşkusuz insanları düşünmeye, anlamaya, evrenin ve yaşam gerçeğinin sırlarını çözmeye yöneltmek içindir. Dolayısıyla, akla ve sistematik düşünceye dayalı olarak ortaya çıkan bilim, İslam dininin karşı olduğu bir kavram değil; bilakis desteklediği bir kavramdır.

Bu mantığın bir sonucu olarak **Atatürk**, tarihsel süreç içinde, hurafelerle kaplanmış olan İslam dininin "özünün" açığa çıkarılması ve neyin dini olup neyin olmadığının anlaşılması için başvuru kaynağı olarak akıl, mantık ve bilimi işaret etmiş; bilim ve İslam dini arasında bir kırılma, bir zıtlaşma değil, bir birliktelik ve tamamlayıcılık olduğunu belirtmiştir.

Atatürk, kişisel olarak İslam dinine inanmış olmasının nedenini, bu dinin akla aykırı, ilerlemeye engel hiçbir şey içermemesine bağlamaktadır.[1413] Kanımca Atatürk'ün akıl, mantık ve İslam dini arasında bir uyum olduğu yolundaki inancının kaynağı, İslamın özü olarak gördüğü **Kur'an-ı Kerim'dir**.

Atatürk, anlaşıldığı kadarıyla Kur'an'ı çok iyi incelemiş ve sonuçta kuramsal olarak, İslam dininin akla aykırı, mantıkla çe-

---

1412 Vahiduddin Han, **Din, Bilim, Çağdaşlık**, s. 49 - 51.
1413 (16.3.1923, Adana Esnaflarıyla Konuşma) **ASD**, C. III, s. 93.

lişen ve dolayısıyla ilerlemeye engel olabilecek bir yönünün bulunmadığını görmüştür. Bence Atatürk bu düşüncelerinde haklıdır. Çünkü Kur'an incelendiğinde, aklın ve mantığın önemine işaret eden çok sayıda ayet olduğu görülmektedir.[1414] Atatürk, din konusundaki bilinmeyenlerin de bir gün **bilim tarafından** aydınlatılacağını düşünmektedir. Atatürk'ün şu sözleri, bir gün din ve Tanrı konusundaki tüm gerçeklerin bilim sayesinde açığa çıkacağını düşündüğünün kanıtıdır:

"*İnsanlıkta din hakkındaki ihtisas ve derin bilgiler, her türlü hurafelerden ayıklanarak, gerçek ilim ve fennin nurlarıyla temiz ve mükemmel oluncaya kadar, din oyunu aktörlerine her yerde tesadüf olunacaktır.*" Atatürk, **Nutuk**'taki bu satırların altını önemi dolayısıyla çizmiştir.[1415]

Atatürk, "*İslam dini akla, mantığa aykırı, bilime engel değildir*" derken, İslam dininin özünden, (Kur'an'dan) bahsetmektedir. Aslında Atatürk'ün sözünü ettiği İslam, hurafelerle,

---

1414 Kur'an'da geçen, akıl, ilim ve bilgi ile ilgili bazı ayetleri şöyle sıralamak mümkündür: "Hâlâ aklınızı kullanmayacak mısınız? Kur'an-ı Kerim, (Bakara 44), "...Size ayetleri gösteriyor ki aklınızı işletebilesiniz" (Bakara 73), "...Bu yüzden akıllarını işletemez onlar" (Bakara 171), "...Aklınızı işletmeyecek misiniz?" (Bakara 76), "...Aklınızı işletmeniz ümidiyle Allah ayetlerini işte size böyle açıklıyor..." (Bakara 242), "...Eğer sen ilimden nasibin sana geldikten sonra onların boş ve iğreti arzularına uyarsan işte o zaman kesinlikle zalimlerden olursun..." (Bakara 145), "...Allah bunları bilgi sahibi bir topluluğa açıklar..." (Bakara 230), "... Hâlâ aklınızı işletmeyecek misiniz?" (Ali İmran 65), "...Hâlâ düşünmüyor musunuz?" (En-Am 50), "...İlim dışı bir şekilde insanları şaşırtmak için yalan düzüp Allah'a iftira edenlerden daha zalim kim olabilir?" (En-Am 144), "... Yanınızda önümüze çıkaracağınız bir ilminiz var mı?..." (En-Am 148), "... Yemin olsun ki biz onlara ilme uygun bir biçimde fasıl fasıl detaylandırdığımız bir kitap gönderdik..." (A'Raf 52), "... Düşünüp anlamıyorsunuz..." (Yunus 3), "...Hele bir de akıllarını kullanmıyorlarsa..." (Yunus 42), "... Allah, pisliği aklını kullanmayanlar üzerine bırakır..." (Yunus 100), "... Hâlâ düşünmüyor musunuz?" (Hüd 30), "... Hâlâ aklınızı çalıştırmayacak mısınız?" (Hud 51), "... Biz onu size aklınızı çalıştırasınız diye Arapça bir kitap olarak indirdik..." (Yusuf 2), "... Bütün bunlarda, aklını çalıştıran bir topluluk için ibretler vardır..." (Rad 4), "...Sadece aklı ve gönlü işleyenler düşünüp ibret alır..." (Rad 19), "...Ant olsun biz gökte burçlar oluşturduk..." (Hicr 16), "... Rüzgarları dölleyiciler olarak gönderdik.." (Hicr 22), "...Bütün bunlarda aklını çalıştıran bir topluluk için elbette ibretler vardır..." (Nahl 12).
1415 Sami N. Özerdim, "Nutuk'ta Altı Çizilmiş Satırlar", **Belleten** XLV/I, 1981, S. 177, s. 67.

batıl inançlarla tortulaşan, siyasal malzeme olarak kullanılan, ilerlemeye kapalı, geleneksel, ya da "yaşanılan" İslamdan oldukça farklıdır. Atatürk'ün kafasındaki İslam, ideal bir dindir. Atatürk'ün İslam diniyle ilgili tüm çalışmalarının amaçlarından biri, işte bu "ideal İslamı" yaşanılır hale getirmektir.

Atatürk, İslam dininin tarihsel süreç içinde gittikçe hırpalandığını, tahrip edildiğini, batıl fikirlerin saldırısına uğradığını, birçok kere dile getirmiştir. Kendisine, İslam dini hakkında neler düşündüğünü soranlara, çoğu kez, İslam dinini çepeçevre kuşatan hurafe ve batıl fikirlerden yakınmıştır. Örneğin Atatürk'ün din konusunda neler düşündüğünü merak eden **Asaf İlbey**, *"Paşam, din hakkındaki düşüncelerinizi öğrenmek istiyorum"* diye sorunca **Atatürk** şu çarpıcı yanıtı vermiştir:

"Din vardır ve lazımdır. Temeli çok sağlam bir dinimiz var. Malzemesi iyi fakat bina uzun asırlardır ihmale uğramış, harçlar döküldükçe yeni harç yapıp binayı takviye etmek lüzumu hissedilmemiş, aksine olarak birçok yabancı unsur (tefsirler-hurafeler gibi) binayı fazla hırpalamış. Bugün bu binaya dokunulamaz, tamir de edilemez. Ancak zamanla çatlaklar derinleşecek ve zamanla sağlam temeller üzerinde yeni bir bina kurmak lüzumu hâsıl olacaktır..." [1416]

Atatürk, genelde din, özelde de İslam dini konusundaki düşüncelerini çok değişik ortamlarda dile getirmiştir. Örneğin, 29 Ekim 1923 tarihinde **Fransız gazeteci Pernot'a** verdiği demeçte, *"Dinime, bizzat gerçeğe nasıl inanıyorsam buna da öyle inanıyorum. Şuura aykırı, ilerlemeye engel hiçbir şey içermiyor."* [1417] demiştir.

Cumhuriyetin ilan edildiği gün, Batılı bir gazeteciye söylenen bu sözler, şüphesiz savaş meydanlarında mağlup edilen Batıya anlamlı bir mesajdır. Atatürk, bu sözleriyle rejim değişikliğini, inanç değişikliği şeklinde algılayanlara, *"Evet, modern ve ileri bir toplum yaratacağım, ama bazı değerlerden de ödün vermeyeceğim"* der gibidir.

1416 Borak, **Atatürk ve Din**, s. 81.
1417 **ASD**, C. III, s. 93.

Yine, 1923 yılında, bu sefer Bursa'da Şark Sineması'nda halka yaptığı konuşmada dinin ve dilin önemine şu sözlerle değinmiştir:

"*Milletimiz, din ve dil gibi iki fazilete sahiptir. Bu faziletleri hiçbir kuvvet milletimizin kalp ve vicdanından söküp alamamıştır ve alamaz.*" [1418]

Atatürk ayrıca okuduğu birçok **kitapta** "İslam dininin" önemine işaret eden cümlelerle ilgilenmiş; İslam dininden **övgüyle söz edilen** bazı satırların yanına özel işaretler koymuş ve bu satırların altını çizmiştir.

Örneğin Dr. Enrico Insabato'nun "*İslam ve Müttefiklerin Politikası*" adlı eserini okurken İslam diniyle ilgili şu cümleler Atatürk'ün dikkatini çekmiştir:

"*Muhammed'in dini, yayıldığı tüm ırklar arasında mükemmel bir uyumu mimkün kılmaktadır. İslam onlar için en iyi manevi iletişim aracıdır.*"

Bu paragrafla ilgilenen Atatürk, "*İslam onlar için en iyi manevi iletişim aracıdır*" cümlesinin altını çizmiştir.[1419]

"*İslam... Vatanı insanın kalbine yerleştirir ve böylece her yerde kendini vatanında hissetmesini sağlar.*"

Atatük bu paragrafın başını bir **dikey çizgiyle** işaretlemiştir.[1420]

"*İslamın halkların ve ırkların kardeş olması için muhteşem bir araç olduğu doğrudur.*"

Atatürk, bu cümlenin başını bir dikey çizgiyle işaretlemiştir.[1421]

"*Müslümanlık, tüm dünya Müslümanları arasında güçlü manevi bağlar, felsefi-İslami bir politikanın özel formülleriyle yönetilebilen maddi ve yerel menfaatlerde üstün olan özel bir ruh hali tesis etmiştir.*" [1422]

1418 ASD. C. II, s. 71.
1419 Atatürk'ün Okuduğu Kitaplar, C. 19, s. 57.
1420 age. s. 57.
1421 age. s. 58.
1422 age. s. 59.

Atatürk, bu örneklerde olduğu gibi okuduğu birçok kitapta "İslamın toplumsal, sosyal ve kültürel" niteliklerden söz edilen birçok paragrafı önemi dolayısıyla işaretlemiştir. Bu durum her şeyden önce onun İslam dinine kafa yorduğunu kanıtlamaktadır.

Atatürk, Din ve Toplum

Kanlı savaşların, okunan kitapların ve zihinsel aktivitelerin Atatürk üzerinde bıraktığı derin izler, onun dinle ilgilenmesini sağlamıştır.

Atatürk'ün 1923 yılında, Kurtuluş Savaşı yıllarındaki ruh halini koruduğu görülmektedir. Halka yaptığı konuşmalarda, sıkça dini referanslara başvurmaya ve dini içerikli sözler söylemeye devam etmiştir. Fakat Atatürk'ün 1923-1924 yıllarında İslami duyarlılıkları yüksek, inançlı bir insan portresi çizmesinin tek nedenini, onun ruh haline bağlamak doğru değildir. Bunun bir diğer nedeni de tıpkı Kurtuluş Savaşı sırasında olduğu gibi, "meşruiyet" kaygısıdır. Atatürk'ün kurtuluşun hemen sonrasındaki bu konuşmaları "mesaj" niteliğindedir. Belli ki Atatürk, radikal devrimlerine başladığında, din kisvesi altında oluşabilecek tepkileri bu dinsel motifli konuşmalarla yumuşatmak istemiştir.

Atatürk, konuşmalarında hiçbir zaman, herhangi bir kaygıyla, dinsizlik (ateizm) propagandası yapmamıştır. Özellikle, çoğu kez İslam dinine sahip çıkan bir lider portresi çizmiştir. Anadolu insanını çok iyi tanıyan Atatürk, –zannedildiği gibi– din-bilim çelişkisi yaratıp bilimi dine üstün kılmak yerine; din, bilim ve modernizm arasında bir "uzlaşma" yaratmaya özen göstermiştir. O günlerde adeta, Einstein'ın *"Din olmadan bilim eksiktir, bilim olmadan din kördür,"* [1423] sözünü çağrıştırırcasına hareket etmiştir. Atmış olduğu tüm adımlarda, İslami bakışı göz ardı etmeden; yaptıklarının ve yapacaklarının ısrarla dine aykırı olmadığını ve olmayacağını belirtmiştir. Cumhuriyet'in köklerinin

---

1423 Kant'ın, *"Sezgi olmadan bilgi boştur, bilgi olmadan sezgi kördür."* Sözüne gönderme, 1940. Başak Gündüz, Eınstein, İstanbul, 2000, s. 34.

İslam tarihine dayandığını söylemesi dışında, *"Dinime, hakikate nasıl inanıyorsam, buna da öyle inanıyorum; şuura muhalif, terakkiye mani hiçbir şey içermiyor... Akla mantığa uygun her şey dinidir"* şeklindeki birçok ifadesi, bu kanıyı doğrular nitelikteki örnekler arasındadır.

Ancak Atatürk'ün din konusunda hep "konjonktürel" hareket ettiği iddiası da doğru değildir. Evet, tabii ki çok iyi bir stratejist olan Atatürk din konusunda da zaman zaman konjonktürel hareket etmiştir ama onun iç dünyasında; hızlı çalışan beyninin kıvrımlarında bir **Allah düşüncesi** hep var olmuştur.

Lord Kinross, Atatürk'ün toplum karşısındaki dinsel tutumu ve din görüşü konusunda şunları söylemiştir.

"Zaferi kazanıncaya kadar halk karşısında dine bağlı davranmış olan Mustafa Kemal, son yıllarda bu konu üzerinde daha serbest ve eleştirici biçimde konuşmaya başlamıştı. Dine inandığını yine de söylüyordu; fakat akıl süzgecinden geçen bir inançla. Müslümanlık onun gözünde, mantık, muhakeme, bilim ve bilgiyle uyumluluk içinde 'doğal bir dindi'. 'Milletin kalbine yönelmiş zehirli bir hançer' olan yobazlığa bütün gücüyle karşıydı. Çağdaş bir görünüşün Müslümanlığa aykırı olduğunu ileri sürenleri azarlıyordu. Camilerde cuma günü verilen vaazların bilim kurallarına uygun olması gerekliydi. Vaizler, uygarlık dünyasının siyasi ve sosyal koşullarını yakından izlemek zorundaydılar." [1424]

Atatürk'ün **Söylev ve Demeçleri** incelendiğinde, onun din kurumunu asla göz ardı etmeden ve değerini azaltmadan, hatta yaptıklarını din noktasından bakıldığında da doğru uygulamalar olarak takdim etme gayreti içinde olduğu görülmektedir. Bu bakımdan, **"Atatürk din yerine bilimi veya milliyetçiliği yerleştirmek istiyordu"** şeklindeki "bütüncül" yorumların gerçeği yansıtmadığı söylenebilir. Atatürk, "din-bilim" ve "din-milliyetçilik" alanlarını birbirinin alternatifi olarak görmemiştir. Her iki alanı, ya ayrı ayrı değerlendirmiş ya da birbirinin tamamlayıcısı olarak

---

[1424] Kinross, age. s. 451.

görmüştür. Şüphesiz, bir gerçekçi olan Atatürk için bu durum, biraz da Türkiye'nin o günkü koşullarıyla ilgilidir. Ancak asırların yanlış telkinleriyle **din,** Türkiye'de **bilimin ve uluslaşmanın** önünü kesici, bilimi ve uluslaşmayı engelleyici bir işlev gördüğünden Atatürk zaman zaman dine yüklenerek, dini eleştirerek bilimin ve milliyetçiliğin önünü açmaya çalışmıştır. Örneğin bu amaçla 1930 yılında **Vatandaş İçin Medeni Bilgiler** kitabını yazmış ve bu kitapta genelde dinlere özelde de İslam dinine eleştiriler yöneltmiştir.

Şüpheci Yaklaşım

Atatürk'ün ömrü boyunca değişik zamanlarda, dinin ve manevi değerlerin önemine ve gerekliliğine işaret ettiği belgelerle kanıtlanabilecek bir gerçekliktir. Bu gerçekliği kabul ettikten sonra, Atatürk ve din konusunda değişik açılımlar yapılabilir. Örneğin, bu konuda şüpheci yaklaşımlar oldukça yararlı olabilir.

Atatürk'ü anlama noktasındaki yetersizlik, onun iç dünyasını anlamak söz konusu olduğunda daha da artmaktadır, inanıp inanmadığını, ruh ve madde konusundaki düşüncelerini anlayabilmek için sadece görünenlerle yetinmemek gerekir. Dolayısıyla, halka hitaben yaptığı konuşmalar, yazdığı yazılar dışında, özel hayatının derinliklerine kadar inmek gerekir.

Her konuda olduğu gibi, Atatürk'ü doğru anlama kaygısı taşıyanlar için **şüphecilik** kaçınılmazdır. Çünkü şüpheler giderilmeden doğruya ulaşılması imkânsızdır. Atatürk ve din konusu incelenirken akla takılan şüpheler üzerinde durmaktan kaçınılmamalıdır. Örneğin, Atatürk'ün değişik zamanlarda halka yaptığı konuşmalarda verdiği mesajlar, zaman zaman kendi iç dünyasıyla çelişiyor olabilir. Çok iyi bir taktisyen olan Atatürk, gerçek düşüncelerini, iç dünyasındaki fırtınaları birçok kere halka yönelik konuşmalarına yansıtmamış olabilir! Örneğin, Halka yönelik konuşmalarında, dinin gerekli ve önemli olduğunu söylerken; bunu toplumsal, siyasal ya da daha değişik kaygılarla söylemiş olabilir! Dolayısıyla sadece bu konuşmalarından hareketle, onun iç dünyasıyla ilgili kesin yargılara varmak doğu değildir. Aynı şekilde, dinle barışık olduğu dönemlerinde yazmış olduğu yazılarda, yapmış olduğu konuşmalarda, yine değişik kaygılarla "maddeci" ve "pozitivist" değerlendirmeler yapmış da olabilir. Bu iki zıt şüpheci yaklaşım yanında, birçok kere Atatürk'ün, iç dünyasındaki bütün olup bitenleri büyük bir **samimiyetle** dışa vurduğu dönemlerin olduğu da bilinerek, Atatürk ve din konusu değerlendirilmelidir.

Bütün bu nedenlerden dolayı, Atatürk'ün iç dünyasının kapılarını aralamak için çok farklı kaynaklardan ustalıkla yararlanmak, en önemlisi bütüncül ve kesin değerlendirmelerden kaçınmak gerekir. Atatürk'ün toplumsal ve siyasal tutumu incelenirken, yazdıkları ve söyledikleri ne kadar önemliyse, onun iç dünyasını ve ruh halini incelerken de onu tanıyanların anlattıkları o kadar önemlidir.

Atatürk'le ilgili anlatılanlara baktığımızda, din, inanç ve İslam konularında Atatürk'ün pek de bilinmeyen, hatta daha çok yanlış bilinen yönleri ortaya çıkmaktadır.

ATATÜRK VE DİN KONUSUNDAKİ GİZLİ GERÇEKLER

Atatürk, konuşmalarının çoğunda genelde din, özelde İslam diniyle ilgili olumlu mesajlar vermiştir. Peki, onu yakından tanıyanlar, özel hayatına ait ayrıntıları ve anekdotları bilenler, "Atatürk ve din" konusunda neler söylemişlerdir? Bu soruya yanıt bulabilmek için Atatürk hakkındaki anılara göz atmak gerekecektir. Gerçi, tarih metodu açısından anılar tarihçi için yüzde yüz güvenilir kaynaklar değildir; fakat iyi ayrıştırılmış, doğruluğu araştırılmış anılar, tarihsel gerçekleri açığa çıkarmada çok önemli katkılar sağlayabilir.

Atatürk'ün yakınındakilerin, onun manevi dünyasıyla ilgili anlattıkları arasında çok çarpıcı anılara rastlamak mümkündür. Bütün bu anlatılanlar yan yana getirildiğinde, Atatürk'ün, bazen şaşırtıcı derecede "dindar", "inançlı" biri olabildiği gözler önüne serilmektedir.

İşte o anılara birkaç örnek:

Allah Büyük Bir Kuvvettir

Atatürk'ün gizli dünyasının kapılarını manevi kızlarından Sabiha Gökçen'in bir anısıyla açalım.

Sabiha Gökçen, 10-11 yaşlarındayken Bursa'da Atatürk'ün köşküne çok yakın bir yerde oturmaktadır. Bursa'ya gelişinde Sabiha Gökçen'le karşılaşan Atatürk, onu manevi kızı olarak yanına almaya karar vermiştir. Atatürk'le birlikte Çankaya'ya gelmeyi kabul eden Sabiha Gökçen, kısa sürede kendini Ata'nın özel dünyası içinde bulmuştur.

Her sabah Atatürk'ün elini öpmeyi âdet haline getiren küçük Sabiha, o günlerde Atatürk'ün, sabahları sık sık *"Allah"* sözcüğünü tekrarladığına tanık olmuştur.

Atatürk bir gün Sabiha Gökçen'e, *"Sen dindar mısın?"* diye sormuş, Gökçen bu soruya, *"Evet, dindarım!"* diye yanıt vermiştir. Bu yanıtı çok beğenen Atatürk Gökçen'e, *"Çok iyi! Allah büyük bir kuvvettir. Ona daima inanmak lazımdır"* demiş ve bu konuda uzun uzun açıklama yapmıştır.

Sabiha Gökçen ayrıca Atatürk'ün "dinsiz" olduğu şeklindeki söylentilerin doğru olmadığını, bu söylentilerin uydurma iftiralar olduğunu beyan etmiştir.[1425]

Allah Razı Olsun, Allah'a Şükürler Olsun

Atatürk'ü tanıyanların anlattıkları dikkatle incelendiğinde, satır aralarında, Atatürk'ün inanç dünyasının ipuçlarına rastlanabilmektedir.

Örneğin Atatürk bir keresinde yakın arkadaşı Ali Fuat Cebesoy'a, çocukluk yıllarında Selanik'te dayısının çiftliğinde geçirdiği günleri anlatırken, inanç dünyasıyla ilgili ufak ipuçları vermiştir. Ali Fuat Cebesoy'a kulak verelim:

"Mustafa Kemal bize bu olaydan şöyle söz etmişti: 'Babamın vefatı bizi ayakta tutan kuvvetli bir desteğin yıkılması gibi

---
1425 S. Arif Terzioğlu, **Yazılmayan Yönleriyle Atatürk**, s. 88, 89.

*bir şey oldu. Adeta kendimi yalnız hissettim. Dayım bize çok iyi davrandı. Acımızı unutturabilmek için gayret gösterdi. **Allah razı olsun**. Çiftlik hayatına karıştım...*' dedi."[1426]

Atatürk, yirmili yaşlarında, 1907 yılında, yine arkadaşı Ali Fuat'a, Şam'dan Selanik'e tayin yaptırabilmek için verdiği uğraşı anlatırken, *"Allah'a şükürler olsun, bir engel çıkmadı"* demiştir.[1427]

Atatürk, tüm ömrü boyunca, özel yaşamında *"Allah"* ve *"şükür"* sözcüklerini sıkça kullanmıştır. Bu gerçeğin tanıklarından biri de Atatürk'ün son zamanlarına hep yanında bulunmuş olan Çankaya Köşkü Kütüphanecisi **Nuri Ulusu**'dur. Ulusu, bu konuda şu ilginç bilgileri vermektedir:

"... Hatta bir gün çalışırken bana 'Çocuk ne mutlu ki sevdiğin bir eşin, iki yavrun ve mutlu bir yuvan var; bunun kıymetini değerini çok iyi bil, sana gıpta ediyorum. Tanrım neden bana bunları nasip etmedi neden?' diyerek devam etmişti. 'Herhalde Yüce Tanrım, bunların karşılığı olarak vatanıma ve bu vatanın evlatlarına babalık yapmak için bana görev verdi. Allahıma, buna da şükür, hamdolsun Yarabbim' diyerek, okumasına, çalışmasına devam etmiştir".[1428]

Atatürk, Cumhuriyet'in 10. yılı kutlamalarının ertesi günü Nuri Ulusu'ya, *"10. yılı da bayağı iyi kutladık. Allahıma çok şükür, çok şükür"* demiştir.[1429]

Atatürk'ün uşağı **Cemal Granda** da Atatürk'ün sıkça *"Allah"* dediğini şöyle ifade etmiştir:

"Öyle 'Allah' derdi ki yalnız kalınca. Onun gibi kimse diyemez. Herkes çekilip yapayalnız kalınca gökyüzüne bakar, kendi kendine Allah derdi. Böyle güzel 'Allah' diyen adam yoktur."[1430]

1426 Ali Fuat Cebesoy, **Sınıf Arkadaşım Atatürk**, s. 13.
1427 age. s. 132.
1428 Ulusu, age. s. 26.
1429 age. s. 201.
1430 Tarhan Gürkan, **Atatürk'ün Uşağının Gizli Defteri**, İstanbul, 1971, s. 183.

Fahrettin Altay Paşa da *"Ben savaş meydanlarında ve her zaman Tanrı'nın ulu adını ağzından düşürmediğini çok iyi bilirim. O her manası ile Müslümandı..."* demiştir.[1431]

İsmail Hakkı Tekçe ise Atatürk'ün sık sık şükrettiğine tanık olmuştur:

"Tanrı'ya sık sık şükrettiğini benim gibi duyan çoktur. İslamlığı hakiki manası ile bilirdi..." [1432]

Özel hayatında sıkça *"Allah'a şükreden"* Atatürk, sevdiklerine de "Allah'a şükretmeyi" tavsiye etmiştir. Örneğin ses sanatçısı **Safiye Ayla'ya**, *"Allah'ın sana verdiği bu lütfu unutma ve bununla şımarma, mütevazı ol, daima Allah'a şükret"* demiştir.[1433]

ATATÜRK'ÜN ALLAH SORULARI

Atatürk'e göre, Allah'ın varlığını kanıtlayacak örnekler ileri sürebilmek bir "zekâ" meselesidir. Atatürk, gençliğinden itibaren bu kuramsal konu üzerinde düşünmüş ve okuduğu kitapların da yardımıyla *"Allah nedir?"* sorusuna yanıt aramıştır. Örneğin, Filibeli Ahmet Hilmi'nin *"Allah'ı İnkâr Mümkün müdür"* adlı kitabı, Atatürk'ün, Allah konusunda okuduğu kitaplardan sadece biridir.

Atatürk bazen çevresinde bulunanlara "Allah" hakkında sorular sormuş, Allah'ın varlığını kanıtlamalarını istemiş ve muhataplarını bu konuda adeta bir tür sınavdan geçirirmiştir.

Örneğin, bir gün Polonya elçiliğinde gördüğü genç bir **Polonyalı kızı** adeta bir tür sözlü sınava tabi tutarak, ondan **Allah'ın varlığını kanıtlamasını** istemiştir.[1434]

Atatürk, bir gün çevresine toplananlara, *"Bana Allah'ın büyüklüğünü anlatır mısınız?"* diye sormuştur. Herkes kendince

---

1431 Fahrettin Altay, *"Dindar Atatürk"*, **Atatürk, Din ve Laiklik**, s. 127.
1432 İsmail Hakkı Tekçe, *"Benim Atam İman ve İnsanlık Abidesiydi"*, **Atatürk, Din ve Laiklik**, s. 143.
1433 Zekai Güner-Orhan Kabataş, **Milli Mücadele Dönemi Beyannameleri ve Basını**, Ankara, 1990, s. 25; Kasapoğlu, age. s. 74.
1434 Kinross, age. s. 551.

Allah'ın büyüklüğünü anlattıktan sonra Atatürk şunları söylemiştir:

"*Hepiniz Tanrı'yı ayrı ayrı görüyor ve büyütüyorsunuz. Tamam, muhakkak ki Allah çok büyüktür, ama gerçek olan Allah herkesin kafası kadar büyüktür.*" [1435]

Atatürk, burada herkesin Allah algısının kendi zekâsına, algı ve kapasitesine göre derinlik kazandığını anlatmaktadır. Atatürk bu sözleriyle "akıl, bilgi ve donanım" ile "Allah'ı anlamak" arasındaki ilişkiye dikkat çekmiştir.

Ankara'da yüksek öğretim öğrencilerinin düzenlediği bir çayda Atatürk gençlerle bir araya gelmiştir. Bu sırada heyecanla konuşan bir genç sözü Atatürk'e getirerek,

"*Atam, sen bir Allah'sın*" demiştir.

Bu yakıştırma üzerine öfkelenen **Atatürk** hiddetle ayağa kalkarak,

"*Arkadaşlar, Allah kavramı insan beyninin çok güç kavrayabileceği metafizik bir meseledir*" [1436] demiştir.

Atatürk bu sözleriyle "*Allah'ın büyüklüğünün*" "aklın" kavrama sınırlarının dışına taştığını belirtmiştir. Bu nedenle, Atatürk'ün sorduğu "**Allah sorularına**" doyurucu yanıt vermek çok da kolay değildir.

Atatürk, Çankaya Köşkü'ne yemeğe davet ettiği Hüsrev Gerede'nin eşi **Lamia Hanım'a** da bir "Allah sorusu" yöneltmiştir.

Atatürk, sohbet sırasında, Lamia Hanım'a, "*Allah'a inanır mısınız? Allah'tan korkar mısınız?*" diye sormuştur.

Lamia Hanım bu soruyu, "*Evet, Allah'a inanırım ve Allah'tan başka kimseden korkmam*" diye yanıtlamış ve ibadette sevginin esas olduğunu, korkuyla sağlanan itaatin sonunda ise isyan olduğunu belirtmiştir.

1435 Hilmi Yücebaş, **Atatürk'ün Nükteleri, Fıkraları, Hatıraları**, İstanbul, 1963, s. 96. Ulusu, **age.** s. 186.
1436 Niyazi Ahmet Banoğlu, **Nükte, Fıkra ve Çizgilerle Atatürk**, C. III, s. 25 (Kemal Yurtseven'in anısı); Perinçek, **Din ve Laiklik Üzerine**, s. 260; **Atatürk'ün İslama Bakışı**, s. 69, 70.

Atatürk'ün Not Defterinden: Tanrı Birdir ve Büyüktür

Atatürk Allah'a inanmıştır. Bu inancının en açık kanıtı, not defterlerinden birine elyazısıyla kaydettiği bir cümledir.

Atatürk, not defterlerinden birine, bir Bursa ziyareti sırasında yapacağı konuşmanın madde başlarını sıralamış, bunun altına kalın bir çizgi çektikten sonra büyük harflerle ve eski yazıyla, *"TANRI BİRDİR VE BÜYÜKTÜR"* diye yazıp, onun da **altını çizmiştir**. [1437]

Her türlü kaygıdan uzak bir şekilde kâğıda dökülen bu ifadeler, Mustafa Kemal Atatürk'ün "Allah inancının" en temiz ve en açık kanıtlarından biridir.

ATATÜRK, YARATICI VE YARATILIŞ

1930 yılında "**Medeni Bilgiler**" kitabı için kendi el yazısıyla, *"...İnsan tabiatın mahlûkudur..."* [1438] diye yazan Atatürk, zaman zaman *"Evrim teorisinin"* etkisinde kalmış olsa da genel anlamda bir "Yaratıcıya" inanmıştır.

Atatürk'ün bazı konuşmalarının ve okuduğu bazı kitapların satır aralarında, onun bir "**Yaratıcıya ve yaratılışa**" inandığını kanıtlayan önemli ipuçları vardır.

Örneğin, bir konuşmasında, *"Biliriz ki ALLAH, dünya üzerinde YARATTIĞI, bu kadar nimeti, bu kadar güzellikleri insanlar istifade etsin, nimetlensin diye yaratmıştır. Azami derecede müstefit olmak için de bütün kâinattan esirgediyi zekâyı, aklı insanlara vermiştir"* demiştir.

1437 **Atatürk,** (*Komutan, Devrimci ve Devlet Adamı Yönleriyle*) Ankara, 1980, s. 598, 599; Gürtaş, **age.** s. 161; Atatürk'ün bu notlarının el yazısı orijinal metinleri için bkz. A.M. İnan, **Atatürk'ün Not Defterleri,** s. 190 - 215.
1438 Perinçek, **Kemalist Devrim 2, Din ve Allah,** s. 293. **Ruşen Eşref Ünaydın'ın** Atatürk'e atfettiği şu sözler de Atatürk'ün "evrimci" yaklaşımlarına örnek gösterilebilir: *"İnsanlar kurtçuklar gibi sulardan çıktılar önce... İlk atamız balıktır. İşler daha da ilerledikçe, o insanlar pirimat zümresinden türediler. Biz maymunlarız, düşüncelerimiz insandır."* Ruşen Eşref Ünaydın, **Atatürk, Tarih ve Dil Kurumları, Hatıralar,** Ankara, 1954, s. 53; Perinçek, **Din ve Laiklik Üzerine,** s. 261.

Başka bir konuşmasında ise, *"ALLAH insanları iki cins olarak YARATMIŞTIR ve bunlardan biri diğerini tamamlar"* demiştir.

Daha da ilginci, Atatürk, 1936 yılında okumaya başladığı James Churchward'ın *"Kayıp Kıta Mu"* konulu kitaplarında ele alınan Tanrı kavramıyla ilgilenmiş ve bir yerde geçen "... *VÜCUT VE ŞEKLİ OLAN HERŞEY VÜCUT VE ŞEKLİ OLMAYAN TARAFINDAN YAPILMIŞTIR"* cümlesini önemli bularak altını çizmiştir.[1439]

Atatürk, Allah'ın varlığına "akıl" yoluyla inanmıştır.

Atatürk'le ilgili bazı anılar, onun **tek Tanrı** inancını benimsemiş olduğuna ilişkin ipuçları vermektedir.

İşte birkaç örnek:

Allah'ın Renkleri

Savarona'nın alınmasından önce, devrimin tüm hızıyla ilerlediği bir dönemde, bir yaz akşamı Atatürk ve yanındakiler Ertuğrul motoruyla Boğaz'da bir gezintiye çıkmıştır. Boğazda her zamanki gibi müthiş bir manzara vardır.

Atatürk, bir ara karşısında oturan dönemin tanınmış ressamlarından **Çallı İbrahim'e**,

"Beyefendi, ne güzel renkler değil mi?" diye, seslenmiştir.

Ressam yanıt vermeden, diğer bir misafir atılarak:

"Emrederseniz, sizi mütehassis eden manzarayı aynen resmetsin" diye çıkış yapınca Atatürk, biraz da sanatçılara zahmet vermek istemeyerek,

"Efendim tabiatın renklerini tablolaştırmak mümkün olsa beyefendiden bu zahmeti rica ederdik," demiştir.

Bu sırada orada bulunanlardan biri ileri atılarak,

"Efendim, sizin ilhamınızla Çallı İbrahim Bey bu manzarayı aynen tablolaştırabilir." diye söze karışmıştır.

Gazi, dudaklarında hazin bir tebessüm, ressama dönerek, *"Ne dersiniz?"* diye sormuştur.

1439 Atatürk'ün Okuduğu Kitaplar, C. 10, s. 315; Sinan Meydan, **Atatürk ve Kayıp Kıta Mu**, 8. bs, İstanbul, 2008, s. 193.

O da Gazi'yi anlayamamıştır... Hemen ayağa kalkarak: *"Emredersiniz..."* demiştir.

Bunun üzerine Gazi Mustafa Kemal, *"Meclisimize devam edelim. Boğaz'ın bu güzel manzaraları asırlardır devam ediyor. Sağ kalırsak beyefendiden aynı yerimizde yarın akşam eserine başlamasını rica ederiz..."* diyerek, bahsi kapatmıştır.

"Gazi'nin emri bu... Ertesi akşam Çallı İbrahim ve onun, Gazi'nin ilhamıyla tabiatın üstüne çıkacağını iddia edenler, telaş içinde paleti yerleştirmişlerdir. Bir iki deneme... Biraz daha dikkatle manzara renklerini bulma gayreti... Ne yapan, ne de onu takip edenler tatminkâr değillerdir... Boğaz'ın manzarası bu... Renkler, gölgeler, ışık oyunları, hepsi Tanrı kudreti..."

Gazi, terlemeye başlayan sanatçılara acımış ve ciddi bir şekilde,

"ŞU ÂLEMDE İNSANÜSTÜ BİR KUDRET VARDIR. SİZ İSTERSENİZ ONA ALLAH, İSTERSENİZ TABİAT DEYİNİZ. FAKAT ONU İNKÂR ETMEYİNİZ" [1440] diyerek, hem o sırada orada bulunanları şaşırtmış, hem de dünyadaki güzelliklerin insanüstü büyük bir kuvvetin ürünleri olduğunu, dolayısıyla bir YARATICI'YA inandığını belli etmiştir.

Atatürk, Faruk Nafız Çamlıbel'in şu şiirini çok sevmiştir:
"Yeşil hem de!
Ben bu rengi taşırım her zaman can köşemde
Yeşilde ne arar da bulamaz insanoğlu
Yeşil bu... Varlık dolu, gök dolu, umman dolu
Bir ucu gözlerinde, bir ucu engindedir
Meyve veren ağaçlar bu çini rengindedir
Bu çini rengindedir bahar, deniz, kır, orman
Bana Tanrım gözükür *yeşil dediğim zaman."*

Atatürk'ün sıkça okuduğu ve çevresindekilere okutup dinlediği bu şiirde doğadaki büyüleyici güzelliğin Tanrı'nın sıfatlarının bir yansıması olduğu ifade edilmektedir.[1441] Atatürk'ün

---

1440 Kutay, **age.** C. II, s. 302, 303;
1441 Çetin Yetkin, "Fakat Nihayet" Dedi Gazi; Ben de Bir İnsanım Kutsi Bir Kuvvetim Yoktur ki," İstanbul, 2004, s. 112, 113.

bu şiiri çok sevmesi, onun **doğanın güzelliğinde Tanrı'yı bulması** biçiminde yorumlanabilir.

Atatürk, bir sabah, Çankaya Köşkü'nün kapısında gördüğü kayısıları dalından koparıp yerken bir kere daha Yaratıcı'ya, Allah'a olan inancını dile getirmiştir.

Nuri Ulusu'ya kulak verelim:

"Yine hiç unutmuyorum bir gece kalabalık bir davetli grubu ile her zaman ki gibi yenildi, içildi, şarkılar söylendi. Sohbet filan derken saatler sabaha karşı beşi buldu. Sofradan kalkıldı, misafirlerini eski köşkten bahçeye kadar çıkartıp uğurladılar ve de bize dönüp 'Çocuklar biraz hava alacağım' diyerek dolaşmaya başladılar. Beş on dakika dolaştıktan sonra tam köşkün kapısına geldiklerinde kapının tam önündeki kayısı ağacına gözü takılıverdi. Dallarında kayısılar olmuş öylece duruyorlardı, şöyle bir baktı sonra alçak olan bir daldan eliyle tutarak birkaç tane kayısı kopardı. Sonra eliyle öylesine ovalayıp yemeye başladı ve yerken de 'Oh oh ne kadar da güzelmiş. ALLAH'IN HİKMETİNE BAKIN, NELER YARATIYOR NELER. İNANMAYANLAR KÂFİRDİR' diye söylene söylene içeri girdi." [1442]

Atatürk Sabah Ezanını Dinlerken

Atatürk'ün gizli dünyasının kapılarını aralayan anılar, onun dini motifler taşıyan olaylar karşısında bazen çok duyarlı hale geldiğini ve "duygulandığını" göstermektedir.

Atatürk'ün Dolmabahçe Sarayı'nda verdiği bir yemek davetinin ertesi günü sabaha doğru yaşanan bir olay, Atatürk'ün bu manevi duygu yoğunluğuna tipik bir örnektir.

Mithat Cemal Kuntay'a kulak verelim:

"... Güneş doğarken çok müstesna bir hadise oldu. Muayede Salonu'nun büyük kapılarının parmaklıklarından doğan güneş ve deniz içeriye vuruyordu. Bu çerçevenin içinde Gazi'nin manevi kızlarından Nebile Hanım, Gazi'nin işaretiyle sandalyenin üstüne çıktı.

[1442] Ulusu, **age.** s. 120.

Sabah ezanı okumaya başladı. Bir aralık baktım Nebile Hanım'ın ses damlalarına yaş damlaları karışıyordu; Gazi Mustafa Kemal ağlıyordu!" [1443]

Aynı olayın bir başka tanığı da **Nuri Ulusu**'dur:

"*Atatürk ezan sesini çok severdi. Hiç unutmuyorum Dolmabahçe Sarayı'nda bir bayram misafirlere büyük bir davet verilmişti. Gece geç vakitlere hatta sabaha kadar eğlenildi, şarkılar söylendi. Atatürk ve tüm davetliler büyük bir keyifle adeta sabahı sabah ettiler. Tam ayrılma vakti geldiğinde güneş hafif hafif doğuyordu. Atatürk, güneşin doğuşuna baktıktan sonra o gece yanında olan manevi kızı Nebile'ye dönerek, 'Hadi Nebile bir sabah ezanı oku' dedi. Nebile Atasına sevgiyle bakarak yakınında duran bir sandalyeyi yanına çekti, üzerine çıktı ve de müthiş bir sabah ezanı okumaya başlaı. Gözlerini kapatarak büyük bir huşu içinde ve de yüksek sesle okuduğu bu ezan hepimizi, ama özellikle de Atatürk'ü müthiş duygulandırmıştı. Gazi Mustafa Kemal Atatürk, Türk ordusunun Başkomutanı Paşası ağlıyordu.*" [1444]

Bu olay, Atatürk'ün inanç dünyası hakkında ilginç ipuçları vermesi yanı sıra, onun İslam geleneğinin aksine, bir kadına ezan okutması, bu konuda cinsiyet ayırımı yapmaması, alışılmışın dışında çok "özgün" bir din yorumuna sahip olduğunun tipik işaretlerinden biri olarak değerlendirilebilir.

ATATÜRK'ÜN KUR'AN KÜLTÜRÜ

Atatürk, İslam dininin temel kaynağı **Kur'an-ı Kerim**'e büyük önem vermiştir. İlk Kur'an kültürünü ailesinden, annesi **Zübeyde Hanım'dan** almıştır. Zübeyde Hanım, oğlu Mustafa Kemal'e çok küçük yaşlarda Kur'an öğretmiştir.

Atatürk, Kur'an metninin yazılı olduğu "mushafa" saygı göstermiştir. Kur'an üzerine yemin etmiştir. Sıkça Kur'an dinlemiştir. Kur'an'ın manevi gücünden yararlanmıştır. Yakınları

1443 Kemal Arıburnu, **Atatürk'ten Anılar**, Ankara, 1976, s. 110.
1444 Ulusu, **age.** s. 190.

ve şehitler için Kur'an okutmuştur. Kur'an'ın tecvid kurallarına göre musiki eşliğinde okunmasına ve hat ile yazılmasına önem vermiştir. Dahası Kur'an'ın tefsir ve tercümesiyle çok yakından ilgilenmiş, pek çok ayetin yorumu üzerinde durmuştur. Çeşitli vesilelerle Kur'an'ın içerdiği temel konulara değinmiştir. Zaman zaman Türk kültürüne yerleşen Kur'an ifadelerini kullanmıştır. Birçok konuşmasında Kur'an ayetlerinin evren yasalarıyla uyum içinde olduğunu açıklamıştır. Kur'an'ın siyasete alet edilmesine ve yöneticilerin isteklerinin Kur'an'ın emri gibi algılanmasına karşı çıkmıştır.[1445]

Kısaca Atatürk, mensubu olduğu dinin ana kaynağına kayıtsız kalmamıştır; Kur'an-ı Kerim'in hem orijinal Arapça metnini, hem de Fransızca ve Türkçe çeviri metinlerini defalarca incelemiştir. Onun okuduğu kitaplardan biri de Cemil Sait'in *"Kuran-ı Kerim Tercümesi"*dir. Atatürk, bu Kur'an tercümesinde özellikle **Bakara** ve **Hud** süreleriyle ilgilenmiş bu surelerin bazı ayetlerinin altını çizmiştir.[1446]

Atatürk, Kur'an'ın ezberlenerek sadece "lafzî" olarak okunmasına karşıdır. Onun en büyük amaçlarından biri Kur'an'ın anlaşılmasıdır.

Atatürk'ün özel hayatının derinliklerine inildiğinde, Kur'an'ın izleri çok açık şekilde görülebilmektedir. Atatürk'ü tanıyanlar, onun kütüphanesinde Arapça ve Türkçe tefsirli Kur'anlar bulunduğunu söylemektedirler. Örneğin, 1921 yılında Atatürk'le görüşen **Ruşen Eşref**, Atatürk'ün yazı odasında kitap dolabının üstünde bir **Kur'an-ı Kerim** görmüştür.[1447]

Ferit Tan, *"Atatürk'ün masasında dikkatle Kur'an-ı Kerim okuduğunu gördüm,"* demiştir.[1448]

Atatürk, 1923 yılında Dar'ül Hilafet'ül Aliye Medresesi'ni zi-

---

1445 Kasapoğlu, age. s. 83, 84.
1446 **Atatürk'ün Okuduğu Kitaplar**, C. 8, s. 456, 457.
1447 **Atatürk'ün Bütün Eserleri**, C. 11, s. 36.
1448 *Atatürk ve Tasavvuf Müziği"*, http://www.mustafakemal.net/tasavvuf.htm; Kasapoğlu, age. s. 95.

yaret etmiş ve Hüsnü Hat Müderrisi Fevzi Efendi'nin ders verdiği sınıfa girmiştir. Atatürk sınıfta öğrencilere şöyle seslenmiştir: *"Bende Timurlenk'in Kur'an'ı Azimüşşanı vardır, gayet kıymettardır. Onun yazısı da pek güzel ve şayan-ı taklit ve temeşşukdur... Biz Türklerin yazıya da ehemmiyet vermiş olduğumuz bu Kur'an-ı Kerim'in yazısıyla da müsbettir."* [1449]

Kurtuluş Savaşı sırasında Anadolu'ya gelen **Şeyh Ahmet Sunusi**, yıllar önce, Trablusgarp Savaşı'nda Ayn-ı Zara Zaferi nedeniyle Derne Cephesi Komutanı Mustafa Kemal'e yazısı, tezhibi ve cildi kusursuz, mükemmel bir **Kur'an-ı Kerim** hediye etmişti. Bu Kur'an-ı Kerim'i yıllarca üstünde taşıyan Atatürk, 16 Mayıs 1919'da Samsun'a çıkmak için İstanbul'dan hareket ederken bu Kur'an'ı annesi **Zübeyde Hanım'a** bırakmıştır.[1450]

Ayrıca **Anıtkabir Atatürk Müzesi'nde** sergilenen Atatürk'ün kullandığı eşyalardan biri 3,5 cm uzunluğunda, 2,8 cm genişliğinde ve 1 cm yüksekliğinde çok ufak boyutta basılmış bir **Kur'an-ı Kerim'dir**. Atatürk'e ait olan bu mushafın kapağı yaldızlıdır. Gümüşten yapılmış muhafazası da bezemelerle süslüdür.[1451]

Atatürk'ün silah arkadaşlarından **Fahrettin Altay Paşa**, Atatürk, *"Kur'an-ı Kerim'de anlaşılması güç kısımlar olmakla beraber, pek büyük hikmetler bulunduğunu takdir ederdi"* demiştir.[1452]

Kur'an'ı, bazen kendisinin okuduğu, bazen de başka birine okutup dinlediği, Atatürk'le ilgili bize ulaşan bilgiler arasındadır. **İsmail Hakkı Tekçe**, *"Kur'an okunmasından haz duyardı. Fakat okuyanın, mana ve derinliğini mutlaka bilmesini isterdi. Onun için ezanı Türkçe yapmış, Kur'an'ı tercüme ettirmek istemişti..."* demiştir.[1453]

1449 **Atatürk Konya'da**, Gazi Mustafa Kemal Atatürk'e Konya'ya Gelişinin 64. ve Selçuk Üniversitesi'nin Kuruluşunun 10. Yıldönümü Armağanı, Konya, 1986, s. 43.
1450 Cemal Kutay, **Ege'nin Kurtuluşu**, İstanbul, 1981, s. 111.
1451 Hüseyin Yozgatlı, **Anıtkabir Atatürk Müzesi**, Anıtkabir Komutanlığı, Ankara, 1994, s. 13, 167, 285.
1452 Altay, **age.** s. 127.
1453 Tekçe, **age.** s. 143.

Safiye Ayla, Atatürk'ün zaman zaman hocalarla bir araya gelerek onlara Kur'an okutup dinlediğini anlatmıştır:

"Atatürk, haftanın belirli günlerinde Saadettin Kaynak, Mısırlı İbrahim, Hafız Yaşar, Hafız Kemal ve Hafız Nubar gibi dönemin önde gelen hafızlarına Kur'an okutturmuş, okunan ayetlerin tefsirini yaptırmıştır. Yapılan tefsirleri ilgiyle dinlemiş, sorular sorarak onlara katılmıştır." [1454]

Şimdi de Atatürk'ün hep yanında olan **Nuri Ulusu**'ya kulak verelim:

"Hafız Yaşar vardı. Atatürk, onu sever ve çok beğenirdi. Bazı zamanlar, 'Hafızı çağırın' derdi. Hemen emri yerine getirirdik. Ya içki içmeden sofrada veya salonda Hafız Yaşar'ın makamı ile okuduğu Kur'an-ı Kerim surelerini huşu ile dinlediğini ve gözlerinden yaş aktığını ve bu gözyaşlarını ceketinin sol üst tarafındaki mendil cebinde her zaman muntazaman bulundurduğu beyaz keten mendil ile sildiğine yakinen şahit olmuşumdur." [1455]

Atatürk'ün Kur'an dinlediğine tanık olanlardan biri de Saadettin Kaynak'tır.

"Bir Türk musikisi gecesinin sonunda Atatürk benden Mevlid-i Şerif'i her mısraını ayrı bir makamda olmak üzere okumamı istedi. Sazlar da seni takip edecekler dedi. Emirleri üzerine ilk bahri okudum, dikkatle dinledi. Takdir etti. Sonra da Kur'an-ı Kerim'in muhtelif surelerinden bölümler, ayetler okuttu. Hatta Nuri Conker'den de Kur'an okumasını istedi. O da bildiği Tebbet suresini okudu. Atatürk bütün bunlardan çok memnun olmuştu." [1456]

Atatürk'ün Kur'an okutup dinlediği hafızlardan biri de dönemin tanınmış hafızlarından Kemal Bey'dir. Hafız Kemal Bey'in kızı **Velice Hanım** bu konuda şunları anlatmaktadır:

1454 Kerem Yılmaz, **Dindar Atatürk**, İstanbul, 2004, s. 76; Kasapoğlu, **age.** s. 162.
1455 Ulusu, **age.** s. 184.
1456 *"Atatürk ve Tasavvuf Müziği"*, http://www.mustafakemal.net/tasavvuf.htm; Kasapoğlu, **age.** s. 94, 95.

"Atatürk çağırırmış, babam da giderdi. Çok zevkli ve şık bir adamdı. Atatürk'e giderken en iyilerini giyerdi. Dolmabahçe'de sofradan kalkar başka bir mekâna geçerlermiş. Babamı sofraya oturtmazmış. Babam geldiğinde alır, başka bir odaya geçerlermiş, Atatürk, 'Oku bana' dermiş. Babam da döndüğünde Atatürk için dermiş ki, 'Kur'an'ı bu kadar güzel tefsir edeni ben görmedim. O kadar güzel Arapçası var.' Hafız Kemal Bey'e Gürses soyadını da Atatürk vermiş." [1457]

Atatürk, bir gün **Beykoz İmamı Hafız Efendi**'yi saraya çağırarak, ona saatlerce Kur'an okutup dinlemiş ve okunan ayetleri de bizzat kendisi tefsir etmiştir[1458].

Eski Maarif Bakanı **Cemal Hüsnü Taray**, *"Atatürk, Kur'an okunmasından gaşyolurdu (kendinden geçerdi)"* demiştir.[1459]

Hüsrev Gerede, *"Atatürk, ulûhiyetin yüksek sözlerini huşu ve ta'zimle, hem de gözyaşlarıyla dinlerdi"* demiştir.[1460]

Vasfi Rıza Zobu, *"Atatürk'ün, Kur'an'a çok hürmeti vardı. Ben, Hafız Yaşar, Hafız Hüseyin ve Hafız Mehmet'i onun yanında tanıdım. Onların okuduğu Kur'an'ı saygıyla dinlerdi."* demiştir.[1461]

Atatürk'ün Kütüphanecisi **Nuri Ulusu**,

"Atatürk bazı kereler çalışırken okuduğu tefsirlerin çok tesirinde kalırdı ve de 'Hey büyük Allahım... Kur'an'a inanmayan kâfirdir, bize nasıl yol gösteriyor? Bunları tüm dünyaya okutmalıyız' diye de söylenirdi. Sonra o an yanındaki bizlere, 'Okurken ruhum coşuyor, size de oluyor mu?' diye sorardı, ama o anlarda gözleri hafifçe dalar ve kızarırdı," demiştir.[1462]

Atatürk **not defterlerinden birine**, 1922 yılında birkaç gün arka arkaya **hafıza Kur'an okuttuğunu** yazmıştır.[1463]

1457 Ersin Kalkan, "Mevlit Okuduğunda Kuşları Sustururdu, Hafız Kemal Bey", **Hürriyet Pazar**, 8 Ekim 2006, s. 18.
1458 İsmail Yakıt, **Atatürk ve Din**, İsparta, 2001, s. 51, 52.
1459 Cemil Denk, **Atatürk, Laiklik ve Cumhuriyet**, Ankara, ty, s. 68; Akçiçek, **age.** s. 151; Kasapoğlu, **age.** s. 93.
1460 Denk, **age.** s. 68; Akçiçek, **age.** s. 151, Kasapoğlu, **age.** s. 93.
1461 Kasapoğlu, **age.** s. 93.
1462 Ulusu, **age.** s. 185.
1463 A.Mithat İnan, **age.** s. 207 - 209.

19-14 fihrist numaralı not defterinin, 9 Mart 1338 (1922) tarihini taşıyan bölümünün sonunda "10 *Mart için hareket sureti kararlaştırıldı*" gibi notlar almış ve ondan sonra da "*Hafıza Kur'an okuttuk*" kaydını düşmüştür. Not defterine, sonraki günlerde de "*10 Mart'ta Hafıza Kur'an okuttum; 15 Mart'ta Hafıza okuttuk, 20 Mart'ta Hafız Kur'an okudu*" diye notlar düşmüştür.[1464]

Atatürk, Kur'an-ı Kerim'in anlaşılarak, ayetlerin üzerinde düşünülerek okunmasını istemiş, Kur'an'ın "anlamına" büyük önem vermiştir. Kur'an konusundaki bir diğer duyarlılığı da Kur'an'ın "doğru ve güzel" okunmasıdır. Kendisi başka birine Kur'an okutup dinleme ihtiyacı duyduğunda, ayetlerin doğru ve güzel bir ses tonuyla okunmasına çok dikkat etmiştir.

"*Ezan ve Kur'an'ı Türklerden başka hiçbir Müslüman milleti bu kadar güzel okuyamaz. Bunlar, muhteşem müzik ahengini veren sanatkârlardır,*" diyen **Atatürk**, kız kardeşi **Makbule Hanım**'ın anlattığına göre,

"*Kur'an'ı yüksek sesle ancak makama aşina olanlar ve güzel sesliler okumalı*" demiştir.[1465]

Mahmut Baler'in anlattığı, Florya Cumhurbaşkanlığı Köşkü'nde meydana gelen bir olay, Atatürk'ün makamla, doğru ve güzel **Kur'an** dinlemeye ne kadar önem verdiğini gözler önüne sermektedir:

"*Atatürk Hafız Yaşar'a hiddetle bağırdı:*

'*Sen neredesin be adam. Hafız nerede diye ne zaman sorsam seni bulamazlar, hastadır derler*'...

Hafız cevap vermeye hazırlanırken;

'*Yeter, kâfi, fazla konuşma! Bir iskemle al, masanın sonundaki köşeye otur,*' *dedi.*

Atatürk, güzel sesle okunan Kur'an dinlemeyi çok severdi. Hafızdan uşak makamında bir Kur'an okumasını istedi. Hafız Yaşar ayağa kalkarak:

1464 age. ek, 10 - 14.
1465 Cemal Kutay, **Atatürk'ün Beraberinde Götürdüğü Hasret: Türkçe İbadet**, C. II, İstanbul, 1988, S. 301.

'Hangi sureyi emredersiniz?' diye sordu. Atatürk: *'Ne istersen onu oku,'* dedi. Hafız okumaya başladı. Atatürk, *'Dur, Hicaz makamına geç,'* dedi. Hafız birdenbire hicaz makamına geçemedi. "Hu... hu" diye makamı biraz aradıktan sonra buldu ve okumaya devam etti. Sonra Atatürk yüzünü bana çevirerek: *'Mahmut Bey, Kur'an okur musun?'* diye sordu. *'Okurum efendim'* *'Buyurun, okuyun'* Ben, gençliğimde iken ezberleyip, hafızamda olan bir sureyi besmele çekerek tatlı bir makamda okumaya başladım. Kendileri de etrafındakiler de şaşırdı. Biraz sonra bana da: *'Hicaz makamına geçin,'* dedi.

Ben hüzzam makamıyla okumaya başladığım sureyi, musikiye olan alakama dayanarak hiç duraklamadan hicaz makamına geçtim ve okumaya başladım. Atatürk Hafız'a dönerek: *'Bak buraya! İşte zekâ ile aptallığın mukayesesi! Sana Kur'an oku dedim. Hangi sureyi istersiniz, diye sordun. Bu şarkı değil ki, beğendiğimizi okuyalım; Allah'ın kelamı... Ne diye soruyorsun, nereden istersen oradan oku. Sonra hicaz makamına geç, dedim. Makamı bulmak için Kur'an'ın azametini ve zevkini berbat ettin. Şaşkın herif!'* diye beni takdirle gösterdikten sonra tekrar, *'İşte zekâ ile şaşkınlığın mukayesesi'*, diyerek Hafız'ı susturdu..." [1466]

Atatürk, zaman zaman dönemin tanınmış hafızlarını çağırarak onlara ayrı ayrı Kur'an okutmuş, adeta bir tür güzel ve doğru Kur'an okuma yarışması düzenlemiştir.

Saadettin Kaynak anılarında, Atatürk'ün bu "Kur'an okuma yarışmalarıyla" ilgili olarak şu satırlara yer vermiştir:

"... Bir gün Dolmabahçe Sarayı'nın Büyük Muayede Salonu'nda saz takımını toplamıştı. Kanuni Mustafa, Mısırlı İb-

---

[1466] Mahmut Baler, "Bal Mahmut", *Baldan Damlalar. Hayatını Tercüman İçin Yazdı*, **Tercüman**, 26 Mart 1981, s. 2; Nazmi Kal, **Atatürk'le Yaşananlar (Anılar)**, İstanbul, 2003, s. 71, 72.

rahim Nobar, Hafız Kemal, Hafız Rıza, Hafız Fahri hep orada idik. Atatürk bir imtihan ve tecrübe yapmaya hazırlanmış görünüyordu. Elinde, Cemal Sait'in Türkçe Kur'an tercümesi vardı. Evvela Hafız Kemal'e verdi. Okuttu; fakat beğenmedi. 'Ver bana' dedi. 'Ben okuyacağım.' Hakikaten okudu, ama –hâlâ gözümün önündedir– askere kumanda eder, emirler verir gibi bir ahenk ve tavırla okudu. Kendisi de farkına vardı. Elham'ı sırayla dolaştırmaya başladı. Hafızlara birer birer okutuyordu. Solunda Hafız Kemal, sağında ben vardım. Hepsi okuduktan sonra sıra bana geldi. Hiç unutmam, Elham'ı ötekilere verdiği gibi kapalı değil de açmış, evvelden tespit ettiği anlaşılan sayfanın alt kısmını göstererek: 'Bu işaret ettiğim ayeti okuyacaksın' diyerek vermişti. Baktım, Nisa Suresi'nin 27. Ayeti; okumaya başladım..."[1467]

Saadettin Kaynak, Nisa suresini okuyup bitirdikten sonra, Atatürk, surede geçen bazı ifadelerin yanlış tercüme edildiğini belirterek itiraz etmiştir. Atatürk, daha sonra konu üzerinde küçük çaplı bir araştırma yaparak, gerçekten de Saadettin Kaynak'ın okuduğu tercümenin hatalı bir tercüme olduğunu ispatlamıştır. Atatürk, Kur'an okunurken tespit edip, daha sonra ispatladığı bu yanlışlığın, Kur'an'ın aslından değil, Fransızca tercümesinden kaynaklandığını belirtmiştir.[1468]

Atatürk'ün, bir Kur'an tercümesinde bazı ifadelerin yanlış tercüme edildiğini fark etmesi, onun Kur'an'ın mantığını ne kadar iyi kavradığını göstermektedir.

Atatürk'ün Sureleri

Atatürk, "Kur'an okumalarında" özellikle bazı sureleri tercih etmiştir. Bu sureler içinde **Yasin, Fatiha, Tın, İnşirah** ve **İhlâs** başta gelmektedir.[1469]

1467 Borak, **Atatürk ve Din**, s. 71 - 73.
1468 **age.** s. 73.
1469 Kasapoğlu, **age.** s. 114.

İşte Atatürk'ün sureleri:

Yasin Suresi:

Kur'an'da Atatürk'ün en çok dikkatini çeken surelerin başında, **Yasin suresi** gelmektedir.

1926 yılının 22 Mayıs günü Bursa'da Türk Ocağı'nı ziyaret eden Atatürk, burada bulunanlarla değişik konularda sohbet ederken söz din konusundan açılmış ve yaklaşık bir saat bu konu üzerinde konuşulmuştur. Bu sohbet sırasında Atatürk, kişisel yaşantısında dinin yerine değinmiş ve şu çarpıcı sözleri söylemiştir:
"Evet, hakikatten Kur'an'da çok büyük hikmetler ve düsturlar vardır.
Hele Yasin suresi ne şahane yazılmıştır. Ben Kur'an okumak istediğimde çok defa Yasin suresini okurum." [1470]

Atatürk'ün manevi kızlarından 14-15 yaşlarındaki Nebile, bir gün Atatürk'e,
"Ben Yasin-i Şerif-i ezbere hiç yanlışsız okurum" demiştir. Bunun üzerine Atatürk, Nebile'den bu iddiasını ispatlamasını istemiştir. Kitaplığındaki Kur'an-ı Kerim'lerden Arapça olanını getirerek Yasin Suresi'ni açmış ve Nebile'den okumasını istemiştir. Nebile, besmele çekerek Yasin Suresi'ni okumuş, bu sırada Atatürk de elinde Kur'an'la onu takip etmiştir. Bu olaya şahit olan **H. Aroğul**, o sırada Atatürk'ün duygulandığını, gözlerinin nemlendiğini ifade etmektedir.[1471]

Atatürk, yine bir gün Nebile'ye Kur'an okutmuş ve yine gözünden birkaç damla yaş süzülmüştür. Bu olayı aktaran **Hasan Rıza Soyak**, ertesi gün bu durumu kendisine sorduğunda Atatürk, *"Kur'an bir Tanrı buyruğudur, onun yazılısı var, oradan okumalı, bu çocukların hafızalarını yoruyor,"* demiştir.[1472]

Hafız Yaşar Okur, Nebile'nin Yasin suresini ezberlediğini ve Atatürk'ün zaman zaman Nebile'ye Yasin okutup dinlediğini doğrulamaktadır:

1470 Bakış, Kasım 1970, Altıner, **Her Yönüyle Atatürk**, İstanbul, 1986, s. 474.
1471 Altıner, **Her Yönüyle Atatürk**, Ankara, 1962, s. 439.
1472 R. K. Sınha, **Mustafa Kemal ve Mahatma Gandi**, İstanbul, 1972, s. 238.

"Bazen Kur'an'ın bir ayetini ben okurdum, alt tarafının gösterilen makamdan okunmaya devam edilmesini manevi kızı Nebile'ye emrederlerdi. Bazen de tamamıyla Nebile okur, ben doğru okuyup okumadığını takip ederdim. Nebile Yasin'i ezber bilirdi." [1473]

Şükrü Naili Paşa'nın ölümüne çok üzülen Atatürk, Hafız Yaşar'a, *"Söz filan istemiyorum, çok üzüntülüyüm bu akşam. Şükrü Naili Paşa seni de çok severdi. Yarın kabrinin başında bir Yasin oku"* demiştir.

Ertesi gün büyük bir cemaatle birlikte Edirnekapı Şehitliği'ne gidilmiştir. Burada Hafız Yaşar, yüksek bir ses tonuyla Yasin suresini okumuştur. O günün akşamı Hafız Yaşar Dolmabahçe Sarayı'na gittiğine Atatürk, *"Kabrin başında okuduğun gibi burada da Yasin suresini oku bakalım"* demiştir. Hafız Yaşar'ın okuduğu sureyi Atatürk gözleri yaşararak dinlemiştir.[1474]

Atatürk, 1932 yılında Dolmabahçe Sarayı'ndaki yemekli bir toplantıda yanındakilere **Yasin suresinin** anlamını sormuştur.[1475]

Tin Suresi:

Atatürk'ün dikkatini çeken surelerden biri de Tin suresidir.

Atatürk, bir yurt gezisi sırasında Tekirdağ'da Eski Cami İmamı Mevlana Özveren Hoca'ya **Tin suresini** yazdırmıştır.[1476]

Atatürk yurt gezilerinde hocalarla yaptığı konuşmalarda çoğu kez **Tin suresinin** anlamı üzerinde konuşmuştur.[1477]

Bakara Suresi:

Atatürk Bakara suresiyle de ilgilenmiştir. Atatürk, 1924 yılında İstanbul'da basılan Cemil Sait'in *"Kur'an-ı Kerim Ter-*

1473 Okur, **age.** s. 10; Oğuz Akay, **Atatürk'ün Sofrası,** İstanbul, 2005, s. 204.
1474 Eren Akçiçek, **Sevgili, Atatürk ve Mustafa Kemal Olmak,** İstanbul, 2004, s. 150; Kasapoğlu, **age.** s. 94.
1475 Cündioğlu, **Türkçe Kur'an ve Cumhuriyet İdeolojisi,** s. 189.
1476 **Düşünce ve Davranışları İle Atatürk,** Genel Kurmay Başkanlığı Yayınları, s. 67, 68.
1477 Kasapoğlu, **age.** s. 162.

*cümesi"*ni okurken, Bakara suresi üzerinde durmuştur, bu surenin 11, 12 ve 13. ayetlerini işaretlemiştir.

"11-Onlara yeryüzünde fesat çıkarmayın denildiği zaman, hayır biz ıslah ediyoruz derler."
"12-Bozgunculuk yaparlar, fakat anlamazlar"
"13-Kendilerine herkes gibi iman ediniz denildiği zaman, biz abdallar gibi mi inanacağız derler. Hâlbuki kendileri abdaldır ve fakat bilmezler." (s. 10).

Atatürk, önemli görerek, bu ayetlerin altını boydan boya çizmiştir.[1478]

İhlas ve Fatiha Sureleri:

Atatürk, 1936 yılında Bursa'da kaldığı konağın güvenliğinden sorumlu **Teğmen Hayrullah Soygür'e** din konusunda bazı sorular sormuş ve besmele çektirip **İhlas** ve **Fatiha** surelerini okutmuştur. Soygür, süreleri okurken Atatürk telaffuz yanlışlarını düzeltmiştir.[1479]

Atatürk, Kurtuluş Savaşı yıllarında birçok kere Meclis kürsüsünden milletvekillerini şehitlerimiz için **Fatihalar okumaya** davet etmiştir.

Atatürk, İzmir Karşıyaka'da defnedilmiş olan annesinin mezarını ziyaretinde Ferik Osman Paşa Camii müezzininin verdiği selayı dinlemiş ve merhumenin ruhuna **Fatiha** okumuştur.[1480]

Al-i İmran Suresi:

Atatürk, özellikle Kurtuluş Savaşı sırasındaki Meclis konuşmalarında, İslam dünyasına yönelik beyannamelerinde ve İslam ülkeleriyle ilişkilerinde sıkça **Al-i İmran** suresine gönderme yapmıştır.

Örneğin, Atatürk bir Meclis konuşmasında Al-i İmran suresine şöyle vurgu yapmıştır:

1478 **Atatürk'ün Okuduğu Kitaplar**, C. 8, s. 456.
1479 Ulusu, **age.** s. 186.
1480 Mehmet Önder, **İzmir Yollarında: Atatürk'ün Batı Anadolu Gezisi**, Ankara, 1998, s. 54.

"Bizzat Cenab-ı Peygamber bile danışarak iş yapmak gereğini söylemiştir. Ve kendisi bizzat öyle yapmıştır. Bundan başka 'Ve şavirhum fi'l-emri' diye Cenabıhakk'ın da kendisine sesleniş vardır."

Atatürk, itimatnamesini sunan İran sefirine verdiği yanıtta da Al-i İmran suresinden bazı ayetlere yer vermiştir:

"İran devletinin ve İran halkının ihtisasat- samimesini Türkiye Büyük Millet Meclisi Hükümeti'ne ve Türkiye halkına iblağ etmek ve mevahib-i ilahiyeden olan uhuvvet-i İslamiye esas-ı kadiminin teyidi tahatturiyle dindaş ve hemcivar devlet...

Sefir Hazretleri, hemen Cenabıhak hemhal ve hemdert olan bilcümle akvam-ı İslamiyeyi habl-i metin-i uhuvvete bihakkın i'tisam-la nail-i fevzü necat ve mazhar-ı refah ve saadet eylesin."[1481]

İlahiyatçı Yard. Doç. **Abdurrahman Kasapoğlu,** Atatürk'ün yukarıdaki ifadelerini şöyle değerlendirmiştir:

"Atatürk'ün burada kullandığı i'tisam, habl kelimeleri yukarıda değindiğimiz Al-i İmran suresi 103. ayette geçen kavramlardır. Bu kavramlar ayette 'Va'tasimü bi habl' yani ipe/Kur'an'a sımsıkı sarılın şeklinde geçmektedir. Kur'an'ın öğretileri doğrultusunda Müslümanların sosyal bir birlik ve bütünlük oluşturmalarını öğütlemektedir. Yine Atatürk'ün konuşmasında kullandığı uhuvvet kelimesi Hucurat suresi 10. ayette geçen, Müslümanların din kardeşi olduğunu açıklayan bir Kur'an kavramıdır. Bu kavramların, Atatürk'ün söylediği/kurduğu cümle içerisindeki dizilişi ve seçimi tesadüfi değildir.

Habl, yani ipe benzetilen Kur'an 'metin' sıfatıyla tamamlanmıştır. Kur'an'ın bu şekilde nitelenmesi ise Hz. Peygamber'in bir hadisinde 'hablu'l-lahi'l-metin' şeklinde geçmektedir. Atatürk'ün kullanmış olduğu ifade, hem ayeti hem de onun açılımı olan hadisi işaret etmektedir."[1482]

1481 **ASD,** C. II, s. 42.
1482 Kasapoğlu, **age.** s. 378.

Şûra Suresi:

Atatürk'ün en çok üzerinde durduğu surelerden biri de Şûra suresidir.

Atatürk bir konuşmasında Şûra suresine şöyle vurgu yapmıştır:

"Kur'an ayetlerine ve Peygamberimiz'in sözlerine göre hükümetin yalnız esasları ifade edilmiştir. Onlar şunlardır: Danışıp konuşma, adalet ve devlet başkanına itaat."

"Şûra, muamelat-ı nası ifa ederken adilane ifa edecektir. Çünkü adaletten mücerred olan şûra, Allah'ın emrettiği bir şûra olamaz." [1483]

Atatürk, cumhuriyete giden süreçte sıkça Şûra suresine göndermeler yapmıştır.

Atatürk, bir keresinde de, *"Senin şanını yükseltmedik mi?"* ayetini de içeren **İnşirah suresinin** tefsirini yapmıştır.

Atatürk Ordu İçin Kur'an Okutmuştur

Askerin maneviyatına büyük önem veren Atatürk, zaman zaman Türk ordusu için Kur'an okutmuştur.

Atatürk'ü yakından tanıyan silah arkadaşı **Fahrettin Altay Paşa**, Atatürk'ün nasıl inançlı bir komutan olarak yetiştiğini şöyle açıklamıştır:

"Atatürk Türk ve Müslüman bir anadan, Türk ve Müslüman bir babadan dünyaya gelmiş, ecdadı Türk olan bir insandı. Küçük yaşta babadan yetim kalmış, annesi yanında ilk din bilgisini almıştı. Askeri okuldaki din derslerini takip etmişti. Bu suretle yetişen bu büyük adam, kumandan olunca maddi kuvvet yanında manevi kuvvetin lüzumunu ve Müslümanlıkta, savaşlarda şehit olmanın manevi kuvvet bakımından değerini görüp anlamıştır." [1484]

İşte Atatürk bu yüzden ordu için Kur'an okutmuştur.

1483 Mustafa Kemal, age. s. 538, 539.
1484 Altay, age. s. 127.

Örneğin, 1932 yılı Ramazan ayında Hafız Saadettin Kaynak'ı ordu müfettişlerine Kur'an okuması için görevlendirmiştir.

Saadettin Kaynak, bu emir üzerine, Kur'andaki muharebeye ve askerliğin faziletine dair bazı ayetlerin tercümesini yazarak hazırlıklarını tamamlamış ve Atatürk'ün huzuruna çıkmıştır.

Sonraki gelişmeleri **Saadettin Kaynak** şöyle anlatmıştır:

"... *Bir çeyrek saat içinde hazırlandım, tamam haberini verdim. Mecliste masa başında Atatürk'ün tam karşısına düşen bir yer seçtim. Atatürk'ün iki tarafında ordu müfettişlerinden Ali Sait, Fahrettin ve Şükrü Naili ve daha bazı paşalarla, huzuru mütad zatlar ve diğer birçok misafirler vardı ve yirmi kişiye yakın da saz heyeti bulunuyordu. Hitabeye, Atatürk'ün ve kahraman ordusunun kumandanları diye başladım ve şöyle devam ettim:*

(Ulu Tanrı'nın Büyük Kitabından Al-i İmran Suresi 169. Ayeti Tanrı'ya sığınarak okuyorum:)

....

Enfal Suresi 45, 60 ve 66. Ayetler, Tanrı'ya sığınarak okuyorum..."

Saadettin Kaynak, Kur'an'dan seçtiği Al-i İmran suresi 169, Enfal suresi 45, 60, 65 ve 66, Saff suresi 4, 10 ve 12. ayetleri ve Adiyat suresinin bütün ayetlerini okuyup bitirdikten sonra, orada bulunanlar tarafından uzun süre alkışlanmıştır.

Bu arada **Atatürk**, ayetlerde geçen ifadelerin, Kur'an'ın ne denli önemli bir kitap olduğunu gösterdiğini belirtmiş ve beğenisini "*Kur'an'da neler varmış. Bunlardan bizim hiç haberimiz yoktu*" diyerek, alçak gönüllü bir şekilde ortaya koymuştur.[1485]

Atatürk, o gece okunan ayetlerin Türkçe anlamlarını bizzat açıklayarak, dinleyenleri bilgilendirmiştir.[1486]

Bir gün Atatürk'ün yanına Türkçe Kur'an'la gelen **Hafız Saadettin Kaynak Bey**, "*Paşam, müsaade ederseniz bu Kur'an'dan*

1485 Borak, **Atatürk ve Din**, s. 71 - 73; Ergin, **age.** C. V, s. 1955, 1956; Ulusu, **age.** s. 187, 188.
1486 Ulusu, **age.** s. 188.

size birkaç sure okuyayım" demiş, Atatürk de rastgele biryerlerden açıp okumasını söylemiştir.

Saadettin Kaynak'ın ilk açtığı sayfadaki surede Allah, hileli ve eksik tartanı affetmeyeceğini bildirmektedir. İkinci açılan sayfadaysa vatan savunmasında ölenlerin şehit mertebesine ulaşacakları anlatılmaktadır. Atatürk bu sureyi çok beğenerek bir kere daha okuttuktan sonra hocalara dönerek şöyle demiştir:

"İşte efendiler, gördünüz mü? Hafız Saadettin Bey'in Kur'an-ı Kerim'in Türkçe okunmasındaki fikri ne kadar doğru ve yerindeymiş. Şayet bu sureler Arapça okunmuş olsaydı hangimiz anlardık? Binaenaleyh Kur'an-ı Kerim Türkçe yazılıp okunmalı ki halkımız Allah'ın emirlerini anlayabilsin ve ona göre de hareket edebilsin." [1487]

Atatürk Her Yıl Çanakkale Şehitlerine Mevlit Okutmuştur

Atatürk, cepheden cepheye koşmuş bir Müslüman Türk komutanı olarak "gazilik" ve "şehitlik" kavramlarına çok büyük önem vermiştir. Kendisi adının başındaki *"Gazi"* unvanını ömrünün sonuna kadar gururla taşımış ve "şehit" Mehmetçikleri hiç unutmamıştır.[1488]

Atatürk, her yıl **Çanakkale** şehitleri için mevlit okutmuştur. Atatürk, 1932 yılında **Şehit Mehmet Çavuş Abidesi** önünde okunacak mevlit için Hafız Yaşar Okur'u görevlendirmiştir.[1489]

Hafız Yaşar Okur anılarında, 1932 yılında Çanakkale'de Şehit Mehmet Çavuş Abidesi'nde okunan büyük mevlit konusunda şunları anlatmaktadır:

"O sene (büyük mevlidin) Atatürk'ün emriyle Şehit Mehmet Çavuş Abidesi önünde okunması muvafık görüldüğünden,

---

1487 age. s. 188.
1488 **Feroz Ahmad**, Mustafa Kemal'in 1934 Soyadı Kanununa kadar *"Gazi"* unvanını kullandığını belirtip, şu değerlendirmeyi yapmıştır: *"Buradaki dini sembolizm çok açıktı ve Mustafa Kemal'in iddia edildiği gibi İslama karşı olmadığını gösteriyordu..."* Ahmad, **age.** s. 93.
1489 Okur, **age.** s. 36.

beni huzurlarına çağırdı. Bu seneki merasime riyaset etmemi söyledi ve İstanbul Müftüsü Hafız Fehmi Efendi'ye de Dolmabahçe Sarayı'ndan telefonla bildirilmişti.

Hareketimizden bir gün evvel bu emri alıp programı tanzim ederek, akşam saat altı buçukta Galata rıhtımına yanaşmış olan Gülcemal Vapuru'na gittim. Vapurun salonunda İstanbul'un mümtaz hafızlarından Saadettin Kaynak, Süleymaniye Baş Müezzini Hafız Kemal, Beşiktaşlı Rıza, Sultan Selimli Rıza, Beylerbeyli Fahri, Aşir, Muallim Nuri, Hafız Burhan, Hasan Akkuş, Vaiz Aksaraylı Cemal Beylerle karşılaştım.

Akşam saat yediye doğru Galata rıhtımından ayrılan Gülcemal Vapuru hınca hınç dolu.. Kamaralar da evvelden tutulmuş.. O kadar kalabalık ki, mevlithanların bazıları güvertede sabahı ettiler. Gece yarısı namazından sonra vapurun salonunda iki hatim-i şerif ve bir mevlit okundu. Altı hafızdan mürekkep bir heyet tarafından vapurun kaptan güvertesinde okunan sala ve tekbir sadaları semaya yükseliyordu.

Sabah saat dokuzda motörlerle Gelibolu'ya çıkıldı...

On hafızdan mürekkep bir heyet kürsü etrafında toplandı. Hep bir ağızdan tekbir alındı, arkasından tevşih okundu. Sıra ile hafızlar kürsüye çıkıp mevlidi kıraat ediyorlardı. Tam, Veladet-i Peygamberi okunacağı zaman, İstanbul'dan beri merasime riyaset eden Müftü Fehmi Efendi'nin tensibiyle:

'Yaşar Bey buyurun veladet bahrini siz okuyacaksınız,' dediler.

Kürsüye çıktım. Başladım okumaya..." [1490]

Hafız Yaşar Okur, Çanakkale şehitlerine mevlit okurken ansızın yağmur yağmaya başlamış; fakat Hafız Yaşar yağmura rağmen mevlide devam etmiştir. Sonraki gelişmeleri Hafız Yaşar şöyle anlatmaktadır:

"*Ertesi akşam Dolmabahçe Sarayı'na gittim. Atamın huzurlarına kabul edildim. Çanakkale merasiminin tafsilatını verirken bu fırtına bahsine gelince, Atatürk, o yağmur ve rüzgâra*

1490 age. s. 36 - 38

rağmen mevlide devam edişime o kadar mütehassis oldu ki, hiç unutmam... Elini tekrar tekrar masaya vurarak:
'Aferin Hafızım, çok güzel yapmışsın. Vazife başında iken taş yağsa, insan yerinden kıpırdamaz' diye, iltifatta bulundular."[1491]

"Peygamer Ocağı" diye adlandırılan ordunun her konuda olduğu gibi din konusunda da yeterli bilgi ve birikime sahip olması gerektiğini düşünen Atatürk, büyük din âlimi **Ahmet Hamdi Akseki**'ye asker için özel bir "din kitabı" yazdırmıştır.

Atatürk'ün Kur'an'a Saygısı

Atatürk İslamın kutsal kaynağı Kur'an'a büyük saygı ve sevgi duymuştur.

Atatürk'ün neredeyse hiç bilinmeyen özelliklerinden biri sevdiklerine Kur'an-ı Kerim hediye etmesidir. Atatürk değişik zamanlarda, din adamları başta olmak üzere, birçok kişiye imzalı Kur'an hediye etmiştir.

Örneğin, 1925 yılında Ankara Gazi Kız Numune Mektebi'ne, Cemil Sait Bey'in Kur'an-ı Kerim Tercümesi'ni hediye etmiştir. Atatürk hediye ettiği bu Kur'an tercümesinin üzerine, "*Gazi Kız Numune Mektebi'ne dikkatle okunmak... için hediye ediyorum*" diye not düşmüş ve imzalamıştır.[1492]

1932 yılında, yine Cemil Sait Bey'in Kur'an Tercümesi'ni imzalayarak bu sefer **Hafız Yaşar Okur**'a hediye etmiştir.[1493]

Atatürk'ün sevdiklerine imzalı Kur'an hediye etmeyi bir alışkanlık haline getirdiği anlaşılmaktadır. Onun bu alışkanlığı Kur'an'a olan saygı ve sevgisinin bir yansımasıdır.

Kütüphanecisi **Nuri Ulusu**'ya kulak verelim:

"*İşte böyle gecelerden bazılarında Atatürk hafızlara Türkçe Kur'an-ı Kerim'i getirir ve de imzalayarak verirdi. Bu imzaladığı Kur'an-ı Kerim'lerden bir tanesi de çok sevdiğim arkadaşım,*

1491 age. s. 39, 40.
1492 Kasapoğlu, **age.** s. 131.
1493 Atatürk'ün imzasını taşıyan Kur'an sayfasının fotoğrafı için bkz. Okur, **age.** s. 9.

ağabeyim sofrabaşı şefi İbrahim Ergüven'de vardır. Atatürk, isteği üzerine ona da imzalayıp bir tane vermişti, ancak ben de çok arzu ettiğim halde utanıp isteyip alamadım."[1494]

Atatürk'le ilgili anılar, onun özel hayatında olduğu kadar, toplum karşısında da kutsal sembollere, özellikle **Kur'an'a karşı** saygılı olduğunu göstermektedir.

Enver Behnan Şapolyo'nun bir anısı, Atatürk'ün Kur'an'a gösterdiği saygıya bir örnek olarak verilebilir. Şapolyo, tanık olduğu bu olayı şöyle anlatmaktadır:

"Ankara uleması, şimdiki Dil Tarih Fakültesi'nin bulunduğu yerde toplanmıştı. Mustafa Kemal yanlarına gelerek tek tek hepsinin elini sıktı. Kendisini Ankara'ya davet eden Müftü Rıfat Efendi'ye iltifat etti. O da arkadaşları adına, 'Hoş geldiniz' diyerek, kendisiyle birlikte çalışmaya dair azim ve kararlılığını bildirdi.

Seymen alayının idarecilerden Güvençli İbrahim, bir elinde bayrak diğer elinde altın işlemeli bir pala olduğu halde alayın önünde duruyordu. Göğsünde bir hamayli şeklinde Kur'an-ı Kerim asılı idi. Mustafa Kemal, kendisine yaklaşarak, Kur'an-ı Kerim ile bayrağın ucunu öpüp başına koydu..." [1495]

Atatürk, Buhara Şûra Cumhuriyeti murahhaslarının kendisine bir Kur'an-ı Kerim hediye etmeleri üzerine şöyle demiştir:

"Buhara ahalisinin Türkiye'deki Türk ve Müslüman kardeşlerine hediye olarak gönderdikleri Kur'an-ı Kerim fevkalade muazzam ve kıymetdar bir yadigârdır. Bu emaneti elinizden alırken kalbim heyecan ile doldu." [1496]

Atatürk, 1923 yılında kendisine küçük boyutlarda bir Kur'an-ı Kerim hediye edilmesi üzerine, *"Bence kıymetini takdire imkân olmayan bu hediye Kur'an-ı Kerim'i en derin hürmetkâr din duygularımla muhafaza edeceğim"* demiştir.[1497]

1494 Ulusu, age. s. 27.
1495 Şapolyo, **Kemal Atatürk ve Milli Mücadele Tarihi**, s. 183.
1496 **ASD**, C. II, s. 33, 34.
1497 Sarıkoyuncu, **Atatürk, Din ve Din Adamları**, s. 36.

Din konusunda, toplum karşısındaki konuşmalarına ve davranışlarına çok dikkat eden **Atatürk**, hayatının hiçbir döneminde **Kur'an'ı Kerim'e** saygısızlık etmemiştir. Atatürk'ün Kur'an'ı yaktırdığı, çiğnettirdiği, üzerinden atlattığı şeklindeki "deli saçması" iddialar, Atatürk ve Cumhuriyet düşmanı birtakım vicdansız yobazların zırvasıdır. Atatürk'ün, "Toplumun dinsel değerleriyle kavgalı olduğu" tezi de kocaman bir yalandır. Kuşkusuz ki Atatürk zamana ve şartlara göre hareket etmiştir, ancak içinde derinlerde bir yerlerde gerçekten de özellikle İslam dininin kutsal kaynağı **Kur'an-ı Kerim'e** karşı büyük bir saygı ve sevgi vardır.

Atatürk'ün Derin Kur'an Bilgisi

Atatürk, Kur'an konusunda "ayrıntılı" bilgi sahibidir. İslamiyetin sadece tarihsel gelişimini değil, inanç ve ibadet boyutunu da iyi bilmektedir. Ancak Atatürk'ün, Kur'an merkezli bu "dinsel bilgi dağarcığı" hep gizli kalmıştır. Kendisi de bu tür bilgilerini uluorta sergilemekten kaçınmıştır. Atatürk'le ilgili anılar, bize onun Kur'an kültürüyle ilgili çok önemli ipuçları vermektedir.

İşte o anılardan birkaçı:

Atatürk, 1926 yılında Trabzon'da Kavaklı Meydanı Ortaokulu'nu ziyaret etmiştir... Din dersini dinlemek için sınıflardan birine girmiş, dersin konusunu sormuştur. Dersi anlatan Vasıf Hoca, Siret-i Nebi ve Kur'an okuttuğunu açıklamıştır. Bunun üzerine Atatürk, bir öğrenciden Kur'an okumasını istemiştir. Hakkı (Okan) adlı öğrenci besmele çekerek Kur'an okumaya başlamıştır. Atatürk, bir ara okumayı durdurarak öğrenciye:

"Okuduğun surede 'Semi-ü Basir' sözü geçti. Bu sözcük tecvitle ne olur?" diye sormuştur. Öğrenci gür bir sesle:

"İtlap olur Paşam", yanıtını vermiştir. Atatürk bu yanıt karşısında gülümseyerek:

"Niçin?" diye sorunca, öğrenci:

"Tenvin b'ye uğradığından itlap olur, Paşam" diye, bağırmıştır,

Atatürk:

"Doğru," diye başını sallamış ve daha sonra Vasıf Hoca'ya dönerek, ondan *"İnşirah Suresi'ni"* okuyup, yorumlamasını istemiştir. Bir süre yutkunan Vasıf Hoca, cılız bir sesle: *"Yanımda yorum kitabı yok. Bu yüzden sizi memnun edecek bir yorum yapamam,"* diye boynunu bükünce, bu yanıta sinirlenen Atatürk: *"Birkaç satırlık bir sureyi yorumlamak için yorum kitabına ne gerek var?"* diyerek, kaşlarını çatmış ve söz konusu sureyi Tecvit kurallarına göre kendisi okuyarak, Türkçe sözlerle yorumlamıştır. Bu arada, orada bulunan Tevfik Hoca'ya, sureyi okurken ve yorumlarken bir yanlışlık yapıp yapmadığını sormuştur...[1498]

Atatürk, 1923 yılında Konya'da Dar'ül Hilafet'ül Aliye Medresesi'ni ziyaretinde ahlak dersinin okutulduğu bir sınıfa girmiş ve Hamdi Zade Hamdi adlı bir öğrenciden, *"İnnallahe ye'müruküm en tüeddü'lemaneti, ila ehliha... (Nisa 4/58)* ayetini yorumlamasını ve ayetten çıkan ahlak ilkelerini açıklamasını istemiştir. Öğrencinin açıklamalarının ardından Atatürk, öğretmen ve öğrencilere *"Bu ayet-i kerimeyi muvaffakiyatımız için yegâne bir delili hayr ad eylerim"* diyerek duygu ve düşüncelerini açıklamıştır.[1499]

Kurtuluş Savaşı'nın en zor günlerinde Kerim Paşa, Kur'an'da geçen *"Allah'ın eli onların üzerindedir"* ifadesine gönderme yapmış, bu ayette belirtildiği gibi Allah'ın yardımıyla sıkıntıların aşılacağını söylemiştir.

Kerim Paşa'nın bu sözlerine **Atatürk** şöyle karşılık vermiştir: *"Azizim, 'Yedullahi fevka eydihim' (Allah'ın eli bütün ellerden üstündür). Ancak bununla birlikte güçlükleri yenmeye ve problemleri çözmeye girişenlerin kesinleşmiş bir hedefi olması gerekir... Millet Tanrı'nın buyruğunu yerine getirecektir ve buyurduğunuz gibi milletçe elde edeceklerimiz hayırlı ve uğurlu*

1498 Mahmut Yağmur'dan naklen, Altıner, age. s. 487.
1499 Atatürk Konya'da, s. 41.

olacaktır. Lütufkâr dualarınızın eksik edilmemesini rica ederim. Gayret bizden yardım ve kolaylık ölümsüz Tanrı'dandır." [1500] Görüldüğü gibi Atatürk açıkça bir ayeti tefsir etmiştir.

İlahiyatçı Yard. Doç. A. Kasapoğlu, Atatürk'ün yaptığı, *"Yedullahi fevka eydihim"* ayetinin tefsiri hakkında şu değerlendirmeyi yapmıştır: "Atatürk'ün bu yaklaşımı Kur'an'ın öğretilerine tamamen uygundur. Kur'an da ilahi yardım ve desteğin insanın gayret ve çabalarına bağlı olarak ortaya çıktığını açıklar. *'Onlarla savaşın ki Allah sizin ellerinizle onlara azap etsin.'...*" [1501]

Bütün bu örnekler Atatürk'ün Kur'an'ı, ayetlerin anlamlarını bilecek kadar iyi tanıdığını gözler önüne sermektedir. Ancak bugün ağzından *"Hamdolsun"* sözcüğünü düşürmeyen "din istismarcısı" siyasetçilerimizin aksine Atatürk, hiçbir zaman, şaşırtan düzeydeki Kur'an kültürünü ve din bilgisini "şov aracı" ya da "oy aracı" olarak kullanmamıştır.

ATATÜRK VE RAMAZAN AYLARI

Atatürk, özgün bir din anlayışına sahiptir. Ancak onun geleneksel din anlayışını tamamen reddettiğini söylemek de doğru değildir. Atatürk'ün, geleneksel din anlayışında benimsediği, olumlu bulduğu ve etkilendiği yönler vardır. Bunların başında, Müslümanlar için kutsal olan aylar ve günler gelmektedir. Atatürk, bu kutsal ayların ve günlerin toplumsal dayanışmayı, birlik ve bütünlüğü pekiştirdiğini düşünmüştür. Bu bağlamda Atatürk'ün İslamın kutsal ayı **ramazana** çok büyük bir önem verdiği açıkça görülmektedir.

Atatürk, ramazan ayındaki manevi havadan oldukça fazla etkilenmiştir. Kendisi ibadetlerini aksatsa da kutsal günlere ve aylara sonsuz bir saygısı vardır.

Atatürk'ün Uşağı **Cemal Granda**'ya kulak verelim:

"Benim yanımda bulunduğum süre içinde hiç namaz kılmadı, oruç da tutmadı. Ramazanlarda içki içer fakat Kadir

---

1500 **Atatürk'ün Bütün Eserleri**, C. 4, s. 137. (Atatürk bu bölüme Nutuk'ta yer vermiştir).
1501 Kasapoğlu, age. s. 222, 223.

Gecesi ağzına katresini koymazdı. Kadir geceleri sofra bile kurdurmazdı. Saygısı büyüktü. Bazen Mevlüt dinlediği de olurdu. Miraç bölümünde 'Göklere çıktı Mustafa' denince gözleri yaşarırdı. O zaman hemen kolonya götürürdük. İnanışı samimiydi. Bence Allah'a inanıyordu."[1502]

Atatürk, ramazan ayında Dolmabahçe Sarayı'na gelen ve oruç tutan misafirlerine özel ilgi göstermiş; iftar sofrasıyla bizzat ilgilenmiş, ibadet etmek isteyenlere büyük saygı duymuş ve onlara bu konuda gereken tüm kolaylıkları sağlamıştır.

Atatürk'ün kız kardeşi **Makbule Hanım** bu konuda şunları söylemektedir.

"... *Her Ramazanın bir günü ve ekseriyetle Kadir Gecesi bana iftara gelirdi. O gün, imkân bulabilirse oruç da tutardı. İftar sofrasını tam eski tarzda isterdi. Oruçlu olduğu zaman, iftara başlarken dua ederdi...*"[1503]

Kısacası, klasik bir Müslümanın, neredeyse bütün davranışlarını Ramazan ayı boyunca Atatürk'te de görmek mümkündür.

Atatürk'ün ramazan ayında, kız kardeşi Makbule'ye, "*Ramazan geliyor, annemize hatim okutmayı ihmal etme!*" diye, hatırlatmada bulunup, hatim okuyacak hafıza hediye edilmek üzere bir zarf içinde para verdiği bilinmektedir.[1504]

Hafız Yaşar Okur da, Atatürk'ün ramazan aylarındaki davranışlarını şöyle gözlemlemiştir:

"... *Ramazanların Atam için çok büyük bir önemi vardı. Ramazan gelir gelmez, ince saz heyeti Çankaya Köşkü'ne giremezdi. Kandil Geceleri de saz çaldırmazdı. Sadece beni huzurlarına çağırır, Kur'an-ı Kerim'den bazı sureler okuturdu. Ben okurken gözleri bir noktaya takılır, derin bir huşu içinde dinlerdi, ruhunun çok mütelezziz olduğu her halinden anlaşılırdı. Ramazanlarda bir ay müddetle Hacı Bayram-ı Veli ve Zincirlikuyu Camiilerinde şehitlerin ruhuna Hatim-i Şerif okuma-*

1502 Gürkan, **age.** s. 183.
1503 Kutay, **Türkçe İbadet,** C.II, İstanbul, 1998, s. 301.
1504 Demirer, **age.** s. 8.

mı emrederlerdi. O günlerde civar kasaba ve köylerden gelenlerle cami hıncahınç dolardı..." [1505]

Atatürk, ramazan ayı boyunca bazı alışkanlıklarından uzak durmuştur. Örneğin, incesaz heyetini Çankaya'ya sokmamış, Kandil Geceleri saz çaldırmamıştır... Ayrıca, ramazanlarda Kur'an-ı Kerim ve çeşitli camilerde şehitlerin ruhuna Hatim-i Şerifler okutmuştur. Atatürk'ün bu davranışları, onun ramazanın anlamını idrak etmiş, inanca saygılı bir Müslüman olduğunun en açık kanıtlarındandır.

Nuri Ulusu, Atatürk'ün 30 ramazan gecelerine büyük önem verdiğini, şöyle anlatmaktadır:

"Atatürk, otuz ramazan geceleri, başta Saadettin Kaynak Hoca olmak üzere o devrin hafızları olan H. Yaşar, H. Zeki, H. Küçük Yaşar, H. Burhan, H. Hayrullah beyleri davet ederdi ki, bu hafızlardan H. Yaşar aynı zamanda Cumhurbaşkanlığı Alaturka Müzik Şefi'ydi. 1930 yılında emekli oldu, ama ölene kadar hep Ata'nın yanındaydı. Soyadı Kanunu çıkınca 'Okur' soyadını almıştır. (Atatürk) davet ettiği bu hafızlardan tek tek din hususunda bilgiler alırdı. Ayrıca çok üzerinde durduğu Türkçe Kur'an-ı Kerim hakkında görüşlerini de sorardı.

Yine bir ramazan ayı gecesinde Atatürk Dolmabahçe Sarayı'nda aceleyle beni çağırttı, derhal makamına girdim. O gece sofra şefimiz İbrahim Bey izinli olduğundan, benim görevim olmadığı halde düzenimi ve intizamımı beğendiğinden olacak beni istemişler. Odaya girdiğimde, 'Nuri oğlum, hafızlar gelecek. Bu gece hafızların seslerini aksi sedasıyla daha güzel dinlemek için muayede salonundaki hususi daireye yemek masasını kurun, ama acele ha; kaç dakikada kurdurabilirsin?' diye sorunca; heyecanla 'Otuz dakikada' diyebildim. Çünkü pek tecrübesi olduğum bir konu değildi; derhal lazım gelen emirleri gerekli kişilere tebliğ ettim, herkes işe koyuldu. Hakikaten tam otuz dakika sonra her şey tamam gibiydi. Sevdiği çiçekleri de elimle tam masaya koyarken Atatürk misafirleriyle

---

1505 Okur, age. s. 10.

birlikte gelmez mi! Masanın yanına geldi, şöyle bir göz ucuyla masayı, düzeni süzdü ve bana dönerek, 'Aferin Nuri, İbrahim'i aratmamışsın, çiçekler de pek güzel' diye iltifatta bulundu. Zaten hep güzel bir şey yaptığımızda takdir ederdi; amma bir de yanlış mı, hata mı yaptın, sadece bir bakardı ki, o bile yeterdi, içimize işlerdi. Ata'nın ağzından ben hiç kötü söz duymadım. Salona girdiler, sandalyeleri çekip oturdular, yemeğe başladılar. Konu yine Türkçe Kur'an-ı Kerim'di. Atatürk hepsiyle ayrı ayrı ilgilendi. Kur'an-ı Kerim'den okudukları duaları zevkle dinledi." [1506]

Otuz ramazanlara büyük önem veren, hafızların seslerinin daha iyi aksetmesi için özel salon hazırlatan, hafızların yemek yiyecekleri sofrayla saatler önceden bizzat ilgilenen bir Atatürk... Yobaza, liboşa sormak isterim, *"Bu mu din düşmanı Atatürk?"*

Bilindiği gibi Atatürk, dinde Türkçeleştirme çalışmalarının en önemli ayağı olan camilerde Kur'an'ın Türkçe anlamının açıklanmasını yine bir ramazan ayında bir Kadir Gecesi başlatmıştır (1932 Ramazan).

Atatürk ve Dini Bayramlar

Atatürk için dini bayramlar çok önemlidir. Ramazan ayına ve **Ramazan bayramına** çok önem veren Atatürk, bu kutsal ay boyunca bazı alışkanlıklarından vazgeçmiş, özellikle **Kadir gecelerine** özen göstermiş, bazı geceler hafızlardan Kur'an dinlemiştir.

Atatürk, **oruç** ibadeti üzerine de kafa yormuş, okuduğu bazı kitaplarda oruçla ilgili bölümlerin üzerinde durmuştur.

Leon Caetani'nin *"İslam Tarihi"* adlı eserini okurken **orucun anlatıldığı** bazı satırların altını çizmiş ve sayfa kenarlarına bazı özel işaretler koymuştur.[1507]

Örneğin, Hz. Muhammed'in, nefsine hâkim olamadığı için hadım olmak isteyen İbn-i Mazun'a onay vermemesi; **nefsine**

1506 Ulusu, **age.** s. 187.
1507 **Atatürk'ün Okuduğu Kitaplar,** C. 3, s. 408, 409.

hâkim olmak istiyorsa oruç tutmasını söylemesi Atatürk'ün dikkatini çekmiştir:

"*Peygamber onay göstermedi. Heveslerini yatıştırmak için oruç tutmasını tavsiye etti*"[1508] (s.426).

Atatürk, önemli gördüğü bu satırların altını boydan boya çizmiştir.

Atatürk aynı kitapta "**Ramazan bayramı**"nın ortaya çıkışını anlatan bölümle de ilgilenmiştir.

"*O sene Muhammed taraftarlarına fitre zekâtı vergisinin ödenmesini emretti. Bundan bir iki gün önce Müslümanlara bir konuşma yaptığı rivayet olunuyor. Ramazan ayı sonunda Muhammed bütün ashabı ile birlikte şehirden çıkarak Musalla'ya gitti. Salatü'l-iyd (bayram namazı) denilen namazı orada kıldı. Orucun bitimi bu namaz ile kutlanmış oluyordu. İlk defa olarak böyle bir âdet yapılmakta idi*" [1509] (s. 403).

Önemli görerek bu satırların altını çizen Atatürk, ayrıca "*İlk defa olarak böyle bir âdet yapılmakta idi,*" cümlesinin başına iki adet "*X*" işareti ve "*Dikkat*" anlamında bir "*D*" harfi koymuştur.[1510]

Atatürk, **Kurban bayramının** ortaya çıkışıyla da ilgilenmiştir. Hem Kur'an'daki "kurban" konulu ayetleri okumuş hem de okuduğu kitaplardan Hz. Muhammed'in bu konudaki uygulamalarını öğrenmiştir.

Örneğin, Caetani'nin "*İslam Tarihi*"ni okurken "*Medine'de Kurban Bayramı*" başlığı altındaki şu cümlelerle ilgilenmiştir:

"*Muhammed, Mekke'ye hacca gidemediği için Kurban Bayramı günü hicri ikinci sene Zilhicce'sinin onunda kurban günü bütün halk ile tantanalı bir şekilde musallaya gitti, ilk defa olarak o namazı kıldı, kendi eliyle bir iki koyun kurban kesti. Taraftarlarının zenginleri kendisinin örneğine uydular. Bu hicri ikinci sene Zilhicce'sinin onuncu günü sabahleyin erkenden Benu Selmelerin arazisinde meydana geliyordu. Aynı*

1508 age. s. 488, 489.
1509 age. s. 464, 465.
1510 age. s. 464, 465.

bayram her sene aynı yerde on yedi sene aralıksız tatbik edildi. (Taberi, birinci cilt, 1362; Esir, ikinci cilt, 107; Haldun, ikinci cilt, zeyl 23; Hamis, birinci cilt, 462)."[1511]

Atatürk, "*Medine'de Kurban Bayramı*" başlığının altını ve üstünü kalın çizgilerle boydan boya çizmiş ve cümlenin başına üç adet "X" işareti koymuştur.

Paragrafta geçen "*Zilhicce'sinin*", "*Bütün halk ile*", "*O namazı kıldı*", "*Kurban kesti*" ifadelerinin de altını çizmiştir.

Ayrıca, "*Aynı bayram her sene aynı yerde on yedi sene aralıksız tatbik edildi*" cümlesinin sonuna bir "D" ve "X" işareti koymuş ve satırların altını çizmiştir.[1512]

Atatürk, İslam dininin bütün ibadetleri gibi "**oruç**", "**ramazan**" ve "**kurban**" hakkında da detaylı bilgilere sahiptir. Ancak "dinin ne dediğini" çok iyi bilmekle birlikte, bütün bu konularda kişisel yorumlar da yapmıştır.

Atatürk, **Kurban bayramında** hayvan kesilmesine hep üzülmüştür. Bu nedenle herhangi bir karşılamada veya açılışta kurban **kesilmemesini** istemiştir.

Atatürk bir gün **Diyanet İşleri Başkanı Rıfat Börekçi'ye** Kurban bayramında kurban kesilmesi yerine hayır kurumlarına bağış yapılmasının doğru olup olmayacağınını sormuştur. Bu sorudan endişelenen Rıfat Börekçi, biraz düşündükten sonra Atatürk'e şu yanıtı vermiştir:

"*Paşam böyle bir şey yapacaksan, bunu ben öldükten sonra yap.*" Bunun üzerine Atatürk, böyle bir girişimin ne gibi sakıncası olduğunu sormuş, Rıfat Börekçi de Kurban bayramında kurban hayvanı kanının akıtılmasının şeriatça şart olduğu yanıtını vermiştir. Bu yanıt üzerine Atatürk, Rıfat Börekçi'nin sırtını okşamış ve "*Mademki olmazmış, sen ölmeden de sen öldükten sonra da yapmam; hiç üzülme*" diyerek onu teselli etmiştir.[1513]

1511 age. s. 484, 485.
1512 age. s. 464, 465.
1513 Aydın Sayılı, "*Bilim ve Öğretimin Dili Olarak Türkçe*", **Bilim, Kültür ve Öğretim Dili Olarak Türkçe**, Ankara, 2001, s. 432, 433.

Atatürk'ün bu tavrı, onun dine ve uzman din adamı görüşüne ne kadar önem verdiğinin en açık kanıtlarından biridir.

Atatürk, hayvanları çok sevdiği için kurban kesimine karşıdır, ancak Rıfat Börekçi'ye söz verdiği gibi hiçbir zaman Kurban bayramlarında hayvan kesimini yasaklama yoluna gitmemiştir. Onu tanıyanlar da, kurban kesimine karşı olduğunu belirtmişlerdir:

"Atatürk, Kurban Bayramında veya herhangi bir törende kurban kesimine karşıydı... Bu hayvan velevki bir tavuk olsun kesilmesine tahammül edemez ve de huzurlarında katiyen hayvan kesilmesini istemezdi. Bu duygusunu zaman zaman ben ve arkadaşlarım bizzat ağzından duymuşuzdur. 'Şaşırıyorum şu tavuk, hindi, koyun kesenlere, kasaplara, nasıl o bıçağı alıp da canlı canlı bir yaratığı kesip, öldürüp, derisini, içini, dışını oyup çıkarabiliyorlar, bayağı yürek isteyen bir iş' der ve sonra 'Allah Allah' diye başını sağa sola çevirerek şaşkınlığını yüz mimikleriyle de ifade ederdi." [1514]

Atatürk, yurt gezilerinde karşılama törenlerinde yerel idarecilerden kesinlikle kurban kesilmemesini istemiştir. Buna rağmen İran Şahı'yla birlikte çıktığı bir Türkiye gezisinde Çanakkale Kirazlı'daki karşılama töreninde kurban kesilmek istenmesine büyük tepki göstermiştir.[1515]

Ahmet Mithat Efendi, kurban derilerinin devlet tarafından toplanmasının Kur'an'a uygun olduğunu ileri sürmüş ve onun bu görüşü dönemin din hizmetlerince kabul edilmiştir.

Ahmet Mithat Efendi'nin Kur'an'a dayanarak, kurban derilerinin devlet tarafından toplanması konusundaki düşüncelerine **Atatürk** de şu sözlerle sahip çıkmıştır:

"Ahmet Mithat Efendi inançlarından kolay kolay vazgeçmeyecek yaratılışta bir gazeteci olduğundan ertesi gün her türlü tehlikeyi göze alarak yine aynı gazetede bir başyazı yayınlıyor. Maksadı, malum derilerin devlet eli ile toplanarak hayır işlerinde ve sosyal işlerde kullanılmasını sağlamak. Bunun için

---

1514 Ulusu, age. s. 192.
1515 age. s. 192.

de düşüncelerinin doğruluğunu Kur'an'dan ayetlerle hadislerle ıspat ederek, bunda 'cevaz-i şer'i' bulunduğunu söylüyor. Konu Bab-ı Meşihat'a getiriliyor. Ve oradan çıkan Fetvayı Şerife ile Ahmet Mithat Efendi'ye hak verilip, kurban derileri devlet eliyle toplanarak satılıyor ve pek çok milli ve vatani işlerde kullanılıyor..." [1516]

Görüldüğü gibi Atatürk, kurban derilerinin *"milli ve vatani"* işlerde kullanılmak amacıyla devlet eliyle toplanmasına taraftardır.

Atatürk Türklerin İslam Yorumundan Gurur Duymuştur

Kişisel bakımdan ne hissederse hissetsin Atatürk, İslami duyarlılıklara sahip bir toplumun devlet başkanı olduğunu hiçbir zaman unutmamıştır. Hatta yeri geldiğinde, Müslüman bir ülkenin lideri olmakla övünmüştür. (Bugün **"*Dindar Cumhurbaşkanı istiyoruz!*"** diye avaz avaz bağıranlara duyurulur...) Atatürk, her fırsatta **hurafelerden arınmış, gerçek İslam anlayışının** Türk ulusunun gurur kaynaklarından biri olduğunu dile getirmiştir.

Örneğin, İran Şahı'nın 16 Haziran 1934 tarihinde Atatürk'ü ziyareti sırasında, Atatürk'ün İran Şahı'yla yaptığı görüşmede, Türk ulusunun İslam anlayışından örnekler sunmaya çalışması dikkat çekicidir.

Hafız Yaşar Okur, Atatürk'ün İran Şahı'yla yaptığı görüşmeyi şöyle anlatmaktadır:

"... Atatürk Şahınşah Hazretleri'yle salonun yüksek bir locasında oturuyorlardı. Bir aralık seryaver vasıtasıyla beni huzurlarına çağırdılar. Şah Hazretleri'ne, 'Benim Hafızımdır' diye takdim ettiler ve yanlarına oturttular. Kemal-i hürmet ve tazimle misafir hükümdarın ellerinden öptüm.

Ata, 'Şah Hazretleri'ne Kerbela Şahadetine ait bir mersiye okuyunuz' dediler.

[1516] Sabiha Gökçen, **Atatürk'le Bir Ömür**, Haz. Oktay Verel, İstanbul, 2000, s. 88.

Emirleri üzerine, mersiyeyi İsfahan makamından okudum...
Mersiye bitince, Atatürk,
'Nasıl Efendim?' diye sordular. 'Güzel okuyor mu benim hafızım?'
Pehlevi Hazretleri, kendilerine has Azeri şivesiyle, 'Teşekkür ederim' diye, mukabelede bulundular...
Bir de Farisi ayini okumaklığımı emir buyurdular. Farsça hüzzam ayinini okudum.

....

Atam, misafirine dönerek,
'Bir de bizim Türkçe mevlidimiz vardır. Dinlemek arzu eder misiniz?' dediler. Şah'ın gösterdiği arzu üzerine, Miraç Bahrini, bilhassa İsfahan makamından okudum...
Miraç Bahri bitince Şahınşah Hazretleri,
'İlk defa Türkçe mevlid dinliyorum. Çok hoşuma gitti. Hafızınızı müsaade ederseniz, inşallah İran'a bekliyorum.' dediler. Atatürk de va'd ettiler.
O gece Şah Hazretleri'nin gösterdiği ilgi üzerine, Mevlid Şairi Süleyman Çelebi hakkında kendilerine malumat verdiler." [1517]

Atatürk'ün Duası: Gök Kubbe Başıma Yıkılsın

Atatürk'ün gösterişten uzak ve son derece sade bir din anlayışı vardır; fakat Atatürk de her insan gibi zaman zaman duygularını dışa vurma ihtiyacı hissetmiştir. Dolayısıyla Atatürk'ü dikkatle gözlemleyenler, onun bu özel ve gizli duygularını fark edebilmişlerdir.

Kurtuluş Savaşı'nın en zor anında, Afyon Kocatepe'de, dikkatli gözler, Atatürk'ün gizli dünyası ile bir kez daha karşılaşmışlardır.

Nezihe Araz'ın anlatımıyla:
"Kocatepe'de gün doğumu, sonsuz bir sessizlik ve bekleyiş, Mustafa Kemal bir taşın üstünde oturuyor. Arkasında ayakta

---

[1517] Okur, age. s. 24 - 28.

Kolordu Komutanı Bekir Sami, Fevzi ve İsmet paşalar, Mustafa Kemal konuşmuyor, düşünüyor...
Birden gökleri yırtan, sessizliği paramparça eden topçu barajı ateşi başlıyor. Kocatepe ara ara ışığa boğuluyor.
Sonra Mustafa Kemal ayağa kalkıyor, dediklerini kimse işitmiyormuş gibi sesleniyor: 'Rabbim! **Yunanlıların kazandığını gösterme bana, onlar kazanacaksa şu gök kubbe benim başıma yıkılsın daha iyi. Anacığım bize dua et'** *ve gözlerinde pırıl pırıl gözyaşı taneleri ...* "[1518]

ATATÜRK, DİN ÖZGÜRLÜĞÜ VE NAMAZ

Atatürk'ün dine yakınlığı ya da uzaklığından çok, din ve inanç özgürlüğü hakkında neler düşündüğü daha önemlidir.

Din ve vicdan özgürlüğü **laikliğin** vazgeçilmez bir parçasıdır.

Atatürk'ün hayatı, din ve inanç özgürlüğüne verdiği önemi kanıtlayan örneklerle doludur,

İşte o örneklerden biri:

Atatürk, 1930 yılında **Fevzi Çakmak'la** birlikte bir yurt gezisine çıkmıştır. Yolculuk trenle yapılmaktadır. Yolculuk sırasında yüksek rütbeli subaylardan birinin namaz kıldığını gören bir milletvekili bu durumu gizlice Atatürk'e iletmiştir. **Atatürk,** namaz kılmayı kendince suç gören milletvekilinin davranışını çok yadırgamış, milletvekilini ağır bir şekilde azarlamış ve ibadet etmenin, **namaz kılmanın son derece doğal bir davranış olduğunu** belirtmişti.[1519]

Atatürk, "**Vatandaş İçin Medeni Bilgiler**" kitabında **taassup** ve **taassupsuzluğu** anlatırken din özgürlüğüne geniş yer vermiştir. Bu kitapta *"Taassupsuzluğu", "İnsanların inancına saygı duymak"* olarak tanımlamıştır:

"...Taassupsuzluk, o kimsede vardır ki, vatandaşının veya herhangi bir insanın vicdani inanışlarına karşı hiçbir kin duymaz. Bilakis hürmet eder. Hiç olmazsa başkalarının kendinin-

---

1518 Nezihe Araz, **Bütün Dünya Dergisi**, 2000/11, s. 86.
1519 Demirer, **age.** s. 9.

kine uymayan inanışlarını bilmezlikten, duymazlıktan gelir. Taassupsuzluk budur." [1520]

Atatürk, yine aynı kitapta, *"Vicdan Hürriyeti"* başlığı altında, **din hürriyeti** konusunda şu görüşlere yer vermiştir:

"... Vicdan hürriyeti; her fert istediğini düşünmek, istediğine inanmak, kendine mahsus siyasi bir fikre malik olmak, mensup olduğu bir dinin icaplarını yaymak veya yaymamak hak ve hürriyetine maliktir. Kimsenin fikrine ve vicdanına hâkim olunamaz." [1521]

Atatürk, bir "akıl ve bilim dini" olarak gördüğü İslam dinine inananların taassup çukuruna yuvarlanmamalarını, bunun için de bilim, kültür ve sanatla ilgilenmeleri gerektiğini belirtmiştir.

Namaz Kıl, Ama Resim de Yap Heykel de

Atatürk'ün, ibadet hürriyetine, İslam dinine ve dindarlara bakışını göstermesi bakımından, Münir Hayri'nin naklettiği bir anı, bize ışık tutacak niteliktedir:

"Bir gün Necip Ali, Mustafa Kemal'e,
'Efendim, Münir Hayri namaz kılar' dedi.
En yakın dostlarım, beni bu şekilde takdim ettiğini gören beni sevmeyenler, şimdi kovulacağımı zannederek, gülüştüler.
Atatürk'le aramızda şu konuşma geçti:
'Sahi mi?'
'Evet, Paşam!'
'Niçin namaz kılıyorsun?'
'Namaz kılınca içimde bir sükûn ve huzur hissederim.'
Atatürk, demin gülenlere döndü:
'Batmak üzere bulunan bir gemide bulunsanız, herhalde, yetiş Gazi demezsiniz; Allah dersiniz. Bundan tabii ne olabilir?'

1520 Afeti İnan, **Medeni Bilgiler ve Mustafa Kemal Atatürk'ün El Yazıları**, Ankara, 1988, s. 57.
1521 age. s. 56.

Sonra bana döndü:
'Dünyadaki işlerine zarar getirmemek şartıyla namazını kıl, ama heykel de yap, resim de'..." [1522]

Görüldüğü gibi Atatürk, ibadet özgürlüğünden yanadır. Ancak, *"Dünyadaki işlerine zarar getirmemek şartıyla namaz kıl ama heykel de yap, resim de..."* diyen Atatürk'ün kafasındaki "dindar fert", aynı zamanda, sosyal hayatın tüm gereklerini eksiksiz yerine getiren kişi olarak belirmektedir. Atatürk'ün "özgün" din anlayışını yansıtan bu örnek, onun aynı zamanda geleneksel din anlayışını eleştirdiğini de göstermektedir. İslam geleneğinde hoş karşılanmayan **resim, heykel** gibi faaliyetleri teşvik etmesi, bunların din dışı, dine aykırı olmadığını söylemesi, onun "özgün" din anlayışının bir yansımasıdır.

Resim, Heykel ve İslam

Atatürk'ün din anlayışı, genel itibarıyla gelenekseli sorgulayan; geleneksenin dışına taşan bir anlayıştır. Bu din anlayışı içinde, **akılcı** değerlendirmeler ve **pozitivist** yorumlar vardır.

Örneğin Atatürk, geleneksel İslam anlayışınca pek hoş karşılanmayan **resim ve heykel** gibi sanatlarla uğraşmanın İslama aykırı olmadığı görüşündedir.

Hz. Peygamber'in İslamiyeti yayarken, insanların kalplerine, vicdanlarına ve yaşadıkları ortama yerleşmiş olan putları toplumsal hayattan ve vicdanlardan söküp atmasının bir zorunluluk olduğunu belirten Atatürk, İslam tamamen anlaşılıp, yerleştikten sonra, insanların bu taş heykellere, İslamiyet öncesinde olduğu şekliyle, ilahi anlamda inanmalarının ve tapınmalarının mümkün olmadığını düşünmektedir. O, böyle bir şeyi düşünmeyi bile, *"Âlemi İslamı tahkir etmek"* olarak yorumlamaktadır. Aydın ve dindar olarak tanımladığı Türk milletinin, gelişmenin şartlarından biri olarak gördüğü **heykeltıraşlığı**, en iyi derecede ilerletmesini arzulamaktadır.[1523]

1522 Borak, **Atatürk ve Din**, s. 79, 80.
1523 (22 Ocak 1923 Bursa'da Şark Sineması'nda Halkla Konuşma), **ASD**, C. II, s. 70, 71.

Atatürk'e göre **resim** ve **heykel** yapmak İslama aykırı değildir. Geleneksel İslam anlayışına sahip olanlarca yadırganacak olan bu iddia aslında doğrudur.

Köksal Çiftçi, *"Tektanrılı Dinlerde Resim ve Heykel Sorunu"* adlı kitabında bu konuda şu değerlendirmeyi yapmıştır:

"Birçok İslam bilgininin yazdığı ayet tefsirine, hadis yorumuna ve kaynaklara koyduğu şerhlere bakacak olursanız, aslında resim ve heykel yasak edilmiş değildir. Ama günlük yaşamdaki uygulamaya bakacak olursanız bunun tam tersi olduğunu görürsünüz. İslamda resim ve heykel yasağı 750 yılında Abbasi İmparatorluğu'nun kuruluşuyla başlamış ve günümüze kadar gelmiştir." [1524]

Çiftçi, Emeviler yıkılana kadar camiler içinde resim yapıldığını, Hz. Muhammed'in Kâbe'nin içindeki resimleri silerken ortadaki sütunda bulunan ve kucağında Hz. İsa'nın yeraldığı Hz. Meryem resmini korumasına aldığını ve *'Buna dokunmayın'* dediğini iddia etmektedir. Çiftçi'ye göre bu resim Muaviye'nin oğlu Yezid, Kâbe'yi yıkana kadar o sütunda kalmıştır.[1525]

Çiftçi, güvenilir hadis kaynaklarına dayanarak **Hz. Muhammed'in** evinin önünde de bir heykel bulunduğunu belirtmiştir.

"Buhari, Kütüb-i Sitte ve diğer kaynaklar yanında özellikle Müslim'in Hadisler dizisinin 6. cildi içinde yer alan Kitab-ül Libas bölümüne bakılırsa bunların pek çoğu yazılıdır" diyen Çiftçi, bu konuda şu hadislere yer vermiştir:

"Cebrail bana geldi ve şunu söyledi: Dün gece sana geldim. Fakat kapında heykeller, evde üzerinde suretler bulunan bir örtü vardı..." [1526]

1524 Bkz. Köksal Çiftçi, **Tektanrılı Dinlerde Resim ve Heykel Sorunu**, Bulut Yayınları, İstanbul, 2008.
1525 *"İslam'da Resim Yasağı 750 Yılında Başladı"*, **Sabah**, 24 Aralık 2008, s. 21.
1526 Osman Şekeri, İslamda Resim ve Heykelin Yeri, s. 28'den Çiftçi, **age**. s. 186. (Osman Şekerci, bu hadisi Reşit Rıda'dan aldığını Reşit Rıda'nın da **Ebu Davut**'tan aktardığını belirtmiştir.)

Büyük bir Mekke tarihi yazan **Ezraki**'nin anlattığına göre **Hz. Muhammed** Mekke'ye girdikten sonra Kabe'yi ziyaret etmiş... İsa'yı Meryem'in dizine oturmuş gösteren resmin üstüne elini koyarak *"Elimin altındaki müstesna bütün resimleri siliniz"* demiştir.[1527]

Atatürk Döneminde Namaz Kılan Memurlar

Atatürk'ün inanç özgürlüğüne verdiği önemin en açık göstergesi, Atatürk döneminde, Atatürk'ün çevresinde oldukça dindar -beş vakit namazını geçirmeyen- kişilerin olması ve bu kişilerin inançlarının gereğini özgürce yerine getirebilmiş olmalarıdır. Atatürk, hiçbir zaman bu kişileri dindarlıklarından dolayı küçümsememiş, onlara herhangi bir baskı yapmamıştır. Hatta zaman zaman **namaz kılanları** takdir etmiştir.

Atatürk döneminin tanıklarından din adamı **Ercüment Demirer**, Atatürk döneminde namaz kılan memurların işten atıldığı şeklindeki söylentilerin, yalan ve iftira olduğunu belirtip, bu konuda şunları söylemektedir:

"Ordunun başı olan rahmetli Fevzi Çakmak, yardımcısı Orgeneral Asım Gündüz namaz kılarlardı. Atatürk devrinde TBMM başkanı olan Abdülhalik Renda, cuma namazlarını Hacı Bayram Camii'nde kılardı..."[1528]

Atatürk'ün Namaz Sureleriyle İlgili Çalışması

Atatürk, 1935 ve 1936 yılları yaz ayları tatil günlerinde Yalova'da İslam dini konusunda bazı çalışmalar yapmıştır.

Ahmet Fuat Bulca, kendisinin ve **Nuri Conker'in**, Atatürk'ün İslam diniyle ilgili bu çalışmalarını doğal karşıladıklarını, oysa Atatürk'ün bu *"dini yönünü"* bilmeyenlerin, onun dinle ilgilenmesine oldukça şaşırdıklarını ifade etmiştir.[1529]

[1527] Suat Kemal Yetkin, **İslam Sanatı Tarihi**, s.7; Şekerci, **age.** s.74'den Çiftçi, **age.** s. 188.
[1528] Demirer, **age.** s. 9.
[1529] Kutay, **Türkçe İbadet**, s. 137.

Atatürk, ömrünün son dönemlerinde bazı din adamlarıyla bir araya gelmiş, **namaz sureleriyle** ilgilenmiştir.

Türklerin kökenleri konusunda araştırmalar yapması için **Meksika'ya** gönderdiği **Tahsin Mayatepek'in** Atatürk'e gönderdiği bilgiler arasında Kolomb Öncesi Amerikan uygarlıklarının **dini inançlarıyla** ilgili bilgiler de vardır. Mayatepek, **Maya** ve **Aztek** uygarlıkları başta olmak üzere Amerika'nın eski uygarlıklarına ait arkeolojik kalıntılar arasında İslam dininin temel ibadetlerinden "**namazla**" ilgili bazı bulgulara rastlamış ve bu bulguları kendi yorumlarıyla zenginleştirerek **14. Rapor** olarak Atatürk'e göndermiştir.

Atatürk'ün, İslam dininin temel ibadetlerinden **namazın**, İslam coğrafyasına çok uzak yerlerde, çok eskiden yaşamış bazı uygarlıklarda da görülmesini nasıl karşıladığını bilemiyoruz. Ancak onun, Tahsin Bey'in "*Hz. Muhammed'in namazı ve diğer ibadetleri bu eski uygarlıklardan kopyaladığı*" tezine katılmadığını biliyoruz.[1530]

Bence Atatürk, tüm dinlerin **ortak bir kaynaktan** geldiğini ve Allah'ın çok önceleri de insanlara, İslam dinine benzer dinler ve İslam ibadetlerine benzer ibadetler gönderdiğini düşünmüş olabilir.

Atatürk, namaz konusunda topladığı bilgileri, döneminin önde gelen din adamlarıyla paylaşmış, bu konuda din adamlarıyla görüş alışverişinde bulunmuştur.

"*... Şifasız hastalığı teşhis edilmiş, mümkün olduğunca uzun ve huzur içinde yaşamasının tıp zorunluluğu olarak önüne konulduğu zaman, namaz sureleri üzerinde bilgi almak için Termal'de misafiri (daha sonra Diyanet işleri Başkanı) olan Prof. Ahmed Hamdi Aksekili ve Hafız Ali Rıza Sağman'ı göstererek*:

"***Şimdi bana şifa ve huzur getirenlerle beraberim***" demiştir.[1531]

1530 Bu konuda ayrıntılı bilgi için bkz. Meydan, **Atatürk ve Kayıp Kıta Mu**, s. 157 vd.
1531 Kutay, **age.** s. 26.

ATATÜRK'ÜN RÜYALARI

Atatürk, hayatının değişik dönemlerinde, tıpkı Kurtuluş Savaşı yıllarında olduğu gibi, rüyaya inanmıştır. Atatürk'ün hayatı iyi incelendiğinde, aslında **rüya** konusuna özel bir ilgisinin olduğu görülecektir.

En ilginci, Atatürk'ün gördüğü *"haberci rüyaların"* gerçekleşmiş olmasıdır.

Halide Edip Adıvar, Kurtuluş Savaşı yıllarında Atatürk'ün hemen her gün, gördüğü rüyaları yanında bulunanlara anlattığını ve çevresindekilere rüya görüp görmediklerini sorduğunu belirtmektedir.

Örneğin, Atatürk o günlerde II. **İnönü Savaşı'nın kazanılacağını** rüyasında görmüş ve bu rüyayı Dr. Reşit Galip Bey'e anlatmıştır. Atatürk, Reşit Galip Bey'e sadece gördüğü rüyayı anlatmakla kalmamış, bu rüyanın gerçekleşeceğinden emin olduğunu da ifade etmiştir. Ve Atatürk'ün rüyası gerçek olmuş, kısa bir süre sonra II. İnönü Savaşı'nın kazanıldığı haberi gelmiştir.

Atatürk bir keresinde de **Fevzi Paşa** ile aynı gece aynı rüyayı görmüştür.

Atatürk, Kütahya-Eskişehir savaşlarından sonraki o buhranlı günlerde Ankara Tren İstasyonu'ndaki binada kalırken, bir sabah erken kalkmış ve Ali Metin Çavuş'a, *"Acele olarak Fevzi Paşa'yı ara, bul ve hemen buraya gelmesini söyle"* demiştir.

Ali Metin Çavuş, Fevzi Paşa'ya ulaştığında Fevzi Paşa da Atatürk'ün yanına gelmek üzere evden çıkmıştır.

Fevzi Paşa Atatürk'ün yanına gelince Atatürk ona bir kâğıt, kalem uzatarak, *"Dün gece gördüğün rüyayı yaz ve bana ver"* demiştir.

Kendisi de bir kâğıt kalem alıp aynı şekilde dün gece gördüğü rüyayı yazmıştır.

Yazma işi bitince paşalar karşılıklı olarak kâğıtları değişmişler ve yazdıkları rüyaları okumuşlardır.

Her iki paşa da gülümsemeye başlamıştır.

Daha sonra her iki kâğıdı da görüp okuyan **Ali Metin Çavuş**, kâğıtlarda aynı rüyanın yazılı olduğunu görmüştür:

"*Hz. Muhammed Hacı Bayram-ı Veli'ye diyor ki: 'Mustafa'ya söyle korkmasın, sonunda zafer onların olacak'...*" [1532]

Bilindiği gibi o gece aynı rüyayı gören her iki komutanın adları da Mustafa'dır: Mustafa Kemal ve Mustafa Fevzi...

Atatürk'ün gerçekleşen bir başka rüyası, **annesinin ölümüyle** ilgilidir. Atatürk, annesinin öleceğini bir yurt gezisi sırasında rüyasında görmüştür.

Son günlerinde yanında bulunanlar, Atatürk'ün, gördüğü rüyaları çevresindekilere anlatarak, kendince bu rüyalarla ilgili yorumlar yapmaya çalıştığını belirtmektedirler.

Atatürk, ölümünden bir süre önce gördüğü bir rüyayı **Yaveri Salih Bozok'a** anlatmıştır.

İşte, Bozok'un anlatımıyla Atatürk'ün o rüyası:

"*Büyük bir otelin salonunda Atatürk oturuyormuş, ben de yanında imişim. Salonun köşesinde bir bilardo masası varmış, masanın başında, arkası kendine dönük olan bir zat oturuyormuş. Tam bu sırada odanın kapısı açılmış ve iri yarı 30 kadar adam içeri girmişler. Bunlardan biri eline bilardo masasından bir ıstaka alarak, masanın önünde oturan Atatürk'ün teşhis edemediği zatın omzuna bütün kuvvetiyle indirmeye başlamış. Omzuna vurulan zat ayağa kalkarak, kendini müdafaa etmekte ve 'Bana niye vuruyorsun?' diye hiddetle haykırmakta iken, ben bu meçhul mütecavize karşı ne yapmak lazım geleceğini Atatürk'ten göz ucuyla sormuşum. Atatürk ise, 'Sakın kıpırdama', manasına gelen işaretle, sukût ve sukûna davet etmiş. Bu sırada eli ıstakalı adam, bize doğru yaklaşarak karşımızda tehditkâr bir vaziyet almış. Bu sefer ben yine müdahale etmek istemişim ve aynı sessiz işaretle 'Ne yapayım' diye sormuşum. Atatürk, bana tekrar 'sus' işareti verdikten sonra, o azılı herife dönerek, 'Sen kimsin, ne istiyorsun' diye sormuş; fakat adam bu*

[1532] Gürtaş, age. s. 161, 162.

suale cevap vereceği yerde, cebinden bir tabanca çıkararak iki kurşun sıkmış; biri Atatürk'e, öteki bana. Sonra bu adam bize, 'Kalkın dans edelim' emrini vermiş. İkimiz de kalkıp, onun huzurunda dans etmişiz.

Bu karmaşık rüya, Atatürk'ün yine buhranlı bir gece geçirdiğine delalet ediyordu. Kendisine:

'Bu bir şey değil', dedim. Ben daha korkunç rüyalar görmüşümdür. Hele bir tanesini hiç unutmam. Müsaade ederseniz anlatayım:

'Anlat bakalım'..." [1533]

Atatürk, gördüğü son rüyayı **Afet İnan'a** anlatmıştır. Bu olay 26 Eylül 1938 tarihinde, Atatürk'ün ilk defa rahatsızlığıyla ilgili bir koma atlattığı gece meydana gelmiştir. Afet İnan'a kulak verelim:

"O geceyi rahatsız geçirdi. İlk hafif komayı o zaman atlatmıştı. Ertesi sabahki açıklamasında, 'Demek ölüm böyle olacak' diyerek, uzun bir rüya gördüğünü anlattı.' Salih'e söyle, ikimiz de kuyuya düştük; fakat o kurtuldu." dedi.

Rüya yorumcularına göre Atatürk'ün gördüğü 'kuyuya düşme' sembolü, kendisinin de söylediği gibi, ölümün habercisidir. Salih Bozok'un kuyudan kurtulması ise, Atatürk'ün vefat ettiği gün, buna çok üzülen Salih Bozok'un intihar etmesi ve kurtarılmasını simgelemektedir.

ATATÜRK, ALKOL VE DİN

Atatürk'ün doğduğu ve ilk gençlik yıllarını geçirdiği **Selanik**, sonraları öğrenimi dolayısıyla ikamet etmek zorunda kaldığı **İstanbul** ve ataşemiliter olarak görev yaptığı **Sofya**, son derece renkli ve hareketli kentlerdir. Adı geçen şehirler, o dönemde Osmanlı'nın Batı'ya açılan pencereleri gibidir. Batının bilimsel ve kültürel yönleri kadar, coşkulu ve renkli sosyal hayatının da en erken fark edildiği yerler buralardır. Özellikle Batı'dan etkilenen Osmanlı aydınları ve modern okullarda öğrenim gören açık

---
1533 Can Dündar, Sarı Zeybek, İstanbul, 1994, s. 116, 117.

fikirli Osmanlı gençleri için **içkili gazinolar ve meyhaneler** o dönemde hem bir deşarj olma yeri, hem de en koyu sohbetlerin yapıldığı, gençliğin baş döndüren coşkusunun olabildiğince özgürce yaşanabildiği mekanlardır. Açık fikirli Osmanlı gençleri için buralar, istibdat rejiminin bunaltıcı baskısından ve dağılmakta olan bir imparatorluğun acı çığlıklarından geçici bir sürede de olsa uzak kalınabilecek yegâne ortamlardır. En önemlisi, Batı etkisine açık, değişim sancıları yaşayan, eğitimli Osmanlı gençleri için **dans** etmeyi bilmemek, **içki** içmemek adeta bir eksiklik gibi görülmektedir.

İşte bu koşullar içinde **Mustafa Kemal** de pek çok arkadaşı gibi ilk gençlik yıllarında içkiyle tanışmıştır. Özellikle Harp Okulu'nda öğrenciyken bulunduğu İstanbul'da, **Beyoğlu'ndaki birahanelerde**, daha sonra da Sofyada ataşemiliter iken katıldığı balolarda ve davetlerde içkiye alışmıştır.

Atatürk, içki olarak rakıyı tercih etmiştir. Baş mezesi leblebi, beyaz peynir ve kavundur. Akşamları sofra başında sohbet etmekten büyük zevk duymuş, sofrada içki bulundurmuş ve ölçülü miktarda içmiştir. Bu ölçülü miktar yanındakilerin anlatımına göre en fazla iki kadehtir. Oldukça az içen Atatürk, gündüzleri içmemiş, hele hele görev başındayken asla alkol almamış, alanları da uyarmıştır.

Atatürk, hayatının değişik dönemlerinde ölçüsünü kaçırmamak koşuluyla alkol almıştır; fakat **önemli kararlar vereceği zaman dini günlerde** ve **cephedeyken** ağzına tek damla içki koymamıştır. Hatta bu yönde teşebbüste bulunanları uyarmayı ihmal etmemiştir. Örneğin, Atatürk'ün 1916 yılında Doğu Anadolu'da cephede bulunduğu sırada tutmuş olduğu notlardan, cephede içki içilmesine izin vermediği anlaşılmaktadır:

"...Rafet Paşa, rahatsız olduğundan ayrıldı. Akşam rakı büfesi hazırlamışlar, diğer subaylar için de böyle. Askere bu kadar yakın bulunan subaylar için bu durumu uygun görmedim. Yeni fırka kumandanı Ali Fuat Bey'le bu konuyu görüştük" (12 Kasım 1916).

Atatürk, tuttuğu notlarda 20 Kasım 1916 tarihinde içki konusunda şu çarpıcı cümleye yer vermiştir:

"*Sıhhatin korunması için, bilhassa beynin parlaklığı için alkol almamalı.*"

Atatürk, sporcuların da kesinlikle **alkol almamaları** gerektiğini belirtmiştir.[1534]

Atatürk'ün hayatı, 1930'dan sonra çok yoğun, hareketli ve stresli geçmiştir. Ömrünün son yıllarını tarih ve dil tezleri gibi kültürel meselelerle ve Hatay sorunu gibi siyasal meselelerle uğraşarak geçirmiştir. Bu yıllarda patlak veren devrim karşıtı hareketlerin olumsuzluklarından çok fazla etkilenen Atatürk, bu olağanüstü tempo sonunda yorgun düşmüştür. Sağlığı bozulmuş ve şiddetli hastalıklarla mücadele etmek zorunda kalmıştır. Bu dönemde ağrıları o kadar dayanılmaz bir hal almıştır ki, artan ağrılarının en güçlü ilacı olarak alkole başvurmuştur. Hasta günlerinde doktorların bütün uyarılarına rağmen, içkiyi bırakmayan Atatürk'e, bir gün yaveri **Hasan Rıza Soyak**, neden doktorların uyarılarına rağmen içkiye devam ettiğini sorunca, Atatürk şu yanıtı vermiştir:

"*Çocuk çocuk, haklısın, bunun farkındayım; ama mecburum, içmediğim zamanlar uyuyamıyorum; Izdırap içinde bunalıyorum. Aynı zamanda, içki bağırsaklarımı tanzim ediyor. Bu durumda takdir edersin ki, yapabileceğim şey ancak miktarını mümkün mertebe azaltmak olabilir...*" [1535]

O günlerde Atatürk'ün yanı başından ayrılmayan **Hasan Rıza Soyak**, Atatürk'ü doğrulamaktadır:

"*Gerçekten içmediği günler, hem uyumak, hem de bağırsaklarını harekete geçirmek için devamlı olarak ilaç kullanmak zorunda kalırdı.*" [1536]

Atatürk'ü, "İslam düşmanı" olarak adlandıranların gülünç delillerinden biri de Atatürk'ün içki kullanmasıdır. Atatürk düşmanları, Türk halkının İslami duyarlılığını istismar ederek,

---

1534 Ulusu, age. s. 205.
1535 Soyak, age. C. I, s. 18, 19.
1536 age. s. 19.

Atatürk'ün makul düzeyde içki kullanmasını abartıp, "ayyaşlık" diye adlandırarak, bunu Atatürk'ün en büyük zaaflarından biri olarak topluma belletmeye çalışmaktadırlar. Bu şekilde Atatürk'ün İslam hükümlerini göz ardı ettiğini, dolayısıyla "dinsiz" olduğunu ima etmektedirler.

Oysaki Atatürk, **İslam dinince** kutsal kabul edilen günlerde, ağzına tek damla içki koymamıştır.

Özel Kalem Müdürü Hasan Rıza Soyak, Uşağı Cemal Granda, kütüphanecisi Nuri Ulusu, kız kardeşi Makbule Atadan, hafızları Saadettin Kaynak ve Yaşar Okur anılarında Atatürk'ün **ramazan aylarında**, özellikle de **Kadir Gecelerinde** sofra kurdurmadığını ve ağzına tek damla içki koymadığını belirtmişlerdir. Ayrıca ibadetini aksatmayan dindar arkadaşlarını ve hafızları ağırladığı zaman da içki kullanmamıştır. Örneğin namaz kıldığını bildiği **Fevzi Paşa** geldiğinde sofrada hiç rakı içmemiştir.[1537] **Hafız Kemal** geldiğinde de sofradan kalkmış ve hafızı başka bir odada ağırlamıştır.[1538]

Ayrıca İslam dinine göre içki içen insan dinden çıkmaz, ancak günahkâr olur. Dahası Atatürk de bu durumun farkındadır.

Nazmi Kal'a kulak verelim:

"Bir yaz günü İstanbul'dayız. Ağustos sıcağında vapurla Samsun'a gidiyoruz. 30-40 sene evvel. O zaman buzdolabı filan yok. Sinop'ta Sinop'un ileri gelenleri bizi karşıladı. Sinop kalesine çıktık. Bir gölge yere oturdular. Valisi, ileri gelenleri ile memleket meselelerini konuştular. Konuşurken Atatürk döndü –biz hep arkasında ayakta durarak– 'Çocuklar orada içecek bir şey var mı?' dedi. 'Gemide buzlu bira var' dediler. Getirdiler, herkese verdiler, arkada bir kişi oturuyordu. O istemedi. Atatürk'ün nazarı dikkatini celbetti. 'Siz niye buyurmadınız?' dedi.

*'**Efendim o buranın imamı**' dediler. Atatürk, '**Hoca Efendi'ye de soğuk bir şey getirin**' dedi. Ona da ayran getirdiler. Gene memleket meseleleri üzerine konuşulmaya devam etti. Bir ara Atatürk hocaya döndü. 'Hocam bak hava sıcak, böyle*

1537 Ulusu, age. s. 224.
1538 Kalkan, age. s. 18.

sıcak havada böyle buzlu bira içilmez mi?' diye sordu. Hoca, 'Haram' dedi. Atatürk, 'Niye haram' diyor, hoca açıklayamıyor, sadece 'Haram' diyor, başka bir şey söyleyemiyor. Atatürk, 'Bunun hakkında bir hadis-i şerif, ayet-i kerime yok mu?' diyor, gene hoca cevap veremiyor. Hoca sıkışınca şöyle dedi: 'Paşam, doğrusunu söyleyeyim mi? Ben buraya muhacir geldim, iş aradım bulamadım, elhamdülillah Müslümanız, yapabildiğim kadarını yapıyorum, senin dediklerin kadar derinini bilmem.' Atatürk çok memnun oldu. 'Aferin! Türk ve Müslüman yalan söylemez. Yalan söylemediğin için seni affediyorum. Yalnız bak burası deniz kenarı, buraya bir ecnebi gelse İslam dini hakkında sana bir şey sorsa bihabersin. Müftü efendiden dersini alacaksın, ileride gelip seni imtihan edeceğim. Sen büyük bir vazifede bulunuyorsun, bilgili olacaksın, için dışın temiz olacak' dedi. Vali Bey'e dönerek, 'Benim tarafımdan hoca efendiye iki takım elbise yapın' dedi. Atatürk ayeti kerimeyi okudu, biz şaşırdık. Konuyu anlattı: 'ALLAH'IN MEN ETTİĞİ ŞEYLERİN KULLANILMASI YASAKTIR, FAKAT ALLAH BÜYÜKTÜR, ALLAH AFFEDİCİDİR, ALLAH KUSURUMUZU AFFETSİN' dedi." [1539]

Görüldüğü gibi Atatürk, "dinsel hükümleri bilmeyerek ya da reddederek" içmemektedir; o dinin bu konudaki hükmünü bilerek ve **Allah'ın affına sığınarak** içmektedir. Bu nedenle mesele tamamen **ATATÜRK ile ALLAH ARASINDA**'dır.

Atatürk'ün Rıfat Börekçi ile birlikte belirlediği 50 hutbeden üçü "*İçkinin kötülüğü*" ve "*İçkinin toplumsal zararları*" konusundadır.

Halide Edip Adıvar, Atatürk'ün Kurtuluş Savaşı yıllarında, ağzına bir damla içki koymadığını ve sabaha kadar uyanık kalabilmek ve savaş planları üzerinde uğraşmak için sadece **kahve** içtiğini belirtmektedir.

Adıvar, "*Türk'ün Ateşle İmtihanı*" adlı romanında bu konuda şunları yazmıştır:

1539 Nazmi Kal, **Atatürk'le Yaşadıklarını Anlattılar**, Ankara, 2001, s. 145, 146.

"O günler 1920 yazının ortalarına rastlar. Karargâhta adeta bir manastır hayatının riyazeti içinde yaşıyorduk. Yakup Kadri bu devirden bahsederken, 'Siz manastır hayatı yaşıyorsunuz' derdi. Mustafa Kemal Paşa adeta rahip gibi yaşıyordu. ...Bu ilk aylarda, hatta daha sonraları daima içkiye karşı nefsine hâkimdi. İçkiye iptilası rivayet edildiği halde ağzına bir damla alkol almamıştı." [1540]

Birinci Dünya Savaşı'nda Atatürk'ün Kurmay Başkanlığını yapan **Orgeneral İzzettin Çalışlar**'ın günlüğünde -ki bu günlük aynı zamanda Atatürk'ün de günlüğü değerindedir. Çalışlar, Atatürk'ün yaptıklarını da not almıştır- **2,5 yıl içinde, Atatürk'ün içki içtiği gün sayısının çok az olduğu görülmektedir.**[1541]

Atatürk'ün 12 yıl boyunca dışişleri bakanlığını yapan **Tevfik Rüştü Aras**, *"Ciddi işler konuşulduğu zaman Atatürk'ün yanında kahveden başka bir şey içilmezdi. Hele alkol asla bulundurmazdı"* derken,[1542] 30 yıllık arkadaşı **Süreyya Yiğit** de, *"Atatürk, büyük işler hazırlarken asla alkole iltifat etmezdi, Nitekim Erzurum'dayken biz içerdik, teklif ettiğimizde kabul etmez, yalnız kahve içerdi... Korkunç derecede bir irade kuvveti vardı."* demiştir.[1543]

Atatürk'ün yaveri **Cevat Abbas Gürer**'in gözlemlerine göre de *"...Buhranlı zamanlarda Atatürk için sofra, içki ...yoktu."*[1544]

Atatürk'ün Genel Sekreteri **Hasan Rıza Soyak**, Atatürk'ün içki alışkanlığı hakkında şunları söylemiştir:

"İçki olarak rakıyı tercih ederdi. Başka içkileri, mesela bira, şarap, viski ve şampanyayı nadiren içerdi."[1545]

1540 Adıvar, **Türk'ün Ateşle İmtihanı**, s. 147.
1541 Geniş bilgi için bkz, **Atatürk'le İki Buçuk Yıl -Orgeneral Çalışlar'ın Anıları**, Yayına haz, İ.Görgülü-İ.Çalışlar, Yapı Kredi Yayını, İstanbul, 1993; **On Yıllık Savaş'ın Günlüğü**, Org. İzzettin Çalışlar'ın Günlüğü, Yayına haz. İ.Görgülü-İ. Çalışlar, İstanbul, 1997; İ.Görgülü, **Atatürk'ün Özel Yaşamı**, s. 58.
1542 **Yakınlarından Hatıralar**, derleme, İstanbul, 1955, s. 32.
1543 age. s. 56.
1544 age. s. 94.
1545 Soyak, age. s. 12.

"Askeri, siyasi, büyük ve önemli meselelerin cereyan ettiği veya konuşulacağı zamanlarda hiç içmezdi... Gündüz içmenin de aleyhindeydi. Yanında bulunduğum uzun yıllar zarfında yalnız iki defa, gündüz birkaç kadeh konyak veya rakı içtiğini gördüm.

Maiyetinde çalışanların, vazifeli oldukları saatlerde içki kullanmalarını da hoş görmez, yasaklardı.

Atatürk, gerçi pek hoşlandığı içki sofralarında saatlerce kalırdı ama miktar itibariyle çok içen bir adam sayılmazdı..." [1546]

Atatürk'ü ağır bir dille eleştiren **Bozkurt** adlı kitaba, 1932 yılında Akşam gazetesinde yanıt veren **Necmettin Sadak**, Atatürk'ün içki alışkanlığı hakkında şunları yazmıştır:

"Mustafa Kemal, zaman zaman içki içer ve içtiği de herkesçe bilinir. O, bunu asla gizli yapmaz. Milletinin şerefine alenen kadehini kaldırdığı görülmüştür. Zaten o, özel hayatının hiçbir köşesini gizlemeye hiçbir zaman lüzum görmemiştir ve görmemektedir...

Mustafa Kemal, Anadolu'nun ilk buhranlı günlerinde ve iş başındayken hiçbir tür içkiyi ağzına götürmemiştir." [1547]

15 yıl Atatürk'ün yanında bulunan gazeteci **Falih Rıfkı Atay**, *"Savaş ve devrim günlerinde, meseleler konuşulduğu sırada hiç içmezdi"* demiştir.[1548]

Atatürk evet içki içmiştir, ama o içki içen **bazı Osmanlı padişahları gibi** içtiğini ulusundan saklamamış, açık açık *"milletinin şerefine"* içmiştir.

Atatürk, Latin harflerini 9 Ağustos 1928'de İstanbul Sarayburnu Parkı'nda düzenlenen çok büyük bir şenlikle halka tanıtmıştır. Atatürk, Gülhane Parkı'nda devam eden şenliklere katılan halkın arasına adeta onlardan biri olarak karışmış ve bir ara eline bir kadeh içki alarak etrafında toplanan halka şöyle seslenmiştir:

1546 age. s. 18.
1547 Sadi Borak, **Atatürk'ün Armstrong'a Cevabı**, İstanbul, 1997, s. 62.
1548 Falih Rıfkı Atay, **Çankaya**, İstanbul, 1984, s. 507; Görgülü, **Atatürk'ün Özel Yaşamı**, s. 57.

"Bu içkiyi bundan evvel gizli gizli içerek sizleri kandıran sahtekârlar gibi değil, işte açıkça hiç saklamadan, içinizden biri gibi, bir vatandaş olarak içiyorum. Şerefinize!" [1549]

Bu arada, Atatürk'ü içki kullandığı için "dinsiz" ilan eden inanç sömürücülerine, İslami duyarlılığının çok yüksek olduğu söylenen Osmanlı padişahı II. Abdülhamit'e, doktorların **rakıyı** yasak edip sadece **viskiyle** yetinmesine izin verdiklerini hatırlatalım.[1550]

ATATÜRK'ÜN SON GÜNLERİ

Atatürk'ün son günlerinde, hastalığı süresince yanında bulunanlar; yaverleri, yakın arkadaşları, doktorları, onun bu dönemde **"Allah'ın adını" ağzından düşürmediğini** söylemektedirler.

Bilindiği gibi Atatürk son günlerini Savarona yatında geçirmiştir. Burada kendisine hizmet edenlere minnet duygularını sunarken sıkça *"Allah razı olsun"* demiştir. Örneğin, Savarona'da bir gün kütüphanecisi Nuri Ulusu'ya, *"Nuri oğlum galiba yolun sonu geldi. Bana çok iyi hizmet ettin. Allah hepinizden razı olsun"* demiştir.[1551]

Doktoru Mim Kemal, Atatürk'ün bu zor günlerinde hasta yatağında en çok tekrarladığı sözcüklerin, *"Aman dil, değil dil, amma Yarabbi, Yarabbi, Allah'ım..."* gibi, kesik kesik sözcükler ve cümleler olduğunu belirtmiştir.[1552]

Son anlarında yanında bulunan **Nuri Ulusu** da Atatürk'ün ağzından dökülen *"Allah"*, *"Yarabbi"* sözcüklerini duymuştur:

"Komaları esnasında zaman zaman 'Aman Yarabbim, aman Yarabbim' diye mütemadiyen Halik'inden Allah'ından yardım dilediğini gözlerimle gördüm, kulaklarımla işittim.

1549 Ulusu, age. s. 79.
1550 Kinross, age. s. 449. II. Abdülhamit'in torunu Osman Efendi, Gazeteci-Yazar Murat Bardakçı'ya II. Abdülhamit'in **porto şarabı** içmeyi sevdiğini belirtmiştir. Osman Efendi'nin bu açıklamasının kaydı Murat Bardakçı'dadır.
1551 Ulusu, age. s. 233.
1552 Niyazi Ahmet Banoğlu, **Atatürk**, İstanbul, 1967, s. 29.

Aman Allahım, aman Allahım ne acımasız günlerdi o günler. O koca dev adam, büyük komutan, Ulu Önder Atatürk, o tüm dünyaya kafa tutan insan, Büyük Allah'ına, Tanrı'sına olan inancı ve imanıyla 'Aman Yarabi, Aman Yarabbi' diyerek ondan yardım bekliyordu. Bu muydu dinsiz Atatürk..." [1553]

Atatürk'ün hastalığının en ileri dönemlerinde, son günlerinde kardeşi **Makbule**, onu bir an olsun yalnız bırakmamış, başucunda saatlerce **Kur'an okumuştur.**

Bir İddia: Atatürk'ün Son Mesajı

Bazı araştırmacılar, Atatürk'ün son günlerinde insanları İslam dinine çağıran bir mesaj yayınladığını iddia etmektedirler.

İddiaya göre Atatürk, ölümünden yaklaşık 15 gün kadar önce, bütün Müslümanların ancak Hz. Muhammed'in yolunu izleyerek kurtuluşa ulaşabileceklerini söylemiştir.[1554]

Ahmet Gürtaş, "*Atatürk ve Din Eğitimi*" adlı kitabında "*Atatürk'ün Son Mesajı*" başlığı altında bu iddiaya yer vermiştir:

"*1979 yılında, Ankara Üniversitesi Dil ve Tarih Coğrafya Fakültesi yayınları arasında 'Urduca Yayınlarda Atatürk' isimli bir eser neşredilmiştir. Eser,* **Nedim Senbai** *tarafından Urduca olarak yazılmış ve* **Prof. Dr. Hanif Faruk** *tarafından da Türkçeye çevrilmiştir.* [1555] *Eserin neşir tarihinde üniversitenin rektörü olan* **Prof. Dr. Sayın Tahsin Özgüç**, *'Önsöz' ile fakültenin dekanı olan* **Prof. Dr. Oğuz Erol** *da 'Birkaç söz' ile eseri takdim etmişlerdir. İşte bu eserde, 'Atatürk'ün Son Mesajı' başlığı altında bir bölüm bulunmaktadır. ...*

Mesaj şudur:

'Bütün dünyanın Müslümanları, Allah'ın son peygamberi Hz. Muhammed'in (s.a.v.) gösterdiği yolu takip etmeli ve verdi-

---

1553 Ulusu, **age.** s. 235.
1554 Nedim Senbai, **Atatürk**, Ankara, 1979, s. 102, Gürtaş, **age.** s. 71, 72.
1555 **Prof. Hanif Faruk**, 102. sayfadaki Atatürk'e ait olduğu iddia edilen söz konusu mesajın sonuna, "*Bu ifadeler duygusal temele dayanabilir*" şeklinde bir dipnot düşmüştür.

ği talimatları tam olarak tatbik etmeli. Tüm Müslümanlar, Hz. Muhammed'i örnek almalı ve kendisi gibi hareket etmeli; İslamiyetin hükümlerini olduğu gibi yerine getirmeli; zira ancak bu şekilde insanlar kurtulabilir ve kalkınabilirler."* [1556]

Nedim Senbai, Atatürk'ün, bu "son mesajını" Başbakan ve Dışişleri Bakanı vasıtasıyla dünyaya açıkladığını da belirtmiş ve şu yorumu yapmıştır:

"Atatürk'ün bu mesajı, kendisinin ne kadar dindar ve gerçek Müslüman olduğunu açıkça gösteriyor. Onun için Büyük Önder'e olan sevgimiz, saygımız ve bağlılığımızı ispatlayabilmek ve tazeleyebilmek için bu mesajı hatırlamalıyız. Atatürk'ün ruhunu şad etmek istiyorsak, son sözlerine göre hareket etmeliyiz. Doğrusu, Büyük Türk Liderinin son mesajı, Müslümanlar için yeni bir hayatın müjdecisi olabilir. Müslümanlar Atatürk'ün sözlerine uyarak, hem dünyada, hem ahirette yüksek mertebeye erebilirler." [1557]

Ahmet Gürtaş, söz konusu mesaj hakkında şu yorumu yapmıştır:

"Bu mesajın tarihi bakımdan varid olup olmadığını, şayet varid ise, yerli herhangi bir kaynakta bulunup, bulunmadığını bilmiyoruz. Bu itibarla bu mesaja dayanarak herhangi bir sonuca ulaşmak istemiyoruz. Zaten Atatürk'ün İslam karşısındaki tavrını tesbit konusunda, bu mesajın mevcuda ilave edeceği yeni bir şey de yoktur. Ancak mesajın, Müslüman ülkeler halkının Atatürk'e bakış açısını göstermesi bakımından ayrı bir değeri vardır ve bunu buraya alışımızın sebebi bunu tebarüz ettirmektir." [1558]

Ben de Gürtaş'ın bu yorumuna aynen katılıyorum. Ancak meselenin bir de başka bir boyutu vardır.

"Atatürk'ün Son Mesajı" 12 Eylül'ün sahte Atatürkçüleri tarafından istismar edilmiştir. 12 Eylül'ün **"Kenanist Kemalist-**

1556 Senbai, age. s. 102; Gürtaş, age. s. 70, 71.
1557 Gürtaş, age. 71, 72.
1558 age. s. 71, 72.

leri" "hikâye" tarzında yazılmış bir kitaptaki **bu mesajı** peşinen doğru kabul ederek değişik yayınlarda kullanmışlardır.

Örneğin bu mesaj, 10 Kasım 1998 Perşembe günlü **Diyanet Takvimi'nde** yayınlanmıştır.

Adnan Oktar'ın Bilim Araştırma Vakfı bu mesajı *"Sağduyu"* adlı bir genelgeyle tam **12813** yere faks ve posta yoluyla göndermiştir. İki sayfalık bu genelgedeki şu ifadeler dikkat çekicidir:

"Dikkat: Bu mesaj, tüm bakanlıklar, yüksek mahkemeler, ordu komutanlıkları, valilikler, savcılıklar, emniyet müdürlükleri, bazı kaymakamlıklar, kulüpler, vakıflar, dernekler, tüm basın kuruluşları, özel radyo ve TV'ler başta olmak üzere 12813 yere faks ve posta ile gönderilmiştir."

Yine Bilim Araştırma Vakfı'nın **Rönesans** dergisi Mayıs 1990 sayısında bu mesaja yer vermiştir.

Daha sonra da M. Zeki Bozkurt adlı bir yazar, *"Cumhuriyet Fazilettir: Atatürk'ün İslam Görüşü ve Hayatı. Hurafeye Cevap"* adlı kitabının 58. sayfasında bu mesaja yer vermiştir.

Bu mesaj, **Milli Eğitim Bakanlığı Talim Terbiye Kurulu'nun** 11.5.1994 tarih ve 379 sayılı kararıyla 1994-1995 öğretim yılından itibaren 5 yıl süreyle ilköğretim okullarında ders kitabı olarak okutulacak, Talip Arışan ve Memet Doğru'nun hazırladığı DİN KÜLTÜRÜ VE AHLAK BİLGİSİ adlı kitabın 23. sayfasında yer almıştır.

Bu mesajın, doğruluğuna ilişkin herhangi bir somut kanıt ortaya konulmadan ilköğretim öğrencilerine "bilimsel" bir gerçek olarak anlatılması düşündürücüdür.

Tartışmalar artınca "Atatürk'ün Son Mesajı" iddiası mahkemeye taşınmıştır.[1559]

Ankara 14. Asliye Hukuk Mahkemesi'nin isteğiyle Dış İşleri Bakanlığı Arşivi, Cumhurbaşkanlığı Arşivi, Atatürk Araştırma Merkezi Arşivi ve Kemalist Yazarlar ve Sanatçılar Genel Merkezi'nde böyle bir belgenin olup olmadığı araştırıl-

---

1559 Söz konusu davayı **Avukat Hayri Balta** açmıştır. (Dosya No: 1988/793). Davalılar ise **TRT Genel Müdürlüğü** ve Ankara Üniversitesi'dir.

mıştır. Araştırmalar sonunda bu konuda herhangi bir belgeye ulaşılamamıştır.[1560]

Atatürk'ün Son Sözü: Aleykümselam

"Benim naçiz vücudum elbet bir gün toprak olacaktır; fakat Türkiye Cumhuriyeti ilelebet payidar kalacaktır" diyerek, dünya hayatının geçiciliğini asla unutmayan ve ölüm gerçeğine hep hazır olan **Gazi Mustafa Kemal Atatürk**, 10 Kasım 1938'de saat 9'u 5 geçe son nefesini verip, hayata gözlerini kapamıştır.

Atatürk'ün vefatına tanık olan **Hasan Rıza Soyak**, son birkaç saatte olanları ve Atatürk'ün son dakikalarını şöyle gözlemlemiştir:

"Herhalde iyi göremiyordu ki, bana sordu:
'Saat kaç'?
'Cevap verdim':
'7.00 Efendim.'
Aynı suali bir iki defa daha tekrar etti. Aynı cevabı verdim. Biraz sükûnet bulunca yatağa yatırdık, başucuna sokuldum.
'Biraz rahat ettiniz değil mi efendim?', diye sordum.
'Evet' dedi.
Arkamdan, Neşet Ömer İrdelp yanaşıp rica etti.
'Dilinizi çıkarır mısınız efendim.
Dilini ancak yarısına kadar çıkardı. Dr. İrdelp tekrar seslendi:
'Lütfen biraz daha uzatınız'
Nafile... Artık söyleneni anlamıyordu. Dilini uzatacağı yerde tamamen çekti; başını biraz sağa çevirerek Dr. İrdelp'e dikkatle baktı ve:
'Aleykümselam' dedi. Son sözü bu oldu..." [1561]

Ölüm anında orada bulunan başka bir görgü tanığına, **Nuri Ulusu**'ya kulak verelim:

[1560] Bkz. Ankara 14. Asliye Hukuk Mahkemesi'nin 1990/170 Esas ve 1990/289 Karar sayılı Dosyası. Dosyada, arşivlerde yapılan araştırmalarda *"Atatürk'ün Son Mesajı'na rastlanmadığı"* ifade edilmiştir.
[1561] Soyak, age. C. II. s. 771.

"Odada bulunan herkes komada... Büyük Komutan göz göre göre gidiyor; kimse bir şey yapamıyor ve son nefesini veriyor. Hiç unutmuyorum. Atatürk öldü der denmez, oda kapısının önünde nöbet tutan genç teğmen şöyle bir başını havaya kaldırdı ve küt diye koca vücuduyla kalıp gibi yere düştü, bayılmıştı. Bir tarih göç etmişti. Biz ne yapacaktık. İlk telaş sonunda doktorları son muayeneleri yaptılar, çenesini Dr. Kamil Berk, Mim Kemal Öke Bey gözlerini yavaş yavaş kapatıp, bir mendille bağladılar. Bu mendili hatıra olarak ben almıştım..." [1562]

Atatürk'ün cenaze namazı, 19 Kasım 1938 sabahı Dolmabahçe Sarayı tören salonunda kılınmıştır. Atatürk'ün cenaze namazını, İstanbul Üniversitesi İlahiyat Fakültesi öğretim üyelerinden **Ord. Prof. Şerafettin Yaltkaya** kıldırmıştır.[1563]

"Saygı duruşundan sonra bilahare tüm cemaati tabutun arkasına saf saf dizildi ve Hafız Yaşar Okuyan'ın 'Tanrı uludur, Tanrı uludur, Tanrı uludur. Tanrı'nın rahmeti üzerinde olsun' diye davudi sesiyle okumasından sonra cenaze namazı başladı. Hıçkırıklarımız boğazımıza düğümleniyordu, ama tutamayanlarınki çın çın ötüyordu. Namazın bitimiyle birden ellerimizin üzerinde yükselen tabutu top arabasına koyuverdik." [1564]

NE DEDİLER

Ahmet Fuat Bulca: Atatürk Gerçek Bir Dindardı

Atatürk'ü gerçekten tanıyanlar, onun kendi döneminde ve kendisinden sonra, din âlimi olarak geçinen birçok kişiden "daha dindar" olduğunu söylemektedirler. Örneğin, Atatürk'ün sürekli yanında bulunmuş olan **Ahmet Fuat Bulca,** Atatürk'ün son derece "dindar" olduğunu belirtmektedir.[1565]

Ahmet Fuat Buca'ya göre Atatürk gerçek bir dindardır,

"Ama onun dindarlığı, değişen zamanın önünde engel görünen şekilcilerden değildi. Dini, Allah'la kul arasında kendi

---
1562 Ulusu, **age.** s. 236.
1563 Kocatürk, **Doğumundan Ölümüne Kadar Kaynakçalı Atatürk Günlüğü,** s. 598.
1564 Ulusu, **age.** s. 238.
1565 Kutay, **Türkçe İbadet,** s. 137.

inhisarlarında vasıta sayanlara karşı çıktı. Onun laiklik anlayışının temelinde bu duygu, bir de asıl olarak kadın özgürlükleri vardır." [1566]

Kız Kardeşi Makbule'ye Göre Atatürk'ün Din Anlayışı

Atatürk'ü en iyi tanıyanlardan biri olan kız kardeşi **Makbule Atadan**, Atatürk'ün din anlayışıyla ilgili şunları söylemiştir:

"*Her Ramazanın bir günü ve ekseriyetle Kadir Gecesi bana iftara gelirdi. O gün imkân bulabilirse, oruç tutardı. İftar sofrasını eski tarzda isterdi. Oruçlu olduğu zaman iftara başlarken dua ederdi. Kur'an dinlemeyi sever, Kur'anı yüksek sesle ancak makama aşina olanlar ve güzel sesliler okumalı derdi. Annemin ölümünden sonra ruhuna hatim okutmayı istemiştim. Bu arzumu kendisine söylediğim zaman bana, 'çok iyi edersin. Benim için de okut' demişti ve aradan bir zaman geçtikten sonra vaadimi yerine getirip getirmediğimi sormuştu. Ruhun ebediyetine itikadı vardı. Yine bir aile meselesi için sinirlenmiş, muhatabı için, 'Bu adam hiçbir şeyin ebediliğine inanmaz. Zaten bedbaht biridir. Nesini ıslah edelim' demişti.*" [1567]

Hasan Rıza Soyak'a Göre Atatürk ve Din

Atatürk'ün Genel Sekreteri **Hasan Rıza Soyak**, Atatürk'ün inançlı bir Müslüman olduğundan emindir. Soyak, bu konuda şunları söylemiştir:

"*Türk milletini Müslümanlığın öz kaynağı ile gerçek bir din anlayışına ulaştırmak, bu suretle zihin ve vicdanları cehalet ve taassubun karanlığından kurtarıp, akıl yolu ile, ilmin aydınlığına kavuşturmak için olanca gücüyle gayret sarf eden, takip edilecek yol üzerinde zulmeti devam ettirmek kastiyle, muhtelif menfaatçi ve sömürücü müesseseler tarafından vücuda getirilen*

1566 age. s. 137.
1567 age. C. II, s. 301.

perde ve engelleri birer birer ortadan kaldırmış olan büyük bir mücahidi, dinsiz telakki etmeye imkan var mıdır?" [1568]

Mete Tunçay: Atatürk'ün 'Din Bilim' ve 'Doğal Din' İnancı Vardı

Yaygın anlayışın aksine, Atatürk'ün "dinsiz" olmadığını iddia eden çok sayıda yerli ve yabancı tarihçi vardır. Türkiye Cumhuriyeti ve Atatürk konularındaki çalışmalarıyla tanınan **Mete Tunçay**, Atatürk'ün din ve inanç anlayışıyla ilgili şu değerlendirmeleri yapmıştır:

"Çeşitli konuşmalarına bakarsak Mustafa Kemal Paşa'nın bir ara kaba materyalizm etkisiyle, ona da eğilim duymuş bulunmakla birlikte, 'Tanrıtanımaz' değil, "Yaradancı" olduğunu söyleyebiliriz. Sanırım, XVIII. yüzyıl aydınlanma çağına ve XIX. yüzyıl pozitivizmine uygun bir tür, usçul 'din bilim' ve 'doğal din' inancı vardır. Ancak, 'İslamın ahir ve ekmel din' olduğunu bir belit (axiom) gibi kabul ederek ya da siyasal taktik gereği kabul ediyor gibi görünerek İslamlığı bu çizgide yeniden yorumlamakta; İslamiyetin özünde, kendi onayladığı; 'Akli ve tabii dinle' aynı şey olduğunu ileri sürmektedir..." [1569]

Atatürk'ün özgün bir din anlayışına sahip olduğunu Mete Tunçay dışında, **Feroz Ahmad, Alparslan Işıklı** gibi son dönem tarihçileri de ifade etmektedirler.

Yabancı Gözüyle Atatürk ve Din

Özellikle yabancı araştırmacılar ve tarihçiler, Atatürk ve din konusuyla, daha onun sağlığında ilgilenmeye başlamışlardır.

1930'lu yıllarda Atatürk'ün din anlayışını **Yorgi Pasmazoğlu** şöyle ifade etmiştir:

"Mamafih, Kemal dinsiz değildir. Bende bıraktığı intibaa göre, ulûhiyet mefhumunu Voltaire'nin anladığı şekilde kabul etmektedir. Dini, vicdani mesele olarak görmektedir. Kendisi,

---
1568 Soyak, **age.** C. I. s. 259, 260.
1569 Tunçay, **age.** s. 213.

doğuştan dini tolerans sahibi olduğundan, vicdan hürriyetine hürmet etmektedir..." [1570]

Atatürk ve din konusuna, devrimler penceresinden bakan **Robert de Beauplan** ise, Atatürk'ün din üzerinde baskı kurmadığını ve vicdan özgürlüğünden yana olduğunu şu sözleriyle dile getirmiştir:

"Atatürk'ün yaptığı esaslı devrimlerin birçok örnekleri gösterilebilir; fakat bunların başlıca üç prensibi şudur: Modernleştirme, demokratikleştirme, laikleştirme... Bunun için Atatürk'ü itham edenler olmuştur; fakat bu düşünce yanlıştır. Atatürk hiçbir zaman dinin kendisini tazyik etmemiş ve vicdan hürriyetine daima riayet etmiştir. O, yalnız eskiden dinin herşeye hâkim olduğu bir ülkede, dini kendi alanına, yani ruhani ve manevi alana nakletmiştir..." [1571]

"Yeni Türkiye'de İslamlık" adlı eserin yazarı **Gotthard Jaeschke**, Atatürk'ün kendini "Müslüman" olduğu için mutlu saydığını, hatta birçok defa mesela Hıristiyanlığa karşı İslamiyeti savunduğunu belirtmiştir.[1572]

Atatürk ve din konusunda, ABD Büyükelçisi **C. Sherrill**'in söyledikleri ayrı bir önem taşımaktadır. Çünkü adı geçen büyükelçi, Atatürk'le din konusunda bizzat tartışmalara girmiş ve Atatürk'ün nasıl bir din görüşüne sahip olduğunu bizzat gözlemlemiştir.

Sherrill, Atatürk'ün din görüşü hakkında şunları söylemiştir:

"Dini devletten ayırması dinsizlik değildi. Bunu, kutsal kitabı kendi dillerinde yayınlatarak, bir elle aldığını diğeri ile vererek kanıtladı.... Herkesin kendisi okuması için kutsal kitabın sayfalarını açtıysa, ona dinsiz demek haksızlık olmaz mı? Kesinlikle evet. Şüphesiz Gazi, bizim G. Washington'umuz gibi dindar değil; ama kabul gerekir ki, basit bir tren kondüktörü-

---

1570 Yorgi Pasmazoğlu, Atina (Pario)'dan 17/18 Şubat 1937'den nakleden Borak, **Atatürk ve Din**, s. 87.
1571 Robert de Beauplan, **Yabancı Gözüyle Cumhuriyet Türkiye'si**, 27 Şubat 1935, s. 93 - 95'den Borak, **age.** s. 88.
1572 T.C. MEB, Din Eğitimi Çalışma Grubu Raporu, 6 Şubat 1981, Ankara, s. 20.

nün ve yüz binlerce basit Türkün her günkü yaşamına Kur'an'ı sokan adam, hiç şüphesiz saygıdeğer bir dini ihtilal yapmıştır... Agnostik (Fizik ötesi şeylerin bilinemeyeceğine inanan) hatta din düşmanı diye suçlayanlara karşı, Gazi'nin Allah'a inandığını söylemeliyim, insanlığın bir Allah'a sahip olma ihtiyacı ve hakkına; insanın Allah'a şahsen bağlanma ihtiyaç ve hakkına inandığını da eklemeliyim. Ama bunun kalıplaşmış dualar aracılığıyla yapılacak şey olmadığına da inanıyor..." [1573]

Yerli ve yabancı birçok gözlemciye ve uzmana göre Atatürk'ün bir dini inancı vardır. Akılcı değerlendirmeleriyle, en son din olan İslamın, en mükemmel din olduğunu düşünmektedir. **Özgün** bir din anlayışına sahip olmakla birlikte, bazı geleneksel yaklaşımları da benimsemiştir. İnanan, Allah'ın varlığını ve birliğini kabul eden biri olmasına rağmen, –hayatının değişik dönemlerinde materyalist ve pozitivist düşünüş tarzına da yöneldiği için olsa gerek– dinin ibadet boyutuna uzak kalmıştır.

ATATÜRK'ÜN DİN ANLAYIŞI VE EINSTEIN

Atatürk'ün "akılcı" temelde şekillenmiş, "özgün" bir din anlayışı vardır.

Atatürk'e göre din doğal bir olgudur, dinsiz toplumların devamına imkân yoktur. Nitekim kendisine sorulan, *"Paşam, din lüzumlu bir şey midir? Hilafetin kaldırılması iyi mi olmuştur?"* sorusuna, gayet sakin bir tavırla, *"Evet, din lüzumlu bir müessesedir. Dinsiz milletlerin devamına imkân yoktur. Yalnız şurası var ki, din Allah ile kul arasındaki bağlılıktır,"* [1574] şeklinde yanıt vermiştir.

Atatürk ve din konusundaki değerlendirmelere, yüzyılımızın son dâhisi, ünlü fizikçi **Einstein'in**, bilimsel düşünce tarzına sahip insanlar ve din konusundaki çarpıcı yorumları ışık tutacak niteliktedir.

1573 Koloğlu, age. s. 297, 298.
1574 (1930'da Ankara Halkevi'nde söylenmiştir.) Kılıç Ali, **Atatürk'ün Hususiyetleri**, 1998, s. 137.

Yaygın anlayışın aksine, Einstein ve onun gibi düşünen bazı bilim adamlarına göre, bilimsel düşünce ve dinsel düşünce arasında bir çatışmadan çok bir birliktelik vardır. Dolayısıyla, bilimsel düşünce yapısına sahip insanların Tanrı'ya inanmaları son derece doğal ve tutarlı bir yaklaşımdır.

Bilim ve edebiyat tarihine geçmiş, bilimsel düşünce yapısına sahip çok sayıda insanın, **"Tek Tanrı"** düşüncesine sahip olduğu görülmektedir. Örneğin, **Newton, Kepler, Tolstoy, J. J. Rousseau** ve **Voltaire** bunların en tanınmış olanları arasında gösterilebilir.

Newton, bilim ve din hakkında şunları söylemiştir:

"Teoloji, bilimlerin anası matematik Tanrı'nın varlığını ispatladı. Sayıların armonisini, gökyüzünün mekaniğini ben buldum... Beni, yarattığım teoloji ölümsüzleştirecek. Daha yüzyıllar boyunca Tanrı'nın varlığını ispatlayan Newton'a saygı gösterecek bütün dünya"[1575]

Newton, kâinatı sebep-sonuç (Cause and Effect) Kanunu'nun yönettiğini keşfetmiştir. Newton bu keşfi şöyle yorumlamıştır:

"Bu kanun Allah'ın evrendeki fiillerinin genel karakteristiğidir. Allah, dileklerini sebep-sonuç kanunu çerçevesinde gerçekleştirir." [1576]

Ünlü Rus edebiyatçısı **Tolstoy** ise, "İtiraflarım" adlı eserinde, din ve Tanrı hakkında şu görüşlere yer vermiştir:

"İnsanlığın başlangıcından itibaren hayatın olduğu yerde, yaşama imkânını inanç veriyor ve inancın ana çizgileri her yerde hep bir ve aynı.

İnanç hangi cevapları verirse versin, bu cevapları kime verirse versin ve hangi inanç olursa olsun, inancın her cevabı insanın ölümlü varlığına sonsuzluk anlamı veriyor; yani acılarla, ölümle yok olmayan bir anlam. Bu demektir ki, yaşamanın anlamı ve imkânı yalnızca inançta bulunabilir... Öyleyse o vardır.

1575 MILLENIUM, Bin Yılın Popüler Tarihi (1601 - 1700), S. 7, İstanbul, 2000, s. 17.
1576 Vahiduddin Han, **Din, Bilim, Çağdaşlık**, Boğaziçi Yayınları, İstanbul, 2001, s. 30.

O, sonsuz yaşanmayan şeydir. Tanrı'yı bilmek ve yaşamak bir ve aynı şeydir..." [1577]

Din olgusunun ve Tanrı'nın varlığını kabul eden bilim insanlarından biri de "*Tanrı zar atmaz*" diyen ünlü Alman fizikçi **Einstein**'dir.

Einstein'a göre, "*Engin bir bilimsel kafaya sahip olanlar arasında kendine ait dinsel duyguları olmayan birine zor rastlanır.*" Einstein, bu dindarlığın "*Naif bir insanın*" dindarlığından farklı olduğunu belirtmektedir. Einstein, naif insanlar için Tanrı'nın, "*Umutlarını gerçekleştiren ve cezalandırmasından korkulan bir güç olduğunu*" ifade ederek, şöyle devam etmektedir: "*Bu tıpkı bir çocuğun babasını yüceltmesi gibi bir duygudur.*'..." [1578]

Şüphesiz Atatürk, Einstein'ın tarifini yaptığı, "*Naif insanların din anlayışından farklı*" bir din anlayışına sahiptir.

"*Engin bir bilimsel kafaya sahip olanlar arasında kendine ait dinsel duyguları olmayan birine zor rastlanır*" diyen Einstein, **özgün** bir din anlayışına sahiptir.

Ancak Einstein da ömrünün değişik dönemlerinde bütün düşünce adamlarının yaptığı gibi din ve Tanrı konusuna eleştiriler yöneltmiş, özellikle ilahi dinleri sorgulamıştır.

Örneğin, 3 Ocak 1954 tarihli bir mektubunda Einstein, dinlerin "**Çocukça**" ve "**İlkel efsaneler**" olduğunu ileri sürmüştür:

"*Tanrı sözcüğü benim için insanın zaaflarının bir ifadesi ve ürünü olmanın ötesinde bir anlam taşımıyor. İncil'de yüce bir kitap ama yine de ilkel efsanelerden oluşan bir koleksiyon ve aynı zamanda oldukça çocukça...*" [1579]

"*Bence Musevilik de tıpkı öteki dinler gibi en çocukça hurafelerin yeniden canlandırılmasından başka birşey değil...*"

Görüldüğü gibi **Einstein**, Hıristiyanlık ve Musevilik gibi tek tanrılı dinleri eleştirmektedir.

1577 Tolstoy, İtiraflarım, s. 59, 74.
1578 **Bilimin Dinsel Özü**, Mein Weltbild'den Gündüz, **Einstein**, s. 33.
1579 **The Daily Telegraph**, Mayıs 2008'den, "*Einstein'dan Din Karşıtı Görüşler*", Milliyet, 14 Mayıs 2008, s. 14.

Ünlü fizikçi Einstein'ın bu eleştirileri **Atatürk'ün İslam eleştirilerini** hatırlatmaktadır.

Einstein'ın ve Atatürk'ün hayatlarının belli bir dönemine ait din eleştirileri onların "dinsiz" oldukları anlmına gelmez: **Onlar, geleneksel dinleri ve bu dinlerin çarpık Tanrı algılarını eleştirmektedirler.** Dolayısıyla Einstein'ı ve Atatürk'ü *"dinsiz"* değil, bizim alışık olmadığımız *"özgün"* din anlayışına sahip insanlar olarak, tanımlamak gerekir.

Einstein, özellikle Hıristiyanlık merkezli din anlayışını eleştirirken, kendine özgü, daha doğrusu kendisinin de adlandıramadığı, geleneksel in tamamen dışına taşan bir din görüşünü benimsemiş gibi görünmektedir.

Einstein, bilim ve dinin mutlaka çatıştığı biçimindeki yaygın kanıya katılmamakla birlikte, ilahi dinlerin geleneksel algısı konusunda aynı kanıda değildir; yani Einstein Hıristiyanlığın ve Museviliğin bilimle çatıştığını düşünmektedir.

Einstein, *"Naif insanların dindarlıklarından farklı"* diye adlandırdığı din anlayışının, bilimle çatışmadığını, tam aksine bu tür bir din anlayışına bilimin de ihtiyacı olduğunu düşünmektedir. Einstein'in, *"Din olmadan bilim eksiktir, bilim olmadan din kördür"* [1580] sözü, din ve bilim arasındaki birlikteliği en açık şekilde ortaya koymaktadır.

Geleneksel dini öğretilere (daha çok Hristiyanlığa) eleştiriler yönelten Einstein, kâinatta var olan her şeyi yönlendiren **bir gücün** varlığına inanmıştır.

Onun şu sözleri, bu inancının en açık ifadesidir:

"Her şey bizim üzerinde denetim kuramadığımız güçler tarafından belirlenmiştir. Bir sinek için olduğu kadar, bir yıldız için de her şey belirlenmiştir. İnsanoğlu, sebzeler, kozmik toz... Biz hepimiz çok uzaklarda çalınan bir görülmeyen kavaldan gelen gizemli ezgiyle dans etmekteyiz." [1581]

[1580] Kant'ın, *"Sezgi olmadan bilgi boştur, bilgi olmadan sezgi kördür."* sözüne gönderme, 1940. Gündüz, age. s. 34.

[1581] **Saturday Evenin Post**, 26 Ekim 1929, Einstain'ın değişik konulardaki görüş-

Atatürk de din konusunda Einstein gibi düşünmesine rağmen, aralarındaki temel fark Einstein'ın, Hıristiyanlık'tan neredeyse tamamen ayrılan ve tam olarak adlandırmadığı, *"Naif insanlarınkinden farklı"* din anlayışına karşılık Atatürk'ün, özü açığa çıkarılmış, hurafelerden arındırılmış bir İslam dininin "en mükemmel" ve "en tabii" bir din olduğunu düşünmesidir. Atatürk'ün özgünlüğü, İslam dininin tamamen dışına taşan bir özgünlük değil; İslam dinini akıl ve bilim ekseninde yeniden yorumlayan, hatta İslam dininin bazı geleneksel yönlerini de kabul eden bir özgünlüktür.

Atatürk'e benzer din görüşüne sahip başka bilim insanları da vardır. Bunlardan biri de **Prof. Dr. William Shea**'dır.

Bilim tarihçisi Prof. Dr. William Shea, bilim ve dinin çatıştığı biçimindeki geleneksel düşünceye karşı çıkarak, din, bilim ve bilimsel düşünce yapısına sahip insanlarla ilgili şunları söylemiştir:

"Newton ve Kepler gibi bilim adamlarının ne kadar dindar olduğunu unutuyoruz. Aydınlanma rasyonalizmi, dinin tamamen yok olacağına inandı. Öyle olmadı. Demek ki din temel bir ihtiyaca karşılık veriyor. Benim en büyük korkum, dinin istismar edilmesi, kullanılması..." [1582]

William Shea'nın 1998'de yaptığı bu tür değerlendirmelerin benzerlerini Atatürk 1920'li yıllarda yapmıştır. Tıpkı, bilim tarihçisi Shea gibi, Atatürk de *"Dinin temel bir ihtiyaca karşılık verdiğine"* inanmıştır ve Atatürk'ün de en büyük çekincesi, dinin istismar edilmesi ve kullanılmasıdır.

William Shea, bilimin ve dinin çatışmaya sokulmadan bir arada bulunabileceğini belirterek bilim ve din arasında mutlaka çelişki, uyuşmazlık ya da çatışma olması gerektiğine inananları, *"Zihinleri basit çalışan insanlar"* olarak değerlendirmektedir.[1583]

Atatürk'ün -İslam dini açısından konuya yaklaşarak- İslam dininin **akla**, **mantığa** ve **bilime** aykırı olmadığını ifade etmesi,

---
leri için bkz. Gündüz, **age.**
1582 Wiliam Şhea, *"Entelektüel Bakış"*, **Milliyet**, 21 Mayıs 1998, s. 20.
1583 **age.** s. 20.

William Shea'nın din-bilim değerlendirmelerinin, Atatürk'ün din-bilim değerlendirmelerine benzediğini göstermektedir.

ATATÜRK DÜŞÜNCESİNDE DİN

Çanakkale Savaşı'nda askerlerini kutsal sembollerle motive eden ve askerlerinin manevi gücünden etkilenen Atatürk; Çanakkale'den yakın dostlarına yazdığı mektuplarda Allah'a teslimiyetten ve kaderin yönlendiriciliğinden bahsetmiş, Kurtuluş Savaşı yıllarında zaferin ufukta göründüğü anlarda, Allah'a yalvarıp dua etmiştir. Annesinin mezarı başında en büyük idealini gerçekleştirinceye kadar mücadele edeceğini ise yine Allah'a yemin ederek dile getirmiştir.

Bir taraftan, çevresindekilere değişik vesilelerle son derece samimi olarak Allah'a yakın olmanın öneminden bahsederken, diğer taraftan Dolmabahçe Sarayı'nda okuttuğu Kur'an nağmeleriyle duygulanmıştır. İslamın kutsal kitabı Kur'an'a saygı duymuş, İslam dininin tarihsel yönü kadar, inanç ve ibadet boyutu hakkında da geniş bir bilgi, birikime sahip olmuştur.

İslamın kutsal yönlerine uymayacak hareketlerden kaçınmış, ramazan aylarında ortaya çıkan manevi havayı Çankaya Köşkü'nde hissetmiş, annesinin ruhuna Hatim-i Şerifler okutmuş, her yıldönümünde Çanakkale şehitlerini hatırlamış, Allah'ın varlığı ve birliği üzerine kafa yormuştur.

Dahası inanç ve ibadet özgürlüğü için mücadele etmiş, halka yönelik konuşmalarında İslam dininin mükemmeliyetinden bahsetmiş, Hz. Muhammed'i her vesileyle övüp takdir etmiş, Türk halkının İslam dinini tam anlamıyla anlayabilmesi için Türk tarihindeki en önemli hareketlerden birini başlatmıştır.

Sonuç olarak **Atatürk düşüncesindeki temel din görüşünü şu şekilde netleştirmek mümkündür:**

İslam dini, öz itibariyle ilerlemeye, çağdaşlaşmaya, akla ve bilime engel değildir. Müslümanlar, yaşamlarını uygarca sürdürürlerken özgürce ve rahatça ibadetlerini de yapabilmelidirler. Bunun için "**şeriat**" denen ve doğuşu çok eskilere dayanan dine dayalı bir devlet gerekmez. Yönetim, ekonomi, insan hakları ve toplumsal kurallar, çağdaş değerlere, insan ihtiyaçlarına, çağdaş hukuka göre aklın, bilimin ve teknolojinin ilkelerine dayandırılmalıdır. Bu düşünce aynı zamanda İslamın da öngördüğü yoldur. Türk toplumu ilerleyişini sürekli kılmak için hem yaşayışını, hem de inancını hurafelerden, eski ve gereksiz uydurma kurallardan ve dinle uzaktan yakından ilgisi olmayan dogmalardan kurtarmalıdır.

Atatürk, esnek, değişen zamana paralel bazı yorumların da değişmesi gerektiğini düşünen, dogmatik anlayışı reddeden, anlaşılabilen, dolayısıyla Türkçe, inanç özgürlüğünü ön planda tutan bir din görüşüne sahiptir.

"Şu da bir gerçektir ki, Atatürk düşüncesiyle gelen bu anlayışın ülkemizde yerleşmesi sonucu, İslam dünyasında en saf, en sade ve ileri, aynı zamanda dini en doğru algılayan, dinin gerçek emirlerini ve kurallarını özenle uygulayan tek ülke Türkiye Cumhuriyeti; tek toplum da Türk toplumudur. Bu seçkinliğimizi ve dünya Müslümanlarına örnek olma şansımızı Atatürk düşüncesinin getirdiği anlayışa borçluyuz." [1584]

ATATÜRK'E GÖRE MÜSLÜMANLARIN GERİ KALMA NEDENLERİ

Atatürk, toplumu oluşturan fertlerin sağlam bir mantıkla, yaşadıkları çağın gerçeklerini kavramalarını amaçlamıştır. O, fertleri zehirleyen, onları adeta kendi kendilerine yabancılaştıran ve sonuçta toplumu geri bırakan her türlü **boş inancı** reddetmiştir.

Atatürk'e göre toplumsal başarının anahtarı, bireylerin sağlam bir düşünüş yapısına sahip olmasıdır. Atatürk'ün deyişiyle, *"Fertler tek tek mütefekkir olmalıdır."* Bu da ancak **çağdaş bir eğitimle** mümkündür.

Atatürk'e göre zihniyeti **zayıf ve çürük olan** bir toplumun, bütün gayreti boşunadır.

[1584] Kaynar-Sakaoğlu, age. s. 60.

Atatürk, geçmişte bütün İslam âleminde sürekli yanlış, zayıf ve çürük zihniyetlerin hüküm sürdüğünü ve doğudan batıya kadar İslam ülkelerinin düşmanların esareti altında kaldığını belirtmiştir.[1585] Atatürk İslam dünyasının kurtuluşunun ancak köklü bir zihniyet **değişikliğiyle** mümkün olabileceğini söylemiştir.

Atatürk'ün bu tespitinin ne kadar doğru olduğu bugün çok daha iyi anlaşılmaktadır. Bugün, Irak'ta, Filistin'de, Afganistan'da ve tüm İslam coğrafyasında acı, gözyaşı, yoksulluk ve sefalet kol gezmektedir.

Atatürk'ün ifade ettiği gibi Müslümanlar çağdaş değerlere yüz çevirdikleri için adeta bir felaket çamuruna saplanmışlardır. Bugün başlarına bomba yağdırılan Müslüman toplumların kurtuluşunun anahtarı, hiçbir şey yapmadan oturup zalim düşmana "**beddua**" etmek değil, Kur'an-ı Kerim'in belirttiği gibi "**aklını çalıştırmak**" ve daha fazla zaman kaybetmeden bir an önce **bağnazlık perdesini** yırtıp çağdaşlaşmaktır.

Müslümanların İslamın Özünden Uzaklaşmaları

Atatürk, Müslümanların en temel problemlerinden birinin "İslamın özünden uzaklaşmaları" olduğunu belirtmiştir.

Atatürk, İslamiyeti kabul eden toplumların, bir türlü eski "batıl" inanç ve alışkanlıklarından kurtulamadıklarını; İslam hükümleriyle eskimiş, özelliğini yitirmiş âdetlerini birbirine karıştırdıklarını, üstelik doğru dürüst bir senteze varamadıklarını, böylece hem eski kültürlerini hem de yeni benimsedikleri İslam dinini bozduklarını ve sonuçta İslamın olumlu etkilerinden tam anlamıyla yararlanamadıklarını düşünmektedir.

Atatürk'e göre zaman içinde eski kültür öğeleri, batıl fikir ve uygulamalar, dine karıştırılmış ve Türkler de dâhil olmak üzere, İslamiyeti kabul eden toplumlar, bu yeni düşüncenin (İslamın) dinamizminden tam anlamıyla yararlanamamışlardır.

1585 **ASD**, C. II, s. 142 - 150.

Atatürk'ün ifadeleriyle; *"Bu yüzden, İslam toplumuna dâhil bir takım kavimler İslam oldukları halde, yıkılışa, sefalete, sessizliğe maruz kaldılar. Geçmişlerinin yanlış ve batıl inançlarını İslamiyete karıştırdıkları ve süratle gerçek İslamiyetten uzaklaştıkları için kendilerini düşmanlarının esiri yaptılar."* [1586] Atatürk, İslam toplumlarının geri kalışını, Müslüman olmalarına değil, tam aksine **Müslümanlığın özünü anlamamalarına** veya zaman içinde bu "öz"den uzaklaşmalarına bağlamıştır.

Atatürk, Türklerin sosyal hayatının birçok bakımdan İslamın özüne uygun olduğunu belirtmiştir; fakat buna rağmen, Türklerin de tarih içinde İslamın özünden saptıklarını söylemiştir:

"Lakin Türkler bulundukları saha, yaşadıkları bölge itibariyle bir taraftan İran ve diğer taraftan Arap ve Bizans milletleri ile ilişki içinde idiler. Şüphe yok ki, temasların milletler üzerinde tesirleri görülür. Türklerin temas ettiği milletlerin o zamanki medeniyetleri ise zayıflamaya başlamıştı. Türkler bu milletlerin yanlış âdetlerinden ve kötü yönlerinden müteessir olmaktan kendilerini alamamışlardır. Bu hal kendilerinde karmakarışık, ilim dışı, insanlık dışı zihniyetler doğmasına yol açmıştır. İşte düşüşümüzün belli başlı sebeplerinden birini bu nokta teşkil ediyor..." [1587]

Atatürk'ün tespitiyle, Müslüman Türklerin geri kalmalarının nedeni, İslamiyeti kabul etmeleri değil; çevre kültürlerin olumsuz özelliklerinden etkilenmeleri ve zaman içinde bu etkileşim ürünü eskimiş âdet ve gelenekleri İslam dinine karıştırmış olmalarıdır.

Müslümanlarla Hıristiyanların Uzun Süren Çatışmaları

Atatürk'e göre Müslümanların geri kalmalarının başka bir nedeni de dinler arasındaki çatışmalardır.

Asırlar boyu süren Müslüman-Hıristiyan kavgası, her iki dünyanın birbirine önyargılı ve düşman gözüyle bakması, Müs-

---
1586 **ASD**, C. II, s. 142 - 150.
1587 (20 Mart 1923 Konya Gençleriyle Konuşma, Türk Ocağında Verilen Çay Ziyafetinde Söylenmiştir.) **ASD**, C. II, s. 142 - 150.

lümanların Batı'daki kültürel ve bilimsel gelişmelere kayıtsız kalmalarına yol açmıştır. Bu durum da ilerlemeyi imkânsız kılmıştır.

Atatürk bu konuda şunları söylemiştir:

"Yine biliyoruz ki, İslam âlemine dâhil cemiyet ile âlemi Hıristiyan kitleleri arasında birbirini affetmeyen bir düşmanlık mevcuttur. İslamlar Hıristiyanların, Hıristiyanlar İslamların ebedi düşmanları oldular. Birbirlerine kâfir, mutaassıp nazariyle baktılar. İki dünya yekdiğeriyle asırlardan beri bu taassup ve düşmanlıkla yaşadı. Bu düşmanlığın neticesidir ki, İslam âlemi Batı'nın her asır belirli bir şekilde ve renkte olan ilerlemesinden uzak kalmıştı. Çünkü ehli İslam o ilerlemeye, tenezzül etmeyerek, nefretle bakıyordu. Aynı zamanda iki kitle arasında uzun asırlardır devam eden düşmanlıktan dolayı İslam âlemi, silahını bir an elinden bırakmamak mevcudiyetinde bulunuyordu. İşte düşmanlık hislerinden dolayı silaha bağlılık, Batının yeniliklerine kayıtsız kalma, düşüşümüzün nedenlerinden birini oluşturur..." [1588]

Atatürk, Müslümanlarla Hıristiyanlar arasındaki sonu gelmeyen dinsel çatışmaların Müslümanların Batı'dan, Batı'yla özdeşleşen **çağdaş uygarlıktan** yararlanmasını engellediğini belirtmiştir.

Atatürk, Müslümanlarla Hıristiyanlar arasındaki çatışmaların iki yönden Müslümanları olumsuz etkilediğini vurgulamıştır:
1. Tarihsel düşmanlığın yarattığı "ötekileştirme" ve onun her şeyinden nefret etme...
2. Bitip tükenmeyen Haçlı saldırıları karşısında sürekli tetikte bekleme; silah ve savaş dışında başka bir şey düşünememe...

Dinin İstismar Edilmesi

Atatürk'e göre tarih içinde İslam dininin **"yobaz"**, **"bağnaz"** kimselerin elinde kalması Müslümanların geri kalmalarının en önemli nedenlerinden biridir.

[1588] age. s. 142 - 150.

Atatürk, menfaatleri uğruna dini ilerlemeye engel olarak gösteren **bağnazların**, Türk-İslam toplumlarının geri kalmasına neden olduklarını belirtmiştir.[1589]

Atatürk'e göre geçmişte **dini kisve altında, dinden meşruiyet alarak hareket ettiğini söyleyen** çevreler, toplumu yanlış yollara sevk etmiştir. Din kurumunu, adeta bir zırh gibi kullanan bu çevreler, bir tür dokunulmazlık kazanmışlar ve kişisel çıkarları uğruna, ulusal ve toplumsal çıkarları göz ardı ederek yenileşmeye engel olmuşlardır.

Atatürk'ün deyişiyle:

"Bizi yanlış yola sevk eden kötülükler biliniz ki çoğu kez din perdesine bürünmüştür. Saf ve nezih halkımızı hep şeriat sözleri ile aldatagelmişlerdir..." [1590]

Atatürk, dini çıkar amaçlı olarak kullananlara, *"din oyunu aktörleri"* adını vermiştir ve bu din oyunu aktörlerine karşı halkı şöyle uyarmıştır:

"Tarihimizi okuyunuz dinleyiniz... Görürsünüz ki milleti mahveden, esir eden fenalıklar hep din kisvesi altında, küfür ve melanetten gelmiştir. Onlar her türlü hareketi dinle karıştırırlar. Hâlbuki elhamdülillah hepimiz Müslümanız, hepimiz dindarız. Artık bizim dinin hükümlerini öğrenmek için şundan bundan derse ve akıl hocalığına ihtiyacımız yoktur. Analarımızın, babalarımızın kucaklarında verdikleri dersler bile bize dinimizin esaslarını anlatmaya kâfidir..." [1591]

Atatürk, özellikle **dinin siyasete alet edilmesinin** büyük sorunlara neden olduğu kanısındadır.

Osmanlı Devleti'nin son dönemlerinde dini kullanarak bir toplumu uçuruma sürükleyenlerin çirkin yüzlerini daha unutmadan, Kurtuluş Savaşı sırasında Ulusal Hareket'i baltalamak için İstanbul'daki meşru hükümetin halkın dini duygularından yararlanmaya çalışması; hükümetin etkisindeki din adamlarının bağımsızlık için savaşanları *"dinsiz ve vatan haini"* ilan edecek

---

1589 N. Ahmet Banoğlu, **Atatürk'ün İstanbul'daki Hayatı**, İstanbul, 1973. s. 68.
1590 **ASD**, C. II, s. 131.
1591 age. s. 132.

kadar manevi duyguları sömürmesi; Atatürk'ü, dini kullananlara karşı amansız bir mücadelenin içine sokmuştur.

Atatürk, 15 Ağustos 1923 tarihinde TBMM'nin İkinci Dönemini açarken, Kurtuluş Savaşı sırasında dini siyasete alet ederek halkın yüce duygularını istismar edenleri, *"şeytanlıkla"* suçlamıştır.[1592]

Atatürk, dinin kişisel ve siyasal çıkar amaçlı kullanılmasına karşı duyduğu tepkiyi, **Nutuk'ta** bizzat altını çizerek önemini vurguladığı şu satırlarla anlatmıştır:

"Bunca asırlarca olduğu gibi bugün dahi milletlerin cehaletinden ve taassubundan yararlanarak, her türlü siyasi ve şahsi maksat ve menfaat temini için dini alet ve vasıta olarak kullanmak teşebbüsünde bulunanların içte ve dışta mevcudiyeti, bizi bu zeminde söz söylemekten mateessüf henüz müstağni bulundurmuyor. İnsanlıkta, din hakkındaki ihtisas ve derin dini bilgiler, her türlü hurafelerden ayıklanarak, gerçek ilim ve fennin nurlarıyla temiz ve mükemmel oluncaya kadar, din oyunu aktörlerine her yerde rastlanacaktır..." [1593] (s. 341).

Atatürk, dinden çıkar sağlayanların, ancak "din" ile "hurafenin" birbirinden ayrılmasıyla etkisiz kılınacağını, bunun da ancak insanlığın din konusunda, "ilim" ve "fennin" ışığıyla aydınlatılmasıyla mümkün olacağını söylemiştir. Onun bu düşünceleri, din konusundaki gerçeklerin de bir gün bilim sayesinde ortaya çıkacağına inandığını göstermesi bakımından önemlidir.

İslamda Ruhban Sınıfı Yoktur

Atatürk'e göre dini çıkar amaçlı olarak kullanan *"din oyunu aktörleri"*ni etkisizleştirmek ve kirli oyunlarını bozmak ancak halkı her konuda olduğu gibi din konusunda da **aydınlatmakla** mümkündür.

Atatürk, dini konularda halkı aydınlatacak kişilerin iyi eğitilmiş uzman kişiler olması gerektiğini belirtmiştir. Ancak din

---
1592 age. C. I. s. 333.
1593 Özerdim, age. s. 67.

konusunda söz söyleyeceklerin asla bir *"ruhban sınıfı"* oluşturmamaları gerektiğini ifade etmiştir.

Atatürk, **Diyanet İşlerinin** kuruluş amaçlarından birinin halkın din işlerini yürütmek olduğunu belirtmiş ve din işleriyle görevli olan müftü, hatip, imam gibi görevlilerin dışında kendisini bu görevlilerin yerine koyarak, halkı dini konularda bilgilendirme iddiası taşıyan kişileri ise ağır şekilde eleştirmiştir. Görevli olmadıkları halde dini kisve altında faaliyette bulunan kişilerin birçoğunun cahil olduklarını, hatta bir kısmının "**Ümmetçi**" anlayışı benimsediklerini, bu cahillerin bazı yerlerde halkın temsilcisiymiş gibi hareket ederek, halkla devletin doğrudan doğruya iletişim kurmasına engel olduklarını söylemiştir.

Atatürk, bu kişileri şöyle uyarmıştır:

"Bu vaziyet ve salahiyeti nereden almışlardır? Malum olduğuna göre, milletin temsilcileri seçtikleri milletvekilleri ve onlardan teşekkül eden TBMM'dir." [1594]

Atatürk, İslam dininde sosyal hayatta hiç kimsenin **bir sınıf teşkil ederek** mevcudiyetini korumaya hakkı olmadığını, kendilerinde böyle bir hak görenlerin dinin hükümlerine aykırı hareket ettiklerini belirtmiştir. **Atatürk'e göre İslamda ruhban sınıfı yoktur ve herkes eşittir.**[1595]

Atatürk, sık sık İslamın "üstünlük aracı" olarak kullanılmasının yanlışlığına işaret etmiştir. Toplumda İslamdan güç alarak, kendisini İslamla bütünleştirerek "statü" ve "güç" kazanmak isteyenlerin olabileceğini; fakat kimsenin böyle bir hakkı olmadığını söylemiştir. Bunu söylerken, İslamın en ufak bir ayrım gözetmeden tüm insanlığı kapsayan "eşitlik" ilkesi üzerinde durmuştur.

İslam dininin **ruhbanıyeti** reddettiğini belirten Atatürk, *"Tenvir vazifesinin"* (dini konularda halkı aydınlatma görevinin) yalnızca ulemaya veya kendisini ulema diye tanıtanlara ait

---

1594 (30 Ağustos 1925 Kastamonu'da CHP Binasında Partililerle Yaptığı Konuşma). **ASD**, C. II, s. 224 - 225
1595 **ASD, C. II, s. 90 - 94.**

bir görev olmadığını söylemiştir. Atatürk, bizim dinimizde, din hükümlerini anlatmak için mutlaka **dini bir kisvenin** şart olmadığını; her samimi ve bilinçli Müslümanın, halkı dini konularda aydınlatmasının mümkün olduğunu ifde etmiştir.[1596]

İslamın Siyasallaştırılması

Atatürk, İslamın siyasallaştırılıp ideoloji haline getirilmesini şiddetle reddetmiş ve bu durumu İslam toplumlarını yıkıma sürükleyen nedenlerin başında göstermiştir.

Bir dönem Osmanlı Devleti'nin fikir akımları arasında yer alan, devletin siyasi ve sosyal bütünlüğünü korumayı **din birliğinde** gören ve **II. Abdülhamit'in** şahsında doruğa ulaşan **Panislamizm** politikasının -1921 koşullarında bile - dünya Müslümanlarının refah ve saadetini istemek dışında, fazla bir anlam ifade etmediğini, Atatürk şu sözlerle dile getirmiştir:

"Panislamizmi ben şöyle anlıyorum; bizim milletimiz ve onu temsil eden hükümetimiz bittabi dünya yüzünde mevcut bilcümle dindaşlarımızın mesut ve müreffeh olmasını isteriz... Bununla âli bir zevk ve saadet duyarız. Bütün onların dahi aynı surette bizim saadetimizle alakadar olduklarına şahidiz ve bu her gün görülmektedir..." [1597]

Atatürk'ün bu sözleri, Yeni Türkiye'de İslam dünyasına bağlılık duygusunun **"ümmetçi"** çizgiden uzak siyasi, ekonomik ve kültürel ilişkiler doğrultusunda devam edeceğini göstermektedir.

Atatürk, çok yönlü dış politika anlayışı gereği, İslam dünyasıyla çok fazla ilgilenmiştir:

Kurtuluş Savaşı sırasında İslam dünyasıyla çok yakın ilişkiler kurması ve Cumhuriyet döneminde **Sadabat Paktı'nı** kurarak

---

1596 *"Bizim ulvi dinimiz her Müslim ve Müslimeye amme teharrisini farz kılıyor ve her Müslim ve Müslime ümmeti tenvir ile mükelleftir..."* (20 Mart 1923 Konya Gençleriyle Konuşma) **ASD**, C. II, s. 142 - 150.
1597 (1. 12. 1921. TBMM'de Bakanlar Kurulunun Görev ve Yetkilerini Belirten Kanun Teklifi Münasebetiyle). **ASD**, C. I, s. 215, 216.

Türkiye, Afganistan, İran ve Irak gibi İslam ülkelerini bir araya toplaması, Atatürk'ün İslam dünyasıyla, "ümmetçi" motiflerden uzak, ulusal çıkarlar doğrultusunda "kültürel" ve "siyasal" yakınlaşmaya ve dostluğa büyük önem verdiğini kanıtlamaktadır. Atatürk ayrıca **Afgan Kralı Emanullah Han** ve **İran Şahı Rıza Pehlevi** ile kişisel dostluk kurmuştur.

FİLİSTİN'E EL SÜRÜLEMEZ

20. yüzyılın başlarında Hıristiyan Batı emperyalizmini dize getiren **Atatürk**, sadece ezilen, sömürülen İslam dünyasına örnek olmakla kalmamış, ömrü boyunca dünya Müslümanlarına yönelik emperyalist saldırıların da karşısına dikilmiştir.

Atatürk'ü kendi kısır ideolojilerine hapseden "Sözde **Atatürkçüler**" çağdaş Atatürk Türkiyesi'nden dem vururken, **halifeliğin kaldırılmasına** ve **laik karakterli devrimlere** bakarak Atatürk'ü İslam dünyasına uzak, Araplara düşman biri olarak tanıtmışlar; hatta daha da ileri giderek onu bugünkü **İsrail yandaşlığının payandası** yapmak istemişlerdir.

Oysaki Atatürk, emperyalist Batıyı dize getiren ilk Müslüman-doğulu sıfatıyla ve bu sıfatın verdiği caydırıcılıkla en zor anlarında dünya Müslümanlarının yardımına koşmuştur.

Örneğin Atatürk, 1937 yılında emperyalist Avrupa'ya **Filistin konusunda** çok ağır bir ültimatom vermiştir. İşte Atatürk'ün **Kutsal topraklarla** ilgili 20 Ağustos 1937'de Meclis'te yaptığı konuşmanın tam metni:

"Arapların Avrupa siyasetine nüfuz edemeyip bu sözde istiklal kelimesine inandıkları ve bu uğurda Arap memleketlerini Avrupa emperyalizmine esir kıldıkları çok şayanı teessüftür. Arapların arasında mevcud olan karışıklığı ve hoşnutsuzluğu kimse bizim kadar bilemez. Biz vakıa birkaç sene Araplardan uzak kaldık. Fakat şimdi kendimize kafi derecede güvenip ve kudretimizi bildiğimiz için İslamiyetin mukaddes yerlerinin Musevilerin ve Hıristiyanların nüfuzunun altına girmesine mani olacağız. Binaenaleyh şunu söylemek istiyoruz ki; bura-

ların Avrupa emperyalizminin oyun sahası olmasına müsaade etmeyeceğiz. Biz şimdiye kadar dinsiz ve İslamiyete lakayt olmakla ittiham edildik (suçlandık). Fakat bu ittihamlara rağmen peygamberin son arzusunu, yani mukaddes toprakların daima İslam hakimiyetinde kalmasını temin için hemen bugün kanımızı dökmeye hazırız. Cedlerimizin, Selahaddin'in idaresi altında, uğrunda Hıristiyanlarla mücadele ettikleri topraklarda yabancı hakimiyet ve nüfuzunun tahtında (altında) bulunmasına müsaade etmeyeceğimizi beyan edecek kadar bugün, Allah'ın inayeti ile kuvvetliyiz. Avrupa bu mukaddes yerlere temellük etmek için yapacağı ilk adımda bütün İslam aleminin ayaklanıp icraata geçeceğine şüphemiz yoktur." [1598]

Daha sonra da Hindistan'da yayınlanan **Bombay Chronicle** gazetesi, 28 Ağustos 1937'de *"Kemal Paşa Avrupa'yı İhtar Ediyor: 'Filistin'e El Sürülemez!"* başlığıyla Atatürk'ün bu sözlerini sayfalarına taşımıştır.[1599]

Görüldüğü gibi Atatürk, **Kutsal topraklara** yönelik bir Batı saldırısına karşı *"...Mukaddes toprakların daima İslam hakimiyetinde kalmasını temin için hemen bugün kanımızı dökmeye hazırız.... Allah'ın inayeti ile kuvvetliyiz... Bütün İslam aleminin ayaklanıp icraata geçeceğine şüphemiz yoktur"* diyerek emperyalist Batı'ya meydan okumuştur.

Atatürk'ün Hıristiyan Batı emperyalizmine yönelik bu meydan okuması, Kurtuluş Savaşı yıllarında Hindistanlı Müslümanların Atatürk'e taktıkları *"İslamın son savaşçısı Mustafa Kemal"* adının ne kadar doğru olduğunu bir kere daha kanıtlamıştır.

[1598] **Ankara Milli Arşiv**, *"İçişleri Bakanlığı Matbuat Umum Müdürlüğü"*, 20 Ağustos 1937, **Dosya no:** 030 10 266 793 25.

[1599] Dönemin İçişleri Bakanı Şükrü Kaya, Cumhurbaşkanlığı'na hitaben yazdığı ön sunuş yazısında *"Bombay Chronicle gazetesinin 28. 8.1937 tarihli nüshasında 'Filistin'e el sürülemez, Kemal Paşa Avrupa'ya ihtar ediyor' başlığı altında bir yazı intişar etmiştir. Bu yazının Türkçe örneği ilişik olarak sunulmuştur. Bu vesile ile saygılarımı tekrarlarım"* demiştir. İçişleri Bakanlığı **Matbuat Umum Müdürlüğü**, 20 Ağustos 1937.

Atatürk'ün 1937'de *"El sürülemez"* dediği Filistin 2009 yılında bugün Hıristiyan Batı emperyalizminin taşeronu İsrail'in kanlı elleriyle kirletilmektedir. İsrail, son teknolji ürünü silahlarıyla Filistin'i tüm dünyanın gözleri önünde yerle bir etmektedir. Batı emperyalizmi ve onun Ortadoğu'daki taşeronu İsrail, İslam dünyasının tam merkezinde, Kutsal topraklarda, **Gazze'de** katliam yapmaktadır. Ancak ne hazindir ki bu Müslüman katliamına karşı hiçbir Müslüman lider çıkıp da –Atatürk'ün 1937'de yaptığı gibi– *"Filistin'e el sürülemez!"* diye haykıramamaktadır.

"Filistin'e el sürülemez" diye haykırmak herkesten önce Atatürk Türkiyesi'nin görevdir; ancak üzülerek söylemek gerekir ki Atatürk'ten sonra yeniden Hıristiyan Batı emperyalizminin dümen suyuna sokulan Türkiye bugün **sessiz** kalmaktadır. Bu öyle kahreden bir sessizliktir ki, bir zamanlar *"Ya İstiklal Ya Ölüm"* sloganıyla yedi düveli dize getiren **TBMM** bugün (7 Ocak 2009) Filistin'i işgal eden, çoluk çokuk demeden Müslüman kanı akıtan **İsrail'i kınayacak iradeyi** gösterememiştir.[1600]

Atatürk'ün sadece Türkiye için değil, tüm İslam dünyası için **"yeri doldurulamaz"** bir lider olduğu her geçen gün daha iyi anlaşılmaktadır.

İslamın Çok Çalışma Emrine Uyulmaması

Atatürk, İslam dünyasının geri kalmasında "tembelliğin" çok büyük bir etkisi olduğunu düşünmektedir.

1600 İsrail'e en sert tepkiyi **Venezuela Devlet Başkanı H.** Chavez göstermiş ve İsrail Büyükelçisini sınırdışı etmiştir. Türkiye ise **AKP Hükümeti**'nin *"Dengeler bozulur"* endişesiyle İsrail'i kınama bildirisi bile yayımlayamamıştır. *"TBMM Genel Kurulu'nda İsrail saldırılarıyla ilgili bir genel görüşme yapıldı. Kürsü ye çıkan tüm milletvekilleri saldırıyı kınadı ancak AKP'nin karşı çıkması nedeniyle ortak kınama bildirisi yayımlanamadı."* **Cumhuriyet**, 7 Ocak 2009, s. 1. Bu kitabın yayına hazırlandığı günlerde Başbakan Tayyip Erdoğan'ın Davos'ta İsrail Devlet Başkanı Perez'e bağırıp çağırması, Filistin'in haklarını koruması ne ifade eder. Olan olmuş, İsrail çoluk çocuk demeden Filistinlileri katletmiştir. Önemli olan bu katliamdan önce hareket geçmek, sesini yükseltmektir. Ancak Erdoğan herşey bittikten sonra sesini yükseltme cesareti göstermiştir. Onun bu cesareti AKP'nin oylarını arttırmak dışında ne işe yaramıştır.

Atatürk, İslam dininin, insanlara her konuda *"aktif"* ve *"çalışkan"* olmayı emrettiğini, *"hakir, miskin, zelil"* olmayı ise reddettiğini belirtmiştir.[1601]

Atatürk, çok çalışmanın **İslamın emri** olduğunu belirttiği bir konuşmasında şunları söylemiştir:

"Cenabıhakkı, birleşmiş, dayanışan, çalışan, şerefini namusunu muhafaza eden kavimleri mesut eder. Biz de bundan evvel olduğu gibi bundan sonra da bir birlik ve dayanışma ile çalışarak Allah'tan böyle bir saadeti haklı olarak bekleyebiliriz..." [1602]

Atatürk'e göre, Müslümanların temel sorunu **"çalışmadan tevekkül etmekten"** kaynaklanmaktadır. Ona göre Müslümanların ilerlemesi, ancak **çalışmayla tevekkül arasındaki bağı** anlamalarıyla mümkündür.

ATATÜRK VE DİN ADAMLARI

"Hocalık sarıkla değil, dimağladır."
Mustafa Kemal Atatürk

Osmanlı Devleti'nde duraklama ve gerileme dönemlerinde **ulema** ve onun yerel uzantıları durumundaki tutucu **din adamları** yenilik karşıtı tepkilerin odağı haline gelmiştir. Prof. Şerif Mardin'in ifadesiyle, bu **"reaksiyoner ulema"**, hem katı bir din yorumuyla yenileşmeyi engellemiş hem de din istismarı yapmıştır.

Müslüman halkla birebir temas kuran bu din adamı sınıfı, imparatorluğun siyasal ve sosyal çöküntü içinde olmasından da yararlanarak toplumda kendisine çok iyi bir yer edinmiştir.

Asıl görevi, halkın dini ihtiyaçlarını karşılamak olan din adamlarının göz ardı edilemeyecek kadar büyük bir bölümü, Osmanlı'nın özellikle son dönemlerinde, din kurumunu **çıkar amaçlı** olarak kullanmıştır.

1601 (5.2.1923. Afyon Karahisar'da Halkla Konuşma). **ASD**, C. II, s. 96.
1602 (23. 3. 1923. Afyon Karahisar'da Halkla Konuşma) **ASD**, C. II, s. 161.

Atatürk'ün Din Adamlarıyla İlgili İlk İzlenimleri

Atatürk, Osmanlı Devleti'nin son dönem buhranlarını bizzat yaşamış biri olarak, bir kısım din adamının dini nasıl **tehlikeli bir silah** olarak kullandığını çok yakından görmüştür.

Atatürk'ün daha sonraki dönemlerde din adamlarına şüpheci bir gözle bakacak olmasında, Osmanlı döneminde tanık olduğu bazı olayların büyük bir etkisi vardır.

Atatürk'ün din adamlarıyla ilgili ilk izlenimleri, çocukluk ve ilk gençlik yıllarına dayanmaktadır. Selanik'te **Mahalle Mektebi'ndeki** şalvarlı, kuşaklı, cüppeli ve değnekli **hocalar,** onun hafızasında bir daha silinmeyecek şekilde yer etmiş ilk din adamı tipidir. Yine ilk gençlik yıllarında tanıdığı bazı **tarikat şeyhleri** ve onların bağnazlıkları, Atatürk'ün daha çok gençken din adamlarına "tepki" duymasına yol açmıştır. Bir de buna **31 Mart mürteci ayaklanmasına** katılmış yenilik karşıtı, gerici, softa zihniyetine sahip din adamları eklenince, Atatürk'ün din adamlarıyla ilgili olumsuz düşünceleri daha da belirginleşmiştir.

Atatürk ve Hıristiyan Din Adamları

Atatürk'ün, din adamları hakkında kemikleşmek üzere olan olumsuz yargıları, **Ortodoks-Hıristiyan** din adamlarını tanımasıyla değişmeye başlamıştır.

Müslüman din adamlarının büyük bir bölümünün bağnazlığına karşın, Ortodoks- Hıristiyan din adamlarının çağdaş düşünce yapısı Atatürk'ü etkilemiştir.

Atatürk, yurt dışındaki ilk görevi **Sofya Büyükelçiliği Ataşemiliterliği** sırasında Bulgaristan'daki Ortodoks din adamlarını gözlemlemiş ve bu din adamlarının toplum üzerindeki –olumlu anlamda– yönlendirici etkisine tanık olmuştur.

Ortodoks Papazları, din adamı olmaları yanında sağlık, tarım, bayındırlık konularında da uzman denilebilecek kadar bilgi birikimine sahiptirler. Dinlerinin hükümleri kadar, devletlerinin kanunlarını da çok iyi bilmektedirler. Ayrıca, değişen zamana ayak uydurabilmek için Atatürk'ün ifadesiyle, *"Bazı din adamla-*

rımızda zerresi olmayan" özelliklere sahiptirler. Özellikle, 1877-1878 Osmanlı Rus Savaşı'ndan sonra kendi ırklarına **milliyetçilik** ufuklarını açmışlardır. Asıl öğretmen onlardır. Bizim, **"Domuz çobanı"** tabiriyle küçümsediğimiz gerçekten ilkel şartlar içinde olan Balkanlı Ortodokslar, kısa sürede toprakların asıl sahibi olan bizimkilerden her bakımdan ileri duruma gelmişlerdir.

Bunlar Atatürk'e ait izlenimlerdir...

Atatürk, Bulgaristan'da edindiği bu izlenimleri, bir raporla **Harbiye Nezareti'ne** bildirmiştir. Ayrıca Selanik'ten tanıdığı ve o günlerde **Evkaf Nazırı** olan **Şeyhülislam Hayri Efendi'ye** yazdığı uzun bir mektupta Müslüman hocalarla Ortadoks Hıristiyan papazları kıyaslamıştır.

Şeyhülislam Hayri Efendi, mütarekeden sonra İttihat ve Terakki Hükümeti'nde yer alan nazırlarla beraber Malta Adası'na sürüldüğünde, bu mektuptan **Rauf Orbay'a** bahsetmiş ve **"Islah-ı Medaris Tasarısı'nda"** (Medreselerin Düzenlenmesi) Atatürk'ün bu gözlem ve uyarılarından yararlanıldığını söylemiştir.[1603]

Atatürk Sofya'daki bu gözlemleri sonunda Müslüman din adamlarının da aydınlanması gerektiğine, din adamlarının gerek dini bilgileriyle, gerek teknik ve kültürel donanımlarıyla karanlığın, geri kalmışlığın değil, aydınlık ve ilerlemenin sembolü olabileceklerine inanmaya başlamıştır. En önemlisi, Sofya'da karşılaştığı **aydın din adamı tipi**, onun din adamlarıyla ilgili olumsuz düşüncelerinin kemikleşmesini engellemiştir.

Kurtuluş Savaşı ve Din Adamları

Kurtuluş Savaşı yıllarında Türkiye'de iki farklı din adamı tipi ortaya çıkmıştır.

Bu zor yıllarda din adamlarının bir kısmı saltanat ve hilafetçi çizgiden yana, Ulusal Hareket'e karşı ve **teslimiyetçi** çizgideyken; diğer bir kısmı Kurtuluş Savaşı'nın gerekliliğine inanan, Ulusal Hareket'i sahiplenen, **bağımsızlıkçı** çizgidedir.

1603 Kutay, **Atatürk Olmasaydı**, s. 32, 33.

Atatürk, Kurtuluş Savaşı'na başlar başlamaz, İstanbul hükümetinin tepkisiyle karşılaşmıştır. İstanbul'daki meşru hükümet, İngiliz baskısının da etkisiyle Ulusal Hareket'i baltalayacak planları birbiri ardına uygulamaya koymuştur. İstanbul hükümetinin Ulusal Hareket'i etkisizleştirme planlarının başında, bu hareketin lideri Mustafa Kemal Paşa ve arkadaşlarını **İstanbul Müftüsü Dürrizade'nin** fetvalarıyla *"dinsiz, zındık"* ilan etmek gelmiştir.

Dürrizade, bu fetvalarıyla Mustafa Kemal Paşa'yı, *"dinsiz"*, Ulusal Hareketi de *"isyan"* hareketi olarak adlandırırken; Atatürk'ün kafasında, daha önceki yıllarda tanık olduğu "menfaatçi, gerici, satılık din adamı" görüntüsü yeniden belirginleşmiştir.

İstanbul'da, Ulusal Hareket'e cephe alan Dürrizade gibi "sahte" din adamlarına karşılık, Anadolu'da Ulusal Hareket'ten yana, Atatürk'le omuz omuza bağımsızlık mücadelesi veren Rıfat Hoca gibi çok sayıda "gerçek" din adamı vardır.

Kuvayımilliye'nin oluşumundan, Cumhuriyetin ilanına kadarki zor dönemde Anadolu'nun gerçek din adamları Atatürk'ün hep yanında olmuşlardır. Bu **"Kuvvacı din adamları"**, Atatürk'ün bağımsızlık idealini geniş halk kitlelerine yayan görevliler gibi çalışmışlardır.

Denizli Müftüsü Ahmet Hulusi Efendi'nin, İzmir **Müftüsü Rahmetullah Efendi'nin,** Bilecik **Müftüsü Mehmet Nuri Efendi'nin,** Zonguldak **Müftüsü Hasan Tahsin Efendi'nin,** Bartın **Müftüsü Hoca Rıfat Efendi'nin,** Devrek **Müftüsü Abdullah Sabri Efendi'nin,** İnebolu **Müftüsü Ahmet Hamdi Efendi'nin, Kars Müftüsü Osman Nuri Efendi'nin** ve daha nicelerinin Kurtuluş Savaşı'ndaki katkılarını kim unutabilir?[1604] Düşmanla cephede göğüs göğüse mücadele etmek için din adamlarınca kurulan **Demiralay** ve **Çelikalay'ı** kim inkâr edebilir?

1604 Bu Kuvayımilliyeci din adamlarının Kurtuluş Savaşı'na katkılarının ayrıntıları için bkz. Recep Çelik, *"Milli Müadele Döneminde Atatürk ve Din Adamları"*, **Atatürk'ün İslama Bakışı,** AKDTYK, Atatürk Araştırma Merkezi, Ankara, 2005, s. 98 vd.

27 Kasım 1919'da Fransız işgal kuvvetleri komutanı Andre'nin emri üzerine Maraş kalesindeki Türk bayrağı indirilmiştir. Bunun üzerine cuma namazında **Ulu Cami İmamı Rıdvan Hoca**, *"Hürriyeti elinden alınan bir milletin cuma namazı kılmasının dinen caiz olmadığını"* söylemiştir.[1605] Bu sayede harekete geçen halk Türk bayrağını tekrar Maraş kalesine dikmiştir.[1606]

23 Nisan 1920'de açılan Birinci TBMM'nin ilk dönem milletvekillerinin büyük bir bölümü ulusal bağımsızlıktan yana din adamlarıdır. Atatürk, Türk ulusunun geleceği olan Türk Kurtuluş Savaşı'nı işte bu yarısı sarıklı TBMM ile yürütüp, başarıya ulaştırmıştır.

Ulusal Hareket'ten yana din adamları, İstanbul'un Ulusal Hareket karşıtı din adamlarıyla da mücadele etmiştir. İstanbul Müftüsü Dürrizade'nin suçlamalarla dolu fetvasına, **Ankara Müftüsü Hoca Rıfat Efendi** çok sayıda din adamına imzalattığı karşı fetvayla yanıt vermiş ve Mustafa Kemal Paşa'nın yanında yer alarak Ulusal Hareket'i desteklemenin **din gereği** olduğunu duyurmuştur.

Atatürk, Kurtuluş Savaşı yıllarında gördüğü bu iki ayrı din adamı tipinden çok etkilenmiştir. O, Kuvayımilliyeci, bağımsızlıktan yana, aydın din adamlarını her seferinde takdir etmiş; ancak menfaatçi, ulusal duygudan yoksun, teslimiyetçi ve bağnaz din adamlarından ise hep nefret etmiştir. **Prof. Mete Tunçay**, *"Mustafa Kemal Paşa, ciddi ve hakiki ulemayı istisna etmekle birlikte, diğer din adamlarına müthiş düşmandı..."* [1607] derken, bu duruma işaret etmiştir.

Bir Anı

Atatürk, "menfaatçi", "bağnaz" ve "Ulusal Hareket'e karşı" din adamlarına büyük tepki duymuş ve bu tepkiyi, zaman

---

1605 age. s. 141.
1606 age. s. 142.
1607 Tunçay, age. s. 213.

zaman genellemeler de yaparak değişik ortamlarda çok açık bir şekilde dile getirmiştir.

Örneğin 1923'te İzmit'te gazetecilerle yaptığı görüşmede bir gazetecinin **hocalar** hakkındaki sorusu üzerine Atatürk şunları söylemiştir:

"*Gazi Paşa:*

Ben hocaları sevmem. Yalnız camide namaz kıldıranların sarık sarmaya hakkı yoktur. Namaz kıldırabilmek için sarığın lüzumu da yoktur. Bu millette yoktur.

Gazeteci:

Hâlbuki bizde dinden ziyade hocalık...

Gazi Paşa:

Beyler siz bu memlekete merbutsunuz. Bu memlekette hocaların ne kadar kıymetsiz olduğunu ve bu milletin hocalardan ne kadar nefret ettiğini biliyorsunuz. Ben size ufak bir misal vereyim: Çok hoca nerede vardır? Konya'da değil mi? Ben Konya'ya yaptığım seyahatlerin birinde mektepleri dolaşıyordum. Bana dediler ki, aman efendim bir de medreseye gel gör. Yanımda Rus, Azerbaycan sefirleri vardı. Bu medresenin kapısına geldik; fakat kapı olduğunun farkında olmadan. Çünkü bir demir parmaklık vardı. Hani kapı? dedim. Burası dediler. Medreseye köpek girmesin diye parmaklık yaptırdık dediler. Evvela bu medresenin kapısını açınız da ondan sonra... Giremedim diyemedim ve bu suretle çok büyük hata irtikab ettim. Demirin üzerinden atladık, içeriye girdik, baktım bir tabur kadar başı sarıklı adam bir sıraya dizilmişler ve müftü efendi başta olmak üzere, tekmil Konya'nın ulemasını toplamış, gayet mültef'it bulunmak istedi...

Dedi ki, efendim, bizim talebeyi askere alıyorlar ve askerde bulunan talebenin iadesine müsaade etmiyorlar. Birkaç defa hükümete yazdık cevap vermediler. Emir buyurunuz dedi. Ben de ecanibin yanında bunları rencide etmemek için, peki dedim, icabına bakarım... Yok dedi. Emir veriniz. Ahz-i asker reisi paşa vardır. Buradadır dedi. Nazar-ı dikkate alırız, dedim. Efendim dedi, şimdi emir veriniz.

O zaman vaziyeti tetkik ettim. Müftü efendi hocaların herkes üzerinde müessir olduğunu ispat için bana hükmediyordu. Gayet yüksek sesle hocalara dedim ki:
Bir sürü asker firarisi toplanmışsınız. Bütün medreselerde sizin gibi insanların yekûnunu toplasak Karahisar'ı istirdat etmeyi mi yoksa burada oturmak mı? Bu mühim bir hadise oldu. Çünkü Konya'nın en muhterem uleması tahkir olunmuştu. Hakikaten tahkir olundu. Evime gittiğim zaman hakiki Konya ahalisi geldiler ve dediler:
"Efendim çok teşekkür ederiz. Biz hocalara karşı çok itibar ediyorduk. Sebebi, buraya gelen her büyük adam onların elini öpmüştür. Biz de zannediyorduk ki onların elini öpmek bir şeref, yoksa biz onların ne kadar adi adamlar olduklarını şimdi anladık ve her yerde söyleriz."
Binaenaleyh, hocaların kıymeti yoktur.
Falih Rıfkı Bey:
Kuvvetleri de yoktur.
Gazi Paşa:
Gidin köylülerle görüşünüz, hepsi alay ederler.
Müştak Bey:
Nitekim İstanbul'da olmuştur. İstanbul'da gayet küçük...
Gazi Paşa:
Fakat ehemmiyet verirseniz ve bilhassa ondan korktuğunuzu ihsas ederseniz hakikaten korkuturlar. Arzu ediyorum ki bu mesele de zihinlerimizin durduğu noktayı tamik edelim (araştıralım).
Falih Rıfkı Atay:
Bu suretle münakaşada bulunmak isteyenlere serbest olarak müsaade edilecek mi?
Gazi Paşa:
Münakaşa edilmelidir. Hatta kitap ve gazete vasıtasıyla münakaşa edilmelidir." [1608]

1608 Arı İnan, Gazi Mustafa Kemal Atatürk'ün 1923 Eskişehir İzmit Konuşmaları, s. 72, 73.

Falih Rıfkı Atay'ın Gözlemleri

Usta gazeteci yazar **Falih Rıfkı Atay**, Cumhuriyet'in ilk yıllarındaki din adamlarını değişik kategorilere ayırarak değerlendirmiştir.

Atay, o dönemin din adamlarıyla ilgili gözlemlerini şöyle aktarmıştır:

"Hocalar vardır. Bazıları aydıncadır. Çoğu tam kara kuvvettirler. Birinciler kendi hallerine bırakılsalar, eski binadan hiçbir taş kımıldatamazlar ve halk arasında uyanık hocalıklarını değil, taassubu okşayan riyakârlıklarını kullanırlar. Mustafa Kemal, bunlardan, hilafetin dinde yeri olmadığını dini delillerle ispat ederek faydalanacaktır. Kara kuvvet ise, Mustafa Kemal halife olsa kabul edecektir; fakat hilafeti kaldırınca da kendilerine sağladığı menfaatler yüzünden, sessiz, sinik fırsat bekleyecektir. Yalnız birkaçı cesurdur. Her inkılap kararını önlemek için kürsüye çıkarlar. Onlara göre, Mustafa Kemal büyük adamdır, millet kurtarıcısıdır. Onsuz memleket olmaz, ama hele şu etrafındakiler olmasa... gibi bir edebiyat tutturmuşlardır..." [1609]

Atay, bir kısım din adamının Atatürk'ü yüceltirken, Atatürk'ün çevresinde bulunanları ağır şekilde eleştirmesinden şöyle yakınmıştır:

"Etrafındakiler tabii ki bizler... Bütün hınçları, hücumları, kinleri, nefretleri bize doğru olacaktır. Hilafet kalktığı, şapka giyildiği, yazı değiştirildiği vakit Mustafa Kemal yine Mustafa Kemal'di. Biz ise dalkavuklar, müfsitler, zındıklar olarak lanetlerine uğrayacağız." [1610]

Atatürk'e Göre Ulema

Atatürk, tarih boyunca İslam dünyasında iki ayrı ulema tipinin var olduğunu ileri sürmüştür: Bunlar Atatürk'ün deyişiyle **"sahte ulema"** ve **"hakiki ulema"**dır...

[1609] Atay, Çankaya, C. I, s. 258.
[1610] age. s. 259.

Atatürk, "**sahte ulema**" olarak nitelendirdiği din adamlarına ağır eleştiriler yöneltirken, "**hakiki ulemayı**" hep takdir etmiştir.

Atatürk, halkın "sahte ulemaya" karşı dikkatli ve uyanık olması gerektiğini değişik vesilelerle dile getirmiştir:

"*Efendiler... Milletimizin içinde gerçek ulema, ulemamız içinde milletimizin bil hakkın iftihar edebileceği âlimlerimiz vardır; fakat bunlara karşılık ilim kisvesi altında gerçek ilimden uzak, gerektiği kadar kendini yetiştirmemiş, ilim yolunda layıkı kadar ilerleyememiş hoca kıyafetli cahiller de vardır. Bunların ikisini birbirine karıştırmamalıyız...*" [1611]

Atatürk, din adamlarının hepsini aynı kefeye koymamıştır. Hep sahte din adamlarının gerçek din adamlarına karıştırılmaması gerektiğine dikkat çekmiştir. Atatürk, "gerçek din uleması" dediği din adamlarını şu sözlerle tarif etmiştir:

"*Seyahatlerimizde birçok hakiki münevver ulemamızla temas ettim. Onları en yeni terbiye-i ilmiye almış, sanki Avrupa'da eğitim almış bir seviyede gördüm. Ruh ve hakikati İslamiyeye vakıf olan ulemamızın hepsi bu olgunluk düzeyindedir...*" [1612]

Atatürk bu sözleriyle, gerçek din adamlarını onurlandırırken, "*Şüphesiz ki, bu gibi ulemamızın karşısında imansız ve hain ulema da vardır*" diyerek de sahte din adamlarının varlığına dikkat çekmiştir.

Atatürk, gerçek din adamlarının sahte din adamlarına karıştırılmaması gerektiğini, İslam tarihine atıfta bulunarak ifade etmiş; "Gerçek ulemanın sahte ulemaya karıştırılmasının, geçmişte İslam dünyasında büyük sorunların kaynağı olduğunu" belirtmiştir:

"*Hakiki ulema ile dine aykırı ulemanın yekdiğerine karıştırılması Emeviler zamanında başlamıştır. Hz. Peygamber'in zamanı saadetlerinde, Peygamberimizin vefatından sonra dört halifenin zamanlarında hep doğrudan doğruya Hz. Peygamber'in*

1611 (20.3.1923. Konya Gençleriyle Konuşma). ASD, C. II, s. 142 - 150.
1612 age. s. 142 - 150.

tebliği ile Müslüman olan, dört halifenin aydınlatmasıyla selamette bulunan Müslümanlar arasında, gerçek parlaklık, kalbi hürmet, ulvi bir irtibat vardı..." [1613]

Atatürk, dört halife döneminde İslamın ruhuna uygun davranıldığı kanaatindedir. Ona göre İslam dünyasındaki bozulma, bölünme ve iç kavgalar, dört halife döneminden sonra halifeliğini ilan eden **Muaviye** ile başlamıştır:

"Muaviye ile Hz. Ali karşı karşıya geldiler. Sıffın Savaşı'nda Muaviye'nin askerleri Kur'an-ı Kerim'i mızraklarına diktiler ve Hz. Ali'nin ordusunda bu suretle tereddüt ve zaaf husule getirdiler. İşte o zaman dine bozgunculuk, Müslümanlar arasına nefret girdi ve o zaman hak olan Kur'an haksızlığı kabule araç yapıldı. En baskıcı hükümdarlardan olan Muaviye'nin nasıl bir hile neticesinde halifelik sıfatını takındığını biliyorsunuz..." [1614]

Atatürk, Muaviye'nin hareket tarzını, İslam tarihinde **"Menfaat uğruna dini kullanan zihniyetin"** ilk örneği olarak değerlendirmiştir.

Muaviye'den sonra bütün *"müstebit"* (baskıcı-zorba) hükümdarlar *"ihtiras ve isdibdatlarını"* uygulamak için hep ulema sınıfına başvurmuş; fakat gerçek ulema hiçbir zaman, Atatürk'ün tabiriyle *"bu müstebit hükümdarlara"* destek olmamıştır. Onların emirlerini dinlememiştir. Tehditlerinden korkmamıştır.

Atatürk şöyle devam etmiştir:

"Bu gibi ulema kamçılar altında dövüldü, memleketlerinden sürüldü, zindanlarda çürütüldü, darağaçlarına asıldı; lakin onlar yine o hükümdarların keyfine dini alet yapmadılar; fakat hakikati halde İslam olmamakla beraber, sırf o kisvede bulundukları için âlim sanılan, menfaatine düşkün, haris ve imansız birtakım hocalar da vardı, hükümdarlar işte bunları ele aldılar ve işte bunlar müvafık-ı dindir diye fetvalar verdiler. İcab ettikçe yanlış hadisler bile uydurmaktan çekinmediler. İşte o tarihten beri saltanat tahtına oturan, saraylarda yaşayan,

---

1613 age. s. 142 - 150.
1614 age. s. 142 - 150.

kendilerine halife namı veren müstebit hükümdarlar bu gibi hoca kıyafetli cerrarlara iltifat ve onları himaye ettiler. Hakiki ve imanlı ulema her vakit ve her devrinde onların düşmanı oldu..."[1615]

Atatürk, dört halifeden sonra ulema içindeki hainlerin "*din kisvesi*" ve "*şeriat sözleri*" ile halkı kandırarak kendi çıkarlarına alet ettikleri inancındadır. Ona göre, bu duruma Emevi ve Abbasi devletleri döneminde rastlandığı gibi, Osmanlı Devleti döneminde de rastlanmıştır.[1616]

Atatürk ve Din Oyunu Aktörleri

Atatürk, menfaat için dini kullanan "sahte ulemayı" "*din oyunu aktörleri*" olarak adlandırmıştır.

Konuşmalarında, dini kullanan hükümdarlar, idareciler ve din adamlarıyla ilgili ağır sözler kullanmaktan çekinmemiştir:

"*Böyle adi ve sefil hilelerle hükümdarlık yapan halifeler ve dini alet yapmaya tenezzül eden sahte ve imansız âlimler tarihte daima rezil olmuşlar, terzil edilmişler ve daima cezalarını görmüşlerdir. Hulefayi Abbasiye'nin sonuncusu biliyorsunuz ki, bir Türk tarafından parçalanmıştı. Dini kendi ihtiraslarına alet yapan hükümdarlar ve onlara delalet eden hoca namlı hainler, hep bu akıbete duçar olmuşlardır. Böyle yapan halife ve ulemanın arzularına muvaffak olmadıklarını tarih bize sonsuz misallerle izah ve ispat etmektedir.*"[1617]

Atatürk, İslam tarihinden verdiği örneklerin ardından, genç Cumhuriyet'in din sömürücülerine karşı tutumunu ortaya koymuş ve din sömürücelerini, din oyunu aktörlerini şöyle uyarmıştır:

"*Artık kimse öyle hoca kıyafetli sahte âlimlerin yalan ve dolanlarına ehemmiyet verecek değildir. En cahil olanlar bile o gibi adamların mahiyetini pekâlâ anlamaktadır... Eğer onlara karşı benim şahsımdan bir şey anlamak isterseniz derim ki, ben*

1615 age. s. 142 - 150.
1616 age. s. 142 - 150.
1617 age. s. 142 - 150.

şahsen onların düşmanıyım. Onların menfi istikamette atacakları her adım yalnız benim şahsi imanıma değil, yalnız benim amacıma değil, o adım benim milletimin hayatı ile alakadar, o adım milletimin hayatına karşı bir kasd, o adım milletimin kalbine havale edilmiş zehirli bir hançerdir." [1618]

Daha devrimler arifesinde, 1923 yılının başlarında Konya'da gençlere seslenirken dile getirdiği bu sözler, kendi tabiriyle *"din oyunu aktörlerine"* asla göz açtırmayacağının çok açık ipuçları olarak değerlendirilir. Atatürk, devrimler öncesinde yaptığı bu tür konuşmalarla **din sömürücülerini** ağır bir dille uyarmıştır.

Atatürk'ün ağır sözlerinin sadece bir meydan okumadan ibaret olmadığı çok geçmeden anlaşılmıştır. Atatürk'ün softalara, bağnaz din adamlarına karşı ilk resmi isyanı **1924 yılında Trabzon'a** yaptığı bir seyahat sırasında meydana gelmiştir.

Atatürk, Trabzon Lisesi'nde öğretmenler odasında otururken din dersi hocasına bazı sorular sormuştur. Hoca bocalamış ve tatminkâr yanıtlar verememiştir. Bunun üzerine müftüye haber gönderilmiş ve **Cudi Efendi** adlı müftü okula çağrılmıştır.

Atatürk olup bitenleri anlattıktan sonra Müftü Cudi Efendi'yle Atatürk arasında şöyle bir konuşma geçmiştir:

"Bu zat nerede yetişmiştir."

"Medresede."

"Peki, medresede ne okumuştu?"

"Arapça lisanı."

"İnsaf edin Efendi hazretleri. Bir medreseden icazet alıp bir soruya cevap veremeyen bu ulemayı neyleyelim. Bu medreseleri ne yapmalı?"

Cudi Efendi:

"Vallahi Paşam kapamalıdır," diye yanıt vermiştir.

Ata:

"Bunu ben de düşünüyorum" diye müdahale etmiştir.[1619]

1618 age. s. 142 - 150.
1619 M. Hayri Egeli, **Atatürk'ten Bilinmeyen Hatıralar**, s. 77, 78; Borak, **Atatürk ve Din**, s. 75, 76.

Atatürk, din adamı kisvesine bürünenlerin asla küçümsenmemesi gerektiğini düşünmektedir. O, bu kişilerin dini meşruiyet aracı olarak kullandıkları için kendilerini bir çeşit zırhla kaplamış oldukları kanısındadır. Genç Cumhuriyet'in, bu gibi bağnaz, softa zihniyetlere asla göz açtırmaması gerektiğini belirtmiştir. Özellikle devrimler yerleşinceye ve halk aydınlanıncaya kadar çok dikkatli hareket edilmelidir.

Atatürk, din zırhına bürünüp, halk üzerinde nüfuz sahibi olanların Cumhuriyet için çok büyük bir tehlike olduğunu, zaman zaman dile getirmiştir.

Mahmut Baler'e kulak verelim:

"Bir gün Kılıç Ali'nin evinde... Refik Koraltan, *'Paşam'* dedi, *'İtimat buyurun, Anadolu'nun en ücra köşesinde bir çobanın kalbini açtığınız zaman orada Mustafa Kemal yazar. Bu böyledir. Paşam.'*

Atatürk, *'Ya!'* dedi.

'Beyefendi, Anadolu'nun ücra köşesinde bir köylünün, bir çobanın kalbini açtığınız zaman orada Mustafa Kemal yazdığını ben de zat-ı âliniz kadar biliyorum. Amma, benim kadar sizin de bilmenizi istediğim bir şey vardır, o da şudur: Orada bir çobanın bulunduğu yerin on dakika ilersindeki bir köy imamı gelip o ismi oradan on dakikada siler. İsterse istediği bir başka ismi yazar, bunu da sizin benim kadar bilmenizi isterim." [1620]

Atatürk'ün bu kaygılarının temelinde, Müslüman Türk insanının dini duygularının çok kolay istismar edilebileceği gözlemi yatmaktadır. Din adamına karşı gelmeyi, dine karşı gelmek zanneden bir halkı kandırmak çok kolaydır.

Atatürk'ün ne kadar haklı olduğu bugün çok daha iyi anlaşılmaktadır. Bugun bazı cahil ve menfaatçi din adamları –Atatürk'ün yıllar önce söylediği gibi– halkın kalbinden **Mustafa Kemal** adını silip onun yerine **Said-i Nursi** veya **Fethullah** diye yazmaktadırlar.

[1620] Mahmut Baler. *"Atatürk'ten Anılar"*, **Milliyet** 9 Kasım 1970, s. 7.

Atatürk, ömrü boyunca sahte din adamlarının karşısına dikilmekten yorulmamıştır. Fırsat buldukça bu gibi sahtekârların maskelerini düşürmüş, her ortamda bu sahtekârları deşifre etmiştir. Bu amaçla zaman zaman sahte din adamlarının dini konulardaki "yetersizliklerini" açığa çıkarmak için onlarla dini tartışmalara bile girmiştir.

Halide Edip Adıvar, Atatürk'ün Kurtuluş Savaşı'nın en zor dönemlerinde bile zaman zaman bu tür din adamlarıyla münakaşalara girdiğini anlatmıştır:

"*O günler 1920 yazının ortalarına rastlar... Mustafa Kemal Paşa adeta rahip gibi yaşıyordu; fakat bazı akşamlar öbür taraftaki bir eve gider başka bir muhitte bulunurdu. Bazen bir çocuk safiyetiyle dini münakaşalarda bir hocayı yere vurduğunu söylerdi. Bana, 'hanımefendi, hocaların görüşlerine inanmayınız.' derdi...*" [1621]

Atatürk'ün Saygı Duyduğu Din Adamları

Atatürk, sahte din adamlarına duyduğu tepkiye karşılık, gerçek din adamlarına sevgi, saygı ve yakınlık duymuştur. Aydın ve bilgili din adamlarını her vesileyle iltifatlarla onurlandırmıştır.

Hafız Yaşar Okur, Hafız Saadettin Kaynak, Hafız Kemal Bey ve Hoca Rıfat Börekçi gibi kişiler Atatürk'ün çok sevdiği bazı din adamlarıdır.

Atatürk'ün sevgi ve iltifatlarını en fazla kazanan din adamları, Kurtuluş Savaşı'na destek olanlardır. Atatürk, bu vatansever din adamlarını hiç unutmamıştır.

Nitekim Atatürk'ün isteği üzerine, 21 Haziran 1922'de Kurtuluş Savaşı'na katkıda bulunan din adamlarından, eski **Uşak Müftüsü İbrahim** ile **Eşme Müftüsü Hacı Nafiz Beyler**e günlük 1'er lira verilmeye başlanmıştır.[1622]

Atatürk 24 Eylül 1924'te Amasya'da belediyede yaptığı konuşmada Kurtuluş Savaşı'na katkı sağlayan din adamlarından övgüyle söz etmiştir:

1621 Adıvar, **age.** s. 147.
1622 BOA, 1641, 118-23/5-18-17/030-18-1-1 / 21-06-1922.

"Efendiler bundan 5 sene evvel buraya geldiğim zaman bu şehir halkı da bütün millet gibi hakiki vaziyeti anlamışlardı. Fikirlerde karışıklık vardı. Dimağlar adeta durgun bir haldeydi. Ben burada birçok zevatla beraber Kamil Efendi Hazretleri'yle de görüştüm, bir camii şerifte hakikati halka izah ettiler. Efendi Hazretleri halka dediler ki:

'Milletin şerefi, haysiyeti, hürriyeti, istiklali, hakikaten tehlikeye düşmüştür. Bu felaketten kurtulmak icap ederse vatanın son ferdine kadar ölmeyi göze almak lazımdır. Padişah olsun, halife olsun, isim ve unvanı ne olursa olsun hiçbir şahıs ve makamın mevcudiyetinin hikmeti kalmamıştır. Tek kurtuluş çaresi, halkın doğrudan doğruya hâkimiyeti ele alması, iradesini kullanmasıdır...'

İşte Müftü Efendi Hazretleri'nin bu yol gösteren vaaz nasihatinden sonra herkes çalışmaya başladı. Bu münasebetle Müftü Kamil Efendi Hazretlerini takdirle yâd ediyorum ve genç Cumhuriyetimiz bu gibi ulema ile iftihar eder..."[1623]

Atatürk'ün gerçek din adamlarına karşı her zaman saygılı olduğunu gösteren örneklerin sayısı çok kabarıktır.

Cumhuriyetin ilk Diyanet İşleri Başkanı **Rıfat Börekçi**, Atatürk'ün kendisine büyük hürmet gösterdiğini şöyle anlatmıştır:

"Ata'nın huzuruna geldiğimde beni ayakta karşılardı. Utanır, eğilir, büzülür, 'Paşam beni mahcup ediyorsunuz' dediğim zaman, 'Din adamlarına saygı göstermek Müslümanlığın icaplarındandır' buyururlardı. Atatürk, şahsi çıkarları için kutsal dinimizi siyasete alet eden cahil din adamlarını sevmezdi."[1624]

Gerek Atatürk'ün sözleri, gerek dönemin tanıklarının anlattıkları, Atatürk'ün aydın, bilgili ve donanımlı din adamlarını takdir ederken, gerici, cahil ve sahte din adamlarına "düşman" denecek kadar tepki duyduğunu göstermektedir.

Sonuç olarak Atatürk;

- Din adamlarının toplum üzerinde büyük bir etkiye sahip olduklarını,

---

1623 Borak, **Atatürk ve Din**, s. 64.
1624 Demirer, **age**. s. 10.

- Sahte, ulema ve gerçek ulema olarak adlandırılabilecek iki ayrı din adamı tipi olduğunu,
- Dini değişik çıkarları uğruna kullanan sahte ulemanın:
1. Dinin yanlış anlaşılmasına,
2. Toplumun maddi ve manevi açılardan sömürülmesine,
3. Toplumun geri kalmasına,
4. İslamın ruhuyla çelişen, "ruhban sınıfının" oluşmasına neden olduğunu ve bu çıkarcı sahte ulema ile mücadele edilmesi gerektiğini düşünmektedir.
- Halkı dini konularda eksiksiz ve doğru şekilde aydınlatabilecek, gerçek din adamlarının yetiştirilmesine önem verilmesini istemektedir.

ALTINCI BÖLÜM

ATATÜRK, TARİH, DİL VE DİN

> "Tarih yazmak, tarih yapmak kadar mühimdir. Yazan, yapana sadık kalmazsa değişmeyen hakikat, insanlığı şaşırtan bir hal alır."
>
> **Mustafa Kemal Atatürk**

Kurtuluş Savaşı kazanılmıştır. Bir zamanların görkemli Osmanlı İmparatorluğu, 19. yüzyılın hasta adamı ölmüş, onun yerine genç Türkiye Cumhuriyeti doğmuştur. Atatürk'e göre, asıl mücadele bundan sonra başlayacaktır. Bu mücadelede amaç, genç Cumhuriyet'i eski hastalıklardan korumak, Osmanlı'yı hasta eden sorunların yeni devlete de sıçramasını engellemek ve yeni devleti sağlam temeller üzerinde yükseltmektir.

Atatürk, Türk toplumunun gerçek kurtuluşunun ancak **kültürel kalkınmayla** mümkün olabileceğini düşünmüştür. Bir konuşmasında, *"Kültür işlerimiz üzerine ulusça gönüllerimizin titrediğini bilirsiniz. Bu işlerin başında da TÜRK TARİHİNİ doğru temeller üzerinde kurmak ÖZ TÜRK DİLİNE değeri olan genişliği vermek için candan çalışmakta olduğumuzu söylemeliyim. Bu çalışmaların göz kamaştırıcı verimlere ereceğine şimdiden inanabiliriz."*[1625] demiştir. Atatürk bu sözleriyle, kültürel kalkınma programına, Türk tarihi ve Türk diliyle ilgili çalışmalara başlanacağını belirtmiştir.

1625 **ASD**, C I, s. 395.

Atatürk, kültür kavramı içinde **tarihin** ve **dilin** ayrı bir yeri olduğuna inanmaktadır. Türkiye'de modern anlamda tarih ve dil çalışmalarını başlatan odur.

Öteden beri tarih ve dille ilgilenen Atatürk, tarih ve dil çalışmalarını 1930'da başlatmıştır. Bu amaçla bilim kurulları oluşturmuş; tarih kongreleri ve dil kurultayları düzenlemiştir. Ömrünün son yıllarında tarih ve dil konularında kendisi de bizzat çalışmalar yapmıştır. Uykusuzluktan kapanan göz kapaklarını ıslak mendille silerek, sabahlara kadar ciltlerce kitap okuyup, notlar almıştır. Türk tarihinin gizli kalmış yönlerini açığa çıkarmak için harcadığı olağanüstü çaba sonunda bitkin ve yorgun düşmüş ve belki de bu yüzden erken denecek yaşta çok sevdiği milletinden ayrılmıştır.

O, ulusu için savaşmış, ulusu için çalışmış, ulusunun tarihini ve dilini aydınlığa çıkarmak için mücadele ederken ölüme yenik düşmüştür.

ATATÜRK, TARİH VE DİN

Türkiye'de, neden-sonuç ilişkisine dayalı bilimsel tarihçilik yolundaki ilk önemli adımları Atatürk atmıştır.

Atatürk, Türk tarihinin **sadece 600 yıllık Osmanlı tarihinden** ibaret olmadığı, Türklerin köklerinin çok eskilere uzandığı tezini ileri sürmüştür (**Türk Tarih Tezi**). Dahası, yerli ve yabancı çok sayıda bilim insanını bu tez konusunda çalışma yapmaya sevk etmiştir.

Tarih, Osmanlı Devleti döneminde oldukça ihmal edilmiş bir sosyal bilim dalıdır. Osmanlı Devleti'nde, "**vakanüvis**" adı verilen devlet tarihçilerinin birçoğu, neden sonuç ilişkisine dayalı bilimsel tarih anlayışından oldukça uzak hareket etmişlerdir. Bu tarihçileri ilgilendiren konular, sadece **İslam tarihi** ve **Osmanlı tarihinin** bazı önemli bölümlerinden ibarettir. Osmanlı tarihçileri için, **İslam öncesi Türk tarihi** neredeyse hiçbir anlam ifade etmemiştir. Çünkü Osmanlı tarihçilerinin önemli bir bölümü, "*Tarihin, Allah'ın eliyle yönlendirildiği şeklindeki bir klasik*

İslami görüşe sahiptir." Ayrıca Osmanlı siyasi otoritesinden çekindikleri için olsa gerek, bu tarihçilerin yazdıkları çoğu kez **objektiflikten** de uzaktır.

19. yüzyılda Batı'dan etkilenen bazı Osmanlı aydınları, Avrupa'da gelişmeye başlayan neden-sonuç ilişkisine dayalı bilimsel tarih anlayışının Türkiye'de tanınmasında önayak olmuşlardır. Örneğin Şinasi, bir süreç olarak tarihin Allah'ın eliyle yönlendirildiği şeklindeki klasik İslami görüşe karşı, **Sami ve Suphi Paşa** tarafından **antik tarih** üzerine yazılan ve tarihi olayların bir nedensellik zincirinin halkası olarak ele alındığı seri yazılar yayımlamıştır. [1626]

Osmanlı aydınlarının bu tür gayretleri sayesinde Osmanlı Devleti'nin son dönemlerinde bilimsel tarih anlayışına sahip bazı tarihçiler ortaya çıkmaya başlamıştır.

Akşam gazetesinde **Ahmet Vefik Paşa**'nın tarih metodolojisi üzerine yazdığı yazılarla, tarih Türkiye'de ilk kez "bilim" olarak adlandırılmıştır. Tarihle ilgili bu yazıların önemli bir kısmı, Osmanlı Devleti'ne ilişkindir. Bu yazılardan sadece biri "**Türklerin Orta Asya'daki şanlı olaylarını hatırlama** yönünde bir teşebbüstür."[1627]

Osmanlı'da, Türklerin çok eski tarihlerden beri medeniyete katkısı olduğundan ilk defa söz eden kişi ise Abdülaziz döneminde askeri okullar nazırlığı yapan **Süleyman Paşa**'dır. Yakın tarihimize "Şıpka kahramanı" olarak geçen Süleyman Paşa'nın (1839-1892) askeri okullarda okutulması için **hazırladığı tarih kitabı**, Türklerin Orta Asya tarihinden başlamıştır. Kitabın adı *"Tarih-i Alem"* dir. Süleyman Paşa, bu kitabı yazış nedenini şöyle açıklamıştır:

"Askeri mekteplerin nezaretine geçince, bu mekteplere lazım olan kitapların tercümelerini mütehassıslara (uzmanlara) havale etim; fakat sıra, "tarihe" gelince, bunun tercüme tarikiyle (yoluyla) yazdırılamayacağını düşündüm. Avrupa'da yazılan bütün tarih kitapları, ya dinimize yahut milliyetimize ait

---

1626 Mardin, **Yeni Osmanlı Düşüncesinin Doğuşu**, s.291.
1627 age. s. 291.

iftiralarla doludur. Bu kitaplardan hiçbirisi tercüme edilip de memleketimizde okutturulamaz. Bu sebebe binaen mekteplerimizde okutulacak tarih kitabının te'lifini (yazımını) ben üzerime aldım. Vücuda getirdiğim bu kitapta hakikata mugayir (aykırı) hiçbir söze tesadüf olunamayacağı gibi, dinimize ve milletimize muhalif hiçbir söze de rastgelmek imkânı yoktur."

Süleyman Paşa'nın bu sözlerini nakleden **Ziya Gökalp**, bu konuda şu değerlendirmeyi yapmıştır:

"Avrupa tarihlerindeki Hunların, Çin tarihindeki Hiyong-Nu'lar olduğunu ve bunların Türklerin ilk dedeleri olduğunu ve Oğuz Han'ın Hiyong-Nu Devleti'nin müessisi (kurucusu) Mete olması lazım geldiğini bize ilk defa öğreten Süleyman Paşa'dır." [1628]

Ayrıca, zaman zaman **Namık Kemal** de yazılarında eski Türk tarihi hakkında bazı bilgilere yer vermiştir. Süleyman Paşa, Namık Kemal ya da herhangi biri o dönemde eğer eski Türk tarihinden söz ediyorsa, mutlaka belli başlı birkaç yabancı tarihçiden alıntı yapmıştır. "Gerek Namık Kemal'in, gerek Süleyman Paşa'nın fikirleri, **Mustafa Celaleddin Paşa** adını alan bir Polonyalı mültecinin *'Les Turcs Anciens et Modernes'* (Eski ve Modern Türkler) adıyla İstanbul'da 1869'da bastırdığı bir kitaba dayanmaktadır. Onun da kaynağı, *'Irkların Eşitsizliği'* kitabının yazarı **A. de Gobineau**'dur." [1629]

Mustafa Celaleddin'in, adı geçen kitabından Atatürk de yararlanmıştır.

Atatürk, çok iyi derecede tarih bilgisine sahip olmasına rağmen, onun bir tarihçi değil, bir siyasetçi, bir devlet adamı olduğu dikkate alınacak olursa, bizzat ortaya atmış olduğu tarih tezlerinin bazı siyasi ve ideolojik amaçlar taşıdığı da görülecektir. Atatürk'ün tarih çalışmalarıyla ilgilendiği otuzlu yılların kendine özgü koşulları, **"siyasi ya da ideolojik amaçlar"** tezini kuvvetlendirmektedir.

1628 Gökalp, **Türkçülüğün Esasları**, s. 8.
1629 Şerif Mardin, **Türk Modernleşmesi**, İstanbul, 1995, s. 95.

Kurtuluş Savaşı kazanılmış, yeni bir devlet kurulmuştur, bu yeni devleti kalkındıracak, çağdaş uygarlıklar düzeyine ulaştıracak adımlar atılmış, yani devrimlerin çoğu gerçekleştirilmiştir. Şimdi sıra, bu yapılanların çabuk benimsenmesi için topluma **özgüven** aşılamaya gelmiştir. Dolayısıyla, Atatürk'ün 1930'daki tarih çalışmalarının ve ortaya atmış olduğu tarih tezinin temel amacı, bir devrim sürecinden geçen ve **ulus devlet bilinci** aşılanmaya çalışılan bir topluma, tarih sayesinde "kültürel derinlik" ve "kendine güven duygusu" kazandırmaktır. Kısacası, 1930'lu yıllarda Atatürk tarafından başlatılan tarih çalışmaları, yeni Türk devletini sağlam temeller üzerine oturtma, yeni devlete güçlü bir alt yapı hazırlama gibi "siyasal" amaçlar taşımaktadır.

Ancak bu durum, Atatürk'ün tarih çalışmalarının "bilimsel anlamı" üzerinde düşünmeyi de engellememelidir; çünkü Atatürk'ün 1930'larda ileri sürdüğü tarih tezlerinin bazıları bugün kanıtlanmaktadır: Örneğin, "**Sümerlerin Türklüğü**", "**Etrüsklerle Türklerin akrabalığı**" ve "**Türklerin çok eski çağlardan beri Anadolu'da yaşadıkları**" tezleri günümüzde kanıtlanma noktasına gelmiştir.

Atatürk'ün Dini Bilgilerinin Kaynakları ve İslam Tarihine Bakışı

Atatürk, Müslüman bir toplumu **değiştirmeyi** düşünmüştür. Bunun için İslam tarihine eğilmiş, İslam tarihiyle ilgili yerli ve yabancı çok sayıda kitap okumuş, bu sayede İslam ve İslam tarihi hakkında oldukça kapsamlı bilgi sahibi olmuştur.

Atatürk'ün İslama ve İslam tarihine olan merakı çok fazladır. Daha gençlik yıllarında İslam tarihiyle ilgilenmeye başlamış; Birinci Dünya Savaşı yıllarında İslam tarihi üzerine kitaplar okumuştur. Atatürk, İslam tarihi konusundaki okumalarına Kurtuluş Savaşı yıllarında da devam etmiştir. **Halide Edip Adıvar**, Atatürk'ün Kurtuluş Savaşı yıllarında, bir taraftan cephede düşmanı imha etmenin planlarını yaparken, diğer taraftan da **İslam tarihinin ilk 24 senesini** incelediğini belirtmiştir.[1630]

1630 Adıvar, Türk'ün Ateşle İmtihanı, s. 146, 147.

Atatürk, İslam tarihi hakkındaki bilgilerini, dönemin en tanınmış yerli ve yabancı tarihçilerinin çalışmalarından edinmiştir. Atatürk'ün Türk ve İslam tarihi konusunda etkilendiği bazı tarihçiler ve eserleri şunlardır:
- Leone Caetani; *"İslam Tarihi"*
- Filibeli Ahmet Hilmi; *"Allah'ı İnkar Mümkün müdür?"*
- Filibeli Ahmet Hilmi: *"Tarihi İslam"*
- Mustafa Celalettin; *"Eski ve Modern Türkler"*
- Dequiqnes; *"Hunların, Tatarların, Moğolların ve Diğer Batı Tatarları ve Diğerlerinin Hz. İsa'dan Önceki..."*[1631]
- Leon Cahun: *"Asya Tarihine Giriş"*
- H.G.Wells: *"Cihan Tarihinin Umumi Hatları"*
- Ziya Paşa: *"Endülüs Tarihi"*
- R.Dozy: *"İslam Tarihi Üzerine Denemeler"*
- Ziya Gökalp: *"Türk Medeniyeti Tarihi"*[1632]

Atatürk'ün, bu eserleri okurken önemli gördüğü yerlere, *"Mühim"*, *"Önemli"*, *"Dikkat"* gibi bazı notlar düşmesi, *"X"* işareti koyması ve bazı yerlerin altını çizmesi; bu eserlerin onu bir hayli etkilediğini göstermektedir.[1633]

Atatürk, bazen Türk Tarihi Tetkik Cemiyeti üyeleri ile bazen de yalnız başına, Ankara, İstanbul ve Yalova'da Türk ve İslam tarihi konusunda çalışmalar yapmıştır. *"Türk Tarihi'nin Ana Hatları"* kitabı ile ortaokul ve liseler için hazırlanan tarih kitapları (**Tarih I, Tarih II**) bu çalışmalar sonunda ortaya çıkmıştır.

Afet İnan, Atatürk'ün Yalova'da İslam tarihi konusunda çalışmalar yaptığını anlatmıştır:

"Yalova'daki çalışmalarda ele alınan bir konuyu da belirtmek isterim, İslam tarihi için hazırlanan yazıyı Atatürk iyi bulmamıştı. Onun için bana söylediği şu oldu: 'İslam tarihine ait kitapları toplayınız. Yalova'ya götüreceğiz'. Bir sandık kitap oraya götürüldü. Ayrı ayrı kimselere bunları okuyup not

---

1631 Turan, *Atatürk'ün Düşünce Yapısını Etkileyen Olaylar Düşünürler, Kitaplar*, s. 21 - 37.
1632 Kitapların tamamı için bkz.**Atatürk'ün Okuduğu Kitaplar**, 24 Cilt, Anıtkabir Derneği Yayınları, Ankara, 2001.
1633 Turan, **age.** s. 35 - 37. ileride bu etkileşim detaylandırılmıştır.

almaları için vazifeler verildi. Ben de bunlardan bir kısmını okudum. Atatürk, özellikle Hz. Muhammed'in gazvelerini incelerken, onların haritalarını da kendisi çizmiştir."[1634]

Atatürk yaptığı çalışmalar sonunda elde ettiği bilgileri, **Tarih II "Orta Zamanlar"** adlı ders kitabında, **İslam tarihinin doğuşu ve gelişimini** anlatırken kullanmıştır.[1635]

Atatürk'ün okuduğu kitaplardan, onun İslam tarihi ve İslam diniyle olduğu kadar, diğer dinler ve dinler tarihiyle de ilgilendiği anlaşılmaktadır.

Atatürk'ün özel kitaplığında **din** konusunda toplam **161** eserin bulunması dikkat çekicidir. Bu sayı, Atatürk'ün özel kitaplığında bulunan, dil, dilbilim, ekonomi, felsefe, psikoloji ve sosyal bilimler alanındaki eserlerin sayısından daha fazladır. 4289 bibliyografik künyeden oluşan Atatürk'ün özel kitaplığında, tarih, askerlik, siyasal bilimler ve hukuk alanlarından sonra, din alanındaki kitaplar gelmektedir.[1636] Ayrıca, Atatürk'ün birçok konuda olduğu gibi din konusunda daha yüzlerce eseri, başta İstanbul Üniversitesi Kitaplığı olmak üzere, değişik kütüphanelerden getirterek okuduğu anlaşılmaktadır.[1637]

Atatürk Dinler Tarihiyle İlgilenmiştir

Atatürk'ün, dinler tarihine özel bir ilgisi vardır. Bizzat kendisi bu konu üzerine çalışmalar yapmıştır. Hatta bugün Atatürk'ün **Anıtkabir Kitaplığı'nda saklanan** ve kamuoyuna açıklanmamış **dinler tarihine** ışık tutabilecek bir araştırmasının olduğu bilinmektedir.

Atatürk ve İlk Din

Atatürk ömrünün sonlarında, adeta **Türklerin, dinlerin** ve **Tanrı'nın** izlerini aramaya başlamıştır.

1634 A. Afet İnan, **Atatürk'ten Mektuplar**, Ankara, 1989, s. 20.
1635 Turan, **age**. s. 29, 30.
1636 **Atatürk'ün Özel Kütüphanesinin Kataloğu**, Milli Kütüphane Genel Müdürlüğü, Ankara 1973.
1637 L. Şenalp, **Atatürk Kitap ve Kütüphane**, Türk Kütüphaneciler Derneği Bülteni, XXX, S.I 1981, s. 3 - 23.

Atatürk, 1934 yılında **Tahsin Bey'i**, Türk tarihi ile ilgili bazı araştırmalar yapması için görevlendirmiş ve **Meksika'ya** göndermiştir.

Tahsin Bey'in resmi görevi **Meksika Büyükelçiliği**; gizli ve gerçek görevi ise Amerika'nın Kolomb öncesi uygarlıklarıyla ilgili bilgi toplamaktır.

Tahsin Bey, Meksika'da yaptığı çalışmalar sonunda elde ettiği bilgileri 1935-1937 yılları arasında Atatürk'e **14 rapor** halinde sunmuştur[1638]

Tahsin Bey, bu çalışmaları sırasında, "*Kayıp Kıta Mu*" kuramından ve bu konuda İngiliz albay **James Churchward'ın yaptığı** kapsamlı çalışmalardan haberdar olmuştur. Tahsin Bey daha sonra James Churchward'ın çalışmaları ve kitapları hakkında Atatürk'e bilgi vermiştir. James Churchward'ın çalışmalardan etkilenen **Atatürk** bu konuyla ciddi olarak ilgilenmeye başlamıştır.

Pasifik Okyanusu'nda kaybolmuş olabileceği düşünülen, Kayıp Kıta Mu hakkında İngiliz James Churchward'ın yazdığı kitaplar, Atatürk'ün emriyle Türkçe'ye tercüme ettirilmiştir. Atatürk bu kitapların daktilo edilmiş müsvettelerini büyük bir titizlikle incelemiş ve sayfa kenarlarına bazı notlar almıştır.

Churchward, bu kitaplarda sadece Kayıp Kıta Mu'nun varlığını değil aynı zamanda **Tanrı'nın varlığını** da kanıtlamaya çalışmıştır. Belli ki Churchward'ın bu yöndeki çabaları Atatürk'ün de dikkatini çekmiştir.

Atatürk bu kitaplarda, özellikle "**insanın yaradılışını**" anlatan bölümlerle ilgilenmiştir. Mu'nun insanlığın ilk anayurdu olduğunu, nüfusunun 64 milyona kadar çıktığını, ilk insanın orada yaratıldığı, **ilk dinlerin ve Tanrı'nın** anlatıldığı satırların altını çizmiştir.

Örneğin Atatürk, "*Kayıp Kıta Mu*" adlı kitabın 166. sayfasında geçen şu satırlarla ilgilenmiştir:

"*Bu dinin esası, hakiki semavi sıfatı YARATAN'A aşk ve takdis ve bütün nevi beşere birader sıfatıyle muhabbet idi. İnsa-*

[1638] Bu konunun ayrıntıları için bkz. Sinan Meydan, **Atatürk ve Kayıp Kıta Mu**, İnkılap Yayınları, İstanbul, 2009. s. 101 vd.

nın ilk dini şekil itibariyle son derece basitti ve dünyada tanılan ve takip edilen namütenahiyi en saf suretle takdisten ibaretti."
Atatürk, önemli bulduğu bu satırların altını çizmiştir.[1639]

Atatürk, Mu'da geçen Tanrı kavramıyla ilgilenmiş, Yaratıcı'nın insan aklıyla anlaşılamayacağı, şekillendirilemeyeceği ve adlandırılamayacağı üzerinde de durmuştur.[1640] Atatürk'ün *"Kayıp Kıta Mu"* adlı kitabın 167. sayfasında geçen şu satırların **altını çizmesi** bu durumu kanıtlamaktadır:

"Halık'ın (TANRI'NIN) insanın aklına sığması kabil değildir. Aklına sığması kabil olmayınca, o ne resmedilebilir, ne de ona isim verilebilir. O isimsizdir..."[1641]

Atatürk, "Kayıp Kıta Mu" adlı kitabın 167. sayfasındaki *"daire"*, *"güneş"* ve *"Tanrı"* özdeşliği üzerinde de durmuştur:

"Daire dini öğretilerde insana gösterilen ilk üç sembolden biridir. Buna bütün sembollerin en mukaddesi nazarıyle bakılır. Bu Ra, tesmiye edilen güneşin resmi idi. Ve uluhiyetin (Tanrı'nın) de, tevhidi ve müctemi bütün sıfatlarının sembolü idi. Güneşe Ra olarak yalnız sembol nazarıyla bakılır ve asla uluhiyetin bizzat kendisi addedilmezdi. Uluhiyet takdis edilir, sembol de yalnız kendisini temsil ederdi."

Atatürk, önemli bulduğu bu paragrafın başına bir *"X"* işareti koymuş, paragrafın başını **dikey bir çizgiyle** işretledikten sonra bu çizginin soluna *"Dikkat"* anlamında bir *"D"* harfi koymuş ve bütün cümlelerin **altını çizmiştir**.[1642]

Atatürk, aynı kitapta 168. sayfadaki şu cümlelerle de ilgilenmiştir:

"Uluhiyet'e (Tanrı'ya) o derece hürmetle muamele edilirdi ki ismi asla söylenmezdi..."[1643]

1639 Atatürk'ün Okuduğu Kitaplar, C. 10, s. 306.
1640 *"Atatürk Kayıp Kıta Mu'da Ne Aradı"* Bilinmeyen Dergisi, C I, İstanbul, 1985, s. 23. Kitapların nüshaları üzerinde **Atatürk'ün kendi elyazısıyla aldığı notlar ve işaretlediği yerler** için bkz. Atatürk'ün Okuduğu Kitaplar, C. 10 ve 24, Ankara, 2001.
1641 Atatürk'ün Okuduğu Kitaplar, C. 10, s. 306.
1642 age. s. 307.
1643 age. s. 307.

Aynı paragraftaki, *"Dairenin mebdei (başlangıcı) olmadığı gibi müntehası (bitişi) da yoktu"* cümlesinin altını kalın bir çizgiyle çizmiştir.[1644]

Atatürk, yine 198. sayfadaki *"Güneş"* ve *"Tanrı"* özdeşliğiyle ilgilenmiştir:

"Güneşin uluhiyet'in (Tanrı'nın) alameti olarak seçilmesine sebep, iptidai (ilkel) insanın gözüne ve kuvve-i idrakiyesine en kuvvetli ve azametli görünen şey olduğu içindir. Güneş Kadir-i Mutlak'ı tamamıyla temsil ediyordu."

Atatürk, bu cümlenin başını yukarıdan aşağıya doğru **üç kalın dikey çizgiyle** işaretlemiş, bu çizgilerin hemen soluna *"Dikkat"* anlamında bir *"D"* harfi koymuş ve tüm satırların da **altını** çizmiştir.[1645]

Atatürk, *"Kayıp Kıta Mu"* adlı kitapta geçen *"Yaratılış"* kavramıyla ilgilenmiştir.

Sayfa 180'deki şu cümleler Atatürk'ün dikkatini çekmiştir:
"İki taraflı murabba Yapıcı demek olan eski bir kelimenin hecelenmesidir."

Atatürk bu cümledeki *"Yapıcı"* sözcüğünün altını ve üstünü iki kalın çizgiyle çizmiştir.[1646]

181. sayfada da yine *"Yapıcı"* sözcüğüyle ilgilenmiştir:
"Büyük ilk kuvvetlerden çok defa din terbiyesinde Yapıcılar –Kâinat ve oradaki her şeyi yapanlar– diye bahsediliyordu."

Atatürk, bu paragrafın başını bir dikey çizgiyle işaretlemiş, başına *"Dikkat"* anlamında bir *"D"* harfi koymuş ve *"Yapıcılardan –Kâinat ve oradaki her şeyi yapanlar– diye bahsediliyordu."* cümlesinin altını çizmiştir.[1647]

Atatürk'ün, Churchward'ın *"Kayıp Kıta Mu"* adlı eserini okurken altını çizdiği ve özel işaretler koyduğu bazı bölümler onun bir **YARATICI**'ya inandığını gözler önüne sermektedir.

1644 age. s. 307.
1645 age. s. 307.
1646 age. s. 308.
1647 age. s. 314.

"Buna büyük Term (Great Term), 'Büyük Vahit', 'Büyük Y' derler. 'Y'nin ne vücut ve ne de şekli vardır, vücut ve şekli olan her şey şekli olmayan tarafından yapılmıştır."

Atatürk, Tanrı'nın metafizik ve YARATICILIK niteliğine vurgu yapılan bu cümleleri önemseyerek altını çizmiştir.[1648]

Atatürk'ün Churchward'ın kitaplarında en çok ilgilendiği noktalardan biri de **"dinlerin kaynakları"** konusundaki bilgilerdir. Örneğin, *"Mu'nun Kutsal Sembolleri"* adlı kitabın 23. sayfasındaki *"Dinler"* bölümü Atatürk'ün dikkatini çekmiştir:

"Mu'nun dini... Artık her dinin aynı menşeden geldiği hemen hemen tesbit edilmiştir. Şimdi bu kaynağın ne olduğunu görelim:

İlk din kayıtları 70.000 seneden daha evvel bir zamana aittir..."

Atatürk, bu satırların altını çizmiştir.[1649]

Atatük, dinlerin çok eski zamanlarda ortaya çıktığı ve kademe kademe öğrenildiğinin anlatıldığı şu satırlarla da ilgilenmiştir:

"Din insan tarihinin çok eski bir zamanında, yani insan dimağının zor şeyleri kavrayamadığı bir zamanda doğdu. Anladığıma göre izahat verirken kelimelerin yokluğunu nazarın telafi etmesi için remizlere (sembol) ve objelere ihtiyaç hissedildi. İlk remizlerin çok iptidai (ilkel) olduklarını gördüm. Adi hatlar ve hendesi şekiller..."

Atatürk, önemli bulduğu bu paragrafın başını dikey bir çizgiyle işaretlemiş ve *"Din insan tarihinin çok eski bir zamanında, yani insan dimağının zor şeyleri kavrayamadığı bir zamanda doğdu."* cümlesinin altını çizmiştir.[1650]

Atatürk, aynı kitaptaki *"Bariz olan bir şey varsa o da aslen dinin kademe kademe öğrenilmesidir"* cümlesinin altını çizmiş ve bu kademelerden ilkinde insana **YARATICI** düşüncesinin öğretildiğini anlatan şu paragrafla ilgilenmiştir:

1648 age. s. 315.
1649 age. s. 364.
1650 age. s. 365.

"Birinci kademe: İnsana namütenahi, KADİRİMUTLAK ve en yüksek bir mevcudiyet öğretiliyordu. Bu mevcudiyet, yukarıda aşağıda her şeyi yaratan YARATICI idi. İnsanı da bu kadir mevcudiyet yarattığı için onun oğlu addediliyor ve bu kudrete de insanın gökteki babası deniliyordu."

Atatürk, burada geçen *"Birinci kademe"* ifadesinin altını çizmiş ve paragrafın başını dikey bir çizgiyle işaretlemiştir.[1651]

Atatürk, s. 27'deki *"Teoloji: Mu dininin ne ahkâmı (hükümleri) ne de dini akaidi (kuralı) vardı. Her şey en cahil bir kafanın bile kavrayabileceği basit bir lisanla öğretilirdi"* cümlesinin altını çimiş ve paragrafın başını iki dikey çizgiyle işaretlemiştir.[1652]

Atatürk'ün aynı kitabın 34. sayfasındaki şu cümleyle ilgilenmiş olması da çok dikkat çekicidir:

"Müslümanlık kılıçla doğdu, kılıçla yaşadı ve kılıçla ölecektir. Onun tarihinde bütün sahifeler kanla kaplıdır."

Atatürk, bu paragrafın başını üç dikey çizgiyle işaretlemiş, bu çizgilerin sağına bir *"X"* işareti koymuş ve *"Müslümanlık kılıçla doğdu, kılıçla yaşadı ve kılıçla ölecektir"* cümlesinin altını boydan boya kalın bir çizgiyle çizmiştir.[1653]

Atatürk'ün ayrıca burada geçen *"Onun tarihinde bütün sahifeler kanla kaplıdır"* cümlesinin altını **çizmemiş** olması onun bu görüşe katılmadığı biçiminde yorumlanabilir.

Atatürk, aynı kitabın 50. sayfasında ilk insanların **Tek Tanrı'ya** inandıklarının anlatıldığı bölümle de ilgilenmiştir:

"İnsaniyet tarihinin başlangıcında Allahlar yoktu. Yalnız bir büyük namütenahi (Allah) vardı."

Atatürk, bu cümlenin altını boydan boya çizmiştir.[1654]

Atatürk, 112. sayfadaki Mu'da insanlara **Tek Tanrı** düşüncesinin öğretildiğinin anlatıldığı şu cümlelerle de ilgilenmiştir:

[1651] age. s. 365.
[1652] age. s. 366.
[1653] age. s. 366.
[1654] age. s. 366.

"Beşere, yalnız bir ALLAH olup fakat onun hakikatte sıhhat, kuvvet, yağmur, güneş şuası, mahsulât ve beni beşerin bütün saadetlerini temine çalışan sıfatları olduğu da öğretilirdi."

Atatürk bu paragraftaki, *"sıhhat"*, *"kuvvet"*, *"yağmur"*, *"güneş şuası"*, *"mahsulât"* ve *"saadet"* sözcüklerinin altını çizmiştir.[1655]

Atatürk'ün, büyük bir titizlikle incelediği anlaşılan James Churchward'ın kitaplarında, **ilk vahye dayalı dinlerin**, Allah tarafından, bundan milyonlarca yıl önce Mu Kıtası'na gönderildiği anlatılmıştır.

Churchward, kitaplarında, başta Güney Amerika, Hindistan, Asya, Pasifik Okyanusu'ndaki adalar ve Mısır'daki arkeolojik buluntulara dayanarak, milyonlarca yıl önce de insanlığa, vahye dayalı dinlerin gönderildiğini delillendirerek; Tanrı kavramını adeta arkeolojik kalıntılarla ispatlamaya çalışmıştır. Churchward, arkeolojik buluntulardaki dinsel ifadelerle, Musevilik, Hıristiyanlık, Budizm, Hinduizm başta olmak üzere, ilahi ve felsefi dinler arasındaki ortak noktaları belirterek; Tanrı'nın milyonlarca yıl önce de insanlara bugünkü dinlere benzer dinler gönderdiğini ileri sürüp, dinler tarihine ve Tanrı kavramının varlığına yeni bir delil ve yeni bir bakış getirmiştir.[1656]

Churchward, *"Mu'nun Kutsal Sembolleri"* adlı çalışmasında, arkeoloji biliminin Tanrı'nın varlığını ispatladığını şu cümlelerle ifade etmiştir:

"İşte arkeoloji, yaratılışın ihtişam ve yüceliğini açığa vuran uzun bir kelimenin harflerinden biri gibidir; insanı Semavi Babaya (Tanrı'ya) daha çok yakınlaştırır.

Yine doğal bir sonuç olarak, gerçek bilimin dinin ikiz kardeşi olduğunu gösterir. Onlar ayrılmaz bir bütündür, çünkü din olmadan insan Kozmik Güçleri idrak edemez ve bu güçler hakkında doğru dürüst bir bilgi elde etmeden Büyük İlahi Yasaya nüfuz edemez"[1657]

1655 age. s. 369.
1656 Bkz. James Churchward, **Kayıp Kıta Mu**, Çev. Rengin Ekiz, İzmir, 2000, s. 31, 42.
1657 James Churcward, **Mu'nun Kutsal Sembolleri**, Çev, Rengin Ekiz, İzmir, 2000, s. 26.

Churchward, Atatürk'ün büyük bir titizlikle okuyup notlar aldığı *"Mu'nun Çocukları"* adlı kitabında, Tanrı'nın varlığını arkeolojik buluntulardan hareketle kesin olarak kanıtladığını ve insanın da Tanrı tarafından yaratıldığını şu cümleyle ifade etmiştir: *"Hem Naakal hem de Meksika tabletleri insanın özel olarak yaratılmış olduğunu gösterir."*[1658]

James Churchward'ın, Atatürk tarafından incelenen tüm kitaplarında birçok konuda ilginç tezler ileri sürülmüş olmasına rağmen, dikkati çeken temel nokta, Churchward'ın bu kitaplarda **Tanrı'nın varlığını arkeoloji bilimi sayesinde kanıtlamaya çalışmasıdır**. Churchward'ın, Atatürk'ün de sayfa kenarlarını çizerek ve notlar alarak, büyük bir dikkatle incelediği kitapları arasında, özellikle *"Mu'nun Çocukları"* ve *"Mu'nun Kutsal Sembolleri"* adlı kitaplarının sadece *"İçindekiler"* kısmına bakıldığında bile, bu kitapların dinsel içerikli kitaplar olduğu ve yazarın adeta Tanrı'nın izlerini aradığı anlaşılacaktır. İşte, Atatürk'ün büyük bir titizlikle incelediği *"Mu'nun Kutsal Sembolleri"* adlı kitabın *"İçindekiler"* bölümü:

Sunuş
Önsöz
Giriş
I. Dinler
II. Tanrı'ya ve Onun Niteliklerine Ait Semboller
III. Yaratılış
IV. Dinsel Öğretilerde Kullanılan Semboller
V. Mu ile ilgili Semboller
VI. Kuzey Amerika'yı Mu'ya Bağlayan Kutsal Semboller
VII. Kuzey Amerika'da Tümülüsleri Yapan Yerliler
VIII. Mısır ve Hindistan'da Din
IX. İkiz Kardeşler: Din ve Bilim.

Atatürk'ün, Churchward'ın kitaplarını Türkçeye tercüme ettirmesi bu kitaplarla ve görüşlerle ilgilenmesi, hem özgün din anlayışının, hem dinler tarihine duyduğu ilginin, hem de din ve

---

1658 James Churcward, **Mu'nun Çocukları**, Çev, Rengin Ekiz, İzmir, 2000, s. 22.

Allah konusunda sürekli bir arayış içinde olduğunun işaretleri olarak değerlendirilebilir.[1659]

ATATÜRK'ÜN İSLAM TARİHİNE BAKIŞI

Atatürk'e Göre İslam Öncesi Arap Toplumu

Atatürk, İslamiyetten önce Arap toplumunun göçebe bir toplumun klasik özelliklerini taşıdığını düşünmektedir. Kabilelerden oluşan eski Arap toplumunda, kabileler arasında sık sık kan davaları görüldüğünü, sosyal hayatta bütün yükün kadınların omuzlarında olduğunu belirtmektedir.

Atatürk'e göre, İslam öncesi Araplar çekirge ve kertenkele bile yemişlerdir. En belirgin özellikleri güzel söz söyleme sanatı şiir konusundaki yetenekleridir.[1660]

Atatürk'ün, İslam öncesi Arap toplumu hakkındaki bu tespitleri bugün birçok İslam tarihçisi tarafından da kabul edilmektedir.

Atatürk'e Göre Peygamberler

Atatürk'e göre, Allah'ın toplumlara peygamberler göndermesinin nedeni, insanların gereken olgunluk düzeyine ulaşıncaya kadar onlara içlerinden seçtiği kişiler aracılığıyla rehber olmak istemesindendir.[1661]

Dr. Enrico Insabato'nun *"İslam ve Müttefiklerin Politikası"* adlı eserinde aktardığı **Gazali**'nin peygamberler konusundaki şu düşünceleri Atatürk'ün dikkatini çekmiştir:

"Vücudun doktorları olduğu gibi, peygamberler yüreğin doktoru olmalıdırlar. Peygamber, insanları doğru yola sevk

---

1659 Atatürk'ün "**Kayıp Kıta Mu ve Türkler**" konusundaki çalışmalarının tüm detayları için bkz. Sinan Meydan, **KÖKEN "Atatürk ve Kayıp Kıta Mu 2"**, İnkılap Yayınları, İstanbul, 2008; Sinan Meydan, **Atatürk ve Kayıp Kıta Mu**, İnkılap Yayınları, İstanbul, 2009.
1660 **Tarih II, Orta Zamanlar**, İstanbul, 1931, s. 80 (özgün belge **Anıtkabir Kütüphanesi**'nde)
1661 1 Kasım 1922'de Saltanatın Kaldırılması Dolayısıyla Atatürk'ün Mecliste Yaptığı Konuşma, **ASD**, C. I, Ankara, 1997, s. 287 - 298.

eden bir baba gibidir ve hatta onun insanlara olan ilgisi babanın oğluna olandan daha büyüktür" (s.14).

Atatürk, peygamberlerin babaya benzetildiği bu paragrafı işaretlemiştir.[1662]

Atatürk, aynı kitaptaki şu paragrafla da ilgilenmiştir:

"*İnsanları doğru yola yönlendirmek amacıyla Tanrı yeryüzüne tetkikler yaparak ve nefsini körleterek (yani Tanrı'yla özdeşleşme) mertebesine ulaşmış kişileri gönderir. Onlar Allah tarafından peygamberlikle görevlendirilirler ve aziz adını taşırlar. Sayıları dört bin olan bu kişiler gizlidir ve insanlar tarafından tanınmamaktadır. Yerine getirecekleri görevin önemini henüz bilmeden dünya sahnesine çıkmak için Tanrı'nın emrini beklerler ve birbirini tanımazlar*"[1663] (s.34-36).

Atatürk, geçmişteki peygamberlerin ve son peygamber Hz. Muhammed'in görevlendirilmesiyle ilgili düşüncelerini şu sözlerle dile getirmiştir:

"*Allah, Hz. Âdem Aleyhisselamdan itibaren yazılı ya da yazısız sınırsız denecek kadar çok haberciler, peygamberler ve elçiler göndermiştir; fakat peygamberimiz aracılığıyla en son dini hakikatleri ve uygarlığı verdikten sonra, artık insanlıkla birtakım araçlar koyarak ilişki kurmayı gerekli görmemiştir. İnsanlığın kavrama düzeyi, aydınlanması ve gelişimi her koldan doğrudan doğruya ilahi esinlerle ilişki kurma yeteneğine ulaştığını kabul buyurmuştur ve bu nedenledir ki, Hz. Peygamber son peygamber olmuştur ve kitabı eksiksiz kitaptır. Son peygamber olan Muhammed Mustafa (Sallalahü Aleyhi vessellem) 1344 sene evvel, Rumi Nisan içinde Rebiül ayının on ikinci Pazar gecesi sabaha doğru tan yeri ağarırken doğdu gün doğmadan...*"[1664]

Atatürk, peygamberleri toplumları iyiye, güzele, ileriye, aydınlığa yöneltmeyi amaçlayan elçiler olarak görürken; **Allah'ın**, insanlık belirli bir gelişim düzeyine ulaştıktan sonra artık pey-

---

1662 Atatürk'ün Okuduğu Kitaplar, C. 19, s. 65.
1663 age. s. 66, 67.
1664 **ASD**, C. I, s. 287 - 298.

gamber göndermeyeceğine inanmaktadır. Atatürk, Kur'an'da da belirtildiği gibi; Hz. Muhammed'in **son peygamber** olduğunu vurgulamaktadır. Atatürk'ün ısrarla, Hz. Muhammed'in son peygamber olduğunu vurgulaması, onun, artık **insanlığın bilgi ve algılayış düzeyinin belirli bir olgunluk noktasına geldiğine** inandığını göstermektedir. Atatürk'ün, Hz. Muhammed'in son peygamber olduğunu sıkça vurgulamasının başka bir nedeni de geçmişte olduğu gibi, gelecekte de ortaya çıkacak **sahte peygamberlere** karşı toplumu uyarma isteğidir.

ATATÜRK'E GÖRE HZ. MUHAMMED

Tarihin belki de hiçbir döneminde farklı coğrafyalarda ve farklı zamanlarda doğmuş, farklı rolleri üstlenmiş **iki olağanüstü kişinin birleşen yolları,** bir ulusun kaderini bu kadar derinden etkilememiştir. Bunlardan birincisi, İslam dininin yüce peygamberi **Hz. Muhammed Mustafa,** diğeri ise, onun öğretilerini **özgün bir bakışla** yeniden yorumlayan ve Müslümanlara yeni ufuklar açan **Gazi Mustafa Kemal Atatürk'tür.**

Bu iki olağanüstü kişinin **birleşen yolları,** bu yüzyılın başlarında Türk ulusunun kaderini değiştirmiştir. Ve o günden beri bütün İslam dünyası, çağdaş değerlerle İslam dinini özdeşleştiren adamın sırrını çözmek için uğraşmaktadır. Ve üzülerek ifade etmek gerekir ki, bugün Atatürk'ün Türkiyesi dışında hiçbir İslam ülkesi çağdaş değerlerle İslam dinini aynı potada eritmeyi, **o kutsal sırrı** çözmeyi başaramamıştır.

"Yüzü nurlu, sözü ruhani, ergin ve görüşte bedelsiz, sözünde sadık ve halim ve mertlikte başkalarına üstün olan Muhammed Mustafa..."[1665]

Atatürk, Hz. Muhammed'i bu sözlerle tanımlamıştır. Ona göre, Hz. Muhammed'in Arap toplumu içinde **"Muhammedi-ül emin"** unvanıyla tanınması, onun bu özel ve ayırt edici niteliklerinden kaynaklanmaktadır.

1665 age. s. 287 - 298.

Atatürk, özellikle halka yönelik konuşmalarında Hz. Muhammed'le ilgi övgü dolu sözler sarf etmiştir.

Atatürk, Hz. Muhammed'in çocukluk ve gençliğine ait mevcut bilgilerin, tam anlamıyla doğru bilgiler olmadığını düşünmektedir: Hz. Muhammed'in çocukluk ve gençlik yıllarına ait bilgilerin efsanelerle ve uydurma bilgilerle karıştırıldığını belirtmektedir. Atatürk'e göre Hz. Muhammed'in, Arap toplumunu İslamiyete davete başladıktan sonraki peygamberlik hayatı daha iyi bilinmektedir.[1666]

Atatürk, Hz. Muhammed'in birdenbire *"Allah'ın resulüyüm"* diyerek ortaya çıkmadığını düşünmektedir; Arapların bozuk ahlak ve adetlerini düzeltmek, ıslah etmek gerektiğini düşünerek; Arap toplumunu ilkel adet, gelenek ve inançlardan kurtarmak için tenha yerlere çekilerek senelerce düşünmüştür. Hz. Muhammed'de, bu şekilde **vahiy** ve **ilham fikri** doğmuştur.[1667] Yani Atatürk'e göre, Hz, Muhammed'in peygamberliği aniden, birdenbire değil, bir süreç sonunda şekillenmiştir. Bu süreçte, sadece ilahi bir kuvvet değil, bizzat Hz. Muhammed'in zihinsel aktiviteleri de etkili olmuştur.

Atatürk'ün, genelde İslam tarihiyle özelde de Hz. Muhammed'in peygamber oluşuyla ilgili bilgilerinin kaynağı büyük bir ihtimalle **Leone Caetani'dir.**

Atatürk, Caetani'nin, **Hüseyin Cahit Yalçın** tarafından çevrilen ve 1924 yılında *"Gazi Mustafa Kemal Paşa Hazretlerine takdime-i hürmet"* imzasıyla sunulan 9 ciltlik *"İslam Tarihi"* adlı eserinden etkilenmiştir.[1668]

Atatürk'ün, Hz. Muhammed'in peygamber oluşuyla ilgili *"Tarih II"* kitabına yazdığı yukarıdaki düşünceleri, Caetani'nin *"İslam Tarihi"* ndeki şu satırlardan etkilenerek kaleme aldığı anlaşılmaktadır.

1666 Tarih II, s. 89.
1667 age. s. 90.
1668 Leon Caetani'nin "*İslam Tarihi*" adlı çalışmasının 9 cildini de büyük bir dikkatle okuyan **Atatürk**, neredeyse her sayfaya çok sayıda özel işaret koymuş ve birçok bölümü önemli bularak altını çizmiştir. Bkz. **Atatürk'ün Okuduğu Kitaplar**, C. 3, 4, Anıtkabir Derneği Yayınları, Ankara, 2001.

Caetani, eserinde Hz. Muhammed'in peygamber oluşu hakkında şunları yazmıştır:

"*Kur'an'dan öğrendiğimize göre Muhammed, hiç değişmeden yaşamış kibirli bir insan değildi. O da birçok değişimlerden geçmiş, hayat kavgasının zorunlu gerekleri ve pek gürültülü-patırtılı bir mesleğin umulmadık olayları karşısında adeta değişime uğramıştır... Muhammed, bütün dünyanın olayları üzerinde etki yaratmıştır; fakat özel hayatının gayet küçük olayları da onun üzerinde önemli tesirler yaratmıştır. Böyle bir değişimin izleri Kur'an'da pek bariz ve derin surette kalmıştır. Hz. Muhammed'in neden dolayı ortaya çıkmak için kendisinde bir ihtiyaç hissettiği, dini fikirlerinin hangi açık şekil altında ve şiddetli bir şekilde yayılmaya başladığı bir sırdır. Bunu anlayabilmek ilelebet sonuçsuz bir iş olacaktır; fakat her halde ileride ispat edeceğimizi ümit ediyoruz ki, Muhammed başlangıçta Resulullah olarak ortaya çıkmamış, bu mefhuma senelerce mücadeleden ve fikirlerini yaydıktan sonra vasıl olmuştur...*"[1669]

Caetani, Hz. Muhammed'in aniden peygamberlik iddiasıyla ortaya çıkmadığını, düşüncelerinde zamanla değişmeler olduğunu ve bunu Kur'an'dan da görmenin mümkün olduğunu belirtmiştir. Atatürk, Caetani'nin kitabını okurken bu satırları önemi dolayısıyla işaretlemiş ve bu düşünceleri –yukarıda da görüldüğü gibi- kendi ifadeleriyle **Tarih II**'ye aktarmıştır.

Atatürk, vahiy ve ilham fikrinin Arap toplumunda öteden beri mevcut olduğunu, Araplarda şairlerin akıl erdiremedikleri kuvvetlerden ilham aldıklarını söylemektedir. Atatürk'e göre Araplar bu kuvvetin kaynağının **cinler** olduğuna inanmışlardı. Atatürk'e göre Arap toplumunda cinlere inanç yaygındı.[1670]

Atatürk, Hz. Muhammed'in de cinlere inandığını düşünmektedir.

1669 Turan, **Atatürk'ün Düşünce Yapısını Etkileyen Olaylar Düşünürler, Kitaplar**, s. 34, 35.
1670 **Tarih II**, s. 91.

Atatürk, Hz. Muhammed'in de diğer peygamberler gibi, *"Kendisine ilham eden kuvvetin, insanları iğfal eden bir kuvvet olmayıp, onları hayır ve saadete irşat eden ilahi bir kuvvet olduğuna samimi olarak inandığını"* ifade etmiştir.[1671] Dolayısıyla Atatürk, Hz. Muhammed'in **bir kaynaktan, bir kuvvetten** "vahiy" aldığına gerçekten inandığını belirtmiştir.

Bir gün **Fahrettin Altay Paşa**, Atatürk'e Hz. Muhammed hakkında ne düşündüğünü sorduğunda **Atatürk** tek kelimeyle *"Samimidir"* diye yanıt vermiştir.[1672]

Atatürk, Hz. Muhammed'in peygamberlikle görevlendirildiğini anladığında, başlangıçta *"Birtakım dini endişeler ve vicdani mülahazalarla"* şiddetli bir heyecana kapıldığını ve samimi bir şekilde üzüldüğünü belirtmiştir.

Atatürk, Hz. Muhammed'in **namuslu bir biçimde, her türlü menfaatten arınarak** işe başladığını; onun en büyük amacının toplumun ahlakını, dinini ve sosyal hayatını düzeltmek olduğunu söylemiştir.[1673]

Atatürk, Saltanatın Kaldırılması Dolayısıyla 1 Kasım 1922' de Meclis'te yaptığı konuşmada Kur'an'ı *"Eksiksiz bir kitap"* olarak tanımlarken, 1930'da kaleme aldığı *"Tarih II"* de bu konuya daha eleştirel gözle yaklaşmıştır.

Bu kitapta, Hz. Muhammed'e **ilk vahyin** gelmesiyle ilgili bilgilerin bazı rivayetlere karıştığını, hatta Hz. Muhammed'in ilk söylediği Kur'an ayetlerinin ne olduğunun kesin olarak bilinmediğini belirtmiştir.[1674]

Atatürk'ün bu **şüpheci yaklaşımı**, hem o dönemde içinde bulunduğu düşünsel ve ruhsal durumdan, hem de onun her konuya olduğu gibi din konusuna da **bilimsel bir gözle** bakmasından kaynaklanmıştır.

Atatürk, ayetlerin uzun bir devirdeki tefekkürlerin ürünü olduğunu, Hz. Muhammed'in bu ayetleri lüzum ve ihtiyaçlara göre

---

1671 age. s. 91.
1672 Niyazi Ahmet Banoğlu, **Atatürk, Siyasi ve Hususi Hayatı**, İstanbul, ty, s. 172.
1673 Tarih II, s. 91.
1674 age. s. 91. (Atatürk'ün bu düşünceleri 1930'da kaleme almış olması dikkat çekicidir. Bkz. II. Bölüm, **Atatürk'ün Din Eleştirileri**)

düzenlediğini düşünmekle birlikte; Hz. Muhammed'in, kendisini yönlendiren kuvvetin, (Allah'ın) tabiatın üstünde bir varlık olduğuna samimi şekilde inandığını da belirtmiştir.[1675]

Atatürk, *"Tarih II, Orta Zamanlar"*da Kur'an-ı Kerim hakkında çok kapsamlı bilgiler vermiştir: Kur'an'ın tanımından, temel Kur'an kavramlarına, ayetlerin toplanmasından Kur'an'ın içeriğine kadar birçok konuyu çok başarılı bir anlatımla şöyle özetlemiştir:

"(Hz.) Muhammed'in koyduğu esasların toplu olduğu kitaba Kur'an denir. Bu esasları ihtiva eden cümlelere ayet, ayetlerden mürekkep parçalara da sure derler."[1676]

"(Hz.) Muhammed sağ iken Kur'an'ın ayetleri bazı adamlar tarafından derilere, kemiklere, çömlek parçalarına, hurma dallarına yazılmış ise de bir arada toplanamamış, ayrı ayrı parçalar halinde kalmış idi. Birinci defa Ebubekir'in hilafeti esnasında ve son defa olarak halife Osman devrinde toplanmıştır. Kur'an'ın bizim elimizde vasıl olanı Hazreti Osman (656-664) tarafından cem edilmiş nüshasının Kur'an'ın tertibinde yalnız surelerin uzunluğu ve kısalığı gözde tutularak uzun sureler baş tarafa, kısaları en nihayetine konulmuştur. Başlangıç olduğundan yalnız Fatiha suresi bundan istisna edilmiştir. Kur'an sureleri Mekke'de ve Medine'de söylenmiş olmak itibarile başlıca ikiye ayrılır. Birinci devreye ait ayetler az çok hissi ve edebidir. Medine'de söylenen ayetler ise muhteviyat itibarile daha ciddi olmakla beraber edebiyat noktai nazarından Mekke devri ayetlerinden dûndur."[1677]

"Kur'an'ın içindekiler başlıca üç bahisle incelenebilir:

Birincisi ve önemlisi, Allah'ın bir olduğuna ve O'ndan başa bir Allah olmadığına ve (Hz. Muhammed'in) O'nun resulü olduğuna inanmak.

İkincisi, hukuki hükümler ve ibadetler.

Üçüncüsü, tarihe ait bilgilerdir."

1675 age. s. 91.
1676 age. s. 90.
1677 age. s. 92.

Atatürk'e göre, hukuki hükümler zaman ve mekân içinde toplumsal durumun uğradığı değişikliklere göre değişebilmektedir. Atatürk şöyle devam etmiştir:

"*İmana ait olan birinci esas, sadeliği itibariyle gerçekten pek önemlidir. Bu esasın her muhatabın kabiliyetine göre izahında güçlük çekilmez...*"[1678]

Hz. Muhammed'i Anlamak ve Atatürk

Atatürk, İslam dininin insanlar üzerinde çok derin izler bıraktığını ifade etmiştir:

"*(Hz.) Muhammed'in yaydığı din insanların kalbinde derin bir sevinç ve ferah meydana getirmekte olduğu his olunuyor. Bu harikanın sebebini araştırırken, yalnız (Hz.) Muhammed'in şahsı üzerinde durmak yeterli değildir. Başka unsurları da nazar-ı dikkate almak lazım. O unsurlar, söz konusu olan adamın faaliyet sahasını teşkil eden kavmin halleridir. Herhalde sosyal hayat, (Hz.) Muhammed'in ilk telkinlerini kesin bir değişim ile değiştirmiş ve genişletmiştir.*"

Atatürk, Tarih II'de yer alan bu satırları da Leone Caetani'nin "*İslam Tarihi*"nden esinlenerek kaleme almıştır.

Atatürk, yukarıdaki düşünceleri kaleme alırken **Caetani'nin** şu satırlarından esinlenmiştir:

"*Peygamber'in yaydığı dinin insanların kalplerinde bir sevinç ve mutluluk meydana getirmiş olduğu ve Peygamber'in sesi sönüp gittiği halde on üç asır sonra halen büyük bir şiddetle o sevinç ve mutluluğun devam ettiği görülüyor.*

Mamafih, bu çeşit bir inceleme için esas olarak yalnız Muhammed'in şahsını almakla yine hataya düşülüyordu. Tarihi olayları teşhis etmek, yani her şeyin sebebini ve kaynağını bir adama indirgeyerek daha mühim birçok unsuru ihmal etmek, insanlarda bir sevk-i tabii gereğindendir. Daha ziyade önemli olan bu unsurlar ise adı geçen kişinin hareket alanını teşkil eden toplumun durum ve şartlarıdır... Büyük olayları,

---

[1678] age. s. 92.

meydana getiren ile birlikte bütün toplumdur. Şahsı hakkındaki incelemeyi, dâhil olduğu, faaliyette bulunduğu toplumdan ayıramayız. Pek az yahut hiç derecesinde öğrenim görmüş bir adamın, yedinci asırdaki Medine gibi cahil ve iptidai bir çevre içinde kısa hayatının bütün dünyaya yayılan bir inkılap için en önemli ve en temel bir neden olabileceğini ispata kalkışmak, insanı behemehâl hataya sevk eden ve kanıtlanması gayet zor olacak bir davadır..."[1679]

Atatürk, özel kitaplığında bulunan kitapta, Caetani'nin bu satırlarının **yer yer altlarını çizmiş** ve sayfa kenarlarını da dört tane (X) işareti koymuştur.[1680]

L. **Caetani**, İslamiyetin insanlarda uyandırdığı derin etkinin Hz. Peygamber'den sonra da büyük bir şiddetle ve güçle varlığını koruduğunu belirtip, İslamiyetin önemini ve Müslüman olan toplumlara getirdiği canlılığı sadece Hz. Peygamber'e mal etmenin doğru olmadığını iddia etmiş; bu durumda, toplumsal ortamın da etkili olduğunu savunmuştur. Görüldüğü gibi Caetani'den etkilenen **Atatürk**, Tarih II için yazdığı metinde benzer değerlendirmelere yer vermiştir.

L. Caetani, *"Muhammed'in Siyasal Liderliği"* başlığı altında şu değerlendirmeyi yapmıştır:

"*Muhammed siyasi bir adamdı. Gayet mükemmel bir zamaneci (Oportünist) idi. Muasırlarını inceleme ve değerlendirme konusunda pek etkili bir bakışa sahipti. Gerek taraftarlarının, gerek düşmanlarının, gerçek ihtiyaçlarını ve gerçek hislerini tayin ve takdir hususunda misli bulunmaz bir isabet-i muhakeme eseri gösterdi. Taraftarlarının artık başka dini telkin istemeyecek bir dereceye geldiklerini görür görmez boş bir hayalperest değil, ameli ve zeki bir zat olan Muhammed istikameti değiştirdi.*"

Atatürk'ün, tarihin en büyük kahramanlarından biri olarak kabul ettiği Hz. Muhammed'in önderlik yeteneklerini belirten yukarıdaki paragrafın başına, *"Müh"* (**Mühim**) notunu düşmesi

---

1679 Turan, age. s. 33.
1680 age. s. 34.

ve sayfa kenarını **4 paralel çizgiyle işaretlemesi**, Caetani'nin Hz. Muhammed ile ilgili yukarıdaki "**övücü yorumlarına**" katıldığının açık belirtisidir.[1681]

Atatürk'e göre Hz. Muhammed, hem **zeki** ve **bilinçli**, hem de **samimi** bir insandır. Hz. Muhammed, önce dini konularda halka seslenen bir vaiz, daha sonra nebi ve nihayet Atatürk'ün ifadesiyle, "*Allah'ın Resulü*" haline gelmiştir. Yine Atatürk'ün ifadesiyle, Hz. Muhammed, "*Aralarında yaşadığı insanların manevi menfaati için ve büyük bir hakikat namına mücadeleye atıldı...*"[1682] Burada dikkat çeken nokta, Atatürk'ün Hz. Muhammed'in çabalarını, "*Büyük bir hakikat namına yapılan mücadele*" olarak değerlendirmesidir.

Atatürk'e göre Hz. Muhammed, sadece dini bir lider, sadece bir peygamber; kısacası **sadece ruhani vasıflar taşıyan** ve bunları topluma aktaran biri değildir. O, aynı zaman da bir **asker** ve bir **devlet adamıdır**. Atatürk, Hz. Muhammed'i anlayabilmek için onun özellikle **askeri faaliyetlerinin** incelenmesi gerektiğini söylemiştir.

Atatürk, Hz. Muhammed'in "*Bizatihi mütehassıs, mütefekkir, müteşebbis*" olduğunu belirtmiş ve yaptığı işlerde, yaşadığı çağın en büyüğü olduğunu ifade etmiştir.[1683]

Atatürk, Hz. Muhammed'i **tarihin en büyük askerlerinden ve kahramanlarından biri** olarak görmüştür. Leone Caetani'nin, "*İslam Tarihi*" adlı eserini okurken, Hz. Muhammed'in **önderlik yeteneklerini** belirten bir paragrafın başına "*Müh*" (*Mühim= önemli*) işareti koyması ve **sayfa kenarını dört paralel çizgiyle işaretlemesi**, Caetani'nin bu yöndeki değerlendirmesine katıldığını göstermektedir.[1684]

Atatürk'ün **Tarih II**'ye yazdığı şu satırlar, onun **kafasındaki "Hz. Muhammed imgesini"** ortaya koyması bakımından çok önemlidir:

1681 age. s. 36.
1682 Tarih II, s. 91.
1683 age, s. 93.
1684 Turan, age. s. 36.

"*(Hz.) Muhammed ve onun nasıl bir din müessisi ve devlet reisi olduğunu anlayabilmek için onun bilhassa askeri faaliyetlerini tetkik etmek lazımdır. Aksi takdirde (Hz.) Muhammed'i her şeyi bir melekten alan ve aynen muhitine telkin eden ümmi, cahil, hissiz, hareketsiz, bir put derecesine indirmek hatasından kurtulmak mümkün olmaz. Hâlbuki (Hz.) Muhammed denilen şahsiyet bizatihi mütehassıs, mütefekkir, müteşebbis ve muasırlarının en yükseği olduğunu yaptığı işlerle ispat etmiş bir varlıktı.*
    Bedir Muharebesi (624)... Burada (Hz.) Muhammed'e muvaffakiyet temin eden, askerine iyi tertibat aldırması ve muharebeyi bizzat eyi idare etmesi oldu. Muhammed askerlerine daima birlikte sımsıkı durmalarını, düşman hücumlarına ok atarak mukabele etmeyi emretti. Kılıçlar ancak son dakikada kullanılacaktı. Müslümanlar Muhammed'in verdiği talimatı dikkatle takip ettiler. Kureyşliler yalın kılıç hücum ettikleri zaman bir ok yağmuru ile karşılandılar. İslamlar intizamı muhafaza ettiler. Son safhada (Hz.) Muhammed'in askerlerinden kılıcı kırılan biri Muhammed'in yanına koşarak kırılmış silahı gösterdi. Muhammed ona bir sopa vererek 'bununla vuruş' dedi.
    Kureyişlilerin bozulduğu çok seri ve hezimetleri tam oldu. Müsademe esansında (Hz.) Muhammed'in gösterdiği harikulade cesaret Müslümanları dehşet ve hayret içinde bıraktı, hiç kimse onun kadar cesur olmadı ve düşmana onun kadar yaklaşamadı."[1685]

Görüldüğü gibi Atatürk'ün kafasındaki Hz. Muhammed imgesi, *"mütehassıs, mütefekkir, müteşebbis, muasırlarının en yükseği"* ayrıca da çok **başarılı** ve **cesur** bir komutandır.

Atatürk, Hz. Muhammed'in askeri yeteneklerini her fırsatta dile getirmiştir. Birçok kere **Hz. Muhammed'in savaşlarını** ayrıntılı biçimde anlattığına tanık olanlar vardır. **Şemsettin Günaltay** bunlardan biridir.

Günaltay'ın aktardığına göre, dönemin tanınmış yazarlarından biri *"İslamiyet ve Hz. Muhammed"* aleyhine yazılmış bir

---
1685 Tarih II, s. 94, 95.

eseri Türkçe'ye tercüme ettirerek Atatürk'e sunmuştur. Bu esere bir göz gezdiren Atatürk, eseri Şemsettin Günaltay'ın incelemesini istemiştir. Günaltay eseri incelikten sonra, eser hakkındaki izlenimlerini Atatürk'e bildirmek için Dolmabahçe Sarayı'na gelip Atatürk'ün huzuruna çıkmıştır. Sonraki gelişmeleri Günaltay şöyle aktarmıştır:

"*Atatürk, büyük bir masanın başında, zamanın başvekili İsmet Paşa ile karşı karşıya oturuyorlar ve önlerindeki haritaya eğilmişler dikkatle bir şeyler tetkik ediyorlardı.*

Ben içeri girince başını kaldırıp gözlerimin içine bakan Ata, hemen sordu:

'***Kitabı tetkik ettiniz mi, fikriniz nedir?***' *Artık tereddüde lüzum ve imkân kalmamıştı. Ne olursa olsun dedim ve tercümeyi Ata'nın önüne koyarak;*

'***Ele alınacak şey değil, bir facia Paşam,***' *diye cevap vermeye kalmadan; Atatürk yerinden fırlayıp parladı ve Başvekile dönerek:*

'***Bu paçavrayı toplatın ve tercümeyi yapan (....) Beyi de devlet hizmetinde kullanılmamak üzere hükümet kapısından uzaklaştırın***' *diye emretti.*

Atatürk'ün denizlerden renk alıp renk veren gözleri masanın üzerinde serili haritaya dikildi ve beni kolumdan tutarak masanın başına çekip parmağını bir noktaya dikti. Bu, kendi elleriyle çizdiği bir askeri harita idi ve Hz. Muhammed'in Büyük Bedir Cengini adım adım gösteriyordu. Hz. Muhammed ve onun Peygamberliği kadar, askeri dehasına da hayran olan eşsiz Sakarya galibi, Bedir galibini göklere çıkarırken; '***Onun hak Peygamber olduğundan şüphe edenler şu haritaya baksınlar ve Bedir destanını okusunlar***' *diye heyecanlandı.*

Ata'nın son sözü şu olmuştu:

"*Hz. Muhammed'in bir avuç imanlı Müslümanla, mahşer gibi kalabalık ve alabildiğine zengin Kureyş ordusuna karşı Bedir Meydan Muharebesi'nde kazandığı zafer, fani insanların kârı değildir. Onun peygamberliğinin en kuvvetli delili işte bu savaştır.' diye, gözlerini uzak çöllere ve kutlu topraklara doğru çevirdi."*[1686]

Atatürk, Hz. Muhammed'in birçok özelliğinden etkilenmiştir. Hz. Muhammed'in, Atatürk'ü en çok etkileyen özelliklerinin başında **eğitime ve öğretime verdiği önem** gelmektedir. Atatürk'ün, L. Caetani'nin *"İslam Tarihini"* okurken, *"Muhammed'in Evinin Bir Üniversite Niteliğine Dönüşmesi"* başlığı altındaki şu cümleleri işaretlediği ve sayfa kenarlarına *"Mühim"*, *"Önemli"* gibi notlar düştüğü görülmektedir.

"Medine'de Muhammed'in ikamet ettiği yer, İslamiyetin ilk okulu, ilk üniversitesi oldu.

Bedir Savaşı'nda alınan esirlerin okuyup yazma öğretmeleri.

Okuyup yazma bilen esirlerin her biri, okuma-yazma bilmeyen '10' Medineliye okuma yazma öğretmekle yükümlü tutuldular."[1687]

Atatürk'ün, Caetani'nin bu satırlarını okurken **sayfa kenarlarına düştüğü notlar**, Hz. Muhammed'in eğitime, öğretime verdiği önemden etkilendiğini göstermektedir.

Atatürk, Hz. Muhammed'in evrensel bir dinin kurucusu olduğunu, yaydığı dinin insanların kalplerine işlediğini, o ölüp gittikten on dört asır sonra bile İslamiyetin hâlâ kalplerde derin hisler uyandırmaya devam ettiğini söylemiştir.

Atatürk, Hz. Muhammed'in o dönemin koşulları içindeki **ilk telkinlerinin**, zaman içinde sosyal hayattaki değişime paralel değişmiş ya da etkisini kaybetmiş olduğunu da düşünmektedir.[1688]

Atatürk, tarihin akışına yön veren insanların hayatlarını oldukça derinlemesine incelemiştir. Büyük İskender'den Cengiz Han'a, Fatih Sultan Mehmet'ten Napolyon'a, Timur'dan Hz. Muhammed'e kadar birçok büyük insanın liderlik sırlarını anlamaya; hayatlarından dersler çıkartmaya çalışmıştır. Onun, en fazla etkilendiği tarihi kişiliklerin başında **Hz. Muhammed**

1686 Tasvir Gazetesi'nden, Gürtaş, age. s. 26 - 29.
1687 age. s. 37.
1688 Tarih II, s .91, 92.

gelmektedir. Atatürk'ün, tarihin akışına yön veren kişilerle ilgili düşüncelerini **Sadi Irmak** şöyle gözlemlemiştir:

"*Biraz sonra söz büyük harp ustalığına gelmişti. O, iki büyük stratejist tanıyordu: Birisi Timurlenk, birisi de Hz. Muhammed'di. Peygamber'in, Uhut Harbi'nde askeri dizişini bir kroki ile göstererek, bu hareketin çok önemli bir askeri başarı olduğunu ifade etti. Bu arada Napolyon'un adını ananlar oldu. Ata'nın kaşı birdenbire çatılmıştı. "O bir maceracıdır" dedi. 'Çünkü zaferler zafer için kazanılmaz, haklı bir dava için kazanılır.' Ve Napolyon bahsini kesin bir el hareketiyle susturdu.*"[1689]

Nuri Ulusu da benzer gözlemler yapmıştır:

"*Dini tarihimizi ve bilhassa Peygamberimizi, savaşlarını tarih kitaplarından çokça okur ve hayranlığını sıkça dile getirirdi, hele hele Bedir Savaşı'nı hep hayranlıkla anlatırdı. 'En büyük bir zaferdir' derdi. Yavuz Sultan Selim ve Timurlenk de hayran olduğu padişah ve komutanlardı ama takdir ettiği kişiyse Hz. Muhammed (S.A.V.) 'O zoru başarmıştır' der ve takdir hislerini çokça zaman arkadaşlarına anlatırdı. Hatta zaman zaman TBMM'de dile getirdiğine şahit olmuşumdur.*"[1690]

Atatürk, Müslüman bir toplumu modernleştirirken, Hz. Muhammed'in İslam toplumu üzerindeki tecrübelerinden ilham almıştır. Çünkü Hz. Muhammed'in yaymaya çalıştığı İslam dini, Arap toplumunun **bin dört yüz yıl önceki koşulları** dikkate alındığında, **bir modernizasyon programı** gibidir. Hz. Muhammed'in en temel hedefi, Arap toplumunu içinde bulunduğu kötü koşullardan kurtararak **aydınlatmaktır**. Hz. Muhammed'in ortaya koyduğu fikirlerin ve icraatların bin dört yüz yıl sonra da canlılığını koruması, Atatürk'ü etkilemiş ve onu, Hz. Muhammed'le ilgilenmeye itmiştir.

Atatürk Devrimi ve Hz. Muhammed

Atatürk, İslam dünyasındaki **ilk çağdaş demokratik devrimi** gerçekleştirirken dünya tarihine damga vurmuş birçok liderden

---

1689 Irmak, age. s. 359.
1690 Ulusu, age. s. 185.

etkilenmiştir. Atatürk'ü en çok etkileyen liderlerin başında **İslam Peygamberi Hz. Muhammed** gelmektedir. Atatürk gerçekleştirdiği devrimle, bir bakıma, cahiliye Arap toplumunu içinde bulunduğu karanlıktan çekip çıkaran Hz. Muhammed'in yolunu izlemiştir. Bu nedenle devrimini halka anlatırken de sıkça Hz. Muhammed dönemindeki İslam anlayışına atıfta bulunmuştur.

"Atatürk'ün Söylev ve Demeçleri" veya *"Atatürk'ün Bütün Eserleri"* incelendiğinde, onun, Hz. Muhammed'le ilgili sözlerini özenle seçtiği görülecektir.

Özellikle, halka hitaplarında Hz. Muhammed'den saygı dolu sözlerle bahsetmiştir. Örneğin, saltanatın kaldırılması dolayısıyla Meclis'te yaptığı konuşmada, Hz. Muhammed'le ilgili saygı ve sevgi dolu şu ifadelere yer vermiştir:

"Dünyanın övüncü Efendimiz, sonsuz tehlikeler içinde ölçüsüz sıkıntılar ve zahmetler karşısında 20 sene çalıştı ve İslam dinini kurmaya ait peygamberlik görevini yerine getirmeyi başardıktan sonra gökyüzünün ve cennetin en yüce katına ulaştı."[1691]

Atatürk, özellikle devrimleri gerçekleştirirken, zaman zaman Hz. Muhammed dönemine atıfta bulunarak, yapmaya çalıştıklarının aslında bundan binlerce yıl önce Hz. Muhammed tarafından gerçekleştirilenlerin birer benzeri olduğunu vurgulamıştır. Atatürk, bu şekilde Hz. Muhammed'in bazı düşünce ve uygulamalarıyla, kendi devrimlerine **meşruluk kazandırmaya** çalışmıştır. Ancak o, Hz. Muhammed konusunda son derece "samimi"dir. Özellikle, *"ulusal egemenlik, meclis, cumhuriyet"* gibi kavramları topluma benimsetirken, Hz. Muhammed dönemi İslam tarihine sıkça göndermeler yapmıştır.

Örneğin bir keresinde Hz. Muhammed dönemindeki *"Danışma"* (meşveret) uygulamasının, aslında bir tür **cumhuriyet** olduğunu şu sözlerle dile getirmiştir:

"Devlet idaresinde danışma çok önemlidir. Bizzat Cenab-ı Peygamber bile danışarak iş yapmak gereğini söylemiştir ve

---

1691 Atatürk'ün Saltanatın Kaldırılması Dolayısıyla Mecliste Yaptığı Konuşma, ASD. C. I, s. 287 - 298.

kendisi bizzat öyle yapmıştı. Bundan başka (ve şevirhum fi'l emir) diye, Cenabıhakk'ın kendisine seslenişi vardır. Peygamberin zatına yönelen bu emrin, ondan sonra gelenleri kapsayacağına şüphe yoktur. Danışmamak meşru değildir."[1692]
Atatürk, meclis, cumhuriyet gibi kurum ve kavramların benzerlerinin Hz. Muhammed döneminde de görüldüğünü ispatlamaya çalışırken, özenle ve ısrarla Hz. Muhammed'in, topluma dini hakikatleri anlatırken devlet yönetimi ve rejim konusunda herhangi bir öneri, istek, ya da baskıda bulunmadığını da vurgulamıştır.

Atatürk, Hz. Muhammed'in Allah tarafından peygamberlikle görevlendirildiğini; Allah'ın Hz. Muhammed'i emirlik, saltanat, taç sahipliği ile görevlendirmediğini belirtmiştir. Atatürk bu görüşüne kanıt olarak, Hz. Muhammed'in, daha İslamiyetle tanışmamış İran ve Roma İmparatorluğu gibi devletlere gönderdiği İslamiyete davet mektuplarındaki şu satırları örnek göstermiştir:

"Allah bir ve ben onun tarafından size hakikati bildirmeye memurum. Hak din İslam dinidir ve bunu kabul ediniz." Ve fakat eklemiştir: *"Ben size hak dinini kabul ettirmekle, zannetmeyiniz ki sizin milletinize, sizin hükümetinize el koymuş olacağım. Siz hangi durumda bulunursanız, o yine saklıdır. Yalnız hak dinini kabul ve muhafaza ediniz."*[1693]

Atatürk'e göre, Allah'ın ve Kur'an'ın istediği hükümet, milletin menfaatlerini koruyacak insanlardan kurulan bir *"şûraya"* sahip olursa ve bu şûra adalet üzerine hareket ederse kurulmuş olur.[1694]

Atatürk, **cumhuriyetin ilanını** bu bakış açısından değerlendirerek, şu yorumu yapmıştır:

"Çok iftihara şayandır ki, milletimiz ancak 1300 sene sonra bu Kur'an hakikatlerini fiili halde göstermiş oldu."[1695]

1692 Mustafa Kemal Atatürk, **Eskişehir-İzmit Konuşmaları**, (1923), İstanbul, 1993, s. 66.
1693 İnan, **Gazi Mustafa Kemal Atatürk'ün, Eskişehir İzmit Konuşmaları**, s. 102
1694 Borak, **Atatürk'ün Resmi Yayınlara Girmemiş Söylev, Demeç, Yazışma ve Söyleşileri**, s. 187.
1695 2 Şubat 1923 İzmir'de Halkla Konuşma, Borak, age. s. 187.

Atatürk'ün, Hz. Muhammed'le ilgili bu teşhisleri, günümüz İslam tarihçilerince de paylaşılmaktadır.

İslamda "krallık" ve "verasete" dayalı devlet reisliği uygulamasının olmadığını, dört halife devrinden sonra tarih boyunca görülen idari ve siyasi sistemlerin tamamen zorunluluktan kaynaklanan yanlış uygulamalar olduğunu, günümüz bilim insanları da belirtmektedirler.

Örneğin Hz. Muhammed'in devlet reisliği konusunda **Prof. Dr. Ali Özek** şunları yazmıştır:

"Devlet reisliğine gelince, bu vasıf ve görev onun vefatıyla ümmetine intikal etmiştir. Burada bize göre çok önemli olan, devlet reisliği görevini biata bağlamış olmasıdır. Yani dünya işlerini idarede biat, yani seçme esastır. Bilindiği gibi, Hz. Ebubekir, kendisine halife denilmesini yasaklamış, 'Ben müminlerin emiriyim, Resullullah'ın halifesi değilim' demişti. Onun için ilk zamanlarda onlara halife değil, 'Emirü'-Müminün' denilmiştir. Halife sözcüğü sonradan kullanılmıştır. Aslında bu dini ve siyasi bir hatadır; zira halife kelimesi birinin yerine, makamına geçen demektir. Hâlbuki Resulullah'ın makamına geçmek hem mümkün değildir, hem de doğru değildir. Allah Resulü, hem Müslümanların, hem de diğer din saiklerinin (başka dinlere inananların) dünya işlerini idare etmek üzere onlardan biat (oy) almıştır. Hatta bazı Yahudiler suç işleyince onlara İslama göre mi yoksa Yahudiliğe göre mi ceza istediklerini sormuştur. Ben de soruyorum, 'Bu demokrasi değil midir?' Çünkü Hz. Peygamber, Müslüman olmayanlara İslam ahkâmını uygulamak istememiştir. Ancak onlara, rıza göstermeleri halinde İslami ahkâm uygulanabilir."[1696]

Hz. Muhammed, **kadınlardan da biat alarak**, seçime ve demokrasiye verdiği önemi göstermiştir.[1697]

Atatürk, bazı konuşmalarında (özellikle siyasi devrimlerin yapıldığı dönemlerde) Hz. Muhammed'in dini yönünü, siyasi

---

1696 Ali Özek, "Neden İslam ve Demokrasi", **İslam ve Demokrasi**, İstanbul, 2000, s. 16.
1697 **age.** s. 17.

yönünden ayrı tutmaya çalışmıştır. Daha önce görüldüğü gibi Atatürk, gerçekte Hz. Muhammed'i sadece dini yönüyle değil, siyasi, askeri yönleriyle de değerlendirmekten yanadır; fakat 1923 ortamında **laiklik tartışmalarının** başladığı bir zamanda, özellikle halka hitaplarında Hz. Muhammed'in dinsel özelliklerini ön plana çıkarırken, siyasi özelliklerini daha arka planda tutmaya çalışmıştır.

Atatürk'e Göre Hz. Muhammed Bir Aydınlanmacıdır

Atatürk, Hz. Muhammed'i "boş inançlarla" ve "hurafelerle" savaşan, toplumu sosyal ve kültürel açılardan içinde bulunduğu olumsuzluklardan kurtarmayı amaçlayan en büyük "aydınlanmacılardan" biri olarak görmüşür.

Atatürk, Hz. Muhammed'den önceki peygamberlerin de benzer amaçlar uğruna mücadele ettiklerine inanmaktadır; fakat Hz. **Muhammed,** diğer peygamberlere oranla daha büyük işler başarmış, yaşadığı toplum üzerindeki etkisi çok daha derin ve kalıcı olmuştur.

Şöyle ki; Atatürk'e göre **Hz. Musa,** cehalet döneminde **on emriyle** insanlığa erdem dersleri vermiştir. Hz. Musa'dan Hz. Muhammed'e kadar aradan yüzlerce yıl geçmiştir. Hz. Muhammed ise, **Musa devrinin din anlayışındaki hurafeleri kısmen söküp atmayı** başarmıştır.[1698]

Atatürk bir aydınlanmacıdır. En büyük amacı, Müslüman Türk toplumunu "bilim ve fennin ışığıyla" aydınlatmaktır. *"Bu hayat ancak ilim ve fen ile olur. İlim ve fen nerede ise oradan olacağız ve her ferdi milletin kafasına koyacağız, ilim ve fen için kayıt ve şart yoktur..."*[1699] diyen **Atatürk'ün** düşünce ve faaliyetleri, Hz. Muhammed'ın, düşünce ve faaliyetlerini çağrıştırmaktadır. Atatürk, Hz. Muhammed'in bir **aydınlanmacı,** "aklın" gücüne inanan bir peygamber; **çağdaş bir lider** olduğunu düşünmektedir: Atatürk, Hz. Muhammed'i sadece bir peygam-

---

1698 Asaf İlbay, **Tan gazetesi,** 13 Temmuz 1949.
1699 **ASD,** C. II, s. 48.

ber olarak değil, daha çok, yaşadığı yarı vahşi toplum içinde **sosyal reformlar yapan** bir **"devrimci"** olarak görmekte ve takdir etmektedir. Atatürk'ün çevresinde bulunanlar pek çok kez bu duruma tanık olmuşlardır.[1700]

"Allah, akıldan daha iyi, daha mükemmel ve daha güzel bir şey yaratmadı. Allah'ın verdikleri hep ondan gelir. Anlayış ondan gelir. Allah'ın gazabı ondan gelir, ödül ve ceza ondan gelir" diyen Hz. Muhammed'in, Atatürk'ü etkilemiş olmasına şaşmamak gerekir doğrusu.

Hz. Muhammed, Müslümanlara **ilmin ışığından** yararlanmalarını öğütlemiştir. O, "hurafeye", "batıl inançlara", "akıl dışı" anlayışlara karşıdır. Örneğin, **oğlu İbrahim'in** öldüğü gün, güneşin tutulmuş olmasını, *"Göklerin mateme iştiraki"* şeklinde yorumlamak isteyenlere Hz. Muhammed karşı çıkarak, bunun bir **tabiat olayı** olduğunu ve tabiat olaylarının farklı kanunlara bağlı olduğunu söylemiştir.

Atatürk, düşünce ve uygulamalarıyla "tarihsel bir gerçeklik" olduğuna inandığı **Hz. Muhammed'in ortaya koyduğu eserin ihtişamından etkilendiğini** değişik vesilelerle dile getirmiştir.

Atatürk, Hz. Muhammed'in herhangi bir kaygıyla istismar edilmesine, onunla ilgili yalan yanlış bilgilerin dile getirilmesine, Hz. Muhammed'in ortaya koymuş olduğu eserin küçümsenmesine asla müsaade etmemiş; bu konudaki kararlı tavrını ömrünün sonuna kadar sürdürmüştür.

Atatürk, Hz. Muhammed'i, *"Cezbeye tutulmuş sönük bir derviş"* gibi tanıtmak isteyenlerin olduğunu belirterek, bu gibileri *"cahil"* olarak nitelendirmiş ve bu kişilerin Hz. Muhammed'in yüksek kişiliğini ve başarılarını anlamamalarından yakınmıştır. Atatürk, bu kişilere, *"Cezbeye tutulmuş sönük bir dervişin"* **Uhut Savaşı'nda** büyük bir planı nasıl düşünüp uygulayabildiğini sormuştur.[1701]

1700 Cevdet Perin, **Atatürk Kültür Devrimi,** s. 127'den Mirkelamoğlu, **Din ve Laiklik,** s. 395.
1701 Şemsettin Günaltay, **Ülkü Dergisi,** C. IX, S. 100, 1945 s. 3, 4.

Atatürk, bilip bilmeden Hz. Muhammed'i eleştirenlere söyle seslenmiştir:

"Tarih hakikatleri değiştiren bir sanat değil, belirten bir bilim olmalıdır. Bu küçük harpte (Uhut) bile, askeri dehası kadar siyasi görüşleriyle de yükselen bir insanı, cezbeli bir derviş gibi tasvire yeltenen 'cahil serseriler' bizim tarih çalışmamıza katılamazlar. Hz. Muhammed, bu harp sonunda çevresindekilerin direnişlerini yenerek ve kendisinin yaralı olmasına bakmayarak, gelip düşmanı izlemeye kalkışmış olmasaydı bugün yeryüzünde Müslümanlık diye bir varlık görülmezdi.[1702]

Atatürk, her şeyden önce Hz. Muhammed'i bir tarihsel kişilik olarak, objektif ölçüler doğrultusunda değerlendirmek gerektiğine inanmaktadır. Tarihi olaylar ve bu olaylarda rol oynayan kişilerin katkılarını doğru olarak anlamanın yolu, olayları meydana geldiği günün koşullarını dikkate alarak değerlendirmektir. Nitekim Atatürk de bu temel görüşten hareketle Hz. Muhammed'i değerlendirmiştir.

Atatürk, Hz. Muhammed'le ilgili bilgiler edindikçe, onun yaşadığı dönemde olduğu kadar, ölümünden binlerce yıl sonra bile fikir ve düşüncelerinin canlılığını korumasının sırrını çözmüştür. Hz. Muhammed'in ortaya koyduğu eserin her devirde ihtişamını korumuş olmasının nedeni, Hz. Muhammed'in, etkisini yitirmeyen "evrensel" nitelikli fikirleridir.

Atatürk Hz. Muhammed'den İlham Almıştır

Atatürk, birçok konuda Hz. Muhammed'den ilham almıştır. Bunu bizzat kendisi ifade etmiştir. Özellikle **askeri, strateji** ve **toplumsal aydınlanma** konularında, Atatürk'ün Hz. Muhammed'den etkilendiği söylenebilir.

Öncelikle Hz. Muhammed'in İslam öncesi ilkel Arap toplumunu cahiliye geleneklerinden kurtarma konusunda gösterdiği üstün başarı Atatürk'ün dikkatini çekmiştir. İlkel geleneklerin körelttiği, kadının insan bile sayılmadığı bir toplumda, Hz.

1702 age. s. 4.

Muhammed'in oynadığı **ilerici rol**, Atatürk'ün ilham kaynaklarından biri olsa gerekir. Hz. Muhammed'in İslam öncesi ilkel Arap toplumuna İslam düşüncesini kabul ettirirken izlediği **strateji**, bu uğurda verdiği mücadele, **kararlı ve cesur** tavrı, **gerçekçi ve akılcı** yaklaşımları ve **samimiyeti**, Atatürk'ü etkilemiştir.

Hz. Muhammed'in **evrensel bir kişilik** olarak ortaya çıkışı; düşünce ve uygulamalarının belli bir bölge ya da belli bir topluluğa veya belli bir sınıfa ya da gruba değil, tüm insanlara yönelik olması; tabuları yıkıp, ilkel gelenek ve düşüncelerle mücadele etmesi; eğitime ve bilime büyük önem vermesi; dürüstlük, ahlak ve erdem gibi değerleri savunması, Atatürk'ü Hz. Muhammed üzerinde düşünmeye iten diğer nedenlerdir.

Hz. Muhammed'in "olağanüstü" **önderliği** pek çok bilim insanının da dikkatini çekmiştir. Onun bir **"aydınlanmacı"** olduğunu söyleyen çok sayıda yerli yabancı tarihçi ve bilim insanı vardır.

Cahiliye geleneklerinin kıskacındaki bir toplumu **15 yıl** gibi kısa bir sürede eski kötü geleneklerinden uzaklaştırmayı başaran Hz. Muhammed, pek çok tarihçiye ve ilahiyatçıya göre, gelmiş geçmiş en büyük insanlardan biri, hatta birincisidir.

İngiliz Doğu Bilimleri Uzmanı **William Muir**, *"Muhammed'in Hayatı"* adlı eserde şöyle demiştir:

"En eski zamanlardan beri Mekke ve Arabistan Yarımadası ruhani bir gerginlik içinde idi. Hristiyanlık ve Yahudiliğin basit ve ilkel, geçici tesiri yahut Arap kafasının felsefi düşünce arayışları, sakin bir gölün yüzeyindeki dalgalanmalar gibi idi; fakat yüzeyin altı, sakin ve hareketsizdi. Halk cehalet, zulüm ve tecavüz içinde yaşaya yaşaya ahlaksızlık gayyalarına batmıştı. Onların dini, en kaba putperestlik, imanları görülmeyen şeylere, hurafelere inançtan doğan bir korku beslemekteydi. Hicretten on üç sene evvel Mekke, müthiş bir gerginlik içinde en sefil hayatı sürüyordu; fakat bu on sene ne büyük bir inkılaba şahit oldu... Yahudilik, Medine halkının kulaklarında mütemadiyen çınlayan bir dindi; fakat Araplar, ancak Muhammed'in ruhları titreten sesini duyduktan sonra uykularından uyandılar ve yepyeni, samimi

bir hayata birdenbire kavuştular."[1703] *(W.Muir, "Muhammed'in Hayatı",* Fasıl: 7).

Yine *"Muhammed'in Hayatı"* adlı eserden:
"Kur'an, Muhammed'in devamlı mucizesidir. Ve gerçekten Kur'an bir mucizedir." (Bosworth Smith).[1704]

"İster Hz. Muhammed'in, ister seçkin insanlardan olan sahabelerin hayatını yahut ister onların fethettikleri değişik memleketlerde uyguladıkları hareket tarzını, veya onların cesaret, fazilet duygularını göz önüne alalım: İlk Müslümanların hayatında karşılaşacağımız hadiseler derecesinde, tarihin öveceği olayların bir eşine tesadüf edemeyiz" (Kont Boulainvelliers, s.5).[1705]

Hz. Muhammed, gerek düşünceleri, gerek uygulamalarıyla İslam dininin akıl ve bilim dini olduğunu defalarca gözler önüne sermiştir. Hz. Muhammed'in hayatı, eğer doğru kaynaklardan iyi incelenecek olursa, onun aklın ve bilimin gücüne inandığı ortaya çıkacaktır. O, bir peygamber olarak **akıl** ve **bilime** vurgu yaparak; İslam dininin akıl ve bilime değer veren bir din olduğunu göstermek istemiş, insanlığın gerçek kurtuluşunun ancak akıl ve bilim sayesinde mümkün olacağını belirtmiştir.

"(Hz.) Muhammed'e kadar, akla ve ilime önem ve değer veren, o değerleri ferdin ve toplumun rehberi sayan başka bir mürşid dini tarihte yoktur. Onun yaptıklarının benzerini, sosyal, siyasal ve kültürel alanda gerçekleştiren Atatürk'e kadar, tarih bu bakımdan mahrum yaşamıştır." [1706]

Bu nedenle bence, Hz. Muhammed'den Atatürk'e uzanan bir **"gönül köprüsü"** ya da bir **"düşünsel bağ"** vardır.

Atatürk'ün Hz. Muhammed'le İlgili Araştırması

Hz. Muhammed'e hayran olduğunu pek çok kez ifade eden Atatürk, Hz. Muhammed üzerine bilimsel araştırmalar yapılmasına da önayak olmuştur.

1703 Ö. Rıza Doğrul, **Tanrı Buyruğu,** s.LXII-LXIII, tan naklen Necip Mirkelamoğlu, **Atatürkçü Düşüncede Din ve Laiklik,** Çağdaş Eğitim Vakfı, 2000, s. 49, 50.
1704 Mirkelamoğlu, **age.** s. 49, 50.
1705 **age.** s. 49, 50.
1706 **age.** s. 58, 59.

Atatürk'ün, Türk tarihini açığa çıkarmak amacıyla başlattığı çalışmaların bir bölümü de **İslam tarihiyle ve Hz. Muhammed'le** ilgilidir.

20-25 Eylül 1937'de toplanan **İkinci Türk Tarih Kongresi'nde** Atatürk'ün isteği üzerine Hz. Muhammed'le ilgili çok çarpıcı tezler gündeme getirilmiştir.

Prof. İsmail Hakkı İzmirli, **"Şark Kaynaklarına Göre Müslümanlıktan Evvel Türk Kültürünün Arap Yarımadası'nda İzleri"** ile **"Peygamber ve Türkler"** adlı bildirilerinde Hz. Muhammed'in "Türk olabilme ihtimali" üzerinde durmuştur.

Prof. İzmirli, **"Şark Kaynaklarına Göre Müslümanlıktan Evvel Türk Kültürünün Arap Yarımadasında İzleri"** adlı bildirisinde Hz. Muhammed'le ilgili bazı iddialarını şöyle sıralamıştır:

"İslamın doğduğu Arap Yarımadası'nda Müslümanlıktan evvel Türk kültürünün izleri hakkında hiçbir şey yazılmamış; ilim dünyasını pek ziyade alakadar eden bu konu bugüne kadar perde arkasında kalmıştır."[1707]

İzmirli bu girişten sonra Hz. Muhammed'in köklerinin **Sümerlere** dayandığını iddia etmiştir:

"Evs ve Hazreç kabileleri, Mezopotamya'dan Sümer ilinden kalkıp, Sümer medeniyetinin yayıldığı Yemen'e gelmişler, oradan Medine'ye göçmüşlerdi. Kendilerinde Türk kültürü görülmekle, Türk olabilecekleri anlaşılıyor. Evs Us'tan, Hazreç Hazer'den Araplaştırmış olabilir. Nitekim Arapça'da Evs, Kurt; Hazreç, Aslan manasına gelir. Eret Uz, Oğuz'dan gelmiş ise de bunun istitaklarını (türevlerini) bilmeyen veya düşünmeyen Araplar, Kurt ananesini hatırlayarak, Kurt manasını vermiş olurlar."

İsmail Hakkı İzmirli, tezini kanıtlamak için ilginç deliller ileri sürmüştür. Örneğin, Hz Muhammed'in yakın akrabalarının önemli bir bölümünün Türk olduğunu belirtmiştir:

"Peygamber'in bir haremi Türk'tür. Tarihülhamis'in beyanına göre, Mısır Kralı Mukavris'in Peygamber'e gönderdiği

---

[1707] İsmail Hakkı İzmirli, **Şark Kaynaklarına Göre Müslümanlıktan Evvel Türk Kültürünün Arap Yarımadasında izleri**, II. Türk Tarih Kongresi, s. 280.

Marye bir Türk kızıdır. Marye ile beraber gelenlerden adı malum olan kız kardeşi Şirin, erkek kardeşi Mağburda Türk olmakla; Peygamber'in bir haremi, bir baldızı, bir kayınbiraderi hep Türk'tür. Mariye ile Şirin Kıbıt Kavmi arasında yüksek bir mevkide bulunduklarını Mukavris mektubunda bildiriyor. Bu Türk güzeli Marye'den, İbrahim doğmuş, Peygamber buna pek çok sevinmişti. Peygamberliği zamanında doğan yegane erkek çocuğu budur. Bu Türk yavrusu, 18 ile 22 ay arasında yaşadıktan sonra ölmüştür. Peygamber bundan çok acı duymuştur."

Prof. İzmirli, sadece Hz. Muhammed'in Türk soyundan geldiğini değil, aynı zamanda Türklerle yakın ilişkiler kurduğunu ve Türkleri övücü sözler söylediğini de kanıtlamak istemiştir:

"Peygamber, bir Türk kubbesinde ibadet etmiştir. Peygamber bir ramazan ortalarında Türk kubbesinde (çadırında) ibadet etmiştir ki, tam on gün on gece tanrısına ibadette bulunmuştur. Bu Türk kubbesi hakkında tafsilat bulamadım..."[1708]

Prof. İsmail Hakkı İzmirli, aynı konuşmasında, *"Peygamber'in Türk'ü zam eden bir hadisi bile yoktur. Kuran'da Türk Vasfı ile Mezkûrdur. Kur'an'da Türkçe kelime vardır. Peygamber Türklere Tecavüzü Men Etmiştir. Peygamber Türkçe Bir Mektup Yazmıştır."*[1709] diyerek Hz. Muhammed'in Türklere çok değer verdiğini kanıtlamak istemiştir.

Prof. İsmail Hakkı İzmirli, İkinci Türk Tarih Kongresi'nde sunduğu *"Peygamber ve Türkler"* adlı ikinci konferansında da benzer tezleri savunmuştur.[1710]

"Asırlarca Müslümanlara önder olan Türkler ile Müslüman peygamberi arasında ne gibi münasebet vardır. Bu münasebet bizleri nereye kadar götürebilir? Şimdiye kadar araştırılmamış olan bu mevzu hakkında Türk Tarih Kurultayı için gizli kalan bazı noktaları kuvvetli vesikalar, ilginç mehazlar ile

---

1708 age. s. 281.
1709 age. s. 282 - 289.
1710 İsmail Hakkı İzmirli, **Peygamber ve Türkler, II. Türk Tarih Kongresi**, s. 1013, 1044.

izah edeceğim."[1711] dedikten sonra, açıklayacağı konuları şöyle sıralamıştır:

"1. (Hz.) Peygamber, kuvvetli bir ihtimal ile uruk (kabile, ırk) itibarıyla Türk olabilir.
2. Evs ve Hazreç kabileleri de Türk uruğundan, Türk ırkından gelmektedir.
3. Peygamber'in ashabı arasında malum olan üç Türk vardır.
4. Peygamber, ramazanda bir Türk çadırında ibadet etmiştir.
5. Peygamber, Türkçe bir mektup yazmıştır.
6. Peygamber'in Türkler hakkında hadisi vardır.
7. Kur'an'da Türkçe kelime vardır.
8. Malum olan Türk yüksek âlimi Mübarekoğlu, ashabı derecesindendir.
9. İmam-ı Azam Ebu Hanife Türk'tür; İdeolojisi Türk ideolojisine uygundur.
10. İmam-ı Azam, kadınlara hâkimlik vermiş, Kur'an'ı manadan ibaret görmüştür."[1712]

Prof. İzmirli, Hz. Peygamber'in Türklüğü tezini şu tarihsel delillerle kanıtlamaya çalışmıştır:

"Umumiyetle şark yazarlarının yazdıklarına göre, Peygamber Adnan göbeğinden gelmekte, Arab-ı mütaribe (başka cinsten iken Araplaşmış)dır. Irk, kabile itibariyle Arap değildir. Peygamberin büyük babası İbrahim Peygamber'dir. İbrahim, dedelerinden Abir'e (Avar) nispetle İbrani'dir, İbranilerden Şam'a nispetle Sami'dir...

... Bu sözler ince elekten geçirilirse İbrahim, Şam evladından olmayıp, belki Türk'lerin babası saydıkları Yafes evladından olduğu daha ziyade anlaşılır."

"... Ur şehri, Türkçe'de hendekle çevrilmiş kale olup, Sümer'in medeniyet merkezi olan Büyük bir Türk şehridir. İbrahim de işte bu Türk şehrinde doğmuştur... Hülasa, Tarek ile Tarık ve Türk, Azer ile Hezer ve Haser, Ubur ile Amur, Abir ile

---
1711 age. s. 1013.
1712 age. s. 1013.

Avar adları göz önünde tutulunca; Türk şehrinde doğan, Türk hakanlığına damat olan İbrahim, Türk ırkından olacaktır. Artık, İsmailoğulları olan Adnaniler ve bu arada Peygamber... hep ırk itibariyle Türk olurlar...."[1713]

Prof. İzmirli'ye göre, sadece Hz. Muhammed değil, İslamiyetin ünlü yorumcularından **Ebu Hanife** de Türk'tür.

"İmam-ı Azam ırk itibariyle Türk'tür. Sabit oğlu Numan'ın büyükbabası Zota, Kabil şehrindendir. Kabil, Camütarip'te tasrih olduğuna göre,; Türk ilinin en meşhur bir şehridir.

... Kur'an'a manadan ibaret demek de tamamen Türk ideolojisine uygundur... Türkçe okumak, hutbeyi Türkçe ırat etmek, Ebu Hanife'nin mezhebine uygundur. Daha hâlâ bu Ebu Hanife'nin Türklüğünden şüphe edilebilir mi?"[1714]

Atatürk, Türk Tarih Kongrelerine sunulan bütün önemli tezlerden önceden haberdardır. Bu bakımdan Prof. İsmail Hakkı İzmirli'nin "Hz. Muhammed'in Türklüğünü" kanıtlamaya yönelik iki tezini de önceden görmüş olma ihtimali yüksektir.

Nitekim **Atatürk'ün**, *"Peygamberimiz'in ecdadını araştırırsanız belki de Türk olduğunu ispat edebilirsiniz"* dediğini iddia edenler vardır.[1715]

Atatürk tarih kongrelerinde Hz. **Muhammed**'le ilgili olumsuz yargılar içeren tezlere de karşı çıkmıştır. Daha önce de belirttiğimiz gibi o günlerde, *"Askeri dehası kadar siyasi görüşleriyle de yükselen bir insanı cezbeli bir derviş gibi tasvire yeltenen cahil serseriler bizim tarih çalışmalarımıza katılamazlar..."* diyerek, Hz. Muhammed'i küçümseyen, onun başarılarını görmezden gelen birkaç kişiyi, *"cahil serseriler"* diye adlandırıp bu çalışmalara katılmaktan men etmiştir.[1716]

Prof. İsmail Hakkı İzmirli'nin, tarih kongrelerinde, Atatürk'ün yönlendiriciliğiyle ileri sürdüğü tezler, her şeyden önce

---

1713 age. s. 1013 - 1015.
1714 age. s. 1020 - 1026.
1715 M. Sadık Cennetoğlu, **Ömer Hayyam, Büyük Türk Şairi ve Filozofu**, s. 231, 232.
1716 Günaltay, age. s. 3, 4.

Hz. Muhammed'in Atatürk için ne kadar önemli bir kişilik olduğunu göstermektedir. Bu çalışmalar, bilimseldir ya da değildir; burada önemli olan, Atatürk'ün Hz. Muhammed'i içselleştirmeye, Türkleştirmeye, kısacası sahiplenmeye çalıştığı gerçeğidir.[1717]

Hz. Muhammed'den Atatürk'e

Atatürk'ün İslama bakışı iyi incelendiğinde de görüleceği gibi o, İslamı Hz. Muhammed ve Kur'an ekseni çerçevesinde değerlendirmiştir. İslam dini konusunda yaptırmış olduğu çalışmaların amacı, zaman içinde "**boş inançlarla**", "**tabularla**" kaplanmış olan İslamiyeti bu tabaka ve tortulardan ayıklamaktır. Atatürk, İslamda bir "**öze dönüş**" hareketini gerçekleştirmeye çalışırken, sık sık Hz. Muhammed dönemine göndermeler yapmış, Hz. Muhammed dönemindeki İslam anlayışının sonraki dönemlerde çok değiştiğini ve Peygamber'in ortaya koyduğu anlayıştan sapıldığını anlatmak istemiştir.

Atatürk, "gerçek İslamiyetin" Hz. Muhammed zamanında yaşandığını bir keresinde şöyle ifade etmiştir:

"... *Tereddütsüz diyebilirim ki, bugünkü İslam dini başka Peygamber'in zamanındaki İslam dini başkadır. Gerçek İslamiyet, yaratılıştan gelen mantıklı bir dindir. Hayalleri, yanlış düşünceleri, boş inançları hiç sevmez, özellikle nefret eder.*"[1718]

Sadece din konusunda değil, bazı siyasal ve toplumsal konularda da Hz. Muhammed dönemindeki düşünce ve uygulamaların İslam tarihinin sonraki dönemlerinde unutulduğunu sıkça ifade etmiştir. Atatürk'e göre, Müslümanların geri kalmalarındaki asıl neden, Hz. Muhammed'in öğretilerinin ve düşünsel yapısının daha sonraki Müslümanlar tarafından doğru bir şekilde anlaşılamaması ve Hz. Muhammed'in uygulamalarının değişen zamana uyarlanamamasıdır.

1717 Son yıllarda Türkiye'de bu konu yeniden gündeme gelmiştir. Bkz. Muharrem Kılıç, **Gizlenen Türk Tarihi, Hazreti Muhammed**, Toplumsal Çözüm Yayınları, İstanbul 2007.
1718 Reşat Genç, **Türkiye'yi Laikleştiren Yasalar**, Ankara, 1998, s. 147 - 151.

Atatürk, Hz. Muhammed'in düşünce ve uygulamalarının dinamik ve değişime açık olduğunu, bu nedenle Hz. Muhammed'in yaşadığı dönemin koşulları içinde ortaya koymuş olduğu bazı düşünce ve uygulamaların zaman içinde değişime uğramasının son derece normal olduğunu belirtmiştir.

Hz. Muhammed, **cahiliye devri** diye bilinen bir dönemde Arap toplumuna bilginin, eğitimin önemini; çalışmanın gerekliliğini ve insani değerleri hatırlatmıştır. Temellerini attığı İslam dinini koruyup yaymak için düşmanlarla savaşmıştır. **Bedir, Uhud** ve **Hendek savaşları** ve nihayet Mekke'nin fethiyle, bir zamanların hurafelerle boğuşan Arap toplumuna, uğruna mücadele edilmesi gereken gerçek değerleri göstermiştir. Düşünceleri ve davası uğruna bütün güçlüklere göğüs germiştir. Zekice hamlelerle, adeta usta bir satranç oyuncusu gibi zafere ulaşmıştır.

Hz. Muhammed, bir peygamber, bir devlet adamı ve bir komutandır; fakat o aynı zamanda bir **"toplum mühendisi"**dir. O dönemde kimsenin aklına gelmeyecek fikirleri, kimsenin cesaret edemeyeceği bir soğukkanlılıkla ilkel Arap toplumunda yaşama geçirmiştir.

En önemlisi o, daha önce hiçbir peygamberin yapmadığı kadar, **"akla"** vurgu yapmıştır. Hz. Muhammed, aklın değerini anlatmak için, akla, *"Huccetullah"* yani, *"Allah'ın varlığının delili"* demiştir.[1719]

Yemen'e idareci olarak gönderdiği İslam hukuku bilgini Muaz'a, *"Orada meseleleri nasıl çözeceksin?, Neye göre hareket edeceksin?"* diye, sorduğunda, Muaz:

"Allah'ın kitabı olan Kur'an ile"
"Ya kitapta bulamazsan?"
"Resulullah'ın sünneti ile"
"Onda da bulamazsan?"
"Kendi aklımla." diye yanıt verince Hz. Muhammed memnun kalmış ve Muaz'ı görev yerine göndermiştir.[1720]

1719 A. Manaz, Atatürk Reformları ve İslam, s. 135.
1720 Ö.Rıza Doğrul, Tanrı Buyruğu, s. LV. Besim Atalay, **Türk Dili ile İbadet**, s. 28. Niyazi Köymen, **Dinsel Bunalımdan Gerçek Hak Yoluna**, s. 74; Mirkelamoğlu, **Atatürkçü Düşünce ve Uygulamada Din ve Laiklik**, s. 59.

Bu diyalog, Hz. Muhammed'in, **aklı**, dini bir kaynak olarak kabul ettiğini; dünya meselelerinin çözümünde aklı kullanmaya onay verdiğini göstermektedir.

Akılcı olmak, **hurafeye karşı olmayı** gerektirir. Peki, Hz. Muhammed hurafeye karşı mıdır? Bu sorunun yanıtı, kuşkusuz *"evettir."* Hz. Muhammed hurafeye karşıdır. Örneğin, oğlu İbrahim'in öldüğü gün güneşin tutulmasının, *"Göklerin mateme iştiraki"* olarak yorumlanmasına karşı çıkarak, onun bir tabiat olayı olduğunu belirtmiştir. *"Benim mezarımı tapınak haline getirmeyin. Peygamber'in mezarını tapınak haline getirene Allah lanet etsin"*[1721] diyerek de İslamda **"fetişin"** olmadığını, kişiye ya da eşyaya "kutsallık" izafe etmenin din dışı olduğunu ifade etmiştir.

Hz. Muhammed, İslam dininin **değişime açık** bir din olduğunu her fırsatta dile getirmiştir: Kur'an'ın amele ilişkin hükümlerinin, **"Zamana ve şartlara göre değişebileceğini"** kabul etmiştir.

Hz. Muhammed bir hadisinde,

"Ancak bir kulum: Ben dininize ait bir şey emredersem, o emri yerine getirin; fakat kendiliğinden, kendi reyimle bir buyruk verirsem, insanım, ancak! (...) 'Dünyanıza ait işleri siz benden daha iyi bilirsiniz." demiştir.[1722]

İşte, Hz. Muhammed'in **"akıl"** ve **"bilim"** hakkındaki bazı sözleri (hadisleri):

"Âlimin uykusu, cahilin ibadetinden hayırlıdır. Bilginler, Peygamberlerin mirasçılarıdır. Âlimin yüzüne bakmak ibadettir. Bilgin ve bilgi elde etmek isteyen kusurlu da, suçlu da olsa, cennete girer. Âlimler yeryüzünün ışıklarıdır. Benim vârislerimdir. Bir an bilgiyle meşgul olmak, bir an kitaba, yazıya bakmak altmış yıl ibadet etmekten hayırlıdır. Çin'de bile olsa bilgiyi arayın, gidin elde edin."[1723]

Hz. Muhammed'in akıl ve bilim konusunda daha pek çok sözü vardır; fakat en dikkate değer olanı, *"İlim Çin'de bile olsa*

1721 Y. Nuri Öztürk, **Kur'an'ı Tanıyor muyuz?** s. 15.
1722 Abdülbaki Gölpınarlı, **Hz. Muhammed ve Hadisleri**, s. 4 - 6.
1723 Mithat Gürata, **Müslümanlık Nedir?**, Gölpınarlı, **Hz. Muhammed ve Hadisleri**, s. 4 - 6; Mirkelamoğlu, age. s. 60.

alın" sözüdür. (Bu söz Hz. Ali tarafından da söylendiği için daha çok Hz. Ali'ye atfedilmiştir.) Bu sözle, Hz. Muhammed, sadece ilme verdiği önemi ortaya koymakla kalmamış, aynı zamanda "**İlmin dini olamayacağının da altını çizmiştir.**" Çin, o zamanki koşullara göre gidilebilecek en uzak noktadır. Üstelik Çin "**Müslüman bir ülke**" değildir. Demek ki Hz. Muhammed'e göre ilim ve bilgi, Müslüman olmayan (ki üstelik Çin o dönemde Budist'tir) bir ülkeden de alınabilir. Demek ki Hz. Muhammed'e göre ilim "evrenseldir."

Atatürk, Hz. Muhammed'in "*İlim Çin'de bile olsa arayın*" hadisine şu sözleriyle atıfta bulunmuştur:

"*İlim ve teknik neredeyse onu alacağız ve her vatandaşın kafasına koyacağız. Bilim ve teknik için kayıt ve şart yoktur. Dinimiz bu yüce buyruğu kapsadığı içindir ki, dinlerin en yücesidir. Bilim ve tekniği puta tapanların ülkesinde aratır; Çin'de bile aratır.*"[1724]

Atatürk'e gelince: O, önce yıkık, yorgun bir toplumu bir komutan, bir asker olarak bağımsızlığa ulaştırmıştır: Kurtuluş Savaşı'yla, bağımsız yaşama idealinin uğruna mücadele edilmesi gereken en kutsal değer olduğunu göstermiştir. Cesur, zekice ve stratejik hamlelerle düşmanlarını mağlup etmiştir. O da, bir komutan, bir asker, bir liderdir; dahası o da bir toplum mühendisidir. O da yaşadığı dönemde kimsenin cesaret edemeyeceği fikirleri uygulamaya koymuştur. Onun da tüm hedefi eğitimin gerekliliğini, çalışmanın ve bilginin gücünü ve insani değerlerin önemini vurgulamak, boş ve batıl inançlarla savaşmak ve toplumun ileri gitmesini sağlamaktır. **O da tıpkı Hz. Muhammed gibi,** bilimin, Müslüman olmayan ülkelerden de alınabileceğine inanmıştır. Dahası o da tıpkı Hz. Muhammed gibi, hitap ettiği ulusa, yol gösterici olarak **akıl** ve **bilimi** işaret etmiştir.

Doğdukları ve yaşadıkları toplumlar ve oynadıkları roller farklıdır; fakat idealleri ortaktır: Gelişmek, ilerlemek, insanca yaşamak...

[1724] Ensar Aslan, **Atatürkçü Düşünce Sisteminde Türk Eğitimi,** Diyarbakır, 1989, s. 35.

Atatürk'ün hayatında **Hz. Muhammed'in** ve hadislerinin çok gizli bir yeri vardır.

Atatürk, Anadolu'ya geçmek için 16 Mayıs 1919'da Bandırma Vapuru'yla İstanbul'dan Samsun'a hareket ettiğinde, bir iddiaya göre, İngilizler Bandırma Vapuru'nu vurmak için bir torpido göndermişler fakat rotadan çıkan torpido vapuru ıskalamıştır. Atatürk bu olayı, *"Bu Allah'ın bir inayetidir, görüyorsunuz Allah bizimledir"* diyerek değerlendirmiştir.[1725]

Atatürk'ün Samsun'a giderken kullandığı *"Allah bizimledir"* ifadesi, Hz. Muhammed'in Mekke'den Medine'ye hicreti sırasında kullandığı bir **Kur'an** ifadesidir.

Hz. Muhammed gizlice Mekke'den ayrılırken yanına sadece Hz. Ebubekir'i almıştır. Mekkeli müşriklerin takibinden kurtulmak için üç gün boyunca Sevr mağarasında kalmıştır. Hz. Muhammed'i arayan müşrikler mağaranın ağzına kadar gelince Hz. Ebubekir endişelenmiştir. Bunun üzerine Peygamberimiz ona, *"Endişelenme, Allah korumasıyla, gözetmesiyle, yardımıyla yanımızdadır"* demiştir. Nitekim müşrikler mağaranın ağzında dönüp durmalarına rağmen onları bulamamıştır.[1726]

Atatürk Bandırma Vapuru'yla Samsun'a giderken İngilizlerce takip edildiğini öğrendiğinde de Hz. Muhammed'in sıkça kullandığı *"İnnallahe meana"* ifadesini kullanmıştır.

Atatürk'ün Samsun yolculuğu ile **Hz. Muhammed'in hicret yolculuğunun** hem nitelik olarak hem de kullanılan Kur'an kavramları açısından birbirine benzemesi dikkat çekicidir.

Atatürk, Samsun'a çıkıp Kurtuluş Savaşı'nı başlattıktan sonra sıkça **Hz. Muhammed'in hadislerine** gönderme yapmıştır. Bu hadisleri genelde orijinal Arapça haliyle kullanmıştır.

Örneğin bir keresinde millete efendilik taslamak yerine, millete hizmet etmenin gereğini vurgularken *"Seyyid'ül-kavmi hadimihum"* hadisini kullanmıştır.[1727]

1725 N.Varol, Atatürk'ten Anılar, İstanbul 1973, s. 27; Niyazi Ahmet Banoğlu, Nükte ve Fıkralarla Atatürk, İstanbul, ty, s. 212.
1726 Kasapoğlu, **age.** s. 51, 52.
1727 age. s. 284.

"Fakat efendiler, bu yüce makamın kutsiyetini hürmetkarane takdis etmiş olmakla beraber, bu makamda oturacak zatı hiçbir vakitte efendi yapmak söz konusu değildir. Şeriatı garrayı Muhammediye ile bağdaştırılabilir değildir. 'Seyyidül kavmi hadimihum' buyurmuşlardır. Millete efendilik yoktur, hizmet etmek vardır. Bu millete hizmet eden, onun efendisi olur."

Görüldüğü gibi Atatürk, hilafet, saltanat makamlarını eleştirip, ulusal egemenliği, cumhuriyeti yüceltirken Hz. Muhammed'in bir hadisine gönderme yapmıştır.

Atatürk, **halifeliği kaldırırken** de Hz. Muhammed'in hadislerine başvurmuştur. Hz. Muhammed'in vefatından sonra halifeliğin otuz yıl süreceğini ve bunun ardından saltanat döneminin başlayacağını *"El-Hilafetu min ba'di selasüne sene"* hadisine dayandırmıştır.[1728]

Atatürk, 1919'da yayınladığı bir bildiride de Hz. Muhammed'in *"Kema tekünü yüvella aleyküm"* hadisine gönderme yapmıştır:

"Şundan ki, Peygamberimiz, 'Kema tekünü yüvella aleyküm' açıkçası 'Siz ne nitelikte olursanız sizi yönetenler de o nitelikte olur' buyurmuşlardır."[1729]

Atatürk, *"Dünyada ve dünya milletleri arasında, sükûn, açıklık ve iyi geçim olmazsa olmaz. Bir millet kendi kendisi için insanlığın hepsini bir vücut ve bir milleti bunun bir uzvu saymak gerekir. Bu vücudun parmağının ucundaki acıdan diğer bütün organlar etkilenmiş olur"* derken Hz. Muhammed'in, *"Mü'minler, birbirlerini sevmekte, birbirlerine acımakta ve birbirini korumakta bir vücuda benzerler. Vücudun bir uzvu hasta olduğu zaman diğer uzuvlar da bu sebeple uykusuzluğa ve ateşli hastalığa tutulurlar"* [1730] hadisinden esinlenmiştir.

Atatürk, zaman zaman da Hz. Muhammed'in bazı hadislerinin yanlış anlaşıldığını belirtmiştir. Örneğin Hz. Muhammed'ın *"Kanaat tükenmez bir hazinedir"* anlamındaki *"El-kanaatü*

1728 Atatürk'ün Bütün Eserleri, C. 12, s. 124.
1729 age. C.4, s. 176.
1730 Kasapoğlu, age. s. 286.

kenzun la yufna"[1731] hadisini Atatürk bir konuşmasında, *"Öyle bir ekonomi devri ki memleketimiz imar edilmiş, milletimiz sıkıntısız ve zengin olsun. Bu noktada bir felsefeyi hatırlayınız, o da: 'Kanaat tükenmez hazinedir.' Bu felsefeyi yanlış anlamlandırma yüzünden bu millete büyük fenalıklar edilmiştir"* biçiminde dile getirmiştir.[1732]

Anlaşıldığı kadarıyla Atatürk'ün çok geniş bir **hadis kültürü** vardır. Atatürk **Buhari'nin** "**Sahih**"ini, bazı satırların altını çizerek ve bazı hadislerin yanına özel işaretler koyarak okumuştur.[1733] Atatürk, Kurtuluş Savaşı yılları başta olmak üzere zaman zaman bu derin hadis kültüründen yararlanmıştır.

***

Türk toplumu üzerinde etkili olmuş, bu toplumun kaderinde belirleyici roller üstlenmiş iki önemli kişiden biri, İslam Peygamberi **Hz. Muhammed Mustafa**; diğeri ise, yok olmak üzere olan Türk varlığını özgürlüğe kavuşturan **Mustafa Kemal Atatürk'**tür.

Hz. Muhammed Mustafa ve **Gazi Mustafa Kemal** birbirine karşı ya da birbirinin alternatifi olarak görülmemelidir. Böyle görüldüğü takdirde Türkiye'nin yapısı gereği toplumsal kavgalar ve çatışmalar eksik olmayacaktır. Her ikisinin farklı dönemlerde yaşadıkları, farklı roller üstlendikleri göz ardı edilmeden, benzer bir amaca hizmet ettikleri unutulmamalıdır. İslami duyarlılık sahibi Türk toplumu, bu konuda tercihe zorlanmamalıdır. Unutulmamalıdır ki, bugün Türkiye'de Atatürk'ü benimsemiş Müslümanların sayısı yadsınamayacak kadar fazladır. Üstelik bu durum kendi içinde son derece tutarlıdır.

Bir çağdaş yazarımızın belirttiği gibi, *"Türkiye Cumhuriyeti'nin kaderi ikisinin de ismi Mustafa olan, tarihin tanık olduğu olağanüstü önemde iki kişiliğin, iki ayrı odak oluşturdukları*

[1731] age. s. 286.
[1732] **ASD**, C. II, s. 112.
[1733] **Atatürk'ün Okuduğu Kitaplar**, C. 8, s. 469 - 489.

bir alanda biçimlenmiştir. Bu isimlerden biri, Mustafa Kemal Atatürk, diğeri ise, Hz. Muhammed Mustafa'dır."[1734]

Prof. Alparslan Işıklı'nın ifadesiyle,

"*Kemalizmin etkileri Türkiye ile sınırlı kalmayıp, tüm mazlum milletlerin kurtuluşuna öncülük eden bir hareket boyutuna ulaştığı ölçüde bu ikilinin etkileşiminin kapsadığı alan evrensel düzeye taşmıştır.*"[1735]

Daha önce de ifade ettiğimiz gibi, Atatürk'ün önderliğindeki Kurtuluş Savaşı **bütün mazlum milletleri**, özellikle de İslam dünyasını derinden etkilenmiştir. Mustafa Kemal Atatürk'ün mücadelesi, ezilen Müslümanlar için **özgürlük reçetesi** gibidir. Mustafa Kemal, ezilen, sömürülen Müslümanların hâlâ yaşayan efsanesidir. Ezilen Müslümanlar, Kurtuluş Savaşı yıllarında **Atatürk ve Hz. Muhammed arasında** bir çeşit birliktelik olduğuna inanmışlardır. Bazı Müslümanlara göre Atatürk'ün başarısının arkasında Hz. Muhammed'in manevi desteği yatmaktadır. Örneğin, o günlerde Kuzey Afrika Müslümanlarının önderlerinden **Sunusi**, bir gece rüyasında Hz. Muhammed'i gördüğünü, Hz. Muhammed'in, "*Sağ elimi Anadolu'da Mustafa Kemal'e uzattım*" dediğini, gururla anlatmıştır.

Atatürk, Hz. Muhammed'in fikirlerini, icraatlarını, ideallerini incelemiş, Hz. Muhammed'le ilgili pek çok kitap okumuş ve sonuçta şu kanıya varmıştır:

"*O (Hz. Muhammed), Allah'ın birinci ve en büyük kuludur. Onun izinde bugün milyonlarca insan yürüyor. Benim senin adın silinir; fakat sonsuza kadar o ölümsüzdür.*"[1736] (1926).

Atatürk'ün, daha 1920'li yıllarda dünya tarihinin en önemli isimlerinin başında gösterdiği **Hz. Muhammed**, 1990'lı yıllarda tarihin akışını en çok etkileyen insanlar arasında ilk sırada gösterilmiştir. **Michael H. Hart**, ikinci baskısı 1995'te yayınlanan "*En Etkin 100*" adlı kitabında, Hz. Muhammed'i, dünya tarihini en

---

1734 Işıklı, age. s. 151.
1735 age. s. 151.
1736 Ali Rıza Ünsal, "Atatürk Hakkındaki Anılarım", **Türkiye Harp Malulü Gaziler Dergisi**, S. 158, 1969, s. 23.

çok etkileyen kişilerin başında ilk sırada göstermiştir. Hart, "Neden Hz. Muhammed'i ilk sıraya koyduğunu" şöyle açıklamıştır: *"Dünyanın en etkili insanlar listesinin başına Hz. Muhammed'i koymam bazı okurları şaşırtabilir, bazılarını da kuşkuya düşürebilir. Ancak, Hz. Muhammed, tarihte hem dini, hem de laik düzende üstün başarılı olan tek insandı."*[1737]

2000 yılında **Amerikalı iletişim uzmanlarına** göre de Hz. Muhammed, **bütün zamanların en büyük iletişimcisi** olarak gösterilmiştir.[1738]

ATATÜRK'E GÖRE DÖRT HALİFE

Atatürk, Hz. Muhammed sonrasındaki İslam tarihiyle de çok yakından ilgilenmiştir. Böylece Hz. Muhammed dönemindeki İslam anlayışıyla Hz. Muhammed sonrasındaki İslam anlayışını kıyaslama fırsatı bulmuş ve böylece tarih içinde İslamın ve İslam dünyasının yaşadığı sıkıntıların nedenlerini çok daha iyi analiz etmiştir.

Atatürk, Hz. Muhammed'in vefatının ardından onun yakın çevresindeki ileri gelen Müslümanların (Sahabenin) toplanıp, devlet işlerinin aksamaması için öncelikle Hz. Muhammed'in yerine geçecek kişiyi belirlemeye çalıştıklarını belirtmiştir.[1739]

Atatürk, Müslüman ileri gelenlerinin öncelikle Hz. Muhammed'in yerine geçecek kişinin seçimiyle ilgilenmelerinin nedenini, Hz. Muhammed'in gerçekleştirdiği yenilikleri (inkılabı) güvenceye alma isteğine bağlamıştır.[1740]

Hz. Ebubekir

Atatürk'e göre Hz. Muhammed, dostu Hz. Ebubekir'i çok sevmiştir. Bu nedenle de son nefesini vermeden önce, Hz. Ebubekir'in kendisine "halef" olmasını istemiştir. İslam ileri gelenleri

---

1737 Michael H. Hart, **En Etkin 100**, İstanbul, 1995, s. 1.
1738 **PR Week** (ABD)'den **Radikal**, 2 Şubat 2000.
1739 Saltanatın Kaldırılması Dolayısıyla Yapılan Konuşma, ASD, C.I, s. 287-289.
1740 Günaltay, **age.** s. 3, 4.

ise Hz. Muhammed'in yerine geçecek kişiyi belirlemek amacıyla seçim yapmaya karar vermişlerdir.

Atatürk, bu seçimin çok uzun görüşmelerle, tartışmalarla ve zaman zaman anlaşmazlıklarla karara bağlandığını belirtmiştir.

Atatürk, **ilk halifenin seçimi** konusunda üç önemli görüşün olduğunu ifade etmiş ve bu üç görüşü şöyle açıklamıştır:

1. Seçilecek kişinin halifelik makamını hak etmesi, ümmetin işlerini yürütebilecek kudret ve yeterliliğe sahip olması gerekir. Bu nedenle halifelik makamı en kuvvetli, en etkin, en tecrübeli kavmin olmalıdır. Atatürk, bu görüşün Peygamber'in yakın çevresinde bulunan, onun sohbetlerine katılan topluluğun görüşü olduğunu belirtmişir.
2. Halife o güne kadar İslamın başarısına hizmet etmiş, kavimden seçilmelidir. Atatürk, bu görüşün, Hz. Muhammed'e yardım etmiş olan Evs ve Hazreç kabilelerinden Medinelilere ait olduğunu belirtmiştir.
3. Üçüncü görüş, akrabalığı ön plana çıkartmaktadır. Atatürk bu görüşün sahibinin Haşimiler olduğunu belirtmiştir.[1741]

Atatürk'e göre, Hz. Muhammed'in yerine geçecek kişi, Hz. Muhammed'in yaptıklarını yani **İslam devrimini** koruyacak biri olmalıdır. Bunun için Hz. Muhammed'in yerine geçecek kişinin, onun yaptıklarını tam anlamıyla kavramış, yakın arkadaşlarından biri olması normaldir.

Hz. Muhammed'i ve yaptıklarını kavramış ve ona bütün varlığıyla bağlı birini seçme fikrini, ne Hz. Ali ne de diğer Haşimoğulları düşünebilmiştir. Atatürk'e göre bu hakikati o zamanlar ancak üç büyük insan kavrayabilmiştir: **Ebubekir, Ömer ve Ebu Ubeyde** ... Atatürk, İslam tarihi iyi incelendiğinde, Müslümanlığın bu üç büyük insanın girişimleri ve azimleriyle kurtulmuş olduğunun görüleceğini soylemiştir. Ataturk'e göre **İslam devriminin** bu üç büyük siması, yaratıcısı kadar büyük insanlardır.[1742]

Atatürk, ilk halifenin seçiminde Hz. Ömer'in etkin olduğunu ve onun etkisiyle Hz. Ebubekir'in **biat yoluyla** halife seçildi-

---

1741 Saltanatın Kaldırılması Dolayısıyla Yapılan Konuşma, **ASD**, s. 287 - 289.
1742 Günaltay, **age.** s. 3, 4.

ğini ifade etmiştir. Bu bakımdan Atatürk ilk halifenin seçiminde genel eğilimden ziyade **kişisel etkinin** belirleyici olduğu yorumunu yapmıştır.[1743]

Atatürk'ün, ilk halife Hz. Ebubekir'in seçilmesiyle ilgili bilgileri ve değerlendirmeleri de L. **Caetani'**nin bu konudaki değerlendirmelerine benzemektedir.

L. Caetani, Hz. Ebubekir'in seçimi konusunda şunları yazmıştır:

"Ebubekir'in, halife, yani peygamberin vekili unvanını almış olması muhakkak değildir... Halife unvanının ancak halife Ömer zamanında resmen kabul edilmiş olması pek muhtemeldir. Çünkü bu gibi ayrıntıları en evvel Ömer'in tespit etmiş olduğu malumdur. Keza ilk Ömer, emirü'l müminin diye ikinci bir resmi unvan da almıştır.

Ebubekir, görevin içeriği, nüfuz ve selahiyetinin sınırı hiçbir şekilde belirlenmeden, Müslüman cemaatinin reisi ilan olundu. Ebubekir, yalnız bir ahd ve şart ile seçildi. Bu da, peygamberin ananevi ve maddi mirasını tamamen eski haliyle korumak gibi kutsal bir görevden ibaretti. Diğer şeylerin tümü gayet önemli tabirler ile kaderin keyfine bırakıldı. Hilafetin hukuk ve eksiklerini daha iyi belirleyen şeyler, sonraki olaylar olmuştur. Hilafet aynı zamanda siyasi ve dini vazifeydi. Uzun karışık bir süreçten geçti..."[1744]

Caetani, *"İslamiyetin ilk zamanlarında, Hilafetin Tevallüdü ve Mahiyet-i Hakikiyesi"* (Halifeliğin Doğuşu ve Gerçek Anlamı) başlıklı yukarıdaki bölümde, Hz. Muhammed'in vefatından sonra Hz. Ebubekir'in hangi koşullar içinde halife seçildiği üzerinde durmuştur. Ebubekir'in **halife unvanı** almış olmasının şüpheli olduğunu belirterek, bu unvanı ilk kez Ömer'in kullandığını ileri sürmüştür. **Caetani,** İslam toplumunun başsız kalıp, dağılma tehlikesinin belirdiği günlerde Ebubekir üzerinde mutabakata varılmasının, onun Hz. Muhammed'le akraba olmasından değil, kişisel yeteneklerinden kaynaklandığını dile getirmiştir.

1743 Saltanatın Kaldırılması Dolayısıyla Yapılan Konuşma, **ASD,** s. 287 - 289.
1744 Turan, age. s. 35, 36.

Caeteni'nin, Hz. Ebubekir'le ilgili bu satırlarını okuyan **Atatürk**, bazı satırların **altını çizmiş**, bu sayfanın kenarını **çift çizgi ile işaretlemiş**, *"X"* ve *"D"* (Dikkat) işaretleri koymuştur. Belli ki, Atatürk Caetani'nin, Ebubekir'in halife olmasıyla ilgili bu düşüncelerinden etkilenmiştir.[1745]

Atatürk, Hz. Ebubekir'in halife seçilmesini, **"isabetli bir karar"** olarak değerlendirmiştir. Ayrıca, gerçekte **halifelik diye bir kavramın olmadığını** belirtip, aslında halifelik yerine *"İslam Emirliği"* kavramını kullanmak gerektiğini ifade etmiştir.[1746] Atatürk'e göre, *"Hilafet namı altında meydana gelen teşkilat emarettir ve bir hükümetten ibarettir. Yani hilafet demek bir hükümet demektir."*[1747]

Atatürk, Hz. Ebubekir ve Hz. Ömer'in, aslında birer *"Emir"* olduklarını belirterek, Hz. Ömer'in bu konudaki şu sözünü hatırlatmıştır: *"Hayır ben halife-i Resulullah değilim, siz müminlersiniz ve ben de sizin mirinizim ve reisinizim."*[1748]

Atatürk, bu gibi konuşmalarıyla halifeliğin zannedildiği gibi dinsel bir zorunluluk değil, **siyasi bir gelenek** olduğunu anlatmaya çalışmış; bu kavramın yerine, **"Emirlik"**, **"Hükümet"** gibi karşılıklar kullanmanın daha doğru olacağını söylemiştir.

Atatürk, ilk halife (Emir) **Hz. Ebubekir'in**, Hz. Muhammed'in ölümünden sonra İslamdan dönenleri, gericileri, isyankârları etkisiz hale getirerek işe başladığını; İslam toplumunda tekrar sükûneti sağladıktan sonra, *"İslam emirliğinin"* sınırlarını genişletmeye çalıştığını belirtmiştir.

Hz. Ömer

Atatürk, ikinci halife Hz. Ömer'le ilgili görüşlerini de değişik zamanlarda, değişik vesilelerle dile getirmiştir

Atatürk, Hz. Ebubekir'in, Hz. Muhammed'in ölümüyle ortaya çıkan kargaşaların tekrar yaşanmaması için, kendi ye-

---

1745 age. s. 35.
1746 Saltanatın Kaldırılması Dolayısıyla, **ASD**, s. 287 - 289.
1747 İnan, **Mustafa Kemal Atatürk'ün Eskişehir İzmit Konuşmaları**, s. 64.
1748 age. s. 103.

rine Hz. Ömer'i **vasiyetname ile seçerek** millete takdim ettiğini belirtmiştir.[1749]

Hz. Ömer döneminde İslam devletinin sınırlarının çok fazla genişlediğini, servetin çoğaldığını; bu durumun zamanla büyük sorunlara yol açtığını ifade etmiştir. Servetin çoğalmasının fitne, fesat ve insanlar arasında düşmanlıklara yol açtığını, Hz. Ömer'in de bu duruma bir çözüm bulmaya çalıştığını belirtmektedir. Atatürk, Hz. Ömer'in içinde bulunduğu bu durumla ilgili şunları söylemiştir:

"... İşte bu nokta Hz. Ömer'in zihnini tırmalıyordu. Bir de, Hz. Ömer hatırlıyordu ki, Resulü ekrem gizli sırları olan, kendisine sohbet şerefine ulaşanlara şunları demişti: 'ümmetim düşmanlarını yenecek, Mekke, Yemen, Kudüs ve Şam'ı fethedecek, aralarında fitne, ihtilal ve düşmanlıklar çıkarak geçmiş melikler mesleğine gireceklerdir...'"

"Hz. Ömer, Huzeyfe İbni Yemen (Radiyallahüanh) Hazretlerine deniz gibi çalkantı yaratarak, fitneyi sürdüğü zaman aldığı cevapta: 'Senin için ondan zarar yok, senin zamanında onun arasında kapalı bir kapı vardır' dedi. Hz. Ömer sordu:

'Bu kapı kırılacak mı, yoksa açılacak mı?'

Huzeyfe:

'Kırılacak,' dedi.

Hz. Ömer:

'Öyle ise, artık kapanmaz,' dedi ve üzüntüsünü açıkladı. Hakikaten kapının kırılması kaçınılmazdı."[1750]

Atatürk, sınırlar genişleyip, iş çoğalınca, Hz. Ömer'in artık her yerde gelişmiş bir **adalet** uygulamasının zorlaştığını düşünerek sıkıldığını ve Allah'a:

"Yarab! Ruhumu al!" diye yalvardığını ifade etmiştir.

Atatürk, Hz. Ömer'in "hilafet" unvanı altındaki emirlik uygulamasının, dolayısıyla kişi iradesinin, bir devleti idare etmeye yetmediğini tam anlamıyla kavradığını belirtmiştir. Atatürk' e göre, Hz. Ömer bu gerçeği kavradıktan sonra artık kendisinden

---

1749 Saltanatın Kaldırılması Dolayısıyla... **ASD**, s. 287 - 289.
1750 **age.** s. 287 - 289.

sonra bir halife düşünmez olmuştur. Hatta kendisine oğlunun halife olmasını önerenlere Ömer, *"Bir hanedandan bir kurban yetişir"* demiştir. Atatürk, Hz. Ömer'in "emirliği", devlet ve millet işlerini "danışmaya" devrettiğini belirterek; onun bu davranışıyla *"En makul noktaya temas ettiği"* yorumunu yapmıştır. Atatürk, Hz. Ömer'den sonra bütün halkın mescitte toplanarak, ümmetin idaresini bir halifeye verdiğini belirtmiştir.[1751]

Atatürk, Hz. Muhammed'den sonra **halifelik**, emirlik, dinsel ve siyasal liderlik konusunun İslam dünyasında sorun haline geldiğini düşünmektedir. Özellikle Hz. Ebubekir'in seçiminde sorunlar yaşandığını, bu durumun İslam devletinin siyasal ve toplumsal yapısında olumsuzluklara yol açtığını belirtmiştir.

Atatürk, Hz. Ömer dönemindeyse İslam devletinin hızlı genişlemesine paralel baş gösteren sorunların, Hz. Ömer'i **yönetim konusunda yeni arayışlara** ittiğini ve Hz. Ömer'in "halifelik" kavramına karşı çıkarak, İslam devletini idare edecek yöneticinin "**seçimle**" belirlenmesi usulünü başlattığını ileri sürmüştür.

Atatürk, Hz. Ömer'in gerek halife kavramına karşı çıkışını, gerek **danışmaya** verdiği önemi, İslam tarihindeki olumlu gelişmeler olarak değerlendirmiştir. Belli ki Atatürk, Hz. Ömer'in siyasal konulardaki teşhislerini ve uygulamalarını beğenmiş ve onaylamıştır.

Atatürk, **Hz. Ömer'in** siyasal değerlendirmeleri ve uygulamaları yanında, **ileri görüşlülüğü, demokratik hareket tarzı** ve **adalet kavramına önem vermesinden** de etkilenmiştir.

Hz. Ömer'in, **insan merkezli, ilerlemeye açık** bir din anlayışına sahip olduğu, günümüz bilim insanlarınca da kabul edilmektedir:

"Hz. Ömer, kitap ve sünnette bir asla dayanmayan 44 yeni meseleyi içtihatla tesbit ve vaz etmiştir. Çünkü, Hz. Ömer insan merkezli bir din anlayışına sahip idi..." [1752]

Hz. Ebubekir ve özellikle Hz. Ömer'in İslam yorumları Atatürk'ü etkilemiştir. Atatürk tıpkı Hz. Ömer gibi, Hz. Ebubekir'in de **"ilerici"** uygulamalarından etkilenmiştir.

1751 age. s. 287 - 289.
1752 Özek, age. s. 20.

Örneğin, Hz. Ebubekir'in valilere ve komutanlara gönderdiği bir genelge, İslam anlayışının ne kadar özgürlükçü bir anlayış olduğunu göstermektedir.

Bu genelgede **Ebubekir**, *"Bulunduğunuz yerlerde halkı kendi adınıza idare edin; Allah, peygamber ve din adına idare etmeyin. Zira Allah, peygamber ve din adına idare eder ve hata yaparsanız, halk sizin hatanızı dine yükler ve dinden soğur. Kendi adınıza idare ederseniz hatanız size ait olur."*[1753] demiştir.

Atatürk, Hz. Ebubekir'in bu tür "özgürlükçü", "laik" ve "akılcı" davranışlarından etkilenmiştir.

Hz. Osman

Atatürk, Hz. Osman'ın daha işin başında bin bir güçlükle mücadele etmek zorunda kaldığını, *"aciz"* ve *"hiç derecesine düştüğünü"* belirtmiştir. Atatürk'e göre, zor durumda kalan Hz. Osman'ı **Muaviye** himaye altına almak istemiş, bu sırada isyancılar, Hz. Osman'ı Medine'de evinde ve eşinin yanında şehit etmişlerdir. Bu gelişmelerden sonra büyük karışıklıklar içinde **Hz. Ali** hilafet makamına getirilmiştir.

Atatürk, Hz. Ebubekir ve Hz. Ömer üzerinde durduğu kadar, Hz. Osman üzerinde durma ihtiyacı hissetmemiştir.

Atatürk, **Hz. Ali'nin** Suriye'de zora ve baskıya dayanan bir vali (Muaviye) ile Sıffin'da karşı karşıya geldiğini, bu mücadelenin, Muaviye'nin Hz. Ali'nin hilafetini tanımamasından kaynaklandığını belirtmiştir.

Atatürk ayrıca, Muaviye'yi Hz. Osman'ın kanına girmekle suçlamıştır.

Hz. Ali ve Muaviye Mücadelesi

Atatürk'ün İslam tarihinde en çok ilgilendiği konuların başında Hz. Ali ve Muaviye mücadelesi gelmektedir. Atatürk, bu mücadelenin olumsuz etkilerinin İslama ve İslam dünyasına büyük zararlar verdiğini düşünmektedir.

[1753] age. s. 20.

"Görevi İslam dünyasında Kur'an hükümlerinin uygulanmasını sağlamaktan ibaret olan halife, mızraklarına Kur'an sayfaları geçirilmiş Emeviye ordusunun karşısında muharebeyi kesmeye mecbur oldu. Zorunlu olarak taraflar hakemlerin vereceği karara uymaya söz verdi."[1754]

Hz. Ali ile Muaviye arasında yapılan Hakem antlaşmasına Muaviye'nin itiraz ettiğini ifade eden Atatürk, Muaviye'nin, hakemden, antlaşmada kullanılan *"Emirü'l-Müminin"* tabirinin kaldırmasını istediğini; Hz. Ali'nin yalnız emrinde bulunanların emiri olabileceğini, bunun için kesinlikle Şam ahalisinin emiri olmadığını ileri sürdüğünü belirtmiştir.[1755]

Atatürk, Hz. Ali'nin bu isteği kabul etmek zorunda kaldığını ve bir süre sonra da Muaviye'nin halifelik makamını ele geçirdiğini; ancak Hz. Ali'nin de halifeliğe devam ettiğini ve bu şekilde **Hz. Muhammed'in vefatından 25 sene gibi kısa bir zaman sonra İslamiyetin iki büyük temsilcisinin karşı karşıya geldiğini ve bu mücadele sonunda aynı din ve aynı ırktan insanların kanlar içinde kaldığını** ifade etmiştir. Atatürk, bu mücadelenin sonucunu da şu cümlelerle özetlemiştir:

"Nihayet hilelerinde başarılı olanı (Muaviye) saf ve temiz olanını (Hz. Ali) mağlup ve çoluk çocuğunu mahvu perişan eyledi ve bu surette hilafet unvanı altındaki İslam emirliğini yine hilafet unvanı altında İslam saltanatına dönüştürdü."[1756]

Atatürk, İslam tarihinde Hz. Ömer döneminde yavaş yavaş ortaya çıkan hilafet sorunlarının, Hz. Osman döneminde yoğunlaştığını; Hz. Osman'ın bu sorunları çözmekte zorlandığını, nihayetinde İslam âleminin siyasal ve toplumsal kargaşalar içine düşüşünü ve bu kargaşaların Hz. Osman'ın öldürülmesiyle değişik bir boyut kazandığını düşünmektedir.

Atatürk'e göre, Hz. Ali dönemi hilafetin geleceği açısından bir dönüm noktasıdır. Çünkü bu dönemde hilafet, **siyasal çekişmelere ve iktidar mücadelesine** neden olmuştur. Gruplara ayrı-

---
1754 Saltanatın Kaldırılması Dolayısıyla..., ASD, s. 287 - 289.
1755 age. s. 287 - 289.
1756 age. s. 287 - 289.

lan Müslümanlar arasında kanlı çatışmalar bir an olsun eksik olmamıştır.

Atatürk'ün, **Hz. Ali** dönemiyle ilgili değerlendirmelerinde, Hz. Ali'nin *"saf"* ve *"temiz"* bir insan olduğunu ve "mağduriyetini" belirtmesine rağmen, Hz. Ali ve Hz. Muhammed arasındaki iletişim üzerinde durma ihtiyacı duymadığı dikkat çekmektedir. Ayrıca, Hz. Ali'nin, bilhassa Alevilerce anlatılan ayırıcı ve üstün özelliklerine de değinmediği görülmektedir. Alevi-Bektaşi kültüründen etkilendiğini bildiğimiz Atatürk'ün İslam tarihinin Hz. Muhammed'den sonraki en büyük üç ismi arasında Hz. Ali'ye yer vermemesi de dikkat çekicidir. Görüldüğü kadarıyla Atatürk, Hz. Ali dönemindeki hilafet mücadelesinin olumsuz etkileri üzerinde durmayı tercih etmiştir.

ATATÜRK'ÜN HALİFELİK KURUMUNA BAKIŞI

Atatürk'ün en önemli devrimlerinden biri halifeliğin kaldırılmasıdır. Hz. Muhammed'ten sonra onun yerine geçen (Hz. Muhammed'in **halefi** anlamında) ve Hz. Muhammed'in peygamberlik dışındaki görevlerini yerine getiren kişilere **halife** denmiştir.

Tarihi gelişmeler dört halife döneminden sonra halifeliğin yozlaştığını gözler önüne sermektedir.

Atatürk, 3 Mart 1924'te halifeliği kaldırırken **meselenin tüm boyutlarına** hâkimdir. Halifeliğin tarihsel sürecini çok çok iyi bilmektedir.

Atatürk'e göre, İslam tarihinde Muaviye'nin iktidarıyla birlikte **halifelik** *"Tamamen siyasal güç"* haline gelmiştir.

Atatürk, Muaviye'nin, halifeliği saltanat haline getirmesini, gelecekte İslam tarihi açısından büyük sorunlara yol açacak bir sürecin başlangıcı olarak değerlendirmiştir. Atatürk'e göre Muaviye'nin hilafeti saltanata dönüştürmesi İslam tarihindeki **rejim sorununun** başlangıcıdır.

Atatürk, birçok konuşmasında **hilafetin bütün İslam âlemini kapsayan bir idare demek olmadığını** ifade etmiştir. Bir konuşmasında bu konuda şunları söylemiştir:

"Bütün Âlem-i İslamın bir noktadan sevk ve idaresi, Halife namında bir adam tarafından sevk ve idaresi görülmüş şey değildir. Peygamber'in zamanından sonra dört kişiyi bir tarafa bırakalım, Hz. Ali zamanında Sıffın Muharebesi'ni, müteakip Âlem-i İslam halife namı altında Emirü'l Mümin namı altında iki kişinin hâkimiyeti altında kalmıştır. Bir taraftan Ali halifeyim diye hükümet etmiştir. Bir taraftan da Muaviye yine halifeyim diye hükümet etmiştir."[1757]

Atatürk, halifeliğin **dört halife** döneminden itibaren **yozlaşmaya başladığını** ve zannedildiği gibi halifenin **bir bölgeden bütün İslam dünyasını kontrol eden kişi** olmadığının altını çizerken, Hz. Ali dönemindeki hilafet mücadelesi ve hilafet tartışmalarına sık sık gönderme yapmıştır. Atatürk, İslam tarihinde, dört halifenin sonuncusu Hz. **Ali döneminden itibaren** değişik yerlerde, değişik halifelerin ortaya çıktığını ve halifelik kurumunun kavga ve karışıklıklara yol açtığını anlatmaya çalışmıştır. Atatürk, bu tarz konuşmalarıyla 1923 ortamında, halifeliği savunanlara, bu kurumu **dinsel bir gereklilik** zannedenlere, erken dönem İslam tarihinden deliller sunmuştur.

Atatürk, değişik zamanlarda yaptığı konuşmalarda, **Hz. Ali ile Muaviye arasındaki halifelik kavgasına** siyasi bakış açısı yanında, dini bakış açısından da yaklaşmıştır. **Sıffın Savaşı'nda** Muaviye'nin askerlerinin mızraklarına Kur'an-ı Kerim yaprakları taktıklarını, bunun sonucunda Hz. Ali'nin ordusunda tereddüt meydana getirdiklerini, bu şekilde İslamın siyasal çıkarlar uğruna kullanıldığını; **hak olan Kur'an'ın haksızlığa araç yapıldığını** söylemiştir.[1758] Bu konuşmalarıyla Atatürk, İslam tarihinde **dinin siyasete alet edilmesinin** olumsuz sonuçlara neden olduğunu hatırlatarak, yeni Türkiye'de dinin siyasete alet edilmesine izin verilmemesi gerektiğini vurgulamıştır.

Atatürk, Muaviye'nin bu *"hilekâr"* ve *"dine aykırı"* tutumunun daha sonraki *"müstebit (baskıcı) hükümdarlar"* tarafından

---

1757 İnan, **age.** s. 63, 64.
1758 20 Mart 1923, Konya Gençleriyle Konuşma, **ASD**, C II. s. 141 - 150.

da benimsendiğini; tarih boyu bütün müstebit hükümdarların dini siyasete ve kendi çıkarlarına alet ettiklerini belirtmiştir.[1759]

Atatürk, Muaviye'nin iktidarı elde etmek için dini kullanmasını, İslamın çıkar amaçlı olarak kullanılmasına yönelik ilk önemli örnek olarak değerlendirmiştir. Hilafetin iktidar hırsı uğruna saltanata dönüştürülmesini ve İslam dininin iktidar hırsı uğruna kullanılmasını, İslam tarihindeki siyasal, sosyal ve toplumsal problemlerin somut başlangıcı olarak yorumlamıştır.

Muaviye'nin liderliğindeki **Emevi Devleti'nin** siyasi hayatını değerlendiren Atatürk, bu konuda da çarpıcı yorumlar yapmış; *"Doksan yıllık Emevi tarihinin kanlı ve acı olaylarla dolu olduğuna"* işaret etmiştir.

Atatürk, hicretin 132. yılında Arap halkının Emevi saltanatından kurtulduğunu ve **Abbasi Devleti'ni** kurduğunu belirtmiştir. Abbasilerin de Emeviler dönemindeki uygulamayı devam ettirerek devletin başında bulunanlara **halife** dediklerini hatırlatmıştır.[1760]

Atatürk, Muaviye'nin idaresi altındaki Emevi Devleti'ne, gerek siyasal, gerekse dini açılardan ağır eleştiriler yöneltmiş ve özellikle **Muaviye idaresi altındaki Emevilerin İslamın ruhuyla çelişen uygulamalarına dikkat çekmişir.**

Atatürk, Muaviye'nin saltanata dönüştürdüğü hilafetin, Emevilerin yıkılışının ardından İslam dünyasında meydana gelen kargaşa ve siyasal boşluk ortamında, arayış ve yeniden yapılanma içindeki **siyasal oluşumların en önemli dayanağı** haline geldiğini ileri sürmüş ve Hz. Ali'den sonra İslam dünyasında hiçbir zaman tek bir halifeden söz edilemeyeceğini ifade etmiştir.[1761]

Irak'ta bulunan Abbasi halifeliğinin varlığına rağmen Endülüs'te kendilerini halife diye adlandıranların (Resulullah'ın Halifesi) ve (Müminlerin Emiri) unvanlarıyla asırlarca saltanat sürmüş olmalarını, bu düşüncesine delil olarak göstermiştir.[1762]

1759 age. s. 141 - 150.
1760 Saltanatın Kaldırılması Dolayısıyla... **ASD**, C. I, s. 287 - 289.
1761 İnan, **age.** s. 34.
1762 İnan, **age.** s. 66; Saltanatın Kaldırılması Dolayısıyla... **ASD**, C. II, s. 287 - 289.

Atatürk, birçok konuşmasında İslam tarihinde **tek bir halifeden söz etmenin doğru olmadığını** söylerken, yukarıdaki örneği kullanmıştır. Atatürk, bu düşüncesini kanıtlamaya çalışırken tarihsel deliller yanında, zaman zaman yaşadığı dönemden örnekler vermeyi de ihmal etmemiştir:

"Bugün zamanımızda Fas'ta, Sudan'da halifeler vardır. Onlar da kendilerine Emirü'l-Müminin diyorlar. Binaenaleyh, bu tarihte görülmemiştir ve bundan sonra da bütün Âlem-i İslamı makam-ı hilafet namı altında bir noktadan idare etmenin mümkün olabileceğini kabul etmek doğru değildir."[1763]

Atatürk'e göre, Dünya'nın değişik yerlerinde yaşayan Müslüman topluluklarını *"Ümmet"* adı altında bir noktadan idare etmek mümkün değildir.[1764]

Atatürk'ün hilafetle ilgili, gerek tarihsel, gerek güncel delilleri aslında, İslam tarihinde geçmişte ve bugün tüm Müslümanların lideri olabilecek bir kişiden, yani halifeden söz etmenin doğru olmadığını kanıtlamaya yöneliktir. **Atatürk**, birçok konuşmasında **hilafeti açıkça reddetmiştir.**

"Şeren, dinen hilafet denilen şey yoktur."[1765] diyen Atatürk, konuya dini açıdan yaklaşarak, Hz. Muhammed'in, *"Benden 30 sene sonra krallıklar olacaktır"* sözünü hatırlatıp, *"Hilafet vardır, hilafet devam edecektir"* demenin *"Hadis-i nebeviye mugayir"* yani "dine aykırı" bir istek olduğunu belirtmiştir.[1766]

Atatürk, dört halifeden sonraki İslam tarihi değerlendirmelerinde oldukça eleştireldir. Hz. Ali dönemine kadar uzanan bu eleştirel bakış, özellikle hilafet konusunda yoğunlaşmıştır. Atatürk, **"danışmanın"** ve **"seçimin"** terk edilerek saltanata geçilmesini *"talihsizlik"* olarak değerlendirip, ağır şekilde eleştirmiştir. Ayrıca Emeviler ve Abbasiler dönemindeki hilafet tartışmalarını ve siyasal mücadeleleri de ağır şekilde eleştirmiştir.

Atatürk, Emevilerin ve Abbasilerin yıkılışını bu **hilafet kavgalarına** bağlamıştır. Atatürk'ün bu konuyu anlatırken kullan-

---

1763 İnan, age. s. 64.
1764 age. s. 64.
1765 age. s. 64.
1766 age. s. 64.

dığı sert üslup, bu konudaki tepkisel yaklaşımının yansımasıdır. Emevilerle Abbasiler arasındaki hilafet mücadelesinin İslam dünyasına büyük zararlar verdiğini düşünen Atatürk, bir konuşmasında bu konuda şunları söylemiştir:

"... *Emeviler doksan seneden fazla hilafeti koruyamadılar. En nihayet hilafet nüfuzunu Bağdat surlarına kapatmaya mecbur olan Abbasi halifelerinin sonuncusunu evlat ve ev halkıyla ve sekiz yüz bin kişi, Bağdat ahalisiyle beraber kurban verdiler."*[1767]

"...Abbasiye'nin sonuncusu, biliyorsunuz bir Türk tarafından parçalanmıştı..."[1768]

"... Abbasi halifelerinin zaafını görmekle (Resulullahın halifesi) ve (Müminlerin Emiri) unvanlarını almış olan hilafet nüfuzları, Elhamra Sarayı'nın kapısından çıkamamaya mahkûm kalan Endülüs'teki halifelerin hicri beşinci yüzyıldaki sonu bilinir."[1769]

Atatürk'ün, eleştiri oklarını yönelttiği bir diğer konu, bilhassa Hz. Ali'den sonraki halifelerin, **dini siyasal araç olarak** kullanmalarıdır. Atatürk, dört halifeden sonra dinin hep *"vasıta-i saiyaset (siyaset aracı), vasıta-i menfaat (menfaat aracı), vasita-i istibdat (baskı aracı)"* yapıldığını ileri sürmüştür. Atatürk, geçmişte bu şekilde hareket edenleri ağır bir dille eleştirmiştir. *"... Böyle adi ve sefil hilelerle hükümdarlık yapan halifeler ve onlara dini alet yapmaya tenezzül eden sahte ve imansız âlimler tarihte daime rezil olmuşlar, terzil edilmişler ve daima cezalarını görmüşlerdir..."*[1770]

Atatürk, tarih boyu dini siyasete alet edenlerin bulunduğunu; fakat sonuçta başarısızlığa uğradıklarını vurgulamıştır.

Atatürk'ün, bu İslam tarihi eleştirilerinin 1920'li yılların siyasal ve toplumsal koşullarıyla da yakından ilgili olduğu gözden kaçırılmamalıdır. Görülüyor ki, Atatürk o yıllarda dini siyasete

---

1767 Saltanatın Kaldırılması Dolayısıyla... **ASD**, C. I, s. 287 - 289.
1768 20 Mart 1923 Konya Gençleriyle Konuşma. **ASD**, C. II, s. 142 - 150.
1769 Saltanatın Kaldırılması Dolayısıyla... **ASD**, C. I, s. 287 - 289.
1770 20 Mart 1923, Konya Gençleriyle Konuşma, **ASD**, C. II, s. 142 - 150.

alet etmeyi düşünenleri, bu tarihsel örneklerle uyarmak isterken, toplumu da bu gibilere karşı dikkatli olmaya çağırmıştır.

Atatürk'ün İslam Tarihi Değerlendirmeleri

Atatürk'ün İslam tarihine bakışı iyi incelendiğinde, onun İslam tarihi konusundaki genel değerlendirmelerinin bugün birçok İslam tarihçisi tarafından da paylaşıldığı görülecektir.

Atatürk'ün İslam tarihi değerlendirmeleri resmi tarihle karşılaştırıldığında bazı konularda benzer yaklaşımların olduğu görülmektedir; fakat Atatürk'ün bazı özgün değerlendirmelerinin olduğu da unutulmamalıdır.

Atatürk'ün İslam tarihiyle ilgili yorumları değerlendirirken, onun bu yorumları 80 yıl önceki kaynaklardan elde etmiş olduğu bilgilerden hareketle yaptığı da göz ardı edilmemelidir. Bu bakımdan bazı konularda bugünkü bilgilerle çelişen yanlış ya da eksik değerlendirmeleri doğal karşılanmalıdır.

Atatürk, İslam tarihini sadece araştırıp, öğrenip, bu konudaki bilgi ve yorumlarını topluma aktarmakla kalmamış, bu konudaki bilgi, görüş ve düşüncelerini, özellikle *"Orta Zamanlar Tarih II"* ders kitabına yazmıştır.

Atatürk'ün halka yönelik konuşmalarda, İslam tarihiyle ilgili sözlerini özenle seçtiği, İslam büyüklerinin adlarını anarken dinsel ifadeler kullanmayı asla unutmadığı görülmektedir. **Konuşmalarında** özellikle Hz. Muhammed'le ilgili bütün sözlerine saygı ifadesiyle başladığı dikkat çekmektedir. Buna karşın İslam tarihiyle ilgili **yazdıkları** incelendiğinde, "daha rahat", hatta bazen "daha kaygısız" ifadeler kullandığı görülmektedir. Konuşmalar sırasındaki "duygusal", "saygılı" ve biraz da "tarafkar" tutumunun yazılarında, yerini "mantıksal", "eleştirel" ve daha "objektif" bir tutuma bıraktığı görülmektedir. Örneğin, halka yönelik konuşmalarında **Hz. Muhammed**'den bahsederken **"Hz."** unvanını kullanmayı asla ihmal etmezken, yazılarında çoğunlukla bu unvanı kullanmadığı ve sadece *"Muhammed"* yazmakla yetindiği görülmektedir.[1771]

1771 Atatürk yazılarında **dört halifeden** söz ederken "Hz." ifadesini kullanmıştır.

Atatürk'ün İslam tarihi değerlendirmelerine içerik olarak bakıldığında, gerek halka hitaplarında, gerek yazdıklarında çok büyük farklılıklar ve zıtlıklar olmadığı görülmektedir; fakat **konuşmalarında dile getirmekten uzak durduğu bazı konuları yazarak ifade etmekten çekinmemiştir.**

Atatürk, İslam tarihini sadece incelemekle kalmamış, bu konudaki bilgilerini güncele aktararak kullanmayı başarmıştır. Gerek Kurtuluş Savaşı yıllarında Milli Hareket karşıtlarını etkisizleştirirken, gerek mücadele sonrasında, devrimler sürecinde muhalif kitlelerin karşıt görüşlerini etkisizleştirirken hep **İslami bilgilerden** yararlanmıştır. Örneğin, **saltanatın kaldırılması dolayısıyla** yaptığı konuşmada saltanatı ve hilafeti eleştirirken İslam tarihine atıfta bulunması; halifeliğin kaldırıldığı günlerde Meclis'te yaptığı konuşmalarda hilafet kurumunun dinsel bir gereklilik olmadığını anlatırken, İslam tarihinden pasajlar aktarması; laiklik tartışmalarının yaşandığı günlerde yine sık sık İslam tarihine göndermeler yapıp, laik uygulamalardan örnekler sunması; İslam tarihiyle ilgili bilgilerinden nasıl ustalıkla yararlandığını gösteren birkaç örnektir.

Atatürk, tarihin önemini çok iyi kavramış bir devlet adamı olarak Müslüman bir toplumu modernleştirirken, İslam tarihinden yararlanmıştır.

Sonuç olarak, Atatürk'ün İslam tarihiyle ilgili bazı değerlendirmelerini şöyle özetlemek mümkündür:

1. **İslam öncesi Araplar böcek ve çekirge bile yiyebilen ilkel bir topluluktur.**
2. **Allah'ın insanlığa peygamber göndermesinin nedeni, insanlara içlerinden seçtiği biriyle rehberlik etmek istemesidir.**
3. Hz. Muhammed'e kadar Allah insanlığa birçok peygamber göndermiştir.
4. Hz. Muhammed son peygamberdir.
5. Hz. Muhammed'in son peygamber olmasının nedeni, Allah'ın insanlığın artık belli bir düzeye ulaştığını kabul etmesindendir.

6. Hz. Muhammed'in çocukluğuna ait bilgiler tam olarak bilinmemektedir.
7. Hz. Muhammed birdenbire değil, bir süreç sonunda peygamber olmuştur.
8. Hz. Muhammed'in bütün amacı toplumun ahlakını, dinini ve sosyal hayatını düzeltmektir.
9. Hz. Muhammed'e bildirilen ilk Kur'an ayetlerinin ne olduğu bilinmemektedir.
10. Hz. Muhammed, kendisini harekete geçiren ilahi güce (Allah'a) "samimi" olarak inanmıştır.
11. Hz. Muhammed, aynı zamanda iyi bir asker ve devlet adamıdır.
12. Hz. Muhammed, yaşadığı çağın en büyük insanıdır.
13. Hz. Muhammed, eğitime büyük önem vermiştir.
14. Hz. Muhammed, İslamiyet'i yayma konusunda çok başarılı olmuştur.
15. Hz. Muhammed'in bazı fikirleri zaman içinde değişmiş ya da evrilmişir.
16. Hz. Muhammed, danışmaya ve seçime önem vermiştir.
17. Hz. Muhammed, rejim önermemiştir.
18. Hz. Muhammed, hurafelerle mücadele etmiştir.
19. Hz. Muhammed'in düşünce ve uygulamaları devrim niteliğindedir.
20. Hz. Ebubekir, Hz. Muhammedin en çok değer verdiği insanlardan biridir.
21. Hz. Ebubekir'in Halife seçilmesinde Hz. Ömer'in telkinleri etkili olmuştur.
22. Hz. Ebubekir'in Halife seçilmesi doğru bir karardır.
23. Halifelik kavramı yerine, "Emirlik" kavramı kullanılmalıdır.
24. Hz. Ömer döneminde, İslam devletinin sınırlarının genişlemesine paralel bazı sorunlar ortaya çıkmıştır.
25. Hz. Ömer Halifeliğe karşı çıkmıştır.
26. Hz. Ömer ileri görüşlü, adil ve demokratik özelliklere sahip bir kişidir.

27. Hz. Ebubekir, Hz. Ömer ve Ebu Ubeyde İslam tarihinin en büyük üç ismidir.
28. İslam tarihinde Hz. Osman'ın şehit edilmesiyle sorunlar başlamıştır.
29. Hz. Ali döneminde kanlı olaylar ve iç karışıklıklar yaşanmıştır.
30. Emevi halifesi Muaviye, Halifeliği saltanat haline getirerek, İslam tarihindeki büyük sorunların ilk tohumlarını atmıştır.
31. Emeviler döneminde, özellikle Muaviye, dini siyasete alet etmiştir.
32. Halifelik hiçbir zaman bütün İslam toplumunu bir noktadan idare eden bir kurum olamamıştır.
33. Emevi ve Abbasi devletlerinin yıkılışının temel nedeni, halifelik mücadelesi ve dinin siyasete alet edilmesidir.

DEVRİMLERİ YERLEŞTİRME SÜRECİNDE TARİH

Atatürk, önce Kurtuluş Savaşı sırasında sonra da devrimleri yerleştirme sürecinde **tarihten** çok fazla yararlanmıştır. Gerek Meclis'te yaptığı konuşmalarda, gerek halka hitaplarında sıkça tarihe başvurmuştur.

Atatürk, özellikle devrimleri yerleştirirken attığı adımlara adeta tarihi dipnotlarla "meşruluk" ve "bilimsellik" kazandırmak istemiştir.

Atatürk'ün devrim mantığı, yüzlerce yıllık Türk ve İslam tarihinin analiz edilmesiyle ortaya çıkan sonuçlara dayalıdır. Atatürk'ün, neredeyse tüm devrimleri mutlaka "**tarihi bir zemin**" üzerine oturmuştur. Bu nedenle Atatürk, devrimleri yerleştirme sürecinde, yaptığı yeniliklerin nedenlerini, hep tarihten yararlanarak; tarihten örneklerle açıklama yoluna gitmiştir. Örneğin, Bir konuşmasında **halifeliğin neden kaldırılması gerektiğini açıklarken**, uzun uzun İslam tarihinden pasajlar aktarmıştır:

"... *Eğer Hilafet demek bütün İslam âlemini kapsayan bir idare demek ise, tarihte bu hiçbir vakit görülmemiştir. Peygamberimiz zamanından sonra dört kişiyi bir tarafa bırakalım, Hz.*

Ali zamanında Sıffın muharebesini takiben İslam âlemi halife adı altında, Emir'ül müminin adı altında iki kişinin hâkimiyeti altında kalmıştır..."[1772]

Atatürk, hilafet tartışmalarının yoğunlaştığı dönemde İslam tarihinden pasajlar aktararak ortamı yatıştırmıştır.

Bazen de "laikliğin" aslında Türkiye için yeni bir şey olmadığını, ilk Müslüman Türk devletlerinde de görüldüğünü, yine tarihe başvurarak delillendirmiştir.

Örneğin Atatürk, Selçuklu Sultanı Tuğrul Bey'in, Abbasi halifesini kontrolü altına alarak, halifenin siyasi yetkilerini kendi üzerine aldığını; dini başkanlığı kabul etmeyerek laik bir devlet reisi kalmayı tercih ettiğini belirtmiştir. Atatürk, Tuğrul Bey'in "din başkanlığı" uygulamasını yani "**halifeliği**" kaldırmamasını "hata" olarak yorumlamış ve bu hatanın sonraları bütün Türk İslam tarihini **olumsuz** etkilediğini ifade etmiştir.[1773]

Atatürk, **cumhuriyet** ve **ulusal egemenlik** gibi kavramların da aslında **Türk-İslam tarihinde eskiden beri var olduğunu** ifade etmiştir. Böylece bir taraftan bu gibi çağdaş kavramların toplum tarafından daha çabuk benimsenmesini, diğer taraftan yeni rejime karşı yönelecek muhtemel saldırıları **tarihle** bertaraf etmeyi amaçlamıştır.

Atatürk, 1 Kasım 1922'de **saltanatın kaldırılması dolayısıyla Meclis'te yapmış olduğu** uzun konuşmada, İslam siyasi düşüncesiyle çağdaş siyaset anlayışı kavramlarının (cumhuriyet, millet egemenliği) birbiriyle çelişmediğine dikkat çekmiştir. Atatürk, aynı konuşmasında Hz. Peygamber'den başlayarak hilafetin geçirdiği aşamalardan bahsetmiş; Hz. Ali ve Muaviye arasında geçen hilafet mücadelesine değindikten sonra, hilafetin, "*Hilafet unvanı altında Saltanat-ı İslamiye'ye tahvil edildiğini*" söylemiştir. Atatürk, Hz. Peygamber'den sonraki siyasi gelişmeleri anlatırken, dört halife döneminin **bir tür cumhuriyet olduğunu**

1772 İnan, **Mustafa Kemal Atatürk'ün Eskişehir İzmit Konuşmaları**, s. 83.
1773 Turan, **Atatürk'ün Düşünce Yapısını Etkileyen Olaylar, Düşünürler, Kitaplar**, s. 29, 30.

ifade ederek, cumhuriyet idaresinin İslam düşüncesiyle çelişmediğini vurgulamıştır.[1774]

ATATÜRK'ÜN OSMANLI TARİHİNE BAKIŞI

Atatürk'ün Osmanlı'ya bakışı incelenirken öncelikle onun da bir zamanlar bir Osmanlı paşası olduğu unutulmamalıdır. O da bir zamanlar tüm Osmanlı vatanseverleri gibi cepheden cepheye koşmuş, mensubu olduğu Osmanlı Devleti'nin yıkılıp yok olmaması için canla başla mücadele etmiştir. Ancak, yüzyılların eskittiği kurumlarla ve düşüncelerle zamana meydan okumanın mümkün olamayacağını, çağa uyum sağlayamayan devletlerin daha fazla ayakta kalamayacaklarını da çok erken yaşlarda görmüştür.

Atatürk, 19. yüzyılın sonlarında emperyalizmin Osmanlı Devleti'ni yok etmeye kararlı olduğunu anlamış ve içinde bulunduğu "**milliyetçilik**" çağında yıkılmak üzere olan yaşlı bir imparatorluktan bağımsız ve çağdaş bir **ulus devlete** geçişin yollarını aramaya başlamıştır.

* * *

Atatürk'ün **Osmanlı tarihine** yönelik değerlendirmeleri üç döneme ayrılarak incelenmelidir.

1. Dönem: Cumhuriyetin ilanından ve devrimlerin gerçekleştirilmesinden önceki dönem (1923 öncesi).

2. Dönem: Cumhuriyetin ilan edildiği ve devrimlerin gerçekleştirildiği dönem (1923-1930 arası).

3. Dönem: Devrimlerin hızının azaldığı dönem (1930-1938 arası).

Atatürk, **1. Dönem** diye adlandırdığımız 1923 öncesi dönemde, Osmanlı tarihi konusunda oldukça kapsamlı bilgi edinmiştir. Harp Okulu yıllarından başlayan ve cumhuriyetin ilanına

---

1774   1 Kasım 1922 Saltanatın Kaldırılması Dolayısıyla Mecliste Yapılan Konuşma) ASD. C. I, Ankara, 1997, s. 287 - 298.

kadar süren bu dönemde Atatürk, tarihle ilgili çok sayıda kitap okumuştur. Bunlardan bir bölümü Osmanlı tarihiyle ilgilidir.

Atatürk'ün okuduğu "**Osmanlı tarihi**" konulu kitapların bazıları şunlardır:

1. Joseph Purgstall-Hammer, "*Osmanlı İmparatorluğu Tarihi*".
2. M. Dochez, "*Osmanlı İmparatorluğu Tarihi.*"
3. Theophile Lavallee, "*Osmanlı İmparatorluğu Tarihi.*"
4. N. Jorga, "*Osmanlı İmparatorluğu'nun Tarihi.*"
5. Ahmet Rasim, "*Osmanlı Tarihi.*"
6. Necip Asım- Mehmet Arif, "*Osmanlı Tarihi.*"
7. G. Des Godins de Souhesmes, "*Osmanlı Ülkesinde.*"
8. Mahmut Esat Bozkurt, "*Osmanlı Kapitülasyonlarının Yönetimi.*"
9. Muhammed Ferit Bey, "*Günümüz Osmanlı Krizi Üzerine Bir İnceleme.*"
10. İbrahim Peçevi, "*Peçevi Tarihi.*"
11. Cemalettin Bey, "*Sultan V. Murat.*"
12. Ebu'l Gazi Bahadır Han, "*Şecere-i Türk.*"
13. Abdurrahman Şeref, "*Tarih-i Devleti Osmaniyye.*"
14. Ali Reşat, "*Tarih-i Osmanî*".
15. Ahmet Âşık-i Aşıkpaşazade, "*Tarih-i Al-i Osman Aşıkpaşazade Tarihi*".
16. Hüseyin Kâzım Kadri, "*Türk İmparatorluğu, Sultanlar, Toprak ve İnsanlar.*"
17. Necip Asım, "*Türk Tarihi.*"
18. Richard Knalles, "*Türklerin Genel Tarihi.*"
19. Falih Rıfkı Atay, "*Zeytindağı.*"

Atatürk, askeri öğrencilik yıllarında, okul programlarındaki **Osmanlı tarihi derslerinde** yüksek başarı göstermiş; hatta o yıllarda bir ara **Yükselme Dönemi Osmanlı tarihiyle özel olarak ilgilenmiştir.** Öğrencilik yıllarında Osmanlı tarihiyle ilgili yabancı eserleri, bilhassa Fransızca olanları büyük bir dikkatle okumuştur.

Atatürk'e tarihi sevdiren, onun Osmanlı tarihine daha geniş bir perspektiften bakmasını sağlayan Manastır İdadisi Tarih öğretmenlerinden **Kolağası Mehmet Tevfik Bey'**dir. Mustafa Kemal, **Fransız ihtilal fikirlerinden** "**hürriyet**" kavramının ne anlama geldiğini önce Mehmet Tevfik Bey'den dinlemiştir. **Ali Fuat Cebesoy** anılarında, Tevfik Bey ve Mustafa Kemal ilişkisi hakkında şu bilgileri vermiştir:

"(Tevfik Bey) *Değerli ve milliyetçi bir Türk subayıydı. Türk tarihini iyi biliyor ve öğrencilerine tarih zevkini veriyordu. Atatürk Türk tarihini bütün genişliği ve derinliği ile kavramış bulunan hocasından daima saygı ile söz etmiştir. Bir gün bana, 'Tevfik Bey'e minnet borcum vardır. Bana yeni bir ufuk açtı' demiştir.*"

Atatürk'ün doğduğu ve yaşadığı dönem Osmanlı Devleti'nin en bunalımlı, en buhranlı dönemidir. Bu dönem, siyasi gücü elinde bulunduran **II. Abdülhamit'in** baskıcı yönetiminin en yoğun şekilde hissedildiği bir dönemdir. Böyle bir ortamda askeri eğitimini tamamlayan Atatürk, vatanın kurtuluşunun **ihtilalle** (devrimle) mümkün olacağını düşünen siyasi oluşumlara katılarak **hürriyet mücadelesine** başlamıştır. Bu bakımdan doğal olarak **dönemin padişahı** ve **dönemin bazı yöneticileri** hakkında son derece **olumsuz fikirlere** sahiptir. O, ileri görüşlülüğü sayesinde daha o günlerde Osmanlı Devleti'nin siyasi ömrünü tamamlamak üzere olduğunu görebilmiştir.

Atatürk o günlerde, Osmanlı Devleti'nin içine düştüğü bunalımların sorumlusu olarak, başta son dönem Osmanlı padişahlarını, devleti kendi kişisel çıkarları uğruna kullanmaktan çekinmeyen bazı devlet adamlarını ve Osmanlı'yı etkisiz hale getirerek mirasını yağmalamayı planlayan emperyalist Batılı devletleri görmüştür.

Atatürk, 1900'lü yılların başından itibaren artık **kişi idaresine dayanan rejimlerin** ömrünü tamamladığını ve "**ulusal egemenliğe**" dayanan rejimlerin önem kazandığını görebilmiş ve padişahlık sistemine içten içe tepki duymuştur.

Atatürk'ün 1923 öncesinde Osmanlı tarihi konusunda yaptığı genel değerlendirmelerde bazen **Yükselme dönemi Osmanlı padişahlarından övgüyle söz ettiği** olmuştur. Atatürk o günlerde, son dönem Osmanlı padişahlarına tepki duymakla birlikte, Osmanlı Devleti'nin üç kıtaya yayılmış 600 yıl gibi uzun bir süre ayakta kalmış çok büyük bir imparatorluk olduğunu düşünmektedir. Ancak bir zamanların o görkemli imparatorluğunun artık sona geldiğini de çok iyi görebilmiştir.

Atatürk, **2. Dönem** olarak adlandırdığımız 1923-1930 arası dönemde Osmanlı Devleti tarihine **tamamen eleştirel bir gözle** yaklaşmıştır. Atatürk'ün bu yaklaşımı, daha çok **"devrim mantığının"** bir sonucudur. Nitekim bu dönemde sadece Atatürk değil, daha sonra örneklendirileceği gibi **tüm cumhuriyet kadrosu**, her şeyi ile Osmanlı Devleti'ni ağır bir şekilde eleştirmiştir. Devrimci kadro için bu durum gayet tutarlıdır.

Atatürk'ün Osmanlı tarihi hakkında bu dönemde söyledikleri -ileride detaylandırılacağı gibi- tamamen **"yergiye dayalı"** ağır eleştirilerden ibarettir. Atatürk'ün Osmanlı tarihini bu şekilde ağır bir dille eleştirmesi, **genç Cumhuriyete meşruluk kazandırma psikolojisinin** ve daha çok **bir stratejinin** sonucudur. Bu nedenle Atatürk'ün 1923-1930 arasında Osmanlı tarihi hakkında söyledikleri, devrimleri yerleştirme sürecinde tarihten yararlandığını gösterir. Dolayısıyla Atatürk'ün 1923-1930 arası dönemde Osmanlı tarihi hakkındaki ifadelerine dayanarak onun Osmanlı tarihiyle ilgili gerçek görüş ve düşüncelerini anlamak çok zordur.

Atatürk, **3. Dönem** olarak adlandırdığımız 1930-1938 arası dönemde Osmanlı tarihine "daha rahat", "daha kaygısız" ve bir o kadar da "bilimsel" yaklaşmaya çalışmıştır. Bu durum, hem artık devrimlerin önemli oranda gerçekleştirilmiş olmasına, hem de Türk tarihi konusunda bilimsel çalışmaların başlatılmış olmasına bağlıdır. 1930 yılında devrimlerin çoğu gerçekleştirildiğine göre Atatürk'ün 1920'li yıllarda olduğu gibi Osmanlı tarihine ait her şeyi **"eleştirip"**, **"kötülemesine"** gerek yoktur. Üstelik 1930'dan sonra Atatürk, kendini Türk tarihiyle ilgili çalışmalara vermiş, durmadan Türk tarihi konusunda kitaplar okumuştur. Anlaşıldığı kadarıyla bu "tarih okumaları", Atatürk'ün Osmanlı tarihine bakışında bazı değişiklikler yaratmıştır. Artık **Osmanlı Devleti'nden "övgüyle" söz etmeye, Fatih Sultan Mehmet başta olmak üzere bazı Osmanlı padişahlarından büyük bir gururla bahsetmeye** başlamıştır. Kuşkusuz, bu övgü dolu söylemin arka planında, Batı'nın Osmanlı'yı ve Türk'ü özdeşleştirerek Osmanlı ve Türk tarihine "aşağılayıcı", "küçümseyici" bir gözle bakmasının da etkisi vardır. Dolayısıyla Atatürk, biraz da Batı'nın, "**Türk eşittir Osmanlı**" formülünden hareketle "Türk tarihini kötülemesi" karşısında, –artık önemli devrimler de yapıldığına göre– Osmanlı'ya sahip çıkmaya başlamıştır.

Atatürk'ün Osmanlı Tarihi Eleştirileri Devrim Mantığının Gereğidir

Atatürk, yeni rejimi yerleştirirken özellikle 1923-1930 arası dönemde Osmanlı tarihine, "**eleştirel**" bir gözle yaklaşmıştır. O günlerde sık sık Osmanlı **siyasal yapısını** ve **padişahları** ağır bir dille eleştirmiştir.

Örneğin, Yeni Türkiye'nin siyasetini anlatırken Osmanlı tarihine atıfta bulunan Atatürk, **Osmanlı padişahlarının siyasi anlayışlarını** şu sözlerle eleştirmiştir:

"... *Efendiler, Osmanlı tarihini tetkik edersek görürüz ki, bu bir milletin tarihi değildir. Milletimizin mazideki halini ifade eden bir şey değildir. Belki milletin ve milletin başına geçen insanların hayatlarına, ihtiraslarına, teşebbüslerine ait bir hikâyedir. Bu böyle olmakla beraber, bütün bu devirlerin de devlet namına muayyen bir istikamet-i siyasiyesi yoktu. Belki devletin ve milletin başına geçen insanların kendilerine mahsus siyasetleri vardı veyahut hiç siyasetleri yoktu... Mesela Fatih Sultan Mehmet, kendi ecdadından tesis etmiş olduğu Osmanlı Devleti ile Selçuklu Devleti tacına tevarüs etmişti ve İstanbul'un fethiyle Şarki Osmanlı İmparatorluğu'na da tevarüs etmişti. Bundan sonra Garbe doğru tevassü (genişlemek) istiyordu. Fatih arzu ediyordu ki, Roma'yı da alsın ve Garbi Roma imparatorluğu tacını da başına koysun.*

Birçok Avrupa memaliki (ülkeleri) zaptolundu; fakat orada İslam anasırı yoktu, milel-i muhtelife (değişik milletler) vardı. Denilebilir ki, Fatih'in siyaseti bir garp siyaseti idi. Ancak siyaset-i hariciyede kuvvetli olabilmek için kuvvetli bir siyaseti dâhiliye lazımdır; fakat Fatih Sultan Mehmet kuvvetli bir teşkilat-ı dâhiliye nasıl vücuda getirebilirdi. Memalik-i Şahanesi, (Osmanlı imparatorluğu) sekseni muhtelif anasırdan (unsurlardan) mürekkeb idi... Fatih'in ölümünden sonra Beyazit başka bir siyaset takib etti. Bu siyasetin rengi kabil-i ifade değildir. Beyazit çok mütedeyyin ve itikadı taassub derecesinde idi. Fatih'in siyasetini takib etmedi.

Sonra Yavuz Sultan Selim geldi. O da başka bir siyasete teveccüh etti. Garb siyasetini bıraktı. Şark siyaseti... İttihadı İslam (Müslümanların birleşmesi) siyaseti takib etti. İran istikametinde nüfuz-u iktidarını ibraz etti ve Mısır seferi neticesinde de hilafeti aldı.

Vefatında yerine geçen Kanuni başka bir siyaset takib etti. Yani hem Şark, hem de Garp siyasetini takib eyledi, iki cepheli bir siyaset... Belli başlı dört sultandan başka diğerlerini nazar-ı itibare alırsak onların hiçbir siyaset takib etmedikleri görülüyor."[1775]

Bu sözleriyle Osmanlı padişahlarının siyasi anlayışlarına eleştiriler yönelten Atatürk, aynı konuşmasında, sözü yeni Türkiye'nin siyasetine getirmiştir:

"... Takip olunması makul olan siyaset, milletin tab'i kabiliyet ve ihtiyaciyle mütenasip olanıdır. Bizim için ne ittihad-ı İslam ve ne de Turanizm (Türkler'in birleşmesi) mantıki bir meslek-i siyaset olamaz itikadındayım.

Artık, Türkiye'nin devlet siyaseti, hudud-ı milliyesi dâhilinde hâkimiyetine istinaden, müstakıl yaşamaktır. Bugün milletimizin düsturu hareketi budur."[1776]

Atatürk'ün, Osmanlı tarihine yönelttiği eleştirilerin hemen ardından yeni Türk devletinin Osmanlı'dan farklı olan yönlerini

---

1775 İnan, age. s. 27, 28.
1776 age. s. 28, 29.

vurgulaması, onun "Osmanlı eleştirilerinin" asıl amacının yeni Türk devletine "meşruiyet kazandırmak" olduğu söylenebilir.

Atatürk bu gerçeği, 1927 yılında CHP Kurultayı'nda okuduğu Nutuk'ta açıkça, *"Osmanlılar zamanında çeşitli siyasi ilkeler takip edilmiş ve edilmekteydi. Ben bu siyasi ilkelerin hiçbirinin, yeni Türkiye'nin siyasi şekillenmesinde ilke olarak kabul edilemeyeceğine inanmıştım. Bunu Meclis'e anlatmaya çalıştım"* diye ifade etmiştir.[1777]

Atatürk daha sonra *"Bu konuyla ilgili olarak, öteden beri söylediklerimin ana noktalarını burada hep birlikte hatırlamayı yararlı bulurum"* diyerek Osmanlı'ya şu eleştirileri yöneltmiştir:

"Efendiler, bilirsiniz ki, hayat demek, mücadele ve kavga demektir. Hayatta başarı kazanmak, mutlaka mücadelede başarı kazanmaya bağlıdır. Bu da maddi ve manevi güç ve kudrete dayanır bir özelliktir. Bir de insanların uğraştığı bütün meseleler, karşılaştığı bütün tehlikeler, elde ettiği başarılar toplumca yapılan genel bir mücadelenin dalgaları içinden doğagelmiştir. Doğulu kavimlerin Batılı kavimlere saldırı ve hücumu tarihin belli başlı bir sayfasıdır. Doğu milletleri arasında Türklerin başta geldiği ve çok güçlü olduğu bilinmektedir. Gerçekten de Türkler İslamlıktan önce ve İslamlıktan sonra Avrupa içerisine girmişler, saldırılar istilalar yapmışlardır. Batı'ya saldıran ve İspanya'yı ele geçirerek Fransa sınırına kadar giden Araplar da vardır. Fakat efendiler, her saldırıya daima bir karşı saldırı düşünmek gerekir. Karşı saldırı ihtmalini düşünmeden ve ona karşı güvenilir bir tedbir bulmadan saldırıya geçenlerin sonu yenilmek, bozguna uğramak ve yok olmaktır...

Atilla, Fransa ve Batı Roma topraklarına kadar yayılmış olan imparatorluğunu hatırladıktan sonra, bakışlarımızı Selçuklu Devleti'nin yıkıntıları üzerinde kurulmuş olan Osmanlı Devleti'nin, İstanbul'da Doğu Roma İmparatorluğu'nun taç ve tahtına sahip olduğu devirlere çevirelim. Osmanlı hükümdarları arasında Almanya'yı, Batı Roma'yı ele geçirerek çok büyük

---

1777 **Nutuk**, İstanbul, 2002, s. 341.

bir imparatorluk kurma çabasında bulunmuş olan vardı. Yine bu hükümdarlardan biri, bütün İslam dünyasını bir merkeze bağlayarak yönetmeyi düşündü. Bu amaçla Suriye ve Mısır'ı zaptetti. Halife ünvanını takındı. Diğer bir sultan da hem Avrupa'yı zaptetmek hem de İslam dünyasını hüküm ve idaresi altına almak gayesini güttü. Batı'nın sürekli karşı saldırısı, İslam dünyasının hoşnutsuzluk ve isyanı ve bu şekilde bütün dünyayı ele geçirme düşünce ve emellerinin aynı sınırlar içine aldığı çeşitli unsurların uyuşmazlıkları, sonunda benzerleri gibi Osmanlı İmparatorluğu'nu da tarihin sinesine gömdü."[1778]

Osmanlı Devleti'nin "ölçüsüz ve hesapsız "fetih" anlayışının Osmanlı'yı yıkılışa sürüklediğini iddia eden **Atatürk**, Osmanlı Devleti'nin siyasetini, *"Milli değil, belirsiz, bulanık ve kararsız"* olarak adlandırmıştır.[1779]

"Çeşitli milletleri, ortak ve genel bir ad altında toplamak ve bu çeşitli unsurlardan oluşan kitleleri eşit haklar altında bulundurarak güçlü bir devlet kurmak, parlak ve çekici siyasi görüştür. Fakat aldatıcıdır," diyerek, **çok uluslu imparatorluk siyasetini** eleştiren **Atatürk**, buradan sözü yeni Türk devletine getirerek şöyle demiştir:

"Bizim kendimizde açıklık ve uygulama imkânı gördüğümüz siyasi ilke, milli siyasettir. Dünyanın bugünkü genel şartları, yüzyılların akıllarda ve karakterlerde yerleştirdiği gerçekler karşısında hayalci olmak kadar büyük yanılgı olamaz. Tarihin ifadesi budur. İlmin, aklın, mantığın ifadesi böyledir...

Milli siyaset dediğim zaman kasdettiğim anlam ve öz şudur: Milli sınırlarımız içinde, her şeyden önce kendi kuvvetimize dayanmakla varlığımızı koruyarak, millet ve memleketin gerçek saadet ve refahına çalışmak... Genellikle milleti uzun uzun emeller peşinde yorarak zarara sokmamak... Medeni dünyadan, medeni, insani ve karşılıklı dostluk beklemektir."[1780]

1778   age. s. 341, 342.
1779   age. s. 342.
1780   age. s. 342, 343.

Görüldüğü gibi Atatürk, "fetihçi" karaktere sahip "çok uluslu" bir "ümmet" imparatorluğundan "bağımsız" bir "ulus devlete" geçilirken Osmanlı Devleti'nin **siyasetini** alabildiğince eleştirmiştir. Bu eleştirilerin amacı "geçmişi kötülemek" değil, "geleceği kurgulamaktır."

Atatürk'ün bu Osmanlı tarihi eleştirileri bir yönüyle "konjonktürel" olsa da bir başka yönüyle **tarihsel gerçekleri** yansıtmaktadır. Atatürk'ün derin tarih bilgisiyle ortaya koyduğu gibi Osmanlı'nın yıkılışında sadece ganimete dayalı ve askeri güce bağlı fetih siyasetinin büyük rolü vardır.

Atatürk'ün Osmanlı'ya yönelik eleştirileri şöyle sıralanabilir:
1. Osmanlı tarihi "bir millet tarihi" değil, ancak milletin başına geçen birtakım adamların hayat hikâyesidir.
2. Yükselme döneminde bile Osmanlı'nın belirli bir siyaseti yoktur.
3. Klasik dönem Osmanlı padişahlarının gerekli önlemleri almadan, hazırlıkları yapmadan "sürekli yayılma siyaseti" izlemeleri yanlıştır.
4. Klasik dönem Osmanlı padişahlarının birbirini tamamlamayan, birbirine zıt siyasetleri devlete zarar vermiştir.
5. Fatih, Yavuz ve Kanuni dışındaki Osmanlı padişahlarının bir siyaseti bile yoktur.

* * *

Atatürk'ün tarih çalışmalarında dikkati çeken nokta, bu çalışmaların daha çok **İslam Öncesi Türk Tarihi, Eski Anadolu** ve **Mezopotamya Tarihi** ve **İlk Türk İslam Devletleri Tarihi** üzerinde yoğunlaşmasıdır. Adeta Osmanlı Tarihi atlanarak, **yeni devletin tarihsel kökleri Orta Asya'da, Eski Anadolu'da ve Mezopotamya'da aranmıştır.** Bu durumun nedeni gayet basittir. Çünkü bu çalışmalarla amaçlanan **"ümmet"** anlayışı yerine **"millet"** anlayışını geçirmektir. Dolayısıyla bu yeni anlayışa uygun yeni bir tarihe ihtiyaç vardır. Bu yeni tarih, Türklerin Osmanlı öncesine uzanan köklerini açığa çıkararak oluşturulacaktır.

Osmanlı siyasal düşüncesi ve bu düşüncenin temel dayanakları olan **"hanedan"** ve **"hilafet"** gibi kavramlar alabildiğince eleştirilerek, **"Türk ulusu"** ve **"ulusal egemenlik"** gibi kavramlar vurgulanmıştır. Atatürk'ün, Osmanlı tarihine yönelik eleştirilerinde bu durumu bütün çıplaklığıyla görmek mümkündür.

"Efendiler! Osmanlı tarihini incelersek görürüz ki, bu bir millet tarihi değildir. Milletimizin geçmişteki halini ifade eden bir şey değildir. Belki milletin başına geçen birtakım insanların hayatlarına, ihtiralarına, teşebbüslerine ait bir hikâyedir."[1781]

Dolayısıyla bu "hanedan tarihinin" devrimci mantık gereği alabildiğince eleştirilmesi gerekir.

Cumhuriyet'in ilk yıllarında Osmanlı'ya yönelik ağır eleştirel yaklaşımın temelinde bir "ulus" oluşturma kaygısının derin izleri vardır. Bu eleştirilerle **eski Osmanlı kimliği** tasfiye edilerek, **yeni Türkiye Cumhuriyeti kimliği** oluşturulmak istenmiştir.

Cumhuriyet'in ilk yıllarında Osmanlı'ya yönelik eleştiriler sadece Atatürk'ten gelmemiştir: Cumhuriyet'i ve devrimleri benimseyen geniş bir yelpaze bu eleştirel yaklaşımı benimsemiştir. Yeni Türkiye, yeni kimliğini Osmanlı ile uyuşmayan yönlerini vurgulayarak belirlemeye çalışmıştır.

Yeni rejimin en ateşli savunucusu *Hâkimiyet-i Milliye gazetesinde* sık sık Osmanlı'ya yönelik eleştirilere yer verilmiştir. Bu eleştirilerin başında, "hâkimiyet, halk ilişkileri" ve "devlet idaresi" gelmektedir.

Örneğin, **Siirt Mebusu Mahmut** imzalı bir başyazıda, Osmanlı şu cümlelerle eleştirilmiştir:

"... Türkiye'de asırlardan beri devam eden fena idareler, halk ve hükümet arasında doldurulmaz bir uçurum açılmasına sebep olmuştur. Sanki hükümet halkın faydasına çalışan bir müessese değil, ona zulmeden, devletle olan muamelesinde ona derecesiz müşkülat çıkaran bir heyetten ibarettir; filhakika bir şahsın veya bir hanedanın hayat ve menfaatlerini her şeyden üstün tutan, vatana ve halka karşı olan vazifelerle kendini ala-

---

[1781] İnan, age. s. 27.

kalı saymayan saltanat idaresi, elbette vatandaşlara ehemmiyet telkin edemezdi."[1782]

Yine aynı gazetede **Yakup Kadri**, Osmanlı idaresini *"zalimane"* olarak niteleyip, şöyle eleştirmiştir:

"...Eski devrin zalimane idaresi halkta, devlet ve hükümete karşı hiçbir itimat ve emniyet hissi bırakmamıştı. Devlet halkı yolmakta ve esir gibi kullanmakta devam ettiği müddetçe halkta bir nevi sinsilik, desiscilik ve dolancılık itiyadı hasıl olmaya başladı."[1783]

1920'li yıllarda Türkiye'de yeni rejimin görüşlerini yansıtan yayın organlarına bakıldığında Osmanlı'yı meydana getiren **her türlü değerin** (siyasi, sosyal, ekonomik, sanatsal, kültürel, sportif) ağır şekilde eleştirildiği görülmektedir.

Atatürk'ün Osmanlı Devleti'ne yönelttiği eleştirilerin ağırlık noktasını, *"Türklerin ihmal edilmesi"* tezi oluşturmuştur.

Atatürk'e göre, Osmanlı Devleti izlediği **fetih siyaseti** sonunda fethettiği yerleri korumakta güçlük çekmiş, **buralarda yaşamakta olan farklı din, dil ve geleneklere sahip milletlere bütün bu farklılıklarını koruyabilecekleri istisnalar, imtiyazlar verdikten sonra Türkleri de buralara muhafız yapmıştı.** Atatürk, Türklerin imparatorlukta askerlikten başka hiçbir şeyle uğraşmadıklarını, oysa diğer milletlerin çalışarak zenginleştiklerini ve sonuçta Türklerin kendi anayurtlarında başkalarına muhtaç duruma düştüklerini belirtmiştir.[1784]

Atatürk, Osmanlı tarihi eleştirilerinde, sıkça Osmanlı Devleti ile Türkiye Cumhuriyeti arasındaki farklılıklara değinmiştir. Osmanlı'da Türklerin ihmal edildiklerini, ezildiklerini, horlandıklarını belirten Atatürk, yeni Türk devletinde Türklerin, kendi egemenliklerini kendi ellerine alacaklarını ve hiçbir güç tarafından ezilip dışlanmayacaklarını belirtmiştir.

Bir konuşmasında Osmanlı ve Türkler konusunda şunları söylemiştir:

1782 Hâkimiyet-i Milliye, 10 Haziran 1929.
1783 Hâkimiyet-i Milliye, 6 Mart 1929.
1784 ASD, C. II. Ankara, 1997, s. 103 - 105.

"... *Osmanlı halkı içindeki Türk milleti de tamamen esir vaziyete getirilmişti. Bu netice, arz ettiğim gibi milletin kendi iradesine ve kendi hâkimiyetine sahip bulunmamasından ve bu irade ve hâkimiyetin şunun bunun elinde istimal edilegelmiş olmasından kaynaklanıyordu.*"[1785]

Atatürk, bu sözleriyle Osmanlı eleştirisinin odak noktasına "**milliyetçiliği**" ve "**ulusal egemenliği**" yerleştirmiştir. Böylece Osmanlı'nın ihmal ettiği "Türk milliyetçiliği" ve "ulusal egemenlik" gibi değerlere, Cumhuriyet'in sahip çıkacağını belirtmiştir.

Atatürk, Osmanlı tarihini eleştirirken, sıkça yeni kurulan Türkiye Cumhuriyeti'nin **Osmanlı'nın yanılgılarını** tekrarlamayacağını ifade etmiştir.

Örneğin, daha 1922 yılında **not defterlerinden birinde,** (22 nolu defter) Konya'da bir sanat okulunun açılışı için yapacağı konuşma metninde, **Osmanlı Devleti'nin sanata önem vermediğini belirterek, Osmanlı Devleti'ni eleştirmiş** ve yeni Türk devletinin Osmanlı'nın bu yanılgısını tekrarlamayacağını ifade etmiştir.

Atatürk, 2 Nisan 1922 tarihine ait olan bu notlarında şu ifadelere yer vermiştir:

"... *Fakat Osmanlı Türkleri, İstanbul'u, Rumeli'yi fethettikten sonra kendilerini içtimai ve askeri hayatın ihtiyaç ve levazımatını bizzat temin ile iştigalden müstağni (uğraşmak gereği duymama) olduklarını kabul ettiler. Bu husus, içli dışlı temasa geldikleri anasır-ı ecnebiyyetinin eyadi-i sanatına (yabancı unsurların sanat ellerine) terk ettiler.*

Onlar yalnız uzun seferlerin mesaha ve mesafesini iftihar, vasi muharebe meydanlarının leyamut (geniş savaş alanlarının ulaşılmaz) kahramanlığı şerefini istihsal-i medar-ı fahr (elde edilmesi gereken övünç) belirlediler.

Onlar için bu kahramanlık sanatından başka sanat yoktu. Veyahut başka sanatla iştigali haysiyetlerine münafi görürlerdi.

1785 **ASD**, C.II, s.103-105. Atatürk'ün Osmanlı eleştirileri için bkz. Mustafa Budak, "*Modernleşme Açısından Atatürk'ün Osmanlı Tarihi ve Islahatları Eleştirisi*", **İlmi Araştırmalar**, 4, Istanbul, 1997, s. 55 vd.

Hafızamda aldanmıyorsam, Belgrad üzerinden Viyana'ya yürüyen bir Osmanlı ordusunun başında bulunan Sultan Süleyman-ı Kanuni'nin atının nalı düşmüştür. Nalbant bulmak bir mesele-i mühimine (önemli sorun) teşkil etti. Nihayet erat (askerler) arasında nalbantlıktan anlar birisi bulundu. Padişahın atı nallandı; fakat Padişah bu hadiseden, orduyu hümayunları içinde bir nalbantın bulunduğundan meyus ve müteessir olmuştur. Padişah bu gibi sanatların orduya girmesinin ordunun selabetini mubil olacağı zehabında idi.((onurunu zedeleyip, zayıflatacağı inancında idi).

İşte bu zihniyetin hâkimiyet-i şahane şamilesindedir ki (uygulama ve kapsamındadır ki) binnetice Osmanlı ordusunu iğneden ipliğe kadar her türlü ihtiyacatını (ihtiyaçlarını) teminde cahil ve aciz bir halde bırakmıştı.

Bütün ihtiyacatının temini için milleti ecnebilere haraç güzar eyledi (yabancılara bağlı kıldı). Bu zihniyetle, sanatın lüzumu, sanatkarlığın ehemmiyet ve şerefi takdir olunamazdı.

Efendiler, bu zihniyetin ne kadar yanlış, ne kadar hatırnak (akıldan uzak) olduğunu, asırların verdiği acı tecrübe ile ve bilhassa bugün içinde bulunduğumuz şeraitin derece-i müşkilatıyla (şartların zorluğu oranında) anlamış, acısını hissetmemiş bir ferd-i millet kalmamıştır."[1786]

Atatürk, Osmanlı Devleti'nin "bilim" "kültür" alanında geri kalmış olmasını eleştirdikten sonra, sözü yaşanılan zamana getirerek, sanata önem verilmesi gerektiğini, "*... Bugün bu sanat mektebinin küşadında (açılışında) hazır bulunduğumuzdan cidden bahtiyarım...*" sözleriyle ifade etmiştir.[1787] Bu tür örnekleri çoğaltmak mümkündür.

Atatürk'ün Osmanlı tarihi eleştirileri değerlendirilirken, daha önce de ifade edildiği gibi, **eleştirilerin yapıldığı dönem** mutlaka dikkate alınmalıdır. Atatürk'ün Osmanlı tarihine yönelttiği ağır eleştirileri özellikle devrimlerin yapıldığı dönemde yoğunlaşırken, devrimler öncesinde ve sonrasında ise azalmış, hatta

---

1786 A. Mithat İnan, **Atatürk'ün Not Defterleri**, s. 118 - 121.
1787 **age.** s. 121.

ortadan kalkmıştır. Bu bakımdan **Atatürk'ün Osmanlı'ya yönelttiği eleştiriler, bir Osmanlı düşmanlığını olarak değil, devrimci mantığın doğal bir sonucu olarak değerlendirilmelidir.**

Tarih boyu bütün büyük devrimciler devrimlerine haklılık kazandırmak ve yeni düzeni yerleştirmek için, devrilen eski siyasal ve toplumsal yapıyı ağır bir şekilde eleştirmişlerdir. **Fransız Devrimi'ni** gerçekleştirenlerin krallık dönemi Fransa'sını, **Bolşevik Devrimi'ni** gerçekleştirenlerin Çarlık Rusya'sını alabildiğince ağır bir üslupla eleştirdiklerini unutmamak gerekir.

Ayrıca **Fransa** ve **Rusya**'da devrimci kadro, sadece eskiyi eleştirmekle kalmamış, eskiye ait ne varsa **tamamen yok etmiştir,** devrim öncesindeki krallar, imparatorlar, çarlar **bütün aile fertleriyle birlikte** idam edilmiştir. Ancak bilindiği gibi Türkiye'de padişah ve halife idam edilmemiş, sadece sürgüne gönderilmiştir.

Büyük toplumsal dönüşümlerin ardından "eski toplumsal değer ve kurumların eleştirilmesi" kuralından hareketle, Türkiye Cumhuriyeti'ni kuranların Osmanlı İmparatorluğu'nu eleştirmeleri de son derece doğal bir yaklaşım olarak değerlendirilmelidir.

Atatürk'ün Osmanlı Tarihinden Övgüyle Söz Ettiği Dönemler

Atatürk, Osmanlı tarihiyle ilgilenmeye gençlik yıllarında başlamıştır. O yıllarda özellikle Yükselme Dönemi Osmanlı Tarihi, bazı Osmanlı padişahları ve devlet adamlarından övgüyle söz ettiği olmuştur. Örneğin, Harp Akademisi'nde öğrenciyken tuttuğu notlarda, **Yavuz Sultan Selim'i**, Çaldıran'da soğukkanlılığını hiç kaybetmediği için takdir etmiştir.[1788] 1904 yılında 3 numaralı not defterine, "*Meşhur Osmanlı Kumandanları*" başlığı altında, **Makbul İbrahim Paşa** ve **Lala Mustafa Paşa'nın** biyografileri ile ilgili bazı notlar almış, her iki Osmanlı devlet adamından da övgüyle söz etmiştir.[1789]

Atatürk, özellikle İstanbul'da Harp Okulu'nda öğrenciyken Osmanlı tarihiyle ilgilenmiştir. O yıllarda Osmanlı Devleti'nin

---

1788 **Atatürk'ün Not Defterleri II**, Ankara, 2004, s. 28.
1789 **Atatürk'ün Bütün Eserleri**, C. 1, s. 27.

özellikle Kuruluş ve Yükselme dönemlerinden övgüyle ve özlemle söz etmiştir. Tatillerde Selanik'e döndüğünde Osmanlı Devleti'ni parçalamak için tüm güçleriyle mücadele eden azınlık unsurlarını gördükçe çok üzülmüştür.

Atatürk'ün Harp Okulu yıllarından sınıf arkadaşı **Asım Gündüz** bu konudaki gözlemlerini şöyle aktarmıştır:

"*...Harp Akademisi'nin ya iki ya üçüncü sınıfındaydık. Mustafa Kemal, sıladan, yani Selanik'ten, annesinin yanından dönmüştü. Çok üzüntülüydü. Zaten onu her sıla dönüşünde böyle üzüntülü görmeye alışmıştık. Tatil dolayısıyla Selanik'te bulunduğu sürede, Fransız Okulu'nun lisan kurslarına katıldığını söylemişti. Kurs öğretmeni Papaz, hem kendisine ders veriyor, hem de Figaro Gazetesi'nden Osmanlı İmparatorluğu ile ilgili haber ve makaleleri okuyordu. Bütün bu yayınlar, Osmanlı İmparatorluğu'nun çökmek üzere olduğunu gösteriyordu. Üzüntüsü buradan geliyordu. Cuma akşamı bu üzüntü ile (Harp Akademisi'nde) kürsüye çıkan Mustafa Kemal şöyle konuşmuştu:*

'*Arkadaşlarım sizlere üzülerek ifade etmek zorundayım ki, Osmanlı İmparatorluğu'nun temelleri Avrupa yakasında iyice sarsılmıştır. Rumeli'de Sırp, Yunan ve Bulgar komitacılarını besleyen Rusları dedelerimizin kanları pahasına aldıkları bu Türk yurdunu bizden koparmak gayretindedirler. Bu bölgede orduların başında bulunan kumandanlar acz içindedirler. Avrupalıların Kızıl Sultan adını verdikleri Abdülhamit ise orduya bakmamaktadır. Aylardan beri maaş alamayan zabitlerin olduğunu öğrendim. Orduda talim ve terbiye yoktur...*'

*...Atatürk'ün korku nedir bilmeyen bir hali vardı. Bütün sınıf bu bakımdan ona hayrandık. Tarih okumak onun en büyük hevesi ve hırsı idi. Fransızcayı da onun için çok iyi bilmek istiyordu. **Osmanlı tarihini Fransızca eserlerden okuyordu....***"[1790]

Atatürk, öğrencilik yıllarında bir taraftan Osmanlı Devleti'nin içinde bulunduğu kötü duruma üzülürken, diğer taraftan devletin içinde bulunduğu bu durumun sorumlusu olarak son dönem Osmanlı padişahlarını görmüştür.

1790 Gündüz, **age.** s. 14 vd.

Harp Okulu yıllarında bir konuşmasında **Osmanlı Devleti ve son dönem Osmanlı padişahları** hakkında şunları söylemiştir: *"Nerede Fatih, Yavuz, Kanuni, Üçüncü Selim gibi hükümdarlar? Son devir Osmanlı padişahları hep cahil ve zavallı kimseler. Kendileri cahil oldukları için de memlekete düzen verebilecek vezirlere asla tahammül edememişler, memleketi bu hale sürüklemişlerdir. Abdülmecit Mustafa Reşit Paşa'dan, Abdülaziz Ali ve Fuat Paşalardan, Abdülhamit, Mithat Paşa'dan, Hüseyin Avni Paşa'dan daima korkmuştu. Sıkışık zamanlarda onları sadarete layık görmüşler, tehlikeyi atlattıktan sonra Mahmut Nedim gibi dalkavukları, hırsız ve uğursuzları iş başına getirmişlerdir. Şunu iyi bilelim ki Mithat Paşa sağ olsaydı, Hüseyin Avni Paşa öldürülmeseydi ne ordumuz, ne de donanmamız bugünkü hale düşerdi. Akdeniz'de ikinci durumda olan donanmamız, Karadeniz'de Ruslara herhalde dersini verecek, 1877, 1878 seferinde Ayastefanos'a kadar çekilmeyecektik. Türk-Yunan Savaşı'nda bu donanmayı Haliç'ten çıkarmayacak hale getirmek suç değil midir? Millet padişahından neden hesap sormamalıdır? Bir hıyanet olan bu hareketlerde bulunan bir insanı Fatihlerin, Yavuzların torunu olarak kabul etmek mümkün müdür?"*[1791]

Atatürk, sadece öğrencilik yıllarında değil, sonraları **cephede bulunduğu dönemlerde** de Osmanlı tarihi konusunda kitaplar okumuştur. Örneğin, 1916 yılında Ruslarla mücadele etmek için Doğu Anadolu'da cephede bulunduğu sırada, **Namık Kemal**'in *"Osmanlı Tarihi"* adlı eserini okumuştur.

Atatürk, **1919 yılında tuttuğu 18 numaralı not defterinde** Osmanlı Devleti'nin Bursa'yı fethetmesi ile ilgili bir yazıya başlamış; fakat bilmediğimiz bir nedenle bu yazıyı yarım bırakmıştır.

Atatürk, **Bursa'nın fethi konusunda** not defterine şunları yazmıştır:

"726 sene-i hicriyesinde Bursa Orhan Gazi tarafından zapt olundu. Evvela Osman Bey muhasara etti. Muhasara (kuşatma) uzadı gitti. Söğüt'e çekildi, oğluna terk etti."[1792]

1791 age. s. 14 vd.
1792 Mithat İnan, age. s. 97, 98.

Osmanlı'ya devrimler aşamasında ağır eleştiriler yönelten Atatürk'ün, 1919 yılındaki şu sözleri, onun devrimler öncesinde Osmanlı'ya daha farklı bir gözle baktığını kanıtlamaktadır:

"... *Osmanlı Devleti'ne gelince, bu devlet yedi yüz yıldan beri yaşamaktadır ve muhteşem geçmişi ve tarihiyle övünebilir.* **Biz kudreti ve haşmeti bütün dünyada, Asya, Avrupa ve Afrika kıtalarında tanınan bir milletiz. Gemilerimiz okyanusları aşmışlar ve bayrağımızı Hindistan'a kadar götürmüşlerdir. Kabiliyetlerimiz bir zamanlar sahip olduğumuz ve bütün dünyaca bilinen egemenliğimizle ispat edilmiştir.**"

Atatürk, aynı konuşmasında imparatorluğun **gerileme** ve **çöküş** nedenlerine de değinmiştir:

"...*Bu gün içinde bulunduğumuz acı durum hiçbir zaman bizim esasen ehliyetsizliğimizi veya çağın medeniyetine uymadığımızı göstermez.*"

Atatürk, konuşmasının devamında Osmanlı Devleti'nin içinde bulunduğu kötü durumun, dış ülkelerin entrikaları, bağımsızlığımıza yapılan müdahaleler, yabancıların *"Yüzyıllarca bir arada kardeşçe yaşadığımız Müslüman olmayan unsurlarla aramıza ektikleri anlaşmazlık tohumları"*, hükümetlerin zayıflığı ve kötü idareden kaynaklandığını söylemiştir.[1793]

Atatürk, **1923'te İzmit'te** Osmanlı Devleti hakkında yine şu **övgü dolu sözleri** sarf etmiştir:

"*Bir de Osmanlı İmparatorluğu'nun manzarasına bakalım. Bunun için Efendiler, birkaç nokta üzerinde durarak kısa bir tarihçe yapalım. Yıkılan Rum-Selçuk Devleti'nden bahsetmeyelim; fakat onun enkazı üzerinde Domaniç yakınlarındaki Osmanlı Beyini hatırlayalım.*

Osman Bey, kendi nam ve hesabına bağımsızlığını ilan etti ve Osmanlı Devleti'nin esasını kurdu. Bu devleti kuzeye, kuzeybatıya doğru genişleten büyük Fatih, bu azametli, kudretli padişah, gerçekten bütün Alem-i İslamın, bütün Türk dünyasının bihakkın övünebileceği bir kişidir. Bazı kusurlarından

---

1793 Turhan Feyzioğlu, "*Atatürk ve Fikir Hayatı*" **Atatürk İlkeleri ve İnkılâp Tarihi II**, Ankara, 1986, s. 175.

arındırılacak olunursa, bütün cihanın büyüklük namına takdir edebileceği şahsiyettir. Kendi büyüklüğüyle orantılı, azametli bir siyaset takip etti."[1794]

Atatürk'ün, devrimler öncesinde ve devrimlerin hızının azaldığı dönemde Osmanlı'ya bakışında büyük benzerlikler vardır.

1930 yılında Afet İnan'ın tarih hakkındaki bazı sorularına yanıtlar veren Atatürk, **Osmanlı Devleti'yle ilgili** şunları söylemiştir:

"*...İstanbul'un zaptı hadisesini mütaala ederken diyenler vardır ki: Bizanslılar Türklerden daha medeni idiler, fakat Türklerin harsı kuvvetli olduğu için galip ve muvaffak oldular. Bu telakki ve izah doğru değildir. Hakikatte Türkler Bizanslılardan hem daha medeni idiler, hem de ırki karakterleri onlardan yüksekti. Medeniyet dediğimiz harsın üç mühim unsurunu göz önünde tutarak hadiseyi mütaala edersek fikrimiz kolaylıkla izah edilmiş olur:*

İstanbul'u zapteden Türkler devlet hayatında elbette Bizans İmparatorluğu'ndan çok yüksekti. Türklerin İstanbul fethinde inşa ve icad ettikleri gemiler, toplar ve her nevi vasıtalar, gösterdikleri yüksek fen iktidarı; bilhassa koca bir donanmayı Dolmabahçe'den Haliç'e kadar karadan nakletmek dehası, daha evvel Boğaz içinde inşa ettikleri kaleler, aldıkları tedbirler Bizans'ı zapteden Türklerin fikir ve fen âleminde ne kadar ileri olduklarının yüksek şahitleridir. Bizans prenslerinin Türk ordugâhlarında staj yaptıklarını, her hususta ders aldıklarını da hatırlatmak isterim. Daha Attila zamanında Şarki Roma İmparatorluğu'nun Türklerin haraçgüzarı olacak kadar siyasette ve askerlikte bilgi ve beceriden yoksun düzeyde bulunduğu malumdur. Bizans'ı zapteden Türklerin iktisadi hayatta Bizanslıların çok ilerisinde olduğunu izaha dahi gerek görülmez."[1795]

Atatürk, devrimler sürecinde özellikle *"Türklerin ihmal edildiğini"* söyleyerek Osmanlı'yı eleştirirken, 1930 yılında Afet

---
1794 A. İnan, age. s. 98.
1795 Ergün Sarı, **Atatürk'le Konuşmalar**, s. 183, 184.

İnan'a açıklamalarında Osmanlı'dan *"Türkler"* diye bahsetmiş, İstanbul'un fethi gibi Osmanlı tarihinin sembolik olaylarından birini "Osmanlı Türklerinin" dâhiyane planlarla gerçekleştirdikleri bir başarı olarak adlandırmış ve genel anlamda Osmanlı'dan "övgüyle" ve "gururla" söz etmiştir.

Özellikle, 1930'dan sonra Atatürk için Osmanlı artık "şanlı" bir imparatorluktur. Öyle ki, daha birkaç yıl öncesine kadar, Osmanlı'ya en ağır eleştirileri yönelten Atatürk, şimdi Osmanlı'yı ölçüsüzce eleştirenleri sert bir dille uyarmaya başlamıştır.

Örneğin, **1937 yılında** bir gazetede **Sultan II. Abdülhamit'le** ilgili bir yazıya büyük tepki göstererek yazıyı kaleme alan gazeteciyi şu sözlerle azarlamıştır:

"... Bak çocuk, kişisel kanımı kısaca söyleyeyim: Tecrübe göstermiştir ki toprakları üstünde yaşayan insanların çoğunun durumu kuşkulu ve sınırları yalnız düşmanlarla çevrili bir büyük devlette Abdülhamit'in yönetimi büyük hoşgörüdür. Hele bu yönetim 19. yüzyılın son yıllarında uygulanmış olursa..."[1796]

Özetle Atatürk'ün **"Osmanlı düşmanı olduğu"** tezi de bir "yobaz yalanıdır." En önemli özelliklerinden biri tarihten ders almak olan Atatürk'ün, tarihe yön vermiş kişilere gereken saygıyı göstermediğini düşünmek "saflık" olur.

Asaf İlbay anılarında Atatürk'ün en çok **Cengiz, Timur, Yıldırım** ve **Fatih**'ten övgüyle söz ettiğini belirtmiştir. Atatürk **Yıldırım Bayezit** için, *"Bir gün ressamlar kahramanlık simasını kaybederlerse Yıldırım'ın şahsında bulabilirler"* demiştir.[1797] **Timur Lenk** için, *"Ben onun zamanında olsaydım onun yaptığını yapabilir miydim, onu söyleyemem. Fakat o benim zamanımda olsaydı belki daha fazlasını yapabilirdi."* demiştir.[1798] **Fatih**'ten de *"Büyük adamdı, büyük..."* diye söz etmiştir.[1799] 3 Mart 1924'de hilafetin kaldırılması dolayısısıyla Meclis'te yap-

---

1796 Arıburnu, **Atatürk'ten Anılar**, s. 34, 35.
1797 Özel, **age.** s. 185.
1798 **Yakınlarından Hatıralar**, İstanbul, 1955, s. 95.
1799 Enver Ziya Karal, **Atatürk'ten Düşünceler**, İstanbul, 1981, s. 187.

tığı konuşmada, Yavuz **Sultan Selim**'den hep *"Hazret'i Yavuz"* diye söz etmiştir. Atatürk, V. Murat'ın Çırağan Sarayı'nda gözaltında tutulmasına ve öldüğünde cenazesinin sönük bir törenle kaldırılmasına üzülmüş ve *"Yazık, çok yazık! Bir padişahın cenazesi böyle mi kaldırılır?"* demiştir.[1800]

Atatürk Osmanlı Büyüklerinin Heykellerini Yaptırmak İstemiştir

Atatürk, Osmanlı tarihine damga vurmuş ve sembol haline gelmiş kişilerin unutulmaması için de çaba harcamıştır. Örneğin, **Mimar Sinan**'ın, **Barbaros Hayrettin Paşa**'nın, **Timur**'un, **İbn-i Sina**'nın, **Kanuni Sultan Süleyman**'ın ve **Fatih Sultan Mehmet**'in heykellerinin yapılmasını istemiştir.[1801]

Atatürk, **resim** ve **heykeli** yasaklayan "bağnaz" zihniyeti yok etmek için mücadele etmiştir. Türk tarihine damga vurmuş bazı isimlerin heykellerinin yapılmasını istemesi bu mücadelenin bir parçasıdır. 1925 yılında Sarayburnu'na konan Atatürk heykeli bu konudaki ilk adımdır. O heykel, sadece Türk ulusunu iki kere kurtaran adama duyulan saygıyı değil, aynı zamanda sanata duyulan saygıyı da simgelemektedir.

Atatürk özellikle **Fatih Sultan Mehmet**'in heykelinin yapılmasını çok istemiştir. Heykelin yerini de bizzat belirlemiştir: **Kız Kulesi**... Ancak eğer orası olmazsa Sultanahmet Meydanı, Rumelihisarı ya da Fatih'in gemilerini kızakla çektirdiği yerlerden biri de olabilirdi![1802]

Atatürk, 2 Ağustos 1935'te Türk Tarih Kurumu'na gönderdiği yazılı emirde **Mimar Sinan'ın heykelinin** yapılmasını istemiştir. Atatürk'ün bu emri ancak 1956 yılında yerine getirilmiş, ilk Mimar Sinan heykeli Ankara Dil Tarih ve Coğrafya Fakültesi'nin önüne dikilmiştir.

1800 Cebesoy, **Sınıf Arkadaşım Atatürk**, s. 89, 90.
1801 Feridun Akozan, *"Atatürk, Sanat ve Sanatkâr"*, **Atatürkçülük, II. Kitap**, İstanbul, 1988, s. 148; Özel, **age**. s. 185.
1802 Celal Bayar, **Fatih heykelinin** Rumelihisarı'na dikilmesini önermiş, Atatürk de bu öneriyi kabul etmiştir. Celal Bayar, **Atatürk'ten Hatıralar**, İstanbul, 1954, s. 117.

Bugün Atatürk düşmanlarının dillerine doladıkları konulardan biri de **Atatürk heykellerinin** fazlalığıdır. Atatürk düşmanı, sanat ve estetik yoksunu bu "gericiler" bu heykellerin Atatürk'ün sağlığında çok az sayıda olduğunu bilmemektedirler. Atatürk'ün resim ve heykellerinin anormal bir şekilde artması **Demokrat Parti** döneminde olmuştur. **Adnan Menderes ve arkadaşları** Milli Şef İsmet İnönü'ye karşı yürüttükleri politika gereği bir "**Atatürk kültü**" yaratmışlardır. Daha sonra yine kendi yarattıkları "**yobaz zihniyetin**" bu heykellere saldırması üzerine de bu sefer "***Atatürk'ü Koruma Kanunu***"nu çıkartmışlardır.

Atatürk'ün Osmanlı Tarihi Araştırmaları

Türkiye'de bilimsel anlamda ilk Osmanlı tarihi araştırmaları da Atatürük döneminde başlamıştır. Hamasi söylemlerden uzak, eleştirel bir Osmanlı tarihi yazımına ihtiyaç olduğunu gören Atatürk bazı tarihçileri bu konuya yönlendirmiştir. Atatürk Osmanlı tarih yazımında Osmanlı'nın fetihlerinden, savaşlarından çok, bu fetihlerin ve savaşların arkasındaki bilgi ve tekniğe vurgu yapılmasını istemiştir. Bu nedenle Osmanlı tarih yazımında sadece sultanların hayat hikâyelerinden oluşan "**hanedan tarihi**" yerine bilim ve sanat adamlarının da anlatıldığı "**kültür tarihi**"nin ön plana çıkarılmasını istemiştir. Örneğin bu amaçla dünyaca ünlü Osmanlı denizcisi **Piri Reis** hakkında araştırmalar yaptırmıştır.

Türkiye'de Piri Reis hakkındaki ilk kapsamlı araştırmalar, Atatürk'ün tarih öğrenimi için Avrupa'ya gönderdiği **Afet İnan** tarafından yapılmıştır.[1803]

Tarihçi **Afet İnan**'ın Osmanlı tarihi konusunda çok sayıda çalışması vardır.

Afet İnan, Atatürk'e yazdığı mektuplarda Avrupa'nın "**Osmanlı'yı medeniyetten uzak, istilacı bir devlet**" olarak görmesinden yakınmış ve Atatürk'ün de isteğiyle, "**Osmanlı Devleti'nin dünya medeniyetine yaptığı katkıları**" ispatlamak için uğraşmıştır.

1803 A. Afet İnan, **Atatürk'ten Mektuplar**, s. 70.

Afet İnan Avrupa'da bulunduğu dönemde Atatürk'e yazdığı 17. 12. 1937 tarihli mektupta, Avrupa'da Osmanlı tarihi konusundaki tartışmaları ve bu konudaki kişisel düşüncelerini şöyle ifade etmiştir:

"... *Profesör, aldığı notlardan sıra ile konuşmaya ve sual sormaya başladı. Benimle hemfikir olduğu ve olmadığı noktaları işaret ediyordu. 'Eğer Osmanlılar, İslamiyeti zorla kabul ettirmiş olsa idiler şimdi Avrupa'nın mühim bir kısmında yine hâkim olurlardı' dedi.*
Vakıflar üzerinde benden izahat istedi. Verdim. İki nokta üzerinde benimle hemfikir değildi:
1. *Anadolu'nun öteden beri Türklüğü meselesi.*
2. *XVI. asırda, Osmanlı Türklerinin medeni durumları meselesi.*

Birincisi hakkında antropolojik malumatla beraber tarihi devirlerdeki göçleri anlattım, 'olabilir' diye üzerinde fazla durmadı; fakat ikincisi üzerinde fazlaca ısrar etti. 'Türkler Perilerden ve Bizanslılardan miras aldılar ve onu idame ettiler; fakat kendileri bir şey ilave etmediler.' diyordu. Ben bu hususta Profesörle hemfikir olamayacağımı, Türklerin eski ve yeni devirlerde çok büyük medeniyetler yarattıklarını ve XVI. asrın başlarında numunelerini verdiğini, bazı misaller göstererek anlattım. Bunları dinlemekle beraber, kabul etmiş görünmedi."[1804]

Afet İnan'ın, Avrupa'da, "Osmanlı tarihine sahip çıkması" ve bu konudaki çabasından Atatürk'ü tüm detaylarına kadar haberdar etmesi, Atatürk'ün Avrupa'daki Osmanlı tarihi tartışmalarıyla ilgilendiğini ve bu tartışmalarda Osmanlı'yı savunduğunu göstermektedir.

Afet İnan ile Atatürk arasındaki yazışmalardan, **Atatürk'ün**, Afet İnan'dan **"Avrupa'da Osmanlı tarihine sahip çıkmasını"** ve **"Osmanlı tarihi konusundaki çalışmalara ağırlık vermesini"** istediği anlaşılmaktadır.

[1804] age. s. 62, 63.

Nitekim Afet İnan Cenevre'den Atatürk'e yazdığı 29. 12. 1937 tarihli başka bir mektupta, yapacağı bir araştırma için Atatürk'ten **Osmanlı tarihi konusunda** kitaplar istemiştir:

"*...Yine bir şeyi sizden rica etmek istiyorum. Acaba Osmanlı devri ekonomisine dair Türkçe neşredilmiş kitap var mıdır? Başvekil Bay Celal Bayar'ın bu hususta toplatacakları malumat ve eğer varsa onların gönderilmesi benim etüdlerimi çok kolaylaştıracaktır.*"[1805]

Afet İnan'ın Atatürk'e gönderdiği 15. 2. 1938 tarihli mektuptan, **Afet İnan'ın bu isteğine Atatürk'ün olumlu yanıt verdiği**, anlaşılmaktadır.

Bunun üzerine Afet İnan Atatürk'e teşekkür etmiş ve çalışmalarından söz etmiştir:

"*...Osmanlı tarihi ekonomisi üzerinde yazmaya başladım. Arşivden gönderilen vesikaların aynen tercümesini yaptırıyorum. Eğer hepsi birden iyi olursa bu mevzuu bir kitap halinde tanzim etmek istiyorum.*"[1806]

Afet İnan ile Atatürk arasındaki bu yazışmalar da göstermektedir ki Atatürk, 1930'lu yıllarda Osmanlı tarihini "kötülemek", "yok saymak" yerine, Osmanlı Devleti'nin özellikle bilimsel ve kültürel "niteliklerini ortaya koyacak çalışmalar yaptırmıştır. Avrupa'da tarih öğrenimi gören Afet İnan'a **Osmanlı araştırmalarında** yardımcı olmuş, daha da önemlisi Afet İnan'ı, Avrupa'da **Osmanlı'yı savunmakla** görevlendirmiştir.

Atatürk, Osmanlı Devleti'ni kuran Türklerin oldukça "gelişmiş" bir kültüre sahip olduklarını düşünmektedir. Ona göre Osmanlı Devleti'nin kuruluşuyla ilgili mevcut bilgiler doğruyu yansıtmamaktadır. Atatürk bu konudaki şüphesini 1928 yılında şöyle ifade etmiştir:

"*...Türkler bir aşiret olarak Anadolu'da imparatorluk kuramaz. Bunun başka türlü bir açıklaması olması gerekir. Tarih bilimi bunu meydana çıkarmalıdır.*"[1807]

1805 age. s. 64.
1806 age. s. 65.
1807 Irmak, age. s. 373.

Tarih, Atatürk için her zaman vazgeçilmez bir malzeme olmuştur. Atatürk'ü çağdaşlarından ayıran en temel özelliklerinden biri şüphesiz, onun bir tarihçi titizliğiyle olaylar üzerine eğilmesidir.

Atatürk'ün gelecekle ilgili isabetli yorumlarının temelinde derin tarih bilgisi yatmaktadır.

TÜRK TARİH KURUMU VE ULUS DEVLETİ GÜÇLENDİRMEK

Atatürk, 1930 yılından itibaren adeta bir bilim insanı gibi "tarihle" ilgilenmeye başlamıştır. Gece gündüz **Türk tarihiyle ilgili** kitaplar okumuştur. Amacı, Türk tarihinin derinliğini ve genişliğini ortaya koyacak bilimsel ipuçları toplamaktır.

Bazı geceler hiç uyumadan sabaha kadar okuduğu olmuştur:

"...*Gazi iki gece üst üste yatağına girmemişti. Yalnız kahve içerek, arada bir sıcak bir banyo yaparak kırk saat durmadan kitap okumuştu.* Hasan Rıza, *onu kütüphanesinde geceliğinin üzerinde robdöşambırını geçirmiş, bir kitabın üzerine eğilmiş olarak buldu. Hiç uykusu yoktu. Oysa gözlerinin yorgunluğu belli oluyordu. Arada sırada göz kapaklarını ıslak bir tülbentle siliyordu.* **Okuduğu kitap H.G. Wells'in "Dünya Tarihinin Ana Hatları"ydı.**

Bu kitap, ona birçok şeyi açıklamıştı. Bitirince hemen Türkçe'ye çevrilmesini emretti. Kitap yayınlandıktan bir yıl sonra da hemen aynı temellere dayanan bir **Türk Tarihinin Ana Hatları** *çıktı. Wells, Gazi'nin en beğendiği adam olmuştu. Sofrada ondan uzun pasajlar okuyordu. Wells, büyük bir tarihçiydi. Gazi'nin gözlerinin önüne yeni bir tarih görüşü seren adamdı.*"[1808]

H. G. Wells ve onun *"Dünya Tarihi"* adlı eseri başta olmak üzere, okuduğu yüzlerce tarih kitabından etkilenen ve son derece özgün tarihsel çıkarımlar yapan Atatürk, 1930'da **Batı merkezli tarihe** alternatif yeni bir tarih tezi geliştirmiştir.

1808 Kinross, age. s. 538, 539.

Atatürk'ün Tarih Tezi

Atatürk, Türk tarihini araştırmak amacıyla 1930'da önce **Türk Tarih Tetkik Encümeni**'ni kurmuştur. Bu encümen daha sonra **Türk Tarihi Tetkik Cemiyeti** adını almıştır. 15 Nisan 1931'de de **Türk Tarih Kurumu**'na dönüştürülmüştür.

Türk Tarih Kurumu, Atatürk'ün geliştirdiği Türk Tarih Tezi'ni araştırmak, Türk tarihinin unutulmuş veya bilinmeyen eski dönemlerini gün ışığına çıkartmak ve Türk tarihini doğru temeller üzerinde yükseltmek amacıyla kurulmuştur.

Türk Tarih Kurumu'nun çalışmalarını Atatürk yakından izlemiş, hatta çoğu zaman çalışmalara bizzat katılmıştır. Kafasındaki tarih tezini birtakım Avrupalı Türkologlar yardımıyla daha da güçlendirerek ortaya koymuştur.

Atatürk, Türk Tarih Tezi'ni şöyle açıklamıştır:

"*Türk ırkının kültür yurdu Orta Asya'dır. İlk çağlardan beri yüksek bir ziraat hayatına sahip olan, madenleri kullanan bu topluluk sonraları Orta Asya'dan doğuya, güneye, batıya Hazar Denizi'nin kuzey ve güneyine yayıldı. Bu yayılma neticesinde Türk dili ve kültürü de yayıldı. Gittiği yerlerde yabancı dillere ve kültürlere tesir ettiği gibi, onlardan tesirler de aldı.*"[1809]

Bu teze göre, dünyadaki **uygarlıkların temeli** doğal nedenlerle **Orta Asya'daki anayurtlarından dünyaya yayılmak zorunda kalan Türkler** tarafından atılmıştır.

Lord Kinross, Atatürk'te, Türk tarihini yeniden bütün yönleriyle ele alma düşüncesinin nasıl şekillendiğini şöyle ifade etmiştir:

"*...Kafasındaki sorunlardan biri de bunu –Türk tarihini– tüm olarak ele alan bir dünya içinde, Türk tarihine uygun bir geçmişe bağlamak ve böylece Türkleri yalnız Batı'ya özgü bildikleri 'uygarlığa' doğru ilerleterek kendisini sürekli tedirgin eden Doğu-Batı uzlaşmazlığından kurtarmaktı. Wells, insanların aynı kaynaktan geldiği kuramı ile ona bu yolu açmıştı. Şimdi*

1809 Afet İnan, "*Atatürk'ün Tarih Tezi*" **Belleten** III, 10 (1939), s. 245, 246.

geriye kalan iş, Türk ırkının tarihini böyle genel bir açıklamaya uydurmaktı."[1810]

Lord Kinross bu sözleriyle Atatürk'ün tarih tezinin "*kurgusal*" olduğunu, Atatürk'ün amacının, bu "*kurmaca*" tarihle Türk toplumunu dünya uygarlığı içinde bir yere oturtmak olduğunu vurgulamak istemiştir. Fakat Kinross da bu noktada pek çok Batılı tarihçinin düştüğü yanılgıya düşmekten kurtulamamıştır. Evet, Atatürk gerçekten Kinross'un vurgulamak istediği gibi Türk tarihini dünya tarihi içinde bir yere oturtmak istemiştir; ancak Kinross'un zannettiği gibi Atatürk'ün bu arayışı tamamen "kurgusal", "gerçek dışı" bir arayış değildir. Atatürk gerçekten de **Türklerin** dünya tarihi içinde "müstesna" bir yere sahip olduğunu düşünmektedir. Tarih çalışmalarıyla bu "gerçeği" açığa çıkarmak istemiştir. En önemlisi buna yürekten inanmıştır.[1811]

Atatürk, Asya'dan dünyanın dört bir yanına yayılan Türk kitlelerinin dünya uygarlığının oluşumunda büyük etkiye sahip olduğunu, Anadolu'da kurulan ilk uygarlıkların Türk kökenli olduğunu, "*Anadolu en aşağı 7000 yıllık Türk beşiğidir*" diye vurgulayarak işe başlamıştır. Anadolu'nun ilk sahipleri olarak bilinen **Hititlerin** yanında, dünya medeniyetinin temellerinin atılmasında önemli bir yere sahip olan Mezopotamya'daki **Sümerlerin** de Türk kökenli olduklarını kanıtlamaya çalışmıştır.

Atatürk'ün Türk tarihi konusunda yaptırdığı çalışmalar sadece "bilimsel" ve "seçkinci" düzeyde kalmamış, toplumsal düzeye de indirilmiştir. Tarih çalışmalarının yoğunlaştığı yıllarda kurulan iki bankadan birine **Etibank**, diğerine ise **Sümerbank** adlarının verilmesi rastlantı değildir. Atatürk, bankalara bu isimleri bilinçli olarak vermiş ve adeta toplumu "**yeni tarihine**" alıştırmaya çalışmıştır.

1810 Kinross, age. s. 539.
1811 Atatürk'ün haklı olduğu bugün anlaşılmaktadır. Son yapılan araştırmalar Atatürk'ün 1930'larda ileri sürdüğü pek çok tarih tezini doğrulamaktadır. Örneğin, "**Türklerin 1071'den çok önceden Anadolu'da yaşadıkları**, (Bkz. **Hakkari Taşları**) Sümerlerin ve Etrüsklerin Türk olduğu" tezleri bugün artık kanıtlanmak üzeredir. Bkz. Sinan Meydan, **Atatürk ve Türklerin Saklı Tarihi**, Truva Yayınları, İstanbul, 2007.

Atatürk, Türk Tarih Tezi ile yeni kurulan devletin fertlerine "tarih" yoluyla **"ulusal bilinç"** aşılamaya çalışmıştır.

Atatürk, Türklerin *"göçebe"* olduklarını iddia eden **Batı merkezli tarih tezine** adeta başkaldırmıştır. Ona göre Türkler, dünya medeniyetinin temellerini atan, "yerleşik" bir kültüre sahip, *"En aşağı 7 bin yıllık bir ulustur."*

Afet İnan'ın, *"Türk'ün Tarifi"* adlı **doktora tezini** inceleyen Atatürk, tezin bir köşesine, kendi **el yazısıyla** şu çarpıcı notu düşmüştür:

"Bu memleket dünyanın beklemediği, asla ümit etmediği bir müstesna mevcudiyetin yüksek tecellisine yüksek sahne oldu. Bu sahne en az yedi bin senelik bir Türk beşiğidir. Beşik tabiatın rüzgârlarıyla sallandı; beşiğin içindeki çocuk tabiatın yağmurlarıyla yıkandı, o çocuk tabiatın şimşeklerinden, yıldırımlarından, kasırgalarından, evvela korkar gibi oldu, sonra onlara alıştı; onların oğlu oldu. Bugün o tabiat çocuğu tabiat oldu; şimşek, yıldırım, güneş oldu; Türk oldu. Türk budur: Yıldırımdır, kasırgadır, dünyayı aydınlatan güneştir."[1812]

Atatürk'ün bizzat ortaya attığı Türk Tarih Tezi'nin temel amacı; hem Türk halkına, kökleri çok eskilere dayanan ve tüm dünyayı etkileyen şanlı bir geçmişe sahip olduğunu göstererek **öz güven aşılamak**; hem de üzerinde yaşadıkları Anadolu coğrafyasının eski çağlardan beri Türk yurdu olduğunu göstererek, **ana yurda milli hislerle bağlılık duygusu yaratmaktır.**

"Gazi'nin isteği, Türkleri, İslamiyetin aşıladığı ümmet düşüncesinden kurtarıp onlarda asıl yurtlarına karşı bir bağlılık duygusu uyandırmaktı."[1813]

Atatürk'ün **bir ulus devlet** kurduğu düşünülürse, bu tür bir yaklaşımın zorunluluğu daha iyi anlaşılacaktır. Altı yüz yıllık bir imparatorluğun ardından "ulus devlet" olma iddiasıyla kurulan yeni devletin, Atatürk'ün düşündüğü biçimde bir tür "milli (ulusal) tarih" altyapısına olan ihtiyacı açıktır.

1812 Kutay, **Atatürk Olmasaydı**, s. 102, 103.
1813 Kinross, **age.** s. 539.

İmparatorluk Mantığı ve Ulus Bilinci

Atatürk'ün Türk milli tarihine yönelik çalışmalarının fikri altyapısını anlayabilmek için Osmanlı Devleti'nin siyasi ve toplumsal yapısını iyi etüt etmek gerekir.

İmparatorluk mantığı gereği Osmanlı'da modern anlamda bir millet kavramından, daha doğrusu modern anlamda ulus düşüncesinden söz etmek olası değildir. Gerçi, Osmanlı Devleti'nin kurucu kitlesi olması bakımından imparatorluğun asli unsuru Türklerdir. Fakat yine çok uluslu imparatorluk mantığının sonucu olarak Türk unsurunun fazlaca ön plana çıkması mümkün olamamıştır. Osmanlı Devleti'nde yüzyıllar boyunca üstünlük ifade eden "**milliyet**" değil, "**din**"dir. Bu bağlamda Osmanlı'da özellikle 19. yüzyıla kadar **Müslüman** olmanın verdiği bazı ayrıcalıklar vardır.

Osmanlı Devleti'nde modern anlamda Müslim-Gayrimüslim eşitliği **1839 Tanzimat Fermanı** ve özellikle **1856 Islahat Fermanı'yla** gündeme gelmiştir.

"*Müslim ve gayrimüslim teba arasında şahsi haklar ve vatandaşlık hukuku açısından eşitlikten söz eden bu ferman (1839 Tanzimat, Fermanı) bu haliyle, İslami temellerinden ötürü böyle bir eşitliğe dayanmayan devlet ana nizamına ve ilk dönemlerinden beri süregelen ve zaman içinde gelişerek nihai şeklini almış olan cemiyet yapısına yıkıcı bir darbe vurmaktaydı. Nitekim Tanzimat'ın bu eşitlik iddiasına gayrimüslim tebaaya siyasi hakların da tanınmasıyla yeni bir kuvvet vermek üzere ilan edilen Islahat Fermanı (18 Şubat 1856) uygulamaları esnasında karşılaşılan zorluklar hep bu noktada yoğunluk kazanmıştır. Müslim ve gayrimüslim tebaa arasında meydana gelen kanlı çatışmalar bu devrin iç olaylarının hâkim motifini oluşturdu ve yabancı devletlerin yalnızca kışkırtmalarına değil, müdahalelerine de yol açtı.*"[1814]

1814 Kemal Beydilli, "*Küçük Kaynarca'dan Yıkılışa*", **Osmanlı Devleti ve Medeniyeti Tarihi**, C. I, İstanbul, 1994, s. 95.

Osmanlı Devleti'nde Tanzimat dönemine kadar milletlerden değil *"Millet Sistemi"* olarak formüle edilen İslamiyet ve diğer inançların İslamiyet karşısındaki konumundan söz etmek daha doğrudur.

İşte bu yapıdaki bir "**ümmet**" imparatorluğundan "**milli devlete**" geçişi zorlaştıran birçok faktör vardır.

19. yüzyılın sonlarında imparatorluğu kurtarmaya yönelik olarak geliştirilen akımlardan biri de **Türkçülüktür**. Fakat Türkçülük akımı bir "ulus devlet" yaratmayı değil, bir tür "**Türk imparatorluğu**" yaratmayı hedeflemiştir ki bu idealinden dolayı "**Turancılık**" olarak adlandırılmıştır. Nitekim Osmanlı Türkçülüğünün temel yapıtlarından biri olarak kabul edilen, Yusuf Akçura'nın *"Üç Tarz-ı Siyaset"* adlı eserinde "Türkçülük" şu şekilde tanımlanmıştır:

"...Türk birliği, öncelikle Osmanlı İmparatorluğu'nda Türklerin, Türk olmadıkları halde az çok Türkleşmiş olanların ve ulusal vicdandan yoksun olanların bilinçlendirilmesi ve Türkleştirilmesiyle başlayacaktı. Sonra Asya kıtasıyla Doğu Avrupa'da yayılmış olan Türklerin birleştirilmesine geçilecek, azametli bir siyasal millet meydana getirilecektir."[1815]

Atatürk'ün Ulus Anlayışı

Osmanlı Devleti'nde bağlayıcı unsur dindir. Din, **halifelikle** şekillenen Osmanlı siyasal yapısına "**ümmetçi**" bir görünüm kazandırmıştır. Yeni Türk devletinde işte bu "**ümmet**" fikrinin yerini "**Türk milliyetçiliği**" bağı alacaktır. Türk tarih ve dil tezlerinden, ezanın ve hutbelerin Türkçeleştirilmesine kadar varan bir dizi çalışmayı, aynı zamanda bu bağlamda değerlendirmek gerekir.

Atatürk'ün "**milleti**" tanımlarken **Ziya Gökalp'in** aksine "**din**" unsuruna yer vermemesinin ana nedeni, "**ümmetçi**" çağrışımları engellemektir.

[1815] Yusuf Akçura, **Üç Tarz-ı Siyaset**, Ankara, 1991, s. 8.

Atatürk'e göre, "Türk ulusunun" ortaya çıkışında etkisi görülen doğal ve tarihsel olgular şunlardır:

a. Siyasal varlıkta birlik,
b. Dil birliği,
c. Yurt birliği,
d. Soy ve köken birliği,
e. Tarihsel yakınlık,
f. Ahlak yakınlığı.[1816]

Asırlarca farklı kültürleri bünyesinde barındıran, onlarla kaynaşan Türk kültürü, doğal olarak o kültürlerden etkilenmiştir. Cumhuriyet'le birlikte "milli bir devlet yaratılırken" bu yabancı kültürlerin Türk kültürü üzerindeki "izleri" ve "baskısı" silinmeye çalışılmıştır.

Türk kültüründen ayıklanmaya ve Türk kültürü üzerindeki etkisi ve baskısı silinmeye çalışılan kültürlerin başında **Arap kültürü** gelmektedir. İşte, *"Bazı noktalarda dine yapılan müdahaleler -Arapça ezan yasağı gibi- milliyetçi bir cereyanın tesiriyle olmuştur."*[1817]

Atatürk, Kurtuluş Savaşı yıllarında tek meşruluk kaynağı gibi gözüken "dinden" yararlanmıştır. Fakat onun asıl amacı geleceğin modern Türkiye'sinde "dini" meşruluk aracı olmaktan kurtarmaktır. Atatürk bu nedenle genç Cumhuriyet'in temeline **"dini"** değil **"Türk milliyetçiliğini"** yerleştirmiştir. Bunu da **tarih ve dil tezleriyle** güçlendirmeyi planlamıştır. Bu bakımdan Atatürk'ün Türk tarihi konusunda yaptırdığı çalışmalar, aynı zamanda "ümmet" düşüncesinden "millet" düşüncesine geçişi kolaylaştırmaya yöneliktir. Atatürk'ün bu **tarihi geçiş planını** çağdaş yazarlarımızdan biri şöyle açıklamaktadır:

"...Toplulukların değişiminin ne yönde olduğunu önceden görebilen Mustafa Kemal, Osmanlı Devleti'nin de mevcut değişim içinde nereye oturacağını iyi bilerek Ziya Gökalp'in geliştir-

---
1816 Afet İnan, **Medeni bilgiler ve Atatürk'ün El Yazıları**, Ankara, 1969, s. 371.
1817 Borak, **Atatürk ve Din**, s. 10.

diği *"ulus"* kavramını, milliyetçi harekete uyacak tek meşruluk kaynağı olarak kabul etmek gerektiğini kısa zamanda görebilmiştir.

Mustafa Kemal Paşa, başından beri bu konuya özen göstermiştir. Saltanatın oluşturduğu dini temele dayalı meşruluk kaynağından, ulusun oluşturduğu yeni bir meşruluk kaynağına geçiş döneminde kavramları kullanırken bile millet unsurunun üzerinde dikkatle durmuştur. Örneğin, ne zaman 'padişah' sözünü kullanması gerekirse 'padişah ve millet' diyerek kulakları ulus kavramına alıştırmaktadır."[1818]

Atatürk, Türk Tarih Tezi'yle "ulus" kavramını somutlaştırmaya ve bu yönde genel bir inanç ve söylem yaratmaya çalışmıştır.

Atatürk, artık **İslamın** bir siyasal malzeme olarak kullanılmaması gerektiğine inanmaktadır. Bir dönem Osmanlı Devleti'ni kurtarmaya çalışan fikir akımları arasında yer alan, devletin siyasal, sosyal bütünlüğünün ancak **"din birliği"** ile korunacağını iddia eden ve II. Abdülhamit'in şahsında bir devlet politikası haline gelen **Panislamizmin** yeni Türk devleti için, *"Dünya Müslümanlarının refah ve saadetini istemek dışında"* başka bir anlam taşımadığını, 1 Şubat 1921 tarihinde **TBMM'de** *"Bakanlar Kurulunun Görev ve Yetkisini Belirten Kanun Teklifi"* dolayısıyla yaptığı konuşmada şöyle ifade etmiştir:

"... Efendiler! Panislamizmi ben şöyle anlıyorum; bizim milletimiz ve onu temsil eden hükümetimiz tabi ki dünyada bulunan bütün dindaşlarımızın mesut ve müreffeh olmasını isteriz. Dindaşlarımızın çeşitli yerlerde meydana getirmiş oldukları toplumsal yapıların müstakil bir şekilde yaşamasını isteriz. Bununla yüksek bir zevk ve saadet duyarız. Bütün Müslüman insanların, dünyadaki Müslümanların refah ve saadeti kendi refah ve saadetimiz kadar kıymetlidir ve bununla çok alakadarız. Bütün onların dahi aynı suretle bizim saadetimizle alakadar olduğuna da şahidiz ve bu her gün görülmektedir. Fakat efen-

---

[1818] Oran, **Atatürk Milliyetçiliği**, s. 148

diler bu toplumsal yapının büyük bir imparatorluk, maddi bir imparatorluk halinde bir noktadan sevk ve idaresini düşünmek istiyorsak bu bir hayaldir, ilme, fenne, aykırı bir şeydir..." [1819]

Bu sözlerle Atatürk, İslam dünyasına manevi bağlılık duygusunun artık "ümmetçi" bir bağa dönüşmeyeceğini 1921 yılı gibi erken bir tarihte açıkça ifade etmiştir.

Belli ki daha Kurtuluş Savaşı'nın devam ettiği o günlerde Atatürk'ün kafasında **Türk unsuruna dayalı** bir "ulus devlet" kurma düşüncesi vardır.

Ulus devlet oluşturmaya çalışan Atatürk, "millet" duygusunu "tarihle" güçlendirmek istemiştir. Bu nedenle Türk tarihi konusundaki çalışmalara büyük önem vermiş ve zamanının önemli bir bölümünü bu tarih çalışmalarına ayırmıştır. Öncelikli amacı, dünya medeniyetine öncü olmuş, büyük ve çok köklü bir Türk tarihinin varlığını kanıtlayarak Türk milletine **özgüven** aşılamaktır. Atatürk'e göre, eski Türkler dünyanın dört bir yanına uzanarak gittikleri yerlere kendi kültür ve medeniyetlerini de götürmüşlerdir. Ona göre, dünyada Türk'e yurtluk etmemiş bir yer yoktur:

"... Türk ulusu Asya'nın batısında ve Avrupa'nın doğusunda olmak üzere kara ve deniz sınırlarıyla ayrılmış dünyaca tanınmış büyük bir yurtta yaşar. Onun adına 'Türk eli' derler. Türk yurdu çok daha büyüktü yakın ve uzak çağlar düşünülürse. Türk'e yurtluk etmemiş bir anakara (kıta) yoktur. Bütün yeryüzünde Asya, Avrupa, Afrika, Türk atalarına yurt olmuştur. Bu gerçekleri yeni tarih belgeleri göstermektedir. Fakat bugünkü Türk ulusu, varlığı için bugünkü yurdundan memnundur. Çünkü Türk derin ve ünlü geçmişinin büyük ve güçlü atalarının kutsal katkılarını bu yurtta da koruyabileceğine, o katkıları şimdiye değin olduğundan çok daha fazla zenginleştirebileceğine inanmaktadır..." [1820]

1819 **ASD**, C. I, s. 215.
1820 Afet İnan, **age.** s. 14 (sadeleştirilmiş metin).

Atatürk, tarih çalışmalarıyla, Kurtuluş Savaşı'yla siyasi olarak Türk yurdu olduğu son kez kanıtlanan Anadolu'nun, tarihsel ve kültürel açıdan da Türk yurdu olduğunu kanıtlamak ve buradan hareketle yeni Türk devletine "**ulusal bir tarih**" ve "**ulusal bir kimlik**" kazandırmak istemiştir.

TÜRK TOPLUMUNUN EŞİTLİK İDDİASI OLARAK TARİH

1932 yılında Ankara'da Atatürk'ün isteği ile Birinci Türk Tarih Kongresi toplanmıştır. Bu kongreye Türkiye'den ve dünyadan belli başlı tarihçiler katılmıştır. Kongrenin amacı, Türklerin uygarlığın beşiği olan Orta Asya'dan gelen *"Ariyen"* bir ırk olduğu tezini araştırmaktır.

Orta Asya'da iklim koşullarının zorlaşmasına bağlı olarak Türkler, harekete geçerek Asya, Avrupa, Afrika ve hatta Amerika'ya göç etmişler ve uygarlıklarını da gittikleri yerlere taşımışlardır. Bu bakımdan Anadolu coğrafyası da çok eskiden beri Türk göçleriyle beslenmiş özbeöz bir Türk toprağıdır. *"Gazi, Türklere bu düşünceyi aşılamakla onlara **ırkla toprak arasında bir birlik duygusu vermeyi** ve böylece Batılı anlamda bir yurtseverlik duygusu yaratmayı umuyordu."*[1821]

Atatürk'ün isteğiyle gerçekleştirilen bu tarih çalışmaları, toplumda "milliyetçi" (ulusalcı) bir havanın esmesine neden olmuştur. Amaç da zaten budur. Fakat Atatürk'ün Türk tarihi konusundaki çalışmalarını "ırkçılık" olarak değerlendirmek doğru değildir. Atatürk'ün gerek Türk Tarih Tezi, gerekse Türk ulusunu yücelten sözleri, *"...Türklüğü kendisine unutturulmuş bir topluluğa, ulusal bilinç aşılamaya ve onun parçalanmış ulusal onurunu onarmaya yöneliktir."*[1822]

Atatürk'ün amacı, Türk ırkının "evrimini tamamlamamış geri bir ırk" olduğu iddialarını çürüterek, Türk ırkının da dünyadaki diğer ırklarla "**eşit**" olduğunu kanıtlamaktır.

1821 Kinross, **age.** s. 359.
1822 Oran, **age.** s. 204.

Atatürk'ün İsteği ile Başlatılan Antropoloji Çalışmaları

Türk tarihiyle ilgili çalışmalar tüm hızıyla devam ederken Atatürk, "**Türk ırkının**" özelliklerini ortaya çıkarmayı amaçlayan **antropolojik araştırmalar** yapılmasını istemiştir.

Atatürk'ün isteği ile **Afet İnan**, "*Türkiye Halklarının Antropolojik Karakterleri ve Türkiye Tarihi, Türk Irkının Vatanı Anadolu* **-64.000 kişi üzerinde anket-**" adlı bir doktora tezi hazırlamıştır.

Ayrıca yine bu antropolojik incelemeler kapsamında 1 Ağustos 1935'te de **Mimar Sinan'ın mezarı** açılıp iskeleti üzerinde "**biyolojik ve morfolojik**" incelemeler yapılmıştır.[1823]

Bu arada bir "*Antropoloji Mecmuası*" çıkarılmış ve Türk Tarih Kongrelerinde **antropolojik** çalışmalara yer verilmiştir.

Birinci Türk Tarih Kongresi'nde Şevket Aziz Bey (Kansu), "*Türklerin Antropolojisi*" adlı konferansında elinde tuttuğu kafataslarını dinleyicilere göstererek şunları söylemiştir:

"*...Önünüze koyduğum bu dört kuru kafadan bir tanesi, Türk Antropoloji Enstitüsü'nde geçen seneden beri Maarif ve Dâhiliye Vekâletleri tarafından Anadolu mezarlıklarında bulunmuştur. Birisi Aksaray, ötekisi Nevşehir tarafına aittir... Bu tip Avrupa-i denilen Alp adamı tipinin aynıdır. Hiçbir fark yoktur. Yalnız bize, Türk memleketlerinde çalışan Türk araştırmacılarına ve Türk incelemecisine, şimdi bir sual sormak icap ediyor. Avrupa-i tip dediğimiz bu tip nereden gelmişti? Bunu Avrupa'ya mı bağlayacağız, yoksa Avrupa'yı ona mı? Tereddütsüz cevabını derhal verelim ki brakisefal Avrupa bize bağlıdır, (alkışlar).*"[1824]

Şevket Aziz'in kongredeki şu sözleri çok daha ilginç ve anlamlıdır:

1823 Utkan Kocatürk, **Atatürk ve Türk Devrim Kronolojisi, 1918 - 1938**, Ankara, 1973, s. 373.
1824 İsmail Beşikçi, **Türk Tarih Tezi Güneş Dili Teorisi ve Kürt Sorunu**, Ankara, ty. s. 95, 96.

"... Efendiler! Müsaade ederseniz şimdi size bir Türk ailesini göstereceğim. Mini mini yavruları ile bir genç kadın ve bir genç erkeği tesadüfen buldum ve getirdim. Size göstereceğim. Ankara'nın biraz şimalinde Bağlum Köyü'nden Abdullah'ı, kadınını ve küçük yavrularını takdim ediyorum. İşte ince ve uzun burunlu, brekesifal ve antropoloji kitaplarında bu karakterlerle tavsif edilen dağlı adam, Türk adamı (alkışlar). Abdullah; koyu olmayan gözlere, buğdaydan daha açık renkli kumral bıyıklara ve beyaz bir tene sahiptir. Fakat işte yavrular, saçları altın renkli olan bu yavru, Türk ırkına mensuptur (alkışlar). İşte Alp adamı, Orta Asya'dan gelmiş olan adam (alkışlar), bizim ecdadımıza bağlı olan adam." [1825]

Tarih kongrelerinde yaşanan bu sahneler ve söylenen bu sözler, ilk bakışta "ırkçı" bir yaklaşımın izleri olarak yorumlanabilir; fakat 1930'lu yıllarda Batı dünyasının Türk ulusuna bakışı dikkate alındığında, Türk ırkının genel özelliklerini ortaya koymaya çalışan bu sözlerin "**üstün ırk**" iddiası değil, "**eşit ırk**" iddiası taşıdığı görülecektir. Kısaca Atatürk'ün antropoloji çalışmaları; **kafatası ölçümleri ve kan gurubu analizleri**, Batı'ya yine Batı'nın fiziksel antropoloji silahıyla karşılık vermek amacıyla yapılmıştır. [1826]

Avrupa'nın Türk Tarih Tezi: Evrimini Tamamlamamış Geri Bir Irk

Avrupa, özellikle Sanayi Devrimi sonrasında vahşi bir sömürgecilik hareketine yönelmiştir. 19. yüzyılda İngiltere, Fransa ve ABD gibi ülkeler siyasi ve ekonomik çıkarları uğruna, zengin hammadde kaynaklarına sahip doğu ülkelerine saldırı planları yapmaya başlamışlardır. Bu emperyalist saldırılardan en fazla etkilenen ülkelerin başında Osmanlı Devleti gelmektedir.

Osmanlı'nın "bakir toprakları", emperyalistlerin iştahını kabartmıştır. Tarihsel düşmanlıklarının da etkisiyle çok geçme-

---

1825 **age.** s. 96, 97.
1826 Oran, **age.** s. 206.

den sömürgeci Avrupa devletleri, kendi kamuoylarını Türkler aleyhine kışkırtarak emperyalist saldırılarını haklı göstermenin yollarını aramaya başlamışlardır.

Türkleri, *"Evrimini tamamlamamış geri bir ırk"* olarak nitelendiren sözde "bilim insanları" ve ihtiraslı Avrupalı politikacılara göre Türklere yönelik saldırılarla bu *"vahşi ve geri ırkın"* Avrupa için tehlike olma durumu ortadan kaldırılmış olacaktır. Birinci Dünya Savaşı'ndan sonra bile İngiltere, Fransa ve ABD'de yayınlanan gazeteler kendi kamuoylarını bu saldırıların haklılığına inandırmak için büyük çaba harcamışlardır. Bu gazetelere göre, Türkler "ilkel", "barbar" bir topluluktur ve "yok edilmeleri" Avrupa'nın ve dünyanın geleceği için adeta bir zorunluluktur!

3 Kasım 1918 tarihli **The New York Times** gazetesinde Türkler hakkında şu görüşlere yer verilmiştir:

"...Günümüzden beş yüz yıl kadar önce Selçuk Tatarları olarak adlandırılan barbar bir kavim Anadolu topraklarına saldırmış ve iç çekişmelerle zayıf düşmüş Bizans İmparatorluğu'nun kuyusunu kazmaya başlamıştı. Uzun mücadeleler sonunda imparatorluğun başkenti İstanbul şehri de barbar Türklerin eline geçmişti.

Türkler, katliam ve yağmaya dayanan hâkimiyetlerinin sonsuza kadar sürmeyeceğini bildiklerinden ve kendilerini savunma yönünden en emin bölge olarak güneyi gördüklerinden, 'Şam elden giderse biz de biteriz' anlamına gelen bir sözü söylemişlerdir. Bu gelişmelerden sonra, dünyanın en verimli bölgelerinden birini 500 yıldır işgal ederek bu bölgelere katliam ve yağmadan başka hiçbir şey yapmayan bu vahşi insanlara kimsenin yardım elini uzatacağını sanmıyoruz. Böyle bir yardıma kalkışan kimse yanlış ata oynamış olacaktır. Zira Türklerin dünya siyaset tarihindeki sayfaları kapanmak üzeredir." [1827]

Yine aynı gazetede, **10 Kasım 1918'de,** Türklerin *"Kendi kendilerini bile yönetmekten aciz oldukları"* şöyle ifade edilmiştir:

[1827] 3 Kasım 1918, M.M. Housepian, The New York Times'ten *"Bağımsızlık Savaşı ve Batı, Belgeler"*, **İleri Dergisi**, S. 2, Ocak-Şubat 2001, s. 29.

"...Yüzyıllardan beri kendi kendilerini yönetmekten dahi aciz olduklarını bütün dünyaya göstermiş olan Türklerin, kendilerinden her bakımdan üstün azınlık halklarını yönetmeleri beklenmez. Türkler bugüne dek yalnızca askeri alanda başarı sağlayabilmişlerdi. Çağımızın gelişmeleri onları bu alanda da saf dışı bırakmıştır..."[1828]

Avrupa'nın Türk'e bakışı öteden beri önyargılarla, yalanlarla ve iftiralarla doludur. Daha 17. yüzyılda Batı'nın en aydın kesimleri arasında bile büyük bir **Türk düşmanlığı** görülmektedir. Örneğin, Avrupa'nın kilise baskısından kurtulmasını sağlayan Reform hareketini başlatan **Martin Luther** Türklerle ilgili şunları söylemiştir:

"... Muhammed'in kitabı Kur'an'a inanan Türklere insan bile denmez. Türkler köpekler ve domuzlar gibi yaşamayı yeğlerler. Türk yürüyebilen her şeyi önüne katıp kovalar. Hareket edemeyenleri genç yaşlı demeden hançerler. Türk'ün parası ve insanı boldur. 300-400 bin savaşçıyı bir günde toplar. Türk'ün kendisine hiç zararı dokunmamış çocukları, genç ve yaşlıları boğazladığı, şişlediği, parçaladığı görülmektedir. Türk, bedene bürünmüş öfkeli şeytanın ta kendisidir. Türk, insanları nedensiz yere öldürüyor. Almanlara; Türklere karşı direnmekten başka çarelerinin olmadığını anlatmalı. Yoksa Türkler yakıp yıkacak, cana kıyacak Almanları zorla alıp götürecektir. Türkiye'de tutsaklar ana, baba, çocuk, oğul kadın olduklarına bakılmaksızın, bir domuz gibi satılmaktadır."[1829]

Luther dışında, **Dietrich** ve **Osiander** gibi Alman entelektüelleri de Türkler konusunda şaşırtıcı derece de önyargılı ve aşağılayıcı değerlendirmeler yapmışlardır. Adı geçen her üç Alman yazarın en belirgin ortak özelliklerinden biri, Türkler hakkındaki olumsuz düşünceleridir. Onlara göre *"Türkler, Tanrı tarafından*

1828 10 Kasım 1918, The New York Times "Türkiye'nin Geleceği", **İleri Dergisi**, S. 2, Ocak- Şubat 2001, s. 29.
1829 Onur Bilge Kula *"Alman Kültüründe Türk İmgesi"*nden İlhan Selçuk, **Duvarın Üstündeki Tilki**, İstanbul 1994, s. 254.

lanetlenmiş bir halktır" ve dahası *"Tanrı Türkleri günah işleyen Hıristiyanların üzerine saldırmakla görevlendirmiştir!"* *"Hıristiyanlara şöyle sesleniyorlardı: 'Günah işlediniz! Tanrı günahlarınıza karşı Türkleri başınıza bela etti. Tövbe edin; günahlarınızdan arının ve böylece Türk boyunduruğundan kurtulun!"* [1830]

Osiender, Türkler hakkında ağzına gelen tüm çirkin sıfatları kullanmaktan çekinmemiştir. Ona göre Türkler, *"Sapkın, baştan çıkarıcı, şeytani yalanlara inanmakta, bedensel şehvet ve hayvani cinsellik içinde boğulup gitmektedir. Türk ordularının kalabalıklığına ve güçlerinin çokluğuna karşın Türkler korkak ve güçsüzdürler. Güçsüzün güçlüyü yenmesi insanlık tarihinde bilinen bir şeydir. Hıristiyanların bitimsiz ve inatçı günahları sürdüğü sürece Tanrı'nın öfkesi dinmeyecektir. Türklerin utkuları mahşer gününün yakınlaştığının belirtileridir ve Hıristiyanların ne yeryüzündeki orduları, ne de gökyüzündeki duaları bu utkuları durduracak güçtedir."* [1831]

Osiander, çağdaşı **Luther gibi** Türkleri etkisiz hale getirmek için *"onlarla savaşmalıdır"* tezinden çok, Hıristiyan halka *"günahlardan ve din dışı davranışlardan arınmayı"* öğütlemiştir.

"Osiander'e göre cellat, hastalık, kaza gibi kötülüklerden daha kötü olanı Türklerin eline düşmektir. Türklerin eline düşenler uzak ülkelere götürülüp hayvanlar gibi pazarlarda satılacaklardır; hiçbir değerleri olmayacaktır. Öldürülecekler, ölü bedenleri köpeklere verilecektir. Almanlar, dinlerinin gereklerini yerine getirmemeyi inatla sürdürürlerse Tanrısız Türkler gelecek, yaşlıları öldürüp gençleri tutsak edecek, Alman kadınları kirletecek; çocukları kazıklara oturtacaklardır. Daha kötüsü, Almanları alıp götürecekler, inançlarından koparacak, bedenlerini ve ruhlarını bozacaklardır..." [1832]

Martin Luther ve Osiander gibi Alman aydınlanmasında önemli katkıları olan kişilerin Türkler hakkında dile getirmekten

---

1830 Onur Bilge Kula, **Alman Kültüründe Türk İmgesi**, C. III, Ankara, 1997, s.19, 20.
1831 age. s. 21.
1832 age. s. 25.

çekinmedikleri bu "yalan" ve "iftiralar", Batı'nın öteden beri Türk'e ve Türk tarihine bakışını ortaya koyan çarpıcı örneklerden sadece birkaçıdır.

Atatürk'ün Tarih Tezi: Türkler En Az Avrupalılar Kadar Medenidir

Batı'nın Türkler hakkındaki bu "önyargılı" ve "ırkçı" ve sözde bilimsel tezlerine karşı Atatürk amansız bir savaş başlatmıştır. Yaptığı devrimlerle Türk ulusunun "**en az Batılılar kadar uygar bir ulus**" olduğunu dünyaya kanıtlamak isterken, başlattığı **tarih ve antropoloji çalışmalarıyla** da "**Türk ırkının en az Batılı ırklar kadar gelişmiş bir ırk olduğunu**" tüm dünyaya göstermek istemiştir.

Bütün bu tarih ve antropoloji çalışmaları, yitik bir ulusun benliğini bulması için harcanan çabanın ve gösterilen kararlılığın ifadesidir. Atatürk bu çalışmalarla, başta Avrupa olmak üzere tüm dünyaya "**Türklerin medeni bir ulus olduğunu**" kanıtlamak ve toplumun hafızasında "Türk ulusal kimliğini" belirginleştirmek istemiştir.

Bu çalışmalar, hem Batı'nın "hor gördüğü" hem de imparatorluk mantığı içinde "ulusal bilinci" ve "kendine güveni" yok olma noktasına gelen bir topluma, zamanlamayı da iyi ayarlayarak (Kurtuluş Savaşı'nın kazanılmış olmasının verdiği güçle ve cesaretle) "ulusal bilinç" kazandırma amaçlıdır.

Atatürk'e göre Türkler Avrupa'nın iddia ettiği gibi "sarı ırktan" gelen "ikinci sınıf" bir topluluk değildir. Tüm Batılı tezlerin aksine, dünya uygarlığının ateşleyici gücü Türklerdir. Türkler de "en az Avrupalılar kadar ileri" bir topluluktur. Hatta dünya medeniyetinin temellerini atan **Sümer** ve **Hitit** uygarlıkları Türktür.

Atatürk'ün "eşit ırk" iddiasının temelinde, bizzat imparatorluğun bir ferdi olarak yaşamış olduğu olayların da etkisi vardır. Türklerin zaman zaman imparatorluk içindeki diğer unsurlarla eşit muamele görmemeleri, aşağılanmaları onun hafızasında derin izler bırakmış; Türklük duygularını kamçılamıştır. Özellikle imparatorluk içindeki **Arap nüfuzuna** büyük tepki duymuş; her fırsatta **Türklüğünü vurgulama ihtiyacı** hissetmiştir.

Atatürk'ün Amacı Anadolu'ya Sahip Çıkmaktır

Türk Tarih Tezi'nin ve dolayısıyla Atatürk'ün tarih çalışmalarının "bilimsellik" yanında toplumsal, siyasal ve ideolojik amaçları da vardır.

Emperyalist güçlere karşı verilen bir ölüm kalım savaşı kazanılmıştır. Misakımilli sınırları kurtarılmış, Anadolu'nun ebedi Türk yurdu olarak kalacağı bir kez daha ispatlanmıştır. Fakat Türkiye 1930'lu yıllarda henüz bütün sorunlarını halletmiş değildir. Emperyalistlerin Anadolu üzerindeki hak talepleri, ağır mağlubiyetlerine rağmen bitmemiştir.

"Anadolu'nun Türk yurdu olmadığı, Türklerin Anadolu'ya sonradan gelip yerleştikleri; daha doğrusu Anadolu'yu istila ettikleri, katliam ve yağmalar yaptıkları; Anadolu'nun doğal ve tarihi nedenlerle asıl sahipleri olan Hitit, İyon, Yunan, Roma uygarlıklarının bugünkü Avrupa toplumlarının ataları olduğu..." tezlerini savunmaya devam etmişlerdir.

Batı merkezli tarih tezine göre, Anadolu'nun asıl sahipleri Rumlar, Ermeniler ya da eski Anadolu uygarlıklarıyla bağlantılı olarak Avrupalılardır!

İşte Atatürk, böyle bir ortamda Anadolu'nun eski uygarlıklarının **Türk kökenli olduklarını**, ırk tahlillerine kadar varan tarih, arkeoloji ve antropoloji çalışmalarıyla kanıtlamaya çalışmıştır. Büyük Kurtarıcı, Batı'yı kendi silahıyla vurmayı denemiştir: Türkler hakkındaki önyargılara ve suçlamalara tarih, dil ve antropoloji çalışmalarıyla yanıt vermeye çalışmıştır.

Yani o, Batı'nın çarpık tarihi iddialarının karşısına uyanık bir şekilde "Milli tarih bilinciyle" çıkmıştır.

Türk Tarih Tezi'nin, en temel iddiası, Anadolu'nun bugün olduğu gibi geçmişte de Türk yurdu olduğudur.

Atatürk, Lozan Antlaşması'nın imzalandığı günlerde **Adana'da** Türk halkına şöyle seslenmiştir:

"... Haksızlık ve küstahlığın bundan fazlası olamaz. Ermenilerin bu feyizli ülkede hiçbir hakkı yoktur, memleketiniz

sizlerindir, Türklerindir. Bu memleket tarihte Türk'tü. Halde Türk'tür ve sonsuza kadar Türk olarak yaşayacaktır. Gerçi bu güzel memleket kadim asırlardan beri çok kere istilalara uğramıştı. Aslında ve en başında Türk ve Turanî olan bu ülkeleri İraniler zaptetmişlerdir. Sonra bu İranileri yenen İskender'in eline düşmüştü. Onun ölümü ile mülkü taksim edildiği vakit Adana kıtası da Silifkelilerde kalmıştı. Bir aralık buraya Mısırlılar yerleşmiş, sonra Romalılar istila etmiş, sonra Şarki Roma, yani Bizanslıların eline geçmiş daha sonra Araplar gelip Bizanslıları kovmuşlar. En nihayet Asya'nın göbeğinden tamamen Türk soyundan ırkdaşları buraya gelerek memleketi eski ve asıl hayatına yeniden kavuşturdular. Memleket nihayet asıl sahiplerinin elinde kaldı. Ermenilerin vesairenin burada hiçbir hakkı yoktur, bu bereketli yerler koyu ve öz Türk memleketidir..."[1833]

Atatürk'ün tarih çalışmalarının yoğunlaştığı günler, aynı zamanda **Hatay sorununun** yaşandığı günlerdir. Atatürk, Hatay sorunu gibi Türkiye'nin toprak bütünlüğünü ilgilendiren konularda tarihi delillerden yararlanarak sonuç aramıştır. Bu şekilde Türkiye'yi yakından ilgilendiren "siyasi" konulara "tarihsel" altyapı hazırlamaya çalışmış ve şöyle demiştir:

"... Türk milleti, sen Anadolu denilen yurda sonradan gelme değil, ilk yerleşip medeniyet kuranların çocuklarısın. Fakat geleceğine güvenebilmek için bugün çalışman lazımdır."[1834]

Bir kere daha üzerine basa basa söylüyoruz ki Atatürk'ün tarih ve antropoloji çalışmaları "üstün ırk" iddiası değil, "eşit ırk" iddiası taşımaktadır. Türk tarih ve antropoloji çalışmalarının üstün ırk iddiası **taşımadığının** en açık delillerinden biri, Birinci Türk Tarih Kongresi'nde Yusuf Akçura'nın şu sözleridir:

"...Bir haftadan beri huzurunuzda söz söyleyen arkadaşlarımız ispat ettiler ki, Avrupalıların hükmetmek amacını gözeterek ortaya attıkları ırk kavramının bilimsel bir kıymeti yoktur.

1833 ASD, C. II, 1997 s. 130 (sadeleştirilmiş).
1834 Kocatürk, age. s. 168.

Biz, bütün dünyada yaşayan insanları Avrupalılar gibi, onlar derecesinde hukuka sahip adam evlatları sayıyoruz."[1835]

Bu kapanış konuşmasında da açıkça görüldüğü gibi Atatürk'ün antropolojik ırk tahlilleri, aslında Avrupalıların sözde bilimsel tarih tezlerinin aslında bilimsellikten uzak olduğunu kanıtlamak içindir.

Atatürk bu çalışmaların, birbirine gereksiz yere düşmanlık eden milletleri yakınlaştırabileceğini, barışa ve milletlerarası anlayışa hizmet edeceğini belirtmiştir.[1836]

Prof. Sina Akşin, Atatürk'ün tarih çalışmalarının Batı merkezli tarihe bir başkaldırı, bir yurt koruma refleksi; Anadolu'nun manevi tapusunu çıkarma hareketi olduğunu ifade etmektedir:

"... *Tarih, emperyalizmin elindeki en önemli ideolojik araçlardan biridir ve Sevr şokunu yaşamış bir Türkiye'nin bu konuya eğilmesi son derece normaldir. Nitekim Enver Ziya Karal bu dönem tarihçiliği için 'savunma tarihçiliği' demektedir. Ermeni sayısına bakmadan tarihsel haklara dayanarak Ermeni Devleti yaratmaya, Rum sayısına bakmadan aynı biçimde Doğu Trakya'yı, İzmir, Manisa, Ayvalık bölgesini Yunanistan'a bağlamaya çalışmıştı emperyalizm. Bunun bir çaresi Ermenilerden ve Rumlardan önceki Anadolu tarihini ele alarak olabilirdi. Nitekim öyle yapıldı. Hititlerin Türk oldukları ileri sürülerek özellikle Hitit tarihine sahip çıkıldı. Bu bir nevi Anadolu'nun manevi tapusunu çıkarma hareketiydi.*"

Prof. Akşin, Türkiye'de Atatürk döneminde yaptırılan **antropoloji çalışmalarının** ise Batı'nın ırkçı yaklaşımına "**Atatürkçe bir yanıt**" olduğunu şöyle ifade etmektedir:

1835   I. Türk Tarih Kongresi, Konferanslar Münakaşalar, TC Maarif Vekâleti, s. 607. Atatürk'ün Louis Halphen'in 1926 yılında yayınlanan "**Les Barbares des grandes İnvasion aux conquetes Turques du, xie sieccle**" (Barbarlar, Büyük İstiladan Türklerin XI. Yüzyıldaki Fetihlerine Kadar) adlı eserini okurken, sayfa kenarına kurşun kalemle yazmış olduğu şu cümle, onun Avrupalıların Türklere bakışını nasıl değerlendirdiğini yansıtması bakımından önemlidir: "*Bütün Avrupa Türkler karşısında!*" Turan, **age.** s. 49.

1836   Bekir Sıtkı Baykal; "*Atatürk Devrimlerinde Tarihin Rolü*", **Atatürk Önderliğinde Kültür Devrimi**, RCD Semineri, Ankara, 1972, s. 98.

"...Avrupa'da kimi ülkelerde moda olan ırkçılığı insanların kafatası özellikleri gibi fiziksel özelliklere dayandırmak isteyen kuramlara karşın Türkiye'de fiziksel antropoloji çalışmaları başlatıldı. Türklerin uygar bir halk olmadıkları savına karşın Türklerin kökeni olan Orta Asya'nın tarihi ele alınarak o bölgenin bir uygarlık kaynağı olduğu hemen bütün insan topluluklarının oradan çıktıkları kuramı geliştirildi..."[1837]

ATATÜRK VE TÜRKLERİN KAYIP KÖKLERİ

Atatürk, tarih çalışmalarının kapsamını gün geçtikçe genişletmiştir. Ömrünün son yıllarına doğru sadece Anadolu, Mezopotamya ve Orta Asya'da değil, Amerika'da bile Türk izi aramaya başlamıştır.

O günlerde Atatürk'ün yanıt aradığı çok önemli bir soru vardır. Türklerin kökeni Orta Asya'ya dayanmaktadır; peki ama **Orta Asya halklarının kökeni nereye dayanmaktadır?**

İşte Atatürk, bu sorunun yanıtını Türkiye'den çok uzakta, **Amerika'da** aramıştır.

Atatürk'ün Mayalarla İlgili Araştırmaları

Her şey, 1934 yılında emekli General **Tahsin Bey'in** Atatürk'ü ziyaret etmesiyle başlamıştır.

Tahsin Bey, bu ziyaretinde Atatürk'e **Maya dili** ile **Türkçe** arasındaki benzerliklerden söz etmiştir. Öteden beri Türklerin kökenleri üzerine kafa yoran Atatürk, Tahsin Bey'in bu konudaki düşüncelerinden oldukça etkilenmiştir. Daha sonra Atatürk, Tahsin Bey'i Meksika'ya Büyükelçi olarak atamıştır. Tahsin Bey'in asıl görevi ise Türkçe ile Maya dili arasındaki benzerlikleri ortaya koymaktır.

Tahsin Bey, Meksika'ya gider gitmez çalışmalara başlamıştır. Bu sırada kendisine Amerikalı **Arkeolog William Niven'in** bulduğu tabletler gösterilmiştir. Maya dilinin kökeni bu tabletlerde gizlidir. Türkçe ile Maya dili arasındaki benzerlikleri tespit

---

[1837] Akşin, **Ana Çizgileriyle Türkiye'nin Yakın Tarihi,** C. II, s. 74, 75.

etmek için bu tabletler üzerinde çalışmalar başlatılmıştır. Tabletlerin dili çözüldüğünde ortaya çıkan gerçekler Tahsin Bey'i şaşkına çevirmiştir.

Söz konusu Meksika Tabletleri, MÖ 200.000 ile 70.000 arasında Pasifik Okyanusu'nda yer almış bir kıtayı haber vermektedir. Bu kıtanın adı "Mu" kıtasıdır. Anlaşıldığı kadarıyla **Mu kıtası**, Avustralya'dan birkaç kat büyüklükte, yüksek bir medeniyete ulaştıktan sonra bir deprem ya da tufan sonucu sulara gömülen kayıp bir cennettir.

Atatürk ve Kayıp Kıta Mu

Tahsin Bey, konuyla ilgilendikçe karşısına yeni bilgiler çıkmıştır. Bu sırada kendisine **İngiliz Albayı James Churchward'ın** Hindistan'da bulduğu Naakal Tabletlerinden söz edilmiştir. Bu tabletler de kayıp kıta Mu ile ilgilidir.

Churchward, 50 yıllık bir çalışma ile bu tabletleri çözmüş ve bu konuda 5 kitap yayımlamıştır.

Tahsin Bey elde ettiği bilgileri Atatürk'e raporlar halinde sunmuştur. Tahsin Bey'in sunduğu bilgiler Atatürk'ü daha da heyecanlandırmıştır. Bunun üzerine Churchward'ın "Kayıp Kıta Mu" konulu 4 kitabı Atatürk'ün emriyle Amerika'dan getirtilmiş ve kurulan 60 kişilik bir tercüme heyeti tarafından Türkçeye tercüme edilmiştir. Fakat kitaplar basılmamış, daktilo edilmiş metinler halinde Atatürk'e sunulmuştur.

Kitapların tam metinlerinin yanı sıra, bu konuda başta Tahsin Bey'in ve diğer araştırmacıların hazırladıkları raporlar da Atatürk'e ulaştırılmıştır.

Atatürk özellikle James Churchward'ın kitaplarının tercüme metinlerini büyük bir dikkatle incelemiştir.

Atatürk, bu metinleri okurken Mu'nun insanlığın ilk anayurdu olduğu, nüfusunun 64 milyona kadar çıktığı, ilk insanın orada yaratıldığı, Mu'nun batış nedenleri, göçleri ve kolonileri, Orta Asya, Uygurlar ve Türklerle ilgili satırların altını çizmiştir.

Atatürk **Uygur Türkleriyle** Mu kıtası arasındaki ilişkiden söz eden bölümlere büyük önem vermiştir.

Tercümelerde Atatürk, Maya dilinin yeryüzünün ana dilinden (Mu dilinden) gelmiş olduğunu ve tüm dillerin orada doğduklarını belirten bölümlerin altını çizmiştir.

Tercümelerde Anadolu'daki ilk insanlar olarak gösterilen **Karyanların** asıl yurtlarının Büyük Okyanus'taki **Easte Adası** olduğunu anlatan bölüm de Atatürk tarafından işaretlenmiştir.

Atatürk, ayrıca Mu'nun yönetim biçimi, güneş enerjisinin aydınlatmada kullanılması gibi konularla ilgili satırların altını çizerek işaretlemiş ve sayfa kenarlarına kendi el yazısıyla bazı notlar almıştır.

Atatürk, Mu'nun batışını anlatan bölümde, Mu halkının *"Ya Mu, bizi kurtar!"* diye bağırmalarını işaretlemiş ve *"Demek ki Mu, bir ilahtır"* notunu düşmüştür.

Atatürk, birçok "Mu kökenli" özel isim ve sıfatları **öz Türkçe** ile karşılaştırmış ve notlar almıştır. Örneğin, Tatarların tanrısı anlamına gelen *"Bal"* sözcüğünün yanına *"bağlamak = toprağı kazmak, çukur açmak"* notunu almış, *"Ruhların memleketi Kui"* cümlesinin yanına *"küğü ailedir"* diye yazmıştır.

Atatürk, Avrupa'da tarih öğrenimi gören Afet İnan'a 1936 yılında yazdığı bir mektupta **"Mu alfabesi"** ile "Uygur-Türk alfabesinin" ortak özelliklere sahip olduğuna inandığını şöyle ifade etmiştir:

"Mu ve May yani Uygur Türk alfabesinin bütün medeni dünyada ilk alfabe olduğunu görmekle... bahtiyar olduk." [1838]

Atatürk'ün Mu Kuramı'yla ilgili tercümeleri okurken birçok yeri işaretleyip notlar düştüğü görülmektedir. Örneğin bir yerde Mu'nun demokrasi ile yönetildiğini anlatan satırların altını çizmiştir.

James Churchward'ın Mu konulu eserlerinde Atatürk'ün en çok ilgilendiği konular şunlardır:
1. **Türklerin kökeni ve Mu dilinin Türkçe ile bağlantısı.**
2. **İnançlar ve insanın yaradılışı.**
3. **Mu sembollerinin Latin harfleriyle karşılaştırılması.**

[1838] A.Afet İnan, **Atatürk'ten Mektuplar**, s. 35.

4. Mu'nun yönetim şekli.
5. Mu'nun yüksek medeniyeti.
6. Mu'nun batışı.[1839]

Tahsin Bey, Meksika'da yaptığı araştırmalar sırasında **Maya, Aztek** ve **İnka** uygarlıklarının Türkler'in kullandığı eşyalara benzer eşyalar kullandıklarını öğrenmiştir. Örneğin, davullar ve kalkanlar Türklerinkine çok benzemekte ve üzerinde **ay yıldız** sembolleri bulunmaktadır.

Tahsin Bey, tüm çalışmalarını belge ve fotoğraflarla birleştirerek **üç cilt defter** halinde Atatürk'e yollamıştır. Bunların ilk ikisi 1970'lere kadar TDK Kütüphanesinde 56-57 numaralar ile durmuştur. Üçüncü defter kayıptır.

Gerek Churchward'ın "Mu konulu" kitapları, gerekse Tahsin Bey'in çalışmaları, Atatürk'ün düşünce dünyasına ışık tutacak niteliktedir.[1840]

Atatürk, James Churchward'ın özellikle iki kitabıyla ilgilenmiştir. Bu kitaplar *"Kayıp Mu Kıtası"* ve *"Mu'nun Çocukları"*dır. Bu kitaplar Anıtkabir Kitaplığı'nda 1301 ve 1302 numara ile kayıtlıdır. Kitapların daktilo ile yazılmış çeviri metinleri de yine Anıtkabir Kitaplığı'nda dört dosya halinde bulunmaktadır. Atatürk'ün bu konu üzerindeki gerçek düşünceleri ne yazık ki tam olarak bilinememektedir. 1935'ten sonra hızla ilerleyen hastalığı, ona fazla zaman tanımamıştır. 1967'ye kadar Türk Dil Kurumu Arşivi'nde, sonra Anıtkabir Kitaplığı'nda duran bu çeviriler, Atatürk'ün düşünce dünyasının ne kadar zengin ve renkli olduğunun en açık kanıtıdır.

1839 "Atatürk ve Kayıp Kıta Mu" konusunda bkz. Sinan Meydan, **Atatürk ve Kayıp Kıta Mu**, İnkılap Yayınevi, İstanbul, 2009; Sinan Meydan, **Köken**, "Atatürk ve Kayıp Kıta Mu 2", İnkılap Yayınları, İstanbul, 2008

1840 Atatürk'ün okuduğu James Churchward'ın kitapları Anıtkabir'de Atatürk kitaplarının bulunduğu bölümde durmaktadır. Kitapların Anıtkabir Kütüphanesinde İngilizceleri, 199, 200, 1301, 1302 numaralarla, çevirileri ise 1482, 1483, 1484 ve 1485 numaralarla kayıtlıdır. Anıtkabir'e gidenler bu eserleri camekânlı vitrin içinde görebilirler. Gürbüz Tüfekçi, **Atatürk'ün Okuduğu Kitaplar**, Ankara, 1983, s. 376 - 395. Bu konuda ayrıca bkz. *"Atatürk Kayıp Mu'da Ne Aradı?"* **Bilinmeyen Dergisi**, C I, S. I, İstanbul, 1985, s. 22 - 24; **Atatürk'ün Okuduğu Kitaplar**, C.10.20, 24, Ankara 2001.

ATATÜRK'ÜN TARİH ÇALIŞMALARININ GENEL NEDENLERİ

Atatürk'ün başlattığı geniş kapsamlı **tarih** ve **antropoloji** çalışmaları değişik kesimler tarafından değişik nedenlerle eleştirilmiştir. Onu "ırkçılıkla" suçlayanlar olduğu gibi, bu çalışmaları görmezlikten gelenler, bu çalışmaların "bilimsellikten uzak" olduğunu söyleyenler, hatta Atatürk'ü "Türkiye'yi tarihinden koparmakla" suçlayanlar bile olmuştur.

Kuşkusuz Atatürk'ün tarih ve antropoloji çalışmalarının ırkçılıkla herhangi bir ilgisi yoktur.[1841]

Nitekim yeni devletin arması için çizilen **kurt başı** simgeler kendisine gösterildiğinde şöyle demiştir:

"Bunların hiçbiri bugünkü dünyanın içinde, kurulan yeni bir devletin arması olamaz. Devletin armasını sembolik bir insan başı olarak simgeleştirmeli. Bu dünyada her şey insan kafasından çıkar. Bir insan başının ifade edemeyeceği hiçbir şey düşünemiyorum."

Bazı iddiaların aksine Atatürk, Türkiye'yi tarihinden koparmak şöyle dursun Türkiye'yi "hanedan tarihinin darlığından" kurtarmak için, Türk tarihinin artık karanlıklarda kalmış, unutulmuş dönemlerine kadar uzanmıştır. Bunu yaparken yine iddia edildiği gibi "abartılı" ve "bilimsellikten uzak" davrandığını varsaysak bile Atatürk'ün Türk ulusuna, neredeyse unutmak üzere olduğu eski "şanlı geçmişini" ve "ulusal onurunu" bir kere daha hatırlattığını yadsıyamayız.

Atatürk'ün tarih çalışmalarının "kurgusal" olduğunu düşünen bir tarihçimizin ifade ettiği gibi,

"...Bu alacakaranlık sınırında Türk ulusuna bir tarihsel görev de aramıştır. Dünya uygarlık değerlerini yaymak... Bu görev tasarımları elbette bilimsel değil kurgusaldır. Ancak bunlar ulusların özgüvenlerini güçlendirdiğinden zaman zaman yararlı olabilirler..."[1842]

1841 Afet İnan, **Mustafa Kemal Atatürk'ten Yazdıklarım**, s. 37.
1842 M. Gökberk, *"Aydınlanma Felsefesi Devrimler ve Atatürk"* **Çağdaş Düşün-**

Ayrıca şurası unutulmamalıdır ki "tarihten beslenen ulusalcı yaklaşım" sadece Türkiye'de görülen Atatürk'e özgü bir hareket tarzı değildir. Tarih boyu özellikle Fransız Devrimi'nden sonra imparatorlukların yıkılıp milli devletlerin kuruluş sürecinde dünyanın değişik ülkelerinde de benzer uygulamalar görülmüştür. Örneğin, 19. yüzyılda **Alman milli bilincinin** oluşmasında büyük katkıları olan **Filozof Fichte (1762-1814)** Alman ulusuna söylevlerinde, "*Alman ulusunun tarihsel görevi (misyonu) insanlığı şu sıralarda içinde bulunduğu 'Tam suçluluk' çağından çıkarıp aklın bilinçli egemenliğini sağlamaktır,*" demiş ve Alman gençliğinin tarihinin bu işarete göre yerleştirilmesini istemiştir. Fichte, bunları Almanya'nın Napolyon ordularının işgali altında olduğu günlerde söylemiştir.[1843]

Atatürk'ün tarih çalışmalarının yoğunlaştığı 1930-1937 yılları arası genç Cumhuriyet'in güçlendirilmeye çalışıldığı yıllardır. Bu dönemde, yapılan devrimlerin toplumda kök salabilmesi için yoğun bir çaba harcanmıştır. Bu bağlamda tarih çalışmalarının "halka özgüven aşılamak", devrimler karşısındaki "muhalif hareketlere" gözdağı vermek, Kurtuluş Savaşı'nın yıprattığı halka yeniden dinamizm kazandırmak, yıpranmış, yorgun ve yoksul halkı yeni bir inanç ve yeni bir yöntemle motive etmek gibi amaçlar taşıdığı muhakkaktır.

Bir sosyal bilimci titizliğiyle hareket eden Atatürk, "*... Türklerin yüzyıllarca sürmüş yenilgilerinin bir yeniden doğuş hamlesine izin vermeyecek bir düşkünlük duygusuna, bir hastalık duygusuna (kompleksine) yol açtığını görüyordu. Onun için çalışmak kadar övünmek, güvenmek gerektiğini düşünmektedir. İhtimal, bir miktar hayalin bir süre için de olsa aşağılık karmaşası zehrinin panzehiri olabileceğini düşünüyordu.*" [1844]

Prof. Sina Akşin, Atatürk'ün tarih çalışmalarının "*Ulusal onuru örselenmiş bir ulusun, ulusal onurunu onarmak*" amacıyla gerçekleştirilen kurmaca ve hayalci çalışmalar olduğunu

---

cenin Işığında Atatürk, İstanbul, 1986, s. 323.
1843 age. s. 323, 324.
1844 Akşin, age. s. 75.

düşünmesine karşın, bu çalışmaların "**toplumsal bir amaç için yapılan iyi niyetli girişimler**" olduğunu da belirtmektedir.

Bu çalışmalarla 1930'ların genç kuşaklarının, uzun yıllar boyunca yaşadığı ezilmişlik duygusunu üzerinden atarak yeni bir heyecan, yeni bir atılım ve yeni bir motivasyonla geleceğe hazırlanmaları amaçlanmıştır. Atatürk'ün tarih ve dil çalışmalarını "bilimsellikten uzak" olarak nitelendirenler bile bu çalışmaların o günün koşulları içinde millete en az başkaları kadar yetenekli ve eşit olduklarını hissettiren, milliyetçi ve saygıdeğer çabalar olduğunu belirtmektedirler.[1845]

Türk toplumunun özelliklerini çok iyi bilmesi ve Türk insanına duyduğu büyük inanç, Atatürk'ü bu cesaret isteyen çalışmalara yöneltmiştir. Nitekim esin kaynağının neresi olduğu yolundaki bir soruya, "*Esin kaynağının Türk ulusundan başkası olmadığı*" biçiminde verdiği yanıt çok anlamlıdır.[1846]

ATATÜRK VE BİLİMSEL AÇIDAN TARİH

Asker ve devlet adamı Mustafa Kemal Atatürk, "tarihin" öneminin farkındadır. Onun siyasal, askeri ve toplumsal konulardaki isabetli kararlarının arkasındaki "gizli güç" derin tarih bilgisidir. O, profesyonel anlamda bir tarihçi olmamasına karşın bir tarihçi titizliğiyle tarihi olaylar üzerinde durarak yorumlar yapmış ve çok önemli sonuçlar çıkarmıştır. Nitekim yeni devleti şekillendirirken temel dayanaklarından biri bu tarihsel çıkarımlardır.

Atatürk'ün askerlikten sosyolojiye, psikolojiden felsefeye, dilden ekonomiye kadar çok geniş ilgi alanı içinde tarihin ayrı

1845 Oran, **age.** s. 277.
1846 Afet İnan, Cenevre'den Atatürk'e yazdığı 25.1.1937 tarihli mektupta şöyle demiştir:
"*Geçen gün üniversitede hukuk dersi için bir konferansta bulundum. Mevzuat Atatürk homme Politique'idi. Tenkit edilirken profesör şunu sordu: 'Acaba Atatürk hangi Avrupa muharririni (yazarını) okur ve Türkiye'deki yeni rejim için nereden ilham almıştır. O, bütün ilhamını milletinden alır. Çünkü o, asıl etüdünü milleti üzerinde yapar' dedim. 'Siz, bu meseleye ne dersiniz?*"
Atatürk Afet İnan'ın yanıtını çok beğenmiştir. **Atatürk'ten Mektuplar,** TTK Yayınevi, Ankara 1981, s. 99'dan Turan, age. s. 1.

bir yeri ve önemi vardır. Onun özel kitaplığına bakıldığında tarihe ne derece önem verdiğini anlamak mümkündür. **4289 bibliyografik künyeden** oluşan bu kitaplıkta, kitapların belli başlı alanlardaki dağılımı içinde "tarih" ilk sırada yer almaktadır.

Atatürk'ün özel kitaplığındaki kitapların dağılımı şöyledir:

1. Tarih 862
2. Askerlik 261
3. Siyasal Bilimler 204
4. Hukuk 181
5. Din 161
6. Dil Bilim 154
7. Ekonomi 144
8. Felsefe-Psikoloji 121
9. Sosyal Bilimler 81[1847]

Atatürk, gelecek nesillerin "tarih bilincine" sahip olmaları amacıyla bir **"Tarih Aydınlama Projesi"** başlatmıştır. Bu amaçla **Türk Tarih Kurumu'nu kurdurarak** Türk tarihinin karanlıkta kalan bölümlerinin gün ışığına çıkarılmasını sağlamıştır. Bir **tarih kitaplığına** duyulan ihtiyacı görerek bu konuda ilk adımları atmıştır. Ankara'da **Dil Tarih Coğrafya Fakültesi'ni** kurmuştur. 1932 yılında I. **Türk Tarih Kongresi,** 1937 yılında da II. **Türk Tarih Kongresi'ni** düzenlemiştir. Türk tarihiyle ilgili çalışmalar için yerli ve yabancı çok sayıda bilim insanını seferber etmiştir. Manevi kızlarından Afet İnan'ı tarih öğrenimi için yurt dışına göndermiştir. 1930 yılında *"Türk Tarihinin Ana Hatları"* adlı eserin hazırlanarak yayınlanmasını sağlamıştır. 1931 yılında 4 ciltlik *"Genel Tarih"* serisini yayınlatmıştır. Bir kısım **yabancı tarihçilerin** eserlerini Türkçeye tercüme ettirmiş ve yayımlatmıştır.

Atatürk tarihin önemini şu sözlerle vurgulamıştır:

"...insanların tarihten alabilecekleri önemli dikkat ve uyanıklık dersleri, bence devletlerin genellikle siyasi kurumlarının oluşumunda, bu kurumların içeriğini değiştirmede ve bunların

---

1847 Atatürk'ün Özel Kütüphanesinin Kataloğu, Ankara, 1973.

kuruluş ve yıkılışlarında etkili olmuş olan nedenlerin incelenmesinden çıkan sonuçlar olmalıdır."[1848]

Atatürk, zaman zaman ilginç tarihsel çıkarımlar yapmıştır:

"... Tarihi olayların nedenleri başlıca siyasi, sosyal ve ekonomik olabilir. Genellikle bu nedenler karışık olarak etkilerini gösterir. Şüphe yok ki bütün bu nedenler çok önemlidir. Fakat bence bir milletin doğrudan doğruya hayatıyla, yükselmesiyle, düşkünlüğüyle alakadar olan en önemli neden milletin ekonomisidir. Bu tarihin, tecrübenin tespit ettiği bir gerçektir."[1849]

Atatürk, tarihin "bilimselliğine" ve "objektifliğine" çok vüyük önem vermiştir. Tarihçilerin "teknolojik" ve "bilimsel" gelişmelerden yararlanması gerektiğini düşünen Atatürk, o dönemlerde ülkemiz için çok yeni olan "antropoloji" ve "arkeoloji" bilimlerinden yararlanılması gerektiğine işaret etmiştir:

"... Tarih bu son ilimlerin bulduğu belgelere dayandıkça temelli olur. Tarihi belgelere dayanan milletlerdir ki kendi aslını bulur ve tanır. İşte bizim tarihimiz, Türk tarihi, bu ilim belgelerine dayanır. Yeter ki bugünün aydın gençliği bu belgeleri aracısız tanısın ve tanıtsın."[1850]

Görüldüğü gibi Atatürk, tarihte "belgenin", dolayısıyla "bilimsellik ve objektifliğin" önemine işaret etmiş ve donanımlı genç tarihçilerin yetişmesini ve Türk tarihini incelemesini istemiştir.

Atatürk'e göre, *"Büyük devletler kuran atalarımız, büyük ve geniş medeniyetlere de sahip olmuştur. Bunu aramak, incelemek Türklüğe ve cihana bildirmek, bizim için bir borçtur. Türk çocuğu, ecdadını tanıdıkça daha büyük işler yapmak için kendinde cesaret bulacaktır."*[1851]

O, önce tarih yapmış, sonra da tarih yazmıştır ve gelecek neslin tarihçilerine sloganlaşacak olan şu sözlerle seslenmiştir: *"Tarih yazmak, tarih yapmak kadar mühimdir. Yazan yapana*

1848 Afet İnan, **Mustafa Kemal Atatürk'ten Yazdıklarım**, s. 40.
1849 **age.** s. 46.
1850 Afet İnan, **Atatürk Hakkında Hatıralar, Belgeler**, s. 242.
1851 Enver Ziya Karal, **Atatürk ve Devrim, Konferans ve Makaleler**, Ankara, 1980, s. 100.

sadık kalmazsa değişmeyen hakikat insanlığı şaşırtan bir mahiyet alır."[1852]

EN BÜYÜK TÜRKÇÜ

Atatürk, Fransız Devrimi'nin ürünü "milliyetçiliğin" tüm dünyayı kasıp kavurduğu bir çağda doğmuştur. Milliyetçilik kısa zamanda Osmanlı azınlıklarını da etkilemiştir; azınlık unsurlar birer birer imparatorluktan kopmuştur. Osmanlı İmparatorluğu'nda milliyetçilikten en son etkilenen Türkler olmuştur. Önce bazı aydınlar, (Ziya Gökalp, Yusuf Akçura, Namık Kemal...) sonra da modern eğitim öğretim veren Tıbbiye, Mülkiye ve özellikle Harbiye gibi okulların öğrencileri arasında "Türkçülük" akımı yayılmaya başlamıştır. Bu sırada Osmanlı'nın son dönemlerine damgasını vuran **İttihat ve Terakki Partisi** özellikle Babıâli Baskını'ndan sonra pek çok alanda "Türkçü" politikalar izlemeye başlamıştır. Kısa zaman içinde pek çok aydın ve devlet adamı, dağılmakta olan çok uluslu Osmanlı İmparatorluğu'nu, yakın ve uzak Türkleri bir bayrak altında toplayarak bir "Türk İmparatorluğu"na dönüştürme hayalleri görmeye başlamıştır. Bu düşüncedekilere "Turancı" adı verilmiştir. İttihat ve Terakki'nin önde gelenlerinden **Enver Paşa**, Turancıların en ateşlisidir.

Turancı-Türkçü tartışmalarının yaşandığı o günlerde genç subay **Mustafa Kemal** ise imparatorluğun sonunun geldiğini görebilmiş ve kurtuluşun ancak **"ulusal bir Türk devleti"** kurmakla mümkün olabileceğine inanmıştır. O yıllarda genç Mustafa Kemal'in "ulusalcı" duygularını keskinleştiren pek çok faktör vardır.

Örneğin, imparatorluktaki Arap nüfuzu, azınlıkların ayrıkçı hareketleri ve en önemlisi Batılı emperyalist devletlerin Türkler hakkındaki önyargılı, saçma sapan iddiaları bunlardan sadece birkaçıdır.

1852 Arı İnan, **Düşünceleriyle Atatürk**, Ankara 1991, s. 143. Ayrıca Atatürk'ün tarih çalışmaları hakkında bkz. Bayram Kodaman, "*Atatürk ve Tarih*", **Atatürk ve Kültür**, Ankara, 1982, s. 15.

Fransız gazetelerini yakından takip eden genç Mustafa Kemal, her seferinde Türkler hakkında "küçültücü", "aşağılayıcı" yazılar okumaktan bıkmış usanmıştır. Bu süreçte mensubu olduğu ulusa olan bağlılığı her geçen gün biraz daha artmıştır. Askeri eğitiminin ardından pek çok cephede başarıyla vatan savunması yapan Mustafa Kemal, özellikle **Çanakkale Savaşları** sırasında gösterdiği olağanüstü başarılarla çok sevdiği ulusunun gönlünde ayrı bir yer edinmiştir. Ve ardından bir ölüm kalım savaşını örgütleyip başarıya ulaştırmıştır. Hemen ardından da öteden beri planladığı **"ulus devleti"** kurmuştur.

O hayatını Türk ulusuna adamıştır. Mensubu olmaktan büyük gurur duyduğu Türk ulusuna olan güvenini ve hayranlığını pek çok kere dile getirmiştir. Kuşkusuz, **o en büyük Türkçü, en büyük milliyetçidir.**

İşte Mustafa Kemal Atatürk'ün **"Türk'e"** bakışına birkaç örnek:

"Benim hayatta yegâne fahrim (onurum), servetim Türklükten başka bir şey değildir."[1853]

"Bana, insanlar üstünde bir doğuş atfetmeye kalkışmayınız. Doğuşumdaki tek fevkaladelik, Türk olarak dünyaya gelmemdir."[1854]

"...Türklük, benim en derin güven kaynağım, en engin övünç kaynağımdır."

"Milli mevcudiyetimize düşman olanlarla dost olmayalım. Böylelerine karşı... 'Türküm ve düşmanım sana, kalsam da bir kişi' diyelim."[1855]

"Mensup olduğum Türk milletinin şan ve şerefi varsa, benim de bir ferdi olmak sıfatıyla şanım ve şerefim vardır..."[1856]

Bir İngilizin, *"Siz hangi asil ailedensiniz?"* sorusuna Atatürk şu yanıtı vermiştir:

1853 *"Yakınlarından Hatıralar"*, İstanbul, 1955, s. 95.
1854 Münir Hayri Egeli, **Atatürk'ten Bilinmeyen Hatıralar**, İstanbul, 1959, s. 15.
1855 ASD, C.II, s.143. (Nimet Unat'ın derlemesi, Türk İnkılap Tarihi Enstitüsü Yayını, Ankara, 1959)
1856 Damar Arıkoğlu, **Hatıralarım**, İstanbul, 1961, s.304.

"Anasının ve babasının asilliği ile iftihar eden Teodoz, İtalya Yarımadası'na inmek isteyen Türk Atilla'ya barış görüşmesinden önce sormuş: 'Siz hangi asil ailedensiniz?' Atilla da ona cevap vermiş: 'Ben asil bir milletin evladıyım!' İşte benim cevabım da size budur!"[1857]

"Türk, Türk olduğu için asildir. Çoğumuz, büyük babamızın babasını hatırlamayız. Bütün soy gururumuzu Türk olmanın içinde buluruz."[1858]

Atatürk'ün Türk milleti hakkındaki "yüceltici", "övgü dolu" sözleri saymakla bitmez.

Atatürk'ün en önemli özelliklerinden biri, gerçek bir **Türk milliyetçisi** olmasıdır. Hayatı boyunca **Türk olarak doğmuş olmaktan** ayrı bir gurur duyan Atatürk, kurduğu cumhuriyeti gençlere emanet ederken onlara şöyle seslenmiştir:

"Ne Mutlu Türküm Diyene!"

Türk olmaktan "derin bir haz duyan" Atatürk'ün **milliyetçilik** anlayışı "bütüncül" ve "kavrayıcı" bir anlayıştır.

Atatürk milliyetçiliği, ırkçı, dinci ve saldırgan **faşizmle** karıştırılmamalıdır.

"Vatandaşlık bağıyla Türkiye Cumhuriyeti'ne bağlı herkesi Türk kabul eden" bu anlayışta önemli olan Misakımilli sınırları içinde ve ay yıldızı Türk bayrağı altında "tasada ve kıvançta" birleşebilmektir.

Ancak 1950'den sonraki "Karşı Devrim" sürecinde Türkiye'de **Amerikan yapımı** "yeni" bir "milliyetçilik" kurgulanmıştır. Önce **Demokrat Parti** döneminde ilk tohumları atılan, **12 Eylül** 1980 Askeri Darbesi'nden sonra tam anlamıyla yerleştirilen bu **"Yeni milliyetçiliğin"** bilinen adı "Tük-İslam Sentezi"dir. Bu Amerikan yapımı **"ucubenin"** en garip yanı **Atatürk'ü dışlaması** ve "çarpıtılmış", "siyasallaştırılmış" İslamı içselleştirmesidir.

İşte "Türk-İslam Sentezi" denilen bu "ucube", önce "Türk" ve "İslam" kavramlarının içinin boşaltılması, daha sonra bu

---

1857 Ruşen Eşref Ünaydın, **Atatürk'ün Tarih ve Dil Kurumları, Hatıralar**, Ankara, 1954, s. 54.
1858 M. Hayri Egeli, **age**. s. 69.

kavramların içinin ABD ve onun yerli işbirlikçilerinin işine yarayacak biçimde doldurulmasıyla oluşturulmuştur. 1950'den sonra, bu Amerikan yapımı ucube, "milliyeti" "din" zanneden aydınlanmamış, karşı devrimci, şeriatçı ve mafya bozuntularınca sahiplenilmiştir. Türk-İslam Sentezi, meşruiyetini, Osmanlı'ya ve şeriata sahip çıkmaktan; Cumhuriyeti ve laikliği ise eleştirmekten almıştır. Özü itibarıyla "dinci", "faşist" ve "Amerikancıdır."

ATATÜRK, DİL VE DİN

> *"Türkçe, Türk düşüncesinin yaratıcı gücünün eseridir. Bu dil insan aklının üstün kudretinin ürünüdür. Türkçe kadar anlaşılan zevk verici pek az dil vardır."*
> (Max Mülter)

> *"Türkçe, akıl ve düşünce dolu matematiksel bir dildir."*
> (Poul Roux)

> *"Şu Türkçe ne hayran olunacak bir dil, az sözcük çok şey söyler."*
> (Moliere)

Atatürk ve Türk Dili

> *"Milletimiz din ve dil gibi kuvvetli iki fazilete sahiptir. Bu faziletleri hiçbir kuvvet milletimizin kalp ve vicdanından çekip alamamıştır ve alamaz."*
> (Mustafa Kemal Atatürk)

Atatürk, **tarih çalışmaları** gibi, **yazı** ve **dil** çalışmalarına da büyük önem vermiştir. Çünkü **tarih** ve **dil çalışmaları** birbirini tamamlayan çalışmalardır.

Atatürk, Türk dilinin yeryüzündeki **en mükemmel dil** olduğuna inanmaktadır:

"*... Türk ulusunun dili Türkçe'dir. Türk dili yeryüzünde en güzel, en zengin ve en kolay olabilecek bir dildir. Bu nedenle her Türk dilini çok sever ve onu yükseltmek için çalışır. Bir de Türk dili Türk ulusu için kutsal bir hazinedir. Çünkü Türk ulusu geçirdiği sayısız sarsıntılar içinde ahlakının, erdemlerinin, gelenek ve göreneklerinin, anılarının, kendi yararlarının, kısaca bugün kendi ulusallığını oluşturan her şeyin diliyle korunduğunu görüyor. Türk dili, Türk ulusunun yüreğidir, belleğidir...*"[1859]

Türk diline büyük önem veren Atatürk, Türk tarih teziyle güçlendirmeye çalıştığı "**Türk ulusçuluğunu**" Türk diliyle biraz daha takviye etmek istemiştir.

"*... Türk dili, Türk ulusunun, yüreğidir, belleğidir,*" diyen Atatürk'e göre, milleti millet yapan dildir.

Atatürk, Türk ulusunun ortaya çıkışında etkisi görülen "doğal ve tarihsel olguları" sıralarken "siyasal varlıkta birlikten" sonra "**dil birliğine**" yer vermiştir.[1860]

Atatürk, "milli duygular" ile "dil" arasında güçlü bir bağ olduğuna inanmaktadır. Bu inancını, "*Milli his ile dil arasındaki bağ çok kuvvetlidir. Dilin milli ve zengin olması, milli hissin inkişafında başlıca müessirdir. Türk dili, dillerin en zenginlerindendir. Yeter ki bu dil şuurlu işlensin.*"[1861] sözleriyle dile getirmiştir.

Atatürk'e göre Türk ulusunu oluşturan fertlerin **Türkçe** konuşmaları gerekir. **Türk dili** "Türklüğün" en önemli işaretlerinden biri hatta birincisidir. Atatürk'e kulak verelim:

"*Milliyetin bariz vasıflarından birisi dildir. Türk milletindenim, diyen insan her şeyden evvel ve behemehal Türkçe konuşmalıdır. Türkçe konuşmayan bir insan Türk harsına ve camiasına mensubiyetini iddia ederse buna inanmak doğru olmaz.*"[1862]

1859 Afet İnan, Medeni Bilgiler ve Mustafa Kemal Atatürk'ün El Yazıları s.352.
1860 age. s.371.
1861 İnan, Düşünceleriyle Atatürk, s. 94.
1862 Taha Toros, Atatürk'ün Adana Seyahatleri, Adana, 1939, s.61.

Atatürk, Türk dilinin zenginliğini ve güzelliğini bilmekte, **milli bir devletin** vazgeçilmez unsurunun **dil** olduğuna inanmaktadır.

Ulus devlet oluşturmak için Türk tarihinin derinliklerine inilmiş, Türk milletinin ihmal edildiğine inanılan tarihi dönemler adeta yok sayılmıştır. Şimdi sıra benzer bir adımı da dil konusunda atmaya gelmiştir. Tarih çalışmalarıyla **"ümmet"** düşüncesinden **"millet"** düşüncesine geçiş amaçlanırken dil çalışmalarıyla da **"Arapçanın"** egemenliğinden **"Türkçenin"** egemenliğine geçiş hedeflenmiştir.

Ayrıca tarihi süreç içinde Türkçe her zaman Arap yazısıyla yazılmamıştır. Bilinen en eski Türk yazıları 8. yüzyılda yazılan **Orhun Kitabeleri** "runik harflerle" yazılmıştır.[1863] 8. ve 9. yüzyıllarda Kuzey Şematik kaynaklı **Uygur Alfabesi** Orta Asya'da yaygın bir biçimde kullanılmıştır. Fakat Türkler, Müslüman olunca Batı Afrika'dan Endonezya'ya kadar bütün diğer Müslüman halklar gibi **Arap yazısını** benimsemişlerdir. 20. yüzyılın başlarında gelindiğinde Türkler bu yazıyı bin yıla yakın bir süreden beri kullanmaktadırlar ve diğer bütün yazı türleri çoktan unutulmuştur.[1864] Bu bin yıllık sürecin altı yüzyılının, Osmanlı Devleti dönemini kapsadığı dikkate alınacak olursa, tarih çalışmaları kapsamında **Osmanlı'ya yöneltilen yoğun eleştirilerin** dil çalışmaları sırasında da devam edeceği anlaşılmaktadır.

HARF DEVRİMİNİN NEDENLERİ

Türk aydınlanmasının belki de "en zor" ve "en cesur" kararı, 1928'de Arap alfabesinden Latin alfabesine geçilmesidir.

Atatürk, Latin harflerine geçişin nedenlerini **Sarayburnu'nda** yaptığı tarihi konuşmada şöyle açıklamıştır:

"...Asırlardan beri kafalarımızı demir çerçeve içinde bulunduran, anlaşılmayan ve anlayamadığımız işaretlerden kendimizi kurtarmalıyız. Bunu anlamak mecburiyetindesiniz."[1865]

1863 **Orhun Kitabeleri** hakkında bkz. Muharrem Ergin, **Orhun Kitabeleri**, Boğaziçi Yayınları İstanbul, 1994.
1864 Lewis, **Modern Türkiye'nin Doğuşu**, s. 421.
1865 ASD. C.II, 1997, s.272.

"... Bu millet utanmak için yaratılmış bir millet değildir. Fakat milletin yüzde sekseni okuma yazma bilmiyorsa bu hata bizde değildir. Türkün seciyesini anlamayarak kafasını birtakım zincirlerle saranlardadır. Artık mazinin hatalarını tashih edeceğiz (düzelteceğiz). Hataların tashih olunmasında bütün vatandaşların faaliyetini isterim. En nihayet bir sene iki sene içinde bütün Türk heyeti içtimaiyesi yeni harfleri öğreneceklerdir. Milletimiz yazısıyla, kafasıyla bütün âlem-i medeniyetin (çağdaş dünyanın) yanında olduğunu gösterecektir."[1866]

Atatürk, Arap harflerinin zorluğunu, "Anlaşılmayan bu işaretlerden kurtulmak" olarak ifade etmiştir.

Gerçekten de Arap harflerinin anlaşılması ve öğrenilmesi zordur. Osmanlı toplumunda okuryazarlık oranının bir türlü yükselmemesinin temel nedenlerinden biri Arap alfabesidir. Bu nedenle okuryazarlık oranının artması için öncelikle Arap harflerinden vazgeçilmelidir.

Atatürk, Latin harflerine geçişle Türk ulusunun her bakımdan çağdaş uygarlıktan yana olduğunu tüm dünyaya göstereceğini ifade etmiştir.

Arap Harfleri ve Türkçe

Arap alfabesinden Latin alfabesine geçiş kararının öncelikli nedenlerinden biri, **Arap harflerinin Türkçenin yazımına uygun olmamasıdır.** Prof. Bernard Lewis'in ifade ettiği gibi, Arap alfabesi Arapçaya mükemmel uymakla beraber Türkçede Arap yazısının ifade edemediği birçok şekil ve ses yapısı vardır.[1867]

Arap harflerinin Türkçeye uygun olmamasının **teknik nedeni** basit olarak şöyle açıklanabilir: Arapçanın sessizler bakımından çok zengin, sesliler bakımından hayli yoksul bir dil olmasına karşın Türkçenin sessizler bakımından Arapçaya göre yoksul, ama sesliler bakımından çok zengin bir dil olmasından dolayı Türkçe Arap harfleriyle yazıldığında okuyucu için büyük zorluk-

---

1866 age. s.274.
1867 Lewis, age. s.421.

lar çıkmaktadır. Çünkü sessizler arasına girebilecek sesliler için sekiz olasılık vardır.[1868] Bundan dolayı *"Osmanlı Türkçesinde imla ile telaffuz arasındaki İngilizcedekinden daha geniş farklılık, onun güçlüklerini daha da arttırmıştı."*[1869] Arap harfleri Türkçenin ses değerlerini ve öz güzelliğini rahat ve doğru bir biçimde yansıtamamıştır. Özellikle Osmanlı'nın son zamanlarında Arapçanın yerine gittikçe Türkçenin yerleşmeye başladığı bir dönemde işlerlik kazanan ya da yeniden oluşturulan sözcükleri Türkçeye uygun olmayan harflerle yazmak dil konusundaki güçlükleri büsbütün arttırmıştır. Bu da Türkçenin özleşmesini aksatan bir engeldir.[1870] Üstelik Arapça kelimeler ve Arap harfleri Osmanlı'nın son dönemlerinde eski önemini ve ihtişamını yitirmeye başlamıştır. Osmanlı Batılılaşma ile kurtuluş çareleri ararken Osmanlı aydınları Arap alfabesini "Osmanlı aydınlanmasının önünde bir engel" olarak görmeye başlamıştır.

"XIX. yüzyılda Batılılaşmanın ve modernleşmenin etkisi liberal ve milliyetçi ideolojilerin yeni cevaplar sunduğu yeni sorular ortaya çıkardı. Osmanlı yazısı ve dili modern eğitim, modern bilgi ve fikir aracı olarak yetersiz görünüyordu; memur, subay, hukukçu, gazeteci, yazar ve politikacıların meydana getirdiği yeni, laik, okumuş sınıf, dillerinin kendi önlerine koyduğu gecikme ve kısıntılara karşı gittikçe sabırsızlaşıyordu"[1871]

Arap harfleriyle yazılan Osmanlı Türkçesine (**Osmanlıca**) duyulan tepki bu dilin sadece "gramer" bakımından Türkçeye uygun olmamasından kaynaklanmamıştır. Yazıda Arap harflerinin kullanılması **Arap kültürünün** her bakımdan Osmanlı kültürünü etkilemesine neden olmuştur. Son dönem bazı Osmanlı aydınlarının Arap harflerine yönelik olumsuz tutumlarında bu durumun da etkisi vardır.

Bu kültür etkileşiminin en açık kanıtı, Arapça ve Farsçadan Türkçeye geçen sözcüklerin fazlalığıdır.

1868 Akşin, age. s.69.
1869 Lewis, age. s. 421, 422.
1870 Gökberg, age. s.317.
1871 Lewis age. s.422

"Arapça ve Farsçadan sadece sözcükler değil, terkipler ve hatta gramer kuralları iktibas ederek dil ağdalı ve suni bir hale gelmişti. Osmanlı Türkçesi en iyi günlerinde bir imparatorluk varlığına yaraşır bir araç olarak ihtişamlı bir ifade aracı olmuştur. Fakat daha sonra daha az hünerli kimseler elinde ağır, ahenksiz ve inanılmaz derecede ağdalı hale gelmiştir. Resmi dilde telmih ve yapmacıklarla dolu karışık ve çözülmesi güç bir üslup ortaya çıkmıştı. XVIII ve XIX. yüzyıllarda Osmanlı dünyası genellikle tam bir mübalağa halinde dejenere olmuştu. Yolu, izi belli olmayan şaşırtıcı kelime kalabalığında, ince anlam farklarının kaybolduğu, eğilip bükülmüş sentaks ve şişirilmiş deyimler yığını..." [1872]

Yazılması ve öğrenilmesi zor, Türkçenin yapısına uymayan, ağdalı ve yapmacık bir dilin işlevsiz aracı durumundaki Arap harflerini değiştirmek özellikle 20. yüzyılın başlarında bir zorunluluk halini almıştır.

Modernleşme ve Latin Harfleri

Arap alfabesi ve Türk dili arasındaki uyuşmazlık, özellikle **Arapça** ve **Farsça** kelimelerin Türkçeye yerleşmesiyle daha da artmıştır. Hem Arap harflerinin öğrenilmesinden kaynaklanan güçlük, hem de Arapça ve Farsça kelimelerle dilin zorlaşması, kabarıp şişmesi, halkın okuryazarlık oranının artmasını engellemiştir. Okuryazarlık oranı düşük bir toplumun aydınlanması da zorlaşmıştır.

Hedefi, *"Türk ulusunun çağdaş uygarlıklar düzeyine çıkması, hatta onu aşması"* olarak belirleyen Atatürk'ün, "alfabe sorununu" görmezden gelmesi mümkün değildir. Bu nedenle *"...Batı medeniyetine giriş yolları araştırılırken tespit edilen noktalarından biri de Arap alfabesinin değiştirilmesi zarureti olmuştur..."*[1873]

Latin alfabesine geçiş, kuru kuruya bir **"Batı taklitçiliği"** ile asla açıklanamaz. Evet, gerçekten de Latin alfabesinin kabulün-

---

1872 age. s.421, 422.
1873 Mehmet Saray, **Türk Dünyasında Dil ve Kültür Birliği**, İstanbul, 1993, s.81.

de Batı'yla sıkı ilişkiler kurma düşüncesi etkili olmuştur. Fakat bu bir "Batı öykünmeciliği" değil, *"muasır medeniyete"* ulaşma gayretidir. Yeni harflerin, çağdaş uygarlığın merkezi Batı'yla "diyaloğu" kolaylaştıracağı düşünülmüştür.

1 Aralık 1928 tarihli *Cumhuriyet gazetesinde* Yunus Nadi *"Yeni Yazı"* başlıklı makalesinde Batılılaşma ve Latin harfleri konusunda şu değerlendirmeyi yapmıştır:

"...Düşünmeli ki bu yazı inkılabı sayesinde aziz Türkiye'miz bir seneden az bir zaman zarfında medeniyetin ve marifetin hukuki anahtarını elde etmiş olmak noktasından, tamamen Avrupa'ya benzeyecektir. Belli ki yalnız başına yazı, o büyük medeniyetin başka türlüsünü düşünülmeyecek veçhile başlangıcı ve temelidir. Garbın şimdiki harfleriyle, bunun doğurduğu matbuat olmasaydı şüphe yok ki şimdiki medeniyetin onda biri bulunmazdı."[1874]

Arap Harflerinin Yarattığı Toplumsal Sınıflaşma

Arap alfabesinin zorluğu, toplumda sınıflaşma derecesine varan ayrılıklara yol açmış, bu harfleri okuyup yazanlar "imtiyazlı" bir görünüm kazanmışlardır.

Alfabenin "zorluğundan" en fazla zarar gören sıradan Osmanlı halkı olmuştur. Saraylılar, zenginler ve aydınlar bir şekilde bu harfleri öğrenmişlerdir; ancak halk için böyle bir durum söz konusu değildir. Osmanlı'da **"yazı ve dil"** halkı aydınlardan ve üst tabakalardan koparmış, din adamlarını ise "en imtiyazlı" konuma getirmiştir. İşte Atatürk'ün alfabe değişikliğinin en önemli ndenlerinden biri "yazı ve dilden" kaynaklanan bu toplumsal "ayrışmaya" son vermektir.

"Köyle kent arasında ve alt-üst tabakalar arasında dil yüzünden ortaya çıkan ayrımı azaltmak ve bu yolla ulusal birlik oluşturmak istenmektedir. Çünkü köyde yaşayanlar ve alt tabakalar Osmanlıcayı anlamakta zorluk çekmektedirler."[1875]

1874 **Cumhuriyet**, 1 Kanunuevvel 1928, s.l.
1875 Oran, **age.** s. 202.

Yeni harflerle geniş halk kitleleriyle elitler (aydınlar) arasındaki kopukluk giderilecek ve oluşturmaya çalışılan ulus düzeni içinde halk kitlelerinin bilinçli ve eşit bir biçimde yer almaları sağlanacaktır.[1876]

Osmanlı'da "Alfabe güçlüğünden" "nemalananların" başında **din adamları** gelmektedir. Din adamlarının, *Ortaçağ papazlarına benzer biçiminde ayrıcalık kazanmalarını engellemek ve toplumdaki din adamı tekelini kırmak*"[1877] isteği, alfabe değişikliğinin gözden kaçan önemli nedenlerinden biridir. Bu "tekeli kırma" kapsamında, halkın dinini hiçbir aracıya ihtiyaç duymadan anlaması ve öğrenmesini sağlayacak adımlar atılmıştır. Hutbelerin, ezanın ve Kur'an'ın Türkçeleştirilmesi bu adımlardandır.

Radikal Bir Bağ Koparma Girişimi

Alfabe değişikliğinin, "devrim mantığı içinde" son derece doğal bir nedeni vardır. İmparatorlukların yıkılışıyla kurulan bütün "ulus devletler", belli bir süre, kendilerine "meşruluk" kazandırmak için **eskiyle olan bağları keserek** eskiye ait tüm değerleri ağır bir şekilde eleştirmişlerdir.

Atatürk'e göre yeni yazıyı öğrenip eskisini unutarak "geçmiş" gömülüp unutulabilecek ve yalnız yeni harflerle yazılan Türkçeyle ifade edilen fikirlere açık, **yeni bir kuşak** yetiştirilecektir.[1878] Bu nedenle Arap harflerinden Latin harflerine geçiş, Osmanlı Devleti ile genç Cumhuriyet arasında "radikal bir bağ koparma girişimi"dir.

Tarih tezleriyle "Türkçü" ideolojiyi yerleştirmek için nasıl ki "Eski Türk tarihine" ve "kültürüne" vurgu yapılıp, belli bir dönem **Osmanlı ağır şekilde eleştirilmişse**, alfabe değişikliğiyle de Türkçeyi daha iyi yansıttığı düşünülen Latin alfabesi kabul edilerek Arap harflerini kullanan Osmanlı ağır şekilde eleştirilmiştir. Ayrıca **Arapça** ve **Farsça** sözcükler yerine **Türkçe** karşı-

---

1876 age. s. 201.
1877 age. s.201.
1878 Lewis, age. s.427, 428.

lıkları bulunarak "Osmanlı kültürel yapısından" farklı "yeni bir kültürel yapı" meydana getirilmeye çalışılmıştır. Bu bakımdan, Latin alfabesine geçiş "ulusal devleti" güçlendirme programının bir parçası olarak düşünülmüştür. Böylece **yazı ve dil,** yeni devletin en önemli sembollerinden biri haline gelmiştir.

Sina Akşin'in ifadesiyle, *"Atatürk ve arkadaşları yeni harfleri Tarık Bin Ziyad'ın İspanya'yı fethederken gemilerini yakması gibi Osmanlı kitaplarındaki orta çağ birikimi ile ilişkileri koparmak için de istemiş olabilir."*[1879]

Akşin'in ifade ettiği gibi Atatürk, yeni bir toplumsal düzenin kurucusu olarak devrimin yerleşip kök salması için, eskiyle olan bağları koparmak istemiştir. Alfabe değişikliği bu bakımdan düşünüldüğünde son derece "cesur" ve "radikal" bir bağ koparma girişimidir. Atatürk'ün bu girişimini "toplumu öz kültüründen koparma girişimi" olarak değil de "farklı dinamikler üzerine kurulan yeni bir devlete yeni bir kimlik kazandırma hareketi" olarak değerlendirmek gerekir. Aksi halde Atatürk'ün tarih ve dil tezleriyle, çok eskilere giden bir Türk kültürü ve Türk dilinin varlığını kanıtlama gayretlerini açıklamak mümkün olmaz.

Ayrıca, Türkçenin yapısına uymayan "Arap harfleri" ve bu harflerle yazılan yamalı bohça durumundaki "Osmanlıca" Türklerin **"öz kültürü"** değildir.

Alfabe değişikliğinde, Cumhuriyet ideologlarının "yeni rejimi yerleştirirken" ve "yeni ulusal kimliği güçlendirirken" yapacakları telkin ve propagandaları halka daha kolay ulaştırmak istemelerinin de etkisi vardır.

ALFABE DEĞİŞİKLİĞİ VE DIŞ TÜRKLER

Alfabe değişikliğinin genelde gözden kaçırılan bir de **dış politik nedeni** vardır.

Türkiye Cumhuriyeti'nin kurulup yapılanmaya çalıştığı yıllarda Türkiye'nin yanı başında **Sovyet Rusya'da** Türkiye'yi ya-

---
1879 Akşin, age. s.69.

kından ilgilendiren ilginç gelişmeler yaşanmaktadır. İşte Sovyet Rusya'da yaşanan bu gelişmeler, Türkiye'de Latin harflerine geçişi kolaylaştırıcı bir etki yapmıştır.

Komünist Ruslar, 1917 Bolşevik İhtilali Bildirgesi'nin aksine, Orta Asya'daki Müslüman Türk toplulukları üzerinde "baskı ve sindirme" politikası uygulamaya başlamışlardır.[1880] Bu sindirme politikasının özünü **kültürel asimilasyon** oluşturmaktadır. Ruslar, Müslüman Türkleri kendi kimliklerinden koparmak için önce onların **dillerini** ve **tarihlerini** yok etmeye çalışmışlardır.

Bu politikanın birinci amacı Türk dünyasındaki milli uyanışı baltalamakken, ikinci amacı da **Türkiye Türkleriyle Asya Türkleri arsındaki** kültürel, siysal ve toplumsal birlikteliği engellemektir.[1881]

Ulusal bir politika izleyen, Batılı ülkelerle siyasal ve ekonomik ilişkiler kuran ve Bolşevik olmayacağı anlaşılan **Türkiye Cumhuriyeti** o günlerde Sovyetler'i tedirgin etmiştir.

Sovyetler'in uyguladıkları kültürel asimilasyon politikasının en can alıcı noktası kültürün temel unsuru olan "**dil**"dir. Asimile edilecek toplumun öncelikle **yazısı ve dili** değiştirilmiştir.

"...Sovyet hükümeti aldığı bir kararla 1924 sonlarında Azerbaycan'ın Latin alfabesini kullanmasını resmen istedi. 1 Mayıs 1925'te Azerbaycan Sovyet Hükümeti'nin bir kararı ile Latin alfabesi, gazeteler ve resmi muhaberat için mecburi ilan edildi. 7 Ağustos 1925'te alınan bir başka kararla da Arap alfabesiyle basılmış olan bilumum neşriyatın Sovyetler Birliği'ne girmesi yasaklanmıştır... Sovyetler, Azerbaycan'dan sonra başta Türkistan

---

1880 Bolşevik ihtilalinin liderleri **Lenin** ve **Stalin,** 3 Aralık 1917'de yayınladıkları beyannamede şunları vaat etmişlerdi: " *Rusya Müslümanları, Volga boylarının Kırımın Tatarları, Sibirya ve Türkistan'ın Kırgızları ve Sartları, Kafkas ötesi Türkler ve Tatarları (yani Azeriler) Kafkasların Çeçenleri ve Dağıstanlılar Rus Çarlarının zalimleri tarafından camileri, minberleri yıkılmış, dinleri âdetleri çiğnenmiş olanlar biz sizlere hitap ediyoruz. Bundan böyle sizin akide ve âdetleriniz milli ve medeni bütün müesseselerinin hür ve her türlü taarruzdan masun olduğu ilan olunur. Yani milli hayatınızı hür ve mümanatsız olarak tesis ediniz...*" Saray, **Atatürk'ün Sovyet Politikası,** s.11.
1881 Saray, **Türk Dünyasında Dil ve Kültür Birliği,** s.81.

olmak üzere diğer Türk bölgelerinde de Latin alfabesini yaymak maksadıyla 1926'da Bakû'de bir 'Türkoloji Kurultayı' topladılar. Komünistler için alfabe değişikliğinin amacı, Sovyetler'deki Türklerin Türkiye ve İslam kültürü ile irtibatlarını kesmekti. Bu da şimdilik mümkün görünüyordu..."[1882] Ta ki 1 Kasım 1928'de Türkiye'de de Latin alfabesine geçiş kararı alınmasına kadar... Türkiye'nin bu ani kararı Sovyetler için beklenmedik bir adımdı. Atatürk'ün bu hamlesi karşısında Sovyet liderleri adeta kazdıkları kuyuya düşmüşlerdir. **Orta Asya Türklerini Arap alfabesinden Latin alfabesine geçirerek,** o dönemde Arap harfleri kullanan Türkiye ile Orta Asya Türklerinin kültürel bağlarını kesmeyi amaçlayan Sovyet liderleri, ileriyi görememenin şaşkınlığını yaşamışlardır. Atatürk'ün Türkiye'de latin alfabesini kabul etmesiyle tüm hesapları altüst olan Sovyetler, Türkiye'deki alfabe değişikliğini duyar duymaz Sovyetler'deki Türkleri **yeniden Arap harflerini kullanmaya zorlamışlardır.**[1883]

Atatürk, Latin alfabesine geçiş nedenlerinden birinin, *"Orta Asya Türkleriyle ilişkileri sıkılaştırmak"* olduğunu bizzat ifade etmiştir. Cumhuriyet'in 10. Yıl kutlamasının yapıldığı gece, Ziraat Bankası salonunda verilen baloda Atatürk bir gencin sorusu üzerine, Yeni Türkiye'nin Orta Asya Türklerine bakışını anlatırken, *"Latin alfabesine geçmek suretiyle Orta Asya Türkleriyle ilişkilerimizi sıklaştırmak istiyoruz"* demiş ve şöyle devam etmiştir:

"...İşte görüyorsunuz. Dil Encümenleri, Tarih Encümenleri kuruyor, dilimizi onun diline yaklaştırmaya, böylece birbirimizi daha kolay anlar hale gelmeye çalışıyoruz. Tarihimizi ona yaklaştırmaya çalışıyoruz. Ortak bir mazi yaratmanın peşindeyiz. Bunlar açıktan yapılmaz..."[1884]

Başka bir bakış açısıyla, Sovyetlerin Orta Asya Türklerini Arap harflerinden Latin harflerine geçmeye zorlaması Tür-

---

1882 age. s.81,82.
1883 age. s.83, Lewis, age. s.427.
1884 İsmet Bozdağ, **Atatürk'ün Sofrası**, s.141,142, 143; Mirkelamoğlu, **Atatürkçü Düşüncede ve Uygulamada Din ve Laiklik**, s. 174.

kiye'deki alfabe değişimini hızlandırmış, bu değişimin nedenlerinden birini oluşturmuştur.

Atatürk, bir taraftan yeni Türkiye'de Misakımilli sınırları içinde yaşayanlara "milli bilinç" kazandırmak için çabalarken, diğer taraftan dış Türklerle "kültürel bağları" güçlendirmenin hesaplarını yapmıştır.

Okuryazarlık Oranını Arttırmak

Atatürk devrimlerinin "en zoru" ve "en cesuru" harf devrimidir. Latin alfabesine geçiş kararında Osmanlı Devleti'nde okuryazar oranının düşük olmasının büyük etkisi vardır. Balkan, Trablusgarp, Birinci Dünya savaşlarında kaybedilenlerin büyük çoğunluğunu okuryazar Osmanlı gençlerinin oluşturması, zaten çok sınırlı olan okuryazarlık oranın iyice azalmasına yol açmıştır. Bu kayıplara, Kurtuluş Savaşı yıllarında kaybedilen okuryazarlar da eklenince, harf devriminin yapıldığı yıllarda Türkiye'de Arap harfleri ile okuma yazma bilen insan sayısının bir hayli az olduğu görülmektedir.

"Osmanlı Devleti'nde, II. Meşrutiyete rağmen okuryazarlığın 1918'de yüzde 5'i geçmediği tahmin edilebilir. 1927'de bu oran yüzde 10.7 dir..."[1885]

Bu bakımdan düşünüldüğünde harf devrimi **"zamanlama"** olarak da en uygun dönemde gerçekleştirilmiştir. Hatta bazı araştırmacılara göre Türkiye'deki okuryazarlık oranı yüzde 20/25 oranında olsaydı, böyle bir devrim Atatürk'ün aklına gerçek bir tasarı olarak gelmezdi.[1886]

Radikal bir devrimci olan Atatürk, Onuncu Yıl Nutku'nda *"Kısa zamanda çok ve büyük işler yaptık,"* derken, bu hızlı deği-

---

1885 Akşin, age. s. 68.
1886 age. s.68. Ayrıca, Atay, Çankaya, C. II, s. 409. Atay, harf devriminin yapıldığı dönemde bütün okuryazarlık oranının **yüzde beş** olduğunu belirterek; "... eğer bu nispet yüzde elliyi aşmış olsaydı, yazının değiştirilemeyeceğine şüphe yoktu..." demektedir.

şimi vurgulamıştır. Atatürk, özellikle alfabe değişikliğinin mümkün olan en kısa zamanda gerçekleştirilmesini istemiştir.[1887] Latin alfabesine geçişle Türk tarihinde yeni bir dönem başlamıştır. Türk toplumu artık zengin dilinin bütün özelliklerini yeni alfabe ile rahatça kullanabilecektir. Medeni dünya ile iletişimi kolaylaşırken, okuma yazma oranındaki artışa paralel, kültürel düzey yükselecek ve Atatürk modernleşmesinin önemi ve anlamı daha iyi anlaşılarak bu modernleşmenin sürekliliği sağlanmış olacaktır.

OSMANLI'DA LATİN ALFABESİ TARTIŞMALARI

Arap harflerinin Türk diline uygun olmamasının yarattığı olumsuzluklara rağmen Osmanlı Devleti'nde Arap harflerinin değiştirilmesine cesaret edilememiştir.

Alfabe konusunda gerekli düzenlemelerin yapılmaması dolayısıyla medreselerde okuyan gençler bir türlü istenen bilgi ve donanım düzeyine ulaşamamışlardır. Bu da "geri kalmamıza" neden olmuştur.[1888]

19. yüzyılın sonlarında Osmanlı aydınları arasında Latin harflerinden söz edilmeye başlanmıştır. Arap harflerinin güçlüklerinin, halkın bu yazıyla okuma yazmayı öğrenmesini zorlaştırdığını belirten dönemin Osmanlı aydınları, yazı tartışmasını başlatmışlardır.

1887 Falih Rıfkı Atay anılarında, Atatürk'ün yazı konusundaki aceleci tavrını şu şekilde anlatmaktadır:
"*Atatürk bana sordu:*
- *Yeni yazıyı tatbik etmek için ne düşündünüz?*
Bir an 'beş yıllık uzun, bir de beş yıllık kısa mühletli iki teklif var' dedim. Teklif sahiplerine göre ilk devrinde iki yazı bir arada öğretilecektir. Gazeteler yarım sütundan başlayarak yavaş yavaş yeni yazılı kısmı arttıracaktır. Daireler ve yüksek mektepler için de tedrici bazı usuller düşünülmüştür. Yüzüme baktı.
- *Bu ya üç ayda olur, ya hiç olmaz dedi.*
Hayli radikal bir inkılapçı iken bile yüzüne bakamamıştım.
- *Çocuğum, dedi, gazetelerde yarım sütun eski yazı kaldığı zaman dahi herkes bu eski yazılı parçayı okuyacaktır. Arada bir harp, bir iç buhran, bir terslik oldu mu, bizim yazı da Enver'in yazısına döner, hemen terk olunuverir.*"
Atay, age. s. 405,406.
1888 Saray, **Türk Dünyasında Dil ve Kültür Birliği**, s. 81.

Meşrutiyet'le birlikte Latin harflerine kafa yoranların sayısı artmıştır. Hatta dönemin önde gelen aydınlarından **Abdullah Cevdet**, **İçtihat dergisinde** ve yazdığı kitaplarda **Avrupa rakamlarını** kullanmaya başlamıştır.

Birinci Dünya Savaşı öncesinde **Tanin gazetesinin** birinci sayfa köşesinde yeni bir yazı denemesi başlamıştır.[1889]

Harbiye Nazırı Enver Paşa da yazı konusuyla ilgilenmiştir. Hatta o dönemde resmi nezaret tezkereleri yeni yazıyla yazılmıştır.[1890] **Enver Paşa**, yeni bir yazı denemesi yapmıştır.

"Enver Paşa'nın yazısı sadece bitişik harf uygulamasını ortadan kaldırıp imla harfleri üzerine hareke koymaktan ibarettir."[1891]

Atatürk ise daha 1910'larda Latin harflerini kullanmaya başlamıştır. Sofya'dan arkadaşı **Madam Corinne**'e yazdığı mektuplarda Latin harfleri kullanmıştır.

18 ve 19. yüzyıllarda bazı Osmanlı aydınları, Arap harflerinin Türkçenin ses ve gramer yapısına uygun olmadığını ileri süren yazılar yazmışlardır.

*"**Ahmet Mithat**'ın Dağarcık dergisinde Osmanlıcaya karşı başlattığı tepki; Türkçenin ayrı bir mantığı ve yapısı olduğunun ilk farkına varan **Şemsettin Sami**, **Ali Suavi**, **Ziya Paşa**, **Süleyman Paşa** gibi Tanzimat döneminin önde gelen yazarları, hatta eserlerinde bazen oldukça süslü bir üslup kullanan **Namık Kemal**'in halk tarafından anlaşılamayan Osmanlıcanın sadeleştirilmesi için başlattıkları girişimlerle devam etmiştir. Ancak bu girişimler daha sonraki dönemde **Servet-i Fünun dergisi** çevresinde **Fecr-i Aticilerin** öncekilerden daha ağdalı bir Osmanlıcaya heves etmeleri üzerine sonuçsuz kalmıştır.*

Bu arada Batı ile sürdürülen ilişkiler nedeniyle İtalyanca, Fransızca, Almanca ve İngilizce teknik terim ve sözcüklerin Türk dilinin fonetiğine uydurularak yazı ve konuşma diline girmesi de Osmanlıcayı daha karmaşık hale getirmiştir."[1892]

1889 Atay, age. C.II, s. 401.
1890 age. s.401.
1891 age. s.401.
1892 Şerafettin Yamaner, **Atatürk, Değişimin Felsefesi ve Toplumsal Özü**, s.204, 205.

Yazı tartışmaları Cumhuriyet'e kadar devam etmiştir. Bütün bu tartışmalara 1928 yılında harf devrimiyle Atatürk son noktayı koymuştur.

Bu radikal değişikliğe karşı olanların başında "muhafazakâr ilim ve edebiyat çevreleri" gelmektedir.[1893] **Harf devrimini eleştirenler,** bu değişikliğin "çok hızlı" yapılmasından, "dini açıdan doğru olmadığı"na kadar pek çok bakımdan Latin harflerine saldırmışlardır.

Türklerin tarih boyunca kabul ettikleri alfabelerin hemen hemen hepsi o günün dini ve kültürel şartlarına bağlı olarak kabul edilmiş alfabelerdir. **Latin alfabesi temelindeki Türk alfabesi ise, doğrudan doğruya dil bilim ilkeleriyle dil gerçeği dikkate alınarak hazırlanmıştır.** Esas alfabe üzerinde Türkçenin ihtiyacına yanıt verecek değişiklik ve eklemeler yapılarak **milli bir Türk alfabesi** ortaya konmuştur.[1894]

Yeni harflerin en ateşli savunucusu, yeni rejimin en önde gelen yayın organı **Cumhuriyet gazetesidir.** Cumhuriyet, 1 Aralık 1928 tarihinde tamamen Latin harfleriyle çıkmıştır. Aynı gün **Yunus Nadi** *"Yeni Yazı"* adlı baş makalesinde alfabe değişikliğini değerlendirmiş ve sonuç olarak şu kanıya varmıştır:

"...Yeni harflerin hakiki manası şudur. Hakikaten ve maddeten Avrupa'ya iltihak etmiş bir Türkiye. Bu vaziyetin manası çok büyük, çok uzun ve çok derindir. Yeni harfleri tamamen benimsemiş, tamamen kendine mal etmiş Türkiye'nin istikbalini o kadar parlak görüyoruz ki bu parlaklık karşısında adeta gözlerimiz kamaşıyor, işte yeni yazının mahiyet ve manası budur..." [1895]

Şimdi de yeni yazıya geçiş kararının tüm aşamalarına yakından tanıklık eden **Falih Rıfkı Atay**'a kulak verelim:

"Atatürk inkılaplarının en çok rahatsız edeni yeni yazıdır. Doğrusu Atatürk ve İnönü herkese örnek olmak istediler.

1893 Atay, **age.** s. 408.
1894 Zeynep Korkmaz, **Dil ve Alfabe Üzerine Görüşler**, Ankara, 1991, s. 18,19.
1895 **Cumhuriyet,** 1 Kanunuevvel 1928, s. 1.

Yeni yazı kabul edildikten sonra ikisi de bir daha Arap yazısı kullanmadılar."[1896]

TÜRK DİL KURUMU VE ÇALIŞMALARI

1928 yılındaki alfabe değişimi önemli kolaylıklar getirmesine rağmen Türkçeyi sarmış olan Arapça ve Farsça sözcüklerin çokluğu, Türk dilinin kendisini tam anlamıyla ifade etmesini engellemiştir.

Atatürk'ün alfabe devriminden sonra dil devrimini zorunlu kılan temel neden, Latin alfabesiyle Osmanlıcayı yazma karmaşasına son vermektir.

1932 yılında I. **Türk Tarih Kongresi**'nin bitiminde Atatürk, dil konusunu da halletmenin zamanı geldiğini düşünerek harekete geçmiştir. Bunun üzerine önce **Türk Dili Tetkik Cemiyeti**, daha sonra **Türk Dili Araştırma Kurumu** ve son olarak da **Türk Dil Kurumu** adını alan merkezi oluşturmuştur.

Türk Dil Kurumu'nun görevi, *"Türk dilinin gerçek güzelliğini ve zenginliğini meydana çıkartmak ve onu dünya dilleri arasında layık olduğu yüksek mevkie çıkarmak"* olarak ifade edilmiştir.[1897]

Atatürk, dil devrimini büyük bir titizlikle, en ince ayrıntısına kadar düşünüp bizzat planlamıştır. Prof. **Bernard Lewis**, Atatürk'ün bu titizliğini şöyle anlatmaktadır:

"... İş bir askeri hareket gibi planladı ve çeşitli alanlara –dil bilimi etimoloji, gramer terminoloji, söz, sözcük yazıcılığı vs– hamleyi örgütlemek ve yürütmek üzere bir dizi komisyonlar kuruldu."[1898]

Bu komisyonlar dil konusunu görüşmek üzere kurultaylar düzenlemiştir. Türk dilinin geçmişteki, bugünkü ve gelecekteki durumunu görüşmek, dil konusunda yapılabilecekleri ortaya koymak amacıyla yerli ve yabancı bilim insanlarının katılacağı bir kurultayın toplanmasına karar verilmiştir.

1896 Atay, age. s. 409.
1897 TDK Tüzüğü, Madde: 2, Lewis, age. s. 428.
1898 age. s. 428.

I. Türk Dil Kurultayı 29 Eylül 1932'de Atatürk'ün başkanlığında Dolmabahçe Sarayı'nda toplanmıştır. Atatürk, tarih çalışmalarıyla olduğu gibi dil çalışmalarıyla da çok yakından ilgilenmiştir.

Atatürk başkanlığında toplanan I. Türk Dil Kurultayı'nın yönetim kurulu, dil devriminin "amacını" ve "yöntemini" belirten bir bildiri hazırlamıştır. 17 Ekim 1932 tarihli bu bildiride şu hususlara yer verilmiştir:

1. **Türk dilini ulusal kültürümüzün eksiksiz bir anlatım aracı durumuna getirmek.**
2. **Bunun için yazı dilinden, Türkçeye yabancı öğeleri atmak.**
3. **Halkçı bir yönetimin istediği biçimde halk ile aydınlar arasında nitelikçe ayrı iki dil varlığını ortadan kaldırmak, ana öğeleri öz Türkçe olan ulusal bir dil yaratmak.**[1899]

Bu bildiriden hareket edildiğinde Türk dil devriminin amaçları ve yöntemi hakkında şu değerlendirmeleri yapmak mümkündür:

Türk kültürünü, daha iyi ve daha kolay yansıtmak ve sonraya aktarmak, bu şekilde Türk ulusçuluğunu beslemek; çağdaş dünya ile rahat iletişim kurmak için "geliştirilmiş ve özdeşleştirilmiş" bir Türkçe yaratmak ve ondan faydalanmak; toplumda tabakalaşma derecesine varan ve dilden kaynaklanan kopukluğu gidermek, bu şekilde aydın-halk yakınlaşmasını sağlamak... Bu hedeflere ulaşmak için de öncelikle **Türkçeyi başka dillerden geçen kelimelerden arındırmak** amaçlanmıştır.

Bu programın ortaya çıkışında Atatürk'ün, "Türkçeyi yabancı dillerin boyunduruğundan kurtarma", "öz kaynaklara yönelerek Türk dilini eski zenginliğine ve öz güzelliğine kavuşturma" isteğinin büyük bir rolü vardır.

Atatürk "Halk Dilini" Açığa Çıkarmak İstemiştir

I. Türk Dil Kurultayı'nda biçimlendirilen bu "dil programı" hemen uygulanmaya başlanmıştır.

1899 Turan, **Atatürk ve Ulusal Dil**, s. 20.

Ziya Gökalp'in "aydınlarla" "halkı" kaynaştırmak gerektiğine ilişkin tezi, Türk dil çalışmalarına esin kaynağı olmuştur. Ziya Gökalp, aydınların halka giderek halktaki kültürü (**hars**) tanımaları ve o kültürü almaları gerektiğini ileri sürmüştür.[1900] Atatürk, buradan hareketle **halk diline ulaşmak** ve halk dilini "kültür dili" haline getirmek için çalışmalar başlatmıştır. Bu çalışmaların en önemlileri arasında **halk dilinden yapılan derlemeler, eski Türkçe metinlerini tarayarak Türkçenin sözcük hazinesini genişletmek, Türkçenin gramer kurallarına uyarak dil çalışmaları yapmak ve yeni sözcükler türetmek** başta gelmektedir.

Ayrıca **Atatürk'ün isteğiyle** Türk dilinin anıtsal yapıtları arasında yer alan "**Divan-ü Lügat-it Türk**", "**Kutatgu Bilig**" gibi eserler, tıpkıbasımları, metinleri, çevirileri ve dizinleriyle yayımlanmıştır. Bir de yabancı sözcükleri karşılayacak **Türkçe sözcükler** türetilmiştir.[1901]

Bu çalışmalar sırasında zaman zaman aksamalar olmuştur. Örneğin, yeni Türkçe sözcük türetme aşamasında kurallara aykırı kimi sözcükler türetilmiştir. Fakat bu gibi geniş ve çok yönlü araştırma ve incelemelerde yanlış ve eksiklerin olması son derece doğaldır.[1902]

GÜNEŞ DİL TEORİSİ

Atatürk, Türk Tarih Tezi'ni destekleyip güçlendirecek ve dil çalışmaları sırasında meydana gelen (yeni sözcük türetme gibi) bazı güçlükleri ortadan kaldıracak bir dil tezi geliştirmiştir. Sonraları çok tartışılacak olan bu tezin adı **Güneş Dil Teorisi**'dir.

1930'ların ortalarında **Viyanalı Dr. Kvirgiç'in** bir incelemesinden esinlenen **Atatürk,** Güneş Dil Teorisi'ne kafa yormaya başlamıştır.

Güneş Dil Teorisi'nin çıkış noktası olan "**tek dil kuramı**" ilk olarak **Tevrat**'ta geçmektedir. Tevrat'ta, önceleri "*Bütün dünya-*

1900 Gökalp, **Türkçülüğün Esasları**, s.44.
1901 TDK'nın çalışmaları için bkz. **Doğumunun 100. Yılında Atatürk'e Armağan**, TDK yayınları, Ankara, 1981.
1902 Bu konudaki tartışmalar için bkz. Doğan Aksan, **Tartışılan Sözcükler**, TDK Yayınları, Ankara, 1976.

nın dilinin bir olduğu"[1903] ancak daha sonra **Babil**'de tanrısal bir ceza olarak dillerin çeşitlendirildiği belirtilmiştir.

15. yüzyılda **Kaygusuz Abdal**, *"Gülistan"* adlı eserinde, *"Cennette Âdem Peygamber'e öğretilen ilk dilin Türkçe olduğunu"* söylemiştir.[1904] Ona göre Hz. **Âdem**, Tanrı'nın emriyle kendisini cennetten çıkarmak isteyen Cebrail'in dilini anlamayınca, Tanrı Cebrail'e, *"Âdem'e Türkçe hitap et!"* demiş. Bunun üzerine Hz. Âdem Cebrail'i anlayarak cennetten çıkmıştır.[1905]

18. yüzyılda **İsmail Hakkı Bursevi**, *"Hadis-i Erbain Tercümesi"*nde dünyadaki ilk dilin Türkçe olduğunu şöyle ifade etmiştir:

"Âdem cennetten 'lisan-ı Türkî ile halk' dimekle kıyam idüp çıkmıştır. Zira dünyada ahir tasarruf Türk'ündür." [1906]

19. yüzyılda da **Feraizcizade** (1853-1911) Sultan II. Abdülhamit'e sunduğu *"Persenk"* adlı eserinde Türkçenin dünyadaki "ilk dil" olduğunu belirtmiştir.

Feraizcizade Persenk'te, Türkçenin ses ve yapı özelliklerini açıklamış, Arap harflerini, Türçe sesleri daha iyi ifade edecek şekilde düzeltmeye çalışmıştır.

Feraizcizade, Persenk'e "derkenar" olarak yazdığı *"Türk Dilinin Lisan-ı Persenk Açıklaması"*nda, Peygamber tarihindeki sözcüklerin Türkçe köklerden geldiğini, dolayısıyla Türkçenin **ilk dil, ana dil** olduğunu kanıtlamaya çalışmıştır.[1907]

Önce **Kaygusuz Abdal**, sonra **İsmail Hakkı Bursevi** ve daha sonra da **Feraizcizade**... Hepsi de "ağız birliği" etmişçesine Türkçenin dünyadaki "ilk dil" olduğunu ileri sürmüşlerdir.

Osmanlı'da ayrıca **Mustafa Celalettin Paşa** (Constantin Borzecki), onun oğlu **Hasan Enver Paşa** ve damadı **Semih Rıfat**, "Türkçenin dünyadaki ilk dil olduğunu" savunmuşlardır.

1903 Tevrat, **Yaratılış**, 11,1.
1904 Kaygusuz Abdal, **Dilgüşa**, Haz. Abdurrahman Güzel, Ankara, 1987, s.16, 17.
1905 Feraizcizade Mehmet Şakir, **Persenk-Persenk Açıklaması**, Haz. Mustafa Koç, İstanbul, 2007, s.19.
1906 İsmail Hakkı Bursevi, **Hadis-i Erbain Tercümesi**, İstanbul, 1317, s.26.
1907 Ayrıntılar için bkz. Feraizcizade Mehmet Şakir, **Persenk-Persenk Açıklaması**, Haz. Mustafa Koç, Kale Yayınları, İstanbul, 2007.

Dolayısıyla bazı çevrelerin iddia ettiği gibi *"Güneş Dil Teorisi"*, Atatürk'ün icat ettiği "temelsiz", "kurmaca", "uyduruk" bir teori değil, tam tersine hem Batı'da hem de Doğu'da tartışılan bir kuramdır. Atatürk bu kuramı "adlandırıp" bilimsel ölçüler doğrultusunda araştırılmasını sağlamıştır.

Atatürk, Güneş Dil Teorisi'ni ileri sürerken **Viyanalı Dr. Kvirgiç** gibi Batılı bilim insanlarının çalışmalarından ilham almakla birlikte, **Feraizcizade'nin, Mustafa Celalettin Paşa'nın** ve **Semih Rıfat'ın** bu konudaki çalışmalarından da esinlenmiştir. Özellikle **Semih Rıfat'ın** dil devriminin en etkili isimlerinden biri olması bu yargıyı güçlendirmektedir.

Atatürk, 1922 yılında TBMM'deki açış konuşmasında Türklerin, dolayısıyla Türkçenin kökeninin **Hz. Nuh'a** kadar gittiğini şöyle ifade etmiştir:

"Efendiler... Türk milletinin kökünün dayandığı Türk adındaki insan, insanlığın ikinci babası Nuh Aleyhisselam'ın oğlu Yafes'in oğlu olan kişidir."

Dünyadaki "kadim" dillerin temelinde **Türkçenin** izleri olduğunu savunan **Güneş Dil Teorisi**, ilk kez **1936'da III. Dil Kurultayında** gündeme getirilmiştir.

Türkler Orta Asya'dan dünyanın dört bir yanına yayılırken dillerini de yaymışlardır. Dolayısıyla bütün kadim dillerin kökeni, çıkış noktası Türkçeye dayanmaktadır.

Bu nedenle artık dildeki yabancı sözcükleri ayıklamaya ve yerine Türk dilbilgisi kurallarına uygun sözcük türetmeye de gerek yoktur. Güneş Dil Torisi'ne göre yabancı bir sözcüğün alınması (Örneğin, **Elektrik**) bu sözcüğün aslında asıl yurduna geri dönüşüdür.

Güneş Dil Teorisi, hem sözcük kıtlığına, hem sozcuk turetirken yaşanan güçlüklere çözüm getirmiş, hem de Türk Tarih Tezi'ne "etimolojik", "lengüsitik" bir boyut kazandırmıştır. Böylece tarih ve dil tezleri birbirini tamamlamıştır.[1908]

1908 Güneş Dil Teorisi'nin ayrıntıları için bkz. Saffet Engin, **Kemalizm İnkılâbının Prensipleri**, Cumhuriyet Basımevi, İstanbul, 1939 C. I, s.146 vd, C. III, s.225.

Atatürk, Güneş Dil Teorisi doğrultusunda Batı dillerinde ki birçok kelimenin aslında "köken" olarak "Türkçe" olduğunu düşünmüştür. Bir an önce bu kelimeleri tespit edip yeniden öz yurduna dönmelerini sağlamak için gece gündüz çalışmıştır. Artık sohbetlerin en önemli konusu *"Hangi yabancı sözcükler Türkçedir?"* sorusudur. O günlerde Atatürk'ün yanında bulunanların anlattıklarına bakılacak olursa, Atatürk zamanının önemli bir bölümünü kelime analizlerine ayırmıştır.

*"...Birdenbire 'tonglite' kelimesi nereden geliyor, diye bir soru açtı. Bazı arkadaşlar bu kelimenin Fransızca olduğunu söylediler. Ata, özel kalem müdürü Süreyya Anderiman'a bir işaret verdi. Bir iki dakika sonra Fransızcanın etimolojik kamusu (sözlüğü) getirildi. Bu kamusta 'ton' kelimesinin Latinceden Fransızcaya geçtiği ve Latinceye de Yunancadan aktarıldığı yazılı idi. Biraz sonra Yunancanın etimolojik lügati getirildi. Bu lügate göre ton kelimesi Yunancanın kendi malı değildi. **'Bir Orta Asya dilinden geçmiş olması muhtemeldir diye yazılı idi.'** Ata'nın gözlerine baktım kıvılcımlar daha da canlanmıştı. Atatürk, biraz sonra 'tıp' terimine geçti. Bu defa 'şirürji' kelimesinin aslını sordu. Artık hepimiz ihtiyatlı olmuştuk. **'Biz Fransızca olarak biliyoruz, ama aslını bilmeyiz'** dedik. Gerçekten Avrupa dillerindeki bu kelimenin kaynağı iyi bilinmiyordu. Atatürk bu kelimenin eski Türk lehçelerinde 'yargıcı', yani yaraları iyi eden anlamına geldiğini söyledi. O zaman benim kafamda bir şimşek çaktı. Çünkü 'şirürji' yerine Ortaçağ Almancasında 'Wundarzt' dendiğini hatırladım. Bu tamamı tamamına **'yara iyi eden hekim'** demekti. Atatürk daha sonra 'terapi' kelimesinin aslını sordu. Biz artık dersimizi almıştık. Bu kelimenin kökenini bilmiyoruz demiştik. O zaman yaverlerinden birisini çağırdı. Bir emir verdiğini duydum. Yarım saat geçmeden uzun saçlı sakallı bir Rum papazı huzura getirildi. Rum papazının eski Yunanca ve Latinceyi çok iyi bildiği söylenmişti. Ona da 'terapi' kelimesinin aslını sordu. **Papaz hiç irkilmeden, aslı Yunancadır Paşam, hatta 'tarabya'** kelimesi, **"terapeftiki"** buradan gelir dedi. Ortaya yine Yunancanın etimolojik lügati getirildi. Orada 'terapi' kelimesi-*

nin Yunan asıllı olmadığını ve başka bir dilden geçme olduğu yazılı idi. Acaba hangi dilden geçmiş olabilirdi. Ata içimizden birisine 'diri' ve 'dirilik' kelimelerinin eski Türk lehçesinde nasıl söylendiğini sordu. Bu kelimeler orada 'tiri', 'tirilme', 'tirilik' olarak geçiyordu. Atatürk'e göre 'terapi' kelimesinin aslı işte bu 'tirilmeden' geliyordu."[1909]

Yazı ve dil çalışmalarıyla "halk kültürü", "milli kültür" açığa çıkarılıp yeni devletin temeline konulmak istenmiştir. Bu şekilde hem halkın "kültürel uyanışının" sağlanması amaçlanmış hem de halka yeni Türk devletini kendi "öz kültürüyle" besleme fırsatı verilmiştir. *"...Türk Dil Kurumunun ortaya koyduğu derleme ve tarama sözcüklerin anlamı bu açıdan değerlendirilmelidir. Halkın yazısız dili ile tarihsel zorunluluklar yüzünden halklaşmamış bir kültürün unutulan sözcükleri bir araya getirilerek kendini yaratan ulusal dil bulunmuştur. Bu yöndeki çalışmalar ulusu bir ad olmaktan çıkarıp bir kültür bütünü durumuna getirmektedir. Dil devrimi buna karşı olanların söyledikleri ve sandıkları gibi geçmişle ilişkinin koparılması değil, tam tersine artık gerekli ve tutarlı bir dil ve kültür gelişimi kurmanın, böylece de geçmişi yaratmanın başlangıcıdır. Bir Halit Ziya Uşaklıgil'in iki kez Türkçeleştirilmiş olması, onun dilinin halk dilinden iki kez uzak olduğunu gösterir.*"[1910]

Yazı ve dil çalışmalarıyla ayrıca yazı dili ile konuşma dili arasındaki fark azaltılmaya çalışılmıştır. Bütün dünyada yazı ve konuşma dili arasında ufak farklar vardır. Fakat Osmanlı Türkiye'sinde bu fark o derece büyüktür ki *"İki farklı dil gibiydi. Okuryazar olmayan birinin normal bir yazı metnini kendisine yüksek sesle okunduğu zaman bile anlaması beklenemezdi."*[1911]

"Yeni Türkiye'de bu fark kapanmıştır. Kitapların, gazetelerin ve hükümet belgelerinin dili; konuşulan dilin aynıdır. Veya hiç olmazsa bile Batı ülkelerinde normal olandan daha fazla bir

---

1909 Irmak, **age.** s.357.
1910 Melih Cevdet Anday; *"Cumhuriyet Yılları ve Kültür."* 75. Yılın İçinden, Ekim 1998, s.14.
1911 Lewis, **age.** s.431.

fark yoktur. Bu değişikliğin dil bilimi ve kültür yönünden diller üzerindeki etkileri hakkında ancak Türklerin kendileri bir yargıda bulunabilirler."[1912]

Atatürk'ün **yazı ve dil devrimi,** kökleri çok eskilere giden bir kültürün unutulan mirasını kullanarak yeni bir kültürel birikim ortaya koyma projesidir. Yazı ve dil çalışmaları da tıpkı tarih çalışmaları gibi **Türk ulusal kimliğini** belirginleştirme kaygısının izlerini taşımaktadır.

DİL VE DİN

İslam dini açısından **yazı ve dil devriminin** anlamı nedir?

Atatürk, "ümmet" fikrinden uzaklaştırdığı Türk toplumunu, bu fikrin temel göstergelerinden olan "Arap dilinden" ve "yazısından" da uzaklaştırmıştır. Fakat toplumun Arap dilinden ve yazısından uzaklaştırılması, Arapçayla yazılmış olan İslamın temel kaynağı **Kur'an**'dan da uzaklaşılması anlamına gelmemektedir. Tam tersine, **Kur'an Arapça olduğu için** yüzlerce yıl, Kur'an'da ne dendiğini bilmeyen Müslüman Türk insanı, Atatürk'ün Kur'an'ı Türkçeleştirmesiyle kutsal kitabının anlamını öğrenmiş ve Kur'an'a çok daha yakınlaşmıştır.

Dolayısıyla *"Arap harflerinden Latin harflerine geçilmesiyle Müslüman Türk halkının Kur'an'la olan bağının koptuğu"* iddiası, kocaman bir "yobaz yalanından" başka bir şey değildir.

Atatürk'ün, Arap harflerinden Latin harflerine geçiş kararı ve dil devrimi, dinde Türkçeleştirme çalışmalarıyla birlikte değerlendirilmelidir. Çünkü ancak o zaman Atatürk'ün ne yapmak istediği anlaşılacaktır.

O, en umutsuz anlarında bile **dil** konusunu düşünmüştür. Ömrünün son günlerinde hasta yatağında durumunun iyice ağırlaştığı anlarda, *"Dil... dil, ama dil... Yarabbi dil..."* diye, kesik kesik sözcüklerle cümleler kurmaya çalışmıştır. Onun **ölüm döşeğindeki bu sözleri,** daha dil konusunda yapacaklarını bitirmediğinin ve dil konusuna verdiği önemin bilinçaltı kanıtlarıdır.

[1912] age. s. 431.

Yedİncİ Bölüm

Acımasız İftİralar Ve İftİracılar

ACIMASIZ İFTİRALAR

Türkiye'de Atatürk'e yönelik saldırılar ve iftiralar, daha Atatürk'ün sağlığında başlamıştır. Kimileri "düşmanlıktan", kimileri "bağnazlıktan" kimileri de "cahillikten" dolayı Atatürk'e saldırmıştır. Atatürk'e yönelik saldırların sadece Atatürk'ü hedef almadığı çok iyi bilinmelidir. Atatürk, "**bağımsız**" ve "**çağdaş**" Türkiye Cumhuriyeti'nin sembolüdür. Dolayısıyla Atatürk'ü hedef alan saldırılar aslında **bağımsız** ve **çağdaş** Türkiye Cumhuriyeti'ni hedef almaktadır.

Atatürk'ü "karalamak", "lekelemek" isteyen çevreler iftiralarını meşrulaştırmak için çoğunlukla "dini" kullanmışlardır. Bu "Atatürk düşmanı yobazların" asıl amacı, onun kurmuş olduğu cumhuriyeti yıkıp, ütopyadan başka bir şey olmayan "şeriat devleti"ni kurmaktır. Dahası, kendilerini "**liberal**" veya "**İkinci cumhuriyetçi**" diye tanımlayan, çoğunlukla **eski Marksistler ve siyasal İslamcılar** da bu Atatürk düşmanı yobazlarla kol kola girerek, Atatürk konusundaki yalan ve iftiralara ortak olmuşlardır. Saf ve temiz Türk halkını yalan ve iftiralarıyla zehirleyenlerle yeterince mücadele edilmemesi, Atatürk'e yönelik iftiraların toplumun hafızasında yer ederek, zamanla doğruymuş gibi algılanmasına neden olmuştur.

Türkiye'de Atatürk'e yönelik saldırıların üç önemli kaynağı vardır. Bu kaynaklar şunlardır: **1. Rıza Nur, 2. Said-i Nursi, 3. Kâzım Karabekir.**

Şimdi sırasıyla "Atatürk düşmanlığının" bu temel kaynaklarını inceleyelim.

RIZA NUR:

Atatürk'e yönelik ipe sapa gelemez idiaların ve saldırıların ana kaynağı Rıza Nur'dur.

Rıza Nur tıp doktorudur. Birinci ve İkinci TBMM'de iki dönem milletvekilliği yapmıştır. İsmet İnönü'yle birlikte Lozan Konferansı'na giden ekipte yer almıştır. Kurtuluş Savaşı'ndan sonra 14 ciltlik *"Türk Tarihi"* adlı bir eser yazmıştır. 1926 yılında Türkiye'den ayrılıp Fransa'ya yerleşmiştir.[1913]

Rıza Nur, **"Hayat ve Hatıratım"** adlı kitabında Atatürk'e ağzına geleni söylemiştir. Atatürk düşmanı çevreler de onun bu saçma sapan iddialarını kaynak olarak kullanıp Atatürk'ü eleştirmişlerdir.

Atatürk hakkındaki iddialarının "uydurmaca" olduğunu bilen Rıza Nur, anılarını Atatürk'ün sağlığında yayınlatma cesareti gösterememiştir. Anılarını 1935 yılında **British Museum'a**, 1960 yılına kadar yayınlanmamak üzere göndermiştir.[1914] Yani Rıza Nur, Atatürk'ün ölmesini beklemiştir.

Peki, Rıza Nur'u bu kadar öfkelendiren nedir? Neden Atatürk'e çok çirkin iftiralar atmıştır?

Atatürk 1927 yılında **Nutuk**'ta, Rıza Nur'un **Balkan Savaşı** sırasında "vatana ihanet etmiş olduğunu" belirtmiştir; herkes vatanı kurtarmaya çalışırken, Rıza Nur'un **Arnavutları isyan ettirmeye** çalıştığını açıklamıştır[1915]. Rıza Nur, 1928 yılında Paris'te Nutuk'u okuduktan sonra aynı yıl *"Hayat ve Hatıratım"* adlı anılarını yazmaya başlamıştır.[1916] Amacı, Nutuk'ta anlatılanları

1913 İsmet Görgülü, **Atatürk'ün Özel Yaşamı**, Ankara, 2003, s.24,25.
1914 Turgut Özakman, **Dr. Rıza Nur Dosyası**, Ankara, 1995, s.7.
1915 **Nutuk**, s.599.
1916 Özakman, age. s.17.

"yalanlamak" ve kendisini vatan hainliği ile suçlayan Atatürk'ten "acımasız iftiralarla" intikam almaktır.

Amacına da ulaşmıştır! Rıza Nur'un anıları 1967-1968 yılında dört cilt halinde Türkiye'de yayımlamıştır. İşte bundan sonra Atatürk ve Türkiye düşmanları Rıza Nur'un anılarına dayanarak Atatürk'e saldırmaya başlamışlardır.

Rıza Nur'un Atatürk'e yönelik iftiraları kelimenin tam anlamıyla "ahlaksızca" ve "vicdansızcadır."

Örneğin, Rıza Nur, Atatürk'ün annesi **Zübeyde Hanım**'ın "*genelev kadını*" olduğunu iddia etmiştir.

Atatürk'ü "lekelemek" isteyen çevreler de Rıza Nur'un bu "alçakça" iftirasını alıp "*Mustafa Kemal'in soyu sopu belli olmayan biri olduğunu*" iddia etmişlerdir.

Müslüman olmaktan dem vuran, fakat zerre kadar **Allah korkusu** taşımayan bu çevreler, Atatürk'ün annesi **Zübeyde Hanım'ın** adını "kirletmeye" çalışmışlardır. Ki o Zübeyde Hanım, tam bir "Allah dostu", "gerçek bir mümin" ve "tam bir Müslüman", "mübarek bir anadır". O Zübeyde Hanım, beş vakit namazını kılan "sofu" bir kadındır. Ömrü boyunca defalarca **Kur'an'ı hıfzetmiş** gerçek bir **Kur'an dostudur**. Ve o Zübeyde Hanım, sevgili oğlu Mustafa Kemal'e de **Allah sevgisini** aşılayan ilk kişidir. Çok daha önemlisi Zübeyde Hanım'ın doğurduğu "o evlat" bir ulusu esir olmaktan, köle olmaktan kurtarmıştır. O mübarek ananın doğurduğu evlat sayesinde bugün Türkiye'de camilerden ezan sesleri yankılanabilmekte, Müslümanlar gönül rahatlığıyla dini vecibelerini yerine getirebilmektedir.

İşte bu insafsızlar, böyle bir anaya bile hiç utanmadan "**genelevde çalıştığı**" iftirasını atmaktan çekinmemişlerdir. Oysaki bilindiği gibi Osmanlı'da "genelev" ya da ona benzer bir kurum yoktur.[1917]

Bu insafsızlar, bu asılsız ve çirkin iddialarını hiç utanmadan 1990 yılında sahte **bir mahkeme kararıyla** da belgelemek

---

1917 Görgülü, age. s.23,24.

istemişlerdir.[1918] Bu sahte karara göre Atatürk'ün annesinin *"kötü kadın"* olduğu, babasının da *"belli olmadığı"* güya ispatlanmış ve bu sahte belge 1990 yılında üstelik **Milli Eğitim Bakanlığı'nda Personel Genel Müdürlüğü'nün bir şefi** tarafından çoğaltılarak **Meclis'te milletvekillerinin posta kutularına kadar atılmıştır.**[1919]

Atatürk'ün annesi Zübeyde Hanım'a *"genelev kadını"* diyen Rıza Nur, Atatürk'ün babası **Ali Rıza Efendi** hakkında da ipe sapa gelmez iddialar ileri sürmüştür.

Dr. Rıza Nur, Atatürk'ün **babasının belli olmadığını**, Atatürk'ün, Ali Rıza Efendi'nin **üvey oğlu** olduğunu belirtmiştir!

Nur, Kendisinin Atatürk'ün yakın arkadaşı ve **özel doktoru** olduğunu, bu nedenle Atatürk'ü çok iyi tanıdığını söyleyerek asılsız iddialarının doğruluğunu kanıtlamak istemiştir. Bir de sözüm ona, "Atatürk'ün, babası Ali Rıza Efendi'den hiç söz etmediğini" ileri sürerek, kendince bir çıkarım yapmış ve *"Demek ki Ali Rıza Efendi Atatürk'ün üvey babasıdır"* iddiasını ortaya atmıştır. Rıza Nur, doğrudan Ali Rıza Efendi'ye de saldırmış ve *"Ali Rıza Efendi'nin Türk olmadığını Sırp mı Bulgar mı olduğunun da belli olmadığını"* iddia etmiştir!

Birincisi; Dr. Rıza Nur Atatürk'ün yakın arkadaşı, hatta arkadaşı bile değildir.

İkincisi; Rıza Nur evet doktordur; ama **Atatürk'ün doktoru,** hele hele özel doktoru hiç değildir. Atatürk'ün 1931'den 1938'e kadar gün gün saat saat yanında bulunanların tam listesini *"Atatürk'ün Nöbet Defterleri"* nde bulmak mümkündür. Bu defterlerde gün gün, saat saat Atatürk'ün yanında bulunan doktorlar isim isim belirtilmiştir. Ancak özel doktoru(!) Rıza Nur'dan eser bile yoktur.[1920] Rıza Nur, Atatürk'ün doktoru değildir. Bu, Rıza Nur'un uydurmalarından sadece biridir.

Rıza Nur'un **"deli saçması"** anıları akla hayale sığmayacak zırvalarla doludur. Örneğin,"*Atatürk'ün eşcinsel olduğu, eşi La-*

1918 "Çirkin Tezgâhın Sahte Belgeleri", Sabah Gazetesi, 21 Ocak 1990.
1919 Erbil Tuşalp, Şeriat A.Ş, Bilgi Yayınevi, 1994, s. 103.
1920 **Atatürk'ün Nöbet Defteri, 1931-1938,** Toplayan: Özel Şahin Giray, 1955.

tife Hanım'ın kendisinden bu yüzden ayrıldığı ve Atatürk'ün onun bunun karısına sarkıntılık ettiği" şeklindeki saçmalıklar Rıza Nur'a aittir.[1921] *"Hayat ve Hatıratım"* adlı anıları okunduğunda Rıza Nur'un ağır bir **"ruh hastası"** olduğu anlaşılmaktadır.

Rıza Nur anılarında, **"Şüphesiz ki ben nevrastenik idim"** diyerek bizzat kendisi **"akıl hastası"** olduğunu itiraf etmiştir. Akıl almaz, şaşırtan itirafları ve çelişkili anıları dikkate alındığında Dr. Rıza Nur'un gerçekten de akıl hastası olduğu görülecektir.

Rıza Nur'un yüzlerce sayfalık anılarını bir doktor gözüyle okuyan Ruh ve Sinir Hastalıkları Uzmanı **Dr. Hasan Behçet Tokol**'un Rıza Nur hakkındaki teşhisleri dikkat çekicidir:

"Bu kişide bir koğuş hastaya yetecek kadar hastalık var. Teşhisim: psikopatik bir zemin üzerinde paranoit reaksiyon, yani çok ağır bir ruhsal bozukluk tablosu. Bu tür hastalar, zekâ fakülteleri tamamen bozulmadığından kısa süreli de olsa olumlu işler yapabilirler. Anılarını, son duygu, düşünce ve yargılarına göre değiştirerek, geriye dönüp yeniden kurgulayarak, sanki gerçekmiş gibi nakletmiş ki, bu tutum bu tür hastalara özgü bir telafi ve tatmin yoludur.

Böyle bir hastanın anılarını ve tanıklığını ciddiye almak tıbben mümkün değildir."[1922] Doktorun, Rıza Nur'da belirlediği hastalıklar Şunlardır:

İzolasyon: (kendini çevreden soyutlama), depresyon: (ruhsal yavaşlama, içe kapanma, çöküntü), homoseksüel eğilimli, obsesif-kompülsiv sendrom: (toz, mikrop korkusu), depresonelizasyon: (aşağılık duygusu), agresif ve hostil: (saldırgan ve kızgın), psikopat: (kişilik bozukluğu), mitomoni: (yalan söyleme), fabulasyon: (masal uydurma), fanteziler: (hayal ettiği şeyleri gerçek sanma), megolomani: (büyüklük fikirleri), narsizm: (kendi-

---

1921 Rıza Nur'un tüm bu "deli saçması" iddiaları ve yanıtları için bkz. İsmet Görgülü, **Atatürk'ün Özel Yaşamı, Uydurmalar, Saldırılar, Yalanlar**, Bilgi Yayınevi, İstanbul 2003.
1922 Özakman, **age.** s.153-158.

ne hayran olma), paranoit reaksiyon: (takip edildiğinde sanma duygusu, öldürülme korkusu), egosantrizm: (kıskançlık, herkesi karalama, güvensizlik, devamlı övünme, sahte gurur). Görüldüğü gibi Rıza Nur, gerçekten de bir koğuş hastaya yetecek kadar hastalığa sahiptir.

Rıza Nur, devamlı bir uçtan bir uca gidip gelen bir kişidir. Balkan Savaşı'nda Arnavutları ayaklandırır. Kurtuluş Savaşı'nda milliyetçidir. Anılarını yazarken ırkçıdır. Anılarında, hem hilafet ve saltanatı kaldırmış olmakla övünür, hem de hazırladığı parti programında hilafeti kurmak ister. *"Türk Tarihi"* adlı kitabında Mustafa Kemal'in hakkını teslim eder, onsuz zaferin olmayacağını belirtir, *"Hayat ve Hatıratım"* adlı anılarında ise olmayacak iftiralar atar.

Cinsi yönden de sağlıklı değildir. Kendi anlatımıyla gençliğinde **bir kere cinsel tacize, bir kere de tecavüze** uğramıştır. Sonrasında bir **Harbiyeliye âşık olmuştur.** Kadın olmak istemiş, **cinsel organını aldırtmayı** düşünmüştür.[1923]

Dr. Rıza Nur'un Atatürk'e saldırdığı *"Hayat ve Hatıratım"* adlı kitabındaki bazı cümleler, onun nasıl bir **ruh haline** sahip olduğunu tüm çıplaklığıyla ortaya koymaktadır:

"Karımdan şu mektubu aldım: 'Ben burada kendime bir hayat arkadaşı buldum. Bunu başkasından duyarak üzülmene imkân bırakmıyorum.' Namussuz karı! Sonunda bana boynuz da taktı:(s.l785).Galiba bu işte M.Kemal'in ve İsmet'in (İnönü) de parmağı var.(s. 1786)"

"(Karımın) ahlakı da bozuldu. Evdeki kızları benden gizli çırılçıplak soyuyor, dans ettiriyor, (s.1346)"

"Bir Rus doktor, zampara mı zampara; karının sözüne göre de bizim karıya da sataşmış, (s. 1410)"

"Yataktan fırladım. Adam da derhal kaçtı. Baktım ki donum kesilmiş. Artık uyuyamadım, (s.78)"

"Yaşlı adam tabancasını çekti ve bana: '(Donunu) çöz, yoksa öldürürüm' dedi... Boğuşma başladı... Nihayet bayılıp kalmışım... Gözümü açtığım vakit yanımda kimse yoktu, (s.84)"

[1923] age. s.66,67.

"Bu çocuğu (Harbiyeli) herkesten ziyade sevmeye başladım... Görmesem aklımdan hiç çıkmıyor, görsem yüzüme bakmıyor, içimde heyecan duyuyordum... Anladım ki bu çocuğa âşık olmuşum... Böyle bir aşkın sonu livata (sapık cinsel ilişki) demektir. (s.22)"

"Kadın, erkekten aşağı bir mahlûktur. (s. 1530)"

"Arnavutları isyana teşvik ettiğimi ben kendi elimle yazdım. Bu kusur değil, iftiharım sebebidir. Bana büyük şereftir. (s. 1305)"

"Ahlak ve temiz adetler ve faziletlerin bir kısmı kendiliğinden gitti, bir kısmını da bilerek ben terke mecbur oldum. Yalan da söyledim, (s. 105)"[1924]

Rıza Nur'un anıları taranacak olursa daha pek çok bu gibi üstün özelliğine(!) rastlanabilir.

İşte Atatürk'e ve ailesine yönelik akla hayale sığmaz iftiraların sahibi Dr. Rıza Nur... Üzülerek söylemek gerekir ki, ülkemizde bilerek ya da bilmeyerek pek çok insan, hatta sözüm ona, araştırmacı-yazar sıfatını taşıyan pek çok aydın, bu Rıza Nur'u kaynak olarak kullanarak Atatürk'ü eleştirmiştir.

SAİD-İ NURSİ

Atatürk düşmanlarının tek referansı, Atatürk'ün soyuna ve kişiliğine yönelik akıl almaz iftiralar atan Dr. Rıza Nur değildir. Atatürk düşmanları, en az Rıza Nur kadar, **Said-i Nursi** ve **Kâzım Karabekir**'den de etkilenmişlerdir.

Atatürk düşmanlarına göre, yüce İslam âlimi(!) Said-i Nursi (Kürdi)'nin Atatürk hakkında söyledikleri çok önemlidir! Atatürk düşmanları -Dr. Rıza Nur'un yöntemini kullanarak- sözüm ona **"Said-i Nursi'nin Atatürk'ü çok iyi tanıdığını"** iddia etmişler ve buradan hareketle Nursi'nin Atatürk'le ilgili iddialarının dikkate alınması gerektiğini belirtmişlerdir.

Bu din bezirgânları, **Atatürk-Said-i Nursi ilişkisini** hayali motiflerle de zenginleştirerek *"Paşa Paşa..."* diyerek işaret par-

---

1924 Rıza Nur, **Hayat ve Hatıratım**, İstanbul, 1968; Turgut Özakman, **age.** s.14 vd.; Görgülü, **age.** s.26-29.

mağını Atatürk'e doğru uzatan sanal bir kahraman yaratmaya çalışmışlardır!

Onlara göre Said-i Nursi "**yüce bir varlık**", "**evliya**" derecesinde üstün bir kişiliktir; hatta **Allah'ın en sevgili kullarından biridir! O bir Allah dostudur!** Onun söyledikleri adeta **ilahi bir emirdir!**

Said-i Nursi'nin yolundan giden ve kendilerine "**Nurcu**" adını verenlerin onun söylediklerine "inanmamaları" ya da onun düşüncelerini "sorgulamaları" olanaksızdır. Nurculara göre Said-i Nursi'nin **söylediği her şey doğru olduğuna göre**, Atatürk hakkında söyledikleri de doğrudur!

Said-i Nursi'nin Atatürk'e yönelik saçma sapan iddialarını dillerine dolayan "din bezirgânları" yine Atatürk'e acımasızca saldırmışlardır.

Peki, ama kimdir bu Said-i Nursi?

Hayatı

Said-i Nursi, "**Nurculuğun**" kurucusudur. Bitlis'in Hazan ilçesinin **Nors köyünde** 1873 yılında doğmuştur. Göbek adı **Rıza** olan Said-i Nursi'nin asıl adı **Said-i Kürdi'dir**.

Kendisi, köklerinin **Hz. Muhammed'e dayandığını** ileri sürmüştür.[1925]

Daha çocuk yaşlarda bölgede etkili olan **Nakşibendî tarikatına** girmiştir. **Mahalle Mektebinde** okumuştur. Gençliği **Medreseliler arasında** geçmiştir. Düzenli bir eğitim öğretim hayatı olmamıştır.

İstanbul'a ikinci gelişinde tutuklanmıştır (1907). Bir süre **akıl hastanesinde** tedavi görmüştür.

31 Mart mürteci isyanının fitilini ateşleyen **Derviş Vahdedi'nin** Volkan gazetesinde ve **Kürdistan dergisinde** yazılar yazmıştır. 31 Mart isyanına karıştığı iddiasıyla yargılanarak beraat etmiştir.

1925 Şerif Mardin, **Türkiye'de Din ve Toplumsal Değişme Bediüzzaman Said Nursi Olayı** (Religion and Social Change in Modern Turkey The Case of Bediüzzaman Said Nursi'den çev. Metin Çulhaoğlu), s.109

Bezmi Nusret Kaygusuz, Meşrutiyet yıllarına ilişkin anılarında Said-i Nursi'nden şöyle söz etmektedir:

"*İttihatçılar bu adamı çok şımartmışlardı. İptidada (önceleri)Said-i Kürdî'ye büyük bir paye verdiler. Güya Kürt meselelerinde ondan istifade edeceklerdi. Hâlbuki gösterilen saygıyı o kendi hakkı zannetti. Ve yükseklerden ötmeye başladı. Zamanın kutbu ve mehdisi tavrını takındı. Maaza senelerden sonra da aklı başına gelmemiştir. Yeni bir tarikat iddiasına ve onun piri olmaya çalıştığı işitilmektedir. Halen Nurcu diye maruftur. (bilinmektedir.)*"[1926]

Nursi, Nakşibendî tarikatına mensup, İngiliz yanlısı Derviş Vahdedi ile birlikte siyasal İslamcı **İttihad-i Muhammedi Cemiyeti'ni** kurmuştur. Cemiyetin kuruluşu nedeniyle 3 Nisan 1909'da Ayasofya Camii'nde mevlit okutulmuştur[1927].

Daha sonra **Teşkilat-ı Mahsusa**'ya üye olmuştur. Sonra da ayrılıkçı **Kürdistan Teali Cemiyeti**'nin kurucuları arasında yer almıştır. Aynı dönemde Kürt hakları davasının propagandasını yapmak için kurulan **Kürt Neşriyat Cemiyeti**'nin kurucuları arasında da adı vardır.[1928]

"*Birinci Dünya Savaşı'nda Osmanlı Almanya'nın yanında savaşa girmiştir. Bu süreçte "tüm giderleri Almanlar tarafından karşılanan İslam Birliği Propagandası bağlamında Alman malı 'Cihad-ı Ekber' fetvasını kaleme alan kurulda, 1907'lerde temeli atılan ve Almanlarca beslenen İslam Birliği amaçlı Gizli İstihbarat Örgütü Teşkilat-ı Mahsusa'nın üyelerinden Said-i Kürdi (Nursi) de bulunuyordu.*"[1929]

Alman malı cihat fetvasının yazarlarından Said-i Nursi, bir süre **Rusya'da tutsak kalmış**, daha sonra bir yolunu bulup 1918'de kaçarak **Almanlara sığınmıştır.**

1926 Bezmi Nusret Kaygusuz, **Bir Roman Gibi**, İstanbul, 1955.
1927 Sina Akşin, **Kısa Türkiye Tarihi**, İstanbul 2007, s. 60. Son padişah Vahdettin'in de İttihad-ı Muhammedi Cemiyeti ve Derviş Vahdedi ile ilişkili olduğuna yönelik bazı işaretler vardır. Akşin, **age.** s. 116.
1928 Mustafa Yıldırım, **Meczup Yaratmak**, Ankara, 2006. s. 73, 74.
1929 Cengiz Özakıncı, **Türkiye'nin Siyasi İntiharı, Yeni Osmanlı Tuzağı**, İstanbul 2005, s. 39; Necmettin Şahiner, **Bilinmeyen Taraflarıyla Bediüzzaman Said-i Nursi**, İstanbul, 1979, s. 148.

Nursi, Almanya'da kaldığı iki ay boyunca yaptığı konuşmalarda *"Türk Alman, Alman Türk tarih boyunca kadim dostturlar. Türkler Alman dostluğuna sadakatte çok hassasiyet gösterirler"* demiştir.[1930] Ancak Cengiz Özakıncı'nın ifade ettiği gibi, *"Kitabın hiçbir yerinde Hıristiyan komutasında cihat yapılacağına ilişkin bir buyruk yoktu. Tersine kendi dinimizden olmayanları 'veli' (dayanak, dayı, buyurgan) edinmeyin diyordu Tanrı. Maide Suresi'nin 51. Ayeti böyleydi. Bu buyruğu görmezden gelince böyle olmuştu sonları."*[1931]

Kurtuluş Savaşı yıllarında bu savaşın halifeyi kurtarmak için yapıldığını düşünerek, savaşın sonlarında Ankara'ya gelmiştir (1922); fakat bu mücadelede sözüm ona "İslam karşıtı" bir hava sezerek, Ankara'dan ayrılarak Van'a gitmiştir (gönderilmiştir).

1925 yılında patlak veren **Şeyh Sait** isyanı ile ilgili görülerek, **İstiklal Mahkemesi tarafından sürgün edilmiştir**. Önce **Isparta'ya**, sonra **Kastamonu'ya** ve **Emirdağ'a**, sürülmüştür.

Isparta'da sürgündeyken **Demokrat Parti** iktidarı tarafından serbest bırakılmıştır. Kendisine **tahsis edilen bir otomobille** propaganda gezilerine çıkmıştır.

1950'lerde Said-i Nursi, **Amerikan destekli** yerli işbirlikçilerle yeniden parlatılmıştır. **Demokrat Parti'nin** iktidar olduğu ve **"karşı devrimin"** başladığı o yıllarda Amerikan eksenli tüm politikaları yayın yoluyla halka benimsetmeye çalışan **Cemal Kutay**, Özakıncı'nın deyişiyle, *"Said-i Nursi'yi sindiği köşede bulup, çıkartıp, Amerika'nın izniyle Türk gençliğinin düşünsel önderi olarak parlatıyordu. Çünkü Amerika, dünya üzerinde eskiden Almanya çıkarına çalışan bütün ajanları toplayıp kendi hizmetine koşmaya başlamıştı. Türkiye'de yapılan buydu."*[1932] Sade-

---

1930 Şahiner, age. s.180,181.
1931 Özakıncı, age. s.58.
1932 age. s.145. Cemal Kutay, yazdığı, "Çağımızda Bir Asr-ı Saadet Müslümanı: Bediüzzaman Said-i Nursi" adlı kitabında Nursi'yi Demokrat Parti yönetiminin isteği doğrultusunda nasıl arayıp bulduğunu, nasıl ortaya çıkartıp parlattığını, nasıl Amerikan isteklerine uygun bir din adamı olarak tanıttığını belgelerle anlatmaktadır. Bkz. Cemal Kutay, Çağımızda Bir Asrı Saadet Müslümanı: Bediüzzaman Said-i Nursi, Yeni Asya Yayınları, İstanbul, 1981.

ce Said-i Nursi değil, Hitler örgütlenmesinde görev alan Alman güdümlü İslamcı **Cevat Rıfat Atilhan** da Almanya yenilince rotayı Amerika'ya doğrultmuş ve 1950'lerden itibaren **Amerikan güdümlü İslam Birliği** çalışmalarına katılmıştır.[1933]

Soğuk savaş döneminde Amerika'nın, kırk yıl önce Almanya için **cihat fetvası** yazan Said-i Nursi gibi İslamcılara çok ihtiyacı vardır. Amerika bu İslamcıları şimdi de **Amerikan malı cihat fetvaları için** kullanacaktır.

Said-i Nursi, sadece sıradan bir din adamı değildir, o Osmanlı'nın son yıllarında ve Cumhuriyet'in ilk yıllarında yabancı güçlerin İslamdan yararlanmak için hep el altında bulundurdukları bir aktördür.

"Said-i Kürdi (Nursi) hem eski Almancı yeni Amerikancı, hem İslam Birliği yandaşı, hem Osmanlıcı, hem Kürt, hem hilafetçi olması bakımından Amerika'nın Bullit tarafından kurallaştırılan Soğuk Savaş stratejisinin Türkiye'deki kanaat önderi ve ruhani lideri olup çıkmıştır."[1934]

Nursi, 24 Mart 1960'ta **Şanlıurfa'da** ölmüştür. Mezarının nerede olduğu belli değildir.

Said-i Nursi, onlarca ciltlik Risale külliyatına, **"Risaele-i Nur"** adını vermiştir.[1935]

Kürdi'den Nursi'ye

Said-i Nursi, kendisini **"dini dokunulmazlık zırhıyla"** kaplayıncaya kadar **Said-i Kürdi** olarak tanınmıştır. Fakat zaman içinde, **"Nors"** köyünde doğmuş olmasından ve Kur'an'daki **Nur Suresi'nden** istifade ederek adını **Said-i Nursi'ye** dönüştürmüştür. Kur'an'daki Nur Suresi'yle "Nursi" adı arasında bir özdeşlik kurarak cahil halk kitlelerini, adının Kur'an'da geçtiğine inandırmayı başarmıştır. Kısa zamanda saf dindar insanları, kendisinin "mistik", "gizemli" ve "kutsal" biri olduğuna inandırmıştır.

[1933] Özakıncı, age. s.146.
[1934] age. s.146.
[1935] Abdülbaki Gölpınarlı, **100 Soruda Türkiye'de Mezhepler ve Tarikatlar**, s. 277, 278.

Said-i Nursi, bu "yapmacık isme" bir de "karizmatik sıfat" eklemiş ve böylece namı diğer Said-i Kürdi, bir anda **Bediüzzaman Said-i Nursi** olup çıkmıştır![1936]

Kurtuluş Savaşı ve Said-i Nursi

Cumhuriyet ve Atatürk düşmanı çevrelerin bayrağı haline getirilen **Said-i Nursi** konusunda müthiş bir bilgi kirliliği vardır. Onunla ilgili kitaplarda efsaneyle tarih iç içe geçmiş, çoğu kez tarih bilinçli olarak çarpıtılmıştır. Tüm bu çarpıtmaların amacı bir taraftan **Atatürk'ün** Kurtuluş Savaşı'ndaki rolünü azaltmak diğer taraftan da Said-i Nursi'ye bu kutsal savaştan paye vermektir.

1920, 1921 yıllarında Anadolu işgal altındadır. **Mustafa Kemal Paşa** bir taraftan kelle koltukta halkı örgütlemeye çalışırken diğer taraftan İstanbul kaynaklı **nifak hareketlerini** etkisizleştirmeye çalışmaktadır. **İngiliz destekli şeyhülislam fetvalarıyla** Mustafa Kemal ve silah arkadaşları idama mahkûm edilirken, padişahın da onayıyla kurulan ve işgalci İngiliz istihbaratının desteğiyle eğitilen, saray altınlarıyla finanse edilen ve ulusalcı güçlere acımasızca saldıran Kuva-i İnzibati'ye karşı mücadele edilmektedir.

Türk'ün ateşle imtihan edildiği o günlerde Said-i Nursi nerededir?

Said-i Nursi, bu dönemde İstanbul'da Kuvayımilliye ile alakası olmayan örgütlere katılmıştır. **Kürt Teali Cemiyeti, Müderrisler Cemiyeti (Teali-i İslam Cemiyeti), Yeşilay Cemiyeti** ve **Darül Hikmet'ül İslam** gibi örgütlerde yer almıştır. Ancak bu örgütlerin çoğu, Mondros sonrasında, işgalcilere yardım etmek amacıyla kurulan zararlı cemiyetlerdendir.

Said-i Nursi o zor Kurtuluş Savaşı yıllarında İstanbul'da **Sunuhat(1920), Hakikat Çekirdekleri (1920), Nokta (1921), Rumuz (1922), İşaret (1922)** gibi risaleler (küçük kitaplar) de

---

1936 Bediüzzaman: Zamanın güzelliği harikası demektir. Bu lakabı ilk kullanan, Umurlular Hükümdarı Hüseyin Baykara'nın oğlu Bediüzzaman Mirza'dır. Said-i Kürdi, Mirza'nın bu lakabını beğenerek kullanmaya başlamıştır.

yayınlamıştır. Nursi, bu eserlerinde Osmanlı'nın çöküşünü **Jön Türklerin İslamdan uzaklaşmalarına** bağlamıştır.[1937] **İngiliz Hava Kuvvetleri Komutanlığı**'nın Bağdat'tan yazılan **gizli raporunda**, Kürtleri Türklere karşı kışkırtarak ayaklandırmak amacıyla kurulmuş olan **Kürdistan Teali Cemiyeti**'nin kurucuları arasında **Said-i Kürdi (Nursi)'nin** de adı vardır.[1938] Bilindiği gibi bu cemiyetin düzenlediği **Koçgiri ayaklanması** ulusalcı güçleri bir hayli uğraştırmıştır.

Said-i Nursi'nin Kurtuluş Savaşı'nın hazırlık döneminde toplanan ve bağımsızlık için neler yapılması gerektiğini kararlaştıran **Erzurum ve Sivas Kongrelerini** destekleyici hiçbir girişimi yoktur. Ancak daha önce anlatıldığı gibi o günlerde çok sayıda **gerçek din adamı** bu kongrelerin başarısı için canla başla çalışmışlar; kongrelere delege olarak katılmışlar ve dahası Kurtuluş Savaşı boyunca hep **Atatürk'ün yanında** yer almışlardır.

Said-i Nursi'nin Kurtuluş Savaşı karşısındaki tavrı bu kadar açıkken, bazı çevreler, adeta tarihi tersyüz ederek, Said-i Nursi'nin Kurtuluş Savaşı yıllarında kaleme aldığı bir yazıyı kanıt gösterip onun **Kurtuluş Savaşı'na çok büyük katkı sağladığını** iddia etme aymazlığını gösterebilmektedirler.

Said-i Nursi, **Darül Hikmet-ül İslamiye'de** görevliyken İstanbul Müftüsü Dürrizade'nin Anadolu'daki ulusalcıları dinsiz, zındık ilan eden ve dinen idam edilmelerinin caiz olduğunu ileri süren fetvasına karşılık *"Hutuvvat-ı Sitte"* adlı bir kitapçık yayınlamıştır. İşte bazı çevreler, Said-i Nursi'nin ulusal kuvvetlere karşı yapmadığını bırakmayan örgütlerin kurucusu veya yönetim kurulu üyesi olduğunu unutarak, onun **kaleme aldığı bu kitapçıkla** İstanbul'dan **Kuvayımilliye'ye destek olduğunu** iddia etmektedirler!

Nursi, İslamcıların dört elle sarıldıkları bu kitapçığında sözü dönüp dolaştırıp *"fetva ilmen geçersizdir"* demeye getirmiştir. İstanbul hükümetinin ve işgalci güçlerin her türlü imkânlarını

1937 Sadık Albayrak, **Son Devrin İslam Akademisi Dar'ül Hikmet'ül İslamiye**, İstanbul, 1973, s.186.
1938 Yıldırım, age. s.32,33.

seferber ederek Anadolu'daki Ulusal Hareket'i yok etmeye çalıştığı günlerde Nursi'nin bu *"ilmi"* açıklamasının (!) Kurtuluş Savaşı'na nasıl bir destek sağladığı; örneğin en basitinden ulusalcılara karşı hangi haince girişimi önlediği belirtilmemiştir.

Hükümetin idam fetvasına karşı çıkan Nursi'nin -üstelik Kürtler üzerinde bir nüfuz sahibi olduğunu da dikkate alırsak- İngilizlerin İslam dinini kullanarak Kürt aşiretlerini ayaklandırma girişimlerine engel olması, bu yönde yazılar yazması gerekmez miydi? Ama bırakın ayrılıkçı Kürt hareketlerine karşı yazı yazmayı, o bu ayrılıkçılığın odağı olan bir cemiyetin kurucu üyesi olmayı tercih etmiştir.

Ayrıca, Kurtuluş Savaşı'ndan yana bir Said-i Nursi'nin İngilizler ve İstanbul hükümeti isteğiyle kurulan ve sayısız yurtseveri zindanlara atıp, işkenceden geçiren **Kürt Nemrut Mustafa** başkanlığındaki "uyduruk mahkemeye" de itiraz etmesi gerekmez miydi. Daha da önemlisi bu mahkeme İstanbul'daki tüm vatanseverleri, ulusalcıları toplayıp zindana tıkarken acaba neden yazdığı kitapçıkla ulusalcılara yardım ettiği söylenen Said-i Nursi'yi de tutuklayıp zindana tıkmamıştır? Ancak akıl, mantık yoksunu çevreler bu soruya da kendilerince yanıt vermişlerdir. Şöyle ki Said-i Nursi **kerametini göstererek birden görünmez olmuş** ve İngiliz askerlerin arasından geçip gitmiştir![1939]

Said-i Nursi'nin **Kurtuluş Savaşı'na destek olduğu iddiası**, Kurtuluş Savaşı'ndan sonra **"kurgulanmıştır."**

1950'lerden sonra **Türkiye'nin Amerikan çıkarları doğrultusunda İslamlaştırılması projesi** (Ilımlı İslam Projesi) çerçevesinde de bu **"kurmaca tez"** zorlama yorumlarla topluma enjekte edilmeye çalışılmıştır.

Özelikle **12 Eylül 1980'den** sonra **köklü üniversitelerin "İnkılap Tarihi" kürsülerini ele geçiren "Said-i Nursi sempatizanı akademisyenlerince" işlenen bu tez**, uluslararası bir boyut kazanan **Said-i Nursi konferanslarında** dile getirilmiştir. Örneğin, Atatürk'ün üniversite reformuyla kurduğu ve Türkiye'nin en

---

[1939] Şahiner, age. s.233,234.

köklü üniversitesi olan İstanbul Üniversitesi'nin Fen Edebiyat Fakültesi Tarih Bölümü Türkiye Cumhuriyeti Anabilim Dalı Başkanı Prof. Cezmi Eraslan 1995'te İstanbul'da toplanan Bediüzzaman Said-i Nursi Konferansı'na *"Milli Mücadelede Bediüzzaman Said-i Nursi"* adlı bir bildiri sunmuştur. Prof. Eraslan bildirisinde, *"Nursi'nin risaleleri İstanbul Hükümetinin fetvalarına karşı Ankara'yı rahatlattı. Atatürk de Nursi'nin mücadelesini gördü ve onu Ankara'ya çağırdı"* demiştir.[1940] Eraslan ayrıca *"Hatuvvat-ı Sitte"*nin Kurtuluş Savaşı'na **psikolojik bir destek sağladığını** ileri sürerek uzun uzun bu durumu ayrıntılandırma yoluna gitmiştir.[1941] Prof. Eraslan aynı bildirisinde Türk devrim tarihini altüst etmeye de devam etmiştir.

19 Mayıs 1919'un Kurtuluş Savaşı'nın ikinci aşaması olduğunu belirten Prof. Eraslan, böylece bir taraftan Said-i Nursi'ye Kurtuluş Savaşı'ndan paye verirken diğer taraftan da Atatürk'ün Kurtuluş Savaşı'ndaki rolünü azaltmayı amaçlamıştır. Yani bir taşla iki kuş...

Yakın tarihi tersyüz eden **Prof cezmi Eraslan**'ın, adeta ödüllendirilircesine önce **Genelkurmay** direktifiyle kurulan **Stratejik Araştırmalar Merkezi (SAREM)** üyeliğine, daha sonra da **Başbakanlığa** bağlı **Atatürk Araştırmaları Merkezi'nin** başına getirilmiştir (2008). [1942]

Said-i Nursi'yi Kurtuluş Savaşı'na dâhil ederek onurlandırma amacıyla kurgulanan tezlerden biri de **Said-i Nursi'yi Ankara'ya Atatürk'ün çağırdığı** iddiasıdır.[1943] Bu iddiaya göre Atatürk Nursi'yi **18 defa** Ankara'ya çağırmıştır!

Said-i Nursi'nin Ankara'ya çağrılmasının ve Ankara'da Atatürk'le görüşmesinin, Nursi'nin sözüm ona "üstün özellikleriyle" hiçbir ilgisi yoktur. Çünkü bilindiği gibi Atatürk Kurtuluş Savaşı yıllarında çok sayıda din adamını Meclis çatısı altında

---

1940 "Askere Nur Uzmanı", **Milliyet**, 24.Ocak 2002.
1941 Bu bildiri için bkz, Cezmi Eraslan, "Milli Mücadele'de Bediüzzaman Said Nursi", **Uluslararası Bediüzzaman Sempozyumu 3**, Yeni Asya Yayınları, İstanbul, 1996.
1942 "Nur Uzmanına Görev Mecliste", **Cumhuriyet**, 11 Temmuz 2008, s.7.
1943 Burhan Bozgeyik, **Mustafa Kemal'e Karşı Çıkanlar**, İstanbul 1996, s.275-277.

toplamış ve onlarla özel görüşmeler yapmıştır. Daha sonra Ankara Müftüsü olacak **Rıfat Bey** (Börekçi) bu din adamlarından sadece biridir. Ancak Atatürk, kısa süre içinde Said-i Nursi'nin Ulusal Hareket'in önemini kavramış ve bu harekete destek olabilecek bir yapıda olmadığını da anlamıştır.

Said-i Kürdi Ankara'ya gelince ne mi yapmıştır? *"İslam'a ve İbadete Çağrı"* bildirileriyle Meclis'e gelip milletvekillerini namaza çağırmıştır. Oysaki gerçek bir din adamı olarak Atatürk'ün diğer din adamlarından olduğu gibi ondan da beklentisi bu zor zamanlarda doğru telkinlerle halkı manevi bakımdan bilinçlendirmesiydi. Ancak **o adeta Müslümana Müslüman propagandası yaparak ve İslamın "dinde zorlama yoktur" hükmünü hiçe sayarak milletvekillerini namaza çağıran bildiriler dağıtmayı kendine görev bilmiştir.** Nursi'nin milletvekillerini namaza çağıran bildiriler dağıttığı o günlerde vatansever gerçek din adamları, Müdafaa-i Hukuk Cemiyetlerinde canla başla Milli Hareket'in örgütlenmesi için çalışmaktaydı. Hatta bazı din adamları bizzat cepheye giderek düşmanla vuruşmaktaydı.

Said-i Nursi risalelerinde 11 yerde:

"Ankara'da Mustafa Kemal'in şiddet ve hiddetle divan-ı riyasete girip: 'Seni buraya çağırdık ki, bize yüksek fikir beyan edesin. Sen geldin namaza dair şeyler yazdın, içimize ihtilaf verdin." demekte ve iki parmağını ileriye doğru uzatarak Atatürk'e: *"Paşa, Paşa, İslamiyet'te imandan sonra en yüksek hakikat namazdır. Namaz kılmayan haindir. Hainin hükmü marduttur"* dediğini iddia etmektedir.[1944]

Nursi'nin bu iddialarına göre:

1. Said-i Nursi'yi yüksek fikirlerinden yararlanmak için Ankara'ya çağıran Atatürk'tür! Oysaki daha 1920 yılından itibaren Atatürk'ün yanında başta Rıfat Bey olmak üzere Sünni ve Alevi İslam anlayışlarını çok iyi bilen birçok din adamı vardır. Atatürk, Kurtuluş Savaşı sırasında İstanbul kaynaklı fetvaları etkisizleştirmek ve verilen mücadelenin dine uygun olduğunu hal-

---

[1944] age. s.280.

ka anlatmak için din adamlarına ihtiyaç duymuştur. Nursi'nin Ankara'ya geldiği 1922'de ise Kurtuluş Savaşı sona ermiştir.

2. Atatürk namaza karşı çıkmıştır! Nursi'nin bu iddiası da kökten yalandır. Daha önce de örneklendirildiği gibi Atatürk hiçbir zaman namaza karşı olmamıştır. Annesi ve yakın dostu Fevzi Paşa başta olmak üzere akrabaları, dostları ve arkadaşları arasında çok sayıda namaz kılan insan vardır.

3. Namaz kılmayan haindir, hainin hükmü merduttur! Nursi'nin bu yorumunun da İslam diniyle uzaktan yakından hiçbir ilgisi yoktur. Çünkü bilindiği gibi İslam dininde namaz kılmamak, bir farzı yerine getirmemek demektir ki bunun anlamı da **dinden çıkmak veya hain olmak değil** olsa olsa **günahkâr olmaktır**. Ancak Nursi, haddini aşarak namaz kılmayanın "hain" olduğunu ileri sürebilmiştir. Onun bu yorumu din dışıdır.

Said-i Nursi daha sonra da Atatürk'ün, onun kerametinden korkarak **kendisinden özür dilediğini** iddia etmektedir! Ancak onun bu iddiasının da kendinden başka hiçbir tanığı yoktur.

Said-i Nursi Ankara'ya geldiğinde bir "dinsizlik" fikriyle karşılaştığını belirtmiş ve Ankara'dan ayrılmasını sözüm ona bu "dinsiz ortama" bağlamıştır.

Said-i Nursi, kendi ifadelerine göre bu dinsiz ortamın kaynağı olarak gördüğü Atatürk'ü de birçok defalar uyarmış, Nurcuların deyişiyle, *"Atatürk'e ders vermiştir"*! Örneğin bir keresinde Atatürk'e,

"İçindeki şöhret hissini tatmin etmek istiyorsa bunu gayrimüslimleri ve haylaz kimseleri memnun edecek hareketlerle değil de bütün İslam dünyasını memnun edecek hareketlerle yapması gerektiğini" söylemiştir.[1945]

Nursi'nin bu sözleri, onun Atatürk'ü ve verdiği mücadeleyi hiç ama hiç anlamadığını göstermektedir. Çünkü Atatürk öncelikle gayrimüslimlere, ecnebilere karşı bir bağımsızlık savaşı vermiştir. İkincisi; işgalci İngiliz subayları ve yerli işbirlikçilerden daha "haylaz" kimse olamayacağına ve Atatürk onları da etkisiz

---

1945 Mektubat, s.426,427.

hale getirdiğine göre Nursi'nin *"haylaz kimseleri memnun etme"* demesi de çok anlamsızdır. Ayrıca Atatürk'ün verdiği bağımsızlık mücadelesi tüm İslam dünyasını çok derinden etkilemiş, Hindistanlı Müslümanlar bu mücadeleye destek olabilmek için aralarında para toplayarak göndermişler ve Atatürk'e *"Allah'ın kılıcı"* unvanını vermişlerdir. Durum böyleyken Nursi'nin tüm bunlardan habersiz, Atatürk'ü, "**İslam dünyasını memnun edecek hareketler yap**" diye uyarmasının anlamı var mıdır? Nursi'nin haberi yok ama İslam dünyası Atatürk'ten çok memnundur.

Said-i Nursi Atatürk'ün kendisini daha sonra da Ankara'ya çağırdığını belirtmektedir. Atatürk'ün, *"Hutuvat-ı Sitte"*yi çok beğenerek **onu ödüllendirmek için** Ankara'ya çağırdığını iddia eden Nursi, ayrıca Atatürk'ün **Doğu illeri genel vaizliği makamına getirmek istediği Şeyh Sunusi'nin Kürtçe bilmemesinden dolayı Kürtçe bilen Nursi'yi bu makama atamak istediğini** ileri sürmüştür. Atatürk bu görev için kendisine 150.000 lira teklif etmesine karşın **güya o 5. Şua'daki haberden** dolayı bu çağrıyı reddetmiştir.[1946]

Peki, ama ne vardır bu 5. Şua'da?

Nursi: "Atatürk Deccal ve Süfyan'dır"

Said-i Nursi yazılarında açık, gizli şekilde birçok yerde Atatürk'e saldırmıştır.

Nursi'nin Atatürk'e yönelik saldırıları **5. Şua'yla** başlamıştır.

Özetle Said-i Nursi **5. Şua'da** Atatürk'e açıkça saldırmıştır. 1907 yılında yazdığını iddia ettiği 5. Şua'daki şu ifadelerin Atatürk'ü işaret ettiğini daha sonra yine bizzat Said-i Nursi belirtmiştir:

"Ahir zamanda dehşetli bir şahıs sabah kalkar alnında 'haza kâfirun' yazılmış bulunur' diye hadis var deyip benden sordular. Dedim: 'Bir acayip şahıs bu milletin başına geçer ve sabah kalkar başına şapka giyer ve giydirir.' 'Bu cevaptan sonra bana sordular.'

[1946] Şualar, Redoks, s.359.

"Acaba o zaman onu giyen kâfir olmaz mı?"
'Dedim: "Şapka başa gelecek, secdeye gitme diyecek; fakat baştaki iman o şapkayı da secdeye getirecek, inşallah Müslüman edecek.'
"Sonra dediler, aynı şahıs bir su içecek, onun eli delinecek ve bu hadise ile **SÜFYAN olduğu bilinecek.***"*
"Ben de cevaben dedim: 'Bir darbı mesel var. Çok israflı adama eli deliktir denir. (...) İşte o dehşetli adam, bir su olan rakıya müptela olur, onun ile hasta olacak ve kendisi hadsiz israfata girecek, başkalarını da alıştıracak."[1947]

Nurcuların, Nursi'yi aklamak için *"Burada kastedilen Atatürk değildir"* demelerine karşılık onları yine Said-i Nursi yalanlamıştır. Şöyle ki, Said-i Nursi **Redoks'ta**, Ankara'ya ikinci kez çağrıldığında neden gitmediğini açıklarken *"...Ben Beşinci Şua aslının verdiği haberin bir kısmını orada bir adamda (Atatürk) gördüm. Mecburiyetle o çok ehemmiyetli vazifeleri bıraktım"* diyerek, 5. Şua'daki Süfyan'ın Atatürk olduğunu ima etmiş ve *"***SÜFYAN** *ve bir İslam* **DECCALİNİN** *Mustafa Kemal olduğu Beşinci Şua'da anlaşılıyor"*[1948] diyerek de açıkça Atatürk'e **süfyan** ve **deccal** demiştir.

Said-i Nursi'ye göre, Atatürk, "TEK GÖZLÜ DECCAL"dir; SÛFYAN'dır.[1949]

Peki, "Tek gözlü Deccal" nedir?

*"Deccal: Ahir zamanda gelecek ve Hz. Muhammed'in peygamberliğini inkâr edip, İslamiyeti yıkmaya çalışacak ve dünyayı fesada verecek olan çok şerli ve mutlak küfür yolunda olan, dehşetli bir şahıs"*tır.[1950]

Yine Said-i Nursi'ye göre Atatürk, *"Nefret-i amme'ye layık adam; İslam'ın en büyük fitne-i diniyelerinden biridir."* Yani, *"Halkın nefretine layık adamdır. İslam dinini yıkmaya çalışan kişilerin en büyüğüdür."*[1951]

1947 Beşinci Şua.
1948 Şualar, Redoks, s.417.
1949 Neda Armaner, İslam Dininden Ayrılan Cereyanlar, s. 34.
1950 **Osmanlıca-Türkçe Büyük Ansiklopedik Lûgat**, s.342.
1951 Alparslan Işıklı, **Said Nursi, Fethullah Gülen ve Laik Sempatizanları**, s. 24.

Nursi, **Denizli müdafaasında** da açıkça Atatürk'e saldırmış, Atatürk'ün Kurtuluş Savaşı'ndaki rolünü azaltmaya çalışmıştır:

"Bu dehşetli kumandan (Atatürk) deha ve zekâvetiyle ordunun müsbet hesanelerini kendine alıp ve kendinin menfi seyyielerini o orduya vererek. (...) Ben kırk sene evvel beyan ettiğim bir hadisin o şahsa vurduğu tokada binaen, sabık mahkemelerimizde bana hücum eden bir müdde-i umumiye (savcıya) dedim. Gerçi onu hadislerin ihbarıyla kırıyorum; fakat ordunun şerefini muhafaza ve büyük hatalardan vikaye ederim. Sen ise bir tek dostun için Kur'an'ın bayraktarı ve âlem-i İslam'ın kahraman kumandanı olan ordunun şerefini kırıyorsun ve hesenelerini hiçe indiriyorsun dedim."[1952]

"Kahraman ordunun zaferi ve şerefi ona verilemez. Yalnız onun bir hissesi olabilir. Nasıl ki ordunun ganimeti malları, erzakları bir kumandana verilse zulümdür, dehşetli bir haksızlıktır."[1953]

"Ölmüş gitmiş ve dünyadan ve hükümetten alakası kesilmiş, BİR ADAM hakkında 30 sene evvel bir hadis-i şerifin ihbarıyla KUR'AN'A ZARARLI öyle bir adam çıkacak dediğimi ve sonra Mustafa Kemal'in o adam olduğunu zaman gösterdi."[1954]

Nursi, açıkça Atatürk'e dost olmadığını da söylemiştir:

"Evet, çok emarelerle bildik ki; bana hücum edenleri tahrik eden Mustafa Kemal'e itirazımdır ve ona dost olmadığımdır." [1955]

Ayrıca Said-i Nursi, Atatürk'e **cifir hesabını kullanarak** da saldırmıştır.[1956]

Şapkayı dinsizliğin sembolü olarak gören ve *"350 bin tefsirin işaretiyle tesettüre en uygun kıyafet çarşaftır. Çarşaf, ka-*

1952 Şualar, s.319.
1953 Şualar, s.300,302.
1954 **Emirdağ Layihası**, C.I, s.279.
1955 **age.** s.280.
1956 Diyanet İşleri Başkanlığı'nın hazırlattığı **"Nurculuk"** kitabından, s. 19, Necip Mirkelamoğlu, **Din ve Laiklik,** 2000, s. 544.

dınların siperi ve kafesidir"[1957] diyen ve 11 aya mahkûm olan Said-i Nursi'nin "**üniversite kurmak isteyen çağdaş düşünceli bir İslam âlimi olduğu**" iddiaları gülünçtür. Onun kurmak istediği, üniversite adı altında eğitim öğretim verecek bir medresedir.

"*...Bu şahsın (Said-i Nursi) yönettiği, körpe beyinlerin karanlık düşüncelerle köreltildiği ışık evlerinde, 'Atatürk'ün bir gözünün öküz gözü olduğunun' anlatıldığı herkesçe biliniyor; çünkü Said-i Nursi hazretleri, bir karşılaşmasında Atatürk'ün gözlerinden birini çıkarıp, onun yerine bir öküz gözü taktığını görmüştür! Nursi'ye göre sahtekâr doktorlar da Gazi'nin gözlerinden birinin öküz gözü olduğunu Türk milletinden saklamayı başarmışlardır.*"[1958]

"*...İfşaatta bulunan iki öğrencinin açıklamalarından öğreniyoruz ki, Fethullah cemaatinde Cumhuriyet'in adı 'kefere düzeni', Atatürk'ün adı ise 'Deccal'dir.*"[1959]

Nursi: "Kur'an Benden Söz Ediyor"

Peki, ama Atatürk'e ağzına geleni söyleyen Said-i Nursi gerçekten de **iyi bir İslam âlimi** midir? İslama bakışı ne kadar doğrudur? Bu sorulara genel kabullerin dışında yanıt verildiğinde Said-i Nursi'nin Atatürk'e yönelttiği "suçlamaların" ve "iftiraların" ne anlama geldiği daha iyi anlaşılacaktır. Kuşkusuz ki burada Said-i Nursi'nin İslam dini konusundaki görüşlerinin detaylarına girmeyeceğiz. Sadece, **Atatürk'e ağzına geleni söylemekten çekinmeyen adamın** "düşünce dünyasını" daha iyi tanımak için birkaç örnek vereceğiz. Bu örnekler bile Said-i Nursi'nin **nasıl bir din âlimi olduğunu** anlamak için yeterlidir.

Said-i Nursi, Hz. Muhammed'in ümmi (okuması-yazması olmayan) olduğunu dikkate alarak kendisini de "**ümmi**" olarak tanıtmış ve bu şekilde kendisiyle Hz. Muhammed arasında bir özdeşlik kurarak halk üzerindeki inandırıcılığını ve kutsallığını

[1957] Bozgeyik, age. s.294.
[1958] İlker Sarıer, "Hoşgörü Abidesinin Yıkılışı", **Sabah Gazetesi**, 21 Haziran 1999.
[1959] Işıklı, age. s. 76.

arttırmaya çalışmıştır. Oysaki Nursi'nin az da olsa bir eğitim aldığı ve medrese hocalarının yanında az çok okumayazma öğrendiği çok açıktır. Nursi, halkın bilgisizliğinden de yararlanarak, *"sözlerinin Kur'an'ın tefsiri olduğuna"* birçok kişiyi inandırmış ve bu şekilde kendisine körü körüne bağlanan kara cahil bir kitle yaratmıştır. Hatta Nursi, inandırıcılığını artırmak için kendisini **Mehdi** olarak tanıtmıştır.

Said-i Nursi daha da ileri giderek Kur'an'da doğrudan kendisine ve yazdığı Risale-i Nur Külliyatı'na işaret edildiğini ifade etmiştir: *"Allah, göklerin ve yerin Nur'udur"* diye başlayan "Nur Suresi"nin 35. Ayeti'ndeki, "Nur"la kastedilenin kendisi olduğunu; ayette yer alan, *"ateşsiz yanan bir alevin"* de kendisinin eğitim görmeden Risale'i Nurları yazabildiğine işaret ettiğimi; Hud Süresi'nin 105. Ayeti'nde, *"Bunların bir kısmı bedbaht, bir kısmı Said (yani mutlu)"* cümlesindeki, "said" kelimesinin kendisinden söz ettiğini iddia etmiştir.[1960]

Said-i Nursi, *"Aklını çalıştırmayanların üzerine Allah pislik yağdırır"* diyen, yüce kitabımız Kur'an-ı Kerim'i eline alıp, satır satır, kelime kelime tarayarak adeta Kur'anda kendisine yönelik ipuçları aramıştır.[1961] Kuşkusuz bu tutum hiç de sağlıklı ve akılcı bir tutum değildir. Bu tutum, kendisini "mehdi" ya da "peygamber" zanneden "narsist" bir insanın tutumudur.

Said-i Nursi cifir hesabından hareket ederek Kur'an'da kendisinden bahseden daha pek çok ayet bulduğunu ifade etmiştir. Nursi'ye göre, Kur'anda kendisinden bahsedilen(!)diğer ayetler şunlardır:

(Enam 161, 120: Bakara 151, 269; Tevbe 130, 33; Saff 8; Hicir 87; Ankebut 69; Hadid 28; Ali İmran 7; Nisa 42, 173; İsra 82; Kalem 32; Secde 1, 2; İbrahim 1, 24; Sat 29; Fassilat 33; Enbiya 107, ve ayrıca "Rad", "Hicr", "Şuara", "Lokman", "Kasus", surelerinin başlarındaki "işte bunlar kitabın ayetleri-

---
1960 age. s. 6.
1961 Yıldırım, age. s.8, 9.

dir" şeklindeki Kur'an cümleleri, Risale-i Nur'u işaret etmektedir. (!?)[1962]

Said-i Nursi'ye göre; *"Nur Risalelerini övmek, Kur'an'ı övmek demektir;* çünkü Risaleler, Kur'an'ın *"tereşşuh"* etmiş, (süzülmüş, daha özlü hale gelmiş) şeklidir. Risale-i Nur'u Allah imzaladığı gibi, peygamber de imzalamıştır. Hatta Hz. Ali ve Abdülkadir Geylani de imzalamışlardır. **Risaleler, Kur'an'ın aynasıdır...** Risaleler gerçekten çok güzeldir, hakikattir; fakat kendisini değil, Kur'an-ı Kerim'in hakikatlerinden yansımış ışıklardır. **Hud** ve **Enam** surelerinde Allah doğrudan doğruya kendisine hitap etmektedir. **Bakara** suresinin 151 ve 269. ayetlerindeki, *"Kendisine anlatılan, hikmet verilen, hikmeti öğreten ve herkese bilmediği şeyleri bildiren"* kişinin kendisi olduğu inancındadır. Nur Risaleleri, *"Kur'an semasından ve ayetlerin yıldızlarından inmiştir. Sözlerdeki hakikat ve kemalat kendisinin değil Kur'an'ındır. Kur'an-ı Kerim'in ruhu Risale-i Nur'un cesedine girmiştir. Onda yazılı olanlar Kur'an'ın malıdır. Allah'tandır. Peygamber nasıl Kur'an-ı Kerim'in sadece bir tercümanı idiyse, Said de Risale-i Nur'un sadece bir tercümanı durumundadır."*[1963]

Said-i Nursi'nin bu düşünceleri, onun kendisini yeni bir peygamber olarak gördüğünü ortaya koymaktadır. *"Onda yazılı olanlar Kur'an'ın malıdır. Allah'tandır"* diyen Said Nursi, kendi yazdığı Risale-i Nur Külliyatındaki ifadelerin "Allah kelamı" olduğunu iddia etmekte, Risale-i Nurlarını, kutsal kitabımız Kur'an'la mukayese etme cüreti göstererek, kendisini de Hz. Muhammed'le bir tutmaktadır. *"Peygamber nasıl Kur'an-ı Kerim'in sadece bir tercümanı idiyse, Said de Risale-i Nur'un sadece bir tercümanı durumundadır."* Yani, Said-i Nursi de bir peygamberdir ve yazdığı kitaplar (Risale-i Nurlar) Kur'an'a eşdeğerdir!

Said-i Nursi'nin bu düşüncelerini yorumlamak için derin İslami bilgilere ihtiyaç yoktur. Her samimi Müslüman, bu sözlerin

---

1962 Said-i Nursi'nin bazı ayetlerde kendisinin işaret edildiğine ilişkin bkz. Işıklı, **age.** s. 8-9, Ali Gözütok, **Müslümanlık ve Nurculuk,** s. 28, 36, 37.
1963 **age.** s. 13, 16, 37, 42, 45, 51.

İslam dışı, İslam dininin mantığına aykırı, "deli saçması" ifadeler olduğunu görebilir. Kuşkusuz kendisini Hz. Muhammed'le, yazdığı kitapları Kur'an-ı Kerim'le eş tutan birinin -her kim olursa olsun- ruh sağlığının yerinde olduğunu söylemek olanaksızdır. Zaten kendisi de bir dönem akıl hastanesinde tedavi görmüştür. Said-i Nursi, *"Risale-i Nurlar Arş-ı Azam'dan inmiştir"* diyerek ve *"Bana ihtar edildi ki"*, *"...Demek ki ihtiyaç var ki öyle yazdırıldı"*, *"Bunları ben yazmıyorum, bana yazdırılıyor"* sözleriyle de, risalelerin kendisine Allah tarafından yazdırıldığını, yani vahyedildiğini iddia etmiştir.[1964]

Said-i Nursi o kadar ileri gitmiştir ki, Allah'ın en sevgili kulu Hz. Muhammed'den esirgediği birtakım lütuf ve imtiyazları kendisine verdiğini ifade etmekten çekinmemiştir. Hz. Muhammed İslam dinini yayarken pek çok sıkıntılarla karşılaşmış, düşmanlarına karşı yıpratıcı ve yorucu bir mücadele vermiş, çok zorlandığı zamanlar olmuştur. Buna rağmen Allah sevgili kuluna ayrıcalık tanımamış; onun için doğa kanunlarını değiştirmemiş, depremler, yağmurlar, fırtınalar yaratarak Hz. Peygamber'in işini kolaylaştırmamıştır; çünkü İslam dini mücadele dinidir, İslam dininde peygamber bile olsa, kazanmanın ön koşulu çalışmaktır ve Hz. Peygamber de çalışmıştır. Hurafelere ve boş inançlara ise asla taviz vermemiştir. Nitekim oğlu İbrahim'in öldüğü gün güneşin tutulmuş olmasını, *"Göklerin mateme iştiraki"* şeklinde yorumlamak isteyenlere Hz. Peygamber karşı çıkarak, tabiat olaylarının kendi kanunlarına tabi olduğunu söylemiştir.

Oysa ne hazindir ki kendisini "En büyük İslam yorumcusu" olarak tanıtan Said-i Nursi'nin iddialarına göre Allah tabiat olaylarını onun hizmetine vermiştir, işte birkaç örnek:

"Erzurum'da bir eseri hakkında takibat yapıldığı için ısı aniden -18'e düşmüştür."[1965]

"...Risale-i Nur'un kerameti karşı koyuyorsa, yağmur yağmıyor, aylarca kuraklık oluyor; gerekli kılıyorsa yağmur yağıyor. Yağmur ve şimşek meleği Risale-i Nur'u alkışlıyor; ona

---

1964 Armaner, age. s. 1.
1965 Işıklı, age. s. 31.

saygısızlık gösterildiği, aleyhine bir iş yapıldığı zaman yeryüzü itiraz ediyor. Bu yüzden deprem oluyor. Kainat, Risale-i Nur'un serbest bırakılmasına sevinirken onun mahkum edilmesi, toplattırılması karşısında hiddet ve şiddetini gösteriyor; öfkeleniyor."[1966]

"Isparta ve Barla'ya gelince, yaz günü bol bol yağmur yağmış. Bu derece bereketli yağmur, daha evvel bir defa da, Şeyh'in doğum senesi olan 93'te (1896) yağmış... Risale-i Nur'u dava konusu yapmak felaket konusu olmaktadır. Bir mahkemesi esnasında 4 defa zelzele olmuştur."[1967]

Said-i Nursi'ye göre, **Türkiye'nin İkinci Dünya Savaşı'na girmesini** Risale-i Nurlar önlemiştir.[1968]

Risale-i Nur'a, çekirgeler, kuşlar bile ihtiyaç duyarlar. O, okunurken gelir, onu dinlerler. Güvercinler, serçeler, kuddüs kuşları bu dinlemeye koşanlardandır:

"...Baktım küddüs, küddüs zikrini yapan bir kuşu odamda gördüm. Gülerek dedim: 'Bu misafir ne için geldi?' Tam bir saat bana baktı, uçmadı, ürkmedi. Ben de okuyordum. Bir saat bana baktı; ekmek bıraktım, yemedi. Yine kapıyı açtım, çıktım, yarım dakikada geldim; o misafir de kayboldu."[1969]

"Hatta çekirgeler ve arılar ve serçe kuşu gibi bir kısım hayvanat dahi, senin bu sözün, nurların okunurken, pervane gibi etrafında dolaşıp, senin nurundan zevk aldıklarını ve ferahlık duyduklarını başlarını başlarımıza çarparak anlattılar."[1970]

Said-i Nursi, hızını alamamış, sürgün gittiği yerlerde, hangi evin hangi odasında bulunuyorsa, kuşların pencereye gelerek kendisini ziyaret ettiklerini, hatta gıda maddeleri taşıdıkları rivayetini yaymıştır: *"...Ve latif emare şudur ki, dün birdenbire serçe kuşu pencereye geldi, pencereye vurdu, uçurmak için işaret ettik gitmedi. Durdu. Sabaha kadar..."*[1971]

1966 Gözütok, **age.** s. 46.
1967 Armaner, **age.** s. 32.
1968 Işıklı, **age.** s. 10, Gözütok, **age.** s. 47.
1969 Sikke-i Tasdiki Gaybı, **Redoks,** s.209.
1970 Armaner, **age.** s. 8.
1971 Sikke-i Tasdiki Gaybı, **Redoks,** s. 209; Faruk Güventürk, **Din Işığı Altında**

Said-i Nursi'nin pek çok düşüncesi İslam dininin özünü oluşturan **akıl** kavramını hiçe saydığını göstermektedir. O, her şeyi "mucize" ya da "hurafeci mantık"la açıklar. Akıl ve ilimi elinin tersiyle iter. Böylece İslamın ruhuna aykırı davranışlarına bir yenisini daha ekler. Örneğin, Said-i Nursi Tillo'dayken, toplam 3 cilt, 2761 sayfalık *"Kamus'u Okyanus"* adlı sözlüğü ezberlediğini iddia etmiştir. Daha da ilginci Nursi, bu hacimli sözlüğü ezberlerken **yerdeki karıncaları da izlediği** ve onların da *"Cumhuriyetçi"* olduğuna karar verdiğini belirtmiştir.[1972] Nursi, çok kısa bir sürede nerdeyse bütün bilimlerle ilgili birçok kitap ezberlemiştir.[1973]

İşte Said-i Nursi'nin akla, bilime ve İslam dinine aykırı bazı düşüncelerine bir örnek daha. Bakın yüce İslam âlimimiz (!) Said-i Nursi, **Radyo'yu** nasıl anlatıyor:

"Bir melaike var, kırk bir başı var. Her başın da kırk bin dil var. Her bir dilde kırk bin tesbihat yapıyor. Altmış dört trilyon tesbihatı aynı anda söylüyor. Kürre-i hava diyor ki: 'Bu hadis benden veya bana nezarete memur melekten haber veriyor. Külli bir şuurla yapılan bu iş, yalnız tek bir zerrenin vazifesi ne bana, yani kürre-i havaya ve ne de bütün esbaha vermesi hiçbir cihat imkânı yok. Demek her yerde hazır, nazır ahadiyet cilvesiyle ve içinde ihatalı bir irade, muhit bir ilim bulunan kudreti ezeliyenin cilvesidir. Buna milyonlar şahitlerinden birisi radyodur."[1974]

Akıl ve Hurafe

Tüm bu gerçeklerden sonra sanırım Said-i Nursi'nin neden Atatürk'e saldırmak zorunda kaldığı daha iyi anlaşılmıştır.

Atatürk, bir toplumsal aydınlanmacıdır. Mensubu olmaktan gurur duyduğu Müslüman Türk milletinin **"Muasır çağdaş**

Nurculuğun İç Yüzü, s. 136.
1972 Şahiner, age. s.68.
1973 Yıldırım, age. s.26.
1974 Said-i Nursi, "Risale-i nur Gözü ile Radyo," **İhlâs Dergisi**, No: 9, 10 Ocak 1964, s. 3.

medeniyetler düzeyine çıkması, hatta o düzeyi, aşmasını" amaçlamıştır. Bu amaca ulaşmak için büyük bir **devrim** yapmıştır. En önemlisi toplumu geri bıraktığını düşündüğü **akıl dışı unsurlarla**, hurafelerle savaşmıştır. *"Hakikate nasıl inanıyorsam, dinime de öyle inanıyorum. Akla aykırı, ilerlemeye engel hiçbir şey içermiyor"* diyerek İslam dinini saran hurafeleri bu dinden ayıklamak için yoğun çaba harcamıştır. Tüm hayatı boyunca, bağnazlarla, gericilerle, kendi ifadesiyle *"din oyunu aktörleri"* ile mücadele etmiştir. Dini kullanarak, toplum üzerinde baskı kurup, menfaat elde etmeye çalışanlara göz açtırmamıştır. En büyük amaçlarından biri, din konusunda halkı bilinçlendirmek olmuştur. Böylece halkın cehaletinden yararlanmaya çalışan "din bezirgânlarını" etkisizleştirmek istemiştir. Durum böyle olunca Said-i Nursi'nin Atatürk'ten övgüyle söz etmesi de beklenmemelidir.

Said-i Nursi'yi ve iftiralarını bir kenara bırakmadan önce şu soruya yanıt arayalım: **Atatürk'ün etrafında ömrü boyunca pek çok din adamı bulunduğu halde, acaba neden Atatürk Said-i Nursi'yi –Ankara'ya gelmesine rağmen– yanına sokmamıştır?** Yanıtı hemen verelim: Çünkü Said-i Nursi Atatürk'ün çok önem verdiği akıl ve bilimi dışlamış, kendini Hz. Peygamber'le, yazdığı kitapları Kur'an-ı Kerim'le bir tutmuştur. Düşünceleri, İslam dininin berraklığına, parlaklığına uymamaktadır. Dolayısıyla İslam dinini, hurafelerden arındırıp öze döndürmeyi amaçlayan Atatürk'ün, **kerameti kendinden menkul** Said-i Nursi'ye (Said-i Kûrdi'ye) yüz vermesi zaten beklenemezdi. Durum böyle olunca Said-i Nursi de ne yapacaktı? Onun durumuna düşen tüm rejim ve Atatürk düşmanlarının yaptığı gibi, Atatürk'e acımasız iftiralar atacaktı; o da öyle yaptı.

KÂZIM KARABEKİR

Atatürk ve din konusunda kafa karıştıranlardan biri de üzülerek söylemek gerekir ki Kâzım Karabekir Paşa'dır.

Kurtuluş Savaşı'nın "birincil kadrosu" diye adlandırılan Mustafa Kemal'in yanındakiler arasında yer alan Kâzım Karabekir, 1882 yılında İstanbul'da doğmuştur. 1905'te Harp Akademisi'ni birincilikle bitirerek, kurmay subay olmuş, Manastır'da 3. Ordu'da görevliyken, Enver Paşa ile birlikte İttihat Terakki'nin Manastır şubesini kurmuştur. 31 Mart isyanını bastırmak için oluşturulan Hareket Ordusu'nda Atatürk'le birlikte görev almış, Balkan ve Birinci Dünya savaşlarında başarıyla mücadele etmiştir. 14. Tümen Komutanı olarak Çanakkale'de çarpışmış, Doğu Anadolu'da Ermenileri geri püskürterek, Erzurum, Erzincan, Sarıkamış, Kars ve Ağrı'nın geri alınmasında yararlılıklar göstermiştir.[1975]

Atatürk ve Karabekir benzer yollardan geçmişler, Osmanlı Devleti'nin son dönem buhranlarını birlikte yaşamışlardır. Kader onların yollarını Kurtuluş Savaşı sırasında birleştirmiştir.

1920'de Ermenileri Doğu Anadolu'dan çıkaran Karabekir, TBMM'ye önce Edirne milletvekili olarak girmiş, 1923'te İstanbul'dan milletvekili seçilmiş, 1924 yılında ise askerlikten ve CHP'den ayrılmıştır. Karabekir'in CHP ile yollarının ayrılması bir bakıma Atatürk'le de yollarının ayrılması anlamına gelmiştir.

İlk Soğuk Rüzgârlar

Kurtuluş Savaşı sırasında yan yana, omuz omuza mücadele eden bu iki komutan arasındaki yakınlık, 1923'ten sonra yavaş yavaş kaybolmaya başlamıştır. Atatürk'le Kâzım Karabekir arasındaki ilk soğuk rüzgârlar **Cumhuriyet'in ilanı sırasında** esmeye başlamıştır. Atatürk'ün "Karabekir'e haber vermeden" ve "onun görüşünü almadan" Cumhuriyet'i ilan etmesi

---

1975 Karabekir Paşa'nın Kurtuluş Savaşı sırasındaki Ermenilere yönelik askeri harekâtının başarılı olmasında **Mustafa Kemal'in** çok önemli bir rolu vardır. Karabekir'in tüm ısrarlarına karşın Mustafa Kemal Paşa, henüz uygun zamanın gelmediğini belirterek Karabekir'in **zamansız bir girişim yapmasını** engellemiştir. Mustafa Kemal Paşa, şartların en uygun olduğu dönemi belirledikten sonra Karabekir'i Ermeniler üzerine harekâtla görevlendirmiştir. Kolayca tahmin edilebileceği gibi Karabekir anılarında Mustafa Kemal'i bu konuda da eleştirmekte ve **harekâtın geciktirildiğini**, bunun bir hata olduğunu iddia etmektedir. Ancak Karabekir anlaşılan bu harekâtın başarılı olduğunu ve kendisine "**Doğu Cephesi Kahramanı**" unvanını kazandırdığını unutmaktadır! (S.M).

Karabekir'i kızdırmıştır. Atatürk Cumhuriyet'i ilan ettiği sırada Karabekir Trabzon'da bulunmaktadır.[1976] Karabekir'e göre Atatürk, Cumhuriyet'in ilanını bir "oldubittiye" getirmiştir. Karabekir, kendi ifadesiyle, **Cumhuriyet'e karşı değildir;** ancak Cumhuriyet'in ilan kararının "acelece" verilmiş bir karar olduğunu düşünmektedir. En önemlisi Cumhuriyet'in ilanı konusunda "fikrinin alınmamış olmasına" sitem etmektedir. Ancak "Atatürk hangi devriminde Karabekir'in fikrini ya da iznini almıştır ki Cumhuriyet'in ilanında alsın" diye de sormak gerekir.

Bir süre sonra Karabekir, kendi ifadesiyle, **Atatürk'ün diktatörlüğe doğru gittiğini** düşünmeye başlayarak, kendisi gibi düşünen **Rauf (Orbay), Ali Fuat (Cebesoy)** gibi arkadaşlarıyla **Terakkiperver Cumhuriyet Fırkası**'nı kurmuştur.[1977] Kısa süre sonra Kâzım Karabekir'in Terakkiperver Cumhuriyet Fırkası (TPCF), **Şeyh Sait İsyanı'nda** etkisi olduğu gerekçesiyle kapatılmıştır (1925).

Atatürk'le Karabekir arasındaki ipler artık iyice gerilmiştir. Partinin kapatılmasından bir yıl sonra Kâzım Karabekir, Atatürk'e yönelik **İzmir suikastına** karıştığı iddiasıyla, **idam istemiyle** İstiklal Mahkemesi'nde yargılanmış ve beraat etmiştir.

Muhakkak ki Karabekir'in, Atatürk'ün CHP'sine muhalif TPCF'yi kurması, İzmir suikasti ile ilişkilendirilmesi ve İstiklal Mahkemesinde yargılanması, onun iç dünyasını derinden etkilemiş ve **bilinçaltında Atatürk'e karşı bir öfkenin birikmesine** yol açmıştır.

Karabekir'i öfkelendiren ve Atatürk'ün karşısına geçmeye iten nedenler sadece bunlarla sınırlı değildir. İşin bir de **çok daha kişisel boyutu** vardır.

Kurtuluş Savaşı'ndan sonra **Atatürk'ün çok fazla öne çıkması, adeta tek güç, tek otorite ve tek kahraman gibi görülmesi** Karabekir'in gölgede kalmasına yol açmıştır. Doğrusunu söyle-

---

1976 Cezmi Eraslan, "Atatürk ve Cumhuriyetin İlanı Üzerine Düşünceler", **Yeni Türkiye, Cumhuriyet Özel Sayısı, Genel Değerlendirme ve İdeoloji,** Eylül-Aralık, 1998, S.23-24, s.279.
1977 **age.** s. 278

mek gerekirse bu durum Karabekir'i içten içe Atatürk'e karşı tepkisel hale getirmiştir. Bu tepki öyle bir boyuta ulaşmıştır ki Karabekir, Atatürk'ün **Nutuk'ta** anlattıklarını çürütme kaygısıyla kaleme aldığı anılarında, "*Milli mücadeleyi Mustafa Kemal değil ben başlattım, Mustafa Kemal Milli Mücadele'ye karşıydı. İstanbul'da kalmak, saraya damat olmak ve bakanlık yapmak istiyordu. Onu ben ikna ettim. Mustafa Kemal manda ve himayeye taraftardı!*" diyebilmiş, Atatürk ve Kurtuluş Savaşı hakkında mantıkla çelişen iddialar ileri sürebilmiştir.[1978]

Karabekir'in Çelişkiler Yumağı

İşte Mustafa Kemal'in Kurtuluş Savaşı'ndaki "o inkâr edilemez önderliğini" azaltmaya yönelik tipik Kâzım Karabekir iddialarından birkaçı:

"*Milli Mücadele'yi Mustafa Kemal değil ben başlattım!*"

Şimdi Karabekir'e kulak verelim:

"*Mustafa Kemal Paşa Hazretleri henüz İstanbul'da iken ben Doğuda işe başlamış ve Erzurum Kongresi ile milli nüveyi hazırlamıştım.*

İki buçuk ay sonra Erzurum'a gelen Mustafa Kemal Paşa Hazretleri ile önerilerim üzerinde bir kez daha mutabık kalmış, bu suretle ben Doğu'da kendileri de Batı'daki siyaset ve hareketi idare etmeyi ulusal planımız olarak saptamıştık.

...Ankara'da Millet Meclisi açılıncaya kadar bu fikirde olan Mustafa Kemal Paşa Hazretleri, bundan sonra nedense bu fikirlerinden vazgeçtiler..."[1979]

Bu ifadeleriyle Karabekir, kibar bir dille, "**Milli Mücadele'yi ben başlattım, Mustafa Kemal beni takip etti**" derken, başka bir yerde de çok daha ileri giderek Mustafa Kemal'in bazı kusurlarını kendisinin düzeltmeye çalıştığını belirtmiştir:

1978 Ali Tartanoğlu, **Ulusal Savaşa Birlikte Başlayan Yolcular ve Yalnız Adam Mustafa Kemal**, Ankara, 2002 s.221-290; Atatürk'ün Nutuk'ta Kâzım Karabekir Paşa hakkındaki açıklamaları için bkz. Sinan Meydan, **Nutuk'un Deşifresi**, 2.bs, Truva Yayınları, İstanbul, 2007, s. 449-483.
1979 Uğur Mumcu, **Kâzım Karabekir Anlatıyor**, 21. bs, İstanbul, 1998, s. 12; Tartanoğlu, age. s.234

"*Mustafa Kemal Paşa'nın, vurmak, kırmak, ezmek, çiğnemek gibi noksanlıklarını, uygun düştükçe, içten öğütlerimle düzeltmeye uğraşıp duruyordum. İlk aşamada bu doğasından dolayı herkesi kendine düşman ediyordu.* Bugünkü Milli Savunma Bakanı Fevzi Paşa, Kolordu Komutanlarından Yusuf İzzet Paşa, Fahrettin Bey, Salahattin Bey, valilerden ise daha çoğu hep bu kötü doğasına karşı az kaldı sonsuza dek kaybedeceğimiz arkadaşlarımız olacaktı...*"[1980] Karabekir'in yukarıdaki ifadeleri dikkatle okunduğunda, onun Atatürk'e karşı **nasıl büyük bir öfke** taşıdığı görülecektir. Karabekir'e göre Mustafa Kemal vurmak, kırmak, ezmek, çiğnemek gibi "**noksanlıklara**" sahiptir. Ve Karabekir sevgili arkadaşı(!) Mustafa Kemal'in bu noksanlarını düzeltmek için onu durmadan ikaz etmekte, ona "içten öğütlerde" bulunmaktadır! Kuşkusuz, durum hiç de böyle değildir. Karabekir'in Atatürk'e yönelik bu değerlendirmeleri, bir kızgınlığın, bir öfkenin sonucudur ve bu değerlendirmelerin gerçeklerle uzaktan yakından en ufak bir ilgisi bile yoktur.

Karabekir'e göre **Atatürk, Kurtuluş Savaşı'na bile karşıdır!**

İşte Karabekir'in "hezeyan" olarak adlandırılabilecek o iddiaları:

"*Aramızda büyük görüş farkı vardı. O (Atatürk) İtilaf devletlerinin büyük kuvvetleri karşısında ulusal kuvvetlerimizle karşı duramayacağımızdan, bir dış politikaya dayanarak, kendi diktatörlüğü altında kuracağı bir cumhuriyetle uyuşmak yönüne gidiyordu.*"

"*...Mustafa Kemal Paşa'nın askeri mukavemetten vazgeçildiği görünümünü verip, başkomutanlığı almayarak Meclis Başkanlığı'na geçmesi vakitsiz, yani en zayıf durumumuzda ve İtilaf propagandaları, bundan haberdar olan Padişah hükümetinin fetvaları, emirleri, özendirmeleriyle Anadolu birbirine girdi. Eğer, kalpleri ulusumuzun özgürlüğü ve bağımsızlığı aşkıyla çarpan arkadaşlarımızın özverisi ve kazanmış oldukları ulusal güven, candan sevgi ve saygı kudreti olmasaydı, Mustafa Kemal Paşa'nın attığı vakitsiz adım, Sivas'a kadar yayılan*

1980 Kâzım Karabekir, **İstiklal Harbimiz**, İstanbul, 1960, s.740; Tartanoğlu, age. s.241

isyanları, Şarka da yayacak ve onun önüne geçilmez darbeleri altında her şey daha başlangıçta yok olacaktı..."[1981]

Karabekir'in yukarıdaki iddiaları hakkında yorum yapmaya bile gerek yoktur; **çünkü bu iddiaları tarih çürütmüştür.** Ama yine de birkaç noktanın altını çizmekte yarar var. Birincisi, Karabekir, Atatürk'ün İtilaf devletlerinin büyük kuvvetlerinden çekindiğini belirtmekte, dolayısıyla Atatürk'ü "mandacılar" arasına koymaktadır. Karabekir'in, Çanakkale kahramanı ve Kurtuluş Savaşı'nın Başkomutanı Mustafa Kemal Atatürk'e yönelik bu iddiası tarih önünde acımasız bir iftiradan öteye geçememektedir; çünkü bu iddiayı çürüten çok sayıda belge gün gibi ortadadır. Mustafa Kemal Paşa, Kurtuluş Savaşı başlarında büyük devletlerin nabzını yoklamış, mümkün olduğunca Yunanistan'ı destekleyen İtilaf bloğunu parçalamaya çalışmış, bu nedenle İngiliz, Fransız ve İtalyan temsilcileriyle görüşmeler yapmıştır. Erzurum ve Sivas Kongreleri sırasında "taktik gereği" çok açıkça "mandaya" karşı bir tavır koymamakla birlikte ısrarla "bağımsızlığın" altını çizmiş ve arkadaşlarıyla özel sohbetlerinde "mandaya" karşı olduğunu defalarca tekrarlamıştır. Mustafa Kemal'in düşmanı zayıflatmak için attığı "dâhiyane" siyasi adımları ve "taktikleri" Kâzım Karabekir Paşa düpedüz çarpıtmıştır. İkincisi, Karabekir garip bir çelişkiyle Mustafa Kemal'in **kendi diktatörlüğü altında bir Cumhuriyet kurmak istediğini** ifade etmektedir. Bu iddiada ise mantık hatası vardır. Atatürk eğer gerçekten Karabekir'in ifade ettiği gibi bir diktatör olmak isteseydi Cumhuriyet'i ilan etmez, saltanatı ve halifeliği kaldırmaz; bizzat **kendisi sultan ve halife olur,** ayrıca devrimlerle de hiç uğraşmaz; eski sistemi biraz modernize ederek yola, diktatörlüklerin en etkilisi olan "**sultan+halife**" formülünü benimseyerek devam ederdi. Ya da Cumhuriyet'i ilan ettikten sonra halifeliği kaldırmaz –yapılan teklifleri değerlendirerek– kendisi halife olurdu; fakat bilindiği gibi Mustafa Kemal Atatürk daha gençlik yıllarından itibaren "**ulusal iradenin**" önemine inanan

---

1981 Mumcu, age. s.36, 37; Tartanoğlu, age. s.288

biri olarak, Kurtuluş Savaşı'nın hemen ardından önce salatanatı kaldırmış, daha sonra Cumhuriyet'i ilan etmiş, bununla da yetinmeyerek "demokrasi denemeleri" yapmıştır. Üçüncüsü, Karabekir Atatürk'ün başkomutanlığı almayarak, Meclis başkanlığına geçmesi sonucunda "Anadolu'nun karışıklık içinde kaldığını" belirtmekte ve eklemektedir:

"*Eğer kalpleri ulusumuzun özgürlüğü ve bağımsızlığı aşkıyla çarpan arkadaşlarımızın özverisi ve kazanmış oldukları ulusal güven, candan sevgi ve saygı kudreti olmasaydı Mustafa Kemal Paşa'nın attığı vakitsiz adım Sivas'a kadar yayılan isyanları Şarka da yayacak ve onun önüne geçilmez darbeleri altında her şey daha başlangıçta yok olacaktı*".

Yani Karabekir, yine her zaman olduğu gibi kibar bir dille, **Kurtuluş Savaşı'nın, Atatürk'ün hatalarına rağmen, açık söylemek gerekirse Atatürk'e rağmen(!)** kazanıldığını vurgulamaya çalışmaktadır. Atatürk'ün hatalarını da sözüm ona,"*kalpleri ulusun özgürlüğü ve bağımsızlığı aşkıyla çarpan arkadaşlarının!*" giderdiğini belirtmektedir. Peki, ama kimdir Karabekir'in özverili arkadaşları? Hemen belirtelim, **Ali Fuat, Refet Bele, Rauf Orbay;** yani Kurtuluş Savaşı'nın hemen ardından Atatürk'e cephe alan ve TPCF'yi kuran memnuniyetsiz muhalifler...

Atatürk Nutuk'ta Karabekir'in "*o özverili arkadaşları*"nın hatalarını belgeleriyle tek tek ortaya dökmüştür.

Karabekir'i aslında her şeyden önce Kurtuluş Savaşı sırasındaki bazı düşünce ve faaliyetleri yalanlamaktadır. Bu noktada, "*Milli Mücadele'yi ben başlattım. Mustafa Kemal'in yanlışlarına rağmen özverili arkadaşlarımızla birlikte zaferin kazanılmasını sağladım.*" diyen Karabekir'in Kurtuluş Savaşı yıllarındaki bazı faaliyetlerine dikkat çekmek istiyorum.

Tarihsel gerçekler ortadayken, kamuoyunu yanıltarak, Atatürk'ün Kurtuluş Savaşı'ndaki rolünü azaltmaya çalışan Kâzım Karabekir, bu savaşın en çetin günlerinde, "*İngilizlere karşı daha yumuşak olunmalıdır. Sivas'ın batısına bile geçilmemelidir. Heyet-i Temsiliye ve Kuvayımilliye dağıtılmalıdır.*" demiştir, Ancak nedense Karabekir bütün anılarında bu dü-

1033

şüncelerine ya hiç değinmemekte ya da mantıklı bir açıklama getirememektedir.[1982] Nitekim Atatürk **Nutuk'ta**, Karabekir'in Kurtuluş Savaşı sırasındaki, bu kısmen **"teslimiyetçi"** tutumunu eleştirme ihtiyacı hissetmiştir.

Atatürk, Karabekir Paşa'nın da tıpkı **Refet Bey** gibi **"Düşmana karşı sert ve kesin davranılmasının sakıncalı olduğunu"** düşündüğü kanısındadır.

Atatürk Nutuk'ta, Karabekir'in İngilizlere karşı *"Elden geldiği sürece açık ve silahlı bir çatışmadan kaçınmayı yeğ tuttuğunu"* belgelerle ortaya koymuştur.[1983] Kâzım Karabekir'in 17 Ekim 1919'da Mustafa Kemal'e gönderdiği telgraf, Karabekir'in Kurtuluş Savaşı yıllarında gerçekten de *"İngilizleri öfkelendirmemeye"* özen gösterdiğini, İngilizlere karşı silahlı mücadeleye girmekten mümkün olduğu kadar kaçındığını göstermektedir:

"...Özellikle İngiliz ve Fransız temsilcilerinin bulunduğu Trabzon çevresinde komuta zincirinin çok güzel işlemesine ve sağduyuyla iş yapılmasına pek çok gereklilik vardır.
Ne yazık ki, verdiğim açık yönergeye uymayarak Halit Bey'in kendi eliyle ve üniformasıyla vali tutuklamak gibi aykırı işleri dillere destan olmuştur. Seçimlerde de böyle davranırsa, kendisi için İngilizlerin bir çıkış daha yapması ve güç durumun belirmesi önlenemez. Bunun için adı geçen kişiyle yazışma yapılmayarak, yüksek isteklerinizin uygulanmasında beni aracı kılmanızı çok rica ederim..."

Karabekir, Mustafa Kemal'e gönderdiği bu telgrafta, **Halit Bey'in "İngilizleri kızdıracak"** bir davranışta bulunduğundan yakınmaktadır. Oysaki Halit Bey, Mustafa Kemal'in emri üzerine Trabzon Valisi'ni tutuklayarak görevden almış ve Erzurum'a göndermiştir. Üstelik Mustafa Kemal bu durumdan Karabekir'i haberdar etmiştir. Fakat Karabekir yine de Halit Bey'in yaptığı işin yanlış olduğunu ifade etmektedir. Mustafa Kemal, ulu-

---
1982 Tartanoğlu, age. s.521
1983 **Nutuk**, s.l15,l16; Tartanoğlu, age. s.142

sal hedefe ulaşabilmek için ne gerekiyorsa onu yapmaktadır. Bu süreçte İngilizlerin kızması, öfkelenmesi Mustafa Kemal'i fazla ilgilendirmemektedir. Onun tek ilgilendiği, ulusal hedefe yönelik doğru ve cesur adımlar atmaktır. Oysaki Karabekir Mustafa Kemal'den farklı düşünmektedir. **O, en çok İngilizlerin öfkesinden çekinmektedir.** Sadece bu telgraf bile, Kurtuluş Savaşı'nda kimin nasıl bir rol oynadığını ve kimin ne düşündüğünü göstermektedir.

Karabekir, anılarında *"Mustafa Kemal Milli Mücadele'yi istemiyordu. Ben onu ikna ettim."* demektedir; fakat elimizdeki belgeler Kâzım Karabekir'in, İstanbul'da **Son Osmanlı Mebusan Meclisi'nin açılmasından sonra, Kuvayımilliye'nin ve Heyeti Temsiliye'nin dağıtılmasını istediğini** göstermekte ve Karabekir'in iddialarını bir kere daha çürütmektedir. Karabekir, Osmanlı Meclisi'nin açılmasından sonra 28 Şubat 1920 tarihli telgrafında bu konudaki düşüncelerini şu şekilde dile getirmiştir:

"... İstanbul'da (Osmanlı) Millet Meclisi'nde beliren akıma karşı, Temsilciler Kurulu'nun ve Ulusal Kuvvetlerin karşıt ve üstün bir durumda olmasını hiç de uygun bulmuyorum... Temsilciler Kurulu'nun, bu işin içinden onuruyla çekilmesini; işin sorumluluğunu ve duruma göre alınacak kararları, (Osmanlı) Millet Meclisi'nin namusuna ve yurtseverliğine bırakmasını düşünüyorum..." (Atatürk, Nutuk; 282)[1984]

Karabekir -Atatürk ilişkisini inceleyen **Ali Tartanoğlu** yukarıdaki telgraftan hareketle şu yorumu yapmaktadır:

"Yani, Kâzım Karabekir de tıpkı öteki 'yakın arkadaşları' gibi, apaçık, Heyeti Temsiliye'nin ve Kuvayımilliye'nin dağıtılmasını, Ulusal Kurtuluş Mücadelesi'ne son verilmesini istemektedir."[1985]

Oysaki Karabekir'in, *"Kuvayımilliye dağıtılmalıdır. Heyeti Temsiliye'ye gerek kalmamıştır!"* dediği o günlerde, İngilizler İstanbul'u işgal hazırlığı içindedirler. O günlerde Mustafa Kemal ise tüm gücüyle Kurtuluş Savaşı'nı güçlendirmeye çalışmakta,

1984 Tartanoğlu, age. s.172,173
1985 age. s. 173

tüm yurtseverleri Anadolu'ya çağırmakta, asıl mücadelenin bundan sonra başlayacağını söylemektedir. Aynı günlerde Karabekir ise Mustafa Kemal'e çektiği telgraflarla, *"Milli kuvvetlerin ve Heyeti Temsiliye'nin değil Ankara'ya, Sivas'ın batısına bile geçmemesi"* gerektiğini belirtmiştir.[1986] Karabekir, kısa bir süre sonra Mustafa Kemal'in haklı olduğunu görecektir; çünkü kısa süre sonra İngilizler İstanbul'daki Son Osmanlı Mebusan Meclisi'ni dağıtacaklar, milletvekillerini tutuklayıp Malta'ya sürgün edeceklerdir. Karabekir o günleri bizzat yaşamış olmasına karşın, Cumhuriyet'in ilanından sonra Mustafa Kemal'le yollarını ayırdığı için ve bazı kişisel kaygılarla olsa gerek, anılarında bu konularda o günlerde kendisinin yanlış düşündüğünü, Mustafa Kemal'in ise olacakları önceden sezerek kendisini ve pek çok arkadaşını uyardığını ifade etmekten kaçınmıştır.

Karabekir'in Atatürk'e yönelik tepkisel hareket tarzının en önemli dışa vurumu, *"İstiklal Harbimiz'in Esasları"* adlı eseridir. Atatürk'ün Kurtuluş Savaşı'nı anlatan ve 1927 yılında meclis kürsüsünden okuduğu **Nutuk (Söylev)** adlı eserine alternatif olarak, Karabekir'in hemen kaleme sarılarak Kurtuluş Savaşı'nı kendi penceresinden anlatan eserler yazması bence bir tür **savunma psikolojisidir.** Karabekir'in Kurtuluş Savaşı'nı anlattığı bu eserler, özellikle de *"İstiklal Harbimizin Esasları"* dikkatle incelendiğinde, onun birçok yerde Atatürk'ün Nutuk'ta anlattıklarını çürütme kaygısı içinde olduğu görülecektir. Karabekir, Kurtuluş Savaşı'nı kendi penceresinden anlattığı eserlerini 1933 yılında bitirmiştir.

Karabekir'in Atatürk'e yönelik eleştirilerinin tamamını burada incelememiz ve bu eleştirilere yanıt vermemiz bu çalışmanın kapsamı dışındadır.[1987]

1986 age. s. 153
1987 Kâzım Karabekir'in Atatürk'e yönelik iddiaları ve bu iddialara verilen yanıtlar için bkz, Ali Tartanoğlu, **Ulusal Savaşa Birlikte Başlayan Yolcular ve Yalnız Adam Mustafa Kemal,** Öncü Kitap Ltd. Şti. Ankara 2002, s. 137 vd; Sinan Meydan, **Nutuk'un Deşifresi,** 2.bs, Truva Yayınları, İstanbul 2007, s.448 vd.

Karabekir ve Atatürk iyi incelendiğinde aslında amaçlar ve ideoller açısından benzer özellikler taşıdıkları görülmektedir. Kanımca aralarındaki gizli rekabetin kaynağı, **Kurtuluş Savaşı** sonrasındaki yer kavgasıdır. Daha doğrusu Karabekir'in yerinden memnun olmamasıdır.

Karabekir Dindar mı?

Karabekir, Atatürk'e göre çok daha "muhafazakâr" bir yapıya sahip olarak bilinir. Geleneksel dini yapıya karşı itirazının yok denecek kadar az olduğu zannedilir. Kişisel yaşantısında dinin inanç boyutu kadar ibadet boyutuna da önem verdiği söylenir. Ancak Karabekir hakkındaki bu düşünceler doğru değildir. Hatta Atatürk'ün Karabekir'e oranla "*çok daha dindar*" olduğu söylenebilir. Kâzım Karabekir'in kızı **Hayat**'ın anlattıklarına bakılacak olursa, Karabekir, hiç de zannedildiği gibi "dindar" biri değildir.

"Kızı Hayat Karabekir'in anlattıklarına göre Kâzım Karabekir dine saygı duyar. Tanrı'ya inanır ama **oruç tutmaz, namaz kılmaz, içkiyle arası hiç açık değildir; rakı değil ama şarap veya bira içer.** En iyi ibadetin başkalarına kötülük yapmamak, başkalarına zarar vermemek, kendi vicdanına hesap vermek olduğunu düşünür. **Eşi İclal Hanım'ın başı açıktır.**

Tolstoy'un 'sosyalizmin esaslarına göre' yazdığını düşündüğü eserlerinin Fransızcasını Harp Akademisi'ndeyken İsmet İnönü ile birlikte gizli gizli okumuş, '*camilerle, tutucularla asla yenileşme olmaz*' demiş, 1920'lerde **miladi takvime** geçilmesini önermiş,'*Doğu ve Batı uygarlığı yoktur, tek bir uygarlık vardır*' demiş, **medreselerin kapatılmasını ve Arap etkisinden kurtulunmasını istemiş,** dahası Batılı bir aydın gibi yaşamıştır."[1988]

Kâzım Karabekir'in aldığı eğitim, onun böyle bir düşünce yapısına sahip olmasında etkili olduğu söylenebilir. Daha önce belirttiğimiz gibi Osmanlı Devleti'nin Batı'dan etkilenen ilk kurumları Tıbbiye, Mülkiye ve Harbiye gibi okullardır. Dolayısıyla

---
1988 Tartanoğlu, age. 2002, s.342

Karabekir de pek çok arkadaşı gibi Harp Okulu'nda okurken **Batı düşüncesinden, sosyalizm, pozitivizm ve materyalizmden etkilenmiştir.** Nitekim Harp Akademisi'nde öğrenciyken, İsmet İnönü ile birlikte **Tolstoy'un sosyalizm esaslarına göre yazdığı eserlerini** okumuşlardır.

Karabekir gericiliğe, yobazlığa karşıdır. Hatta dinsel hassasiyeti çok yüksek olan, her şeye dini bir anlam yüklemeye çalışan insanlara büyük tepki duymaktadır. **Sarık, peçe, çarşaf gibi "İslami sembol" olarak değerlendirilebilecek giysileri giyenleri de çok ağır bir dille eleştirmekte, hatta azarlamaktadır.** Bu noktada yeniden Karabekir'in kızı **Hayat'a** kulak verelim:

"Evimizde bir işçi kadın vardı. Gelip giderken kara çarşaf giyerdi. Bir gün babam: 'Bir daha kara çarşafla gelirsen yırtarım o çarşafı... Ya çarşaf giymezsin, ya da çalışmazsın; bu kapı kapanmış olur sana' dedi ve kadına annemin mantosunu verdi."[1989]

Karabekir, zaman zaman Atatürk'ten "daha radikal" görünmüş, Atatürk'ün bazı faaliyetlerini "bağnazlık" ya da "gösteriş" olarak değerlendirebilmiştir. Örneğin, **Atatürk'ün 7 Şubat 1923 günü Balıkesir Ulucami'de öğle namazını kıldıktan sonra (ki Karabekirde o gün Mustafa Kemal'le birlikte öğle namazını kılmıştır) minbere çıkarak hutbe vermesini eleştirmiştir.** Karabekir, 23 Nisan 1920'de TBMM'nin tekbir ve dualar eşliğinde açılmış olmasını da içine sindirememiş, o gün yapılan coşkulu dini merasimi ve bunu yaptıran Atatürk'ü yine acımasızca eleştirmiş, hatta bu faaliyetinden dolayı Atatürk'ü **"bağnazlıkla"** suçlamıştır. Dahası, *"Atatürk halife olmak istiyordu!"*[1990]*,"Atatürk, meclise muhafazakârları doldurmak istiyordu."*[1991]*, "Atatürk muhafazakârdı."*[1992] *"Atatürk'ün sarıklı fotoğrafları vardır ve bunlar onun halifelik yanlısı olduğunun kanıtıdır."*[1993] *"Atatürk,*

1989 Mumcu, age. s.325 v.d; Tartanoğlu, age. s.344
1990 Mumcu, age. s.38, 41, 59
1991 age. S.39
1992 age. s.66
1993 age. s.49

Çankaya'ya cami yaptırmak istiyordu"[1994] gibi iddiaları, aslında Karabekir'in kafasının çok karışık olduğunu göstermektedir.

Uğur Mumcu, Karabekir'in TBMM'nin açılışında yapılan dinsel törenler konusunda, *"Tarihimizde bu kadar koyu bağnazlık içinde dini törenle hiçbir meclis açılmamıştır. Fetvaları izleyen bu büyük gösterilerin, acaba yer yer başlayan ayaklanmalara karşı bir güvence olacağı mı düşünüldü? Ne olursa olsun, Ulusal Meclis'in ilk gününde inançla bağnazlığı ayırmak daha ihtiyatlı olurdu. Yine, ne cuma gününü seçmeye, ne de bu kadar velveleye gerek yoktu. Güzel bir dua daha iyi bir etki bırakabilirdi. Gösterilen bu bağnazlığın sürdürülmesi mümkün olmadığından, ters etkisi daha tehlikeli olabilir."* dediğini belirtmekte ve Karabekir hakkındaki yaygın kanaati (Karabekir'in çok dindar olduğunu) eleştiren şu soruyu sormaktadır: *"Bu inançtaki bir insan, şeriatçı, padişahçı, dinci olabilir mi?"*[1995]

Atatürk'ü *"bağnazca bir iş yapmış olmakla"* suçlayan Karabekir –ileride detaylandırılacağı gibi– yeri geldikçe bu sefer Atatürk'ü *"dinsizlikle"* suçlayabilecektir. Atatürk'ü, bazen halifeliği kaldırdığı için eleştiren Karabekir, bazen de halife olmak istediğini belirterek eleştirecektir. Böylece Karabekir'in "**çelişkiler yumağı**" gittikçe büyüyecektir.

Fakat tüm bunlara rağmen Karabekir de Türk halkının din konusundaki duyarlılığını en az Atatürk kadar iyi bilmektedir. Nitekim kurmuş olduğu **TPCF**'nin tüzüğünde, *"Partimiz din hükümlerine saygılıdır"* ifadesine yer vermiştir. Gittiği yerlerde yaptığı konuşmalarda **dinsel vurgulara** yer vermiş, yazdığı kitaplarda **dinin önemini vurgulamış,** kendisinin dindar olduğunu ima etmiştir.

Karabekir'in Atatürk karşısındaki en büyük avantajlarından biri, (hiç de hak etmemesine rağmen) ona yakıştırılan, *"dini bütün Müslüman bir kumandan"* imajını, çok iyi kullanmasıdır. Geleneksel düşünceye sahip insanlar arasında bu yönde bir inancın yayılmasının nedeni, Karabekir'in **halifeliğe sahip çık-**

1994 age. s.72
1995 Tartanoğlu, age. s.349

ması, halifeliğin kaldırılmasını istememesi ve halifeliği kaldırdığı için Atatürk'ü ağır bir dille eleştirmesidir. Gerçi aynı Karabekir, bazen de Atatürk'ü *"halifeliği kaldırmak istemiyordu"* diyerek eleştirmiştir.

Karabekir'in Büyük Günahı

Karabekir'in yazdığı bazı kitaplar incelendiğinde, Atatürk'ü eleştirmek istediğinde, ya da kendisinin Atatürk'e göre halka daha yakın olduğunu vurgulamak istediğinde, genellikle **kendisinin katıksız bir Müslüman**, hatta evliya derecesinde dindar; Atatürk'ün ise **Müslüman olup olmadığı belli olmayan, İslam karşıtı**, hatta "dinsiz" olduğunu kanıtlamaya çalıştığı görülecektir. Karabekir, yazdığı kitapları Atatürk'ün **İslam dini** konusundaki sözde "olumsuz" ifadeleriyle süslemiştir. Karabekir, kitaplarında ne zaman **dinden** bahsetmek istese, bir yolunu bulup sözü Atatürk'e getirmiş ve Atatürk'ün "İslam karşıtı!" fikirleriyle dolu(!)anılarına yer vermiştir. Atatürk'ün çevresinde, Atatürk'e Karabekir'den çok daha yakın insanlar bulunmasına rağmen –nedendir bilinmez– onların, Atatürk'ün İslam karşıtı ifadeleriyle dolu anıları yoktur. Tam tersine Atatürk'ün yakın çevresinde bulunan insanların birçoğu, Atatürk'ün İslam dinini övücü ifadelerine tanık olduklarını belirtmişlerdir.

Üzülerek söylemek gerekir ki, bugün Türkiye'de Atatürk'ü *"din karşıtı"* ve *"İslam düşmanı"* olarak gören insanların azımsanmayacak kadar büyük bir bölümü bu görüşü, Karabekir'in anlattıklarından edinmişlerdir. Daha çok İslami duyarlılıkları yüksek olan insanlar, sözüm ona, *"dini bütün Müslüman Karabekir'in"* Atatürk ve din konusunda anlattıklarına kolayca inanmış, "Neden Karabekir'in Atatürk'ün 'İslam düşmanı' olduğunu kanıtlama ihtiyacı hissettiğini" sorgulama gereği duymamışlardır.

Kâzım Karabekir, kitaplarında **Atatürk ve din konusunda** pek çok iddiaya yer vermiştir. Karabekir bu iddialarını bazı anılara dayandırmaktadır. İşte Kâzım Karabekir'in Atatürk ve din konusundaki dillere destan o anıları, iddiaları:

Tarih 10 Temmuz 1923. Yer, Ankara tren istasyonundaki kalem-i mahsus binası... Kâzım Karabekir burada Mustafa Kemal'le aralarında din konusunda bir tartışma meydana geldiğini ve Mustafa Kemal'in bu tartışma esnasında din konusunda şunları söylediğini ifade etmektedir:

"*Mustafa Kemal Paşa, 'dini ve namusu olanlar aç kalmaya mahkûmdur. Dini ve namusu olanlar kazanamazlar, fakir olmaya mahkûmdurlar. Böyle kimselerle memleketi zenginleştirmek mümkün değildir. Bunun için önce din ve namus anlayışını değiştirmeliyiz. Partiyi (CHP) bunu kabul edenlerle kuvvetlendirmeli ve bunları çabuk zengin etmeliyiz; bu suretle kalkınma kolay ve çabuk olur. Dini ve ahlaki inkılap yapmadan önce hiçbir şey yapmak mümkün değildir. Bunu da ancak bu prensipleri kabul edebilecek genç unsurlarla yapabiliriz.*"

Karabekir, Mustafa Kemal'in bu sözlerine karşı şöyle yanıt verdiğini söylemektedir:

"*Dinsiz ve ahlaksız millete bu dünyada hayat hakkı olmadığını tarih gösteriyor. Paşam, bu yeni akide bizi Bolşevikliğe götürür. Siz millet kürsüsünden haykırdınız ki, sulhtan sonra millet safları içine çekilerek bir ferdi millet gibi yaşayacağım. Hâlbuki şimdi halkın asla hoşuna gitmeyeceği ve benim bile derin bir uçurum gördüğüm bir formülü zorla kabul ettirecek bir idare kurmaya gidiyorsunuz. Bunu yapmayınız. Milli birliğimiz sarsılır ve bir asalak tabaka halkın başına geçerek kanını emer. Hiçbirimizin hayatı uzun değildir. Bu milletin yeni sarsıntılara tahammülü yoktur. Planlı ve programlı olarak istiklal harbimizdeki ruhumuzda yürüyelim, istiklal harbini canıyla, kanıyla kurtaran milletimize hürriyet ve aşk saadetini tattıralım...*"[1996]

Karabekir'in aktardığı bu anıda Atatürk'e ait olduğunu iddia ettiği sözler ve düşünceler dikkatle incelendiğinde, bu sözlerin ve düşüncelerin içinde Atatürk'ün üslubuna, yaşam felsefesine ve en

---

1996 Kâzım Karabekir, **Paşaların Kavgası**, Atatürk-Karabekir, İstanbul, 1992, s.142-145

önemlisi ahlak anlayışına hiç uymayan ifadelerin olduğu kolayca görülmektedir. Örneğin, Karabekir'in Atatürk'ün ağzından aktardığı *"...dini ve namusu olanlar aç kalmaya mahkûmdurlar, dini ve namusu olanlar kazanamazlar... Bunun için önce din ve namus anlayışını değiştirmeliyiz."* ifadelerinin, Atatürk'ün kişilik özellikleriyle ve yaşam felsefesiyle uzaktan yakından ilgisi yoktur; çünkü bu ifadeler Atatürk'ü, **"dinsizliği"** ve dahası **"namussuzluğu"** onaylayan, hatta bunları onaylamakla kalmayıp toplumun kalkınması için "dinsiz" ve "namussuz" olmayı öngören biri olarak tanıtmaktadır. Oysaki Atatürk üzerine biraz kafa yoranlar Atatürk'ün Türk insanının kültürel özellikleriyle ve dini duyarlılıklarıyla ne kadar gurur duyduğunu ve en önemlisi Atatürk'ün bu ulusun dinini ve namusunu korumak için emperyalist devletlere nasıl kafa tuttuğunu çok iyi bilirler.

Karabekir'in anlattıklarına göre, Atatürk dini ve ahlaki bir inkılap yapmak istemektedir. Ancak Karabekir'e göre bu inkılap *"dinsizleştirme ve ahlaksızlaştırma"* inkılabıdır! Evet, daha önce de anlatıldığı gibi Atatürk gerçekten de bir "din ve ahlak" inkılabı yapmaya planlamıştır. Ama bu inkılap, Karabekir'in anladığı gibi "dinsizleştirme ve ahlaksızlaştırma" inkılabı değil, "dinde öze dönüş" inkılabıdır. Atatürk, asırlardır sömürülen, kişisel ve siyasal çıkarlara alet edilen, hurafelerle, batıl fikirlerle kuşatılan bir dini aslına, özüne döndürmek için tarihin hiçbir döneminde görülmemiş bir "dinsel inkılap" başlatmıştır.

Karabekir'in aktardığı anıda dikkati çeken bir başka nokta ise, onun Atatürk'e verdiği yanıttır. Karabekir Atatürk'e, *"dinsiz ve ahlaksız bir millete bu dünyada hayat hakkı olmadığını tarih gösteriyor"* diye uyarıda bulunduğunu iddia etmektedir. Ancak Karabekir'in, Atatürk'e böyle bir uyarıda bulunması da çok anlamsız görünmektedir; çünkü Atatürk Karabekir'in iddialarının aksine birçok yerde, birçok kere *"Dinsiz milletlerin devamına imkân yoktur"* şeklinde sözler söylemiş ve dinin bir toplumsal gerçeklik olduğunu belirtmiştir. Örneğin bir keresinde Asaf İlbey'in, *"Paşam din hakkında ne düşünüyorsunuz?"* sorusuna,

Atatürk, *"Din vardır ve lazımdır,"* karşılığını vermiştir.[1997] Yine 29 Ekim 1923 yılında Fransız gazeteci Pernot'a verdiği demeçte, *"Dinime, bizzat hakikate nasıl inanıyorsam, ona da öyle inanıyorum, şuura muhalif, terakkiye mani hiçbir şey ihtiva etmiyor,"* demiştir.[1998] Bu örneklerin sayısını çoğaltmak mümkündür.

Karabekir'in aktardığı yukarıdaki anıda dikkat çeken noktalardan biri de **Bolşeviklik** konusudur. Karabekir'in *"...Paşam bu yeni akide bizi bolşevikliğe götürür"* diyerek Atatürk'ü uyarması da oldukça anlamsızdır; çünkü Atatürk zaten Bolşevizme karşıdır ve o günlerde bu düşünceyi Türkiye için tehlikeli bulmaktadır. 1922 yılında Petit Perison muhabirine verdiği demeçte, *"Biz ne Bolşevik, ne komünist, ne biri ne diğeri olamayız. Çünkü biz milliyetperver ve dinimize hürmetkârız"* demiştir. Karabekir'in anılarının matbaada el konulan nüshasını okuyup kendi el yazısı ile 9 sayfa not alarak, Karabekir'in iddialarına yanıt veren **Atatürk**, Karabekir'in, kendisini Bolşeviklikle suçladığı yere şu notu düşmüştür:

"Sayfa. 54: Bolşeviklik... Çok alçakça uydurmak istediği bir hikâye... Bana yapıştırmak istiyor."[1999]

Karabekir'in Atatürk hakkındaki iddialarına, *"Yalnız Adam Mustafa Kemal"* adlı muhteşem çalışmasında yanıtlar veren Ali Tartanoğlu, *"Din ve Namus Tartışması"* adını verdiği bölümde, Atatürk'le ilgili diğer iddialarını da dikkate alarak, Karabekir'in yukarıdaki anısı hakkında şu çarpıcı değerlendirmeleri yapmaktadır:

"Karabekir, aynı kişi hakkında ortaya attığı bütün bu iddialarla inandırıcılığını tamamen yitirdiğini herhalde fark etmemektedir. Daha dün halife olmak istediğini ısrarla ileri sürdüğü, ama bugün dinsiz ve ahlaksız bir Mustafa Kemal... Yani hem komünist hem vahşi kapitalist, hem halife, hem dinsiz, imansız, ahlaksız bir Mustafa Kemal!(...)

1997 Sadi Borak, **Atatürk ve Din**, s.81
1998 **ASD, C. III**, Ankara, 1989, s.93
1999 Mumcu, **age.** s. 8, 9; Tartanoğlu, **age.** s.230

Ayrıca, tarih, Karabekir'in belirttiğine göre henüz 10 Temmuz 1923'tür; yani Cumhuriyet'in ilanının bile hâlâ gizlendiği bir dönemdir. Halife ortadadır, halifelik ortadadır. Cumhuriyet idealini bile dört yıl boyunca ağır bir sır olarak saklamış, zamanın gelmesini beklemiş olan Mustafa Kemal'in doğrudan din ve ahlakla ilgili olarak, gerçekten öyle düşünüyor dahi olsa, uluorta konuşması, her şeyden önce onun o ünlü taktisyenliğine aykırıdır. Kaldı ki böyle bir düşüncesi, niyeti ve inancı gerçekten yoktur; yani Cumhuriyet'i gizlemesine benzer bir durum söz konusu değildir. Kur'an'ın Türkçe'ye çevrilmesi, ezanın Türkçe okutulması planlarını dinden ve namustan vazgeçilmesi olarak yorumlamaksa, Karabekir dâhil böyle düşünenlerin cehaleti değilse, kötü niyetinden ibarettir...

Ayrıca Karabekir, büyük ölçüde iki kişi arasında geçen konuşmaları aktarmakta, Atatürk'ün Samsun'a gönderilmesiyle ilgili görev yazısı benzeri bir kanıtı da getirmemektedir. Bu tür kanıtı belgesi olmayan, içeriği de bu kadar ağır olan konuşmaların yazılıp çizilmesinde dikkatli olunması gerektiği açıktır."[2000]

Karabekir'in, Atatürk ve din konusundaki en ilginç ve en düşündürücü iddiası; **Atatürk'ün dinde Türkçeleştirme çalışmalarıyla** ilgilidir.

Kur'an'ın Türkçeye tercüme meselesinin gündeme geldiği günlerde Şeriye Vekili ve Konya milletvekili Hoca Vehbi Efendi ve diğer sözüne güvendiği bazı zatlar Karabekir'e şunları söylemişler:

"**Gazi Kur'an-ı Kerim'i bazı İslamlık aleyhtarı kimselere** *tercüme ettirmek arzusundadır. Sonra da Kur'an'ın Arapça okunmasını namazda bile yasaklayarak bu tercümeyi okutacak ve o kimselerle işi alaya boğarak, güya Kur'an'ı da ortadan kaldıracaktır.*"

Karabekir, bir toplantıda Atatürk'ün bu konuda hiddetlenerek, bütün içini ortaya döktüğünü belirtmiştir. Karabekir, Atatürk'ün kendisine bu konuda şunları söylediğini aktarmaktadır:

2000 Tartanoğlu, age. s.306-307.

"...Evet, Karabekir, Araboğlunun yavelerini Türk oğullarına öğretmek için Kur'an'ı Türkçe'ye tercüme ettireceğim ve böyle de okutturacağım. Ta ki budalalık edip aldanmakta devam etmesinler..."[2001]

Karabekir'in bu iddiaları da son derece tuhaf ve şaşırtıcıdır; çünkü bu iddiaların aksine Atatürk, başta İslamın temel kaynağı Kur'an'ın Türkçeye çevirisi olmak üzere dinde Türkçeleştirme çalışmalarını çok önemsemiştir. Bu çalışmlar onun için Türk devriminin en önemli yapı taşlarıdır. Karabekir'in aktardığı anılarda **Atatürk'ün, Kur'an'ı İslamlık aleyhtarı kişilere çevirtmek istediğinden bahsedilmektedir**. Ancak bilindiği gibi Atatürk, Kur'an çevirisi görevini İslami konularda bir "üstat" olan **Mehmed Akif**'e vermiştir. Akif, çeviri işinden vazgeçince bu görevi yine o dönemde İslami konulardaki en önemli otoritelerden biri olan **Elmalılı Hamdi Yazır**'a vermiştir. Sormak lazım Karabekir'e, Mehmed Akif'e ve Elmalılı Hamdi Yazır'a *"İslam aleyhtarı"* demek mümkün müdür? Atatürk, Karabekir'in iddia ettiği gibi, eğer Kur'an'ın mesajını çarpıtmak isteseydi, bu zor görevi Mehmed Akif ve Elmalılı gibi iki ustaya verir miydi? En önemlisi, Kur'an'ın anlaşılması için uğraş verip, hadis kaynaklarını Türkçeye tercüme ettirip yurdun dört bir köşesine ücretsiz dağıttırır mıydı?

Kâzım Karabekir'in *Nutuk'a* alternatif olarak yazdığı anlaşılan *"İstiklal Harbimiz"* adlı eserinde her fırsatta Atatürk'ü "dini ve ahlakı zayıf biri" olarak göstermeye çalıştığı görülmektedir. Örneğin bir yerde, *"Ajanslarda, gazetelerde, ağızdan hücumlar hep Kemal Paşa'ya idi. Ahlakı, ihtirası hakkında her gün ağız dolusu laflar söylendiğini kendisi de biliyordu."*[2002]

Mustafa Kemal Paşa'nın, *"vatansız matbuat"* ve *"satılmışların hâkimiyet-i kalemiyesindeki matbuat"* diye adlandırdığı Kurtuluş Savaşı'na karşı yayın yapan müterake basınının Atatürk'le ilgili iddia ve iftiralarının amacı bellidir. Peki, ama Mustafa Kemal Paşa'nın silah arkadaşı Karabekir'in Atatürk

---

2001 Uğur Mumcu, **Kâzım Karabekir**, İstanbul, 1990, s.93,94.
2002 Kâzım Karabekir, **İstiklal Harbimiz, C.I**, İstanbul, 2000,s.464.

hakkındaki, "mütareke basınını" aratmayacak iddialarının amacı nedir? Karabekir Paşa, –sözüm ona– Atatürk'ün **"dini ve ahlaki zayıflığını(!)"** kanıtlamaya kararlıdır adeta! Bu amaçla bazen kendi görüşlerini, bazen mütareke basınının yazdıklarını, bazen de Atatürk'ü tanıyanların görüşlerini aktarmıştır kitaplarında.

Örneğin Karabekir, Atatürk hakkında **Fevzi Paşa'nın,** kendisine şunları söylediğini belitmektedir:

"Fevzi Paşa, Mustafa Kemal'i tutmaklığımın felaketini, ileride kötü nam alacağımı anlattı. Söylediği şudur: 'Mustafa Kemal muhteris ve menfaat düşkünüdür. Ahlakı herkesçe fena tanınan bu zatın milletin başına belalar getireceğini seni seven bütün arkadaşlarımız ve ben yakından biliyoruz."[2003]

Karabekir burada Atatürk'ün yakın dostu ve silah arkadaşı Fevzi Paşa'yı zan altında bırakmaktadır. Fevzi Paşa'nın Kurtuluş Savaşı sırasındaki ve sonrasındaki tutum ve davranışları göz önünde bulundurulduğunda Karabekir'in yukarıdaki iddialarının da ne kadar temelsiz olduğu çok iyi anlaşılacaktır. Çünkü bilindiği gibi **Fevzi Paşa,** Kurtuluş Savaşı'nda savaş planlarını Mustafa Kemal'le birlikte yapan, bu savaşın en zor anlarında, cephede Mustafa Kemal'in yanında olan kişidir. Atatürk, **Nutuk**'ta bütün silah arkadaşlarını Kurtuluş Savaşı sırasındaki yanlışlarından dolayı çok ağır bir şekilde eleştirirken Fevzi Paşa'ya neredeyse hiç eleştiri yöneltmemiştir. Dahası savaş sonrasında Kâzım Karabekir, Rauf Orbay, Refet Bele ve Ali Fuat Cebesoy gibi Atatürk'ün silah arkadaşları Atatürk'e sırtını dönüp, Atatürk'ün karşısında yer alırken, Fevzi Paşa hep Atatürk'ün yanında yer almıştır. Fevzi (Çakmak) Paşa'nın günlükleri incelendiğinde onun Mustafa Kemal'in Samsun'a çıkışından Kurtuluş Savaşı'nın sonuna kadar adeta gün gün Atatürk'ü takip ettiği görülmektedir.[2004] Fevzi Paşa, 15 Mayıs 1919 tarihli günlüğünde, *"Ben, Cevat, Mustafa Kemal, üçümüz Anadolu'da melema (buluşmaya) karar ver-*

2003 age. C. II, s.849.
2004 Ayrıntılar için bkz. Nilüfer Hatemi, **Mareşal Fevzi Çakmak ve Günlükleri,** C.I, II, Yapı Kredi Yayınları, İstanbul, 2002.

dik" diyerek, daha başından beri Atatürk'le birlikte olduğunu belirtmiştir. Fevzi Paşa, yaş ve rütbe olarak Atatürk'ten önde olduğu halde "**kurtarıcı gördüğü**" Mustafa Kemal'le "rekabete" yeltenmemiştir. Bunun en açık delili, Ankara'ya gelişinin üzerinden daha birkaç gün geçmişken not defterine yazdığı "*Mustafa Kemal Paşa'dan aldığım emir üzerine...*" cümlesidir.[2005] Karabekir, Atatürk hakkındaki ağır eleştirileri üzerine Fevzi Paşa'ya şu karşılığı verdiğini iddia etmektedir:

"*Mustafa Kemal Paşa'ya başımıza geçmesini daha İstanbul'da teklif eden benim. Bugün bütün kuvvetile tutmayı en büyük vazife bilirim. Ondan daha hamiyetli ve dirayetlisini aradım bulamadım. Hanginiz esaret altındaki İstanbul'dan çıkıp geldiniz? Bugün de sizden rica etsem ihtimal yine gelmezsiniz. Siz ve emsaliniz esaret altında oturmayı tercih ediyorsunuz. İstanbul'da dedikodu yapan arkadaşlar, iş bu raddeye başarıyla geldikten sonra olsun, Anadolu'ya gelseler ya. Doğunun aydın evlatları bile İstanbul'dan çıkmazken Doğulu olmayan bizim gibiler en felaketli günlerde halka teselli ve emniyet verdik. Halk da tabii olarak rehberlerini gördü ve onlara yetki ve kuvvet verdi. Milli varlık ve milli birlik teessüs etmiş, milli karar verilmiştir. Artık Mustafa Kemal Paşa ile uğraşmak yanlıştır, milli karara karşı gelmektir, ihanettir, felakettir.*"[2006]

Hep Atatürk'ün yanında yer alan Fevzi Paşa'ya, "*Artık Mustafa Kemal Paşa ile uğraşmak yanlıştır, milli karara karşı gelmektir, ihanettir, felakettir,*" diyerek Atatürk'ü savunduğunu iddia eden Karabekir, her fırsatta "Atatürk'e saldırmasını" nasıl açıklayacaktır acaba?

Kâzım Karabekir'in, Atatürk'ün din konusundaki görüşleriyle ilgili iddiaları incelenirken, **Karabekir-Atatürk ilişkisi** gözden kaçırılmamalıdır.[2007] Çünkü Karabekir'in İstiklal Mah-

---

2005 Avni Özgürel, "Mareşal Fevzi Çakmağın Tanıklığı", **Radikal**, 28 Nisan 2002, s.9.
2006 Karabekir, **age**. C. II, s.850,851
2007 Atatürk-Karabekir ilişkisi ve din hakkında bkz. Emin Erler, "Kâzım Karabekir Mustafa Kemal İlişkileri ve Ayrılan Yollar", **Tarih Medeniyet**, Haziran 1997, S.39, s. 13-25. Bu çalışma dikkatle incelenecek olursa, çalışmayı ha-

kemelerinde idam mahkûmu olarak yargılanması, onun bilinçaltında bir zamanlar omuz omuza, aynı amaç için mücadele ettiği Atatürk'e karşı tepki, öfke ve hatta kıskançlık hislerine yol açmıştır. Nitekim Atatürk-Karabekir ilişkisi iyi incelendiğinde, gerçekten de Kâzım Karabekir'in Atatürk'ü fazla sevmediği ortaya çıkmaktadır. Atatürk ve Karabekir arasında Kurtuluş Savaşı yıllarındaki dava arkadaşlığının savaştan sonra noktalanması, savaş sırasındaki gönül bağının savaş sonrasında kopmasına yol açmıştır. İsmet İnönü anılarında Karabekir'in Atatürk'ü sevmediğini şöyle ifade etmiştir:

"*...Atatürk'ün iktidarını söyleyenler kadar, aleyhinde bulunanlar da var. Düşmanı da çok... Mesela o günlerde (1919 Nisan sonlarında) Kâzım Karabekir Paşa'ya sormuş olsalardı, bu vazifeyi ona vermeyin derdi. Karabekir Paşa öteden beri Atatürk'ten korkardı ve onu sevmezdi. Ama bu his tek taraflı değildi. Karşılıklı ikisi de birbirlerini sevmezlerdi. Kâzım Karabekir Paşa İstanbul'da iken Atatürk'le birlikte olacağım diye endişe ederdi. (Karabekir) Erzurum'a giderken bana, korkuyorum sen de onunla beraber olacaksın demiştir. Korktuğu da başına geldi.*"[2008]

Yakın zamanlara kadar –üzülerek söylemek gerekir ki– Karabekir'in Atatürk'e yönelik iddiaları ya göz ardı edilmiş ya da yüzde yüz gerçek kabul edilmiştir. Bu iddialar enine boyuna değerlendirilip, sorgulanmamıştır. **Atatürk'ün Nutuk'unu**, kılı kırk yararak inceleyen tarihçilerimiz, Nutuk'un yazılış amaçları üzerinde kafa yorup, Nutuk'un Cumhuriyet tarihini anlamak

---

zırlayan Emin Erler, Karabekir'in "Atatürk ve din" konusundaki iddialarını aktarırken bu iddiaları sorgulama ihtiyacı hissetmeden sanki hepsi doğruymuş gibi aktarmış ve Atatürk'ün dın anlayışını Karabekir'in bu "olumsuz" ifadeleriyle açıklamaya çalışmıştır. Bu makaleyi okuyanların, Atatürk'ün dini zayıf, hatta "dinsiz" olduğunu düşünmeleri hedeflenmiş, kamuoyu kanımca bilinçli olarak yanlış yönlendirilmiştir. Gerçi yazar, makalesinin sonunda "Atatürk'ün din konusundaki görüşlerini sadece Karabekir'in anlattıklarıyla anlamanın mümkün olmadığını" belirtmiş olsa da bu konuda okuyucuya başka bir belge sunma ihtiyacı hissetmemiş, üstü kapalı Atatürk'ün din anlayışının Karabekir'in iddia ettiği gibi olduğunu ima etmiştir.

2008 İsmet İnönü, **Hatıralar, I. Kitap**, Ankara, 1985, s. 175

için tek başına kaynak olarak kullanılmaması gerektiğini belirtirlerken, nedense Karabekir'in *"İstiklal Harbimiz"* ve *"İstiklal Harbimiz'in Esasları"* adlı eserlerini hiç eleştirmeden kaynak olarak kullanmakta bir sakınca görmemişlerdir.[2009] Karabekir-Atatürk ilişkisi hakkında en kapsamlı araştırmalardan birini kaleme alan **Tartanoğlu**, Karabekir'in Atatürk'e yönelik asılsız iddialarıyla ilgili şu değerlendirmeyi yapmaktadır:

"...Mustafa Kemal ile aynı görüşleri paylaşmadığını Karabekir de kabul etmekte, hatta sürekli ileri sürmektedir. Mustafa Kemal, 'hayır, aynı görüşte değiliz' deyince de 'bizi dışladı, İstiklal Harbinin sıkıntısını biz çektik, şimdi nimetlerini birtakım dalkavuklar yiyor' diye tepki göstermektedir.

Bütün bu çıkışların amacı, sadece (Karabekir'in ifadesiyle) 'nimet yemek' olmasa da, Karabekir'e yakışmamaktadır... Karabekir, 'nimet yemek' noktasına gerilememeliydi. Hak ettiği göreve gelmenin koşulu, 'inanmadığı görüşlere hizmet etmek' olacaksa, o zaman da onuruyla çekilmeliydi."[2010]

"Kâzım, Allah Bizimle Beraberdir"

Kâzım Karabekir'in Atatürk ve din konusundaki iddialarını, Karabekir'in bize anlatmadığı bir olayla bitirmek istiyorum. Söz konusu olayı aktaran Atatürk'ün emir eri **Ali Çavuş'tur**. Ali Çavuş, Kurtuluş Savaşı yıllarında Atatürk'ün her an yakınında bulunan ve adeta onun sırdaşı olan biridir.

Söz konusu olay Erzurum Kongresi sonrasında yaşanmıştır. Olaya tanık olan Kâzım Karabekir, nedense Kurtuluş Savaşı yıllarına ait anılarında bu olaya yer vermeyi unutmuştur! İşte Atatürk'ün emir eri Ali Çavuş'un, torunu **Zeynel Lüle'ye** anlattıkları:

2009 Bu konudaki son örnek, Taha Akyol'un çalışması *"Ama Hangi Atatürk"*tür. Akyol eserinde Atatürk'ün Nutuk'unu eleştirirken, zaman zaman Karabakir'in eserlerini kaynak olarak kullanmıştır. Atatürk'ün **Nutuk**'ta yazdıklarına "şüpheci" bir gözle bakan Akyol, nedense Karabekir'in yazdıklarına **"mutlak doğru"** gözüyle bakmıştır. Bu tutum yakın tarih yazımındaki en önemli çarpıklıklardan biridir.
2010 Tartanoğlu, **age.** s.313

"...26 Ağustos günü heyet Erzurum'u terk ediyordu. Bütün Erzurum halkı yollara dökülmüş, başta vali olmak üzere Kâzım Karabekir Paşa ile şehrin ileri gelenleri uğurlamaya gelmişlerdi. Halkın ve memurların gözleri yaşlıydı. Ali Çavuş ise Atatürk ile gitmekten sevinçli, çok sevdiği Kâzım Paşa'dan ayrıldığı için de üzüntülüydü. *Atatürk ve Kâzım Paşaların veda sahnesi herkesi ağlatacak kadar içli oldu.* Ali Çavuş'un hiç unutmadığı veda sırasında Atatürk: 'Kâzım, ALLAH bizimle beraberdir. Vatanın tek tepesi kalıncaya kadar müdafaa edeceğim, ölürsem sen devam et. Bu millet esarete layık değildir. Hakkını helal et kardeşim' dedi. Mustafa Kemal Paşa, Kâzım Paşa'ya sarılmış bırakmıyordu. Kâzım Paşa ise hıçkıra hıçkıra ağlıyordu. Ali Çavuş da hıçkırmaya başladı. Başını önüne eğdi ve gözlerindeki yaşları göstermemek için kalpağı ile yüzünü kapattı. Kâzım Paşa hıçkıran sesiyle: 'Hakkım helal olsun Paşam. Allah sizi bu milletin başından ayırmasın. Milletimizin zafer gününe erişemezsem beni unutmayın. Çoluğum çocuğum size emanettir. Yolunuz açık olsun Paşam' dedi. Bu manzarayı görenler ise hıçkırıklarını tutamadılar..."[2011]

Kurtuluş Savaşı'nın en sıcak günlerinde, 1919 yılında Erzurum'da yaşanan bu olayın başkahramanı **Kâzım Karabekir**, Atatürk'ün tüm samimiyetiyle dile getirdiği, *"Kâzım, Allah bizimle beraberdir. Hakkını helal et kardeşim"* sözlerini ve kendisinin Atatürk'e tüm samimiyetiyle hıçkıra hıçkıra söylediği, *"Hakkım helal olsun Paşam, Çoluğum çocuğum size emanettir"* şeklindeki dostane yanıtı nasıl oluyor da 1930'larda hatırlamıyor? Nasıl oluyor da, Atatürk ve din konusunda eserlerinde pek çok anıya yer veren Kâzım Karabekir, böylesine duygu yüklü bir anıyı anlatma ihtiyacı hissetmiyor? Ve nasıl oluyor da *"Hakkım sana helal olsun, çoluğum çocuğum sana emanettir"* diyen Karabekir, yazdığı eserlerde Atatürk'e ağzına geleni söylüyor?

2011 Zeynel Lüle, "Torununun Kaleminden Atatürk'ün Ali Çavuşu", **Hürriyet Tarih Dergisi**, 21 Mayıs 2003, s. 10,11

Bu çarpıcı örnek de göstermektedir ki, Kurtuluş Savaşı'nın saygıdeğer paşalarından Kâzım Karabekir -Atatürk'le yaşadığı gerginliklerden ve kıskançlıklardan dolayı olsa gerek- Atatürk'ü topluma "**dini zayıf biri**" olarak aktarma kaygısıyla, Atatürk ve din konusundaki gerçekleri çarpıtmıştır ve üzülerek söylemek gerekir ki bu konuda Türk toplumunu yanlış yönlendirmiştir. Ve yine üzülerek söylemek gerekir ki, **Rıza Nur** ve **Said-i Nursi** ile birlikte **Kâzım Karabekir** de "Atatürk düşmanlarının" eline kozlar vermiştir.

Evet, Atatürk gerçekten de hayatının belirli dönemlerinde **dine karşı mesafeli olmuştur;** ancak bir kere daha altını çizmeliyim ki, Atatürk'ün din konusundaki gerçek düşüncelerini, Kâzım Karabekir'in anlattıklarına dayanarak öğrenmek mümkün değildir. Çünkü Karabekir'in Atatürk ve din konusundaki iddiaları, Atatürk'e duyduğu öfkenin ve kıskançlığın dışa vurumudur. Bu nedenle menfidir, yanlıdır, sübjektiftir.

SEKİZİNCİ BÖLÜM

CUMHURİYET AYDININIM
ARAYIŞLARI, DİN VE ATATÜRK

> *"Büyük bir adamın izleyicileri onun övgüsünü daha iyi yapmak için kendilerini körleştirirler."*
>
> Nietzche

> *"Benim naçiz vücudum elbet bir gün toprak olacaktır; fakat Türkiye Cumhuriyeti ilelebet payidar kalacaktır"*
>
> **Mustafa Kemal Atatürk**

BİR LİDERİN DOĞUŞU

Çanakkale Savaşları bittiğinde, dünya "Hasta Adam"ın son büyük başarısını konuşmaktadır. Bu beklenmedik başarının arkasında bir Osmanlı subayının adı gizlidir. O genç subay, bir ulusu iki kere kurtaracak olan **Mustafa Kemal Atatürk**'tür.

19 Mayıs 1919'da işgal altındaki bir Karadeniz kasabası olan **Samsun'a** çıktığında gelecekte kendisini ölümsüzleştirecek olan büyük bir girişimin ilk adımlarını atmıştır. 1919-1922 yılları arası Anadolu'da "olmaz" denilenin gerçekleştiği yıllar olmuştur. 20. yüzyılın emperyalist devlerine karşı bir ulus başkaldırmış ve bu **bağımsızlık hareketi** Mustafa Kemal Atatürk liderliğinde yürütülen bir **direnişle** başarıya ulaşmıştır. Anadolu'da 20. yüzyılın başlarında 600 yıllık bir çınar yıkılırken düşünceleriyle ve

uygulamalarıyla bir lider 21. yüzyıla taşınmayı başaracak yeni ve çağdaş bir devletin temellerini atmıştır.

Ulusu, kendisini bağımsızlığa ulaştıran adamı hiç unutmamış ve ona hep minnettar kalmıştır. O; ezilen, hor görülen, yorgun bir ulusun son kahramanıdır.

1920'li ve 30'lu yıllarda Mustafa Kemal Atatürk adı, Anadolu'da hemen herkes için önemli anlamlar ifade etmektedir.

Daha Kurtuluş Savaşı yıllarında Fatih'te, Aksaray'ın küçük dükkânlarında, Eminönü'ne kadar bütün vitrinlerde muzaffer kumandanlarımızın yanında Mustafa Kemal Paşa'nın da resminin bulunduğu, hatta köprüde "şapkalı satıcıların" **Mustafa Kemal Paşa'nın alçıdan küçük heykellerini** sattıkları bilinmektedir.[2012]

O, ulusunu sadece kurtarmakla kalmamış, aynı zamanda ulusuna **çağdaş bir gelecek** hazırlamıştır. **Atatürk devrimleri,** Türk ulusuna hazırlanan yeni çağdaş geleceğin yapıtaşlarıdır.

Atatürk, belki de bir ulusu "iki kere kurtaran" tek liderdir: **Kurtuluş Savaşı** Türk ulusunun ilk kurtuluşuyken, bu savaşın ardından gerçekleştirilen **devrimler** Türk ulusunun ikinci kurtuluşudur.

Cumhuriyetin ilanından sonra "ulusun ikinci kurtuluşu" ağırlık kazanmış; siyasi, sosyal, toplumsal alanlardaki yenilikler birbirini takip etmiştir.

Radikal Atatürk devrimleri, Türk toplumuna hiç de alışık olmadığı seçenekler sunmuştur. Gerçi Osmanlı Devleti'nin özellikle son yüzyılında toplumsal yenileşme çabaları görülmüştür ama bunlar oldukça "kırılgan" ve "kararsız" birer **ıslahat hareketidir.** Keza bu ıslahat hareketleri bile zaman zaman Osmanlı toplumunda belli kesimler tarafından tepkiyle karşılanmıştır. **Kabakçı Mustafalar, Patrona Haliller, 31 Mart'ın** ateşli taraftarları hep bu yenilik karşıtlığının ürünleridir.

Osmanlı siyasal ve toplumsal yapısındaki **yenileşme çabalarına** karşı gösterilen bu "geleneksel tepkinin", Atatürk devrimlerinin **"köktenci"** yapısı dikkate alınınca artarak devam etmesi

---

2012 Yahya Kemal, *"Misakımilli",* İleri, nr. 175, 6 Mayıs 1337(1921).

gerekirdi. Ancak beklenen olmamıştır. **Menemen olayı ve Şeyh Sait isyanı** gibi birkaç karşı hareket dışında, Atatürk'ün "radikal devrim programı" kısa sürede kendisine toplumsal bir zemin bulmuştur. Bu durum bir bakıma "evrensel devrim mantığına" da aykırıdır. Çünkü geçmiş ihtilaller, devrimler aynı zamanda "karşı devrimleri" de beraberinde getirmiştir. Fakat Türkiye'de gerçek anlamda "karşı devrim" olarak nitelendirilebilecek bir hareketi gerçekleşmemiştir.[2013] Bu bir bakıma **Atatürk devriminin orijinalliğini** göstermektedir. 75 yıllık kesintisiz bir cumhuriyetin ABD ve İsviçre'den sonra Türkiye'ye nasip olması[2014] bu şaşırtıcı durumun bir sonucu olsa gerekir.

Atatürk'ün önce Çanakkale'de, arkasından Kurtuluş Savaşı'ndaki "göz kamaştıran" başarıları, ona Türk halkının kalbinde özel bir yer kazandırmış ve sonradan gerçekleştirdiği devrimlere karşı büyük bir tepkinin oluşmasını engellemiştir.

Atatürk, Türk toplumu için bir "**sembol**" olmuştur. Kazanmış olduğu başarılar yanında "**karizmatik**" bir lider olması, Doğu toplumlarının "**bireysel kahraman yaratma geleneği**" ve dönemin tek partisi CHP'nin politikaları, onu halkın gözünde "***En büyük Türk***" mertebesine kadar yükselten ve "efsaneleştiren" belli başlı nedenlerdir. **Halide Edip Adıvar**, Atatürk'ün sembol haline gelmesini şöyle ifade etmiştir:

2013 Atatürk devrimlerine yönelik tepkiler için bkz. Mahmut Goloğlu, **Devrimler ve Tepkileri**, Türkiye İş Bankası Yayınları, İstanbul 2007. *"...İslamlık manevi reisinden mahrum edilmiş, tarikatlar dağıtılmış, medreseler boşaltılmıştı. Dine bu kadar bağlı olan Türk milletinin isyan edeceği zannedilebilirdi. Fakat kendisini idare eden yüksek kuvvete karşı hürmetkâr ve disiplin sahibi olan bu millet o karara riayet etti."* Yabancı Gözüyle Cumhuriyet Türkiye'si, s.76'dan Sadi Borak, **Atatürk ve Din**, s.87,88 (M. E. Herriot'un 29/9/933'te verdiği konferanstan). Ayrıca. Türkiye'de üç yıl Avusturya elçiliği müsteşarlığı yapmış olan **Von Bischoff**, "**Ankara**" adlı eserde Atatürk'ün **dini karakterli devrimlerine karşı** halkın tepkisinin beklenilen düzeyde olmadığını söylemektedir. Bischoff, Batıda laiklik hareketlerinin daima büyük reaksiyonlara sebep olduğunu belirterek, Türk devrimine has bu durum üzerinde önemle durmakta ve hayretini gizlememektedir. Borak, **age**. s.95.

2014 Hikmet Çetin, "*Cumhuriyet'in 75 Yılının Bilimsel Olarak Değerlendirilmesi*", **Yeni Türkiye Cumhuriyeti Özel Sayısı I**, Eylül-Aralık, yıl:4, sayı:23-24, 1998, s. 23,24.

"İstiklal Savaşı imtihanında en başta telakki edilen ve sembol olan Mustafa Kemal Paşa vardı, işte bundan dolayı onun devrinde eziyet çekmişlerin bile kalplerinde daima bir yeri vardı. O, sonu gelmeyen hürriyet alanındaki çabaların bir sembolüdür."[2015]

Atatürk'ün "efsane" haline gelmesinde yukarıdaki nedenler dışında, onun başarılarını halka anlatan **Ruşen Eşref, Yakup Kadri, Halide Edip, Yunus Nadi** gibi yazarların da büyük etkisi vardır.[2016] Atatürk'ün "**göz kamaştıran başarıları**" dönemin aydınları tarafından **olağanüstü yüceltici bir dille** anlatılmıştır. Cumhuriyet aydınlarının önemli bir bölümü Atatürk'ü "bilimsel" ve "objektif" ölçülere bağlı kalarak incelemek yerine, Atatürk'ün çok kritik bir dönemde elde etmiş olduğu büyük ve şaşırtıcı başarıların coşkusuna kapılarak onu tasvir etmişlerdir.

ATATÜRK'ÜN AŞIRI YÜCELTİLMESİ VE DİN

Atatürk'ün, göz kamaştıran büyük başarıları zamanla bütün "insani özelliklerinin" kalın bir tortuyla kaplanmasına yol açmıştır. O, artık hataları ve zaafları olmayan, adeta "**insanüstü bir varlık**" haline gelmiştir!

Yabancı bir yazarın ifadesiyle,

"...Bağdat halifesi Harun Reşit zamanından bu yana Yakın Doğu'da Atatürk kadar göz kamaştırıcı kariyere sahip bir başka lider çıkmadı. Yaptıkları zaten yeterince muazzam iken, bir de efsaneler aracılığıyla iyiden iyiye putlaştırıldı. Yalnızca bir süpermen olmakla kalmadı, mitolojik bir kişilik de kazandı. Gerçek yaşamda birçok insani hataları olan bireyken efsanelerle zaaflarla kirletilmeyen bir insan haline dönüştürüldü."[2017]

Atatürk'ü "aşırı yüceltip" adeta "insanüstü bir varlık" olarak görme ve gösterme gayreti içinde olanlar –halk değil– daha

---

2015 Adıvar, **Türk'ün Ateşle imtihanı**, s.212.
2016 Nejat Birinci, "*Yahya Kemal'in Yazılarında Gazi Mustafa Kemal ve Milli Mücadele*", **Doğumunun Yüzüncü Yılında Atatürk'e Armağan**, İ.Ü Edebiyat Fakültesi, İstanbul, 1981, s. 143.
2017 Emil Lengeyl, H. C.Amstrong'un "*Bozkurt*" adlı eserine yazdığı önsözden, H.C.Armstrong, **age**. s. 18.

çok o dönemin aydınları ve Atatürk'ün yakın çevresindeki bazı insanlardır. Belli ki onlar Atatürk'ün çevresinde olmalarına rağmen Atatürk'ü tam olarak tanıyamamışlardır.

Atatürk'ün çevresindeki bu insanlarca anlaşılamadığının en açık göstergelerinden biri, Atatürk'ün aksine bu kişilerin büyük çoğunluğunun kendilerini yaşadıkları çağın siyasi ve ideolojik rüzgârlarına kaptırmış olmalarıdır. Örneğin, bu kişiler, 1930'ların dünyayı kasıp kavurmaya başlayan **dikta rejimlerine** sempatiyle bakıyor, Türkiye'de de böyle bir rejim kurulmasını bekliyor ve bu dikta rejiminin başında Atatürk'ü görmek istiyorlardı. Çünkü onlara göre, Atatürk de en az **Hitler, Musolini, Lenin** ve **Stalin** kadar otoriter, hatta bazılarına göre onlarla kıyaslanmayacak kadar "Yüce" bir varlıktı! Atatürk döneminin tanıklarından, Atatürk'ün Çankaya sofralarında bulunmuş **Hüsrev Gerede**, anılarında Atatürk'ün çevresinde bulunanları ağır bir dille eleştirmektedir:

"Bir zamanlar herkesin düşüncesini sabırla dinleyen, inandırma gücü ve mantığıyla karşısındakine söz söyleyemez hale getiren büyük devlet adamı; her yaptığını, her söylediğini adeta ermişçe yapılmış bir iş gibi gösteren yaltakçı çevresinin etkisinden her ölümlü gibi kurtulamamıştır."[2018]

Atatürk'ün büyük başarıları dönemin aydınlarının başını döndürmüş gibidir. Örneğin, **Edirne mebusu Şeref Aykut Bey**, 1936 yılında yazdığı *"Kemalizm"* adlı yapıtının önsözünde şöyle demiştir:

"Türk devrimini son asırların değişikliklerini hazırlayan fikirlerini ve daha sonra göydelenen rasyonel, sosyolojik, marksist, faşist rejim ve ideolojileri ile izaha kalkmak fazla bir iş olur. Kemalizm bunların üstünde, yalnız yaşamak dinini aşılayan ve bütün prensiplerini ekonomik temeller üzerine kuran bir dindir." [2019]

Yazar, yeni parti programının devletçilik tanımını verirken de yine *"Kemalizm dini"* demektedir.[2020]

2018 Hürriyet, 3 Kasım 2000, s.7.
2019 Tunçay, Türkiye'de Tek Parti Yönetiminin Kurulması, s. 327
2020 age. s.327.

Atatürk döneminde Atatürk'ü anlatmak isteyen aydınların büyük bir kısmının bir çıkmaz içinde oldukları görülmektedir. Dönemin aydınları Atatürk'ü siyasal, toplumsal ve tarihsel bir gerçeklik olarak ele alıp incelemek yerine, Doğu toplumlarına has **"mit yaratma"**, **"ilahlaştırma"** psikolojisiyle hareket ederek ele almışlardır. Böyle olunca Atatürk'ün **"yüce bir varlık"** olarak algılanıp anlatılması cumhuriyetin Atatürklü yıllarındaki genel aydın davranışı olarak ortaya çıkmıştır. Ortaya koymuş olduğu prensipleri **yeni bir din** olarak algılayanların varlığı, bu düşüncenin doğruluğunu kanıtlar niteliktedir.

Atatürk'ü **"ilahi bir varlık"** olarak görme ve gösterme modasına, özellikle Atatürk'ün yakın çevresindekilerin büyük rağbet gösterdikleri dikkat çekmektedir. Örneğin, Atatürk'ün yakın çevresindeki önemli isimlerden **Falih Rıfkı Atay**'ın *"Çankaya"* adlı eserinde "İzmir'in kurtuluşunu" anlatırken kullandığı sözcükler, Atatürk'e ne derece "ulvi" bir anlam yükleme gayreti içinde olduğunu göstermektedir:

"...On binlerce Ermeni, Rum, Yunanlı içinden Mustafa Kemal bir Tanrı iradesi gibi geçti gitti."[2021]

Dönemin seçkin kalem sahiplerinden biri olan **Yakup Kadri Karaosmanoğlu**'na göre de Atatürk adeta bir *"yaratıcıdır."*

Yakup Kadri, işin içine biraz da düş gücü katarak, *"Ankara"* romanında Atatürk'ü şu cümlelerle anlatmıştır:

"Bu bir dünyanın ikinci yaratılışı idi. Bundan dört yıl evvel yüzünü gördüğü ve sesini işittiği yaratıcı aydınlığa 'ol' demişti; aydınlık oluyordu. Suya 'ol' demişti; su oluyordu ve suların arasında 'levh olsun' demişti; levh meydana gelmişti ve 'tohum veren nebatı ve yeryüzünde tohumu kendisinden olarak cinsine göre yemiş veren ağaçlar husule gelsin' demişti ve tohum cinsinden türlü ağaçlar bitmişti."[2022]

Prof. Mete Tunçay, Yakup Kadri'nin Atatürk'ü Hz. İsa'ya benzetmesine değinerek, bunların **tek parti** döneminin özellikle ilk yarısında "olağan" duygu ve düşünceler olduğunu söy-

---

2021 Atay, **Çankaya**, C. I s.211.
2022 Yakup Kadri Karaosmanoğlu, **Ankara**, 1972, s. 137.

lemektedir.[2023] Hakikaten tek parti döneminde aydın zümre arasında Atatürk'ü tasvir etmek isteyip de aşırıya kaçmayan yok gibidir.

Cumhuriyet'in ilk dönem aydınları, özellikle Atatürk'ün yakın çevresindeki isimler 19. yüzyıl fikir akımlarından çok fazla etkilenmiş kişilerdi. **Materyalizm, pozitivizm** gibi akımların etkisinde kalmaları, onları alışılagelmiş **din anlayışı dışında** farklı arayışlara yönlendirmişti. Bir çıkmaz içindeydiler. Ne tamamen "dini" reddedebiliyorlar ne de "dini" alışılagelmiş şekliyle kabul edebiliyorlardı. Arayış içindeki bu kitle her konuda olduğu gibi çareyi **"Atatürk'ü ilahlaştırmakta"** bulmuş; böylece hem eleştirdiği ve kabullenmek istemediği "geleneksel din anlayışını" bir kenara bırakmış, hem de kendisine **yeni bir din** -1936'da Şeref Aykut Bey'in tanımlamasıyla **"Kemalizm dini"**- yaratmıştır.

Laiklik tartışmalarının yaşandığı bir ortamda **yeni din arayışlarının** da gündeme gelmesi, Türkiye'de o yıllarda laikliğin de tam anlamıyla anlaşılamadığını göstermektedir.

Atatürk, "dinle devleti" birbirinden ayırmaya çalışırken **dönem aydınları** bu çabayı yanlış ve eksik yorumlamışlar; onun dini tamamen toplumsal hayatın dışına itmeye çalıştığı kanısına varmışlardır. Mademki eski din toplumsal hayatın dışına itilecekti, o zaman eski dinin yerini dolduracak yeni bir inanç yaratmak gerekiyordu!

Cumhuriyet aydınının din konusundaki arayışları hayli ilginç noktalara ulaşmıştır. Örneğin, Atatürk'ün **Güneş Dil Teorisi**'nden esinlenen bazıları, "İslam dini" yerine "**Güneş dini**"nden söz etmeye başlamışlardır. Oysaki Atatürk, Güneş'in Tanrı değil, Tanrı'yı simgelemek için kullanılan çok eski bir sembol olduğunu düşünüyordu. Okuduğu bazı kitaplarda bu yöndeki anlatımlarla ilgilenmişti.

Türk tarih ve dil çalışmalarının gerçekleştirildiği 1930'lu yıllarda Atatürk'e yüklenen "ilahi anlamların" giderek arttığı dikkat çekmektedir. Örneğin Türk dil kurultaylarında bir taraftan

---

2023 Tunçay, age. s.324.

Güneş Dil Teorisi anlatılırken diğer taraftan sürekli Atatürk'e yönelik "aşırı" iltifatlarda bulunulmuş, Atatürk'e duyulan sevginin ve minnettarlığın boyutları adeta ilahi bir varlığa duyulan yüce duygular boyutuna ulaştırılmıştır. Örneğin, **Üçüncü Türk Dil Kurultayı'nda** bilim insanlarının çoğu Atatürk'ü ilahlaştırıcı konuşmalar yapmışlardır.[2024] Atatürk'ün, Türk dil kurultaylarında nasıl **insanüstü bir varlık** olarak tasvir edildiğini gösteren birkaç örneği şöyle sıralamak mümkündür:

"...Güneş Dil Teorisi'ni ispat etmek için pek çok delil vardır... Fakat delillerin en katisi, dilin kaynağı diye güneşi gösteren işareti, yine güneşten şimdiye kadar hiçbir kusufa uğramayan (erişilebilecek son noktada bulunan) bizim güneşimizden almış bulunmamızdır."[2025]

"...Atatürk, o semavi nurun yeryüzüne aksetmiş en parlak temasıdır ki, o da Türk milleti için bulunmaz bir hazine-i hakikattir (şiddetli alkışlar). Her ani temas onda ne hakikatler keşfettirir, Onun dimağında bir ateş vardır. Volkanlar gibi yanan, tutuşan feveran eden bir ateş... Binaenaleyh bir ateşin ve ateşi tutuşturan azametli dehanın önünde eğilmek, yürekten doğan en derin şükran ve minnetlerimizi bütün samimi ruhumuzla arzetmeyi vecibe biliriz (Alkışlar)."[2026]

"...Bize her hususta güneş olan büyük Türk'ün zekâ ışıkları karşısında saygıyla eğilirim."[2027]

"...Atatürk, Atatürk antlıyız sana
Güneşinden içtik hep kana kana."[2028]

"...Bu dil, yeni Türk'ün en asil, en ulu varlığı olan Gazi'nin dili, (Alkışlar) dillerin en sağlamı, en dirisi, en eskisidir."[2029]

2024 Beşikçi, Türk Tarih Tezi Güneş Dil Teorisi ve Kürt Sorunu, s. 153.
2025 Mehmet Ali Ağakay'ın Üçüncü Dil Kurultayı'na sunduğu bildiriden, Beşikçi, **age.** s. 157.
2026 Yusuf Ziya Özer'in Üçüncü Dil Kurultayı'na sunduğu bildiriden, Beşikçi, **age.** s. 158.
2027 Üçüncü Türk Dil Kurultayı'nda Afet İnan'ın söylevinden, Beşikçi, **age.** s.158.
2028 **age.** s. 158.
2029 Hakkı Nezihi Bey'in I. Türk Dil Kurultayı'na sunduğu bildiriden, Beşikçi, **age.** s. 159.

1930'lu yıllarda yayınlanan bazı kitaplarda da benzer ifadelere rastlamak olasıdır. **Yusuf Ziya Özer'in** 1939 yılında yayımlanan *"Mısır Tarihi"* adlı eserinde kullandığı kelimeler, Atatürk'e **kutsal nitelik kazandırma** kaygısının izlerini taşımaktadır.

"...Büyük Atatürk'ün feyizli dehasının işaret ettiği nurlu yol üzerinde yürüyenler şüphesiz uzak olmayan bir atide hakikatin ta kendisini bulacaklardır."[2030]

Yine **Yusuf Ziya Özer**, başka bir çalışmasında biraz daha abartarak Atatürk'ü *"yaratıcı"* olarak adlandırmıştır:

"...Büyük Gazi'nin yüce, diriltici himaye ve teşviklerinde yetişmekte olan Türk gençliği..."[2031]

1930'lu yıllarda **Atatürk'ü ilahlaştırma modası** gün geçtikçe büyümüştür. Konferanslar, kurultaylar, kitaplar yanında **radyo sohbetlerinde bile** Atatürk'ün "kutsallığı", "ulaşılmazlığı" ve "ilahi kişiliğinden" söz edilmiştir.

O günlerde **Türk Dil Kurumu Genel Sekreteri, Burdur milletvekili Prof. İbrahim Necmi Dilmen'in** radyoda verdiği konferans tam bir **"Atatürk kültü"** yaratma amacına yöneliktir.

Dilmen'in konuşmasında kullandığı bazı ifadeler şunlardır:

"...Bundan dört yıl önce, bugün ulu önder Atatürk'ün yüce dehasından yeni bir güneş doğmuştur."

"...Atatürk'ün kutsal eli değdiği tarihten önceki historyamız acınacak bir yokluk içindeydi."

"...Atatürk'ün yüce dehasından doğan Türk historya tezi..."

"...Bütün bu çalışmaların verimi bir Jeni'den (dâhiden) geliyor. O Jeni, o müvellit (doğurtan, meydana getiren), o meşime (ilk ve son) o beşik Türklerin kolay anlaşılmaz orijinal varlık cevheridir. Bu cevheri milletin ruhu içinde keşfeden ve kendisinde tecelli ettiren ve bütün bildiklerimizin merkezi ve kaynağı olan Atatürk'tür."

2030 Yusuf Ziya Özer, Mısır Tarihi, İstanbul 1939, s. 2.
2031 Yusuf Ziya Özer, **Dil Tetkiklerinden; Samiler-Turaniler**, C. II, Kısım 1, İstanbul 1934, s.2.

"...Yurttaşlarım, size dördüncü dil bayramını kutlarken O büyük Jeni'yi bulan ve kendinden canlandıran, Türklüğü kudrete ışığa kavuşturan, Ulu Önder Atatürk'e sonsuz teşekkürlerimi ve hürmetlerimi sunarım."[2032]

Atatürk'ü yüceltip ilahlaştıran bu çevre, haliyle "Türklerin eski inanışı" olarak gördükleri **İslam dinine** de eleştiriler yöneltmeyi ihmal etmemiştir. O günlerde **Atatürk ne kadar yüceltildiyse, İslam dininin de o kadar eleştirildiği dikkat çekmektedir.**

İslam dinini *"Türklerin atalar ruhunu zincire vuran din."*[2033] *"Softa zihniyeti"*[2034]. *"Parıltıdan mahrum, hep ahrete bakan gözler"*,[2035] *"çöl hayatından mülhem olan dini kanunlar"*[2036] gibi ifadelerle eleştiri yağmuruna tutanlar, "yeni inançlarını" ise şöyle ifade etmişlerdir:

"Artık 1935'teyiz. On iki senelik bir müddet zarfında yeni Türk kendisine yeni bir ruh, yeni bir ahlak, yeni bir tarih, Allah'ı artık Tanrı diye andığı için diyebilirim ki yeni bir Allah yaratmıştır.[2037]

Tekin Alp'in 1936'da yayınlanan *"Kemalizm"* adlı eserinden alınan bu bölümler, onun Atatürk'ü **"yeni Tanrı"** olarak belletme gayreti içinde olduğunu göstermektedir.

Aydınların bu gayretleri halktan kopuk olduğu gibi, **Atatürk'ten de kopuktur.** O, *"Ben size hiçbir kalıplaşmış kural, hiçbir dogma söz bırakmıyorum"* diyerek, kendisine "ilahi anlamlar" yüklenmesine karşı olduğunu defalarca dile getirmiştir. Oysaki dönemin bazı aydınları Atatürk'ün hayatında hiçbir defa kullanmadığı *"Kemalizm"*[2038] tabirinin içini kendilerince doldurarak tabiri caizse "kraldan çok kralcılık" yapmışlardır.

O yıllarda ne kadar eli kalem tutan varsa, dillerinin döndüğünce Atatürk'e "ölçüsüz ve sınırsız methiyeler" yazmışlardır.

2032 Ülkü, S. 43, Eylül 1936, s. 161-166.
2033 Tekin Alp, **Türk Ruhu**, İstanbul, 1944, s. 2.
2034 Tekin Alp, **Kemalizm**, İstanbul, 1936, s. 31.
2035 age. s.22
2036 age. s.99
2037 age. s. 171
2038 Taha Akyol, *"İrtica ve Özal"*, **Tercüman**, 16.1.1987.

Bu modaya kendini kaptıran sadece tarihçiler, edebiyatçılar, sosyologlar değildir; **şairler** bile artık şiirlerinde bir "yüce varlıktan" söz etmeye başlamışlardır.

Nurettin Artam:
"Her zaman ırkıma büyük baş Atam
Tanrılaş gönlümde Tanrılaş Atam"

Kemalettin Kamu:
"Ne örümcek ne yosun
Ne mucize ne füsun
Kâbe Arabın olsun
Çankaya bize yeter"

Ömer Bedrettin:
"Bir güneş gibi yalnız
Sensin Ulu Tanrımız"[2039]

Atatürk konulu bu tarz şiirler zamanla "mistik" ve "ilahi" bir boyut kazanmıştır.

Bu akımın bir uzantısı olarak önce cuma, kandil ve bayram günleri *"Ulu Gazi"* için yapılan dualar, daha sonra **Gazi için okunan Mevlid-i Şeriflere dönüşmüştür.**[2040] Artık Atatürk, **mevlitlerin** ve **duaların** baş tacı olmuştur. Artık *"salât ve selamlar"* onun adına getirilmeye başlanmıştır.

Bu ülkenin kurtarıcısı ve kurucusu olarak **tabii ki Atatürk'e dua edilecektir;** ama bunun ölçüsünün kaçırılması, **dinin kullanılması** anlamına geleceğinden her şeyden önce Atatürk'ün **laiklik ilkesine aykırıdır.**

İşte bir örnek:
"Ger dilerseniz bulasız şevk-ü nevat
Atatürk'e Atatürk'e esselat esselat"

2039 İsmail Hakkı Yılanlıoğlu, **Manevi Değerlerimiz ve Yapılan Tahribat,** İstanbul, 1997, s.175,176.
2040 Yunus Nadi, *"Türkçe İbadetle ilgili Yazı"*, **Cumhuriyet,** 4 Şubat 1932.

Dediler ey kıble-i muhtac-ı hak
Kutlu olsun sana bu mirac-ı halk
Milletin olduğumuz devlet yeter
Hizmetin kıldığımız izzet yeter
Ger dilersiz, bulasız addan mecat
Mustafa Kemal'e esselat esselat"

Önceleri **Hafız Saadettin Kaynak**'ın, sonra **Hafız Yaşar Okur**'un başlattığı "**Atatürk'e özel dua ve özel mevlit**" uygulaması, başlangıçta oldukça samimi ve iyi niyetli bir çabadır. Fakat bu iyi niyetli çaba **Atatürk'e mevlit yazma** girişimiyle çok farklı bir boyut kazanmıştır.

Süleyman Çelebi Mevlidi'nden esinlenen **Behçet Kemal Çağlar**, 1934'te **Ankaralı Âşık Ömer** imzasıyla **Atatürk'e mevlit** yazmıştır.

Çağlar'ın Atatürk'e uyarladığı mevlidin ilk dörtlüğü şöyledir:

"Ol Zübeyde Mustafa'nın anesi
Ol sedeften doğdu ol dürdanesi
Can gelip oldu Rıza'dan hamile
Vakt erişti hafta-ü eyyam ile"[2041]

Çağlar, mevlidini 1938'in sonlarında tamamlamış ve **Atatürk'ün ölümünün kırkıncı gecesi** ezbere okumuştur. Mevlit, o günlerde başta İsmet Paşa olmak üzere devlet erkânını çok duygulandırmıştır.

1923-1938 arasında Atatürk hayranlığının boyutları gün geçtikçe artmıştır. Dönem aydınlarının Atatürk'ü anlama ve anlatma biçimleri zamanla halkı da etkilemiştir. Halktaki "**Atatürk sevgisi**" artık "**ilahi bir varlığa hissedilen yüce duygular**" halini almaya başlamıştır.

1930'lu yıllarda Türkiye'de, bazen tanınmış bir yazar, bazen sıradan bir memur, bazen de bir çocuk, Atatürk'ü anlatırken aşırıya kaçmaktan kendini alamamıştır.

2041 **Vakit**, 5 Şubat 1932.

1937'de **küçük bir çocuk** Atatürk'e olan duygularını dile getiren şiirinde;

*"En büyük imanım şu; sen Rabbin yarısısın,
Yerin üstünde fakat Türklerin, Tanrısısın"* diyebilmiştir.[2042]

Türkiye Cumhuriyeti hakkındaki ilk yabancı kitaplardan birini kaleme alan İngiliz kadın yazar **Grace Ellison**'ın Konya'dan Adana'ya giderken **bir okul müfettişi ile konuştukları,** 1930'lu yıllarda Atatürk'e yüklenen anlamları gözler önüne sermesi bakımdan tipik bir örnektir:

" *Bizim Peygamberimiz Gazi'dir. Arabistanlı zatla işimiz bitti. Muhammed'in dini Arabistan için gayet iyiydi, ama bize göre değil."*

"Fakat sizin hiçbir inancınız yok mu, diye sordum."
"Ya Tanrı, dedim."
"Tanrı hakkında kim ne bilir, diye cevap verdi, ilim vardır, iyinin ve kötünün gücü vardır; geri kalan hakkında hiç kimse kesin bir şey bilemez."[2043]

Bir yabancıyı bile hayretler içinde bırakan bu düşünceler, 1930'lu yılların Türkiyesi'nde **Atatürk'ün ne kadar yanlış anlaşıldığının** en açık delillerinden biri olsa gerekir. O, bırakın **peygamberlik** iddiasında bulunmayı, kendisini takip edeceklere "ilim ve akıl" dışında hiçbir "dogma", hiçbir "kalıplaşmış kural" bırakmadığını defalarca dile getirmiştir.

Atatürk'e ilahi anlamlar yüklenmesi, hem onun her konuda istismar edilmesine, meşruiyet kaynağı olarak kullanılmasına neden olmuş hem de tarihi bir kişilik olarak doğru anlaşılmasını güçleştirmiştir.

Bazı aydınlara göre Atatürk öyle yüce bir varlıktır ki, **o eleştirilemez.** Onun dönemi eleştirilecekse, ya tek parti CHP ya da en yakın arkadaşı İsmet İnönü eleştirilebilir! Bu sakat mantık en çok da Atatürk'e zarar vermiştir.

2042 2' Iıustratration de Turquie No:60 (31 Mart 1937) s. 24, Beyoğlu 35 İlkokulundan Gönül B. Ofdağ, Tunçay, age. s.324.
2043 **Turkey Today,** (1928) den Tunçay, **a g.e,** s.323.

1928 yılında **bir Türk yazarının** Atatürk'le ilgili görüşleri, Atatürk'ün o yıllarda nasıl **"insanüstü bir varlık"** haline getirildiğini gözler önüne sermektedir:

"Onun kusurları yoktur. Belki mizaç özellikleri olduğu söylenebilir. Ama bunlar suçlanabilecek şeyler değil, mutlak dürüsttür. Siyasal tutumundan ya da yurtseverliğinden kuşkulanılamaz... Ben onu eleştiremem bile. Buna hakkım yoktur. Hayatta değerli neyim varsa- ruhuma kendi ruhum demem özgürlüğümüz kadar- hepsini ona borçluyum... Her dürüst Türk Gazi'den yanadır. Yaşadığı sürece ancak bir hain ona karşı oy kullanabilir."[2044]

Bir Kör Dövüşü

Buraya kadar aslında madalyonun bir tarafına baktık. Bir de madalyonun diğer tarafına bakmak gerekir.

Daha Kurtuluş Savaşı yıllarında Birinci TBMM'de **"Atatürk'e karşı"** milletvekilleri **II. Grup** adıyla bir araya toplanmışlardır. Bu gruptaki bazı milletvekilleri adeta işlerini güçlerini bırakıp Atatürk'le uğraşmışlar, Atatürk'ü etkisiz hale getirmek için "kaba güce başvurmak" da dâhil her şeyi yapmışlardır. Örneğin, Birinci TBMM'de **Hüseyin Avni Bey** (Ulaş) kürsüde konuşmakta olan **Atatürk'e bir soba odunu fırlatmıştır**, odun zabit kâtiplerinden Ankaralı Hamdi Bey'in dişlerinin kırılmasına ve bayılmasına neden olmuştur.[2045] Atatürk olay sırasında soğukkanlılıkla, konuşmasına devam etmiştir. Bir keresinde de II. Grup'tan **Ali Şükrü Bey,** Meclis'te bir oturum sonrasında, kapıda, hırsını yenemeyerek **tabancasına** sarılmıştır. Atatürk yine soğukkanlılığını koruyarak sadece *"koy onu içeri"* demekle yetinmiştir.[2046]

Cumhuriyetin ilanından sonra Meclis'teki bu muhalif kitle, siyasi parti şeklinde örgütlenerek Atatürk'e karşı strateji belirle-

---

2044 **Turkey Today** adlı eserinde (1928) Grece Ellison'ın Gazi hakkında bir Türk yazarıyla konuşması. Mete Tunçay, **age.** s. 324.
2045 **Türkiye Büyük Millet Meclisi 50. Yıldönümü,** İstanbul, 1973, s. 252.
2046 age. s.253.

meye başlamıştır. 1925 yılında Şeyh Sait isyanında rolü olduğu gerekçesiyle kapatılan **Terakkiperver Cumhuriyet Fırkası**, Atatürk muhaliflerinin bir araya gelerek kurdukları bir partidir. Bunların amaçları Atatürk'ün tek partisi CHP'nin politikalarını denetlemek ve halkın karşısına CHP'nin alternatifi olarak çıkmaktır. Atatürk muhaliflerinin kurduğu bu parti kısa sürede halk arasında CHP'nin icraatlarını benimsemeyenlerin ve yeni rejimi içine sindiremeyen "devrim karşıtlarının" sığınağı haline gelmiştir.

Atatürk karşıtları işi daha da ileri götürerek 1926 **yılında Atatürk'e suikast girişiminde** bulunmuşlardır.

Daha önce örnekleriyle ortaya koyduğumuz gibi, Atatürk bir kesim tarafından aşırı bir şekilde "yüceltilirken", bir başka kesim tarafından bir o kadar küçültülüp "**sıradanlaştırılmak**", hatta "**yok edilmek**" istenmiştir. İşte o günlerde bir tarafta çağdaş, ilerici, yüce, "**ulu Gazi**"; diğer tarafta ise diktatör, din düşmanı, Batı hayranı "**Atatürk**" halk arasında dolaşmaya başlamıştır!

Atatürk bilinçsizce ilahlaştırılıp "tabu" haline sokuldukça Atatürk karşıtları da onun devrimlerini küçümseyip, "bu tabuyu" yıkmaya çalışmışlardır. Bu şekilde, daha Cumhuriyet'in ilk yıllarında adeta bir "**kör dövüşü**" başlamıştır. Bu kör dövüşü sonraları **yakın dönem Türk tarihinin yazılmasında** da kendisini göstermiştir. Dolayısıyla Atatürk ve yakın dönem Türk tarihi üzerine yazılan eserlerin büyük bir kısmı objektiflik ve bilimsellikten uzak, "ifrat ve tefrit" vesikaları olmaktan öteye geçmemiştir.[2047]

Atatürk'ü "sahiplenme" ya da "reddetme" noktasında başlayan bu "ifrat ve tefritin" boyutları zamanla daha da genişlemiştir. Başlangıçta Atatürk'ü sahiplenenler daha sonraları Cumhuriyet tarihini de sahiplenip, onu da tıpkı Atatürk gibi dokunulmaz, eleştirilmez hale getirmişler; Atatürk öncesi siyasal tarihi,

---

[2047] Atatürk'ü ve Cumhuriyet tarihinde yapılanları küçümseyen, ağır şekilde eleştiren, bilimsellikten uzak bir çalışma örneği için bkz. Mustafa Müftüoğlu, **Yalan Söyleyen Tarih Utansın**, İstanbul 1976.

Osmanlı'yı ve Osmanlı padişahlarını ise ağır şekilde eleştirmişlerdir. Buna karşılık, Atatürk muhalifleri de boş durmamış, onlar da Atatürk'ü ve onun kurduğu cumhuriyeti alabildiğince eleştirmişler, onlar da Osmanlı tarihini ve padişahları yüceltmişlerdir. Bu şekilde Türkiye'de "yakın geçmişiyle mücadele halinde" olan tamamen **duygusal yaklaşımlarla** şekillenmiş iki ayrı düşünce tarzı ve tarih anlayışı ortaya çıkmıştır. Böyle bir "kör dövüşü", böyle bir "karmaşa" sıradan vatandaşın kafasını karıştırmaktan başka hiçbir işe yaramamıştır. Bu kısır çekişme, hem Atatürk'ün anlaşılmasını zorlaştırmış, hem de Atatürk'ün *"sınıfsız, imtiyazsız kaynaşmış bir kitle"* olarak formülleştirdiği Türk toplumsal yapısının siyasi ve ideolojik kamplara bölünmesine yol açmıştır.

Etki tepkiyi doğurmuştur. Atatürk'ün ilahlaştırılıp aşırı yüceltilmesi hem onun **fikirsel zenginliklerinin anlaşılmasını engellemiş**, hem de **küçümsenip yok sayılmasına**, hatta kurduğu Türkiye Cumhuriyeti'ni yıkmayı amaçlayan bazı hareketlerin ortaya çıkmasına yol açmıştır.

Atatürk'ü ilahlaştıranlar, "ışığı alıp yürümektense ışığın etrafında toplanmayı tercih edenler" farkında olmadan Atatürk'e en büyük kötülüğü yapmışlardır. Bu bağlamda bakıldığında, Cumhuriyet'in ilk dönem aydınları son derece iyi niyetli olmalarına rağmen, Atatürk'ü doğru anlama ve anlatma noktasında (bir bölümü hariç) yetersiz kalmışlardır. Daha doğrusu **aşırı bir yüceltme psikolojisi** içine düşmüşlerdir. Böyle olunca **"slogan Atatürkçülüğü"**nden öteye geçememişler; Atatürk üzerine düşündürmekten ziyade, bir **"Atatürk kültü"** yaratma ve toplumu o külte inandırma misyonunu üstlenmişlerdir.

ATATÜRK'ÜN AŞIRI YÜCELTMELER KARŞISINDAKİ TAVRI

Çanakkale kahramanı, Milli Hareket'in lideri, Kurtuluş Savaşı'nın başkomutanı ve Cumhuriyet devrimlerinin yaratıcısı Gazi Mustafa Kemal Atatürk, hiçbir zaman bu derece "yüceltilmek", ilahlaştırılmak, "insanüstü bir varlık" haline getirilmek ve diktatör olmadığı halde "diktatör" gibi gösterilmek istememiştir.

O, Kurtuluş Savaşı'na başlarken bunu hayalcilik ve maceracılık olarak nitelendirenlerin sayısı hayli fazladır. O, bu mücadelede milletine güvenmiştir. Bağımsızlık mücadelesinin ancak *"milletin azim ve kararıyla"* kazanılacağına inanmıştır. Bu inancını değişik vesilelerle dile getirmiştir. Örneğin, Amasya Genelgesi'nde,*"Vatanın bütünlüğünü ve milletin bağımsızlığını yine milletin azim ve kararı kurtaracaktır"* demiştir.

"Bir gün İslam ülkelerinin birinden bağımsızlık davası için çalışan liderlerden biri Atatürk'ü görmeye gelmişti.
'Bizim hareketin de başına geçmek istemez misiniz?' diye sordu.
Mustafa Kemal:
'Yarım milyonunuz bu uğurda ölür mü?' diye sordu.
Adamcağız yüzüne bakakaldı.
'Fakat Paşa Hazretleri yarım milyonun ölmesine ne lüzum var? Başımızda siz olacaksınız ya...' dedi.
Mustafa Kemal:
'Benimle olmaz beyefendi hazretleri; yalnız benimle olmaz. Ne zaman halkınızın yarım milyonu ölmeye karar verirse o vakit gelip beni ararsınız.' diye sözünü tamamladı.[2048]

O, "halkçı" bir liderdir. Her defasında Kurtuluş Savaşı'nın kazanılmasındaki en büyük pay sahibinin kendisi değil, "millet" olduğunu vurgulamıştır:

"...Bütün yapılanlar herkesten evvel büyük Türk milletinin eseridir. Onun başında bulunmak bahtiyarlığına erişmiş bulunan bizler ise ancak onun şuurlu fedakarlığı sayesinde ve fikir ve iman birliği içinde müşterek vazife görmüş, öylece başarı kazanmış insanlarız; hakikat bundan ibarettir."[2049]

Kendisinden *"tüm başarıların tek sahibi"* olarak söz edilmesine karşıdır. Nitekim kendisini tüm başarıların tek sahibi

---
2048 Atay, age. C.I, s.204,205.
2049 Soyak, **Atatürk'ten Hatıralar**, C.I, 1973, s. 50,51.

olarak göstermek isteyenlere karşı yanıtı *"Milletim olmasaydı ben hiçbir şey yapamazdım,"* şeklinde olmuştur. Bütün başarıların tüm milletin *"azim ve imanla"* işbirliği yapması neticesinde ordumuzun kazandığı *"muvaffakiyetler"* ve *"muzafferiyetler"* olduğunu ifade etmiştir.

"... Efendiler ...Bir millet, bir memleket için necat, selamet ve muzafferiyet istiyorsak bunu yalnız bir şahıstan hiçbir vakit talep etmemeliyiz... Bir milletin muvaffakiyeti ise, mutlaka bütün milli kuvvetlerin bir istikamete teşekkül etmesiyle mümkündür. Binaenaleyh bilelim ki eriştiğimiz başarılar milletin kuvvetlerini ve faaliyetlerini birleştirmesinden ileri gelmiştir."[2050]

Atatürk, başarısının sırrını, *"ferdi olduğu milletinin bütün özelliklerini yakından tanımasına borçlu olduğu"* şeklinde açıklamıştır. O, bütün başarılarının, sadece milletinde gördüğü bu özellik ve yeteneklerin bir yansıması olduğunu belirtmiştir. Atatürk'e göre bir millette güzel şeyler düşünen insanlar, olağanüstü işler yapmaya kabiliyetli kahramanlar bulunabilir; fakat böyle kimseler yalnız başlarına bir anlam ifade etmezler.[2051]

"... Ben milletimin efkâr ve hissiyatına yakından vâkıf olmaktan, aziz milletimde gördüğüm kabiliyet ve ihtiyacı ifadeden başka bir şey yapmadım."[2052] diyen Atatürk, başarısının sırrını ise şu şekilde açıklamıştır: *"Milletimdeki bugünkü başarıyı doğurabilecek özellikleri görmüş olmak bütün bahtiyarlığım işte bundan ibarettir."*[2053]

Atatürk'ü halka en iyi anlatan yine Atatürk'ün bizzat kendisidir. O, kendisini halka anlatanlardan farklı olarak "zaaflarını", "insani özelliklerini", "yanlışlarını" da ortaya koymaktan ve "eleştirilmekten" asla çekinmemiştir. **Falih Rıfkı Atay**, Atatürk'ün de her insan gibi "methedilmekten" hoşlandığını, fakat aynı zamanda "her türlü eleştiriye" de açık olduğunu belirtmiştir. Atay, Türkiye'de yayınlanmasına izin verilmeyen H.C.

2050 27 Ocak 1923'te İzmir'de söylemiştir, Soyak, age. s.47.
2051 **ASD**, C. II, s.161.
2052 age. s.161.
2053 age. s.161.

Armstrong'un *"Bozkurt"* adlı eserinin, Atatürk'ün "kendi üzerine yazılmış eserler arasında en beğendiği eser" olduğunu ifade etmiştir. Bu kitabın "haksız", "yanlış", hatta Atay'ın deyimiyle, *"Hoş bulmayacağımız tarafları olsa bile..."*[2054] Atatürk Armstrong'un *"Bozkurt"* adlı kitabını okuduktan sonra şunları söylemiştir:

"Bunun yayınlanmasını yasaklamakla hükümet hataya düşmüş, adamcağız yaptığımız sefahatı eksik bile yazmış. Bu eksikliği ben tamamlayayım da kitaba ilave edilsin ve memlekette okunsun."[2055]

O, halkına karşı hiçbir zaman olduğundan farklı görünme çabası içinde olmamıştır. O, hakkındaki tüm gerçeklerin olumlu ya da olumsuz olanca açıklığıyla ortaya konmasından yanadır. Atatürk'ün çevresindekiler onun bu özelliğine sık sık tanık olmuşlardır. Bu tanıklardan biri de **Falih Rıfkı Atay**'dır:

"...Çok eğlenceli ve coşkun bir geceden sonra Çankaya'daki evine gitmiştim. Kendisine dedim ki:

'Şimdiye kadar sizin için yabancı dillerde yalnız Frenkler yazdılar. Biz yanınızdayız. Sizi onlardan daha iyi tanıyoruz, izin verir misiniz? Yakup Kadri ile ben hayatınız ve eserleriniz hakkında bir kitap yazsak...'

Bilardo ıstakasını bırakıp, yüzüme baktı

'Dün geceyi yazacak mısınız?'

'Canım efendim bu kadar da hususiyetlere girmeye ne lüzum var?'

'Ama bunlar yazılmazsa ben anlaşılamam ki...'[2056]

O, yaptıklarından dolayı ne birilerinden "hararetli alkışlar" istemiş, ne birilerinden hatalarının üstünün örtülmesi talebinde bulunmuş, ne de birilerinin kendisini ilahlaştırmasını arzulamıştır.

"Övünmesini bilmediği gibi, övülmesini, kudretinden büyük başarılarının konuşulmasını da istemezdi. Hele kendisinden bü-

---

2054 Atay, age. s. 12
2055 Kılıç Ali'nin anılarından N. Ahmet Banoğlu, **Atatürk**, İstanbul, 1967, s.64
2056 Atay, age. s. 13.

tün başarıların tek yapıcısı olarak bahsedilmesine hiç tahammül edemezdi. Böyle şahıs idaresini andıran zavallı bir düşüncenin zihinlerde yer etmemesi için çok büyük bir titizlikle gayret sarf etmiş, kendisine izafe edilmek istenen kuvvetleri mütemadiyen itmiştir."[2057]

Atatürk'ün yakın çevresindekilerden biri olan **Hasan Rıza Sayak**'ın yukarıdaki ifadeleri, Atatürk'ün son derece "tevazu sahibi" ve "alçakgönüllü" bir yapıya sahip olduğunu göstermektedir.

Atatürk düşüncesinin temel prensiplerinden birisi, "şahıs idaresi" yerine "halk idaresini" yerleştirmektir. O, şahıs idaresini anımsatan bir düşüncenin kendi şahsında vucüt bulmasını istememiştir.

Atatürk, kısa vadede "ulusal egemenliği", uzun vadede de "demokrasiyi" hedefleyen bir lider olduğunu yapıp ettikleriyle ve fikirleriyle defalarca ortaya koymuştur. Doğu toplumlarının tipik bir özelliği olan, "bireysel kahraman yaratma geleneğini" dikkate alan Atatürk, toplumu bu konuda bilinçlendirmeye gayret etmiştir. Halka hitaplarında sık sık bu bireysel kahraman yaratma geleneğinin zararları üzerinde durmuş, şahıs egemenliğine eleştiriler yönelterek halka "ulus olma bilinci" aşılamaya çalışmıştır.

"...Yalnız sizden olan bir kişiye, sizden fazla önem vermek, her şeyi bir millet ferdinin benliğinde toplamak, yüksek bir topluluğun geçmişe hatta geleceğe ait bütün meselelerini açıklamayı o topluluğun bir tek şahsından beklemek elbette layık değildir, elbette lazım değildir... Sayın arkadaşlar, memleket ve milletin hayatına ve geleceğine olan sevgi ve saygımdan dolayı huzurunuzda bir gerçeği açıklamak zorundayım.

Vatandaşlar!

Vatanınızda herhangi bir kimseyi, istediğinizi sevebilirsiniz; kardeşiniz gibi, arkadaşınız gibi, babanız gibi sevebilirsiniz... Fakat bu sevgi sizi ulusal varlığınızı herhangi bir kimseye,

---

[2057] Soyak, age. s.47.

herhangi bir sevdiğinize vermek yoluna götürmemelidir. Aksine hareket kadar büyük hata olamaz. Ben büyük milletimin artık böyle bir hatayı yapmayacağına inanmış olmakla övünç ve rahatlık duyuyorum..."[2058]

Atatürk, kendisini "aşırı yüceltip" "ilahlaştıran" ve "tabu" haline getirenlere karşı adeta bir mücadele vermek zorunda kalmıştır. Hatta zaman zaman kendisine ölçüsüzce methiyeler dizenleri azarlamaktan geri kalmamıştır. Atatürk'ün bu konudaki tepkilerine tanık olan **Hasan Rıza Soyak**, gördüğü bir olayı şöyle anlatmaktadır:

"*...Konya'da bir akşam yemeğinde... Mebuslardan Refik Bey (Koraltan) Atatürk'e hitaben uzun bir nutuk vermeye başladı; özet olarak, 'her şeyi yapan sensin, bütün varlığımızı sana borçluyuz, sen olmasaydın başka hiç kimse hiçbir şey yapamazdı. Bundan sonra da yapamaz. Allah sizi başımızdan eksik etmesin...' demek istiyordu.*

Atatürk'ün neşesi kaçmış, bunalmaya başlamıştı. Bahsi kapatmak istedi.

'Beyefendi', dedi. 'Bütün yapılanlar herkesten evvel büyük Türk milletinin eseridir. Onun başında bulunmak bahtiyarlığına erişmiş bulunan bizler ise, ancak onun şanlı fedakârlığı sayesinde, fikir ve iman birliği içinde müşterek vazife görmüş, öylece başarı kazanmış insanlarız; hakikat bundan ibarettir."

Atatürk artık iyice sinirlenmişti; sesini biraz yükseltti ve cevap verdi:

'Efendim, müsaade buyurunuz... Ortada tevazu filan yok... Gerçeğin ifadesi vardır. Zatialinize bir şeyi hatırlatacağım. Elbette dikkat etmişinizdir; ben önümüze çıkan meseleler hakkında her zaman uzun uzadıya konuşur, istişarelerde bulunurum. Herkesi söyletir ve dinlerim. İtiraf edeyim ki, konuşulacak meselelerin hal şekilleri hakkında vazıh bir fikre sahip olmadan müzakerelere girdiğim çok olmuştur. Bu konularda ancak arka-

---

[2058] age. s.49, 50. (1924 yılında **Atatürk**, eşi Latife Hanım'la birlikte bir yurt gezisine çıkmış ve Samsun'a uğramıştır. Burada öğretmenler birliği tarafından şerefine verilen çay ziyafetinde söylenmiştir.)

daşlarımı, yani sizleri dinledikten sonradır ki kanaate varmışımdır. Binaenaleyh, tatbikatta olduğu gibi verilen kararlarda da hepinizin hissesi vardır. Bunu bilesiniz."[2059]

Lord Kinross, Atatürk'ün kendisini aşırı yüceltenlere karşı nasıl bir tutum içinde olduğunu şöyle anlatmaktadır:

"*Halkın alkışlarından kendisine aşırı bir gurur payı çıkarmazdı... Bunları pek çok kez hafife alır ve pek seyrek kanardı. Dostlarından biri bir gün halkın hoşuna gidecek bir davranışta bulunmasını söyleyince o küçümsemeyle, 'Ben yaptığımı gösteriş için değil, milletimi ve kendimi tatmin için yapıyorum.' diye karşılık vermişti. Bu iki amaç birbirine uygundu. Atatürk yurdunu, sahip olduğu bütün sevgi gücüyle severdi. İktidarı, hayal gücünün oluşturduğu üstün yaradılışının ve bükülmez iradesinin sürüklediği bir hırsla isterdi. Ama yalnızca milletine en yararlı olan şeyi kendi zihninde tasarlayıp kararlaştırdığı biçimde sağlayabilmek için...*"[2060]

Atatürk halkın içinden gelen biridir. O kendisini kahramanlaştıran Milli Hareket'i "sine-i millet"e dönerek milletle birlikte yürütmüş ve başarıya ulaştırmıştır. En büyük hedefi de "ulusal egemenliği" gerçekleştirmektir. Osmanlı siyasal otoritesiyle çatışma halinde olması, Milli Hareket'i bir ulusal meclis eşliğinde yürütmesi, Kurtuluş Savaşı yıllarında sık sık "ulusal egemenlikten" söz etmesi, daha sonra da saltanatı kaldırıp cumhuriyeti ilan etmesi hep bu inancının belirtileridir.

Atatürk için "ulusal egemenlik", aslında "demokrasiye" ulaşmanın bir aracıdır. Dönemin koşulları içinde demokrasiden bahsetmesi, demokratik bir Türkiye inancını ortaya koyması beklenemezdi.[2061] Fakat Türk devriminin uzak hedefi demokrasidir. Atatürk Türkiye'sinde tek parti CHP'nin bazı icraatlarını diktatör bir yönetimin icraatları olarak gören kimi tarihçi ve

---

2059 Soyak, age. s.50, 51.
2060 Kinross, Atatürk, s. 14.
2061 Atatürk döneminde demokrasinin uygulanamamasının nedenleri için bkz. Bülent Daver, "*Atatürk'ün Sosyopolitik Sistem Görüşü*", **Çağdaş Düşüncenin Işığında Atatürk**, İstanbul, 1982, s. 253-254

yazarlar, Atatürk'ü diktatör olarak nitelendirmişlerdir. Ancak Atatürk'ü diktatör olarak adlandıranlar bile onun çağdaşı diktatörlere hiç benzemediğini, kendine has özellikler taşıdığını düşünmektedirler. Atatürk üzerine kapsamlı bir biyografik eser kaleme almış olan L. Kinross'a göre Atatürk'ün diktatörlüğü "... *Anayasa ve hukuk çerçevesi içinde demokratik şekillere dayanan bir diktatörlüktü. O, kendi devrinde öteki diktatörlerin yapmadığı bir şeyi yapıyor, kendi öldükten sonra yaşamını sürdürecek bir hükümet sisteminin temelini atmaya çalışıyordu.*"[2062] Yani onun diktatörlüğünün bile ulusal toplumsal ve demokratik bir boyutu vardır. Ya da başka bir Batılı yazarın deyişiyle, "*O, Türkiye'de bir daha kesinlikle bir diktatör ortaya çıkmasın diye diktatör olmuştu.*"[2063]

Atatürk "özgün" bir liderdir. Çağının siyasi ve fikirsel ortamından haliyle etkilenmiştir, ama hiçbir zaman kendisini ve ülkesini çağının yükselen siyasi rüzgârlarına kaptırmamıştır. Ne sosyalist, ne komünist, ne de faşist diktatörlükler, onu kendi dümen sularına sokmayı başaramamışlardır. Belli ki o, çağını değil geleceği yaşıyor ve gelecekte dünya siyasi arenasında yükselen değerin "demokrasi" olacağını biliyordu. 1930 yılındaki **Serbest Cumhuriyet Fırka** denemesi bu düşüncenin ürünüdür. Kendi deyişiyle, ülkesini "*çağdaş, medeni bir heyet-i içtimaiye haline getirmeyi*" kafasına koymuştur. Bu ideal uğrunda çağının siyasal, fikirsel gerçeklerinden hareketle özgün çıkarımlar yaparak ulusunu geleceğe hazırlamıştır.

ATATÜRK'Ü DOĞRU ANLAMAK ÜZERİNE

Ülkemizde Cumhuriyet'in ilk yıllarından başlamak üzere "Atatürk'ü anlamak" çabasından çok "Atatürk'ü anmak"; Atatürk'ü objektif ölçüler doğrultusunda ele almak gerektiğinde eleştirmek çabasından çok "Atatürk'ü yüceltmek", "efsaneleştirmek" biçimindeki anlayışlar hâkim olmuştur.

2062 Kinross, **age.** s.507.
2063 H. C. Armstrong, **Bozkurt**, İstanbul, 1997, s. 239. Bu eser Türkiye'de uzun süre yasaklanmıştır.

Atatürk'e duyulan sevgi, saygı ve minnettarlık zaman içinde "onu tabulaştıracak", "ilahlaştıracak" boyutlara varmıştır. Bu şekilde hem Atatürk'ün fikir zenginlikleri gerektiği gibi anlaşılıp anlatılamamış hem de toplumun birleştirilip bütünleştirilmesinde en önemli ortak payda olması gereken Atatürk, "çatışma konusu" haline gelmiştir.

Osmanlı İmparatorluğu döneminde meşruiyet kaynağı **"din"** iken, Cumhuriyet'le birlikte Türkiye'de en önemli meşruiyet kaynağı **"Atatürk"** olmuştur. Zaman içinde Atatürk'ün ortaya koyduğu eserin kıymeti gerçek boyutlarıyla anlaşıldıkça, Türkiye'de artık "Atatürk karşıtı hareketler" yer altına çekilmiştir. Özellikle 80'li yıllardan sonra Türkiye'de adeta herkes kendince birer Atatürkçü haline gelmiştir. Politikacısından sanatçısına, işadamından işçisine, hemen herkes Atatürk'ü istismar edip, onu çıkar amaçlı olarak kullanma modasına kendisini kaptırmıştır. Öyle ki ülkemizde Atatürk'le ilgisi olsun ya da olmasın **bütün ideolojiler Atatürk'ten beslenirken,** bütün siyasi partiler "Atatürk'ün partisi gibi" görünmeye özen göstermiştim. Bunun sonucunda Türkiye'de herkesin kendi ideolojisine göre, kendi inanç ya da inançsızlığına göre, kendi siyasi anlayışına göre, kısacası kendi dünya görüşüne göre yorumlayıp, içselleştirdiği çok farklı Atatürk görüntüleri ortaya çıkmıştır.[2064]

Atatürk, *"Ben manevi miras olarak hiçbir ayet, hiçbir donmuş ve kalıplaşmış kural bırakmıyorum, benim manevi mirasım ilim ve akıldır. Benim Türk milleti için yapmak istediklerim ve başarmaya çalıştıklarım ortadadır. Benden sonra beni benimsemek isteyenler bu temel mihver üzerinde akıl ve ilmin rehberliğini kabul ederlerse manevi mirasçılarım olurlar"* demişken, **Atatürk** devrimlerine bağlı olmamalarına rağmen, bu ilkelere gönülden bağlılık gösterisi içinde bulunanlar, geçmişte olduğu gibi bugün de *"Ben manevi miras olarak hiçbir dogma, hiçbir donmuş ve kalıplaşmış kural bırakmıyorum"* diyen Atatürk'e

---

2064 Atatürk'ün istismar edilmesi konusunda iyi bir çalışma için bkz. Asım Aslan, **Sömürülen Atatürk ve Atatürkçülük,** Ankara, 1997.

adeta muhalefet edercesine, onun 1920'li ve 1930'lu yılların şartları içinde yaptıklarını ve söylediklerini bugün "lafzı" manada aynen yaşatmak gibi bir yanlışın içindedirler. Oysaki **Atatürk düşüncesi** statik (durağan) bir doktrin değildir. Atatürk düşüncesi, eskilerin ifadesiyle "tekâmülü" (değişimi), sürekliliği amaçlar. Bu değişim ve süreklilik, çağın koşulları dikkate alınarak gerçekleştirilmelidir. Aksi halde Atatürk'ün *"muassır medeniyetler düzeyine ulaşmak, hatta onu aşmak"* olarak belirlediği hedefe ulaşılması mümkün değildir. Gerçek Atatürkçülerin Atatürk'ü ilahlaştırıp, onu çok sevdiği milletinden uzaklaştırmak yerine, onun fikir zenginliklerinden yararlanarak gelişen ve değişen çağı yakalama gayreti içinde bulunanlar olduğu unutulmamalıdır.

Atatürk, Türk toplumunu çağdaş, medeni milletler düzeyine ulaştırmak için bir yol açmıştır. Onun ortaya koyduğu prensipler bu uzun yolun ilk ve en önemli kilometre taşlarıdır. Atatürk, bu yola yeni kilometre taşları koymakla –ilim ve akıl rehberliğinde– kendinden sonra gelen nesilleri görevlendirmiştir. Bunu yapmak için ne Atatürk'ü ilahlaştırmaya ne de onu insanüstü bir varlık gibi göstermeye gerek vardır.

Atatürk'ü gerçekten anlamak demek, ortaya koyduğu prensipler ve düşünceler ışığında hep daha iyiye, hep daha ileriye doğru yürümek demektir. Yeni bin yılın genç nesli Atatürk'ü ideolojik kaygılardan uzak, bilimsel bakış açısıyla değerlendirerek anlayıp anlatma kararlılığında olmalıdır.

SONUÇ

Atatürk'ün düşünce zenginlikleri arasında **din** olgusunun önemli bir yeri vardır. Atatürk'ün din karşısındaki kişisel tutumu bir yana o, dinin sosyolojik ve toplumsal bir gerçeklik olduğunu düşünmektedir. Ona göre *"Dinsiz milletlerin devamına imkân yoktur."* En önemlisi, büyük bir bölümü Müslüman olan Türk toplumu için dinin ne kadar önemli olduğunun farkındadır. Bu nedenle Türkiye'de hiçbir dönemde görülmemiş bir "**dinsel aydınlanma hareketi**" başlatmıştır. Türk toplumunun **hurafelerden arındırılmış bir İslam anlayışına** ihtiyacı olduğunu düşünmektedir. Bu nedenle öncelikle **Kur'an** başta olmak üzere **İslamın temel kaynaklarını** ve **sembollerini** Türkçeleştirerek işe başlamıştır. Çünkü hurafelerden arındırılmış bir İslam anlayışının çağdaşlaşmaya engel olmayacağına inanmaktadır. Bütün amacı bu gerçeği bir gün tüm Türk toplumunun anlamasıdır.

Atatürk'ün hayatı, "din" olgusu karşısındaki durumunu belirleme kaygısıyla incelendiğinde son derece ilginç sonuçlar ortaya çıkmaktadır. Örneğin ömrünün neredeyse tamamında üzerinde en fazla düşündüğü ve hakkında en fazla kitap okuduğu konular arasında din ilk sıralarda gelmektedir.

Atatürk, din konusundaki ilk izlenimlerini doğduğu kent Selanik'te edinmiştir. Son derece "dindar" bir kadın olan annesi **Zübeyde Hanım**'ın ilk telkinleriyle başlayan dinsel eğitim süreci, tarikat mensuplarının ve tekke şeyhlerinin de içinde bulunduğu akraba çevresinin etkisiyle temellendirilmiştir. Atatürk ilkokulda baskıcı, dayaklı, ezbere ve boyun eğmeye dayalı din eğitimiyle tanışmış ve çok geçmeden bu eğitime tepki göstermiştir. Bu nedenle sık sık başı din hocalarıyla derde girmiştir. Fakat her şeye rağmen çocukluk ve ilk gençlik yıllarında içinde bulunduğu ortam, **İslam dini** konusunda bir altyapı oluşturması açısından önemli bir etkiye sahiptir.

Atatürk **Selanik'te bulunduğu dönemde** sadece İslam dinini ve Müslümanları değil, diğer ilahi dinleri ve o dinlere inananları da tanıma fırsatı bulmuştur. Çünkü Selanik, yapısı gereği Müslüman nüfus dışında önemli miktarlarda **Hıristiyan ve Musevi** nüfusu barındırmaktadır. Cami, kilise, havra-sinagog Selanik'te iç içedir. Selanik'in adeta bir mozaiği andıran dinsel yapısı bir Müslüman olarak doğan Atatürk'ün İslam dinini diğer ilahi dinlerle; Müslümanları da bu dinlere inanlarla karşılaştırmasına ve üç büyük din arasındaki benzer ve farklı noktaları görmesine olanak sağlamıştır.

Selanik, Atatürk üzerinde iki yönlü etki bırakmıştır. Birincisi **din ve gelenek** ağırlıklı etki, ikincisi ise Avrupa'dan gelen **çağdaş** etkidir. Atatürk Selanik'in dinsel yapısı sayesinde **üç büyük dini** tanımış ve din olgusunun toplumlar üzerindeki etkisi hakkında fikir sahibi olmuştur. Bu nedenle hayatı boyunca **Atatürk'ün bilinçaltında** din olgusu bir şekilde hep var olmuştur.

Selanik'in Atatürk üzerinde bıraktığı **çağdaş etkiyi** ise şu şekilde açıklamak mümkündür: Selanik, Osmanlı Devleti'nde konumu dolayısıyla Batı'dan en kolay etkilenen yerlerinden biridir. 19. yüzyılda Avrupa'yı derinden etkileyen yeni düşünceler doğal olarak öncelikle Makedonya'yı ve bir ticaret kenti olan Selanik'i etkilemiştir. Açık fikirli bir insan olan Atatürk, **demiryolu, matbaa, basın** ve **renkli sosyal hayat** yanında, Batı'dan gelen **pozitivizm, materyalizm, sosyalizm ve Darvinizm** gibi yeni düşüncelerle, önce Selanik'te tanışmıştır.

Osmanlı Devleti'nin 19. yüzyılda içinde bulunduğu olumsuz siyasal koşulların en canlı hissedildiği kentlerden biri de

Selanik'tir. Tüm Makedonya coğrafyası gibi Selanik de içten içe kaynamaktadır. Batılı emperyalist devletlerden cesaret alan Osmanlı azınlıkları, imparatorluğu parçalayarak bağımsızlıklarına kavuşmak için mücadele etmeye başlamışlardır. Atatürk'ün kafasında emperyalist devletlerin ve azınlıkların zararlı faaliyetlerine karşı Türk ulusunun haklarını korumaya yönelik ilk fikirler, yani "**vatanseverlik duygusunun**" ilk izleri yine Selanik'te belirmeye başlamıştır.

Genel olarak Selanik yılları Atatürk'ün hayatında din ve geleneğin, çağdaş değerlerle; vatanseverlik duygusunun, çocukluk ve ilk gençlik bunalımlarıyla yoğrulduğu bir dönem olarak adlandırılabilir.

Atatürk'ün düşünsel açıdan olgunlaşmaya başladığı dönem, **askeri öğrencilik yıllarıdır**. Askeri okullar, o dönemin koşullarına göre oldukça ileri düzeydeki eğitim programlarıyla Atatürk'ün düşünce yapısının oluşumuna önemli katkılar sağlamıştır.

Osmanlı modernleşmesi başlangıçta askeri karakterlidir. Savaş meydanlarında alınan ağır mağlubiyetler Osmanlı devlet adamlarını orduyu modernleştirmeye yöneltmiştir. Modern askeri teknolojiyle donatılmış ve iyi eğitilmiş bir ordunun yeniden zaferlere imza atacağı düşünülmüştür. Bu amaçla nispeten modern eğitim veren askeri okullar açılmış, bu okullarda ders vermeleri için Avrupa'dan öğretmenler getirilmiş, en önemlisi ders programlarında sadece teknik ve askeri konulara değil, pozitif bilimlere de yer verilmiştir. Bu nedenle askeri okullarda eğitim gören Osmanlı gençleri daha hür düşünceli ve Batı düşüncesine açık insanlar olarak yetişmişlerdir.

Bu Batı etkisi zamanla bu okullarda okuyan öğrencilerin değerler ve düşünceler açısından değişimlerini kaçınılmaz kılmıştır. Tıpkı Batı'da olduğu gibi akıl ve bilimin her şeyin çözümü için yeterli olduğunu, bundan dolayı dinlerin artık ömrünü tamamladığını düşünmeye başlayanların sayısı artmıştır. Bu okullarda okuyan Osmanlı gençleri zamanla başta din olmak üzere geleneksel değerlerden kopmaya ve farklılaşmaya başlamıştır. Askeri öğrencilik yıllarında benzer bir atmosferi soluyan Atatürk de benzer düşüncelerin etkisinde kalarak düşünce ve değerler bakımından değişmeye ve farklılaşmaya başlamıştır.

Atatürk o yıllarda Aydınlanma Dönemi ve Fransız Devrimi Avrupa'sına damgasını vuran düşünürlerin eserlerini okuyarak düşünsel açıdan yeni bakış açıları kazanmış ve Avrupa'da gelişen düşünce akımlarından etkilenmiştir.

Atatürk, askeri öğrencilik yıllarında özellikle **pozitivizmin** etkisinde kalmıştır. Bu dönemde klasik anlamda İslam anlayışından oldukça uzaklaşmış, hatta **dine karşı tepkili hale gelmiştir**. Fakat o, bazı pozitivist ve materyalistlerin aksine dini tamamen reddetmek yerine, dinin bir toplumsal gerçeklik olduğunu kabul ederek aklın ve bilimin İslam dinini anlamak için devreye sokulabileceğini de yine o yıllarda düşünmeye başlamıştır. Atatürk'ün, pozitivizm ve materyalizm gibi akımların "dinlerin ve Tanrı'nın ölümünü" ilan ettikleri bir dönemde "akıl", "bilim" ve "İslam dini" arasında bir bağ kurması oldukça özgün bir yaklaşımdır. Atatürk'ün bu özgün yaklaşımı onun hem İslam dinini çok iyi tanıdığını, hem de din ve toplum konusunda **Ziya Gökalp, Namık Kemal** ve **Yeni Osmanlılar**'dan etkilendiğini göstermektedir.

Atatürk'ün düşünce yapısının oluşumunda **Jön Türklerin** ve bir dönem içinde bulunduğu **İttihat Terakki**'nin de önemli etkisi vardır. Atatürk, Jön Türk ve İttihat Terakki ile iletişim içinde olduğu dönemde bir pozitivist hareket biçimi olan "İslami **meşrulaştırma**" anlayışının uygulamalarıyla karşılaşmıştır. Atatürk bu "İslami meşrulaştırma" yönteminden oldukça etkilenmiş olsa gerek ki Kurtuluş Savaşı yıllarında ve devrimler sürecinde benzer bir İslami meşrulaştırma politikası uygulamıştır.

Atatürk'ün kafasında, İslam dini konusunda yeni düşüncelerin şekillenmesinde **Suriye'de** bulunduğu dönemin özel bir yeri vardır. Atatürk **Şam'daki görevi** sırasında "İslam dininin" yoruma açık bir din olduğunu görmüş ve **Arap İslam anlayışının**, **Türk İslam anlayışından** çok farklı olduğuna tanık olmuştur. Atatürk Arapların "İslamı", şekilci, katı, ilerlemeye kapalı ve üstünlük aracı olarak yorumlamalarına karşın, Türklerin **Mevlana gibi** İslam yorumcuları sayesinde daha "öz" ve daha "doğru" bir İslam yorumuna sahip olduklarını Şam'da bulunduğu günlerde fark etmiştir. Arap İslam anlayışının İslamın evrensel yönünü öldürdüğünü ve İslama "Arap damgası" vurduğunu düşünen Atatürk'ün kafasında İslam dini konusunda bazı çalışmalar yapmak gerektiğine ilişkin ilk düşünceler yine Suriye'de, Şam'da bulunduğu dönemde belirmeye başlamıştır. Atatürk, "**Türk İslam anlayışının**" Arap etkilerinden arındırılması gerektiğini, bu sayede İslam dininin özünün açığa çıkarılacağını yine ilk Suriye'de düşünmüştür. Bu bakımdan Atatürk'ün 1932'de başlattığı dinde Türkçeleştirme çalışmalarının fikri temellerinin Suriye yıllarına dayandığı söylenebilir.

Atatürk'ün din ve maneviyat konusundaki düşüncelerinin olgunlaştığı dönem sıcak savaş yıllarıdır. Atatürk'ün hayatındaki etkiler bakımından bu dönemi kendi içinde ikiye ayırmak gerekir. Birincisi, 1910-1918 Trablusgarp, Balkan ve Birinci Dünya Savaşı yılları, ikincisi 1919-1923 Kurtuluş Savaşı yılları... Atatürk'ün hayatında bu sıcak savaş yıllarının birinci dönemi önemli değişikliklere, düşünsel bakımdan kırılmalara ve yeniden biçimlenmelere yol açmıştır. Atatürk, savaş meydanlarında **ölümle yaşam arasındaki çizginin ne kadar incelebildiğini**, insanlara korkusuzca ölümle yüzleşme cesareti veren duygunun ne olduğunu anladığında **din ve Allah** konusunda yeniden düşünmeye başlamıştır. Savaş ortamına rağmen **okumaya** devam etmiş, cephelerde yaşadıklarıyla okuduklarını bir araya getirmiş ve sonuçta bir ara oldukça azalan dini inancı yeniden güçlenmeye başlamıştır. Atatürk, özellikle Çanakkale cephesinde bulunduğu dönemde daha çok yaşadığı olayların etkisiyle iç dünyasına yönelmiş, dine yaklaşmıştır. Bu durumun en açık kanıtı yakın dostlarına cepheden gönderdiği mektuplardır. Bu mektuplar dikkatle incelendiğinde Atatürk'ün bu mektuplarda dinsel bir terminoloji kullandığı görülmektedir. Satır aralarındaki kimi ifadeler Atatürk'ün bu dönemde din ve Allah konusundaki düşünceleri hakkında ipuçları vermektedir. Üstelik Atatürk'ün bu mektupları herhangi bir kaygıyla yazmadığı da düşünülecek olursa, mektuplardaki ifadelerin Atatürk'ün samimi duygularının dışa

1085

vurumu olduğu açıktır. Atatürk, Çanakkale savaşlarıyla ilgili anılarında Türk askerlerindeki dinsel motivasyonu *"imrenilecek bir durum"* olarak adlandırmakta ve bu savaşın *"bir yüksek ruh"*la kazanıldığını ifade etmektedir. Kısaca 1910-1918 yılları arası sıcak savaş dönemini –bazı kırılmalar olmakla birlikte– Atatürk'ün İslam diniyle yakınlaştığı dönemlerden biri olarak adlandırmak mümkündür.

Fakat şurası unutulmamalıdır ki Atatürk'ün bu dönemde İslam diniyle yakınlaşması, dinsel konularda kafasındaki soru işaretlerinin tamamına yanıt bulduğu anlamına da gelmez. Bu dönemde de geleneksel İslam anlayışına eleştirel gözle bakmaya devam etmiş, zaman zaman da çelişkiler yaşamıştır. Örneğin **Çanakkale'den yazdığı mektuplardan birinde kendisinin dini duygularının askerleri kadar güçlü olmadığından bahsetmiş, Balkan Savaşları'nın devam ettiği sırada yazdığı bir mektupta da hayatı materyalist bir bakışla yorumlamıştır.**

Kuşkusuz Atatürk'ün İslam diniyle en yoğun ilişkiler içinde bulunduğu dönem 1918-1923 yılları arasını kapsayan Kurtuluş Savaşı dönemidir. Atatürk'ün Çanakkale'deki ruh halini, bu döneminde de koruduğunu söylemek mümkündür. Yalnız arada bazı farklar vardır. Atatürk Kurtuluş Savaşı döneminde bu mücadelenin örgütleyicisidir. Bu bakımdan Kurtuluş Savaşı yıllarında İslam diniyle kurduğu bağ iki yönlüdür.

Birincisi, gerçekten samimi olarak ilahi güce karşı duyduğu bağlılık hissidir. Atatürk, Milli Hareket'e başlarken Çanakkale'de tanık olduğu manevi olayların da etkisiyle bu "ilahi gücün" bir şekilde kendisine yardımcı olacağını düşünmüştür.

İkincisi; Milli Hareket'in kendine has koşulları içinde **stratejik** nedenlerden dolayı İslamla kurduğu bağdır. Buna "**İslami meşruiyet politikası**" demek doğrudur.

Dönemin toplumsal koşulları gereği Atatürk Milli Hareket'i başarıyla sonuçlandırabilmek işin bu mücadelenin Hıristiyan işgalcilere karşı verilen bir İslamcı direniş olduğunu vurgulamak zorundaydı. Bu şekilde hem Anadolu'daki tüm Müslüman etnik unsurları bir araya toplayıp düşmana karşı harekete geçirebilecek hem de İstanbul'daki mevcut hükümetlerin "İslamı" silah olarak kullanıp Anadolu'daki milliyetçileri etkisiz hale getirmelerini engelleyecekti. Ayrıca böyle bir mücadele için pek çok bakımdan yetersiz olan koşulların olumsuz etkilerini dinsel motivasyonla, insanları harekete geçirerek ortadan kaldıracaktı. İslami meşruiyet politikasıyla sadece ulusal direniş sağlamlaştırılmış olmayacak aynı zamanda İslam dünyasının da bu mücadeleyi sahiplenmesi sağlanacaktı. Bütün bu nedenlerden dolayı Atatürk Milli Hareket'in başından sonuna kadar İslami meşruiyet politikasına sadık kalarak hareket etmiştir. Dinsel otorite konumundaki Osmanlı halifesine karşı daima "hürmetkâr" ve "saygılı" davranmıştır. Kurtuluş Savaşı boyunca tüm yazışma ve söylevlerinde dinsel bir üslup kullanmıştır. Zaman zaman cami minberlerine çıkıp vaaz vermiş, zaman zaman da Mevlevi dergâhlarına uğrayarak dervişlerle birlikte olmuştur. Yüksek din kültürü sayesinde İslami meşruiyet politikasını başarıyla uygulamıştır.

Atatürk'ün Kurtuluş Savaşı sırasında uyguladığı "İslami meşruiyet politikasının" başarılı olmasının nedeni, onun bu politikayı **samimi duygularla**", "**gerçekten hissederek**" ve "**inanarak**" uygulamış olmasıdır. Fakat Türkiye'de, genelde Atatürk'ün Kurtuluş Savaşı yıllarında İslamla kurduğu yakın ilişkinin **sadece stratejik nedenlerden** kaynaklandığı yaygın bir görüştür. Türkiye'de başta aydınlar olmak üzere, Atatürk üzerine düşünenlerin birçoğu, Atatürk'ün gerçek anlamda, "samimi" olarak genelde dinle, özelde İslam diniyle "bir bağ" kurmasının asla mümkün olamayacağı şeklinde bir kemikleşmiş anlayışa sahiptirler. Oysaki bu anlayış son derece yanlıştır.

Atatürk'ün hayatında Kurtuluş Savaşı sonrası dönemin özel bir yeri vardır. Çünkü bu dönem Atatürk'ün hayatında en kritik kararların verildiği, devrimlerin gerçekleştirildiği dönemdir. Atatürk düşüncesini doğru anlamak bakımından Atatürk'ün bu dönemdeki uygulamalarını iyi tahlil etmek gerekir. Atatürk, devrim süreci olarak adlandırılan 1923 sonrası dönemde birçok konuda **radikal hareket etmiş**, geleneksel değerlere sıkıca bağlı olan bir toplumda hızlı bir değişim yaratmayı başarmıştır.

Özellikle 1923-1930 yılları arasında imparatorluktan laik ve çağdaş bir ulus devlete geçiş yönünde oldukça köklü değişiklikler yapmıştır. Bu süreçte yapılan yeniliklerin çoğunun **laikleşmeye yönelik** adımlar olduğu görülmektedir. 1922 saltanatın kaldırılması, 1923 cumhuriyetin ilanı, 1924 halifeliğin kaldırılması, 1924 Tevhid-i Tedrisat Kanununun kabulü, 1925 Ankara Hukuk Mektebi'nin açılması, 1925 tekke, zaviye ve türbelerin kapatılması, 1926 Medeni Kanunun kabulü, 1928 Latin harflerinin kabulü, 1928 Anayasadan *"devletin dini İslamdır"* maddesinin çıkarılması, 1930 kadınlara belediye seçimlerine katılma hakkının verilmesi gibi birçok yenilik; siyasal yapıdan eğitime, hukuktan sosyal hayata kadar geniş bir yelpazede laikleşmeyi sağlayacak adımlar arasında gösterilebilir.

Atatürk laiklik ağırlıklı devrimlerin gerçekleştirildiği 1923-1930 yılları arasında din konusunda Kurtuluş Savaşı yıllarındaki "İslami meşruiyet" politikasını sürdürmüştür. Bu dönemde yaptığı konuşmalar incelendiğinde, konuşmalarında, savaş yılları kadar olmasa da, dinsel vurgulara yer vermiştir. Atatürk bu dönemde, saltanatın ve halifeliğin kaldırılması başta olmak üzere yapılan yeniliklerin **İslamın özüne aykırı olmadığını,** tam aksine bu yeniliklerin aslında **Asr-ı saadet dönemi** İslam anlayışına uygun olduğunu sıkça dile getirmiştir. Atatürk'ün bu "selefi" hareket tarzının nedeni laik devrimlere karşı gelebilecek tepkileri daha başlamadan etkisiz kılma isteğine bağlanabilir.

Nitekim laiklik ağırlıklı devrimler gerçekleştirildikten sonra Atatürk yavaş yavaş İslami meşruiyet politikasından vazgeçmiştir. Çünkü Atatürk'ün İslami meşruiyet politikasını daha fazla uzatması olumsuz sonuçlar doğurabilirdi. O artık **laik bir cumhuriyetin devlet başkanıydı** ve bu laik devleti temsil eden biri olarak İslami üslup kullanmaya devam etmesi, dinin siyasetin bir parçası olduğu yolundaki geleneksel kanaatin yeniden güçlenmesine neden olabilirdi. Bunun için Atatürk'ün artık radikal devrimler da gerçekleştirildiğine göre her söze dinsel bir içerik yüklemesine gerek yoktu. Gerçekten de Atatürk'ün özellikle 1930 sonrasındaki konuşmaları dikkatle incelendiğinde konuşmalardaki vurgunun, hep "bilim", "akıl", "çağdaş değerler" gibi konulara kaydığı, dinsel değerlendirmelerin oldukça azaldığı görülmektedir. Oysaki Atatürk, 1932'de din konusundaki çalışmalarla uğraşmaktaydı, fakat konuşmalarında artık dinsel değerlendirmeler yoktu.

1930'lu yıllar Atatürk'ün hayatında yeni bir kırılma ve farklılaşma dönemdir. Atatürk'ün din görüşü de bu kırılma ve farklılaşmadan etkilenmiştir. 1930 yılında Atatürk İsmet Paşa'nın tek partisi CHP'nin yanında, Fethi Bey'e (Okyar) Serbest Cumhuriyet Fırkası'nı kurdurmuştur. SCF'nin 1930 seçimlerindeki başarısı Atatürk'ü hem şaşırtmış hem de gerçeklerle yüzleştirmiştir. Çünkü SCF'nin bu beklenmedik başarısı yeni rejimin politikalarını uygulayan, adeta kendisini rejimle özdeşleştiren ve Atatürk'ün partisi olarak bilinen CHP'nin politikalarından halkın önemli bir kesiminin memnuniyetsiz olduğu anlamına gelmektedir. Bu sırada "rejim muhaliflerinin" SCF'ye sızması, Fethi Bey'in İzmir mitinginde laiklik ve cumhuriyet karşıtı bir görünümün ortaya çıkması, aynı yıl yaşanan irticai ayaklanma Menemen olayı, Atatürk'ü devrime yeni bir yön vermeye zorlamıştır. Atatürk bu amaçla 1930 yılında halkın durumunu bizzat görmek için bir yurt gezisine çıkmaya karar vermiştir. Anadolu'nun birçok kentini dolaşan ve halkın sorunlarına bizzat kulak kabartan Atatürk gerçekten de halkın, başta ekonomi olmak üzere, pek çok konuda sıkıntı içinde olduğunu görmüştür.

Kısacası 1930 yılında bir taraftan dini bahane ederek harekete geçen devrim ve rejim karşıtları, diğer taraftan halktaki hoşnutsuzluk; Atatürk'ü ruhsal açıdan oldukça etkilemiş, adeta bir **karamsarlık** içine itmiştir. Fakat o, her şeye rağmen yeni Türk devletini güçlendirecek çalışmalara devam etmekten vazgeçmemiştir.

1930 bunalımlarına rağmen Atatürk özellikle kültür çalışmalarına büyük bir ağırlık vermiştir. Bu durum kanımca onun, toplumdaki sorunların ancak "kültürel" bir aydınlanmayla ortadan kalkacağına yönelik inancının sonucudur. Nitekim 1930 yılında *"Vatandaş İçin Medeni Bilgiler"* kitabını hazırlamış,

1931'de **Türk Tarih Kurumu**'nu, 1932'de **Türk Dil Kurumu**'nu kurdurarak "ulusal kültürü" güçlendirmeye çalışmıştır.

Türk tarihi ve Türk diliyle ilgili çalışmalar; **"ümmet"** düşüncesinin yerine **"millet"** düşüncesini yerleştirerek, Türk tarihini Osmanlı tarihinin ya da başka bir ifadeyle **"hanedan tarihinin"** darlığından kurtararak daha eskilere götürmek, bu sayede Batı'nın Türklere yönelik sözde bilimsel, gerçekte siyasi ve önyargılı tarih tezlerini çürütmek; Türk dilini ise Arap dilinin boyunduruğundan kurtarmak ve Türkçenin öz güzelliğini ve zenginliğini ortaya çıkarmak gibi amaçlarla başlatılmıştır.

Atatürk tarih ve dil çalışmalarıyla ilgilendikçe Türk kültürünün ve Türk dilinin öz güzelliğini kaybetmesinde en büyük etkinin **Arap kültüründen** ve **Arap dilinden** kaynaklandığını görmüş ve bu "Arap etkisinin" Türk kültürüne daha çok "din yoluyla" sızdığına karar vermiştir, Atatürk'e göre Arap kültürü ve bu kültürün taşıyıcısı olan **Arap harfleri** "ulusallaşmanın" önündeki en büyük engeldir. Atatürk, işte bütün bu düşüncelerin kafasını meşgul ettiği günlerde kaleme aldığı **Medeni Bilgiler Kitabı**'nda **İslam dini ve Türkler** konusunda çarpıcı cümlelere yer vermiştir. Atatürk, bu kitapta, Türklerin Müslüman olmadan önce de büyük bir millet olduğunu, İslamiyetin Türkleri olumsuz etkilediğini, onları gevşeterek tüm dinamizmlerini yok ettiğini ileri sürmüş; kısaca İslamiyete ağır eleştiriler yöneltmiştir.

Anlaşıldığı kadarıyla Atatürk, **ulusal kültür çalışmalarına** ağırlık verdiği ve devrim karşıtlarının yapılan yenilikleri "dine aykırı" bularak harekete geçtikleri 1930'lu yılların başında "aklın" ve "bilimin" önünü açmak için bir ara **İslam dinini eleştirmiştir**.

Atatürk, 1932 yılında "Dinde Öze Dönüş Projesi" olarak adlandırılabilecek kadar önemli bir çalışma başlatmıştır. **Kur'an'ın**, **hutbelerin** ve **ezanın** Türkçeleştirilmesi, güvenilir **Hadis kaynaklarının** Türkçeye tercüme ettirilmesi gibi faaliyetler göz ardı edilemeyecek kadar önemli dinsel devrimlerdir.

Atatürk'ün dinde Türkçeleştirme çalışmalarıyla bizzat ilgilenmesi, Dolmabahçe Sarayı'nda hafızları bir araya getirerek onlara, Kur'an okurken dikkat etmeleri gereken noktaları göstermesi, 1932 yılı Ramazan ayında İstanbul'un büyük camilerinde binlerce insana İslam dininin kutsal kelamının ilk kez anlaşılır bir dille, Türkçe olarak aktarılmasını sağlaması, ilk kez radyodan Türkçe Kur'an okunması, İslam araştırmaları için komisyonlar kurdurması, Kur'an'ın Türkçe'ye tercümesiyle **Mehmed Akif** gibi bir ustayı görevlendirmesi, İslamın ruhuyla çelişen reform tekliflerini reddetmesi, Atatürk'ün İslam dini konusundaki çalışmalara ne kadar önem verdiğini göstermektedir.

Bu arada Atatürk'ün ömrünün son dönemlerinde **namaz sureleriyle** ilgilenmeye başlaması da oldukça dikkat çekicidir. 1936 yılında Bursa'da bu konuda çalıştığı bilinmektedir.

Atatürk devrimlerinin çoğu laikleşmeyi sağlamaya yöneliktir. Atatürk devrimleri –bazı çevrelerin ileri sürdükleri gibi– dine karşı değil, **hurafeye** karşıdır. Atatürk devrimlerinden hiçbiri "dinsizleştirme" amacı taşımaz. Bu bakımdan Atatürk'ün laiklik anlayışı da "dinsizleştirme" değil; dinin siyasal, toplumsal ve hukuksal alandaki egemenliğine son vermeyi hedefler. Atatürk devrimleri içinde doğrudan dinsel alana yönelik düzenlemelerin olması, Atatürk'ün devrim mantığında dinin önemli bir yerinin olduğunu göstermektedir. Hatta Atatürk'ün Türk-İslam tarihinde oldukça önemli ve son derece zor bir **dinsel aydınlanma projesi** başlattığı söylenebilir.

Atatürk düşüncesinde din olgusunun önemli bir yeri vardır. Atatürk'ün hayatı dikkatle incelendiğinde onun kendine özgü bir din anlayışına sahip olduğu ve dinin toplumsal işlevleri olduğuna inandığı anlaşılmaktadır.

Atatürk, araştırmacı ve sorgulayıcı bir yapıya sahiptir. **Okumak** onun hayatının adeta bir parçasıdır. Bu bakımdan hemen her konuda okuyup araştırdığı söylenebilir. Atatürk'ün en çok okuduğu konular arasında "din" ilk sıralarda gelmektedir. Onun sadece özel kitaplığının katoloğuna göz atılacak olursa din konusunda ne kadar çok kitap okuduğu görülecektir.

Atatürk hemen her konuya olduğu gibi din ve Tanrı konusuna da "bilimsel" yöntemlerle yaklaşmıştır. Çünkü ona göre **in-**

sanlık, din ve Tanrı konusundaki gerçeklere yine bir gün bilimin ışığıyla ulaşacaktır. Bu nedenle Atatürk, "dinin bilimin inceleme alanı dışında kaldığı", ya da "tüm dinlerin bilimle çatıştığı" şeklindeki görüşe katılmamaktadır. Atatürk'ün din görüşünde "akıl" ve "bilimin" önemli bir yeri vardır. Atatürk İslam dininin, "özü" itibariyle akılcı ve bilimsel ölçüleri içinde barındırdığına inanmaktadır. Burada unutulmaması gereken, Atatürk'ün bahsettiği İslam dininin birçok insanın anladığı İslam dininden oldukça farklı olduğudur. Örneğin, günümüzde bile İslam dünyasının önemli bir bölümünde birçok Müslüman arasında, kadının çalıştırılmaması ve sosyal hayattan dışlanması, evde resim bulundurulmaması, resim ve heykel sanatlarıyla uğraşılmaması, kız çocuklarının okutulmaması, değişik suçlara (recm) taşlayarak öldürme cezasının uygulanması, bilime karşı çıkılması, çağdaş uygarlığın tüm değerlerinin reddedilmesi, ölülerden yardım beklenmesi, hastalıkların iyileştirilmesinde çağdaş tıbbın yerine dua başta olmak üzere, alternatif yöntemlerin uygulanması gibi birçok alışkanlık İslam dininin gereği olarak kabul edilmekte ve bu alışkanlıkların terk edilmesi "dinsizlik" olarak yorumlanmaktadır. Buna karşın özellikle son yıllarda Türkiye'de başka bir İslam anlayışı gittikçe yaygınlık kazanmaktadır. Bu anlayışa göre kadınların erkeklere her bakımdan eşit olduğu, İslamın resim ve heykel başta olmak üzere sanatla uğraşmayı yasaklamadığı, bilimsel gelişmelerden mutlaka yararlanmak gerektiği, İslamın temel referansının akıl ve bilim olduğu gibi daha birçok konuda **yeni bir İslam görüşü** gelişmektedir (daha doğrusu gelişmekteydi). İşte bu ikinci tür İslam anlayışının Türkiye'deki ilk önemli savunucularından biri Atatürk'tür. Türkiye'de katı, değişmez ve yoruma kapalı İslam anlayışının yerine "modern" olarak adlandırılabilecek bir İslam anlayışının gittikçe yaygınlık kazanmasında Atatürk'ün 1930'lu yıllarda İslam dini konusunda başlattığı çalışmaların çok önemli bir etkisi vardır. Özellikle Atatürk'ün İslamın temel kaynağı Kur'an-ı Kerim'i Türkçe'ye tercüme ettirmesi, insanların Kur'an'daki İslamla tanışmalarını sağlamış, böylece alışılagelen, kulaktan dolma ve hurafelerle kaplanmış

İslam anlayışı sorgulanmaya başlanmıştır. Tabii ki bu durum ister istemez bir çatışma doğurmuş, geleneksel İslam yorumcuları bu yeni anlayışın savunucularını ağır bir dille eleştirmiş ve yeni İslam anlayışını savunanları İslamı "yozlaştırmakla" suçlamışlardır. Burada sözü edilen yeni İslam anlayışı Atatürk'ün din görüşünün önemli bir bölümünü yansıtmaktadır.

Atatürk'ün İslam dini konusunda yaptırdığı çalışmaların tüm amacı, öteden beri inandığı İslamın akli ve tabii bir din olduğu, dolayısıyla çağdaşlaşmaya engel herhangi bir yönünün bulunmadığı gerçeğinin toplum tarafından anlaşılmasını sağlamaktır. Ona göre neyin dini olup olmadığını anlamak için "akıl" önemli bir ayrıştırıcıdır. Hangi şey ki akla ve mantığa uygundur, o şey aynı zamanda bizim dinimize de uygundur. Dolayısıyla akıl ve mantığı dışlayan hurafelerin İslam diniyle uzaktan yakından hiçbir ilgisi yoktur.

Atatürk'e göre, **doğa yasaları** bilimin ileri sürdüğü gibi işler; ama bu mekanizmanın mutlaka bir **kurucusu** vardır. Ona göre bu kurucu güce ne ad verildiği çok önemli değildir.

Türkiye'de Atatürk'ü sadece **maddeci** ya da **materyalist** bir insan olarak göstermek oldukça yaygın bir görüştür. Bu görüşe göre Atatürk, sadece "somut" gerçeklere inanan, bunun dışındaki tüm "mistik", "ruhsal" ve "manevi" inanışları reddeden biridir. Oysaki bu görüş yanlış bir ideolojik saptırmadır. Atatürk'ün hayatı, Langaza'daki çiftlikte karga kovalamak dışındaki ayrıntıları açığa çıkarma kaygısıyla incelendiğinde, onun zaman zaman mistik, ruhsal, soyut kavramlar ve inanışlar üzerinde düşündüğü, hatta belirli dönemlerde bu inanışların etkisi altında kaldığı görülecektir. Atatürk'ün **rüyalarla ilgilenmesi** ve rüyaya inanması bu konudaki en önemli kanıtlar arasındadır. Atatürk ayrıca modern bilimin asla kabul etmediği, hayalci ve fantastik bularak bir kenara ittiği bazı tezlerle de ilgilenmiştir. Örneğin binlerce yıl önce Pasifik Okyanusu'nda uygarlığın zirvesine ulaştığı ve daha sonra büyük bir felaket sonucunda sulara gömüldüğü iddia edilen **Kayıp Kıta Mu** kuramı ile ilgilenmiştir. Atatürk'ün modern bilimin hiç de sıcak bakmadığı böyle bir konuyla ilgilenmesi, onun **sorgulayıcı** ve özgün bilim anlayışının bir göstergesidir. Atatürk, İslam dini, bilim ve çağdaş değerler arasında kurduğu bağı; din adamları, bilim ve çağdaş değerler arasında da kurmuştur. Atatürk birçok konuşmasında din adamlarına değinerek, ideal Müslüman din adamının **çağın gelişmelerini takip eden** ve topluma aktaran "aydın bir kişilik" olması gerektiğini ve hutbelerin de zamanın koşullarına uygun olması gerektiğini belirtmiştir.

Türkiye'de "Atatürk düşmanlığı" ve "Atatürk hayranlığının" **din** noktasında kesiştiği görülmektedir. Atatürk düşmanlarına göre Atatürk, başta **laiklik** olmak üzere yaptığı devrimlerle "Türkiye'yi dinsizleştirmeye çalışmıştır". Ülkemizde "kökten dinci" ya da "radikal İslamcı" olarak adlandırılan çevrelerde yaygın olan bu görüşün, kendilerini "Kemalist" ya da "Atatürkçü" diye adlandıran bazı çevrelerde de görülmesi oldukça düşündürücüdür. "Atatürk'ün dinsizliği" ya da "Türkiye'yi dinsizleştirmeye çalıştığı" konusunda aynı görüşü paylaşanlar dünya görüşü itibariyle birbirlerine taban tabana zıttır. Atatürk düşmanlığı yapan "kökten dinci" çevrelere göre Atatürk, toplumu dinsizleştirmeye çalıştığı için(!) her türlü saldırıyı hak etmektedir! Bazı Atatürkçü ya da Kemalist çevrelere göre de Atatürk gerçekten toplumu dinsizleştirmeye çalışmıştır! Onlara göre ise bu olumlu bir çabadır. Kanımca hem kökten dincilerin hem de bazı Kemalistlerin, Atatürk ve din konusundaki bu düşünceleri temelden yanlıştır. Sonuçta bu düşüncelerin sahipleri Atatürk'ü istismar etmiş ve ona zarar vermiştir. Çünkü gerek radikal İslamcılar, gerekse bazı Kemalistler Atatürk'ü bilerek ya da bilmeyerek "din düşmanı" olarak göstererek, İslami duyarlılığı çok yüksek olan Türk toplumunun Atatürk'ten uzaklaşmasına neden olmuşlardır. Bu saçma sapan söylemlerle Atatürk toplumda **çatışma konusu** haline getirilmektedir. Öteden beri Türkiye'de Atatürk'e atfedilen gerçek dışı yakıştırmalar Atatürk düşmanlığını körüklemiştir. Böylece, bir tarafta Atatürk'ü ve onun getirdiklerini benimseyenler, diğer tarafta ise onun getirdiklerine karşı olanlar arasında kıyasıya bir mücadele başlamıştır. Bu anlamsız mücadele Türkiye'ye zarar vermiştir. Atatürk konusunda bilinçli ya da bilinçsizce yayılan yanlış bilgiler sonucunda ortaya çıkan çatışmalar Türkiye'nin birçok konuda zaman kaybetmesi dışında hiçbir işe yaramamıştır.

Türkiye'de Atatürk'ü ve devrimlerini "İslami bakışla" reddedenler, kendilerine yeni bir meşruiyet kaynağı bulmakta gecikmemişler ve "İslami motiflerinden" dolayı Osmanlı padişahlarını ve Osmanlı tarihini sahiplenmişlerdir. Aslında bu sahiplenme bilimsel olmaktan çok "tepkisel" bir sahiplenmedir. Buna karşın Atatürkçülerin önemli bir bölümü de Osmanlı Devleti'ni her şeyiyle reddetme yoluna gitmişlerdir. Oysaki bilimsel bir gözle değerlendirildiğinde Osmanlı Devleti'nin son iki yüzyılının bir modernleşme dönemi olduğu görülecektir. Ayrıca Atatürk'ü hazırlayan koşullar da Osmanlı'nın son dönemlerinde oluşmuştur. Dolayısıyla Atatürk modernleşmesi, tüm özgün karakterine rağmen aynı zamanda Osmanlı modernleşmesinin bir uzantısıdır.

Atatürk'ü sahiplenme ya da reddetme noktasındaki bu bölünmüşlük zamanla genişlemiş ve insanlar kendilerini laik-şeriatçı, Alevi-Sünni, Türk-Kürt gibi karşıtlıklarla tanımlamaya başlamışlardır. Türkiye artık bu kısır çatışmalardan kurtulmak ve yeni bin yılda kendisine gelişen dünyada iyi bir yer edinmek zorundadır. **Doğru anlaşılan ve doğru aktarılan Atatürk düşüncesi Türk toplumuna birçok konuda ilham kaynağı olacak kadar zengindir.**

Atatürk modernleşmesi, bazı iddiaların aksine sadece bir Batılılaşma hareketi olarak adlandırılamaz. Atatürk, **Türk toplumunun binlerce yıllık kültürel birikimini** yeniden gözden geçirerek, **çağdaş değerlerle Türk toplumuna has kültürel değerleri** bir arada yoğurmuştur. Atatürk'e göre **Türk toplumuna has kültürel değerler arasında hurafelerden arındırılmış bir İslam anlayışının çok önemli bir yeri vardır.**

Atatürk'ü başarılı kılan, yaşadığı toplumun maddi ve manevi tüm dinamiklerinin tarihsel değişim süreci içinde nasıl bir seyir izlediğini doğru bir biçimde tahlil ederek ona göre bir faaliyet programı belirlemiş olmasıdır. Dolayısıyla **Atatürk'ün devrimciliği, toplumsal dokuya karşı bir devrimcilik değildir.** En radikal Atatürk devrimleri bile iyi incelendiği zaman bir kültürel ve tarihsel zemine oturmuş oldukları görülecektir. Atatürk birçok kere, yapmış olduğu devrimin, **Türk toplumunun kendi gerçeklerinin ürünü olduğunu** dile getirmiştir. Atatürk 1923'te bu konuda şunları söylemiştir:

"Biz Batı uygarlığını bir taklitçilik yapalım diye almıyoruz. Onda iyi olarak gördüklerimizi kendi bünyemize uygun bulduğumuz için dünya uygarlığı seviyesi içinde benimsiyoruz... Ülkeler çeşitlidir, fakat uygarlık birdir ve ulusun ilerlemesi için de bu tek uygarlığa katılması zorunludur. Osmanlı İmparatorluğu'nun duraklaması Batı'ya karşı elde ettiği zaferden çok gururlanarak kendisini Avrupa uluslarına bağlayan bağları kestiği gün başlamıştır. Bu bir hata idi. Bunu tekrar etmeyeceğiz. Türkler bütün uygar ulusların dostlarıdır..."

Atatürk, Türk Devrimi'nin **Fransız Devrimi'nin** bir taklidi olmadığını ve kendine has özellikler taşıdığını da şu sözlerle ifade etmiştir:

"...Fransız Devrimi bütün dünyada özgürlük rüzgârını estirmiştir. O tarihten beri insanlık ilerlemiştir. Türk demokrasisi Fransız Devrimi'nin açtığı yolu izlemiş ama kendine has seçkin özelliği ile gelişmiştir. Çünkü her ulus devrimini toplumsal olan hal ve durumuna, düzenin değiştirilmesi ve devrimin oluş zamanına göre yapar."

Atatürk'ün **devrim mantığı** çağdaşlaşmayı hedeflerken "ulusal kültürel dokuyu" güçlendirerek korumak biçiminde bir prensibe bağlı kalmıştır. Nitekim Türk tarihinin gün ışığına çıkarılması için çalışmalar başlatan Atatürk'tür. Bu çalışmalarla bir taraftan Orta Asya'ya, diğer taraftan Hititlere, Anadolu'nun tarihsel derinliklerine kadar gidilmiştir. Atatürk böylece **saray kültüründen** Orta Asya'nın binlerce yıllık kültür sentezine dönüşü sağlayarak, unutulmaya yüz tutmuş **Türk ulusal kültürünü** yeniden belirginleştirmiştir. Türk Tarih ve Türk Dil Kurumları bu amaçla kurulmuştur. Dolayısıyla Atatürk Batılılaşması "taklit" ya da "kopya" Batıcılık, ya da "**Batıya benzemek için yapılmış bir hareket değildir.**" Başka bir ifadeyle Atatürk, **Batılılaşmak için çağdaşlaşmayı değil, çağdaşlaşmak için Batılılaşmayı öngörmüştür.** Ayrıca unutulmamalıdır ki Atatürk Batı'nın desteği ile değil, Batı'ya karşı bir uygarlaşma hareketi gerçekleştirmiştir. Atatürk devrimleri, Atatürk düşüncesinin ürünüdür. Atatürk düşüncesi ise **bir insan ömründeki olağanüstü birikimin dünya tarihinin siyasal ve kültürel açılardan en hareketli dönemlerinden biri olarak gösterilebilecek bir yüzyılda sürekli gelişerek ve değişerek olgunlaşması sonucunda oluşmuştur.** Atatürk düşüncesi çok farklı kaynaklardan beslenerek gelişmiştir. Bu kaynaklar arasında "yerel" ve "ulusal" olanlar kadar, "uluslararası" ve "evrensel" olanlar da vardır. Bu yüzden Atatürk düşüncesi tek boyutlu değerler ya da doktrinler bütünü değildir.

Atatürkçülük, **ulusal ve uluslararası düşün öğelerini akıl, mantık ve kültürel değerler süzgecinden geçirerek yeniden yorumlayan, ulusal egemenlik ve bağımsızlığa önem veren, dünyanın siyasal, kültürel ve toplumsal bakımlardan gelecekte varacağı durumu göz önüne alarak politikalar belirlemeye çalışan ve sürekli değişimi öngören bir anlayıştır.**

Ekler

EK 1

ATATÜRK'ÜN KURDUĞU KOMÜNİST PARTİ

> *"...Türkiye'de ne büyük kapitalistler ne de milyonlarca zanaatkâr ve işçi vardır."*
>
> 24 Eylül 1919
> Mustafa Kemal

1920 Yılının Başlarında Anadolu

İstanbul Boğazı çelik yığınlarıyla kaplanmıştı. İngiliz donanması toplarını Topkapı Sarayı'na çevirmiş, Osmanlı siyasal otoritesi adeta bir ateş çemberi içine alınmıştı. Güneyde Fransızlar Anadolu'nun sıcak topraklarını ele geçirmeye çalışırken, Akdeniz ve Ege'de İtalya ile Yunanistan arasındaki tarihi satranç oyununda İngiltere'nin desteğini alan Yunanistan son hamleyi yaparak, kendisine Anadolu coğrafyasında bir gelecek arayanların arasına katılmıştı.

Türkiye içerden işgal edilmiş, dışardan da bir kıskaç içine alınmıştı. Hem Ege ve Karadeniz sahillerinden, hem de Suriye ve Avrupa cephesinden çepeçevre kuşatılmıştı. Anadolu'nun henüz düşman eliyle kirletilmemiş bakir topraklarında bağımsızlık hesapları yapan Mustafa Kemal Paşa ve birkaç arkadaşı; yorgun ve yoksul bir halk, tutsak bir siyasal otorite, işgal altında bir vatan ve az miktarda silah ve cephaneden başka hiçbir şeye sahip değillerdi.

Anadolu coğrafyasını saran ateş çemberi tarihin hiçbir döneminde olmadığı kadar daralmış ve tarihin hiçbir döneminde olmadığı kadar yakıcı bir hal almıştı. Bu çemberi yarabilmek için geriye bir tek seçenek kalıyordu.

Kafkas Cephesi...

Bolşeviklerden Yardım Talebi

Birinci Dünya Savaşı'nda Almanya'nın müttefiki olan Osmanlı Devleti, Çanakkale Boğazı'nı kapatarak İngiliz ve Fransız desteğinden Rusya'yı mahrum bırakmış, bu şekilde dolaylı yoldan Rusya'da Çar'a karşı başkaldıran Bolşeviklerin iktidarı ele geçirmesine yardımcı olmuştu. Bolşeviklerle Türklerin kaderi üç yıl içinde ikinci kez kesişecekti. Anadolu'nun kurtuluşunun anahtarı, 7 Kasım 1917'deki ihtilalle Çarlık rejimine son vererek iktidarı ele geçiren Bolşeviklerin elinde görünüyordu. O halde Sovyetler'le anlaşılacaktı.

Fakat Mustafa Kemal Paşa'yı Sovyetler'le yakınlaşırken dikkatli olmaya iten büyük bir sorun vardı. Sonraları Türkiye'de **"kızıl tehlike"** olarak formüle edilecek olan bu sorun **komünizm** akımıydı.

İngilizlerin, İstanbul'u işgal etmeleri ve Yunanlıları da Anadolu içlerine doğru ilerlemeye teşvik etmeleri Mustafa Kemal Paşa'nın çok zekice, son derece stratejik ve tarihi bir adım atmasına neden olacaktı.

Mustafa Kemal, 26 Nisan 1920'de Anadolu'yu istilaya kalkışanlara karşı yürüttüğü mücadele için hem silah, hem de politik destek sağlamak amacıyla Sovyet liderlerine şu mektubu gönderecekti:

"Emperyalist hükümetlere karşı harekâtı ve bunların hâkimiyet ve sömürüsü altında ezilen insanların kurtuluş gayesini güden Bolşevik Ruslarla çalışma ve hareket birliğini kabul ediyoruz...

Önce milli topraklarımızı işgal altında bulunduran emperyalistleri kovmak ve ilerde emperyalistlere karşı meydana gelecek ortak mücadelemiz için iç kuvvetlerimizi korumak üzere şimdilik ilk taksit olarak beş milyon altının ve kararlaştırılacak sayıda cephane ve diğer savaş makine, aletler ve sağlık malzemesinin ve yalnız doğuda hareket yapacak kuvvetler için yiyeceklerin Rus Sovyet Cumhuriyetince sağlanması rica olunur."[2065]

Mustafa Kemal Paşa, Bolşevik yöneticilerine gönderdiği bu mektupta çok diplomatik bir dil kullanmıştır. Bolşeviklerin mücadelesiyle, liderliğini yaptığı Milli Hareket arasındaki ortak noktaların altını çizerek, Türk Milli Hareketi'nin Bolşevik hareketinin bir benzeri olduğu izlenimini yaratmaya çalışmıştı. Türklerin de Bolşevik Rusların Komünist Manifestoda ifade ettikleri gibi özgürlüklere taraftar; emperyalist güçlere karşı olduklarını belirterek, Bolşevik Ruslardan ekonomik ve askeri yardım istemişti. Mustafa Kemal Paşa mektubunda, gelecekte Bolşeviklerle birlikte aynı düşünce etrafında birleşerek, emperyalistlere karşı birlikte mücadele edebilmeleri için öncelikle emperyalistleri, işgal ettikleri Anadolu topraklarından uzaklaştırmalarının zorunlu olduğunu ifade etmişti. Yani Mustafa Kemal Paşa, üstü kapalı da olsa Bolşevik Ruslara komünizm düşüncesinin yayılma alanlarından birinin Anadolu coğrafyası olabileceğinin ilk sinyallerini veriyordu.

Zoraki Birliktelik

Türk Kurtuluş Savaşı'nın başarısı açısından düşünüldüğünde Mustafa Kemal Paşa'nın Bolşevik Ruslarla ittifak kurması hem bir zorunluluk hem de 20. yüzyılın başlarındaki siyasal gelişmelerin doğal bir sonucuydu. 1920'lerin başlarında Sovyet Rusya ve Milli Hükümet adeta birbirine muhtaçtı. Çağını çok iyi okuyabilme yeteneğine sahip bir stratejist olan Mustafa Kemal Paşa'nın, böyle uygun bir ortamdan yararlanmaması düşünülemezdi.

[2065] S. Yerasimos, **Türk-Sovyet İlişkileri, Ekim Devriminden Milli Mücadeleye**, İstanbul, 1979, s.232.

O, Bolşevik Ruslarla yakınlaşırken mükemmel bir zamanlama ile onları adeta Türk Kurtuluş Savaşı'na destek vermeye mecbur edecekti. 1920'li yılların siyasi koşulları dikkate alınınca Bolşevik Rusya açısından da seçeneklerin pek fazla olduğu söylenemezdi. Çünkü siyasi arenada onlar da en az Türkiye kadar yalnız, onlar da en az Türkiye kadar hedefteydiler ve en önemlisi onlar da en az Türkiye kadar bir dosta, bir müttefike ihtiyaç duyuyorlardı. Ayrıca dünya kamuoyuna vermeleri gereken çok önemli mesajları vardı. Bolşevik ihtilali 1917'de gerçekleşmişti. Dünya kamuoyu Bolşeviklerin Komünist Manifesto'da dile getirdikleri "ezilen ulusların yanında olma", "emperyalizme karşı mücadele etme" gibi vaatlerini daha unutmamıştı. Bolşevikler, samimi olduklarını kanıtlamak zorundaydılar. Aksi halde dünya kamuoyunda komünizmin, Bolşeviklerin iktidarı ele geçirmek amacıyla geliştirdikleri, aldatmacadan başka bir şey olmadığı inancı yayılacaktı. Bolşevik teorisyenlerinin daha işin başında böyle bir yanılgıya düşmeleri beklenemezdi.

Anlaşılan, Mustafa Kemal, öyle stratejik bir hamleyi öyle müthiş bir zamanlamayla gerçekleştirmişti ki, adeta Bolşevikleri Türkiye'ye yardım etmeye mecbur bırakmıştı.

Mustafa Kemal Paşa'nın mektubuna Bolşevik Sovyet Cumhuriyeti Hariciye Vekili Çiçerin, 3 Haziran 1920' de şu karşılığı verecekti:

"Sovyet Hükümeti her iki milleti tehdit eden ecnebi emperyalizme karşı ortak mücadeleye katılma isteğini açıklayan ve kendisiyle düzenli münasebet kurmak isteyen yazınızı aldığımı doğrulamakla şeref duyar. Rus Sovyet Hükümeti ezilen halkların kurtuluşu gibi şanlı bir davaya dayanan askeri harekâtımızı, emperyalist güçlere karşı sürdürürken, Büyük Millet Meclisi'nin çalışmalarını ve bu ideale göre davranma kararınızı dikkate alır...

Rus Sovyet Hükümeti, Türkiye ile Rusya arasında iyi komşuluk münasebetlerinin ve sürekli bir dostluğun kurulması gayesi ile doğrudan doğruya diplomatik ilişkilerin ve konsolosluk ilişkilerinin kurulmasını teklif eder... Rus Sovyet Hükü-

meti Türk milletinin istiklali uğruna sürdürdüğü kahramanca mücadelesini bütün dikkatiyle takip ediyor ve Türkiye için çok zor olan bu günlerde Türk ve Rus halkını birleştirecek bir dostluğun sağlam temellerini kurabilmekten büyük memnuniyet duyuyor."[2066]

Bolşevikler de içinde bulundukları durumun hassasiyetinin farkındaydılar ve fazlaca düşünmeden Türkiye'nin yardım isteğini kabul ettiler. Sovyetler'in verdiği olumlu yanıt, TBMM hükümetince sevinçle karşılandı. Sovyet Rusya'nın maddi ve manevi desteği Kurtuluş Savaşı'nın kazanılması için çok önemliydi.

Mustafa Kemal Paşa, eğer doğu sınırlarını belirleyip emniyete alabilirse, bu cephedeki kuvvetlerini Anadolu'nun diğer taraflarındaki düşmana karşı kullanabilecekti.

İşte en hayati aşamada attığı bir kurnazca adımla Kuzey komşusunu yanına çekmeyi başaran Mustafa Kemal Paşa'nın, bundan sonra karşılaşacağı en büyük zorluk, elini verdiği bu komşudan kolunu kurtarmaktı. Bunu sağlamak için de müthiş bir planı vardı. Şimdi bu tarihi satranç oyununda hiç beklenmedik bir hamle yapacak ve herkesi şaşkına çevirecekti.

Komünist Fikirler Anadolu'da

Mustafa Kemal Paşa henüz Bolşevik stratejisini çevresindekilere açıklamamıştı. Bu aşamada herkesin kafasını kurcalayan bir soru vardı. Acaba Türkiye yardım alacağım derken Bolşevik mi olacaktı? İşte bu sorunun sorulmaya başlandığı günlerde yavaş yavaş Türk komünistleri ortaya çıkacaklardı. Sovyetler ise, Avrupalı sömürgecilere karşı Mustafa Kemal Paşa önderliğindeki bağımsızlık mücadelesinin başarılı olacağını ve zamanla bu hareketin yerini Türkiye'de bir Bolşevik idaresine bırakacağını ümit ediyorlardı. Bunu da Türkiye'de kurulmasını arzu ettikleri **Komünist Partisi** yoluyla gerçekleştirmeyi amaçlıyorlardı.

"Bu maksatla Anadolu'daki kurtuluş hareketini kendi ihtilallerinin bir benzeri olarak göstermeye çalışmışlar, hatta yayın

---

2066 Yerasimos, **age.** s.238-239; B. N. Şimşir, İngiliz Belgelerinde Atatürk, (1919-1938), II, Ankara, 1975, s.252.

organları İzvestiya'da, bunun Asya'da ilk Sovyet ihtilali olduğunu ilan etmekten çekinmemişlerdi."[2067] Görüldüğü kadarıyla Mustafa Kemal Paşa Bolşevikleri inandırmayı başarmıştı.

Bu arada Sovyetler, Türkiyeli komünistleri desteklemeye ve Anadolu'da yoğun bir komünizm propagandası yapmaya başlamışlardı. Anadolu'da "kızıl fikirler" dolaşırken, Türk dışişleri de boş durmuyor, Bolşeviklerle diplomatik ilişkileri sıklaştırmanın yollarını arıyordu. Bu amaçla TBMM, Dışişleri Bakanı Bekir Sami Bey başkanlığında bir heyeti Bolşeviklerle görüşmek için Moskova'ya göndermeye karar vermişti.

Türkiye'de bu gelişmeler olurken, Rusya'da da Türkiye'yi yakından ilgilendiren önemli gelişmeler meydana gelmekteydi. Sovyetler'in kontrolünde toplanan **Bakû Şark Milletleri Kongresi,** TBMM'nin dikkatinden kaçmamıştı. Daha önce Rusya'da Türkiye Komünist Partisi (TKP) adıyla kurulmuş olan teşkilatın Türkiye aleyhine zararlı faaliyetlerini önleyebilmek için Ankara Hükümeti de kongreye bir heyet gönderiyordu. Çünkü TKP'nin komünist lideri **Mustafa Suphi,** Rusya'daki komünist teşkilata Türkiye'nin değişik bölgelerinden de delegeler çağırmıştı. Mustafa Suphi'nin liderliğindeki bu komünist hareket Mustafa Kemal Paşa ve TBMM'nin bilgisi dışında ortaya çıkıp, teşkilatlanmış ve bir bakıma Mustafa Kemal Paşa'nın ve TBMM'nin otoritesine karşı bir odak oluşturmuştu.

1920 yazı geldiğinde Ankara'da Bolşeviklik artık dillerde dolaşmaya, okullarda devrim marşları söylenmeye başlanmıştı. Hatta Meclis'te bir grup milletvekili çareyi komünizmde görmeye başlamıştı.[2068] Bolşevik taraftarı komünistler Anadolu'da büyük propaganda çalışmaları başlatmışlardı.[2069] Türk komünistleri aslında komünizm hakkında fazla bir bilgiye sahip değillerdi. Bir kısım Türk komünisti, Bolşevikliğin aslında Müslümanlıkla birbirine çok benzediğini, hatta aynı şey olduğunu bile düşünü-

---

2067 M. Saray, **Atatürk'ün Sovyet Politikası,** İstanbul, 1990, s. 22.
2068 Bu konuda ayrıntılı bilgi için bkz. Hüseyin Kâzım Kadri, **Meşrutiyetten Cumhuriyete Hatıralarım,** İstanbul, 1991.
2069 Ali Fuat Cebesoy, **Moskova Hatıraları,** İstanbul, 1955, s. 44-48.

yorlardı. O dönemde komünistlerin yaptıkları konuşmalar ve yazdıkları yazılara bakılacak olursa, hem Sovyetler hem İslam dünyası kastedilerek, Sovyet- İslam sentezi yaratılmaya çalışılıyordu. O tarihlerde yayınlanan **Yeşil Ordu Talimatnamesi** bu duruma iyi bir örnek teşkil etmektedir:

"*...Âlem bir büyük inkılap karşısındadır. Avrupa'da bir kısım ilim adamı 'Sosyalizm' mesleği dairesinde garbın medeniyet perdesi altındaki baskı ve cinayetlerini yıkmak ve ortadan kaldırmak için 'Burjuvazi' denilen aşağı ve hırs sahipleriyle mücadele ediyor. Bunların en büyük amacı, en zenginlerin lüks yaşamlarıyla, fakir takımın yoksulluktan doğan sefaletine bir sınır çizmektir. İslamiyet ve Şer'i Muhammedi bu esasları bin üç yüz yıl önce, zekât, fitre ve kurban gibi vecibelerle koymuş olduğu için bu sosyal inkılaptan zarar görmeyecek, aksine faydalanacaklardır. Bunun içindir ki teşkilatımızın bir ilkesi de sosyalizm hareketinden istifade etmek ve onlara yardım etmektir. Her merkez teşkilatı bu ilkeyi önemle göz önünde bulunduracak ve inkılabın tamamen yerleşmesine kadar, zekât, fitre, ve kurban gibi şeriatın fukara hakkı olmak üzere zenginlere yüklediği vecibeleri uygun şekilde toplatarak, çalışma gücünü kaybetmiş olanlara dağıtacaktır.*"[2070]

Akıl ve Strateji

Bütün bu gelişmeler olurken Mustafa Kemal Paşa artık bir yol ayrımında olduğunu anlayacaktı. Bir yandan içeride Bolşevikliğe sempati giderek artarken, diğer taraftan bu Bolşevik harekete karşı tavır alınması halinde Sovyetler'in göndereceği yardım tehlikeye girecekti. Öyle bir şey yapmalıydı ki, hem içerdeki bu komünist muhalefeti bertaraf etmeli hem bunu yaparken Sovyetler'i gücendirmemeli hem de ülke içinde kızıl kalpak giyenlerin çoğalmalarına engel olmalıydı.[2071]

İşte tam o günlerde Mustafa Kemal Paşa kimsenin aklına gelmeyecek müthiş bir formül buldu.

2070 Şener, **Çerkeş Ethem Olayı**, s.64,65.
2071 Fahri Belen, **Türk Kurtuluş Savaşı**, Ankara, 1971,s. 231 -244.

Bir komünist partisi kurarak, Türkiye'de giderek yayılan Bolşevizm hareketinin dizginlerini bizzat ele alacaktı. Şimdi usta bir oyuncu gibi davranmalı, elindeki tek koz olan "Bolşevik kartını" çok akıllıca oynamalıydı. Bu tarihi dönemeçte hem Türk toplumunun kültürel kodlarını dikkate almak, hem de Milli Hareket'in başarısı için gereken siyasi manevraları ustalıkla yapmak zorundaydı.

Mustafa Kemal Paşa ilk hamlesini yapmakta fazla gecikmedi. Çevresindekilerin şaşkın bakışları altında bir **Komünist Partisi** kurdu. Mustafa Kemal'in **Türkiye Komünist Partisi (TKP)** 18 Ekim Cumartesi günü Ankara'da Taş Han'ın karşısında bir binada kuruldu. Partinin ileri gelenleri arasında Refik Koraltan, Kılıç Ali, Yunus Nadi, Tevfik Rüştü gibi Mustafa Kemal Paşa'nın yakın çevresinden isimler vardı. Partinin tüm dizginleri Mustafa Kemal Paşa'nın elindeydi.

31 Ekim 1920 tarihli gizli bir şifre ile Mustafa Kemal Paşa, **Batı Cephesi Komutanı Ali Fuat Paşa'ya gönderdiği bir mektupla** komünist parti kurma düşüncesinin nedenlerini bütün açıklığıyla anlatacaktı:

"Garp Cephesi Komutanı Ali Fuat Paşa Hazretlerine:
Komünistliğin memleketimizde değil, henüz Rusya'da bile uygulanması hakkında kesin kanaatların olmadığı anlaşılmaktadır. Bununla beraber içerden çeşitli maksatlarla bu cereyanın memleketimiz içine girmekte olduğunu ve buna karşı gereken tedbir alınmadığı takdirde milletin pek ziyade muhtaç olduğu düzen ve sükûneti bozanlar, hududu daire-i imkânda bulunmuştur"[2072] Kurtuluş Savaşı sırasında Anadolu'da gittikçe gelişen komünizmin, Türkiye için büyük bir tehlike olduğuna işaret eden Mustafa Kemal Paşa, mektubuna şöyle devam etmişti:

"En makul ve tabii tedbir olarak aklı başında arkadaşların hükümetin bilgisi dâhilinde bir Türkiye komünist fırkası teşkil ettirmek olacağı düşünüldü. Bu takdirde memlekette bu fikre sahip bütün cereyanları bir noktaya toplamak mümkün

---

2072 (31-10-1920) Komünizmin En Büyük Kumandanların Elinde Kalmasına Dair. **ATTB,** IV, Ankara, 1964, s. 360,361.

olabilir. *Kurucu heyeti ve otuz kişiden oluşan bir genel merkezi yanında güzide arkadaşlarımızdan Fevzi, Ali Fuat ve Kâzım Paşalarla, Refet ve İsmet Beylerin de gizli olarak dâhil bulunmalarını uygun gördüm.*"[2073]
Mektuptan anlaşıldığına göre, Milli Hareket'in paşaları artık birer komünistti! Mustafa Kemal Paşa, komünizm tehlikesini kurduğu parti sayesinde kendi kontrolünde tutmaya karar verdiğini, bunun için partinin yönetici kadrosunu Milli Hareket'in önder kadrosundan oluşturmayı uygun bulduğunu "*Bu sayede bu memleketi koruyan ve milli gayemizin kahramanı bulunan teşebbüsatı cereyanı, teşebbüsat (komünizm akımı) üzerinde amil olacaktır*"[2074] diyerek ifade etmiştir.

Mustafa Kemal Paşa'ya göre, komünizm ve sosyalizm prensiplerinden hangilerinin ne dereceye kadar Türkiye'de kabul edilip edilmeyeceğini, Türkiye Komünist Fırkası'nın propagandasına paralel, milletin bu konudaki düşüncelerine dayalı olarak anlamak mümkün olacaktı. Mustafa Kemal mektubuna, "*Komünizm cereyanı nihayet ordunun büyük kumandanlarında kalmalıdır.*"[2075] cümlesiyle son veriyordu.

Mustafa Kemal Paşa, Büyük Millet Meclisi Reisi sıfatıyla Batı Cephesi Komutanı Ali Fuat Paşa'ya gönderdiği bu mektupta, TKP'nin kuruluşunun tamamen stratejik nedenlerden kaynaklandığı ve komünizm konusunda Milli Hareket'in öncü kadrosunun, TBMM'nin ve ordunun çok dikkatli olması gerektiğini belirtmekteydi.[2076] Çünkü Anadolu'daki Bolşevik faaliyetler göründüğü kadar etkisiz değildi. Mustafa Kemal Paşa'nın kurduğu TKP'ye karşılık, Anadolu'da faaliyette bulunan komünizme inanmış birçok parti vardı. **Yeşil Ordu, TKP, Halk İştirakiyyun Fırkası** adlı partiler yoğun propaganda faaliyeti içindeydiler[2077]

2073   age. s.360, 361.
2074   age. s.360, 361.
2075   age. s.360, 361.
2076   Mustafa Kemal Paşa'nın Bolşevizm siyasetini çok iyi bilen Ali Fuat Paşa daha sonra Moskova elçiliğine atanarak Türk-Sovyet ilişkilerinin gelişmesini sağlayacaktı.
2077   Saray, age. s.54 vd.

Ekim ayı başında artık Ankara'da herkes yoldaştı. Plan işlemeye başlamıştı. Mustafa Kemal Paşa da Ankara'ya gelen ilk elçilik heyetini "*Hoş geldiniz yoldaşlar*" diye selamlamıştı. Sovyet Devrimi'nin ünlü lideri **Lenin** ise Türkiye'ye gönderilen ilk Sovyet sefirine şu talimatları vermişti:

"*Türkler kendi milli kurtuluşları için dövüşüyorlar. Askerlik işini de bildiğimiz için bu sırada Merkez Komitesi sizi oraya sefir olarak seçti. Emperyalistler Türkiye'yi yağma ettiler. Hâlâ da ediyorlar. Ama sabır bardağı taştı.*

Mustafa Kemal tabii ki sosyalist değil. Fakat görülüyor ki iyi bir teşkilatçı. Yüksek anlayışlı bir lider. Milli burjuva ihtilalini idare ediyor. Progresist (ilerici), iyi düşünceli akıllı bir devlet adamı. Bizim ihtilalimizin manasını anlamış olup, Sovyet Rusya hakkında olumlu hareket ediyor. O soyguncular karşı bir Kurtuluş Harbi yapıyor. Emperyalistlerin gururunu kıracağına ve sultanı da yârânı ile birlikte alt edeceğine inanıyorum. Halkın ona inandığını söylüyorlar. Ona yardım etmek gerek. Yeni Türk inkılabına yardım. İşte sizin işiniz budur.

Türk hükümetine ve Türk halkına saygı gösteriniz. Mağrur olmayınız. Onların işlerine karışmayınız, İngiltere onların üstlerine Yunanistan'ı saldırttı. Bize karşı da İngiltere ve müttefikleri ne kadar memleketlere saldırmışlardı.

Kendimiz dahi fakir olmamıza bakmayarak Türkiye'ye materyal yardımı yapabiliriz. Moral yardımı, dostluk duygusu ise üç kat daha büyük yardımdır"[2078]

Ağustos ayında imzalanan Türk-Sovyet Antlaşmasıyla, TBMM ilk kez bir büyük devlet tarafından (Sovyet Rusya) resmen tanındı. Bu, TBMM için önemli bir siyasi başarıydı. Doğu sınırlarını güvence altına almayı başaran Mustafa Kemal Paşa, bu bölgedeki kuvvetleri Anadolu'nun başka bölgelerine kaydırıp, kesin zaferin kazanılmasını kolaylaştıracaktı.

Bu antlaşma gereği daha önce talep edilen Sovyet yardımı da alınmaya başlandı. Yardım, Milli Mücadele boyunca devam

---

2078   Y. İstenç Kökütürk, **Atatürk'ü Anlamak**, İstanbul, 1999, s.352.

edecek ve savaşın en zorlu dönemlerinin aşılmasında önemli katkılar sağlayacaktı.

Mustafa Kemal Paşa'nın olağanüstü çabalarıyla Bolşeviklerin çeşitli tarihlerde Karadeniz ve Kafkaslar üzerinden Türkiye'ye yardım olarak gönderdikleri silah ve cephanenin miktarı ortalama şöyleydi: **45.181 tüfek, 52.599 sandık cephane, 9520 adet süngü, 100'ü ağır olmak üzere 210 makineli tüfek, 1123 sandık makineli tüfek cephanesi, muhtelif çapta 96 top, 166.910 top mermisi ile bir kısım askeri teçhizat ve yedek parça**...[2079]

Bu askeri araç gereçlerin yanı sıra, Eylül 1920 ile Mayıs 1922 arasında Sovyetler'den toplam **11 milyon altın rublelik** yardım temin edilecekti.[2080] Elde edilen yardım belki Mustafa Kemal Paşa'nın düşündüğünden azdı; fakat her şeye rağmen bu yardım Türkiye'nin o günkü şartları dikkate alındığında çok önemliydi.[2081]

Oyunun Sonu

Mustafa Kemal Paşa "Bolşevik kartını" ustalıkla oynamıştı. Bolşevikler yaptıkları yardımın karşılığında Türkiye'nin de Bolşevik olacağını düşünürlerken, Mustafa Kemal Paşa'nın Bolşevikleri şaşkına çevirecek hamleleri birbiri ardına gelecekti.

I. İnönü Zaferi'yle başlayan süreç, Ege'de işgalcilerin denize dökülmesiyle sonuçlanacak bir askeri taarruzun başlangıcıydı.

2079 S. Yerasimos, **Türk-Sovyet İlişkileri, Ekim Devriminden Milli Mücadeleye,** İstanbul, 1979, s.631,634; Kâzım Özalp, **Milli Mücadele, 1919-1922,**I, Ankara, 1971,s. 219; A. Müderrisoğlu, **Kurtuluş Savaşının Mali Kaynakları,** Ankara, 1974, s.548-549; **TBMM Gizli Celse Zabıtları,** C. I, Ankara, 1980, s. 152; Mehmet Saray, **age.** s. 75

2080 S. İ.Aralov, **Bir Sovyet Diplomatının Türkiye Hatıraları,** İstanbul 1967, s. 114; Yerasimos, **age.** s.630; Saray, **age.** s. 76

2081 Buhara'nın ilk ve son cumhurbaşkanı olan Osman Kocaoğlu'na göre Sovyetler'in Türkiye'ye gönderdikleri yardım Orta Asya Türkleri tarafından temin edilmişti. Osman Kocaoğlu yardım konusunda şunları söylemektedir: *"Buhara Parlamentosu Türkiye'ye 100 milyon altın ruble yardımı tek itiraz sesi yükselmeden bir anda ve tam bir oybirliğiyle hararetli tezahüratlarla, alkışlarla kabul etti. Parlamentonun bu kararı üzerine hemen ertesi günü gereken muameleyi tekamül ettirdik ve bu parayı derhal Ankara hükümetinin emrine yetiştirilmek üzere Rus hükümetine teslim ettik".* Saray, **age.** s. 76-78.

1109

Bu zafer sonunda İtilaf Devletlerinin bir kısmı Ankara Hükümetini tanımak zorunda kalacaklardı. Londra'da toplanacak Barış Konferansına Anadolu delegelerinin katılması gündeme gelecekti. Artık Türkiye için yeni bir dönem başlamıştı. Batı ile ilişkilerin yolu açılmış, Sovyet kartı yavaş yavaş önemini yitirmeye başlamıştı. Kritik bir dönemde Mustafa Kemal Paşa'nın dâhiyane bir öngörüyle kurduğu TKP, işlevini başarıyla yerine getirmişti. Artık üç buçuk aylık bu ilginç partinin de, Türkiye'nin Bolşevizm macerasının da sonu gelmişti. Mustafa Kemal Paşa, TKP'nin görevini tamamladığına inanarak, bu partiyi 1921 ortalarında kapatacak, bu partiye sızan Sovyet taraftarı komünistlerin bir kısmını tutuklatıp, bir kısmını da sınır dışı edecekti.[2082] Türkiye Halk İştirakiyyun Fırkası gibi komünist partiler kapatılarak, **1922'de 300 komünist ve sendika yöneticisi tutuklanacaktı.**[2083]

İşte tam da o günlerde Rusya ile Türkiye arasında mekik dokuyan komünist **Mustafa Suphi**'nin Karadeniz'in hırçın sularında 15 arkadaşıyla birlikte boğulduğu haberi gelecekti.[2084]

1921'den sonra da Anadolu'da komünist-sol hareketler tamamen yasaklanacaktı.

Artık oyun bitmişti.

Mustafa Kemal, Sovyet kartını doğru oynamış ve Türkiye için çok önemli olan bu stratejik oyunu kazanmıştı. Sovyet Devrimi'nin iki büyük lideri **Lenin ve Stalin** Türk devriminin yaratıcısı Mustafa Kemal'in bu tutumundan pek de memnun kalmayacaklardı.

Lenin'e göre Mustafa Kemal,"*Sosyalist değil, bilakis burjuva milliyetçisi bir* **liderdi.**"[2085] Ünlü Sovyet diktatörü **Stalin**'e göre de "*Kemalcilik inkılabı; yabancı emperyalizmin aleyhinde*

2082 G. S. Harris, **Türkiye'de Komünizmin Kaynakları**, İstanbul, 1979, s. 159; M. Saray, age. s. 58.
2083 Leyla Erbil, "Geçmişe Nasıl Bakmak?", **75 Yılın İçinden**, Ekim, 1998, s.51.
2084 age. s.51. M. Suphi, Atatürk tarafından değil, Enver Paşa'nın etkisindeki ittihatçılar tarafından öldürülmüştür.
2085 Y.A. Bagirov, İz İstovil Sovyetko-Turetskikh Otnoşeniv 1920-1922 Godaklı Komissariata İnostrannikh Delakh, Moskva, 1920 No: 32 s. 86'dan Saray, age. s. 84.

meydana gelen, kendisinin tekâmülü devrinde ise çiftçiler ve işçiler aleyhinde bulunan, onların toprak ihtilalini yapmalarının önüne geçen milli burjuva üst tabakasının ihtilalidir."[2086]

Mustafa Kemal Paşa bu müthiş "satranç oyununun" gerekçelerini 20 Ocak 1921'de TBMM'nin gizli oturumundaki tarihi konuşmasında alışılmadık bir üslupla açıklayacaktı:

"Efendiler!
Gayet ciddi bir konu üzerindeyiz. Önce Rusya'da milletin soysuz, herhalde, sersem birtakım evlatları oralarda serseriliklerine devam etmişler, Bu serseriler bir iş yapmak hülyasına kapılarak, zahiren memleketimize milletimize nafi olmak için Türkiye Komünist Fırkası diye bir fırka teşkil etmişlerdir ve bu fırkayı teşkil edenlerin başında da Mustafa Suphi ve emsali bulunmaktadır. Bunlar... benim kanaatimce belki kendilerine para veren, kendilerini himaye eden ve bunlara ehemmiyet atfeden Moskova'daki prensip sahiplerine yaranmak için birtakım teşebbüsat-ı serseriyanede bulunmuşlardır. Bunların yaptıkları teşebbüs, Rus Bolşevizmini muhtelif kanallardan memleket dâhiline sokmak olmuştur. Bu suretle memleketimize milletimize hariçten komünizm cereyanı sokulmaya başlanmıştır.

Diğer taraftan efendiler, memleket dâhilinde komünizmin ne olduğunu bilmeyen, fakat bu esaslara dayanarak ortaya çıkmış bir Bolşevik kuvvetinin bizim için yararlı olabileceğini düşünen birtakım insanlar dahi, hatta bu hâriçten gelen komünizm cereyanına temas etmeksizin kendiliğinden komünist teşkilatı yapmak hevesine düştüler. Bir zaman geldi ki Ankara'da, Eskişehir'de, şurada, burada memleketin hemen birçok yerlerinde birçok insan birbiriyle ilişkileri olmaksızın komünistlik teşkilatı kurmaya ve aynı zamanda hariçten birtakım insanlar serseri surette memlekette dolaşmaya ve aynı zamanda propaganda yapmaya başlamışlardı. Bu itibarla hükümet tedbir düşünmek mecburiyetinde kalır.
Efendiler!

2086 Y. V. Stalin, **Trudey Foreign Languages Publishing House**, Moskova, 1952-55, IX s. 256'dan Saray, **age.** s.76-78.

İki türlü tedbir olabilirdi: Birincisi, doğrudan doğruya "komünizm" diyenin kafasını kırmak, Rusya'dan gelen her adamı derhal...sınır dışı etmek gibi şiddete dayanan kırıcı tedbir kullanmak... Bu tedbirleri tatbik etmekte iki sebepten faydasızlık görülmüştür: Birincisi, siyaseten iyi ilişkilerde bulunmayı gerekli gördüğümüz Rusya Cumhuriyeti komünisttir.. İkinci bir sebep, zora dayanan tedbir kullanmayı faydalı görmedik... Fikir cereyanları, cebir, şiddet ve kuvvetle reddedilemez. Bilakis takviye edilir. Buna karşı en müesser çare, gelen cereyan-ı fikriye mukabil, fikir cereyanı vermek, fikre fikirle mukabele etmektir. Komünizmin memleketimiz ve milletimiz için, dinimizin gerekleri için kabul edilmesi imkansız olduğunu anlatmak, yani kamuoyunu bilgilendirmek en önemli çare görülmüştür. İşte hükümet böyle bir çareye başvurmakla beraber, şüphe yok ki gelen cereyanların tehlikeli olmaması için gereken tedbirleri almıştır... İşte bu düşüncenin ürünü olmak üzere Ankara'da Komünist Fırkası adı altında bir fırka kuruldu.

Biz, Ruslar komünist olduğu için onun aleyhinde bulunmuyoruz. Bizce uygulanması imkansız olduğu için ve din hükümlerine, hayat şartlarına aykırı bulunduğundan olmaz diyoruz." [2087]

Mustafa Kemal Paşa'nın Meclis'te yaptığı bu konuşmada kullandığı aşırı sert üslup, onun Milli Hareket'i ne derece sahiplendiğini ve bu hareketi tehlikeye düşürecek fikirlere ve faaliyetlere nasıl cephe aldığını tüm çıplaklığıyla gözler önüne sermektedir.

Mustafa Kemal Paşa komünizme karşıydı. O, bu düşüncenin Türkiye'nin iç dinamikleriyle çeliştiğini düşünmekteydi. Komünizmin, Türkiye'nin *"din hükümlerine ve hayat şartlarına"* uygun olmadığını düşünüyordu. Atatürk, hayatının değişik dönemlerinde pozitivizm, materyalizm ve sosyalizm gibi akımların etkisi altında kalmıştı. Fakat buna rağmen komünizm düşüncesine hayatının hemen hemen hiçbir döneminde sıcak bakmamıştır. Atatürk'ün komünizm konusundaki düşüncelerinde zaman içinde büyük bir değişiklik olmadığı anlaşılmaktadır. Atatürk'ün

---

[2087] TBMM Gizli Celse Zabıtları, C.I, s. 333-336.

değişik zamanlarda komünizm hakkında söylediği sözlere bakılacak olursa, komünizmin Türkiye'nin dini ve sosyal yapısına uygun olmadığını belirttiği ve antikomünist bir yaklaşım sergilediği kolayca görülebilir.

Atatürk'ün değişik zamanlarda komünizm hakkında dile getirdiği bazı düşünceler şöyle sıralanabilir:

"*Komünizm: Bizim için memleketimizde bu doktrinin hiçbir şekilde bir yeri olamaz. Dinimiz, âdetlerimiz ve aynı zamanda sosyal bünyemiz tamamiyle böyle bir fikrin yerleşmesine müsait değildir. Türkiye'de ne büyük kapitalistler ne de milyonlarca zanaatkâr ve işçi vardır.*"

24 Eylül 1919
General Harbord'a verilen muhtıra

"*Komünizm içtimai bir meseledir Memleketimizin hali, memleketimizin içtimai şeraiti, dini ve milli ananelerimizin kuvveti Rusya'daki komünizmin bizce tatbikine müsait olmadığı kanaatini teyit eder bir mahiyettedir.*"

6 Şubat 1921
Hâkimiyet-i Milliye'ye Demeç

"*Biz ne Bolşeviğiz ne de komünist. Ne biri ne diğeri olamayız. Çünkü biz milliyetperver ve dinimize hürmetkârız.*"

2 Aralık 1922
Petit Parisien Muhabirine Demeç

"*Uyanan Doğu milletlerinin zihniyetlerini mükemmelen istimar eden, onların milli ihtiraslarını okşayan ve kinleri tahrik etmesini bilen Bolşevikler, yalnız Avrupa'yı değil, Asya'yı da tehdit eden başlıca tehlike halini almışlardır.*

Kayıtsız şartsız Rus tabiyeti demek olan komünizm, gaye itibariyle tamamen bizim aleyhimizdedir.

Ne yapsalar nafile... Türk milleti sosyal bünyesine ve kuvvetli inançlarına katiyen uymayan komünizmi hiçbir vakit benimseyemez."[2088]

2088 Asım Aslan, Sömürülen Atatürk ve Atatürkçülük, 1997, s. 15.

EK 2

ATATÜRK'ÜN İFADELERİYLE DİN VE ALLAH

Atatürk'ün din konusundaki aşağıdaki ifadeleri, Atatürk'ten kalan el yazısı belgelerden ve Atatürk'ün değişik zamanlarda yaptığı konuşmalardan aynen alınmıştır.[2089]

Din-Allah:

Din vardır ve lazımdır. Din lüzumlu bir müessesedir. Dinsiz milletlerin devamına imkan yoktur. Yalnız şurası var ki din Allah ile kul arasındaki bağlılıktır.

Tanrı birdir ve büyüktür. Dinsel usullerin oluşumuna bakarak diyebiliriz ki, insanlar iki sınıfta, iki devirde düşünülebilir, ilk devir insanlığın çocukluk ve gençlik devridir. İkinci devir insanlığın ergenlik ve olgunluk devridir.

İnsanlık birinci devirde tıpkı bir çocuk gibi, tıpkı bir genç gibi yakından ve maddi vasıtalarla kendisiyle ilgilenmeyi gerektirir. Allah kullarının gerekli olan olgunlaşma noktasına ulaşmasına kadar onlarla içlerinden bazıları aracılığı ile ilgilenmeyi tanrılık gereğinden saymıştır. Onlara Hazreti Adem Aleyhisselam'dan itibaren kayıtlara geçmiş veya geçmemiş sayısız denecek kadar çok nebiler, peygamberler ve elçiler göndermiştir. Fakat Peygamberimiz vasıtasıyla en son dini ve medeni gerçekleri verdikten sonra, artık insanlıkla aracı ile temasta bulunmaya lüzum görmemiştir.

İnsanlığın anlayış, aydınlanma ve olgunlaşma derecesi sayesinde her kulun doğrudan doğruya, tanrısal ilhamlarla temas kurabilme kabiliyetine eriştiğini kabul buyurmuştur ve bu sebepledir ki, Cenab-ı Peygamber, peygamberlerin sonuncusu olmuştur ve kitabı en mükemmel kitaptır.

Allah kavramı insan beyninin çok güç kavrayabileceği fizik ötesi bir meseledir.

[2089] Metinlerde geçen bazı sözcükler günümüz Türkçesine göre sadeleştirilmiştir.

Allah'ın emri çok çalışmaktır. Çalışmak demek, boşuna yorulmak, terlemek değildir. Zamanın gereklerine göre ilim ve fen, her türlü medeni buluşlardan azami derecede yararlanmak zorunludur.

Allah dünya üzerinde yarattığı bu kadar nimetleri, bu kadar güzellikleri insanlar yararlansın, varlık ve bolluk içinde olsun diye yaratmıştır ve azami derecede faydalanabilmesi için de bütün evrenden esirgediği zekâyı, aklı insanlara vermiştir.

Allah birdir. Şanı büyüktür... Peygamberimiz efendimiz Hazretleri, Allah tarafından insanlara dini gerçekleri duyurmaya memur ve elçi seçilmiştir. Bunun temel esası hepimizce bilinmektedir ki, yüce Kur'an'daki anlamı çok açık olan ayetlerdir. İnsanlara feyz ruhu vermiş olan dinimiz, son dindir. En mükemmel dindir. Çünkü dinimiz akla, mantığa ve gerçeğe tamamen uyuyor ve uygun düşüyor. Eğer, akla, mantığa ve gerçeğe uymamış olsaydı, bununla diğer ilahi tabiat kanunları arasında çelişki olması gerekirdi. Çünkü, tüm evren kanunlarını (maddi ve manevi âlem kanunlarını) yapan Tanrı'dır.

Hz. Muhammed:

O (Hz. Muhammed), Allah'ın birinci ve en büyük kuludur. Onun izinde bugün milyonlarca insan yürüyor; benim, senin adın silinir fakat sonsuza kadar o ölümsüzdür.

Hazreti Peygamber efendimiz, bütün Müslümanların ve kutsal kitap sahiplerinin bildiği üzere, Allah tarafından dini gerçekleri insanlık dünyasına duyurmaya ve anlatmaya memur edilmiştir ve ismi Peygamberdir. Yani haber ulaştırmakla görevlidir. Ulu Tanrı Kur'an-ı Kerim'i de kendisine emirlik, saltanat ve taç vermiş değildir. Hükümdarlık vermiş değildir. Peygamberlik vazifesi ile göndermiştir. Tabiatıyla gerçek görevini tamamen kavramış olan Cenab-ı Peygamber, bütün dünya insanlarına onu duyurdu. Hepinizce bilinmesi lazımdır ki, o devirde mesela doğuda bir İran Devleti, kuzeyde bir Roma imparatorluğu vardı. Diğer teşkilatlı ve kurulu devletler vardı ve Cenab-ı Peygamber bu devletlere gönderdiği peygamberlik mektuplarında buyurmuşlardır ki: "Allah bir ve ben onun tarafından size gerçeği anlatmakla vazifeliyim. Hak dini İslam dinidir ve bunu kabul ediniz" ve fakat ilave etmiştir, "Ben size hak dinini kabul ettirmekle zannetmeyiniz ki, sizin milletinize, sizin hükümetinize el koymuş olacağım. Siz hangi hükümet şeklinde, hangi durumda bulunuyorsanız, o yine aynı kalacaktır. Yalnız hak dinini kabul ediniz ve koruyunuz..."

İslam Dini:

Bizim dinimiz akla en uygun ve en tabii bir dindir ve ancak bundan dolayıdır ki son din olmuştur. Bir dinin tabii olması için akla, fenne ilme ve mantığa uygun olması lazımdır. Bizim dinimiz bunlara tamamen uygundur.

Müslümanların toplumsal hayatında, hiç kimsenin özel bir sınıf olarak varlığını korumaya hakkı yoktur. Kendilerinde böyle bir hak görenler dini hükümlere uygun hareket etmiş olmazlar. Bizde ruhban sınıfı yoktur. Hepimiz eşitiz ve dinimizin hükümlerini eşit olarak öğrenmeye mecburuz. Her kişi dinini, din işlerini, imanını öğrenmek için bir yere muhtaçtır. Orası da okuldur.

Bizim dinimiz için herkesin elinde bir değer ölçüsü vardır. Bu değer ölçüsü ile herhangi bir şeyin bu dine uygun olup olmadığını kolayca takdir edebilirsiniz. Hangi şey ki akla, mantığa, toplum çıkarına uygundur, biliniz ki o dinimize de uygundur. Bir şey akıl ve mantığa, milletin çıkarına uygunsa, kimseye sormayın. O şey dinidir. Eğer bizim dinimiz akıl ve mantıkla uyuşan bir din olmasaydı, en mükemmel din olmazdı, en son din olmazdı.

Bizim dinimiz, milletimize hakir (kötü), miskin (zavallı) ve zelil (aşağı) olmayı tavsiye etmez. Aksine Allah da Peygamber de insanların ve milletlerin yücelik ve şerefini muhafaza etmelerini emrediyor.

Büyük dinimiz, çalışmayanın insanlıkla ilgisi olmadığını bildiriyor. Bazı kimseler çağdaş olmayı inançsız olmak sanıyorlar. Asıl inançsızlık onların bu inanışıdır. Bu yanlış yorumu yapanların amacı İslamların inançsızlara esir olmasını istemek değil de nedir? Her sarıklıyı hoca sanmayın, hoca olmak sarıkla değil akılladır.

Türk milleti daha dindar olmalıdır, yani bütün sadeliği ile dindar olmalıdır demek istiyorum. Dinime, bizzat gerçeğe nasıl inanıyorsam, ona da öyle inanıyorum. Bilince ters, ilerlemeye engel hiçbir şeyi kapsamıyor. Halbuki Türkiye'ye bağımsızlığını veren bu Asya milletinin içinde, daha karışık, suni, boş inançlardan ibaret bir din daha vardır. Fakat, bu cahiller, bu güçsüzler sırası gelince aydınlanacaklardır. Onlar aydınlığa yaklaşamazlarsa kendilerini yok ve mahkûm etmişler demektir. Onları kurtaracağız.

Milletimiz din ve dil gibi iki fazilete sahiptir. Bu faziletleri hiçbir kuvvet, milletimizin kalp ve vicdanından çekip alamamıştır ve alamaz.

Temeli çok sağlam bir dinimiz var. Malzemesi iyi; fakat bina, yüzyıllardır ihmal edilmiş, harçlar döküldükçe yeni harç yapıp, binayı takviye etmek lüzumu hissedilmemiş. Aksine olarak, birçok yabancı unsur-yorumlar, boş inançlar binayı daha fazla hırpalamış.

Her şeyden önce şunu en basit bir dini gerçek olarak bilelim ki, bizim dinimizde özel bir sınıf yoktur. Ruhbanlığı reddeden bir din, dinde tekelciliği kabul etmez. Mesela din bilginleri, mutlaka aydınlatma vazifesi din bilginlerine ait olmadıktan başka, dinimiz de bunu kesinlikle yasaklar. O halde biz diyemeyiz ki, bizde özel bir sınıf vardır. Diğerleri dini yönden aydınlatma hakkından yoksundur. Böyle düşünecek olursak kabahat bizde, bizim cahilliğimizdedir. Hoca olmak için yani dini gerçekleri halka telkin etmek için mutlaka hoca elbisesi şart değildir. Bizim dinimiz, her erkek ve kadın Müslümana genel olarak araştırmayı farz kılar ve her erkek ve kadın Müslüman, toplumu aydınlatmakla yükümlüdür.

Din Eğitimi:

Milletimizin, memleketimizin ilim irfan yuvaları bir olmalıdır. Bütün memleket evladı kadın ve erkek aynı şekilde oradan çıkmalıdır. Fakat nasıl ki her hususta yüksek meslek ve ihtisas sahipleri yetiştirmek gerekli ise, dinimizin gerçek felsefesini inceleyecek, araştıracak bilimsel ve teknik olarak telkin kudretine sahip olacak seçkin ve gerçek din, ilim adamlarını da yetiştirecek yüksek öğrenim kurumlarına sahip olmalıyız.

Camiler-Hutbeler:

Camiler birbirimizin yüzüne bakmaksızın yatıp kalkmak için yapılmamıştır. Camiler itaat ve ibadet ile birlikte din ve dünya için neler yapılmasının gerekli olduğunu düşünmek, yani konuşmak, tartışmak, danışmak için yapılmıştır.

Camilerin kutsal minberleri halkın ruhi, ahlaki gıdalarına en yüksek, en verimli kaynaklardır. Minberlerden halkın anlayabileceği dille ruh ve düşünceye hitap olunmakla, Müslümanların vücudu canlanır, düşünceleri temizlenir, imanı kuvvetlenir, kalbi cesaret bulur. Fakat buna karşılık hutbe okuyanların sahip olmaları gereken ilmi nitelikler, özel liyakat ve genel kültüre sahip olmaları önemlidir.

Hutbelerden amaç, ahalinin aydınlatılması ve ona yol gösterilmesidir. Başka şey değildir. Yüz, iki yüz, hatta bin yıl önceki hutbeleri okumak, insanları cahillik ve çağın gerisinde bırakmak demektir. Hatiplerin normal olarak halkın günlük kullandığı dil ile konuşmaları gereklidir...

Minberlerde söylenecek sözlerin bilinmesi ve anlaşılması, ilim ve fen gerçeklerine uygun olması lazımdır. Hutbeyi verenlerin siyasi olayları, sosyal ve medeni olayları her gün izlemeleri zorunludur. Bunlar bilinmediği takdirde halka yanlış telkinler verilmiş olur. Bu nedenle hutbeler tamamen Türkçe ve günün gereklerine uygun olmalıdır ve olacaktır...

Din Sömürüsü-İrtica:

İnsanlık, dini ihtisas ve derin dini bilgilere sahip olup, her türlü boş inanışlardan sıyrılarak, gerçek ilim ve fennin nurlarıyla temiz ve mükemmel oluncaya kadar din oyunu aktörlerine her yerde rastlanacaktır.

Halkın temiz ve saf duygularından yararlanarak, milletin maneviyatına el uzatan kimseler ve onların izleyicileri ve taraftarları elbette ki birtakım cahillerden ibarettir. Bunlar Türk milleti için sorun oluşturacak durumların meydana gelmesinde daima etken olmuşlardır. Milletimizin önünde açılan kurtuluş ufuklarında devamlı yol almasına engel olmaya çalışanlar hep bu kurumlar ve bu kurumların mensupları olmuştur. Millete anlatmalıdır ki, bunların millet bünyesinde yaptıkları tahribatı hissetmek lazımdır. Bunların varlığını hoşgörüyle karşılayanlarla, Menemen'de Kubilay'ın başı kesilirken kayıtsızlıkla seyretmeye katlananlar ve hatta alkışlamaya cesaret edenler aynıdır.

Bizi yanlış yola sevk eden kötü yaradılışlılar, bilirsiniz ki çoğu zaman din perdesine bürünmüşler, saf ve temiz halkımızı dini kural sözleriyle aldatagelmişlerdir. Tarihimizi okuyunuz, dinleyiniz... Görürsünüz ki milleti mahveden, esir eden, harap eden kötülükler hep din perdesi arkasındaki dinsizlik ve kötülükten gelmiştir... Onlar her türlü hareketi dinle karıştırdılar.

Cumhuriyet hükümetimizin bir diyanet işleri makamı vardır. Bu makama bağlı müftü, hatip, imam gibi birçok memurları bulunmaktadır. Bu vazifeli kişilerin ilim ve faziletlerinin derecesi bilinmektedir... Vazifeli olmayan birçok insanlar da görüyorum ki aynı kıyafeti giymekte devam etmektedirler. Bu gibiler içinde çok cahil, hatta okuması yazması olmayanlara rastladım. Özellikle bu gibi bilgisizler, bazı yerlerde halkın temsilcileriymiş gibi onların önüne düşüyorlar. Halkla doğrudan doğruya ilişki kurmaya adeta engel olma sevdasında bulunuyorlar. Bu gibilere sormak isterim. Bu tutum ve yetkiyi kimden, nereden almışlardır?

Millete hatırlatmak isterim ki, bu kayıtsızlığa müsaade etmek asla doğru değildir. Herhalde yetki sahibi olmayan bu gibi kişilerin, görevli olan kimselerle aynı elbiseyi taşımalarındaki sakınca bakımından hükümetin dikkatini çekeceğim.

Din Adamları:

Milletimizin içinde gerçek din adamları, din adamlarımız içinde de milletimizin hakkıyla iftihar edebileceği bilginlerimiz vardır. Fakat bunlara karşı, hoca elbisesi altında gerçek ilimden uzak, gereği kadar öğrenmemiş, ilim yolunda gereği kadar ilerleyememiş hoca görünüşlü cahiller de vardır. Bunların ikisini birbirine karıştırmamalıyız.

Seyahatlerimde birçok gerçek aydın din bilginlerimizle temas ettim. Onları en yeni ilmi terbiyeyi almış, sanki Avrupa'da tahsil etmiş bir seviyede gördüm. İslamiyet ruhu ve hakikatlerini çok iyi bilen din adamlarımızın hepsi bu olgunluk derecesindedir. Şüphesiz ki, bu gibi din adamlarımızın karşısında imansız ve hain din adamları da vardır. Fakat bunları onlara karıştırmak doğru olmaz.

Manevi Güç:

Biz kişisel kahramanlık sahneleriyle meşgul olmuyoruz. Yalnız size Bombasırtı Olayını anlatmadan geçemeyeceğim: (Çanakkale savaşları sırasında) karşılıklı siperler arasındaki mesafemiz sekiz metre, yani ölüm kaçınılmaz... Birinci siperdekiler, hiçbiri kurtulmamacasına tamamen şehit oluyor. İkinci siperdekiler onların yerine gidiyor. Fakat ne kadar özenilecek büyük bir sükûnet ve inançla biliyor musunuz? Öleni görüyor, üç dakikaya kadar öleceğini biliyor, en ufak bir korku bile göstermiyor, sarsılmak yok! Okuma bilenler ellerinde Kur'an'ı Kerim cennete girmeye hazırlanıyorlar. Bilmeyenler kelime-i şehadet çekerek yürüyorlar. Bu, Türk askerlerindeki ruh kuvvetini gösteren hayran olunacak ve tebrik edilecek bir örnektir. Emin olmalısınız ki Çanakkale muharebesini kazandıran bu yüksek ruhtur.[2090]

2090 Atatürk'ün din hakkındaki görüşleri için bkz. "Din Nedir, Ne Değildir?", **Bütün Dünya**, Şubat, S.2001/ 02, s.48-53.

Kaynaklar

Kitaplar

Abdülkadiroğlu, Abdülkerim- Abdülkadiroğlu, Nuran, **Mehmed Akif'in Kur'an-ı Kerim Tefsiri, Meviza ve Hutbeleri**, Diyanet İşleri Başkanlığı Yayınları, Ankara, 1992.

Abdullah Cevdet, **Fünun ve Felsefe**, Taş Basma, Tarih-i Tesvid, 1309.

Abdülhak, Adnan Adıvar, **Osmanlı Türklerinde İlim**, 2.bs, İstanbul 1943.

Adıvar, Halide Edip, **Türk'ün Ateşle İmtihanı**, Çan Yayınları, İstanbul, 1962.

Ahmad, Feroz, **İttihatçılıktan Kemalizme**, 3.bs, Kaynak Yayınları, İstanbul, 1996.

Ahmet, İhsan, **Matbuat Hatıralarım**, (1883-1923), Ahmet İhsan Matbaası, İstanbul, 1930-1931.

Akay, M. Orhan, **İlk Türk Pozitivist ve Materyalisti Beşir Fuad**, İstanbul. t.y.

Akay, Oğuz, **Atatürk'ün Sofrası**, Truva Yayınları, İstanbul, 2005.

Akçiçek, Eren, **Sevgili Atatürk ve Mustafa Kemal Olmak**, Toplumsal Dönüşüm Yayınları, İstanbul, 2004.

Akçura, Yusuf, **Üç Tarz-ı Siyaset**, TTK Yayınları, Ankara, 1991.

Akgül, Ahmet, **Bizim Atatürk**, Bilge Karınca Yayınları, İstanbul, 2006.

Akşin, Sina, **Ana Çizgileriyle Türkiye'nin Yakın Tarihi**, C. I, II, Cumhuriyet Gazetesi Yayınları, 1997.

Akşin, Sina, **İstanbul Hükümetleri ve Milli Mücadele (Son Meşrutiyet 1919-1920)**, C.II, Türkiye İş Bankası Kültür Yayınları, İstanbul, 2004.

Akşin, Sina, **Kısa Türkiye Tarihi**, İş Bankası Kültür Yayınları, İstanbul, 2007.

Aktar, Yücel, II. **Meşrutiyet Dönemi Öğrenci Olayları**, (1908-1918), 2.bs., Gündoğan Yayınları, Ankara, 1999.

Aktaş, Necdet Refik, **Atatürk'ün Bağımsızlık Savaşı Nasıl Başladı**, İstanbul, 1973.

Akyol, Taha, **Ama Hangi Atatürk**, 3.bs. Doğan Kitap, İstanbul, 2008.

Akyüz, Yahya, **Türk Eğitim Tarihi**, A.Ü. Eğitim Fakültesi Yayınları, Ankara, 1982.

Albayrak, Sadık, **Son Devrin İslam Akademisi, Dar'ül Hikmet'ül İslamiye**, İstanbul, 1973.

Ali, Kılıç, **Atatürk'ün Hususiyetleri**, Cumhuriyet Gazetesi Yayınları, 1998.

Alp, Tekin, **Kemalizm**, Toplumsal Dönüşüm Yayınları, İstanbul, 1997.

Alp, Tekin, **Türk Ruhu**, Remzi Kitabevi, İstanbul, 1944.

Altıner, Avni, **Her Yönüyle Atatürk**, 2.bs., Bakış Kütüphanesi, Ankara, 1962.

Altıner, Avni, **Her Yönüyle Atatürk**, 5.bs., İstanbul, 1986.

Altuntaş, Halil, **Kur'an'ın Tercümesi ve Bu Tercüme ile Namaz Meselesi**, Türkiye Diyanet Vakfı Yayınları, Ankara, 2001.

Angı, Hacı, **Atatürk İlkeleri ve Türk Devrimi**, Angı Yayınları, İstanbul, 1983.

Ankara Milli Arşiv, Dosya no: 03010026679325, İçişleri Bakanlığı Matbuat Umum Müdürlüğü, 20 Ağustos 1937.

Apuhan, Recep Şükrü, **Çanakkale Geçilmez**, Timaş Yayınları, İstanbul, 2005.

Arai, Masami, **Jön Türk Dönemi Türk Milliyetçiliği**, 2.bs., İletişim Yayınları, İstanbul, 2000.

Aralov, S. İ., **Bir Sovyet Diplomatının Türkiye Hatıraları**, İstanbul, 1967.

Araz, Nezihe, **Latife Değil Latifsin**, Özgür Yayınları, İstanbul, 2002.

Araz, Nezihe, **Mustafa Kemal'in Devlet Paşası**, Dünya Yayınları, İstanbul, 1998.

Arıburun, Kemal, **Atatürk'ten Anılar**, 2. bs., İş Bankası Kültür Yayınları, Ankara, 1976.

Arıkoğlu, Damar, **Hatıralarım**, İstanbul, 1961.

Armaner, Neda, **İslam Dininden Ayrılan Cereyanlar**, İstanbul, 1999.

Armstrong, H. C., **Bozkurt**, 5.bs., Arba Yayınları, İstanbul, 1997.

Aron, Raymond, **Sosyolojik Düşüncenin Evreleri**, Çev. Korkmaz Alemdar, 5.bs, Bilgi Yayınevi, Ankara, 2004.

Arsel, İlhan, **Arap Milliyetçiliği ve Türkler**, Kaynak Yayınları, İstanbul, 1999.

Aslan, Asım, **Sömürülen Atatürk ve Atatürkçülük**, 33. bs., Ankara, 1997.

Aslan, Ensar, **Atatürkçü Düşünce Sisteminde Türk Eğitimi**, Atatürk Araştırma Merkezi Yayınları, Diyarbakır, 1989.

ATASE Arşivi, Klasör: 525, Dosya: 129, F.2.

Atatürk Konya'da, Gazi Mustafa Kemal Atatürk'e Konya'ya Gelişinin 64. ve Selçuk Üniversitesi'nin Kuruluşunun 10. Yıldönümü Armağanı, Konya, 1986.

Atatürk, (**Komutan Devrimci ve Devlet Adamı Yönleriyle**), Genelkurmay Askeri Tarih ve Stratejik Etüt Başkanlığı Yayınları, Ankara, 1980.

Atatürk, Mustafa Kemal, **Anafartalar Hatıraları**, Cumhuriyet Gazetesi Yayınları, 1998.

Atatürk, Mustafa Kemal, **Eskişehir-İzmit Konuşmaları** (1923), Kaynak Yayınları, İstanbul, 1993.

Atatürk, Mustafa Kemal, **Nutuk**, 5.bs, Kum Saati Yayınları, İstanbul, 2002.

Atatürk, Mustafa Kemal, **Zabit ve Kumandan ile Hasbıhal,** Cumhuriyet Gazetesi Yayınları, 1998.

Atatürk'ün Afyonkarahisar Ziyaretleri, Afyon Kocatepe Üniversitesi Yayını, Ankara, 2002.

Atatürk'ün Bütün Eserleri, 24 cilt, Kaynak Yayınları, İstanbul, 1998.

Atatürk'ün Not Defterleri II, Genelkurmay Atese ve Genelkurmay Denetleme Başkanlığı Yayınları, Ankara, 2004.

Atatürk'ün Okuduğu Kitaplar, 24 cilt, Anıtkabir Derneği Yayınları, Ankara, 2001.

Atatürk'ün Özel Kütüphanesinin Kataloğu, Milli Kütüphane Genel Müdürlüğü, Ankara, 1973.

Atatürk'ün Sırdaşı Kılıç Ali'nin Anıları, Der. Hulusi Turgut, Türkiye İş Bankası Kültür Yayınları, İstanbul, 2005.

Atatürk'ün Söylev ve Demeçleri, 3 cilt, Türk İnkılap Tarihi Enstitüsü Yayınları, Ankara, 1989.

Atatürk'ün Söylev ve Demeçleri, C. I, III, TTK Yayınları, Ankara, 1997.

Atatürk'ün Tamim Telgraf ve Beyannameleri, C. IV, Türk İnkılâp Tarihi Enstitüsü Yayınları, Ankara, 1964.

Atay, Falih Rıfkı, **Çankaya,** C. I, Cumhuriyet Gazetesi Yayınları, 1999.

Atay, Falih Rıfkı, **Çankaya,** 2 cilt, İstanbul, 1958.

Atay, Falih Rıfkı, **Çankaya,** Pozitif Yayınları, İstanbul, 2004.

Avcıoğlu, Doğan, **Milli Kurtuluş Tarihi,** 3 cilt, İstanbul, 1974.

Aybars, Ergun, **Yakın Tarihimizde Anadolu Ayaklanmaları,** Türk Dünyası Araştırmaları Vakfı Yayınları, İstanbul, 1988.

Aydemir, Şevket Süreyya, **İkinci Adam,** C. I, 9. bs., Remzi Kitabevi, 1999.

Aydemir, Şevket Süreyya, **Tek Adam,** C. I, 18. bs, Remzi Kitabevi, İstanbul, 2001.

Banoğlu, N. Ahmet, **Atatürk,** İstanbul, 1967.

Banoğlu, N. Ahmet, **Atatürk'ün İstanbul'da ki Hayatı,** İstanbul, 1973.

Banoğlu, Niyazi Ahmet, **Atatürk, Siyasi ve Hususi Hayatı**, Pınar Yayınevi, İstanbul, ty.

Banoğlu, Niyazi Ahmet, **Nükte ve Fıkralarla Atatürk**, İnkılâp ve Aka Kitabevleri, İstanbul, ty.

Banoğlu, Niyazi Ahmet, **Nükte, Fıkra ve Çizgilerle Atatürk**, C. III, İstanbul, 1978.

Bardakçı, Cemal, **Milli, Tarihi, İçtimai, Siyasi, İktisadi ve İdari Bakımdan Alevilik, Bektaşilik**, 2.bs, Ankara, 1950.

Bardakçı, Murat, **Şahbaba**, Pan Yayıncılık, İstanbul, 1999.

Başar, Ahmet Hamdi, **Atatürk'le Üç Ay**, 2.bs, Ankara, 1981.

Başkan, Ayşegül- Ötüş, Belma, **Nezihe Muhittin ve Türk Kadını 1931**, İletişim Yayınları, İstanbul, 1999.

Bayar, Celal, **Atatürk'ten Hatıralar**, İstanbul, 1954.

Bayar, Celal, **Ben de Yazdım**, C.8, Sabah Kitapları, İstanbul, 1997.

Baykal, Adnan Nur, **Mustafa Kemal Atatürk'ün Liderlik Sırları**, Sistem Yayınları, İstanbul, 2004.

Baykal, Bekir Sıtkı, **Erzurum Kongresi ile İlgili Belgeler**, TTK Yayınları, Ankara 1969.

Belen, Fahri, **Türk Kurtuluş Savaşı**, Ankara, 1973.

Berkes Niyazi, **Türkiye'de Çağdaşlaşma**, Doğu-Batı Yayınları, İstanbul, 1978.

Berkes, Niyazi, **Türkiye'de Çağdaşlaşma**, Haz. Ahmet Kuyaş, İstanbul, 2003.

Berkes, Niyazi, **Atatürk ve Devrimler**, Adam Yayınları, İstanbul, 1982.

Beşikçi, İsmail, **Türk Tarih Tezi, Güneş Dil Teorisi ve Kürt Sorunu**, Yurt Yayınları, Ankara, t.y.

Beyaz, Zekeriya, **İslam ve Giyim Kuşam**, Sancak Yayınları, İstanbul, 1999.

Bıyıklı, Mustafa, **Batı İşgalleri Karşısında Türkiye'nin Ortadoğu Politikaları**, "Atatürk Dönemi", Gökkubbe Yayınları, İstanbul, 2006.

Birinci, Ali, **Hürriyet ve İtilaf Fırkası,** II. Meşrutiyet Devrinde İttihat ve Terakki'ye Karşı Çıkanlar, İstanbul, 1990.

Bolluk, Hadiye, **Kurtuluş Savaşı'nın İdeolojisi, Hâkimiyeti Milliye Yazıları,** Kaynak Yayınları, İstanbul, 2004.

Borak, Sadi, **Atatürk Gençlik ve Hürriyet,** Kaynak Yayınları, İstanbul, 1998.

Borak, Sadi, **Atatürk ve Din,** Anıl Yayınevi, İstanbul, 1962.

Borak, Sadi, **Atatürk'ün Armstrong'a Cevabı,** Kaynak Yayınları, İstanbul, 1997.

Borak, Sadi, **Atatürk'ün Gizli Oturumlardaki Konuşmaları,** Kırmızı-Beyaz Yayınları, İstanbul 2004.

Borak, Sadi, **Atatürk'ün İstanbul'daki Çalışmaları,** (1899-16 Mayıs 1919), Kaynak Yayınları, İstanbul, 1983.

Borak, Sadi, **Atatürk'ün Özel Mektupları,** Kaynak Yayınları, İstanbul, 1998.

Borak, Sadi, **Atatürk'ün Resmi Yayınlara Girmemiş Söylev, Demeç ,Yazışma ve Söyleşileri,** 2.bs., Kaynak Yayınları, İstanbul, 1997.

Bozgeyik, Burhan, **Mustafa Kemal'e Karşı Çıkanlar,** Çile Yayınları, İstanbul, 1996.

Bozkurt, Mahmut Esat, **Atatürk İhtilali,** Kaynak Yayınları, İstanbul 1995.

Canbur, Müjgan, **Türk Kadını İçin,** Türk Kadınları Kültür Derneği Yayınları, Ankara, 1997.

Cebesoy, Ali Fuat, **Milli Mücadele Hatıraları,** Temel Yayınları, İstanbul, 2000.

Cebesoy, Ali Fuat, **Moskova Hatıralarım,** İstanbul, 1995.

Cebesoy, Ali Fuat, **Sınıf Arkadaşım Atatürk,** İnkılâp ve Aka Kitabevleri, İstanbul, 1967.

Cebesoy, Ali Fuat, **Sınıf Arkadaşım Atatürk, Okul ve Gençlik, Subaylık Hatıraları,** İstanbul, 1967.

Celal Nuri, **İttihad-ı İslam,** Yeni Osmanlı Matbaası, İstanbul, 1331.

Cennetoğlu, M. Sadık, **Ömer Hayyam, Büyük Türk Şairi ve Filozofu**, İstanbul, 1999.

Cevizci, Ahmet, **Felsefe Sözlüğü**, Ekin Yayınları, Ankara, 1997.

Cevizoğlu, Hulki, **1919'un Şifresi, "Gizli ABD İşgalinin Belge ve Fotoğrafları"**, Ceviz Kabuğu Yayınları, İstanbul, 2007.

Churchward, James, **Kayıp Kıta Mu**, Çev. Rengin Ekiz, Ege Meta Yayınları, İzmir, 2000.

Churchward, James, **Mu'nun Çocukları**, Çev. Rengin Ekiz, Ege Meta Yayınları, İzmir, 2000.

Cündioğlu, Dücane, **Bir Kur'an Şairi: Mehmed Akif Ersoy ve Kur'an Meali**, Gelenek Yayıncılık, İstanbul, 2004.

Cündioğlu, Dücane, **Türkçe Kur'an ve Cumhuriyet İdeolojisi**, Kitabevi Yayınları, İstanbul, 1998.

Çalışkan, Mustafa, **Kurtuluş Savaşı Sırasında Din Faktörü**, AÜ-TİTE, Ankara, 1991.

Çambel, Hasan Cemil, **Makaleler, Hatıralar**, Ankara, 1964.

Çay, Abdülhaluk-Kalafat, Yaşar, **Doğu ve Güneydoğu Anadolu'da Kuvayımilliye Hareketleri**, Türk Kültürünü Araştırma Enstitüsü Yayınları, Ankara, 1990.

Çığ, Muazzez İlmiye, **Kur'an, İncil ve Tevrat'ın Sümer'deki Kökleri**, 6.bs. Kaynak Yayınları, İstanbul, 2002.

Çiftçi, Köksal, **Tektanrılı Dinlerde Resim ve Heykel Sorunu**, İstanbul, 2008.

Çiloğlu, İlhan, **Allah ve Asker**, Toplumsal Dönüşüm Yayınları, İstanbul, 2006.

Çoker, Fahri, **Türk Parlamento Tarihi 1919-1923**, 2 cilt, TBMM Vakfı Yayınları, Ankara, 1994.

Davaz, Kemal Özcan, **Atatürk Bangladeş Kazi Nazrul İslam**, Atatürk Araştırma Merkezi Yayınları, Ankara, 2000.

Daver, Bülent, **Türkiye Cumhuriyeti'nde Laiklik**, AÜSBF Yayınları, Ankara, 1955.

Deliorman, Altan, **Atatürk'ün Hayatındaki Kadınlar**, 2. bs., Toplumsal Dönüşüm Yayınları, İstanbul, 1999.

Demirer, Ercüment, **Din Toplum ve Atatürk**, 2. bs., Toplumsal Dönüşüm Yayınları, İstanbul, 1999.

Denk, Cemil, **Atatürk, Laiklik ve Cumhuriyet**, Kültür Bakanlığı Yayınları, Ankara, ty.

Derin, Haldun, **Çankaya Özel Kalemini Anımsarken** (1933-1951), İstanbul, 1995.

Dizdaroğlu, Hikmet, **Namık Kemal**, Varlık Yayınları, İstanbul, 1995.

Dozy, Reinhardt, **Tarih-i İslamiyet**, Çev. Abdullah Cevdet, C. I, Matbaa-i İçtihat, Mısır, 1908.

Duru, Kâzım Nazmi, **İttihat ve Terakki Hatıraları**, İstanbul, 1957.

Duru, Orhan, **Amerikan Gizli Belgeleriyle Türkiye'nin Kurtuluş Yılları**, İş Bankası Kültür Yayınları, İstanbul, 2001.

Dündar, Can, **Gölgedekiler**, İmge Yayınları, Ankara, 1995.

Dündar, Can, **Sarı Zeybek**, Milliyet Yayınları, İstanbul, 1994.

Düşünce ve Davranışlarıyla Atatürk, Genelkurmay Askeri Tarih ve Strateji Etüt Başkanlığı Yayınları, Ankara, 2001.

Düzdağ, M. Ertuğrul, **Mehmed Akif, Mısır Hayatı ve Kur'an Meali**, Şule Yayınları, İstanbul, 2003.

Düzdağ, M. Ertuğrul, **Mehmed Akif Ersoy**, Kültür ve Turizm Bakanlığı Yayınları, Ankara, 1988.

Eraslan, Cezmi, **Doğrularıyla ve Yanlışlarıyla Sultan II. Abdülhamit**, Nesil Yayıncılık, İstanbul, 1996.

Eraslan, Cezmi, **II. Abdülhamit ve İslam Birliği**, Ötüken Yayınları, İstanbul, 1995.

Erdoğan, Fahrettin, **Türk Ellerinde Hatıralarım**, Yeni Matbaa, 1954.

Ergil, Doğu, **Milli Mücadelenin Sosyal Tarihi**, Turhan Yayınları, Ankara, 1981.

Ergin, Osman Nuri, **Türk Maarif Tarihi**, C. IV, İstanbul, 1977.

Ersoy, M. Akif, **Safahat**, Haz. Yüksel Kanar, Morpa Kültür Yayınları, İstanbul, 1997.

Ertürk, Hüsamettin, **İki Devrin Perde Arkası,** Hilmi Kitabevi, İstanbul, 1957.

Feraizcizade Mehmet Şakir, **Persenk-Persenk Açıklaması-** Haz. Mustafa Koç, Kale Yayınları, İstanbul, 2007.

Fikri Tevfik, **Hücre Hayatın Esası,** Necm-i İstikbal Matbaası, İstanbul, 1327.

Filiz, Şahin, **Başörtüsü Söyleminin Dinsel Temelsizliği ve İslam Felsefesi Açısından Eleştirisi,** 7.bs, Yeniden Müdafaa-i Hukuk Yayınları, Antalya, 2008.

Freud, Sigmund, **Uygarlık, Din ve Toplum,** Çev. Selçuk Budak, Öteki Yayınevi, Ankara, 1997.

Gazi Mustafa Kemal Atatürk'ten Bize, C. I, Hürriyet Vakfı Yayınları, İstanbul 1987.

Genç, Reşat, **Türkiye'yi Laikleştiren Yasalar,** Ankara, 1998.

General Ian Hamilton, **Gelibolu Günlüğü,** Çev. Osman Öndeş, İstanbul, 1972.

Gentizon, Paul, **Mustafa Kemal ve Uyanan Doğu,** 3.bs., Bilgi Yayınevi, Ankara, 1995.

Giray, Ö.Şahin, **Atatürk'ün Nöbet Defteri,** 1931-1938, Türk İnkılap Tarihi Enstitüsü Yayını, Ankara, 1955.

Giritli, İsmet, **Atatürk'ün Özel Yaşamı, Uydurmalar, Saldırılar, Yanıtlar,** Bilgi Yayınevi, Ankara, 2003.

Gologlu, Mahmut, **Devrimler ve Tepkileri,** İş Bankası Kültür Yayınları, İstanbul, 2007.

Gologlu, Mahmut, **Erzurum Kongresi,** Ankara, 1968.

Gologlu, Mahmut, **Sivas Kongresi,** Ankara, 1969.

Gologlu, Mahmut, **Üçüncü Meşrutiyet (1920),** Ankara, 1970.

Gökalp, Ziya, **Türkçülüğün Esasları,** Dede Korkut Yayınları, İstanbul, 1976.

Gökberk, Macit, **Felsefenin Evrimi,** MEB Yayınevi, İstanbul, 1979.

Gökbilgin, T., **Rumeli'de Türkler ve Yörükler, Tatarlar ve Evlad-ı Fatihan,** İstanbul, 1957.

Gökçen, Sabiha, **Atatürk'le Bir Ömür**, Haz. Oktay Verel, Altın Kitaplar Yayınevi, İstanbul, 2000.

Göksel, Burhan, **Atatürk'ün Soy Kütüğü Üzerine Bir Çalışma**, Ankara, Kültür ve Turizm Bakanlığı Yayınları, Ankara, 1987.

Göksel, Burhan, **Çağlar Boyunca Atatürk ve Türk Kadını**, Kültür Bakanlığı Yayınları, Ankara, 1995.

Gölpınarlı, Abdülbaki, **100 Soruda Türkiye'de Mezhepler ve Tarikatlar**, İstanbul. 1995.

Göyünç, Nejat, **Cumhuriyet Türkiyesi ve Doğu Anadolu**, Ankara, 1985.

Gözütok, Ali, **Müslümanlık ve Nurculuk**, İstanbul, 1998.

Granda, Cemal, **Atatürk'ün Uşağı İdim**, İstanbul, 1973.

Güler, Ali, **Bir Dâhinin Hayatı**, Atatürk'ün Soyu, Ailesi ve Öğrenimi, Toplumsal Dönüşüm Yayınları, İstanbul, 2000.

Gülmez, Nurettin, **Kurtuluş Savaşı'nda Anadolu'da Yeni Gün**, Atatürk Araştırma Merkezi Yayınları, Ankara, 1999.

Gündüz, Asım, **Hatıralarım**, Der. İhsan Ilgar, İstanbul, 1953.

Gündüz, Başak, Einstein, **(Yaşam, Ölüm, Savaş, Barış, Bilim, Tanrı ve Diğer Şeyler Üzerine)**, Sarmal Yayınevi, İstanbul, 2000.

Güner, Zekai- Kabataş, Orhan, **Milli Mücadele Dönemi Beyannameleri ve Basını**, Atatürk Kültür Merkezi Yayını, Ankara 1990.

Gürer, Turgut, **Atatürk'ün Yaveri Cevat Abbas Gürer**, Gürer Yayınları, İstanbul, 2006.

Gürkan, Turhan, **Atatürk'ün Uşağının Gizli Defteri**, Fer Yayınları, İstanbul, 1971.

Gürtaş, Ahmet, **Atatürk ve Din Eğitimi**, 2.bs., Diyanet İşleri Başkanlığı Yayınları, Ankara, 1982.

Güventürk, Faik, **Din Işığında Nurculuğun İç Yüzü**, İstanbul. 1993.

Hacı Hayri Efendi, **Hutbe Hocası**, Ahmet Kamil Matbaası, İstanbul, 1926.

Hanioğlu, M. Şükrü, **Osmanlı İttihad ve Terakki Cemiyeti ve Jön Türklük** (1889-1902), İletişim Yayınları, İstanbul, 1985.

Haput, George-Dumont, Paul, **Osmanlı İmparatorluğu'nda Sosyalist Hareketler**, Çev. Tuğrul Artunkal, Murat Matbaacılık, İstanbul, 1977.

Harris, G.S., **Türkiye'de Komünizmin Kaynakları**, İstanbul, 1979.

Hart, H. Michael, "Hz. Muhammed'ten Gorbaçov'a Özgün Bir Değerlendirme", **En Etkin Yüz**, 2.bs, Çev.Mehmet Harmancı, Sabah Kitapları, İstanbul, 1995.

Hasan, Yıldız, **Fransız Belgeleriyle Sevr, Lozan, Musul Üçgeninde Kürdistan**, Koral Yayınları, İstanbul, 1991.

Hatemi, Nilüfer, **Mareşal Fevzi Çakmak ve Günlükleri**, Yapı ve Kredi Yayınları, İstanbul, 2002.

Hızıroğlu, Alaaddin, **Konuşan Tarih: Dorukta Görülen Yer** Uşak, Anadolu Matbaacılık, İzmir, ty.

Hülagü, Metin, **İslam Birliği ve Mustafa Kemal**, Timaş Yayınları, İstanbul, 2008.

Hüseyin Kâzım Kadri, **Meşrutiyetten Cumhuriyete Hatıralarım**, İstanbul, 1991.

Ilgaz, Hasene, **Okuduklarım, Gördüklerim, Yazdıklarım**, Özyürek Yayınevi, İstanbul, 1991.

Irmak, Sadi, **Atatürk, Bir Çağın Açılışı**, İnkılâp Yayınevi, İstanbul, 1984.

Işıklı, Alparslan, **Said-i Nursi, Fethullah Gülen ve Laik Sempatizanları**, Ankara, 1994.

Işıklı, Alparslan, **Sosyalizm, Kemalizm ve Din**, Tüze Yayıncılık, Ankara, 1997.

İğdemir, Uluğ, **Arıburnu Muharebeleri Raporu**, TTK Yayınları, Ankara, 1990.

İğdemir, Uluğ, **Sivas Kongresi Tutanakları**, Ankara, 1986.

İnalcık, Halil, **Atatürk ve Demokratik Türkiye**, Kırmızı Yayınları, İstanbul, 2007.

İnan, A. Afet, **Medeni Bilgiler ve Atatürk'ün El Yazıları,** TTK Yayınları, Ankara, 1969.

İnan, A. Afet, **Medeni Bilgiler ve Mustafa Kemal Atatürk'ün El Yazıları,** 2.bs., TTK Yayınları, Ankara, 1988.

İnan, A. Afet, **Mustafa Kemal Atatürk'ün Karlsbad Hatıraları,** TTK Yayınları, Ankara, 1983.

İnan, A. Afet, **Mustafa Kemal Atatürk'ün Karlsbad Hatıraları,** 2. bs. TTK Yayınları, Ankara, 1991.

İnan, A. Afet, **Atatürk'ten Mektuplar,** 2. bs. TTK Basımevi, Ankara, 1989.

İnan, A. Afet, **Devletçilik İlkesi,** TTK Yayınları, Ankara, 1972.

İnan, Ali Mithat, **Atatürk'ün Not Defterleri,** 2. Bs., Gündoğan Yayınları, Ankara, 1998.

İnan, Arı, **Düşünceleriyle Atatürk,** TTK Yayınları, Ankara, 1991.

İnan, Arı, **Gazi Mustafa Kemal Atatürk'ün 1923 Eskişehir-İzmit Konuşmaları,** TTK Yayınları, Ankara, 1982.

İsmail Hakkı Bursevi, **Hadis-i Erbain Tercümesi,** İstanbul, 1317.

İvanof, İ. **Le Question Macedonienne,** Paris 1920.

İz, Fahir, **Eski Türk Edebiyatında Nesir,** İstanbul, 1964.

Jaeschke, Gotthard, **Kurtuluş Savaşı ile İlgili İngiliz Belegeleri,** TTK Yayınları, Ankara, 1991.

Jaeschke, Gotthard, **Yeni Türkiye'de İslamcılık,** Çev. Hayrullah Örs, Bilgi Yayınevi, İstanbul, 1972.

Jevakhoff, Alexandre, **Kemal Atatürk: Batı'nın Yolu,** Çev. Zeki Çelikkol, İnkılâp Yayınları, İstanbul, 1989.

Kafesoğlu, İbrahim-Saray, Mehmet, **Atatürk İlkeleri ve Dayandığı Tarihi Temelleri,** İstanbul, 1983.

Kal, Nazmi, **Atatürk'le Yaşadıklarını Anlattılar,** Bilgi Yayınevi, Ankara, 2001.

Kal, Nazmi, **Atatürk'le Yaşananlar (Anılar),** T.C. Ziraat Bankası AŞ. Kültür Yayınları, İstanbul, 2003.

Kansu, Mazhar Müfit, **Erzurum'dan Ölümüne Kadar Atatürk'le Beraber**, C. I, 4. bs, TTK Yayınları, Ankara, 1997.

Kansu, Mazhar Müfit, **Erzurum'dan ölümüne Kadar Atatürk'le Beraber**, C. II, TTK Yayınları, Ankara, 1968.

Kara, İsmail, **Türkiye'de İslamcılık Cereyanı**, C. II, Risale Yayınları, İstanbul, 1987.

Karaalioğlu, Seyit Kemal, **Resimlerle Atatürk: Hayatı, İlkeleri, Devrimleri**, İnkılâp ve Aka Kitabevleri, İstanbul, 1981.

Karabekir, Kâzım, **İstiklal Harbimiz**, 2. bs., Türkiye Yayınları, İstanbul, 1969.

Karabekir, Kâzım, **İstiklal Harbimiz**, C. I, Emre Yayınları, İstanbul, 2000.

Karabekir, Kâzım, **İstiklal Harbimiz**, İstanbul 1960.

Karabekir, Kâzım, **Paşaların Kavgası, Atatürk-Karabekir**, İstanbul, 1992.

Karahan, Abdülkadir, **Muhammed İkbal ve Eserlerinden Seçmeler**, İstanbul, 1974.

Karal, Enver Ziya, **Atatürk ve Devrim, Konferans ve Makaleler**, Ankara, 1980.

Karal, Enver Ziya, **Atatürk'ten Düşünceler**, İstanbul, 1981.

Karaosmanoğlu, Yakup Kadri, **Atatürk**, 2.bs., İletişim Yayınları, İstanbul, 1998.

Kardeş, Sırrı, **Heyet-i Temsiliye ve Mustafa Kemal Paşa Kırşehir'de**, Ankara, 1950.

Kars, Zübeyir, **Milli Mücadele'de Kayseri**, Kültür Bakanlığı Yayınları, Ankara, 1993.

Kasapoğlu, Abdurrahman, **Atatürk'ün Kur'an Kültürü**, İlgi Yayınları, İstanbul, 2006.

Kaygusuz Abdal, Dilgüşa, Haz. Abdurrahman Güzel, Ankara, 1987.

Kaygusuz, Bezmi Nusret, **Bir Roman Gibi**, İstanbul, 1955.

Kaynar, Reşat-Sakaoğlu, Necdet, **Atatürk Düşüncesi**, Açı Yayınları, İstanbul, 1995.

Kayseri, İhsan, **Atatürk ve Konya**, Arı Basımevi, Konya, 1981.

Keskin, Mustafa, **Hindistan Müslümanlarının Milli Mücadele'de Türkiye'ye Yardımları 1919-1923**, Kayseri Erciyes Üniversitesi Yayınları, Kayseri, 1991.

Kılıç, Muharrem, **Gizlenen Türk Tarihi, Hz. Muhammed**, Toplumsal Çözüm Yayınları, İstanbul, 2007.

Kırzıoğlu, M. Fahrettin, **Mustafa Kemal Paşa Erzurum İlişkileri Üzerine Belgeler**, TTK Yayınları, Ankara, 1991.

Kışlalı, Ahmet Taner, **Atatürk'e Saldırmanın Dayanılmaz Hafifliği**, 5.bs., İmge Kitabevi, Ankara, 1994.

Kili, Suna, **Atatürk Devrimi**, 5.bs., Türkiye İş Bankası Yayınları, Ankara, 1995.

Kinross, Lord, **Atatürk, Bir Milletin Yeniden Doğuşu**, Çev. Necdet Sander 12.bs., Altın Kitaplar, İstanbul, 1994.

Kocatürk Utkan, **Doğumundan Ölümüne Kadar Kaynakçalı Atatürk Günlüğü**, AKDTYK Atatürk Araştırma Merkezi, Ankara, 1999.

Kocatürk, Utkan, **Atatürk ve Türk Devrim Kronolojisi 1918-1938**, Türk İnkılap Tarihi Enstitüsü Yayınları, Ankara, 1973.

Kodaman, Bayram, **Atatürk ve Tarih**, Hacettepe Üniversitesi Yayınları, Ankara, 1982.

Koloğlu, Orhan, **Cumhuriyetin İlk Onbeş Yılı**, Boyut Yayınları, İstanbul, 1999.

Koloğlu, Orhan, **Gazi'nin Çağında İslam Dünyası**, Boyut Yayınları, İstanbul, 1994.

Korkmaz, Zeynep, **Dil ve Alfabe Üzerine Görüşler**, Ankara, 1991.

Kökütürk, Yalın İstenç, **Atatürk'ü Anlamak**, Toplumsal Dönüşüm Yayınları, İstanbul, 1999.

Kula, Onur Bilge, **Alman Kültüründe Türk İmgesi**, C. III, Gündoğan Yayınları, Ankara, 1997.

Kumkale, Tahir Tamer, **Atatürk'ün Ekonomi Mucizesi, "Türk Ekonomisine Şok Tedavi"**, Pegasus Yayınları, İstanbul, 2007.

Kutay, Cemal, **Atatürk Olmasaydı**, Kazancı Matbaacılık, İstanbul, 1993.

Kutay, Cemal, **Atatürk'ün Beraberinde Götürdüğü Hasret: Türkçe İbadet**, C. II, Aksoy Yayınları, İstanbul, 1998.

Kutay, Cemal, **Çağımızda Bir Asr-ı Saadet Müslümanı Bediüzzaman Said-i Nursi**, Yeni Asya Yayınları, İstanbul, 1981.

Kutay, Cemal, **Ege'nin Kurtuluşu**, Boğaziçi Yayınları, İstanbul, 1981.

Kutay, Cemal, **Kurtuluşun Kuvvacı Din Adamları**, Aksoy Yayınları, İstanbul, 1989.

Kutay, Cemal, **Kurtuluşun ve Cumhuriyetin Manevi Mimarları**, Diyanet İşleri Başkanlığı Yayınları, Ankara, 1973.

Kutay, Cemal, **Türk Milli Mücadelesi'nde Amerika**, Boğaziçi Yayınları, İstanbul 1979.

Kutay, Cemal, **Türkçe İbadet**, 8.bs., Aksoy Yayıncılık, İstanbul, 1998.

Kutay, Cemal, **Türkçe İbadet**, C.II, Aksoy Yayıncılık, İstanbul, 1998.

Kür, İsmet, **Anılarıyla Mustafa Kemal Atatürk**, Eskin Matbaası, İstanbul, 1971.

Kürkçüoğlu, Ömer, **Türk-İngiliz İlişkileri (1919-1926)**, SBF Yayınları, Ankara, 1978.

Lewis, Bernard, **Modern Türkiye'nin Doğuşu**, Çev.Metin Karatlı, 5. bs., TTK Yayınları, Ankara, 1993.

Lewis, Bernard, **The Emergence of Modern Turkey**, Oxford Üniversity Press, 1998.

Manaz, Abdullah, **Atatürk Reformları ve İslam**, Akademi Kitabevi, İzmir, 1995.

Mardin Şerif, **Türk Modernleşmesi**, 4. bs., İletişim Yayınları, İstanbul, 1995.

Mardin, Şerif, **Bediüzzaman Said Nursi Olayı**, 5. bs., İletişim Yayınları, İstanbul, 1994.

Mardin, Şerif, **Jön Türklerin Siyasi Fikirleri**, 5. bs., İletişim Yayınları, İstanbul, 1994.

Mardin, Şerif, **Türkiye'de Toplum ve Siyaset**, 5. bs., İletişim Yayınları, İstanbul, 1995.

Mardin, Şerif, **Yeni Osmanlı Düşüncesinin Doğuşu**, İletişim Yayınları, İstanbul, 1996.

Menç, Hüseyin, **Her Yönüyle Amasya**, Amasya Ticaret ve Sanayi Odası, Amasya, 1997.

Menç, Hüseyin, **Milli Mücadele Yıllarında Amasya**, Ankara, 1992.

Menç, Hüseyin, **Milli Mücadele'nin İlk Kıvılcımı**, Amasya, 1983.

Meydan, Sinan, **Atatürk ve Kayıp Kıta Mu**, 8. bs. İnkılâp Yayınları, İstanbul, 2009.

Meydan, Sinan, **Atatürk ve Türklerin Saklı Tarihi**, Truva Yayınları, İstanbul, 2007.

Meydan, Sinan, **Köken "Atatürk ve Kayıp Kıta Mu 2"**, İnkılap Yayınları, İstanbul, 2008.

Meydan, Sinan, **Nutuk'un Deşifresi**, Truva Yayınları, İstanbul, 2007.

Mirkelamoğlu, Necip, **Atatürkçü Düşüncede ve Uygulamada Din ve Laiklik**, Çağdaş Eğitim Vakfı Yayınları, 2000.

Mumcu, Uğur, **Kâzım Karabekir Anlatıyor**, 21. bs, İstanbul, 1998.

Mumcu, Uğur, **Kâzım Karabekir**, İstanbul, 1990.

Mumcu, Uğur, **Kürt-İslam Ayaklanması**, 16. bs., Tekin Yayınları, İstanbul, 1994.

Mustafa Kemal, **Eskişehir-İzmit Konuşmaları**, Kaynak Yayınları, İstanbul, 1993.

Mücellaoğlu, Ali Çankaya, **Yeni Mülkiye Tarihi ve Mülkiyeliler**, C. I, Mars Matbaası, Ankara, 1968, 1969.

Müderrisoğlu, A., **Kurtuluş Savaşı'nın Mali Kaynakları**, Ankara, 1974.

Mütercimler, Erol, **Fikrimizin Rehberi, Gazi Mustafa Kemal**, Alfa Yayınları, İstanbul, 2008.

Mütercimler, Erol, **Gelibolu**, 4.bs, Alfa Yayınları, İstanbul, 2005.

Nietzsche, Fridrich, **Aforizmalar**, Çev. Sedat Umran, Birey Yayıncılık, İstanbul, 2000.

Noyan, Bedri, **Bektaşilik Alevilik Nedir?** 2. bs, Ankara, 1987.

Okur, Hafız Yaşar, **Atatürk'le On Beş Yıl Dini Hatıralar**, Sabah Yayınları, İstanbul, 1962.

Olcaytu, Turhan, **Dinimiz Neyi Emrediyor, Atatürk Ne Yaptı**, 5. bs. Ufo Kültür Yayınları, Duesseldorf, 1980.

Onar, Mustafa, **Atatürk'ün Kurtuluş Savaşı Yazışmaları**, C. I, Kültür Bakanlığı Yayınları, Ankara, 1995.

Oran, Baskın, **Atatürk Milliyetçiliği**, 3. bs., Bilgi Yayınevi, İstanbul, 1993.

Ortaylı, İlber, **İmparatorluğun En Uzun Yüzyılı**, 3. bs., Hil Yayınları, İstanbul, 1995.

Ozankaya, Özer, **Cumhuriyet Çınarı**, T.C. Kültür Bakanlığı Yayınları, Ankara, 1994.

Ozankaya, Özer, **Türkiye'de Laiklik**, 6. bs., Cem Yayınları, İstanbul, 1995.

Öke, Mim Kemal, **E.W.C. Noel'in Kürdistan Misyonu (1919)**, 4.bs., Boğaziçi Yayınları, İstanbul, 1992.

Öke, Mim Kemal, **Hilafet Hareketleri**, Türkiye Diyanet Vakfı Yayınları, Ankara, 1991.

Öke, Mim Kemal, **Yakınlarından Hatıralar**, Sel Yayınları, İstanbul, 1955.

Önder, Mehmet, **Atatürk'ün Almanya ve Avusturya Gezileri**, 2. bs., Türkiye İş Bankası Yayınları, Ankara, 1995.

Önder, Mehmet, **İzmir Yollarında: Atatürk'ün Batı Anadolu Gezisi**, Türkiye İş Bankası Kültür Yayınları, İstanbul, 1998.

Öner, Mehmet, **Atatürk Konya'da**, Atatürk Araştırma Merkezi Yayınları, Ankara, 1989.

Öz, Baki, **Atatürk'ün Anadolu'ya Gönderiliş Olayının İç Yüzü**, Okan Yayınları, İstanbul, 1987.

Öz, Baki, **Kurtuluş Savaşında Alevi Bektaşiler**, Cumhuriyet Gazetesi Yayınları, 1997.

Özakıncı, Cengiz, **Türkiye'nin Siyasi İntiharı, Yeni Osmanlı Tuzağı**, Otopsi Yayınları, İstanbul, 2005.

Özakman, Turgut, Dr. Rıza Nur Dosyası, Bilgi Yayınevi, Ankara, 1995.

Özalp, Kâzım, Milli Mücadele, 2 cilt, Ankara, 1971.

Özbay, Kemal, Türk Askeri Hekimliği Tarihi ve Asker Hastaneleri, C. II, İstanbul Matbaası, İstanbul, 1976.

Özdamar, Mustafa, Dersaadet Dergâhları, İstanbul, 1994.

Özel, Sabahattin, Büyük Milletin Evladı ve Hizmetkârı Atatürk ve Atatürkçülük, Derin Yayınları, İstanbul, 2006.

Özer, Ahmet, Osmanlıdan Cumhuriyete, Sis Yayıncılık, Ankara, 2000.

Özer, Yusuf Ziya, Dil Tetkiklerinden; Samiler-Turaniler, C. II, Kısım I, İstanbul, 1934.

Özer, Yusuf Ziya, Mısır Tarihi, İstanbul, 1939.

Özkök, Rüknü, Milli Mücadele Başlarken Bolu, Düzce İsyanları, İstanbul, 1995.

Öztürk, Saygı, İsmet Paşa'nın Kürt Raporu, Doğan Kitap, İstanbul, 2007.

Öztürk, Yaşar Nuri, Allah İle Aldatmak, 9.bs, Yeni Boyut Yayınları, İstanbul, 2008.

Palazoğlu, Ahmet Bekir, Atatürk ve Eğitim, MEB Gençlik ve Spor Bakanlığı Eğitim Araçları ve Donanım Dairesi Başkanlığı, Ankara, 1988.

Parla, Taha, Ziya Gökalp, Kemalizm ve Türkiye'de Korporatizm, İletişim Yayınları, İstanbul, 1999.

Parlak, Türkmen, İşgalden Kurtuluşa 2, "Yunan Ege'den Nasıl Gitti", İzmir Sosyal Hizmetler Vakfı Kültür Yayınları, İzmir, 1983.

Pektaş, Şerafettin, Milli Şef Döneminde Cumhuriyet (1938 1950), İstanbul, 2003.

Perinçek, Doğu, Atatürk Din ve Laiklik Üzerine, Kaynak Yayınları, İstanbul, 1995.

Peyami Safa, Türk İnkılabına Bakışlar, 3. bs., Ötüken Yayınları, İstanbul, 1995.

Rıza Nur, Hayat ve Hatıratım, Altındağ Yayınevi, 1968.

Rosenthal, M.- Yudin, P., **Felsefe Sözlüğü**, Çev. Aziz Çalışlar, Sosyal Yayınları, İstanbul, 1997.

Said-i Nursi, **Emirdağ Layihası**.

Said-i Nursi, **Mektubat**.

Said-i Nursi, **Sikke-i Tasdiki Gaybı**, Redoks.

Said-i Nursi, **Şualar**, Redoks.

Saray, Mehmet- Tuna, Ali, **Atatürk'ün İslam'a Bakışı**, Atatürk Araştırma Merkezi Yayınları, Ankara, 2005.

Saray, Mehmet, **"Türklerde Dini ve Kültürel Hoşgörü", Atatürk ve Laiklik**, Atatürk Araştırma Merkezi Yayınları, Ankara, 2002.

Saray, Mehmet, **Atatürk'ün Sovyet Politikası**, Damla Neşriyat, İstanbul, 1990.

Saray, Mehmet, **Kırgız Türkleri Tarihi**, Nesil Yayıncılık, İstanbul, 1993.

Saray, Mehmet, **Türk Dünyasında Dil ve Kültür Birliği**, Nesil Matbaacılık, İstanbul, 1993.

Sarı, Ergün, **Atatürk'le Konuşmalar**, Der Yayınları, İstanbul, 1981.

Sarıhan, Zeki, **Kurtuluş Savaşı Günlüğü**, 4 cilt, TTK Yayınları, Ankara, 1996.

Sarıhan, Zeki, **Mehmed Akif**, Kaynak Yayınları, İstanbul, 1996.

Sarıkoyuncu, Ali, **Atatürk, Din ve Din Adamları**, Türkiye Diyanet Vakfı Yayınları, Ankara, 2002.

Sayan, Ali Rıza, **Tarihin Getirdikleri**, İstanbul, 1978.

Selçuk, İlhan, **Duvarın Üstündeki Tilki**, 2. bs., Çağdaş Yayınları, İstanbul, 1994.

Selçuk, Sami, **Laiklik**, Uygarlık Yayınları, İstanbul, 1994.

Senbai, Nedim, **Atatürk**, Çev. Hanif Faruk, A.Ü. Dil ve Tarih Coğrafya Fakültesi Yayınları, A.Ü. Basımevi, Ankara, 1979.

Serin, Muhittin, **Türk Hat Üstatları 3, "Kemal Batunay"**, İstanbul, 2006.

Sevin, Nurettin, **On Üç Asırlık Türk Kıyafet Tarihine Bir Bakış**, Ankara, 1990.

Shaw, Stanford, **From Empaire to Republic, The Turkish War of National Liberation**, 5 cilt, TTK Yayınları, Ankara, 2000.

Sınha, R.K., **Mustafa Kemal ve Mahatma Gandi**, Milliyet Yayınları, İstanbul, 1972.

Sinanoğlu, Oktay, **Ne Yapmalı? Yeniden Diriliş ve Kurtuluş İçin**, 2.bs, Otopsi Yayınları, İstanbul, 2003.

Smith, W.C., **İslam in Modern History**, Princeton, 1957.

Sonyel, R. Salahi, **Türk Kurtuluş Savaşı ve Dış Politika**, C. I, 3. bs, TTK Yayınları, Ankara, 1995.

Sonyel, R. Salahi, **Türk Kurtuluş Savaşı ve Dış Politika**, C. II, TTK Yayınları, Ankara, 2003.

Sorgun, Taylan, **Devlet Kavgası, İttihad ve Terakki**, 2. bs., Kum Saati Yayınları, İstanbul, 2003.

Soyak, Hasan Rıza, **Atatürk'ten Hatıralar**, 2 cilt, Yapı Kredi Bankası Yayınları, 1973.

Sümer, Ali, **Anadolu'da Türk Öncüsü Hacı Bektaşi Veli**, 2. bs., Sevilay Matbaası, Ankara, 1989.

Şahidoğlu, Süreyya, **Milli Mücadele'nin Maddi Dayanakları**, Ankara, 1975.

Şahiner, Necmettin, **Bilinmeyen Taraflarıyla Bediüzzaman Said-i Nursi**, İstanbul, 1979.

Şapolyo, Enver Behnan, **Kemal Atatürk ve Milli Mücadele Tarihi**, Rafet Zaimler Yayınevi, İstanbul, 1958.

Şapolyo, Enver Behnan, **Mustafa Kemal Paşa ve Birinci Büyük Millet Meclisi Tarihçesi**, İstanbul 1960.

Şemseddin Sami, **Kadınlar**, Haz: İsmail Doğan, Gündoğan Yayınları, İstanbul, 1996.

Şener, Cemal, **Alevilik Olayı, "Toplumsal Bir Başkaldırının Kısa Tarihçesi"**, 4. bs., Yön Yayınları, İstanbul, 1989.

Şener, Cemal, **Çerkez Ethem Olayı**, C. I, II, Cumhuriyet Gazetesi Yayınları, Kasım 2000.

Şimşir, Bilal, **İngiliz Belgelerinde Atatürk**, 6 cilt, TTK Yayınları, Ankara, 1992-2005.

Şimşir, Bilal, **İngiliz Belgelerinde Kürt Sorunu**, Ankara, 1975.

Şimşir, N. Bilal, **İngiliz Belgelerinde Atatürk**, (1919-1938), C. I, Ankara, 1973.

Şimşir, N. Bilal, **Kürtçülük**, Bilgi Yayınevi, Ankara, 2007.

T.C. **MEB Din Eğitimi Çalışma Grubu Raporu**, Ankara, 6 Şubat 1981.

Tanör, Bülent, **Kurtuluş Üzerine 10 Konferans**, Der Yayınları, İstanbul, 1995.

Tanör, Bülent, **Türkiye'de Kongre İktidarları 1918-1920**, Yapı Kredi Yayınları, İstanbul, 2002.

Tansel, Selahattin, **Mondros'tan Mudanya'ya Kadar**, 4 cilt, MEB Yayınları, İstanbul 1978.

Tansu, Semih Nafiz, **İki Devrin Perde Arkası**, İstanbul, 1979.

Tarih II, Maarif Vekâleti Devlet Matbaası, İstanbul, 1931.

Tartanoğlu, Ali, **Ulusal Savaşa Birlikte Başlayan Yolcular ve Yalnız Adam Mustafa Kemal**, Öncü Kitap, Ankara, 2002.

TBMM Gizli Celse Zabıtları, C. I, Ankara, 1985.

Terzioğlu, S. Arif, **Yazılmayan Yönleriyle Atatürk**, İstanbul, t.y.

Tevetoğlu, Fethi, **Türkiye'de Sosyalist ve Komünist Hareketler**, Komünizmle Mücadele Yayınları, Ankara, 1967.

Tezer, Şükrü, **Atatürk'ün Hatıra Defteri**, Ankara, TTK Yayınları, 1972.

Togan, Zeki Velidi, **Hatıralar**, Türk Diyanet Vakfı Yayınları, İstanbul, 1969.

Tolstoy, L. Nikolayeviç, **İtiraflarım**, 2. bs., Çev. Orhan Yetkin, Kaknüs Düşünce Yayınları, İstanbul, 2000.

Topuz, Hıfzı, **Devrim Yılları**, Remzi Kitabevi, İstanbul, 2004.

Toros, Taha, **Atatürk'ün Adana Seyahatleri**, Adana, 1939.

Tosun, Mebrure-Yalvaç, Kadriye, **Sümer, Babil, Asur Kanunları ve Amivduga Fermanı**, Ankara, 1975.

Tuğlacı, Pers, **Osmanlı Döneminde İstanbul Kadınları**, Cem Yayınevi, İstanbul, 1984.

Tunaya, Tarık Zafer, **Atatürk ve Atatürkçülük**, İstanbul, 1964.

Tuncer, Hüseyin, **Meşrutiyet Devri Türk Edebiyatı**, Ders Kitapları Anonim Şirketi Yayınları, İstanbul, 2001.

Tunçay, Mete, **Türkiye'de Sol Akımlar, 1908-1925**, AÜSBF. Yayınları, Ankara, 1967.

Tunçay, Mete, **Türkiye'de Tek Parti Yönetiminin Kurulması**, 3. bs., Cem Yayınları, İstanbul, 1992.

Turan, Şerafettin, **Atatürk ve Ulusal Dil**, TTK Yayınları, Ankara, 1981.

Turan, Şerafettin, **Atatürk'ün Düşünce Yapısını Etkileyen Olaylar, Düşünürler, Kitaplar**, TTK Yayınları, Ankara, 1989.

Turan, Şerafettin, **Türk Devrim Tarihi**, 2. kitap, Bilgi Yayınevi, Ankara, 1992.

Turan, Şerafettin, **Türk Devrim Tarihi**, 3. kitap, Ankara, 1995.

Turhan, Mümtaz, **Kültür Değişmeleri**, Marmara Üniversitesi İlahiyat Fakültesi Yayınları, İstanbul, 1987.

Tuşalp, Erbil, **Şeriat A.Ş.**, Bilgi Yayınevi, Ankara, 1994.

Tüccarzade İbrahim Hilmi, **Avrupalılaşmak**, Haz: Osman Kafadar-Fuat Öztürk, Gündoğan Yayınları, Ankara, 1997.

Tüfekçi, Gürbüz, **Atatürk'ün Okuduğu Kitaplar**, Türkiye İş Bankası Yayınları, Ankara, 1983.

Türk İstiklal Harbi, 1919 İç Ayaklanmalar, Genelkurmay Başkanlığı Yayınları, Ankara, 1964.

Türk İstiklal Harbi, Güney Cephesi, C. IV, Genelkurmay Başkanlığı Harp Tarihi Dairesi Resmi Yayınları, Ankara, 1966.

Türkdoğan, Orhan, **Kemalist Sistem ve Sosyolojik Yapısı**, IQ, Kültür Sanat Yayıncılık, İstanbul, 2005.

Türkiye Büyük Millet Meclisi 50. Yıldönümü, Başbakanlık Kültür Müsteşarlığı Yayınları, İstanbul 1973.

Türkiye Cumhuriyeti'nde İç Ayaklanmalar, Genelkurmay Harp Tarihi Başkanlığı, Ankara, 1976.

Ulubelen, Erol, **İngiliz Gizli Belgelerinde Türkiye**, Çağdaş Yayınları, İstanbul, 1982.

Ulusoy, A. Celalettin, **Hünkar Hacı Bektaşi Veli ve Alevi Bektaşi Yolu**, 2. bs., Hacıbektaş, 1968.

Ulusu, Mustafa Kemal, **Atatürk'ün Yanıbaşında, "Çankaya Köşkü Kütüphanecisi Nuri Ulusu'nun Hatıraları"**, Doğan Kitap, İstanbul 2008.

Usta, Emine Şeyma, **Atatürk'ün Cuma Hutbeleri,** İleri Yayınları, İstanbul, 2005.

Ülger, Ş. Eriş, **Türk Rönesansı ve Anılarda Gazi Mustafa Kemal Atatürk,** İnkılâp Yayınevi, İstanbul, 1999.

Ülken, Hilmi Ziya, **Türkiye'de Çağdaş Düşünce Tarihi,** C. I, II, Konya Selçuk Yayınları, İstanbul, 1966.

Ülkütaşır, M. Şakir, **Atatürk ve Harf Devrimi,** TDK Yayınları, Ankara, 1981.

Ünaydın, Ruşen Eşref, **Atatürk, Tarih ve Dil Kurumları, (Hatıralar),** TTK Yayınları, Ankara, 1954.

Varol, N, **Atatürk'ten Anılar,** Deniz Yayınevi, İstanbul, 1973.

Yakıt, İsmail, **Atatürk ve Din,** Süleyman Demirel Üniversitesi Basımevi, Isparta, 2001.

Yalçın, B. Sıtkı-Gönlüal İsmet, **Atatürk İnkılâbı, Kanunlar, Kararlar,** Kültür ve Turizm Yayınları, Ankara, 1984.

Yalçın, Mustafa, **Jön Türklerin Serüveni,** İlke Yayınları, İstanbul, 1994.

Yalçın, Soner, **Siz Kimi Kandırıyorsunuz,** Doğan Kitap, İstanbul, 2008.

Yalman, Ahmet Emin, **Tarihte Gördüklerim Geçirdiklerim,** C. I, İstanbul, t.y

Yamaner, Şerafettin, **Atatürk, Değişimin Felsefesi ve Toplumsal Özü,** 2. bs. Toplumsal Dönüşüm Yayınları, İstanbul, 1999.

Yazar, M. Necati, **İstiklal Harbi,** Bakış Kütüphanesi, İstanbul, 1984.

Yerasimos, Stefanos, **"Türk Sovyet İlişkileri, Ekim Devriminden Milli Mücadeleye",** Dokumenti Vinesney Politiki SSR-SSCB, Türkiye İlişkisi, Bazı Vesikaların Tercümesi, İstanbul, 1979.

Yerasimos, Stefanos, **Kurtuluş Savaşı'nda Türk Sovyet İlişkileri,** Boyut Kitapları, İstanbul, 2002.

Yetkin, Çetin, **"Fakat Nihayet" Dedi Gazi, "Ben de Bir İnsanım, Kutsi Bir Kuvvetim Yoktur Ki",** Otopsi Yayınları, İstanbul, 2004.

Yılanlıoğlu, İsmail Hakkı, **Manevi Değerlerimiz ve Yapılan Tahribat,** Adak Yayınları, İstanbul, 1977.

Yıldırım, Mustafa, **Meczup Yaratmak,** 2. bs, Ulus Dağı Yayınları, Ankara, 2006.

Yılmaz, Kerem, **Dindar Atatürk,** Düşünce Yayınları, İstanbul, 2004.

Yozgatlı, Hüseyin, **Anıtkabir Atatürk Müzesi,** Anıtkabir Komutanlığı Yayını, Ankara, 1994.

Yunus Nadi, **Birinci Büyük Millet Meclisi,** Cumhuriyet Gazetesi Yayınları, 1998.

Yurdakul, Yurdakul, **Atatürk'ten Hiç Yayınlanmamış Anılar,** Truva Yayınları, İstanbul, 2005.

Yücebaş, Hilmi, **Atatürk'ün Nükteleri, Fıkraları, Hatıraları,** Kültür Kitabevi, İstanbul, 1963.

Makaleler-Yazılar

Abdullah Cevdet, "Abdülhamid'in Peygambere İsyanı", **Osmanlı,** no. 16, 15 Sefer 1316 (15 Temmuz 1898).

Abdullah Cevdet, "Gazi Paşa'nın Köşkünde", **İçtihat,** no. 194,15 Kanun-i evvel 1925.

Abdullah Cevdet, "Kastamonu'da Kurun-u Vusta", **İçtihat,** no. 58, 14 Mart 1329.

Abdullah Cevdet, "Rahip Jan Meslier", **İçtihat,** no. 127,30 Kanun-i Sani, 1330.

Abdullah Cevdet, "Ramazan ve Dayak", **Mehtab,** no.11, 20 Eylül 1327-25 Ramazan 1329.

Abdullah Cevdet, "Redd-ül Mardud", **Osmanlı,** no. 12, 26 Zilhicce 1315 (15 Mayıs 1898).

Abdullah Cevdet, "Sine-i Muhabbet, Celal Nuri Beyin Geçen Nüshadaki 'Sine-i Husumet' Makalesine Cevab", **İçtihat,** no. 89, 16 Kanun-i Sani 1329.

Abdullah Cevdet, "Şehzade Mecit Efendi Hazretleriyle Mülakat", **İçtihat,** no. 57, 7 Mart 1329.

Abdullah Cevdet, "Tesettür Meselesi", **Mehtab,** no. 4,1 Ağustos, 1327.

Akbulut, D. Ali, "Erzurum Kongresi'nin Son Günü", **Atatürk Üniversitesi Atatürk İlkeleri ve İnkılâp Tarihi Enstitüsü Dergisi,** 1989, S.3, s.93.

Akgün, Mehmet, "Türkiye'de Klasik Materyalizmin Yansımaları", **Bilim ve Ütopya,** Eylül 2007, S.158, s.4-11.

Akgün, Ö Faruk., "Namık Kemal", İ. A., IX/ 55.

Akozan, Feridun, "Atatürk, Sanat ve Sanatkar", **Atatürkçülük,** II. Kitap, Milli Eğitim Basımevi, İstanbul, 1988.

Akyol, Taha, "Tevfik Fikret", **Nesin Vakfı Edebiyat Yıllığı 1985,** Kardeşler Basımevi, İstanbul, 1985.

Akyol, Taha., "İrtica ve Özal", **Tercüman,** 16 Ocak 1987.

Alkan, Ahmet Taner, "Hem Osmanlıyız, Hem Cumhuriyetçi", Ufukların Efendisi Osmanlılar, **Türkiye Günlüğü,** S.58, Kasım-Aralık 1999.

Alpay, Şahin-Kuyaş Nilüfer. "Prof. Dr. Şükrü Hanioğlu ile Jön Türkler Hakkında Söyleşi", Entelektüel Bakış, **Milliyet,** 31 Temmuz **1995.**

Altuğ, Hikmet, "Ziya Gökalp ve Türk Düşüncesi", **Nesin Vakfı Edebiyat Yıllığı 1985,** Kardeşler Basımevi, İstanbul, 1985.

Anday, Melih Cevdet, "Cumhuriyet Yılları ve Kültür." 75. Yılın İçinden, Yapı ve Kredi Kültür ve Sanat Yayınları, Ekim 1998.

"Andrew Mango'nun Atatürk'ü 2", **Yeni Bin Yıl,** 13 Mart 2000.

Arar, İsmail., "Atatürk'ün Bazı Konuşmaları", **Belleten,** C.XLV/ 1,S.117,1981.

Araslı, A., "Ata'nın Soy Kütüğü", **Milliyet,** 10 Kasım 1993. s. 9.

Arslan, Ahmet., "Tevfik Fikret ve Din", **Toplumsal Tarih,** Mart 2001.

"Askere Nur Uzmanı", **Milliyet,** 24 Ocak 2002.

Askeri Tarih Belgeleri Dergisi, Genelkurmay Basımevi, S.80, Ağustos 1981.

Askeri Tarih Bülteni, Genelkurmay Başkanlığı, Şubat 1979, S.7, s. 1-17.

"Atatürk Kayıp Kıta Mu'da Ne Aradı?", **Bilinmeyen Dergisi**, İstanbul, Karacan Yayınları, C. I, S.1, 1985.

Ay, Behzat, "Ölümünün 67.Yılında Unutulmayan Tevfik Fikret", **Nesin Vakfı Edebiyat Yıllığı 1983**, İstanbul, Kardeşler Basımevi, 1983.

Ayın Tarihi, C. IV, s.161-193.

"Bağımsızlık Savaşı ve Batı, BELGELER", **İleri Dergisi**, S.2, Ocak-Şubat 2001.

Bağlan, M. Feyza, "Osmanlı Müdafaa-i Hukuk Nisvan Cemyeti'nin Erkekler Dünyası", **Tarih ve Toplum**, Ekim 2003, S.238, s. 46-51.

Baler, Mahmut, (Bal Mahmut), "Baldan Damlalar, Hayatını Tercüman için Yazdı", **Tercüman**, 26 Mart 1981.

Baler, Mahmut., "Atatürk'ten Anılar", **Milliyet**, 9 Kasım 1970.

Bali, N. Rıfat, "Amerikan Büyükelçisi Charles H. Sherrıll'ın Raporu, Atatürk'ün Dine Bakışı", **Toplumsal Tarih**, Eylül 2006, S.153, s.14-19.

Bardakçı, Murat, "Mustafa Kemal'in Mektuplarında Sözünü Ettiği Meçhul Akrabalar", **Hürriyet**, 7 Ağustos 2005.

Başgöz, İlhan, "Türkiye'de Laikliğin Tarihsel ve Sosyal Kökleri", **Bilanço 1923-1938**, S. 10-12, Aralık 1998.

Bayar, Mehmet., "Kur'an Dili Üzerine Bir İnceleme", **Belleten**, C. 22, S.88, Ekim 1958.

Baydar, Mustafa, "Anılarla Fikret ve Atatürk", **Nesin Vakfı Edebiyat Yıllığı 1985**, Kardeşler Basımevi, İstanbul, 1985.

Baydar, Mustafa, "Şapka Konusunda Atıf Hoca-Süleyman Nazif Çatışması, **Türk Dili**, S. 230.

Baykal, Bekir Sıtkı, "Atatürk Devrimlerinde Tarihin Rolü", **Atatürk Önderliğinde Kültür Devrimi, RCD Semineri**, Ankara, 1972.

Bayur, Yusuf Hikmet, "Atatürkçülük, Kemalizm, Din", **Devrim (İnkılap) Gençliği Dergisi**, Yıl: 2, C. IV, S.24, 1 Haziran 1954, s. 15.

Beydilli, Kemal, "Küçük Kaynarca'dan Yıkılışa", **Osmanlı Devleti ve Medeniyeti Tarihi**, C. I, İstanbul, IRCICA, 1994.

Birinci, Nejat, "Yahya Kemal'in Yazılarında Gazi Mustafa Kemal ve Milli Mücadele", **Doğumunun Yüzüncü Yılında Atatürk'e Armağan**, İstanbul Edebiyat Fakültesi Yayınları, İstanbul, 1981.

Bozkurt, Mahmut Esat, "Türk Medeni Kanunu Nasıl Hazırlandı?" **Medeni Kanunun XV. Yıldönümü İçin**, İstanbul, 1944.

Budak, Mustafa, "Modernleşme Açısından Atatürk'ün Osmanlı Tarihi ve Islahatları Eleştirisi", **İlmi Araştırmalar**, 4, İstanbul, 1997.

Bulut, Rukiye, "İstanbul Kadınlarının Kıyafetleri ve II. Abdülhamit'in Çarşaf Yasaklaması", **Belegelerle Türk Tarih Dergisi**, No: 8, Mayıs 1968, s. 35.

Büyük Sovyet Ansiklopedisi, C. XVIII, Moskova 1957.

Coşar, Ömer Sami, **İstiklal Harbimiz Gazetesi**, C. II, nr. 191, 23 Aralık 1919.

Coşar, Ömer Sami, **İstiklal Harbimiz Gazetesi**, nr. 76, 8 Ağustos 1919.

Çelik, Recep, "Milli Mücadele'de Din Adamları", **Atatürk'ün İslam'a Bakışı, Belgeler ve Görüşler**, Ankara, 2005, s. 78.

Çetin, Hikmet, "Cumhuriyetin 75. Yılının Bilimsel Olarak Değerlendirilmesi", **Yeni Türkiye Cumhuriyeti Özel Sayısı**, Eylül-Aralık, Yıl 4, S.23-24, 1998.

"Çirkin Tezgâhın Sahte Belgeleri", **Sabah Gazetesi**, 21 Ocak 1990.

Çubukçu, İbrahim Agah, "Halifelik, Din ve Laiklik", **Atatürk Araştırma Merkezi Dergisi**, 1990, S.17, s.304.

Daver, Bülent, "Atatürk'ün Sosyo-Politik Sistem Görüşü", **Çağdaş Düşüncenin Işığında Atatürk**, 2. bs., Dr. Nejat Eczacıbaşı Yayınları, İstanbul, 1986.

Demirel, Bedrettin, "Okuyan Bir Devlet Adamı Atatürk", **Atatürk Haftası Armağanı**, Genelkurmay Askeri Tarih Strateji Etüt Başkanlığı Yayınları, Ankara, 1984.

Doğramacı, Emel, "Dünyada Kadın Haklarının Öncüsü Atatürk", İ.Ü.İnkılâp Tarihi Enstitüsü Yıllığı, C.I. İstanbul, 1991.

Ecer, Ahmet Vehbi, "Atatürk'ün Din ve İslam Dini Hakkındaki Görüşleri", **Atatürk'ün İslam'a Bakışı, Belgeler ve Görüşler,** AKDTYK Atatürk Araştırma Merkezi Yayınları, Ankara, 2005.

"Einstein'dan Din Karşıtı Görüşler", **Milliyet,** 14 Mayıs 2008.

Eraslan, Cezmi, "Atatürk ve Cumhuriyetin İlanı Üzerine Düşünceler", **Yeni Türkiye Cumhuriyet Özel Sayısı, Genel Değerlendirme ve İdeoloji,** S. 23-24, Eylül-Aralık, 1998.

Eraslan, Cezmi, "Milli Mücadele'de Bediüzzaman Said-i Nursi", **Uluslararası Bediüzzaman Sempozyumu 3,** Yeni Asya Yayınları, İstanbul, 1996.

Erbil, Leyla, "Geçmişe Nasıl Bakmak?", **75. Yılın İçinden,** Yapı Kredi Kültür Sanat Yayıncılık, Ekim, 1998, s.51.

Eşref Edip, "Müslüman Milletler Arasında Bir İslam Kongresi", **Sebilürreşad,** C. III, no: 54, 1949, s.50-52.

Eşref Edip, "Yeryüzünde Bütün Müslüman Milletlere", **Sebilürreşad,** C. II, no: 497, 1335, s.32-34.

Eşref, Ahmet Bahtiyar, "Türkler ve İkbal", **Muhammed İkbal Kitabı, Uluslararası Muhammed İkbal Sempozyumu,** İstanbul Büyükşehir Belediyesi Yayınları, İstanbul, 1997.

Eyice, Semavi, "Atatürk'ün Doğduğu Yıllarda Selanik", **Doğumunun Yüzüncü Yılında Atatürk'e Armağan,** İ.Ü. Edebiyat Fakültesi Yayınları, İstanbul, 1981.

Feyzioğlu, Turhan." Atatürk ve Fikir Hayatı", **Atatürk İlkeleri ve İnkılâp Tarihi,** II. Bölüm, YÖK Yayınları, Ankara, 1986.

Gökberk, Macit., "Aydınlanma Felsefesi Devrimler ve Atatürk", **Çağdaş Düşüncenin Işığında Atatürk,** 2.bs., Eczacıbaşı Vakfı Yayınları, İstanbul, 1986.

Gökbilgin, Tayyip, "Selanik Maddesi", İ. A, C.X, 1966.

Göktaş, Uğur, "Fes", **Dünden Bugüne İstanbul Ansiklopedisi,** C.III, İstanbul 1993, s. 296, 297.

Günaltay, Şemsettin, "Atatürk'ün Tarihçiliği ve Fahri Profesörlüğü", **Belleten,** C.10, 1989.

Günaltay, Şemsettin, **Ülkü Dergisi,** C.IX, S.100, 1945.

Günaydın, A. Necip, "Milli Mücadele'de Şeyh Sunusi'nin Sivas'taki İttihad-ı İslam Kongresi ve Ulucami'deki Hutbesi", **Tarih ve Düşünce,** Aralık 2003-Ocak 2004, s. 45.

Güngör, Erol, "Medrese İlim ve Modern Düşünce", **Töre Dergisi,** S.114, Kasım 1980.

Hanioğlu, M. Şükrü, "Batılılaşma", **Türkiye Diyanet Vakfı İslam Ansiklopedisi,** C.V, İstanbul, 1992.

Harp Tarihi Vesikaları Dergisi, S.35, vesika no: 875.

Hülagü, Metin, "Milli Mücadele Döneminde Türkiye İslam Ülkeleri Münasebetleri", **Atatürk Araştırma Merkezi Dergisi,** C.XV, Kasım 1999, s. 901-930.

Hülagü, Metin, "Muvahhiddin Cemiyeti", **Ankara Üniversitesi Türk İnkılâp Tarihi Dergisi (Atayolu),** Yıl 6, Kasım 1993, S.12.

İçtihat, no: 202, 15 Nisan 1926, s. 3942.

İçtihat, no: 338, 1 Şubat 1932, s. 5651.

İçtihat, S:150, 23 Kasım 1922, s. 3120.

İlhan, Atilla, "Atatürkçülük Nasıl Bir Batıcılık", **75. Yılın İçinden,** Yapı Kredi Kültür Sanat Yayıncılık, Ekim, 1998.

İlhan, Atilla, "Sosyalist Olmalı Maddeyi Anlamalı", **Cumhuriyet,** 20 Haziran 2001.

"İmamet ve Hilafet Risalesinden", **Kanun-i Esasi,** no. 22, İkinci Sene, 27 Rebiy'ül evvel 1316.

İnan, A., Afet, "Atatürk'ün Tarih Tezi", **Belleten,** C.III, 10, 1939.

"İslam'da Resim Yasağı 750 Yılında Başladı", **Sabah,** 24 Aralık 2008.

İzmirli, İsmail Hakkı, "Şark Kaynaklarına Göre Müslümanlıktan Evvel Türk Kültürünün Arap Yarımadasında İzleri", **II. Türk Tarih Kongresi,** 1937.

Kabacalı, Alpay, "Ulusal Harekete Övgü Seli, Mütareke İstanbul'unda İşbirlikçi Basın", **Cumhuriyet**, 10 Ekim 1995.

Kalkan, Ersin, "Mevlit Okuduğunda Kuşları Sustururdu, Hafız Kemal Bey", **Hürriyet Pazar**, 8 Ekim 2006, s. 18.

Kamran Ali Bedirhan, "Kürdistan Hazaini Tabiyesi", **İçtihat**, C.XV, 1918, s.2846.

Kasapoğlu, Abdurrahman, "İnsanın Çaresizliği ve Fıtratın Uyanışı", **Kelam Araştırmaları Dergisi**, 2005, S.I, s.61-90.

Kaya, Kamil, "Sosyolojik Açıdan Din", SDÜ Fen Edebiyat Fakültesi Sosyal Bilgi Dergisi, Isparta, 1996, S.2, s.135.

Kırpık, Cevdet, "Osmanlı İmparatorluğu'nda Modernleşme Sancıları, Fes-Şapka Çatışması", **Toplumsal Tarih**, Haziran 2007. S.162, s. 14-22.

Kubarev, Giab V., "Sanat Malzemelerine Göre Orta Asyalı Türklerin Giyimleri", **Türkler Ansiklopedisi**, C. IV, Yeni Türkiye Yayınları, Ankara, 2002.

Melikof, İrene, "Namık Kemal'in Bektaşiliği ve Masonluğu", **Tarih ve Toplum Dergisi**, S.60, Aralık, 1998.

Moroni, Anastasia İlena, "Osmanlı İmparatorluğu'nda Sosyalizm ve Ulusal Sorun", **Tarih ve Toplum**, Kasım 2008, S.239, s. 28-37.

Muhteşem Simalar, Doktor Abdullah Cevdet", **Piyano**, no. 7, 20 Eylül 1326.

Nadi, Yunus, "Türkçe İbadet", **Cumhuriyet, 4 Şubat 1932**

Namık Kemal, "Usul-i Meşveret", **Hürriyet**, 14 Eylül 1868.

"Nur Uzmanına Görev Meclis'te", **Cumhuriyet**, 11 Temmuz 2008.

Olguculuk" Maddesi, **Görsel Ansiklopedi**, C. XI.

Oral, Mustafa, "Şeyh Sunusi'nin Kemalist Misyonu", **Toplumsal Tarih**, Ağustos 2005, S.140, s.70.

Öke, Mim Kemal, "Mustafa Kemal Mevlevi miydi" **Türk Dünyası Tarih Dergisi**, S.71, Kasım 1992.

Öz, Ali-Öz, Sayra, "Atatürk'ün Köyü", **Star Pazar Eki**, 5 Eylül 1999.

Özakıncı, Cengiz, *"Müslüman Atatürk"*, Bütün Dünya dergisi, S. 2011/06, s. 34-40.

Özek, Ali, "Neden İslam ve Demokrasi", İslam ve Demokrasi, İstanbul, Ensar Neşriyat, 2000.

Özerdim, N. Sami, "Nutukta Altı Çizilmiş Satırlar", Belleten C.XLV/1,S.117, 1981.

Özgürel, Avni, "Mareşal Fevzi Çakmak'ın Tanıklığı", Radikal, 28 Nisan 2002.

Öztürk, Y. Nuri, "Atatürk'ü Okuyabilmek," Cuma Sohbetleri, Hürriyet, 1998.

Pamuk, Orhan., "Avrupalılaşmak ve Kıyafetimiz, Gide Tanpınar ve Atatürk", Radikal İki, 5 Aralık 1999, s. 4,5.

Refik, Abdülkerim, "Türkiye Suriye İlişkileri (1918-1926)", Türk Dünyası Araştırmaları, Şubat 1994, S.88, s.51-57.

Saçak Dergisi, Eylül 1987, S.44, s.29 vd.

Said-i Nursi, "Risale-i Nur Gözü ile Radyo", İhlas Dergisi, 10 Ocak 1964.

Sarıer, İlker, "Hoşgörü Abidesinin Yıkılışı", Sabah Gazetesi, 21 Haziran 1999.

Sayılı, Aydın, "Atatürk, Bilim ve Üniversite", Belleten, C. XLV/1, S.117,1981.

Sayılı, Aydın, "Bilim ve Öğretim Dili Olarak Türkçe", Bilim, Kültür ve Öğretim Dili Olarak Türkçe, TTK Yayınları, Ankara, 2001.

Semiz, Yaşar, "23 Nisan 1920 TBMM'nin Açılışı ve Yarattığı Milli Heyecan", Selçuk Üniversitesi Atatürk İlkeleri ve İnkılap Tarihi Araştırma Uygulama Merkezi Dergisi, 2002, S.9, s.95-108.

Sertoğlu, Murat, "Adnan Çakmak'ın Anlatımıyla Mareşal Çakmak'ın Hatıraları", Hürriyet, 2 Mayıs 1975.

Sofuoğlu, Süreyya, "Atatürk'ün Edirne ve Trakya ile İlgili Anıları" Milli Egemenlik Sempozyumu, TBMM Kültür ve Sanat Yayınları Kumu, Edirne, 2000.

Soykan, Tankut, "Ziya Gökalp ve Hilafet", **Toplumsal Tarih,** Mart 2001.

Sönmez, Turgut, "Kadın Giyim Kuşamı ve Atatürk", **Atatürk Haftası Armağanı,** Genelkurmay Askeri Tarih Strateji Etüt Başkanlığı Yayınları, 10 Kasım 2006.

Şekercioğlu, Hüseyin, "Atatürk'ün Soy ve Sülalesi Hakkında Anadolu'da Yaptığım Çalışmalar", **Türk Kültürü Dergisi,** S. 145, Kasım 1974.

Şenalp, L., "Atatürk Kitap ve Kütüphane", **Türk Kütüphaneciler Derneği Bülteni,** XXX, S.l, 1981.

Şhea, Wiliam, "Entelektüel Bakış", **Milliyet,** 21 Mayıs 1998.

Tekçe, İsmail Hakkı, "Benim Atam İman ve İnsanlık Abidesiydi", Atatürk Din ve Laiklik, **Belgelerle Türk Tarih Dergisi Özel Yayını,** No:2, Menteş Matbaası, İstanbul, 1968.

Tengirşek, Yusuf Kemal, "İman Dolu Varlık Atatürk", Atatürk Din ve Laiklik, **Belgelerle Türk Tarih Dergisi, Özel Yayını,** No: 2, Menteş Matbaası, İstanbul, 1968.

Toker, Turhan, "Atatürk'ün Havza'da Bilinmeyen Hatıraları", **Tarih Dünyası,** C. III, 1 Eylül 1951, S.24, s.1000.

Tunaya, Tarık Zafer, "Türkiye'nin Siyasi Gelişme Seyri içinde İkinci Jön Türk Hareketinin Fikri Esasları," **Prof. Tahir Taner'e Armağan,** İstanbul, 1956.

Tunçay, Mete, "Heyet-i Mahsusalar, (1923-1938), Cumhuriyete Geçişte Osmanlı Asker ve Sivil Bürokrasisinin Ayıklanması", **Kanun-u Esasinin Yüzüncü Yılı Armağanı,** Ankara, 1978.

Tüfekçi, D. Gürbüz, "Din Birliği ve Milliyetçilik", Ek Belgeleri", **Saçak Dergisi,** Mart 1986, S.2, s.139-154.

Tütengil, Cavit Orhan, "Atatürk ve Ziya Gökalp Bağlantıları", **Türk Dili,** S.302, 1976.

Tütengil, Cavit Orhan, "Gökalp 100 Yaşında", **Nesin Vakfı Edebiyat Yıllığı 1977,** Tekin Yayınevi, İstanbul, 1977.

Unan, Fahri, "Osmanlı Medreselerinde İlmi Verimi ve İlim Anlayışını Etkileyen Amiller", **Türkiye Günlüğü,** S.58, Kasım-Aralık 1999.

Unat, Faik Reşit, "Misakımilli Maddesi", **Aylık Ansiklopedi**, No:3, Temmuz 1994.

Ülkütaşır, M. Şakir, "Toplumda Kadının Yeri", **Hayat Tarih Mecmuası**, C. I, No: 4, Mayıs 1967, s. 47

Ünsal, Ali Rıza, "Atatürk Hakkındaki Anılarım", **Türkiye Harp Malûlü Gaziler Dergisi**, S.158, 1969.

Veli, Orhan, "Ezan", **Yaprak gazetesi**, 15 Haziran 1950.

Yahya Kemal, "Misakımilli", **İleri Dergisi**, Nr. 175, 6 Mayıs 1337 (1921).

Yakın Tarihimiz, C. I, Mayıs 1967, S.12,17, s.359.

Yalçın, Soner, "Ali Rıza Efendi İle Zübeyde Hanım Evliliğinin Trajik Hikâyesi", **Hürriyet**, 18 Mayıs 2008, s. 34.

Yazma", Hakkı Tarık Us Kütüphanesi, no. 050, Dosya, 38-1.

Yetkin, Ahmet Emin, "Abdurrahman Kamil Efendi'nin Oğlu ile Yapılan Röportaj", **Uğraşı Dergisi**, Yıl 1, S.7, 15 Haziran 1969.

Yöntem, Ali Canip, "Devirlerden Hatıralar", **Yakın Tarihimiz, Mecmuası**, C.I, S.1,1 Mart 1962.

Yücetin, Dilek Şener, "Gizli Kalmış Efsane Nezihe Muhittin", **Bugün**, 8 Mart 2002.

Gazeteler

Alemdar	Radikal	Vatan
Büyük Kurultay	Sabah	Yaprak
Cumhuriyet	Son Posta	Yeni Binyıl
Hâkimiyet-i Milliye	Tan	Yeni Gün
Hürriyet	Tercüman	Yeni Sabah
İstiklal Harbimiz	Vakit	
Milliyet	Vakit (Kurun)	

Elektronik Kaynaklar
http://www.mustafakemal.net/tasavvuf.htm

FOTOĞRAFLAR VE BELGELER

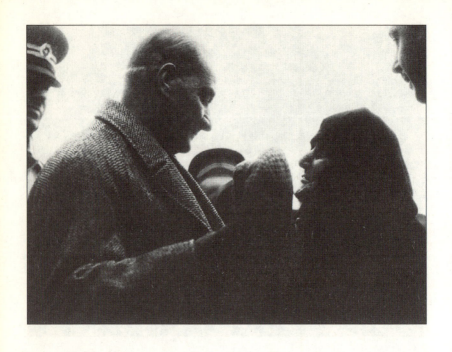

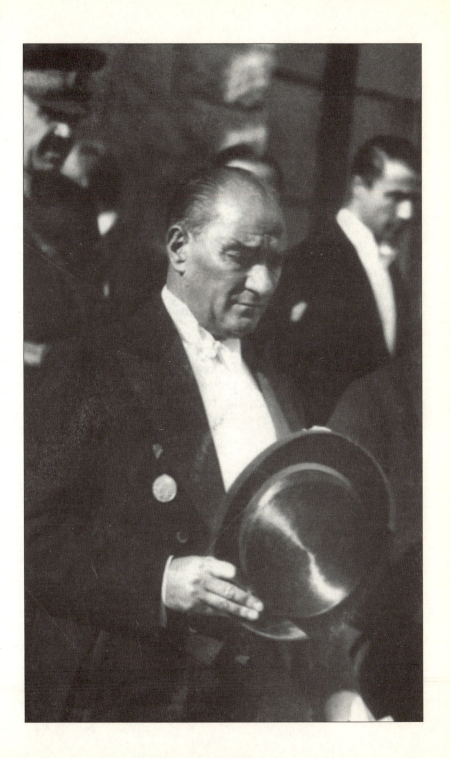

Muallim Abdülbaki, "*Cumhuriyet Çocuğunun Din Dersleri*", İlkmekteplerin Dördüncü Sınıflarına Mahsus, Marif Vekaleti Talim ve Terbiye Dairesi'nin 88 numaralı kararı ile bütün mekteplere kabul edilmiştir.

> MUALLİM ABDÜLBAKİ
>
> CUMHURİYET ÇOCUĞUNUN
>
> # DİN DERSLERİ
>
> SINIF: 3
>
> [İlkmekteplerle Köymekteplerinin üçüncü sınıflarına mahsus]
>
> Maarif Vekâleti Talim ve Terbiye Dairesinin 88 numaralı kararile İlkmekteplere ve Köymekteplerine kabul edilmiştir.
>
> Sahip ve Naşiri - Tefeyyüz kitapanesi
>
> İSTANBUL
> Şirketi Mürettibiye Matbaası
> 1930 - 1931

Muallim Abdülbaki, "*Cumhuriyet Çocuğunun Din Dersleri*", İlkmekteplerle Köymekteplerinin Üçüncü Sınıflarına Mahsus, Marif Vekaleti Talim ve Terbiye Dairesi'nin 88 numaralı kararı ile ilkmektepler ile köymekteplerine kabul edilmiştir.

§ ٥٤   برنجی سنه

غارده بو موضوعه دائر موجود بولنان حادثه دن (برنجی جلد ، ٦٩
نجی و متعاقب صحیفه لر)صدر کونه کی خالد اکبو بیوك جمعه غازینك قطعی اصول
و طرزی امره خلفه لری زمانه قدر پك مشكوك و مختلف فیه اولدیغی
آكلاشیلیور (غولد زیهره باقکز . Muh. Stud ایکنجی جلد ،
٤٢ نجی و متعاقب صحیفه لر) . احتمالکه بدایتده نماز دعوتی یالکز
بیوك جمعه غازی ایچون هفته ده برکره وقوعه گلشدر . محمد بو نماز
معتاد اولان موعظه سی علاوه ایردی . (§ ٣٧ نجی فقره ده
بوندن بحث ایتمشدك) . بو ، بدایتده هر مسلمان ایچون مجبوریت قطعیه
تشکیل ایتمكدن زیاده احتمالکه ، خریستیانلری و یهودیلری تقلیداً ،
هفته لك عمومی عبادتده حاضر بولونوق و سائر مؤمنین ایله برلكده موعظه یی
دیكله مك ایچون بر دعوتدن عبارت ایدی . فقط بوندا بیله بر تكامل
و تحول وقوعه گلشدز . مدینه ده معبد موجود دكلدی . اجتماعگاه
اولی اوزره مسلمان جامعی پیغمبرك اقامتگاهی (مسجد) استعمال
ایدی . محمد برمدت عبادت مخصوص سائر محلر انشاسی منع ایتمك
کی بر احتیاطکارلقده بولوندی . بوده احتمالکه مختلف عنصرلردن
مرکب ابدن طرفدارلری صمیمیجه بربرلرینه مزج ایده بیلمك
ایچوندی . پیغمبر بوتون ایشلرینی کندی خصوصی اقامتگاهنده
کوریوردی سرای عبادتگاه ، مجلس صالونی ، حقوق تعلیمی میدانی
خدمتی دها ایفا ایدیوردی . بوندن دولایی هفته لك دیکر کونلر ده ده
بوتون غازلرده دائمی صورتده جامعده طوپلانوق و برلكده نماز
قیلمق عادت اولدی . انتظام و انضباط حصاری تولید ایدن بو اعتیاده
چار پدی . فائده عمومیه و اجتماعیه سی محمدك و باشلیجه صحابه لرنك نظر دقتنه
چار پدی . بو صورتله اعتیاد یاواش یاواش بر قاعده اولدی . پیغمبر
وفات ایدنجه قانون حاله چیقارلدی . بوندن دولایی مؤمنلری هر کون
بش وقت نماز دعوت ایتمك اصولی وجود بولدی . مع مافیه مؤمنلره
اولدقلری یرده قالنی مساعده سیده ویرلمشدی . یالکز جمعه کونی جمعه
غازی مستثنا ایدی . بونماز ، قاتولیكلرك بازارمه سی کبی ، هر مؤمن

١٦٦

Atatürk'ün Leon Caetani'nin "İslam Tarihi" adlı eserini okurken altını çizdiği ve özel işaretler koyduğu yerlerden bir bölüm.

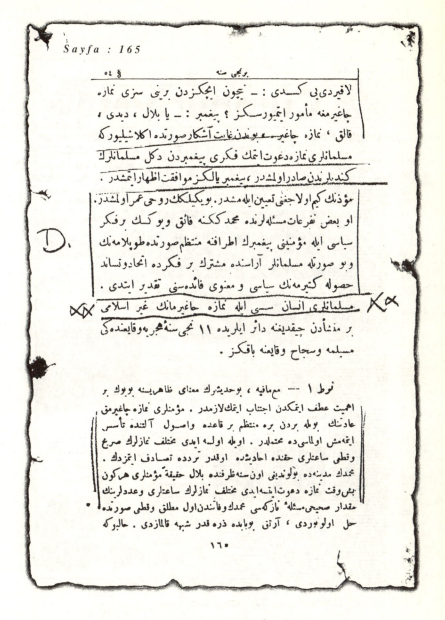

Atatürk'ün Leon Caetani'nin "İslam Tarihi" adlı eserini okurken altını çizdiği ve özel işaretler koyduğu yerlerden bir bölüm.

Cumhuriyet Gazetesi 1932

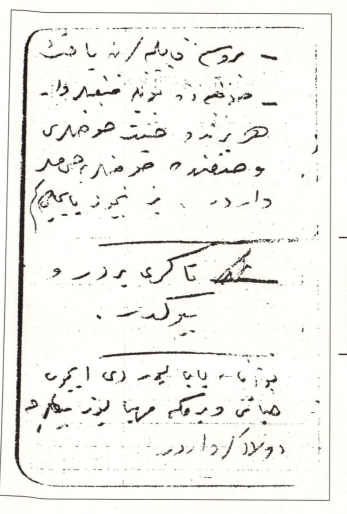

*Atatürk'ün 18 numaralı
not defterinde iki kalın çizgi arasına
(okla gösterilen yer) yazdığı*
"Tanrı birdir ve büyüktür." *ifadesi*

www.sinanmeydan.com.tr